*Karl Baedeker*

# Die Schweiz nebst den angrenzenden Teilen von Oberitalien, Savoyen und Tirol

*Karl Baedeker*

**Die Schweiz nebst den angrenzenden Teilen von Oberitalien, Savoyen und Tirol**

*Inktank publishing, 2018*

*www.inktank-publishing.com*

*ISBN/EAN: 9783747762745*

# DIE SCHWEIZ

NEBST DEN

ANGRENZENDEN THEILEN

VON

OBERITALIEN, SAVOYEN UND TIROL

---

HANDBUCH FÜR REISENDE

VON

K. BÆDEKER

---

VIERUNDZWANZIGSTE AUFLAGE

Mit 39 Karten, 11 Stadtplänen und 12 Panoramen

LEIPZIG
VERLAG VON KARL BÆDEKER
1891.

Wer reisen will,
Der schweig fein still,
Geh steten Schritt,
Nehm nicht viel mit,
Tret an am frühen Morgen,
Und lasse heim die Sorgen.

Philander von Sittewald

Das vorliegende Reisehandbuch erscheint hiermit zum vierundzwanzigsten Mal. Erste Aufgabe desselben ist, die Unabhängigkeit des Reisenden so viel als möglich zu sichern; ihn in den Stand zu setzen, mit möglichst geringem Zeit- und Geldaufwand alles Sehenswürdige zu überblicken; ihm behülflich zu sein, auf eigenen Füßen zu stehen, ihn frei zu machen, und ihn so zu befähigen, mit frischem Herzen und offenen Augen alle die erhebenden Eindrücke in sich aufzunehmen, welche die Alpen in so unerschöpflicher Fülle dem Naturfreunde bieten.

Den größten Theil der beschriebenen Gegenden hat der Verfasser im Lauf der letzten Jahre ausschließlich für diese neuen Auflagen wiederholt bereist. Auch schriftliche Mittheilungen wohlwollender sachkundiger Freunde sind ihm so vielseitig zugekommen, dass er jetzt um so mehr für die Richtigkeit seiner Angaben bürgen zu können glaubt[1]). Eine buchstäbliche Genauigkeit wird indeß Niemand von einem Reisebuch fordern, das über zahlreiche Einrichtungen Auskunft geben muß, die beständigem Wechsel unterworfen sind. Daher wiederholt der Verfasser seine Bitte an die Freunde seiner Bücher, ihn auch ferner auf etwaige Irrthümer oder Auslassungen, die ihnen durch *eigene Anschauung* bekannt werden, aufmerksam machen zu wollen. Jede neue Auflage wird den besten Beweis liefern, wie schätzenswerth ihm stets solche Berichtigungen erschienen sind.

Um denjenigen Reisenden, welche nicht fortwährend den ganzen Band bei sich führen wollen, die Benutzung zu erleichtern, sind Druck und Einband so eingerichtet, daß das Handbuch in sieben selbständig geheftete Abtheilungen zerlegt werden kann (I. Nördliche Schweiz; II. Vierwaldstätter See und Umgebungen, St. Gotthard; III. Berner Oberland; IV. Südwestliche Schweiz, Genfer See, unteres Rhonethal; V. Savoyen, Wallis und das angrenzende italien. Alpengebiet; VI. Südöstliche Schweiz, Graubünden; VII. die Oberitalienischen Seen). Jede Abtheilung ist mit einem Specialverzeichnis der in ihr enthaltenen Routen versehen, welches eine Übersicht ermöglicht und das dem Gesammtbande beigegebene Register so weit es thunlich ist entbehrlich macht. Leinwanddecken zum Hineinlegen der Hefte sind durch alle Buchhandlungen zu beziehen.

---

1) Der Verfasser verwahrt sich ausdrücklich gegen Beschwerden, wie sie ihm wohl vorgekommen, die auf ältere Ausgaben fußen. Keine Art von Sparsamkeit ist auf einer Reise übler angebracht, als nach einem alten Reisehandbuch zu reisen. Eine einzige Angabe der neuen Auflage lohnt nicht selten reichlich den dafür bezahlten Betrag.

Den Kärtchen im Buche wird fortdauernd eine besondere Sorgfalt zugewendet. Dieselben sind nach dem *Siegfried-Atlas* und der *Dufour-Karte* (S. XXIII) im Maßstabe von 1 : 150,000 bez. 1 : 250,000 gearbeitet und nach dem neuesten Material und den eignen Erfahrungen des Herausgebers ergänzt. Die vorliegende Auflage enthält zwei neue Karten der centralen Bündner Alpen und des Unterengadin, sodaß dem Buche nunmehr 39 Karten beigegeben sind, sowie neue Panoramen von Bern und vom Monte Generoso.

Die Fahrpläne der schweiz. Eisenbahnen, Dampfboote und Eilwagen sind vollständig in den *Kursbüchern* von *Bürkli (Zürich)* und *Krüsi (Basel)* enthalten (jedes 50 c.), die an allen Eisenbahnstationen zu haben sind.

Daß die Angaben dieses Buches über Gasthöfe (S. XVII) stets mit Sorgfalt revidiert werden, ist bereits in weiten Kreisen bekannt. Empfehlenswerthe Häuser, d. h. solche, bei denen Zimmer und Bett, Verpflegung und Bedienung zu loben und die in Rechnung gestellten Preise den Werth des Gebotenen nicht übersteigen, sind, soweit des Verfassers Erfahrung und an zuverlässiger Quelle eingezogene Erkundigungen reichen, mit einem Sternchen (*) bezeichnet. So wenig damit aber ausgeschlossen ist, daß es unter den nicht auf diese Weise hervorgehobenen ebenfalls gute Gasthöfe giebt, ebenso wenig wird, bei dem raschen Wechsel, dem diese Dinge unterliegen, und der großen Verschiedenheit der gemachten Ansprüche, ein billig denkender Reisender dem Verfasser eine unbedingte Verantwortlichkeit für seine Gasthof-Sterne zumuthen wollen. — Die Preisangaben sind durchschnittlich Rechnungen aus den letzten Jahren entnommen, deren eine große Anzahl, häufig mit einem kurzen Urtheil versehen, dem Verfasser alljährlich von den verschiedensten Seiten in dankenswerthester Weise zur Verfügung gestellt werden. Sie können natürlich nur ungefähr einen Anhalt bieten, namentlich bezüglich der Zimmer, für welche hohe und niedrige Preise, je nach Lage und Einrichtung, in jedem Hause vorkommen (vgl. S. XIX). Die Preisangaben der unvermeidlichen Ungleichheiten wegen ganz wegzulassen, schien dem Verfasser nicht im Interesse des reisenden Publikums zu liegen.

Für Gasthofbesitzer, Restaurateure u. s. w. sei noch bemerkt, daß die Empfehlungen dieses Handbuchs auf keine Weise zu erkaufen sind, *auch nicht in der Form von Inseraten.*

# Inhalts-Verzeichnis.

---

## Verzeichnis der Karten.

*(Vergl. die Uebersichtskarte hinter dem Register.)*

## Panoramen.



## Stadtpläne.

Basel, Bern, Chur, Genf, Konstanz, Lausanne, Lugano, Luzern, Mailand, Ragaz, Zürich.

---

## Abkürzungen.

Z. = Zimmer.
L. = Licht.
B. = Bedienung.
F. = Frühstück.
M. = Mittagessen.
o. W. = ohne Wein.
m. W. = mit Wein.
A. = Abendessen.
n., ö., s., w. = nördlich, östlich, südlich, westlich.
r. = rechts.
l. = links.
St. = Stunde.
M., Min. = Minute.
R. = Route.
m = Meter.
km = Kilometer.
kg = Kilogramm.
S. A.C. = Schweizer Alpenclub.
D. Ö. A.V. = Deutscher u. österr. Alpenverein.
C. A. I. = Club Alpino Italiano.

Das vorzugsweise Beachtenswerthe ist durch ein Sternchen (*) hervorgehoben.

Die hinter Orts- und Bergnamen eingeklammerten Zahlen bedeuten die Höhe des Orts über dem Meeresspiegel, die Kilometerangaben im Verfolg einer Route die Entfernung des Ortes vom Ausgangspunkt der Route.

---

## I. Reiseplan.

### Reisezeit. Zeiteintheilung.

Ein genauer vor Antritt der Reise entworfener Reiseplan schützt vor Zeit- und Geldverschwendung. Mit Hülfe des vorliegenden Buchs wird es nicht schwer werden, Reisetage, Nachtlager, ja selbst die Verwendung einzelner Stunden vorher genau zu bestimmen, wobei freilich gutes Wetter vorausgesetzt wird. Entbehrliches Gepäck sende man mit der Packetpost (S. xx) postlagernd voraus.

**Reisezeit.** Die beste Zeit zu einer Gebirgs-Reise liegt zwischen der Mitte des Juli und der Mitte des September. Der August ist zu Wanderungen im Hochgebirge am meisten geeignet, namentlich sollte man Gletschertouren (S. xxii) nicht vor Ende Juli unternehmen. Mit dem Regen ist in höheren Gegenden selbst im Hochsommer häufig Schneefall verbunden, der auch zuweilen die Wege ungangbar macht. Solche Ereignisse sind indeß Ausnahmen. Gewöhnlich ist schon Anfangs Juni auf dem Rigi und den gewöhnlich besuchten Punkten des Berner Oberlandes der Schnee verschwunden; Furka, Grimsel und auch wohl Gemmi sind dagegen selbst im hohen Sommer selten ganz schneefrei.

**Zeiteintheilung.** Vier Wochen genügen, um einen rüstigen und ausdauernden Wanderer zu den bemerkenswerthesten Punkten zu bringen. Sie würden sich so vertheilen lassen:

| | Tage |
|---|---|
| Mit Dampfboot von *Friedrichshafen* oder *Lindau* nach *Konstanz*, mit Eisenbahn oder Dampfboot (R. 8) nach *Schaffhausen*, Eisenbahn nach *Dachsen*, den *Rheinfall* besichtigen, Eisenbahn nach *Zürich* (R. 12) . | 1 |
| *Zürich* und *Uetliberg* (R. 13) . . . . . . . . . . . . . . . . . . | 1 |
| Von *Zürich* mit Eisenbahn nach *Zug*, Dampfboot nach *Arth*, Eisenbahn nach *Rigikulm* (R. 23, 28, 26) . . . . . . . . . . . . | 1 |
| Rigibahn nach *Vitznau*; Dampfboot nach *Luzern* (R. 26, 25, 24) . . . | 1 |
| Ueber den *Vierwaldstätter See* (R. 25) nach *Brunnen* (*Rütli*, *Axenstein* etc.) | 1 |
| Dampfboot nach *Flüelen*, Gotthardbahn nach *Göschenen*, Gotthardstraße nach *Andermatt* (R. 25, 30, 31) . . . . . . . . . . . | 1 |
| Mit der Post über die *Furka* zum *Rhonegletscher* (R. 33), zu Fuß über die *Grimsel* nach dem *Grimselspital* (R. 52) . . . . . . . . . . | 1 |
| Zu Fuß das *Haslithal* hinab (Handeggfall) nach *Meiringen* (R. 52, 49) . | 1 |
| Zu Fuß über die *Große Scheidegg* [auf das *Faulhorn* (R. 49, 48) . . | (1)] |
| nach *Grindelwald* (R. 47) . . . . . . . . . . . . . . . . | 1 |
| Zu Fuß über die *Wengernalp* nach *Lauterbrunnen* (R. 47, 45) . . . | 1 |
| Zu Fuß oder zu Pferde nach *Mürren*, zurück über *Trachsellauenen* (*Schmadrifall*); mit Bahn nach *Interlaken* (R. 46, 45) . . . . . . | 1 |
| *Interlaken* und Umgebungen (*Beatenberg*, *Gießbach*, *Scheinige Platte* etc.; R. 44) | 2 |
| Eisenbahn nach *Därligen*, Dampfboot nach *Spiez* [zu Fuß oder zu Pferde auf den *Niesen* (R. 43, 42) . . . . . . . . . . . . . . . | (1) |
| Zu Fuß vom Niesen nach *Frutigen*], mit Einsp. oder zu Fuß nach *Kandersteg* (R. 53) . . . . . . . . . . . . . . . . | 1 |
| (In *Kandersteg*: *Oeschinensee*, *Gasternthal* etc.) . . . . . . . . . | (1) |
| Zu Fuß über die *Gemmi* nach *Bad Leuk*, zu Fuß oder mit der Post nach Station *Leuk* (R. 53); Eisenbahn nach *Visp* und *Zermatt* (R. 84) | 1 |
| Zu Fuß zum *Riffelhaus* und auf den *Gornergrat*, zurück nach *Zermatt* (R. 85) . . . . . . . . . . . . . . . . . . . . | 1 |

| | Tage |
|---|---|
| Andere Ausflüge von Zermatt (*Gorner Klamm, Schwarzsee* etc.) (R. 85) | 1 |
| Zurück nach *Visp* (R. 84) und Eisenbahn nach *Martigny* (R. 80) . . | 1 |
| Zu Fuß über den *Col de Balme* oder die *Tête-Noire* nach *Chamonix* (R. 74, 75) . . . . . . . . . . . . . . . . . . . . | 1 |
| In *Chamonix* (R. 73) . . . . . . . . . . . . . . . . . . . . | 1-2 |
| Mit Omnibus und Eisenbahn nach *Genf* (R. 72, 65) und in Genf . . . | 1-2 |
| Mit Dampfboot über den *Genfer See* (R. 66) nach *Montreux* (*Chillon, Glion* etc.) | 1 |
| Mit Eisenbahn nach *Lausanne*, einige Stunden in Lausanne, Nachm. über *Freiburg* nach *Bern* (R. 66, 62) . . . . . . . . . . . . | 1 |
| Morgens in Bern (R. 40), Mittags mit Eisenbahn nach *Basel* (R. 4) . . | 1 |

Weitere Tage mögen der **östlichen Schweiz** und den **oberitalienischen Seen** zugewendet werden.

| | |
|---|---|
| Von Rorschach oder Zürich nach *Pfäfers* und *Chur* (R. 89, 90) . . . . | 1 |
| Mit der Post nach *Thusis*, zu Fuß durch die *Via Mala* bis zur dritten Brücke und zurück (R. 96), zu Fuß auf der *Schynstraße* (S. 361) nach *Tiefenkasten* . . . . . . . . . . . . . . . . | 1 |
| Mit Post über den *Julier* nach *Silvaplana* (R. 100) und *St. Moritz* (R. 101) | 1 |
| Zu Wagen zum *Maloja* und zurück (R. 101), Nachm. nach *Pontresina* (R. 102) . . . . . . . . . . . . . . . . . . . . | 1 |
| In *Pontresina* (*Morteratsch-* u. *Roseg-Gletscher, Piz Languard* etc.; R. 102) | 2-3 |
| Mit Post über den *Bernina* nach *Tirano* und *Sondrio*, mit Bahn nach *Colico* (R. 104), mit Dampfboot nach *Bellagio* (R. 113) . . . . . . | $1^1/_2$ |
| In *Bellagio* (*Villa Serbelloni, Carlotta* etc.); Nachm. über *Menaggio* und *Porlezza* nach *Lugano* (R. 112, 108) . . . . . . . . . . . . | 1 |
| Dampfboot nach *Ponte-Tresa*, Eisenbahn nach *Luino* (R. 112), Dampfboot zu den *Borromeischen Inseln* und nach *Pallanza* oder *Stresa* (R. 110) | 1 |
| Mit Dampfboot nach *Laveno* und mit der Gotthardbahn zurück nach *Luzern* | 1 |
| Oder: Mit Eisenbahn u. Post über den *Simplon* nach *Brig* (R. 80) . . | 1 |

Dieser Reiseplan wird in seinem ganzem Umfange selten zur Ausführung gelangen, doch lassen sich mit Hülfe desselben und des Handbuchs leicht kürzere Reiserouten zusammenstellen, wie nachstehende Beispiele zeigen mögen.

*I. Achttägige Tour* von Basel aus (Rigi, Berner Oberland, Rhonegletscher, Gotthardbahn).

1. Tag. Von *Basel (Konstanz, Romanshorn)* nach *Zürich. Uetliberg.*
2. T. Über *Zug* und *Arth* auf den *Rigi* und nach *Luzern.*
3. T. Mit der *Brünigbahn* (einschl. des *Pilatus* $^1/_2$-1 Tag mehr) nach *Meiringen* (*Aareschlucht*) und *Brienz*, Dampfboot nach dem *Gießbach* und *Bönigen*, Bahn nach *Interlaken.*
4. T. Nach *Lauterbrunnen* und über *Wengernalp* nach *Grindelwald.*
5. T. Über die *Große Scheidegg* nach *Im-Hof.*
6. T. Durchs *Haslithal* zum *Grimselhospiz.*
7. T. *Grimsel, Rhonegletscher, Furka, Andermatt* oder *Göschenen.*
8. T. Nach *Flüelen, Luzern* und *Basel.*

*II. Zwölf- bis vierzehntägige Tour* (Rigi, Berner Oberland, Zermatt, Gemmi).

1.-6. Tag wie in Tour I.
7. T. Über die *Grimsel* zum *Rhonegletscher;* Post nach [*Fiesch;* zu Fuß oder Pferd zum *Hôtel Jungfrau.*
   [1. Zusatz-Tag. Früh aufs *Eggishorn;* über *Riederalp* nach *Belalp.*
   [2. Z.-T. *Sparrhorn;* hinab nach] *Brig.*
8. T. Eisenbahn nach *Visp* und *Zermatt.*
9. T. Auf den *Gornergrat* etc.
10. T. Zurück nach *Visp.*
11. T. Nach dem *Leuker Bad* und über die *Gemmi* nach *Kandersteg.*
12. T. Nach *Spiez* etc.

*III. Sechzehntägige Tour* (Rigi, Berner Oberland, Zermatt, Chamonix, Genfer See).

1.-9. Tag wie in Tour II.
10. T. Zurück nach *Visp* und Eisenbahn nach *Martigny*.
11. T. Über *Col de Balme* oder *Tête Noire* nach *Chamonix*.
12. T. In *Chamonix*.
13. T. Über *Salvan* nach *Vernayaz*, Eisenbahn nach *Montreux*.
14.-15. T. Nach *Vevey*, *Lausanne* und *Genf*.
16. T. Nach *Freiburg*, *Bern* und *Basel*.

*IV. Siebzehn- bis zwanzigtägige Tour* (Rigi, Berner Oberland, Süd-Wallis, Chamonix).

1.-8. Tag wie in Tour II.
9. T. Auf den *Gornergrat* u. zurück nach *St. Niklaus*.
10. T. Über den *Augstbordpaß (Schwarzhorn)* nach *Gruben*.
11. T. Über den *Meidenpaß (Bella Tola)* nach *St-Luc*.
12. T. Nach *Vissoye* und *Zinal*.
13. T. Über den *Col de Torrent* nach *Evolena*.
14. u. 15. T. In *Evolena (Arolla, Ferpècle)* und zurück nach *Sion*.
16. u. 17. T. Über die *Gemmi* oder über *Lausanne* u. *Freiburg* nach *Bern*.

Oder:

15. T. Von Evolena nach *Sion* und *Martigny*.
16.-20. T. Über *Chamonix* und *Genf* nach *Basel*; vgl. Tour III.

*V. Siebentägige Tour* (Berner Oberland, Rigi, Gotthardbahn, Oberital. Seen).

1. Tag. Von *Basel* nach *Bern* und *Interlaken*.
2. T. Nach *Lauterbrunnen* und über *Wengernalp* nach *Grindelwald*.
3. T. Über die *Große Scheidegg* nach *Meiringen*.
4. T. Über den *Brünig* nach *Alpnach-Stad* (auf den *Pilatus*) und *Luzern*.
5. T. Mit der Gotthardbahn nach *Laveno* und *Stresa (Borrom. Inseln)*.
6. T. Über *Luino* und *Lugano* nach *Bellagio*.
7. T. Dampfboot nach *Como*; mit der Gotthardbahn zurück nach *Basel*.

*VI. Acht- bis zehntägige Tour* (Rigi, Vierwaldstätter See, St. Gotthard, Oberital. Seen, Splügen).

1. T. Von *Basel* nach *Luzern* und über *Arth* auf den *Rigi*.
2. T. Hinab nach *Vitznau*, Dampfboot nach *Brunnen (Axenstein, Rütli* etc.).
[1. Z.-T. Nach *Amsteg* und ins *Maderaner Thal*.
[2. Z.-T. Über die *Stafeln* zurück nach *Amsteg* und die *Gotthardstraße* hinauf nach *Göschenen*.]
3. T. Mit der Gotthardbahn nach *Locarno*.
4. T. Nach den *Borrom. Inseln*, zurück nach *Luino* und *Lugano*.
5. T. Über *Como* oder *Porlezza* nach *Bellagio*.
6. T. In *Bellagio*; Nachm. nach *Colico* und *Chiavenna*.
7. T. Über den *Splügen* nach *Chur*.
8. T. Nach *Zürich* und *Basel*.

*VII. Zwölf- bis vierzehntägige Tour* (die gleiche Route mit Einschluß des Ober-Engadin).

1.-5. Tag wie in Tour VI.
6. T. Nach *Chiavenna* und durchs *Bergell* nach *Casaccia*.
7. T. Über den *Maloja* nach *St. Moritz* und *Pontresina*.
8. u. 9. T. In *Pontresina* (*Piz Languard* etc.).
10. T. Über den *Albula* nach *Tiefenkasten*.
11. T. Durch den *Schynpaß* nach *Thusis (Via Mala)* und *Chur*.
12. T. Nach *Ragaz* und *Zürich*.

*VIII. Sechzehn- bis achtzehntägige Tour* (die gleiche Route mit Einschluß des Veltlin und Unter-Engadin).

1.-8. Tag wie in Tour VII.
9. Tag. Über den *Bernina* nach *Tirano*.

10. T. Durchs *Veltlin* nach *Bormio*.
11. T. Über das *Wormser Joch* (*Piz Umbrail*) nach *St. Maria* im *Münsterthal* (oder über das *Stilfser Joch* nach *Trafoi*, mit Wagen nach *Spondinig*).
12. T. Über den *Ofen-Paß* nach *Zernez* (oder von Spondinig zu Wagen über *Nauders* und *Martinsbruck* nach *Schuls*).
13. T. Über den *Flüela-Paß* nach *Davos*.
14. T. *Landwasser-Route* nach *Tiefenkasten*.
15. u. 16. Tag wie in Tour VII.

Die vorstehenden Routen sind für bequeme Reisende berechnet und berühren nur viel besuchte und leicht zu erreichende Punkte. Der rüstige und durch wiederholten Besuch mit dem Lande vertraut gewordene Wanderer wird es vorziehen, der großen Touristenstraße möglichst fern zu bleiben und sich aus der unerschöpflichen Fülle interessanter Pässe und Bergtouren, welche die Schweiz bietet, einen ihm zusagenden Reiseplan zusammenzustellen, wozu er die nöthigen Fingerzeige in dem vorliegenden Handbuch finden wird.

Von den großen **Alpen-Übergängen** erreicht keiner an landschaftlicher Schönheit den *St. Gotthard* (R. 30, 31); derselbe wird seit Eröffnung der Gotthardbahn von der Mehrzahl der Schweizer Reisenden besucht, doch geht selbstverständlich vom Waggonfenster aus vieles Schöne verloren. Der *Splügen* (R. 96, 97) bietet auf der Nordseite gleichfalls sehr sehenswerthe Partieen, die der *Bernardino* (R. 98) mit ihm theilt. Von den Übergängen nach dem Engadin (Julier, Albula, Flüela) ist der *Albula-Paß* (R. 99) in Verbindung mit der *Schynstraße* (S. 361) am meisten zu empfehlen, vom Engadin nach dem Comer See der *Maloja* (R. 101, 105). Auch die *Berninastraße* (R. 104) hat durch Eröffnung der Veltliner Bahn (Sondrio-Colico, S. 401) sehr an Bequemlichkeit gewonnen. In der Westschweiz hat der *Simplon* (R. 80) eine viel benutzte und auch in landschaftlicher Hinsicht ausgezeichnete Straße. Der gleichfalls viel begangene Weg über den *Großen St. Bernhard* (R. 78) ist trotz des berühmten Namens am wenigsten lohnend.

**Berühmte Aussichtspunkte:**

1) Im Jura (Fernsicht auf die Alpenkette, im Vordergrund die Hügel-Schweiz und bei den westlicher gelegenen Punkten Bieler, Neuenburger und Genfer See) *Hôtel Schweizerhof* (S. 25) am Rheinfall; *Magglingen* (S. 11) bei Biel; der *Weißenstein* (S. 15) bei Solothurn; die *Frohburg* (S. 12) bei Olten; *Chaumont* (S. 190), *Chasseral* (S. 188) und *Tête de Rang* (S. 191) im Kanton Neuchâtel; *Signal de Chexbres* (S. 200), *Signal de Bougy* (S. 218), *Dôle* (S. 217), *Mont Tendre* (S. 208) und *Dent de Vaulion* (S. 208) im Kanton Waadt.

2) Den Alpen näher gelegen oder in den Voralpen selbst:

a) auf der Nordseite der Alpen: *Kaien* (S. 52), *Hoher Kasten* (S. 54) und *Sentis* (S. 54) im Kanton Appenzell; *Uetliberg* (S. 37) und *Bachtel* (S. 41) bei Zürich; *Speer* (S. 42) bei Weesen; *Alvier* (S. 44) bei Sargans; *Rigi* (S. 82), *Pilatus* (S. 90), *Seelisberger Kulm* (S. 78), *Frohnalp* (S. 79) und *Mythen* (S. 99) am Vierwaldstätter See; *Napf* (S. 126) im Entlebuch; *Schänzli* (S. 136) und *Gurten* (S. 136) bei Bern; *Moléson* (S. 234) und *Jaman* (S. 235) im Kanton Freiburg; *Salève* (S. 214) und *Voirons* (S. 214) in Savoyen, bei Genf; *Chamossaire* (S. 228) bei Villars.

b) auf der Südseite der Alpen: *Monte Generoso* (S. 418), *Monte S. Salvatore* (S. 416) und *Monte Brè* (S. 416) am Luganer See; *Monte Motterone* (S. 429) am Lago Maggiore; *Becca di Nona* (S. 276) bei Aosta; *Crammont* (S. 275) bei Pré-St-Didier.

3) In den Hochalpen: *Niesen* (S. 140), *Amnisbühel* (S. 142), *Heimwehfluh* (S. 146), *Schelnige Platte* (S. 147), *Abendberg* (S. 148), *Faulhorn* (S. 161), *Wengernalp* (S. 156), *Männlichen* (S. 160), *Brienzer Rothhorn* (S. 167), *Mürren* (S. 151), *Schilthorn* (S. 152), *Gemmi* (S. 177) im Berner Oberland; *Pizzo Centrale* (S. 109) am St. Gotthard; *Furkahorn* (S. 114), *Kleines Siedelhorn* (S. 172), *Eggishorn* (S. 297), *Sparrhorn* (S. 290), *Torrenthorn* (S. 179), *Pierre à voir* (S. 231),

*Mont Brûlé* (S. 280), *Gornergrat* (S. 314), *Schwarzhorn* (S. 311), *Bella Tola* (S. 309), *Pic d'Arsinol* (S. 306) im Kanton Wallis; *Col de Balme* (S. 269), *Flégère* (S. 260) und *Brévent* (S. 261) bei Chamonix; *Piz Umbrail* (S. 406) am Stilfser Joch; *Muottas Muraigl* (S. 389), *Schafberg* (S. 387), *Piz Languard* (S. 388), *Piz Ot* (S. 384), *Schwarzhorn* (S. 343), *Stätzerhorn* (S. 372), *Piz Mundaun* (S. 351), *Piz Muraun* (S. 354) im Kanton Graubünden.

## II. Reisekosten. Münzwesen.

Die Ausgaben auf einer Schweizer Reise, wie auf jeder andern, richten sich vor allen Dingen nach dem Beutel des Reisenden, wie nach seiner ganzen Art, seinen Gewohnheiten und Neigungen. Der Fußgänger kann die täglichen Ausgaben, jedoch ohne einen Führer, mit 12–15 fr. bestreiten, selbst wenn er in den großen Gasthöfen einkehrt; zieht er die kleinen vor, so reist er noch billiger. Da indeß Führer in manchen Fällen nicht zu entbehren sind, auch Fahrgelegenheiten und Table d'hôte sich nicht überall umgehen lassen, so dürfte sich der tägliche Durchschnittssatz in der Regel auf mindestens 20 fr. stellen. Die Fortschaffungs-Kosten auf Eisenbahnen, mit Eilwagen, auf Dampfschiffen oder mit Lohnkutschern sind denen der besuchteren Gegenden Deutschlands ziemlich gleich. Ein Reisender, der gewohnt ist, in großen Gasthöfen einzukehren und auf der Landstraße nicht zu Fuß zu gehen, kann einschließlich der Fortschaffungskosten auf eine tägliche Ausgabe von 25–30 fr. rechnen.

Die Schweiz hat den französischen Münzfuß und prägt Stücke von 5, 2, 1 u. $^1/_2$ Franken in Silber (man hüte sich vor den Stücken aus den Jahren 1859–63 mit der sitzenden Helvetia, die keinen Kurs mehr haben, sowie vor päpstlichen 1 u. $^1/_2$ Lire-Stücken und andern fremden Münzen, die den Fremden beim Wechseln gern aufgehängt werden; Tafeln mit Abbildungen der ungültigen Stücke finden sich in jedem Postbureau); 20, 10 und 5 Centimestücke in Billon, 2 und 1 Centimestücke in Kupfer. 1 fr. = 100 Centimes (Rappen) = 20 Sous (à 5 Cent.) = 80 Pfg. oder 48 kr. österr. Französ. Gold ist das bequemste und sicherste Verkehrsmittel; deutsche Zwanzig-Markstücke (Goldwerth 24 fr. 69$^1/_5$ c.) werden zu 24 fr. 50–60 c., Hundert-Mark-Noten (Goldwerth 123 fr. 45 c.) meist zu 123 fr. angenommen.

## III. Gasthöfe und Pensionen.

Die gewöhnlichen Preise der großen Gasthöfe sind: Zimmer von 2$^1/_2$ fr. an, Licht 1 fr., Bedienung 1 fr., Frühstück (Thee oder Kaffee mit Brod, Butter und Honig) im Speisesaal 1$^1/_2$, im eigenen Zimmer 2 fr., Table d'hôte 4–6 fr. In den kleinern Häusern zahlt der Ausländer (der Schweizer noch weniger) für das Zimmer 1–1$^1/_2$ fr., Frühstück 1 fr., Mittagessen 2–3 fr., für das Licht nichts und für die Bedienung nach Belieben, also kaum die Hälfte des Betrags, den die großen Gasthöfe rechnen. Solche *billige kleinere Häuser* sind schlichten, namentlich Fußreisenden in der Regel weit mehr zu empfehlen, als die großartigen Hôtels neuesten Stils, in welchen die bessern Zimmer für Familien oder zu erwartende Vorausbestellungen (S. xix) aufbewahrt werden, während einzelne Reisende, zumal in der Hauptreisezeit, vier Treppen hoch steigen müssen oder ein kleines Zimmer nach dem Hofe hinaus erhalten, ohne daß die Zeche billiger wäre. Dem Verfasser ist's indeß auch wohl begegnet, daß er in kleinen Häusern die hohen Preise der großen hat zahlen müssen. Eine ganz feste Regel läßt sich bei Gasthöfen nicht aufstellen. Die Behandlung ist von gar zu viel Zufälligkeiten abhängig; nicht den unwesentlichsten Theil daran haben die Kellner und Oberkellner und sonstigen Dienstleute, mit deren Wechsel oft ein ganz anderes System eintritt. Übrigens wird auch die Behandlung der Gäste vielfach durch ihr eigenes Auftreten bedingt. Wer mit schweren Koffern reist, mit viel Lärm und Ansprüchen ankommt, Zimmer und Betten tadelt, Speisen und Getränke nicht nach seinem Geschmack findet und am Ende mit einer Tasse Thee sich begnügt, wer hundert Bedürfnisse hat und zur Befriedigung derselben jedesmal die Schelle in Bewegung setzt, darf sich gar nicht beklagen, wenn er für das Zimmer den doppelten und dreifachen Preis zahlen muß.

An allen besuchtern Orten der Schweiz giebt es sog. **Pensionen**, d. h. hauptsächlich oder ausschließlich zu längerm Aufenthalt eingerichtete Gasthäuser. Auch die meisten Hôtels pflegen bei längerm Aufenthalt *Pensions-Preise* zu berechnen, d. h. sie nehmen bei einem Aufenthalt von mindestens 8 Tagen Gäste zu bestimmten Preisen auf, für Zimmer, Frühstück, Mittag- und Abendessen von $4^1/_2$ fr. an bis zu 8 fr. und mehr, Bedienung c. 5 fr. monatlich (neuerdings wird vielfach unter „Pension" nur die Verpflegung verstanden und Zimmer extra berechnet, wonach man sich also vorher erkundige). Ein solches Abkommen hat besonders für Familien seine großen Annehmlichkeiten und ist natürlich viel billiger als das Reisen von Ort zu Ort.

Einige der besuchtesten dieser **Pensions-Orte** sind nachstehende:

In der nördlichen Schweiz: *Weißenstein* (1287m, S. 15) bei Solothurn; *Magglingen* (900m, S. 11) bei Biel; *Frohburg* (845m, S. 12) bei Olten; *Langenbruck* (718m, S. 12); *Fridau* (700m, S. 13); *Chaumont* (1172m, S. 190) bei Neuchâtel; *Zürich* (412m, S. 31) u. *Uetliberg* (873m, S. 37); *Wädensweil* (S. 39) u. a. O. am Züricher See (408m); *Schönfels* und *Felsenegg* (940m; S. 69) bei Zug; *Wesen* (430m, S. 42) und *Murg* (S. 43) am Walensee; *Obstalden* (682m; S. 43); *Stachelberg* (664m, S. 60); *Vorauen* (838m) u. *Richisau* (1095m) im Klönthal (S. 64); *Heinrichsbad* (700m, S. 47) bei Herisau; *Rorschach* (400m, S. 48); *Walzenhausen* (678m, S. 49) bei Rheinegg; *Heiden* (806m, S. 51), *Gais* (938m, S. 53), *Weißbad* (820m, S. 53) in Appenzell.

Am Vierwaldstätter See (437m): *Luzern* (S. 71); *Meggen* (S. 94); *Hertenstein* (S. 76); *Weggis* (S. 76); *Beckenried* (S. 77); *Vitznau* (S. 75); *Gersau* (S. 77); *Brunnen* (S. 79); *Axenstein* (710m, S. 79) u. *Axenfels* (680m, S. 79); *Seelisberg* (845m, S. 78); *Bürgenstock* (870m, S. 89); *Stoos* (1293m, S. 79); *Rigi-Klösterli* (1317m, S. 83), *Kaltbad* (1433m), *First* (1448m), *Staffel* (1604m) und *Scheidegg* (1648m). — Im Kant. Luzern: *Schwarzenberg* (841m, S. 125); in Unterwalden: *Engelberg* (1019m, S. 116); *Nieder-Rickenbach* (1167m, S. 115); *Melchsee-Frutt* (1880m, S. 119); in Uri: *Amsteg* (522m, S. 101); *Maderaner Thal* (1354m, S. 111); *Andermatt* (1444m, S. 108); *Hospenthal* (1484m, S. 108); *St. Gotthard* (2095m, S. 109).

Im Berner Oberland: *Bern* (538m, S. 131); *Thun* (562m, S. 137); *Oberhofen* (S. 141), *Gunten* (S. 141), *Spiez* (S. 141) am Thuner See (560m); *Aeschi* (859m, S. 174); *Gurnigelbad* (1153m, S. 139); *Interlaken* (568m, S. 143); *Beatenberg* (1148m, S. 142; *Abendberg* (1139m, S. 148); *Gießbach* (620m, S. 168) am Brienzer See; *Mürren* (1636m, S. 151); *Wengen* (1319m, S. 156); *Grindelwald* (1057m, S. 159); *Meiringen* 599m, S. 165); *Engstlenalp* (1839m, S. 122); *Adelboden* (1356m, S. 180); *Kandersteg* (1169m, S. 175); *Lenk* (1070m, S. 182).

Am Genfer See, im Rhonethal etc.: *Genf* (375m, S. 203); *Ouchy* (S. 218); *Lausanne* (S. 219); *Vevey* (S. 221); *Montreux* (S. 224); *Glion* (724m, S. 225); *Aigle* (419m, S. 228); *Bex* (435m, S. 229); die *Ormonts* (1129m, S. 233); *Gryon* (1107m, S. 237); *Villars* (1215m, S. 228); *Château-d'Oex* (994m, S. 236); *Champéry* (1052m, S. 241); *Fiesch* (1071m, S. 297); *Belalp* (2137m, S. 289); *Eggishorn* (2193m, S. 297); *Zermatt* (1620m, S. 313), *Riffelalp* (2227m, S. 314) und *Riffelberg* (2569m, S. 314); *Fee* (1798m, S. 323); *St-Luc* (1675m, S. 309); *Zinal* (1678m, S. 306); *Evolena* (1378m, S. 303); *Chamonix* (1050m, S. 257).

In Graubünden: *Samaden* (1728m, S. 383); *Pontresina* (1803m, S. 384); *St. Moritz* (1856m, S. 381); *Sils-Maria* (1797m, S. 378); *Schuls* (1210m, S. 394); *Davos* (1556m, S. 344); *Arosa* (1840m, S. 347); *Klosters* (1209m, S. 341); *Seewis* (932m, S. 340); *Waldhäuser* (1102m, S. 351) bei Flims; *Thusis* (756m, S. 360); *Disentis* (1150m, S. 354); *Wiesen* (1439m, S. 346); *Churwalden* (1240m, S. 372); *Parpan* (1511m, S. 372).

Auf der Südseite der Alpen: *Airolo* (1145m, S. 103), *Faido* (717m, S. 104), *Bignasco* (434m, S. 421) im Kanton Tessin; *Macugnaga* (1327m, S. 320); *Gressoney* (1627m, S. 325); *Lugano* (284m, S. 414); *Bellagio* (S. 437), *Cadenabbia*, *Menaggio* etc. am Comer See (216m); *Pallanza* (S. 426), *Baveno* (S. 426) u. *Stresa* (S. 427) am Lago Maggiore (197m); *Monte Generoso* (1100m, S. 418) u. *Lanzo d'Intelvi* (950m; S. 419) beim Luganer See.

Bezüglich der Gasthöfe mögen hier noch einige auf Erfahrung beruhende **Rathschläge** folgen.

Wer die Absicht hat, sich längere Zeit an einem Ort aufzuhalten, wird gut thun sich vorher von Hause schriftlich mit dem betr. Gastwirth in Verbindung zu setzen. Man wird dann vielfach einen billigern Preis erzielen, als wenn man erst an Ort und Stelle selbst die Einigung versucht. Auch hat man, wenn man sich an mehrere Wirthe wendet, Gelegenheit, zu vergleichen. Man bedinge aber ein gutes Zimmer mit Aussicht, im 1. oder 2. Stock, Bedienung und Licht einbegriffen.

Bei längerm Aufenthalt zahle man alle 2-3 Tage, oder lasse sich die Rechnung geben. Es kann leicht vorkommen, daß etwas in Rechnung gebracht ist, wovon der Reisende nichts weiß, auch beim Summiren findet wohl ein Irrthum statt. Bezahlt man alle 2-3 Tage, so lassen sich die Irrthümer noch feststellen, was später schwieriger wird. Beabsichtigt man, früh Morgens abzureisen, so bestelle man die Rechnung am Abend vorher, bezahle sie aber erst im Augenblick der Abreise, sofern man nicht größere Beträge in Gold oder Papier wechseln zu lassen genöthigt ist. Nicht selten wird mit Ueberreichung der Rechnung bis zum letzten Augenblick gezögert, wo denn freilich eine Erörterung der „Irrthümer" nicht mehr zulässig ist, und der Reisende lieber rasch bezahlt, was gefordert wird, um nur nicht den Abgang des Bahnzugs oder Dampfboots zu versäumen.

Ohne geschriebene Rechnung die Zeche zu zahlen, ist, um jede Gelegenheit zu „Irrthümern" zu vermeiden, abzurathen. Ein vorsichtiger Reisender wird selbst das summarische Verfahren auf den Wirthshausrechnungen sich verbitten, wobei nicht selten *„déjeuner, dîner, vin, café"* etc. durch eine einzige Zahl ausgedrückt wird. In dieser Form ist es allerdings schwierig, die „Irrthümer" sogleich zu erkennen.

Im hohen Sommer pflegen die Gasthöfe viel besuchter Orte gegen Abend oft so voll zu sein, daß man Mühe hat, ein Unterkommen zu finden, und von einem Gasthof zum andern verwiesen wird. Bestellt man sich aber Morgens vermittelst Telegramms (S. XXVII) Quartier, so kann man im allgemeinen sicher sein, es Abends bereit zu finden.

In den Schlafzimmern achte man besonders darauf, daß die Betten nicht an der äußern Hauswand stehen und daß das Kopfende an der Fensterseite ist. Durch ersteres werden leicht Erkältungen herbeigeführt, durch den

Blick beim Erwachen ins helle Fenster oder gar in die Sonne Augenkrankheiten und Kopfschmerzen.

Das Unwesen der Trinkgelder hat in letzter Zeit bedeutend zugenommen. Die Abhülfe liegt in den Händen der Reisenden selbst: nämlich überall, wo für Bedienung ein Betrag bereits in Rechnung gestellt ist, grundsätzlich nichts weiter zu geben. In einer Anzahl der ersten Gasthöfe ist übrigens neuerdings den Hôtel-Angestellten die Annahme von Trinkgeldern seitens der Besitzer untersagt.

In den großen Hôtels sind jetzt vielfach die Preise für Z., L., B., F., M., Pens. etc. in allen Zimmern angeschlagen, eine Einrichtung, die sich allen soliden Gasthäusern zur Nachahmung empfiehlt.

## IV. Paß. Zoll.

In der Schweiz selbst braucht man keinen Paß, ebensowenig in Italien, Oesterreich und Frankreich. Da es aber zuweilen von großer Annehmlichkeit sein kann, irgend ein Legitimationspapier vorweisen zu können, so empfiehlt es sich, sich wenigstens mit einer Paßkarte zu versehen. — An der Schweizer Grenze findet eine leichte Zollrevision statt. 100 Stück Cigarren kosten 1 fr.

## V. Fuß-Reisen.

**Ausrüstung.** Nicht zu leichter Anzug aus Wollenstoff; Hemden von feinem engl. Flanell oder die überall leicht zu beschaffenden Jäger'schen Normalhemden; weiche wollene Strümpfe; leichter Filzhut mit Sturmband; Sommer-Ueberrock, oder ein leichter engl. Gummi-Regenmantel, lodener Wettermantel oder Plaid. Unbedingt nothwendig sind starke dauerhafte, nicht neue, sondern gut eingetretene doppelsohlige Schuhe, mit niedrigen breiten Absätzen, auf der Spanne zu schnüren und gut anliegend, aber mit hinlänglichem Platz für die Zehen, besonders nach vorn. Zu größern Gebirgswanderungen, namentlich wo Gletscher und Schneefelder im Bereich derselben liegen, gehören eigene feste, mit starken, scharfen Nägeln beschlagene Bergschuhe. Bei diesen aber ist es ganz besonders nöthig, daß sie vorher gehörig eingetreten sind und weder drücken noch reiben; die kleinste Wunde am Fuß, und sei es nur aufgeriebene Haut, kann die ganze Reise vereiteln. Man thut am besten, die Schuhe zu Hause anzuschaffen, einzutreten und erst in der Schweiz benageln zu lassen; dieselben müssen nicht gewichst, sondern eingefettet werden (Ricinusöl gutes Schmiermittel).

Damen, die Hochgebirgstouren unternehmen wollen, müssen sich gleichfalls mit derben doppelsohligen benagelten Schuhen ausrüsten, die aber ja nicht zu hoch und hinten gehörig gesteift sein sollen, damit sie an der Achillesferse nicht reiben. Der Anzug besteht am besten aus einem kurzen faltigen Damenrock von Flanell mit Jacke (darunter eine Blouse oder Tricot-Taille, falls die Jacke abgelegt werden soll) und Hose, die am Knie geschlossen sein muß, aber die Bewegung nicht hindern darf. Wollne Unterkleider, dicke wollene Strümpfe, Gamaschen, lederner Gürtel, lederner Riemen zum Aufschürzen des Rocks, waschlederne lange Handschuhe, Schleier, Schutzbrille sind unentbehrlich. Das Corsett darf nicht fest geschnürt sein, um das Athmen nicht zu erschweren.

Die weitere Ausrüstung wird je nach den individuellen Bedürfnissen des Touristen von größerm oder geringerm Umfange sein. Nothwendig sind u. a. ein Paar leichte lederne Hausschuhe; ein

Paar baumwollene und ein Paar derbe wollene Handschuhe; ein solides Taschenmesser mit Korkzieher; lederne Trinkbecher; Feldstecher; Feldflasche; Nähzeug; Verbandzeug (Touristen-Apotheke); nützlich ein kl. Kompaß; Taschenlaterne; Taschen-Thermometer; Aneroid-Barometer. Wer sich auf gewöhnliche Touren beschränkt, wird sich mit Vortheil eines *Regenschirms* bedienen, der jedoch außer einem starken Stock und bequemem, am besten hakenförmigem Griff unten eine starke eiserne Zwinge aufzuweisen hat. Für Hochgebirgstouren ist ein *Bergstock* unentbehrlich; derselbe muß aus festem Eschen- oder Nußholz, von der Länge des Trägers und mit einer starken Eisenspitze versehen sein. Für Gletscherwanderungen sind wollene Gamaschen, die bis an die Kniee reichen, und graue oder blaue Gletscherbrillen mit Drahtgeflecht nothwendig; für größere und schwierigere Touren außerdem Eisaxt, Seil und Steigeisen.

Zum Tragen des Handgepäcks bedient man sich am besten des jetzt auch in der Schweiz viel gebrauchten Rucksacks („Schnerpfer"), einer ledernen Reisetasche (mit Vorrichtung um sie auf dem Rücken zu tragen) oder eines bequemen Tornisters, der aber selbstverständlich nur das Allernothwendigste enthalten darf. Für eine vierzehntägige Tour genügt, außer dem Anzug den man trägt, ein Flanellhemd, 3–4 Paar wollene Strümpfe, einige Kragen, Taschentücher etc., Hausschuhe, Toilettenzeug; weitere Ausrüstungsgegenstände s. ob.

Das Gewicht, welches ein Tornister haben darf, wird natürlich je nach Kraft und Geübtheit des Trägers ein sehr verschiedenes sein. Zu schwer sollte derselbe schon deßhalb nicht sein, weil man, wenn der Führer das Gepäck trägt, bei mehr als 8 kg Gewicht in der Regel das Uebergewicht pro Kilogr. und Stunde zu bezahlen hat, was bei längeren Wanderungen die Kosten nicht unwesentlich erhöht. Neulinge sind vor einem schweren Tornister besonders zu warnen. Wer nicht gewohnt ist, größere Fußreisen zu machen, den ermüdet das Gehen allein schon, selbst eine kleine Tasche kann dabei lästig, ein solcher Tornister aber unerträglich werden. Man täusche sich hier nicht, der Geist ist meist willig genug, namentlich vor Antritt der Wanderung, aber das Fleisch wird nur gar zu häufig und gar zu bald recht schwach.

Zu einer längern Reise mag noch ein mäßiger Reisesack oder Handkoffer mit einem zweiten Anzug, einigen Hemden, Strümpfen etc. mitgenommen werden, nicht größer aber, als daß man ihn, wenn es nicht anders sein kann, von der Post, dem Dampfboot oder dem Bahnhof in den nahen Gasthof selbst tragen kann. Es ist ein höchst angenehmes Gefühl, aller Gepäcksorge überhoben zu sein, und frank und frei Post, Dampfboot oder Bahnhof verlassen zu können. Den Reisesack sende man beim Beginn der Fußwanderung mit der Post voraus, *poste restante*, wofür bei der Aufgabe ein Empfangs-Schein für 5 cent. ertheilt wird.

**Wanderregeln.** Man beginne mit ganz kleinen Tagereisen, aber auch die längste sollte 10 Stunden nicht übersteigen. Die Wanderlust beschränke sich auf die eigentlichen Gebirgsgegenden. Erste Regel ist, Morgens zeitig auszuwandern. Nach einem Marsche von 2–3 Stunden mache man an einem geeigneten Platze, dessen Wahl man, falls man mit Führer geht, diesem überläßt, eine halbstündige Rast und genieße etwas von dem mitgenommenen Proviant

(s. unten). Kann man den Tagesmarsch so einrichten, daß man um die Mittagszeit am Ziele anlangt, so empfiehlt sich dies am meisten; andernfalls ruhe man während der heißen Tagesstunden (12-3 U.) und setze dann den Marsch fort. Das Nachtquartier suche man bei guter Zeit zu erreichen, um sicher Unterkunft zu finden. Abendessen nicht zu sparsam (die Abend-Table d'hôte, in der Regel um 7 Uhr, ist in der Schweiz fast allgemein eingeführt und nicht wohl zu vermeiden). Man treffe die nöthigen Anordnungen für den Weitermarsch am nächsten Morgen (Führer, Proviant etc.) und gehe früh zu Bett.

Wer eine größere Wanderung unternehmen will, befrage den Abend zuvor den Wirth oder irgend einen erfahrenen älteren Mann um ihre Meinung wegen des Wetters. Der Ausspruch der verdienstlustigen Führer darf hier nicht ausschließlich als maßgebend betrachtet werden. Zeichen dauerhafter *guter Witterung* ist, wenn Abends der Wind von den Höhen in die Thäler hinab weht, oder die Wolken sich zertheilen und auf den Höhen frischer Schnee gefallen ist. Bergaufwärts-Weiden des Viehes gilt als sicheres Zeichen beständigen Wetters. *Schlechte Witterung* steht bevor, sobald die fernen Gebirge, dunkelblau gefärbt, sich scharf vom Horizont abschneiden. Westwind, Staubwirbel auf den Straßen, bergan steigende Winde, sind ebenfalls Regen-Verkündiger. Ein Taschenaneroid (man hat deren ganz gute für 30-35 fr.) kann für die Wetterprognose von Nutzen sein.

An Nahrungsmitteln, welche sich zur Verproviantirung eignen, sind in den Gebirgs-Wirthshäusern meist kalter Braten, Speck, Salami, Eier, Käse, Butter vorhanden. Da der Magen des nicht an Anstrengungen gewöhnten Touristen leicht empfindlich wird und die Aufnahme derber Nahrung verweigert, empfiehlt es sich von Hause etwas Biscuit, Chocolade oder Conserven mitzunehmen. Gegen Durst ist kalter Thee oder Kaffee am besten; auch krystallisierte Citronensäure, die man mit Zucker in Wasser auflöst, wird empfohlen. Aus Gletscherwassern trinke man mit Vorsicht, keinenfalls ohne Beimischung von etwas Cognac oder Rum. In den Sennhütten giebt's immer Käse und Rahm (Nideln), eine gute und vorhaltende Nahrung für denjenigen, der sie vertragen kann. Wer das nicht kann, verdirbt sich leicht den Magen; Abends davon zu genießen, kann gefährlich werden. Selbst Milchfreunde mögen aber die Milch stets mit einem kleinen Zusatz von Kirschwasser oder Rum genießen.

Beim Bergsteigen gelte als Regel: langsam, gleichmäßig, unverdrossen. *(Chi va piano va sano; chi va sano va lontano.)* Mancher geübte Bergsteiger scheint namentlich bei steilen Bergen kaum vom Fleck zu kommen, er erreicht aber den Gipfel gewöhnlich früher, als der hastige, er schaut weniger vorwärts in die Höhe wie rückwärts auf die zurückgelegte Strecke. Unmittelbar nach der Mahlzeit stark zu gehen oder gar zu steigen, führt zu rascher Ermüdung. Nicht minder ermüdend ist es, neben einem Pferde herzugehen und mit diesem gleichen Schritt zu halten. Der Fußgänger, namentlich im vorgerückten Alter, darf bei seinen Wanderungen auf gar nichts Rücksicht nehmen, als auf seine Bequemlichkeit, und sich durch nichts bewegen lassen, größere und raschere Schritte zu machen; bei sehr steilen Bergen nicht mehr als 60 Schritte in der Minute, bei minder steilen 70, bergab und in der Ebene 100, wie das gerade der Persönlichkeit zusagt (bei rüstigen jüngeren Steigern wird das Tempo natürlich ein rascheres sein). Man nimmt an, daß in einer Stunde Zeit 325m (1000′) Höhe zu ersteigen sind. Für die Aussicht von den Höhen ist der Morgen und der beginnende Abend die günstigste Zeit, während sich um die Tagesmitte durch die Einwirkung der Sonne häufig störende Nebel und Wolken bilden, die dann gegen Abend wieder verschwinden. — Gletscher sollte man möglichst früh hinter sich haben, bevor die Sonnenstrahlen die Schneedecke, welche sich über seine Schründe und Spalten zieht, zu sehr erweicht haben. Über von der Sonne erweichte Schneefelder um die Mittagszeit bei großer Hitze und blendender Sonne bergan zu steigen ist höchst ermüdend. Bei dem Marsche über Gletscher oder Schneefelder nur am Seil und dies fest um den Leib gebunden; dasselbe muß so lang sein, daß ein Abstand von mindestens 3m zwischen je zwei Personen vorhanden ist, soll stets straff angezogen sein und nicht schleppen. Fast alle Unglücksfälle, die vorkommen, sind Folge einer leichtsinnigen Nichtbeachtung dieser Regel.

Völliger Ruhe gebe man sich, an Ort und Stelle angekommen, nicht sogleich hin, diese trete erst nach und nach ein. Ein kleiner Spaziergang nach kurzer Rast wird die Glieder gelenkig erhalten. Zur Abhärtung der Füße sind Morgens und Abends Einreibungen mit Branntwein und Talg zu empfehlen, auch nach einem starken Marsch ein Fußbad mit Kleien. Ein warmes Bad des ganzen Körpers ermattet für den folgenden Tag. Vor starken Märschen reiben manche die Innenseite der Strümpfe bis in die Gegend der Knöchel mit Seife oder Talg ein.

Unberufene Reisegefährten finden sich wohl in Gasthöfen, auf Dampfbooten etc., Menschen von sonst ganz liebenswürdiger Art, „gute Leute, aber schlechte Musikanten“, die, wenn sie von einer Gebirgs- oder Gletscherreise hören, schwärmen, und um die Erlaubnis bitten, sich anschließen zu dürfen, an Abhärtung und Entbehrung aber nicht gewöhnt sind, weder Regen oder Schnee noch anstrengende Märsche ertragen können, auch sonst mit ihrem Schuhwerk und ihrer Kleidung für solche Wanderungen nicht eingerichtet sind. Reisegefährten dieser Art können durch den Aufenthalt, welchen sie veranlassen, höchst lästig werden, die Kosten beträchtlich erhöhen und den Zweck der Reise ganz vereiteln.

Nachtlager in Sennhütten. Die so poetische Ruhe auf duftendem Heu ist nicht Jedermanns Sache, und wohl nur Wenige werden bei der zur Nachtzeit eintretenden niederen Temperatur und dem Geläute des Viehes wirklich schlafen, abgesehen von der großen Unannehmlichkeit, in den Kleidern bleiben zu müssen. Daher ist bei Bergen, auf welchen sich kein Gasthof befindet, anzurathen, möglichst nahe am Fuß zu übernachten. Hat man sich mit eintretender Dunkelheit zur Ruhe begeben, so kann man schon um 2 oder 3 Uhr, nöthigenfalls mit Laterne, aufbrechen und wird den Gipfel frischer erreichen, als nach einer schlaflosen Nacht in einer Sennhütte. — Die Schweizer Clubhütten stehen in bezug auf innere Einrichtung und Comfort hinter denen des deutschen und österreich. Alpenvereins durchgängig zurück.

**Zur Heilkunde.** Gegen Sonnenbrand und Aufspringen der Gesichtshaut hilft Einreiben mit *Lanolin*, *weißer Zinksalbe* oder *Glycerin*, in dem Borax bis zur Sättigung gelöst ist; oder mit einer Salbe aus gleichen Theilen Mandelöl, weißem Wachs und Walrath, die sich erkaltet gut aufbewahren läßt.

Wolf und Wundsein wird entweder mit der bekannten Bleisalbe geheilt, oder besser durch ein etwas festeres Gemisch von weißem Wachs und Talg, von jedem 16 gr., Baumöl 24 gr., geschmolzen, und 8 gr. Bleiessig beigefügt. Dieses Gemisch läßt sich erkaltet in Wachspapier gut aufbewahren. Auch die Vaseline- und Salicylvaseline-Präparate von Hellfrisch & Co. in Offenbach werden vielfach empfohlen.

Gegen Durchfall, besonders wenn allgemeine Abspannung sich dazu gesellt, nützen sicher und rasch Tropfen aus gleichen Theilen Tinctura Opii crocat. und Tinctura aromatica, alle 2-4 Stunden 15 Tropfen.

Ganz empfehlenswerth sind die *Taschen-Apotheken für Reisende* in Etuiform, welche in den meisten Apotheken größerer Städte zu haben sind.

## VI. Landkarten.

1. Topographische Kartenwerke in großem Maßstab:

**Topographische Karte der Schweiz*, vermessen und herausgegeben auf Befehl der eidgenössischen Behörden (unter Aufsicht des Generals *Dufour*), 25 Blätter im Maßstab von 1 : 100000. Die Ausführung derselben (Kupferstich) ist ausgezeichnet, das Terrain in schräger Beleuchtungs-Manier, wodurch die Gebirge reliefartig hervortreten. Preis der Blätter mit vollem Terrain 2 fr., halbe Blätter 1 fr. (in Deutschland etwas theurer); vollständiges Depôt u. a. bei Schmid Franke & Co. in Bern, von welchen Uebersichtsnetze gratis zu beziehen sind.

Ein vorzügliches Werk noch größern Maßstabs ist der im Erscheinen begriffene **Topographische Atlas der Schweiz im Maßstabe der Originalaufnahmen* (Flachland: 1:25000, Gebirgsblätter 1:50000), herausgegeben vom Eidgenöss. Stabs-Bureau (der sog. „Siegfried-Atlas"). Das Bodenrelief ist durch Horizontalcurven im Abstand von 10 resp. 30m dargestellt; die ganze Ausführung der Karte im saubersten Farbendruck vortrefflich. Preis pro Blatt 1 fr.

Zur Unterbringung der Karten auf Fußtouren eignen sich am besten Taschen aus durchsichtigem Wachstaffet, welche die Benutzung der Blätter auch bei Regen gestatten (zu haben in verschiedenen Größen zum Preise von 1 ℳ 40 ab bei *G. Scriba* in *Metz*).

Gleichfalls im Maßstabe der Originalaufnahmen sind die von den verschiedenen Kantonalregierungen herausgegebenen Kantonskarten; im Maßstab von 1 : 25000: St. Gallen und Appenzell (16 Blätter); Genf (4 Bl.); Luzern (10 Bl.); Zürich (32 Bl.); 1 : 50000: Aargau

(4 Bl.); Freiburg (4 Bl.); Glarus; Graubünden; Tessin; Uri; Unterwalden; Waadt (12 Bl.); Wallis.

Für das Engadin: *Ziegler's* Karte des Ober- u. Unter-Engadin (6 Bl. in 1 : 50 000).

Für Chamonix: *Reilly's* Map of Mont Blanc und *Mieulet*, Massif du Mont-Blanc (1 : 40 000).

2. Karten kleineren Maßstabs:

*Ziegler's neue Karte der Schweiz* (1 : 380 000) mit Erläuterungen und einem Register. Preis 12 fr.

*Ziegler's hypsometr. Karte der Schweiz* (1 : 380 000), 4 Bl. 20 fr.

*Keller's Karte* (1 : 450 000), 6 fr.

*Leuzinger's neue Karte* (1 : 400 000), 8 fr.

*Generalkarte der Schweiz* (1 : 250 000), vom eidgen. topogr. Bureau nach Dufour's Karte reduciert, 4 Bl.

*The Alpine Club Map of Switzerland*, herausg. v. *R. C. Nichols* (1 : 250 000), 4 Bl. 42 *s.*

## VII. Führer.

Auf den vielbesuchten Bergen oder Pässen, wie Weißenstein, Niesen, Faulhorn, Große und Kleine Scheidegg, Grimsel, Gemmi, Col de Balme, ist bei gutem Wetter ein Führer entbehrlich. Diese Pfade sind im Sommer so betreten, daß man darauf rechnen kann, Reisenden oder Eingebornen allenthalben zu begegnen, wenn irgend ein Zweifel wegen des Weges entstehen sollte. Wer seine Reisetasche bergan nicht selbst tragen mag, wird in dem ersten besten Burschen auf der Landstraße einen willigen und billigen Träger finden.

Für schwierigere Gebirgsreisen dagegen sind Führer durchaus nöthig. Die meisten Schweizer Führer sind erfahren und unterrichtet, mit Land und Leuten, Wegen und Stegen genau bekannt. Interlaken, Grindelwald, Meiringen, Lauterbrunnen, dann Chamonix, Courmayeur, Zermatt, im Engadin Pontresina, sind ihre gewöhnlichen Standorte. In den Dörfern an den Mündungen der Alpenpässe findet man stets Führer für diese. Eine Gewähr für Zuverlässigkeit bieten nur die patentierten Führer; dieselben haben ein Examen abgelegt und sind mit einem Führerbuch versehen, welches Namen und Signalement des Führers, das Reglement etc. enthält, und in welches die Zeugnisse eingeschrieben werden. Dieses Buch lasse man sich unter allen Umständen vorlegen. Einen Führer zu nehmen, ohne persönlich mit ihm Alles genau verabredet zu haben, ist ganz abzurathen.

Führerlohn ist bei längeren Touren für die Tagereise von 8 Stunden 6-8 fr.; für einzelne Pässe und Berge giebt es jetzt überall feste, von den Behörden genehmigte Taxen. Bei Paßübergängen von einem Canton in einen andern bestehen manchmal, je nach dem Ausgangsort, für dieselbe Tour verschiedene Taxen. Auch für die Tage, die der Führer zur Rückreise in die Heimat gebraucht, werden für den Tag 6 fr. gezahlt. Giebt es einen kürzern

Rückweg zum Ausgangsort des Führers, als den, welchen der Reisende genommen, so braucht nur für dessen Dauer nachgezahlt zu werden. Ein Führer ist demnach keine billige Zugabe zu einer Schweizerreise. Wer indeß die Schweiz zum ersten Mal betritt, der Sprache nicht kundig ist, sein Gepäck, auch das kleinere, nicht selbst tragen mag, und rasch und unfehlbar die Hauptsachen sehen will, auch auf eine Anzahl Franken keine Rücksicht zu nehmen braucht, dem ist unter allen Umständen ein Führer zu empfehlen. Man erblickt unterwegs hundert Dinge, über welche auch die beste Karte keine Auskunft giebt, man erfährt über Sitten und Gebräuche mancherlei, selbst über geschichtliche Thatsachen, Heeresstellungen, Märsche u. dgl. — Daß man im **Hochgebirge** nirgendwo ohne Führer geht, wo nicht die Entbehrlichkeit eines solchen unbedingt feststeht, braucht nicht besonders betont zu werden; nur der Neuling mißachtet die Gefahren, die auch bei anscheinend unschwierigen Touren durch einen Unfall irgend welcher Art, durch plötzlichen Umschlag des Wetters etc. entstehen können. Gletscher ohne Führer zu überschreiten ist natürlich ganz zu vermeiden (vgl. S. xxii). Der erfahrene Reisende wird einen Mann, von dessen Zuverlässigkeit und Pflichttreue seine Sicherheit und unter Umständen sein Leben abhängt, selbstverständlich nicht wie einen Dienstboten behandeln, sondern ihm mit Freundlichkeit und Wohlwollen begegnen; hat er Grund zur Unzufriedenheit, so wird dann ein ernstes Wort um so mehr wirken. An schwierigen Stellen hat der Reisende den Weisungen des Führers unbedingt Folge zu leisten.

Reisen 2, 3 oder 4 Personen zusammen, so verringern sich die Kosten nach Verhältnis, nur ist dabei zu beachten, daß der Führer nicht verpflichtet ist, mehr als 7-8kg Gepäck zu tragen. Wem es vorzugsweise um das Fortschaffen des Gepäcks zu thun ist, der miethe in Gemeinschaft mit andern ein Pferd oder Maulthier (s. S. xxvi). Die Knechte bei diesen wissen die Wege in bekannten Gegenden meist eben so gut wie die Führer. **Träger** erhalten für weniger als einen Tag 3/4-1 fr. für die Stunde, womit auch der Rückweg bezahlt ist. — Für Damen, welche weder anhaltend steigen noch reiten dürfen, gleichwohl aber auf Bergtouren nicht ganz verzichten wollen, finden sich in den am Fuß der besuchteren Berge und Pässe gelegenen Orten vielfach **Tragsessel**, in denen sie sich hinauftragen lassen können.

## VIII. Lohnkutscher und Pferde.

Der gewöhnliche **Preis** für einen Einspänner ist 15-20, für einen Zweispänner 25-30 fr. täglich, im hohen Sommer auch wohl einige fr. mehr, nebst 1 fr. Trinkgeld für jedes Pferd. Hierbei ist aber wohl zu berücksichtigen, daß dem Kutscher derselbe Lohn auch für die Tage bezahlt werden muß, welche er zur Heimkehr gebraucht. Man richtet sich daher am besten so ein, daß man den Kutscher entläßt, wo er seiner Heimat am nächsten ist.

Bei einer größern Reise mache man einen schriftlichen Vertrag. Man wende sich an den Kutscher selbst, ohne Zwischenleute, und sage ihm, daß der und der ihn empfohlen habe. Man lasse sich Wagen und Pferde zeigen. Als Besiegelung des Vertrages ist es üblich, ein Hand- oder Draufgeld (*arrhes, caparra*) zu nehmen, welches bei Auszahlung des Lohns in Anrechnung kommt. Auf der Reise bestimme man selbst die Gasthöfe, wo man übernachten will. Der Transport mittelst Pferdewechsel ist Lohnkutschern gesetzlich untersagt.

Gewöhnlich legen Lohnkutscher 10-14 Stunden täglich zurück, Mittagrast 2-3 Stunden. Bei den Rücklöhnen ist es üblich, 12 Stunden als eine Tagereise anzunehmen. Retourkutscher fahren nicht leicht billiger als 10 oder 15 fr. ein- oder zweispännig den Tag, man erspart aber bei ihnen die Rücklöhne. An einzelnen Orten sind Retouren ganz untersagt.

Ein Pferd oder Maulthier kostet (s. S. xxv) für den Tag 10-12 fr., und 1-2 fr. Trinkgeld für den Begleiter (an einzelnen Orten, z. B. Chamonix, ist dem Begleiter der gleiche Betrag zu vergüten wie für das Pferd). Bergauf hat das Reiten sein Angenehmes, der rüstige Fußgänger wird aber jedenfalls „des Schusters Rappen" vorziehen und nach einer nicht gar zu starken Wanderung am Ziel sich wohler fühlen, als der Reiter. Bergab zu reiten ist sehr unbequem und ermüdend, und für jemand, der zu Schwindel geneigt ist, gar nicht rathsam.

## IX. Post und Telegraph.

Die **Eilwagen** auf den großen Postrouten in der Schweiz sind sehr bequem. Wenn dieselben für die Anzahl der zu befördernden Reisenden nicht genügen, werden Beiwagen geliefert, jedoch nicht überall. Der Hauptwagen ist stets von einem Conducteur begleitet, welcher den Transport von Personen und Gepäck soviel als möglich zu überwachen hat. Rathsam ist aber immerhin, namentlich bei großem Zudrang von Reisenden, das *Gepäck* auch selbst zu beaufsichtigen und darüber zu wachen, daß es an Orten, wo Personenwechsel, richtig auf- und abgeladen wird. Der Hauptwagen hat 2-3 Coupéplätze und 4-6 im Innern. Die Außenplätze beschränken sich entweder auf eine zweisitzige Banquette oder auf einen Conducteursitz hinten auf dem Wagen, welchen der Conducteur gegen Vergütung des Coupé-Taxzuschlages abzutreten hat. Auf einzelnen Routen werden Landauer mit 4 Banquette-Plätzen verwendet, die besonders zu empfehlen sind.

Die Coupéplätze sind im hohen Sommer gewöhnlich schon mehrere Tage zum voraus bestellt. Wer dieselben benutzen will, muß sich daher so früh wie möglich anmelden. Zu diesem Zwecke wendet man sich direct, brieflich oder telegraphisch unter Angabe seines Namens, des Kurses, den man benutzen will, sowie des Tages der Abreise und der Anzahl der Plätze an dasjenige Postbureau, von welchem der fragliche Postwagen abgeht, indem man gleichzeitig im voraus die Taxe erlegt.

Der Preis eines Platzes ist für den Kilometer im Coupé (im Sommer auch für Banquette) 20 c., Intérieur oder Cabriolet 15 c., bei Alpenpässen das Coupé oder Banquette 30 c., Intérieur oder Cabriolet 25 c. (Kinder von 2-7 Jahren zahlen die Hälfte). Ist Platz, so wird man auch unterwegs aufgenommen, gegen Zahlung bis zu dem der Einsteigestelle zunächst folgenden Einschreibeorte. Handgepäck darf mit in den Wagen genommen werden, größeres Gepäck (10kg auf den Alpenstraßen, 15kg auf den andern Postrouten frei) muß 1 St. vor der Abfahrt da sein (s. oben). Ist das Gepäck schwerer als 10 bez. 15 kg, so wird gar kein Freigepäck gewährt und das ganze Gewicht berechnet. Das Rauchen ist nur mit Erlaubnis sämmtlicher Mitreisenden gestattet.

**Extraposten** werden auf den meisten Haupt-Bergrouten der Schweiz geliefert, sind aber verhältnismäßig theuer und die Bespannung lässt gelegentlich zu wünschen. Wer eine solche begehrt, muss sie unter Angabe der Route, die er benutzen will, der Anzahl der Pferde, der Gattung des Wagens etc. bei dem betreffenden Postbureau mindestens 1 St. vor der festgesetzten Abfahrtzeit bestellen. Die Gebühren sind: für jedes Pferd auf jeden Kilometer 50 c.; Wagengeld für einen 2-5plätzigen Wagen per km 20 c., für einen 6plätzigen 25 c., für einen 7 und mehrplätzigen 30 c.; Expeditionsgebühr für einen 2-5plätzigen Wagen 2 fr., 6plätzigen 3 fr., 7 und mehrplätzigen 4 fr. Bei Lieferung von laufenden Wagen wird für jeden km die doppelte Taxe des tarifmäßigen Wagengeldes erhoben (2-5plätz. Wagen 40 c., 6plätz. 50 c., 7 und mehrplätz. 60 c.). Die Postillonstrinkgelder sind in obigem Satz inbegriffen und ist es den Postillonen bei strenger Strafe verboten, ein weiteres Trinkgeld zu beanspruchen. Die Gebühren müssen bei Bestellung von Extraposten sofort bezahlt werden gegen bezügliche Quittung. Bruchtheile von Entfernungen unter $^1/_2$km kommen nicht in Berechnung, während die Distanzen über $^1/_2$km für 1km berechnet werden. Vorspann etc. hat der Reisende zu bezahlen.

Die **Brieftaxen** betragen für frankirte Briefe: in der Schweiz Briefe von 15 gr. bis 10km Entfernung 5 c.; über 15 bis 250 gr. in der ganzen Schweiz 10 c.; für das Ausland (Postverein) der einfache Brief von 15 gr. 25 c., je 15 gr. mehr 25 c. Einschreibegebühr für rekommandierte Briefe: Schweiz 10 c., Ausland 25 c. Drucksachen bis 50 gr.: Schweiz 2 c., Ausland 5 c. Postkarten: Schweiz 5 c., Ausland 10 c.

**Postanweisungen** können im Innern nach größern Ortschaften bis 1000 fr., nach kleinern bis 500 fr. versandt werden. Bis 100 fr. = 20 c., jede weitern 100 fr. = 10 c. mehr. Nach dem Ausland 25 c. für je 100 fr. (Minimum 50 c.). — Telegraphische Postanweisungen mit dem Maximalbetrag von 200 fr. sind zulässig; für dieselben sind außer der Postanweisungsgebühr zu entrichten: 1. die Telegraphengebühr, 2. das Eilbestellgeld von 25 Pf. nach dem Telegraphenamte am Aufgabeorte, wenn sich letzteres nicht im Postgebäude befindet, und 3. das Eilbestellgeld für die Besorgung am Bestimmungsort.

**Gepäcktaxe** ist für das Bundesgebiet ohne Unterschied der Entfernung für $2^1/_2$ kg 25 c., 5 kg 40, 10 kg 70, 15 kg 100, 20 kg 150 c. Zur Sicherung des Empfangs kann man sich eine Bescheinigung (5 c.) geben lassen.

Die Schweiz hat im Verhältnis zur Bevölkerungszahl das ausgedehnteste **Telegraphennetz** in Europa und neben Belgien die billigsten Taxen. Es bestehen über 1000 öffentl. Telegraphenbureaux, an den Hauptorten mit ununterbrochenem, in größeren Städten mit Tagesdienst von 6 (Winter 7) Uhr Morgens bis 11 (Winter 10) Uhr Abends, und an den andern Orten mit mehr oder weniger beschränktem Tagesdienst. Die Taxe für den innern Verkehr beträgt 30 c. Grundtaxe und $2^1/_2$ c. für jedes Wort; nach Deutschland 10 c. für jedes Wort; nach Österreich $12^1/_2$ c. (Tirol u. Vorarlberg 8, Ungarn $14^1/_2$ c.); Frankreich $12^1/_2$ (Grenzbezirk 7); England 40, Italien 17 (Grenzbezirk 10), Belgien 22, Holland 27, Dänemark 27, Schweden 37, Norwegen 40 c. jedes Wort. Auf den Bahnhofs-Stationen wird für jedes aufgegebene Telegramm ein Zuschlag von 50 c. erhoben. Die Telegramme können direkt oder in einem Briefcouvert, mit Marken frankiert, der Post (den Bureaux, Neben-bureaux, Brief- und Depeschenträgern) übergeben werden. Die Weiterbeförderung geschieht gratis, wenn der Adresse das Wort „Telegramm“ beigefügt wird.

## X. Eisenbahnen.

Die Wagen auf den Eisenbahnen der deutschen Schweiz sowie von Bern nach Lausanne (bei Schnellzügen bis Genf) sind nach amerikanischem System gebaut, zu 72 Personen, aber eng und im Sommer vielfach überfüllt. — Die Eisenbahnwagen in der übrigen französ. Schweiz sind von der gewöhnlichen Art. In der franz. Schweiz wird das Billet vor dem Einsteigen beim Austritt aus dem Wartesaal vorgezeigt, und nach dem Aussteigen beim Herausgehen aus dem Bahnhof, an der überall durch eine in die Augen fallende Tafel bezeichneten *„Sortie“*, abgegeben; man sorge also, daß man das Billet in dem bei beiden Gelegenheiten unvermeidlichen Gedränge zur Hand hat.

Auf den meisten schweiz. Bahnen werden, außer *Retourbilleten* von mehrtägiger Gültigkeit, *Gesellschafts-Billete*, *Abonnements-Billete*, sowie **Rundreise-Billete** ausgegeben. Letztere sind sowohl im deutschschweizerischen, wie im schweizerischen Binnenverkehr in den verschiedensten Zusammenstellungen zu haben oder können von dem Reisenden selbst an den Ausgabestellen beliebig zusammengesetzt werden *(kombinierbare Rundreisebillete)*.

In der *Schweiz* liegen an den wichtigeren Stationen lose Rundreise-Coupons auf, welche auch die Dampfbootfahrten und Haupt-Postkurse umfassen und aus denen Couponhefte für Rundreisen von mindestens 200km Länge zusammengestellt werden können; dieselben müssen wenigstens 4 Stunden vor Antritt der Reise bei der Ausgabe-Station bestellt werden und sind 45 Tage gültig. Die schweizerischen Kursbücher sowohl wie das Reichs-Kursbuch und Hendschel's Telegraph geben über Coupons, Preise etc. eingehende Auskunft.

**Gepäck** ist auf allen Bahnen zu bezahlen, doch kann man schon ziemlich großes Handgepäck mit in den Wagen nehmen. Beim Überschreiten der Grenze versäume man nicht, der Visitation des Gepäcks beizuwohnen, da es sonst leicht liegen bleibt.

---

## I. Nördliche Schweiz.

## 1. Basel.

**Bahnhöfe.** Central-Bahnhof (Pl. DE 6) an der Südseite der Stadt, für die Schweizer u. Elsäß. Bahnen gemeinschaftlich. — Badischer Bahnhof in Klein-Basel (Pl. F 1) am r. Rheinufer. Die Badische Bahnhofsuhr geht gegen die Basler 4 Min. vor. — Beide Bahnhöfe sind durch eine *Verbindungsbahn* verbunden (Fahrzeit 10 Min.; 1 fr., 70 c., 50 c.). — *Stadtomnibus* s. S. 3.

**Gasthöfe.** *Drei Könige (Pl. a; D 2, 3), am Rhein, Z. L. B. $4\frac{1}{2}$-$6\frac{1}{2}$, F. $1\frac{1}{2}$, M. 5, Omnibus 1 fr. Am Central-Bahnhof: r. *H. National (Pl. d; E 6), Z. L. B. $3\frac{1}{2}$-4 fr. (I. Kl.); Schweizerhof (Pl. c.; E 6), Z. u. B. $3\frac{1}{2}$-$4\frac{1}{2}$, M. 4-5 fr.; *Victoria (Pl. e; E 6), Z. L. B. von $3\frac{1}{2}$, M. $3\frac{1}{2}$-4 fr.; *St. Gotthard, Z. L. B. 3, M. 3 fr.; — l. *H. Euler (Pl. b; D 6), Z. L. B. $4\frac{1}{2}$-$6\frac{1}{2}$, Omnibus 1 fr. (1. Kl.); *H. Hofer (Pl. f; D 6), Z. u. B. 3-$3\frac{1}{2}$, F. $1\frac{1}{4}$ fr.; H. Jura (klein). — In der Stadt: *Falken (Pl. g; D 6), Ecke der Elisabethenstraße, Z. 2-3, F. 1 fr.; *H. Métropole (Pl. h; D 4), Z. u. B. $2\frac{1}{2}$, F. $1\frac{1}{4}$ fr.; Wilder Mann (Pl. i; D 4); *Storch (Pl. k; D 3), Z. u. B. $2\frac{1}{2}$, M. mit W. 3 fr.; H. Central (Pl. o; D 4), gegenüber der Post; Krone (Pl. l; D 3), *Bellevue (Pl. m; D 3), beide am Rhein; *Post (Pl. n; D 3, 4). — In *Klein-Basel:* *H. Krafft (Pl. p; E 3), Z. u. B. 3, F. $1\frac{1}{4}$, M. 3 fr.; *Weißes Kreuz (Pl. q; E 3), Z. u. B. $2\frac{1}{2}$-3 fr., beide am Rhein; Basler Hof (Pl. r; F 2), Z. u. B. 3, F. $1\frac{1}{4}$ fr.; *Hôt. Schrieder (Zum deutschen Hof; Pl. s, F 1), am Bad. Bahnhof, Z. $2\frac{1}{2}$, F. $1\frac{1}{4}$ fr.

**Cafés.** C. des Trois Rois, am Rhein; Kunsthalle; *Stadt-Casino (gute Restaur.); *C. National *(Kleinbasler Gesellschaftshaus)* an der Alten Brücke, mit Terrasse am Rhein (Restaur.).

**Conditoreien** (in allen Basler Leckerli). Wirz bei der Alten Brücke; Kissling-Kuentzy, Freiestr. 19; Speiser, Freiestr. 61; Burckhardt, Schneidergasse, beim Stadthaus; Steiger's Erben, Schneidergasse, u. a.

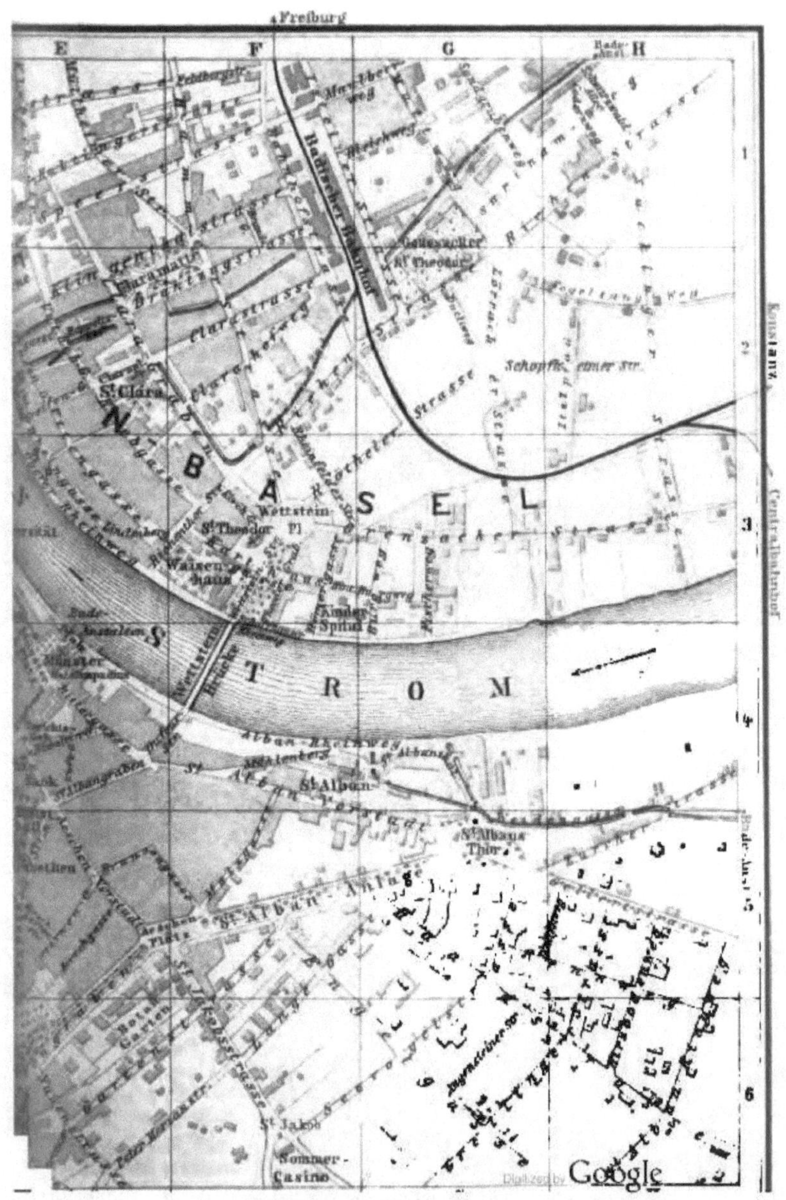
Freiburg
E
F
G
H
1
2
3
4
5
6
Badischer Bahnhof
Gottesacker
St. Theodor
Clarastrasse
St. Clara
BASEL
Wettstein Pl.
St. Theodor
Waisenhaus
Kinder Spital
Wettstein Brücke
STROM
Münster
Alban Rheinweg
St. Alban
St. Albans Thor
St. Alban Anlage
St. Jakob
Sommer-Casino
Constanz
Centralbahnhof

**Restaurationen.** Im *Central-Bahnhof; Kibiger, Barfüßerplatz; Bierhalle z. Parsifal, Freiestr. 49 (Münchner Bier); *Bühler's bayr. Bierhalle, Steinenvorstadt, altdeutsches Lokal, gute Küche (im Sommer Bühler's Biergarten am Sternengäßlein). Wein in der Veltlinerhalle, Freie Str. im Zunfthaus zum Schlüssel (prächtiger Zunftsaal im 1. Stock), und im Schützenhaus (berühmte Glasmalereien). — In Klein-Basel: im Badischen Bahnhof; Burgvogtei, mit großer Bierhalle und Garten; Brauerei Warteck am Bad. Bahnhof; Wein bei Wwe. Oeschger, Riehenthorstr. 27, und in der Markgräfler Weinstube gegenüber dem Badischen Bahnhof. — *Sommer-Casino (Pl. F 6), hinter dem St. Jakobs-Denkmal (S. 8), mit schönem Garten, Sonnt. Nm. 6-10, Mi., Fr. 7½-10 U. Concert (50 c.); oft auch im Erlenpark, 20 Min. von Klein-Basel, und im zoologischen Garten (S. 7).

**Stadtomnibus** zwischen dem Badischen und Central-Bahnhof (über die Alte Brücke). — **Droschken** ¼ St. 1-2 Pers. 80 c., die zweite ¼ St. 60, jede weitere 50 c., 3-4 Pers. 1 fr. 20 c., die zweite ¼ St. 90, jede weitere 70 c.; von den Bahnhöfen 1-2 Pers. 1 fr. 20 c., 3-4 Pers. 1 fr. 80 c.; von einem zum andern Bahnhof 1-2 Pers. 1½, 3-4 Pers. 2½ fr., Koffer 20 c. Nachtfahrten (10 U. Ab. bis 6 U. Morg.) ohne Unterschied der Personenzahl 3 fr. für die erste ½ St., 1 fr. jede folgende ¼ St., dann 10 c. Lichtergeld pro ¼ St.

**Post- und Telegraphen-Bureau** (Pl. D 4) in der Freienstr., im Central- und im Badischen Bahnhof etc.

**Bäder** im Rhein (Pl. E 3, 4), Eingang von der Pfalz (S. 5), 1 fr. Warme Bäder bei *Stauffer-Schmid*, Martinsgasse; *Sigmund*, Leonhardstr.; *zum Brunnen*, Fischmarkt.

**Zoologischer Garten** (S. 7), Eintr. 50 c.

**Permanente Gemälde-Ausstellung** des Basler Kunstvereins (50 c.) in der *Kunsthalle* (S. 7); außerdem bei *R. Lang*, Freiestr.

*Basel* (265m), Hauptstadt des Halb-Kantons Basel-Stadt, mit 70 305 Einw., kommt zuerst als *Basilēa* im J. 374 n. Chr. vor und scheint entstanden, als die römischen Heere an den Rhein zurückwichen, neben der alten von L. Munatius Plancus unter Augustus um das J. 27 v. Chr. gegründeten *Colonia Augusta Rauracorum* (dem heutigen *Baselaugst*, 2 St. ö. von Basel, s. S. 17). Im Mittelalter freie Reichsstadt, gehört es seit 1501 zur Eidgenossenschaft.

Die große Stadt, am l. Ufer des *Rheins*, ist mit *Klein-Basel* durch drei Brücken verbunden. Die hölzerne **Alte Brücke** (Pl. D, E 3), in der Mitte der Stadt, 150m lang, 15m breit, ruht nur zur Hälfte auf steinernen Pfeilern. Mitten auf der Brücke eine Kapelle aus dem XVI. Jahrh. und eine Barometersäule mit Wetterfahne. — Weiter aufwärts die 1879 vollendete **Wettsteinbrücke** (Pl. F 4), mit schräger Fahrbahn und drei gewaltigen 63m breiten eisernen Bogen, an den Enden je zwei kolossale Basilisken (Basels Wappenthier). Unterhalb der alten Brücke die elegante 1882 vollendete **Johanniterbrücke** (Pl. D 1), mit fünf Bogen. Von beiden Brücken prächtige Aussicht.

Das ***Münster** (Pl. E 4), das mit seinem rothen Sandstein und den beiden eleganten Thürmen überall dem Auge malerisch entgegentritt, war bis zum Bildersturm von 1529 Domkirche des von Karl d. Gr. gegründeten Bisthums Basel (vgl. S. 9, 13). Ein 1010-19 von Kaiser Heinrich II. errichteter, nach einem Brande 1185 erneuter Bau wurde 1356 durch Erdbeben und Brand großentheils zerstört. Der gegenwärtige Bau im goth. Stil wurde bereits 1363 geweiht, aber erst 1500 vollendet, in welchem Jahr der (südl.) Martinsthurm ausgebaut wurde. Derselbe ist 62,7m, der nördl. Georgsthurm 64,2m

1*

hoch. Vom roman. Bau stammt u. a. das n. Portal, die *St. Gallenpforte* (um 1200 erbaut), mit Standbildern der Evangelisten, Johannes des Täufers u. a. Heiligen, über der Kirchenthür ein Relief, die klugen und thörichten Jungfrauen, an den Seiten in 6 Blenden die Werke der Barmherzigkeit, ganz oben das jüngste Gericht. Die w. *Vorderseite* unter den Thürmen, mit dem Haupt- und zwei Seitenportalen dem XIV. Jahrh. angehörig, hat reiches Bildwerk, am Giebel Maria mit dem Jesuskind, unter ihr Kaiser Heinrich, als Stifter und Wohlthäter der Kirche, und die Kaiserin Kunigunde, an den Nebenportalen zwei Reiterbilder, l. der h. Georg mit dem Drachen, r. der h. Martin. Die Außenseite wurde in den letzten Jahren vollständig restauriert.

Das Innere ist im Sommer Mittw. 2-4 U. Nm. unentgeltlich geöffnet; zu andern Zeiten Eintr. 50 c. (mittelalt. Sammlung und Conciliumssaal 50 c. extra, s. unten). Der Küster wohnt Münsterplatz Nr. 13; er ist im Sommer meist in der Kirche, daher an der Thür klopfen. Die Kirche ist 65m lang, $32_{,5}$m breit, fünfschiffig, 1852-56 mit vielem Geschick hergestellt und mit schönen Glasgemälden geschmückt. Der schöne Lettner von 1381 ist als Orgelträger benutzt, die neue sehr große Orgel vortrefflich. Die Kanzel ist von 1486. In den Seitenschiffen und im Chor sind alte Bildwerke und Grabsteine eingemauert, im n. Schiff ein goth. Celebrantenstuhl (XIV. Jahrh.), dann ein bemerkenswerthes Relief aus dem XI. Jahrh. (Marter des h. Vincentius), der Taufstein v. 1465, am Pfeiler gegenüber der Grabstein des gelehrten Erasmus v. Rotterdam († 1536) mit einer langen latein. Inschrift. Im Chor-Umgang das Grabmal der Kaiserin Anna († 1281), Gemahlin Rudolphs von Habsburg, Mutter Albrechts I., und ihres jüngsten Sohnes Karl. In der Krypta sind jetzt die Oefen für die Luftheizung angebracht. Im südl. Schiff eine Apósteltafel aus dem XI. Jahrh. — Im Münster fanden 1431-48 die Sitzungen des großen *Concils* statt, dessen Aufgabe eine „Verbesserung der Kirche an Haupt und Gliedern" war, das aber nach jahrelangen Streitigkeiten und einer Excommunication seitens des Papstes Eugen IV. sich resultatlos auflöste.

Sehr sehenswerth ist die von Wilh. Wackernagel gegründete *mittelalterliche Sammlung in den Nebengebäuden des Münsters (im Sommer Sonnt. 10½-12½ U. öffentlich, sonst Eintr. 50c., Anmeldung Münsterplatz 13; illustrirter Führer 1 fr., für die, welche mehr als flüchtig besichtigen wollen, sehr zu empfehlen, da das herumführende Personal meist nur mangelhafte Auskunft giebt).

Im Erdgeschoss: *St. Nikolauskapelle*, Steinalterthümer, Architekturreste meist aus Basler Kirchen, und der *Lällenkönig*, eine mechanische Spielerei wahrscheinlich aus dem XVII. Jahrh., früher an der Außenseite des 1839 abgebrochenen Rheinthors, nachträglich unrichtig als Spott auf die Oesterreicher gedeutet, denen Klein-Basel 1375-92 verpfändet war. — *Waffenhalle*, die besten Stücke aus dem Basler Zeughause enthaltend, interessant die in der Mitte befindlichen alten Geschützrohre aus dem XV. u. XVI. Jahrh.; r. am Fenster die angebl. Rüstung Karls des Kühnen.

Ueber eine Wendeltreppe in die Säle des ersten Stocks. *Conciliumssaal* (in welchem die Ausschüsse des Basler Concils 1431-1448 ihre Sitzungen hielten), an den Wänden reiche Sammlung von Architectur-Details der Basler Kirchen in Gipsabgüssen; ferner *18 Freskenbruchstücke des berühmten Basler *Todtentanzes*, im Anfang des XV. Jahrh. gemalt, früher an der 1805 niedergerissenen Mauer des Dominicaner-Kirchhofs. In der Mitte auf einer langen Tafel Modelle von Basler Bauten und von Burgen der Umgegend; kolossaler *Flügelaltar von J. Strigel aus Memmingen (1512). — *Profanarchitectur*, mit Bautheilen von Basler und Schweizer Häusern, Vertäfelungsresten, Fliesen, Dachziegeln u. s. w. — Großer *Saal für Hausalterthümer*, Möbel, Teppiche, gemalte Glasscheiben, Zinn-, Porzellan- und Glasgeschirr, Schmuckkästchen, Spiele u. s. w. enthaltend. Dahinter **Speisezimmer des Rathsherrn Lucas Iselin* zu Basel von 1607, feine Holzvertäfelung in den erlesensten Holzarten. Daneben *gothisches Zimmer* von

1460 mit gothischen Möbeln, u. a. großer Bettstatt von 1510. *Buchsbaumfiguren von Adam und Eva (um 1500). — In diesem Stockwerke liegen noch zwei gewölbte, in einander gehende Räume für die Geschichte des *Kunsthandwerks:* im vordern schöne *Schlosserarbeiten, Büchereinbände, alte Druckerstöcke, *Goldschmiedemodelle; im hintern die Ueberreste des nach der Theilung des Kantons (1833) zersplitterten Kirchenschatzes und ansehnliche Zunftgeschirre. — Eine Halbtreppe höher eine Empore mit *Wirthschafts- und Küchengeräthen*, namentlich des alten Basels.

Im zweiten Stock: *Saal für musikalische Alterthümer*, mit interessanten Beispielen zumal für die Entwickelung des Claviers, der Holzblasinstrumente und der Notenschrift. — *Saal für kirchliche Alterthümer:* Altäre, Schnitzereien, Erzgüsse, darunter besonders die emaillierte *Bronze-*Votivtafel* der Herzogin Isabella von Burgund v. 1433. — *Saal für Costüme*, meist Baslerisches des XVII. und XVIII. Jahrhunderts enthaltend. — *Saal für Rechts- und Staatsalterthümer*, Sammlung von Maßen und Gewichten der Stadt vom XIV.-XVIII. Jahrhundert.

An der Südseite der ansehnliche *KREUZGANG, in seiner jetzigen Gestalt aus dem Ende des XV. Jahrh. stammend, bis vor kurzem zu Familien-Begräbnissen benutzt und 1869-73 restauriert. Die kühlen Hallen dehnen sich bis zur *Pfalz*, einer mit Kastanienbäumen bepflanzten Terrasse hinter dem Münster 20m über dem Rhein aus, von wo hübsche Aussicht auf den grünen Fluß und die Höhen des Schwarzwaldes, die Ausläufer des Jura und bei günstigem Wetter die Vogesen. — Hinter dem Münster an der W.-Seite des Kreuzgangs ein Standbild des *Johannes Oecolampadius;* in der Nähe, Bäumleingasse 18, die Wohnung des *Froben* und des *Erasmus.*

In der Augustinergasse, welche vom Münsterplatz n.w. bergab zur Rheinbrücke führt, steht das 1849 vollendete ***Museum** (Pl. E 3), Sonnt. $10^1/_4$-$12^1/_2$, vom 1. Mai bis Ende Oct. Mittw. 2-4 U., die bedeutende Kupferstichsammlung Donn. u. Samst. 2-5 U. öffentlich (sonst 1-2 Pers. 50 c., jede weitere Pers. 25 c.), wo sämmtliche Sammlungen sich befinden, im mittlern Stock die naturwissenschaftl., im obern die Gemälde u. Alterthümer. Hervorragend ist die Sammlung von Bildern und Handzeichnungen *Hans Holbeins des Jüngern* (geb. 1497 in Augsburg, † 1543 in London), welcher 1515-26 und 1528-32 in Basel lebte.

**Gemäldesammlung.** Im Treppenhaus 3 Fresken von *Böcklin*, Gäa, Flora, Apollo; Cartons von *Cornelius*, *Schnorr* und *Steinle*; *178. *Benner*, Straße in Capri; Jason mit dem goldenen Vließ, Marmorstatue von *Ferd. Schlöth.* — Im Vorsaal: 7 Bruchstücke der verschwundenen Wandgemälde *Holbein's* im Großrathssaal, sowie alte und neuere Kopieen nach denselben; *Holbein's* Orgelflügel aus dem Münster. — Saal links. Neuere Schweizermaler. *Böcklin*, 10. Dame mit grünem Schleier, 15. das Leben ein Traum, *11. Pietà, *14. Najaden, *12. Centaurenkampf. 27. *Ed. Girardet*, Kartenschlägerin; *21. *Zünd*, Waldlandschaft mit dem verlornen Sohn; *43. *Steffan*, Waldlandschaft; *Böcklin*, *13. Opferhain, *9. Jagd der Diana; *20. *Zünd*, Kornernte; 37. *Barzaghi-Cattaneo*, Tasso Eleonoren das verlorene Paradies vorlesend; 45. *Diethelm Meyer*, Walliserin; 26. *Ed. Girardet*, verwundete Turkos; 49. *Stäbli*, Flußlandschaft; 54. *Rüdisühli*, Sumpflandschaft; ohne No. *Burnat*, Schafherde; 43. *Grob*, Pestalozzi; 50. *Durand*, wandernde Musikanten; 29. *van Muyden*, ital. Strassenscene; *35. *Gleyre*, Pentheus von den Mänaden verfolgt; 51. *Bachmann*, Weihnachtsfeier im Kanton Luzern; *Koller*, 32. 33. Kühe im Wasser, *31. Pferde mit Lastwagen; 57. *Castan*, Kornernte; *18. *Anker*, Kaffeevisite; *Vautier*, *16. verschuldeter Bauer, *17. unfreiwillige Beichte; 8. *Stückelberg*, Basler Erdbeben; *23. *Zünd*, Mittagsstimmung; 24. *Ed. Girardet*, Schneeballenkampf; *Stückelberg*, *7. des Malers Kinder, *6. Marionetten, *5. Wallfahrt im Sabinergebirge; 2, *3. *Calame*,

Waldgegend; 38. *Barzaghi-Cattaneo*, musizierende Dame; *19. *Anker*, Dorfquacksalber; *36. *Gleyre*, Nymphe; *1. *Calame*, Alpenlandschaft; 55. *Rüdisühli*, Felslandschaft. — *Saal der Handzeichnungen: reiche Sammlung in den Schränken. An den Wänden hervorzuheben: 5-13. *Schongauer;* *15-27a. *H. Holbein d. Aeltere;* *30-32. *Alb. Dürer;* 33. *H. Schäufelin;* 34. *H. S. Beham;* *37-41. *H. Baldung;* *44-53. und 58. *N. Manuel;* 54-57. *Urs Graf;* **61-138. u. 142. *H. Holbein d. Jüngere*, darunter namentlich: 111. Familie des Th. Morus (Geschenk an Erasmus), 113. kämpfendes Fußvolk, 114. Samuel und Saul, 126-128. Basler Frauentrachten, 91-100. Passion. 139-141. *Ambros. Holbein;* *152. *Nic. Glockendon;* 158. *Rembrandt;* 160. *Rafael.* In einem Glasschrank links u. a. das Original von **Holbein's* Lob der Narrheit. — Großer Saal, nördl. Abschluß (bei schönem Wetter herrliche Aussicht nach dem Blauen etc.). Fortsetzung der neuern Schweizermaler. l. *39. *Barzaghi-Cattaneo*, Fiesco; 62. *Buchser*, Kapuziner und Weltleute; *69. *Bocion*, Hafen von Ouchy; 63. *Bosshardt*, Hans v. Hallwyl in der Schlacht bei Murten; 64. *Veillon*, Venedig; 41, 42. *Steffan*, Gebirgslandschaften; 28. *Girardet*, kaffeeschlürfender Araber; **Gos*, Sefinenthal. Außerdem 278. *Schnorr*, Domine quo vadis; 277. *Overbeck*, Tod des h. Joseph; *40. *Zwengauer*, Abenddämmerung. — *Großer Saal, erste Abtheilung. *Hans Holbein d. Jüngere*, 6a. und b. Schulmeister-Aushängeschid (1516); *7. Erasmus; 10. Bürgermeister Jacob Meyer und seine Frau (1516); *11. h. Abendmahl; 13. Ecce Homo; **14. die Passion in 8 getrennten Darstellungen, vormals in Rathhause; *15 Todter Christus, von abschreckender Naturwahrheit (1521); **16. Bonifacius Amerbach (1519); *17. Erasmus; *18. Lais Corinthiaca (Bildnis einer Dame aus dem Geschlecht der Offenburg, 1526); 19. dieselbe mit Amor; **20. Frau und Kinder des Malers (1528); 21. ein Londoner Kaufmann; 28. der Buchdrucker Froben. 23, 24. *Ambrosius Holbein*, zwei Knabenbildnisse; *M. Grünewald*, 32. Christus am Kreuz, 33. Auferstehung; *Hans Baldung Grien*, 34. Christus am Kreuz, 35. Geburt Christi, 36 u. 37. zwei Todesbilder; 41-43. *Nic. Manuel Deutsch;* 58 u. 59. *Tob. Stimmer*, Jac. Schwytzer und seine Frau (1564). — Zweite Abtheilung. 65-72. in der Art von *Gerrit v. St. Jans; Niederl. Meister* des xv. Jahrh., 73. Pius Joachim, 74. Krönung Mariä; 101-103. *L. Cranach d. Aeltere;* 109. Art des *H. met de Bles*, Anbetung der Könige. — Dritte Abth. *118. *Rubens*, Kreuztragung (Skizze); *124. *Peter Thys*, Pietà; 125. *Dirk van Sandvoort*, Bänkelsängerin und Flötenbläser; 126. *J. B. Weenix*, ital. Landschaft; 137. *K. du Jardin*, vor dem Wirthshaus; 138. *Berchem*, Vieh in einer Furt; 139. *C. Dusart*, Bauernscene; 144. *J. v. Rombouts*, Waldlandschaft; 146. *S. Ruysdael*, Landschaft mit Figuren; *156. *Unbek. Holländer*, Waldteich; 165. Alte Copie nach Rafael's Johanna von Aragonien. — Fünfte Abth. 285. *Jos. Koch*, Macbeth und die Hexen; *Leopold Robert*, 289. Banditenweiber auf der Flucht, 288. verwundeter Bandit; 290. *Aurel Robert*, Inneres der Marcuskirche in Venedig; 292-296. *J. Frey*, südliche Landschaften; *300. *Diday*, Brienzer See; 305. *Landerer*, Einzug der Eidgenossen in Basel 1501; 306. *Lessing*, Waldlandschaft; 307. *Feuerbach*, Idylle. — Südl. Abschluß des großen Saals (prächtiger alter Rathstisch mit eingelegter Arbeit). Neuere Handzeichnungen. 2-23. *Heß*, *Schraudolph* und *J. C. Koch*, Cartons zu den Fresken der Münchener Bonifaciuskirche; ferner Zeichnungen von *Overbeck* (26-35), *Schwind* (36-40), *Genelli* (41-43), *J. C. Koch* (49, 50), *Cornelius* (51, 52. Handzeichnungen zum Jüngsten Gericht), *Führich*, *Rottmann* etc. Sculpturen im großen Saal: Antiker Kopf des Apollo („Apollo Steinhöfer", ähnlich dem Belvederischen) und des Herakles (ähnlich dem Farnesischen); *Imhof*, Rebekka; *Kißling*, Wettläufer; *Schlöth*, Psyche (Marmorstatuen).

**Antiquarische Sammlung** (hinter dem Saal der neueren Schweizer Maler, S. 5). Im I. Saal Münzen, Medaillen; schöner antiker Schrank. Im folgenden Saal besonders bei Augst (S. 16) gefundene Alterthümer, Thonvasen, Mosaiken etc. Im Erdgeschoß ein Saal mit mexikan., chines. und japanes. Alterthümern; im folgenden Saal Pfahlbaufunde.

Die **Universitäts-Bibliothek**, in demselben Gebäude (10-12 u. 2-4 U.), zählt an 200 000 Bände (viele Incunabeln) und 5000 Handschriften, darunter die Verhandlungen des Basler Concils, Handschriften von Luther, Melanchthon, Zwingli, Erasmus u. a. Die Basler *Universität* (an 350 Stud.), 1459 von Papst Pius II. (Aeneas Sylvius) gegründet, ist besonders durch ihre Mathematiker berühmt geworden, die *Bernoulli, Merian, Euler*. In der Aula über 100 Bildnisse von Basler Gelehrten, von dem Kosmographen *Sebastian Münster* († 1552) und den Reformatoren *Oecolampadius* und *Grynaeus*, bis zu den Theologen *de Wette* († 1849) und *Alex. Vinet* († 1847). Vor der Aula zehn Marmorbüsten berühmter Basler Professoren dieses Jahrh., von Schlöth.

Am Markt das **Rathhaus** (Pl. D 3), 1504-13 erbaut, 1824-28 erneut, mit prunkvollem **Regierungsrathssaal* (Schnitzereien und Glasgemälde). Im Hof ein 1580 aufgestelltes *Standbild des Munatius Plancus* (S. 3).

Die Festungswerke sind bis auf kleine Reste abgetragen und in Spaziergänge verwandelt; nur drei Thore, das *St. Albanthor* (Pl. G 5) s., das *St. Johannthor* (Pl. C 1) n. und das stattliche **Spalenthor** (Pl. C 3) w., um 1400 erbaut, sind wiederhergestellt worden. In der Nähe des letztern r. das **Vesalianum** (Pl. C 3), die neue Universitätsanstalt für Anatomie und Physiologie, und n.w. das gleichfalls der Universität angehörige **Bernoullianum** (Pl. C 2, 3), für das Studium der Physik, Chemie und Astronomie. Unweit in der Hebelstraße (Pl. C 2) bezeichnet eine Gedenktafel *Hebel's Geburtshaus* (geb. 1760, † 1826).

Sehenswerthe mittelalterliche Bauwerke sind noch: der spätgoth. *Fischmarkt-Brunnen* (Pl. D 3) vom J. 1467, 1851 erneuert; der *Spalen-Brunnen* mit dem Dudelsackpfeifer, angeblich nach Holbeins Zeichnung; der *Rebhausbrunnen* an der Riehenthorstrasse (Pl. F 3, die schadhaft gewordenen Brunnenstöcke der letztern sind in getreuer Kopie ersetzt worden); der romanische Bogengang in dem ehemaligen *St. Alban-Kloster* (Pl. F 4). — Die **Barfüßer-Kirche** (Pl. D E 4) aus dem Anfang des XIV. Jahrh., mit sehr hohem Chor aus dem XIII. Jahrh., wird gegenwärtig restauriert. — Die **St. Martinskirche** (Pl. D 3), 1851 restauriert, gilt als Muster guter Benutzung eines goth. Chors für den protestant. Gottesdienst und den Kirchengesang. — Die große goth. Kirche **St. Clara** (Pl. E 2) in Klein-Basel ist für den kath. Gottesdienst neu ausgebaut.

Von neuen Gebäuden sind zu nennen: die goth. ***St. Elisabethenkirche** (Pl. E 5), auf Kosten des Hrn. Christoph Merian-Burckhardt († 1858) erbaut; Inneres sehenswerth, namentlich die schönen Münchener Glasmalereien. — In der Nähe am Steinenberg die von *Stehlin* erbaute **Kunsthalle** (Pl. E 5) mit permanenter Ausstellung von neuen Gemälden u. Sculpturen (Eintr. 50 c.), Garten und Restauration im Erdgeschoß. Im Treppenhaus Fresken von Stückelberg, im Restaurant Wandbilder von Brünner. An der Hofseite des Gebäudes skulpierte Karrikaturen von Böcklin. Zwischen Elisabethenkirche und Kunsthalle die *Skulpturhalle*, für Gipsabgüsse. Neben der Kunsthalle das *Theater*, diesem gegenüber der *Musiksaal*, beide ebenfalls von Stehlin erbaut.

Der **zoologische Garten** (Pl. B C 6) vor dem ehem. Steinenthor, $^1/_4$ St. vom Centralbahnhof beim Nachtigallenwäldchen, enthält namentlich die schweizerische Fauna (u. a. eine große Steinbockfamilie) in trefflichen Exemplaren (Eintr. 50 c., So. oft Concert).

Beim Sommer-Casino (S. 3) das **St. Jakobs-Denkmal** (Pl. F 6) von *F. Schlöth*, errichtet 1872 zum Gedächtnis des Heldenkampfs der Eidgenossen gegen das unter dem Dauphin (später Ludwig XI.) herandringende Armagnakenheer am 26. Aug. 1444. Am Anfang der St. Jakobsstr. ein *Springbrunnen*, welcher, einer der höchsten Europas, nur beim alljährl. Festzug am 26. Aug. in voller Macht (Abends mit Beleuchtung) losgelassen wird.

Berühmt sind die Basler Missions-Anstalten. Im *Missionshaus* (Pl. B 3) eine interessante ethnograph. Sammlung aus Ostindien und Westafrika, sowie zwei große Modelle des Tempelplatzes und der Hauptmoscheen zu Jerusalem. Auch in der Nähe von Basel bestehen allerlei Anstalten: die Taubstummenanstalt zu *Riehen*, 5km n.ö., das Missionshaus auf der *Chrischona* (525m), 7km n.ö., mit prächtiger Aussicht, und die Kinder-Rettungsanstalt zu *Beuggen*, 19km ö. (S. 21). — Die seit mehr als 100 Jahren bestehende *Gesellschaft zur Beförderung des Guten und Gemeinnützigen* hat 1700 Mitglieder und ist von umfassender Wirksamkeit.

**Birsigthalbahn.** — Von Basel nach Flühen, 13km, schmalspurige Localbahn in 52 Min. (1 fr. 30 oder 95 c.). Die Bahn (Abfahrt Steinenthorstr., Pl. D 5) führt am zoolog. Garten (s. oben) vorbei durch das anmuthige fruchtbare *Birsigthal*. Stationen: 2km *Binningen* (Hirsch, Bär), großes Dorf (4700 E.) mit der aussichtreichen Kirche *St. Margarethen;* 3km *Bottminger-Mühle;* 4km *Bottmingen*, mit dem besuchten **Bottminger Schlösschen* (Gasth. u. hübscher Park); 5km *Oberwil* (Krone), mit großer Parketeriefabrik; 7km **Therwil** *(Rößli)*, stattliches Dorf im *Leimenthal*. Weiter in s. Richtung bis (9km) *Ettingen* (Badhaus), mit eisenhaltiger Kalkquelle, dann r. am Fuss des Gebirges entlang über *Witterswyl* und *Bättwyl* nach (13km) **Flühen** (382m; *Whs. u. Bad*), Dörfchen mit Eisenquelle, in einem Thaleinschnitt am Fuß des *Blauen* hübsch gelegen. Lohnender Ausflug von hier w. über das elsäss. Dorf *Tannwald* nach der wohlerhaltenen (1/2 St.) Ruine ***Landskron** (546m), mit weiter Aussicht von der Plattform des Thurms (Schlüssel zur Ruine im letzten Hause von Tannwald). — S. führt von Flühen eine Straße nach (1/2 St.) **Mariastein** (514m; *Kreuz; Post*), chem. Benediktinerabtei mit besuchter Wallfahrtskirche, auf steilem Felsen malerisch gelegen (unter der Kirche eine geräumige Felshöhle mit der Kapelle *Maria im Stein*); von hier über die Höhe nach *Tannwald* u. *Landskron* 25 Min. Von Mariastein führt die Straße weiter über *Metzerlen* nach (3/4 St.) *Burg* (530m; *Gasth.), reizend gelegenem Dorf mit erdiger Mineralquelle und aussichtsreichem Schloß. — Vom **Blauen** (820m), von Ettingen (s. oben) oder Mariastein in 1 1/2 St. zu ersteigen, weite Aussicht, s.ö. bis zu den Berner Alpen.

## 2. Von Basel durch das Münsterthal nach Biel und Bern.

124km. Eisenbahn *(Jura-Bern-Luzern)* bis Biel (90km) in 3-4 St. für 9 fr. 75, 6 fr. 86, 4 fr. 90 c.; von Biel nach Bern (34km) in 50-75 Min. für 3 fr. 75, 2. 65, 1. 90 c. [Eisenbahn von Biel bis Neuchâtel (31km) in 3/4-5/4 St., bis Genf (165km) in 5 1/4-7 1/4 St.; Schnellzug von Basel bis Genf in 7 3/4 St. Durchgehende Wagen nach Lausanne-St-Maurice.]

Das **Münsterthal**, das merkwürdigste und größte in der Jura-Kette, besteht aus einer Reihe enger Felsenpässe, mit Thalkesseln abwechselnd, an den Bergwänden Nadelholz, unten grüne Wiesen, von der *Birs* bewässert, von Dörfern, Mühlen und Eisenhämmern belebt. Die Römer unterhielten durch dieses Thal ihre Verbindung zwischen *Aventicum* (Avenches, s. S. 201), ihrer wichtigsten Stadt in Helvetien, und *Augusta Rauracorum* (Augst, s. S. 16), einem ihrer vorgeschobenen befestigten Posten am Rhein.

*Basel* (265m) s. S. 2. Die Bahn zweigt außerhalb des großen Rangirbahnhofs von der Centralbahn (S. 11) r. ab (r. der Friedhof) und überschreitet vor (5km) *Mönchenstein* die *Birs*. L. am Gebirge mehrfach Ruinen alter Burgen. — 8km *Dornach-Arlesheim* (Rest. Munzinger), beim Dörfchen *Dornach-Brugg* (*Ochs); 1/2 St. ö. bei *Arlesheim* (345m; *Löwe, Ochs u. a.) auf waldiger Höhe das ehem. fürstbischöfliche Schloß *Birseck*, jetzt Hrn. Alioth in Arlesheim gehörig, mit schönem Park, merkwürdigen Grotten etc. (Schlüssel beim Gärtner, am Fuße des Schloßhügels).

Weiter am r. Ufer der Birs; l. das Dorf *Dornach* mit malerischer Burgruine. 11km *Aesch* (322m; Restaur. Herzog-Vogel); das ansehnliche Dorf (Ochs) liegt gegenüber am l. Ufer. Die Bahn führt in einem Tunnel unter dem restaurierten alten Schloß *Angenstein* hindurch und tritt in den Kanton Bern; r. hoch oben die malerische Ruine *Pfeffingen* (561 m). 15 km *Grellingen* (*Bär) mit großen Fabriken. Dann durch einen tiefen Felseinschnitt und zweimal über die Birs. 23km *Zwingen*; das Schloß war bis zur ersten franz. Revolution Sitz der Landvögte der Fürstbischöfe von Basel.

23km **Laufen** (352m; *H. Jura; Sonne*), Städtchen am Einfluß der *Lützel* in die Birs. Weiter in engem Waldthal, gegenüber am l. Ufer die Landstraße. 26km *Bärschwil* (Croix fédérale); dann durch zwei Tunnel und zweimal über die Birs. 30km *Liesberg*. — 36km *Soyhières*, deutsch *Saugern* (Hôt. de la Gare), altes Dorf, ist Sprachscheide; r. die Trümmer des gräfl. Schlosses gl. N. Am Ausgang des Thals, welches schroffe Felsen abschließen, bevor es sich zur weiten Ebene öffnet, l. *Bellerive*, mit Holzstofffabrik, r. hoch oben Ruine *Vorburg*.

39km **Delémont**, deutsch *Delsberg* (436m; **Falken;* **Bär*, nicht theuer; *Lion d'or; Hôt. de la Gare*, am Bahnhof; *Bahnrestaur.*), Kopfstation, altes Städtchen (3638 Einw.) an der *Sorne*, mit einem Schloß der frühern Fürstbischöfe von Basel.

Nach Porrentruy, 29km, Eisenbahn in $^3/_4$-$1^1/_4$ St. für 3 fr. 55, 2. 50, 1. 80 c. Die Bahn führt durch das Wiesenthal der *Sorne* über Stat. *Courtetelle*, *Courfaivre*, *Bassecourt* nach (12km) *Glovelier* (deutsch *Lietingen*); dann über den großen Viadukt von *Combe-Maran*, durch einen 2900m langen u. 2 kürzere Tunnel nach (18km) *St^e-Ursanne* (*Deux Clefs; Bœuf), malerisches altes Städtchen mit Schloßruine auf hohem Fels, im romantischen Thal des *Doubs* (S. 193). Folgt nochmals ein Tunnel unter dem *Mont Terrible*: Stat. *Courgenay*, dann Porrentruy, deutsch *Pruntrut* (424m; **Bär;* **Cheval blanc*), ansehnliche alte Stadt (6509 E.) mit Schloß, 1529-1828 Sitz der Bischöfe von Basel (S. 3). Bei *Réclère*, 12km w. unweit der franz. Grenze, ist eine große Tropfsteinhöhle vor kurzem entdeckt und zugänglich gemacht worden. — Die Bahn führt weiter über *Delle* (franz. Grenzort) nach *Belfort* und *Paris* (Schnellzug Basel-Paris in $9^1/_4$-11 St.).

Jenseit (43km) *Courrendlin*, deutsch *Rennendorf* (Hirsch), tritt die Bahn in das eigentliche ***Münsterthal**, franz. *Val-Moutier*, einen tief eingeschnittenen von der Birs durchströmten Engpaß, auf beiden Seiten von gewaltigen Kalksteinfelsen eingefaßt, die wie riesenhafte Mauern senkrecht aufsteigen. Die Bahn ist mittels Felssprengungen, Tunnels und Galerieen durch diese „*Gorges de Moutier*" geführt (*Fußwanderung von Courrendlin nach Münster sehr zu empfehlen). Oberhalb (46km) *Choindez*, gegenüber der am r. Ufer gelegenen *Glashütte von Roche* (480m), zwei Tunnels: dann (48km) Stat. *Roche* (503m; *Rößli, nicht theuer). Weiter durch 9 kleine Tunnels kurz hintereinander, dann in großartigem Felsencircus über die Birs und am r. Ufer durch eine Reihe von Felseinschnitten. Die Bahn verläßt die Schlucht, überschreitet den *Rausbach* und erreicht

51km Stat. **Münster**, franz. *Moutier* (528m; **Hôt. de la Gare*, nicht theuer); 10 Min. s.w. das stattliche Dorf (534m; **Hirsch*; *Krone*; *Rößli*, wird gelobt) mit 2346 Einw. und neuer protest. Kirche, am l. Ufer der Birs in grünem Thalboden hübsch gelegen.

Von Münster auf den Weißenstein, $3^1/_2$ St. (s. S. 14). 10 Min.) n.ö. von Münster, 6 Min. vom Bahnhof bei der *Restaur. Sperisen* (gutes Bier) führt eine Fahrstraße (Post bis St. Joseph tägl. Nm. in 1 St.) ö. über ($^3/_4$ St.) *Grandval*, deutsch *Gransfelden* (613m) und ($^1/_4$ St.) *Crémine* (690m; Kreuz) durch die Schlucht der *Raus* bergan nach ($^3/_4$ St.) *St. Joseph am Gänsbrunnen* (747m; Whs.), am n. Fuß des *Weißenstein*, dessen Gipfel (1287m) man von hier bequem auf dem Fahrsträßchen meist durch Wald in $1^3/_4$-2 St. erreicht (kürzerer Fußweg l. in $1^1/_2$ St.). Wagen von Münster nach dem Weißenstein 25 (hin u. zurück 30) fr., von Gänsbrunnen 15 fr.

Nun nochmals durch einen höchst malerischen wilden Engpaß, die *Roches de Court*, hoch über der Birs, und durch einen langen und zwei kürzere Tunnels nach (57km) **Court** (671m; *Bär*; *Krone*).

Von Court oder besser von *Bévilard* (s. unten) führt ein steiler Fußpfad in 3 St. über den **Montoz** (1332m) nach *Reuchenette* (s. unten), ohne Führer leicht zu verfehlen. Aussicht der vom Weißenstein ähnlich.

Weiter durch freundliche Wiesenthäler. 60km *Sorvilier*; 62km *Malleray-Bévilard*; 66km *Reconvilier*. — 69km **Tavannes**, deutsch *Dachsfelden* (761m; **H. de la Gare*), großes Dorf am Ursprung der Birs (Zweigbahn in 35 Min. nach *Tramelan*). Die Bahn steigt etwas und führt mittels eines 1337m l. Tunnels unter der *Pierre Pertuis* hindurch, einem ehemals befestigten Felsenthor aus röm. Zeit, durch das die Landstraße führt. Dann senkt sie sich r. am Bergabhang, wendet sich zwischen *Sombeval* und *Corgémont* in starker Kurve zurück und überschreitet die aus dem *Val St-Imier* (S. 192) kommende *Suze (Schüß)*.

76km **Sonceboz** (656m; *Krone*; *Hirsch*, wird gelobt), Knotenpunkt der Bahn nach *La Chaux-de-Fonds* (s. S. 192). Jenseits abermals über die Schüß; gleich darauf durch einen Tunnel unter dem s.w. Vorsprung des *Montoz* (s. oben). Weiter in schön bewaldetem Thal, wiederholt über die Schüß. — 81km *La Heutte*; 85km *Reuchenette* (592m; im Whs. gute Forellen). Hier wendet die Bahn sich plötzlich nach S. und tritt in die enge Schlucht, welche sich die Schüß durch die letzten Höhenzüge des Jura gebrochen hat (bis Biel 4 Tunnel). Jenseit des ersten Tunnels r. ein Wasserfall der Schüß, oben die Trümmer des Schlosses *Rondchâtel*. Folgen zwei weitere Tunnel; r. öffnet sich das grüne Thal von *Ilfingen (Orvin)*. Die Bahn führt nochmals durch einen langen Tunnel, überschreitet gleich darauf auf kühner Brücke die tiefe wilde Schlucht der Schüß (das *Taubenloch*, S. 11) und tritt aus der Thalenge heraus; prächtige überraschende Aussicht auf die reichen Niederungen von Biel, in der Ferne die Alpenkette bis zum Montblanc. Hinab durch Rebengelände nach

90km **Biel**, frz. *Bienne* (440m; **Krone*, Z. von 2, M. 3, A. $2^1/_2$ fr.; **Bielerhof*, am Bahnhof, Z. L. B. $3^1/_2$-$4^1/_2$, F. $1^1/_2$ fr.; **Schweizerhof*, Z. $2^1/_2$, F. 1 fr.; *Kreuz*; **Schiff*, am See, Segelschiffe u. Ruderboote zu haben. — **Bahnrestaur.*), alte jetzt rasch aufblühende Stadt (18000 Einw.) unweit des gleichn. Sees. In der Juravorstadt eine schöne neue kath. Kirche. Sehenswerth das *Museum Schwab*, eine reichhaltige Sammlung von Pfahlbaufunden, keltischen und römischen Waffen, Geräthen, Münzen etc. (So. u. Do. 2-4 U. zugänglich, sonst nach vorheriger Anmeldung). Prächtige Alleen umgeben die Stadt und führen zum N.-Ende des *Bieler Sees* (S. 188), bis (20 Min.) *Nidau*, am Ausfluß der *Zihl*, mit altem Schloß. Trambahn vom Bahnhof in die Stadt, nach Nidau und nördl. in 20 Min. nach *Bözingen*, frz. *Boujean* (Hirsch; Rößli).

Von Bözingen sehr lohnender Spaziergang durch die malerische, von der wasserreichen Schüß durchströmte *Taubenlochschlucht nach dem Dörfchen (1/2 St.) *Friedliswart*, frz. *Frinvillier* (in der Wirthsch. gute Forellen) und weiter an der Ruine *Rondchâtel* vorbei zur (3/4 St.) Stat. *Reuchenette* (S. 10).

Drahtseilbahn (Station 5 Min. n.w. vom Bahnhof Biel) in 20 Min. (1 fr., hin u. zur. 1 fr. 50 c.) nach dem 1 1/4 St. oberhalb Biel am Jura-Abhang herrlich gelegenen Kurhaus ***Magglingen**, frz. *Macolin* (900m; Z. L. B. 4, M. 4, Pens. m. Z. 8-12 fr.), als Luftkurort besucht (viel Deutsche), mit großem Waldpark und prachtvoller Alpenaussicht vom Sentis bis zum Montblanc. — Sehr lohnende Rundtour: mit Drahtseilbahn nach Magglingen, zu Fuß über das schön gelegene Bergdorf (25 Min.) *Leubringen*, frz. *Evilard* (*Kurhaus; Drei Tannen, wird gelobt) durch prächtigen Tannenwald oder über *Ilfingen (Orvin)* nach *Frinvilier*, durch die *Schüßschlucht* nach *Bözingen* und mit Tramway zurück nach Biel (im ganzen c. 3 St.). — Von Magglingen auf den **Chasseral** (S. 188) 3 1/2 St.: über die Höhe auf gutem Wege nach *Lamboing*, *Diesse* und *Nods* am n.ö. Fuß des Berges, dann steil und steinig hinan (besserer Weg von St. Imier, S. 192).

Von Biel nach *Solothurn* s. S. 15; nach *Neuchâtel* u. *Genf* s. R. 68.

Die Bahn von Biel nach Bern führt bei (94km) *Brügg* über die *Zihl* (*Thièle*, S. 188), vor (98km) *Bußwyl* über die *Aare*. — 101km **Lyss** (*Hirsch; Bahnrestaur.*), Knotenpunkt der Bahnen nach *Payerne* (S. 202) und *Solothurn* (S. 15). — 104km *Suberg*; 109km *Schüpfen*; 114km *Münchenbuchsee* (*Hôt. Käch; Krone; Bär), Sitz des Kantons-Seminars, das 1885 in die ö. 1 km entfernten Gebäude des ehem. Fellenberg'schen Instituts in *Hofwyl* verlegt wurde. R. erscheinen die Berner Alpen von der Jungfrau bis zum Balmhorn, verschwinden aber bald wieder. — 117km *Zollikofen*, Station der Centralbahn (Basel-Herzogenbuchsee-Bern); von hier nach

124km *Bern* s. S. 16.

## 3. Von Basel nach Biel über Olten und Solothurn.

101km. Centralbahn in 3-4 St.; 10 fr. 65, 7.45, 5.35 c.

*Basel* s. S. 2. Die Bahn überschreitet die *Birs*. 5km *Muttenz*; 9km *Pratteln*, wo die dem Rheinthal weiter folgende Bahn nach Zürich (S. 16) l. abzweigt. 1/2 St. n.w. am Rhein (Zweigbahn in 10 Min.) die Saline *Schweizerhalle* mit gut eingerichteter Soolbadanstalt.

Die Centralbahn verläßt das Rheinthal und zieht sich auf dem l. Ufer der *Ergolz* in den Jura. Bei (13km) *Nieder-Schönthal* r. auf einem Hügel der Luft- und Molkenkurort *Frenkendorf* (341m; Wilder Mann; Löwe); von hier bester Fahrweg nach (3/4 St.) Bad Schauenburg (s. unten). Vor Liestal l. die Strafanstalt des Kantons Basel-Land, weiter das Kantons-Spital.

15km **Liestal** (315m; **Falke*, mit Soolbädern und Garten, Pens. von 4 fr. an; *Schlüssel; Engel; Sonne*), mit 4927 E., Hauptort des Halb-Kantons Basel-Land, in reizender Lage an der Ergolz. Im Gemeindehaus eine Münzsammlung und die bei Nancy 1477 erbeutete Trinkschale Karls des Kühnen. — 1/2 St. n.w. das schöngelegene Kurhaus *Bienenberg* (Luftkurort u. Soolbad), mit umfassender Aussicht und 1/2 St. weiter das besuchte *Bad Schauenburg* (486m), am Fuß der gleichn. Ruine (602m; *Aussicht). Fahrweg nach Nieder-Schönthal s. S. 11.

Nach Waldenburg, 14km, schmalspurige Bahn in 1 St. durch das anmuthige *Frenkenthal*. — 4km *Bad Bubendorf*, mit Mineral- und Soolbädern (r. 20 Min. entfernt das gleichn. Dorf mit Burgruine); 6km *Lampenberg;* 9km *Hölstein*, in einer Thalenge, mit Seidenbandfabriken. Weiter über *Niederdorf* und *Oberdorf* nach (14km) **Waldenburg** (583m; *Löwe; Schlüssel*), Städtchen mit Schlossruine und hübscher Kirche. Von hier gute Straße (Post 4mal tägl. in 50 Min.) nach dem auf der Paßhöhe des *obern Hauenstein* (718m) gelegenen Luftkurort (5km) **Langenbruck** (**Kurhaus*, Pens. m. Z. 6-8 fr., mit Depend. *Ochsen; Pens. Bider* u. a.), als ruhiger und behaglicher Aufenthalt zu empfehlen. — Poststraßen führen von Langenbruck s.ö. über *Fridau* nach (8km) *Egerkingen* (S. 13); s.w. über *Holderbank* und *Balsthal*, dann durch die *Klus*, einen ehemals befestigten Bergeinschnitt mit der malerischen Ruine *Falkenstein* und dem restaurierten Schloß *Bechburg*, nach (17km) *Oensingen* (S. 13).

18km *Lausen*. — Vor (22km) *Sissach* (375m; Löwe) r. das Schlößchen *Ebenrain* mit Park. Hübsche Aussicht von der *Sissacher Fluh* (702m), 1 St. nördl.

Von Sissach nach Aarau über die Schafmatt, 4 1/2 St. Bis Oltingen (11km) Post tägl. in 2 St. über (3/4 St.) *Gelterkinden* (398m; *Rößli, nicht theuer), gewerbfleißiges Dorf; dann durch ein hübsches Wiesenthal zum Wasserfall *Hanggießen* oder *Gießen;* 1/2 St. *Tecknau* (439m); 1/2 St. *Wenslingen* (567m); 1/2 St. *Oltingen* (592m; Ochs), mit Mineralquelle. Der Weg auf die (1/2 St.) ***Schafmatt** (767m) beginnt gleich beim Ochsen, leicht zu finden, mehrfach Handweiser. Oben große Jura- und Alpen-Rundsicht. Am s. Rande des Plateaus, wo man in das tiefe Thal von *Rohr* hinabsieht, wendet man sich l. und erreicht in 1/2 St. das am Fuß der Schafmatt gelegene *Senn- u. Kurhaus* (Molkenkur). Hier hat man, durch die Berge, zwischen welchen man steht, eingerahmt, die Umgebungen des Vierwaldstätter Sees, Rigi, Pilatus etc. vor sich. Vom Sennhaus an dem in einem Seitenthal l. gelegenen *Laurenzenbad* (S. 20) vorbei über *Erlisbach* in 1 1/4 St. nach *Aarau* (S. 20).

11km südl. von Sissach (Post 2mal tägl. in 1 1/4 St. über *Zunzgen, Tenniken u. Diegten*) liegt **Eptingen** oder *Ruch-Eptingen* (571m) mit besuchter **Kuranstalt* (salin. Gipsquelle, Molken etc., Pens. m. Z. 4-5 fr.), in engem Thalkessel am Fuß des *Hauenstein* (Fußweg in 1 St. nach *Läufelfingen* und in 1 1/4 St. nach *Langenbruck*, s. oben).

Die Bahn wendet sich s. in das enge malerische *Homburger Thal*. 26km *Sommerau;* dann durch zwei Tunnel nach (31km) *Läufelfingen* (564m; Sonne), am Fuß des *Hauenstein*.

Auf dem Gipfel des Hauenstein, 3/4 St. von Läufelfingen (über *Reisen* und *Erlimoos*, beide mit Kurhäusern), liegt die ***Frohburg** (845m; *Hôt.-Pens.*, gut, Z. 2 1/2, F. 1 1/4, Pens. 6-7 fr.), mit schöner Alpenrundsicht vom Sentis bis zum Montblanc, im Vordergrund die Wartburg (s. unten) und das Wiggerthal mit der Bahn nach Luzern, r. der Pilatus, l. der Rigi. 10 Min. vom Kurhaus geringe Mauerreste der durch ein Erdbeben zerstörten Burg. Hinab über *Trimbach* nach *Olten* 1 St.

Die Bahn tritt in den 2708m l. *Hauenstein-Tunnel* (5 Min. Durchfahrt), bei dessen Bau im J. 1857 63 Arbeiter umkamen. Bei der Ausfahrt zeigt sich r. auf einem Bergkegel das Schlößchen *Neu-Wartburg* (S. 13); später erscheinen r. die Berner Alpen, vom Wetterhorn bis zum Doldenhorn allmählich vorrückend. Die Bahn senkt sich in großem Bogen, überschreitet die *Aare* und erreicht am r. Ufer aufwärts den Bahnhof von

40km **Olten**. — Gasth.: *Schweizerhof, am Bahnhof, Z 2, F. 1 fr.; H. Wiß, nicht theuer; Halbmond. — **Bahnrestaur.* — Meist längerer Aufenthalt und Wagenwechsel. Von den Wartesälen aus stehen links (nördl.) die Züge nach Zürich und Basel, rechts nach Luzern und Bern. Viel Leben während der Kreuzung der Züge, daher aufpassen, auch auf Taschendiebe.

*Olten* (402m), zweite Stadt des Kantons Solothurn (4936 E.), in hübscher Lage auf beiden Ufern der Aare, ist einer der wichtigsten Eisenbahnknotenpunkte der Schweiz (vgl. S. 15, 20), mit großen Werkstätten der Centralbahn. In der *Pfarrkirche* eine Himmelfahrt von Distëli, in der *Capusinerkirche* eine Madonna von Deschwanden. Bedeutende Schuhfabriken.

S.ö. von Olten, l. von der Bahn, erhebt sich am r. Ufer der Aare ein alleinstehender Bergkegel mit dem hergestellten Schlößchen Neu-Wartburg oder *Sälischloß* (682m), mit Restaur. und trefflicher Aussicht auf die Alpen vom Sentis bis zur Jungfrau. Bequeme Wege führen von Olten wie von Aarburg in $^3/_4$ St. hinauf.

$1^1/_2$ St. n.ö. von Olten (Post im Sommer 2mal tägl. in $1^1/_4$ St.) das Schwefelbad Lostorf (**Kurhaus*, nicht theuer, Pens. 5 fr.), am Fuß des Jura hübsch gelegen; darüber auf einem Felsvorsprung ($^1/_4$ St.) das Schlösschen *Wartenfels* (628m) mit schöner Aussicht.

Die Bahn nach Solothurn *(Gäubahn)* überschreitet die Aare und führt durch die von der *Dünnern* durchströmte Niederung am Fuß des Jura. L. entfaltet sich allmählich die Aussicht auf die Alpen vom Glärnisch bis zum Altels. 42km *Olten-Hammer;* 44km *Wangen;* 47km *Hägendorf;* 50km *Egerkingen* (Kreuz).

Post 2mal tägl. in 40 Min. nach Fridau (700m), gut eingerichtete *Kuranstalt mit prächtiger Alpenaussicht, Anlagen und Waldspaziergängen (Pens. $5^1/_2$-6 fr.). — Die Straße führt weiter (Post im Sommer tägl.) nach (1 St.) *Langenbruck* (S. 12).

53km *Oberbuchsiten.* — 58km *Oensingen* (Post 2mal tägl. in $1^3/_4$ St. nach *Langenbruck,* S. 12). — 60km *Niederbipp* (r. *Oberbipp* mit stattlichem neuen Schloß). — 66km *Wangen,* hier über die Aare. — 69km *Deitingen;* 72km *Luterbach.* Im Vorblick Solothurn, r. die Röthe (S. 15) und das Kurhaus auf dem Weißenstein (S. 15). Zuletzt über die *Große Emme* unfern ihrer Mündung in die Aare. — 75km *Neu-Solothurn.*

**Solothurn.** — Zwei Bahnhöfe: *Neu-Solothurn* am r. Ufer der Aare (10 Min. von der neuen Aarebrücke), Knotenpunkt der Bahnen nach Lyß u. Burgdorf (S. 15), und *Alt-Solothurn* am l. Ufer der Aare, an der W.-Seite der Stadt. Vom Ursusmünster sind beide c. 10 Min. entfernt, doch liegt für den Besuch der Stadt und des Weißensteins der Bahnhof Alt-Solothurn im ganzen bequemer.

Gasthöfe. *Krone, Z. L. B. 3, F. $1^1/_4$, M. 3 fr.; Adler; Hirsch; Thurm; Kreuz, Z. 2, F. 1 fr. — *Restaur. Wengistein,* 10 Min. n.ö. von der Stadt, unfern der Einsiedelei (s. unten), mit hübscher Aussicht.

*Solothurn* (435m), die wenig belebte Hauptstadt des gleichn. Kantons, mit 8462 Einw., an der *Aare,* das römische *Salodurum,* seit 1481 dem Eidgenossenbund angehörig, ist neben Trier angeblich die älteste Stadt diesseit der Alpen (*„in Celtis nihil est Salodoro antiquius unis exceptis Treviris, quarum ego dicta soror“*, wie am Zeitglockenthurm zu lesen ist). Die früheren Befestigungen sind bis auf geringe Reste abgetragen.

Die St. Ursus-Kathedrale, seit 1828 Domkirche des Bisthums Basel (S. 3), wurde 1762-73 an der Stelle einer 1050 gegründeten eingestürzten Kirche in Kreuzform mit einer großen Kuppel und zwei Halbkuppeln erbaut. 36 Stufen führen hinan, zu den Seiten Brunn mit Standbildern, Moses, wie er Wasser aus dem Felsen schlägt, und Gideon, wie er den Thau aus dem Ziegenfell windet. Unter den zehn großen Altarblättern aus der zweiten Hälfte des vor. Jahrh. ist keines von Werth. Der Kirchenschatz in der Sakristei enthält kunstreiche Metall- und Textil-Arbeiten, namentlich aus dem XVI.-XVIII. Jahrh.

Das *ZEUGHAUS unfern des Münsters hat, ausser den Waffen für die Kantons-Miliz, im Waffensaal im zweiten Stock eine Sammlung alter Rüstungen (an 900), Hellebarden, Spieße, Schwerter, Schusswaffen, Fahnen aus den Kämpfen der Eidgenossen gegen Oesterreich und Burgund u. dgl.; bemerkenswerth u. a. eine Mitrailleuse aus dem XV. Jahrh., daneben ein Automat. Eine große plast. Gruppe gleich beim Eingang stellt die Versöhnung auf der Tagsatzung zu Stans im J. 1481 durch den Bruder Klaus (S. 119) dar, nach einer Zeichnung von *Disteli*.

Das älteste Gebäude ist wohl der jüngst restaurierte ZEITGLOCKENTHURM am Markt, angeblich 400 Jahre v. Chr. erbaut (s. oben), ein frühburgundischer Bau aus dem V. oder VI. Jahr. n. Chr. Aussen an der Uhr ist ein ähnlicher Mechanismus wie am Zeitglockenthurm zu Bern (S. 133).

Das *Naturalien-Kabinet* in der Vorstadt auf dem r. Aare-Ufer enthält werthvolle zoologische und paläontologische Sammlungen. Im Kantonsschulgebäude eine Sammlung *römischer und mittelalterlicher Alterthümer* und die *Kantons-Bibliothek*. Die *Stadtbibliothek* enthält c. 40 000 Bde. und 200 Incunabeln, sowie eine Münz- und Medaillensammlung. In der vom Kunstverein gegründeten *städtischen Gemäldesammlung* eine *Madonna mit dem Kinde, dem h. Ursus und Martin von Tours, von *Hans Holbein dem Jüngern* (1522).

Auf den Weißenstein höchst lohnender Ausflug (3 St.; vgl. S. 10). Von Solothurn führt sowohl ein Fahrweg über *Längendorf* und *Oberdorf* (Zweisp. in 2½ St., 20 fr., abwärts 10 fr., hin u. zurück mit Übernachten 35 fr. u. Trkg.) wie der weit vorzuziehende Fußweg durch das *Verenathal* hinauf (Träger 4-5 fr.). Beim St. Ursusmünster durch das stattliche Basler Thor, l. auf die zweithürmige *Villa Cartier* los, hier r., weiter l. in die Allee und am Ende derselben r. auf die Kirche von *St. Niklaus* los, vor derselben, hinter der *Restaur. Wengistein* (s. oben) l. in das (20 Min.) **St. Verenathal**, eine 10 Min. lange kühle Schlucht (der Weg l. am Anfang der Schlucht führt zum Wengistein, s. unten). Das anstehende Gestein ist Kalkfels; der Portlandkalk, in Brüchen beim Ausgang des Thales aufgeschlossen, enthält schöne Versteinerungen. In der Nähe finden sich auf dem Bergabhang Granitblöcke, durch Gletscher der Eiszeit hergetragen. Am n. Ende der Schlucht liegt die **Einsiedelei St. Verena** (494m), r. die Wohnung des Klausners mit Kapelle, l. eine zweite in den Felsen gehauene Kapelle mit einer Darstellung des h. Grabes in lebensgroßen Figuren. [Den Rückweg nach Solothurn kann man bergan über die Kapelle zu den Kreuzen nehmen, in der Nähe der großen Steinbrüche vorbei durch Wald zum **Wengistein**, der im Kleinen eine der vom Weißenstein ähnliche Aussicht bietet. Ein großer Granitblock ist hier zu einer latein. Inschrift benutzt, die an zwei denkwürdige Begebenheiten aus der Solothurner Geschichte erinnert.]

Von der Einsiedelei bei der Wirthschaft r. durch Wiesen auf den Weißenstein zu; 10 Min. Dorf *Widlisbach*, hier l. über die Anhöhe zum (12 Min.) Weiler *Fallern* (557m), am Fuß des Weißensteins. Oberhalb beim Handweiser l. in den Wald, erst allmählich, dann schärfer im Zickzack bis zur (40 Min.) ersten Bank, deren dann mehrere folgen; bald darauf tritt der Weg aus dem Walde und steigt in einer steil abstürzenden Felsschlucht zum Theil auf Stufen hinan, weiter oben wieder weniger steil durch Wald; nach 40 Min. erreicht man den Fahrweg l. oberhalb der Alp *Nesselboden* (1051m) und auf diesem in 40 Min. (kürzerer Fußweg nach 8 Min. am Ende der großen Kehre r., auf der Höhe beim Pfahl scharf l. bergan) das **Kurhaus* auf dem *Vordern Weißenstein* (Z. L. B. $3^1/_4$, F. $1^1/_4$, M. 3, A. 2, Pens. m. Z. 8 fr.; telegraph. Zimmerbestellung rathsam), als Luft- und Molkenkurort viel besucht, von Laubwald und weiten grünen Matten umgeben.

Der ***Weißenstein** (1287m) gehört zu den berühmtesten Aussichtspunkten der Schweiz. Die Aussicht ist weniger malerisch, als vom Rigi, die Fernsicht umfassender. Von keinem Punkt übersieht man bei günstiger Beleuchtung besser die lange Kette der Hochalpen in ihrer ganzen Ausdehnung, von den Bergspitzen Tirols bis zum Montblanc. Es treten besonders hervor: ö. der Sentis, der Glärnisch neben dem im Vordergrund aufsteigenden Rigi, der Tödi zwischen Rigi und Pilatus, der hohe Sattel des Titlis, die Sustenhörner; dann über Solothurn die Berner Alpen, Wetterhorn, Schreckhorn, Finsteraarhorn, Eiger, Mönch, Jungfrau, Blümlisalp, Doldenhorn; weiter Balmhorn, Altels, Wildstrubel, Wildhorn, Diablerets, s.w. der Montblanc. Im W. der Bieler, Murtener und Neuenburger See; die Aare durchzieht in zahlreichen Windungen die fruchtreiche Ebene. Die Große Emme, ebenfalls weithin zu verfolgen, ergiesst sich am Fuß des Berges in die Aare.

Schöner Spaziergang im Wald zum *Känzeli* (1248m), 10 Min. w. — Auf der **Röthe** (1399m), $^1/_2$ St. ö. vom Kurhaus, öffnet sich die Aussicht nach N. und O. (Schwarzwald und Vogesen), die auf dem Weißenstein verdeckt ist; guter Blick auf die malerischen Berge und Thäler des Jura. — Gegen W. ist die Aussicht durch die **Hasenmatt** (1447m) verdeckt. Auf dieser aber, $1^3/_4$ St. vom Kurhaus, hat man eine ganz unbegrenzte Rundsicht. Der Weg führt w. über Matten (angenehmer der schattige Fußpfad r. oberhalb der Matten im Walde, den man aber verlassen muß, sobald er schärfer zu steigen beginnt) zum (25 Min.) *Hintern Weißenstein* (1228m; Gasth.); vorher l. etwas bergab und über den Bergkamm hinan bis zum (20 Min.) Ende der Wiese, dann $^1/_4$ St. im *Kesselwalde* abwärts und über Wiesen wieder bergan zur (20 Min.) Sennhütte *Althüsli* (1334m; einf. Erfr.) auf dem Bergsattel, mit gutem Wasser. Von der Sennhütte erreicht man auf bequemem Fußsteig in 20 Min. den Gipfel (kürzer aber steiler ein 10 Min. vor der Hütte l. abzweigender Pfad). — Man kann von der Hasenmatt oder der Sennhütte an der Südseite hinabsteigen und über *Lommiswyl* nach Solothurn oder der nähern Eisenbahnstation *Selzach* (s. unten) gelangen. — Wer vom Kurhaus nach Solothurn zurück will, folgt von Fallern (s. oben) der Straße geradeaus bis zu einem (10 Min.) vierarmigen Handweiser und erreicht zwischen Fichtengehölz und großen Steinbrüchen (s. oben) hindurch in $^1/_2$ St. das n.w. Stadtthor von Solothurn. Die Wagen nehmen bei der Rückfahrt auf Verlangen den Weg so, daß man die Verena-Schlucht besuchen kann.

Von Neu-Solothurn nach *Herzogenbuchsee* s. S. 16.

Nach Burgdorf, 21km, Eisenbahn (*Emmenthalbahn*) in 1 St. — 5km *Biberist*; 6km *Gerlafingen*; 11km *Utzensdorf*, größtes Dorf des untern Emmenthals; 15km *Aefligen*; 17km *Kirchberg*; 21km *Burgdorf* (S. 10).

Nach Lyss, 25km, Eisenbahn am r. Aare-Ufer in 1-$1^1/_2$ St. — 4km *Lüßlingen*; 8km *Leuzingen*; 11km *Arch-Rüti*; 16km *Büren* (Krone), Städtchen mit altem Schloß; 19km *Dotzingen*; 22km *Bußwyl* (S. 11); 25km *Lyss* (S. 11)

Die Bahn nach Biel überschreitet die Aare. 77km *Alt-Solothurn* (S. 13); weiter am Fuß des Jura über (82km) *Selzach*, (87km) *Grenchen*, franz. *Granges* (Löwe), Dorf mit Uhrenfabriken, und (92km) *Pieterlen* nach (101km) *Biel* (S. 10).

## 4. Von Basel nach Bern über Herzogenbuchsee.

106km. Centralbahn in $3^1/_4$-$4^3/_4$ St.; 11 fr. 50, 8. 05, 5. 75 c.

Bis (40km) *Olten* s. S. 12. Weiter am r. Aare-Ufer; l. das *Sälischloß* (S. 13). Vor Stat. Aarburg ein kl. Tunnel.

**44km Aarburg** (401m; **Krone*; *Bär*), wohlhabendes malerisch gelegenes Städtchen (2079 E.) an der Aare, Knotenpunkt der Bahn nach Luzern (R. 6). Das alte *Schloß* auf steilem Felshügel, einst Festung, 1660 erbaut, ist jetzt Fabrik.

Die Bahn bleibt am r. Aare-Ufer. 48km *Niederwyl;* 53km *Murgenthal* (hier über die *Murg*); 56km *Roggwyl;* 60km *Langenthal* (*Löwe), reicher Marktflecken mit bedeutendem Holzhandel; 63km *Bützberg*.

67km **Herzogenbuchsee** (470m; **Sonne; Bahnrestaur.*), ansehnlicher Ort (2316 E.) mit hochgelegener Kirche.

Nach Solothurn, 15km, Eisenbahn in 40 Min. — 4km *Inkwyl;* 9km *Subigen;* 11km *Derendingen;* dann über die *Große Emme* nach *Neu-Solothurn* (S. 13).

Bei (73km) *Riedwyl* tritt die Bahn in grüne Thäler mit waldbewachsenen Bergabhängen. Hinter (77km) *Wynigen* ein langer Tunnel (1 Min.); dann über die *Große Emme*, unmittelbar bei

84km **Burgdorf**, franz. *Berthoud* (533m; *H. Guggisberg, H. Bahnhof*, beide am Bahnhof; *Stadthaus; Bär*), gewerbreiche Stadt (6876 E.), an einem Hügel malerisch gelegen. Die Häuser haben „Lauben" wie in Bern; die öffentlichen Gebäude, Spital, Schulen, Waisenhaus, sowie die Spaziergänge zeugen von Geschmack und Wohlstand. Im Schloß zu Burgdorf gründete Pestalozzi 1798 seine berühmte Erziehungsanstalt, die er 1804 nach Yverdon verlegte. Bei Kirche und Schloß schöne Aussicht; schöner noch vom *Lueg* (880m), 2 St. östl.

Nach Langnau, 22km, Eisenbahn in 1 St. durch das fruchtbare *Emmenthal*. — 4km *Oberburg;* 7km *Hasle-Rüegsau* (von Rüegsau, 35 Min. n.ö. von der Bahn, in 1/2 St. auf den *Rachisberg*, 844m, mit herrlicher Aussicht auf Alpen und Jura); 10km *Lützelflüh-Goldbach* (in Lützelflüh wohnte der unter dem Namen Jeremias Gotthelf als Volksschriftsteller bekannte Pfarrer Albert Bitzius, † 1854). — 12km *Ramsey-Sumiswald* (5km n. das Städtchen *Sumiswald*); 16km *Zollbrück;* 22km *Langnau* (S. 126).

Von Burgdorf nach *Solothurn* s. S. 15.

87km *Lyssach*. Hinter (90km) *Hindelbank* l. von der Bahn das Denkmal an die Schlacht der Berner gegen die Franzosen im *Grauholz*, 15. März 1798. — 95km *Schönbühl*. Jenseit (99km) *Zollikofen*, Knotenpunkt der Bahn Biel-Bern (S. 11), r. die *Rütti*, früher Fellenberg'sches Eigenthum, jetzt landw. Institut. Weiter über die eiserne *Worblaufenbrücke* (unten r. die dreibogige *Tiefenauer Aarebrücke*) und durch einen Einschnitt etwas bergan; dann öffnet sich auf dem *Wylerfeld* (Exercierplatz) l. eine prachtvolle Aussicht auf die ganze Kette der Berner Alpen. R. eine neue Vorstadt, die „Lorraine"; dann über die Berner **Aarebrücke* in den Bahnhof von Bern. Die Brücke besteht aus einem 182m l. eisernen Gitterbalken, welcher auf zwei 44m h. Pfeilern ruht, und hat zwei Stockwerke, oben für die Bahn, unten für Wagen und Fußgänger.

106km *Bern* (S. 131).

## 5. Von Basel nach Zürich.

90km. Nordostbahn in 2 1/4-3 1/2 St.; 9 fr. 40, 6. 60, 4. 75 c.

Bis (9km) *Pratteln* s. S. 11. Die Bahn überschreitet bei dem malerisch gelegenen (12km) *Augst* die *Ergolz* und tritt an den

Rhein; l. *Kaiseraugst* mit Saline und alter Kirche, gegenüber am l. Ufer der Ergolz *Baselaugst* (S. 3).

17km **Rheinfelden**. — Gasth.: *Hôt. des Salines, 5 Min. oberhalb des Orts, Pens. 5-6 fr.; *Hôt. Dietschy zur Krone, mit Gärtenterrasse am Rhein; *Gasth. Dreikönig, mit schattigem Garten, Pens. 5 fr.; Zum Schützen, Schiff, alle mit Soolbädern; *Bellevue, am r. Rheinufer; Bier im *Salmen*.

*Rheinfelden* (264m), altes Städtchen (2400 Einw.) mit z. Th. noch erhaltenen Mauern und Thürmen, früher stark befestigt und einer der Vorposten des heil. Römischen Reichs, oft belagert, 1744 von den Franzosen geschleift, gehört seit 1801 zur Schweiz. Der Strom stürzt hier schäumend über die Felsen und bildet einen Strudel, den *Höllenhaken*. Oberhalb des Orts am Rhein bedeutende Salinen.

Die Bahn verläßt den Rhein, der hier weit nach N. ausbiegt. 21km *Möhlin;* 27km *Mumpf* (Soolbad z. Sonne; Güntert), wieder am Rhein. — 30km *Stein* (302m; *Löwe), mit *Säckingen* (S. 22) durch eine bedeckte Brücke verbunden.

Die Bahn wendet sich nun vom Rhein ab in das anmuthige fruchtbare *Sisselnthal*. 34km *Eiken;* 37km *Frick* (355m; Adler; Engel), ansehnlicher Markt; weiter in großer Kurve ansteigend nach (42km) *Hornussen* (389m). — 47km *Effingen* (435m), höchster Punkt der Bahn; gleich darauf der 2466m l. Tunnel unter dem **Bötzberg** (593m), dem *Mons Vocetius* der Römer (Durchfahrt 4 Min.). — 50km *Bötzenegg* (Stat. für Dorf *Schinznach*, S. 21). Die Bahn senkt sich allmählich, mit schöner Aussicht r. ins Aarethal und bei hellem Wetter auf die St. Galler, Glarner und Schwyzer Alpen, führt nochmals durch einen kl. Tunnel und überschreitet die *Aare* auf fünfbogiger, 236m l., 32m h. Brücke.

58km **Brugg** (334m; **Rothes Haus; *Rößli; Hôt. Bahnhof; Bahnrestaur.*), kleine Stadt (1572 Einw.), Knotenpunkt der Bahn nach Aarau u. Waldshut (S. 21). Hübscher Blick auf die alterthümliche Stadt von der einbogigen Brücke über die hier durch Felsen eingeengte Aare. Der „schwarze Thurm“ an der Brücke ist spätröm. Ursprungs, die obere Hälfte im xv. Jahrh. erneut.

1km s.ö. von Brugg die ehem. Abtei **Königsfelden**, einst ein Minoriten- und ein Clarissinnen-Kloster, 1310 von der Kaiserin Elisabeth und ihrer Tochter, der Königin Agnes von Ungarn, auf der Stätte gegründet, wo im J. 1308 ihr Gemahl und Vater, Albrecht von Oesterreich, durch Herzog Johann von Schwaben ermordet worden war. Die Abtei wurde 1528 aufgehoben; das Gebäude wurde Hospital, später Irren-Anstalt, an deren Stelle und unter Benutzung eines Theiles des Klosters 1872 eine neue großartige Heilanstalt für Geisteskranke trat. Vom Kloster steht nur noch der südl. Theil, die Kirche und die Wohnung der Königin Agnes, in welcher sich eine Sammlung von Alterthümern befindet. Der Chor der Kirche mit Glasgemälden aus dem xiv. Jahrh., Legenden darstellend, diente bis vor wenig Jahren zum Gottesdienst. Der hintere Theil mit dem Grabmal des bei Sempach (S. 19) gefallenen Herzogs Leopold dient gegenwärtig als Wagenhaus. An den Wänden des Chors eine Anzahl von ziemlich roh gemalten Bildnissen der hervorragendsten bei Sempach gefallenen Ritter (bald nach der Schlacht gemalt, aber sehr verdorben).

Auf der Landzunge, welche Reuß und Aare bilden, lag einst **Vindonissa**, ein ansehnlicher Flecken der Helvetier und während der ersten Jahrhundert unserer Zeitrechnung das Standquartier einer röm. Legion und der ihr beigegebenen rhätischen Cohorten, wie die Inschriften bezeugen. Die Lage des Amphitheaters ist noch zu erkennen, der Brunnen im Kloster Königsfelden wird durch den unterirdischen römischen Aquäduct noch heute gespeist. Nach der Zerstörung im v. Jahrh. hat sich von ihren großartigen Bauten weiter nichts als der Name in dem Dorfe *Windisch*, 20 Min. ö. von Brugg, erhalten.

Von Brugg nach Wohlen, 18km, Eisenbahn in 40 Min. — 5km *Birrfeld;* 9km *Othmarsingen* (Knotenpunkt der Bahn Wettingen-Aarau, S. 21); 12km *Hendschikon* (S. 20); 14km *Dottikon-Dintikon* (S. 20); 18km *Wohlen-Villmergen* (nach *Rothkreuz* s. S. 20).

Die Bahn überschreitet die *Reuß* unmittelbar vor ihrer Mündung in die Aare und nähert sich hinter (62km) *Turgi* (S. 21; Bahnrestaur.) der *Limmat*, an deren l. Ufer sie bleibt.

67km **Baden** (383m; **H. Bahnhof;* **Waage*, M. m. W. 2 fr. 50 c.), berühmtes Bad mit 3887 Einw., wurde schon zur Römerzeit seiner Heilquellen *(Aquae Helvetiae)* wegen häufig besucht. Es hatte zu Nero's Zeit ein ganz städtisches Ansehen, wie Tacitus (Hist. I. 67) bezeugt. Im Mittelalter war Baden Festung und bis Anfang des xv. Jahrh. häufig Sitz der Habsburgischen Fürsten. Die ansehnlichen Trümmer der 1415 und 1712 zerstörten Festung (459m), des *Steins zu Baden*, 1/4 St. vom Bahnhof, überragen die Stadt; oben und von dem nahen *Café Belvedere* hübsche Aussicht.

Die warmen (46-48° C.) salinischen Schwefelthermen liegen in dem engen Limmatthal, 5 Min. n. vom Bahnhof, 10 Min. von der Stadt, auf dem r. Ufer in *Ennetbaden* die *„kleinen“ (Adler, Engel, Hirsch, Rebstock, Schwan)*, meist von Landleuten der Umgegend besucht, auf dem l. Ufer die eleganteren *„großen“* (**Neue Kuranstalt Baden* oder *Grand-Hôtel*, Pens. m. Z. 8-12 fr.; *Schiff;* **Verenahof*, Pens. m. Z. 8 fr.; **Blume; Schweizerhof; Freihof;* **Limmathof; Ochs; Bär)*. Die Badstraße führt vom Bahnhof n. zum *Kurhaus* mit hübschen Anlagen (*Restaur., tägl. mehrmals Concert der Kurkapelle) und weiter zur Kuranstalt (s. oben). Von der untern Limmatbrücke (359m) guter Ueberblick; gegenüber am r. Ufer *Café Brunner*, mit Garten. Von der obern Brücke Fußpfad l. zur (10 Min.) Restaur. *Schartenfels* mit schöner Aussicht.

Von Baden nach *Aarau* s. S. 20; Bahnhof an der SW.-Seite der Oberstadt, 20 Min. von den Bädern.

Jenseit eines kl. Tunnels unter dem Stein zu Baden (s. oben) über die Limmat nach (69km) *Wettingen;* l. das Dorf am Fuß des rebenreichen *Lägerngebirges* (863m), r. die von der Limmat umgebenen weitläufigen Gebäude und Gärten der frühern Cisterzienser-Abtei **Wettingen**, jetzt Lehrer-Seminar. In der Kirche ein Sarkophag, in welchem die Leiche Kaiser Albrechts (S. 17) 15 Monate lang beigesetzt war, bevor sie nach Speyer gebracht wurde. Glasgemälde aus dem xvi. und xvii., geschnitzte Chorstühle aus dem xvii. Jahrh.

Von Wettingen nach Oerlikon (Zürich), 22km, Eisenbahn in 1 1/4 St. — 4km *Würenlos;* 7km *Otelfingen-Dänikon* (Zweigbahn über *Buchs* und *Niederglatt* nach *Bülach*, S. 45). — 10km *Buchs-Dällikon;* 14km *Regensdorf-Watt* (in der Nähe ö. der kleine *Katzensee* mit *Gasth.). — 17km *Affoltern;* 20km *Seebach:* 22km *Oerlikon* (S. 45).

Die Bahn überschreitet nochmals die in tief eingeschnittenem Bett fließende Limmat und bleibt nun bis Zürich auf dem l. Ufer. — 74km *Killwangen.* — 79km **Dietikon** (392m; *Löwe*). Am 24. Sept. 1799 bewerkstelligte hier Massena seinen berühmten Übergang über die Limmat, verdrängte die Russen und nahm Zürich. — 82km *Schlieren;* 86km *Altstetten* (S. 68). R. der lange Rücken des Uetli mit dem Hôtel (S. 37); vor Zürich über die *Sihl.*

90km *Zürich* s. S. 31.

## 6. Von Basel nach Luzern.

95km. Centralbahn in $2^1/_2$-$4^1/_2$ St.; 10 fr. 25, 7 fr. 15, 5 fr. 10 c.

Bis (44km) *Aarburg*, Knotenpunkt der Bahn nach Bern, s. S. 15. Die Luzerner Bahn führt durch das breite wiesenreiche *Wiggerthal.*

48km **Zofingen** (436m; *Rößli*; *Ochs*), lebhaftes Städtchen mit 4496 Einw. Im Rathhaus die Bibliothek mit eigenhändigen Briefen von Schweizer Reformatoren, Münzsammlung und dem Album der seit 1806 bestehenden schweiz. Künstlergesellschaft. Beim Schützenhaus stattliche Linden, auf den Ästen zwei Tanzböden. In der Nähe der Stadt auf dem *Bleichegut* Überreste eines römischen Bades.

Nach Suhr, 17km, Eisenbahn in 36 Min. — 7km *Safenwyl;* 11km *Kölliken;* 14km *Entfelden*, alles wohlhabende Dörfer; dann (17km) *Suhr*, Knotenpunkt für Aarau und Baden (S. 20).

53km *Reiden* mit altem Malteser-Ordenshaus, jetzt Pfarrwohnung. — 56km *Dagmersellen;* 59km *Nebikon* (Post tägl. in 3 St. über *Willisau* nach *Wohlhausen* im Entlebuch, S. 125). R. erscheinen die Berner Alpen, in der Mitte die Jungfrau, l. daneben Mönch und Eiger, r. Altels. Jenseit (63km) *Wauwyl* r. der kleine *Mauensee* mit Insel und Schlößchen.

70km **Sursee** (515m; *Sonne; Hirsch*), alte Stadt (2135 E.), über deren Thoren heute noch der habsburgische Doppeladler thront. Das *Rathhaus* erinnert an den burgund. Baustil.

Vor (74km) *Nottwyl* tritt die Bahn an den 8km l., $2{,}_5$km br. fischreichen *Sempacher See* (507m). R. auf einer Anhöhe Schloß *Wartensee.* — 79km Stat. *Sempach;* $^1/_2$ St. n. am SO.-Ufer des Sees das Städtchen **Sempach** *(Kreuz; Adler)*, in dessen Nähe am 9. Juli 1386 Herzog Leopold von Österreich von den Eidgenossen angeblich durch Arnolds von Winkelried Selbstaufopferung geschlagen wurde und mit 263 Rittern umkam. Eine Kapelle, $^1/_2$ St. n.ö. von Sempach, bezeichnet die Stelle, wo Herzog Leopold fiel. Das Schlachtfeld ist durch vier Kreuzsteine bezeichnet und wird mit der Kapelle am Jahrestage der Schlacht alljährlich noch viel besucht. Zum 500jährigen Gedenktage der Schlacht wurde 1886 auf dem Kirchplatz zu Sempach ein Denkmal (Säule mit einem Löwen) errichtet.

Die Bahn führt viel durch Tannengehölz; r. erscheinen die schroffen Felswände und Zacken des Pilatus, l. der lange Sattel des Rigi, dazwischen die Alpen wie bei Luzern (S. 72); neben dem Pilatus zeigt sich, frei vom Vierwaldstätter See aufsteigend, der Titlis. — 85km *Rothenburg.* — 91km *Emmenbrücke* (Hôt. Emmenbrücke; Restaur. Seethal), Knotenpunkt der Seethalbahn (S. 127).

2*

Die Bahn überschreitet die *Emme* kurz vor ihrer Mündung in die *Reuß* und folgt dann der letztern; l. mündet die Zürich-Luzerner (S. 70), r. die Bern-Luzerner Bahn (S. 125). Zuletzt in einem Tunnel unter dem *Gütsch* (S. 74) hindurch.

95km *Luzern*, s. S. 71.

## 7. Von Olten über Aarau und Brugg nach Waldshut.

52km. Nordostbahn in 2 St.; 5 fr. 60, 4 fr., 3 fr. 85 c.

*Olten* s. S. 12. Die Bahn bleibt bis Brugg in der Nähe der *Aare;* l. die bewaldete Jurakette. — 7km *Dänikon;* 9km *Schönenwerth*, mit großer Schuhfabrik; gegenüber am l. Ufer der Aare Schloß *Gösgen* mit Thurmruine. Ein Tunnel führt die Bahn unter dem hochgelegenen Aarau hin.

14km **Aarau** (366m; **Rößli;* **Ochs;* **Löwe;* * *Wilder Mann*), gewerbfleißige Hauptstadt des Kantons Aargau, mit 6809 Einw., an der *Aare*, über die eine 1850 erbaute Kettenbrücke führt, am Fuß des Jura, der hier theilweise mit Reben bedeckt ist. Im *Großrathsgebäude* *Glasgemälde (aus dem Kloster Muri, XVI. Jahrh.) und die Kantonsbibliothek mit 60,000 Bänden. Sehenswerth die reichen Sammlungen des von der Mittelschweizerischen geogr.-commerciellen Gesellschaft gegründeten **Ethnolog. Gewerbemuseums*. In einem Hause am Rathhausplatz (No. 882) interessante Alterthümer aus Vindonissa. In Aarau wohnte der Geschichtschreiber Heinr. Zschokke († 1848); man kommt an seinem Wohnsitz, der sog. *Blumenhalde*, vorbei, wenn man den lohnenden Spaziergang ($^1/_4$ St.) über die Kettenbrücke nach dem **Alpenzeiger* auf dem *Hungerberge* macht (Restaur. mit schöner Aussicht, Pens. 4 fr.).

Über der Stadt ragt n. die *Wasserfluh* (870m) hervor, n.ö. die *Gisli-* oder *Giselafluh* (774m), über welche ein Fußweg ins Schinznacher Bad führt, mit Aussicht auf den Hallwyler und Baldegger See. — Hübscher Ausflug (Fahrweg, $1^1/_2$ St.) von Aarau über *Erlisbach* (S. 12) nach dem in idyllischer Einsamkeit im Jura gelegenen **Laurenzenbade* (Pens. von 5 fr. an, viel Forellen), gegen Rheumatismus u. Flechten wirksam. — 2 St. w. von Aarau (Fahrstraße über Erlisbach und *Stüßlingen*) das Schwefelbad *Lostorf* (S. 13). — Von Aarau nach Sissach über die *Schafmatt* s. S. 12.

Von Aarau nach Rothkreuz, 47km, Eisenbahn in $1^1/_2$-2 St. — 6km *Rupperswell* (s. unten); 10km *Lenzburg* (S. 128); 13km *Hendschikon;* 16km *Dottikon-Dinikon;* 20km *Wohlen-Villmergen*, beides ansehnliche Dörfer, Knotenpunkt der Bahn von *Brugg* (u. Basel, S. 18). Ö. führt von hier eine Zweigbahn nach (8km) *Bremgarten* (Drei Könige; Kreuz), Städtchen mit Schloß an der Reuß. Nach *Fahrwangen* s. S. 128. — Dann (26km) *Boswyl-Bünzen* und (29km) **Muri** (485m; **Löwe*, mit Mineral- u. Soolbad; *Adler*), reizend gelegener Ort, mit den weitläufigen Gebäuden einer ehem. gefürsteten Benedictiner-Abtei (1889 abgebrannt, soll wieder aufgebaut werden). In der Nähe der romantische *Mühltobel* mit schönen Waldpartieen und kleinen Wasserfällen. $1^1/_2$ St. s.ö. am *Lindenberg* der Luftkurort **Schloß Horben* (800m; Pens. von 4 fr. ab), mit herrlicher Aussicht und ausgedehnten Waldspaziergängen (s. S. 128). — Weiter: 33km *Benzenschwyl;* 36km *Mühlau* an der *Reuß;* 40km *Sins;* 43km *Oberrüti;* dann über die Reuß nach (47km) *Rothkreuz*, Knotenpunkt der Zürich-Luzerner und Gotthardbahn (S. 70 u. 98).

Von Aarau nach Baden, 28km, Nordostbahn in 1 St. 20 Min. — 5km *Suhr* (Zweigbahn nach *Zofingen*, S. 19); 9km *Hunzenschwyl;* weiter r. der *Staufberg*. — 12km *Lenzburg* (S. 128; Seethalbahn nach Luzern s. R. 39);

hier über die *Aa*. — 17km *Othmarsingen*, Knotenpunkt der Bahn Brugg-Wohlen (S. 18). Bei (18km) *Mägenwyl* l. auf einem Vorsprung des *Kestenbergs* Schloß *Brunnegg*. — 22km *Mellingen;* hier über die *Reuß*. — 25km *Dättwyl;* dann (28km) *Baden* (S. 18; der Bahnhof liegt s.w. von der Oberstadt, 1/4 St. vom Basler Bahnhof).

L. jenseit der Aare, am Fuß der Giselafluh, *Biberstein* mit altem Schloß, einst Johanniter-Commende. Bei (21km) *Ruppersweil* r. der *Staufberg* und Schloß *Lenzburg* (S. 128). — 24km *Wildegg* (Aarhof), mit dem gleichn. Schloß am Fuß des *Wülpelsberges* gelegen, hat jod- und bromhaltige Quellen, deren Wasser jedoch nur versandt wird. Jenseit der Aare Schloß *Wildenstein*.

28km *Schinznach*, Station für das 10 Min. vom Bahnhof am r. Aare-Ufer gelegene **Bad Schinznach** (367m), auch das *Habsburger Bad* genannt, ein besonders von Franzosen vielbesuchtes Schwefelbad (Kurarzt *Dr. Amsler; Z.* im *Neuen Bad* von 4 fr. ab, Pens. ohne Z. 8 fr., Bad 2 fr., Musik tägl. 50 c., in dem mehr von Schweizern besuchten *Alten Bad* etwa die Hälfte; deutsches Geld wird nur im Armenbad zum vollen Werth genommen).

Das Bad liegt am Fuß des *Wülpelsbergs* (514m), dessen Gipfel (1/2 St. vom Bad) die Trümmer der **Habsburg** krönen, der Wiege des österreich. Kaiserhauses, von Graf Radbod von Altenburg um 1020 erbaut. Nur der mächtige Thurm mit 2 1/2m dicken Mauern ist noch vorhanden. Das angebaute Haus bewohnt ein Pächter. Die Aussicht dehnt sich über das ganze vormalige Gebiet der Habsburger Grafen aus; ferner auf die Flußgebiete der Aare, Reuß und Limmat, südl. von den Alpen begrenzt. — Das Dorf *Schinznach* liegt 3/4 St. s.w. am l. Ufer der Aare (nächste Bahnstation *Bötzenegg*, S. 17).

31km **Brugg** und von hier bis (35km) *Turgi* s. S. 17, 18.

Die Bahn nach Waldshut überschreitet die *Limmat* kurz vor ihrer Mündung in die Aare, berührt Stat. *Siggenthal* und führt dann durch das breite Aarethal, vom Fluß entfernt, dem sie sich erst bei (45km) *Döttingen-Klingnau* nähert. Weiter eine große Kurve und ein Tunnel; dann bei (49km) *Koblenz* oberhalb der Aaremündung über den *Rhein*.

52km *Waldshut* s. S. 22.

## 8. Von Basel nach Schaffhausen und Konstanz.

144km. Badische Eisenbahn in 5 St., Fahrpr. bis Schaffhausen 9 fr. 50, 6.30, 4.05 c., bis Konstanz 14 fr. 50, 9.65, 6.20 c. Rechts sitzen. *Neuhausen* (S. 22) ist Station für den Rheinfall (R. 9). — Dampfboot von Schaffhausen nach Konstanz in 3 1/2-4 (zu Thal in 2 3/4-3 1/4 St.) für 4 fr. oder 1 fr. 95 c.; ganz anmuthige Fahrt (s. S. 24), für nicht eilige Reisende bei schönem Wetter der Eisenbahnfahrt vorzuziehen.

*Basel* (Badischer Bahnhof) s. S. 2. Die Bahn führt durch die fruchtbare Ebene zwischen den südl. Ausläufern des Schwarzwaldes und dem Rhein. 5km *Grenzach;* 8km *Wyhlen* (Hôt. Bilmaier); 12km *Herthen*. Bei (16km) Stat. *Bei Rheinfelden* (*Bellevue), dem gleichn. Städtchen (S. 17) gegenüber, erreicht sie den *Rhein*, der oberhalb schäumend über Felsen stürzt; das linke, schweiz. Ufer schroff abfallend und bewaldet.

19km *Beuggen;* r. die ehem. Deutschordens-Commende d. N., jetzt Kinder-Rettungsanstalt und Lehrerseminar (S. 8). — 24km *Nieder-*

*schwörstadt.* — Bei (27km) *Brennet* (*Gasth. zum Wehrathal) mündet die *Wehrastraße* (s. *Bædeker's Rheinlande*).

32km **Säckingen** *(Soolbad* oder *Löwe; Schütze)*, ansehnlicher Ort mit großer zweithürm. Stiftskirche. Das aus Scheffel's „Trompeter von Säckingen" bekannte Schloß am Rhein, mit schönen Anlagen, ist jetzt Eigenthum des Hrn. Th. Balli.

38km *Murg* (Gasth. z. Murgthal); hier über die Murg. — 41km Stat. *Laufenburg* (*Post); der schweiz. Ort **Laufenburg** (298m; *Hôt. Rheinsoolbad; Adler*) mit hochragender Kirche, Burgruine und alten Wartthürmen liegt höchst malerisch gegenüber am l. Ufer des Flusses, der hier starke Stromschnellen (den „*Laufen*") bildet.

Die Bahn führt durch einen Tunnel, weiter hinter (46km) *Albert-Hauenstein* über einen hohen Viadukt. Nur auf kurzen Strecken tritt sie an den Rhein. Vor (48km) *Albbruck* über die *Alb*. — 51km *Dogern*.

56km **Waldshut** (*H. Schätzle*, am Bahnhof; **H. Blume; Rebstock*, in der Stadt), der ansehnlichste dieser kleinen Rheinorte, auf hohem Ufer über dem Fluß gelegen. — Eisenbahn nach *Turgi (Zürich, Aarau)* s. S. 21; nach *Winterthur* s. S. 45.

Gleich jenseit Waldshut ein Tunnel; die Bahn zieht sich l. an den Höhen hin und bietet mitunter einen Ausblick auf die Alpen. Vor (61km) *Thiengen* (Krone) über die *Schlücht*, bei (65km) *Oberlauchringen* über die *Wutach*. R. auf waldiger Höhe Ruine *Küssenberg*. — 71km *Grießen; 76km Erzingen; 79km Wilchingen-Hallau;* 82km *Neunkirch;* 88km *Beringen*. — 92km *Neuhausen*, Station für den Rheinfall, S. 25.

94km **Schaffhausen**. — Gasth.: *Post, am Herrenacker 3 Min. vom Bahnhof; *Hôt. Müller, Z. von 2, F. 1 1/4 fr., Rhein. Hof, Riese, alle drei am Bahnhof; *Schwanen, *Tanne, bürgerlich; *Schiff, am Rhein; Krone, einf. — *Restaur. Rebmann*, am Bahnhof, Bier; *Bahnrestaurant*. — Badeanstalt im Rhein am obern Ende der Stadt, tägl. 6-1 u. 5-8 U. für Männer, an Wochentagen 2-5 Nm. für Frauen.

*Schaffhausen* (395m), bis 1501 freie Reichsstadt, jetzt Hauptstadt des gleichn. Kantons, mit 12 402 Einw., hat in ihrem Aeußern den Charakter der altschwäb. Reichsstadt heute noch zum Theil bewahrt. Sie gewährt ein sehr malerisches Bild, sowohl von dem gegenüber am l. Ufer des Rheins gelegenen Züricher Dorf *Feuerthalen* aus, wie von der auf einer Anhöhe des r. Ufers gelegenen Villa *Charlottenfels* (422m). Der Erbauer der letztern, H. Moser († 1871), war auch der Schöpfer der großartigen *Wasserwerke* im Rhein, die mittelst Turbinen und Drahtseil-Transmission den Fabriken der Stadt Wasserkraft zuführen.

Das Münster, eine frühroman. Säulenbasilika (1052-1101), war einst Abteikirche; der (goth.) Kreuzgang ist theilweise gut erhalten, das Innere der Kirche restauriert. Die Inschrift der großen 1486 gegossenen Glocke: „vivos voco, mortuos plango, fulgura frango" gab Veranlassung zu Schiller's Lied von der Glocke. — Die goth. *St. Johanneskirche* hat eine vorzügliche Orgel.

SCHAFFHAUSEN
Buchthalen
Ramsen
Gailingen
Büsingen
Feuerthalen
DIESSENHOFEN
Neuhausen
Basadingen
Lauffen
Schlatt
Schlattingen
Wagenhausen
Jestetten
Altenburg
Benken
Trüllikon
Rheinau
Stammheim
Lottstetten
Marthalen
Ossingen
Waltalingen
Ellikon
Andelfingen
Flaach
Altikon
Henggart
Dynhart
Buch
Hettlingen
Seuzach
Gachnang
Dättlikon
Wiesendangen
Pfungen
Embrach
WINTERTHUR
Töss
Brütten
Kloten
Lindau
Bassersdorf
Opfikon
Kyburg

n. Stockach
Böhringen
Markelfingen
Freudenthal
UEBERLINGER
Kaltbrunn
Dingelsdorf
Dettingen
RADOLPHZELL
Moos
Allensbach
Litzelstetten
Iznang
ZELLER SEE
Unterzell
oder
Münster
Ins Reichenau
Oberzell
Wollmatingen
Horn
UNTER SEE
Allmannsdorf
Gaienhofen
Hemmenhofen
Berlingen
Mannenbach
STEKBORN
Ermatingen
Feldbach
Salenstein
KONSTAN
Triboltingen
Tägerwylen
Gundelhart
Homburg
Emmishofen
Wäldi
Raperswyl
Lipperswyl
Altenswyl
Müllheim
Illighausen
Attishausen
Pfyn
Wigoldingen
Marstetten
Felwen
Hüttlingen
WEINFELDEN
Leutmerken
Bussnang
Kirchberg
Lustdorf
Thundorf
Bürglen
Sulgen
Stettfurt
Märwyl
Affeltrangen
Lommis
Tobel
Schönholzerswyl
Neukirch
Braunau
Wuppenau
Bettwiesen
Bronschhofen
Sirnach
WYL
Zuzwyl
Henau
Oberbüren
Rikenbach
Schwarzenbach
Niederuzwyl
Oberuzwyl
Niederglatt
Dussnang
Engl. miles
Ebnat
St. Gallen

Norden
KONSTANZ.
1. 12.300
Singen, Schaffhausen
PETERSHAUSEN
Petershauser Kasernen
RHEIN
Rheinbrücke
Schlachthausstr.
Alter Friedhof
Gartenstr.
Münsterpl.
Stadt Garten
Post
Hafen
Leuchtthurm
Luther Platz
Schulstr.
Münzgasse
Marktstätte
Bahnhof
Bahnhofstr.
Neugasse
Bodanstr.
Bodan-Platz
Hafenstr.
Schützenstr.
Kreuzlingerstr.
THURGAU
1. Conciliumssaal
2. Haus z. hohen Hafen
Kirchen:
3. Augustiner-K.
4. Münster
5. Protestant. K.
6. Stephans-K.
7. Postamt
8. Rosgarten
9. Schnetzthor
10. Siegesdenkmal
11. Stadthaus
12. Stadtkanzlei
13. Telegr. Bureau
14. Theater
15. Wessenberghaus
Gasthöfe:
a Insel-Hôtel
c Hôtel Halm
d Hecht
f Badischer Hof
g Krone

Schloß Munot (eigentlich Unnot), 1564-82 aufgeführt und neuerdings restauriert, beherrscht die Stadt. Es besteht aus einem mehrstöckigen runden Thurm mit schneckenförmig gewundener Auffahrt, 5m dicken Mauern und bombenfesten Gewölben. Von der Plattform hübsche Aussicht.

Das *Imthurneum* am Herrenacker, von dem 1881 in London verst. Schaffhauser J. C. Imthurn 1864 gestiftet, enthält ein Theater, Musikschule, Ausstellungssäle etc. Gegenüber das *Museum* mit historisch-antiquar. und naturhist. Sammlungen (interessant die Funde aus dem Keßlerloch bei Thayingen) und der Stadtbibliothek. Im *Rathhaus* ein schöner getäfelter Saal vom J. 1625. Nebenan im Regierungsgebäude wird ein großer Onyx aus der römischen Kaiserzeit, eine Friedensgöttin darstellend, aufbewahrt (Zutritt 11-12 U. frei, sonst 1 fr.).

Auf der hübschen Promenade *Fäsenstaub* ein Büstendenkmal des in Schaffhausen geb. Geschichtschreibers Johannnes von Müller (†1809). Von der hohen Terrasse nach dem Rhein schöner Blick auf die Stromschnellen und die Alpen.

Von Schaffhausen zum *Rheinfall* (zu Fuß 40 Min.) s. S. 25; Einspänner zum Schlößchen Wörth, zurück von Neuhausen nach Schaffhausen, mit 1 St. Wartens 7 fr. Im Sommer fährt Abends 9 U. vom Hôt. Müller ein Wagen zur Beleuchtung des Falls. — Hübscher Spaziergang ins *Mühlenthal*, zum *Seckelamtshüsli* mit *Aussicht auf die Alpen, über die *Hohfluh*, gleichfalls mit schöner Aussicht, und die Vorstadt *Steig* nach Schaffhausen zurück (im Ganzen 1$^1/_2$ St.). Prächtige Aussicht auch vom *Beringer Randen*, 1$^1/_4$ St. w., mit Aussichtsthurm (zur Station Beringen 20 Min., s. S. 22), und von *Hohen Randen* (901m), 3$^1/_2$ St. n.w., über *Hemmenstadt* oder *Merishausen*.

Weiter in n.ö. Richtung. — 99km *Herblingen*; 103km *Thayingen*; 108km *Gottmadingen*. — 114km **Singen** (**Krone*; *Ekkehard*; *Bahnrestaur.*), Knotenpunkt der Schwarzwald- und obern Neckarbahn. — 1 St. n.w. der **Hohentwiel* (691m) mit umfangreichen Trümmern und schöner Aussicht; vgl. *Bædeker's Süddeutschland*.

Nach Etzweilen Eisenbahn in $^1/_2$ St. — 4km *Rielasingen*; 8km *Ramsen*; weiter zwischen *Hemishofen* und *Rheinklingen* (S. 24) über den Rhein nach (14km) *Etzweilen* (S. 30).

121km *Rickelshausen*; 124km **Radolfzell** (**Schiff*; *Krone*; **Sonne*), alte Stadt mit goth. Kirche von 1436, am *Untersee*. In der Nähe die Villa *Seehalde* mit Denkmal des Dichters Victor v. Scheffel († 1886).

In der Mitte des Sees die badische Insel **Reichenau**, 5km l., 1$^1/_2$km br., mit 1799 aufgehobener Benedictiner-Abtei, östl. mit dem festen Lande durch einen über $^1/_4$ St. langen Dammweg verbunden (von Allensbach mit Boot in 25 Min., von Stat. Reichenau zu Fuß über den Dammweg in $^1/_2$ St. zu erreichen; auch die Dampfboote von Schaffhausen nach Konstanz halten 2mal tägl. an der Insel). Die Kirche wurde schon 806 eingeweiht; in ihr liegt der im J. 887 des Reichs entsetzte Urenkel Karls des Großen, Karl der Dicke, begraben. Thurm und Mittelschiff gehören noch dem ersten Bau an. Sonst hat die Kirche außer einigen Reliquienkasten in der Sacristei wenig Alterthümliches aufzuweisen. Sie ist jetzt Pfarrkirche des anstoßenden Ortes *Mittelzell* oder *Münster* (Krone). Im frühesten Mittelalter war die Abtei sehr reich, durch schlechte Verwaltung aber bereits im XIV. Jahrhundert verarmt. Auch die Kirchen von *Oberzell* und *Unterzell* sind karolingisch (für Bauverständige interessant).

Die Bahn durchschneidet auf der SW.-Seite die Landzunge zwischen Untersee und *Ueberlinger See*, führt an den Stationen *Markelfingen*, *Allensbach*, *Reichenau* und der großen Kaserne von

*Petershausen* vorbei und überschreitet den Rhein auf einer eisernen, mit Standbildern geschmückten Brücke bei (144km) *Konstanz* (S. 27).

---

DAMPFBOOTFAHRT VON SCHAFFHAUSEN NACH KONSTANZ (gut orientirende Skizzen der Fahrt sind auf dem Dampfboot zu 30 c. zu haben; † bedeute Dampfbootstation). Der Dampfboot-Landeplatz ist oberhalb der Rheinbrücke bei dem alten Schloß *Munot* (S. 23), *Feuerthalen* gegenüber.

r. *Paradies*, ehem. Nonnenkloster.

† l. *Büsingen*, bad. Dorf.

r. *Katharinenthal*, aufgehobenes Nonnenkloster, jetzt Versorgungsanstalt für unheilbare Kranke; gegenüber l. Villa *Rauschenberg*.

† r. **Diessenhofen** (407m; *Adler; Löwe; Hirsch*), das röm. *Gunodurum*. Über den Rhein führt hier eine gedeckte Holzbrücke, unter der sich der Schornstein des Bootes beugt.

r. *Rheinklingen*; l. *Bibern*. Beide Ufer sind mit Wald bedeckt. Das Boot fährt unter der stattlichen Brücke der Nordostbahn (S. 23) hindurch. L. *Hemishofen*, darüber Ruine *Wolkenstein*; r. *Wagenhausen*.

† l. **Stein** (**Sonne; *Rabe*), altes malerisches Städtchen, durch eine Holzbrücke mit dem Dorf *Burg* (Whs. Wasserfels) verbunden, Stat. der Bahn Winterthur-Konstanz (S. 30). Im ehem. Kloster *St. Georg* ein 1515 erbauter Saal mit Fresken und gewölbter Holzdecke (Eintr. 50 c.). Im *Rathhaus* eine Sammlung bemalter Glasscheiben, alte Waffen etc. N. über der Stadt das alte von einem Pächter bewohnte Schloß *Hohenklingen* (593m), mit trefflicher Aussicht.

Im Rhein die Insel *St. Othmar* mit Kapelle. Das Rheinbett erweitert sich; das Boot tritt in den Untersee. R. *Eschenz* (S. 30), darüber Schlößchen *Freudenfels*.

† l. *Oberstaad*, altes Herrenhaus mit viereck. Thurm, jetzt Rothfärberei; dahinter das ehem. Kloster *Oehningen*.

† r. *Mammern* (S. 30); im Walde Ruine *Neuburg*, dann am Ufer Haus *Glarisegg*.

† l. *Wangen* und Schloß *Marbach* (jetzt Wasserheilanstalt).

† r. *Steckborn* (S. 30), unterhalb das ehem. Nonnenkloster *Feldbach*.

† r. *Berlingen* (S. 30); der See erweitert sich, vorn die Insel Reichenau (S. 23). R. auf der Höhe Schloß *Eugensberg*, von dem ehem. Vicekönig von Italien Eugen Beauharnais gebaut, jetzt dem Grafen Reichenbach-Lessonitz gehörig.

† r. *Mannenbach* (S. 30), reizend gelegen, darüber das stattliche zinnengekrönte Schloß *Salenstein*; dann auf prächtig bewaldetem Hügel Schloß *Arenaberg* (458m), einst Wohnsitz der Königin Hortense († 1837) und ihres Sohnes Napoleon III. († 1873), jetzt der Exkaiserin Eugenie gehörig, mit manchen Erinnerungen an Napoleon I.

† l. *Reichenau*, auf der gleichnam. Insel (s. S. 23).

† r. *Ermatingen* (S. 30), auf einer vorspringenden Landzunge hübsch gelegen, darüber auf der Höhe Schloß *Wolfsberg* (516m; *Hôt.-Pens., P. m. Z. u. B. 3 fr. 20-4 fr. 80 c.). In der Nähe Schloß *Hard*, durch seinen Pflanzenreichthum bekannt, vom See nicht sichtbar.

Das Boot tritt in den schmalen Rheinarm, der den Untersee mit dem Bodensee verbindet.

† r. *Gottlieben*, (Krone), in dessen Schloß, jezt Eigenthum des Grafen Beroldingen und hübsch restaurirt, Johann Huß und Hieronymus von Prag gefangen saßen, später auf Anordnung des Concils auch Papst Johann XXIII.; dahinter auf der Höhe Schloß *Castel* mit Ruine und reizender Aussicht. Hübscher Rückblick auf den Untersee, in der Ferne die Kegel des Höhgaus, Hohenhöwen, Hohenstoffeln etc.

Weiter sind beide Ufer flach, zum Theil sumpfig; viel Schilf. Das Boot fährt unter der schönen Eisenbahnbrücke hindurch (l. *Petershausen* mit großen Kasernen) und erreicht **Konstanz** (S. 27); Landeplatz am innern Hafendamm, auf dessen Ostspitze der Leuchtthurm steht.

# 9. Der Rheinfall.

*Vergl. Karte S. 36.*

**Gasthöfe.** Auf der Höhe am rechten Ufer bei Stat. Neuhausen (S. 22): *Schweizerhof, Z. L. B. 5-6, F. $1\frac{1}{2}$, M. 4-5 fr., trefflich geführt (keinerlei Trinkgelder!), mit ausgedehnten Gartenanlagen und schönster Aussicht auf den Rheinfall und die Alpen; *Bellevue, Z. L. B. 3-4, F. $1\frac{1}{4}$, M. $3\frac{1}{2}$ fr.; von beiden Omnibus ($1\frac{1}{2}$ fr.) vom und zum Dampfboot und Bahnhof zu Schaffhausen. — Im Dorf Neuhausen: *H. Rheinfall, *Rheinhof, mit Bädern, beide nicht theuer. — Am linken Ufer über dem Fall: H. Schloß Laufen, Z. $2\frac{1}{2}$ fr.; *H. Witzig, am Bahnhof Dachsen (S. 31), von Schloß Laufen $\frac{1}{4}$ St. Gehens (Omnibus von beiden Hôt. in 8 Min.). Im Sommer alle Abende elektrisch-bengalische Beleuchtung der Fälle, wofür die Gasthöfe 1 fr. in Rechnung stellen.

**Station für den Rheinfall** ist auf der r. Seite (Badische Bahn) *Neuhausen* (S. 22), auf Schweizer Seite *Dachsen* (S. 31). Wer den Fall von Stat. Neuhausen besucht, macht am besten die unten beschriebene Wanderung über die Rheinfallbrücke zum *Schloß Laufen*, hinab zur *Fischetz*, überfahren zum Schlößchen *Wörth* und durch die Anlagen zurück; im Ganzen $1\frac{1}{2}$ St. Weniger zweckmäßig ist der Weg in umgekehrter Richtung. — Will man die Besichtigung des Falls mit der Weiterreise nach (oder der Rückkehr aus) der Schweiz verbinden, so steigt man am Bahnhof *Dachsen* aus (Gepäck durchfahren lassen), geht oder fährt mit dem Omnibus in 8 Min. nach Schloß *Laufen*, wandert durch die Anlagen mit ihren verschiedenen Aussichtspunkten hinab zum Landeplatz des Ueberfahrtnachens, fährt in demselben zum Schlößchen Wörth, dann über die Rheinfallbrücke zum Schloß Laufen zurück; oder auch vom Schlößchen Wörth am r. Ufer den Fahrweg hinab zum ($\frac{1}{4}$ St.) Dörfchen *Nohl*, hier überfahren (15-20 c.) und in wenigen Minuten hinauf zur Stat. Dachsen. — Von *Schaffhausen* (S. 22) aus fährt man am besten in offenem Wagen über Feuerthalen nach Schloß Laufen (Fußgänger brauchen über Neuhausen und die Eisenbahnbrücke 40 Min.); Omnibus des Hôt. Schloß Laufen, sowie der Hôtels am r. Ufer am Bahnhof u. Dampfboot in Schaffhausen). — Um ein genügendes Bild des Falls zu erlangen, ist dringend anzurathen, die sämmtlichen verschiedenen Aussichtspunkte aufzusuchen.

Der **Rheinfall, der mächtigste Wasserfall Europas, vom Volk „der Laufen“ genannt, stürzt über eine schräge Felsenbank, aus welcher vier hohe, z. Th. mit Gebüsch und anderm Grün bedeckte Felsen hervorragen, in drei Hauptfällen hinab, malerisch überragt von dem am l. Ufer auf bewaldetem Felsen gelegenen Schloß Laufen. Die Breite des Rheins oberhalb des Falls beträgt an 115m, die Höhe des unmittelbaren Falls auf dem l. Ufer 19m, auf dem r. Ufer etwa 15m. Rechnet man aber die Stromschnellen, Strudel und Fälle einige hundert Schritte oberhalb dazu, so kann man die Höhe des Falls wohl zu 30m annehmen (Höhe des Rheins ü. M. unterhalb des Falls 360m). Im Juni und Juli ist wegen des geschmolzenen Schnees der Fluß am wasserreichsten. Vor 8 Uhr Vm. und nach 3 Uhr Nm. bilden sich bei Sonnenschein in den aufsteigenden silberhellen Staubwolken zahllose Regenbogen. Auch bei Mondbeleuchtung macht das großartige Schauspiel einen wunderbaren Eindruck.

Auffallenderweise wird der Rheinfall von keinem römischen Schriftsteller, sondern erst im J. 960 erwähnt. Man nimmt daher an, daß derselbe bis vor c. 1000 Jahren noch gar nicht existiert habe und die Vertiefung des Rheinlaufs unterhalb des Falls durch allmählich tiefer werdende Einkändelung des Flusses entstanden sei; oberhalb verhinderte die Felsbarre, von der jetzt nur noch die vier Felsen übrig sind, die Vertiefung des Bettes.

Vom *Bahnhof Neuhausen* (S. 22, 25) folgt man der Straße l., nach wenigen Schritten dem Fußweg r. hinab zum *Dorf Neuhausen;* hinter dem Hôtel Rheinfall beim Handweiser r. abwärts, nach 100 Schritten l. den schattigen Fußpfad an der *Gewehr- und Waggonfabrik* vorbei zur ($^1/_4$ St.) ***Rheinfallbrücke**, auf welcher die Nordostbahn den Rhein dicht oberhalb des Falls überschreitet (S. 31). Die Brücke (192m l.) hat, wegen der schwierigen Fundamentirung der Pfeiler, 9 Bogen von ungleicher Spannweite (13-20m). An der obern Seite ist ein Steg für Fußgänger angebracht, von welchem man einen merkwürdigen Blick auf das felsige Bett des Rheins und die Stromschnellen, sowie den Fall unterhalb hat.

Am l. Ufer führt l. ein Fußpfad in 5 Min. hinauf zum **Hôtel Schloß Laufen** (415m); Eintritt 1 fr., Schweizer 60c. (weiter ist nichts zu zahlen, namentlich kein Trinkgeld). Vom Altan guter Überblick über den Fall, die Brücke und die übrige Umgebung, ebenso aus dem Erkerhäuschen mit den bunten Fenstern. Camera obscura (50 c.).

Fußpfade führen durch den Schloßgarten hinab zu den Haupt-Aussichtspunkten: einem gußeisernen **Pavillon;* weiter zum hölzernen **Känzeli;* endlich auf die **Fischetz,* ein Eisengerüst, welches bis unmittelbar in den Sturz der Wogen hineinragt. Der Anblick vom Känzli und der Fischetz ist überwältigend (in der Fischetz werden zum Schutz gegen den Wasserstaub und die oft überfluthenden Wogen Regenmäntel gereicht; kleines Trinkg.). — Vom untern Ausgang des Schloßgartens gelangt man in wenigen Schritten zur Überfahrt nach dem Schlößchen Wörth. Nachen liegen bereit oder finden sich bald ein.

Die Überfahrt kostet 50 c. für die Person, hin u. zurück 80 c. — Man kann an den mittlern und höchsten der aus dem Fall aufragenden Felsen heranfahren; die Fahrt (1-2 Pers. 3 fr., drei u. mehr Personen je 1 fr., außerdem 1 fr. Trinkg.) ist gefahrlos, doch mögen Nervenschwache sie immerhin unterlassen. Auf der Spitze des Felsens, wo ein kleines Blechdach, ebenfalls schöner Blick auf die herabstürzenden Wassermassen.

Das **Schlößchen Wörth** (Restaur. u. Gasth.; Camera obscura, 50 c.), auf einer durch eine Brücke mit dem r. Ufer verbundenen Insel dem Rheinfall gegenüber, bietet die schönste Gesammtansicht des Falls von unten. Von hier kann man direkt zum Bahnhof oder zu den Gasthöfen zurückkehren (im *Fischerhölzli* w. von den Anlagen des Schweizerhofs schattige Promenaden mit malerischen Durchblicken); oder man folgt dem Wege am r. Rheinufer aufwärts (an verschiedenen Stellen Bänke mit prächtiger Aussicht) am *Eisenwerk Laufen* vorbei etwas bergan, wo man an der steinernen Brustwehr, bei den Schleusen, wieder einen guten Standpunkt zur Betrachtung des Falls erreicht. Dann die Straße l. aufwärts durch das Dorf Neuhausen zum Bahnhof zurück (s. S. 25).

## 10. Von Friedrichshafen nach Konstanz. Bodensee.

Dampfboot im Sommer 6mal tägl. (2mal direkt in $1^1/_4$ St., 4mal über Meersburg in $1^1/_2$-$1^3/_4$ St.). — Zwischen den Hauptorten am See, *Friedrichshafen, Lindau, Bregenz, Rorschach, Romanshorn, Konstanz (Schaffhausen), Meersburg, Ueberlingen, Ludwigshafen* fahren die Boote (an 26) mindestens einmal täglich, und auf den Hauptlinien (Friedrichshafen-Konstanz in $1^1/_2$ St., Friedrichshafen-

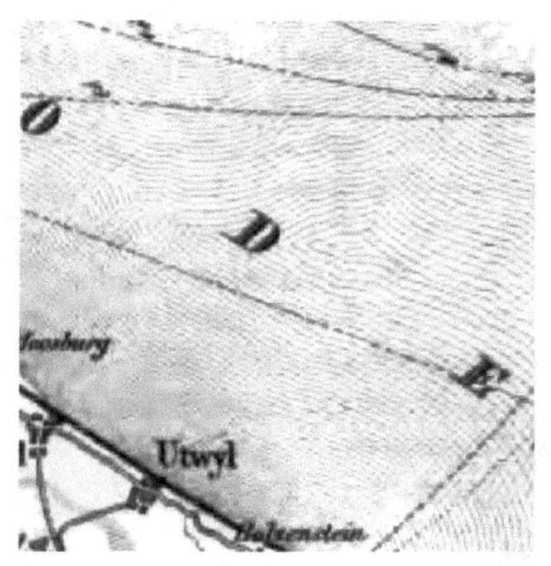
O
D
E
Utwyl

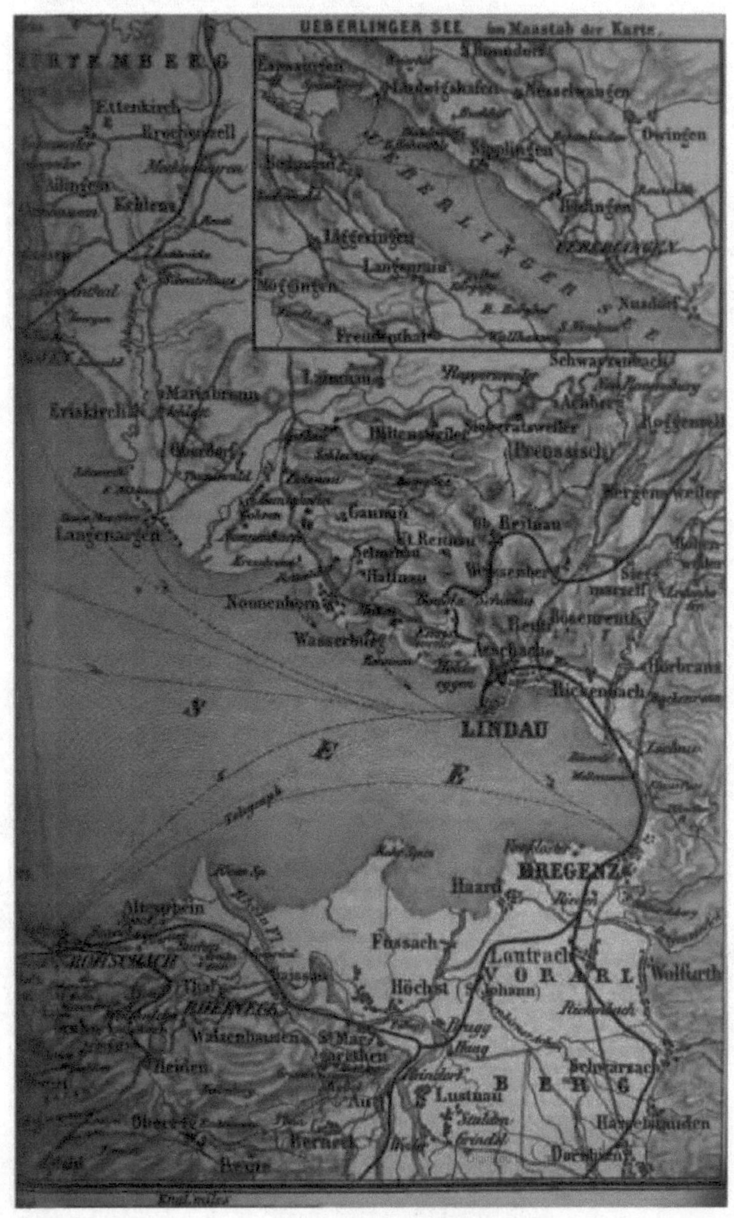

UEBERLINGER SEE im Maastab der Karte
Ludwigshafen
Sipplingen
Freudenthal
Mariabrunn
Eriskirch
Langenargen
Nonnenhorn
Wasserburg
Gattnau
LINDAU
BREGENZ
Haard
Fussach
Lautrach
Höchst
Wolfurth
Schwarzach
Lustnau
Altenrhein
Thal
Heiden
Engl. miles

Romanshorn in 1 St., Friedrichshafen-Rorschach in $1^1/_4$ St., Rorschach-Lindau in $1^3/_4$ St., Konstanz-Lindau in 3 St.) 2-6mal täglich. Der See ist neutrales Gebiet, doch ist nur das aus der Schweiz nach Deutschland (und umgekehrt) gehende Gepäck der Verzollung unterworfen, aus einem deutschen Hafen nach einem andern, z. B. von Konstanz nach Lindau, dagegen nicht, wenn man an Bord das Gepäck alsbald markieren, d. h. einen vom Zollamt abgestempelten Zettel (gratis) daraufkleben läßt, wobei man eine Marke erhält. Restauration auf den Dampfbooten gut.

Der **Bodensee** (398m), *Lacus Brigantinus* der Römer, ein Rheinbett gewaltigster Art, an 150km im Umfang, ist von Bregenz bis zur Mündung der Stockach 64km l., gegen 12km br. (539qkm), und am tiefsten (256m) zwischen Friedrichshafen und Utweil. Das Wasser erscheint hellgrün; die Landschaft kann sich zwar mit derjenigen andrer Schweizer Seen nicht messen, indeß sind der weite Wasserspiegel, die grünen Berge, die belebten Ufer, in der Ferne ö. die Algäuer Gebirge, s. die Appenzeller Alpenkette, vor allen der schneebedeckte Säntis und bei hellem Wetter s.ö. einige Schneegipfel der Vorarlberger Alpen, wohl geeignet, einen überraschenden und erhebenden Eindruck auf jeden Reisenden zu machen, welcher zum ersten Mal der Schweiz sich nähert. — *Meersburger* ist der beste Seewein, *Felchen* neben der Lachsforelle der beste Seefisch.

**Friedrichshafen** (**Deutsches Haus*, am See und Bahnhof, gute Küche, nicht theuer; **König von Württemberg*, 7 Min. n. vom Bahnhof, behaglich; **Krone*, mit Garten am See; *Sonne; Adler;* gute Restaur. bei *Rauch)*, der südl. Endpunkt der Württemb. Eisenbahn (bis Stuttgart 6-$7^1/_2$ St. Fahrzeit), ist im Sommer sehr lebhaft durch seine namentlich aus Schwaben viel besuchten Seebäder. *Kurhalle* mit hübschen Anlagen am See. Im königl. *Schloß* einige Bilder neuerer württemb. Maler (Gegenbaur, Pflug u. a.); im Schloßgarten von einem Pavillon schöner Blick auf See und Alpen. Die histor., prähistor. und naturhistor. Sammlungen des *Bodenseevereins* im ehem. Hôtel Bellevue verdienen einen Besuch. Der belebte *Hafen* mit Leuchtthurm ist 20 Min. vom Bahnhof entfernt. Reisende, die mit dem Dampfboot gleich weiter wollen, fahren durch den Bahnhof zur Endstation am Hafen, unweit vom Dampfboot-Landeplatz (Restaur. mit Aussichtsterrasse); ebenso können auch mit den Dampfbooten Ankommende an der Station am Hafen Billete für die Eisenbahn lösen und einsteigen.

Das Boot durchschneidet die grüne Fluth, die bei stürmischem Wetter leicht Seekrankheit verursacht. Am n. Ufer das Dorf *Immenstaad* und die Schlösser *Herrsberg* und *Kirchberg*, dann das Dorf *Hagnau*. Weiterhin erscheint am n.w. Arm des Sees, dem *Ueberlinger See*, das malerische Städtchen *Meersburg*, dann die Insel *Mainau* (S. 29) und in der Ferne *Ueberlingen*. Das Boot passiert die Landzunge, welche den Ueberlinger See von der Bucht von Konstanz trennt, und legt nach $1^1/_2$stünd. Fahrt bei Konstanz an.

**Konstanz.** — Gasth.: *Insel-Hôtel (Pl. a; C 3), im ehem. Dominikanerkloster (S. 28) am See, mit Garten u. schöner Aussicht, Z. L. B. 4, F. $1^1/_4$, M. $3^1/_2$, A. $2^1/_2$, Pens. 7-10 *M*; *H. Halm (Pl. c; C 5), am Bahnhof, Z. u. B. $2^1/_2$, F. 1, M. 3 *M*; *Hecht (Pl. d; C 4), Z. L. B. 3, F. 1, M. 3 *M*; *Badischer Hof (Pl. f; B 5); *Krone (Pl. g; C 4), Anker, Schiff, *Barbarossa, *Bodan, *Falken, *Lamm, *Hôt. Schnetzer am Markt (Bier), 2 Kl., nicht theuer. — **Restaur. Viktoria*, dem Bahnhof gegenüber; **Post-Restaur.* am alten Postplatz (neben Hot. Halm); *Engler's* Biergarten nahe dem Stadtpark; *Café Maximilian*, Bahnhofstr. — *Post* (schöner Neubau; Pl. C 4) am Bahnhof. — *Schwimm- u. Badeanstalt* im See (Pl. D 4, 5), gut eingerichtet (40 Pf. mit Wäsche; Ueberfahrt 10 Pf.). — *Heilanstalt für Nervenkranke* im ehem. Konstanzer Hof, am n. Seeufer (Pl. D 1; Arzt *Dr. G. Fischer*).

**Konstanz** (407m), bis 1548 freie Reichsstadt, dann, als die der Reformation ergebene Stadt das Interim Karls V. ablehnte, Österreich unterworfen, mit 14,800 Einw., liegt am n.w. Ende des Bodensees, da wo der *Rhein* ausfließt. Das im J. 781 gegründete Bisthum, welches 87 Bischöfe in fortlaufender Reihe zählte, verlor 1802 seine Besitzungen und wurde 1827 aufgehoben. Im Preßburger Frieden 1805 kam Konstanz an Baden.

Der *Dom (Pl. 4; B 3), 1052 gegründet, eine kreuzförmige Säulen-Basilika ursprünglich roman. Stils, stammt in seiner jetzigen Gestalt aus dem Anfang des XVI. Jahrh. Der goth. Thurm, 1850-57 nach Hübsch's Plänen aufgeführt, die Spitze in durchbrochener Arbeit aus hellgrauem Sandstein, zu beiden Seiten Plattformen, gewährt eine reizende Aussicht über Stadt und See (Eintr. 20 Pf.).

Auf den Thüren des Hauptportals in 20 Feldern *Relief-Darstellungen aus dem Leben Christi, 1470 von Simon Haider in Eichenholz geschnitzt. *Chorstühle mit allerlei satirischen Darstellungen aus derselben Zeit. Am Orgel-Unterbau reiche Renaissance-Ornamentik von 1680. Im Hauptschiff, welches 16 Monolith-Säulen (9m hoch, 1m dick) tragen, ist 16 Schritte vom Eingang auf einer großen Steinplatte eine weiße Stelle, stets trocken, während der übrige Theil des Steins Feuchtigkeit anzieht. Huß soll auf dieser Stelle gestanden haben, als ihn am 6. Juli 1415 das Concil zum Feuertode verurtheilte. In der nördl. Kapelle neben dem Chor *Tod Mariä, Steinarbeit von 1460; daneben eine zierliche Wendeltreppe. Im l. Seitenschiff das Grabmal *J. H. v. Wessenberg's* (s. unten).

In der reichen Schatzkammer (Küster 1/2-1 ℳ) Missale mit Miniaturen von 1426. An der Ostseite der Kirche eine Krypta, darin die heil. Grab-Kapelle, eine 6,5m hohe Nachbildung des heil. Grabes in Stein, aus dem XIII. Jahrh. An der äußeren Nordseite noch zwei Seiten des einst reichen *Kreuzgangs.

Das *Wessenberg-Haus* (Pl. 15; B 3), Wohn- und Sterbehaus des langjährigen Bisthums-Verwesers J. H. v. Wessenberg († 1860), enthält die von demselben der Stadt hinterlassenen Sammlungen von Gemälden, Kupferstichen (tägl. 9-12 u. 2-5 U.) und Büchern (Mo. Mi. Sa. 2-4, So. 11-12 U.).

Die spätgoth. Stephanskirche (Pl. 6; B 4) aus dem XV. Jahrh., mit schlankem Thurm, Aeußeres zopfig verunstaltet, enthält interessante Bildwerke in Stein und Holz.

Von hier durch die Wessenbergstraße zum *Obern Markt;* an der Ecke das Haus *zum Hohen Hafen* (Pl. 2), wo (laut neuer Inschrift) am 18. April 1417 Burggraf Friedrich von Nürnberg von Kaiser Sigismund mit der Mark Brandenburg belehnt wurde. Daneben ein altes Haus (jetzt *Café Barbarossa*), durch eine Tafel als *Curia Pacis* bezeichnet, in welchem Kaiser Friedrich I. mit den lombard. Städten 1183 Frieden schloß. — In der Nähe w. die neue *Evang. Kirche* (Pl. 5; A 4).

Die Stadt-Kanzlei (Pl. 12; B 4, 5), 1593 im Renaissance-Stil erbaut und neuerdings an der Façade durch die Maler Wagner und Fröschle von Augsburg mit auf die Geschichte der Stadt Konstanz bezüglichen Fresken geschmückt, enthält das reiche *städtische Archiv* (2800 Urkunden, namentlich aus der Zeit der Reformation bis zum Jahr 1524). Hübscher innerer Hof. — Gegenüber beim Buchhändler

Sartori ist die berühmte *Vincent'sche Sammlung von Glasgemälden* jetzt theilweise aufgestellt. — Am Markt vor dem neuen Postgebäude als *Siegesdenkmal* (Pl. 10) eine Victoria von Baur.

Im ROSGARTEN, dem ehem. Zunfthaus der Metzger (Pl. 8; B 5), das **Rosgarten-Museum*, eine reiche und gut geordnete Sammlung auf Konstanz bezüglicher Alterthümer und naturhistorischer Gegenstände (Eintr. 40 Pf.).

In dem 1388 erbauten KAUFHAUSE (Pl. 1; C 4) am See ein großer Saal, 48m lang, 32m breit, von 10 mächtigen Eichenpfosten getragen, in welchem während der Kirchen-Versammlung (1414-18) das Cardinals-Conclave versammelt war, neuerdings restauriert und von den Malern *Pecht* und *Schwörer* mit auf die Geschichte der Stadt bezüglichen Fresken geschmückt (Eintr. 20 Pf.). Eine Treppe höher eine reichhaltige Sammlung indischer und chinesischer Gegenstände, Privateigenthum des Castellans (40 Pf.).

Das *Dominikanerkloster*, in welchem Huß gefangen saß, auf einer Insel im See, ist jetzt zum Theil zum Hôtel umgebaut (Insel-Hôtel, S. 27). Sehenswerth der gut erhaltene roman. Kreuzgang mit Fresken aus der Geschichte des Klosters von Häberlin und der anstoßende schön gewölbte Speisesaal (früher Kirche).

Am See zwischen Hafen und Dominikanerinsel die hübschen Anlagen des *Stadtgartens*, mit Marmorbüste des Kaisers Wilhelm I., Musikpavillon und reizender Aussicht.

An dem Haus, in welchem Huß ergriffen ward, in der Hussenstraße No. 64 beim Schnetzthor (Pl. A 5), wurde 1878 von seinen Landsleuten eine Gedenktafel mit seinem Reliefbildniß angebracht; daneben ein altes Reliefbild mit der Jahreszahl 1415 und Spottversen. Einige Häuser davon an der „Obern Laube" bezeichnet eine Bronzetafel mit Inschrift den Kerker des Hieronymus von Prag 1415-16. Im *Brühl*, w. außerhalb der Stadt, 10 Min. von der Evang. Kirche (Pl. A 4), ist die Stelle, wo Huß und Hieronymus verbrannt wurden, durch einen Felsblock mit bezügl. Inschriften (den „Hussenstein") bezeichnet.

Schöne Aussicht über den Bodensee, die Vorarlberger und Appenzeller Alpen von der *Allmannshöhe* (3/4 St.), mit Aussichtsthurm (*Restaur.), 5 Min. oberhalb des Dorfs *Allmannsdorf* am Wege nach der Mainau. — Andere hübsche Spaziergänge nach der *Lorettokapelle* (1/2 St.); *Jacob*, Restaur. mit hübscher Aussicht (1/2 St.); nach dem *Kleinen Rigi* oberhalb Münsterlingen (Whs., 1 St.) etc.

Im n.w. Arm des Bodensees (*Ueberlinger See*, S. 27), 1 1/2 St. von Konstanz, liegt die liebliche Insel ***Mainau**, früher Sitz eines Deutschordens-Comthurs, wie noch das Kreuz an der Südseite des 1746 erbauten Schlosses andeutet, seit 1853 Eigenthum des Großherzogs von Baden, der es neu einrichten ließ. Die Insel hat 1/2 Stunde im Umfang und ist durch eine 650 Schritt lange eiserne Brücke mit dem Festland verbunden. Sie hebt sich terrassenförmig aus dem See und ist mit reizenden Anlagen bedeckt. Dampfboot von Konstanz in 55 Min.; Kahn (1 St., hübsche Fahrt) 5 ℳ und Trinkgeld. Zu Lande entweder auf der Fahrstraße (Zweisp. 8 ℳ) in 1 1/2 St., oder auf kürzerem, für Fußgänger lohnendem Wege meist durch Wald in 1 St.

## 11. Von Rorschach über Konstanz nach Winterthur (*Zürich*).

*Vergl. Karte S. 26, 22.*

97km. Nordostbahn in $4^{1}/_{4}$-$5^{3}/_{4}$ St.; 9 fr. 75, 6. 85, 4. 80 c.

*Rorschach* s. S. 48. Die Bahn führt dicht am *Bodensee* entlang, mit hübschen Blicken über die weite Wasserfläche. Der stets sichtbare Punkt über den waldigen Bergen des n. Ufers ist das Fürstenberg'sche Schloß *Heiligenberg*, 325m über dem See. — 3km *Horn* (S. 49); 7km *Arbon* (*Bär; Engel; Kreuz, Pens. Seebad), Städtchen an der Stelle des römischen *Arbor Felix*. — 12km *Egnach*.

15km **Romanshorn**, s. S. 46. — 19km *Uttwyl;* 21km *Keßwyl* (Bär; Pens. Seethal), hübsch gelegene Dörfer; r. am See die *Moosburg*. — 24km *Güttingen* mit Schloß; 26km *Altnau;* 30km *Münsterlingen* (Pens. Schelling) mit Irrenanstalt. — 34km **Kreuzlingen** (**H.-P. Helvetia; Löwe*), freundliches Städtchen (3519 Einw.) mit großer ehem. Augustiner-Abtei, jetzt Lehrer-Seminar; in der Kirche ein Holzschnitzwerk mit an 1000 kl. Figuren, im vor. Jahrh. gefertigt.

35km **Konstanz** (Kopfstation) s. S. 27. Weiter durch reich bebautes Gelände. 37km *Emmishofen-Egelshofen*, 40km *Tägerweilen;* r. am Rhein *Gottlieben* (S. 24). Bei (43km) **Ermatingen** (*Adler*) tritt die Bahn an den *Untersee*, an dem sie nun entlang führt; fern im NW. die Kegel des *Höhgaus* (S. 23). Bei Ermatingen l. auf der Höhe die Schlösser *Wolfsberg* und *Hard;* weiter *Arenaberg* (S. 24) und bei (46km) *Mannenbach* (*Pens. Schiff, 4-5 fr.) das stattliche *Salenstein* (S. 24). R. im See die große Insel *Reichenau* (S. 23), l. Schloß *Eugensberg* (S. 24). Bei (49km) *Berlingen* erreicht der Untersee seine größte Breite (8km) und theilt sich dann in zwei Arme.

52km **Steckborn** (**Löwe, Krone; Sonne*), Städtchen mit neu hergestelltem burgartigem Kaufhaus. Unterhalb r. das ehem. Frauenkloster *Feldbach*, jetzt Eisengießerei; weiter r. Haus *Glarisegg*, l. im Walde Ruine *Neuburg*. Gegenüber am n. Seeufer *Wangen* und die Wasserheilanstalt *Marbach* (S. 24).

58km *Mammern* (Ochs, am Bahnhof), mit besuchter Wasserheilanstalt im ehem. Schloß. Weiter am r. Ufer *Oberstaad*, auf der Höhe Abtei *Oehningen* (S. 24). Bei (60km) *Eschenz* verengt sich der Untersee wieder zum *Rhein* (S. 24). Die Bahn führt bis (63km) **Stein** (**Sonne; *Rabe*, nicht theuer) am l. Ufer entlang (das Städtchen, von der Burg *Hohenklingen* überragt, bleibt am r. Ufer, s. S. 24) und wendet sich dann l. ab nach (66km) *Etzweilen*, (Bahnrest.), Knotenpunkt der Bahn nach *Singen* (S. 23).

Weiter in s. Richtung; l. der reben- und waldbedeckte *Stammheimer Berg* (623m). — 70km *Stammheim;* 78km *Ossingen;* dann auf kühner 45m h., von 7 Eisenpfeilern getragener Gitterbrücke über die *Thur*. — 85km *Thalheim-Altikon;* 87km *Dynhard;* 90km *Seuzach*. — 94km *Oberwinterthur*, Städtchen mit alter roman. Kirche (Thurm neu), das röm. *Vitodurum* (S. 45).

97km *Winterthur* und von hier nach (123km) *Zürich* s. S. 45.

A
B
C
D
ZÜRICH
1: 14.000
Freudenberg
Bürgli-Terrasse
Villen-Quart!
ENGE
Station
Enge
Alfred
Escher-
Platz
Mythen-Quai
Mythenstrasse
Tödistrasse
Stockerstrasse
Alpenstrasse
Claridenstrasse
Hafen
Bäder
S.
N.
SELNAU
Post
Bank
Börse
Stadthaus-Quai
ZÜRICHER
SEE
Limmat
Utoquai
Tonhalle
Stadelhofen
Badeanst.
Seefeld-Quai
Seefeldstrasse
1
2
3
4
5
6

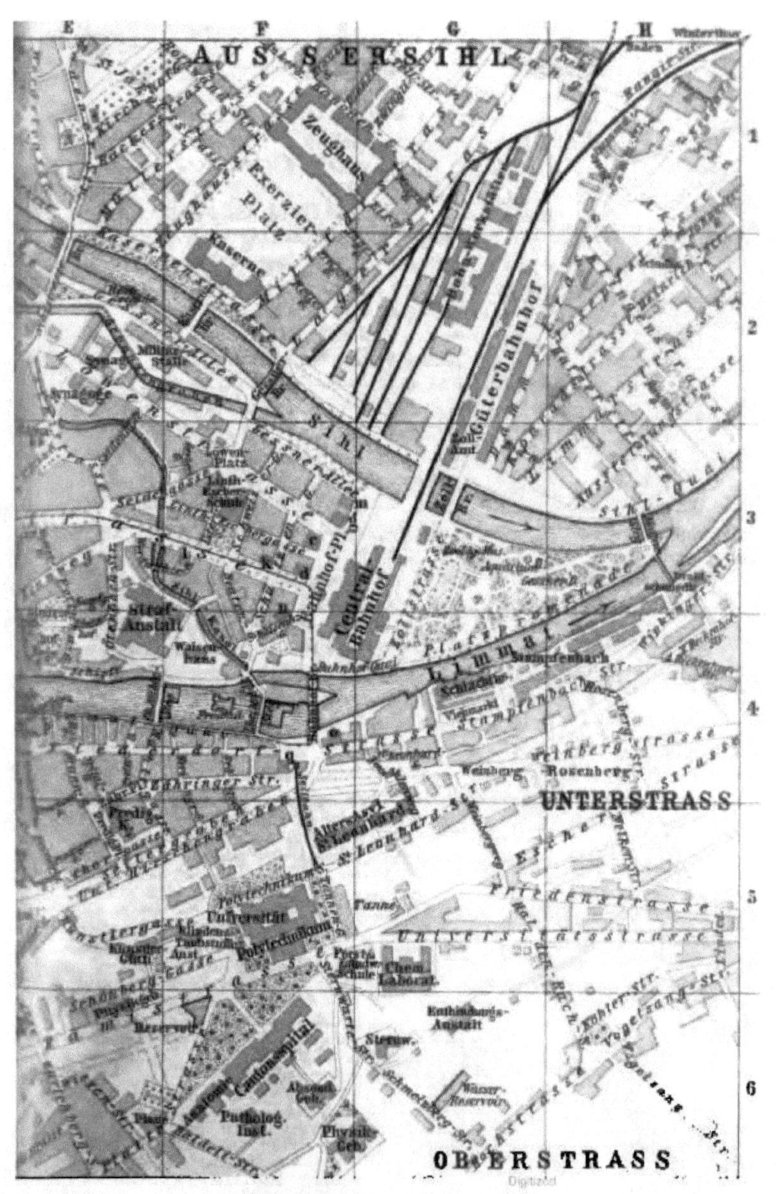
E
F
G
H
AUSSERSIHL
Zeughaus
Exerzier-Platz
Kaserne
Güterbahnhof
Sihl
Central-Bahnhof
Limmat
Straf-Anstalt
Weinberg
Rosenberg
UNTERSTRASS
Tanne
Universität
Polytechnikum
Chem. Laborat.
Cantonsspital
Patholog. Inst.
OBERSTRASS
1
2
3
4
5
6

## 12. Von Schaffhausen nach Zürich.

*Vergl. Karten S. 22 u. 38.*

56km. Nordostbahn in 2 St.; 5 fr. 95, 4 fr. 20 c., 3 fr. Rechts sitzen.

*Schaffhausen* s. S. 22. Die Bahn umzieht den Fuß der hochgelegenen Promenade Fäsenstaub (S. 23) und tritt unterhalb des Schlößchens *Charlottenfels* (S. 22) an den Rhein. R., hoch über der Züricher Bahn, die Bahn nach Waldshut (S. 22), welche in einem 172m l. Tunnel unter dem Charlottenfels durchgeht. Kaum hat der Zug den langen Einschnitt verlassen, so rollt er über die *Rheinfallbrücke* (S. 26). Nur einen Augenblick Aussicht r. von oberhalb auf den Rheinfall. Dann in einem 65m l. Tunnel unter dem *Schloß Laufen* (S. 26) hin. Rasch sich umdrehen, um bei der Ausfahrt den flüchtigen *Blick rückwärts von unterhalb auf den Rheinfall zu haben.

5km **Dachsen** (395m; **Hôt. Witzig*, Z. u. B. 2 fr. 75, F. 1. 30 c.), $1^1/_2$km südl. von Schloß Laufen (vgl. S. 25). Weiter hin und wieder hübsche Aussichten r. auf den grünen Rhein, der tief unten in engem Bett zwischen waldbewachsenen Ufern fließt.

9km *Marthalen*. Bald öffnet sich das Thal von (17km) **Andelfingen** *(Löwe)*; der stattliche Ort erscheint zuerst ganz fern zur Rechten an dem hohen steilen Ufer der *Thur*. Die Bahn umzieht ihn in weitem Bogen, überschreitet auf einer 35m h. Gitterbrücke die Thur, bleibt auf kurzer Strecke am l. Ufer des Flusses und nähert sich Andelfingen an der Südseite. Der Bahnhof ist aus einer alten Moräne herausgeschnitten.

21km *Henggart* (1km n.w. Pens. Schloß *Goldenberg*; 23km *Hettlingen*. An den rebenreichen Abhängen von *Neftenbach* (r.) wächst der beste Wein in der nördl. Schweiz, *Gallenspitz* besonders zu empfehlen. Vor Winterthur öffnet sich das weite Thal der *Töß*.

30km *Winterthur* und von dort nach (56km) *Zürich* s. S. 45.

## 13. Zürich und Uetliberg.

Ankunft. *Central-Bahnhof* (Pl. F G 3, 4) am n. Ende der Stadt, $^1/_4$ St. vom See (Hôtel-Omnibus 75 c.-1 fr., Droschken 1-2 Pers. 80 c.). — Bahnhof *Enge* (Pl. B 2), für die Hotels am See bequem gelegen. — *Dampfboot-Landeplätze* am Stadthausplatz und der Tonhalle (Pl. C 4).

**Gasthöfe.** *H. Baur au Lac (Pl. a; C 3), mit Garten, nicht billig, Z. L. B. von 6, Lunch $3^1/_2$, M. 5 fr. (im Winter geschlossen); *Gr.-H. Bellevue (Pl. b; C 4, 5), großer Neubau am See, Z. L. B. von $4^1/_2$-5, M. 5 fr., beide mit schöner Aussicht; *H. National (Pl. d; F 3), *H. Victoria (Pl. c; F 3), Z. L. B. $3^1/_2$-5, M. 4 fr., beide am Bahnhof; Schwert (Pl. e; E 4), auf der Marktbrücke, Z. u. L. von 3, M. 3-$3^1/_2$ fr.; *H. Baur-Stadt (Pl. f; D 3), Z. L. B. von 3, M. 4 fr.; *H. Habis (Pl. g; F 3), Z. L. B. $2^1/_2$-$3^1/_2$, F. $1^1/_4$, M. $3^1/_2$ fr., am Bahnhof; *Züricher Hof (Pl. h; C 5), Z. L. B. $3^1/_2$, M. $3^1/_2$ fr.; *Storch (Pl. i; D 4), viel Kaufleute; *St. Gotthard (Pl. k; F 3), *H. Wanner (Pl. l; F 3), beide Bahnhofstraße; Bayr. Hof (Pl. m; F 3), Stadthof (Pl. n; F 3, 4), Z. L. B. $3^1/_4$, F. $1^1/_4$, M. 3 fr., beide am Bahnhof; *H. Central (Pl. o; F 4), am r. Ufer der Limmat unweit des Bahnhofs, Z. $2^1/_2$-4, M. m. W. 3 fr.; *Schweizerhof (Pl. p; E 4), Z. u. B. $2^1/_2$, F. $1^1/_4$, M. m. W. $3^1/_2$ fr., *Limmathof (Pl. q; F 4), beide am Limmatquai; *Pfauen (Pl. t; D 6), beim Sommertheater (S. 32); Schwarzer Adler, nicht theuer; Rothes Haus (Pl. r; D 4), Seehof (Pl. s; D 4, 5), am Utoquai; *Sonne, Krone, Hirsch, Lamm, Löwe, etc., für bescheidene Ansprüche; *Gasth. zum Widder (Evang. Vereinshaus), Rennweg 1, bei der Post, Z. $1^1/_2$-2 fr. In allen diesen Hôtels auch Pension, im Frühjahr und Herbst billiger. — Ferner **Pension** *Neptun bei Frau *Mettler* im Seefeld, 6-7 fr., *Weißes Kreuz und H.-P. Hauser, ebenda; Sonne in Unterstraß; Blank-Jaquet in Oberstraß, neben dem Polytechnikum, Pens. m. Z. 5 fr.; Tiefenau in Hottingen; Karolinenburg, Forster, in *Fluntern*, auf der Höhe 1/2 St. ö. von Zürich; Bürgli-Terrasse und Wald, s. unten.

**Cafés und Restaurationen.** *Bahnrestaur.; C. National, Habis, am Bahnhof; St. Gotthard, Wanner, Bahnhofstr.; C. Central, Centralhof. Am r. Ufer: *Kronenhalle, M. 2 1/2 fr.; Tonhalle (s. unten) am See, M. 3 fr.; Saffran, dem Rathhaus gegenüber; Sommer-Restaur. auf der Platzpromenade. — *Gefrornes („Glacen“)* bei Sprüngli, am Paradeplatz, und bei Bourry, untere Kirchgasse, am Sonnenquai.

**Bier,** außer in den oben genannten Restaurationen, im *Kropf, in Gassen (hübsches Lokal; Münchner Hackerbräu); *Orsini, am Frau-Münsterplatz, Münchner Löwenbräu; Gambrinus, in der Schoffelgasse, kleines Local, Erlanger Bier; Stadtkeller, hinter dem Limmathof; Metzgerbräu, Beatengasse; Boller am Quai; Weishaar, Steingasse; Strohhof, Café de Paris, Blaue Fahne, Meierei u. a. Drahtschmidli, gegenüber der Platzspitz (S. 36), mit schattigem Garten an der Limmat. — **Weinstuben.** *Ital. Weine* (u. Speisen): *Fratelli Dorta, am Eiermarkt; *Veltliner Wein* in der Veltlinerhalle; Walliser Weinhalle, hinter dem Schweizerhof.

**Schwimm- und Badeanstalten** im See am Stadthausplatz (Pl. C 4), bei der Vorstadt Enge (Pl. A 3) und für Frauen in der Limmat unterhalb der Bauschanze (Pl. CD 4). In der südl. Vorstadt, am Uto-Quai, die Badeanstalt *Neumünster* (Pl. D 5). — Warme Bäder (russ. Dampfbäder etc.) in der Badeanstalt *zur Werdmühle*, Bahnhofstr., und bei *Stocker*, Mühlenbachstr. (auch Pension).

**Post und Telegraph** (Pl. D 3), Bahnhofstraße; Filialen in der Stadt an verschiedenen Orten.

**Droschken** für eine Fahrt im Stadtrayon oder für 1/4 St., auch wenn der Stadtrayon überschritten wird, 1-2 Pers. 80 c., 3-4 Pers. 1 fr. 20 c., Koffer 20 c., Abends 10 c. für Beleuchtung, von 10 Uhr Abends bis 6 U. Morg. doppelte Taxe; 1/2 St. 1 fr. 50 und 2 fr. 50 c., 3/4 St. 2 fr. und 2 fr. 90 c., 1 St. 2 fr. 50 und 3 fr. 60 c., 1 1/2 St. 3 fr. 50 c. und 5 fr., u. s. w.

**Trambahn** vom Bahnhof durch die Bahnhofstr. zur Vorstadt *Enge*, über die Bahnhofbrücke, den Limmatquai, die Tonhallen- und Seefeldstr. nach *Riesbach* und *Tiefenbrunnen* (vor Zollikon), und vom Paradeplatz n. bis zum Kirchhof von *Außersihl*.

**Drahtseilbahn** *(Zürichbergbahn)* vom Limmatquai zum *Polytechnikum* (Pl. F 4, 5) von 7 U. Vm. bis 9 Nm., im Sommer von 6 Vm. bis 9 1/2 oder 10 Nm. alle paar Min.; Fahrzeit 2 1/2 Min.; Fahrpreis auf- oder abwärts 10 c. (25 Fahrkarten 2 fr.). Die wegen ihrer originellen Anlage bemerkenswerthe Bahn ist 170m lang und ersteigt eine Höhe von 40,5m.

**Boote** zum Selbstrudern für 1-2 Pers. 50 c. die Stunde, 3 und mehr Pers jede 20 c. Ruderer die Stunde 60 c.

**Vergnügungsorte.** *Tonhalle (Pl. C 5) am See, mit Pavillon (Palmengarten; Restaur.), im Sommer jeden Abend Concert (70 c.). Sommertheater zum Pfauen (Pl. D 6), Operetten etc. Platten-Garten (Pl. E 6 unweit des Polytechnikums (Thierausstellung; Concerte). Die *Bürgli-Terrasse, 10 Min. s.w. am Weg nach dem Uetliberg (S. 37); die *Wald am Käferberg, 1 St. n.w., mit guter Restauration (bequemer Weg über Drahtschmidli, s. S. 36); *Sonnenberg (Restaur.) am Abhang des *Zürichbergs* oberhalb Hottingen; vor allem der *Uetliberg (S. 36; Eisenbahn in 1/2 St.).

*Permanente Ausstellung* von Staub & Co., Paradeplatz (Eintr. frei). — Auskunft jeder Art (für Fremde unentgeltlich) im *officiellen Verkehrsbureau* in der Börse (Pl. C 3), parterre (tägl. 9-12 u. 2-5 U.).

*Zürich* (412m), das *Turicum* der Römer, Hauptstadt des gleichn. Kantons, mit 28 216 Einw., mit den neun „Ausgemeinden“ über 91 000, liegt am nördl. Ende des Züricher Sees an beiden Ufern der aus ihm rasch ausströmenden hellgrünen *Limmat*, welche die Stadt in zwei Theile, r. die *große*, l. die *kleine Stadt* scheidet. An der Westseite fließt die im Frühjahr reißende, im Sommer meist wasserarme *Sihl*, die unterhalb Zürich in die Limmat sich ergießt. Zürich ist eine der blühendsten und gewerbfleißigsten schweiz. Städte (Seiden- und Baumwollen-Manufacturen; der Kanton hat 10000 Seiden-Webstühle), zugleich der geistige Mittelpunkt der deutschen Schweiz. Seine Schulanstalten sind vorzüglich; eine große Zahl berühmter Männer sind aus ihnen hervorgegangen.

Die Lage von Zürich ist unvergleichlich, an dem krystallhellen See, dessen belebte sanft ansteigende Ufer, soweit das Auge reicht, mit stattlichen Wohnhäusern, mit Obst- und Weingärten übersäet sind, im Hintergrund die schneebedeckten Alpen: ganz l. der gewaltige Rücken des *Glärnisch*, dann die senkrechte Wand des *Griesstocks* (2804m), r. daneben der *Pfannenstock*, weiter der *Drusberg*, der vergletscherte *Bifertenstock*, der *Tödi* (der höchste, beide im Hintergrund des Linththals); davor die *Clariden*, deren westlichste Kuppe der *Kammlistock* (3233m); zwischen diesem und dem doppelzackigen *Scheerhorn* der *Gries-Gletscher;* dann die auf der N.-Seite des Schächenthals sich hinziehende lange *Roßstockkette* mit ihren seltsam geformten Hörnern; die breite *Windgälle;* zwischen dieser und dem Scheerhorn der niedrigere dunkle Kopf der Schwyzer *Mythen;* über der Einsattelung zwischen dem bewaldeten *Kaiserstock* und *Roßberg* die spitze Pyramide des *Bristenstocks* bei Amsteg an der Gotthardstrasse; dann, je nach dem Standpunkt verschieden, über dem *Albis* der *Blackenstock* und *Uri-Rothstock*, und durch die Schnabellücke im Albis die Schneegebirge des *Engelberger Thals*. R. der *Albis*, dessen nördlichste Kuppe der *Uetliberg* mit dem Gasthof auf der Spitze.

Auf dem Bahnhofplatz (Pl. F 3) das 1889 errichtete Brunnendenkmal des Staatsmannes *Alfred Escher* († 1882), Bronzestatue nach Kißling's Modell, auf figurengeschmücktem Granitsockel.

Südl. führt von hier die über 1km lange **Bahnhofstraße** (Pl. F-C 3) zum See. An derselben manche stattliche Neubauten: r. am Linth-Escherplatz (Pl. F 3) die *Linth-Escher-Schule;* weiterhin r. die *Post* und die *Creditanstalt* (Pl. D 3); l. der *Centralhof*, ein Häuserviereck mit glänzenden Läden, und der *Kappeler Hof;* r. die *Zürcher Kantonalbank* und die *Börse* (Pl. C 3). An dem mit Anlagen geschmückten *Stadthausplatz* am See (Pl. C 4) eine *Terrasse* mit prächtiger Aussicht, daneben r. der Dampfschiffsteg, l. eine Badeanstalt (S. 32). R. am See entlang zieht sich der breite *Alpen-Quai* bis zu den schönen, in den letzten Jahren neu geschaffenen ***Parkanlagen** bei der Vorstadt *Enge*, mit Arboretum und herrlichen Blicken auf Stadt, See und Alpen.

Oestl. führt vom Stadthausplatz (s. oben) die 165m lange, 20m breite **Quaibrücke** (Pl. C 4), 1882-83 von Holzmann u. Benkiser erbaut, über die aus dem See ausströmende *Limmat*. Gleich unterhalb in der Limmat die *Bauschanze*, eine kleine ummauerte fünfseitige Insel, von einem dichten Laubdach überschattet und durch eine Brücke mit dem Ufer verbunden. Am r. Ufer ziehen sich gleichfalls neue Promenaden mit reizenden Blicken auf den See an der *Tonhalle* (S. 32) und dem stattlichen *neuen Stadttheater* (Pl. B 5; Eröffnung Herbst 1891) vorbei bis zu den neuen Hafenanlagen bei der Vorstadt *Riesbach*. — Geradeaus gelangt man von der Quaibrücke über den Tonhalle-Platz und die Rämistraße hinan (l. das Schweiz. Musterlager von Bauartikeln, an Wochentagen unentgeltlich geöffnet), oben r. zur **Hohen Promenade** (Pl. C 5, 6), einer Allee großer Linden mit schöner Aussicht, besonders bei Morgenbeleuchtung

(Panorama von Keller); günstiger Standpunkt das Halbrund bei dem Büstendenkmal des Lieder-Componisten *Hans Georg Nägeli* († 1836), von „den schweizerischen Sängervereinen ihrem Vater Nägeli" errichtet. — Vom nördl. Ende der Hohen Promenade bringt ein Weg, an der N.-Seite des *alten Friedhofs* vorbei, wieder auf die Rämistraße, wo auf einem mit Bäumen bepflanzten Platze l. das Marmor-Brustbild des um den Volksgesang verdienten Komponisten *Ignaz Heim* († 1880). Die Straße führt bergan am *Turnplatz* vorbei zur *Kantonsschule* (Pl. E 6; Gymnasium und Industrieschule) und biegt dann nach N. um. L. das *Physikal.-physiolog. Institut*, r. die lange Front des *Kantonsspitals* (Pl. F 6), die *forst- u. landwirthschaftliche Schule* und das stattliche neue *chemische Laboratorium* (Pl. G 5).

Das großartige ***Polytechnikum** (Pl. F 5) l., nach *Gottfr. Semper's* Plänen 1861-64 erbaut, ist Sitz der Züricher *Universität* (1832 gegründet, mit 400 Stud. und 88 Professoren und Docenten) und der eidgenössischen *Polytechnischen Schule* (800 Stud.). Beachtenswerth ist die Sgraffito-Dekoration der Nord-Façade, nach Semper's Entwürfen durch die Historienmaler Schönherr und Walther ausgeführt.

Im Treppenhaus die Büsten der Chemiker *Kopp* († 1875) und *Bolley* († 1870); auf dem Podest l. *G. Semper* († 1879), r. *C. Culmann*, Ingenieur († 1881). Im Erdgeschoß die *archäolog. Sammlung:* Gipsabgüsse, griech. Vasen, schöne Terracotten aus Tanagra etc. (geöffnet So. 10-12, Di. u. Fr. 2-5 U., sonst 50 c.); im 1. Stock die *mineralog. u. paläontolog.*, im 2. die *zoolog. Sammlung* (Do. 8-12 und 2-6 U.) und die *Aula*, ein glänzend dekorierter Saal mit mytholog. Deckengemälden von Bin aus Paris und der Büste des Philologen J. C. Orelli († 1849), von Meili. Vom Altan prächtige Aussicht. — Die *Ingenieur-Sammlung* ist nur Fachleuten zugänglich; die *mechan.-technische Sammlung* tägl. 8-12 u. 2-6 (50 c.); das *Semper-Museum* (in der Bauschule) Mo. Mi. Sa. 2-4 (frei).

Von der Terrasse vor dem Polytechnikum bester *Überblick der Stadt. — Südl. vom Polytechnikum am Abhang die *Blinden- u. Taubstummen-Anstalt* (Pl. F 5); tiefer, l., das **Künstlergut** (Pl. E 5), mit der *Gemälde-Sammlung der Künstlergesellschaft* (im Sommer Sa. 2-4, So. 10-12 U. frei zugänglich, sonst 50 c.).

Bilder von ältern Züricher Malern (meist Porträts), *Hans Asper*, *Jos. Ammann*, *Sam. Hofmann*, *Konr. Meyer* u. A. Im großen Saal: r. 108. *Kollert* Heerde am See; 95. *Steffan*, Alpsee im Engadin; 116. *Anker*, Pestalozzi; 85. *Diday*, an der Handeck; 117. *Stückelberg*, Köhler im Jura; 124. *Tobler*, Hochzeit im Amperthal; 118. *Veillon*, Abend am Vierwaldstätter See; 282. *Pulian*, Bacharach; *112. *Grob*, der Maler auf der Studienreise; 122. *Fröhlicher*, Wald in Oberbayern; 100. *Boschard*, Gefangennahme des Chorherrn Hämmerlin; *115. *Vautier*, der galante Professor; 120. *Holzhalb*, Sägalp am Reichenbach; 105. *Koller*, Alpe im Engelberger Thal; 125. *Corrodi*, Onkel und Nichten; 114. *Buchser*, Idylle; 119. *Ritz*, Ingenieure im Gebirge; 106. *Koller*, Mittagsruhe; *102. *Boecklin*, Frühlings Erwachen; 126. *Eug. Girardet*, Halt in der Wüste; 113. *Ott*, am Walensee; 87. *Diday*, Partie im Walde; 96. *Ed. Girardet*, das kranke Kind. — L. 1. Zimmer: Landschaften von *L. Heß*. — 2. Zimmer: l. 92. *Deschwanden*, die Marien am Grabe; 28. *Angelika Kauffmann*, Porträt Winckelmann's; 253, 254. *Rigaud*, Porträts; 90. *Zeller*, Hirten in der Campagna; 261. *Pulian*, Dom zu Limburg.

Wir kehren entweder vom Künstlergut auf zum Theil steilen Straßen, oder besser von der NO.-Seite des Polytechnikums mit der Drahtseilbahn (S. 32) in die untere Stadt zurück und folgen l. dem Limmatquai. An der *Marktbrücke* (Pl. E 4) l. das *Rathhaus*

(Pl. D E 4), Quaderbau von 1699; r. die *Fleischhalle* (Pl. E 4); gegenüber das *Lesemuseum* (nur bei Einführung durch ein Mitglied zugänglich). Weiter über den Rathhausquai an dem im deutschen Renaissancestil renovierten *Rüden* mit der schweizer Schulausstellung und dem Pestalozzistübchen vorbei zu der vierbogigen *Münsterbrücke* (Pl. D 4). L. neben derselben gelangt man durch die offene Halle (in dem Laden in der Ecke r. sich melden) in die **Stadtbibliothek**, in der ehemaligen 1479-84 erb. *Wasserkirche*. Sie besitzt 110 000 Bände (dabei zahlreiche Incunabeln und über 3000 Handschriften (geöffnet 9-12 u. 4-6 U.; Eintr. 50 c., für eine Gesellschaft 1 fr.).

Ein Brief Zwingli's (s. unten) an seine Frau; Zwingli's griech. Bibel mit hebr. Randbemerkungen von seiner Hand; eigenhänd. Brief Heinrichs IV. von Frankreich nebst seiner Todtenmaske; drei latein. Briefe der 1553 im Tower zu London enthaupteten Johanna Grey („Joanna Graia") an Antistes Bullinger; Schreiben Friedrichs II. von Preußen vom Jahre 1784 an den Prof. Müller; Bildnisse Züricher Bürgermeister und Gelehrten, darunter Zwingli's Bild; Marmorbüsten Lavater's von Dannecker und Pestalozzi's von Imhof; acht große gemalte Glasscheiben von 1506. Das große **Müller'sche Relief* eines Theils der Schweiz ist mit Sorgfalt und Genauigkeit ausgeführt. Von demselben ein Relief des Engelberger Thals in viel größerm Maßstab.

In dem an die Wasserkirche angebauten *Helmhaus* befindet sich die ***Sammlung der antiquarischen Gesellschaft**, mit einer großen und trefflich geordneten Sammlung von Pfahlbaufunden, Münzen etc. (tägl. 8-12 u. 2-6 U., 50 c., So. 11-1 u. Mi. Nm. frei). — Auf dem Quai vor dem Chor der Wasserkirche das 1885 errichtete **Bronzestandbild Zwingli's** (s. unten), von *Heinr. Natter*, auf schönem Syenitsockel.

Die Treppe ö. gegenüber der Münsterbrücke führt zum **Groß-Münster** (Pl. D 4), im XI.-XIII. Jahrh. im roman. Stil aufgeführt, die oberen Geschosse der Thürme gothisch, der helmartige Aufsatz mit vergoldeten Kreuzblumen vom J. 1779. Am w. Thurm oben Kaiser Karl der Große sitzend (er soll die Münsterkirche beschenkt und das Collegiatstift bei derselben errichtet haben). Im Chor drei große neue Glasbilder, Christus, Petrus und Paulus. *Zwingli* wirkte von 1519 bis zu seinem Tode 1531 am Großmünster als Pfarrer.

Das ehemalige *Chorherren-Gebäude* neben dem Münster hat dem 1851 aufgeführten Gebäude der *Töchterschule* weichen müssen. Der *Kreuzgang* im Innern, aus dem Beginn des XIII. Jahrh., wurde gleichzeitig erneut und in der Mitte ein Standbild Karls d. Gr. als Brunnenfigur aufgestellt. Kreuzgang und Kirche sind im Sommer tägl. 11-12 U. geöffnet (20 c.).

Wir kehren über die Münsterbrücke aufs l. Limmatufer zurück. L. die **Fraumünsterkirche** (Pl. D 4), Mitte des XIII. Jahrh. erbaut, mit hohem rothgedecktem Spitzthurm. An der nahen **Peterskirche**, mit dickem Thurm, großer elektr. Uhr (Zifferblätter 9m im Durchm.) und schönem Geläute, war *Lavater* 23 Jahre lang Pfarrer († 1801; sein Grab ist auf der Nordseite der Kirche). — Weiter w. die spätgoth. **Augustinerkirche** (Pl. E 3), 300 Jahre lang als Magazin gebraucht, 1848 als Kirche neu eingerichtet und jetzt von den Altkatholiken benutzt, mit zwei Altarbildern von *Deschwanden*.

In der Nähe, ziemlich in der Mitte der Stadt, erhebt sich 37,5m über der Limmat der **Lindenhof** (Pl. E 3, 4), in frühesten Zeiten

3*

keltische Ansiedelung, später kaiserl. Pfalz. Unweit n. die große *Strafanstalt* (Pl. E F 3, 4) und das *Waisenhaus* (Pl. F 4).

Die Bahnhofstraße kreuzend, gelangt man durch die Pelikanstraße zu dem gut gehaltenen **Botanischen Garten** (Pl. D 2), mit den Marmorbüsten des Botanikers Heinr. Zollinger († 1859) und des Naturforschers Oswald Heer († 1883), sowie Erzbüsten von A. P. De Candolle († 1841) und Conr. Geßner († 1565). Eine ehem. Bastei in demselben, die **Katz**, bildet eine hoch über die Stadt sich erhebende Plattform mit großen Bäumen und hübschen Aussichten.

Ö. neben dem botan. Garten führt eine Brücke über den Schanzengraben in die Vorstadt *Selnau;* gleich l. das **Gewerbe-Museum** (Pl. D 2) mit kunstgewerblichen Sammlungen (u. a. ein *Patrizierzimmer aus dem XVII. Jahrh. mit schönem Getäfel und Ofen) und permanenter Ausstellung (tägl. außer Mo. 8-12 u. 2-5 U. geöffnet). Weiter nach der Sihl hin der Bahnhof der *Uetlibahn* (Pl. D 1; s. unten).

In *Außersihl*, dem meist von Arbeitern bewohnten Stadttheil am l. Ufer der *Sihl*, die *Militär-Etablissements* des Kantons Zürich: *Kaserne*, *Zeughaus* etc. Die **Waffen-Sammlung** im Zeughause (Pl. F G 1; tägl. ausser So. 8-12 u. $1^1/_2$-6 U.) enthält Morgensterne, Hellebarden, Harnische, Fahnen und Armbruste, unter diesen eine von den vielen, welche für diejenige Tell's ausgegeben werden. *Zwingli's Streitaxt*, von den Luzernern bei Kappel (S. 68) erbeutet und früher zu Luzern aufbewahrt, wurde nach dem Sonderbundskriege 1847 hierher gebracht und sammt Zwingli's Schwert, Panzerhemd und Helm hier aufgestellt. — In der Großen Werdstraße in Außersihl die neue **röm.-kathol. Kirche** (Pl. E 1) mit schönen Glasgemälden und Altarbildern von *Balmer* und *Deschwanden*.

Die **Platzpromenade** (Pl. G H 3, 4), von dem ehem. Schützenplatz so benannt, eine Parkanlage mit schönen Bäumen nördl. vom Bahnhof, zwischen Sihl und Limmat, bietet anmuthige kühle Spaziergänge. In derselben das Nägeli'sche Museum ausgestopfter Alpenthiere (50 c.), das städt. *Aquarium* (20 c.), ein kl. Standbild des Minnesingers *Joh. Hadlaub* und das einf. Denkmal des Idyllendichters *Sal. Geßner* († 1788). Sie endet in einer Landzunge, „Platzspitz" genannt, an der Vereinigung der Sihl mit der Limmat. Eine Brücke führt über die Limmat zu dem gegenüber am r. Ufer gelegenen Biergarten *Drahtschmidli* (Pl. H 3), zugleich der angenehmste Weg nach der *Waid* (S. 32; hinter Drahtschmidli r. die Treppe hinan auf die obere Straße). — Der Platzpromenade gegenüber am r. Ufer der Limmat liegt das Fabrikviertel von Zürich mit den großen Maschinenfabriken von *Escher Wyß & Co.* (Pl. H 4), in welchen u. a. die meisten Dampfboote gebaut sind, die auf den schweizer und ital. Seen fahren.

### Der Uetliberg.

EISENBAHN in 30 Min., 1. Kl. 3 fr. 50 c., 2. Kl. 2 fr., Retourbillets 5 u. 3 fr., Sonn- u. Feiertags zu bestimmten Stunden Extrafahrten zu 2 fr.; Familien- und Gesellschaftsbillets für 10 Berg- und 10 Thalfahrten, ein Jahr gültig, 20 fr. — Die Bahn (Adhäsionsbahn, ohne Zahnstange oder Seil) ist 9,1 km lang, Maximalsteigung 7%; die Locomotive befindet sich wie bei der Rigibahn unterhalb der Personenwagen. Der Bahnhof ist in der Vorstadt *Selnau* (s. oben; Pl. D 1), unweit des botan. Gartens an der *Sihl*, 15 Min. vom Centralbahnhof u. 12 Min. vom Bahnhof Enge (in der Bahnhofstraße u. a. O. mehrfach Handweiser).

Die Bahn (r. sitzen!) führt eine Strecke an der Sihl entlang, dann hinüber zur (5 Min.) Stat. *Wiedikon* (424m), wo die Steigung beginnt, anfangs an offener Berghalde, mit schönem Blick auf Zürich und das Limmatthal, weiter durch Wald. 17 Min. Stat. *Waldegg* (623m); nun in starker Kurve auf dem Bergrücken hinan zur Endstation; 5 Min. oberhalb **Hôt.-Pens. Uetliberg* (Z. u. B. 4-5, F. 1¼, M. 4 fr.); noch 3 Min. weiter auf dem höchsten Gipfel des Berges die **Restauration Uto-Kulm*. Wald und Waldparkanlagen wenige Schritt vom Hôtel. — Südl. ¼ St. unterhalb des Gipfels, am Fußwege nach Zürich (s. unten), **Hôt. Uto-Staffel* (Pens. 5 fr.).

Der ***Uetliberg** (873m), die nördlichste Kuppe des Albisrückens ist von allen Höhen um Zürich die besuchenswertheste. An Großartigkeit wird die Aussicht von den, den Alpen näher gelegenen Höhen vielleicht übertroffen, an Lieblichkeit nicht erreicht: Zürich, See, Limmatthal, die Alpenkette vom Sentis bis zur Jungfrau und dem Stockhorn am Thuner See, im Vordergrund Rigi und Pilatus, w. die Jurakette vom Chasseral am Bieler See bis zu den Ausläufern bei Aarau, über welche einzelne Vogesengipfel noch hervorragen, dann weiter n. der Feldberg und Belchen im Schwarzwald und die vulcanischen Kegel des Höhgaus, Hohentwiel, Hohenhöwen und Hohenstoffeln. Die an 230m lange Façade der Abtei Muri (S. 20; Entfernung 15km) ist bei Morgenbeleuchtung bis auf die einzelnen Fenster zu erkennen. Baden mit seinem alten Schloß (S. 18) tritt ebenfalls ganz deutlich hervor. Gutes Panorama von Keller. — Auf Utokulm Denkmal (Marmorobelisk mit Reliefbüste) des Zürcher Staatsmannes *Jacob Dubs* († 1879).

Der Fußweg auf den Uetliberg (2 St.) führt vom Paradeplatz (Pl. D 3) durch den Bleicherweg, die Leder- und Utostraße, nach 20 Min. über die Sihl und l. durch die Sihl- und Abbisstraße zum (15 Min.) *Albisgütli* (Whs.); Droschke bis hierhin 2-3 fr. Dann r. ab dem Berge zu und auf gut unterhaltenem, nur hier und da etwas steilem Wege in Windungen zum *Hôtel Uto-Staffel* (s. oben) auf der Kammhöhe, wo sich die Aussicht auf Rigi, Pilatus und Berner Alpen öffnet; dabei eine Inschrift zur Erinnerung an den 1840 hier verunglückten Tödi-Ersteiger *Friedr. v. Dürler*. Von Uto-Staffel bis Uto-Kulm 20 Min.

Vom Uetliberg zur Albis-Hochwacht, eine sehr zu empfehlende Wanderung von 3 St., stets über den Rücken des Albis, hergauf bergab, meist durch Wald, nicht zu verfehlen, wenn man einige Min. hinter Hôt. Uto-Staffel (s. oben) bei der Gabelung des Weges (Handweiser) sich r. hält und nun dem guten ziemlich fahrbaren Wege den Gebirgskamm entlang folgt. Schöne Aussicht vom *Felsenegg* (Rest.): l. die Kluft der Sihl, darüber hinaus der blaue See mit seinen tausend blinkenden Villen, r. fruchtbares Hügelland, darüber die Alpen. — 2½ St. *Ober-Albis* (793m; Whs.). Prächtige Aussicht von der *Albis-Hochwacht* od. *Schnabel* (880m), ½ St. s.; umfassender noch (ziemlich beschwerlicher Weg) vom *Albishorn* (918m), ½ St. weiter s. Ö. führt von der Hochwacht ein guter Waldweg (Handweiser) zum (1 St.) Forsthaus *Unter-Sihlwald* (gute Unterkunft), an der Sihl, und nach (1¼ St.) *Horgen* (S. 39); w. eine Fahrstraße am kl. *Türler See* vorbei nach (1 St.) *Hausen* (S. 68).

Der Besuch des *Rigi (S. 82) ist von Zürich als Tagestour bequem ausführbar; Rundreisebillets über Zug und Arth nach Rigikulm, zurück über Vitznau und Luzern nach Zürich mit 3täg. Gültigkeit 22 fr. 40, 19. 50 oder 16. 70 c.

## 14. Von Zürich nach Chur. Züricher und Walen-See.

*Vergl. auch Karten S. 50 u. 58.*

128km Eisenbahn (*Vereinigte Schweizerbahnen*, über Wallisellen, Rapperswil, Weesen und Sargans) in $3^3/_4$-$4^3/_4$ St., Fahrpreise 12 fr. 45, 8. 75, 6. 25 c. Die Bahn erreicht erst bei Rapperswil den Züricher See. — *Nordostbahn* von Zürich über Richtersweil nach Glarus, bis Ziegelbrücke (S. 41, Anschluß nach Wesen), 58km, in $1^1/_2$-2 St. für 6 fr. 05, 4. 25, 3. 05 c.; bis Glarus, 69km, in 2-$2^1/_2$ St. für 7 fr. 20, 5. 05, 3. 60 c. (vgl. R. 19).

Dampfboot am rechten (östl.) Ufer, bis Rapperswil 7mal tägl. in $2^1/_4$ St. (2 fr. 50 oder 1 fr. 80 c.); Verbindung mit den Stationen des südl. Ufers durch kleinere Dampfboote. Am linken (westl.) Ufer Dampfboot 2mal tägl. in 2 St. von Zürich nach Richtersweil, 4-5mal tägl. in 1-$1^1/_4$ St. nach Horgen. Von Rapperswil nach Schmerikon kl. Dampfboot 4mal tägl. in 1 St. 10 Min. Im Sommer tägl. 10 U. Vm. (außer bei ganz schlechtem Wetter), Vergnügungsboot (Abfahrt von der Tonhalle) am r. Ufer bis Stäfa, hinüber nach Wädensweil und am l. Ufer zurück, ohne anzuhalten (2 fr.; in Zürich 12 U.).

Der **Züricher See** (409m), 40km lang, bis 4km breit (Seefläche 87,8 qkm), 143m tief, hat seinen Zufluß durch die *Linth*, den Ausfluß durch die *Limmat*. Auf Großartigkeit der Landschaft kann er keinen Anspruch machen, an Lieblichkeit erreicht ihn kaum ein anderer See. Die Ufer steigen in sanften Abhängen empor: Wiesen oder üppiges Kornland am See, dann Weinberge und Obstgärten, höher hinauf an den kaum 800m hohen Bergen Wald. Beide Ufer sind mit Häusern, Villen und Fabrikgebäuden übersäet, und nicht mit Unrecht nennt man sie Vorstädte von Zürich. Im Hintergrund der Landschaft ziehen sich in langer Kette die schneebedeckten Alpen hin (s. S. 33).

### Dampfbootfahrt.

#### Linkes (w.) Ufer.

Das Dampfboot fährt an der Vorstadt *Enge* vorbei (r. der lange Albisrücken, im Vorblick die Urner und Glarner Alpen) und hält bei dem anmuthig gelegenen *Wollishofen*, dann bei (24 Min. von Zürich) *Bendlikon* (Löwe), zu dem höher auf den Uferhügeln gelegenen Kirchdorf *Kilchberg* gehörig (letzteres Wohnsitz des Dichters Conr. Ferd. Meyer). Oberhalb Stat. *Rüschlikon* das besuchte *Nidelbad* (Fahrstraße, 20 Min.), ländlicher Kurort mit Eisenquelle und reizenden Spaziergängen. Stat. *Ludretikon* (Krone, einf.), dann

($^3/_4$ St. von Zürich) **Thalweil** (**Adler*, bei der Kirche, 20 Min. vom See, einf.), stattliches Dorf in höchst anmuthiger Lage; bei

#### Rechtes (ö.) Ufer.

Erste Station am r. Ufer (l. Seite von Zürich aus) ist *Neumünster* (443m), Vorstadt von Zürich, mit hübscher hochgelegener Kirche; dann *Zollikon*, *Goldbach* und ($^1/_2$ St. von Zürich) **Küsnacht** (**Sonne*), mit Schullehrer-Seminar. Weiter *Erlenbach*, reizend gelegen. Zwischen *Herrliberg* und Thalweil ist der See am tiefsten (145m). Folgt *Feldmeilen*, dann das ansehnliche **Meilen** (*Löwe; Sonne*), mit alter Kirche, am Fuß des *Pfannenstiel*.

Der **Pfannenstiel** (*Okenshöhe*, 737m), von Meilen auf gutem Wege in 1 St. zu ersteigen, bietet eine reizende Aussicht auf den Züricher See, den Greifensee und die Alpen vom Sentis bis Pilatus (Panorama von Keller). Oben ein Denkstein für den berühmten Naturforscher L. Oken († 1851) und ein Wirthschaftspavillon.

Bei *Obermeilen* wurden 1854

Dietlikon
Wallisellen
Seebach
Wangen
Illnau
Höngg
Schwamendingen
Dübendorf
Volketschweil
Wipkingen
Altstetten
ZÜRICH
Schwerzenbach
Fällanden
Neumünster
Greifen See
Wytikon
Wollishofen
Zollikon
Maur
Zumikon
Küssnacht
Stallikon
Kilchberg
Mönchaltorf
Gossau
Erlenbach
Langnau
Thalweil
Herrliberg
Oberrieden
Meilen
Horgen
Oetwyl
Uetikon
Männedorf
Hombrechtikon
Stäfa
Hausen
Kappel
Wädensweil
Hirzel
Richtersweil
Neuheim
Blickenstorf
Steinhausen
Schönenberg
Baar
Menzingen
Hütten
Cham
ZUG
Neuägeri
Oberwyl
n. Luzern
n. Zürich

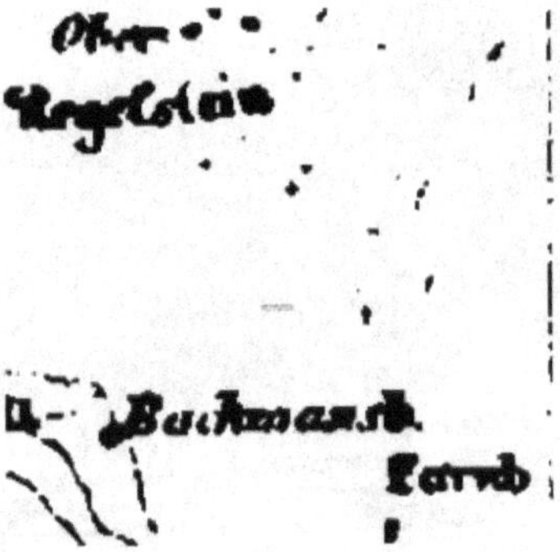

der hochgelegenen Kirche oder noch besser von der Gallerie des Thurms die schönste Aussicht am See. — Station *Oberrieden*, dann das stadtähnliche

(1-1¼ St. von Zürich) **Horgen** (*Schwan; *Löwe;* Café-Restaur. *Schützenhaus*, am See), mit 5519 Einw. und zahlreichen neuen, meist Seidenfabrikanten gehörigen Häusern, zwischen Obst- und Weingärten reizend gelegen.

½ St. oberhalb das Kurhaus *Bocken* (S. 70). **Zimmerberg* (1 St.) s. S. 70. — Nach *Zug* Post tägl. in 2½ St., s. S. 70.

Die mit Wiesen u. Obstbäumen bedeckte Halbinsel *Au* tritt sehr malerisch weit in den See vor (*Hôt.-Pens. Au, 5 fr.). Weit im O. steigt l. der Speer (S. 42) auf, r. die Glarner Berge; l. vom Speer der Sentis und die Toggenburger Gebirge; r., über dem See, der waldbewachsene *Hohe Rhonen* (1232 m). Folgt das stattliche und hübsch gelegene **Wädensweil** (411 m; **Engel*, am See, Z. 1½-2½, F. 1, Pens. m. Z. 5 fr.; *H. du Lac* u. a.), der größte Ort am See (6346 Einw.).

Eisenbahn nach *Einsiedeln* s. S. 94. Post 2mal tägl. in 1 St. 40 Min. über *Schönenberg* nach dem Molkenkurort **Hütten** (740 m; *Bär; Kreuz*), oberhalb des kl. *Hüttnersees* schön gelegen.

**Richtersweil** (**Drei Könige* oder *Post;* **Engel*, recht gut), gleichfalls reizend gelegen (3881 Einw.).

Nach Schindellegi (S. 94) Fahrstraße in 1¼ St. über (20 Min.) *Wollerau* (Eisenbahn von Pfäffikon s. S. 40); ¾ St. ö. der hübsch gelegene Luft- u. Molkenkurort *Feusisberg*, 663 m. Näherer Fußweg in 55 Min., bei der Apotheke am Ende von Richtersweil r. hinauf, mehrfach die Straße kreuzend, mit schönen Rückblicken; bei dem großen Nußbaum auf der ersten Höhe den schmalen Fußweg l. nehmen.

die ersten Pfahlbauten entdeckt. Stat. *Uetikon*, *Männedorf* (Wilder Mann), **Stäfa** (*Sonne; Rößli;* Gartenwirthschaft *zum Seethal*), der größte Ort des nördl. Ufers (3845 Einw.), in allen Volksbewegungen des Kantons stets an der Spitze.

Der See erreicht seine größte Breite; schöner Blick auf das s. Ufer. Stat. *Kehlhof*, *Ürikon*, *Schirmensee* (Rößli). R. die kleinen Inseln *Lützelau* und *Ufnau*, letztere dem Kloster Einsiedeln gehörig, mit Kirche und Kapelle (beide im J. 1141 geweiht).

*Ulrich von Hutten* starb hier Ende August 1523, 36 Jahre alt, nach nur 14tägig. Aufenthalt, aus dem Pfäferser Bad kommend, vor seinen Feinden flüchtig, von Zwingli dem Schutz des arzneikundigen Pfarrei-Verwalters auf Ufnau, Johannes Schneck, Conventual des Klosters Einsiedeln, empfohlen. Sein Körper ruht ohne Zweifel auf dem kleinen Friedhof, die Stätte aber ist unbekannt.

**Rapperswil** (**Schwan*, am See, Z. 1½-2, Pens. 6-7 fr.; **H. du Lac; H. de la Poste*, am Bahnhof, mit Biergarten; **Freihof*, in der Stadt), malerisch gelegene Stadt mit 2789 E. Ueber der Stadt der *Lindenhof*, mit schöner Aussicht und einem Denkmal (schwarze Marmorsäule mit poln. Adler) zur Erinnerung an den Beginn des 100jähr. Freiheitskampfs der Polen. Im alten *Schloß* das vom Grafen R. Plater gegründete *Polnische Nationalmuseum* (Eintr. 1 fr.); vom Thurm herrliche Aussicht. Die *Pfarrkirche*, nach dem Brande von 1881 neu gebaut, besitzt werthvolles Kirchengeräth. Rings um den Lindenhof am Seeufer Gartenanlagen, in die auch vom alten Schloß her eine Treppenanlage hinabführt.

Der **Seedamm**, welcher seit 1878 an Stelle einer alten hölzernen Brücke Rapperswil mit Hurden und Pfäffikon verbindet (s. S. 94), ist 931m lang, 11m breit, hat drei eiserne Jochbrücken (zwei an der Nordseite von je 43,5m Länge, eine an der Südseite von 87m) mit 20 Öffnungen von je 9m Breite und eine 14,5m lange eiserne Drehbrücke zum Durchlaß der Schiffe. Ueber den Damm läuft die Eisenbahn (von Rapperswil nach Pfäffikon, 4km, in 10 Min.), eine Fahrstraße und ein Trottoir für Fußgänger. Ein Gang über den Seedamm ist auch wegen der hübschen Aussicht lohnend; 20m unterhalb desselben in der Nähe des südl. Ufers an der Stelle, wo die Grenzen der Kantone Zürich, Schwyz u. St. Gallen zusammentreffen, der *Dreiländerstein*, ein 1878 errichteter 10m h. Obelisk mit den Wappen der Kantone.

Der obere Theil des Sees ist einsamer aber großartiger als der untere. Die Appenzeller und Glarner Gebirge bilden den Hintergrund; weiter zeigen sich l. auch die Toggenburger Gebirge.

Das Boot fährt vom NO.-Ende des Seedamms ab und nähert sich dem s. Ufer; r. der *Etzel* (S. 95). Ueber Stat. *Altendorf* am Abhang die Wallfahrtskapelle *St. Johann* (505m) und die Restaur. u. Pens. *Johannisburg* mit hübscher Aussicht (Pens. m. Z. 4-5 fr.). Das Boot erreicht, 25 Min. nach der Abfahrt von Rapperswil, das ansehnliche **Lachen** (412m; **Ochs*, nicht theuer), nach weitern 15 Min., jenseit des sumpfigen von der *Wäggithaler Aa* gebildeten Vorlandes, das kleine **Bad Nuolen*, am w. Fuß des *Untern Buchbergs* (602m). Dann hinüber zum n. Ufer nach *Bollingen*, mit bedeutenden Steinbrüchen, und (1 St. 10 Min. von Rapperswil) **Schmerikon** (**Rößli*; *Seehof*; *Adler*), am obern Ende des Sees, unweit der Mündung der *Linth* (S. 41).

---

**Eisenbahnen.** a. Nordostbahn von Zürich nach Ziegelbrücke (und Glarus). Die Bahn umzieht in großem Bogen die Stadt (zweimal über die *Sihl*), führt unter der Uetlibergbahn hindurch, dann durch einen kl. Tunnel und tritt bei (5km) Stat. *Enge* (S. 31) an den See, an dem sie bis Lachen entlang führt, fortwährend mit reizender Aussicht links. Stat. *Wollishofen*, *Bendlikon-Kilchberg*, *Rüschlikon*, *Thalweil* (Beschreibung der Ortschaften s. S. 38 ff.); weiter *Oberrieden* und (18km) **Horgen** (S. 39). Die Halbinsel *Au* (Stat.) bleibt l.; folgt (25km) **Wädensweil** (Eisenbahn nach *Einsiedeln* s. S. 94) und (28km) **Richtersweil**. Der See erreicht hier seine größte Breite; nach O. öffnet sich der Blick auf die Toggenburger und Appenzeller Berge. Vor (34km) *Pfäffikon* (Hôt. Höfe) l. im See die Inseln *Ufnau* und *Lützelau* (S. 39); Seedammbahn nach *Rapperswil* s. S. 40; Eisenbahn über *Wollerau* nach *Samstagern* (Einsiedeln etc.) s. S. 94. Bei (40km) **Lachen** (s. oben) verläßt die Bahn den See und überschreitet vor (44km) *Siebnen-Wangen* die *Wäggithaler Aa*.

**Wäggithal.** Fahrweg von Siebnen (*Rabe) auf der l., später auf der r. Seite der tief eingeschnittenen *Aa* nach ($1^1/_2$ St.) *Vorder-Wäggithal* (731m; Rößli, einf. gut), in grünem Thalkessel freundlich gelegen; weiter durch die Thalenge *Stockerli* zwischen r. *Großem Auberg* (1698m) und l. *Gugelberg* (1152m) nach ($1^1/_2$ St.) *Hinter-Wäggithal* oder *Innerthal* (853m; Schäfli, bescheiden aber gut). Hübsche Ausflüge thalaufwärts in die *Au* (20 Min.); ö. zur *Fläschenlochquelle* ($^1/_4$ St.), auf die *Aaberli-Alp* (1081m) $^1/_2$ St., *Hohfläschen-Alp* (1440m) $1^1/_2$ St. — *Großer Auberg* (1698m), über die *Bärlaui-Alp* in 3 St. m. F., und *Fluhberg* (*Dietheim*, 2095m), über die *Fläschli-Alp* in 4 St. m. F., beide unschwierig und lohnend. — In das Klönthal lohnender Uebergang (4 St. bis Richisau, Führer rathsam), am *Aabach* hinan über die *Aabern-Alp* (1087m) zum (2 St.) *Schweinalp-Paß* (1572m); hinab an der *Brüsch-* und *Schwein-Alp* vorbei nach (2 St.) *Richisau* (S. 64).

Weiter durch eine theilweise sumpfige Niederung nach (50km) *Reichenburg;* r. die Glarner Berge, l. der Untere und Obere Buchberg (S. 42), darüber der Speer (S. 42). 55km *Bilten* (Hirsch); in der sog. „Herrenstube" ein schöner Saal mit kunstvollen Holzschnitzereien (XVII. Jahrh.). Dann über den *Linth-Kanal* (S. 42) nach (58km) *Ziegelbrücke*, zugleich Station der Rapperswil-Churer Bahn (S. 42). Von hier nach (69km) *Glarus* s. S. 58.

b. Vereinigte Schweizerbahnen, von Zürich über Rapperswil nach Weesen und Sargans. Von Zürich bis (9km) *Wallisellen* s. S. 45. Die Bahn führt durch flache Gegend unweit des r. Ufers der *Glatt*, welche aus dem nahen *Greifensee* (439m) ausfließt. 12km *Dübendorf;* 15km *Schwerzenbach;* 18km *Nänikon*.

22km **Uster** (466m; *Usterhof; Stern; Kreuz*), großes Fabrikdorf (7042 E.); r. die Kirche mit spitzem Thurm und das hochgelegene alte Schloß, in welchem das Bezirksgericht (Restaur., schöne Aussicht).

Weiterhin mehrere große Baumwollspinnereien. Der kleine Bach neben der Bahn, welcher diese Werke treibt, ist die *Aa*. — 26km *Aathal*. Im s. Hintergrund die Glarner und Schwyzer Alpen. — Von (29km) *Wetzikon* (Schweizerhof) führen Zweigbahnen n.w. über *Pfäffikon* nach *Effretikon* (S. 45), ö. in 10 Min. nach *Hinweil* (Hirsch; Kreuz), am n.w. Fuß des *Bachtel* (s. unten). — Vor (34km) *Bubikon* (Löwe, einf.) erreicht die Bahn ihren höchsten Punkt (548m). — 36km *Rüti* (Löwe), mit ehem. Prämonstratenser-Abtei, Knotenpunkt der *Tößthalbahn* (S. 46).

Vom **Bachtel** (1119m; **Whs.*), 2 St. n.ö. von Rüti, hübsche Aussicht n.w. über die fabrikenbesäete Landschaft Uster mit dem Greifen- und Pfäffiker See, s. über den Züricher See von Wädensweil bis zur Mündung des Linth-Kanals, das Linththal bis zur Molliser Brücke, die Alpen vom Sentis bis zum Berner Oberland. Vgl. Keller's Panorama, im Whs. vorhanden. Von *Wald* (S. 46, Eisenbahn von Rüti in 15 Min.) oder von *Hinweil* (s. oben; Wägli bis hinauf 7 fr.) ist der Gipfel in 1½ St. auf bequemen Wegen zu erreichen.

Folgt ein Tunnel. Die Bahn senkt sich, meist durch Wald. Vor dem hübschen, mit Rapperswil fast zusammenhängenden Ort *Jona* (Schlüssel) entfaltet sich nach S. die Aussicht auf die Schwyzer Alpen; weiter l. Mürtschenstock, Schänlserberg, Speer und Sentis.

43km **Rapperswil**, s. S. 39. Der Bahnhof am See, unweit des Landeplatzes der Dampfboote, ist Kopfstation; bis Weesen r. sitzen. (Seedammbahn nach *Pfäffikon* s. S. 40.) Die Bahn überschreitet die *Jona*, führt bei dem (r.) Frauenkloster *Wurmspach* vorbei und tritt vor *Bollingen* an den Züricher See. Vorwärts ragt der Mürtschenstock über den bewaldeten Hügeln am See (Untere Buchberg, s. unten) hervor, daneben r. der Fronalpstock und der Schild bei Glarus.

53km **Schmerikon**, s. S. 40. Weiter durch das breite, von der hier in den See mündenden *Linth* (s. unten) durchflossene Thal.

R. am n.ö. Ausläufer des *Untern Buchbergs* (602m) das alte *Schloß Grynau* mit dunklem viereckigem Thurm, im Kanton Schwyz gelegen.

56 km **Uznach** *(Gasth. zum Linthof)*; der ansehnliche Fabrikort (420m; **Ochs; Falke*) liegt l. an einer Anhöhe, von welcher die Kirche herabblickt (Post nach *Wattwyl* im Toggenburg, S. 57, 4mal täglich in $2^1/_4$ St.). L. auf der Höhe *Kloster Sion* (706m). — 59km *Kaltbrunn-Benken*. Die bewaldete Hügelkette r. ist der *Obere Buchberg* (616m).

Fahrstraße von Station Kaltbrunn-Benken oder Uznach in 1 St. nach **Rieden** (720m; **Gast- u. Kurhaus zum Rößli*, nicht theuer), schön gelegener Luftkurort mit reizender Aussicht. Lohnende Ausflüge auf den *Speer* (s. unten), $3^1/_2$ St.; über die Alp *Breitenau* nach (2 St.) *Ebnat-Kappel* (S. 57), etc.

Bei (63km) **Schänis** (442m; **Hirsch; Löwe*), ebenfalls Fabrikort, Grenze des alten Rhätiens, fanden im J. 1799 heftige Gefechte zwischen Franzosen und Oesterreichern statt.

Die Bahn nähert sich nun dem 1807-22 auf Anregung und unter Leitung Konrad Escher's von Zürich angelegten *Linth-Kanal*, welcher Züricher und Walen-See verbindet und in Verbindung mit dem Escherkanal (S. 43) die früher mit Geröll bedeckte und sumpfige Gegend fruchtbar gemacht hat. Landstraße, Eisenbahn und Kanal laufen neben einander hin am Fuß des *Schäniser Bergs* (1667m); r. prächtige Aussicht in das Thal von Glarus mit seinen Schneebergen.

Gegenüber am l. Ufer des Kanals die *Linth-Kolonie*, jetzt landw. Erziehungsanstalt. — 68km *Ziegelbrücke* (Hôt. Berger), Knotenpunkt der Glarner Bahn, die alsbald wieder r. abzweigt (S. 58). Die Bahn nach Weesen führt durch einen Felseinschnitt und biegt dann um den äußersten Vorsprung des Schäniser Bergs, den *Biberlikopf* (s. unten). Rechts thronen der Wiggis und der Glärnisch.

71km **Weesen**. — Gasth.: *Hôt. Speer, am Bahnhof, 7 Min. vom See, Z. L. B. $2^3/_4$, F. $1^1/_4$, A. $2^1/_4$, Pens. 5-6 fr.; am See (Omnibus 50c.) *Schwert, Z. 2, A. 2 fr., Pens. 6 fr.; *Rößli, bei *Böhny*, Pens. 4-$4^1/_2$ fr.; außerdem noch verschiedene billige Whsr. im „*Fly*", dem am See sich hinziehenden gartenreichen Theile des Orts. — *Bahnrestaur.*

*Weesen* (430m), am w. Ende des Walensees, in geschützter fruchtbarer Lage, wird als Sommerfrische viel besucht. Am *Klosterberg* wächst ein guter Wein.

Ausflüge. Schattige Fußpfade führen vom Fly und vom Hôt. Mariahalden auf den (20 Min.) *Kapfenberg*, mit reizender Aussicht. — Hübscher Spaziergang (vom Bahnhof $^3/_4$ St., von Stat. Ziegelbrücke 20 Min.) auf den **Biberlikopf** (578m); schöne Aussicht über den ganzen Walen-See, das Linththal aufwärts bis Netstall, abwärts bis zum Buchberg. — Sehr zu empfehlen die Kahnfahrt (in $^3/_4$ St.) über den See nach dem am Fuß des Leistkamms hübsch gelegenen Dörfchen *Betlis* mit der Ruine *Strahlegg*; schöne Aussicht auf Mühlehorn, Mürtschenstock etc. Von hier zu Fuß zur verfallenen *Serenmühle* und den ansehnlichen *Serenbachfällen* (S. 43), oder hinauf nach (1 St.) *Amden*.

Ein bequemer aber schattenloser Fahrweg führt nach dem am n. Seeufer hoch oben in sonnigen Matten gelegenen ($1^1/_4$ St.) **Amden** oder *Ammon* (876m; *Hirsch*). Schönste Aussicht bei einem verfallenen Kapellchen r. an der Straße, $^3/_4$ St. von Weesen. — Von Amden auf den *Leistkamm* (2106m), $3^1/_2$ St. m. F. (Thoma in Amden), nicht schwierig, lohnend. — Über den *Amdenerberg* (1541m) nach *Starkenbach* oder *Stein* im Toggenburg (S. 57) 5 St., lohnender, doch durch das Steinpflaster ermüdender Weg mit wechselnden, schönen Aussichten.

**Auf den *Speer** (1954m), $4^1/_2$-5 St., sehr lohnend (Führer angenehm). Bei der Kirche l. ab, die erste $^1/_2$ St. über Pflaster von scharfkantigen Nagelfluhblöcken, mit hübschen Rückblicken auf den See, weiter durch Wald und Matten steil bergan; 2 St. *Untere Büls-Alp* (1086m); 3/4 St. *Unt.-Käsernalp* (1322m); 1 St. Alp *Ober-Käsern* (1647m; Gasth. zum hohen Speer, ganz gut). Von hier noch 3/4 St. Steigens zum Gipfel, mit prächtiger Aussicht über die ö. und n.ö. Schweiz. Auch von *Ebnat* und *Neßlau* ist der Speer in 5 St. unschwer zu ersteigen; vgl. S. 57.

Der ***Walen-** oder **Walenstadter See** (423m), 15km lang, 2km breit (Seefläche 23qkm), bis 151m tief, hellgrün, steht an Großartigkeit der Gebirgsnatur dem Vierwaldstätter See kaum nach. Das n. Ufer bilden fast senkrechte Felswände, am See an 650-1000m hoch, ö. von den nackten Hörnern der sieben *Curfirsten* (*Leistkamm* 2106m, *Selun* 2208m, *Frümsel* 2268m, *Brisi* 2280m, *Zustoll* 2239m, *Scheibenstoll* 2238m, *Hinterruck* 2309m) überragt. Nur ein einziges Dorf, *Quinten*, hat am n. Ufer Raum. Auch am s. Ufer senken sich die Felsen an vielen Stellen so steil in den See, daß beim Bau der Eisenbahn 9 Tunnel gebrochen werden mußten. An den Mündungen der kleinen Wildbäche, welche vom *Mürtschenstock* (2442m) herabkommen, haben sich einzelne Ortschaften angesiedelt. Die Namen der Dörfer und Höfe *Primsch*, *Gunz*, *Terzen* und *Quarten* mit dem oben gen. *Quinten*, sowie der Name des Sees erinnern an die ehem. rhätischen (wälschen, nicht germanischen) Anwohner desselben.

Jenseit Weesen führt eine Gitterbrücke über den Linth-Kanal. Rechts zweigt die Bahn nach Glarus ab, s. R. 19. Unsere Bahn durchschneidet das breite Thal, geht auf einer zweiten Gitterbrücke über den *Escher-Kanal* (S. 42), welcher die früher weit austretenden Gewässer der aus dem Glarner Thal kommenden Linth jetzt sicher dem Walensee zuführt, und tritt gleich darauf in zwei dicht auf einander folgende Tunnel mit Seitenöffnungen l. nach dem See. Bei der Ausfahrt l. der Fall des *Baierbachs*, oben auf der Höhe das Dorf *Amden* (S. 42). Weiter in der Felsschlucht gegenüber die Wasserfälle des *Serenbachs*, nach Regentagen ansehnlich, im Hochsommer zuweilen ganz verschwunden. Es folgen nun in kurzen Zwischenräumen drei Tunnel, dazwischen immer hübsche Blicke l. auf den See. 79km **Mühlehorn** (*zur Mühle; Tellsplatte*, beide einf.); r. der kahle *Mürtschenstock* (s. unten).

Von Mühlehorn nach Mollis (3 St.), lohnende Wanderung auf der guten Fahrstraße über den **Kerenzenberg** mit den besuchten Sommerfrischen (1 St.) *Obstalden* (682m; *Hirsch, mit schatt. Garten, Pens. m. Z. 5 1/2-6 1/2 fr.; *Stern) und (1/2 St.) *Filzbach* (712m; *Rößli, einf.), Dorf fast auf der Höhe der Straße, von wo der *Mürtschenstock* (s. unten) über die *Meerenalp* in 5 St. m. F. zu ersteigen ist (über die *Plattenalp* nach *Glarus* s. S. 59.). 1/4 St. weiter von einem Felsen l. von der Straße (auf gutem Pfad in 10 Min. zu ersteigen) *Aussicht über den Walensee mit den Gebirgen des Seezthals, das Thal des Linth-Kanals, welches l. den *Hirzli* (1674m) als Thorpfeiler hat, bis zum Züricher See, und die Glarner Thäler mit Wiggis und Glärnisch. Weiterhin viel durch Wald; bei (1 St.) *Beglingen* ein flüchtiger Blick auf den Tödi. In Windungen hinab (Fußpfad kürzt) nach (20 Min.) *Mollis* (S. 58). — Von Mühlehorn nach Unterterzen (und Walenstadt) schöne neue Straße (Fußgängern zu empfehlen) über (1/4 St.) *Tiefenwinkel* (Brauerei) und (1/2 St.) *Murg* nach (40 Min.) *Unterterzen*, weiter über *Mols* nach (1 1/4 St.) *Walenstadt*.

Zwei Tunnel (l. *Quinten*, s. oben), dann (82km) **Murg** (**Schiffli*, **Rößli*, in beiden Pens. 4 fr.; *Kreuz*, alle einf.), an der klammartigen Mündung des *Murgthals* reizend gelegen, mit Fabriken u. Spinnereie

Am Bergabhang 5 Min. w. das Denkmal des Patrioten Heinrich Simon aus Breslau (1860 beim Baden im See verunglückt).

Das 4 St. lange ***Murgthal** verdient einen Besuch (Führer unnöthig). Der Weg führt zwischen dem Rößli und der Fabrikmauer steil bergan bis zu einem (20 Min.) ***Wasserfall**, der unterhalb einer Brücke herabstürzt (etwa 50 Schritt vom Wege). Man überschreitet die Brücke nicht (wer nur den Wasserfall sehen will, kann über die Brücke gehen und auf hübschem Wege am l. Ufer nach Murg zurückkehren); 20 Min. weiter eine zweite Brücke, über die man geht und am l. Ufer 3/4 St. steil hinansteigt. Dann biegt sich der Weg zur Murg und führt in einigen Min. durch Gebüsch zur dritten Brücke am Anfang der (1/2 St.) *Merlenalp* (1100m). Weiter durch Matten und Wald in 21/2 St. zu den drei *Murgseen* (1673m, 1815m, 1825m). Sehr lohnend die Besteigung des ***Roththorn** (2514m), vom obern See in 2 St. (Führer angenehm, der Fischer oder ein Senne), mit prächtiger Rundsicht (w. Glärnisch s.w. Tödi, s.ö. Calanda, ö. Scesaplana, n. Sentis, Curfirsten, n.w. das Züricher Hügelland). — Vom obern See führt ein ziemlich beschwerlicher Weg über die **Widerstein-Furkel** (2014m) und durch das *Mühlebachthal* in 21/2 St. nach *Engi* im *Sernfthal* (S. 65); ein anderer (mit F.) über die **Murgsee-Furkel** (2002m) auf die *Mürtschenalp* (1848m), am *Mürtschen-* und *Fronalpstock* vorbei zur *Heuboden-Alp* (S. 59) und nach (5 St.) *Glarus*. — **Mürtschenstock** (2442m), von der Mürtschenalp in 2 St., ziemlich schwierig, nur für Geübte; prächtige Aussicht.

Gleich jenseit Murg wieder ein Tunnel; r. oben in Matten *Quarten* (537m) mit neuer Kirche. 85km *Unterterzen* (Gasth.: Freieck, zur Blumenau). Gegenüber an den steilen Felswänden mehrere Wasserfälle; r. das Dorf *Mols*. Dann noch ein Tunnel. Die Bahn erreicht das östl. Ende des Sees und führt über den *Seeskanal* nach

89km **Walenstadt** (428m; *H. Churfirsten*, am Bahnhof, Z. u. F. 21/2 fr.; **Hirsch*, im Ort, nicht theuer), 10 Min. vom ö. See-Ende (**Hôt.-Pens. Seehof*, am See, Münchner Bier).

Lohnender Ausflug (m. F.) von Walenstadt auf steilem waldigem Wege nach (2 St.) *Alp Lösis*, von hier meist eben nach (3/4 St.) *Alp Büls* und (3/4 St.) *Tschingeln-Alp* (1536m; Milch); weiter an den Terrassen der Curfirsten entlang, stets mit reizender Aussicht, nach (11/4 St.) *Alp Schwaldis* (1455m) und über *Alp Schrinen* (1282m) in 11/2 St. zurück nach Walenstadt; oder von Schwaldis weiter zur *Sälsalp* (1421m), über das *Stäfeli* zur (1 St.) *Laubegg-Alp* (1373m) und steil abergefahrlos hinab nach (11/2 St.) *Quinten*, von wo man sich nach *Murg* überfahren läßt. — Nach Amden über den *Leistkamm* 10 St. m. F., sehr lohnend (s. S. 42). — Nach Wildhaus im Toggenburg (S. 57) führt von Walenstadt ein beschwerlicher Pfad, aber mit prächtigen Aussichten, über den *Käserruck* (2267m) in 6 St. m. F.

Weiter durch das breite Seezthal; r. auf einem Felsvorsprung Ruine *Gräplang* (rom. *Crap long*) oder *Langenstein*, l. über *Bärschis* auf felsiger Höhe das Wallfahrtskirchlein *St. Georgen*. — 93km *Flums* (450m; Hôt. Bahnhof; Löwe). — Bei (102km) **Mels** (500m; *Melserhof*, am Bahnhof; *Hôt. Frohsinn*) strömt die Seez aus dem hier r. sich öffnenden *Weißtannen-Thal* hervor.

***Alvier** (spr. *Alfîhr*; 2363m), von Mels in 5 St., nicht schwierig und sehr lohnend (Führer für Geübte unnöthig). Vom Bahnhof r. steil hinan zur (21/2 St.) Alp *Palfris* (1479m; einf. Kurhaus); weiter über Fluhen und steile Hänge, zuletzt durch eine enge Felsspalte auf steinerner Treppe zur (2 St.) Spitze (Clubhütte, Raum für 30 Pers.), mit prachtvoller Aussicht auf Rheinthal, Rhätikon, Vorarlberger, Appenzeller und Glarner Alpen (gutes Panorama von Simon). Andere bequeme Wege führen von Flums, Sevelen, Buchs und Trübbach hinauf (vgl. S. 332).

Von Mels durch das Weißtannen- und Kalfeuser-Thal nach Vättis. Fahrstraße bis (3 St.) **Weißtannen** (995m; **Alpenhof; Gamsli*); von hier m. F. über *Unter-Lavtina* (1319m) und Alp *Valtüsch* (1811m) zum (4 St.)

Heidelpass (2397m) zwischen *Seesberg* und *Heidelspitz* (2432m), mit schöner Aussicht auf den mächtigen Sardonagletscher, Trinserhorn, Ringelspitz etc. Hinab ins *Kalfeuser Thal*, bis zur Taminabrücke bei *St. Martin* (1350m) 2 St., von da bis *Vättis* (S. 336) ebenfalls 2 St. — Von Weißtannen nach Elm über den *Foo-* oder *Ramin-Paß* s. S. 66.

104km **Sargans** (485m; *Hôt. Thoma*, am Bahnhof; *Bahnrestaur.*; im Ort *Krone*; *Löwe*), Knotenpunkt der Rheinthalbahn (Rorschach-Chur). Das Städtchen, von einem alten noch bewohnbaren Schloß der alten Grafen v. Toggenburg überragt, liegt malerisch am Fuß des *Gonzen* (S. 332), $^1/_4$ St. n.w. vom Bahnhof.

Eisenbahn über *Ragaz* nach (128km) *Chur* s. R. 88.

## 15. Von Zürich nach Friedrichshafen (*Lindau*) über Romanshorn.

*Vergl. Karten S. 38, 22 u. 26.*

Nordostbahn, bis Romanshorn (82km) in 3 St., für 8 fr. 65, 6. 05, 4. 35 c. — Dampfboot von Romanshorn nach Friedrichshafen in 1 St. für ℳ 1.20 oder 80 Pf., nach Lindau in $1^1/_2$ St. für 2 ℳ 25 oder 1 ℳ 50 Pf., s. S. 26.

Die Bahn überschreitet die *Sihl*, steigt in einer großen Kurve, führt über die *Limmat* und tritt in den 933m l. Tunnel unter dem *Käferberg*. 5km *Oerlikon* (440m; Bahnrestaur.).

Nach Dielsdorf, 19km, Eisenbahn in 35 Min. — 8km *Glattbrugg*; 11km *Rümlang*. — 14km *Oberglatt*, Knotenpunkt der Bahn nach *Niederglatt* und (7km) *Bülach* (s. unten). — 17km *Niederhasli*; dann (19km) *Dielsdorf* (431m; Sonne, Post), Endstation, am Fuß des auf dem östl. Vorsprung des *Lägerngebirges* (S. 18) hübsch gelegenen alten Städtchens ($^1/_2$ St.) **Regensberg** (617m; *Krone*). Vom Thurm des alten Schlosses (jetzt Anstalt für schwachsinnige Knaben) schöne Aussicht; ausgedehnter von der *Hochwacht* (856m), 1 St. weiter westl.

Von Oerlikon über *Seebach* nach *Wettingen* s. S. 18.

Ueber die *Glatt* nach (9km) *Wallisellen* (Linde), Knotenpunkt der Bahn nach Rapperswil (S. 41). Schöner Blick r. auf die Glarner Alpen. — 12km *Dietlikon*; 17km *Effretikon* (Zweigbahn nach *Wetzikon*, S. 41); 21km *Kempthal*, mit großer Leguminosen-Fabrik. Vor Winterthur über die *Töß*. Auf einem Bergkegel l. Ruine *Hoch-Wülflingen* (598m).

26km **Winterthur** (441m; *Goldener Löwe*, Z. u. B. $2^1/_2$, M. m. W. $3^1/_2$ fr.; *Krone*, Z. u. B. $2^1/_2$ fr.; *Adler*, Z. 2 fr.; Restaur. *Rheinfels* u. a.; *Bahnrestaurant*) an der *Eulach*, mit 15 985 Einw., sehr betriebsame wohlhabende Stadt und wichtiger Eisenbahn-Knotenpunkt. Neues *Stadthaus* nach Plänen von Semper. In dem großen *Schulhaus* (mit den Statuen von Zwingli, Geßner, Pestalozzi und Sulzer) an der Promenade einige bei Ober-Winterthur (S. 30) gefundene römische Alterthümer, die städt. Bibliothek u. a. In der *Kunsthalle* gute Bilder von Schweizer Malern. In der Umgegend wächst vortrefflicher Wein, der beste bei Neftenbach (S. 31).

Von Winterthur nach Waldshut, 52km, Nordostbahn in 2 St. Die Bahn führt im *Tößthal* über Stat. *Töß*, *Wülflingen*, *Pfungen-Neftenbach*, *Embrach-Rorbas*; dann durch einen 1800m l. Tunnel. 17km **Bülach** (416m; *Kopf*, *Kreuz*), ehem. befestigtes Städtchen unweit der *Glatt* (nach *Oberglatt* und *Oetlfingen* s. oben u. S. 18). — Weiter durch den *Hardwald*. 20km *Glattfelden*; 23km *Eglisau* (338m); gegenüber am r. Ufer des Rheins das gleichnam. Städtchen mit Schloß (Löwe; Hirsch). Nun am l. Rheinufer über Stat. *Zweidlen* (vorher über die Glatt) nach (30km) *Weiach-Kaiserstuhl*, letzteres ein alterthümliches Städtchen mit massigem Thurm; am r. Ufer Schloß *Rötelm*, weiter Ruine *Weiß-Wasserstelz*. Stat. *Rümikon, Reckingen, Zurzach* und (49km) *Koblenz*; von hier über den Rhein nach *Waldshut*, s. S. 22.

Von Winterthur nach Rüti, 47km, Tößthalbahn in 2-3 St. — 3km *Grüze*; 5km *Seen*; 8km *Sennhof*; 25 Min. s.w. das alte Schloß *Kyburg*, mit schöner Aussicht. Weiter durch das freundliche *Tößthal*. 9km *Kollbrunn* mit großen Fabriken; 12km *Rikon*; 14km *Zell* ($^3/_4$ St. ö. das besuchte *Gyrenbad*, mit erdig-alkal. Quelle, am Abhang des *Schauenbergs*, S. 46); 16km *Turbenthal* (552m; Bär); 18km *Wyla*, mit malerisch gelegener Kirche; 22km *Saland*; 26km *Bauma* (Tanne), die letzteren sämmtlich mit lebhafter Industrie. Stat. *Steg*, *Fischenthal*, *Gibswyl-Ried* (761m), auf der Wasserscheide (von hier auf den Bachtel 1 St.); weiter durch das malerische Thal der *Jona* über (40km) Wald (621m; *Löwe*; *Rößli*), ansehnlicher Ort am s.ö. Fuß des *Bachtel* (S. 41), am *Hohen Lauf* (Wasserfall) vorbei nach (47km) *Rüti*, Stat. der Rapperswil-Züricher Bahn (S. 41).

Von Winterthur nach *Schaffhausen* s. S. 31; nach *St. Gallen* und *Rorschach* s. unten; nach *Konstanz* s. S. 30.

Die Bahn nach Romanshorn durchschneidet den fruchtbaren, obstreichen *Thurgau*. 32km *Wiesendangen*; 38km *Islikon*.

42km **Frauenfeld** (417m; **Falke*; **Hôt. Bahnhof*), Hauptort des Kantons Thurgau (6087 Einw.), an der *Murg*, mit bedeutenden Baumwollenfabriken. Das stattliche *Schloß* auf epheubewachsenem Fels soll im XI. Jahrh. ein Graf von Kyburg erbaut haben.

Von Frauenfeld nach Wyl, 18km, Straßenbahn in 1-$1^1/_4$ St. für 1 fr. 80, 1 fr. 30 c.; Stationen *Murkart, Mazingen, Jakobsthal, Wängi, Rosenthal, Münchweilen, Wyl* (s. S. 47).

46km *Felben*. Vor (52km) *Müllheim* auf einer gedeckten Holzbrücke über die *Thur*. — 56km *Märstetten*; 60km *Weinfelden* (446m); l., an dem rebenbepflanzten *Ottenberg*, *Schloß Weinfelden* (564m) mit schöner Aussicht. — 63km *Bürglen*; 66km *Sulgen* (483m; Helvetia; Schweizerhof).

Von Sulgen nach Gossau, 23km, Eisenbahn in 1 St. 7 Min. durch das freundliche Thal der *Thur*. Stat. *Kradolf, Sitterthal*, (10km) **Bischofszell** (504m; *Linde*; *Schwert*), Städtchen und Schloß am Zusammenfluß der Thur und *Sitter*; weiter *Hauptweil*, *Arnegg* und *Gossau* (S. 47).

Stat. *Erlen* (H. Bahnhof), *Amriswyl*, dann (82km) **Romanshorn** (403m; **H. Bodan*, Z. L. B. 3, F. $1^1/_4$ fr.; **Falke*; *Hôt. Jäger*; *Bahnrestaur.*), auf einem Vorsprung am Bodensee gelegen. Die Bahn mündet am Dampfboot-Landeplatz (s. S. 30). *Bodensee* und *Friedrichshafen* s. S. 26 u. ff.

## 16. Von Zürich nach Lindau über St. Gallen u. Rorschach.

*Vergl. Karten S. 38, 22, 26 u. 50.*

Eisenbahn, bis *St. Gallen* (84km) in 3 St. für 8 fr. 80, 6. 20, 4. 40 c.; bis *Rorschach* (100km) in $3^3/_4$ St. für 10 fr. 20, 7. 20, 5. 10 c. — Dampfboot von Rorschach nach Lindau in $1^1/_4$ St. für 1 *M.* 65 oder 1 *M.* 10 Pf.

Von Zürich bis (26km) *Winterthur* (441m) s. S. 45. Die St. Galler Bahn bietet landschaftlich wenig; nach und nach treten südl. die Curfirsten, s.ö. die Appenzeller Berge hervor. — 33km *Räterschen*; 38km *Elgg* (542m; Ochs, Löwe); $1^1/_2$ St. s. der *Schauenberg* (893m) mit treffl. Aussicht, am s.w. Abhang das *Gyrenbad* (S. 45). — 41km

*Aadorf* (Linde); 47km *Eschlikon*; 50km *Sirnach*. — 54km **Wyl** (589m; **H. Bahnhof*), freundliches altes Städtchen (3507 E.); vom Bahnhof hübsche Aussicht auf Appenzeller u. Glarner Alpen (Toggenburgerbahn nach *Ebnat* s. S. 56; Straßenbahn nach *Frauenfeld* s. S. 46).

Die Bahn überschreitet bei dem alten Schloß *Schwarzenbach* auf einer 145m langen Gitterbrücke die *Thur*. 63km *Uzwyl*, Station für l. *Nieder*-, r. *Ober-Uzwyl* (bei ersterm, 25 Min. vom Bahnhof, die besuchte Wasserheilanstalt *Buchenthal*). — 69km **Flawyl** (616m; **Rößli*; *Post*), großes Fabrikdorf (4316 E.); dann über die *Glatt* — 74km *Gossau* (Hôt. Bahnhof; Zweigbahn nach *Sulgen*, s. S. 46). — 78km *Winkeln* (Kreuz).

**Von Winkeln nach Appenzell**, 26km, Appenzeller Bahn in 1½-2 St. Die schmalspurige Bahn führt am **Heinrichsbad*, besuchtes Kurhaus (Stahlquelle, Molkenkur etc.) vorbei nach (5km) **Herisau** (777m; **Löwe*, Z. 2½, M. 3, Pens. m. Z. 7-8 fr.; *Storch*), wohlhabende Stadt (12 973 E.) mit großen Musselinfabriken und altem Glockenthurm, angebl. aus dem VII. Jahrh., und (9km) *Waldstatt* (823m; *Hirsch; Pens. Sentisblick), mit Eisenquelle u. Molkenkuranstalt; weiter im *Urnäschthal* über *Zürchersmühle* nach (15km) **Urnäsch** (837m; **Krone*; *Schäfle*); 7 Min. oberhalb das einf. Bad *Rosenhügel* (882m). Von Urnäsch ö. am (19km) *Jacobsbad* mit Mineralquelle (gute Unterkunft) vorbei über (21km) *Gonten* (906m; Bär) und (24km) *Gontenbad* (892m), gut gehaltene Molkenkuranstalt mit erdiger Eisenquelle, nach (26km) *Appenzell* (S. 53). — Von Urnäsch auf den *Sentis* s. S. 57; über den *Kräzernpaß* nach *Neu-St. Johann* s. S. 57.

Vor (80km) *Bruggen* auf einer großartigen, 189m l., von drei 53m h. Pfeilern getragenen *Gitterbrücke über das tief eingeschnittene Thal der *Sitter*. Etwas stromabwärts die 1810 erbaute *Kräzernbrücke*, 192m l., 27,5m h., mit zwei Steinbogen.

84km **St. Gallen**. — GASTH.: ***Hecht**, Z. L. B. 4-6, M. m. W. 3½ fr.; ***Linde**; ***Hôt. Stieger**, Z. L. B. 3 fr.; ***Hirsch**, Z. u. B. 2½, M. 3 fr.; ***Walhalla**, dem Bahnhof gegenüber; ***Schiff**, **Ochs**, nicht theuer. — CAFÉS (Bier etc.): *Café-Rest. Pavillon*, *Börse*, *Trischli*, alle drei mit Garten; *Café National*; *Walhalla*, s. oben, u. a. — Bäder jeder Art im *Löchlibad* und im *Paradies* (Sommerwirthsch.). — Havana-Cigarren bei *Th. Beck*, Bahnhofstr. 10. — Stickereien bei *A. Naef*.

*St. Gallen* (660m), eine der höchst gelegenen größeren Städte in Europa, Hauptstadt des gleichn. Kantons, Bischofssitz seit 1846, mit 27 842 Einw., ist eine der bedeutendsten schweiz. Fabrikstädte (besonders gestickte Baumwollenwaaren).

Die einst hochberühmte BENEDIKTINER-ABTEI, im VII. Jahrh. vom h. Gallus, einem irischen Mönch, gegründet, im VIII.-X. Jahrh. eine der ersten Gelehrten-Schulen Europas, wurde 1805 aufgehoben. In den umfangreichen Klostergebäuden befinden sich jetzt die Kantonsbehörden, die kath. Realschule, die Residenz des Bischofs und die *Stiftsbibliothek* (Mo. Mi. Sa. 9-12 und 2-4 U. geöffnet) mit zahlreichen handschriftlichen Schätzen (Psalter Notker Labeo's aus dem X. Jahrh., Nibelungenlied aus dem XIII. Jahrh. u. a.). Von den Handschriften, die in einem im J. 823 angefertigten Verzeichnis genannt sind, sind noch an 400 vorhanden.

Die 1755 im Rococostil erbaute bischöfl. *Stiftskirche* hat gut geschnitzte Chorstühle und ein schönes schmiedeeisernes Chorgitter.

Unweit n. die goth. *St. Laurenzkirche* (reform.), 1850-54 erneut, mit schönem Thurm und Glasgemälden von Gsell in Paris.

Das ansehnliche *Schulgebäude* am Vordern Brühl enthält die *Stadtbibliothek*, die sog. *Vadianische* (Di. Do. Sa. 2-4 U.), an Handschriften besonders aus der Reformationszeit reich. In der Nähe in der Museumsstr. beim Großen Brühl das *Museum* mit den städt. Sammlungen. Im Erdgeschoß reichhaltige *naturhistor. Sammlungen* (So. 10-12 u. 1-3, Mi. Fr. 1-3); im obern Stock die *Gemälde-Sammlung des Kunstvereins*, mit Bildern von Koller, Diday, Makart, A. Feuerbach, Ritz, Schirmer u. a., und die Sammlungen des *histor. Vereins* (So. 10-12 u. 1-3, Mi. 1-4 U. frei, sonst Eintr. 50 c. für 1-4 Pers.); im ö. Flügel die Sammlungen des *Industrie- u. Gewerbe-Museums* (So. Di. Mi. Sa. 10-12 u. 2-4 U.). Hinter dem Museum der *Stadtpark*; etwas weiter an der Rorschacher Straße r. das *Bürger-*, l. das *Kantonsspital*. Unweit w. an der Arboner Str. am l. Ufer der Steinach die große *Kantonal-Strafanstalt*. In der Vadianstr. das *Industrie- & Gewerbe-Museum* mit Zeichenschule.

Ausflüge. Vom ***Freudenberg** (855m; Whs.), 1 St. s.ö. (Einsp. 5 fr.), schöne Aussicht über den Bodensee von Konstanz bis Lindau, im Vordergrund St. Gallen und die häuserreiche Landschaft; s. die Sentiskette, Glärnisch, Tödi etc. — **Vögelisegg* ($1^1/_2$ St., S. 52) und **Fröhlichsegg* ($1^1/_4$ St., S. 56) werden gleichfalls der Aussicht wegen viel besucht. An der Straße nach Vögelisegg das Whs. *Kurzegg* mit schönem Blick auf den Bodensee und das Nonnenkloster *Notkersegg* (782m). — Auf den **Rosenberg** (745m), mit der zur Taubstummen-Anstalt eingerichteten *Kurzenburg*, zum (20 Min.) Restaur. *Peter* (Aussicht auf den Sentis) und auf dem Sattel hin zum (25 Min.) Whs. *St. Peter u. Paul* (801m). — Durch die Gemeindsböden auf die **Bernegg** (Whs., 840m), mit Aussicht auf den Sentis, zurück auf der Teufener Straße ($^3/_4$ St.). — **Kronbühl** (620m; Whs.), 1 St. n. an der Arboner Str., mit Aussicht auf den Bodensee. — **Wald**, Naturheilanstalt des Dr. Dock, 1 St. n.ö., mit herrlicher Aussicht (Poststraße von St. Fiden, s. unten). — *Bruggen* und die **Sitterbrücke* (S. 47), Eisenbahn in 8 Min. — *Martinstobel* u. *Möttelischloss* s. S. 49. — *Trogen*, *Gais*, *Appenzell*, *Weißbad* s. R. 17.

Die Bahn senkt sich durch einen langen gemauerten Einschnitt zur (86km) Stat. *St. Fiden* (Sonne) und tritt in das wilde Thal der *Steinach*, deren Ufer aus aufgeschwemmtem Geröll bestehen. Dämme und Einschnitte wechseln unausgesetzt, man überblickt mehrfach den Bodensee fast in seiner ganzen Ausdehnung, am n. Ufer Friedrichshafen. — Dann wendet die Bahn sich r., überschreitet bei (91km) *Mörschwyl* (*Pens. Gallusberg, unweit des Bahnhofs) die *Goldach* und führt durch obstreiches Gelände nach

100km **Rorschach.** — Zwei Bahnhöfe, der äußere 10 Min. ö. von der Stadt, der innere Hauptbahnhof am Hafen und Dampfbootlandeplatz. — Gasth.: *Anker, Z. L. B. $2^1/_2$, F. 1, Pens. 7-8 fr.; *Hirschen, nicht theuer; Seehof, mit Garten; Badhof; *H. Bodan; Schiff; H. Bahnhof, Post, Z. 2, M. $2^1/_2$ fr., beide am Bahnhof; *Schäfle, mit Garten, nicht theuer; Zur Toggenburg; Rößle; zur Ilge; Grüner Baum; Ochs, mit Brauerei, etc. — **Bahnrestaurant* mit Balcon u. Aussicht auf den See. Bier bei *Stierlin*, hinter dem Bahnhof, und im *Falken* (auch Z.). — Kalte und warme Bäder in *Notter's* Anstalt am See; *Seebadanstalt* 5 Min. w. unterhalb des Orts, Bad mit Wäsche 35 c.

*Rorschach* (400m), lebhaftes Städtchen mit 5867 Einw., wird als Bade-, Molken- und Luftkurort besucht. Bedeutender Verkehr, namentlich Kornhandel.

Ausflüge. Über Rorschach das ehem. Kloster **Marienberg**, jetzt Seminar, mit schönem Kreuzgang. Die Aussicht von dem wiesen- und obstreichen *Rorschacher Berg*, an dessen Fuß die Stadt liegt, umfaßt den ganzen Bodensee, die Vorarlberger Alpen und die Rhätikonkette. Der Gipfel, der ***Roßbühel** (*Wirthsch. z. grünen Wald*), ist in $1^1/_4$ St. von Rorschach zu ersteigen (Knabe als Führer angenehm). Das ganze Berggelände ist von Wegen durchschnitten, die eine große Auswahl von Spaziergängen bieten (gute Whser. am *Sulzberg*, $^1/_2$ St., und dem *Hohrain*, $^1/_2$ St.). — Zum **St. Anna-Schloß** (seit 1449 im Besitz der Aebte von St. Gallen), Fahrweg (weiter aufwärts etwas steil) vom Bahnhof in $^3/_4$ St. Das Schloß ist theilweise hergestellt (*Restaur.); aus den Fenstern schöne Aussicht. Umfassender ist der Ausblick vom *Jägerhaus*, $^1/_2$ St. höher (Whs., guter Wein).

**Martinstobel und Möttelischloß**, 3 St. hin u. zurück. Eisenbahn bis *St. Fiden* (S. 47); unterhalb der Station den Fahrweg nach *Neudorf* hinüber (Brauerei l.) und die Landstraße abwärts, bis r. die Straße nach Heiden sich abzweigt. Auf dieser hinab in das ***Martinstobel**, die Felsenschlucht der *Goldach*, über welche eine eiserne Brücke führt. Hier war es, wo zu Anfang des x. Jahrh. der Mönch Notker beim Anblick eines Verunglückten sein *„media vita in morte sumus"* dichtete. Jenseit der Brücke die Straße l. bergauf, an den Trümmern eines Felssturzes von 1845 vorüber, der zwei Mädchen begrub, nach *Untereggen* (Schäfle) und von da auf dem Goldacher Wege hinab, bis r. über einer sumpfigen Wiesenmulde das **Möttelischloß** (alter Sitz der Edeln von Sulzberg, um 1476 von den sprichwörtlich reichen *Möttelis* aus St. Gallen erworben, und in mannigfachem Besitzwechsel wie das Glück seiner Herrn allmählich verfallen) erscheint, auf welches ein Fahrweg gerade hinweist. *Aussicht von der neu angelegten Plattform eine der schönsten am See. Durchs *Witholz* angenehm nach Rorschach zurück, $^1/_2$ St. — Nach **Tübach** (Obstwald) und auf die *Steinacher Burg*, c. 1 St. — Auf dem aussichtreichen „obern Weg" nach (1 St.) **Wylen** (**Whs.*), dicht bei dem Schloß *Wartegg* des Herzogs von Parma, mit schönem Park. — Ueber *Staad* (S. 331) nach ($1^1/_4$ St.) Schloß ***Weinburg**, Sommerresidenz des Fürsten von Hohenzollern (Eintritt in den prächtigen Park gestattet); berühmte Aussicht vom *Steinernen Tisch*, oberhalb desselben (zurück über *Thal* und *Rheinegg*, S. 331). — Nach *Heiden* s. S. 51.

**Nach Meldegg**: Eisenbahn in $^1/_4$ St. nach *Rheinegg*, dann Fahrstrasse (Post 2mal tägl. in 1 St. 5 Min., näherer Fußweg in $^3/_4$ St.) nach (4km) **Walzenhausen** (678m; **Kurhaus*; **H.-P. Rheinburg*, Pens. m. Z. $8^1/_2$ fr.), wegen seiner geschützten Lage als klimat. Kurort besucht, mit schönen Aussichtspunkten und Waldspaziergängen. Von hier Fahrweg zum ($^1/_2$ St.) Kloster *Grimmenstein*, dann Fußweg l. zur ($^1/_4$ St.) ***Meldegg** (648m), einem Felsvorsprung an der Ecke des Rheinthals, mit schönster Aussicht auf dieses und den Bodensee (im Sommer Wirthsch.). Hinab nach ($^3/_4$ St.) *St. Margrethen* (S. 331) oder ($^1/_2$ St.) *Au* (S. 331) und mit Bahn nach Rorschach.

Zu **Horn**, $^1/_2$ St. n.w. von Rorschach am See (Eisenbahn s. S. 30), ein großes **Gast- & Badhaus*, in den See hineinragend (Pens. 6 fr.), und das Gasth. *Steinbock*. Auch das Schloß, l. vor dem Bad, nimmt Gäste auf.

Eisenbahn nach *Chur* s. S. 331; nach *Bregenz* und *Lindau* s. S. 412; nach *Heiden* s. S. 51; nach *Konstanz* s. S. 30.

Fahrt über den See nach Lindau ($1^1/_4$ St., für 1 *M* 65 oder 1 *M* 10 Pf., Table d'hôte 2 *M*), vgl. S. 26. Gegen SO. sieht man Bregenz am Fuß des Pfänder, im Hintergrund die Rhätikonkette, auf der Westseite des Rheinthals die Appenzeller Berge mit dem Sentis.

**Lindau**. — Gasth.: *Bayr. Hof, Z. L. B. $2^1/_2$-4, M. 3 *M*; *H. Greiner zur Krone, Z. $1^1/_2$-2 *M*, F. 80, M. 2 *M* 20 Pf.; *H. Reutemann, *Lindauer Hof, Helvetia (nicht theuer), alle am See; Sonne, am Reichsplatz; Pens. Gärtchen auf der Mauer am Festland. — *Schützengarten*, auf dem Wall beim Römerthurm, mit hübscher Aussicht; daneben *Rupflin's* Weinschank; *Inselbrauerei*; *Bahnhofs-Restauration*. — *Seebäder* an der NW.-Seite der Stadt im innern Seearm.

Lindau, Endpunkt der bayrischen Staatsbahn (Kurierzug bis München 5½ St.), früher Reichsstadt und Festung, im Mittelalter bedeutende Handelsstadt, auf einer Insel im Bodensee, durch den Eisenbahndamm und eine 325m l. hölzerne Brücke mit dem Ufer verbunden, ist angeblich an der Stelle eines römischen Castells erbaut, zu welchem der alte Thurm neben der Brücke gehört haben mag. Am Hafen das 1856 aufgestellte *Standbild des Königs Max II.* († 1864), Bronzeguß nach Halbig's Modell. Auf der südl. Molenspitze auf einem 10m h. Granitsockel ein sitzender 6,5m h. Löwe aus Kelheimer Stein, gleichfalls von Halbig; auf der nördl. der stattliche *Leuchtthurm* (oben schöne Aussicht, Eintr. 40 Pf.). Auf dem nahen Reichsplatz das *Rathhaus* mit bemalter Façade und der hübsche *Reichsbrunnen* mit den Figuren der „Lindauia", des Garten- und Ackerbaus, der Fischerei und Schiffahrt in Bronze, von Thiersch u. Rümann.

Ausflüge. Hübscher Spaziergang am w. Seeufer (über den Eisenbahndamm, dann l.) an den Villen *Lotzbeck* mit schönem Park, *Giebelbach*, *Lingg* (*Fresken von Naue) u. a. vorbei zum (¼ St.) *Schachenbad* (Pension Freihof) und dem (¼ St.) **Lindenhof** (Villa Gruber) mit prächtigem Park, Treibhäusern etc. (Eintr. Freit. frei, sonst 1 *M* zum Besten der Armen gegen Karten, die im Schachenbad zu haben, Sonnt. geschlossen). 10 Min. weiter Schloß *Alwind*, der Frau Gruber gehörig. — Vom (½ St.) ***Hoyerberg** (456m) sehr schöne Aussicht; Weg dahin entweder den Fußpfad längs der Eisenbahn, oder vom Landthor den Fahrweg über *Aeschach* (Schlatter) zum Dörfchen *Hoyren* am Fuß des rebenbepflanzten Bergrückens. Oben zwei Wirthshäuser (im vordern auch Pens.) und ein Belvedere. Zurück über *Enzisweiler* (*Restaur. Schmid) und *Schachen* (Gasth. zum Schlößle). — Nach *Bregenz* s. S. 412.

## 17. Das Appenzeller Land.

Der **Kanton Appenzell** steht an Großartigkeit der Scenerie zwar vielen andern Gegenden der Schweiz nach; er bietet aber immerhin, auf kleinem Raum beisammen, manches Schöne und Eigenthümliche: den größten See, südlichen Pflanzenwuchs, rege Gewerbthätigkeit, reiche Matten und schneebedeckte hohe Gebirge. *Heiden*, *St. Antoni*, *Wildkirchli*, *Ebenalp*, *Höher Kasten*, *Säntis* sind seine Glanzpunkte.

Der Kanton St. Gallen umgiebt das ganze Appenzeller Land, welches, in Folge von Religionsstreitigkeiten im J. 1597 in die beiden Halb-Kantone **Außer-Rhoden** und **Inner-Rhoden** getheilt, auch heute noch streng durch die Religion geschieden ist. Das Hirtenland Inner-Rhoden, 160qkm groß, ist ausschließlich katholisch und duldete vor 1848 keinen Nichtkatholiken, ja es gestattete selbst einem Katholiken, der nicht innerhalb der Cantonsgrenze geboren war, nicht die Niederlassung. Die Bundesverfassung von 1848 hat dies gesetzlich zwar aufgehoben, doch hat sich thatsächlich das Verhältnis wenig geändert. Die Einwohnerzahl beträgt 12906, darunter 697 Protest. Außer-Rhoden, mit 54200 Bewohn. auf 230qkm, ist reformiert. Auffallend ist die Verschiedenheit in Lebensweise, Sitte und Kleidung der Bewohner beider Kantonstheile. In Außer-Rhoden große Thätigkeit, Wohlhabenheit, ja selbst äußerer Luxus besonders in Wohngebäuden; fast jedes Haus hat seinen Webstuhl und seine Stickerinnen, deren ausgezeichnete Arbeiten auf den Londoner und Pariser Ausstellungen Bewunderung erregten. Viehzucht wird nur nebenbei betrieben. In Inner-Rhoden Hirtenvolk, in kleinen Häuschen und Hütten meist zerstreut wohnend, „eine große Mannschaft, ein raubes, starkes, fromm und schlichtes Volk", wie der alte *Merian* (1650) berichtet, in malerischer Tracht, schwarzen Beinkleidern, rothem Brustlatz, kurzen Hemdsärmeln und rothem Käppchen. Viehzucht und Milchwirthschaft sind ihre Hauptbeschäftigung.

**Molkenkur-Anstalten** im Kanton Appenzell: *Gais*, *Weißbad*, *Heiden*, *Gonten*, *Waldstatt* u. a. Die Molken, die ihres Käsestoffs und Fettes beraubte Ziegenmilch, eine hauptsächlich Milchzucker enthaltende, halbklare Flüssigkeit, von grün-gelblicher Farbe und höchst fadem Geschmack, „Schotten"

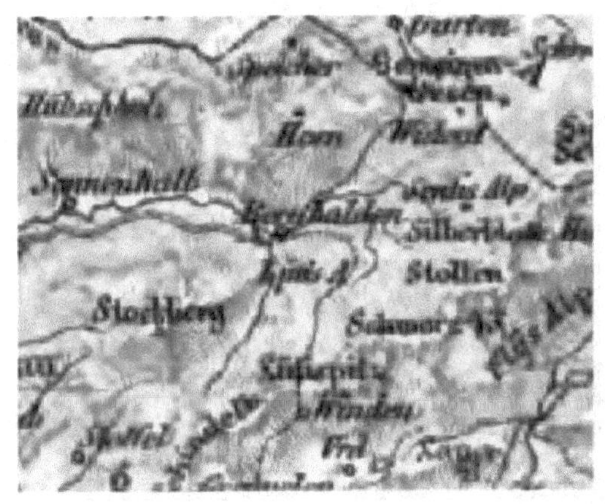
Speicher
Horn
Stollen
Stockberg
Silberblatt
Windenpass

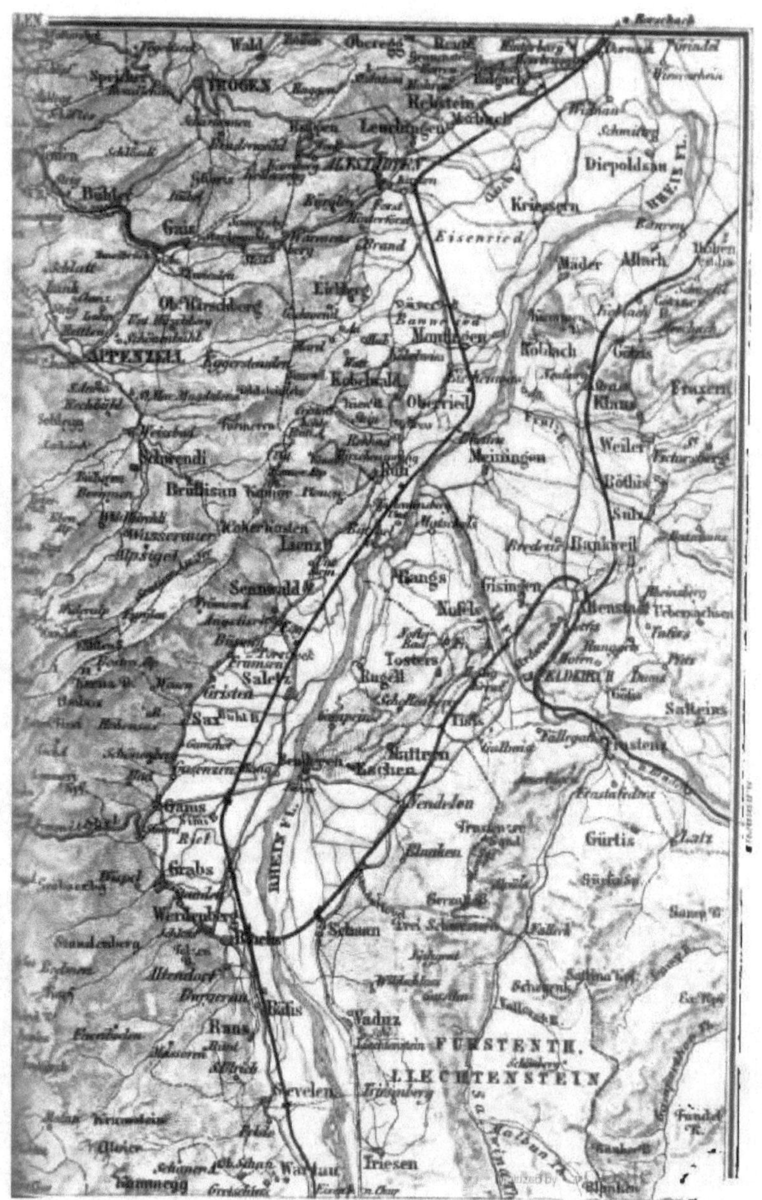
Wald
Oberegg
TROGEN
Diepoldsau
Kriessern
Eisenried
Bühler
Gais
Mäder
Altach
APPENZELL
Montlingen
Koblach
Götzis
Kobelwald
Oberried
Fraxern
Schwendi
Meiningen
Weiler
Röthis
Brülisau
Sulz
Rankweil
Lienz
Sennwald
Bangs
Gisingen
Altenstadt
Nofels
Tosters
Salez
Rugell
Sax
Tisis
Mauren
Eschen
Bendern
Gams
Nendeln
Gürtis
Grabs
Werdenberg
Schaan
Vaduz
FÜRSTENTH.
LIECHTENSTEIN
Sevelen
Triesen
Wartau

genannt, werden auf den Alpen des Sentis durch Erhitzen der Milch mit Laab (Kälbermagen) bis auf ungefähr 40° R. bereitet. Der Laab ist in einem leinenen Beutelchen enthalten, und eine außerordentlich kleine Quantität desselben bringt den vorher aufgelösten Käsestoff zum Gerinnen. Drei Maß Milch geben 1 Pfund Käse und 2 Maß Molken. Die Bereitung geschieht in der Nacht. In aller Frühe tragen alsdann Sennen die noch heißen Molken in großen Gefäßen auf dem Rücken in die Molkenkurorte.

**Eisenbahn** von *Winkeln* nach *Appenzell* in 1½-2 St.; von *St. Gallen* nach *Gais* in 1¼ St.; von *Rorschach* nach *Heiden* in 55 Min. — **Post** von *Rheineck* nach *Heiden* 2mal tägl. in 1¾ St., von *Au* über *Berneck* nach *Heiden* 1mal in 3 St.; von Heiden über *Trogen* und *Speicher* nach *Teufen* 2mal in 2¾ St. Von *Altstätten* nach *Gais* tägl. in 2 St., von *Gais* nach *Appenzell* 5mal tägl. in 1 St.; von *St. Gallen* über *Speicher* nach *Trogen* 3mal tägl. in 1 St. 40 Min. — **Lohnkutscher** von St. Gallen nach Trogen 6 (3-4 Pers. 10), Appenzell 9 oder 16, Weißbad 10 oder 16½ fr.; Rückfahrt halbe Taxe.

Die Bahn von Rorschach nach Heiden (Zahnradbahn, Maximalsteigung 9%) führt vom Hafen am See entlang bis vor den äußern Bahnhof (vgl. S. 48), wo die Zahnstange beginnt. Bergan (l. sitzen) zwischen Obstbäumen und Weingärten, mit reizenden Blicken auf den Bodensee, l. unten das malerische Schloß *Wartegg* (S. 49), r. *Wartensee*, über ein Tobel, durch einen Felseinschnitt und Wald zur (4km) Stat. *Wienachten* (588m); in der Nähe bedeutende Sandsteinbrüche (viel Versteinerungen). Über das *Wienachter Tobel* auf hohem massivem Damm (l. prächtiger Blick über das reich bebaute Thal hinüber auf die Berge des Bregenzer Waldes, unten die Rheinmündung), weiter durch Obstgärten und Wald (l. tiefe Schlucht) zur (5km) Stat. *Schwendi;* dann, das schönbewaldete *Galgentobel* in großem Bogen umziehend, nach

7km **Heiden.** — Gasth.: *Freihof, Z. L. B. 3-4, F. 1½, M. 4, A. 2½ fr., Molken 80 c. tägl., Pens. m. Z. 8½ fr.; *H.-P. Schweizerhof, Z. L. B. 3½, F. 1½, M. 3½, A. 2½ fr.; *H.-P. Sonnenhügel, am obern Ende des Orts bei der Kurhalle; *Löwe, Pens. 6½ fr.; Krone, Pens. 6 fr.; Linde; *H.-Pens. Paradies; Zur frohen Aussicht bei *Weiß*, wird gelobt. Privatwohnungen u. a. bei *Arnold*, mit schöner Aussicht, und bei Posthalter *Tobler*. Bäder im *Quellenhof*. — *Kurtaxe* bei mehrtägigem Aufenthalt 1 fr. 20 c.

*Heiden* (806m), nach dem Brand von 1838 neu aufgebauter Ort, mit stattlichen Häusern und 3453 Einw., in sonniger geschützter Lage auf grünen Matten, wird als Luft- und Molkenkurort viel besucht. Es verdient durch seine gesunde frische Berglage, seine Einrichtungen, die ungezwungene Bewegung seiner Gäste, unter diesen in erster Reihe genannt zu werden. Auch Mineralwasser ist vorhanden. Am obern Ende des Orts die zierliche *Kurhalle*. Auf dem Thurm der neuen Kirche ein Cabinet mit äußerer Gallerie und gutem Fernrohr; schöne Rundschau, besonders über den Bodensee.

Ausflüge. Kleinere Spaziergänge: zur **Bellevue*, einer Anhöhe 20 Min. s.ö. am r. Ufer des *Gstaldenbachs*, mit schönem Blick auf Heiden und den Bodensee, und 20 Min. weiter zum *Sentisblick;* s.w. *Hasenbühl*, *Benzenrüti* und **Steinli* mit Pavillon und reizender Aussicht; s. *Bischofsberg*. W. unterhalb der Straße nach Grub (s. unten) im *Krähenwald* („Wäldchen") hübsche Anlagen mit den Punkten Dreiländerblick, Känzli, Gräfeplatz, Waldandacht und Waldegg; n.w. (¾ St.) der *Roßbühel* oberhalb *Wienachten* (s. oben; Whs., guter Wein).

N.ö. führt von Heiden eine aussichtreiche Straße (Post 2mal tägl. in ¾ St) über *Wolfhalden* (708m; Friedberg) nach (7km) *Rheinegg* (S. 331); w. eine gleichfalls abwechslungsreiche Straße über *Grub*, *Eggersried* und durch das

*Martinstobel* (S. 49) nach (3 St.) *St. Gallen* (S. 47). Nach *Rorschach* (Eisenbahn s. oben) angenehmer Fuß- u. Fahrweg über *Zelg* u. *Wienachten* in 1½ St.

Von der ***St. Antoni-Kapelle** („*St. Antönibüd*"; 1108m), 1¼ St. südl. von Heiden, berühmte Aussicht auf das Rheinthal (der vom Kaien vorzuziehen), Bregenz, Lindau, einen Theil des Bodensees und die Vorarlberger und Appenzeller Gebirge (3 Min. weiter Whs. zum Rößli). Zwei Wege führen hin, entweder über *Oberegg* oder näher über die Waisenhäuser und den *Bischofsberg* (s. oben). Von der Kapelle nach *Altstätten* (S. 331) 1½ St.

Häufig wird auch der *Kaien* bestiegen, 1½ St. s.w. von Heiden (Führer rathsam, 1½ fr.). Man folgt anfangs der Landstraße nach Trogen, nach 35 Min. r. bergan auf die Häuser los (von hier, wenn ohne Führer, einen Jungen mitnehmen); nach 10 Min. in den Tannenwald, hier etwas steil, dann über eine freie Matte mit Sennhütten und die kleine Kuppe hinan, den (25 Min.) ***Kaien** (1118m). Die Aussicht umfaßt einen großen Theil des Thurgaus und des Bodensees, den Einfluß des Rheins und der Bregenzer Ach, die Vorarlberger und Liechtensteiner Gebirge, darüber s.ö. in der Ferne die weiße Kette des Rhätikon mit der Scesaplana. Sie gewährt südl. einen charakteristischen Blick in das Appenzeller Land: auf den geschwungenen Kamor und den Hohenkasten, die fünf Zacken des Furgglen First und der Kanzel, den zweizackigen Altmann, die Schneefelder des Sentis, etwas zurück den Tödi; im Vordergrund die walddurchwachsenen Matten der stattlichen Ortschaften Wald, Trogen und Speicher; l. über Trogen der Gäbris (s. unten); rechts neben Speicher, Vögelisegg (s. unten); l. über Speicher in der Ferne der Rigi und die Pilatushörner. — Der Kaien ist von Speicher 1½, von St. Gallen 2½ St. entfernt. Trogen erscheint trotz seiner Entfernung (1¼ St.) so nahe, daß man es mit einer Büchsenkugel erreichen zu können glaubt. Der Weg führt r. bergab über den *Gupf* (Whs.) und *Rehtobel* (Hirsch, ganz gut), 1890 fast ganz abgebranntes Dorf; jenseits sieht man tief unten in der Waldschlucht den Weg nach Trogen. Unten bei der Brücke „am Goldach" ein Bauernwirthshaus.

Von Heiden auf den Gäbris direkt (mit Umgehung des Kaien): zur *St. Antoni-Kapelle* (s. oben) 1¼ St.; von da auf dem Gebirgskamm weiter, stets mit reizender Aussicht auf Rheinthal und Sentis, zur *Landmark* (Whs., vgl. S. 331) und auf den *Gäbris* (s. unten), 2 St., sehr lohnende Wanderung.

Die Strasse von Heiden nach Trogen (10,6km) steigt am ö. Abhang des *Kaien* (s. oben) bis zur (¾ St.) *Langenegg* (970m; Whs.); weiter bergauf und ab, an dem r. jenseit der Goldachschlucht gelegenen *Rehtobel* (s. oben) vorbei nach (¾ St.) *Wald* (962m; Sonne) und (¾ St.)

**Trogen** (907m; *Hirsch*; **Krone*), Hauptort des Kantons Ausser-Rhoden, mit 2578 Einw. und stattlichen Häusern, in angenehmer Lage und Umgebung, als Luftkurort besucht.

Straße über die *Landmark* nach (2½ St.) *Altstätten* s. S. 331. — Die Poststraße von St. Gallen nach Trogen (Post 3mal tägl. in 1 St. 40 Min.) führt an dem Nonnenkloster *Notkersegg* und dem Whs. *Kurzegg* (S. 48) vorbei zur (1½ St.) ***Vögelisegg** (962m; **Hôt.-Pens.*), mit schöner Aussicht über den Bodensee und das prächtige belebte Mattenland von Speicher und Trogen, die Vorarlberger und Appenzeller Gebirge, einige Schritte vom Whs. vorwärts besonders schön der Sentisstock. Hinab nach (¼ St.) *Speicher* (936m; Löwe, Krone) und über das *Bachtobel* nach (25 Min.) *Trogen*. — Von Trogen nach *Teufen* (7,8km) Post 2mal tägl. in 1 St. (Straßenbahn von St. Gallen über Teufen nach Gais s. S. 56).

Vom Kirchplatz in Trogen führt eine Straße über (1¼ St.) *Bühler* (S. 56) nach (35 Min.) *Gais*. Näher und weit lohnender ist der Weg über den ***Gäbris** (1250m).

Wer vom Kaien kommt, benutzt die Straße Trogen-Bühler bis auf die Höhe (½ St.); hier zeigt ein Handweiser (daneben Blick auf den Sentis) l. ab, „über den Gäbris nach Gais". Wer von Vögelisegg kommt, erreicht diesen Punkt (1061m) schneller, wenn er nicht bis Trogen geht, sondern jenseit des *Bachtobels* (s. oben) die Straße r. auf Stufen verläßt und, das Thälchen immer nahe r. lassend, über Wiesen sanft bergan steigt. Dieser Pfad trifft wenige hundert Schritte vor dem Handweiser auf die Straße von Trogen nach Bühler (von Speicher 3/4 St.). Beim Handweiser l.; 5 Min., zwei Häuser; 5 Min. weiter beim Beginn der Steigung nicht r., sondern l.; weiterhin zieht sich der Weg am l. Saume eines Waldes hin (beim Beginn desselben nicht l. hinab). Da wo r. längs dem Wege eine dichte Reihe alter Fichten steht, trifft man, zwischen zweien derselben hindurchschreitend, auf einen (12 Min.) Fußweg, der, meist im Walde, in 20 Min. auf den Gipfel führt. Man erreicht zunächst die *Signalhöhe* (1253m), wo aber die Aussicht durch Wald verdeckt ist, einige Min. weiter ein **Gasth.* (1250m), bei welchem die herrlichste Rundsicht (von Speicher 1 1/2 St.). Nach Gais, das man unten liegen sieht, geht's 1/2 St. lang ziemlich steil bergab (viele Bänke, für Bergansteigende an zweifelhaften Stellen Wegweiser).

**Gais** (938m; **Krone*. Z. L. B. 2 1/2-3 1/2, Pens. 7 fr., Molken 80 c. tägl., Lesezimmer mit vielen deutschen Zeitungen; **Ochs; Adler, Hirsch, Rothbach* etc., einf.), mit 2495 Einw. und saubern Häusern, mitten in grünen Matten, ist der älteste (seit 1749) der Appenzeller Molkenkurorte. Vom *Kurgarten* hübscher Blick auf den Sentis.

Straßenbahn nach *St. Gallen* s. S. 56. — Die Straße von Gais nach Altstätten (9,6km, Post tägl. in 1 1/4, Altstätten-Gais 2 St.) führt 1/2 St. lang eben fort, dann, wo die neue Straße, die den Berg umzieht, von dem alten Weg sich trennt, unausgesetzt bergab. Der letztere, für Fußgänger kürzer und der Aussicht wegen weit vorzuziehen, führt l. über den (7 Min.) *Stoß (955m; *Pens. Stoß*), Kapelle mit berühmter Aussicht auf das Rheinthal, Vorarlberg etc., wo am 17. Juni 1405 400 Appenzeller unter Rud. von Werdenberg über 3000 Mann von des Erzherzogs Friedrich und des Abts von St. Gallen Heer siegten. Der alte Weg vereinigt sich bald unterhalb des Stoß mit der neuen Straße, die sich gleich darauf theilt; der bequemere Weg führt l. in Windungen hinab, der nähere, aber steilere geradeaus. — Wer vom Stoß zum Sentis will, kann Gais und Appenzell r. liegen lassen und über den *Hohen Hirschberg* (1170m), mit schöner Rundsicht, direkt nach dem (2 St.) Weißbad gehen.

Von Gais Landstraße, stets durch grüne Matten, nach (1 St.)

**Appenzell** (781m; **Löwe*, **Hecht*, beide nicht theuer; Bier in der *Krone*), Hauptort des Kantons Inner-Rhoden, großes Dorf (4477 Einw.) an der *Sitter*, mit meist alten hölzernen Häusern und zwei Klöstern, einst Landsitz der Äbte von St. Gallen (Abtszelle, *Abbatis cella*). Das *Krankenhaus*, die 1826 erb. *Kirche* und das *Landesarchiv* mit interessanten Urkunden sind beachtenswerth. An der Sitter schattige Anlagen. — Eisenbahn nach *Urnäsch* und *Winkeln* s. S. 47.

Ein Fahrweg (auch Fußweg vom Bahnhof; Omnibus vom Bahnhof zum und vom Weißbad 1 fr., verkehrt nur bei den ersten Zügen) führt von Appenzell über die *Sitter* am *H.-P. Steinegg* vorbei nach dem 3/4 St. s.ö. am Fuß der Appenzeller Gebirge anmuthig gelegenen ***Weißbad** (819m; Z. u. B. 2-4, F. 1, M. 2 1/2, A. 1 1/2 fr., bei längerm Aufenthalt billiger; auch Flußbad vorhanden), als Molken- und Luftkurort viel besucht.

FÜHRERTAXE (*Joh. Jos. Büchler*, *Huber*, *Jac.* u. *Joh. Ant. Koster*, u. a.): Wildkirchli, Ebenalp 5, Sentis 10, über den Sentis bis Wildhaus 20, Altmann 12 Hoher Kasten 6, über denselben ins Rheinthal 10 fr. — Pferd nach Wildkirchli 10, Ebenalp 12, Hoher Kasten 10, Kamor 9 fr. — Wagen nach St. Gallen und Altstätten einsp. 12, zweisp. 25 fr., Gais 8 u. 14, Appenzell 3 u. 6 fr.

Der gerade Weg vom Weißbad ins Rheinthal über den Hohen Kasten (5 1/2 St.) führt s.ö. über (1/2 St.) *Brülisau* (924m; Krone), an der Kirche den gepflasterten Weg weiter, am ersten Haus vorbei zur nächsten Scheune, dann gleich in die Matten bergan, bis zur letzten Häusergruppe 1/2 St von da gerade fort, nicht auf dem betretenen Pfad durch den Haag r., bis zum (1/2 St.) *Whs. Ruhsitz* (1371m; bis hier Reitweg) am s.w. Fuß des *Kamor* (1690m). Von hier 1 St. Steigens auf gut gebahntem Pfad bis zum Gipfel des ***Hohen Kasten** (1798m; *Whs.*), der nach O. steil in das Rheinthal abfällt. Sehr lohnende Aussicht einerseits auf den Gebirgsstock des Sentis mit seinen drei n.ö. Ausläufern, der von keiner andern Seite einen gleich prächtigen Anblick bietet, andrerseits in das Rheinthal, das man bis zum Bodensee übersieht, und auf die Vorarlberger und nördl. Bündner Alpen. Hinab auf steilem und steinigem Wege zur (3 St.) Stat. *Sennwald-Salez* (S. 332): gleich unter dem Sattel zwischen Kamor und Hohem Kasten vom Wege zum Weißbad l. ab, um die West- und Südseite des Hohen Kastens herum, dann im Zickzack hinab, nicht zu fehlen (weiter unten mehrfach Handweiser), die letzte Stunde meist durch Wald, ins Dorf *Sennwald* und zur Station.

Der beliebteste Ausflug vom Weißbad ist südl. zum **Wildkirchli** (1 3/4 St.; Führer kaum nöthig, 5 fr.). Vom Fahrwege nach Brüllisau (s. oben) nach 100 Schritten r. aufwärts, nach 8 Min. bei dem Hause l. der Reitweg, geradeaus durch das Gatter ein guter Fußpfad, welcher in einem (15 Min.) Doppelgatter den erstern kreuzt; nun über die Wiese gerade fort, stets in der Richtung der Ebenalp, auf die Einsenkung zwischen derselben und dem waldigen Kopf der *Bommenalp* (l.) los. Vor der Höhe (40 Min.) führt der Weg l. ab (10 Min. weiter zeigt ein Handweiser r. den direkten Weg zur Ebenalp, s. unten) und tritt dicht an den Fuß der schroffen Felswände, in denen die Ebenalp nach dem Seealpthal abstürzt; 1/2 St. **Whs. zum Escher* (1461m; Z. 1 1/2-2 fr.), mit prächtiger Aussicht; hier r. auf schmalem, doch durchaus sichern Weg an der senkrechten Felswand hinan zum (5 Min.) ***Wildkirchli** (1477m), einer ehem. Einsiedelei mit Kapelle, dem h. Michael geweiht, in einer 10m breiten Grotte (Whs.). Am Schutzengelfest (Anfang Juli) und am St. Michaelstag (29. Sept.) ist im Wildkirchli feierlicher Gottesdienst, und dann die Einsiedelei und die Ebenalp sehr besucht. Aussicht auf das tiefe Seealpthal und l. auf den Bodensee, nach Schwaben und Bayern. — Eine 150 Schritt lange Felshöhle, durch eine Thür verschlossen (der Wirth öffnet, zum Durchgehen Licht nöthig, 50 c.), führt aus der Grotte auf die ***Ebenalp**, auf welcher sich eine ganz neue Alpenaussicht öffnet. Vom (25 Min.) Gipfel (1644m; *Whs.*, 6 Betten) prächtige Rundsicht auf Sentis, Altmann, Bodensee etc. — Zurück kann man direkt nach der (25 Min.) *Bommenalp* gehen (s. oben; bis zum Beginn des gebahnten Weges Führer angenehm).

Hübscher Spaziergang von Weißbad über *Schwendi* (s. unten), den Sentisweg l. lassend, am *Escherstein* vorbei zum (1 3/4 St.) **Seealpsee** (1139m; *Whs.*, Forellen), in der Thalmulde zwischen *Gloggeren* und *Altenalp* (s. S. 55) sehr malerisch gelegen (Fahrt auf dem See lohnend). Vom *Escher* (s. ob.) führt ein steiler Pfad in 1 St. zum Seealpsee hinab. — Zum **Leuerfall** (971m) 1 1/2 St., gleichfalls lohnend, durchs *Weißbachthal* (Wegzeiger hinter dem Weißbad), zuletzt durch schönen Wald.

Der höchste Berg des Kantons, der schneebedeckte ***Sentis** (2504m), wird vom Weißbad aus häufig bestiegen (6 St., F. 10 fr., Einsp. bis Wasserauer 4 fr.). Fahrweg, vom Wege nach Brülisau hinter der (3 Min.) Brücke über den *Schwendibach* r. ab, am r. Ufer des Bachs zur (1/4 St.) *Schwendi* (850m; *Whs. zur Felsenburg, am l. Ufer); weiter stets am r. Ufer zum (35 Min.) *Whs. Wasserauen* (874m), wo der Fahrweg aufhört. Nun beginnt der Anstieg (*Katzensteig*), den Telegraphenstangen nach, auf der l. Seite einer Schlucht, durch die ein Bach hinabstürzt; oben (40 Min.) die ***Hüttenalp*** (1201m; Milch zu haben). Weiter auf schmalem, doch gut gebahnten Pfade an den *Schrennen*, den abschüssigen Matten der *Gloggeren* entlang (unterhalb senkrecht abstürzende Felswände), bald mit reizendem Blick auf den tief unten liegenden Seealpsee, auf Sentis und Altmann, r. oben das Wildkirchli, an einer (3/4 St.) Schutzhütte vorbei zur (3/4 St.) *Megglisalp* (1520m; einf. Whs., 10 Betten à 2 fr.), in malerischem Thalkessel. Der Weg von hier zur Spitze (3 St.) steigt gleich ziemlich stark an der l. Thalseite und zieht sich dann am Fuß der *Roßmaad* hinan, stets gut gebahnt, viel über Felsstufen (man folge den 10 Min. von der Meglisalp beginnenden Telegraphenstangen). Nach 2 St. wird die Sentisspitze mit dem Whs. sichtbar; im Frühsommer betritt man gewöhnlich hier den Schnee und steigt, zuletzt ziemlich steil, auf demselben hinan; im Spätsommer läßt man das Schneefeld l. und steigt an der *Wagenlucke* (s. unten) vorbei, zuletzt steiler über Felsstufen, z. Th. an Drahtseilen, zum (1 St.) *Gasth.* (2465m; Bett 3-5 fr., Matratzen unter dem Dach 1 1/2 fr., Samst. u. Sonnt. meist überfüllt), 5 Min. unter der Spitze des SENTIS, zu der ein mit Eisenstangen versehener Treppenweg emporführt (im Whs. Telegraphenamt, auf dem Gipfel meteorolog. Station). Die **Aussicht (vorzügliches Panorama von *Heim*) dehnt sich weit über die n.ö. und ö. Schweiz, über den Bodensee, über Schwaben und Bayern, über die Gebirge von Tirol, Graubünden und der Urkantone, über die Glarner und Berner Alpen aus. — Der nördl. Gipfel, durch den *Blauen Schnee* (nicht ohne F. zu betreten) vom südl. getrennt, heißt *Gire-* oder *Geierspitz* (2450m).

Vom Sentis kann man, anfangs über Schnee, dann auf einem in seinem obersten Theil sehr steilen Wege über den *Schafboden* und die Alp *Fließ* in 3 1/2-4 St. nach *Wildhaus* oder *Unterwasser* im Toggenburg (S. 57) gelangen (hinauf gebraucht man 6 St.; Führer rathsam). — Der gewöhnliche Weg vom Weißbad nach Wildhaus (7 1/2-8 St.) geht über *Brülisau* (S. 53) und durchs *Brülltobel* zum *Sämbtis-See* (1209m), am *Fählen-See* (1448m, Alphütten) vorbei zur Paßhöhe (*Zwinglipaß*, 2021m) zwischen r. *Altmann* (s. unten), l. *Kraialpfirst* (2131m), hinab über die *Kraialp* (1800m) und *Tesalp* (1395m) nach Wildhaus; doch ist dieser Weg beschwerlich und nicht ausreichend lohnend, daher der nicht viel längere über den Sentis vorzuziehen.

Schwindelfreie können den Besuch des *Wildkirchli* (S. 54) mit der Besteigung des Sentis verbinden (im Ganzen 7-8 St., nur m. F., 15 fr.). Der sehr beschwerliche Weg führt hoch über dem Seealpsee unter dem *Zänsler* und *Schäfler* hin über die *Altenalp*, das *Oehrli* und den *Muschelenberg* (viel Versteinerungen), dann entweder l. quer durch die Thalsenkung und die *Wagenlucke* (2069m) auf den von der Megglisalp heraufkommenden Pfad (s. oben), oder (1 St. näher) über den *Blauen Schnee* (Vorsicht wegen der Spalten) am Fuß der *Girespitz* entlang und über die *Platten* direkt zum Gipfel. — Von der W.-Seite führt gleichfalls ein vom S. A. C. angelegter Weg direkt auf den Sentis (6 St. m. F.). Von Urnäsch oder Neßlau (S. 57) in 2 St. zur Alp *Gemeinen-Wesen* (1283m); von hier über eine Schutthalde und steile Felswand im Zickzack zur ersten Gebirgsterrasse, weiter weniger steil an Fels- und Rasenbändern hinan zum *Fliesbordkamm* und zur (2 1/2 St.) *Clubhütte* auf *Thierwies* (2084m); dann am *Graukopf* (2212m) hinan über Fels und Geröll, im Zickzack bis auf den Grat zwischen *Girespitz* und Sentis; zuletzt über die *Platten* (s. oben) auf 130m langer Felstreppe mit Drahtseil zur (1 1/2 St.) Spitze.

**Altmann** (2438m), vom Weißbad über die *Fählenalp* und den *Zwinglipaß* (s. oben) 7 St. m. F., mühsam; hinab durch die *Löchlibetter* zur *Megglisalp* (s. oben).

---

Eisenbahn von Appenzell über *Urnäsch* und *Herisau* nach *Winkeln* s. S. 47. — Vorzuziehen ist die Fahrt über Gais und Teufen nach St. Gallen (bis Gais, 5,6km, Post 5mal tägl. in 1 St.; von da über Teufen nach St. Gallen, 14km, Straßenbahn in 1¼ St.). Bis (5,6km) *Gais* s. S. 53. Die Straßenbahn nach St. Gallen (Adhäsions-, an steileren Stellen Zahnradbetrieb) führt am *Rothbach* hinab nach (3km) *Bühler* (834m; *Rößli u. a.), stattliches hübsch gelegenes Dorf, weiter an den Whsern. *Rose* und *Linde* vorbei, dann bergan nach (7km) **Teufen** (836m; **Hecht;* **Linde*), wohlhabendes sehr malerisch gelegenes Fabrikdorf (4629 E.), mit trefflicher Ansicht der ganzen Sentiskette. Nun um den W.-Abhang der *Teuferegg* herum durch Wiesen und Wald, an den Haltstellen *Sternen*, *Niederteufen*, *Lustmühle* und *Riethäusle* vorbei nach (14km) *St. Gallen* (S. 47).

Der Fußweg von Teufen nach St. Gallen (1½ St.) verlässt beim Hecht die Landstraße, steigt sogleich den Berg hinan bis zur (¼ St.) *Schäfle's Egg* (920m; Whs.) und senkt sich wieder nach (¾ St.) *St. Georgen*, ½ St. von St. Gallen. 10 Min. s.w. von Schäfle's Egg die ***Fröhlichsegg** (1003m; **Whs.*), mit trefflicher Aussicht, im Vordergrund Teufen und das mit Wohnungen übersäete grüne Alpenthal, die Appenzeller Gebirge (S. 52), l. mit dem Fähnern beginnend, Kamor, Hoher Kasten, etwa in der Mitte der Bergkette, am Fuss des Schnees die grüne Ebenalp, mehr r. Altmann und Sentis mit seinen Schneefeldern, daneben weit in der Ferne Glärnisch und Speer; w. die Eisenbahn und Straße nach Wyl, 6 Stunden Wegs, wie eine Landkarte vorliegend; n. ein Stück Bodensee. Von hier nach St. Gallen 1 St.

## 18. Von Wyl durch das Toggenburg nach Buchs im Rheinthal.

*Vergl. Karte S. 50.*

Eisenbahn bis *Ebnat*, 25km in 1 St.; 2. Kl. 1 fr. 05, 3. Kl. 1 fr. 40 c. — Von Ebnat nach *Buchs*, 38km, Post 4mal tägl. in 5¼ St. (5 fr. 70 c.); außerdem noch mehrmals nach Neßlau in 1 St. und nach Alt-St. Johann in 2⅔ St. — Einsp. von Wildhaus nach *Gams* 8 fr. (Wagen in Gams bei Keßler im Kreuz), nach *Buchs* 9 fr., nach *Ebnat* 14 fr.

*Wyl* (589m), Stat. der Winterthur-St. Galler Bahn, s. S. 47. Die Bahn führt durch das industriereiche, stark bevölkerte Thal der *Thur*, die ehem. Grafschaft *Toggenburg*, welche bereits 1469 durch Kauf an die Äbte von St. Gallen kam. Da die Bewohner sich dem Protestantismus zugewendet hatten, so wurden sie vielfach von den Äbten bedrückt. Eine Erhebung zu Anfang des XVIII. Jahrh. hatte den sog. Toggenburger Krieg zur Folge, in welchem Bern und Zürich im Kampfe gegen St. Gallen, Luzern, Uri, Unterwalden und Zug den Toggenburgern ausgedehnte Freiheiten erwirkten.

7km *Batzenheid;* gegenüber *Jonswyl* mit neuer Kirche. Bei (10km) *Lütisburg* ein 155m l., 58m h. Viadukt über das *Guggerloch*. — 13km *Bütschwyl;* 15km *Dietfurt*.

17km **Lichtensteig** (**Krone*), sauberes Städtchen (1529 E.) auf einem Felshügel, mit neuer goth. Kirche. Auf einem Bergkegel 1¼ St. ö. Ruine *Neu-Toggenburg* (1087m) mit schöner Aussicht.

20km **Wattwyl** (618m; *Roß*, **Toggenburg*), eines der schönsten schweizer Dörfer (5260 E.), mit neuer parität. Kirche (Post nach Uznach 4mal tägl. in $1^3/_4$ St., s. S. 42). R. auf einer Anhöhe das Nonnenkloster *St. Maria der Engeln*, darüber Ruine *Yberg*.

Letzte Station (25km) *Ebnat-Kappel*, ansehnliche Dörfer, letzteres (Traube, Stern) 20 Min. n.w. von **Ebnat** (642m; **Krone*; *Sonne*; Sommerwirthsch. *Rosenbühl*, mit hübscher Aussicht).

Auf den ***Speer** (1956m), durch das *Steinthal* in 5 St., f. Geübte unschwierig, durch Handweiser bezeichnet; vgl. S. 42 (auch von *Neu-St. Johann* und von *Neßlau*, s. unten, über die Alp *im Laad* und die *Herrenalp* in 5 St.; F. 7 fr.).

Die gute Straße (vorn stets die Curfirsten, vor Neu-St. Johann l. der Sentis) führt wenig steigend am r. Ufer der Thur über *Krummenau* (727m), wo das Flüßchen unter dem *Sprung*, einer natürlichen Felsenbrücke, hinströmt, und *Neu-St. Johann* (760m; Schäfle), mit ehem. Benediktinerkloster, nach (32km) **Neßlau** (753m; **Krone*; *Traube*; *Stern*), mit hübscher Kirche.

Nach Urnäsch über den Kräzernpaß $4^1/_2$ St., lohnend. Fahrweg von Neu-St. Johann durch das hübsche *Lauterthal* über *Ennetbühl* und das *Rietoder* *Ennetbühler Bad* zur ($1^1/_2$ St.) schöngelegenen Alp *Bernhalden* (1087m); dann Fußweg durch den *Kräzernwald* zum **Kräzernpaß** (c. 1200m) und über die Matten von *Kräzern* zur (2 St.) *Alp Roßfall* (Whs.), von wo Fahrsträßchen nach (1 St.) *Urnäsch* (S. 47). — Auf den **Säntis** (S. 55) von Neßlau 6 St.: von *Bernhalden* (s. oben) ö. hinan zur ($^3/_4$ St.) Alp *Gemeinen-Wesen* (1283m), dann zur *Clubhütte* auf *Thierwies* und zur (4 St.) Spitze (vgl. S. 55). — Auf den *Speer* s. oben.

Die Gegend wird rauher. Die Straße führt an einem hübschen Wasserfall der *Weißen Thur* vorbei nach ($^3/_4$ St.) *Stein* (Krone) und ($^3/_4$ St.) *Starkenbach* (Drei Eidgenossen, nicht theuer), weit zerstreutes Dorf; r. Ruine *Starkenstein*. (Über den *Amdener Berg* nach *Weesen* s. S. 42, bis zur Höhe Führer rathsam.) Weiter über ($^1/_2$ St.) *Alt-St. Johann* (897m; *Rößli) und ($^1/_4$ St.) *Unterwasser* (Stern; Traube), am Zusammenfluß der Quellbäche der Thur hübsch gelegen, hinan nach

49km **Wildhaus** (1098m; **Hirsch*; *Sonne*). Das hölzerne Haus, in welchem *Zwingli* am 1. Jan. 1484 geboren wurde, steht noch, von der Zeit geschwärzt, eine Strecke vor dem Dorf, r. von der Straße. Wildhaus gehörte bis 1310 zu Rhätien, bis hierher reichte das romanische Sprachgebiet (S. 337). Die kathol. Kirche sendet auf der einen Seite ihr Dachwasser in die Thur, auf der andern in den Rhein. Hinter dem am Fuß des *Schafbergs* (2382m) gelegenen Dorf gute Übersicht der sieben Curfirsten (S. 43). Schöner ist der Blick vom ($^3/_4$ St.) *Sommerigkopf* (1316m).

Von Wildhaus oder Alt St.-Johann auf den *Sentis* (über Alp *Fliess* und den *Schafboden* in 8 St. m. F., beschwerlich), s. S. 55. — Nach Weißbad über die *Kraialp*, den *Fählen-* u. *Sämbtis-See* (7 St.), s. S. 55. — Nach Walenstadt über den *Käserruck* (6 St.) s. S. 44.

Die Straße senkt sich an (l.) Ruine *Wildenburg* vorbei durch das bewaldete *Simmitobel*, zuletzt in einer großen Kehre hinab ins Rheinthal (direkter kürzerer Fußpfad nach Grabs beim Beginn der Kehre r. bergab) nach (2 St.) *Gams* (480m; *Kreuz); hier entweder geradeaus nach ($^1/_2$ St.) *Haag*, oder r. über *Grabs* und *Werdenberg* nach ($1^1/_4$ St.)

63km *Buchs* (S. 332).

## 19. Von Zürich nach Glarus und Linththal.

85km. Nordostbahn, bis Glarus (69km) in $2^1/_2$ St. für 7 fr. 20, 5 fr. 5, 3 fr. 60 c.; von Glarus nach Linththal (16km) in 40-50 Min. für 1 fr. 60, 1 fr. 15, 80 c. (von Wesen nach Glarus, 12km, in 25 Min. für 1 fr. 25, 90, 65 c.). In Glarus für die meisten Züge Wagenwechsel.

Bis (58km) *Ziegelbrücke* s. S. 42. Die Bahn überschreitet den Linthkanal (S. 42) und durchschneidet in s. Richtung den breiten Thalboden; r. Wiggis und Glärnisch (s. S. 64). 59km *Nieder- & Oberurnen;* 62km *Näfels-Mollis*, Knotenpunkt für (2km) *Weesen* (S. 42).

**Näfels** (440m; *Linthhof; Hirsch; Schwert*) ist neben Ober-Urnen der einzige katholische Ort des Kantons Glarus, mit Kapuzinerkloster. Die Kirche ist die schönste des Kantons. Sehenswerthe Zimmertäfelungen im hergestellten *Freuler'schen Palast* (jetzt Armenhaus). Am 9. April 1388 erkämpften die Glarner hier gegen Österreich ihre Unabhängigkeit. Wo die elf Angriffe statt hatten, auf den *Rautifeldern*, stehen heute noch elf Denksteine (Schlachtdenkmal im *Sändlen*); alljährlich am zweiten Donnerstag im April wallfahrten die Glarner nach Näfels zur Gedächtnisfeier. — Gegenüber am r. Ufer des Escher-Kanals liegt **Mollis** (448m; **Bär*, **Löwe*, beide nicht theuer), wohlhabendes Fabrikdorf (über den *Kerenzenberg* nach *Mühlehorn* s. S. 43).

Ausflüge (Führer *M. Hauser*). **Rautispitz** (2284m), höchster Gipfel der *Wiggiskette*, von Näfels $5^1/_2$-6 St. m. F. (18 fr.), unschwierig u. lohnend. Auf der r. Seite des in Wasserfällen hinabstürzenden *Rautibachs* im Zickzack hinan, über den *Thrängibach*, auf der Höhe Fahrweg durch Wald oberhalb des (1 St.) *Haslen-Sees* (750m) vorbei zum ($^3/_4$ St.) lieblichen *Obersee* (983m); l. um diesen herum, durch Wald zur *Grappli-* und (2 St.) *Rauti-Alp* (1645m) und ohne Beschwer in $1^1/_2$ St. auf den nach W. allmählich sich abdachenden Gipfel, mit prächtiger Aussicht. — Ein 1 St. langer Felsgrat, an dem ein nicht unbedenklicher Pfad (nur für Schwindelfreie) entlangführt, verbindet den Rautispitz mit dem zweithöchsten Gipfel des Wiggis, der Scheye (2261m). Besteigung der letztern auch von Vorauen (S. 64) über die *Längenegg-Alp* ($4^1/_2$ St.), vom Klönthaler See (S. 65) über die *Herberig* und die *Degenalp* (4 St.), von Netstall über die *Auern-Alp* (5 St.).

66km **Netstall** (471m; *St. Fridolin; Bär; Rabe; Schwert*), großes Dorf (2326 E.) am ö. Fuß des Wiggis. Der aus dem *Klönthal* kommende *Löntsch* mündet hier in die Linth (Fahrweg nach *Vorauen* s. S. 65).

69km **Glarus.** — *Gasth.:* *Glarnerhof, am Bahnhof, Z. u. B. $3^1/_2$, F. $1^1/_2$, M. 4 fr.; *Raben, gegenüber der Post, Z. u. B. $2^1/_2$, F. 1, M. m. W. 3 fr.; *Drei Eidgenossen, Z. L. B. 2, F. 1 fr.; Löwe; Sonne; Adler. — Bier bei *Tobias*, dem Bahnhof gegenüber, im *Raben* etc.; einf. Erfr. auf dem *Bergli* (574m), 20 Min. w., von wo bester Ueberblick über die prächtige Lage von Glarus.

*Glarus* (481m), mit 5401 Einw. und ansehnlichen Fabriken, liegt am n.ö. Fuß des *Vorder-Glärnisch* (2331m), dessen steil ansteigende Pyramide einen höchst imposanten Anblick darbietet, am w. Fuß des *Schild* (2286m) und am s.ö. Fuß des *Wiggis* (s. oben), deren kahle graue Felsgipfel einen entschiedenen Gegensatz zu dem frischen Grün an ihren Abhängen bilden. Der das Bild im S. schließende höchste Berg ist der *Hausstock* (3152m), l. der *Kärpfstock* (2797m), r. der *Ruchi* (3106m). Der größte Theil der Stadt brannte 1861 bei heftigem Föhn nieder, daher die breiten regelmäßigen Straßen und die vielen Neubauten. Die neue roman. *Kirche* dient beiden Confessionen; an

Halden
Sitz Alp.

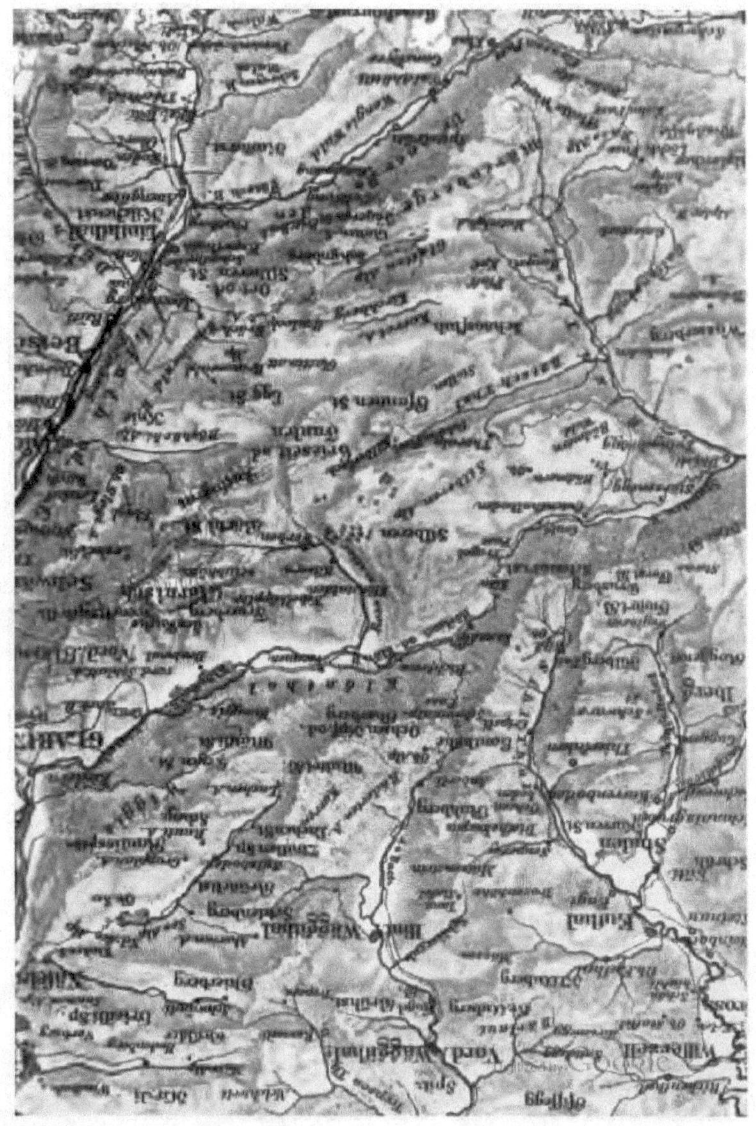

der alten, deren Platz jetzt der Gerichtshof einnimmt, war Zwingli im J. 1506-12 Pfarrer. Im *Gerichtshaus* verschiedene Sammlungen: Kantonsarchiv, Landesbibliothek, Antiquarium, Naturalienkabinet (schöne Versteinerungen). Im Regierungs- u. Postgebäude ein treffliches Relief des Kantons Glarus von Becker (Eintr. frei). Im Kunstcabinet eine kleine *Gemäldesammlung*, meist von schweizer Malern. Vor dem Glarnerhof der *Volksgarten* mit stattlichem Springbrunnen und Denkstein für die in Glarus geborenen schweizer Staatsmänner J. Heer († 1879) und J. J. Blumer († 1876). Am r. Ufer der Linth der ansehnliche Fabrikort *Ennenda* (Hôt.-Pens. Neues Bad).

Ausflüge (Führer s. S. 60). Auf den **Schild** (2288m), 5½ St. (F. 12 fr.), lohnend. Von Glarus durch Wald und Matten über die *Ennetberge* zur (3 St.) *Heuboden-Alp* (1454m), dann r. unschwierig zum (2½ St.) Gipfel. Sehr schöne Rundschau, besonders auf Mürtschenstock, Tödi und Glärnisch. — Vom **Fronalpstock** (2127m), über die *Fronalp* (s. unt.) in 5 St. leicht zu ersteigen, gleichfalls herrliche Aussicht. — Von der Heuboden-Alp über die *Mürtschen-Alp* (*Oberstafel* 1848m) ins Murgthal (zur *Merlen-Alp* direkt 3 St., über die *Murgseefurkel* zu den *Murgseen* 2½ St.) s. S. 44. — Nach Filzbach, 8 St., lohnend (F. für Geübte entbehrlich): über die *Fronalp* (*mittlere* 1583m, *obere* 1829m), zwischen Fronalpstock und Fäbristock hindurch zur (5 St.) *Spannegg* (1557m), am kl. *Spannegg-See* (1450m) vorbei (r. der *Mürtschenstock*, S. 44) über die *Platten-Alp* hinab zum *Thalalp-See* (1100m) und nach (3 St.) *Filzbach* (S. 43).

In das ***Klönthal** (S. 64), gute Straße bis zum *Klönthaler See* in 1½ St., bis *Vorauen* in 3 St. (Einsp. in 1½ St., hin u. zurück 15, Zweisp. 20-25 fr.). — *Vorder-Glärnisch* (2331m), von Glarus 5½-6 St. (F. 13 fr.), s. S. 64.

Von Glarus nach *Schwyz* über den *Pragel* s. R. 21.

Die Bahn nach Linththal überschreitet sechsmal die Linth, zum erstenmal zwischen Glarus und (70km) *Ennenda* (s. oben). Vor (73km) *Mitlödi* (520m; Hirsch) wieder aufs l. Ufer; am r. Ufer liegt *Ennetlinth*. Das gewerbthätige fruchtbare *Linth-* oder *Großthal* bietet eine Reihenfolge frischer Landschaften und ist auch zu Fuß lohnend (vorzuziehen der Weg am r. Ufer der Linth über *Ennenda*, *Ennetlinth*, *Sool* und *Haslen* nach *Hätzingen*, s. unten). Schon vor Mitlödi, und wiederholt zwischen Mitlödi und Schwanden, prächtige Aussicht auf den gewaltigen Tödi; weiter aufwärts versteckt er sich hinter den Vorbergen. — Wieder über die Linth nach

75km **Schwanden** (533m; *Bahnrestaur.*; **Adler*, Pens. m. Z. 5-6 fr.), mit großen Fabriken, an der Mündung des *Sernfthals* (S. 65).

Zum **Oberblegi-See** (1426m) lohnender Ausflug, über *Nidfurn* in 3 St.; schöner Blick ins Linththal und auf den Tödi. Man kann auch über die reizend gelegenen Dörfer *Thon* und *Schwändi* zur (3½ St.) *Guppen-Alp* (1679m) mit dem kl. *Guppen-Seeli* und am *Leuggelstock* (1729m) vorbei zum (1 St.) *Oberblegi-See* gelangen; dann hinab nach Nidfurn.

Die Bahn überschreitet die Linth unterhalb der Einmündung des *Sernf* und führt durch das Dorf Schwanden; weiter am l. Ufer der Linth. 77km *Nidfurn-Haslen;* jenseits bei *Leuggelbach* r. der schöne Fall des *Leuggelbachs*. 80km *Luchsingen-Hätzingen*, stattliche Dörfer am l. und r. Ufer der Linth. Über die Linth nach (82km) *Betschwanden-Diesbach* (597m); l. der prächtige Fall des *Diesbachs*.

Von Betschwanden, Rüti oder Stachelberg kann man in 3½-4 St. den zur *Freibergkette* gehörigen **Saasberg** (1971m) ersteigen, mit großartiger Aussicht auf den Hintergrund des Thals und die gewaltigen Gebirgsstöcke umher. —

**Kärpfstock** (*Hochkärpf*, 2797m), von Betschwanden oder Rüti in 7-8 St. m. F. (über *Bodmenalp* und *Kühthal*), beschwerlich, nur für Geübte.

Die Bahn überschreitet zum letztenmal die Linth hinter Stat. *Rüti* und erreicht die Endstation (85 km) *Linththal*, am l. Ufer der Linth. 5 Min. nördl. das herrlich gelegene und stark besuchte ***Bad Stachelberg** (664m; Besitzer *F. Glarner*, Z. L. B. 3½-4, F. 1.30, M. 3½, A. 2½, Pens. ohne Z. 6½, Kurtaxe wöchentl. 1 fr.), mit 10 Min. entfernter Dependenz im „Seggen“ am r. Ufer der Linth. Das stark alkalische Schwefelwasser entspringt ½ St. vom Bad in einer Spalte des *Braunwaldbergs*. Der *Blick auf den Schluß des Thals ist ausgezeichnet schön und großartig: in der Mitte der gewaltige *Selbsanft* (3029m), r. der *Kammerstock* (2125m), neben welchem l. ein Stück des *Tödi* (S. 61) hervorschaut; zwischen ihm und dem weiter zurückstehenden *Bifertenstock* (3426m) liegt der *Bifierten-Firn* eingebettet. Schöner Waldpark mit ausgedehnten Promenadenwegen dicht beim Bad.

Am r. Ufer der Linth (¼ St.) das ansehnliche Dorf **Linththal** (661m; *Bär* oder *Post; Raben; Klausen*, alle einf. gut), mit großen Spinnereien (2228 Einw.). Gegenüber am l. Ufer *Ennetlinth* (S. 62).

Ausflüge (Führer: *Heinr.* u. *Peter Elmer* in Elm, *Fritz Brander*, *Heinr. Streiff* und *Abr. Stüssi* in Glarus, *Salomon* u. *Adam Zweifel*, *Heinr. Schließer*, *Rob. Hämig*, *Thom. Wichser*, *Jakob Notz* und *Fritz Vögeli* in Linththal; Führertaxen hoch). Zum **Fätschbachfall* s. S. 62; zur **Pantenbrücke*, **Uelialp* und **Sandalp* s. S. 61; ferner nach den (1½ St.) **Braunwaldbergen* (1500m; kl. Whs.), Bergdörfchen mit prächtiger Aussicht auf den Tödi (schönster Punkt bei der Schule, ½ St. weiter); nach dem *Oberblegi-See* (S. 59) etc. — **Kammerstock** (2125m), über die *Kammer-Alp* und den *Geißtritt* in 4 St. m. F., nicht schwierig u. lohnend. — **Ortstock** oder **Silberstock** (2715m), über die *Bräch-Alp*, den *Bärentritt* und die *Furkel* in 6 St. m. F. (18 fr.), beschwerlich; prächtige Aussicht. — **Grieset** oder **Faulen** (2724m), über *Braunwald-Alp* in 6 St., nicht schwierig u. sehr lohnend (F. 18 fr.). Der n. höhere Gipfel des Grieset, **Böser Faulen** (2804m), ist weit schwieriger (6½-7 St., F. 30 fr.). Interessanter Blick über die weiten Karrenfelder ringsum; noch besser vom *Pfannenstock* (2572m), 6 St., und vom *Kirchberg* (*Hoher Thurm*, 2672m), 7 St. m. F. Vom Faulen über die *Dreckloch-Alp* (1696m) zur *Glärnischhütte* (S. 64) 4½ St. — **Gemsfayrenstock** (2974m), von der obern Sandalp (s. unten) über die *Beckenen* und den *Claridenfirn* in 3½ St., nicht schwierig. Steiler Abstieg über *Gemsfayeralp* zum *Urner Boden* (S. 62).

Eine Fahrstraße (Einsp. für ½ Tag 8, Zweisp. 12 fr., ganzer Tag 12 u. 20 fr.) führt von Linththal etwas bergan über die *Auengüter* (Wirthsch. im Auen) nach dem (1¼ St.) **Thierfehd** (819m; **Hôt. Tödi*, Pens. m. Z. 5½ fr.), einer von hohen Bergen eingeschlossenen Matte am Thalende. Auf der zweiten Hälfte des Weges sieht man r. den 75m h. Fall des **Schreienbachs;* die Sonne säumt ihn Morgens mit Regenbogenfarben. Schöne Aussicht vom **Känzeli*, ¼ St. vom Gasth.

Unterhalb der Pantenbrücke (s. unten) in wildem Felsenkessel prachtvolle *Linthfälle*, am besten zu überblicken, wenn man vom Känzeli l. durch Wald und über Grashänge c. ½ St. bergansteigt (nur mit Führer).

Wenige Schritte vom Gasth. führt eine Brücke über die Linth. Jenseits geht es auf steinigem steilem Pfad ½ St. bergan. L. an einem Felsblock eine Gedenktafel für den 1866 am Grünhorn verunglückten Dr. Hugo Wislicenus („betritt die pfadlose Oede nie ohne kundigen Führer“). Der Pfad senkt sich wieder etwas gegen die

Kinzerberg
Seestock
Ruos-Alp
Gamperstock
Hoch-Pfaffen
Schächenth. Windgälle
Springen
Unterschächen
Pütsch
Waspen
Griesst.
Sittliser
Belmeten
Hoh-Faulen
Kl.Ruchen
Kärschelen
Gross-Ruchen
Gr. Windgälle
Schwarzstöckli
Kl.Windgälle
Widderegg
Silenen
Düssistock
Fruttstock
Oberalpstock
Bristenstock
Pz. Cavardiras
Pd'Acletta

Linththal
Thurm
Teufels Friedhof
Zutreibistock
Vord. Selbsanft
Mittl. Selbsanft
Hint. Selbsanft
Scheibe
Kl. Tödi
Tödi
Bifertenstock
Bündner Tödi
P. Frisal
Val Frisal
P. Urlaun
Kavestrau
P. Tumbif
P. Ner
P. Miut
Schlans
Rinkenberg
Somvix
Surrhein

Schlucht herüber, in der unten das Wasser rauscht; dann um eine Ecke, und man steht vor der (1/4 St.) ***Pantenbrücke** (979m), 50m über der Linth, mit den Umgebungen ein großartiges Bild bietend. Von der Brücke geradeaus auf dem r. Ufer den Rasenabhang aufwärts zur (1/4 St.) ***Uelialp** (1101m), mit prachtvollem Blick auf den gewaltigen Tödi (nicht zu versäumen!).

Von hier entweder auf demselben Wege zurück zum Hôtel Tödi, oder ö. hinan zur (1 1/4 St.) **Untern Baumgarten-Alp** (1601m), hoch über dem Thierfehd gelegen, mit prächtiger Aussicht; 5 Min. hinter der Alp l. ab auf schmalem schwindligen Pfade (Führer rathsam, der aber auf der im Sommer meist verlassenen Alp nicht zu finden ist) an der Felswand, dem *Tritt*, hinab nach (1/2 St.) *Obort* (1045m; einf. Whs.), dann r. über die Auengüter nach (1 St.) Linththal.

Von der Baumgarten-Alp führt ein steiler Pfad ö. an jähen Grashängen hinan zu den (1 1/4 St.) Felsen des *Thors* (2060m), dann r. wenig beschwerlich zur (1 St.) *Nüschenalp* (2217m), und um das *Muttenwändli* herum zur (1 1/4 St.) *Clubhütte* am **Muttensee** (2442m) dem höchsten schweiz. Alpsee, in großartig wilder Umgebung. Die Hütte (Raum für 20 Personen) ist Ausgangspunkt für *Nüschenstock* (2895m), *Rüchi* (2851m), *Scheidstock* (2811m), *Ruchi* (3106m), *Hausstock* (3152m), *Muttenstock* (3091m), *Piz Dartgas* (2784m), *Bifertenstock* (3426m), *Selbsanft* (3029m) etc. Ueber den *Kistenpaß* nach *Ilanz* s. unten.

Die ***Obere Sandalp** (1938m), 3 1/2 St. oberhalb der Pantenbrücke, wird wegen der großartigen Umgebung häufig besucht. Der Weg geht jenseit der Pantenbrücke r. bergan (geradeaus geht's zur Uelialp, s. oben) über den aus tiefer Schlucht hervorströmenden *Limmernbach*, weiter über den *Sandbach* und am l. Ufer aufwärts zur (1 St.) *Vordern Sandalp* (1250m; Erfr.). Hier wieder aufs r. Ufer, bei der (20 Min.) *Hintern Sandalp* (1320m) über den *Bifertenbach*, dann beschwerlich an der steilen an 500m h. Wand der *Ochsenblanken* hinan, an welcher der Sandbach einen schönen Wasserfall bildet, zuletzt auf die l. Thalseite, wo sich das Wasser durch enge Felsschluchten zwängt, hinüber zu den (2 St.) Sennhütten der *Obern Sandalp* (1938m; im Hochsommer Erfr. und Heulager). 1/2 St. hinter den Sennhütten bester Standpunkt.

Das Linth-Thal endet in einer Gruppe prachtvoller erhabener Berge, deren Gipfel von weiten Firnfeldern umlagert sind. Der Riese dieser gewaltigen Gebirgsmassen ist der **Tödi** oder **Piz Russein** (3623m), mit seiner glänzenden Schneekrone alle Berge der n.ö. Schweiz weit überragend, zuerst 1837 erstiegen (von Linththal 10-11 St., schwierig, nur erprobten Berggängern anzurathen; F. 40 fr., für einen Touristen 2 Führer Vorschrift, 2 Touristen 1 F.). Der Weg führt von der Hintern Sandalp durch das *Bifertenthal* über die *Märenblanken* und das *Biferten-Alpeli* in 3 1/2 St. zur *Clubhütte* am *Grünhorn* (2451m; Nachtlager), von da über den *Biferten-Firn* in 4-5 St. zum Gipfel, mit wundervoller Aussicht. Hinab kann man durch die *Porta da Spescha* zwischen *Piz Mellen* (3379m) und *Stockgron* (3418m) ins *Val Russein* und nach (6 St.) *Disentis* (S. 354) gelangen (F. 50 fr.); oder über die *Gliemspforte* (3330m) zwischen Stockgron und *Piz Urlaun* auf den *Gliems-Gletscher*, ö hinüber auf den *Puntaiglas-Gletscher* und nach *Truns* (S. 353). — Der **Bifertenstock** oder **Piz Durgin** (3426m), zweithöchster Gipfel der Tödigruppe, ist von der Muttensee-Clubhütte (s. oben) über den *Kistenpaß* (s. unten) und das *Furggle* in 6-7 St. zu ersteigen (schwierig, nur für ganz geübte Bergsteiger; F. 40 fr.).

Pässe. Von der Obern Sandalp führt ein beschwerlicher Weg über den *Sandfirn* und Sandalp-Paß (2807m) in 6-7 St. nach *Disentis* (S. 354; F. 30 fr.); ein andrer, anstrengend, aber sehr lohnend, in 8 St. über den Claridenpaß (2969m) ins *Maderaner-Thal* (S. 112; F. 36 fr.).

Von Linththal nach Ilanz über den Kistenpaß, 13 St. (F. 30 fr.), beschwerlich aber großartig. Über die (3 St.) *Baumgartenalp* zur (3 1/2 St.) *Clubhütte* am *Muttensee* s. oben. Von hier über die *Muttenalp*, den *Lattenfirn* und das *Kistenband*, hoch über dem *Limmernthal* (gegenüber der *Selbsanft* u. *Bifertenstock* mit dem *Gries*- u. *Limmern-Gletscher*) zum (1 St.) **Kistenpaß** (2500m), u. vom *Kistenstöckli* (2749m); hinab über Alp *Rubi* nach (3 St.) *Brigels* und l. nach (2 1/2 St.) *Ilanz* (S. 351) oder r. über *Schlans* nach (2 St.) *Truns* (S. 353).

Von Stachelberg durch das *Bisithal* nach *Muotathal* s. S. 63.

## 20. Vom Stachelberger Bad nach Altdorf. Klausen.

*Vergl. Karte S. 60.*

10 St.: bis Spitelrüti 3¼ St., Klausen 2, Unterschächen 2¼, Altdorf 2½ St. Bis Unterschächen Saumweg, dann Fahrstraße bis Altdorf (Post tägl. in 1½ St., 3 fr. 5 c.). Führer (18 fr.) unnöthig, Pferd bis Unterschächen 27, Altdorf 32 fr.

Der Weg bleibt von Stachelberg (664m) am l. Ufer der *Linth*, über *Ennetlinth*; (½ St.) über den *Frutbach* (kleiner Wasserfall); nun r. bergan durch Wald; 5 Min. weiter (bei der Gabelung des Wegs unten bleiben) der schöne ***Wasserfall** des vom Urner Boden kommenden *Fätschbachs*. Um ihn zu sehen, geht man 15 Schritt vor dem Brückchen r. und am l. U. des Bachs etwa 200 Schritt hinan auf schmalem Pfad bis hart an den Fall. Nun wieder zurück bis fast zum Anfang des Pfades und weiter den *Frutberg* hinan, wo man nach 5 Min. den breiten Saumpfad erreicht. Dieser steigt 1 St. scharf bergan (l. neuer Pfad zu den **obern Fätschbachfällen*), dann 40 Min. weniger steil, stets durch Wald mit reicher Vegetation, zur Urner Grenze (Mauer mit Gatter) bei dem r. herabkommenden *Scheidbächli* (1312m).

Hier (2¼ St. von Stachelberg) beginnt der **Urner Boden**, ein weites Wiesenthal mit einzelnen Sennhüttengruppen, hin und wieder Sumpfboden, bei nassem Wetter schlecht zu passiren, 1½ St. lang, ¼ St. breit, in mäßiger Steigung; n. die lange Zackenmauer der vom *Ortstock* (2715m) auslaufenden *Jägernstöcke* und *Märenberge*, südl. die Gletscher und Schneefelder der *Clariden* (3270m). Im Sommer bringen die Hirten von Uri, besonders aus dem Schächenthal, ihr Vieh zur Weide hierher. Etwa ½ St. von der Glarner Grenze eine Sennhüttenwirthschaft, *zur Sonne*; 25 Min. weiter die Hütten von ***Spitelrüti***, dabei auf einem Hügel (1389m) eine Kapelle. Der Weg zieht sich noch ½ St. auf der Alp weiter und steigt dann, mäßig steil aber sehr steinig, zur (1 St.) *Klausen-Alp* (¼ St. vorher treffliche Quelle) und dem (½ St.) **Klausenpaß** (1952m). Dann mäßig bergab auf die herrlich gelegene *Bödmer Alp* (l. das *Große Scheerhorn*, 3296m, s. S. 112); nach ½ St. bei der Wegtheilung l. hinab zu den (5 Min.) Sennhütten der *Untern Balm* (1707m) und über den Bach, wo sich ein Felseinschnitt öffnet, das Thor zu der **Balmwand**, an deren steilem Hang ein sicherer und gut gehaltener Weg hinabführt. Am Fuß (½ St.) die Hüttengruppe **Im Aesch** (1234m; **Hôt. Stäubi*, einf.). Das vom *Griesgletscher* abfließende Gletscherwasser bildet l. in der Thalecke den prächtigen **Stäuberfall*.

Weiter durch das bewaldete **Schächenthal**, am l. Ufer des reißenden *Schächenbachs*. Nach 35 Min. auf dem r. Ufer die *St. Annakapelle*; 10 Min. unterhalb überschreitet der Weg den Schächenbach und erreicht (¼ St.) **Unterschächen** (994m; **H.-P. Klausen*, nicht theuer; Einsp. nach Altdorf 10 fr.), in schöner Lage an der Mündung des *Brunnithals*, aus dem der *Große Ruchen* (3136m) mit seinen Gletschern hervorblickt (über den *Ruchkehlenpaß* ins Maderanerthal s. S. 112), ¼ St. südl. vom Dorf eine wenig benutzte und schwer zugängliche

Mineralquelle. N. steigt die *Schächenthaler Windgälle* (2772m) auf, weiter w. der durch Suworow's Marsch berühmte *Kinzigkulm* (s. unten).

Eine Fahrstraße führt von Unterschächen durch das schöne Thal über *Spiringen*, *Weiterschwanden* und *Trudelingen* zur ($1^3/_4$ St.) Steinbrücke über den Schächenbach, nach (20 Min.) *Bürglen* (S. 100) und (20 Min.) *Altdorf* (450m), s. S. 99.

## 21. Von Schwyz nach Glarus über den Pragel.

*Vergl. Karten S. 74 u. 58.*

11 St. Post von Schwyz bis (10km) Muotathal 2mal tägl. in $1^1/_2$ St. (1 fr. 55 c.); Einsp. 9, Zweisp. 14 fr. Von Muotathal über den Pragel bis (4 St.) Richisau Saumpfad, wenig lohnend; Führer angenehm (von Muotathal bis Glarus 18 fr.; *Jos. Gwerder* und *Xav. Hediger* in Muotathal empfehlenswerth). Von Muotathal bis Richisau kein Whs., daher Mundvorrath mitnehmen. Im Ganzen besucht man besser das *Muotathal* bis zur Suworowbrücke von Schwyz oder Brunnen, das *Klönthal* bis Richisau von Glarus (s. S. 59).

*Schwyz* (514m) s. S. 99. Die Straße führt in s. Richtung ansteigend durch obstreiche Fluren (r. Blick auf den Vierwaldstätter See) und tritt am Fuß des *Giebel* (918m) in waldiger Schlucht an die in tiefem Felsenbett fließende *Muota*. Gegenüber r. *Ober-Schönenbuch*, bis wohin Suworow 1799 die Franzosen zurückdrängte, weiter in der Muotaschlucht, von der Straße nicht sichtbar, die *Suworowbrücke* (530m), um deren Besitz damals 2 Tage lang gekämpft wurde ($^3/_4$ St. von Schwyz führt bei einer scharfen Biegung der Straße ein Fahrweg r. hinab in 3 Min. auf die Brücke, am l. Ufer des Bachs durch Wald und Matten zurück; hübscher Spaziergang, c. 2 St. hin und zurück). Jenseit des Weilers ($^3/_4$ St.) **Ried** (567m; *Adler*) l. der hübsche Fall des *Gstübtbachs*, der oben senkrecht herabfällt, dann über einen Felsen gleitet. Die Straße tritt bei (20 Min.) *Föllmiß* (580m) auf das l. Ufer der Muota und erreicht am (l.) *Mettelbachfall* vorbei in 40 Min. (von Schwyz $2^1/_2$ St.) das Dorf

**Muotathal** (624m; **Kreuz*; **Hirsch*, nicht theuer; *Krone*), Hauptort des Thals (2015 Einw.) mit dem 1280 gegründeten Franziskaner-Nonnenkloster *St. Joseph*, in welchem Suworow 1799 sein Hauptquartier hatte. In der Nähe malerische Felspartieen und Wasserfälle.

Über den Kinzigpaß nach Altdorf, 8 St., ziemlich beschwerlich, Führer für Geübte unnöthig. Der Weg führt nach $^1/_4$ St. bei der Muotabrücke vom Pragelwege r. ab und steigt im *Hürithal* hinan an den Hütten von *Lipplisbühl* und *Wängi* vorbei zum ($3^1/_2$ St.) **Kinzig-** oder **Kinzerkulm** (2076m), s.ö. vom *Faulen* (2494m). Von der Anhöhe $^1/_4$ St. s. überraschende *Aussicht auf die Berner Alpen und s.ö. auf Scheerhorn und Clariden. Steil hinab ins *Schächenthal* (s. oben), nach *Weiterschwanden* und *Bürglen* (S. 100). In der Kriegsgeschichte ist der Kinzigpaß durch den Rückzug Suworow's im Sept. 1799 berühmt, der, durch die Franzosen vom Vierwaldstätter See abgesperrt, mit seinem Heer durch das Schächenthal nach dem Muotathal, von da über den Pragel nach Glarus und schließlich über den Panixer Paß nach Chur marschirte.

Durch das Bisithal nach Stachelberg, 10 St. m. F., interessant aber beschwerlich. Durch das enge, von der Muota durchströmte **Bisithal** auf gutem Wege (anfangs Fahrweg) bis ($2^1/_2$ St.) *Schwarzenbach* (961m); hier l. steil aufwärts zur (3 St.) *Alp Melchberg* (1918m), dann über die öde *Karrenalp* (c. 2000m) zwischen *Kirchberg* und *Faulen* (S. 60), hinab über die *Braunwald-*

*berge* nach ($4\frac{1}{2}$ St.) *Stachelberg*. Ein andrer Weg führt von Schwarzenbach über die Alpen *Bärensool* und *Geitenberg* zur *Rohbüttli-Alp* und Karren-Alp. Man kann auch von Schwarzenbach an der Muota weiter aufwärts, dann r. hinan über die *Waldi-Alp* und *Ruos-Alp* zum (4 St.) *Ruosalper Kulm* (2172m), hinab zur Alp *Käsern* und l. zur ($1\frac{1}{4}$ St.) *Balmalp* am Klausenpaß gelangen (s. S. 62).

Durch das Riemenstaldenthal nach Sisikon (S. 80) über den *Katzenzagel* (1490m), 7 St., Fußweg, wenig lohnend.

Von Muotathal gelangt man in $\frac{1}{2}$ St. zum Fuß des **Stalden** und steigt dann über Steinplatten ziemlich steil und ermüdend 1 St. lang bergan bis zu einigen Häusern (schöner Rückblick); $\frac{1}{4}$ St. weiter nicht r. bergan, sondern l. auf der *Klosterbergbrücke* über den *Starzlenbach*, dann r. steil bergan bis zu zwei Häusern; 35 Min. bei einem dicken verdorrten Fichtenstamm, 5 Min. bei dem Gatter nicht l. bergauf, sondern r. bergab, dann auf einem Steg über den Bach, 10 Min. Kreuz, 5 Min. bei einem Viehstaden auf einem hübschen grünen Thalboden, $\frac{1}{4}$ St. beim *Sennebrunnen*, einem Bach mit sehr gutem Trinkwasser, 5 Min. Schutzhütte, 5 Min. Kreuz. Nun fast eben fort bis zu den (25 Min.) Sennhütten auf dem **Pragel** (1554m), auf sumpfigem Boden, ohne alle Aussicht.

Der Weg bergab, anfangs steil und steinig, führt in $\frac{3}{4}$ St. zu den Sennhütten der *Schwellaui* (1331m), dann durch Wald; $\frac{1}{4}$ St. *Neuhüttli* (1278m), hier r. auf die starke Fichte los, erste schöne Aussicht in das Klönthal und auf den See; $\frac{1}{2}$ St. **Richisau** (1095m; **Kurhaus*, nicht theuer, Pens. 5-7 fr.), eine saftige grüne Matte mit stattlichen Baumgruppen, n. überragt vom *Wannenstock* (1980m) und *Ochsenkopf* (2181m), s. von den Karrenfeldern des *Silbern* (2307m).

Von der *Schwannhöhe*, einer alten Moräne 10 Min. ö. vom Kurhaus, prächtiger Blick auf den Klönsee, Schilt, Glärnisch und nach S. den Faulen. Lohnende Ausflüge w. zum ($2\frac{1}{2}$ St.) *Kreuz* auf dem *Saasberg* (1898m; Paß nach dem Sihlthal und Einsiedeln) und zum (5 Min.) *Sihlseeli* (1825m); s. auf den (3 St.) *Silbern* (2307m), mit Petrefakten und interessanten Karrenfeldern; auf den *Glärnisch* (s. unten; bis zur Clubhütte 4 St., Gipfel 8 St.); *Faulen* (*Griesset*, 2724m), über *Dreckloch-Alp* in 7 St. m. F., hinab nach (4 St.) Stachelberg (vgl. S. 60). N. über die (1 St.) *Schweinalp* nach ($3\frac{1}{2}$ St.) *Hinterwäggithal*, vgl. S. 40; auf den *Ochsenkopf* (2181m), $3\frac{1}{2}$ St. m. F.; über *Längenegg* auf die (5 St.) *Scheye* (S. 58); etc.

Von Richisau Fahrstraße über schöne Matten, stets mit prächtigem Blick auf den Glärnisch, hinab nach dem reizend gelegenen (1 St.) **Vorauen** (838m; **H.-P. Klönthal*, Pens. m. Z. $6\frac{1}{2}$-$7\frac{1}{2}$ fr.; einf. *Gasth.* bei *Nikl. Aebli*).

Der an der Südseite des Klönthals mächtig aufragende ***Glärnisch**, einer der schönsten Gebirgsstöcke der Schweiz, hat vier Gipfel: *Vorder-Glärnisch* (2331m), *Vreneli'sgärtli* oder *Mittler-Glärnisch* (2907m), *Ruchen-Glärnisch* (2910m) und *Bächistock* oder *Hinter-Glärnisch* (2920m). Besteigung des *Ruchen-Glärnisch* für Geübte nicht schwierig (F. 25 fr., vgl. S. 60). Von Vorauen w. über die Richisauer und Roßmatter Klön zu den Hütten am (40 Min.) *Klönstalden* (1052m; von Richisau hierher direkter Weg, 25 Min.), dann durch das enge *Roßmatter Thal* an den Alphütten *Käsern* (1210m) und *Werben* (1391m) vorbei zur ($3\frac{1}{2}$ St.) *Clubhütte* im *Steinthäli* (2015m; im Sommer *Wirthsch.); von da über steile Geröllhänge und den *Glärnischfirn*, zuletzt wieder über Fels zum (3 St.) Gipfel mit höchst großartiger Aussicht (Panorama von Heim). — *Vorder-Glärnisch*, von Glarus in $5\frac{1}{2}$-6 St., sehr steil und mühsam (F. 13 fr.); vgl. S. 59.

Das ***Klönthal** ist ein schmales liebliches wenig bewohntes Thal, mit Matten vom frischesten Grün, bis tief in den Herbst mit den mannigfaltigsten Blumen bedeckt. Südl. steigen fast senkrecht die starren Wände des *Glärnisch* auf (s. oben). Der hellgrüne *Klönthaler See* (828m), welcher das Bild des Glärnisch bis auf seine kleinsten Felsadern wiedergiebt, 3km lang, 500m br., belebt das Thal. Eine Inschrift im Fels am S.-Ufer neben einem Wasserfall erinnert an den Idyllendichter *Salomon Geßner* († 1787), der im Sommer oft wochenlang in einer Sennhütte hier lebte. Die Straße führt am N.-Ufer entlang; Ueberfahrt im Kahn in 50 Min., 1½ fr.; auch ein kl. Dampfboot befährt den See. Am untern Ende, am (1¼ St.) *Seerüti*, ein kl. *Whs.* (Bier) mit schönem Ausblick auf den See.

Das Thal wird unterhalb des Sees bald zur Schlucht, durch welche der *Löntsch*, der Ausfluß des Sees, hinabbraust; er bildet bis zu seiner Vereinigung mit der Linth bei Netstall eine Reihe kleiner Fälle in großartiger Felsumrahmung; l. die gewaltigen senkrecht abfallenden Wände der *Wiggiskette* (S. 58). Schöner Blick in die tiefe Schlucht von dem eisernen Steg, welcher bei einem (¾ St.) Handweiser r. unterhalb der Straße zur *Wirthschaft zum Kohlgrübli* hinüberführt.

Die Straße theilt sich ¼ St. weiter beim Whs. *Staldengarten*: l. nach (40 Min.) *Netstall* (S. 58), r. über die Löntschbrücke nach (20 Min.) *Riedern* und (25 Min.) **Glarus** (S. 58). Auf dem Hinabweg schöne Aussicht auf den Fronalpstock, den Schild und die Freiberge zwischen Linth- und Sernfthal.

## 22. Von Glarus nach Chur durch das Sernfthal.

*Vergl. Karte S. 58.*

16-18 St. Von Glarus nach Schwanden Eisenbahn in 17 Min.; von Schwanden nach Elm (15km) Post 2mal tägl. in 2¾ St. (abwärts in 1¾ St.) für 2 fr. 55 c. Von Elm nach Flims über den Segnes-Paß 8-9 St. (F. 20 fr.); von Elm nach Ilanz über den Panixer-Paß 9 St. (F. 18 fr.). — Von Flims nach Chur Post 2mal täglich in 2¼ St.; bis Reichenau auch lohnend zu Fuß, von dort nach Chur eine Fahrgelegenheit jedenfalls vorzuziehen (Post 4mal tägl.).

Bei *Schwanden* (S. 59), 5km s. von Glarus, zweigt sich aus dem Linth- oder Großthal links das tief eingeschnittene *Sernf*- oder *Kleinthal* ab. Jenseit (½ St.) *Wart* l. ein hübscher Wasserfall; schöner Rückblick auf den Glärnisch. 1 St. *Engi* (774m; *Sonne), größeres Dorf (1164 E.) mit Baumwollwebereien, an der Mündung des engen *Mühlebachthals* (über die *Widerstein-Furkel* ins Murgthal s. S. 44). Die Schieferbrüche *(Plattenberge)* am l. Ufer des Sernf sind berühmt wegen ihrer Versteinerungen. Von (40 Min.) *Matt* (826m; Sonne), mit Baumwollspinnerei, führt ein Pfad n.ö. durch das *Krauchthal* über den *Rieseten-Paß* (2188m) in 6 St. nach *Weißtannen* (S. 44).

1 St. **Elm** (982m; *J. Elmer; Zentner*), das letzte Dorf des Sernfthals (834 E.), in schönem von Schneebergen umkränztem Thalboden, am 11. Sept. 1881 durch einen Bergsturz zum Theil zerstört.

Am *Tschingelberg*, s.ö. vom Dorf, löste sich oberhalb der dort betriebenen Schieferbrüche zwischen *Risikopf* und *Gelbem Kopf* eine Felswand von c. 400m Breite, 100m Dicke und 250m Höhe (c. 10 Millionen Kubikmeter Fels) und stürzte 450m h. über ein fast 70% steiles Gehänge ins Thal, das sie aueine Entfernung von $1^1/_2$km hin mit haushohen Trümmern überdeckte. Die verwüstete Fläche ist über 89ha groß; fast das ganze *Unterthal* mit 22 Wohnhäusern und 57 andern Gebäuden wurde zerstört; 114 Personen kamen ums Leben; der Schaden belief sich auf fast $1^1/_2$ Millionen fr. An der Kirche eine Denktafel mit den Namen der Verunglückten. Ein Fahrweg führt unterhalb des Dorfs auf neuer Eisenbrücke über den Sernf und mitten durch den Bergsturz, der vielfach bereits wieder Kulturspuren zeigt.

Von den von hier auszuführenden Bergtouren (alle nur für Geübte; Führer *Heinr.* und *Peter Elmer*, vgl. S. 60) sind am lohnendsten *Kärpfstock* (2797m), über die *Wichlenalp* in 6 St., und *Vorab* (3025m), über die *Sether Furka* (s. unten) in 7-8 St. Schwieriger sind *Hausstock* (3152m), *Piz Segnes* (3102m) und *Saurenstock* (3054m).

Pässe. Nach Flims über den Segnespaß 8 St., beschwerlich aber lohnend (nur m. F., 18 fr.). Ueber den Sernf, mitten durch das Trümmerfeld des Bergsturzes, und den *Raminbach*, dann durch die wilde Schlucht des *Tschingelnbachs*, der eine Reihe malerischer Fälle bildet, steil hinan zur *Tschingelnalp* und über Rasen und Geröll zum (5 St.) **Segnespaß** (2625m) s.w. vom *Piz Segnes* (3102m); r. die zackigen *Tschingelhörner* oder *Mannen* (2881m), durch deren Wand ein Loch hindurchgeht, das *Martinsloch* (2635m), durch welches die Sonne zweimal im Jahr die Kirche von Elm bescheint. Hinab über den kurzen aber steilen *Segnes-Gletscher* (wenn Schnee liegt unschwierig, sonst Seil und Eispickel angenehm), dann auf anfangs steilem, später besserm Pfade über die *Flimser Alpen*, an einem schönen Wasserfall vorbei (l. der gewaltige *Flimser Stein*, S. 350) nach (3 St.) *Flims* (S. 350).

Nach Ilanz über den Panixer Paß 9 St. (F. 18 fr.), gleichfalls mühsam, historisch interessant durch Suworow's Rückzug vom 5.-10. Oct. 1799 (s. S. 63). Fahrweg am l. Ufer des Sernf über *Hinter-Steinibach* bis zur (40 Min.) *Erbserbrücke*; 25 Min. weiter bei *Wallenbrugg* über den Sernf und auf rauhem Pfade steil aufwärts zu den Hütten der *Jätzalp* (*Im Loch* 1470m, *Ober-Staffel* 1703m); dann über den *Walenboden* und am *Rinkenkopf* vorbei über ein kleines Schneefeld (l. ein kl. See) zum ($3^1/_2$ St.) **Panixer Paß** (*Cuolm da Pignieu*, 2407m) mit Schirmhütte; r. der *Hausstock* (3152m) mit dem *Meer-Gletscher*. Hinab über die *Meer-Alp* und die wilde *Ranasca-Alp* nach ($2^1/_2$ St.) *Panix* (1300m; Alig's Gasth. zum Panixer-Paß) und über *Ruis* (S. 353) nach (2 St.) *Ilanz* (S. 351). — Nach Ilanz über die **Sether Furka** (2611m), 9 St. m. F., beschwerlich u. nicht lohnend; vom Panixer-Paßwege bei dem kleinen See (s. oben) l. steil zur Paßhöhe; hinab zur *Ruscheiner Alp* und durch das *Sether Tobel* nach *Ilanz*.

Nach Weißtannen über den Foo-Paß 7 St., ziemlich beschwerlich (F. 15 fr.). Am r. Ufer des Raminbachs meist durch Wald zur *Raminalp* und an den Hütten von *Matt* (1883m) vorbei zum (4 St.) **Foo- oder Ramin-Paß** (2229m); hinab über die *Foo-* und *Unter-Sies-Alp* ins *Seezthal* nach (3 St.) *Weißtannen* (S. 44; von hier nach *Mels* 3 St.).

Nach Vättis über den Sardona-Paß 10-11 St., schwierig und selten begangen (F. 30 fr.). Vom Segnes-Paß (s. oben) um die Westseite des *Piz Segnes* herum steil und mühsam auf den *Saurengletscher* und zum **Sardona-Paß** (c. 2950m), zwischen P. Segnes u. Saurenstock; sehr steil hinab auf den *Segnesgletscher*, über denselben zum *Sardonagletscher* und beschwerlich ins *Kalfeuser-Thal* zur *Sardona-Alp* (1730m) und nach (3 St.) *Vättis* (S. 336). — Von Elm nach Vättis über den **Scheibe-Paß**, zwischen Saurenstock und *Großer Scheibe* (2922m), 9-10 St., gleichfalls schwierig und anstrengend. — Ueber den Muttenthaler Grat, 10-11 St. bis Vättis, weniger schwierig als die genannten Pässe, aber nur für ausdauernde Berggänger (F. 25 fr.). Vom (4 St.) *Foo-Paß* (s. oben) erst abwärts bis zur *Obern Foo-Alp*, dann r. im *Muttenthal* hinan zur Mulde des *Haibützli* mit kl. See (2344m) und r. zur (3 St.) Lücke des **Muttenthaler Grats** (c. 2500m); beschwerlich hinab über die *Malanser-Alp* nach (2 St.) *St. Martin* (1351m) im *Kalfeuser Thal* und (2 St.) *Vättis* (S. 336).

Nach Linththal über den **Richetlipaß** (2263m) 6-7 St. m. F., nicht schwierig; von der Paßhöhe schöner Blick auf Hausstock, Vorab und Glärnisch. Hinab durch das *Durnachthal*.

---

## II. Vierwaldstätter See und Umgebungen. St. Gotthard.

## 23. Von Zürich über Zug nach Luzern.

*Vergl. Karten S. 38 u. 74.*

### a. Eisenbahnfahrt.

67km. NORDOSTBAHN, bis Zug in $1^1/_2$, bis Luzern in $2^1/_3$ St., Fahrpreise bis Zug 4 fr. 05, 2.85 oder 2.05 c., bis Luzern 7 fr., 4 fr. 90 oder 3 fr. 50 c.

*Zürich* s. S. 31. — 4km *Altstetten* (S. 19). L. der lange Rücken des *Uetlibergs* (S. 37), den die Bahn ansteigend in einer großen Kurve umzieht; r. hübscher Blick ins Limmatthal. — 9km *Urdorf;* 13km *Birmensdorf.* Weiter im freundlichen *Repplsch-Thal,* l. oben das Hôtel auf dem Uetliberg. Die Bahn steigt durch den Tunnel unter dem *Ettenberg* bis (19km) *Bonstetten-Wettswyl* (550m); r. öffnet sich der Blick auf die Berner Alpen und den Pilatus, weiterhin l. die Engelberger Alpen mit Urirothstock und Titlis. — 22km *Hedingen* (522m); 25km *Affoltern* (500m; Löwe) mit schön gelegener Kirche; l. der *Äugster Berg* (830m), an dessen Fuß *Äugst* mit dem *Wengi-Bad.* — 29km *Mettmenstetten* (473m).

Post 3mal tägl. in 50 Min. nach *Hausen* (603m; **Löwe*), am w. Fuß des *Albis* (S. 37); in der Nähe die besuchte und trefflich geleitete Wasserheilanstalt *Albisbrunn* (Dr. Paravicini). Bei *Kappel*, $^1/_2$ St. s. an der Straße nach Baar (S. 71), wurde Zwingli am 11. Oct. 1531 im Kampfe gegen die kath. Urkantone erschlagen (vergl. S. 36).

32km *Knonau* (Adler). Vor Zug über die aus dem *Ägeri-See* kommende *Lorze* (s. S. 70).

39km **Zug** (422m; **Hôt. Hirschen*, Z. 2-3, M. m. W. 3, Pens. 5-7 fr.; **Ochsen*; **Löwen*, am See, Z. L. B. 2-3, F. 1 fr., im Rest. gutes Bier; **H. Bahnhof*, mit Garten-Rest.; *Falken*; *Bellevue*; *Widder*; **Pens. Guggithal*, 20 Min. s. oberhalb der Stadt am Wege nach Felsenegg), Hauptstadt des kleinsten Kantons der Schweiz, am *Zuger See* (S. 93), mit 5161 Einw. Schöne *Quaianlagen* längs der am 5. Juli 1887 zum Theil in den See versunkenen Vorstadt, mit reizenden Blicken auf den See, Rigi, Pilatus und Berner Alpen. Die *Ober-* und *Altstadt* zeigen noch ein ganz mittelalterliches Gepräge, mit Mauern, Thürmen und stattlichen Herrenhäusern. Im *alten Rathhaus* (mit Speisewirthsch.) ein schöner spätgoth. Saal mit einem *Museum* von Zuger Alterthümern (alte Holzschnitzereien u. a.; Eintr. 50 c.). In der goth. *Oswaldskirche* (XV. Jahrh.) das jüngste Gericht von P. Deschwanden; in der *Capuzinerkirche* eine Grablegung von D. Calvaert. Im *Zeughaus* alte eroberte Waffen und Fahnen, sowie die mit Blut gefärbte Schärpe des Pannerherrn Pet. Collin, der 1422 bei Arbedo fiel. Neues *Regierungsgebäude* im Renaissancestil. Gut eingerichtete *Fischbrutanstalt.* Oberhalb der Stadt die stattlichen Erziehungsinstitute *Minerva*, *St. Michael*, Frauenkloster *Maria Opferung*. Im *Rosenberg* ($^1/_4$ St., Restaur.) das sehenswerthe *Schweizerische Bienenmuseum*.

UMGEBUNGEN. Auf der w. Abdachung des *Zuger Berges*, 1$^1/_2$ St. von Zug, das ***Kurhaus Felsenegg** (940m; Pens. m. Z. 7-8 fr.) mit schönster Aussicht nach W., angenehmer Aufenthalt, schöne Waldspaziergänge; 5 Min. n. das **Kurhaus Schönfels** (935m; Z. 2-3, F. 1.20, Pens. 7$^1/_2$-9 fr.), gleichfalls mit herrlicher Aussicht und schönem Park. Fahrstraße bis hinauf (Omnibus vom Bahnhof 10 U. Vm. und 6 U. Nm., 2$^1/_2$ fr.). Auf der **Hochwacht* (992m), $^1/_4$ St. n.ö., erschließt sich die volle Rundsicht über die Hochalpenkette; ö. in der Tiefe der Ägeri-See (S. 70). Hübsche Spaziergänge ferner zum (20 Min.) *Hünggigütsch* (1037m: Aussicht verwachsen) und dem ($^1/_2$ St.) *Horbachgütsch* (936m), mit reizendem Blick auf den Zuger und Vierwaldstätter See und den Rigi. — Bergtour auf den (2$^1/_2$ St.) *Wildspitz* (*Roßberg*, s. unten), über prächtige Alpen mit reicher Flora.

Im wildromantischen *Lorzentobel* n.ö. von Zug die sehenswerthen ***Tropfsteingrotten in der Hölle**; Fahrstraße über *Baar* (S. 71) in 1$^1/_2$ St. (Einsp. hin u. zurück 5-7 fr. u. Trkg.), Fußweg über *Thalacker* (Ägeri-Straße) und die *Tobelbrücke* in 1 St. Die Grotten, früher zum Theil mit Wasser gefüllt, vom Besitzer Dr. Schmid seit 1887 bequem zugänglich gemacht, mit einer Fülle prächtiger Stalaktiten (Rosetten, Korallenformen u. a.) und Stalagmiten, sind vom Ostermontag bis 15. Oct. geöffnet (Eintr. 1 fr.); in der (7 Min.) *Restaur. Höll* (Forellen) Führer mit Schlüssel. Von den Grotten über die *Tobelbrücke* nach *Schönbrunn* (s. unten) 40 Min.

1$^1/_2$ St. ö. von Zug (Post 2mal tägl., 1 fr. 35, Coupé 1 fr. 60) auf den Menzinger Bergen über dem Lorzentobel, 10 Min. von der Poststation *Edlibach*, die trefflich eingerichtete Kaltwasserheilanstalt **Schönbrunn** (675m; Bes. Dr. *Hegglin*, Pens. mit Wasserkur 7, Z. 1$^1/_2$-4 fr.), von Franzosen viel besucht, mit sonniger Terrasse und Waldpfaden. Von der hochgelegenen Kapelle (711m) Aussicht bis zum Jura. — 2 St. ö. von Zug (Post zweimal tägl. in 1$^3/_4$ St.) der hübschgelegene Ort **Menzingen** (808m; **Löwe*; *Hirsch*), mit großem Töchterinstitut der Lehrschwestern; 20 Min. weiter jenseit des *Edlibachs* in gesunder Lage die **Pens. Schwandegg* (845m; Pens. m. Z. 4$^1/_2$-5 fr.), mit Fichtennadel- u. andern Bädern; auf *Schwandegggütsch* Aussicht über den ganzen Zürichsee und die Sentiskette.

Ins **Ägerithal** (Post bis Oberägeri 2mal tägl. in 2 St.) Fahrstraße durch obstreiche Fluren bergan über *Thalacker* (bei der Kurve Abzweigung nach Schönbrunn, den Grotten in der Hölle und Menzingen, s. oben) und *Inkenberg* nach (1 St.) *Allenwinden* (707m), dann hinab ins Lorzenthal (jenseits auf der Höhe das Nonnenkloster *Gubel*), mit interessanten Flußverbauungen, nach ($^1/_2$ St.)

*Neuägeri* (686m) und über *Mühlebach*, mit großen Baumwollspinnereien, nach (1/2 St.) **Unterägeri** (**Ägerihof*, **Brücke*, *Post*), schönes gewerbreiches Dorf mit neuer goth. Kirche, am fischreichen *Ägerisee* (727m); weiter am See entlang an hübschen Landhäusern vorbei nach (1/2 St.) *Oberägeri* (*Löwe, *Bauernhof, Ochs), schmuckes Bergdorf. Zwischen Unter- und Oberägeri in schöner Lage am See die Kinderheilanstalt des *Dr. Hürlimann*, und weiter zurück auf der Höhe das von der gemeinnützigen Gesellschaft des Kantons Zürich errichtete *Sanatorium* für skrophulöse Kinder. Der See wird seit 1890 von einem Dampfboot befahren. — AUSFLÜGE von Unterägeri durch das *Hürithal* und über die *Roßberg-Alpen* auf den (2 1/2 St.) **Wildspitz* (*Roßberg* s. S. 97); von Oberägeri auf den (1 1/2 St.) *Gottschalkenberg* (S. 94), etc. — Die Straße führt von Oberägeri weiter am Seeufer entlang, am *Morgarten* vorbei nach (1 1/2 St.) *Sattel* (S. 97).

Die Bahn umzieht das flache nördl. Ufer des Zuger Sees, geht wieder über die *Lorze* nahe bei ihrem Einfluß in den See und bald darauf nochmals bei ihrem Ausfluß aus demselben. 44km **Cham** (**Rabe*), Dorf mit schlankem zinkgedecktem Kirchthurm und großer Fabrik von condensirter Milch. L. schöner Blick auf den See, über Zug auf der Höhe die Kurhäuser im Mittelgrund der Rigi, r. Stanser Horn, Engelberger Alpen und Pilatus. Hinter (50km) **Rothkreuz** (431m; *Bahnrestaur.*), Knotenpunkt der Gotthardbahn (S. 98) und der Muri-Aarauer Bahn (S. 20), tritt die Bahn an die *Reuß*, verläßt sie aber bald wieder. Zwischen (53km) *Gisikon* und (59km) *Ebikon* erblickt man l. durch einen Einschnitt den Rigirücken vom Kulm bis zum Rothstock; r. der bewaldete *Hundsrücken*. Die Bahn führt an dem 2,5km l. *Roth-See* (423m) entlang, durch einen Tunnel, dann über die Reuß; r. mündet die Centralbahn (S. 19) und die Bern-Luzerner Bahn (S. 125). Zuletzt durch einen Tunnel unter dem *Gütsch* (S. 74) nach

67km *Luzern*, s. S. 71.

### b. Von Zürich nach Zug über Horgen.

EISENBAHN von *Zürich* bis *Horgen* (18km) in 1/2 St. (Dampfboot in 1 St., vgl. S. 38). POST-OMNIBUS von *Horgen* bis *Zug* (20km) tägl. (8 U. 25 Vm.) in 2 St. 25 Min. (2 fr. 80 c.); Einspänner in 2 St., 12 fr.

Bis *Horgen* (425m) s. S. 40. Die Straße führt in Windungen allmählich bergan, an dem Kurhaus *Bocken* vorbei bis (1 St.) *Haurühti*, wo bei dem Wegweiser die Wädensweiler Straße einmündet; mehrfach hübsche Aussicht auf den See, den Sentis, Speer, die Curfirsten und Glarner Berge. Auf der Höhe bei (1/2 St.) *Hirzel* (686m) das *Whs. zum Morgenthal*. Nun allmählich hinab in das Thal der *Sihl*, die hier die Grenze zwischen den Kantonen Zürich und Zug bildet. Die bedeckte (40 Min.) **Sihl-Brücke** (532m) ist an die Stelle der im Sonderbundskrieg (1847) zerstörten alten Brücke getreten (**Krone*, guter Wein).

Fußwanderern ist der nähere Weg über die Horger Egg (1 1/2 St.), gleichfalls Fahrweg, mit weit schönerer Aussicht und 1/2 St. kürzer, zu empfehlen. 3/4 St. *Wydenbach*; 1/4 St. r., auf dem *ZIMMERBERG (773m, Hochwacht, Signalpunkt) sehr schöne Aussicht ö. über den Züricher See, w. tief unten das düstere Sihlthal, weiter der Zuger See, südl. die Alpen; Mythen, Rigi u. Pilatus treten besonders hervor. 1/4 St. oberhalb Wydenbach erreicht die Straße ihren Höhepunkt, *Hirzelhöhe* (736m; Whs.), gleichfalls mit trefflicher Aussicht. Bei der Sihlbrücke vereinigt sich der Weg wieder mit der Poststraße.

Die Straße nach Zug steigt unbedeutend und führt gerade fort durch hügeliges Land; l. der waldbedeckte Felshügel der *Baarburg*

(665m). Sobald man aus dem Walde tritt (40 Min.), erscheint vorn Baar, weiter der Zuger See, Rigi und Pilatus. 5 Min. weiter über die *Lorze;* l. eine große Baumwollspinnerei nebst Arbeiter-Kolonie. 20 Min. **Baar** (447m; *Lindenhof*, nicht theuer; *Krone; Schwert; Rößli*), weitläufiges Dorf (4065 E.) mit dem Weiler *Blickenstorf*, wo noch das Geburtshaus des Zürcher Bürgermeisters *Hans Waldmann* gezeigt wird, der Karl den Kühnen bei Murten besiegte. — 40 Min. ö. von Baar im hübschen bewaldeten *Lorzethal* die merkwürdigen **Tropfsteingrotten in der Hölle* (s. S. 69).

Weiter in schnurgerader Richtung nach (35 Min.) *Zug*, s. S. 69.

## 24. Luzern.

Bahnhof am l. Seeufer (Pl. DE 4); Brünigbahnhof (Pl. E 4) 5 Min. weiter ö. (in beiden Bahnrestaur.). Die Dampfboote nach Flüelen legen auf den meisten Fahrten nach der Abfahrt vom Schweizerhofquai noch beim Bahnhof an; die von Flüelen kommenden zuerst beim Bahnhof, dann am Quai.

**Gasthöfe.** *Schweizerhof (Pl. a; DE 2), großartiges musterhaft eingerichtetes Haus mit zwei Dependenzen, und *Luzernerhof (Pl. b; E 2), beide Schweizerhofquai (Besitzer *Gebr. Hauser*), Z. L. B. von 5, F. $1^{1}/_{2}$, Lunch 4, M. $4^{1}/_{2}$-5 fr., Musik 50 c., Pens. m. Z. 10-12 fr.; *Gr.-H. National (Pl. c; EF 2), am Quai National, Z. L. B. von 6, M. 5 fr.; *H.-P. Beaurivage (Pl. d; F 2), *H. de l'Europe, Z. L. B. von 6, M. 5 fr., beide am See an der Haldenstr. Englischer Hof (Pl. e); *Schwanen (Pl. f), Z. L. B. $4^{1}/_{2}$-$5^{1}/_{2}$, M. $4^{1}/_{2}$ fr.; *H. du Rigi (Pl. g), Z. L. B. 3, F. $1^{1}/_{2}$, M. 3, Pens. m. Z. 6-9 fr., alle drei am See, r. Ufer; *H. St. Gotthard (Pl. i), am Bahnhof, mit Café-Restaur., Z. L. B. $3^{1}/_{2}$-5, F. $1^{1}/_{2}$, M. 4 fr. (keine Trinkgelder); *H. du Lac (Pl. h; D 4), am l. U. der Reuß, mit Garten und Badeanstalt, Z. L. B. von 4, M. $3^{1}/_{2}$, Ab. $2^{1}/_{2}$, Pens. $7^{1}/_{2}$-9 fr.; *Wage (Balances, Pl. k; C 3), Z. L. B. 3-4, F. $1^{1}/_{2}$, M. $3^{1}/_{2}$, Pens. 7-9 fr., an der dritten Reußbrücke. — Billiger: Engel (Pl. l; B 3), Z. u. B. $2^{1}/_{2}$, M. 3 fr.; Adler (Pl. m; C 3), Z. $2^{1}/_{2}$-3 fr., F. 1 fr. 20 c.; *Weißes Rößli (Pl. n; C 3), Z. u. B. $2^{1}/_{2}$, F. $1^{1}/_{4}$, M. m. W. $3^{1}/_{2}$ fr.; *H. de la Poste (Pl. o; C 4); H. des Alpes (Pl. p; D 2), Z. L. B. $2^{1}/_{2}$-3 fr.; *H. Wolder, Kappelgasse; *H. Rebstock, bei der Hofkirche; ferner Mohren (Pl. u; D 3), Hirsch (Pl. q; C 3), Krone (Pl. r; C 3), *Weißes Kreuz (Pl. s; D 3), *zum Wildenmann (Pl. t; C 4; Z. u. B. 2-$2^{1}/_{2}$, F. 1 fr. 20 c.), *Raben, Pfistern, *Metzgern, *Sonne, an der Reuß.

**Pensionen.** *Kaufmann, Waller & Schloss G'segnet-Matt, *Villa G'segnet-Matt (*Geipke*), Tivoli u. Belvedere (gleicher Besitzer), *Seeburg (Dampfbootstation, s. S. 94), alle am See an der Küßnacher Straße; Faller, oberhalb Beaurivage; *Neu-Schweizerhaus (*Kost*), Felsberg (*Pietzker*), beide hoch und schön gelegen; *Alt-Schweizerhaus (Pens. Anglaise); Kost-Häfliger, Villa Deschwanden, Bramberg 683d; Stocker, unweit der Museggstraße; *H.-P. Gütsch (M. $3^{1}/_{2}$, Pens. m. Z. von 8-10 fr.), *H.-P. Wallis, beide auf dem *Gütsch* (S. 74), mit schöner Aussicht; *Suter, auf dem *Gibraltar* (Pl. A 3), auch für einzelne Damen geeignet, Pens. m. Z. 5-6 fr. Noch höher, südl. von Luzern (vom Gütsch $^{3}/_{4}$ St.; Einsp. von Luzern 12 fr.) *Kurhaus Sonnenberg (780m), mit schattigen Anlagen und schöner Aussicht, Pens. m. Z. 7 fr. — Pens. Stutz (s. S. 89). — Möblierte Z. bei Frau Sigrist, Stadthofgebäude 41 J.

**Cafés u. Restaurants.** Kursaal (s. unten); St-Gotthard (s. oben), C.-Rest. Chalet, beim Bahnhof; C. du Théâtre, C. Alpenclub, beide an der Reuss; *C.-Rest. Stadthof (Pl. G 2, 3), mit Garten (häufig Concert); C. Hungaria (gute Ungarweine). — *Conditorei:* Berger, beim Stadthof. — **Bierhäuser.** *Muth's Bierhalle, am Weggiser Thor (Münchner Augustinerbräu); Stadt München (bei Hôt. Wage, Franziskanerbräu); im Kreuz (s. oben); Seidenhof, am l. Ufer der Reuß (Steinhofbier); Löwengarten, unweit des Löwendenkmals.

**Kursaal** am Quai National (Pl. F 2), mit Theater, Lesesaal, Café-Restaur. (s. oben), Garten etc.; Concert tägl. 4-5½ Nm.; Eintritt 50 c., für 1 Tag 1 fr., Theater (Opern u. Operetten) Parquet 4, Parterre u. Balkon 2 fr.

**Panorama** des Uebertritts der franz. Armee in die Schweiz im Jan. 1871, von E. Castres, am Löwenplatz (S. 73; Eintr. 1 fr.).

**Bade- und Schwimmanstalt** im See am Quai National, oberhalb des Kursaals, Schwimmbad 25 c., Einzelnbad 50 c. Seebäder außerdem beim *Tivoli* (s. oben). *Reußbäder* unterhalb der Stadt am Nöllethor, mit Schwimmbassin. *Warme Bäder* bei Felder-Lehmann, Spreuerbrücke.

**Post u. Telegraph** (Pl. D4) am Bahnhofplatz. — **Dampfboote** s. S. 75, 89, 93.

**Droschken** ¼ St. für 1-2 Pers. 80 c., 3-4 Pers. 1 fr. 20 c. (vom und zum Bahnhof 1 u. 2 fr.); Stunde 2 fr. 50 u. 3 fr. 60 c.; Koffer 30 c. Nach Seeburg 1 fr. 50 c. u. 2 fr.; Meggen 3 fr. 50 c. u. 5 fr.; Küßnacht 6 fr. 50 c. u. 9 fr. Nachts (10 U. Ab. bis 6 U. früh) doppelte Taxe.

**Ruderboot** durchschnittlich für das Schiff die Stunde 75 c., für jeden Schiffmann 75 c.

**Gold- u. Silberarbeiten**, alte Möbel, Gobelins etc. in reicher Auswahl bei *J. Bossard* am Hirschenplatz (Pl. C 3).

*Luzern* (438m), Hauptstadt des gleichn. Kantons, seit 1332 mit den Urkantonen verbündet, mit 20 570 Einw., liegt malerisch am Ausfluß der *Reuß* aus dem Vierwaldstätter See, im Angesicht des Rigi und Pilatus sowie der schneebedeckten Urner und Engelberger Alpen, amphitheatralisch umschlossen von niedrigeren Höhen, deren Kamm die stattliche 1385 erbaute Stadtmauer mit ihren neun Wachtthürmen krönt.

Die Reuß entströmt dem See smaragdgrün und krystallhell, rasch wie ein reißender Waldbach. Vier **Brücken** verbinden ihre Ufer. Zuoberst, beim Bahnhof und dem neuen Postgebäude, die 1869–70 erbaute *Seebrücke* (Pl. D 3), 152m l., 16m br., in Eisenconstruction, von 6 Strompfeilern getragen, mit prächtigen Blicken auf Stadt und See (am n. Brückenkopf eine Barometersäule). Interessant sind die beiden aus dem Mittelalter stammenden Brücken, die *Kapellbrücke* (Pl. D 3) und die *Spreuer-* oder *Mühlenbrücke* (Pl. B C 3), welche den Fluß in schräger Richtung überschreiten und, wie viele Brücken in Gebirgsländern, zum Schutz gegen den zerstörenden Einfluß der Witterung überdeckt sind. Die im Gebälk der Bedachung angebrachten Bilder, auf der Kapellbrücke Begebenheiten aus dem Leben des h. Leodegar und h. Mauritius, der Schutzpatrone Luzerns, und aus der Schweizer Geschichte, auf der Spreuerbrücke einen Todtentanz darstellend, sind aus dem XVIII. Jahrhundert. — Bei der Kapellbrücke steigt aus dem Fluß der alte *Wasserthurm* (Pl. D 3) auf, in welchem das städt. Archiv; er soll, der Sage nach, in ältester Zeit als Leuchtthurm *(lucerna)* gedient und der Stadt den Namen gegeben haben. Die *St. Peterskapelle*, am n. Ufer, hat vier Altarbilder von P. Deschwanden (S. 115). — In der Reuß und im See eine Menge halbzahmer Wasserhühnchen, schwarz mit weißer Stirn (Bläßhuhn, Fulica atra), und in Gehegen Schwäne.

Vor den großen Gasthöfen am nördl. Seeufer zieht sich der 1852 angelegte ***Schweizerhofquai** (Pl. D E 2) hin, mit schattiger Kastanien-Allee und prächtiger Aussicht auf den See und die Alpen.

*Aussicht (vgl. den steinernen Ortszeiger in der Mitte des Schweizerhofquais). Zur Linken die *Rigi-Gruppe:* l. der *Kulm*, mit den Gasthäusern; in dem Sattel zwischen Kulm und *Rothstock* das Staffelhaus; weiter r. der *Schild*, der *Dossen*, und ganz abgesondert der *Vitznauer Stock*. L. von der Rigigruppe zeigt sich noch über den Hügeln am See hervorragend die Spitze des *Roßbergs*. R. vom Vitznauer Stock in der Ferne die seltsam gezackte *Roßstock-Kette;* dann der *Niederbauen* oder *Seelisberger Kulm*, der *Oberbauen;* näher der dunkle *Bürgenstock* mit dem Hôtel, das *Buochser Horn;* l. und r. von diesem die *Engelberger Alpen*, der letzte r. der *Titlis*; weiter r. das *Stanserhorn*, die Berge von *Kerns* und *Sachseln*, zu äußerst r. der *Pilatus*.

Am östl. Ende des Quais erhebt sich l. das stattliche neue *Verwaltungsgebäude der Gotthardbahndirektion.* Die Verlängerung des Quais nach O. bildet der *Quai National* (Pl. E F 2) mit dem Gr.-Hôt. National und dem *Kursaal* (S. 72).

Auf einer Anhöhe über dem Quai ragt malerisch die **Hof-** oder **Stiftskirche** *St. Leodegar* (Pl. E F 2) auf, angeblich schon im VII. Jahrh. gegründet, im XVII. Jahrh. hergestellt, mit zwei schlanken um 1506 erbauten Thürmen. Im Innern geschnitzte Kanzel und Chorstühle aus dem XVI. Jahrh., zwei Altäre mit vergoldeten Holzschnitzreliefs, am nördl. der Tod Mariä, aus der Mitte des XV. Jahrh., und einige Glasgemälde. Der die Kirche umgebende alte *Friedhof* ist von Arcaden umgeben; darin einige Bilder von Deschwanden.

Über die Alpen- und Züricher Straße erreicht man, an *Meyer's Rigi- und Pilatus-Diorama* (Pl. D E 2; Eintritt 1 fr., ganz sehenswerth), dem *Panorama* (S. 72) und dem reichhaltigen *Stauffer'schen Museum* ausgestopfter Alpenthiere (Pl. E 1; 1 fr.) vorbei, in 5 Min. den berühmten ***Löwen von Luzern** (Pl. E 1), im J. 1821 auf Anregung des Obersten Pfyffer zum Gedächtnis der meist am 10. Aug. 1792 zu Paris bei Vertheidigung der Tuilerien gebliebenen 26 Offiziere und etwa 760 Soldaten der franz. Schweizergarde nach *Thorwaldsen's* Modell ausgeführt: in einer 14m l., 8,5m h. Grotte ein 8,7m l. sterbender Löwe, von einem abgebrochenen Lanzenschaft durchbohrt, mit der Klaue die bourbonische Lilie schützend, in die natürliche hohe Sandsteinwand (Molasse von licht grünlichgrauem Farbenton) gehauen. Die lateinische Inschrift nennt die Namen der Offiziere. Jeden Samstag Abend bengalische Beleuchtung (1 fr.). Das Thorwaldsen'sche Modell befindet sich in dem Magazin nebenan. Die *Kapelle* r. enthält die Wappen der Offiziere, das *„Museum“* gegenüber ein Diorama des letzten Kampfes der Schweizergarde in den Tuilerien, sowie eine Vorführung von schweizer Ansichten in elektrischer Projektion (Eintr. 1 fr.).

Neben dem Löwendenkmal l. der ***Gletschergarten** (Eintr. 1 fr.), mit interessanten Ueberresten eines Gletschers der Eiszeit: 32 Strudellöcher verschiedener Größe (das größte 8m im Durchm., 9,5m tief), gut erhaltenen Gletscherschliffe etc., seit 1872 aufgedeckt. In einem Kiosk das Pfyffer'sche Relief der Centralschweiz im Maßstab von 0,4m auf die Stunde, 7m lang, 4m breit; in einem andern eine kleine Sammlung von Pfahlbau-Alterthümern, Versteinerungen etc.

Die winkligen Straßen des alten Stadttheils (Pl. C D 3) haben noch manche hübsche Wohnhäuser des XVI. und XVII. Jahrh. aufzuweisen. — Am Kornmarkt das alte **Rathhaus**, 1519-1605 erbaut, mit einem Frescogemälde am Thurm, den Tod des Luzerner Schultheißen Gundoldingen in der Schlacht bei Sempach darstellend.

Im Erdgeschoß das beachtenswerthe *historische Museum* (Eintr. 9-6 Uhr, 1 fr.). Im I. Saal die Rüstkammer des alten Luzerner Zeughauses: Waffen, Fahnen, Trophäen aus den Schlachten des XIV. Jahrh., sowie aus den Burgunder u. Mailänder Kriegen; in dem Glasschrank r. das Panzerhemd des Herzogs Leopold von Österreich, sowie mehrere Banner, von den Luzernern in der Schlacht bei Sempach erbeutet; ein ciselirter Schwertgriff aus dem XVI. Jahrh. (sog. Tellenschwert) etc.; in dem großen Glasschrank in der Mitte Uniformen verschiedener Schweizergarden; an den Fenstern eine *Sammlung *gemalter Glasscheiben* aus dem XIV.-XVIII. Jahrh., darunter ein Cyclus von Wappenscheiben aus dem XVII. Jahrh. — Im II. Saal die Sammlung des fünförtigen histor. Vereins, Alterthümer der prähistor., keltisch-röm., alemann. u. mittelalterlichen Zeit aus der innern Schweiz, im Glaskasten in der Mitte römische Gegenstände (bronzene Mercurstatue, Dreifuß) und das blauweiße Luzerner, Banner welches der Stadt von Papst Julius II. geschenkt wurde. — Im ersten Stock der *Rathssaal* mit schönen Decken- und Wand-Schnitzereien (XVI. Jahrh.); im Vorzimmer eine Reihe von Schultheißen-Bildnissen (meist von Reinhart gemalt).

In dem großen Saal, durch welchen man eintritt, findet vom 1. Juni bis 15. Oct. eine *permanente Kunstausstellung* statt.

Der spätgoth. *Brunnen* auf dem Weinmarkt (Pl. C 3) ist von Konrad Lux (1481). — In der Nähe am Hirschenplatz das freskenbemalte Haus des Goldschmieds *Bossard* (S. 72).

In der 1667 im Barockstil erbauten *Jesuiten-Kirche* (Pl. C 4) in der zweiten Kapelle r. ein Altarblatt, den h. Nikolaus von der Flüe (S. 119) darstellend, dahinter das Gewand des Heiligen.

Vom ***Gütsch** (525m), am l. Reuß-Ufer, im W. der Stadt, zu Fuß in 25 Min., vom (10 Min.) Gütsch-Bahnhof in Untergrund (Pl. A 3) mit *Drahtseilbahn* in 3 Min. zu erreichen (Steigung 53%, Abfahrt alle 1/4 St., 30 c., hin u. zurück 50 c.), prachtvoller Blick auf Stadt und See, den Rigi, die Urner, Unterwaldner und Engelberger Alpen, besonders vom Aussichtsthurm (585m ü. M.; 30 c.). Oben **Hôtel & Restaur.* mit großem Waldpark. Schöner Waldweg vom Gütsch zum (3/4 St.) **Kurhaus Sonnenberg* (S. 71); von da hinab nach (3/4 St.) *Kriens* (s. unten; der steile direkte Fußpfad nicht anzurathen).

Ein anderer herrlicher Punkt in der Nähe der Stadt sind die ***Drei Linden** (552m), von der Hofkirche auf neuer Straße in 20 Min. zu erreichen (hinter der Kirche r. hinan, zuletzt auf bequemen Treppenanlagen zur Höhe, wo jetzt ein neues Villenquartier im Entstehen ist). Die Aussicht umfaßt die Umgebung Luzerns und die Alpenkette, in der Mitte der Titlis, in der Ferne r. das Finsteraarhorn und die Schreckhörner. Den Rückweg kann man n.w. am Kapuzinerkloster *Wesemlin* vorbei zum (1/4 St.) Gletchergarten nehmen (S. 73). — Ähnliche Aussicht von der Höhe von *Allenwinden*, von Meyer's Diorama (S. 73) w. bergan durch die Musegg- u. Brambergstr. in 20 Min. zu erreichen.

Von Luzern nach Kriens, 4km, Straßenbahn in 12 Min., an dem ungestümen *Krienbach* entlang. **Kriens** (517m; **Hot. Pilatus; Linde*), großes Pfarrdorf mit bedeutenden Fabriken, liegt in fruchtbarem Thal am nördl. Fuß des Pilatus. S. am Abhang das gut erhaltene Schloß *Schauensee* (595m); n. der *Sonnenberg* (780m; zum Kurhaus 1 St., s. oben). Von Kriens führt die Straße weiter thalauf bis zum *Renggbach*, dann Fußweg durch Wald hinan nach (1 St.) *Herrgottswald* (854m; *H.-P. Haas), billiger Luftkurort in hübscher Lage

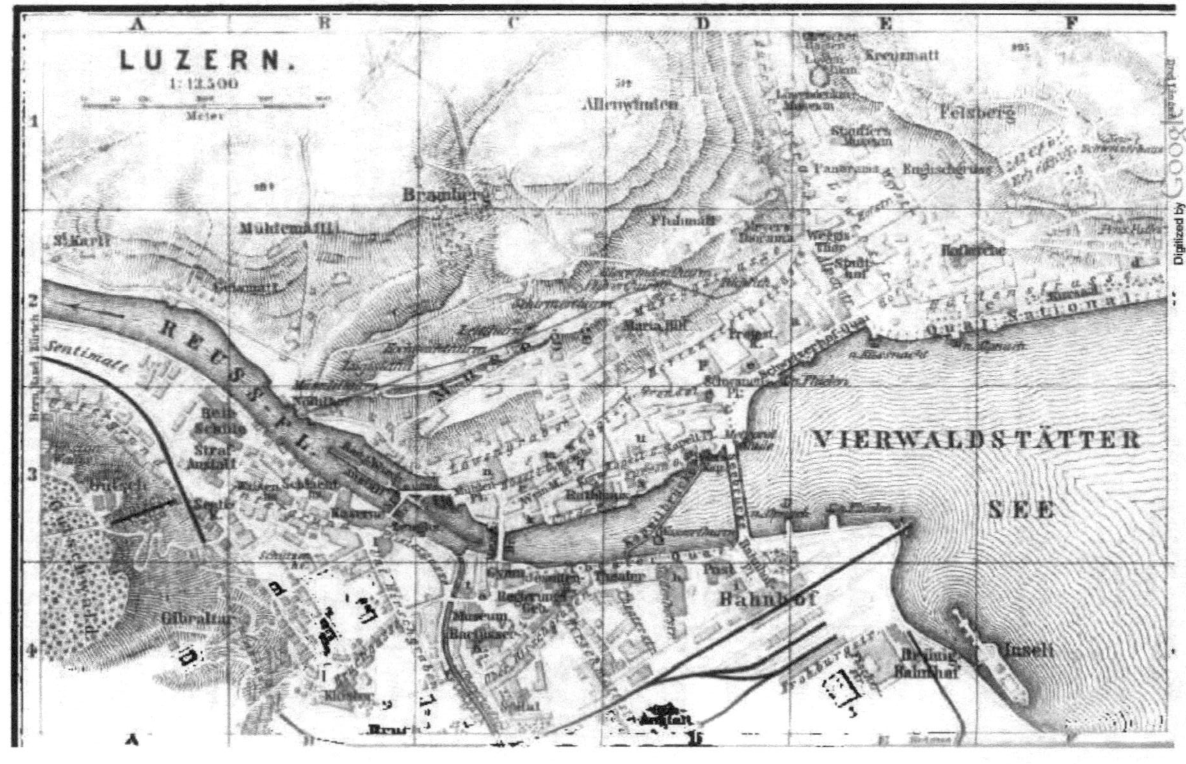
LUZERN.
1:12.500
Meter
Allenwinden
Kreuzmatt
Felsberg
Bramberg
Mühlemätteli
St. Karli
Sentimatt
REUSS-FL.
Maria Hilf
VIERWALDSTÄTTER
SEE
Bahnhof
Inseli
Gibraltar
Museum

VIERWALDST
Bürgenstock
Ennetbürgen
Ob. Bürgen
St. Antoni
Buochs
Mühle
Waltersberg
Buochserhorn
Büren
Wiesenberg
Dallenwyl

Morschach
Muotta Th.
Muottathal
Riemenstalden
Sisikon
Bauen

LUZERN
Littau
Sonnenberg
Kriens
Horw
Hochwald
Pilatus
Hergiswil
Mühlenmäs
Sattel
Alpnach Gestad
Alpnacher See
Ennetmoos
Alpnach
Geograph. Anstalt von
Wagner & Debes, Leip
Kilometer 1 : 100.000

und weiter nach (1 St.) *Eigenthal* (1030m; Whs.), gleichfalls als Luftkurort besucht (von hier nach *Schwarzenberg* 3/4 St., s. S. 125). — Von Eigenthal gelangt man am *Rümligbach* hinan über die Hütten von *Buchsteg* und *Rothstock*, zuletzt l. steil bergan zur (1 1/2 St.) *Bründlenalp* (1520m), mit dem kl. *Pilatus-See* (S. 92; im Sommer meist trocken). Von hier auf das *Widderfeld* (2080m) 1 3/4 St.; zum *Hôt. Klimsenhorn* (S. 92) auf rauhem, nicht immer kenntlichem Pfade um die Abhänge des Widderfeld und Gemsmättli herum und über die *Kastelenalp*, 1 1/2 St. (beide nur m. F.).

## 25. Der Vierwaldstätter See.

*Vgl. auch Karte S. 82.*

Dampfboot 6-7mal täglich von Luzern bis Flüelen (und zurück), Fahrzeit 2 3/4, Schnellfahrt 2 1/4 St. (Bis Hertenstein in 35, Weggis 45 Min., Vitznau 1 St., Buochs 1 1/4, Beckenried 1 1/2, Gersau 1 3/4, Treib 2, Brunnen 2 St. 5 Min., Rütli 2.12, Sisikon 2.20, Isleten 2.20, Bauen 2.25, Tellsplatte 2 1/2, Flüelen 2 3/4 St. Die Stationen Hertenstein, Buochs, Treib, Rütli, Sisikon und Tellsplatte werden nicht bei allen, Isleten und Bauen nur bei einer Fahrt tägl. berührt.) Fahrpreise bis Flüelen I. Pl. 3 fr. 65 c., II. Pl. 2 fr. 60 c.; Retourbillets mit 2tägiger Gültigkeit zum 1 1/2fachen Preise. Inhaber von durchgehenden oder Rundreisebillets können auf der Strecke Luzern-Flüelen nach ihrer Wahl das Dampfboot oder die Gotthardbahn benutzen. Größeres Gepäck pro Stück incl. Ein- u. Ausladen 40-80 c. Die Dampfboote legen mit Ausnahme des 5 1/4 U. früh abgehenden Boots nach der Abfahrt vom r. Ufer noch am Bahnhof zu Luzern an (vergl. S. 71). Restauration auf den Dampfbooten gut. Fahrpläne mit Uebersichtskärtchen der Seen gratis an den Dampfbootkassen.

Der ****Vierwaldstätter See** (437m), nach den vier Wald-Kantonen Uri, Schwyz, Unterwalden und Luzern, deren Gebiet seine Wogen bespülen, so genannt, wird von keinem See in der Schweiz, ja in Europa, an großartiger Naturschönheit erreicht. Dazu kommt der Reiz der geschichtlichen Erinnerungen und Sagen, die *Schiller* in seinem *Tell* so ergreifend darstellt, obgleich er nie hier war. Der See hat fast die Gestalt eines (etwas verschobenen) Kreuzes; seine Länge von Luzern bis Flüelen beträgt 37km, die Breite meist nur 3km; Seefläche $113_{,38}$ qkm; größte Tiefe 214m.

Der Wind auf dem See wechselt außerordentlich schnell, so daß die Schiffer behaupten, hinter jedem Vorgebirge wehe er aus einer andern Weltgegend. Der heftigste ist der **Föhn** (Südwind), der zuweilen die Fahrt mit Segel- oder Ruderbooten in der südl. Bucht des Sees unmöglich macht, ja selbst für das Dampfboot bedenklich werden kann. Bei heiterm Wetter pflegt im Sommer im Urner See von 10 U. Vorm. bis 4 U. Nachm. **Bise** (Nordwind) zu wehen, die übrige Zeit ein gelinder Föhn.

Bald nach der Abfahrt von Luzern gewährt, vom Dampfer aus gesehen, die Stadt mit ihren Mauern und Thürmen einen höchst malerischen Anblick. Vorwärts l. der Rigi, r. der Pilatus, geradeaus der Bürgenstock, das Buochser und Stanser Horn. L. vom Pilatus kommen über den Sachseler Bergen nach und nach Wetterhorn, Schreckhörner, Mönch, Eiger und Jungfrau hervor; nur das Finsteraarhorn wird nicht sichtbar. Das kleine Vorgebirge l. mit der zinnengekrönten Villa heißt das *Meggenhorn*. Vor demselben die kleine baumbewachsene Insel *Altstad* mit Mauerresten eines alten Sust- oder Waarenhauses.

Kaum ist der Dampfer am Meggenhorn vorbei, so öffnet sich l. der Küßnacher See, r. die Bucht gegen Stansstad hin, man befindet sich gewissermaßen auf der Mitte des Kreuzes (*„Kreuztrichter“*), welches der See bildet. In der Ferne l. wird *Küßnacht* (S. 94) sichtbar, im Vordergrund *Neu-Habsburg* (S. 93). R. steigt steil aus dem See der bewaldete *Bürgenstock* mit dem Hôtel und der Drahtseilbahn auf (s. S. 89). Einen eigenthümlichen Eindruck macht von diesem Punkt des Sees aus der *Pilatus* (S. 90). Seine zerrissenen kahlen Hörner, selten von Wolken oder Nebel frei, blicken düster in die heitere Landschaft, in grellem Gegensatz zu dem gegenüber sich erhebenden *Rigi*, an dessen Fuß abwechselnd Gärten, Obstbäume und Häuser erscheinen, weiter oben Wald und an und auf dem Gipfel grüne Matten.

Hinter dem Vorgebirge *Tanzenberg* l. an einer kleinen Bucht das stattliche *Hôtel Schloss Hertenstein* (Pens. 7-10 fr.); r. vorwärts schaut das doppelzackige Scheerhorn hervor. Folgt Station *Hertenstein* (Pens. Hertenstein, zum Hôtel gehörend, von diesem zu Fuß durch den Park in 10 Min., mit Nachen in 5 Min. zu erreichen), dann

**Weggis.** — Gasth.: *H.-P. du Lac, Pens. 6-8 fr.; Löwe, Z. 2, F. 1, M. $2^1/_2$, Pens. 6-7 fr.; *H. de la Poste, am Dampfbootlandeplatz, klein; *Pens. Belvedere u. Villa Köhler, Pens. 8-10 fr.; *H.-P. Bellevue, 25 Min. w. schön gelegen, für längern Aufenthalt zu empfehlen, Pens. 9-10 fr.; Pens. Dr. Gerig (Paradies).

*Weggis*, sauberes Dorf in sehr geschützter Lage, als Luftkurort besucht, war früher der gewöhnliche Landeplatz für Rigifahrer (vgl. S. 82, 85).

N. Fahrstraße in $^3/_4$ St., Fußweg (r. bei der Kirche vorbei) in $^1/_2$ St. nach *Greppen* (S. 94); zwischen Fahr- und Fußweg (beim Schulhause von Weggis $^1/_4$ St. bergan) der *Rigiblick*, eine Rasenkuppe mit schöner Aussicht auf den See. — Ö. hübscher Spaziergang (Fahrweg) am Seeufer über das reizend gelegene *Lützelau* (*Pens., 5-6 fr.) nach (1 St.) *Vitznau;* weiter auf schöner neuer Straße über die *Obere Nase* (prächtiger Blick auf den See) nach (1 St.) *Gersau* und an der Kapelle *Kindlimord* (s. unten) vorbei nach ($1^1/_2$ St.) *Brunnen*.

Wie das Dampfboot sich Vitznau nähert, sieht man l. an der Bergwand die Brücke über das Schnurtobel (S. 84) und hoch oben das Hôtel Rigi-First (S. 88).

**Vitznau** (**H. & Rest. Rigibahn & Pens. Kohler*, Z. L. B. $3^1/_2$, F. $1^1/_4$, Pens. 6-7 fr.; **H.-P. Rigi*, Z. 2-$2^1/_2$, M. 3, Pens. 5-7 fr.; **H.-P. Pfyffer*, Pens. 5-7 fr.; *Pens. Zimmermann zum Kreuz; Pens.-Restaur. Friedrichs*, Bier; Bierhalle u. Restaur. von *F. Geigelin*, am See, 5 Min. vom Landeplatz, wird gelobt), am Fuß des *Vitznauer Stocks* anmuthig gelegen, ist Ausgangspunkt der *Rigibahn* (S. 83). Hoch über dem Dorf die steile Felswand der *Rothfluh*, an welcher die *Waldisbalm*, eine schwer zugängliche 300m l. Tropfstein-Grotte. Am s. Abhang des Vitznauer Stocks (Fußweg, $1^1/_2$ St. von Vitznau) die reizend gelegene **Pens. Wissifluh.*

Zwei felsige weit in den See hineinragende Vorgebirge scheinen nun den See abzuschließen, das eine vom Rigi, das andere vom Bürgenstock (S. 89) auslaufend. Sie werden bezeichnend die *Nasen* genannt und mögen einst zusammengehangen haben. Neben der ö. Nase tritt hinter den vorliegenden Bergen die Schneepyramide des Tödi (S. 61) hervor, weiter l. über dem Pragel der Glärnisch (S. 64). Hinter dieser schmalen Stelle nimmt der See gegen W. den Namen *Buochser See* an, nach dem r. gelegenen, 1798 von den Franzosen niedergebrannten Dorf **Buochs** (**Krone; Hirsch; *Restaur. Kreuzgarten*), über welchem das *Buochser Horn* (s. unten) und die ö. Hänge des Bürgenstocks aufsteigen. Das Dampfboot hält nur bei einzelnen Fahrten. Post nach *Stans* (S. 115) 3mal tägl. in 40 Min. Zwischen Buochs und Beckenried (hübscher Spaziergang, 3/4 St.) großartige Regulierungsbauten der vom Buochser Horn und Schwalmis herabkommenden Wildbäche. — Weiter am s. Ufer —

**Beckenried** oder *Beggenried* (**Sonne*, Pens. m. Z. von 6 fr. an; **Mond*, Z. u. F. 3, M. 3, Pens. 6-8 fr.; **Nidwaldner Hof*, Pens. mit Z. 6-8 fr.; *Adler*), einst Versammlungsort der Waldkantone bei gemeinsamen Berathungen (zwei Landeplätze: die Dampfboote nach Flüelen halten bei der Sonne, die nach Luzern beim Mond). Vor der Kirche ein schöner alter Nußbaum mit mächtiger Laubkrone. In der Nähe mehrere Cementfabriken und der malerische *Ristten-Wasserfall.*

Einsp. nach Engelberg (s. S. 115) 18, Zweisp. 30 fr. (von Buochs 15 u. 25 fr.); nach Stans 6 u. 12, Stansstad 8 u. 15, Alpnach 11 u. 18, Grafenort 12 u. 20, Seelisberg 13 u. 25, Schönegg 6 u. 12 fr. u. Trkg.

Von Beckenried nach Seelisberg, 2 3/4 St., Fahrweg über (1 St.) die reizend gelegene Wasserheil- und Molkenkuranstalt *Schöneck* (705m; Besitzer Borsinger, Pens. ohne Z. 6 fr.) nach dem Dorf (1/4 St.) **Emmetten** (790m; *Post*, *Engel*, beide gelobt; *Stern*; Pens. überall 5 fr.); weiter durch das Thal zwischen *Stutzberg* und *Niederbauen* (s. unten) an dem malerischen *Seeli* vorüber zum (1 1/2 St.) *Kurhaus Seelisberg* (S. 78).

Das **Buochser Horn** (1809m), mit schöner Aussicht, ist von Beckenried oder Buochs in 3 1/2 St. zu ersteigen (F. angenehm); Abstieg event. nach (1 1/4 St.) *Niederrickenbach* (S. 115) und über *Büren* und *Stans* nach (2 1/2 St.) *Stansstad* (S. 90).

Gegenüber liegt auf einem schmalen fruchtbaren Landstreifen zwischen dem *Vitznauer Stock* und der *Hochfluh* das einst unabhängige, seit 1817 zu Schwyz gehörige Dorf **Gersau** (**H.-P. Müller*, Z. 2-4, M. 3 1/2, A. 2 1/2, Pens. mit Z. von 8-10 fr.; **Gersauer Hof; Hirsch; Sonne; *Zur Ilge*, einf.), in Obst- und Kastanienpflanzungen, mit seinen breit bedachten über den ganzen Abhang zerstreut liegenden hübschen Häusern einen anmuthigen Anblick gewährend. Der Ort ist sehr geschützt gegen kalte Winde, daher als klimat. Kurort besucht und zu längerm Aufenthalt geeignet. In der ansteigenden Bergschlucht drei Seidenspinnereien, oben am Kamm des Gebirges, mit dem Horizont abschneidend, das Kurhaus *Rigi-Scheidegg* (S. 88).

**Rigi-Hochfluh* (1683m), von Gersau am *Grat* entlang und über die *Ziristockalp* in 3-3 1/2 St., sehr lohnend (letzter Theil des Anstiegs jetzt verbessert, s. S. 89; von der Hochfluh zur Scheidegg 1 1/2-2 St.). — *Vitznauer Stock* (1454m), von Gersau oder Vitznau über *Ober-Urmi* in 2 1/2 St., die letzte 1/2 St. mühsam. — Von Gersau nach *Brunnen* (S. 79) schöner Spaziergang auf der stets am Seeufer entlang führenden (Axen-) Straße (1 1/2 St.).

Die Kapelle am Ufer, östl. von Gersau, heißt *Kindlimord*, der Sage nach von einem armen Geiger, der sein hungerndes Kind an dem durch ein schwarzes Kreuz bezeichneten Felsen zerschmetterte. Ö. steigen die kahlen Gipfel der beiden *Mythen* empor, an deren Fuß 1 St. landeinwärts *Schwyz* (S. 99) liegt; im Mittelgrund die Kirche von *Ingenbohl*, r. der *Achselberg* oder *Achslenstock* (2151m) mit seiner burgähnlichen kahlen Felsenkrone.

Das Boot fährt quer über den See nach **Treib** (einf. Whs.), am Fuß des *Sonnenbergs*, schon zum Kanton Uri gehörig, Landestelle (Telephon) für das oberhalb gelegene Dorf **Seelisberg** (801m; *H.-P. Bellevue; P. Aschwanden*, hinter der Kirche, einf., 5 fr.; *P. Löwen*), zu dem von Treib r. eine Fahrstraße durch die obstreichen Matten von *Folligen* in $1^1/_2$ St. (Postomnibus 4mal tägl., 2 fr., bergab 1 fr. 50; Einsp. 5, Zweisp. 10, bis zum Kurhaus 6 u. 12 fr., außerdem 2 fr. Trkg.), l. hinter dem Whs. ein näherer Fußpfad, steinig aber großentheils schattig, in 1 St. hinaufführt. Bei der Kapelle *Maria-Sonnenberg* (845m), 12 Min. von der Kirche von Seelisberg, *Pens. Grütli* (Pens. m. Z. 5-7 fr.); 100 Schritt weiter das kl. *Hôt. Mythenstein*, dann das große ***Kurhaus Sonnenberg-Seelisberg** *(M. Truttmann)*, als Luftkurort viel besucht (3 Häuser mit 300 Betten; Z. von 2 fr. ab, Pens. ohne Z. 7-8 fr., B. 50 c.). Von der großen Terrasse vor dem Hause schöne *Aussicht auf den tief unten liegenden Urner See und den Bergkranz von den Mythen bis zum Uri-Rothstock.

Zur ***Schwendifluh** schöner Spaziergang (25 Min.); 20 Min. s. vom Kurhaus beim Handweiser vom Wege nach Bauen l. ab zum (5 Min.) Aussichtspunkt, hoch über senkrechten Felsen, dem *Teufelsmünster* (Schillers Tell, IV. 1). — Schöne Aussicht vom *Känzeli*, 25 Min. s.w., gleich am s. Ende des Kurhauses r. bergan (im Walde r.), über den Vierwaldstätter See und das Hügelland der N.-Schweiz bis zum Weißenstein. — 20 Min. s.w. vom Kurhaus liegt malerisch der kleine *Seelisberger See* („Seeli“, 753m, mit Badeanstalt, 50 c.), an dem senkrecht abfallenden N.-Fuß des ***Niederbauen** oder **Seelisberger Kulms** (1925m), der vom Kurhaus in $3^1/_2$-4 St., von Beroldingen in 3 St., von Emmetten in $3^1/_2$ St. zu besteigen ist. Vom Kurhaus folgt man s.w. der Straße nach Emmetten, am Seeli vorbei; nach $^1/_2$ St. l. ab auf den Fuß des Bauen zu und auf schmalem Pfad hinan, beständig steil und besonders bei nassem Wetter unangenehm, zum Theil durch Wald zur Spitze; nur sichern Bergsteigern anzurathen (F. 5 fr. und Trkg.). — Von Beroldingen (s. unten; Führer Peter Bissig) über die Alpen *Wychel*, *Halti*, *Weid*, *Egglen* und *Eigstlerboden*, oder von Alp *Weid* l. um den Kulm herum über Alp *Laui*, 3 St., steil und mühsam, nur Schwindelfreien anzurathen. — Leichter ist die Besteigung von *Emmetten* (S. 77; F. für Geübte entbehrlich). Der kürzeste Weg (3 St.) führt vom O.-Ende des Dorfs zuerst kurze Zeit am r. Ufer des Kohlthal-Bachs entlang, dann zwischen Häusern vorbei; nach 20 Min. r., nicht l., auf ziemlich gutem und deutlichen Pfad weiter, auf die Mitte des Felsengrats am W.-Ende des Berges los. Oben ($1^1/_4$ St.) prächtiger Blick auf den Vierwaldstätter See. Dann l. am Kamm entlang in $1^1/_2$ St. zum Gipfel. — Ein andrer Weg (bequemer aber $^1/_2$ St. weiter) führt bei der Kirche von Emmetten ($1^1/_4$ St. vom Kurhaus Seelisberg) von der Straße l. ab, auf der l. Seite des *Kohlthals* hinan; 1 St. Gatter (dabei Käshütten); 2 Min. weiter nicht geradeaus, sondern über eine Brücke l. und auf gutem Pfad 20 Min. im Zickzack steil bergan, zuerst mitten auf der Grashalde, dann l. in den Wald. 7 Min. Brückchen über einen Felsspalt; weiter durch Wald und Matten zu einer (10 Min.) Sennhütte (der Hügel geradeaus mit Kreuz bleibt links). Von der Hütte am Abhang hinan bis zu einem (15 Min.) Gatter, dann 12 Min. nach O. auf den nun sichtbaren Bauen los, etwas hinab zu einer zweiten Sennhütte; man läßt einen steinernen Pferdestall auf der Anhöhe l., (40 Min.) dritte Sennhütte (einf. Unterkunft); dann im Zickzack, am besten um den Bauen herum, zum (40 Min.) Gipfel, mit Signalstange. Prächtige Aussicht auf den Vierwaldstätter See, den man vollständig von Luzern bis Flüelen übersieht, auf Urirothstock, Bristenstock, Tödi, Scheerhorn, Windgällen etc. und das Reußthal bis Amsteg. Fernsicht beschränkter als vom Rigi, da man dem Gebirge zu nahe steht. Früh Morgens hat man auf dem Wege von Emmetten fast fortwährend Schatten.

Wer von Seelisberg aus zu Fuß nach dem am Urner See gelegenen *Bauen* will, um dann nach der Tellsplatte oder Flüelen überzufahren, gehe hinter dem Kurhaus vom Fahrwege geradeaus weiter (Handweiser; der Weg zur Schwendifluh bleibt l.) zum (3/4 St.) Schlößchen *Beroldingen* und auf gefahrlosem, aber meist wenig angenehmem Pfade scharf hinab nach (1/2 St.) *Bauen* (Tell, einf.), von wo der Schiffer der Schützenwirthschaft nach der Tellsplatte für 2, Rütli 3, Flüelen 4 fr. überfährt (im Tell theurer). — Fußpfad von Seelisberg nach dem (1/2 St.) *Rütli* s. S. 80.

Gegenüber am ö. See-Ufer liegt das ansehnliche

**Brunnen.** — Gasth.: *Waldstätter Hof, am See, mit Bädern, Z. L. B. 3-5, M. 4, A. 2 1/2, Pens. mit Z. 8-11, im Frühjahr 7-9 fr.; *H.-P. Aufdermauer au Parc, 6 Min. vom See, Pens. 8-10 fr.; *H.-P. Adler und *H.-P. Hirsch, am Landeplatz, Z. L. B. 2-3, Pens. 7-10 fr.; H.-P. Schweizerhof; *Rößli, Brunnerhof, beide nahe beim Landeplatz, Pens. 6 fr.; *H.-P. Rigi, Gersauerstraße, Z. von 2, M. 3 1/2, Pens. ohne Z. 5 1/2 fr., Münchner Pschorrbräu; *Pens. Gütsch, mit schöner Aussicht, einf.; *P. du Lac, 5 Min. w., mit Seebadeanstalt, Pens. o. Z. 5-5 1/2, Z. 1 3/4 fr.; *P. Bellevue (6 fr.) u. *P. Mythenstein (6 fr.), beide an der Axenstraße, dicht am See; H. Bahnhof, v. Euw, Rosengarten, *Freihof, *Sonne, Rütli u. a., einf. (Pens. meist 5 fr.). Auch möbl. Z. zu haben. — Biergarten *zur Drossel*, nahe beim Dampfboot-Landeplatz.

Ruderboot nach Treib u. zurück mit 1 Ruderer 1 fr., 2 Rud. 2 fr.; nach dem Rütli 2 1/2 u. 4, Tellsplatte 3 u. 6, Rütli u. Tellsplatte 5 u. 8 fr.

Badeanstalt (warme u. Seebäder) im Waldstätterhof (Seebad mit Wäsche 50 c.). — Holzarbeiten im *Bazar Leuthold*, am Dampfbootlandeplatz (deutsche Zeitungen), und bei *Kaspar Aufdermauer*, an der Axenstraße.

*Brunnen*, Hafen des Kantons Schwyz, Station der Gotthardbahn (S. 99), wohl der schönste Punkt am Vierwaldstätter See, mit herrlicher Aussicht, liegt theilweise auf flachem Boden in der Nähe der Mündung der *Muota*. An dem stattlichen Sust- oder Waarenhaus alte Fresken.

Vom **Gütsch** (519m; Pens.), einer kl. Anhöhe hinter Brunnen, hübsche Aussicht auf beide Seearme und das liebliche Thal von Schwyz. In der Nähe schattige Waldpromenaden. — Nach Morschach (1 St.) führt ein guter Fahrweg, früh Morgens im Schatten, von der Axenstraße aus hinauf; nach 1/4 St. l. (Handweiser) ein schattiger Fußweg, der eine lange Straßenwindung abschneidet. 50 Min. *Hôtel **Axenfels** (630m; Z. von 2 1/2, M. 4, Pens. m. Z. von 7 fr. an), mit Anlagen und schöner Aussicht. Einige Min. weiter das reizend gelegene Dörfchen **Morschach** (657m; **H.-P. Frohnalp*, mit Anlagen, Pens. m. Z. von 5 fr.; **Pens. Bettschardt*, nicht theuer; *Pens. Degenbalm*, auf einer Anhöhe 70m über dem Dorf prächtig gelegen, Pens. von 5 fr.). Gleich hinter Pens. Frohnalp theilt sich die Straße: r. über *Ober-Schönenbuch* nach (1 1/2 St.) *Schwyz*; l. ansteigend, an *Pens. Rütliblick* mit schöner Aussicht vorbei, zum (10 Min.) *Gr.-Hôt. **Axenstein** (750m; 150 Z. zu 3-12, M. 4, Pens. o. Z. 7 fr., im Juni u. Sept. billiger), auf dem *Brändli* herrlich gelegen, mit schönster **Aussicht über die beiden Arme des Vierwaldstätter Sees. Große gedeckte Wandelbahn; schattenreicher Waldpark unmittelbar beim Hôtel (in demselben zahlreiche Findlingsblöcke und interessante Gletscherschliffe; Fremden geöffnet, den Pensionären von Axenfels und Morschach aber nur mit speciellen Erlaubniskarten des Hôt. Axenstein). Außer dem Fahrweg führt vom Gütsch (s. oben) ein steiniger aber schattiger Fußweg in 3/4 St. direkt nach Axenstein. Hôtelomnibus von Brunnen nach Axenstein in 40 Min., 2 fr.; Einsp. 5, Zweisp. 10 fr.

Auf den **Stoos** (1290m; **Kurhaus*, vortrefflich geführt, Z. L. B. 3 1/2, F. 1 1/4, Pens. 8-12, im Juni u. Sept. 7-10 fr.; *Pens. Balmberg*, 5-6 fr.), mit schöner Aussicht u. abwechslungsreichen Spaziergängen, führt von Morschach ein Fahrweg (Morgens meist schattig) in 2 St. (von Brunnen 3 St., Einsp. in 2 1/2 St., 15 fr., Zweisp. 20, hin u. zurück 25-30 fr.; Pferd 10, Gepäckträger 5 fr.). — Vom ***Frohnalpstock** (1922m), 1 1/2 St. s.w. vom Stoos (schlechter Weg, halbwegs in einer Sennhütte Milch), prächtige, der vom Rigi kaum nachstehende Aussicht auf das Hochgebirge und den Vierwaldstätter See in seiner ganzen Ausdehnung. Oben ein kl. **Whs.* (10 Betten). — Vom Stoos ins *Muotathal* Fußweg, anfangs angenehm über Matten, jenseit des *Stoosbachs* steil durch Wald im Zickzack hinab und über die Muotabrücke nach (1 1/2 St.) *Ried* (S. 63)

Andre Ausflüge von Brunnen: zur Insel Schwanau im Lowerzer See (S. 98), mit Gotthardbahn in 12 Min. bis Stat. Schwyz-Seewen, dann Kahnfahrt von Seewen in 25 Min.; über Ingenbohl, Unter- und Ober-Schönenbuch ins Muotathal zur ($1^3/_4$ St.) Suworowbrücke (S. 63), am r. Ufer über Ibach oder Schwyz zurück ($2^1/_4$ St.); auf der Axenstraße (s. unten) nach Tellsplatte und Flüelen (3 St.), bis 10 U. Vm. Schatten, später zu Fuß nicht zu empfehlen; Einsp. bis Flüelen 8 fr.); nach Kindlimord (S. 77) und Gersau (S. 77, 7km); nach dem Rütli (s. unten) und von dort, oder über Treib nach Seelisberg (S. 78); auf den Rigi (S. 82; 1 Tag); mit der Gotthardbahn nach Göschenen-Andermatt und zurück (R. 30; 1 Tag) etc.

Bei Brunnen beginnt der südl. Arm des Sees, der ***Urner See**. Die Ufer werden enger, die Berge steigen fast senkrecht empor. Durch die hin und wieder sich öffnenden Schluchten blicken steile zum Theil schneebedeckte Berggipfel herab. Gerade an der scharfen Ecke, die hier r. in den See vorspringt, ragt nahe beim w. Ufer ein 25m h. Felsblock aus dem See auf, der *Mythenstein*, mit der am 100. Geburtstage Schillers gesetzten Inschrift: „Dem Sänger Tells F. Schiller die Urkantone 1859". Eine Gedenktafel an der N.-Seite des Felsens erinnert an einen 1850 hier verunglückten jungen schweizer Offizier.

$^1/_4$ St. weiter, unterhalb Seelisberg (S. 78), 8 Min. über dem See, in schön angelegter und gut gepflegter Umgebung, rieseln in einem baumumpflanzten Rondel aus einer künstlichen Steinwand die drei Quellen des **Rütli** oder *Grütli* hervor. Die kleine Bergwiese ist Eigenthum der Eidgenossenschaft, ebenso das in altschweizerischer Holzarchitektur hübsch eingerichtete Wärterhaus (einf. Erfr.). 5 Min. w. ein 3m h. Granitblock mit den Bronze-Medaillonbildern des Dichters und Componisten des Rütliliedes.

Auf dieser Wiese versammelten sich in der Nacht vom 7. zum 8. Nov. 1307 aus Uri, Schwyz und Unterwalden 33 Männer und schlossen beim Grauen des Tages einen Bund, ihre Lande von der Herrschaft der habsburgischen Vögte zu befreien. Eine Sage berichtet, daß auf der Stelle, wo die drei Männer *Werner Stauffacher* von Steinen in Schwyz, *Erny* (Arnold) *an der Halden* von Melchthal in Unterwalden, und *Walter Fürst* von Attinghausen in Uri, den Bundeseid geleistet, drei Quellen entsprungen seien. — Ein guter schattiger Fußweg führt vom Rütli in 1 St. hinauf zum Kurhaus *Seelisberg* (S. 78). Kahnfahrt von Brunnen zum Rütli s. oben; sehr hübsch ist auch die Bootfahrt von *Treib* (3-4 fr.).

Am ö. Ufer des Sees zieht sich, großentheils in den Fels gesprengt, die fast ebene ***Axenstraße** von Brunnen nach (3 St.) Flüelen hin, ein kühner Bau, der sich den größten dieser Art an die Seite stellen kann. Unter, neben oder über ihr führt die *Gotthardbahn* (S. 99) in einer fast ununterbrochenen Reihe von Tunneln und Felseinschnitten am See entlang.

Das Dampfboot hält 15 Min. nach der Abfahrt von Brunnen bei *Sisikon* (Pens. Urirothstock, einf.), an der Mündung des engen *Riemenstaldenthals*.

Von dem Dörfchen ($1^1/_2$ St.) *Riemenstalden* (1039m; *Whs.) sind der *Rophaien* (2082m), mit prächtigem Blick auf den Vierwaldstätter See, in $2^1/_2$ St., und der **Roßstock* (2463m), mit herrlicher Aussicht, in $3^1/_2$-4 St. zu ersteigen (beide unschwierig; vergl. S. 100). Schwieriger (nur für geübte schwindelfreie Steiger) ist der *Liedernen* oder *Kaiserstock* (2517m; 4-$4^1/_2$ St. m. F.). — Ueber den *Katzenzagel* nach *Muotathal* s. S. 64.

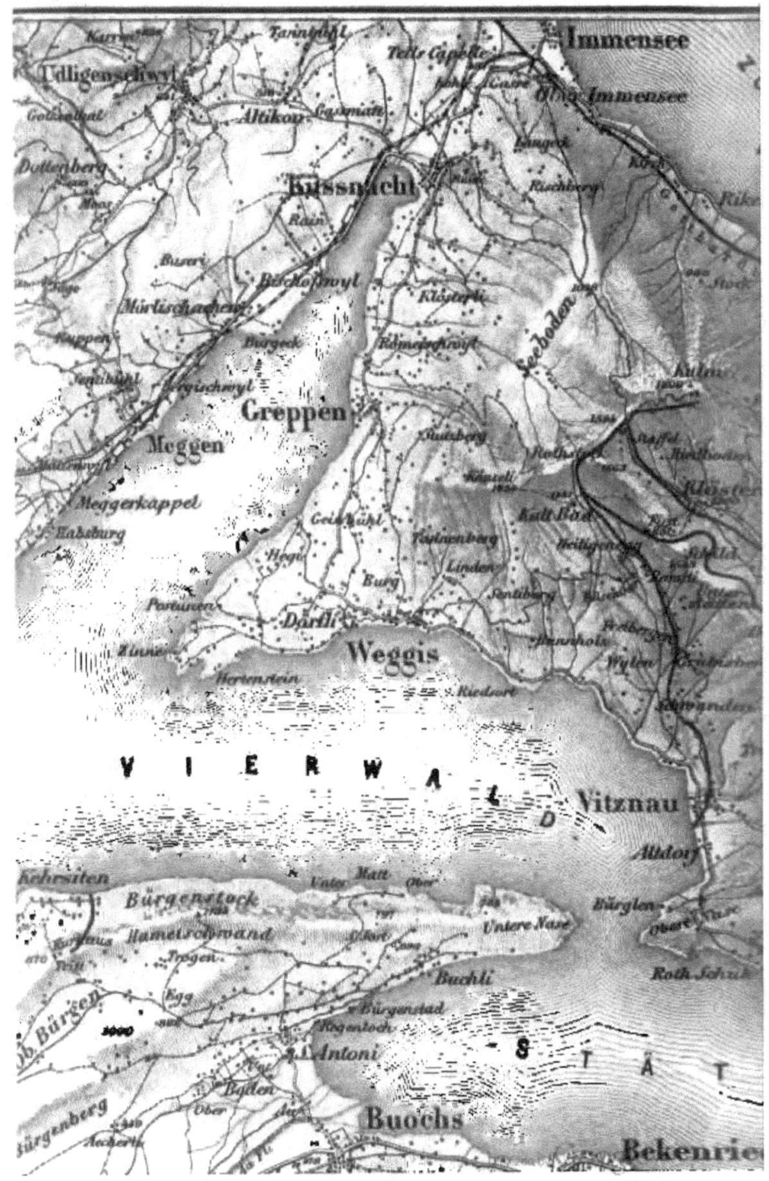
Immensee
Udligenschwyl
Altikon
Küssnacht
Mörlischachen
Seeboden
Greppen
Meggen
Meggerkappel
Habsburg
Weggis
Hertenstein
Riedsort
V I E R W A L D
Vitznau
Kehrsiten
Bürgenstock
Untere Nase
Bürglen
Buchli
Bürgenstad
S. Antoni
S T Ä T
Buochs
Bürgenberg

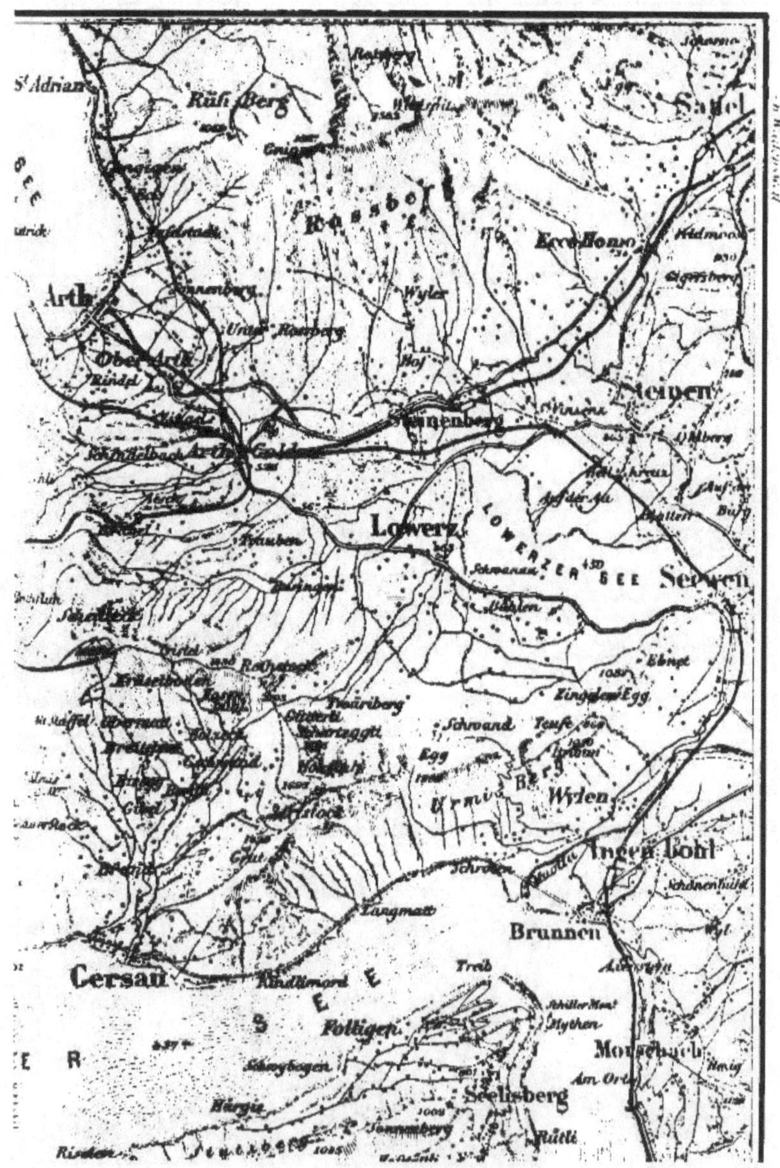
St Adrian
Rufi Berg
Sattel
Arth
Ober Arth
Arth Goldau
Lowerz
LOWERZER SEE
Seewen
Steinen
Ecce Homo
Wyler
Hof
Rindel
Schwanau
Ebnet
Schwand
Egg
Wylen
Ingenbohl
Brunnen
Langmatt
Cersau
Treib
Mythen
Am Ort
Seelisberg
Rütli
Sonnenberg
Rieden
SEE

Folgt Station **Tellsplatte** (*Restauration* und Badeanstalt am Landeplatz; 8 Min. oberhalb an der Axenstraße **Hôt.-P. Tellsplatte*, 512m, mit Anlagen und prächtiger Aussicht, Pens. 6 fr.). Einige Min. s. vom Landeplatz blickt von der *Tellsplatte*, einer vortretenden Klippe am Fuss des *Axenbergs*, aus Bäumen die **Tellskapelle** hervor, vom Kanton Uri angeblich 1388 auf der Stelle erbaut, wo Tell während des Sturmes aus dem Schiffe des Landvogts Geßler ans Land gesprungen sein soll, 1880 neu gebaut und von dem Basler Maler Stückelberg mit vier Freskobildern geschmückt (nach der Seeseite durch ein Gitter geschlossen; Privatweg vom Dampfbootlandeplatz in 1 Min., 20 c.). Am Freitag nach Himmelfahrt wird hier Messe gelesen und eine Predigt gehalten, zu welcher die Uferbewohner in festlich geschmückten Fahrzeugen zahlreich sich einfinden. Bei der Kapelle ist der See 214m tief.

Merkwürdig und selbst dem Laien auffallend sind die Einbiegungen und Knickungen der Kalkfels-Schichten der *Axenfluh;* hoch oben an der senkrechten Felswand, 110m über dem See, der große *Tunnel der Axenstraße, die auf dieser Strecke für Fußgänger vorzugsweise interessant ist (vom Tellsplatte-Hôtel bis Flüelen 1 St.). Vorn zeigt sich Flüelen, welches der Dampfer von hier in 15 Min. erreicht. Die Aussicht auf dieser letzten Strecke ist großartig. Auf dem Sattel zwischen den beiden Hörnern des Uri-Rothstocks liegt ein Gletscher, dessen Eiswand deutlich zu erkennen ist; l. daneben der *Glüschen* (2540m), vom See steil aufsteigend, mit der kastellartigen Kuppe. Das Reußthal schließt der pyramidenförmige *Bristenstock*, daneben l. die *Kleine* und *Große Windgälle* (S. 112). Gegenüber am w. Seeufer liegt das Dörfchen *Bauen* (Whs. zum Tell), weiter die Dynamitfabrik von *Isleten*, an der Mündung des *Isenthals* (s. unten)

**Flüelen.** — Gasth.: *Kreuz, Z. L. B. 3, F. $1^1/_4$ fr.; Tell, Z. 2, F. 1 fr.; *Adler; *St. Gotthard; *Hirsch; *Gambrinus (Bier), alle am See; Stern. — *Restaur. Bahnhof* (Biergarten). — *Bäder* im See, 10 Min. von Flüelen an der Axenstraße.

*Flüelen*, ital. *Fiora*, Stat. der Gotthardbahn (S. 99; Bahnhof dicht beim Dampfbootlandeplatz), ist der Hafen von Uri. Hinter der Kirche das *Schlößchen Rudenz*, einst der Familie Attinghausen gehörig. Für Techniker ist der Korrektionskanal der *Reuß* sehenswerth, die w. zwischen Flüelen und *Seedorf* in den See mündet, $^1/_2$ St. Gehens oder $^1/_4$ St. im Nachen zu fahren.

**Isenthal.** (Vgl. die Karte S. 114.) Zwei Wege führen von Altdorf oder Flüelen nach Isenthal: entweder zu Fuß über *Seedorf* (s. oben) am See-Ufer hin, vor Isleten steil empor zur ehem. *Fruttkapelle* (567m), mit schöner Aussicht, dann l. ins Thal einbiegend (3 St. bis Isenthal); oder mit dem tägl. 1mal das W.-Ufer des Sees berührenden Dampfboot (Abfahrt von Flüelen 1 U. 20 Nm.) nach *Isleten*, dann links hinan; bei der Fruttkapelle treffen beide Wege zusammen. Am kürzesten und bequemsten ist die Ueberfahrt mit Ruderboot (2-4 fr.) von der *Tellsplatte* (s. oben) nach Isleten. Von *Bauen* (s. oben) führt ein schöner Fußpfad mit prächtigen Blicken auf den See um den Abhang der *Furkelen* herum in $1^1/_2$ St. direkt nach Isenthal. — 1 St. oberhalb Isleten das reizend gelegene Dorf **Isenthal** (775m; am obern Ende Wirthsch. bei *Michael Gasser*, 3 Betten, einf. aber ordendlich; *Joh. Imfanger*, *Mich.* u. *Joh. Gasser*, Führer), am s. Fuß des steil abstürzenden *Oberbauen* oder *Schyngrats* (2130m), der über den *Bauberg* in $3^1/_2$-4 St. m. F. zu ersteigen ist (für Geübte lohnend). Das Thal verzweigt sich hier in r. *Großthal*, l. *Kleinthal*. Durch das **Großthal**, in welchem das Dörfchen ($^3/_4$ St.) *St. Jakob* (980m), kann man w. über den **Schönegg-Paß** (1925m), zwischen *Hohenbrisen* (2411m) und *Kaiserstuhl* (2401m), nach *Ober-Rickenbach* und ($5^1/_2$ St.) *Wolfenschießen* (S. 116); oder s.w. über den *Schönthalfirn* und das **Rothgrätli** (2566m) zwischen Engelberg-Rothstock und *Hasenstock* nach (10 St.) *Engelberg* (S. 116) gelangen. Der *Engelberg-Rothstock* (2820m) ist vom Rothgrätli in $^3/_4$ St. unschwer zu ersteigen (vgl. S. 117). — Ueber das *Jochli* und die *Bühlalp* nach ($4^1/_2$-5 St.) *Nieder-Rickenbach* s. S. 116.

Im **Kleinthal** führt ein anstrengender Pfad (nur für geübte Bergsteiger; Führer auf den Uri-Rothstock 15 fr., mit Abstieg nach Engelberg 25 fr.) zur *Neien-* und (2 St.) *Musenalp* (1489m); von hier mühsam an jähen Schieferwänden empor zur Höhe des *Kessels* (2578m) und entweder über das *Mittelgrätli* oder dasselbe nach O. umgehend über den *Kleinthalfirn* und den Grat, der diesen vom Blümlisalpfirn scheidet (s. unten), zum ($4^1/_2$ St.) Gipfel des ***Uri-Rothstocks** (2932m). Ein weniger beschwerlicher, aber längerer Weg führt durch das Großthal, an *St. Jakob* (s. oben) vorbei einen steilen holperigen Waldweg hinauf zur (3 St.) *Hangbaum-Alp* (1720m) in großartiger Umgebung (schöne Wasserfälle), wo man übernachtet (Heulager, reinliche Decken vorhanden); von hier (früh aufbrechen) über Matten und ein Trümmerfeld, dann am n. Rande des *Blümlisalpfirns* entlang zur Schneide gegen das Kleinthal und w. zu dem im Sommer meist schneefreien Gipfel (3-4 St. von Hangbaum). Der im Uri-Rothstock und Brunnistock (2952m) gipfelnde Gebirgsstock ist, wie der Titlis (S. 117), an seiner O.- und S.-Seite (gegen Gitschenthal u. Surenen) beinah senkrecht abgerissen und bildet eine hochaufgeworfene, durch die merkwürdigsten Windungen und Verschlingungen der Kalkschichten ausgezeichnete Masse. Die *Aussicht ist überaus großartig: im S. die Alpenkette, östl. vom Sentis an, zu Füßen 2500m tiefer der Vierwaldstätter See, nach NO. und N. schaut man über Rigi, Pilatus und die Entlebucher Berge in die Hügel der Schweiz und das angrenzende südliche Deutschland. Empfehlenswerther Abstieg (unschwierige Gletschertour) über den Blümlisalpfirn, die *Schloßstock-* und *Rothstocklücke* zur (3 St.) Clubhütte ob *Plankenalp* und nach (3 St.) *Engelberg* (S. 116).

## 26. Der Rigi.

Seit Erbauung der **Zahnradbahnen** von Vitznau und von Arth auf den Rigi (1868-75) bedient sich die übergroße Mehrzahl der Reisenden dieses Beförderungsmittels zum Besuch des altberühmten und herrlichsten Aussichtspunktes der Schweiz. Erleichtert wird der Besuch durch die zahlreichen Eisenbahn- und Dampfboot-Verbindungen, welche Arth und Vitznau auch von entfernteren Städten zu jeder Tageszeit rasch erreichen lassen, sodaß z. B. von Luzern oder Zürich aus die Fahrt über Arth-Goldau oder Vitznau nach dem Rigi und zurück mit Aufenthalt an allen Hauptaussichtspunkten eine bequeme Tagestour geworden ist.

**Das System** beider Bahnen ist das gleiche. Zwischen den eigentlichen Schienen, welche die gewöhnliche Spurweite haben, läuft die Zahnstange, d. h. eine breite Schiene, welche aus zwei Langtheilen mit starken, in regelmäßigen Abständen sie verbindenden Querzapfen besteht. In die zwischen letztern entstehenden Lücken greift das unter der Lokomotive befindliche Zahnrad ein, dessen Thätigkeit die Beförderung allein bewirkt. Maximalsteigung auf der Vitznauer Bahn 25%, auf der Arther 20%. Die Aufwärtsbewegung geschieht mittelst Dampfkraft, während beim Abwärtsfahren die in den Cylinder geleitete atmosphärische Luft zur Regulierung der Geschwindigkeit benutzt wird. Jeder Zug besteht bei der Vitznauer Bahn aus einem Wagen mit 54 Plätzen (keine verschiedenen Klassen), bei der Arther Bahn aus 2 Wagen mit 80 Plätzen. Die Lokomotive ist stets unterhalb der Personenwagen. — Die S. 87 gen. *Scheideggbahn*, welche Rigi-Kaltbad und Rigi-Scheidegg verbindet, ist eine gewöhnliche schmalspurige Bahn ohne Zahnstange, die mit Adhäsions-Lokomotiven betrieben wird.

**Fußgänger** werden Zeit und Kräfte jetzt lieber auf andere Berge verwenden, bei denen die Concurrenz der Eisenbahnfahrer fortfällt. Doch ist der aussichtreiche *Hinabweg nach Weggis* (2-2½ St., s. S. 85) sehr zu empfehlen und wird noch viel gemacht.

**Gasthöfe auf dem Rigi.** Auf dem Kulm: *Schreiber's Rigi-Kulm-Hôtels (Bes. *Gebr. Schreiber*), drei Häuser, die beiden höher gelegenen ältern jetzt Dependenzen des untern (im Erdgeschoß des letztern *Restauration*), nicht billig, Z. L. B. 6-7 M. 5, Flasche Bier 2½ fr. — Auf Rigi-Staffel (S. 84), ½ St. unterhalb des Kulm und Kreuzungspunkt aller Rigiwege: *H.-P. Rigi-Staffel (Bes. *Gebr. Schreiber*), Z. L. B. 2½-3, M. 3½, Pens. 8-9 fr., auch für längern Aufenthalt zu empfehlen; H. Staffel-Kulm, H. Rigibahn, beide gleich oberhalb der Station. — *Kurhaus Rigi-Kaltbad (Bes. *X. Segesser-Faaden*), w. ½ St. unterhalb Staffel, großes Etablissement 1. Ranges, Preise entsprechend, Pens. von 9 fr. ab (kalte und warme Bäder). *H. Bellevue, unterhalb der Station, M. 3½, Pens. m. Z. von 7 fr. — *H. Rigi-First, 15 Min. vom Kaltbad, an der Scheidegg-Bahn (S. 88), für längern Aufenthalt zu empfehlen, Pension mit Z. vom 10. Juli bis 10. Sept. 11-15 fr., vor- u. nachher 9-12 fr. — *Schwert, *Sonne, beim *Klösterli* (S. 85), Preise in beiden ziemlich gleich, Z. u. B. 1½-2½, M. 2½-3, Pension mit Z. 5-6 fr. Pens. Riedboden, zwischen Klösterli und Staffel, nicht theuer (Pens. 4 fr.). — *H.-P. Rigi-Felsenthor (S. 84), 10 Min. von Stat. *Romiti-Felsenthor* (S. 84), Pens. m. Z. 5-5½ fr. — H. Rigi-Unterstetten, bei der gleichn. Stat. der Scheideggbahn (S. 88), einf. (Pens. m. Z. 2½ fr.). — *Kurhaus Rigi-Scheidegg (S. 88, Bes. *Dr. Stierlin-Hauser*), Z. 3-5, F. 1¼, M. 4, A. 2½, Pens. mit Z. im Juni u. Sept. 7-10, Juli u. Aug. 7-12 fr.

Der ****Rigi** (1800m, 1363m über dem Vierwaldstätter See), bei den Umwohnern *die* Rigi (d. h. Schichten) genannt, aus Nagelfluh, der n. und w. Theil aus Molasse bestehend, ist eine Gruppe von Bergen, 8-10 St. im Umkreis und von drei Seen, dem Vierwaldstätter, Zuger u. Lowerzer See umgeben. Der Berg, der nach N. steil abfällt, nach S. in großen Terrassen sich abdacht und am Fuß dieser südl. Abhänge Feigen, Mandeln und Kastanien erzeugt, ist allenthalben mit grünen Matten bedeckt, auf welchen an 4000 Stück Rindvieh ihre Nahrung finden. Seine abgesonderte freie Lage, weit entfernt von verdeckenden größeren Höhen, gestattet eine Rundsicht, welche an 100 Stunden im Umkreise umfaßt und an Schönheit von keinem andern Berge in den Alpen erreicht wird. Von Reisenden wird der Rigi, nachdem einzelne schon in der zweiten Hälfte des XVIII. Jahrh. auf die Schönheit seiner Aussicht aufmerksam gemacht hatten, hauptsächlich erst seit dem Frieden von 1815 besucht. Im J. 1816 wurde auf dem Kulm ein sehr bescheidenes Wirthshaus aus freiwilligen Beiträgen errichtet, welches 1848 dem jetzigen ältern Haus hat weichen müssen. Seitdem hat sich die Zahl der Gasthäuser fortwährend vermehrt und gegenwärtig ist der Rigi einer der Mittelpunkte des Fremdenverkehrs in der Schweiz.

Von Vitznau nach Rigi-Kulm: 7km, *Zahnradbahn* in 1 St. 20 Min. für 7 fr. (bis Kaltbad 4 fr. 50 c., Staffel 6 fr.); hinab, in der gleichen Zeit, für 3 fr. 50 c.; 5kg Handgepäck frei, weiteres Gepäck muß bezahlt werden. Retourbillets 1. Kl. von Luzern über Vitznau auf den Rigi 13 fr. 50 c., Sonntagsbillets 7 fr. Die Retourbillets berechtigen nur zur Rückfahrt auf der Bahn, bei welcher sie gekauft sind, also Vitznauer Billets z. B. nicht zur Hinabfahrt nach Arth. Abonnementsbillets 30% billiger.

*Vitznau* s. S. 76; der Bahnhof ist wenige Schritt vom Landeplatz. Die Bahn (*links* sitzen!) zieht sich in mäßiger Steigung (6½%) durch das Dorf und führt dann immer stärker steigend (bis 25%) an den steil abfallenden Wänden des *Dossen* aufwärts. Bald öffne-

6*

sich l. die Aussicht auf den See, die sich im Ansteigen immer grossartiger entfaltet; gegenüber zunächst der dunkle Bürgenstock, Stanserhorn, Pilatus, Luzern; weiter hinauf erscheinen über den Vorbergen die Urner, Engelberger und Berner Alpen. Die Bahn durchbricht (20 Min. nach der Abfahrt von Vitznau) eine vortretende Nagelfluhwand mittelst eines 75m l. Tunnels und überschreitet gleich darauf das *Schnurtobel*, eine 23m tiefe Schlucht, durch die der *Grubisbach* hinabstürzt, auf einer $76{,}_5$m l., von zwei eisernen Pfeilern getragenen Blechbalkenbrücke. Dann noch einige Min. Fahrens bis zu der Wasser- und Ausweichstation *Freibergen* (1016m), wo das Doppelgeleise beginnt. Folgt Stat. *Romiti-Felsenthor* (1186m; vgl. S. 83, 85), dann (54 Min. von Vitznau)

$4{,}_5$km Stat. **Kaltbad** (1433m); l. auf breiter Terrasse in gegen N.- und O.-Winde geschützter Lage das große *Kurhaus* (S. 83), als Luftkurort besucht (bedeckte Gallerie).

Durch einen engen Felseinschnitt l. vom Gasthof gelangt man zur (5 Min.) **St. Michaelskapelle**. Die Wände sind mit zahlreichen Votivtafeln behangen; eine lithographirte Tafel an der Wand l. erzählt, dass zur Zeit König Albrechts zwei fromme Schwestern sich vor den Nachstellungen des Vogts hierher in die Einsamkeit flüchteten und die Kapelle erbauten. Neben der Kapelle sprudelt aus einem Felsspalt eine kalte (4°) Quelle hervor, früher zum Andenken an die beiden Schwestern der „Schwesternborn" genannt.

Durch die Nagelfluh-Blöcke bei der Kapelle und weiter durch parkartige Anlagen führt ein Weg zum (1/4 St.) ***Känzeli** (1455m), einer offenen Rotunde auf einem Felsvorsprung mit prächtigster Aussicht auf das Gebirgsrund und das seenreiche n. Flachland, ähnlich der Aussicht von Staffel, nur, weil niedriger, mit mehr malerischem Vordergrund (See und Luzern). — Ein Pfad führt von hier in derselben Zeit wie vom Kaltbad zur Staffel (50 Min.), indem man vom Känzeli aufwärts steigt (nicht den nach Osten führenden Weg, sondern) stets r. bis da, wo man den südl. Theil des Sees sieht, dann auf dem Bergkamm stets ansteigend weiter zur (1/2 St.) Staffelhöhe, wo der Weg von Kaltbad einmündet.

Eisenbahn von Kaltbad nach *Rigi-Scheidegg* s. S. 88.

Vom Kaltbad 5 Min. Fahrens bis Stat. *Staffelhöhe* (1551m); dann l. um den *Rigi-Rothstock* herum in 9 Min. nach ($6{,}_1$km) **Rigi-Staffel** (1604m; Gasth. s. S. 83). Knotenpunkt der Arther Bahn (s. unten).

Vom ***Rigi-Rothstock** (1663m), 1/4 St. s.w., sehr malerische Aussicht, auch auf den mittlern, vom Kulm nicht sichtbaren Theil des Vierwaldstätter Sees. Nicht selten ist der Kulm in dichte Nebel gehüllt, während man vom Rothstock unter den Wolken schöne klare Aussicht hat. Manche wollen den Sonnenuntergang vom Rothstock schöner finden, als vom Kulm, Sonnenaufgang aber ist jedenfalls am schönsten vom Kulm.

Von Staffel zum Kulm (1/2 St. Gehens) steigt die Bahn neben der Arther Rigibahn ziemlich steil unweit des nördlichen steil abstürzenden Felsrandes hinan. $7{,}_1$km Station *Rigi-Kulm* (1750m) s. S. 86.

Von Arth nach Rigi-Kulm: 11km, *Zahnradbahn* in 1 St. 35 Min. für 8 fr. 30 c. (Klösterli 5 fr. 50, Staffel 7 fr. 40 c.; von *Arth-Goldau*, Stat. der Gotthardbahn, bis zum Kulm in 1 1/4 St. für 8 fr.); hinab in der gleichen Zeit, für 4 fr. 30 c.; Retourbillet von Arth nach Rigikulm 11 fr. 50 c., von Arth-Goldau 11 fr.; 5kg Handgepäck frei, weiteres Gepäck muß bezahlt werden. Abonnementsbillets zum halben Preise.

*Arth* (425m; Bahnrestaur.) s. S. 93. Die Bahn (bis Goldau Adhäsionsbahn) führt in unbedeutender Steigung (Maximum $6{,}_5$%) nach *Ober-Arth* (454m), dann durch den kleinen *Mühlefluh-Tunnel* und unter der Gotthardbahn hindurch nach ($2{,}_4$km) **Arth-Goldau** (513m), Station der Gotthardbahn (S. 98), wo das Zahnstangen-System beginnt (Kopfstation; Plätze von hier ab r., in Arth also l., nicht Wartesaal-Seite nehmen). Die Rigibahn durchschneidet einen Theil des Goldauer Trümmerfeldes (S. 98), kreuzt die Schwyzer Straße auf einem Viadukt und wendet sich dann in großem Bogen nach W., indem sie sich, bald stärker ansteigend, an die erste Berglehne am Fuß der Scheidegg anschmiegt, zur (4,5km) Wasserstation *Kräbel* (764m). Weiter mit 20% Steigung an der steil abstürzenden *Kräbelwand* entlang, der schwierigsten Strecke der Bahn, mit schönem Blick auf das Lowerzer Thal mit dem See und der Insel Schwanau, auf die Schwyzer Mythen, den Roßberg mit dem ganzen Gebiet des Goldauer Bergsturzes (S. 98) und den Zuger See; dann durch den *Rothenfluh-Tunnel* und in schönem bewaldeten Thal über den *Rothenfluhbach* zur Ausweichstation *Fruttli* (1153m). Weiterhin stets in starker Steigung durch den *Pfedernwald*, über den *Dossenbach*, dann durch den *Pfedernwald-Tunnel* und über den *Schildbach* zur

8,3km (1¼ St. Fahrens von Arth) Stat. **Rigi-Klösterli** (1317m), in einer von Rigi-Kulm, Rothstock u. First umschlossenen Thalmulde, kleines Kapuzinerkloster (Hospiz) mit der 1712 errichteten Wallfahrtskapelle *Maria zum Schnee* und den S. 83 gen. Gasthäusern. Die Kapelle wird von Wallfahrern besonders am 5. Aug. u. 6. Sept. viel besucht; Sonntags Messe und Predigt, zu der sich die Sennen des Berges einfinden. Die Lage ist aussichtslos, aber gegen Winde geschützt und dem Nebel weniger ausgesetzt, als Kulm, Staffel und Scheidegg; oft ist es hier ganz hell, während dichte Nebel die höhern Stellen des Berges umwogen (für Kurgäste zu beachten). Vom Klösterli zum Rigi-First 20 Min., Unterstetten ½ St., Staffel, Rothstock, Schild ¾, Dossen, Kulm 1¼, Scheidegg 1¾ St. Gehens.

Bei (10,2km) Stat. **Rigi-Staffel** (S. 84) entfaltet sich plötzlich links höchst überraschend die *Aussicht nach Westen und Norden. Von hier bis (11,1km) *Rigi-Kulm* s. S. 84.

**Fuß- und Reitwege auf den Rigi** (vgl. aber S. 82). — Von Weggis (S. 76) Reitweg (3¼ St.), gar nicht zu verfehlen (5 Min. vom Landeplatz ein Handweiser), sanft ansteigend durch reiche Obstpflanzungen, deren Erträge zum Kauf angeboten werden. Er durchschneidet die Stelle, welche 1795 von einem dicken rothen Schlammstrom bedeckt war, der sich von der Höhe des Rigi wie ein Lavastrom langsam herabwälzte und 14 Tage Zeit gebrauchte, bis er den See erreichte. 1¼ St. *Heiligkreuzkapelle;* weiter (½ St.) **Hôt.-Pens. Felsenthor* (S. 83); daneben der *Hochstein*, auch *Felsenthor* oder *Käsbissen* genannt, aus zwei gewaltigen Nagelflueblöcken gebildet, auf welchen ein dritter ruht (unweit oberhalb die Stat. *Romiti*, S. 84). Durch dieses Thor führt der Weg und erreicht in ¾ St. weiteren Steigens, eine Strecke parallel mit der Eisenbahn, das Kaltbad (S. 84). — Dieser Weg bietet eine Reihe schöner Aussichten auf See und Gebirge und ist als Hinabweg besonders zu empfehlen (vgl. S. 82).

Von Küßnacht (S. 91) Reitweg in 3¼ St. Am n. Ende des Orts bei dem Bildstock r. ab am Bach entlang und bei dem großen neuen Haus über diesen; (½ St.) Trümmer eines abgebrannten Hauses, bei dem Wegweiser „Auf die Rigi" links; (20 M.) *Roßweid*, wo auf einem Fels ein Kreuz zum Gedächtniß eines 1738 vom Blitz Erschlagenen (Blick auf den n. Theil des Zuger Sees). Nun 20 Min. lang durch Wald, dann ein großes Farnkrautfeld hinan (Aussicht l. auf den Sempacher, r. auf den Baldegger See). 15 Min. *Vordere Seeboden-Alp*

(1028km; einf. Kurhaus, nicht billig), wo beim *Heiligkreuz* der Weg von I und der Tellskapelle sich mit dem Küßnacher vereinigt; (18 M.) *Ab boden-Alp*. Dann in Windungen $1\frac{1}{4}$ St. lang scharf bergan bis *Rigi-Staf*

Von Immensee (S. 93) Reitweg in $3\frac{1}{4}$ St. 10 Min. von Immense man bei dem Gasthaus *zur Eiche* (S. 94) auf die Küßnach-Arther L (S. 94), von wo etwa 50 Schritte l. bei dem Whs. *zur Ilge* der We Straße r. ab bergan führt, nicht zu verfehlen, $1\frac{3}{4}$ St. bis zur *untern Alp* (s. oben). Oder man geht von Immensee auf der Küßnacher L bis zur (20 Min.) *Tellskapelle* (S. 94), dann l. ab; auf der ($\frac{3}{4}$ St.) *Lo* (616m) treffen beide Wege zusammen.

**Rigikulm** (1800m) ist der mit Rasen bewachsene höch nördlichste Gipfel der Rigigruppe (S. 83). Gegen N. fällt nach dem Zuger See ab, nach SW. hängt er mit dem Hau des Rigi zusammen, der um die Thalmulde des Klösterli sich zur Scheidegg hinüberzieht. Oben ein hölzernes B Etwa 130 Schritte südlich unter dem Gipfel liegen die G (S. 83), gegen West- und Nordwinde geschützt.

Der Kulm ist zu jeder Tageszeit belebt, am meisten aber und Morgens. Vor Sonnenuntergang versammelt sich alles Höhe. Ein Alphornkünstler bläst die „Retraite“ der Sonne u sich seine Belohnung aus. Dann wird's nach und nach im leer, und der Abendtisch übt seine Anziehungskraft.

Eine halbe Stunde vor Sonnenaufgang (also hinlängliche Z Ankleiden) erschallt wiederum das Alphorn. Nun entsteh Treiben, jeder fürchtet den Aufgang der Sonne zu versäumen und nach werden die Zimmer leer, mit schlaftrunkenen Au Tücher oder Mäntel gehüllt, eilt alles auf die Höhe, um die Sonnenstrahlen zu begrüßen. Wohl dem, dem sie unverhüllt le Nur ein verhältnismäßig kleiner Theil der Rigifahrer kann sich Glückes rühmen, und die alten Rigi-Fremdenbücher geben von m durch Nebel, Regen oder Schnee getäuschten Erwartung Ku

Ein Lichtschimmer im Osten, vor dem der Glanz der Ster mählich erbleicht, ist der erste Bote des beginnenden Tages Schimmer verwandelt sich in einen Goldstreifen am Horizo wirft ein blaßrothes Licht auf die schneebedeckten Häupter der Alpen. Eine Bergspitze nach der andern nimmt den goldigen an, der dunkle Zwischenraum zwischen Horizont und Rigi erhe Wälder, Seen, Hügel, Städte und Dörfer treten hervor, behalte ein frostiges Ansehen, bis endlich die Sonne, oft mit zuckenden St hinter dem Gebirge hervorbricht, schnell steigt und die Lan erwärmt und beleuchtet.

**AUSSICHT. Zunächst und am meisten wird das Auge zogen von der an 40 Stunden lang sich hinziehenden schneebe Alpenkette (vgl. das Panorama). Sie beginnt fern im O. m *Sentis* im Kanton Appenzell, über oder neben welchem im sommer die Sonne sich erhebt. Dem Rigi näher ragen übe Kamm der Alpen besonders hervor der gewaltige schneebe Rücken des *Glärnisch;* der *Tödi*, davor die *Clariden* und daneben das doppelzackige *Scheerhorn;* dann, dem Rigi zu gegenüber, die breite *Windgälle*, die spitze Pyramide des *Bristen*

Eiger 3976
Engelberger Aa
Stans
temberg
Hoch Etzel

an der Gotthardstraße; der *Blackenstock* und *Uri-Rothstock*, dicht neben einander, so nah, daß man das Gletschereis erkennen kann; dann die zackigen *Spannörter* und mehr r. der *Titlis*, die höchste Spitze in Unterwalden, leicht kenntlich an der gewaltigen Firndecke. Weiter eilt das Auge zu den Alles überragenden, zu jeder Jahreszeit in unveränderlichem Weiß erglänzenden Berner Alpen, zu äußerst l. das *Finsteraarhorn*, das höchste (4275 m), daneben die *Schreckhörner*, die drei Schneespitzen des *Wetterhorns*, *Mönch*, *Eiger*, mit der senkrecht nach N. abfallenden schwarzen Felswand, *Jungfrau*. Im W. erhebt der düstere *Pilatus* seine zackigen Hörner (S. 90), als äußerster Vorposten der Alpen an dieser Seite. — Wendet man sich nun gegen Norden, so blickt man zunächst hinab auf den ganzen *Zuger See*, die Straßen von *Arth* und die Orte *Zug* und *Cham*. L. vom Zuger See, gleich unter dem Rigi, liegt die *Tellskapelle*, halbwegs zwischen Immensee und Küßnacht, von dem weißen Hause etwas links; durch einen schmalen Landstrich vom Zuger See getrennt der Küßnacher Arm des Vierwaldstätter Sees; weiter w. *Luzern* in seiner Bucht, mit dem Kranz von Mauerzinnen und Thürmen. Darüber hinaus übersieht man fast den ganzen Kanton Luzern, die *Emme* zieht sich wie ein Silberfaden durch die offene Landschaft, die *Reuß* zeigt sich mehrfach auf kurzen Strecken. Weiter der *Sempacher See*, an dessen Westseite sich die Eisenbahn nach Basel hinzieht, der *Baldegger* und *Hallwyler See*. Den westl. und nordwestl. Horizont begrenzt die blaue *Jurakette*, über welche einzelne Gipfel der Vogesen hervorragen. — Gegen Norden, aber noch l. vom Zuger See, schimmern in der Ferne die stattlichen Gebäude der ehem. Abtei *Muri*, dahinter erhebt sich die *Habsburg* und weit am nördl. Horizont der *Schwarzwald*, dessen höchste Gipfel der *Feldberg* (r.) und *Belchen* (l.). Ueber den Zuger See weg sieht man den *Albisrücken* mit dem *Uetliberg*, welche den Züricher See bis auf einzelne Streifen verdecken; doch erkennt man ganz deutlich das lange Kantonsspital und die Neumünsterkirche von *Zürich*. Am fernen Horizont die Basaltkegel von *Hohenhöwen* und *Hohenstoffeln* (nebeneinander) und *Hohentwiel* in Schwaben. Mehr gegen Osten hinter dem nördlichen Abhang des Roßbergs ein Stückchen des *Aegeri-Sees*. Ueber Arth, dem Kulm gegenüber, der *Roßberg*, an dessen Südabhang gegen Goldau man den ganzen Schauplatz des verhängnisvollen Bergsturzes (S. 98) überblickt. Zwischen dem Roßberg und den östl. Ausläufern der Rigigruppe der *Lowerzer See* mit den beiden Inselchen, und über denselben weg der Flecken *Schwyz*, am Fuß der beiden kahlen *Mythen* (S. 99), über welche der prächtige *Glärnisch* emporragt. Rechts das *Muotathal*. Dann bilden im Südosten und Süden die verschiedenen Höhen der Rigigruppe, *Hochfluh* (tiefer die *Rothfluh*), *Scheidegg*, *Dossen* und *Schild*, an dessen Fuß das Klösterli, den Vordergrund. Links vom Schild erblickt man den *Vierwaldstätter See* bei Beckenried und r. die *Buochser See* genannte Bucht desselben, darüber das

*Buochser Horn*, weiter r. das *Stanser Horn*, an dessen Fuß *Stans*, und näher den niedrigen *Bürgenstock* und den *Rigi-Rothstock*. Ueber diesen l. der *Sarner See*, aus waldiger Umgebung hervorschimmernd, und r. die *Alpnacher Bucht*, durch den vom Pilatus auslaufenden *Lopperberg* vom Vierwaldstätter See getrennt, der sich hier r. in die Busen von Luzern und Küßnacht theilt. — Gutes Panorama von *Keller*, wonach das nebenstehende bearbeitet ist.

Eine Viertelstunde vor und nach Sonnenaufgang ist der Blick in die Landschaft am freiesten, später steigen und ballen sich nicht selten Nebel, die dem Auge manches verhüllen. Aber auch der Kampf der oft plötzlich aufsteigenden und in wenig Augenblicken den Kulm umhüllenden Nebel und Wolken mit der Sonne ist merkwürdig, und der Alpenjäger in Schiller's Tell sagt mit Recht:

„Und, unter den Füßen ein neblichtes Meer,
Erkennt er die Städte der Menschen nicht mehr;
Durch den Riß nur der Wolken erblickt er die Welt,
Tief unter den Wassern das grünende Feld."

Die Beleuchtung ändert sich den Tag über sehr häufig und gewährt stets neue Unterhaltung. Am frühen Morgen sind die Berner Alpen am günstigsten beleuchtet; gegen Abend stellt sich die Alpenkette ö. vom Bristenstock besonders schön dar. Wer Zeit hat, möge dem Rigi einen ganzen Tag widmen. Ein Spaziergang zum Staffelhaus (S. 84), das Besteigen des nahen Rothstocks (S. 84), ein Besuch im Kaltbad (S. 84), im Klösterli (S. 85) und auf der Scheidegg (s. unten) mag rastlosen Reisenden als Zeitvertreib dienen.

Die Temperatur wechselt auf Rigikulm oft innerhalb 24 St. um 20 Grad (also Ueberzieher nicht vergessen!). Bei anhaltendem Föhn (vgl. S. 75) erscheint die Alpenkette bedeutend näher, die Umrisse treten schärfer und bestimmter hervor, die Färbung wird wärmer. Ebenso bei Westwind der Jura. Auf beide folgt indeß in der Regel Regen.

---

Vom Kaltbad nach Rigi-Scheidegg: 6,7km. *Eisenbahn* in 40 Min., für 2 fr. 50, hin u. zurück 3 fr. 60 c.

*Rigi-Kaltbad* (1433m) s. S. 84. Die Bahn führt am s. Abhang des Rothstocks, meist in den Fels gesprengt, in unbedeutender Steigung nach Stat. **Rigi-First** (1448m; **Hôtel* s. S. 83), mit prächtiger Aussicht auf den Vierwaldstätter See und die Urner, Unterwaldner und Berner Alpen. Hier tritt die Bahn auf die Nordseite des Rigi-Rückens (unten im Thal das Klösterli, oben die Kulm-Hôtels) und umzieht in großem Bogen die nördl. Abhänge des *Schild* (1540m; 1/4 St. vom Hôtel Rigifirst), mit schönem Blick nach O. auf die Mythen, den Glärnisch und die Appenzeller Alpen. Stat. *Unterstetten* (1433m; Hôtel s. S. 83); weiter auf dem Bergsattel über eine 50m l. Brücke, mit Aussicht nach N. und S. Die Bahn passiert den 50m l. *Weissenegg-Tunnel*, überschreitet das *Dossentobel* auf 26m h. Viadukt und erreicht über den vom Dossen zur Scheideck ziehenden Kamm, auf welchem sich die Aussicht nach S. wieder öffnet, die Haltestelle *Unter-Dossen* und

Stat. **Rigi-Scheidegg**, 48m unterhalb des S. 83 gen. **Hôtels*

(1648m). Die Aussicht von der Scheidegg ist zwar beschränkter als vom Kulm, da dieser den Blick nach dem Flachlande zum Theil verdeckt, umfaßt aber das ganze Gebirgsrund und erstreckt sich auf einzelne Punkte, die vom Kulm nicht sichtbar sind (neuer 22m hoher Aussichtsthurm; Panorama im Hôtel). Auf dem langen Bergrücken kann man 25 Min. weit in ebener Fläche promeniren; der Dossen (s. unten) ist $^3/_4$ St. entfernt.

***Hochfluh** (1693m), von der **Scheidegg** auf neuem von Hrn. Dr. Stierlin angelegtem Wege, stets dem **Bergkamm** folgend, über das *Gätterli* (Pass von Gersau nach Lowerz; 1135m) und *Scharteggli* (1365m) in $1^1/_2$-2 St., unschwierig und sehr zu empfehlen; im Felscouloir an der NW.-Seite des Gipfels eine 25m h. eiserne Leiter. Prächtige höchst malerische Aussicht auf Urner See, Urner, Schwyzer und Glarner Alpen. Auch der alte Weg ($2^1/_2$-3 St.), über den Sattel gegen die *Zirislockhütte*, dann von der S.-Seite durch die Felsen hinan, ist in seinem obern Theil verbessert worden und kann zum Abstieg (event. nach Gersau, S. 77) benutzt werden.

**Scheidegg-Wege.** Von Gersau (S. 77) Reitweg (3-$3^1/_2$ St.), streckenweise steil. Außerhalb des Dorfs über den Bach, dann auf gepflastertem Wege zwischen Obstgärten und Bauernhöfen hinan zum (40 Min.) *Brand*, bei einer ($^1/_2$ St.) Sägemühle wieder auf das l. Ufer. 10 Min. *Unter-Gschwend* (975m; Erfr.), dann (10 Min.) *Ober-Gschwend* (1015m; halber Weg). R. die steil abfallenden Wände der *Hochfluh* (s. oben); unterhalb die kleine *St. Josephs-Kapelle*. Nun l. (r. der Weg über das *Gätterli* nach Lowerz, s. oben) über die *Hasenbühlalp* und den *Krüselboden* hinan zum Bergkamm, wo sich plötzlich die Aussicht auf den Roßberg, den Lowerzer und Zuger See öffnet, und zum Kurhaus Rigi-Scheidegg.

Von Lowerz (S. 98) Reitweg (3 St.) s. ansteigend zum *Gätterli* (s. oben), dann r. über den Bergkamm zum Hôtel.

Vom Klösterli (S. 85) Reitweg in $1^1/_2$ St., bei der Plattform des Schwerts beginnend, zum ($^1/_2$ St.) *Hôt. Rigi-Unterstetten* (s. oben), auf dem Sattel zwischen Schild und *Dossen* (1681m; von hier in 40 Min. zu besteigen; trefflicher Blick über den ganzen Vierwaldstätter See und das Unterwaldner Land; hinab über *Unterdossen* nach Scheidegg 40 Min.).

## 27. Von Luzern nach Alpnach-Stad. Pilatus.

*Vergl. Karte S. 75.*

Brünigbahn von Luzern bis Alpnach-Stad (13km, in 27-32 Min.; 1 fr. 40, 1 fr. oder 70 c.; Retourbillets 2 fr. 25, 1 fr. 60, 1 fr. 15 c.) s. S. 118. — Dampfboot 8mal tägl. in 50 Min. - $1^1/_2$ St. (7mal über Kehrsiten, 2mal über Hergiswyl, 3mal direkt über Stansstad); Fahrpreise 1 fr. 80 oder 90 c., Retour 2 fr. 70 oder 1 fr. 30 c. In Alpnach-Stad Anschluss an die Brünig- und Pilatusbahn. — Inhaber von durchgehenden oder Rundreise-Billets können bis Alpnach nach ihrer Wahl das Dampfboot oder die Brünigbahn benutzen.

Brünigbahn von Luzern über *Hergiswyl* nach *Alpnach-Stad* s. S. 119. — Das Dampfboot fährt bis zum „Kreuztrichter" wie S. 75 beschrieben, jedoch mehr am westl. Ufer, bei dem Landsitz *Tribschen* und der Pension *Stutz* (S. 71) vorbei, und hält bei den Stat. *St. Niklausen* (auf einem Vorsprung die *St. Niklauskapelle*) und *Kastanienbaum*. Nun öffnet sich die Bucht gegen Stansstad hin; l. der steil abfallende *Bürgenstock*, an dessen NO.-Ecke die Station *Kehrsiten* (Restaur.).

Zahnrad- u. Drahtseilbahn auf den Bürgenstock in 12 Min. (1 fr. 50 c. oder 1 fr., abwärts 1 fr. u. 50 c.). Die durch elektrische Kraftübertragung betriebene Bahn ist 937m lang, hat eine Durchschnittssteigung von 57,8% und dient zugleich zur Hebung von Trinkwasser und zur elektr. Beleuchtung. Am obern Ende (870m, 433m über dem See) eine **Restauration*; wenige Schritte entfernt das große ***Hôtel Bürgenstock** (870m; Z. von 2 fr. an, F. $1^1/_2$, M. 4, A. $2^1/_2$, Pens. ohne Z. $6^1/_2$ fr.), Luftkurort (Arzt im Hause) mit ausgedehntem

**Waldpark**, für längeren Aufenthalt zu empfehlen. Vom Hôtel und mehreren leicht zu erreichenden Punkten prachtvolle Aussicht auf die verschiedenen Arme des Vierwaldstätter Sees, den Zuger, Sempacher u. Baldegger See, Rigi etc. Ein schöner und bequemer Weg führt vom Hôtel in $^1/_2$ St. nach *Honegg*, ein etwas steiler durch Wald (nur bei trockenem Wetter anzurathen) in $^3/_4$ St. auf die steil zum Vierwaldstätter See abfallende *Hammetschwand* (1134m), mit herrlichem Blick über den größten Theil des Sees, den Sarner, Sempacher, Baldegger, Hallwyler u. Zuger See, Rigi, Pilatus, Mythen, Weißenstein, die Glarner, Unterwaldner und einen Theil der Berner Alpen.

R. tritt das Vorgebirge *Spissenegg* weit in den See vor und bildet eine kleinere westl. Bucht, die sich nördl. bis *Winkel* erstreckt. Das Dampfboot wendet sich s.w. nach dem am Fuß des Pilatus hübsch gelegenen **Hergiswyl** (**H.-P. Rößli*, **H.-P. Schweizerheim*, beide nicht theuer) und steuert dann östl. nach **Stansstad** (440m; **H. Winkelried*, Pens. ohne Z. 6 fr.; *Freienhof; Rößli, Schlüssel*), dem Hafen von Stans. Der viereckige zinnengekrönte *Schnitz-Thurm* am Ufer wurde 1308 zum Schutz der erkämpften Freiheit erbaut.

Der Weg von Stansstad nach Sarnen (3 St.) bleibt kurze Zeit am See und wendet sich dann in das Rotzloch (s. unten). Bei ($^1/_4$ St.) *Allweg* (*Whs.), wo eine dem Andenken des Drachentödters Struthan von Winkelried gewidmete Kapelle („Drachenkapelle"), mündet er in die (nicht von der Post befahrene) Straße von Stans (S. 115) nach Sarnen. Diese führt weiter am w. Fuß des *Stanserhorns* (S. 115) an der *Drachenhöhle* am *Zingel* vorbei über *Rohren* nach ($^3/_4$ St.) *St. Jakob* mit alter Kirche; hier über den *Mehlbach* (s. oben) und durch den *Kernwald* nach (1 St.) *Kerns* (S. 119) und ($^1/_2$ St.) *Sarnen* (S. 120).

Der ö. Ausläufer des Pilatus, der *Lopper*, springt weit in den See vor. Um seinen Fuß zieht sich die Luzern-Alpnacher Straße (s. oben), während ihn die Brünigbahn mittels eines Tunnels durchbohrt (S. 119). Gegenüber am östl. Ufer hat der bei Stansstad mündende Bach soviel Geschiebe angesetzt, daß die Verbindung mit dem **Alpnacher See** ziemlich schmal geworden ist. Diese See-Enge ist 1861 durch einen gemauerten Damm und eine sich daranschließende eiserne Gitterbrücke *(Acherbrücke)* überbrückt worden, die bei der Durchfahrt des Dampfboots aufgedreht wird. Innerhalb der Bucht von Alpnach erhebt sich der bewaldete *Rotzberg* (675m) mit den Trümmern der gleichnam. am Neujahrstag 1308 zerstörten Burg (vom Rotzloch in $^3/_4$ St. zu ersteigen, schöne Aussicht); eine enge Felskluft, das **Rotzloch**, scheidet ihn vom *Plattiberg*. Der *Mehlbach* bildet in der Schlucht einige Wasserfälle. Portlandcementfabrik (viel Gipsstaub). Am See *Pens. Blättler* mit Schwefelquelle und hübschen Anlagen (Pens. mit Z. 5 fr.). — $^1/_4$ St. ö., am Abhang des Rotzbergs, die hübsch gelegene **Pens. Rotzberg* (Kenel-Christen) und 10 Min. weiter *Pens. Burg-Rotzberg* (Engelberger).

An der SW.-Ecke des Alpnacher Sees liegt **Alpnach-Stad** (441m; **H. Pilatus*, mit Veranda u. Garten, Z. L. B. $2^1/_2$-$3^1/_2$, M. $3^1/_2$, F. $1^1/_4$ fr.; *Stern; Rößli*), Station der Brünigbahn (S. 119) und Ausgangspunkt der Pilatusbahn (s. unten).

Der ***Pilatus** (2133m), der mächtige Gebirgsstock s.w. von Luzern, welcher, mit den benachbarten Höhen kaum durch niedrige Ausläufer verbunden, trotzig emporsteigt, gehört mit seinem westl. und nördl. Theil zum Kanton Luzern, mit dem östl. und südl. zu Unterwalden. Die tieferen Abhänge sind mit trefflichen Weiden und Alpen und schönen Wäldern bedeckt, während der obere Theil wild zerklüftet ist, „von Felsen und Schroffen ganz rauch, hat viel Bruch und Schrunden, dannenher er *fractus mons* (gebrochener Berg) genennet wird" (Merian 1642). Der Name „Fracmont", „Frakmünd" hat sich hier und da noch erhalten (s. S. 92); erst zu Ende des vorigen Jahrh. wurde der Name Pilatus (*mons pileatus*, der behutete Berg, vgl. S. 92) allgemein.

Die Namen der einzelnen Spitzen sind von W. nach O.: der *Mittaggüpfi* oder *Gnepfstein* (1920m, so genannt, weil früher ein Felsstück auf seiner äußersten Spitze so im Gleichgewicht lag, daß es leicht bewegt werden konnte), der *Rothe Totzen* (2101m), das *Widderfeld* (2080m), der wildeste, und das *Tomlishorn* (2133m), der höchste Gipfel, das *Gemsmättli* (2052m), südl. das *Matthorn* (2040m), nördl. das *Klimsenhorn* (1910m), von Luzern aus gesehen die westlichste Spitze, in der Mitte das *Oberhaupt*, dann der *Esel* (2123m), der am häufigsten bestiegene Gipfel, und die *Steigli-Egg* (1977m).

Der Pilatus, früher vielleicht der bekannteste Berg der Schweiz, nachher durch den Rigi verdrängt, gehört seit Eröffnung der ***Pilatusbahn** im J. 1889 wieder zu den vielbesuchten Höhen.

Die PILATUSBAHN, das kühnste bisher unternommene Werk dieser Art, wurde in den J. 1886-88 nach dem System und unter Leitung des Obersten *Ed. Locher* aus Zürich erbaut. Die Bahn ist 4618m lang, mit einer mittlern Steigung von 42% (22° 47') und einer Maximalsteigung von 48% (25° 39'). Der ganze Unterbau besteht aus einer massiven, mit mächtigen Granitplatten bedeckten Mauer; der Oberbau aus Eisen und Stahl, durch starke schmiedeeiserne Klammern mit dem Unterbau verankert. Die zwischen den Laufschienen liegende, etwas erhöhte Zahnstange hat eine doppelte Reihe vertikaler, aus der vollen Zahnstange ausgefräster Zähne. Lokomotive und Wagen (mit 32 Sitzplätzen) bilden *ein* Fahrzeug mit zwei Laufachsen und vier in die Zahnstange wagerecht eingreifenden Zahnrädern, die bei der Thalfahrt alle gebremst werden können. — Fahrzeit bergauf oder abwärts 1 St. 25 Min.; Fahrpreis für die Bergfahrt 10 fr., Thalfahrt 6 fr. (der erste Zug Vorm. 6.30 hin und zurück nur 10 fr.). Plätze *rechts* nehmen. — Von rüstigen Wanderern wird die aussichtreiche *Fußwanderung* (S. 92) noch vielfach vorgezogen.

Die Bahn beginnt beim Hôt. Pilatus (441m; s. oben) und steigt durch die obstbaumreichen Matten von *Obsee*, dann durch Wald scharf bergan. Nach 21 Min. Fahrens ist die Wasserstation *Wolfort* (910m) erreicht; gleich darauf auf einer steinernen Brücke von 25m Spannweite über die tiefe *Wolfortschlucht*, mit prächtigem Blick r. auf den Alpnacher See; dann durch den 44m l. *Wolfort-Tunnel*. Weiter auf mächtigen Fundamenten an der steilen Geröllhalde der *Risleten* entlang (schwierigste Strecke der Bahn, 48% Steigung), durch den *untern* (51m l.) und *obern Spycher Tunnel* (97m l., 1150m ü. M.) zur (43 Min. Fahrens) **Aemsigenalp** (1350m), Ausweichstation mit dem Pumpwerk, um das Wasser 800m hoch nach Pilatuskulm zu heben. Die Bahn steigt durch Wald am Rande einer tiefen Schlucht, dann über die trümmerreiche *Mattalp* (r. die Steigli-Egg, vorn der Esel), wendet sich ö. gegen die *Rosegg* und ersteigt dann die steil abstürzende Felswand des *Esel* mittelst vier Tunnels (44, 55, 46 u. 11m lang). Die Endstation **Pilatuskulm** (2068m) ist neben dem ehem. Hot. Bellevue, jetzt Dependenz des großen neuen **Hôtels Pilatuskulm* (Z. L. B. 6-8, F. 2, Lunch $3^1/_2$, M. 5 fr.; im Restaur. der Dependenz billigere Preise). Von der Terrasse prächtige Aussicht auf die Hochalpenkette. — Ein bequemer Weg führt von der Station in 6 Min. auf den *Esel (2123m), den Hauptaussichtspunkt, mit geräumigem, von einer Schutzmauer umgebenen Gipfel-Plateau. Die Aussicht hat Aehnlichkeit mit der vom Rigi, ist aber großartiger und mannigfaltiger; die Berner Alpen treten von hier näher und mächtiger hervor (vgl. das Panorama). — Aehnlich, aber weniger malerisch ist die Aussicht vom *Tomlishorn (2133m), dem höchsten Pilatusgipfel, zu dem vom Hôt. Pilatuskulm ein gut angelegter Weg an den Abhängen des Oberhaupts und Tomlishorns und über den Tomlisborngrat in $^1/_2$ St. führt (mit festem Geländer versehen und auch für Neulinge ganz unbedenklich). Gutes Panorama von Imfeld.

Fußgängern ist die Besteigung des Pilatus von *Hergiswyl* (*Rößle), Eisenbahn- u. Dampfbootstation (s. S. 90, 119) am n.ö. Fuß des Berges zu empfehlen (Reitweg bis zum Höt. Klimsenhorn in $3^1/_2$ St.; Pferd 12, hinab am selben Tage 8, am folgenden Tage 12 fr.; von da zum Pilatuskulm Fußweg, 40 Min.). — Vor der Kirche den breiten Weg l. gerade, fort nach 8 Min. r., nicht l., anfangs über obstreiche Matten, dann meist durch Wald; 1 St. **H.-P. Brunni*, Luftkurort mit hübscher Aussicht von der Terrasse (Pens. von 5 fr. an). Nach $^1/_2$ St. führt der Weg durch ein Gatter auf die *Gschwändalp*, mit treffl. Aussicht; nach 20 Min. bei einer Sennhütte (Erfr.) wieder durch ein Gatter, dann l. steiler im Zickzack, anfangs durch schönen Fichtenwald, weiter über Gras- und Geröllhalden zum ($1^1/_4$ St.) *Hôtel Klimsenhorn* auf dem das Oberhaupt mit dem Klimsenhorn verbindenden Sattel (1809m).

[Von hier in 10 Min. auf das *Klimsenhorn (1910m), welches eine weite malerische Halb-Rundsicht bietet, von den Urner Bergen und dem Vierwaldstätter See an bis in die Freiburger Gegend und zum Neuenburger See. Die Aussicht nach S. ist durch die höheren Gipfel des Pilatus verdeckt.]

An der steilen Wand des *Oberhaupts* führt vom Hôtel Klimsenhorn in 40 Min. ein gut angelegter Zickzack-Weg (oben eiserne Stangen am Felsen) nach dem *Kriesiloch*, einem 6,5m hohen kaminartigen Felsloch, durch welches eine bequeme Treppe von 52 Stufen auf den plötzlich den *Blick auf die Berner Alpen erschließenden Grat zwischen Oberhaupt und Esel führt. Von hier in 4 Min. zum H. Pilatuskulm (s. oben).

Auch von *Alpnach-Stad* (über die *Aemsigenalp* und *Mattalp* in $4^1/_2$-5 St.; Pferd m. F. 15 fr.) und von *Alpnach* (S. 119; über die Alpen *Lütholdsmatt*, *Schwändi* u. *Hinter-Frakmünd* in $4^1/_2$-5 St.) führen lohnende Reitwege zum Pilatuskulm. — Von *Kriens* (S. 74) zum Höt. Klimsenhorn $3^1/_2$-4 St., am Schloß *Schauensee* vorbei, dann durch den *Hochwald* und sumpfige Matten über die Alpen *Mühlenmäß* und *Frakmünd* (nur mit Führer). Über die *Bründlenalp* (zuletzt sehr rauher Weg) s. S. 75.

Einen entschiedenen Vorzug wird der Rigi dadurch vor dem Pilatus behaupten, daß er sich mehr sonniger Tage erfreut, während letzterer häufig in Nebel und Wolken gehüllt ist. An seinen Hörnern sammelt sich jedes Unwetter, das von N. oder W. über die Gegend hereinbricht, und umwogt sie in dichten Wolken. Den Anwohnern gilt der Pilatus als Wetterzeiger; ein alter Spruch sagt:

*Hat der Pilatus einen Hut, dann wird das Wetter gut,*
*Hat er einen Kragen, dann kannst Du's wagen,*
*Hat er aber einen Degen, so gibt's Regen.*

Ist sein Gipfel Morgens ganz nebel- und wolkenfrei, so ist selten auf beständiges Wetter zu rechnen, bleibt er aber bis zum Nachmittag behutet, so wird ein heiterer Tag erwartet.

Viele Sagen knüpfen sich an den Pilatus, namentlich an seine Höhlen (*Mondmilchloch*, unterhalb der *Tomlisalp*, *Dominikhöhle* oberhalb der *Bründlenalp*) und einen *See* unterhalb seines Gipfels (unweit der Bründlenalp, S. 75), in welchen nach einer sehr alten Sage der Landpfleger *Pontius Pilatus*, durch Tiberius nach Gallien verbannt, von Gewissensbissen verfolgt, sich gestürzt haben soll.

## 28. Von Zug und Luzern nach Arth.

*Vgl. Karten S. 74 u. 82.*

### a. Von Zug nach Arth. Zuger See.

DAMPFBOOT (Anschluß an die Zürich-Luzerner und die Rigi-Bahn, S. 87 u. 80) in 50 Min. (Schnellzug von Zug über Rothkreuz bis Arth-Goldau in 48 Min., Personenzug in 1 St. 40 Min.).

Der **Zuger See** (417m), 14km l., 4km br. (Seefläche 38qkm), 198m tief, ist höchst malerisch, die schön bewaldeten Ufer erheben sich sanft zu mässiger Höhe, nur im S. steigt der Rigi als prächtige Bergpyramide steil aus dem See auf, vom Fuß bis zum Kulm sichtbar. An der flachen Nordseite des Sees wurden viele Pfahlbauten aufgefunden. Nach der Abfahrt von *Zug* (S. 69) erscheint s.w. der Pilatus, weiter l. die Berner Alpen und das Stanserhorn. Am w. Ufer auf vortretender Landzunge das stattliche neue Schloß *Buonas* des Hrn. Gonzenbach; am ö. Ufer das Dorf *Oberwyl* und die Häuser von *Otterswyl* und *Eielenegg*. Rückwärts glänzt über dem Flachland der Kirchthurm von *Cham* (S. 70). Weiter tritt am w. Ufer das waldbewachsene Vorgebirge *Kiemen* weit in den See vor; l. neben Rigi-Scheidegg erscheint der Frohnalpstock und die Roßstöcke. Das Dampfboot hält am ö. Ufer bei *Lothenbach*, dann am w. Ufer bei **Immensee** (**Hôt. Rigi*), am Fuß des Rigi reizend gelegen (Eisenbahnstation, s. S. 98; Omnibus nach Küßnacht in 1/2 St.). Nun zurück, quer über den See nach *Walchwyl* (*Stern), am ö. Ufer, mit der schön gelegenen **Pens. Hürlimann*. Kastanienwälder und Weinberge bekunden das milde Klima. L. bleibt *St. Adrian*, am Fuß des *Roßbergs* (s. S. 98) der auf dieser Seite mit Wald und Matten bedeckt ist. Bei der Annäherung des Dampfbootes an Arth treten hinter dem Roßberg die Schwyzer Mythen (S. 99) hervor.

**Arth** (425m; **Adler*, mit Garten am See; **Hôt. Rigi; Schlüssel*) liegt am S.-Ende des Sees, zwischen dem Rigi und dem Roßberg, aber gegen Unfälle gesichert, da die Schichten des letztern in andrer Richtung streichen. Die 1677 erbaute *Pfarrkirche* besitzt ein silbernes Trinkgeschirr und eine silberne Schale, in der Schlacht bei Grandson (S. 196) erbeutet.

*Gotthardbahn* s. S. 98; *Arth-Rigibahn* s. S. 84. — Von Arth über *Küßnacht* nach *Luzern* s. unten.

### b. Von Luzern nach Arth über Küßnacht.

DAMPFBOOT von Luzern nach Küßnacht in 45-55 Min. POST-OMNIBUS von Küßnacht nach Immensee 2mal tägl. in 25 Min. EISENBAHN von Immensee nach Arth-Goldau in 19 Min. (Von Luzern über Rothkreuz nach Arth-Goldau Schnellzug in 55 Min., Personenzug in 1 1/4 St.; vgl. S. 97.)

Abfahrt von *Luzern* s. S. 75. Das Boot hält bei *Pension Seeburg* (S. 71), umfährt das Vorgebirge *Meggenhorn* (S. 75) und biegt in den *Küßnacher See* ein. Bei Stat. *Vorder-Meggen* l. das malerische Schloß *Neu-Habsburg* im goth. Stil, Hrn. Ziegler-Grosjean gehörig; dahinter der alte Thurm des 1352 von den Luzernern zerstörten Jagdschlosses d. N., oft Aufenthalt des spätern Kaisers Rudolf. Die

Geschichte von dem dem Priester geschenkten Pferde (vgl. Schiller's Ballade „der Graf von Habsburg") soll sich hier zugetragen haben.

Stat. **Hinter-Meggen** (**Kurhaus & Pens. Gottlieben*, in schöner Lage 5 Min. vom See, für längern Aufenthalt zu empfehlen, Pens. 5-9 fr.). Das Dampfboot wendet sich r. quer über den See nach *Greppen* und fährt am Fuß der schön bewaldeten Abhänge des Rigi entlang nach

**Küßnacht** (440m; **H.-P. du Lac*, mit Garten am See, Z. 2-3, M. 3, Pens. 5-6 fr.; **Schwarzer Adler; Rößli; Tell; *Pens. Mon-Séjour* bei *Siegwart*), anmuthig gelegener Flecken (2940 E.) an der Nordspitze des Sees. — Postomnibus nach *Immensee* vom Dampfboot-Landeplatz; Einsp. 3 fr. — Auf den *Rigi* s. S. 85.

Die Straße steigt durch die aus Schiller's Tell bekannte „**Hohle Gasse**", durch den Bau der Straße zur Hälfte ausgefüllt, aber heute noch auf kurzer Strecke ein eng eingeschnittener Weg, von hohen Buchen beschattet. Am obern Ende, 25 Min. von Küßnacht, steht l. die alte 1834 erneuerte **Tellskapelle** (483m) an der Stelle, wo Tell den Geßler erschossen haben soll, mit Gemälde über der Thür und Inschrift. 10 Min. weiter auf der Straßenhöhe das **Gasth. zur Eiche*, mit hübscher Aussicht, ganz in der Nähe der Gotthardbahn-Station *Immensee-Küßnacht* (S. 97); hier l. abwärts zum (6 Min.) Dorf *Immensee* (S. 93).

## 29. Von Zürich über Wädensweil nach Goldau. Von Biberbrücke nach Einsiedeln.

*Vergl. Karten S. 38 u. 74.*

58km. Eisenbahn (von Biberbrücke bis Goldau im Juli 1891 eröffnet) in 3-3½ St. Nächste Verbindung vom Züricher See nach dem Rigi und der Gotthardbahn, sowie nach Einsiedeln (Zweigbahn von Biberbrücke, 5km in 15 Min.).

Von Zürich bis (25km) *Wädensweil* s. S. 39. Die Bahn führt in allmählicher Steigung (1 : 50) an den fruchtbaren Geländen des südl. Seeufers aufwärts, mit hübschen Blicken auf den See, im Hintergrund Curfirsten und Sentis; r. auf einem Hügel Ruine *Alt-Wädensweil*. 28km *Burghalden*; 31km *Samstagern* (Bahnrestaur.), mit reizendem Blick auf den See, Knotenpunkt der l. von Rapperswil-Pfäffikon über *Wollerau* heraufkommenden Bahn (½ St. s.w. der Molkenkurort *Hütten*, S. 39); dann hinter (34km) **Schindellegi** (758m; **Freihof; Hirsch*) über die reißende *Sihl*. Die Bahn umzieht in weitem Bogen die östl. Abhänge des *Hohen Rhonen* (1230m) und tritt an die *Alp*, die hier in die Sihl mündet; südl. erscheinen die Schwyzer Mythen (S. 99). Hinter (37km) **Biberbrücke** (832m; *Post*), wo der *Biber* in die Alp fällt, bilden s.ö. die Glarner Berge den Hintergrund, l. von dem pyramidenförmigen Köpfenstock (1902m) begrenzt.

Lohnender Ausflug (Fahrstraße in 2 St., etwa halbwegs kürzt ein feuchter Fußweg r. ¼ St.) von Biberbruck auf den **Gottschalkenberg** (1152m; **Gasth.*, Pens. 6-7 fr.), die w. Fortsetzung des *Hohen Rhonen* (s. oben), mit schöner Alpenaussicht; hinab event. nach (¾ St.) *Aegeri* (S. 70), nach (1½ St.) *Richtersweil* (S. 39) oder über *Menzingen* nach (2 St.) *Zug* (S. 69).

**Von Biberbrücke nach Einsiedeln**, 5km, Zweigbahn in 1/4 St. durch das enge Alpthal (mehrfach Einschnitte, Dämme und ein kl. Tunnel).

**Von Rapperswil über den Etzel nach Einsiedeln.** Ueber den Seedamm nach *Hurden* und *Pfäffikon* (Eisenbahn in 10 Min.) s. S. 39. Ein Fahrsträßchen mit hübschen Rückblicken auf den See führt an der Pension *Lugeten* vorbei in Windungen hinan zur (1 St.) Paßhöhe des **Etzel** (959m; **Whs.*), mit der *St. Meinradskapelle.* Die Aussicht vom Gipfel des Etzel, dem *Hohen Etzel* (1101m), 1/2 St. steilen Steigens vom Paß, ist verwachsen. Auf dem *Schönboden (1071m) dagegen, 3/4 St. ö., öffnet sich eine prächtige Rundsicht über den See, das Limmatthal bis Baden, die Appenzeller und Glarner Alpen, das Sihl- und Alpthal mit Einsiedeln und den Schwyzer Mythen, den Roßberg und Rigi; w. der Hohe Rhonen (s. oben), in der Umgegend der Dreiländerstein genannt, wegen des auf ihm befindlichen Grenzsteins der drei Kantone Zürich, Zug und Schwyz. — Wer vom Schönboden nach Einsiedeln will, braucht nicht zum Etzel zurück, sondern steigt s.w. gerade hinab nach *Egg*, das man unten liegen sieht; hier über die *Sihl*. Der Weg vereinigt sich bald mit dem vom Etzel kommenden, der auf der *Teufelsbrücke* (840m), 12 Min. von der Paßhöhe, über die Sihl führt (der berühmte Arzt *Theophrastus Paracelsus von Hohenheim* soll hier geboren sein oder gewohnt haben). Dann noch 1 1/4 St. bis Einsiedeln.

**Einsiedeln** (885m; **Pfau*, Z. u. B. 2 1/2, F. von 1 fr. an, M. m. W. 3, A. 2 1/2 fr.; **Sonne; Drei Könige;* **Adler; Schwan*), *Notre-Dame-des-Ermites, Monasterium Eremitarum*, in einem grünen vom *Alpbach* durchströmten Thalkessel gelegen, ist neben Rom und Loreto in Italien, S. Jago de Compostella in Spanien, Mariazell in Steiermark der besuchteste Wallfahrtsort der Welt. Seine Gründung wird dem Grafen Meinrad von Sulgen zugeschrieben, welcher zu Ehren eines ihm von der Äbtissin Hildegard in Zürich geschenkten wunderthätigen Marienbildes eine Kapelle erbaute. Nach dem Tode Meinrads, der im J. 861 ermordet wurde, entstand hier ein Benediktiner-Einsiedler-Kloster, welches durch Kaiser Rudolf von Habsburg im J. 1294 reichsunmittelbar und dank der immer steigenden Zahl der Wallfahrer neben der Abtei St. Gallen das reichste Kloster der Schweiz wurde.

Auf dem weiten Raum zwischen den Häusern des Fleckens (8512 Einw.), der zu einem großem Theile aus Wirthshäusern für die Wallfahrer besteht, und dem hoch hervorragenden Klostergebäude steht ein mit dem Bilde der h. Jungfrau und einer goldenen Krone verzierter *Brunnen* aus schwarzem Marmor mit vierzehn Röhren, aus denen die Pilger zu trinken pflegen. In den *Arcaden*, die r. und l. im Halbkreis den Aufgang zur Kirche umfassen, sowie am Platze selbst, haben sich Buden angesiedelt, in welchen Gebetbücher und Heiligenbilder, Rosenkränze, Medaillen, Crucifixe und andere „Devotionalien" feilgehalten werden. Von welcher Bedeutung dieser Handel ist, ergiebt sich schon daraus, daß die Buchhandlung *Benziger & Co.* in ihren verschiedenen Etablissements (Buchdruckerei mit 16 Schnellpressen, Stereotypie, Xylographie, Zinkographie, Chromographie mit 6 Dampfschnellpressen, Buchbinderei, Kupferdruckerei etc.) über 700 Arbeiter beschäftigt. Die Zahl der zumeist aus der Schweiz, aus Bayern, Schwaben, dem südl. Baden und Elsaß herbeiströmenden Wallfahrer beträgt etwa 150 000 jährlich (Hauptfest 14. September).

Das stattliche *Klostergebäude*, nach einer großen Feuersbrunst (der sechsten oder siebenten seit seiner Gründung) 1704-19 im ital. Stil erbaut, hat eine Länge von 135m, wovon 38m auf die weit vortretende *Kirche* mit ihren beiden schlanken Thürmen kommen. Die *Standbilder* r. und l. am Aufgang stellen die Kaiser Otto I. und Heinrich II., die Beschützer des Klosters, dar.

Das INNERE der Kirche ist mit Gemälden geringen Werths, mit Vergoldung und Marmor überladen. Im Mittelschiff ganz abgesondert die KAPELLE DER H. JUNGFRAU, von schwarzem Marmor, mit einem Gitter, durch welches man bei dem Schein einer ewigen Lampe das kleine *Marienbild*, von schwarzem Holz, erblickt, mit glänzenden Gewändern behangen, mit Kronen von Gold und Edelsteinen geziert. Auf der Rückseite der Kapelle die Inschrift: „*Deiparae Virgini Casparus Comes In Altaembs Gallara et Vaduts Perfecit Anno Salutis MDCXXXII*". Die Kapelle ist selten von Betenden frei. — In der Kapelle r. ein Crucifix von J. Kraus; im Chor dessen Himmelfahrt Mariä, 1858 von Deschwanden schön erneuert. — Die einst so reiche SCHATZKAMMER wurde 1798 von den Franzosen geleert. — In den Klostergebäuden ist eine trefflich geordnete BIBLIOTHEK von 26,000 Bänden, meist geschichtlichen Inhalts, nebst einer Anzahl von Handschriften, dann eine unbedeutende naturwissenschaftliche Sammlung. Im FÜRSTENSAAL lebensgroße Porträts u. a. der Kaiser Wilhelm I. und Franz Joseph, Papst Pius IX., Napoleon III. etc. In der HAUSKAPELLE des Abts Gemälde aus der Kirchengeschichte. — PRIESTERSEMINAR und LYCEUM sind mit dem Kloster verbunden.

Von dem s.ö. oberhalb des Klosters gelegenen Hügel *Herrenberg* (1113m; ½ St.) schöne Übersicht der Gegend.

Der schattenlose Fußweg von Einsiedeln über den Hacken nach (3½ St.) Schwyz, bei schlechtem Wetter sehr abzurathen, führt durch das einförmige *Alpthal* (r. das Frauenkloster *Au*) nach dem Dorf (1½ St.) *Alpthal* (998m; *Stern), wo der ziemlich steile rauhe Knüppelsteg den *Hacken* hinan beginnt. Nach ½stünd. Steigen sieht man ganz in der Nähe und von der Rückseite die merkwürdige wie ein V gestaltete Lücke zwischen den beiden Mythen (S. 99); ½ St. weiter das *Whs.* auf dem Hackenpaß (1393m), mit prächtiger Aussicht auf den Vierwaldstätter und Lowerzer See etc. (schöner noch vom *Hochstuckli*, 1566m, ½ St. höher n., auch auf den nördl. Theil des Züricher Sees mit der Stadt Zürich). Steil und steinig hinab nach (1 St.) *Schwyz*.

Von Einsiedeln nach Schwyz über die Iberger Egg, 5 St., gute Fahrstraße durch das *Sihl-* oder *Euthal* über *Steinbach* und *Euthal* nach (3 St.) *Iberg* (1061m); von da zur Iberger Egg (*Heilighäuschen*, 1470m), mit schöner Aussicht auf den Vierwaldstätter See und die Alpen, und über *Bülisberg* und *Rickenbach* nach (2 St.) Schwyz.

---

Jenseit Biberbrücke (S. 94) überschreitet die Bahn den *Biber* und führt dann ansteigend über eine einförmige Hochebene.

41km *Altmatt* (925m), aus einigen dürftigen von Webern bewohnten Häusern bestehend, auf einem großen Torfboden, wohin von Einsiedeln auch ein direktes Fahrsträßchen in 1 St. über die Hochebene *Katzenstrick* (1054m) führt (von Altmatt auf den *Gottschalkenberg*, s. oben, Fahrstraße in 1¾ St.). Bei

45km **Rothenthurm** (926m; **Ochs*; *Schwert*), mit neuer roman. Kirche, wird der lange Rücken des Rigi mit dem Kulmhotel sichtbar. Das Dorf hat seinen Namen von dem rothen Thurm, einem Theil der Landesbefestigung (*Letze*), welche die Schwyzer an ihrer n.w. Grenze bis Arth errichtet hatten. In der Nähe am ö. Abhang des

*Morgartens* (s. unten) schlugen am 2. Mai 1798 die Schwyzer unter Reding die Franzosen, welche 2000 Mann verloren. Die Bahn zieht sich durch Wiesengelände an (l.) *Biberegg* (948m) vorbei und senkt sich dann durch das waldige Thal der *Steinen-Aa* nach

50km **Sattel** (715m; **Neue Krone*, unweit des Bahnhofs; *Alte Krone* im Dorf), r. oberhalb der Bahn gelegenes Dorf.

Die aussichtsreiche ***Schlagstraße** von Sattel nach *Schwyz* (2 St., auch zu Fuß lohnend) überschreitet die Steinen-Aa und zieht sich am w. Abhang des *Hacken* entlang (s. unten), mit reizenden Blicken auf das fruchtbare Thal von Steinen, den Lowerzer See mit der Schwanau, den Goldauer Bergsturz und den Rigi. Beim ($1^1/_4$ St.) **Gasth. zum Hirschen* (etwas weiter das *Gasth. zur Burg*) öffnet sich die Aussicht auf Schwyz und die Mythen; von da nach Stat. *Seewen* 25 Min., nach *Schwyz* (S. 99) 40 Min.

Von Sattel nach Unterägeri, 9km, Post tägl. in 1 St. am *Ägeri-See* (S. 70) entlang. Am **Morgarten**, dem Bergrücken an der SO.-Seite des Sees, erkämpften am 16. Nov. 1315 die Eidgenossen den ersten Sieg über die habsburgische Macht unter Herzog Leopold von Oesterreich. Zum Gedächtnis wurde in *St. Jakob*, $^1/_4$ St. n. von Sattel und 20 Min. vom SO.-Ende des Sees, eine Kapelle mit Schlachtbild erbaut, in welcher alljährlich am Schlachttage Gottesdienst gehalten wird. — *Ober-* und *Unter-Ägeri* und von da nach *Zug* (Post 2mal tägl.) s. S. 70.

Die Bahn senkt sich am Abhang des *Roßbergs* (s. unten) über 5 hohe Viadukte an der *Ecce-Homo-Kapelle* vorbei nach (55km) **Steinerberg** (595m; **Rößli*), Bergdorf mit prächtiger Aussicht auf das Lowerzer Thal, eingerahmt von den Gebirgsstöcken des Rigi, Fronalpstocks (daneben im Hintergrund der schneebedeckte Urirothstock) und der beiden Mythen.

Der ***Roßberg** (höchster Gipfel *Wildspitz* 1583m) ist von hier über *Hof, Schwand* und die *Roßberghütte* (1270m) in $2^1/_2$ St. ohne Schwierigkeit zu besteigen. Oben *Hôt. Roßberg-Kulm* und prachtvolle Aussicht (Panorama von Imfeld). — Abstieg event. nach *Ägeri* (S. 70).

Die Bahn durchschneidet die großartigen Trümmer des *Goldauer Bergsturzes* und mündet in die Gotthardbahn (S. 98) vor (58km) *Arth-Goldau* (Hôt. Hof-Goldau etc.). — *Rigibahn* s. S. 84.

## 30. Von Luzern nach Bellinzona. Gotthardbahn.

*Vergl. Karten S. 74, 82, 100, 106 u. 114.*

176km. Schnellzug in $5^3/_4$, Personenzug in $7^1/_2$ St. für 24 fr. 60, 17. 20, 12. 30 c. (bis Lugano, 206km, Schnellzug in $6^3/_4$ St. für 29 fr. 30, 20. 50, 14. 65 c.; bis Mailand, 284km, in $9^3/_4$ St. für 36 fr. 65, 25. 65, 18. 05 c.). — Station *Rothkreuz* (S. 70) zwischen Zug und Luzern ist Knotenpunkt der Gotthardbahn. Von *Zürich* (Berlin, München, Stuttgart) nach Rothkreuz Schnellzug in 1 St. 20-1 St. 33 Min.; von *Basel* (Paris, Straßburg, Köln, London) über *Luzern* Schnellzug in 3 St., über *Aarau* oder *Brugg* und *Muri* in $3^1/_2$-$4^1/_4$ St. — Bei dem Tages-Schnellzug Mittags Table d'hôte in Göschenen (Zug und Wagen sind gut zu merken). Im großen Tunnel ist es unnöthig, die Fenster zu schließen (vgl. S. 103), bei der Fahrt durch die Kehrtunnel, namentlich bergan, ist dies dagegen rathsam. Beste Aussicht von den neuen Salonwagen 1. u. 2. Kl., mit offener Galerie. Von Luzern bis Flüelen *rechts* sitzen, von Flüelen bis Göschenen *links*, von Airolo bis Bellinzona wieder *rechts*.

Die 1872-82 mit einem Aufwand von 238 Millionen Franken erbaute ****Gotthardbahn** umfaßt die Strecken Immensee-Goldau-Flüelen-Bellinzona-Lugano-Chiasso (206km), Bellinzona-Locarno (22km) und Bellinzona-Magadino-Pino (27km). Der höchste Punkt der Bahn in der Mitte des großen Tunnels liegt 1154m ü. M.; die Steigungen (Maximum 26‰) wurden zum Theil durch große Kehrtunnel überwunden (auf der N.-Seite des Gotthard 3, auf der S.-Seite 4;

vgl. Karte S. 101). Im Ganzen hat die Bahn 56 Tunnel (Gesammtlänge 41km oder über $1/_{6}$ der ganzen Bahnlänge), 32 Brücken, 10 Viadukte und 24 Uebergänge. Um den hochinteressanten Bahnbau näher kennen zu lernen, ist es rathsam die Strecken Amsteg-Göschenen (4 St.) und Airolo-Giornico (5 St.) auf der Gotthardstraße zu Fuß oder im offenen Wagen zurückzulegen. — Von Luzern bis Flüelen ist für nicht eilige Reisende die Dampfbootfahrt über den Vierwaldstätter See, oder für solche, die den Rigi besuchen wollen, die Fahrt von Luzern über Rothkreuz, Arth-Goldau Rigikulm, Vitznau nach Flüelen vorzuziehen.

Von *Luzern* bis (18km) **Rothkreuz** (431m) s. S. 70. Die Bahn zweigt von der Nordostbahn r. ab und führt durch hügeliges baumreiches Land; r. der Rigi, die Urner und Engelberger Alpen und der Pilatus. Vor *Immensee* (S. 93), das l. unten bleibt, öffnet sich der Blick auf den *Zuger See* (S. 93); am n. Ufer *Walchwyl*, weiter *St. Adrian* (S. 93).

26km **Immensee-Küßnacht** (463m; Omnibus in 25 Min. nach *Küßnacht*, S. 93). R. die bewaldeten Abhänge des *Rigi*, hoch oben das Kulmhôtel (S. 83). Weiter hoch über dem Zuger See, mehrfach durch Felseinschnitte; am Ostende des Sees l. unten das stattliche *Arth* (S. 93), am Fuß des bewaldeten Roßbergs, dahinter die Mythen (s. unten). Durch den 200m l. *Rindelfluh-Tunnel*, dann durch Felseinschnitte nach

34km Stat. **Arth-Goldau** (513m; *Hôt. Hof-Goldau*, *Restaur. Bellevue*, am Bahnhof; im Dorf Goldau: **Rößli*), zugleich Station der *Arth-Rigibahn* (S. 84) und Knotenpunkt der Bahn *Einsiedeln-Wädensweil* (S. 97). Der Bahnhof liegt inmitten der Trümmer des gewaltigen *Goldauer Bergsturzes*, der am 2. Sept. 1806 vom *Gnippen* (1563m), der w. Spitze des *Roßbergs* (S. 97) herab vier Dörfer verschüttete, wobei 457 Menschen umkamen. Die Bahn durchschneidet dieses Gewirr von zum Theil hausgroßen Nagelfluehlöcken und Trümmern, welches sich bis weit r. den Fuß des Rigi hinan erstreckt. Die Zeit hat die meisten Blöcke mit Moos und andern Pflanzen bedeckt; dazwischen hin und wieder Wassertümpel. Am Roßberg selbst ist der Weg, den der Bergsturz genommen, deutlich zu erkennen, die ganze Bahn desselben ist noch immer wüst und kahl (Besteigung des *Roßbergs* s. S. 97).

L. am Abhang die Häuser von *Steinerberg* (S. 97), r. hoch oben das Kurhaus *Rigi-Scheidegg* (S. 88). Die Bahn umzieht in großem Bogen den anmuthigen 3,5km langen **Lowerzer See** (450m); r. das Dorf *Lowerz*, in der Mitte des Sees die Insel *Schwanau* mit Burgtrümmern, Kapelle und Fischerhaus (Wirthsch.; Ueberfahrt von Lowerz oder Seewen in 25 Min.). — 39km **Steinen** (470m; **Rößli*), ansehnliches Dorf in fruchtbarer Lage, der Sage nach Geburtsort *Werner Stauffacher's* (S. 80); an der Stelle seines Hauses steht die angeblich im J. 1400 erbaute Heiligkreuzkapelle mit alten Malereien. Ueber die *Steinen-Aa* nach

42km **Schwyz-Seewen** (458m; **H.-P. Schweizerhof*, *Gasth. z. Bahnhof*, beide am Bahnhof). *Seewen* (461m; *Rößli, *Stern), w. von der Bahn am ö. Fuß des Rigi, hat ein besuchtes eisenhaltiges Bad.

— 20 Min. ö. liegt **Schwyz** (514m; **Weißes Rößli*, Z. L. B. 2-3 fr.; **H. Hediger*), weitläufiger Flecken mit 6663 Einw., malerisch am Fuß und Abhang zweier oder eigentlich dreier Bergspitzen, des doppelhornigen *kleinen Mythen* (1815m) und des *großen Mythen* (1903m) gelegen. Sehenswerth ist das *Rathhaus* mit Bildnissen von 43 Landammännern von 1534 an und altem Decken-Schnitzwerk. Die Pfarrkirche (1774) gilt für eine der schönsten der Schweiz. Das stattliche ehem. *Jesuitenkloster* oberhalb des Orts ist jetzt Gymnasium.

Die Besteigung des ***großen Mythen** (1903m) ist seit Anlage des neuen Weges sehr zu empfehlen ($3^1/_2$ St.; F. 6 fr., für Geübte unnöthig; Pferd bis zur Holzegg 8-10 fr.). Fahrweg von Schwyz bis (20 Min.) *Rickenbach* (Stern, ganz gut, Pens. 4 fr.), dann Reitweg zur (2 St.) *Holzegg* (1415m; kl. Whs., auch Betten), wohin auch ein direkter Fußweg von Schwyz über die *Hölle* und die Matten von *Hasli* und *Holz* in 2 St. führt (ohne Führer leicht zu verfehlen). — Von Brunnen (S. 79) zur Holzegg in 3 St. über *Ibach* und (1 St.) *Rickenbach*; Schwyz bleibt l. liegen. — Von Einsiedeln (S. 95) zur Holzegg in $2^3/_4$ St. auf gutem Weg über *Alpthal* (S. 96). — Von der Holzegg führt der gut angelegte Mythenweg (an den steilsten Stellen mit festem Geländer versehen) in 49 Windungen zuerst an der Ostseite des Bergstocks, dann über einen schmalen Grat in $1^1/_4$ St. zum Gipfel, mit einf. *Whs. (10 Betten) und prächtiger, der vom Rigi kaum nachstehender Aussicht (Panorama von A. Heim).

Sehr lohnender Spaziergang (2 St. hin u. zurück) von Schwyz zur *Suworowbrücke* im *Muotathal*, zurück über *Ober-Schönenbuch*; vgl. S. 63.

Nun in s. Richtung (l. der *Frohnalpstock* und hoch oben das *Kurhaus Stoos*, S. 79), vor *Ingenbohl* über die *Muota*, an dem großen, von Pater Theodosius 1855 gegründeten Frauenkloster *Mariahilf* vorbei, nach

46km **Brunnen** (441m; s. S. 79), dem besuchtesten Punkt am *Vierwaldstätter See* (Bahnhof 10 Min. vom Landeplatz).

Die Bahn führt in einem 126m l. Tunnel unter dem *Gütsch* und der *Axenstraße* (S. 80) hindurch und tritt an den ***Urner See**, den s.ö. Arm des Vierwaldstätter Sees (S. 80), an dem sie mittelst einer Reihe von Tunnels und Felssprengungen hingeführt ist; prächtiger Blick r. auf den See, gegenüber hoch oben die Häuser von *Seelisberg*, am Fuß der *Mythenstein* und das *Rütli* (S. 80), weiter l. der *Urirothstock* mit seinem Gletscher (S. 82). Folgt der *Hochfluhtunnel* (582m), der *St. Franziskustunnel* (193m), dann der 1933m l. *Oelberg-* oder *Schieferneggtunnel*, der zweitlängste der Bahn. 52km **Sisikon** (S. 80), an der Mündung des engen *Riemenstaldenthals*. Die Bahn tritt gleich darauf in den 984m l. *Sturzeggtunnel* und führt, mit stets wechselnden Blicken r. auf den See und den Urirothstock, durch die Tunnels an der *Tellsplatte* (die Tellskapelle, S. 81, ist von der Bahn nicht sichtbar), dem *Axenberg* (1118m lang) und der *Sulzegg* nach

58km **Flüelen** (437m; *Bahnrestaur.*, vgl. S. 81), dem Hafen von Uri und Endpunkt der alten Gotthardstraße (S. 101).

Weiter durch das breite untere *Reußthal* (vgl. Karte S. 114); im Hintergrund der *Bristenstock* (S. 101), l. die beiden *Windgällen*.

61km **Altdorf** oder *Altorf* (450m; **H. de la Gare*, am Bahnhof, Z. 1-2 fr.; im Ort, 20 Min. vom Bahnhof, **Schlüssel*; **Löwe*, nicht theuer; *Krone*, *Bär*, **Tell*, mit schattigem Biergarten), in einem obstreichen, von hohen Bergen umgebenen Thal, Hauptort des Kantons Uri, mit 2553 Einw.

7*

Nach Altdorf verlegt die Sage den Apfelschuss Tell's. An der Stelle, wo der kühne Schütze gezielt haben soll, wurde 1861 eine *Kolossal-Statue Tell's* aufgestellt, aus Gyps. Ein Brunnen mit dem Standbild des Dorfvogts *Besler* soll die Stelle bezeichnen, wo angeblich bis 1567 die Linde stand, an welcher der Knabe den Pfeil seines Vaters auf 150 Schritt Entfernung erwartete. Nach andern soll der Thurm, 30 Schr. weiter, die Stelle jener Linde einnehmen; er hat jedoch erweislich vor Anfang des XIV. Jahrh. schon gestanden.

In der *Kirche* eine Madonna, Marmor-Relief von Imhof. — Das *Kapuzinerkloster* oberhalb der Kirche gewährt, wie der *Pavillon Waldeck* nebenan, eine schöne Aussicht (Aufgang beim Thurm oder unterhalb der Tell-Statue). Über dem Kloster liegt der *Bannwald*, ein „heiliger Hain", an den keine Axt rührt, da er den Ort vor Verschüttung durch Felsgeröll schützt (vgl. Schiller's Tell, III. 3).

Am Ausgang des Orts r. ein *Nonnenkloster*, l. das *Zeughaus*; dann l., 20 Min. seitwärts am Eingang des *Schächenthals* anmuthig an einem Hügel gelegen, **Bürglen** (552m; *Tell*), das als Geburts- und Wohnort Tells genannt wird. An der Stelle, wo sein Haus gestanden haben soll, ist 1522 eine mit Darstellungen seiner Thaten bemalte *Kapelle* errichtet.

Durch das *Schächenthal* über den *Klausen* nach ($9^1/_2$ St.) *Stachelberg* s. R. 20. Für einen flüchtigen Blick in das **Schächenthal** ist es am lohnendsten, von *Weiterschwanden* oder *Spiringen* (S. 63) in c. $1^1/_2$ St. zu einem der im *Kessel* (1373m) gelegenen Höfe emporzusteigen, von wo das großartige Thalende (Scheerhorn, Griesgletscher, Kammlistock, Claridenstock) über dem frischen, matten- und waldreichen Vordergrund ein höchst malerisches Bild gewährt. — Sehr lohnend (für Geübte unschwierig) die Besteigung des **Roßstocks** (2463m), mit prächtiger Aussicht, von Bürglen über die *Mettenthal-Alp* in 5 St. m. F.; Abstieg event. durchs *Riemenstaldenthal* nach *Sisikon* (S. 80).

Die Bahn überschreitet den hier in ein künstliches Bett gefaßten wilden *Schächenbach* nahe seiner Mündung in die Reuß. L. zwischen Obstbäumen die saubere Kirche von *Schattdorf*. Jenseit der Reuß wird r. der Kirchthurm von *Attinghausen* nebst den Trümmern der gleichn. Burg sichtbar, in welcher der aus Schiller's Tell bekannte Frhr. Werner v. Attinghausen der Sage nach im J. 1307 starb (am Fuß des Burghügels *Whs.). Südl. im Thalausschnitt die mächtige Pyramide des *Bristenstocks* (S. 101); r. die schroffen Felswände des *Gitschen* (2540m) und *Bockli* (2075m), l. *Schwarzgrat* (2023m), *Belmeten* (2423m), *Hoher Faulen* (2518m), weiter die beiden *Windgällen* (*Große* 3192m, *Kleine* 2988m).

67km **Erstfeld** (475m; *H. Hof-Erstfeld*, *H. Bahnhof*, beide am Bahnhof, einf.), großer Rangierbahnhof, wo dem Zuge die schwere Berglokomotive vorgespannt wird. Gegenüber am l. Ufer der Reuß das gleichnamige Dorf, an der Mündung des *Erstfelder Thals*, aus dem die zackigen *Spannörter*, der *Engelberger Rothstock* und der wildzerrissene *Schloßberggletscher* herabschauen.

Das besuchenswerthe **Erstfelder Thal** (vgl. Karte S. 114) zieht sich s.w. zum *Glattenfirn* hinan. Am obern Ende zwei Alpseen, der schwarze *Fulensee* (1774m; 20 Min. vom Gletscherende) und der *Obersee* (1970m), $^1/_2$ St. weiter südl. am Fuß des *Krönlet* oder *Krönte* (3108m); zwischen beiden ($3^1/_2$ St. von Erstfeld) die *Fulensee-Alp*. Der aus dem Obersee abfließende Bach bildet einen prächtigen Fall. Beschwerliche Übergänge führen von hier über die *Schloßberglücke* (2631m) oder das *Spannortjoch* 2829m) nach ($6^1/_2$ St.) *Engelberg* (vgl. S. 118).

Von Erstfeld oder Altdorf über den *Surenenpaß* nach ($8^1/_2$ St.) *Engelberg* s. S. 118.

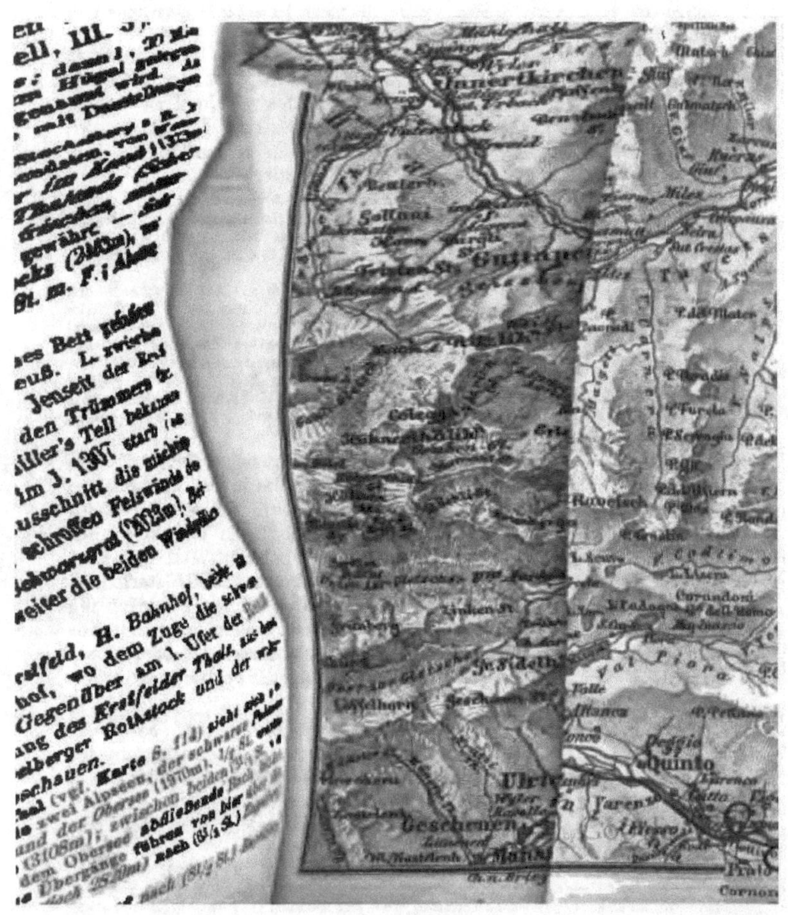
Jenseit der
den Trümmern
Schwarzgrat
weiter die beiden
H. Bahnhof,
wo dem Zuge die
Gegenüber am l. Ufer der
Rothstock und der
Innertkirchen
Geschenen
Quinto
Val Piora
Cornone

WASEN.
Höhenlinien in Abständen von 30 Meter ausgezeichnet.
Seewli
Schyn
Hägrigenthal
PFAFFENSPRUNG-TUNNEL 1487 m.
Höhe
Pfaffensprung
Reuss
Steinen
Surilli
Hägrigen
Egg
KEHRTUNNEL
IN DER BIASCHINASCHLUCHT.
Anzonico
PIANO TONDO-TUNNEL 1494 m.
TRAVI-TUNNEL 1551 m.
Biaschina
Ticino
Statn Giornico
Tortengo
Statn Faido

Das Reußthal verengt sich; die Bahn beginnt an der r. Thalwand zu steigen. 72km Stat. *Amsteg* (548m), oberhalb des zwischen Obstbäumen gelegenen Dorfs *Silenen;* in der Nähe des Bahnhofs r. auf einem Felshügel die angeblichen Trümmer der Geßler'schen Burg *Zwing-Uri* (in dem Hause nebenan Fremdenwohnungen). 20 Min. weiter das Dorf **Amsteg** (522m; **Stern* oder *Post;* **Hirsch;* **H.-P. Freihof;* * *Weißes Kreuz;* **Engel;* in allen Z. $1^1/_2$-2, F. 1, Pens. 4-6 fr.), in schöner Lage an der Mündung des *Maderaner Thals*, aus welchem der *Kärstelenbach* in die Reuß fällt.

AUSFLÜGE (Führer s. S. 112). *MADERANER THAL (Reitweg, $3^1/_4$ St. bis zum Hôtel Alpenclub) s. R. 32. — Über den *Krüzli-* oder den *Brunnipaß* nach *Disentis* und über den *Claridenpaß* nach *Stachelberg* s. S. 112.

Der **Bristenstock** (3074m), über die *Bristen-* und *Blacki-Alp* in 7-8 St. (F. 20 fr.), am kl. *Bristen-Seeli* (2160m) vorbei, bietet eine großartige Rundsicht, ist aber sehr beschwerlich und hierfür kaum ausreichend lohnend. Abstieg ins *Etzli-* oder *Fellithal* schwierig. — *Oberalpstock* (3330m), *Kleine* und *Große Windgälle* (2988 u. 3192m) etc. s. S. 112. — **Hoher Faulen** (2518m), von Silenen durchs *Evithal* über die Alpen *Strengmatt*, *Rhosen* und *Balmeten* in 5 St. m. F., nicht schwierig, lohnend.

Sehr lohnend ist die Fußwanderung oder Fahrt im offenen Wagen auf der **Gotthardstraße** von Amsteg bis Göschenen (4 St., vgl. S. 106), namentlich um einen Überblick über die großartigen Bahnbauten zu gewinnen. Sie überschreitet den Kärstelenbach, dann die Reuß auf zweibogiger ansteigender Brücke; l. die Gotthardbahn (s. unten), unten in dem tiefen Thal die ungestüme Reuß mit verschiedenen Wasserfällen. In den Schluchten bemerkt man im Frühsommer große Massen Lauinen-Schnee, der wie Erde oder Steingeröll aussieht; er schmilzt erst im Hochsommer. Jenseit des Weilers (35 Min.) Inschi (657m; *Lamm*) ein Fall des *Inschialpbachs* (s. unten). Eine zweite Brücke in malerischer Umgebung bringt die Straße wieder auf das r. Ufer der Reuß (die Bahn bleibt am l. Ufer) nach ($^1/_2$ St.) *Meitschlingen* mit Kapelle; 10 Min. weiter über den *Fellibach* [durch das enge krystallreiche *Felli-* oder *Fellenen-Thal* führt ein beschwerlicher Pfad über die *Fellilücke* (2480m) in 6 St. zum *Oberalpsee*, S. 357.] Gegenüber auf der Höhe r. das Dörfchen *Gurtnellen* (929m). Hinter dem Weiler *Wiler* über die (1 St.) dritte Brücke (811m), zum *Pfaffensprung* genannt (ein Mönch soll mit einem Mädchen im Arm hier über die Reuß gesprungen sein), wieder auf das l. U.; hier der erste Kehrtunnel der Bahn (s. unten.) Tief unten wälzt sich der Fluß in einem engen Felsspalt. Treffliche Aussicht vor- und rückwärts. Vor ($^1/_2$ St.) **Wasen** führt die Straße über die wilde *Meienreuß* (S. 125); r. die drei Brücken der Gotthardbahn (s. S. 102). Ein Fußweg, 70 Schritt jenseit der Brücke r. bergan, schneidet die Straßenwindung ab, die zu der hochgelegenen Kirche emporführt. Über den hochinteressanten Bahnbau bei Wasen s. unten. — Bei ($^1/_4$ St.) *Wattingen* (918m die vierte Brücke über die Reuß; oberhalb r. ein schöner Fall des *Rohrbachs*. Auf der (20 Min.) *Schönibrück* (981m), der fünften, wieder auf das l. Ufer der Reuß; l. an der Straße der *Teufelsstein*, ein gewaltiger Felsblock. $^1/_2$ St. *Göschenen* (1109m; S. 102); von hier nach *Andermatt* s. S. 106.

Hier beginnt die interessanteste Strecke der Bahn. Sie durchbricht oberhalb des Dörfchens Amsteg ein vortretendes Felsriff mittels des 172m l. *Windgälle-Tunnels* (557m ü. M.), überschreitet gleich darauf den *Kärstelenbach* auf einer grossartigen, 134m l., 54m h. eisernen Fachwerkbrücke (schöner Blick l. in das tief eingeschnittene *Maderaner Thal* mit der *Großen Windgälle*, r. in das Reußthal), durchbohrt den lauinengefährlichen Abhang des *Bristenstocks* mittels der beiden *Bristenlauitunnels* (397 und 213m l.) und setzt auf kühner, 75m l., 78m h. Gitterbrücke über die tosende Reuß. Weiter auf der l. Seite des malerischen Reußthals (l. sitzen!)

durch den *Inschi-Tunnel* (88m), über den *Inschialpbach* und das *Zgraggenthal* (Viadukt mit drei Öffnungen zu 30m), dann durch drei weitere Tunnels (*Zgraggen-*, *Breiten-* und *Meitschlinger Tunnel*), einen langen Felseinschnitt und über einen Viadukt am Berge entlang nach (80km) Stat. **Gurtnellen** (740m).

Oberhalb Gurtnellen ist eine der merkwürdigsten Stellen der Bahn, die hier, um die Höhe von Göschenen (s. unten) zu gewinnen, mittels dreier Kehrtunnels und einer gewaltigen Schleife bergansteigt. Sie überschreitet den *Gorneren-* und den *Hägrigenbach* (r. schöner Wasserfall), tritt vor der *Pfaffensprungbrücke* (s. oben) in den 1487m l. *Pfaffensprung-Kehrtunnel*, der sie um 35m emporhebt (Durchfahrt 3 Min.), führt durch den kurzen *Mühletunnel*, gleich darauf zum zweitenmal über den Hägrigenbach (l. unten die Pfaffensprungbrücke) und durch den 85m l. *Mührentunnel* (860m ü. M.). Unmittelbar darauf überschreitet sie auf schöner Brücke die aus tiefer Schlucht r. hervorstürzende *Meienreuß* (S. 125), durchbohrt den *Wasener Kirchhügel* mittels des 300m l. *Kirchberg-Tunnels*, wendet sich oberhalb l. über die Reuß, tritt in den *Wattinger Kehrtunnel* (1090m l., 23m Steigung) und wendet sich zurücküber die Reuß und durch den *Rohrbachtunnel* (220m) zur (88km) Stat. **Wasen** oder *Wassen* (931m ü. M.), oberhalb des ansehnlichen gleichn. Dorfs (**H. des Alpes; *Ochs*, bürgerlich; *Krone; **Restaur. in der *Post*). Von der hochgelegnen Kirche guter Ueberblick der großartigen Bahnbauten. — Ueber den *Susten* nach ($1^1/_2$ St.) *Meiringen* s. R. 37.

Weiter zunächst in n. Richtung auf der großartigen *mittlern Meienreußbrücke* (63m l., 79m h.) zum zweitenmal über die Meienreuß, dann durch den 1095m l. *Leggistein-Kehrtunnel* (25m Steigung) zurück und auf der **obern Meienreußbrücke* (54m l., 45m h.) zum drittenmal über die tiefe wilde Schlucht der Meienreuß. Unmittelbar hinter der Brücke der kurze *Meienkreuz-Tunnel* (991m ü. M.); dann an der offenen Bergwand weiter; tief unten erblickt man Wasen und die eben zurückgelegte Strecke; gegenüber der *Rienzer Stock* (2982m). Es folgt die *Kellerbachbrücke*, die *Rohrbachbrücke* (eiserne Bogenbrücke, 61m l., 28m h.) und der ansehnliche, mit Tagesöffnungen versehene *Naxberg-Tunnel* (1563m l., 36m Steigung); dann unterhalb des Dorfs *Göschenen* (r. das *Göschenenthal* mit dem prachtvollen *Dammafirn*, S. 106) auf 63m l., 49m h. Brücke über die tiefeingeschnittene *Göschenen-Reuß* zur

96km Stat. **Göschenen** oder *Geschenen* (1109m; **Bahnrestaur.*, M. m. W. 3 fr. 50 c.; **H.-P. Göschenen*, Z. L. B. 3, M. 3-4 fr.; **Rößli*, 5 Min. vom Bahnhof, Z. u. B. $2^1/_2$, F. $1^1/_4$, M. 3 fr.; *H. St. Gotthard; Löwen*, nicht theuer; *Krone*). Auf dem kleinen Friedhof ein schönes Denkmal des Tunnelerbauers L. Favre (s. unten), von Andreoletti (1889). — *Gotthardstraße* von Göschenen nach Airolo s. S. 106.

Unmittelbar jenseit der Station überschreitet die Bahn die Gotthardreuß (S. 106) auf 32m hoher Brücke und tritt in den großen ***St. Gotthard-Tunnel.** Derselbe ist 14,912m lang (2679m länger als der Mont-Cenis-Tunnel); von der Mitte aus, 1154m ü. M., fällt er nach beiden Seiten, nach Göschenen mit c. 6‰, nach Airolo mit 2‰. Die Arbeiten begannen am 4. Juni 1872 bei Göschenen, am 2. Juli bei Airolo; der Durchschlag erfolgte am 29. Februar 1880. Die größte Zahl der gleichzeitig beschäftigten Arbeiter betrug 3400 (durchschnittlich während 7½ Jahren täglich 2500 Arbeiter); die Baukosten betrugen 56¾ Millionen fr. Der Bauunternehmer Louis Favre starb im Tunnel am Schlagfuß am 19. Juli 1879. Die Bohrung geschah durch Bohrmaschinen nach dem verbesserten Ferroux'schen System, die durch comprimirte Luft getrieben wurden. Der Tunnel ist 8m breit und 6,5m hoch, für zwei Geleise angelegt und durchweg ausgemauert; die Luft im Innern ist durch die fortwährende starke Luftströmung gut und rauchfrei (Temperatur 17° R.), Schließen der Wagenfenster daher unnöthig. Die Bahn liegt 330m unter Andermatt, 1852m unter dem Kastelhorn (ungefähre Mitte des Tunnels), 1082m unter dem Sella-See. Die Durchfahrt erfordert für Schnellzüge 16, für Personenzüge 25 Min.; von 1000 zu 1000m sind Laternen angebracht (auf der l. Seite die ungeraden, auf der r. die geraden Zahlen). Beim Austritt aus dem Tunnel r. oben neu angelegte Befestigungen.

112km **Airōlo** (1145m; **Post* bei *Motta*, Z. L. B. 3-3½. M. 4, F. 1½ fr.; **H. Airolo*, Z. u. B. 2½ fr.; **H. Lombardi*, *H. des Alpes*, *H. Rossi*, alle am Bahnhof; *Bahnrestaur.*), im obern Tessinthal, der erste Ort ital. Zunge (1749 E.), nach dem Brande von 1877 großentheils neu aufgebaut. Die Landschaft hat hier noch vollständigen Hochgebirgscharakter; erst bei Faido macht sich der Einfluß des ital. Klimas bemerklich

PÄSSE (Führer *Clem. Dotta* in Airolo). Durch das *Bedretto-Thal* über den *Nufenen-Paß* ins *Wallis* s. S. 296; über den *S. Giacōmo-Paß* nach den *Tosafällen* s. S. 301; durch das *Val Maggia* nach *Locarno* s. S. 422. — Durch das *Canaria-Thal* über den *Unteralp-Paß* (2530m) nach Andermatt 8 St., beschwerlich; Anstieg sehr steil. — Ueber die *Bocca di Cadlimo* (2542m) nach *S. Maria* (S. 358), 8 St., lohnend. Ueber *Passo Bornengo* nach *Val Maigels* s. S. 356.

Von Airolo durch Val Piora nach Disentis (10 St., Führer unnöthig, bis Piora 6, S. Maria 10 fr., Gepäckträger im Hôt. Lombardi in Airolo pro kg bis Piora aufwärts 15 c., abwärts 10 c.; Pferd bis Piora, 3 St., 12 fr.). Auf der Gotthardstraße ¼ St. abwärts, dann l. ab über den *Canaria-Bach* und hinan nach (20 Min.) *Madrano* (1152m); nach ¼ St. l. den Absatz hinan; 20 Min. *Brugnasco* (1386m). Nun stets in ziemlich gleicher Höhe mit hübschen Blicken ins Tessinthal, später durch Wald, nach (¾ St.) *Altanca* (1392m; Whs.); hier l. im Zickzack hinan an einem Kapellchen vorbei zur (40 Min.) Alp *in Valle* (am Wege eine Quelle), unterhalb am Felsen eine uralte Inschrift. R. in der Schlucht bildet der *Foßbach* eine Reihe hübscher Wasserfälle; schöner Rückblick auf die Tessiner Berge. Weiter über einen Felssattel zum (½ St.) einsamen, von grünen Bergen umschlossenen *Ritom-See* (1829m); gleich l. das *Hôtel Piora (Bes. *Lombardi*; Z. 2, F. 1, M. 4, Pens. 8-9 fr.), in geschützter Lage, zu längerm Aufenthalt geeignet. Arven- und Lärchenwald dicht beim Hôtel; in der Nähe viele leicht zu erreichende Aussichtspunkte (*Fongio*, *Pian alto*, *Cima di Camoghè*, *Punta nera*, *Taneda* etc.) und in versteckten Kesseln 6 kleine Seen (gleich über den Gräten gegen *Val Cadlimo* noch weitere 4). Sehr wechselnde mannigfaltige Gesteine und Pflanzen. — Der Weg nach S. Maria (3¼ St., Träger 7 fr.) führt l. um den See herum; 20 Min. *Ritom-Hütten*; hier l. auf schmalem Pfad am Abhang hinan zur (20 Min.) Kapelle *S. Carlo*; über den Bach, r. an dem Kreuz vorbei (der kl. See von *Cadagno* mit Sommerdörfchen bleibt l.) nach (¼ St.) *Piora*, ärmliches Dörfchen, (¼ St.) *Murinascio* (ein Paar Hütten). Der Weg, mehrfach durch Kreuze bezeichnet, führt 1/4 St. geradeaus, dann l. hinan; weiter immer l. halten (die letzten Hütten im *Piano de' Porci* bleiben r. unten; wer nach Olivone will, kann von hier über den *Passo Columbe*, 2375m, zwischen *Scai* und *Piz Columbe*, direct zum Hospiz Casaccia gelangen, S. 358), durch das einsame *Val Termine* (l. der *Piz dell' Uomo* 2750m) zum (3/4 St.) **Uomo-Pass** (2212m) mit verlassener Hütte (10 Min. vorher bei dem Steinmann gute Quelle). Hinab mehrfach über sumpfige Stellen (vorn r. der Scopi, l. fern die Tödikette) zum (1 St.) *Hospiz S. Maria* (S. 358); von hier nach Disentis oder über den Lukmanier nach Olivone s. R. 95.

Unterhalb Airolo überschreitet die Bahn den aus dem *Val Bedretto* (S. 296) kommenden *Tessin*, führt durch den *Stalvedro-Tunnel* (190m l.) und tritt in den *Engpaß (Stretto) von Stalvedro*; am l. Ufer des Tessin läuft die Landstraße durch vier Felsenthore. Das Thal erweitert sich vor (118km) **Ambri-Piotta** (911m; *Restaur. Soldini; Brasserie Piotta*); l. bleibt *Quinto*. Hinter (123km) **Rodi-Fiesso** (945m; *Hôt. Monte Piottino)* folgt eine der interessantesten Stellen der Bahn (vgl. das Kärtchen S. 101). Der *Platifer (Monte Piottino)* tritt hier von N. in das Thal vor; der Tessin hat ihn durchbrochen und stürzt in einer Reihe von Wasserfällen durch die wilde Felsschlucht der tiefern Thalstufe zu. Die Bahn überwindet die starke Senkung mittelst zweier kreisförmigen Kehrtunnels. Sie überschreitet bei **Dazio Grande** auf 45m l. Brücke den Tessin in wilder Schlucht, durchbohrt den *Daziotunnel* (353m l.), dann den kurzen *Artoitotunnel* (74m) und tritt in den *Freggio-Kehrtunnel* (1557m), aus dem sie 36m tiefer mitten in der **Piottino-Schlucht** wieder hervortritt. Sie überschreitet dann in großartiger Umgebung den Tessin zum zweitenmal, führt am r. Ufer durch den *Monte Piottino-* (138m) und den *Pardorea-Tunnel* (279m) und tritt in den 1556m l. *Prato-Kehrtunnel*, in dem sie sich 36m senkt. Beim Austritt aus dem letztern öffnet sich das schöne Thal von Faido; die Bahn überschreitet den Tessin auf der 65m l. *Polmengobrücke*, durchfährt einen 276m l. Tunnel und erreicht

131km **Faido** (758m; **H.-P. Suisse*, **H. Faido*, beide am Bahnhof; im Ort **Angelo*, Z. u. B. 2 1/2, Pens. 6-8 fr.; **H.-P. Fransioli*, Pens. m. W. 7 fr.; *Prince of Wales; H. Vella; Restaur. Belgeri*; *Birraria Rosian*), Hauptort der *Leventina* (991 E.), in sehr malerischer Lage, als Sommerfrische besucht. R. ergießt sich die *Piumogna* in einem vollen schönen Sturz in den Tessin.

Das **Tessin-Thal**, **Livinenthal** oder **Valle Leventina** genannt, war früher den 13 verbundenen eidgenössischen Orten (mit Ausnahme Appenzells) als gemeinsamer Besitz unterthan und wurde von ihren Beamten, welche ihre Stelle steigerungsweise auf einige Jahre erkauften, mit großer Willkür und kaum erträglichem Druck verwaltet. Im Jahre 1755 brach ein Aufstand aus, den aber die Regierung mit Hülfe von Schweizer Truppen niederschlug. Die Franzosen machten diesem Unterthanen-Verhältnis 1798 ein Ende. Der Wiener Kongreß bestätigte das Bestehen des Kantons Tessin.

Von Faido über den *Predelp-Paß* zum *Lukmanier* s. S. 358; über den *Campolungo-Paß* in das *Val Maggia* s. S. 422.

Weiter am l. Ufer des Tessin durch malerische reich belaubte Landschaften (Nuß- und Kastanienbäume). R. bleibt *Chiggiogna* mit alter Kirche. Auf beiden Seiten stürzen von den steilen Felswänden Wasserfälle, besonders schön vor (138km) **Lavorgo** (618m) r. der Schleierfall der *Cribiasca*. Gewaltige Felsblöcke liegen umher, von stattlichen Kastanienbäumen durchwachsen. Unterhalb Lavorgo bricht der Tessin in der malerischen ***Biaschina-Schlucht** wieder zu einer tiefern Thalstufe durch und bildet einen schönen Fall; die Bahn senkt sich auf dem l. Ufer mittelst zweier schraubenförmig über einander liegenden Kehrtunnels um 100m. Sie durchbohrt zunächst den 462m l. *La Lume-Tunnel*, überschreitet den *Pianotondo-Viaduct* (104m l., mit vier Öffnungen) und tritt in den *Pianotondo-Kehrtunnel* (1494m l., 35m Senkung). Es folgt der kurze *Tourniquet-Tunnel*, der *Travi-Viaduct* (61m l.), dann der *Travi-Kehrtunnel* (1551m l., 36m Senkung). Beim Austritt aus dem letztern ist die Bahn auf der untern Thalsohle des Livinenthals angelangt; sie überschreitet den Tessin und erreicht Station

145km **Giornico** (451m). 2km unterhalb am l. Ufer des Tessin in Rebengärten das ansehnliche Dorf d. N. (395m; *Posta*, *Cervo*, beide gelobt), in malerischer Lage am Fuß gewaltiger Felsmassen, mit altem lombard. Thurm und Spuren von Befestigungen bei der Kirche *S. Maria di Castello*. Die wohlerhaltene Kirche *S. Niccolò da Mira*, im frühroman. Stil, steht angeblich an der Stelle eines heidnischen Tempels. Unterhalb tritt die Bahn auf 120m l. Brücke wieder auf das l. Ufer; r. der hübsche Fall der *Cramosina*.

151km **Bodio** (333m). Jenseit *Polleggio* (Corona) strömt aus dem l. sich öffnenden *Val Blenio* (S. 359) der *Brenno* in den Tessin; die Bahn überschreitet ihn auf zwei Brücken (70 und 100m lang). Das Tessin-Thal wird breiter und nimmt bis zur Mündung der Moësa den Namen *Rivièra* an. Armdicke Reben, große Kastanien-, Nuß-, Maulbeer- und Feigenbäume erinnern mehr und mehr an „Hesperien". Die Reben liegen wie ein großes dickes Blätterdach auf einem hölzernen Fachwerk, das von 2-3m hohen Gneis-Säulen getragen wird.

157km **Biasca** (296m; *Bahnrestaur.*; im Dorf, 12 Min. n., *H. Union & Poste*, einf.), mit alter roman. Kirche auf einem Hügel (339m). Ein Stationenweg führt beim Bahnhof zu der hochgelegenen *St. Petronilla-Kapelle*; dabei ein hübscher Wasserfall. — Nach *Olivone* und über den *Lukmanier* nach *Disentis* s. R. 95.

Weiter dicht am Fuß der reich bewachsenen östl. Berge durch das im Sommer sehr heiße und staubige Tessinthal. Zwei Tunnel. 163km **Osogna** (266m; *Post*), am Fuß einer steil aufsteigenden runden Felskuppe. 169km **Claro** (253m), am Fuß des *Pizzo di Claro* (2719m), eines der fruchtbarsten Berge der Schweiz, mit herrlichen Alpen und dem Kloster *S. Maria* l. am Abhang auf vorspringendem Hügel. Hinter (173km) **Castione** (244m) führt die Bahn an der Mündung des *Val Mesocco* (S. 370) über die *Moësa* (l. bleibt *Arbedo*, S. 370) und nähert sich Bellinzona (kurzer Tunnel); der Blick aus der Ferne auf die Stadt mit ihren stattlichen Zinnenmauern und ihren drei Schlössern ist überraschend und großartig.

176km **Bellinzona** (237m), deutsch *Bellenz* (**Schweizerhof & Post*, Z. L. B. 3, M. 4 fr.; **Cervo*; *Bahnrestaur.*; **Böhm's Baierische Bierhalle*, Münchner Leistbräu), Sitz der Regierung des Kantons Tessin, mit 3302 E. und stattlicher Stiftskirche aus dem XVI. Jahrh., ist ein Ort ganz ital. Charakters, malerisch überragt von den einst festen Schlössern: im W. dem *Castello Grande*, auf einem besondern Hügel; im O. *Castello di Mezzo* oder *di Svitto* und *Castello Corbario* oder *Corbè*, dem am höchsten gelegenen (458m). Im Mittelalter von den Visconti u. A. stark befestigt, galt Bellinzona als Schlüssel der Straße aus der Lombardei nach Deutschland. Die Werke sind neuerdings zum Theil hergestellt.

Die drei Schlösser waren Sitz der drei schweizer Landvögte (vgl. S. 104), in deren Hände die richterliche und ausübende Gewalt ruhte. Jedes derselben hatte eine kleine Besatzung und einige Geschütze. Das *Castello Grande* gehörte Uri; es dient jetzt als Zeughaus und Gefängnis; Zutritt gestattet (Trkg.), überraschende Aussicht. Von den beiden andern gehörte das untere, *Castello di Mezzo*, Schwyz, das *Castello Corbario*, jetzt in Verfall, Unterwalden. — Schöner Spaziergang ($1^1/_4$ St.) s. zur Stadt hinaus, dann l. hinauf auf dem Wege zum obersten Castell, mit immer schöneren Aussichten bei jeder Biegung, nicht ganz bis zum Thor hinan, wo die Bergfläche ebener wird und mit höheren Kastanien bestanden ist; dann zurück und zwischen Weinbergsmauern zu der weithin sichtbaren Wallfahrtskapelle *S. Maria della Salute*, mit prächtiger Aussicht; an derselben l. vorbei zum Bahnhof zurück.

Von Bellinzona auf den *Monte Camoghè* (2226m), 7-8 St. m. F., s. S. 417; über den *Passo di S. Jorio* zum *Comer See* s. S. 435.

Von Bellinzona nach *Lugano* und *Como* s. S. 413; nach *Locarno* s. S. 420; nach *Laveno* S. 422.

## 31. Von Göschenen nach Airolo über den St. Gotthard.

35km. Post von Göschenen nach *Andermatt* 2mal tägl. in 1 St. für 1 fr. 40, Coupé 1 fr. 70 c.; nach *Hospenthal* 2mal in $1^1/_3$-$1^1/_2$ St. (2 fr. 10 oder 2 fr. 55 c.). Von Hospenthal über den Gotthard nach Airolo keine Postverbindung. Einspänner von Göschenen bis Andermatt oder Hospenthal 6, Zweisp. 10 fr.; Zweisp. zum Gotthard-Hospiz 35-40, Airolo 60-65 fr.; Zweisp. Andermatt-Gotthard 30, Airolo 50 fr.; Einsp. Hospenthal-Gotthard 15, Zweisp. 25 (hin u. zurück 20 u. 30), Zweisp. Airolo 45 fr. Trinkgeld 10% des Fahrpreises. Omnibus der Hôtels in Andermatt ($1$-$1^1/_2$ fr.) und Hospenthal (2 fr.) am Bahnhof Göschenen.

Der Gotthard war bis zu Anfang dieses Jahrh. von allen Alpenpässen wohl der am meisten benutzte. Da indeß der Weg nur ein Saumpfad war, so wurde er in Folge der Erbauung der Straßen über den Simplon, Splügen und Bernhardin mehr und mehr verlassen, bis die Kantone Uri und Tessin 1820-32 die Gotthardstraße erbauten. Seit Vollendung der Eisenbahn ist der St. Gotthard wieder einsam geworden; immerhin ist der Uebergang über den Paß für Fußgänger oder im offenen Wagen interessant und lohnend (Entfernungen zu Fuß: Göschenen-Andermatt 1 St. 10 Min., Andermatt-Hospenthal $^3/_4$ St., Hospenthal-St. Gotthard-Hospiz $2^1/_4$ St., von da nach Airolo $2^3/_4$, Fußwege $1^3/_4$ St.). Wer nur zum Hospiz will, um von dort Ausflüge zu machen, gelangt rascher von Airolo hinauf.

**Göschĕnen** oder *Geschenen* (1109m), Station der Gotthardbahn, s. S. 102.

In das **Göschenen-Thal** lohnender Ausflug (3 St. bis zur Göscheneralp, Führer unnöthig, Proviant mitnehmen). Guter Weg über *Abfrutt* nach ($1^1/_4$ St.) *Wicki* (1326m), wo r. aus der engen *Kaltbrunnenkehle* die *Voralper Reuß* hervorstürzt; weiter über *St. Niklaus* und *Brindlistaffel* (1537m) zur ($1^3/_4$ St.) **Göscheneralp** (1715m; einf. *Whs.*, auch Betten; Führer von Göschenen mitbringen), in großartiger Umgebung. W. senkt sich der prächtige *Dammafirn* von dem im *Rhone-* u. *Dammastock* (S. 124) gipfelnden *Winterberg* herab; noch 1 St. weiter thalauf entströmt die Göschenen-Reuß dem zwischen Winterberg und Steinberg eingebetteten *Kehle-Gletscher*. — Ein nicht schwieriger und sehr lohnender Pfad ($5^1/_2$-6 St. m. F.) führt von der Göscheneralp über den *Alpligen*-

Innertkirchen
Spicherberg
Flöschenh.
Pfaffenköpf
Benzlaui stock
Mährenh.
Weiss-Schien
Radlefshorn
Benzlaui
Holzhaus
Steinhaus
Steinhaush.
Kilchlistock
Trift Firn
Triftstöckli
Gwächten H.
Maasplank Stock
Weiss-Nollen
Tristenst.
Bürglistock
Guttannen
Geissberg
Diechterh.
Schneestock
Ritzlih.
Gelmerhörner
Diechter Thal
Thieralpli Stock
Tellistock
Gelmer
Handeck
Aerlenhorn
Hühnerthäli
Diamantstock
Aelplistock
Bächli-Gletscher
Bächlistock
Brandlamm-Horn
Juchlistock
Brunnberg
Rhone-Gletscher
Grimsel-Hospiz
Unteraar-Gl.
Unteraar-A.
Grimsel-P.
Kl. Siedelh.
Zinkenstock
Oberaar-Alp
Gr. Siedelh.
Oberaar-Gl.
Hinter Grimsel

Brunnenstock
Fleckistock
Schwarzenstock
Wasen
Meiggelenstock
Hornfeli
Salbitschyn
Geschenen
Gesch
nen-Th.
Lochstock
Spitzberge
Plattenstock
Andermatt
Hospenthal
Zumdorf
Realp
Eisenmanns-A.
Thierberg
Mutten-Alp
P. dell'Uomo
St. Gotthard
Sorescia
Blauberg
Furkaegg
Kastelhorn
Gütsch
die Spitze
Rhonegletscher

*Gletscher* und die **Alpligen-Lücke** (2778m) zwischen *Lochberg* u. *Spitzberg* nach *Realp* (S. 113). Der **Lochberg* (3088m), mit prächtiger Aussicht auf Galenstock, Gotthard-Gruppe etc., ist vom Paß in 3/4 St. zu ersteigen. — Übergänge von der Göscheneralp nach dem Rhone- u. Triftgletscher (*Winterjoch, Dammapaß, Maasplankjoch*) schwierig, nur für geübte Bergsteiger (vgl. S. 124); über die *Sustenlimmi* (3108m) oder die *Thierberglimmi* (c. 3200m) zum Stein-Whs. 9 St., beschwerlich (s. S. 124). — **Fleckistock** (*Spitzliberg*, 3418m), schwierig, nur für durchaus geübte Bergsteiger (F. 30 fr.): von *Wichi* (s. oben) durch die *Kaltbrunnenkehle* zur (1 1/4 St.) *Hornfeli-Alp* (1783m; übernachten); am Thalende angesichts des *Wallenbühlfirns* r. empor zu den *Flühen* (2400m) und über Geröll und Fels steil zum Gipfel (6 St. von der Hornfeli-Alp).

Die *Gotthardstrasse überschreitet oberhalb des Bahnhofs auf der *Vordern* oder *Häderli-Brücke* (1134m) die Reuß; l. die Eisenbahnbrücke (S. 102) und das n. Mundloch des großen Tunnels (S. 102). Hier, einige Min. hinter Göschenen, beginnt die 1 St. lange wilde Felsenschlucht der ***Schöllĕnen**, zu beiden Seiten hohe, fast senkrechte Granitfelsen, unten die tosende Reuß. Die Straße steigt in zahlreichen Kehren, die man meist auf Fußpfaden oder auf dem alten Saumpfad abschneiden kann. Nach den ersten Windungen gelangt man, an der verfallenen *langen Brücke* vorbei (etwas oberhalb das Wasserwerk für Göschenen mit starkem Wasserfall) auf der (20 Min.) *Sprengibrück* (1234m) auf das l. Ufer zurück. Die Straße ist in den Schöllĕnen dem Fall der Lauïnen sehr ausgesetzt; an einer der gefährlichsten Stellen ist eine 88 Schritt lange Schutz-Gallerie, am Eingang die Inschrift „C. Uri 1848“, über dem Ausgang der Stierkopf (das Wappen von Uri).

Die nächste Brücke ist die (25 Min.) ***Teufelsbrücke** (1400m), in großartigster Felslandschaft. Die Reuß stürzt 30m unter der Brücke in einem schönen Fall, der die Brücke fortwährend mit Wasserstaub benetzt, tief in die wilde Schlucht hinab. An der Teufelsbrücke wohnt der „Hutschelm“, sagen die Thalbewohner nicht mit Unrecht; man hüte seinen Hut vor den hier häufigen Windstößen. Die Brücke, 1830 aus Granitquadern erbaut, hat nur einen Bogen von 8m Spannung. Die ältere Brücke, 6m unter der neuen, ist 1888 eingestürzt.

Am 14. August 1799 kämpften hier Franzosen gegen Österreicher, die sich, vom Vierwaldstätter See abgeschnitten, über die Oberalp nach Disentis zurückzogen. Einen Monat später wechselten die Rollen. Suworow war nach heftigen Kämpfen im Val Tremola (S. 110) über den Gotthard gekommen und drängte mit Rosenberg, der den Weg über den Lukmanier und die Oberalp eingeschlagen hatte, die Franzosen vor sich her. Am Morgen des 25. Sept. forcirten die Russen unter großen Verlusten die Passage durch das Urner Loch, fanden sich aber aufs neue an der von den Franzosen hartnäckig vertheidigten Teufelsbrücke gehemmt. Die Franzosen versuchten die Brücke zu zerstören, doch gelang dies nur mit dem steinernen Anbau, der die Fortsetzung des Bogens bildete. Aber die Russen ließen sich nicht aufhalten; sie stiegen unter dem heftigsten feindlichen Feuer in das steinige Bett der Reuss hinab, kletterten am l. Ufer in die Höhe und zwangen nach erbittertem Kampf die Franzosen zum Rückzug nach dem Vierwaldstätter See.

Unmittelbar hinter der Teufelsbrücke (kl. Restauration, gute Auswahl von Gotthard-Mineralien) windet die Straße sich hinauf an einer Kapelle und einem neuen Fort (s. unten) vorbei, zum (5 Min.) **Urner Loch** (1415m), einem 64m l., 4m h., 3m br. Felsdurchbruch, 1707 zuerst angelegt, bis zur Erbauung der Gotthardstraße nur für Pferde gangbar, jetzt für zwei Wagen breit genug. Vor dem J. 1707 führte hier eine in Ketten hangende Brücke, die *stäubende Brücke*, den Wanderer unter stetem Sprühregen der Reuß um den Felsen, den *Teufelsstein*, herum. Ober- und unterhalb des Urner Lochs, sowie bei Andermatt und Hospenthal sind in den letzten Jahren starke Festungswerke aufgeführt worden (neue Straßen von der Teufelsbrücke nach dem *Bäzberg* und von der Oberalp auf den *Musch*, an deren Endpunkten schöne Aussichten).

Einen eigenthümlichen Gegensatz zu der wilden Felsengegend bildet das **Urseren-Thal**, welches man betritt, sobald man das dunkle Urner Loch verlassen hat, ein c. 3 St. l., 1/4-1/2 St. br. stilles grünes Thal, von der Reuß durchströmt, von hohen zum Theil schneebedeckten kahlen Bergen umgeben. Getreide gedeiht hier nur kärglich, Bäume sieht man kaum. Der Winter dauert fast 8 Monate, während der 4 Sommermonate muß nicht selten geheizt werden. — 20 Min.

6km **Andermatt**. — Gasth.: *H.-P. Bellevue, großes Haus in freier Lage 5 Min. vor dem Ort, Z. L. B. 4 1/2-6, F. 1 1/2, Lunch 3 1/2, M. 5 fr.; daneben Hôt.-Restaur. du Touriste, nicht theuer, gutes Bier; gegenüber *H.-P. Nager*, klein; *Grand Hôt. Andermatt & Pens. Oberalp (Bes. *Danioth*), am obern Ende des Dorfs; *St. Gotthard, Z. L. B. 3 1/2, M. 4 fr.; *Drei Könige, Z. u. B. 2 1/2, F. 1 1/4, M. 2 1/2 fr.; *Krone, Z. L. B. 2 fr.; Sonne.

*Andermatt* (1444m) oder *Urseren*, ital. *Orsèra*, 1/2 St. von der Teufelsbrücke, Hauptort (711 E.) des Thals in geschützter Lage, wird auch als Winterkurort besucht. Neben der Dorfkirche ein *Beinhaus*, dessen Gesims mit beschriebenen Schädeln besetzt ist. Eine viel ältere Kirche, angeblich aus der Langobardenzeit, steht am Ausgang des Urner Lochs l. an der Bergwand. Von der Kapelle *Mariahilf* guter Überblick über das Thal: r. der kahle Bäzberg, im Hintergrund die Furka mit dem Whs., l. daneben das Mutthorn; einige Schritte hinter der Kapelle sieht man auch den Badus (s. unten); ö. steigt in großen Zickzack-Linien die Oberalpstraße an (s. S. 357). Oberhalb des Orts ein *Bannwald* (S. 100). Gotthard-Mineralien bei Frau *Meyer-Müller*.

Von Andermatt über die *Oberalp* nach *Chur* s. R. 94; über die *Furka* zum *Rhonegletscher* s. R. 33.

Der **Badus** oder **Six-Madun** (2931m), der mächtige Schlußstein des Bündner Oberlandes, ist von Andermatt in 4 1/2-5 St. zu ersteigen (anstrengend, nur mit Führer, 13 fr.; leichter und kürzer von Tschamut, S. 356). Den Abstieg kann man ins Vorder-Rheinthal zum *Toma-See* nehmen (bis Sedrun 4 St., vgl. S. 356). Die Aussicht von dem aus Gneistrümmern bestehenden Gipfel, der vom Pizzo Centrale (S. 109) kaum nachstehend, umfasst eine zahllose Menge von Bündner, Berner u. Walliser Bergen und das Vorder-Rheinthal in seiner ganzen Ausdehnung. — *Gurschenstock* (2872m), 4 St., und *Gamsstock* (2965m), 4 1/2 St., beide lohnend und nicht schwierig (nur mit Führer). — Über den *Unteralp-Paß* nach (8 St.) *Airolo* s. S. 103.

Auf dem Wege von Andermatt nach Hospenthal sieht man l. hoch oben über dem Bergrand den *St. Anna-Gletscher* hervorragen.

9km **Hospenthal** (1484m; *Meyerhof, Z. L. B. 3-4, F. 1 1/2, Lunch 3, M. 4-5, Pens. m. Z. 7-12 fr.; *Goldner Löwe, Z. L. B. 3, F. 1 1/4, M. 3-4 fr.; *Post*, einf. aber nicht billig; *Schäfli*, bescheiden), einst

Sitz der Edlen von Hospenthal, von deren Schloß der alte Thurm auf dem Hügel noch übrig ist. Am Ausgang des Ortes zweigt r. die *Furkastraße* ab (s. R. 33).

Die Gotthardstraße steigt nun in zahlreichen Windungen in einem öden Thal den Gotthard hinan, auf dem l. Ufer des Arms der Reuß, der aus dem Lucendro-See fließt und sich bei Hospenthal mit der Realper Reuß (S. 113) vereinigt. Ein Fußpfad (beim zweiten Hause jenseit der Reußbrücke l.) schneidet die ersten Straßenwindungen ab. Hübsche Rückblicke auf das Urseren-Thal und die zackigen Gipfel der Spitzberge (S. 113) bis w. zum Galenstock. Auf dem wüsten (1 St.) *Gamsboden* mündet l. das jäh ansteigende *Guspis-Thal;* oben der *Guspis-Gletscher* und der *Pizzo Centrale* (s. unten). An einer großen Kehre (1/4 St.) die erste *Cantoniera* (1791m), am Fuss des *Winterhorns* (*Pis Orsino*, 2666m). Die Straße überschreitet die Reuß zum letzten Mal, bereits im Kanton Tessin, nicht weit von ihrem Ausfluß aus dem r. gelegenen *Lucendro-See*, auf der (1 St.) *Rodont-Brücke* (2018m); 5 Min. vorher die zweite Cantoniera.

Der ***Lucendro-See** (2083m) lässt sich mit einem Mehraufwand von 1/2 St. leicht besuchen. Fußpfad unterhalb der Rodontbrücke (am l. Ufer der Reuß), zuletzt über Felsblöcke, zu dem (10 Min.) schönen grünen, von Schneespitzen und Gletschern umgebenen See, um dessen Nordrand der Pfad herumführt. S. der prächtige *Piz Lucendro* (2959m, s. S. 110), w. die *Fwerberhörner* (2824m), der *Piz dell' Uomo* (2688m) etc. — Beim Ausfluß der Reuß aus dem See führt ein Steg hinüber; man überschreitet ihn und folgt jenseits dem Pfade, der auf der Paßhöhe in die Gotthardstraße mündet.

Auf der (20 Min.) *Paßhöhe* des **St. Gotthard** (2114m) führt die Straße zwischen mehreren kleinen Seen hin.

Der **St. Gotthard** ist kein einzelner Berg, sondern ein ganzer Gebirgsstock mit einer Reihe von Gipfeln, ansehnlichen Gletschern und an 30 kleinen Seen. Die Paßhöhe selbst ist ein kahles aussichtloses Hochthal, ö. begrenzt von dem schroff abstürzenden *Sasso di S. Gottardo* (2510m), w. von den Felsmassen der *Fibbia* (2742m) und des *Pizzo la Valletta* (2540m). Die Hauptgipfel des Gotthard sind: ö. *Prosa* (2738m) und *Pizzo Centrale* (3003m); w. *Piz Lucendro* (2959m), *Fwerberhorn* (2824m), *Pis dell' Uomo* (2688m), *Winterhorn* oder *Pis Orsino* (2666m); dann weiter w. *Leckihorn* (3069m), *Muttenhorn* (3103m), *Pizzo di Pesciora* (3123m), *P. Rotondo* (3197m), *Kühbodenhorn* (3073m) etc.

22km **Albergo del S. Gottardo** (2095m), 5 Min. s. unterhalb der Paßhöhe, jetzt Dependenz des gegenüberliegenden **Hôtel du Mont-Prosa* bei *Lombardi* (Z. L. B. 3, M. 4, Pens. 9 fr.). Neben letzterm das *Hospiz*, jetzt meteorolog. Station. Einige Minuten s. auf einem Felsblock die nicht mehr benutzte *Todtenkapelle*.

Ausflüge (Führer für kleinere Touren im Hotel). ***Pizzo Centrale** (*Tritthorn*, 3003m), 3 1/2 St., ziemlich anstrengend (F. 10 fr.). Hinter dem Hospiz l. über den Bach und am Abhang des Sasso S. Gottardo durch Geröll hinan zum Eingang des *Sella-Thals*, in das der Pfad einbiegt; l. der *Mte. Prosa* (s. unten). Weiter hoch am Abhang über dem *Sella-See* (2231m) langsam steigend, zuletzt über Schneefelder zum Fuß des aus morscher Hornblende aufgethürmten Gipfels und zur Spitze. Die Aussicht, von überraschender Pracht, umfaßt fast alle Haupt-Gebirgsstöcke der Schweiz (Panorama von A. Heim). Die Besteigung ist auch von Hospenthal über den *Gamsboden* und durch das *Guspisthal* (s. oben) in c. 5 St. auszuführen. — **Monte Prosa** (2738 m), 2 1/2 St., nicht schwierig (F. 7 fr.). Bei der Hütte oberhalb des Sellasees (1 1/4 St.) vom Wege zum P. Centrale l. ab, über magere Weiden u. Schneeflecken zum (3/4 St.)

Sattel (2596m) zwischen Prosa und Blauberg; dann l. über den Grat, zuletzt etwas mühsam über scharfe Felsblöcke zum ($^1/_2$ St.) Gipfel (der 13m höhere westl. Gipfel ist durch eine 6m tiefe Kluft vom östl. Gipfel getrennt). Die Aussicht steht der vom P. Centrale nach.

**Fibbia** (2742m), der mächtige Felskoloß, der w. die Gotthardstraße beherrscht und in jähen Wänden ins Val Tremola abstürzt, $2^1/_2$ St., ziemlich mühsam (F. 7 fr.). Vorzüglicher Überblick der Gotthard-Gruppe, des Tessinthals und der Tessiner Alpen. — **Piz Lucendro** (2959m), $3^1/_2$-4 St., nicht schwierig, lohnend (F. 10 fr., für Geübte entbehrlich). Vom *Lucendro-See* (S. 109) über die *Lucendro-Alp* auf bequemem Wege hinan zum *Fuerber-Paß*, vor demselben l. auf den *Lucendro-Gletscher* und in allmählicher Steigung zur SO.-Kante des P. Lucendro, dann über Felsen zur Spitze. Abstieg zum *Lucendro-Paß* (s. unten). — *Leckihorn* (3060m) s. unten. — *P. Rotondo* (3197m), höchster Gipfel der Gotthardgruppe, sehr schwierig (vgl. S. 296).

Hübscher kleinerer Ausflug (1 St.) auf die **Sorescia** oder *Scara Orell* (2240m). Auf der Straße südl. hinab bis zur Tessinbrücke (s. unten); jenseits l. auf schmalem Pfade bergan. Aussicht lohnend, namentlich auf die Tessiner Alpen, Cristallina, Campo Tencia, Basodino etc. Abstieg nach dem Sella-Thal nicht rathsam, da keine Brücke über den hier schon ziemlich breiten Tessin vorhanden.

Pässe. **Über den Orsino-Paß nach Realp**, $4^1/_2$ St., unschwierig (Führer für Geübte entbehrlich). Vom Lucendro-See n.w. an Grashängen hinan zum *Orsirora-See* (2456m), der l. bleibt, und zum **Orsino-Paß** (c. 2600m) s.w. vom *P. Orsino* (2666m), mit prächtigem Blick nach S. auf die Gotthardberge von der Furka bis zur Fibbia, n.w. Finsteraarhorn, Agassizhorn, n. die Kette des Galen- und Dammastocks bis zu den Sustenhörnern und dem Titlis. Hinab über Weiden und durch Erlengebüsch nach Realp (S. 113).

**Nach der Furka über den Leckipaß**, 10 St. m. F., anstrengend aber lohnend. Vom Hotel durch die *Valletta di S. Gottardo* zwischen *Fibbia* und *Pizzo la Valletta* zum (2 St.) *Passo di Lucendro* (2539m), von wo der *Piz Lucendro* (s. oben) in $1^1/_2$ St. zu ersteigen ist; entweder über diesen oder n. von demselben hinüber ins *Wyttenwasser-Thal* zum *Cavanna-Paß* (S. 113); weiter über den *Wyttenwasser-Gletscher* am *Hühnerstock* vorbei zum ($4^1/_2$ St.) **Lecki-Paß** (2912m) n. vom *Leckihorn* (3069m, vom Paß in $^1/_2$ St. leicht zu ersteigen). Hinab über den *Mutten-Gletscher* an den *Muttenhörnern* (S. 114) vorbei, dann wieder hinan, zwischen *Thierberg* und *Blauberg* hindurch auf den kl. *Schwärze-Gletscher* und zum ($3^1/_2$ St.) *Furka-Hotel* (S. 114).

Fußgänger brauchen vom Hospiz bis Airōlo 2-$2^1/_2$ St., bergan 3 St.; Wagen ebensoviel. Im Winter und Frühjahr häuft sich der Schnee oft 10-12m hoch an und bleibt wohl auch den ganzen Sommer über an der Straße liegen. Die Südseite ist Schneestürmen und Lauīnen besonders ausgesetzt.

Etwa 10 Min. s.ö. unterhalb des Hospizes überschreitet die Straße den Arm des *Tessin (Ticino)*, der aus dem ö. gelegenen nicht sichtbaren *Sella-See* (s. oben) ausfließt. Bei dem ersten Schutzhaus, *Cantoniēra S. Antonio* (1943m), tritt sie in das öde durch Lauīnen häufig bedrohte **Val Tremōla**, und senkt sich an der *Cantoniera S. Giuseppe* (1832m) vorbei in zahlreichen Kehren, die der Fußgänger auf dem alten Saumpfade in der Thalsohle bedeutend kürzt. Bei dem dritten Schutzhaus, *Cantoniera di Val Tremola* (1696m), hört das Val Tremola auf und die *Leventina* (S. 104) beginnt; *Aussicht abwärts bis Quinto. R. mündet das von dem w. Hauptarm des Tessin durchflossene *Val Bedretto* (S. 296). — 35km *Airōlo* (1145m), s. S. 103.

Wer vom Gotthard nach *Bedretto* will, braucht nicht nach Airolo hinabzugehen, sondern verläßt unterhalb der *Canton. di Val Tremola* (s. oben) die Straße an der Spitze der ersten großen Kehre, welche dieselbe nach dem Val Bedretto zu macht, auf einem r. hinabführenden Fußweg, der bei *Fontana* (S. 296) in den Fahrweg von Airolo nach All' Acquà mündet (Zeitersparniß c. 1 St.).

## 32. Das Maderaner Thal.

*Vergl. Karte S. 60.*

Das 4 St. lange ***Maderaner Thal**, von mächtigen Bergen eingeschlossen (nördl. *Kl.* u. *Gr. Windgälle*, *Gr.* u. *Kl. Ruchen*, *Kl.* u. *Gr. Scheerhorn*, südl. *Bristenstock*, *Weitenalpstock*, *Oberalpstock*, *Düssistock*) und von dem wilden *Kärstelenbach* durchströmt, ist reich an Naturschönheiten und sehr besuchenswerth. Reitweg (früh Morgens schattig) bis zum ($3^1/_4$ St.) *Hôtel Alpenclub* (832m über Amsteg); Pferd 12, Träger 6, hin u. zurück mit Uebernachten 12 fr. Sehr lohnender Rückweg über die *Stafeln* (s. unten), 6-7 St. bis Amsteg (bei gutem Wetter nicht zu versäumen, auch von rüstigen Damen gut zu machen).

*Amsteg* (522m) s. S. 101. Man verläßt die Gotthardstraße am l. Ufer des *Kärstelenbachs* (S. 101) und steigt, unter der kolossalen Eisenbahnbrücke (S. 101) hindurch, auf gut angelegtem steilem Zickzackweg zur *St. Antoni-Kapelle* (723m), dann über sanft ansteigende obstreiche Matten zum (50 Min.) Dörfchen *Bristen* (797m; guter Wein bei Kaplan Furger, auch einige Z.). Am Ende des Dorfs etwas bergab, auf einer (5 Min.) Brücke über den schäumenden Kärstelenbach und am r. Ufer bergan; nach 7 Min. nicht r. über die Brücke zum engen *Etzlithal*, in welchem ein schöner Wasserfall sichtbar ist, sondern geradeaus und nach 20 Min. über eine zweite Brücke (819m), mit schönem Blick thalauf- und abwärts, wieder auf das l. Ufer zu den (5 Min.) Häusern *am Schattigen Berg*. Nun steil bergan zum (40 Min.) *Lungenstutz* (1097m; zwei kl. Whser.); 8 Min. weiter beim Kreuz hübsche Aussicht. Dann streckenweise durch Wald, über den *Grießen-* und *Stalden-Bach* zu den ($^1/_2$ St.) Hütten von *Stößi* (1172m); bei der (5 Min.) *Säge* über den Kärstelenbach, an den Häusern von *Balmenwald* (1233m), welche l. liegen bleiben, vorbei zum (25 Min.) **Gasth. zum Schweizer Alpenclub* bei Indergand (1354m; Z. L. B. 3, M. 4, A. 3, Pens. m. Z. 8-10 fr.; Telephon zum Hot. Kreuz in Amsteg). In der Nähe hübsche ebene Waldpromenaden (10 Min. vom Hôt. der kl. *Butzli-See*); von der Terrasse an der W.-Seite des Hauses schöne Aussicht.

Ausflüge. Zum **Hüfigletscher** 1 St., lohnend (Führer entbehrlich). Vom Gasth. anfangs durch Wald, weiter an den Rasenhängen der nördl. Thalseite entlang (gegenüber die Wasserfälle des *Brunni-* und *Stäuberbachs* und des *Lämmerbachs*), über den *Schleierbach*, den *Seidenbach* und die *Milchbäche* bergan bis zu einem (1 St.) Felsvorsprung (1642m) mit gutem Überblick des jetzt stark zurückgegangenen Gletschers, dem der Kärstelenbach entströmt. Man kann (nur mit Führer, 3-4 fr.) von hier zum Gletscherende hinabsteigen und am l. Ufer des Kärstelenbachs, an den oben gen. Wasserfällen vorbei, über die Alp *Guferen* zum Hôt. Alpenclub zurückkehren (im Ganzen 3-4 St.).

Lohnendster Rückweg nach Amsteg (6-7 St., Führer 8 fr.) über die ***Stafeln**, die hohen Alpenterrassen am nördl. Thalrand. Vom Hotel thalauf bis zu dem oben erwähnten Felsvorsprung beim Hüfigletscher 1 St.; hier l. hinan zur (1 St.) *Alp Gnof* (1895m), $^3/_4$ St. *Stafelalp* (1916m), $^1/_4$ St. *Alp Bernetsmatt* (1998m; Alpenkost u. einf. Unterkunft), mit prachtvoller Aussicht auf Hüfigletscher u. Claridenpaß, Düssistock, Tschingelgletscher, Oberalpstock, Weitenalpstock, Crispalt, Bristenstock, Galenstock, Fleckistock, die Windgällen und den Ruchen (schöner noch ist der Blick, namentlich auf die ganz nahen Windgällen, von der **Widderegg*, 2389m, von Bernetsmatt $1^1/_4$ St. m. F.). Steil hinab zum reizend gelegenen *Golzeren-See* (1410m) und den (1 St.) *Golzeren-Alpen* (1397m; gutes Trinkwasser); endlich an steiler Bergwand im Zickzack durch Gebüsch nach (1$^{1}/_{2}$ St.) *Bristen* und ($^{1}/_{2}$ St.) *Amsteg* (s. S. 101; zum Bahnhof noch $^{1}/_{4}$ St. mehr).

Bergtouren vom Hotel Alpenclub (Führer: *Ambr.*, *Jost* u. *Josef Zgraggen*, *Jos. Maria*, *Melch.* u. *Jos. Tresch*, *A. Baumann*, *Jos.* u. *Melchior Gnos* u. a.; kleine Touren tägl. 6 fr.). — **Düssistock** (*Piz Git*, 3262m), 6-7 St., schwierig, nur für geübte Bergsteiger (F. 20 fr.). Im *Brunnithal* zur (2 St.) *Waltersfirren-Alp* (1930m); hier l. hinan zum (2 St.) *Resti-Tschingel-Firn* und über denselben, zuletzt über schwierige Felsbänder des *Kl. Düssi* (3138m) und über den Grat zur (2 St.) Spitze, mit prachtvoller Aussicht. — **Oberalpstock** (*Piz Tgietschen*, 3330m), für Geübte ohne erhebliche Schwierigkeit (F. 20 fr.). Entweder vom Hôt. Alpenclub in 4-5 St. zum obern *Brunnigletscher* (s. unten), dann r. über Firnhänge in 2-2$^{1}/_{2}$ St. hinan; oder von Amsteg über den *Krüzlipaß* (s. unten) ins oberste *Strimthal* und über den *Strimgletscher* von SO. her zur Spitze (7-8 St.; von Sedrun 1 St. kürzer). Großartige Aussicht. — **Weitenalpstock** (3009m), 7 St., sehr mühsam. — *Bristenstock* (3075m), s. S. 101. — **Piz Cambriales** (3212m), von der Hüfi-Clubhütte (s. unt.) in 4-5 St., und **Claridenstock** (3270m), von der Clubhütte in 5 St. (F. 20 fr.), beide für Geübte nicht sehr schwierig. — **Kammlistock** (3288m), von der Clubhütte in 5 St. (20 fr.), mühsam. — **Große Windgälle** oder *Kalkstock* (3192m), von Alp Bernetsmatt (s. oben) in 5 St., und **Großes Scheerhorn** (3296m), von der Hüfi-Clubhütte in 6 St., beide sehr schwierig, nur für durchaus geübte schwindelfreie Bergsteiger (F. 25 fr.). Weniger schwierig, doch höchst anstrengend ist der **Große Ruchen** (3136m; von Alp Gnof in 6-7 St., 20 fr.). — **Kleine Windgälle** (2988m), von der Alp *Oberkäsern* (s. oben) über den Grat zwischen Kleiner und Großer Windgälle in 3$^{1}/_{2}$ St., nicht besonders schwierig und sehr lohnend.

Pässe. Nach Stachelberg über den Claridenpaß, 11-12 St. vom Hôtel Alpenclub, großartige und höchst lohnende Tour, für geübte Bergsteiger mit tüchtigen Führern (30-35 fr.) ohne besondere Schwierigkeit. Auf der l. Seite des *Hüfigletschers* an den Abhängen des Düssistocks (s. oben) hinan zur (2$^{1}/_{2}$ St.) *Clubhütte* (1999m) auf der herrlich gelegenen *Hüfialp* (Übernachten). Nun eine kurze Strecke scharf bergan, über die Moräne auf den (40 Min.) *Hüfigletscher* und über den *Hüfi-* und *Clariden-Firn* allmählich hinan zum (3-3$^{1}/_{2}$ St.) **Claridenpaß** (2969m) am s. Fuß des *Claridenstocks* (s. oben), mit prächtigem Blick auf den Tödi, das Rheinwaldgebirge etc. Hinab über den Clariden-Firn, an dem durchlöcherten *Bocktschingel* und dem *Gemsfayrenstock* (S. 60) vorbei, dann durch die *Wallenbach-Schlucht* schwierig zur *Altenorenalp* und über die *Auengüter* (S. 60) nach (5 St.) *Stachelberg*. Man kann auch vom Claridenfirn (vor dem Claridenpaß r. halten) über den **Hüfipaß** (2940m) zwischen *Hint. Spitzalpeli-Stock* (3003m) und *Catscharauls* (3062m) auf den *Sandfirn*, dann entweder l. hinab zur *Obern Sandalp* (S. 61), oder r. über den *Sandgrat* nach *Disentis* (S. 354) gelangen. — Über die **Kammlilücke** (2848m) nach Stachelberg, 12-13 St., für geübte Berggänger nicht sehr schwierig. Die Paßhöhe liegt zwischen *Gr. Scheerhorn* (3296m) und *Kammlistock* (3288m). Steil hinab über jähe Eiswände auf den *Griesgletscher*, zur *Kammlialp* und dem *Klausenpaß* (S. 63).

Nach Unterschächen über den **Ruchkehlenpaß** (2679m), 8-9 St., beschwerlich. Von *Alp Gnof* (S. 111) steil aufwärts über Rasen, Fels und Gletscher zur Paßhöhe zwischen *Gr.* und *Kl. Ruchen*; durch die vereiste *Ruchkehle* steil hinab ins *Brunni-* und *Schächenthal* (S. 62). — Über den **Scheerhorn-Griggelipaß** (2798m), gleichfalls beschwerlich. Von der Hüfi-Clubhütte über den Hüfi-Gletscher und *Bocktschingel-Firn* zur Paßhöhe zwischen Scheerhorn und Kl. Ruchen; hinab zur *Obern Lammerbach-Alp* und nach (10-11 St.) *Unterschächen*.

Nach Disentis über den **Brunnipaß** (2736m), 8 St., anstrengend aber lohnend (nur mit F., 20 fr.). Im *Brunnithal* über *Riederbiel* und *Alp Waltersfirren* (s. oben) zur (2$^{1}/_{2}$ St.) *Brunnialp* (2076m), dann über den *Brunnigletscher* in 2 St. zur Paßhöhe zwischen l. *Piz Cavardiras* (2965m), r. *Piz d'Acletta* (2917m). Hinab durch das *Acletta-Thal* nach *Acletta* und (3$^{1}/_{2}$ St.) *Disentis* (S. 354).

Von Amsteg über den Krüzlipaß nach Sedrun (8 St.), anstrengende Wanderung, durch das *Etzlithal* bis zur Paßhöhe (2350m) 5$^{1}/_{2}$ St., dann durch das *Strimthal* hinab nach (2$^{1}/_{2}$ St.) *Sedrun* (S. 355).

## 33. Von Göschenen zum Rhonegletscher. Furka.

*Vergl. Karte S. 106.*

40km. Post im Sommer 2mal tägl. in $6^1/_2$ St. (9 fr. 85 c., Coupé 11 fr. 95); von Göschenen bis Brig tägl. in 12 (Brig-Göschenen 14) St., mit $^1/_2$ St. Aufenthalt am Tiefenbach und Mittagshalt am Rhonegletscher (20 fr. 65, Coupé 25 fr. 15 c.). — Entfernungen für Fußgänger: Andermatt $1^1/_4$, Realp 2, Furka $3^1/_2$ (bergab $2^1/_2$), Rhonegletscher 2 (bergauf $2^1/_2$) St. Pferd von Realp bis Tiefenbach 5, Furka 8 fr. — Wagen: Einspänner von Göschenen nach Realp 10 fr.; Zweispänner von Göschenen nach Andermatt oder Hospenthal 10-15, Furka 45-50 fr. (incl. Trkg.); Zweisp. von Andermatt nach Realp 15, Furka 40, Gletsch 60, Fiesch 90, Brig 125 fr.; von Hospenthal nach Realp Einsp. 6, Zweisp. 10 fr., Furka 20 (hin u. zurück 25) u. 35; Gletsch 30 u. 50, Fiesch 50 u. 90, Brig 70 u. 120 fr.; von Realp zur Furka Einsp. 12, Zweisp. 20, Gletsch 18 u. 25 fr.; Zweisp. vom Rhonegletscher zur Furka 15 fr.

Die *Furkastraße, vorwiegend aus militärischen Gründen erbaut, erschließt die Schönheiten der Gegend in bemerkenswerther Weise durch prächtige Blicke auf den Rhonegletscher etc., und ist von Realp ab auch zur Fußwanderung sehr geeignet. Namentlich wird sie häufig im Anschluß an die Wanderung über die Grimsel von oder nach dem Berner Oberland gewählt.

Bis (9km) *Hospenthal* (1484m) s. S. 108. Am obern Ende des Dorfs zweigt die Straße von der Gotthard-Straße r. ab, steigt erst etwas und führt dann eben fort am r. Ufer der *Realper Reuß* durch das einsame *Urserenthal* (S. 108); auf beiden Seiten steile Rasenhänge, von zahlreichen Bächen durchfurcht, n. überragt von den zerrissenen Felszacken der *Spitzberge* (3063m). — 50 Min. *Zumdorf* (1513m), ein paar Hütten mit Kapelle; weiter in schnurgerader Linie, über die Reuß und den aus dem Tiefengletscher abfließenden *Lochbach* nach (40 Min.)

15km **Realp** (1542m; **H. des Alpes*, einf.; *Gasth. beim Hospiz*, wo die Postablage), kleines Dorf am w. Ende des Urserenthals.

Über die *Alpligen-Lücke* zur (6 St.) *Göscheneralp* s. S. 107; über den *Orsino-Paß* zum (5 St.) *St. Gotthard* S. 109. — S. führt von Realp ein wenig lohnender Weg über den Cavanna-Paß (2611m) zwischen *Piz Lucendro* und *Hühnerstock* nach (5 St.) *Villa* im Val Bedretto (S. 296).

Hinter Realp beginnt die Straße in großen Windungen zu steigen. Fußgänger kürzen auf dem alten Wege, hinter der zweiten Brücke, 15 Min. von Realp, nach 50 Schritten r. ab (bergab Steigende verlassen die Straße einige hundert Schritt hinter dem Kilometerstein 50, l. einige Stufen hinunter). Bald öffnet sich ein schöner Rückblick über das weite Urserenthal, im Hintergrund über Andermatt die Zickzacklinien der Oberalpstraße (S. 357); l. das Wyttenwasserthal mit dem gleichn. Gletscher (S. 110), den Ywerberhörnern und Piz Lucendro. An der obersten Straßenkehre (*Fuchsegg*, 2010m), $5^1/_2$km von Realp, das kl. *H.-P. Galenstock* (wird gelobt, Z. 2, M. $3^1/_2$, Pens. 6 fr.); $^1/_2$ St. weiter, an der *Ebneten-Alp* vorbei, die Poststation **Tiefenbach** (2070m; *Hôt. Tiefengletscher*, M. $3^1/_2$, Pens. 5-6 fr.).

Von hier erreicht man am Abhang entlang und über die Moräne in $1^1/_4$ St. m. F. den prächtigen zwischen *Galenstock* und *Gletschhorn* (3307m) eingebetteten **Tiefengletscher**, bekannt durch den Krystallfund vom Sept. 1868 (Gesammtausbeute 250 Ctr.). — Über den *Tiefensattel* zum *Rhonegletscher (Grimsel, Trifthütte)* s. S. 124. — Über die *Winterlücke* (2880m) zur *Göscheneralp* (S. 106), 6 St. m. F.; Abstieg zum *Wintergletscher* steil.

Über das *Tiefentobel*, weiter stets ansteigend hoch an der nördl.

Bergwand; l. tief unten im *Garschenthal* der alte nicht zu empfehlende Saumweg. R. der *Siedelngletscher*, dessen Abfluß an der Straße einen hübschen Fall bildet, daneben die spitzen Nadeln des *Bielenstocks* (2947m), vorn das *Furkahorn* (s. unten). Nach 1 1/4 St. erreicht man die Paßhöhe (28km) der **Furka** (2436m; *H.-P. Furka*, Z. L. B. 4-5, Lunch 4, M. 5 fr.; Post u. Telegr.-Station), ein nach beiden Seiten scharf abfallendes Joch zwischen l. Muttenhörnern, r. Furkahörnern, nur selten ganz frei von Schnee. Prachtvolle Aussicht auf die Berner Alpen mit dem imposanten Finsteraarhorn, l. davon Oberaarhorn, Walliser Fiescherhörner, Sidelhorn, Wannehorn, r. Agassizhorn und Schreckhörner; vom **Känzli*, 20 Min. vom Hotel, auch auf den obern Theil des Rhonegletschers, das Oberwallis und die Walliser Alpen (Mischabelhörner, Matterhorn, Weißhorn etc.).

Ausflüge. ***Furkahorn** (3028m), 2 1/2 St., sehr lohnend (bequemer Reitweg; F. 7 fr., für Geübte entbehrlich). Prächtiger Rundblick über Berner und Walliser Alpen, Galenstock, Gotthardgruppe etc. (Panorama im Hôtel). Direkter Abstieg zum Rhonegletscher nicht rathsam. — **Muttenhorn** (3103m), s. von der Furka, 3 St. m. F. (10 fr.), gleichfalls unschwierig und lohnend.

**Galenstock** (3597m), 5 St. (F. 15 fr.), nur für erprobte Bergsteiger mit Eisaxt und Seil. Von der Furka zum (3/4 St.) *Rhonegletscher* (s. unten) und erst am l. Rande desselben, dann r. eine steile Schneewand hinan, weiter über einen schwierigen Felsgrat, zuletzt über Firnhänge sehr steil zu der überhängenden Schneekuppe (Vorsicht!). Höchst großartige Aussicht.

Von der Furka über den *Leckipaß* zum *St. Gotthard-Hospiz* (10 St. m. F.) s. S. 110; über die *Triftlimmi* zur *Trifthütte* s. S. 124.

Fußgänger, welche nach der Grimsel (S. 171) wollen, können von der Furka (guter Fußweg, 10 Min. vom Gasth. von der Straße r. ab) in 3/4 St. zum obern Theil des *Rhonegletschers* (von hier l. über die Moräne direkter Fußpfad zum H. Belvedere, s. unten), dann oberhalb des Absturzes in 1 1/2 St. quer über den Gletscher und über das (3/4 St.) *Nägelisgrätli* zum (2 St.) Hospiz gelangen (5 St., nur mit Führer, 10 fr.; Bergstock und benagelte Schuhe unerläßlich). Der Pfad mündet am n. Ende des kl. Grimsel-Sees (S. 171). Interessanter aber ziemlich beschwerlicher Weg; vom **Nägelisgrätli** (2582m) schöne Aussicht. In umgekehrter Richtung, von der Grimsel aus, ist die Tour weniger zu empfehlen.

Die Straße führt noch eine Strecke r. an der Bergwand entlang bis zu den (25 Min.) *Galenhütten* (2407m) und senkt sich dann in großen Kehren hoch über dem gewaltigen r. herabkommenden ***Rhonegletscher** (S. 295), mit prächtigen Blicken in die in den wunderbarsten Formen aufragenden Eismassen des Gletscherabsturzes An der zweiten Kehre das kl. *H. Belvedere* (geschlossen); ein Fußpfad führt von hier über die Moräne (l. halten in 1/4 St. zu einem Punkt, wo man auch den obern Gletscher gut überblickt. Im Thal über den *Muttbach* (Abfluß des *Gratschluchtgletschers*), der unter dem Rhonegletscher durchfließt (l. mündet hier der steile alte Saumweg von der Furka); dann am Abhang des *Längisgrats* allmählich bergab, zuletzt in großen Windungen, die der vorher r. abzweigende alte Saumpfad kürzt, über die junge *Rhone* zum (2 St.)

40km *Hôtel du Glacier du Rhône* im „*Gletsch*" (1761m; S. 295).

Vom Rhonegletscher nach *Brig* s. S. 295; über die *Grimsel* nach *Meiringen* s. R. 52.

Wolfenschiessen
Brisen
Altzellen
Grafenort
Bann-Alp
Plankengrat
Stoffelberg
Alp
Unter-Lauter
See Alp
Melchthal
Widderfeld
Nünalphorn
Engelberg
Hutstock
Hanghorn
Geissberg
Griessen
Gerschni-A.
Galtiberg
Titlis
Gadmer Flüh
Pfaffenhut
Tellistock
Gadmen
Engstlen-S.

Grat
Waldnacht
Geissberg
Geissberg

## 34. Von Luzern über Stans und Engelberg nach Altdorf. Surĕnen.

*Vergl. Karte S. 74.*

Dampfboot von Luzern bis Stansstad 8mal tägl. in 40 Min. für 1 fr. 40 c. oder 80 c. (s. S. 89). — Post von Stansstad nach Engelberg (22,2km) 3mal tägl. in 3½ St. für 4 fr. 60, Coupé 6 fr. 40 c. (bis Stans 6mal tägl. in 20 Min. für 60 c.); Einsp. 15, Zweisp. 25 fr. Rüstige Wanderer thun besser, nur bis Grafenort (3 St. Wegs, Fahrzeit 1¾ St., Einsp. 9, Zweisp. 16 fr.) zu fahren, da von hier an die Straße so steigt, daß man doch meist zu Fuß gehen wird. — Einsp. von *Beckenried* nach Engelberg 18, Zweisp. 30 fr.; s. S. 77. Wer vom Gotthard kommt, braucht nicht über Luzern u. Stansstad zu fahren, sondern nimmt in Beckenried einen Wagen. — Von Engelberg bis Altdorf über die Surĕnen (9 St.) Saumpfad, ziemlich beschwerlich; Führer 14 fr., bei hellem Wetter entbehrlich (wer von Altdorf kommt, braucht denselben nur bis zur Paßhöhe, 8 fr.).

Von *Luzern* nach *Stansstad* s. S. 90. Die Straße führt um den s. Fuß des *Bürgenstocks* (S. 89) herum durch Wiesen und Obstgärten nach (¾ St.)

3,6km **Stans** oder **Stanz** (458m; *Engel; Krone*, Z. 1, F. 1 fr.; *Rößli*), Hauptort *Nidwaldens*, der ö. Hälfte des Kantons Unterwalden, mit 2458 Einw., in einem wahren Obstgarten gelegen, obgleich die Sonne vom 11. Nov. bis 2. Febr. nur 1 St. lang Vormittags zwischen dem *Hohen Brisen* (2411m) und dem *Stanserhorn* (s. unten) sichtbar wird. Neben der stattlichen *Pfarrkirche* ein **Denkmal Arnolds von Winkelried*, Marmorgruppe von Schlöth, in unschöner Nische. Eine Steintafel neben der *Begräbniskapelle* auf dem Kirchhof, an der Nordseite der Kirche, erinnert an das Blutbad, welches die Franzosen, erbittert durch den hartnäckigen Widerstand der Unterwaldner, im J. 1798 hier anrichteten. Im *Rathhaus* die Bildnisse aller Landammänner von 1521 an; unten eine Anzahl alter Banner von Unterwalden; auch zwei franz. Fahnen von 1798; ein Bild von dem 1798 getödteten blinden Maler Würsch, Christus am Kreuz; ein Bild von Volmar, den Abschied des Bruders Klaus von seiner Familie darstellend (S. 119). Das Atelier des verst. Malers *P. Deschwanden* enthält eine Anzahl von demselben hinterlassener Bilder (Eintr. frei). Hübsche Aussicht vom *Knieri* über dem *Kapuzinerkloster*.

Das ***Stanser Horn** (1900m) ist von Stans über die *Blumattalp*, von Kerns (S. 119) über *Wisserlen* und die *Holzwang-Alp* oder von Dallenwyl (s. unten) über *Wiesenberg* in 3½ St. zu ersteigen; Führer angenehm, Aussicht sehr lohnend (Zahnradbahn projektiert). — **Buochser Horn** (1809m), von *Niederrickenbach* (s. unten) in 1¾ St., von Beckenried oder Buochs in 3½ St., ebenfalls recht lohnend; herrlicher Blick auf den Vierwaldstätter See von Luzern bis Brunnen, auf das Gelände von Schwyz, das Engelberger Thal von Stans bis Grafenort etc.

Die Straße nach (4¾ St.) Engelberg führt durch das Thal der *Engelberger Aa* zwischen r. Stanser Horn, l. Buochser Horn; im Hintergrund blickt der Titlis mit seinen Schneefeldern hervor. Vor (50 Min.) *Dallenwyl* (552m) tritt die Straße auf das r. Ufer der Aa; r. auf einem Schutthügel an der Mündung des *Steinbachs* die Kirche des Dorfs.

L. ab führt ein guter Reitweg in 1½ St. (von Stans über *Nieder-Büren* 2 St.) nach **Niederrickenbach** oder *Mariarickenbach* (1167m; **Kurhaus z. Engel*, Pens. m. Z. 5-7 fr.), besuchter Luftkurort in schöner Lage. Von hier auf das

8*

*Buochser Horn* s. oben; auf den **Steinalpbrisen* (2406m), über die *Ahorn-Alp* und *Steinalp* in 3 St., sehr lohnend (F. für Geübte entbehrlich); auf die *Schwalmis* (2248m), über die *Ahorn-Alp*, die *Bärfelle* mit Kreuz und die *Bühlalp*, dann am ö. Grat hinauf, 3 St., gleichf. lohnend (F. entbehrlich; Abstieg event. über das *Jochli* nach Isenthal, 3 St.). Ein lohnender Uebergang ($4^1/_2$-5 St. m. F.) führt von Niederrickenbach über die *Bühl-Alp* und das Jochli (2111m) zwischen Schwalmis u. Reißendstock, hinab über die *Bolgen-Alp* und das *Laueli* nach *St. Jakob* im Isenthal (S. 82).

40 Min. ($9_{,6}$km) **Wolfenschießen** (521m; **Eintracht*, einf. gut, auch Pens.; *Kreuz*); neben der Kirche das von Altzellen hierher versetzte Einsiedlerhäuschen des *Conrad Scheuber*, Enkel des h. Nikolaus von der Flüe (S. 119) und wie dieser im Lande als Heiliger verehrt.

Von Wolfenschießen über *Oberrickenbach* und den *Schönegg-Paß* (1925m) nach ($5^1/_2$-6 St.) *Isenthal* s. S. 82; F. rathsam, Abstieg von der Paßhöhe zur *Sulzthal-A.* steil und pfadlos.

Hinter (1 St.) *Grafenort* (575m; Whs., guter Wein) steigt die Straße in schönem Wald; r. unten die schäumende Aa. Bei dem ($1^1/_2$ St.) Whs. „im grünen Wald" vereinigt sich tief im Grunde r. der aus dem Trübsee (S. 123) kommende Bach mit der Aa. Die Straße steigt noch etwas und wendet sich l.; plötzlich öffnet sich das *Engelberger Thal*, ein grünes 2 St. langes, $^1/_2$ St. breites Alpenthal, nach drei Seiten von hohen schneebedeckten Bergen eingeschlossen. Der *Titlis* mit seiner Eisdecke tritt großartig hervor, dann das *Große* und *Kleine Spannort* (S. 117), deren Felszacken aus Schneefeldern und Gletschern aufsteigen; l. im Vordergrund der *Hahnen-* oder *Engelberg* (2611m). — $^3/_4$ St.

$22_{,3}$km **Engelberg**. — Gasth.: *H.-P. Sonnenberg, in freier schöner Lage, Z. L. B. 4-5, M. $4^1/_2$, A. 3, Pens. $8^1/_2$-11 fr.; *H.-P. Titlis bei *Cattani*, Z. L. B. $3^1/_2$, M. 4, Pens. m. Z. $7^1/_2$-12 fr., zugleich Inhaber des *H.-P. Engel, Pens. 6-8 fr. (Z. einf., nur durch Holzrahmen getrennt); nebenan gute Privatwohnung bei Dr. Cattani, aber ohne Kost; *H.-P. Müller, Pens. m. Z. $7^1/_2$-9 fr.; *Hôt. der Frau Dr. Müller; *H.-P. Engelberg, Pens. 6 fr.; *H. des Alpes, einf., Pens. ohne Z. 5 fr.; *Pens. Hess, Z. 2, F. 1 fr.; auch sonst Wohnungen zu haben, meist Z. $1^1/_2$, F. 1, M. 2 fr.; auch Molken. — Bier bei *Waser* unweit der Post. — Führer: *Karl, Eugen* u. *Jos. Heß, Leodegar Feierabend, Joseph Kuster* Vater u. Sohn, *Placidus Heß, Jos. Amrhein, Jos. Imfanger, N. Hurschler, C. Waser* u. a.

*Engelberg* (1019m), ansehnliches Dorf (1973 E.) in schöner gegen Nordwinde geschützter Lage, eignet sich sehr zu längerm Aufenthalt und wird als Luft- und Molkenkurort viel besucht. Am obern Ende die gleichnamige stattliche Benediktiner-Abtei, im J. 1121 gegründet und von Papst Calixtus II. *Mons Angelorum* genannt, nach dem Brande von 1729 erneut. In der Kirche Bilder von Deschwanden, Kaiser u. Würsch (s. oben). Hochaltarblatt, Himmelfahrt Mariä, 1734 von Spiegler gemalt. Im Kapitelsaal zwei Transparentbilder von Kaiser, Empfängnis u. Geburt Christi. Die Bibliothek, 1798 von den Franzosen geplündert, enthält wenig Werthvolles (20,000 Bde., 210 Mscpte. u. 150 Incunabeln); hübsches Relief des Engelberger Thals. Erlaubnis zur Besichtigung des Klosters wird neuerdings selten mehr ertheilt.

Die Erziehungsanstalt der Abtei ist viel besucht. Die Oekonomiegebäude mit ihren Arbeiterwohnungen sind umfangreich, in dem großen Käsemagazin lagern oft mehrere 1000 Stück. Die Einkünfte der Abtei, welcher früher das ganze Land unterthan war, wurden 1798 von den Franzosen bedeutend geschmälert.

Der Abtei südl. gegenüber am l. Ufer der Aa im Walde schattige Anlagen, angenehmer Aufenthalt für Ruhebedürftige.

AUSFLÜGE. ***Schwand** (1310m; Whs.), mit schönstem Ueberblick über das Thal und die es umgebenden Berge; Promenadenweg in 1¼ St. — **Bergli** (1310m; Whs.) und **Flühmatt** (1307m), je 1 St.; prächtige Ansicht des Titlis. — Schöner Spaziergang (Weg zum Surenenpass, s. unten) an der Kirche l. vorbei zum (¾ St.) ***Tätschbachfall**, der vom Hahnen- oder Engelberg herabfließt (Whs.). L. das **End der Welt**, Felsenkessel am oberen Ende des *Horbisthals* (10Min. von der Kirche jenseit der Brücke über den Horbisbach beim Café „zur neuen Heimat" l. hinan, ½ St.). Vom Tätschbach weiter über den *Fürrenbach*, gleichfalls mit hübschen Fällen, in ½ St. zur Sennerei **Herrenrüti** (1187m), der Abtei Engelberg gehörig (Pferd hin und zurück 5 fr.), mit hübschem Blick auf den Firnalpeli- und Grassen-Gletscher. — ***Arnitobel**, Schlucht mit Wasserfällen ¾ St. w., schöner Weg mit schattigen Ruheplätzen; von hier r. zur (1 St.) *untern Arnialp* (1328m; Whs.), mit Aussicht auf den **Engelberg-Rothstock**, und noch 1 St. weiter zur *obern Arnialp* (1616m), mit herrlichem Blick auf das Engelberger Thal. — **Fürrenalp** (1851m), 2½ St., vor dem Tätschbachfall l. hinan, dann oben am Abhang hin (prächtiger Blick auf den Titlis).

BERGTOUREN. **Rigidalstock** (2595m), 4½ St. (F. 9 fr.), die letzte Strecke schwierig, schöne Rundsicht; **Wildgeißberg** (2655m), 5 St. (F. 10 fr.), ziemlich mühsam; **Widderfeld** (2354m), 4 St. (F. 8 fr.), weniger anstrengend. — **Hutstock** (2679m), über das *Juchli* (S. 119) in 6-7 St. (F. 12 fr.), für Geübte nicht schwierig. — **Hanghorn** (2680m), mit Traversirung des *Schattbandes* vor dem Hutstock in 6-7 St. (F. 12 fr.), sehr lohnend. — **Engelberg-Rothstock** (2820m), 5 St. (F. 9 fr.), unschwierig und lohnend. Ueber Alp *Obhag* und *Plankenalp* zur (3½ St.) *Clubhütte* (2305m) am *Ruchkubel* unweit des *Grießengletschers;* von da unter dem *Rothgrätli* (S. 82) durch in 1½ St. zum Gipfel.

***Uri-Rothstock** (2932m), 8½ St. (F. 17, mit Abstieg nach Isenthal 22 fr.), sehr lohnend. Von der Clubhütte ob Plankenalp (s. oben) zur (1¼ St.) Lücke (2706m) s. vom Engelberg-Rothstock, über Schnee zur (1 St.) *Porta* oder *Schloßstocklücke* neben dem *Schloßstock* (2760m), ziemlich steil hinab auf den *Blümlisalpfirn*, wieder hinauf zur Schneide gegen das Kleinthal und über den *Kleinthalfirn* zum (2½ St.) Gipfel (vgl. S. 82).

**Groß-Spannort** (3205m), von der *Spannort-Clubhütte* (1981m; 4½ St. von Engelberg) über die *Schloßberglücke* und den *Glattenfirn* in 4 St., mühsam, aber lohnend (F. 25 fr.). — **Klein-Spannort** (3149m), von der Spannorthütte über das *Spannortjoch* (s. unten) in 5-6 St. (F. 35 fr.), schwierige Kletterpartie.

***Titlis** (3239m), 7-8 St. (F. 12 fr.), ziemlich anstrengend, aber höchst lohnend. Rathsam ist, am Nachmittag bis zum *Hôtel Heß* (S 123) zu wandern (2¼ St., Reitweg, Pferd 10 fr.), um die steile *Pfaffenwand* (S. 123) am folgenden Morgen hinter sich zu haben. Um auf dem Rückwege nicht zu spät die von der Sonne erweichten Schneefelder zu überschreiten, bricht man von hier um 2 U. Nachts auf. Der Weg steigt vom Hôtel Heß über den *Laubersgrat* bis zum (2 St.) *Stand* (2448m), wo kurze Rast gemacht wird; weiter an steilem Schiefergehäng im Zickzack über Geröll und Fels zur (¾ St.) *Rothegg* (2752m), wo man den Gletscher betritt. Auf diesem erst allmählich, dann steiler aufwärts (Stufenhauen zuweilen nöthig), bei gutem Schnee ohne erhebliche Schwierigkeit zum (1½-2 St.) Gipfel, dem *Nollen*. Die Aussicht, ebenso großartig wie malerisch, dehnt sich über die ganze Alpenkette von Savoyen bis Tirol, über die n. Schweiz und Schwaben aus. Den Abstieg kann man direkt zum Jochpaß (Engstlenalp) nehmen; vgl. S. 123.

PÄSSE. Von Engelberg über den *Jochpaß* nach *Meiringen* (9½-10 St., F. unnöthig, bis Engstlen 8 fr.) s. R. 36; über die *Storegg* (5 St.) oder das *Juchli* (6½ St., F. 12 fr.) nach *Melchthal* s. S. 119; über das *Rothgrätli* nach *Isenthal* (10 St., F. 17 fr.) s. S. 82.

Nach Erstfeld (S. 100) über die **Schloßberglücke** (2631m) und den *Glattenfirn*, 10 St. (F. 25 fr.), beschwerlich aber lohnend. Bei Übernachten im der *Spannorthütte* (2 St. vor der Paßhöhe, s. oben) können Geübte die Besteigung des *Groß-Spannort* (s. oben) mit dem Übergang verbinden. — **Spannortjoch** (2929m) zwischen Groß- und Klein-Spannort, 10-11 St. (F. 25 fr.), gleichfalls beschwerlich.

Nach Wasen (S. 102) über den **Grassenpaß** (*Bärengrube*, 2718m), 10 St., schwierig (F. bis Meien 25 fr.). — Zur Steinalp (S. 124) über das **Wendenjoch** (2650m), zwischen Titlis und Grassen, 10-11 St., anstrengend aber lohnend (F. 25 fr.).

Der Weg zum Surenenpaß führt am Tätschbachfall vorbei nach ($1^1/_4$ St.) *Herrenrüti* (S. 117); weiter stets am r. Ufer der Aa zur (25 Min.) Urner Grenze bei der Alp *Nieder-Surenen* (1260m), dann $^1/_2$ St. mäßigen Steigens zum *Stäffeli* (1418m); von hier in 50 Min. zum *Stierenbachfall* (stärkste Steigung des ganzen Weges). Wer den Fall näher besichtigen will, muß geeignete Aussichtspunkte am Fuß desselben aufsuchen. Auf der Höhe nach 5 Min. über den Bach, nach 40 Min. nochmals, zur *Blackenalp* (1778m) mit Kapelle. Nun in ö. Richtung langsam ansteigend, im Frühsommer über Schnee, der im Juli schwindet, zur ($1^1/_2$ St.) Paßhöhe der **Surenen-Eck** (2305m), südl. vom *Blackenstock* (2922m).

Der Titlis gestaltet sich während des Steigens immer großartiger, eine lange Reihe von Gipfeln und Gletschern, besonders Klein- und Groß-Spannort und Schloßberg, zieht sich ununterbrochen bis zu den Surenen. Auf der andern Seite öffnet sich nun die Aussicht auf die Berge, welche das gegenüber, jenseit der Reuß mündende Schächenthal einschließen; die Windgälle tritt besonders hervor; in weiter Ferne der Schneegipfel des Glärnisch. An der Ostseite der Surenen schwindet der Schnee nie ganz; Mitte Juli genügen 15 Min. zur Überschreitung. Steil hinab zur ($1^1/_4$ St.) *Waldnacht-Alp* (1449m), die von der Höhe aus in dem langgestreckten Thal zu erkennen ist; $^3/_4$ St. weiter bei der steinernen Brücke theilt sich der Weg: geradeaus sehr steil nach ($1^3/_4$ St.) *Altdorf*, r. über die Brücke nach (2 St.) *Erstfeld*. Letzterer Weg ist weniger steil und führt nach 5 Min. zum *Bockitobel*, mit den malerischen Fällen des *Waldnachtbachs* (man behalte den Führer jedenfalls bis über den Bockitobel); dann durch Wald hinab ins Thal, über Wiesen zum Dorf und über die Reuß nach Station *Erstfeld* der Gotthardbahn (S. 100).

## 35. Von Luzern über den Brünig nach Meiringen und Brienz (Interlaken).

*Vergl. Karten S. 74 u. 142.*

Eisenbahn von Luzern bis *Meiringen*, 46km, in 3 St. für 8 fr., 5 fr. 95, 3 fr. 60 c.; bis *Brienz*, 58km, in 3 St. 40 Min. für 10 fr. 40, 7 fr. 75, 4 fr. 40 c. Von Brienz nach *Interlaken* Dampfboot und Eisenbahn in 1 St. 20 bis 1 St. 55 Min. — Dampfboot von Luzern bis Alpnach-Stad (bei ausreichender Zeit vorzuziehen) in 50 Min.-$1^1/_2$ St., s. S. 89 (bei den direkten Fahrten in Alpnach-Stad Anschluß an die Brünigbahn). Von Alpnach-Stad nach *Vitznau (Rigi)* direktes Dampfboot 3mal tägl. in 1-$1^1/_2$ St.

Die **Brünigbahn**, von Alpnach-Stad bis Meiringen-Brienz im J. 1888, von Luzern bis Alpnach-Stad 1889 eröffnet, ist bis (16km) Giswyl, etwa halbwegs, eine gewöhnliche schmalspurige Bahn und überwindet dann die Paßhöhe (1004m) abwechselnd als Adhäsions- und als Zahnstangenbahn mit einer Maximalsteigung von 18%. Landschaftlich ist die alte Brünigstraße schöner, und die Fußwanderung von Giswyl oder Lungern über den Brünig nach Meiringen namentlich für solche, die sich zum erstenmal dem Berner Oberlande nähern, immer noch sehr zu empfehlen (s. S. 120). WAGEN von Alpnach-Stad nach Meiringen oder Brienz für 4 Pers. 40 fr., 6 Pers. 50 fr.; von Brienz oder Meiringen nach Alpnach-Stad Einsp. 25, Zweisp. 45, Luzern 30 u. 50 fr.

*Luzern* (Brünigbahnhof, Pl. E 4; Restaur.) s. S. 71. Die BRÜNIGBAHN wendet sich in großem Bogen nach SW. in den weiten Thalboden der *Allmend*, läßt r. *Kriens* (S. 74) am Fuß des Sonnenbergs und tritt jenseit (5km) Stat. *Horw* (l. das Dorf mit hübsch gelegener Kirche) an die s.w. Bucht des *Vierwaldstätter Sees* (S. 89). 9km **Hergiswyl** (**Rößli*), am Fuß des *Pilatus* (Reitweg zum *Hôt. Klimsenhorn* s. S. 92). Die Bahn durchdringt den Felsrücken des *Lopperbergs* mittelst eines 1186m l. Tunnels und führt am *Alpnacher See* entlang nach

13km **Alpnach-Stad** (441m; **H. Pilatus; Rößli; Stern*), Ausgangspunkt der **Pilatusbahn* (S. 91).

Weiter durch den zum Theil versumpften Thalboden der *Aa* und über den *Kleinen Schlierenbach* nach (15km) **Alpnach** oder *Alpnachdorf* (466m; *Sonne; Schlüssel*). Die ansehnliche Kirche des Dorfs mit ihrem schlanken Thurm wurde aus dem Ertrag der früher unzugänglichen Gemeindewaldungen am Pilatus erbaut, die 1811-19 durch eine 13km lange Holzschleife ausgebeutet wurden.

Hinter Alpnach auf einer Eisengitterbrücke über das breite Geröllbett der *Großen Schlieren*, dann über die *Sarner Aa* und an ihrem r. Ufer, an (r.) *Kägiswyl* mit großer Parkettfabrik vorbei, nach (18km) *Kerns-Kägiswyl* (494m), Station für das *Melchthal*.

Das Große **Melchthal**, ein 5 St. langes idyllisches, von zahllosen Hütten belebtes, von der *Melchaa* durchflossenes Alpengelände, lohnt einen Besuch. Von Stat. Kägiswyl zum Dorf Melchthal Post tägl. in $2^3/_4$ St. über ($^1/_2$ St.) **Kerns** (569m; **Krone, Hirsch. Rößli*), ansehnliches Dorf mit stattlicher Kirche, am Fuß des *Arvigrats* (2109m) schön gelegen. Am Eingang des Melchthals, 1 St. von Kerns und $1^1/_4$ St. von Sarnen, liegt *St. Niklausen* (839m), die erste christliche Kirche des Landes, daneben ein uralter Thurm, vom Volk *Heidenthurm* genannt. Gegenüber in der Schlucht der Melchaa der *Ranft* (Bergrand), eine ehemalige Wildniß mit der Einsiedelei des seligen NIKOLAUS VON DER FLÜE, welcher nach der Volkssage dort über 20 Jahre ohne andere Nahrung lebte, als die er einmal monatlich im h. Sacramente genoß. Als 1482 nach dem Sieg über Karl den Kühnen die Eidgenossen bei Theilung der Beute auf der Tagsatzung zu Stans uneins wurden, gelang es dem milden Worte des ehrwürdigen Greises, sie zu versöhnen. Nach seinem Tode (1487) wurde er selig gesprochen. Sein Andenken lebt im Volke fort, es giebt kaum eine Hütte in den Wald-Kantonen, die nicht das Bild des *Bruders Klaus* besäße.

Von St. Niklausen führt die Straße weiter zum (1 St.) Dorf **Melchthal** (894m; gute Unterkunft beim Kaplan) und der (1 St.) *Alp Stöck* am Fuß der schroffen *Ramisfluh* (1864m); von hier neu angelegtes Sträßchen (für leichtes Fuhrwerk fahrbar) in 2 St. nach Melchsee-Frutt (s. unten). Auf der Alp *Ohr* (1212m), 1 St. ö. von Melchthal, einer der größten Ahornbäume der Schweiz (in Mannshöhe 11,8m Umfang). Vom Dorf Melchthal (Führer Jos. Imdorf) führt ein ziemlich beschwerlicher Bergpfad über die *Storegg* (1740m) in $4^1/_2$ St. nach Engelberg (S. 116). Interessanter, aber schwieriger (steiler Abstieg; F. 12 fr.) ist der Weg über das *Juchli* (2170m), 6 St. bis Engelberg. Vom *Nünalphorn* (*Juchlistock*, 2387m), vom Juchli in 1 St. zu ersteigen, schöne Aussicht auf Titlis und Berner Alpen; umfassender noch vom *Hutstock* (2679m), vom Juchli für Geübte in 2 St. (vgl. S. 117). — In dem Hochthal des **Melchsees** (1880m; **H.-P. Frutt*, **Pens. Reinhard*, in beiden Pens. 6 fr.) anziehendes Alpleben (Betruf), reiche Flora, interessantes Schrattengebiet. Lohnende Ausflüge: *Boni* (1 St.); *Spicherfluh* (2089m; $1^1/_2$ St.); *Hohmatt* (2-$2^1/_2$ St.); **Erzegg* (2176m; $1^1/_4$ St.); **Balmeregghorn* (2220m; $1^1/_2$ St.); *Abgschütz* ($1^3/_4$ St.); **Hochstollen*

(2484m; 2¼ St.), großartige Aussicht (vgl. S. 166); *Glockhaus* (2536m; 2 St.), mühsam; *Wildgeißberg* (2655m), über Tannenalp in 3 St. (vgl. S. 122); etc. Ö. führt von Frutt ein bequemer Weg über die *Tannenalp* (2015m) zur (2 St.) *Engstlenalp* (S. 122); w. ein lohnender Uebergang über die *Wait-Riß* (c. 2350m), s. vom Hohenstollen in 4 St. (F. 10 fr.) nach *Meiringen* (S. 166).

21km **Sarnen** (476m; **Obwaldner Hof; Adler; Metzger*, nicht theuer; *Hirsch*, wird gelobt; *Pens. Landenberg*, s. unten; *Pens Niederberger* am „Boll", ¼ St. ö.), großes Dorf mit 3928 Einw., mit Nonnen- und Kapuzinerkloster, Hauptort von *Obwalden*, der westlichen Hälfte des Kantons Unterwalden. Im *Rathhaus* die Bildnisse aller Landammänner von Obwalden von 1381 bis 1824 und das Bild des sel. Nikolaus von der Flüe (s. unten), auch ein Relief von Unterwalden und Hasli. Die große *Kirche* auf einem Hügel, mit Bildern von Deschwanden und Kaiser, das 1859 erbaute *Kantons-Spital* und *Armenhaus* am s. Ende des Orts und das *Niklaus v. Flüe-Pensionat* (Erziehungsanstalt), sowie das Zeughaus auf einem andern Hügel, dem *Landenberg* (494m), nehmen sich stattlich aus. Auf letzterm, mit schöner Aussicht, stand einst die am Neujahrstage 1308 von den Eidgenossen gebrochene Burg Landenberg.

3½ St. w. von Sarnen am obern Ende des *Schlieren-Thals* das einsame ***Schwendi-Kaltbad** (1444m), mit erdiger Eisenquelle, Molken etc. Fahrweg von Sarnen w. am Abhang des *Schwendibergs* bis (1 St.) *Stalden* (797m; Erfr. beim Kaplan), dann Saumweg über die Matten von *Schwendi*, weiter viel durch Wald zum (2½ St.) Kaltbad. Von hier auf den *Feuerstein* (2042m) 2½ St., zum *Schimberg-Bad* 2 St.; vgl. S. 126.

Ins *Melchthal* (zu Fuß 1¼ St. bis St. Niklausen) s. oben.

Die Bahn überschreitet die in den Sarner See geleitete *Melchaa* und tritt an den 6km langen fischreichen **Sarner See** (467m). Das Sarner Thal hat etwas Freundliches und Gefälliges, ohne auf großartige Alpennatur Anspruch machen zu können. — 24km **Sachseln** (487m; **Kreuz*, mit Seebad, nicht theuer; *Engel; Rößli*), stattliches Dorf (1556 E.) am O.-Ufer des Sees; in der großen 1663 erbauten Kirche befinden sich die Gebeine des sel. Nikolaus von der Flüe und mancherlei Reliquien.

Weiter am See entlang bis zu seinem s. Ende, dann etwas ansteigend an (l.) der Mündung des *kleinen Melchthals* vorbei nach (29km) **Giswil** (508m; *H. de la Gare; Posthorn; Krone*), Dorf mit hochgelegener Kirche, 1629 durch die Überschwemmungen des *Laubachs* halb zerstört. Es bildete sich ein See, der erst nach 130 Jahren in den Sarner See abgeleitet worden ist. Vom Kirchhof schöne Aussicht; s.w. der *Giswiler Stock* (2014m) und das *Brienzer Rothhorn* (2351m). Am Bahnhof die unbedeutenden Trümmer der Burg *Rudenz*.

**Giswiler Stock** (2014m), von Giswil über *Kleintheil* und *Iwi* in 4 St., lohnend; Abstieg event. w. ins *Marienthal* (*Entlebuch*, S. 126). — **Brienzer Rothhorn** (S. 166), von Giswil in 6 St.; Pfad die ersten 3 St. gut, später steil und unangenehm. — Von Giswil auf der alten *BRÜNIGSTRASSE über den (3 St.) **Brünigpaß** (1035m; **Kurhaus Brünig*, s. unten) nach (1¾ St.) *Meiringen* oder (3 St.) *Brienz*, für Fußgänger lohnend.

Oberhalb Giswil ist die erste Steilrampe der Bahn, das Zahnstangensystem beginnt. Die Bahn umzieht scharf ansteigend (10%) den Thalkessel von Giswil (r. unten die in Windungen heraufkommende Brünigstraße) und erreicht durch Wald, über zwei Tobel und durch zwei Felsdurchbrüche bei *Bürgeln* die Höhe des *Kaiserstuhls* (703m). S. werden über der Einsenkung des Brünig die drei Gipfel des Wetterhorns sichtbar. Weiter hoch über dem malerischen $^{1}/_{2}$ St. langen **Lungern-See** (659m) und durch einen kurzen Tunnel nach

36 km **Lungern** (755m); r. unten das große Dorf d. N. (715 m; **Löwe & Hôt. Brünig*, Pens. 5-6 fr.; *Bär*), mit dem benachbarten *Ober-Seewies* das letzte des Thals, früher am S.-Ende des Sees, aber von diesem $^{1}/_{4}$ St. entfernt, seit er 1836 durch Ableitung in den Sarner See mittels eines 1400 m l. Stollens um die Hälfte verkleinert wurde. — An der westl. Bergwand bildet der *Dundelsbach* einen hübschen Wasserfall. S.ö. der aussichtreiche *Giebel* (2037 m; von Lungern in $3^{1}/_{2}$ St. leicht zu ersteigen).

Hinter Lungern beginnt die zweite Steilrampe der Bahn; schöner Rückblick auf das Lungernthal. Durch den 137m l. *Käppelitunnel* (905 m), dann in mäßiger Steigung durch das waldige *Brünigmatt-Thal* (r. oben die Brünigstraße) und nochmals scharf bergan zur (41 km) Stat. **Brünig** (1004 m; **Bahnrestaur.*, M. m. W. 3-$3^{1}/_{2}$ fr.; **H.-P. Kurhaus Brünig*, 3 Min. vom Bahnhof, Pens. m. Z. 8-12 fr.), auf der Paßhöhe unweit des alten Brünigpasses (s. oben), mit schöner Aussicht. Die Engelhörner und die Faulhornkette treten gegenüber hervor; l. öffnet sich der Blick auf das Thal von Meiringen bis zum Kirchet, am Fuß der südl. Bergkette l. der unterste Fall des Reichenbachs, geradeaus der Fall des Oltschibachs, unten der Lauf der Aare, r. ein Stück des Brienzer Sees.

Von der *Wyler Alp* (1480m), $1^{1}/_{2}$ St. n.w. vom Brünig, prächtige Aussicht; umfassender noch vom *Wylerhorn* (2006m), 3 St. von der Paßhöhe.

Vom Brünig nach Meiringen zu Fuß 2 St., lohnend. Von der Station die Straße n. 5 Min. abwärts, dann Fußweg r. über die Bahn meist durch Wald nach (1 St.) *Hohfluh* (S. 166); vor dem Whs. l., dann den ersten Weg r., später auf den Wiesen r. über *Wasserwendi* und *Golderen*, stets mit schönem Blick auf Wetterhörner und Oberhaslithal, zum Hot. Alpbach und nach (1 St.) Meiringen (S. 165).

Hinab in starker Senkung (Maximum $12^{0}/_{0}$) an steiler Bergwand mittelst Felssprengungen, z. Th. unter überhängenden Felsen, auf Stützmauern und durch Einschnitte, über die Tobel des *Großbachs*, *Kehlbachs* und *Hausenbachs* (an der *Brunnenfluh* prächtige Aussicht) ins Aarethal nach *Hausen* und (46 km) *Meiringen* (S. 165); von hier nach *Brienz* und *Interlaken* s. R. 50.

## 36. Von Meiringen nach Engelberg. Engstlenalp. Jochpaß.

*Vergl. Karten S. 100 u. 114.*

$9^{3}/_{4}$ St.: Im-Hof $1^{1}/_{4}$, Engstlenalp 5 (von Meiringen direkt bis Lauenen $2^{1}/_{2}$, Engstlenalp $2^{1}/_{2}$), Joch $1^{1}/_{2}$, Trübsee $^{1}/_{2}$, Engelberg $1^{1}/_{2}$ St. Pferd von Hof bis Engelberg 30, von Meiringen 35 fr., Führer (unnöthig) 16 bez. 18 fr.; von Engstlenalp bis Engelberg Pferd 15, Führer 8 fr. Lohnende Wanderung (besser in umgekehrter Richtung); wer 2 Tage darauf verwenden kann, übernachtet auf der Engstlenalp, wo sich ein Nachmittag angenehm verbringen läßt.

Von Meiringen bis ($1^1/_4$ St.) *Im-Hof* (626m) s. S. 169. Zwei Wege führen von hier ins Genthal. Man folgt entweder der Sustenstrasse bis zur ($^3/_4$ St.) Eisenschmelze in *Mühlethal;* jenseit der Brücke über das *Genthalwasser* l. hinan durch Wald zur ($^1/_2$ St.) *Wagenkehr* (einf. Erfr., guter Wein) und der ($^1/_2$ St.) *Genthalalp* (s. unten). Oder man geht bei *Wyler*, 20 Min. von Im-Hof, von der Sustenstraße l. ab über den *Gadmenbach*, nach 5 Min. nochmals l., durch Matten und Wald ziemlich steil hinan. Bei den Hütten von (1 St.) *Lauenen* (1159m), wo l. der direkte Weg von Meiringen einmündet (s. unten), beginnt die **Genthalalp**.

Ein direkter $^1/_2$ St. kürzerer Weg führt von Meiringen jenseit der Brücke über den Dorfbach 10 Min. geradeaus, dann l. bergan, weiter oben am Rand des *Hasleberges* entlang über die sog. *Hundschöpfi* auf schmalem Fußpfad (für Schwindlige ein Führer angenehm), mit prächtigen Blicken in die tief unten bei Im-Hof sich vereinigenden Thäler, zu den ($2^1/_4$ St.) *Lauenen-Hütten*.

Bald tritt der Weg an den *Genthalbach*, an dessen r. Ufer er bleibt. Auf dem ($^1/_4$ St.) *Leimboden* (1195m) mündet r. der oben erwähnte Weg von Mühlethal (am l. Ufer einf. Pinten-Wirthschaft). Weiter in unmerklicher Steigung durch das einförmige Genthal; rückwärts die Wetterhörner und das Hangend-Gletscherhorn am Ende des Urbachthals (S. 169). Nach 20 Min. bleiben am l. Ufer die *Genthalhütten* (1217m); 1 St. weiter erreicht der Weg, zuletzt etwas ansteigend, die *Schwarzenthalhütten* (1401m; kl. Whs.).

Die Landschaft wird malerischer. Die Felsabstürze der *Gadmer Flühe* (2972m) thürmen sich r. immer höher empor; je nach der Schneeschmelze des Tages entströmen ihnen eine Reihe von Bächen und stürzen in Fällen herab, zuletzt acht neben einander (*Achtelsaßbäche*). Auch der *Engstlenbach*, wie von hier an das Wasser heißt, hat mehrfach starke Fälle. Der Weg tritt auf das l. Ufer und steigt, oft steil, durch schönen Wald zur ($1^1/_4$ St.) ***Engstlenalp** (1839m; **Gasth.* von Immer mit Dependenzen, Z. L. B. 3, M. 4, Pens. $6^1/_2$ fr.), einer der schönsten Alpen, mit prächtigen alten Arven und Tannen (Trinkwasser vortrefflich, nur 4 und 5° warm). Herrliche *Aussicht s.w. auf das majestätische Wetterhorn, l. Schreckhörner, r. die Blümlisalp; ö. Wendenstöcke u. Titlis. — Unweit des Hotels der *Wunderbrunnen*, eine intermittirende Quelle, die bei nassem Wetter und im Frühjahr zur Zeit der Schneeschmelze meist gegen Mittag fließt, im August und in trocknen Sommern schon früher aber ganz versiegt.

Ausflüge. Nach Melchsee-Frutt schöner Spaziergang (2 St., Führer 4 fr., unnöthig, Pferd 10 fr.). Vom Whs. n.w. zum Wasserfall, auf der r. Seite ziemlich steil hinan, bald mit prächtiger Aussicht auf die Berner Alpen (neben den Schreckhörnern wird l. das Finsteraarhorn sichtbar), oben um die Rasenkuppe der *Spicherfluh* (2039m) herum an einem kl. See vorbei zur (1 St.) *Tannenalp* (1982m), mit vielen Hütten (Milch etc.). Dann eben fort über schöne Matten an noch 2 kl. Seen vorbei nach (1 St.) *Melchsee-Frutt* (1894m; *H.-P. Frutt, *P. Reinhard; s. S. 119).

Bergtouren von Engstlenalp. *Schafberg* (*Gwärtler*, 2423m), 2 St., nicht schwierig; *Graustock* (2663m), $2^1/_2$-3 St. m. F., mühsam; *Wildgeißberg* (2855m), 3 St. m. F. (5 fr.), ziemlich anstrengend aber höchst lohnend (vgl. S. 117, 120). — *Wendenstock* (3044m), 4 St. m. F., schwierig, nur für Geübte; großartige Aussicht.

Die Besteigung des *Titlis (S. 117) ist von der Engstlenalp kürzer als von

Engelberg: zum Jochpaß $1^1/_2$ St., dann r. über Felsen, Geröll und Schnee steil und anstrengend hinan, $3^1/_2$-4 St. bis zum Gipfel. Oben auf dem Firn trifft der Weg mit dem von Engelberg (S. 117) zusammen. Als Führer dienen die Knechte im Wirthshaus (15 fr., die der Wirth in Rechnung bringt, und Trinkgeld; mit Abstieg nach Engelberg 20 fr.). Aufbruch spätestens um 2 U. Nachts mit Laterne.

Über das Sätteli nach Gadmen $3^1/_2$-4 St. (F. bis zum Sätteli 4, Gadmen 10, Steinalp 14, Wasen 21 fr.), interessant u. lohnend. Am W.-Ende des Sees über den Engstlenbach zur Alp *Scharmadläger* und auf schmalem Pfad am Abhang der Gadmer Fluh hinan zum (2 St.) **Sätteli**, mit prachtvoller *Aussicht auf Gadmenthal, Triftgletscher und Berner Alpen; hinab (langer u. steiler Abstieg) nach ($1^1/_2$-2 St.) *Gadmen* (S. 124). — Noch schöner als vom Sätteli ist die Aussicht vom **Achtelsaßgrat* („*Grätli*"), $^1/_2$ St. weiter und einige 100 Fuß tiefer.

Der Saumweg zieht sich $^1/_2$ St. lang an dem forellenreichen *Engstlensee* (1852m) hin und steigt dann (r. die *Wendenstöcke* mit dem *Pfaffen-* und *Jochgletscher*) zum (1 St.) **Jochpaß** (2208m); Aussicht beschränkt. Hinab über Felsboden und Geröll auf leidl. Wege zur ($^1/_2$ St.) *Obern Trübsee-Alp* an der SO.-Seite des kleinen schmutziggrünen *Trübsees* (1765m); dann durch den flachen sumpfigen Thalboden (der Trübsee bleibt l.) über den von den Titlisgletschern abfließenden Bach zum ($^1/_4$ St.) **H.-P. Heß* auf der Höhe der *Pfaffenwand* (1790m), mit prachtvoller Aussicht auf den Titlis und das Engelberger Thal (schöner noch, auch auf Schloßberg, Spannörter etc., vom *Bitzistock*, 1898m, vom Gasth. n.w. in $^1/_2$ St. leicht zu ersteigen). Auf den *Titlis* s. S. 117.

Nun an der steilen Pfaffenwand auf gutem Wege in Windungen bergab und über die *Gerschni-Alp* (1257m) auf die Fichtengruppe los; zuletzt durch Wald, am Fuß des Berges über die *Engelberger Aa* nach ($1^1/_2$ St.) *Engelberg* (S. 116).

## 37. Von Meiringen nach Wasen. Susten-Paß.

*Vergl. Karten S. 100, 106 u. 114.*

11 St.: Im-Hof $1^1/_4$, Gadmen 3, Am Stein $2^3/_4$, Susten-Scheideck $1^1/_4$, Meien $2^3/_4$, Wasen 1 St. Pferd 35, mit Übernachten 40 fr., Führer, 18 fr., unnöthig.

Von Meiringen bis ($1^1/_4$ St.) *Im-Hof* (626m) s. S. 169. Die 1811 von Bern und Uri zum Anschluß an die Gotthardstraße erbaute, jetzt nur auf der Berner Seite gut unterhaltene Sustenstraße (bis zum Stein-Whs. fahrbar, dann Saumweg) zweigt hier ö. von der Grimselstraße ab. Sie führt durch anmuthige Matten und mit Laubholz bewachsene Hänge, in zahlreichen Windungen vom *Gadmenbach* durchflossen. Nach W. bilden bald Wetterhorn, Wellhorn und Engelhörner, bald die Schwarzhorn-Gruppe den Hintergrund.

Die untere Thalstufe heißt *Mühlethal*, die folgende *Nessenthal*. Jenseit (20 Min.) *Wyler* führt der Weg zur *Engstlenalp* (S. 122) l. ab; 10 Min. weiter überschreitet die Straße den Gadmenbach und nach 15 Min. bei der alten Eisenschmelz den *Genthalbach* (zweiter Weg zur Engstlenalp, s. S. 122). $^3/_4$ St. weiter, bei *Mühlestalden* (950m), öffnet sich s.ö. das enge *Triftthal*, im Hintergrund der große *Triftgletscher*.

**Triftthal** (vgl. Karte S. 106; bis zur Clubhütte $4^1/_2$ St., nur mit Führer·

v. *Weißenfluh* Vater u. Sohn in **Mühlestalden**, *Joh. Moor* und *Joh. Luchs* in Gadmen). Am l. Ufer des *Triftbachs* und der l. Seite des Gletscherabsturzes zur (3 St.) einf. *Windegg-Hütte* (1941m), dann über den hier fast ebenen Triftgletscher zum Fuß des *Thältistocks* und an dessen Felsen steil hinan zur ($1^1/_2$ St.) *Clubhütte* (*Trifthütte*, 2515m), mit treffl. Blick auf den obern Triftkessel. Von der Clubhütte über die **Triftlimmi** (3100m) und den *Rhonegletscher* zur *Furka* (S. 114) oder dem *Grimselhospiz* (S. 171) 9 St., mühsam. — ***Dammastock** (3633m), von der Trifthütte in 4-5 St., für geübte Bergsteiger nicht sehr schwierig und äußerst lohnend (F. ab Meiringen 40 fr.; Abstieg über Rhonegletscher und Nägelisgrätli zur Grimsel in 7 St.). — *Schneestock* (3608m, 5 St.), *Thieralplistock* (3400m, 5 St.) und *Diechterhorn* (3389m, 4 St.) sind von der Clubhütte gleichfalls unschwer zu ersteigen. — Übergänge über die *Winterbergkette* nach der *Göscheneralp* (*Maasplankjoch*, *Dammapaß*, *Winterjoch*), 8 St., schwierig und zum Theil gefährlich, s. S. 107; über den *Tiefensattel* (c. 3300m) und den *Tiefengletscher* zur Furkastraße (S. 113), 9 St., bei günstigen Schneeverhältnissen unschwierig, lohnend. Interessant sind auch die Übergänge über den **Furtwang-Sattel** (2558m) nach *Guttannen* (steiler Anstieg von der Windegghütte in 3 St.: Abstieg über die *Steinhausalp* nach Guttannen in 2 St.) und über die **Steinlimmi** (2734m) nach der *Stein-Alp* (von der *Graggi-Hütte*, der Windegg gegenüber auf der r. Seite des Triftgletschers, in 3 St. zur Jochhöhe zwischen *Giglistock* und *Vorder-Thierberg;* hinab über den *Steinlimmigletscher* und um die Abhänge des *Thaleggli's* herum in 2 St. zum *Stein-Whs.* (s. unten). Durch Verbindung beider Pässe können ausdauernde Berggänger in einem starken Tagemarsch (11-12 St.) von Guttannen (S. 170) zum Stein-Whs. gelangen.

Der Weg überschreitet den *Gadmenbach* und steigt über *Schaftelen* nach (1 St.) *Unterfüren* (1173m), wo das schöne *Gadmenthal* beginnt, mit dem Dorf (20 Min.) **Gadmen** (1207m; *Bär*, nicht theuer), aus den Häusergruppen *An der Egg*, *Bühl* und *Obermatt* bestehend (über das *Sätteli* zur *Engstlen-Alp* s. S. 123). Der grüne Thalboden mit seinen prachtvollen alten Ahornbäumen steht in frappantem Gegensatz zu der nackten Wand der hier senkrecht abstürzenden *Gadmer Fluh* (s. S. 122). Am Abhang der ö. sich vorschiebenden *Uratstöcke* (2909m) wird der *Wendengletscher* sichtbar.

Die Straße führt eine Strecke eben fort und steigt dann durch Wald in vielen Kehren zu den Hütten von *Feldmoos* (1504m); weiter durch wilde Felsgegend („Hölle") zum ($2^1/_2$ St.) **Gasth. am Stein** (1866m), am Fuß des mächtigen **Steingletschers*.

Ueber die Sustenlimmi zur Göscheneralp 9 St., beschwerlich (F. ab Meiringen 35 fr.). Auf der W.-Seite des Steingletschers an den Abhängen des *Thaleggli's* hinan zum *Steinlimmigletscher*, über denselben zum *Thierbergli*, dann über das Firnplateau des *Steingletschers* zur **Sustenlimmi** (3108m) s.w. vom *Gletscherhorn* (3492m). Hinab über den *Sustengletscher* zur *Kehlen-Alp* (2305m) und über den *Kehle-Gletscher* zur *Hintern Röthe* und *Göscheneralp* (S. 106). — Ein ähnlicher Uebergang ist die **Thierberglimmi** (c. 3200): über den Steingletscher bis zur Jochhöhe zwischen *Steinberg* und *Hinter-Thierberg*, hinab über den *Kehle-Gletscher* zur (9 St.) Göscheneralp. — Besteigung des *Brunnenstocks* (3512m), des höchsten Gipfels der *Sustenhörner*, vom Stein-Whs. in 7 St., beschwerlich aber lohnend (F. 35 fr.).

Ueber die *Steinlimmi* zum *Triftgletscher* (5 St. bis zur Graggihütte) s. oben. Ein anderer Uebergang führt über den Schneesattel **Zwischen-Thierbergen** (c. 2980m) zwischen *Vorder-* und *Hinter-Thierberg* zur (5-6 St.) *Trifthütte* (s. oben). — Nach *Engelberg* über das *Wendenjoch* s. S. 118.

Der Weg steigt oberhalb der Moräne weit nach r. ausbiegend am Abhang hinan (Fußpfad kürzt), dann in vielen Kehren, mit prächtigen Blicken auf den gewaltigen Steingletscher, umgeben von Sustenhörnern, Sustenlimmi, Gwächtenhorn, Vorder- und Hinter-

Thierberg, Giglistock, zur ($1^1/_4$ St.) **Susten-Scheidegg** (2262m). Nach O. öffnet sich eine beschränkte, aber großartige Aussicht auf die imposante, in den *Spannörtern* (S. 117) gipfelnde Bergkette, welche das Meienthal im N. begrenzt.

Der von hier ab einförmige Weg senkt sich in zahlreichen Windungen und tritt an den *Meienbach*, der dem *Kalchthal* entströmt, einem jähen Schlund r., in welchen der *Stucklistock* (3309m) und die *Sustenhörner* (3320m) ihre Lauinen hinabschütten. R. unterhalb des Weges die *Sustenalp* (1757m), dann (1 St) l. die *Guferplattenalp* (1745m). Nun eben fort durch den geröllbedeckten, von der Meienreuß in mehreren Armen durchströmten Thalboden (zweimal über den Bach), dann ($^3/_4$ St.) über die tiefe Klamm des *Goresmettlenbachs* (1565m); jenseits die *Goresmettlenalp*. Der *Rüttifirn* sendet vom obern Thalrand r. einige kleine Bäche.

Folgt (20 Min.) *Färnigen* (1459m), die erste Häusergruppe (einf. Whs.), dann das Dorf (40 Min.) **Meien** (1320m; *Whs.* in der Postablage oberhalb der Kapelle), aus einigen Häusergruppen (*Dörfli*, *Hüsen* etc.) bestehend. Oberhalb Wasen erreicht man die den Thaleingang beherrschende *Meienschanz* (1097m), im Religionskrieg von 1712 (S. 56) angelegt, von den Franzosen 1799 zerstört; dann auf kurzer Strecke scharf bergab über die Gotthardbahn nach (1 St.) *Wasen* (S. 102).

## 38. Von Luzern nach Bern. Entlebuch. Emmenthal.

96km Eisenbahn in $2^1/_4$-4 St.; 11 fr., 7 fr. 50, 5 fr. 30 c.

*Luzern* s. S. 71. — Die Bahn zweigt bei der Reußbrücke von der Centralbahn (S. 20) l. ab, führt durch den 1135m l. Tunnel unter der *Zimmeregg* und tritt in das breite Wiesenthal der *Kleinen Emme*. 5km *Littau*, am Fuß des bewaldeten *Sonnenbergs* (S. 74); 12km *Malters* (516m; Kreuz), mit stattlicher Kirche.

Fahrstraße in $1^1/_4$ St. nach dem s. auf der Höhe hübsch gelegenen klimat. Kurort **Schwarzenberg** (841m; *Weißes Kreuz; Pfisterhaus; Pens. Fuchs; Kurhaus Matt*, sehr einf.), von Schweizern viel besucht. $1^1/_4$ St. weiter die einf. Kuranstalt *Eigenthal* (1080m) in geschützter Lage (von der *Würzenegg* schöner Blick auf Luzern und Vierwaldstätter See); von hier über *Herrgottswald* nach (2 St.) *Kriens* s. S. 74.

Von *Schachen* (s. unten), $^1/_2$ St. w. von **Malters**, führt die alte Brameggstraße am ($^3/_4$ St.) *Farnbühler Bad* (704m), einer gut eingerichteten Kuranstalt mit eisenhaltiger Natronquelle, vorbei über die *Bramegg* (961m) nach ($1^3/_4$ St.) *Entlebuch* (s. unten).

Oberhalb *Schachen* verengt sich das Thal; die Bahn tritt dicht an die Emme und überschreitet sie vor (l.) *Werthenstein*, mit stattlichem ehem. Kloster, jetzt Taubstummenanstalt. Folgt ein kurzer Tunnel. 20km **Wohlhausen** (571m; *Hôt. Bahnhof; Rößli, Kreuz*), ansehnlicher Flecken (1661 Einw.), durch die Emme in zwei Theile getheilt (am l. Ufer *Wohlhausen-Wiggern*, am r. *Wohlhausen-Markt*). — 2 St. w. am Fuß des *Napf* (s. unten) das Kurhaus *Menzberg* (1010m), als Luftkurort besucht.

Hier beginnt das **Entlebuch**, ein 5 St. langes Thal mit schönen

Wiesen, von bewaldeten Bergen eingefaßt. Die Bahn tritt wieder auf das r. Ufer der Emme, führt gleich darauf durch einen Tunnel und steigt an der ö. Thalseite auf Dämmen, durch drei kurze und einen längern Tunnel nach (28km) **Entlebuch** (712m; **H. du Port; Drei Könige; *Pens. Dr. Kägg*), malerisch gelegenes Dorf (2720 E.) mit stattlichen Häusern (auf den *Napf* s. unten).

3 St. s. im *Entlenthal* an der Westseite des *Schimbergs* (s. unten) das *Schimberg-Bad (1425m). Fahrstraße von Entlebuch bis zur (2 St.) *Entlenbrücke* (Wirthsch. zur Entlematt), dann auf bequemer neuer Straße r. hinan (Wagen bis zur Entlenbrücke für 1-2 Pers. 5 fr., bis zum Bad 1 Pers. 10, 2 Pers. 14, 3 Pers. 18, 4 Pers. 22 fr.) zum (1 St.) gut eingerichteten neuen *Kurhaus* mit alkal. Schwefelquelle (Pens. m. Z. 7-8½ fr.; Arzt *Dr. Schiffmann*). Unmittelbar beim Haus hübsche ebene Waldspaziergänge mit reizenden Aussichten nach N.; vom Gipfel des *Schimbergs* (1819m), in 1 St. auf gutem Weg zu erreichen, pächtiges Alpenpanorama. LohnendeAusflüge ferner nach (1½ St.) *Heiligkreuz* (s. u.); auf den (2½ St.) **Feuerstein* (2042m), mit schöner Aussicht; nach (2½ St.) *Schwendi-Kaltbad* (S. 120), etc.

Die Bahn überschreitet den reißenden *Entlenbach*, der hier in die Emme mündet; l. das hübsch gelegene Dorf *Hasle*.

35km **Schüpfheim** (728m; *Adler; Rößli*). Amtsort des Thals mit 2808 Einw. 10 Min. vom Bahnhof das *Bad- u. Kurhaus Schüpfheim* mit Stahljodquelle; 1½ St. ö. der Kurort *Heiligkreuz* (1126m; ländl. Whs.) mit hübscher Aussicht.

S. führt von hier durch das weiter oben enge und felsige Thal der Kleinen Emme ein Fahrweg (Post 2mal tägl. in 1¾ St.) über das hübschgelegene Dorf (2 St.) *Flühli* (*H.-P. Kreuzbuch), mit Schwefelquelle, nach (1½ St.) *Sörenberg* (1165m; *Whs.), im obersten Emmen- oder *Marienthal*. Von hier in 4 St. m. F. auf das *Brienzer Rothhorn* (2351m), von wo Reitweg hinab nach (3 St.) *Brienz*; vgl. S. 167.

Die Bahn überschreitet die am Brienzer Rothhorn entspringende Kleine Emme und steigt im Thal der *Weißen Emme* nach

42km **Escholzmatt** (853m; **Löwe; Krone*), weit zerstreutes Dorf (3086 Einw.) auf der Wasserscheide zwischen Entlebuch und Emmenthal. Dann bergab, vor (46km) *Wiggen* (793m; Rößli) durch einen kurzen Tunnel; weiter am r. Ufer der *Ilfis* nach (52km) *Trubschachen* (730m), erstes Dorf im Kanton Bern, an der Mündung des *Trubbachs* in die Ilfis.

Der *Napf (1408m), n. von Trubschachen, wird der Aussicht wegen viel bestiegen. Fahrweg über (¾ St.) *Trub* (815m; *Whs.) bis (2 St.) *Mettlen* (1053m; bis hierher Wagen für 1 Pers. 6 fr.), dann auf gutem Reitwege zum (¾ St.) Rasen-Plateau des Gipfels (**Gasth.*, auch als Luftkurort besucht, Pens. m. Z. 5-6 fr.). prächtige umfassende Aussicht vom Sentis bis zur Dôle; schöner Blick auf die Berner Alpen. — Von Entlebuch (s. oben) Fahrstraße w. über die Große und Kleine Emme, dann entweder auf dem direkten Fußweg in 1 St., oder auf dem Fahrweg über *Doppleschwand* in 1¾ St. nach *Romoos* (790m; Whs.); von hier guter Reitweg in 2½ St. zum Gipfel. — Vom Napf führt ein Fußweg mit fast unausgesetzt schöner Aussicht über die (2 St.) *Lußhütte* (einf. Whs.), das *Lüderen-Gässli* und die *Rafrüti* (s. unten) nach (4 St.) *Langnau* (F. angenehm, 5-6 fr.).

57km **Langnau** (684m; **Hirsch*, nicht theuer; **Löwe*; *Bär; H. Bahnhof; H. Emmenthal*), reiches Pfarrdorf (7644 Einw.), Hauptort des **Emmenthals**, welches sich 8-10 St. lang, 4-5 St. breit in den Wassergebieten der Ilfis und Großen Emme ausdehnt, eines der fruchtbarsten Thäler der Schweiz, in Deutschland wegen seiner Käse berühmt, in der nähern Umgebung auch wegen seiner Holzhäuser. Die sorgfältig gepflegten Wiesen, das stattliche Vieh, die saubern Häuser mit hübschen Gärtchen davor, Alles zeugt von Wohlhabenheit.

Eisenbahn nach *Burgdorf* s. S. 16. — Schöne Aussicht auf das Emmenthal und die Alpenkette von der *Bageschwand-Höhe*, 1 St. n.w.; umfassender von der *Rafrüti* (1204m), $2^1/_2$ St. n. (Panorama von G. Studer).

Die Bahn überschreitet die Ilfis, gleich darauf die *Emme* und berührt die wohlhabenden Orte (61km) *Emmenmatt* und (64km) *Signau* (637m; Thurm; Bär). Vor (70km) *Zäziwyl* (Krone) über den *Kiesenbach;* 20 Min. n.w. auf der Höhe *Groß-Höchstetten*, der sehenswerthe Typus eines Emmenthaler Dorfs. Dann in grossem Bogen um den *Hürnberg* nach (74km) *Konolfingen*; $^3/_4$ St. s.ö. das besuchte *Schwendlenbad* (836m), mit schönen Waldspaziergängen. — 77km *Tägertschi*; 82km *Worb* (587m; Löwe, Stern), großes Dorf mit altem Schloß. Schöner Blick l. auf die Stockhornkette.

Fahrstraße ö. nach (40 Min.) *Enggistein* (690m), besuchtes Bad in anmuthigem Hochthal, und weiter in 20 Min. nach dem reizend gelegenen **Rüttihubelbad** (736m; einf., gut u. billig), mit erdig-salin. Eisenquelle u. schöner Alpenaussicht, besonders vom *Knörihubel* (923m; 35 Min.). Prächtige Aussicht auch von der *Gummegg* (872m), über *Walkringen* in $1^1/_2$ St., und vom *Ballenbühl* (w. Gipfel des Hürnbergs), über *Schloßwyl* in $1^3/_4$ St. (hinab zur Stat. *Tägertschi* 20 Min.).

87km *Gümlingen*, Knotenpunkt der Bern-Thuner Bahn (Wagenwechsel für Thun, S. 137). Von hier nach (95km) *Bern* s. S. 137.

## 39. Von Luzern nach Lenzburg *(Aarau)*. Seethalbahn.

47km. *Eisenbahn* in $2^3/_4$-4 St. für (II. Kl.) 4 fr. 85, (III. Kl.) 3 fr. 30 c. — Die „Seethalbahn“ Emmenbrücke-Lenzburg ist die erste normalspurige *Straßenbahn* der Schweiz, so ausgeführt, daß jeder gewöhnliche Eisenbahnwagen darüber passiren kann. Ganz anmuthige Fahrt (im Sommer viel Staub).

Von Luzern bis (4km) *Emmenbrücke* s. S. 19; hier umsteigen für die r. abzweigende *Seethalbahn*. — 6km *Emmen* (430m; Stern), unweit der *Reuß;* 10 Min. ö. am r. Ufer der Reuß das ehem. Frauenkloster *Rathhausen*, jetzt Versorgungs-Anstalt für arme Kinder. Dann durch den fruchtbaren *Emmenboden* nach (10km) *Waldibrück*. Die Bahn geht von der Straße ab und steigt, mit schöner Aussicht r. auf den Rigi, nach (13km) *Eschenbach* (476m; Rößli, Löwe), mit großem Cistercienserkloster und ergiebigen Kiesgruben (Post 2mal tägl. in 40 Min. nach der Nordostbahn-Station *Gisikon*, S. 70).

Oberhalb tritt die Bahn wieder auf die Straße, überschreitet bei (15km) *Ballwyl* (516m) die Wasserscheide zwischen Reuß und *Aa* und senkt sich in das luzernisch-aargauische **Seethal**, eines der anmuthigsten und fruchtbarsten Thäler der Centralschweiz, 30km lang, im O. begrenzt durch den langgestreckten *Lindenberg* (900m), im W. durch die *Ehrlose* (814m) und den *Homberg* (791m), in der Mitte der liebliche *Baldegger* oder *obere* und der größere *Hallwyler* oder *untere See* (s. unten), in mit Obstbäumen übersäten Geländen.

18km **Hochdorf** (504m; *Hirsch), wohlhabender malerisch gelegener Markt (schöne Tannenwälder dicht beim Ort).

Ausflüge. $^1/_2$ St. ö. auf einem Hügel die Kantonal-Taubstummenanstalt

**Hohenrain** (614m), früher Johanniterkommende, mit schöner Aussicht auf die Alpen. Von hier in 1½ St. nach dem Luftkurort *Schloß Horben* (800m; S. 20), mit prachtvoller Aussicht, besonders nach N. und O.; dann über die (½ St.) Burgruine *Lieli*, gleichfalls mit hübscher Aussicht, und die (½ St.) Wasserkuranstalt *Augstholz* zurück nach (½ St.) Hochdorf. Der ganze Ausflug kann auch zu Wagen gemacht werden.

W. führen von Hochdorf Straßen über *Römerswyl* nach (1½ St.) *Oberreinach*, Schloßruine mit herrlicher Aussicht auf das Seethal und den Jura; über den Wallfahrtsort *Hildisrieden* nach der (2 St.) Schlachtkapelle ob *Sempach* (S. 19), und über *Urswyl* nach (1¼ St.) *Rain*; in der Nähe bei *Oberbuchen* (650m) malerische Aussicht auf den Pilatus und die Entlebucher Berge.

20km *Baldegg* (Löwe), hübsches Dörfchen mit altem Schloß, jetzt Frauenkloster mit Töchterinstitut, am SO.-Ende des 5km langen **Baldegger Sees** (467m); dann am O.-Ufer des Sees nach (24m) *Gelfingen* (Stern), wo Weinbau beginnt. R. das alte wohlerhaltene Schloß *Heidegg*; ¼ St. n. das schmucke Dorf *Hitzkirch* (Kranz, Engel) mit ehem. Deutschordens-Kommende (jetzt Lehrerseminar).

N. führt von Hitzkirch eine Straße über *Altwis* und *Aesch* nach (1¾ St.) *Fahrwangen* (Bär) und *Meisterschwanden* (Löwe; *Pens. Seerose), zwei fast zusammenhängende große Dörfer mit ausgedehnter Strohindustrie (s. unten); von da über *Sarmensdorf*, am Schloß *Hilfikon* vorbei, nach *Villmergen* und (1¾ St.) *Wohlen* (S. 20).

Weiter in n.w. Richtung durch die fruchtbare Niederung zwischen Baldegger und Hallwyler See. 26km *Richensee*, mit den Trümmern der 1386 zerstörten *Grünenburg* auf einem gewaltigen erratischen Block; 27km *Ermensee*, stattliches Dorf an der Aa. Bei (29km) *Mosen* tritt die Bahn an den 9km l., 2km br. **Hallwyler See** (463m, an Sonn- u. Feiertagen von einem kl. Dampfboot befahren) und steigt am w. Ufer nach

32km **Beinwyl** (519m; *Löwe*), stattliches Dorf (1679 Einw.) mit bedeutenden Cigarrenfabriken und reizendem Blick auf den See.

Zweigbahn in 5 bez. 9 Min. nach den gewerbreichen Orten (2km) *Reinach* (Bär) und (4km) *Menziken* (Stern) im obern *Winenthal*. — Von Beinwyl auf den *Homberg* (791m), ¾ St. ö.w., lohnend; prächtige Aussicht auf Jura und Alpen.

Nun hoch über dem See nach (34m) *Birrwyl*, mit ansehnlichen Fabriken des Hrn. Nußbaum; dann hinab nach (38km) *Boniswyl* (Bahnrestaur.), mit bedeutendem Weinhandel.

Nach Fahrwangen Post 2mal tägl. in 1 St. Die Straße führt an dem stattlichen alten Schloß *Hallwyl*, Stammsitz des berühmten Geschlechts vorbei nach (½ St.) *Seengen* (Bär), großes Dorf mit der Familiengruft der Herren v. Hallwyl; 10 Min. s.ö. die besuchte Kaltwasserheilanstalt **Brestenberg**, ursprünglich ein von Hans Rud. v. Hallwyl 1625 erbautes Lustschloß, am N.-Ende des Hallwyler Sees in Weinbergen anmuthig gelegen. Von hier am O.-Ufer des Sees über *Tennwyl* nach *Meisterschwanden* und (¾ St.) *Fahrwangen* (s. oben).

39km *Niederhallwyl-Dürrenäsch*; 41km *Seon* (Stern), großes industriereiches Dorf (1794 Einw.).

47km **Lenzburg** (397m; **Krone*; *Löwe*), lebhaftes Städtchen (2501 Einw.) an der *Aa*, mit großer Cantonal-Strafanstalt. Ö. über der Stadt auf einem Hügel das ansehnliche alte *Schloß Lenzburg* (507m; Pens. der Frau Dr. Wedekind, auch Restaur. und hübsche Aussicht); w. gegenüber der *Staufberg* (521m) mit alter Kirche.

Von Lenzburg nach *Aarau* und *Baden* s. S. 21.

---

## III. Berner Oberland.

**Zeit.** Zu einem flüchtigen Besuch des Berner Oberlands genügen vier Tage (die *liegende Schrift* bezeichnet die Nachtquartiere). Am 1. von Bern mit Eisenbahn in 1 St. nach Thun, Dampfboot in $1^1/_4$ St. nach Därligen, Eisenbahn in 10 Min. nach *Interlaken*. — 2. Tag: mit Bahn oder Wagen nach Lauterbrunnen, zu Fuß über die Wengernalp und Kleine Scheidegg nach *Grindelwald* (6 St.). — 3. Tag: zu Fuß über die Große Scheidegg nach *Meiringen* ($6^3/_4$ St.). — 4. Tag: mit Bahn nach Brienz, Dampfboot zum Gießbach und zurück nach Interlaken und *Bern*. — Die meisten Reisenden werden von Meiringen ihre Reise über den Brünig nach Luzern, oder über die Grimsel zum Rhonegletscher etc. fortsetzen; immerhin verdient der Gießbach einen Besuch (Nachmittags-Ausflug von Interlaken). Wer mehr Zeit hat, wird den Ausflug nach Mürren, die Besteigung der Scheinigen Platte und namentlich des Faulhorns nicht unterlassen.

Die Taxen für **Führer, Pferde** und **Wagen** sind bei den einzelnen Touren angegeben. Wenn keine bestimmten Taxen festgesetzt sind, ist der Tagespreis für einen Wagen einsp. 16, zweisp. 30 fr.; Führer 6-8 fr., Pferd od. Maulthier 15 fr. Wer nur den gewöhnlichen Weg über Lauterbrunnen, Wengernalp, Grindelwald, die Scheidegg, Meiringen, Grimsel, Furka, Andermatt macht, braucht keinen Führer. An schönen Sommertagen begegnet man auf diesen Strecken stets Reisenden, der Weg ist kaum zu verfehlen. Wer indeß das Gepäck nicht gern selbst trägt oder sonst Bequemlichkeit liebt, bedient sich gern der Führer; ihre Begleitung ist nebenbei unterrichtend. Hauptstandquartiere der Führer sind Interlaken, Lauterbrunnen, Grindelwald und Meiringen.

**Geduld** und **kleine Münze** sind im Berner Oberland unentbehrlich. Unter allen Gestalten und Vorwänden werden Anläufe auf den Geldbeutel des Reisenden genommen. Hier werden Beeren, Blumen und Krystalle angeboten, dort Gemsen und Murmelthiere gezeigt; die eine Hütte entsendet bettelnde Kinder, eine andere balgende Buben; aller Ecken läßt ein Alphorn-Virtuose sich hören oder es steht ein Quartett mündiger oder unmündiger „Alpensängerinnen“ in Reihen aufmarschiert; dazwischen werden Pistolenschüsse angeboten, um das Echo zu wecken; endlich die zahlreichen, lediglich des Viehes wegen angebrachten Gatter, für deren höchst überflüssiges Oeffnen ein halbes Dutzend Kinder ein Trinkgeld erwartet. Das alles ist eine unvermeidliche

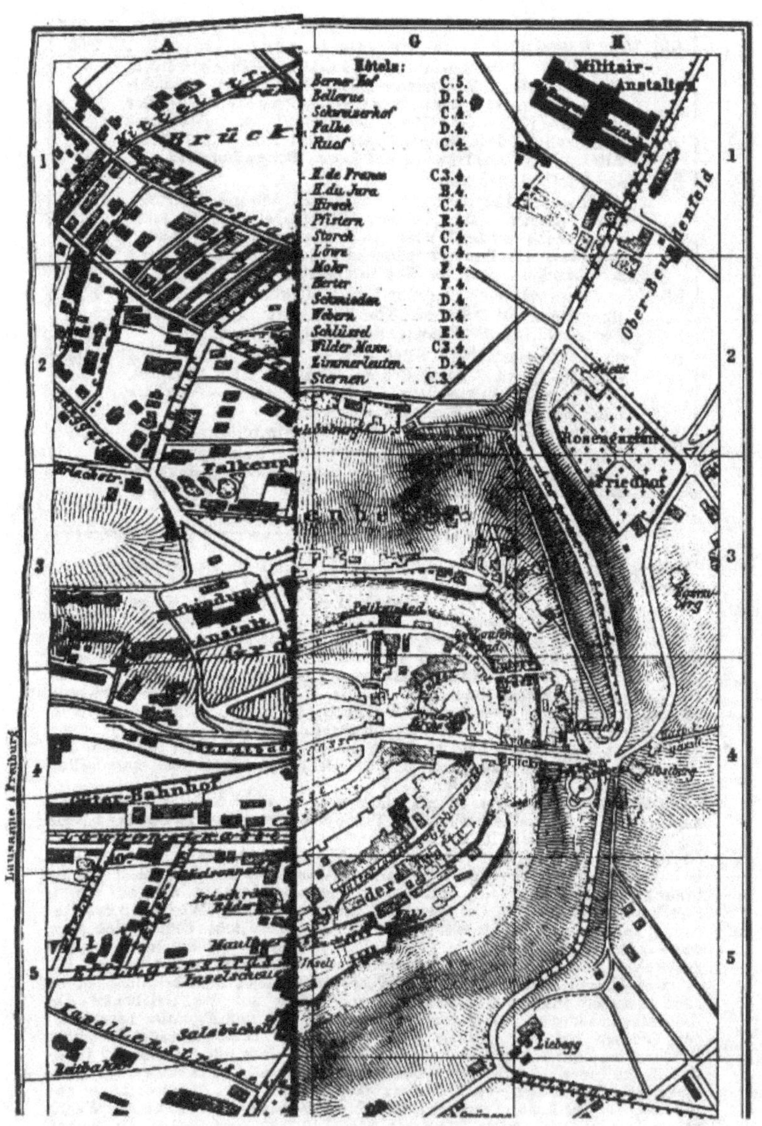
A
G
H
Hôtels:
Berner Hof . . . C.5.
Bellevue . . . D.5.
Schweizerhof . . . C.4.
Falke . . . D.4.
Ruof . . . C.4.
H. de France . . . C.3.4.
H. du Jura . . . B.4.
Hirsch . . . C.4.
Pfistern . . . E.4.
Storch . . . C.4.
Löwe . . . C.4.
Mohr . . . F.4.
Herter . . . F.4.
Schmieden . . . D.4.
Webern . . . D.4.
Schlüssel . . . E.4.
Wilder Mann . . . C.3.4.
Zimmerleuten . . . D.4.
Sternen . . . C.3.
Militair-Anstalten
Rosengarten
Friedhof
Falkenpl.
Anstalt
Güter-Bahnhof
Lausanne / Freiburg
Liebegg
1
2
3
4
5

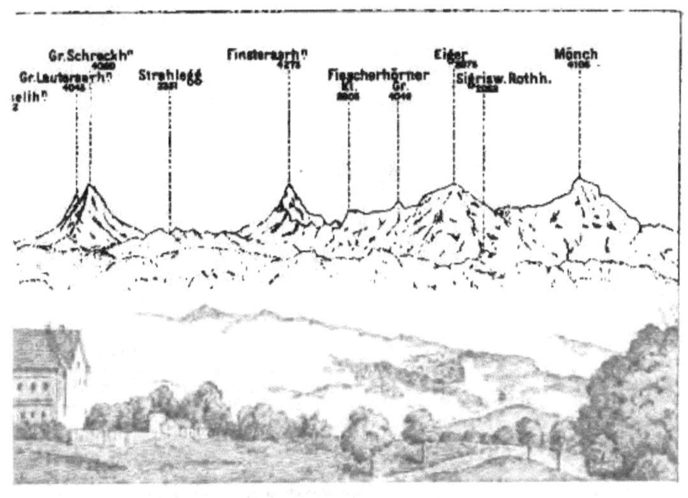


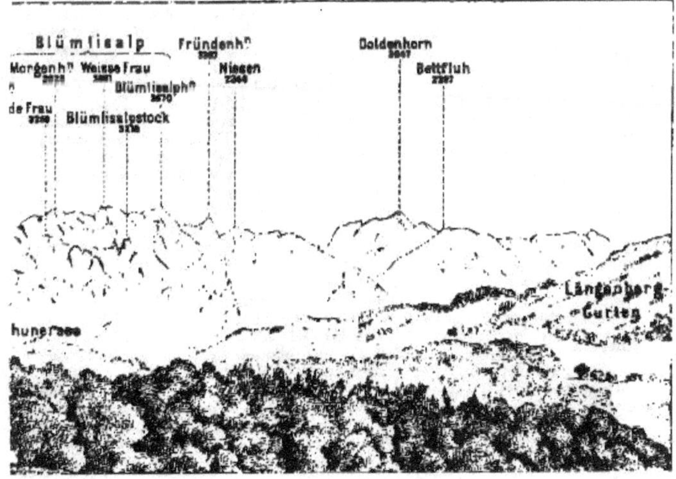


US BERN

brücke (538m).

Folge des zahlreichen Fremdenbesuchs, der auf die Sitten der Gegend den verderblichsten Einfluß ausgeübt hat. Die Behörden haben sich in den letzten Jahren bemüht, dem Unwesen zu steuern. Das beste Mittel zur Abhülfe liegt aber in den Händen der Reisenden selbst; es besteht darin, grundsätzlich nichts zu geben.

## 40. Bern.

**Gasthöfe.** *Berner Hof (Pl. a; C 5), neben dem Bundes-Rathhaus, Z. n. B. von 4-5, Lunch 4, M. 5 fr.; *H. Bellevue (Pl. b; D 5), neben dem Münzgebäude, Z. L. B. $3^1/_2$-$4^1/_2$, M. 4 fr., beide mit Alpen-Aussicht; *Schweizerhof (Pl. c; C 4), beim Bahnhof, Z. L. B. von 3-4, M. 4 fr.; *Falke (Pl. d; D 4), Marktgasse, Z. u. L. $2^1/_2$-3, M. $3^1/_2$ fr. — H. de France (Pl. g; G 3, 4), Z. L. B. 3, M. $2^1/_2$ fr.; H. du Jura (Pl. h; B 4), neben der Eidgen. Bank, Z. L. B. $2^1/_2$-$3^1/_2$ fr.; Hirsch (Pl. i; C 4); diese drei beim Bahnhof. In der Stadt: *Pfistern (*H. des Boulangers;* Pl. k, E 4), neben dem Zeitglockenthurm; *Storch (Pl. l; C 4), *Löwe (Pl. m; C 4), beide nicht theuer; Mohr (Pl. n; F 4); *Schmieden (*Maréchaux;* Pl. p, D 4); H.-P. Ruof (Pl. e; C 4), Waisenhausplatz; *Sternen (Pl. u.; C 3), Aarbergergasse, bürgerlich, Z. 2-$2^1/_2$, M. $2^1/_2$ fr.; *Hôt. zu Webern (*Hôt. des Tisserands;* Pl. q, D 4), Hôt. zu Zimmerleuten (Pl. t; D 4), beide Marktgasse; alle mit Mittelpreisen. Billiger noch: Schlüssel (Pl. r; E 4); Bären, unweit des Bahnhofs, recht gut, Z. $2^1/_2$, M. 3 fr.; Wilder Mann (Pl. s; C 3, 4) in der Aarberger Str., Z. $2^1/_2$, F. $1^1/_4$, M. m. W. 3 fr.; Emmenthaler Hof, Neue Gasse; Kreuz, Zeughausgasse, nicht theuer. — *Pens. Herter (Pl. o; F 4), unweit des Münsters gut gelegen, auch für einzelne Damen geeignet; Pens. Schanzenberg, beim Schänzli; *Pens. Jolimont, äußere Enge ($^1/_2$ St., S. 136), mit hübscher Aussicht u. schattigen Spaziergängen, Pens. m. Z. 5-6 fr.; Pens.-Restaur. Schloß Bremgarten, $^3/_4$ St. n. auf einer Aare-Halbinsel hübsch gelegen (Fahrstraße über die Neubrück). Für Kranke zu empfehlen *Pens. Victoria auf dem Schänzli (S. 136); *Pens. Hug im *Mattenhof*, 5 Min. von der Stadt (für chirurg. Fälle).

**Cafés u. Restaurants.** *Bahnrestaurant, M. 2 fr. 50 c.; *Café Casino neben dem Bundes-Rathhaus, mit Gartenterrasse und der vollen Alpen-Ansicht. *Rest. Cassani, im Museum (S. 134); Café Berna; C. Sternwarte, auf der Großen Schanz (Pl. B 3); C. du Théâtre; C. du Pont, jenseit der Kirchenfeldbrücke; Schwellenmätteli an der Aare; *Restaur. Anderes, Spitalgasse 37; *Mützenberg, Keßlergasse, beide nicht theuer. In dem w. Erkerhäuschen auf der Münster-Terrasse (S. 133) ist von 1 U. an (So. von 4 U.) Kaffee, Thee etc. zu haben, auch Eis, Abends u. So. Vm. 11-12 öfter Musik. — Gute *offene Weine* im C. Bären, Schauplatzgasse; Weibel, Zeughausgasse. — Außerhalb der Stadt: Café Schänzli (S. 136; tägl. Concert oder Sommertheater). Café in der Enge (S. 136), 20 Min. vor dem Aarberger Thor. Restaur. Schloß Bremgarten, $^3/_4$ St. n. (s. oben).

**Bier.** *Café National, C. Bären, C. Frick, alle drei Schauplatzgasse; *C. Rhyn, *C. Cassani, Bärenplatz; *C. Sternwarte (s. oben); C. Hôt. de France, in allen diesen gutes deutsches Bier. Inländisches gut im Hahnen, Bärenplatz; C. Krone, Gerechtigkeitsgasse; Stadtgarten, Neuengasse; Roth, Amtshausgasse; Juker, Kramgasse; C. Métropole, Bärenplatz.

**Conditorei:** *G. Stroebel-Durheim*, Bahnhofsplatz.

**Gartenconcerte** bei günstigem Wetter alle Abend abwechselnd im Casinogarten, auf dem Schänzli etc. — *Orgelconcerte* im Münster (S. 133).

***Zahnd's Museum** ausgestopfter Thiergruppen der Schweizer Alpen, untere Alpenegg, Engestraße 10 (Pl. B 2), sehenswerth (tägl. 9-12 u. 2-6 U., 1 fr., So. 50 c.).

**Bergschuhe** bei Bührer in der Spitalgasse und Scheidegger, Waisenhausplatz. — Guter Cognac, Madeira etc. bei Gebr. Demme, im Aarziehle.

**Bäder.** *Bürki-Bad* (Bade- und Schwimmanstalt) am Holzplatz im *Aarziele* (Pl. C D 6; Drahtseilbahn s. S. 135). Geschlossene *Flußbäder* im *Laufeneggbad* unterhalb der kleinen Nydeck-Brücke neben dem Pelikan (Pl. G 3) und im *Altenbergbad*. Das Aarewasser ist sehr kalt (13-16°). *Schwimmbassin* (auch alle Arten Wannenbäder) in der *Lorraine*, 8 Min. vom Schänzli (S. 136; Wasserwärme 20-22°). — *Warme Wannenbäder* u. a. bei *Büchler*, Laupenstraße (auch römisch-irische Bäder etc.); *Frickbad*, unterhalb der Münsterterrasse.

9*

**Droschken**, einsp. 1/4 St. 1-2 Pers. 80 c., 3-4 P. 1 fr. 20 c., jede fernere 1/4 St. 40 oder 60 c. mehr. Zweisp. Droschken werden nach der Taxe für 3-4 Pers. bezahlt. Koffer 20 c. Von 10 U. A. bis 6 U. fr. doppelte Fahrtaxe Für den ganzen Tag, d. h. über 8 St., 1-2 Pers. 15 fr., 3-4 Pers. 20 fr.

**Berner Tramway**, durch comprimierte Luft getrieben, alle 10 Min. vom Bärengraben die ganze Hauptstraße hinauf bis zum Bahnhofplatz und weiter bis zur „Linde" (Friedhof Bremgarten; 10-20 c.) und umgekehrt. *Omnibus-Verbindung* vom Käfigthurm nach Wabern (S. 136).

**Post** und **Telegr.-Stat.** (Pl. 15) beim Bahnhof; Filialbureau in der Kramgasse im alten Postgebäude.

**Theater.** *Schänzli-Theater* (S. 136), im Sommer tägl. 8 U. Ab.; Plätze 3, 2, 1 fr., 50 c. — *Stadttheater* (Pl. 19; DE 4), im Sommer geschlossen.

**Gottesdienst**, *römisch-katholischer* an Wochentagen in der Kapelle Gerechtigkeitsgasse 64, So. 6, 8 u. 12 U. in der Französischen Kirche, Zeughausgasse; *deutscher reformierter* So. 9 U. im Münster, der Heiliggeist- u. Nydeckkirche; *israelit.* in der Synagoge, Anatomiegasse 3.

*Officielles Verkehrsbureau*, Laupenstr. 1 (unentgeltliche Auskunft über Sehenswürdigkeiten, Ausflüge etc.).

Bei beschränkter Zeit zuerst auf die Kleine Schanze und zum Bundesrathhaus, von da zur Kirchenfeldbrücke, dann zum Münster (Münsterterrasse, Erlach-Denkmal), durch die Kreuzgasse zum Rathhaus, über die Nydeckbrücke zum Bärengraben, zurück am Zeitglockenthurm vorbei auf den Kornmarkt, über den Waisenhausplatz zu den Museen, dann (bei ausreichender Zeit) über die Eisenbahnbrücke zum Schänzli und zum Bahnhof zurück.

*Bern* (538m), Hauptstadt des gleichnam. Kantons und (seit 1848) Sitz der eidgenössischen Bundesbehörden, hat mit seiner sehr großen Gemarkung 47151 Einwohner. 1191 von Herzog Berthold V. von Zähringen gegründet, wurde die Stadt 1218 reichsfrei und war 1288 bereits so stark, daß sie zwei Belagerungen Rudolfs von Habsburg glücklich bestand und 1339 bei Laupen (S. 197) die Macht des burgundischen Adels brach. Im J. 1353 trat Bern der Eidgenossenschaft bei; die Reformation fand im J. 1528 Eingang. 1415 eroberte es einen Theil des Aargaus und 1536 das den Herzogen von Savoyen gehörige Waadtland, mußte aber beides 1798 aufgeben.

Die Stadt, in herrlicher Lage, ist auf dem Sandsteinfelsen einer Halbinsel erbaut, welche durch die 35m tiefer fließende *Aare* gebildet wird. Die Hauptstraßen sind breit und laufen meist in gleicher Richtung von O. nach W. Innerhalb der alten Stadt haben die Häuser im Erdgeschoß *„Lauben"* (Arcaden), welche zu beiden Seiten der Straßen fortlaufende gedeckte Gänge für Fußgänger bilden. Charakteristisch ist auch die große Zahl laufender Brunnen, meist aus dem XVI. Jahrh. herrührend, mit allerhand Standbildern (Simson, Themis, Bogenschütze, Kindlifresser, Dudelsackpfeifer u. a.). Ueberhaupt hat Bern von den größeren Städten in der Schweiz am meisten eigenthümlich Schweizerisches sich zu bewahren gewußt.

Die Hauptverkehrsader Berns ist der breite Straßenzug, welcher unter den Namen Spitalgasse, Marktgasse, Kramgasse, Gerechtigkeitsgasse vom Obern Thor (Pl. B 4) bis zur Nydeckbrücke (Pl. G H 4) führt ($1{,}5$km od. 18 Min. lang). In derselben der *Käfigthurm* (Pl. 20), jetzt Untersuchungsgefängnis, und, einst den westl. Ausgang der Stadt, jetzt deren Mitte bezeichnend, der **Zeitglockenthurm** (Pl. 21; E 4), 1770 erneut. Auf der Ostseite ein künstliches Uhrwerk, mit krähendem Hahn und einer Bärenschar, welche vor einer sitzenden

Figur 2 Min. vor jedem Stundenschlag ihren Umzug hält. Der Bär, das sprechende Wappen Berns, ist überhaupt sehr oft zu schauen. Auf dem nahen *Bärenbrunnen* (Pl. 2) erscheint der „alte Mutz“ mit Schild, Schwert und Banner und maulkorbartigem Helm, zwischen den Beinen ein Bärchen. Im Giebelfeld des stattlichen **Kornhauses** (Pl. 12), vor dem J. 1830 mit Getreide für die Zeit der Noth angefüllt (unter demselben ein berühmter vielbesuchter Weinkeller, dessen größtes Faß 620 Hectoliter faßt), sind zwei Bären als Schildhalter; im 1. Stock das kanton. *Gewerbemuseum* (Muster- u. Modellsammlung; geöffnet 10-12 u. 2-4, So. 10-12 U.; Eintritt frei). Den Kornhausplatz schmückt der seltsame **Kindlifresser-Brunnen** (Pl. 3; D 4), mit einer grotesken Figur, welche im Begriff ist, ein Kind zu verschlingen, während mehrere Kinder, zu demselben Zweck bestimmt, in Gürtel und Tasche stecken.

Am ö. Ende der gegenüber mündenden Metzgergasse die *altkathol. Kirche* (Pl. 11), im roman.-goth. Stil 1858-64 nach Plänen von Deperthes in Reims erbaut, und das kantonale **Rathhaus** (Pl. 16; F 4) von 1406, 1868 restauriert, mit einer gothischen Treppe, oben die Wappen der bernischen Ämter.

Das ***Münster** (Pl. E F, 4, 5) ist ein schöner spätgothischer Bau, 85,6m l., 34m br., 23,4m h., begonnen 1421, fortgeführt bis 1598, 1850 hergestellt. Beachtenswerth das um das ganze Dach laufende Geländer von durchbrochener Steinarbeit, zwischen je zwei Strebepfeilern jedesmal ein anderes Muster. Das *W.-Portal* ist von besonderer Schönheit; die Sculpturen stellen das jüngste Gericht dar, in den äußeren Bogen oben Christus, neben ihm l. Maria, r. Johannes der Täufer, dann die 12 Apostel; in den inneren (kleineren) Bogen Propheten und die klugen und thörichten Jungfrauen. Der unvollendete *Thurm* mit plumpem Ziegeldach, bisher 71,5m hoch, wird jetzt nach Plänen des Ulmer Dombaumeisters Beyer ausgebaut; von der Seitenthür im westl. Portal (20 c.) führt eine Treppe von 223 Stufen zur Gallerie, wo prächtige Aussicht. Die größte der 9 Glocken wiegt 267 Centner und ist die siebtgrößte der Welt.

Inneres (Eintr. 20 c.). Im Chor *Glasmalereien* von 1496: an einem Fenster eine seltsame Darstellung der Lehre von der Wandlung („Hostienmühle“), ein andres mit dem Leben Christi. *Chorstühle* von 1522, an einer Seite Apostel, an der andern Propheten. Die Wappentafel *Bertholds von Zähringen*, des Gründers von Bern (s. unten), wurde im J. 1600 von der Stadt gestiftet. Ein andres Denkmal erinnert an den Schultheißen *Friedrich von Steiger*, mit den Namen der am 5. März 1798 am Grauholz, 2 St. n. von Bern, im Kampf gegen die Franzosen gefallenen 702 Berner; davor eine Pietas in Marmor von *Tscharner* (1870). Die Orgel soll der Freiburger nicht nachstehen; im Sommer 4 mal wöchentlich Abends 8 U. *Orgelconcert, Eintrittskarten à 1 fr. in den Gasthöfen und beim Küster („Sigrist“).

Den Kirchplatz vor dem Münster ziert seit 1848 ein ehernes *Reiterbild Rudolfs von Erlach* (Pl. 6), des Siegers bei Laupen (S. 197), an den Ecken vier Bären, von dem Berner Bildhauer Volmar.

Die ***Münster-Terrasse** (Plattform; Pl. F 5) ist der ehem. Kirchhof des Münsters, zu einer schattigen, mit Ruhebänken versehenen Promenade umgewandelt, mit dem *Standbild Bertholds V. von Zähringen* (Pl. 7; S. 132) aus Erz, nach Tscharner's Entwurf. Die 86m l., 67m br., mit Brüstungen versehene Terrasse ragt 35m über der Aare (29,7m über der Straße unten) steil empor. Berühmt ist die *Aussicht von der Münster-Plattform. Bei hellem Wetter erschließt sich hier, wie von jedem andern freien Punkte Berns, das Panorama der Berner Alpen in größerer Ausdehnung als von irgend einem Punkte des Oberlandes.

Die wichtigsten Berge verzeichnet das umstehende Panorama. Von andern Standpunkten (Münz-Terrasse, Casinogarten, Bundes-Rathhaus, Kleine Schanze, Café Schänzli, Enge vor dem Aarberger Thor) zeigen sich noch: r. vom Doldenhorn das *Balmhorn* (3688m) mit dem *Altels* (3634m, 50km entfernt) und über dem Gurten die glockenförmig abgerundete Gipfelwand des *Stockhorns* (2193m), oder auch links vom Schratten noch die Felszacken der *Spannörter* (3205m, 88km), der *Schloßberg* (3133m), beide im Kanton Uri, der Kamm des *Bäuchlen* bei Escholzmatt (1772m) und der *Feuerstein* überm Entlebuch (2176m).

Ein Sonnenuntergang von Bern aus gesehen bietet ein prächtiges Schauspiel, besonders wenn bei leichtem Gewölk im W. das sog. Alpenglühen stattfindet, d. h. wenn die Schneeberge, nachdem im Thal längst die Abenddämmerung eingetreten, nachdem von ihnen selbst der letzte Schimmer des verweilenden Abendroths entwichen ist, noch einmal von unten auf, wie von innerem Feuer im strahlendsten Purpur erglänzen.

Das **historische Museum** (Pl. 14, E 5; Di. Sa. 3-5, So. $10^1/_2$-12 U. frei, sonst 1 fr., 2-5 Pers. je 50 c.), enthält die archäol., ethnograph. und bernerisch-histor. Sammlungen: Pfahlbau- u. Gräberfunde, schweizer Alterthümer der Stein-, Bronze- und Eisenzeit, eine gute Auswahl alter Waffen aus dem Berner Zeughaus, kostbare Burgunder Gobelins, den mit Edelsteinen und Goldmalerei geschmückten Feldaltar Karls des Kühnen (bei Grandson erbeutet), etc.

An das Museum grenzt s. die 1834 gestiftete, von 500-600 Studenten besuchte *Universität* (Pl. 22), n. die an schweiz. Geschichtswerken reiche *Stadtbibliothek* (Pl. 1; an Wochentagen 2-4 U. in Begleitung von Bibliothekbeamten zugänglich) und *Hochschulbibliothek*.

S. von der Universität führt die imposante ***Kirchenfeldbrücke** (Pl. E 5), von Ott & Co. 1882-83 erbaut, eine 229m l., 13m br., $34,_5$m hohe Eisenbrücke, in zwei Bogen von je 87m Spannweite über das Aarethal zum Helvetiaplatz auf dem *Kirchenfeld*, wo ein neuer Stadttheil im Entstehen ist. Von der Brücke prächtige Rundsicht.

Den kolossalen Eisenbau selbst übersieht man am besten von der *Münzterrasse* (Pl. 13), gleich oberhalb der Brücke am l. Ufer. Von hier durch die Inselgasse, vorbei an dem im Bau begriffenen *neuen Bundesrathhaus* (Architekt Prof. Auer), zum Casinoplatz (Pl. C 6); r. an der Ecke des Bärenplatzes und der Schauplatzgasse das *Museum*, geselligen Zwecken dienend (Einführung durch ein Mitglied); an der Façade 8 Statuen berühmter Berner von Dorer.

L. in der Bundesgasse das (alte) **Bundes-Rathhaus** (Pl. C 5), ein Flügelbau aus Sandsteinquadern im Florentiner Palaststil, 122m lang, 50m tief, nach Plänen von Stadler u. Studer 1852-57 erbaut (Portier r. vom Haupteingang, Eintr. 10-12 u. 2-4 U. frei). Die Sitzungen der beiden gesetzgebenden Räthe, gewöhnlich im Juli u. Dec., sind öffentlich. Die Debatten sind meist sehr lebhaft; die Redner reden beliebig deutsch oder französisch. Die Worte des Präsidenten, Anträge, Beschlüsse u. dgl. werden in beiden Sprachen verkündet. Im 3. Stock eine Sammlung von Pfahlbau-Alterthümern und eine Münz- u.

Medaillensammlung (tägl. 10–12 u. 2–4 U. geöffnet). Die Plattform des Daches (26m h.) bietet die umfassendste und freieste *Aussicht in Bern. — Vor dem Bundesrathhaus ein hübscher Brunnen mit Bronzefigur der *Berna;* am Sockel die vier Jahreszeiten.

Zwischen Bundesrathhaus und Bernerhof führt eine *Drahtseilbahn* (110m lang, Steigung 30%) hinab zu den Badeanstalten im *Aarziele* („Marzili"; s. S. 131). Abfahrt alle 5 Min.; Fahrzeit 2 Min., 10 c., im Abonnement 5 c.

W. gelangt man von hier am Bernerhof vorbei zu den Anlagen auf der ***Kleinen Schanze** (Pl. B C 5), mit prachtvoller Aussicht auf die Berner Alpen (Panorama von Imfeld auf einem Rundstein der obern Allee), im Vordergrund das Aarethal mit der Kirchenfeldbrücke.

Das **Kunst-Museum** (Pl. C 3) in der Waisenhausstraße enthält die städtische *Gemälde-Gallerie* (tägl. 9–12 u. 2–5 U., 50 c., So. $10^1/_2$–12 U. frei).

Im Erdgeschoß l. zwei Säle mit Sculpturen und Gypsabgüssen (I. Saal: *Imhof*, Atalante, Eva, Hagar und Ismael; *Tscharner*, Pietas; *Lanz*, General Dufour; II. S. Abgüsse nach Antiken). — Im obern Stock in der Vorhalle vier Statuen (Mirjam, Ruth, Rebekka, David) von *Imhof;* Büsten der Bianca Capello und eines arab. Häuptlings nach Marcello (S. 196); *Burnand*, Abzug von der Alpe. I. Cab. *Reinhardt*, 60 Tafeln Schweizertrachten; II. Cab. Altdeutsche Bilder; III. Cab. Italienische Bilder (111. *Ribera*, h. Hieronymus); Annexe (r.) Altniederländ. Bilder. — I. Saal. 128. *A. v. Bonstetten*, Wasserfälle bei Terni; 185. *Walthard*, Gefecht im Grauholz; 223. *Frisching*, Iseltwald; 164. *Prévost*, Wald auf der Gr. Scheidegg; 167. *Humbert*, Flußübergang einer Viehheerde; 158. *Steffan*, Idylle aus der Gegend von Meiringen; 152. *Pixis*, Hus' Abschied von seinen Freunden; ohne No. *Bocion*, Fischerboot; 166. *Guigon*, Canal Grande; 224. *Zimmermann*, Arollagletscher; 156. *A. Calame*, Gegend bei der Handegg; ohne No. *Jeanmaire*, Waldinneres; *Rüdisühli*, verlassene Burg. — II. Saal. *Frölicher*, 201. Oberbayrische Landschaft, 202. Handegg; 215. *P. Robert*, Echo; *A. de Meuron*, 237. Gemsjäger, 142. der sterbende Gatte; *165. *Vautier*, das Tischgebet; 226. *Buchser*, Fluthumfangen; 135. *Moritz*, der Ehemann im Wirthshaus; *Anker*, *153. Schulexamen im Cant. Bern, 154. die todte Freundin; 133. *E. Girardet*, der Gang in die Schule; 198. *D. Meyer*, Simmenthalerin; 157. *A. Calame*, Wasserfall bei Meiringen; *172. *Koller*, die verirrte Kuh; 138. *Ritz*, Ingenieure im Gebirge; 168. *F. Simon*, Heerstraße; 240. *C. Giron*, das Modell. — III. Saal. ohne No. *G. Castan*, Waldbrand, *der erste Schnee; 193. *Snell*, Schmadrifall; 146. *K. Girardet*, Schlacht bei Murten; *A. Veillon*, Kalifengräber; 147. *ders.*, Brienzer See; 174. *Potter*, ital. Abendlandschaft; *F. Diday*, *161. Lauterbrunnenthal, *160. Alphütte; ohne No. *Burnand*, Greisenalter Ludwigs XIV.; 251. *Staebli*, Landschaft; 199. *V. Tobler*, Schachmatt; ohne No. *Calame*, Genfersee-Welle; *Hodler*, der Zornige; 175. *d'Orschwiller*, Affenconcert. — Annexe C.: Porträts von Berner Künstlern; *Vogel*, Schlacht bei Grandson; 177. *Boutibonne*, Lieblinge; 113. *Freudenberger*, Voraussagung. — IV. Cab. *J. Reinhard*, 50 Tafeln Schweizertrachten; 182. *Schuler*, Straßburg 1870; 127. *L. Robert*, Italienerin. — V. Cab. 123. *S. Scott*, Selbstbildniß; 109, 110. *Rugendas*, Reiter. — VI. Cab. *C. Stauffer*, Radirungen; Aquarelle von *Lory*, *Corrodi*, *Mint* u. a.

Gegenüber das **Naturhistorische Museum** (Pl. C 3; im Sommer Di. Sa. 2–5, So. $10^1/_2$–$12^1/_2$ U. frei, an andern Tagen 8–6 U. Eintr. 1 fr., 2–5 Pers. je 50 c., größere Gesellschaften 3 fr.).

Im Erdgeschoß die *mineralogische u. paläontolog. Sammlung;* r. reiche Sammlung schweiz. Mineralien, Gruppe ausgezeichneter Krystalle (Morione) vom Tiefengletscher; petrograph. Sammlung. Marmorbüste von *B. Studer* († 1887). L. paläontolog. Sammlung, reich an alpinen Petrefakten. Vollständiges Skelett des irländ. Riesenhirsches und eines Höhlenbären. Im I. und II. Stock die *zoolog. Sammlung*. Am Treppenaufgang Gemsengruppe. Im Mittelsaal des I. Stocks, mit Deckenfresken von Baldancoli, große Wiederkäuer; Saal l. Vögel u. Eier; Saal r. Säugethiere; anstoßend ein kleiner Saal für die schweizer Fauna. Im II. Stock Corridor: Fauna der Pfahlbauten; l. Reptilien.

Amphibien, Fische, Korallen u. Schwämme, r. Mollusken, Crustaceen, Insecten, Echinodermen u. Würmer.

Ö. neben dem Naturhist. Museum das große neue *Schulgebäude* (Gymnasium, Real- und Primarschule; Pl. C 3). — W. vor der Stadt an der Freiburger Straße das große neue *Inselspital* mit 330 Betten und die *Universitätskliniken*. — Auf der ***großen Schanze**, w. oberhalb des Bahnhofs (Pl. A B 3, 4), mit neuen Anlagen und umfassender Rundsicht, die gut eingerichtete *Sternwarte*, das stattliche Verwaltungsgebäude der *Jura-Simplon-Bahn*, die *Entbindungsanstalt* und ein Denkmal des Bundespräsidenten *Stämpfli* († 1879).

Ueber die *Eisenbahnbrücke* (S. 16) am NW.-Ende der Stadt gelangt man, am *Botan. Garten* (Pl. D 2) mit Büste Albr. v. Haller's vorbei, auf das (10 Min.) ***Schänzli** (Pl. D E 2), mit Terrasse und Anlagen (*Café* u. *Sommertheater*, S. 132; für nichts Verzehrende Eintr. 50 c.), wohl den schönsten Aussichtspunkt in der nähern Umgebung Berns: im Vordergrunde die malerische Stadt, darüber der bewaldete Gurten, l. die Berner Alpen, r. die Stockhornkette mit den anschließenden Freiburger Gebirgen, zu äußerst der Moléson.

Auf dem *Beundenfeld* hinter dem Schänzli die großen **Militäranstalten** des Staates Bern, 1874-78 mit einem Aufwand von 4$^1/_2$ Mill. fr. erbaut: Zeughaus, Verwaltungsgebäude, Stallungen mit Reitbahnen und große Kaserne. Im *Zeughaus* ansehnliche Waffenvorräthe und im Antiquitätensaal mancherlei Sehenswürdigkeiten (gegen Trinkg. stets zugänglich). In der Nähe der 56 ha große *Exercierplatz*.

An der Ostseite der Stadt führt die schöne 1841-44 von K. E. Müller erb. **Nydeckbrücke** (Pl. G H 5) über die Aare in drei Bogen; der mittlere überspannt allein, 50m br., 30m hoch, den Fluß. Am r. Ufer, gleich bei der Brücke r., der **Bärengraben**. Anderes als Obst und Brot in den Zwinger zu werfen, ist verboten. — Von dort r. bergan durch die schöne Platanenallee *Thuner Stalden*, mit prächtigen Blicken auf die Stadt, über den Gryphenhübeli-Weg, die Marienstraße und Kirchenfeldbrücke (S. 134) in 20 Min. zur Stadt zurück.

20 Min. n. vor dem Aarberger Thor auf dem l. Aare-Ufer, am *Hirsch- u. Gemsenpark* vorbei, ist die ***Enge**, eine große Halbinsel, fast ganz von der Aare umflossen, hoch über dem Fluß, ebenfalls mit reizender Aussicht auf die Stadt und die Alpen, namentlich von dem S. 131 gen. Café. Die Umgebungen desselben bilden von prächtigen alten Bäumen beschattete Spaziergänge und Anlagen (in der Nähe Pens. Jolimont, S. 131). Angrenzend der schöne *Bremgarten-Wald*.

Vom ***Gurten** (861m), dem langen Bergrücken s. von Bern, überblickt man nicht nur die Berner Alpen (S. 134), sondern auch die Stockhornkette, die Freiburger Alpen, den Jura auf einer Strecke von mehr als 150km, nebst Theilen des Neuenburger Sees, ö. die Unterwaldener und Luzerner Berge bis zum Pilatus. Der Weg von Bern (Fahrweg, 1$^1/_2$ St.) geht durch das Aarziehle nach Café *Schönegg* und ($^1/_2$ St.) *Wabern*, von welchen beiden Punkten mehrere Pfade auf den Gurten führen (oben *Whs.*). Nahebei am Berg, *Bächtelen* und *Victoria*, zwei Rettungsanstalten für verwahrloste Kinder.

2$^1/_2$ St. s. von Bern oberhalb *Belp* (S. 139) liegt *Zimmerwald* (858m; Hôt.-Pens. Beau-Séjour), in reizender Lage, zu längerm Aufenthalt zu empfehlen, und 1$^1/_2$ St. weiter die *Bütschelegg* (1058m; Whs.) mit umfassender Aussicht.

Bei mehrtägigem Aufenthalt sehr zu empfehlende Ausflüge auf den *Bantiger* (949m), auf den *Belpberg* (895m) und auf die *Falkenfluh* (1040m).

## 41. Von Bern nach Thun.

*Vergl. Karte S. 142.*

31km. Centralbahn in 1 St.; 3 fr. 35, 2.35, 1.70 c. Von Bern aus *rechts* sitzen, von Münsingen bis Uttigen *links*. — Wer direkt nach Interlaken will, verläßt erst an der End-, zugleich Dampfboot-Station *Scherzligen* (s. S. 141), 10 Min. hinter Thun, den Zug und steigt hier unmittelbar aufs Schiff.

*Bern* s. S. 131. Auf dem *Wylerfeld* (S. 16) wendet die Bahn sich r. ab; gegen S. prächtige Aussicht auf die Alpen, l. die Irrenanstalt *Waldau*. 5km *Ostermundingen*; 8km *Gümlingen* (Hôt. Mattenhof), Knotenpunkt für Luzern (S. 127). 3/4 St. ö. die schöngelegene **Pens. Dentenberg* (710m); von dem nahen (1/4 St.) *Giebel* schöne Alpenaussicht. — 13km *Rubigen*; 16km *Münsingen*. R. die Stockhornkette und der Niesen, die äußersten Vorposten der Hochalpen, l. Mönch, Jungfrau und Blümlisalp. — 20km *Wichtrach*; 23km *Kiesen* (Fahrstraße über *Diesbach* in 2 1/2 St. auf die *Falkenfluh*, 1040m, Luftkurort mit Whs. und herrlicher Aussicht). Vor (25km) *Uttigen* über die *Aare*. Bei der Einfahrt in den Bahnhof von (31km) *Thun* r. eine große Kaserne.

**Thun.** — Gasth.: *Thuner Hof, großes Haus an der Aare, in schöner Lage, Z. L. B. von 5, F. 1 1/2, M. 4 1/2-5 fr.; *Bellevue, mit großem Park, Z. L. B. von 4 1/2, F. 1 1/2, Lunch 3 1/2, M. 5, Pens. mit Z. 11 fr.; *H.-P. Baumgarten, mit großem Park, Z. von 2, Pens. m. Z. 6-10 fr.; — *Freienhof, am Dampfboot-Landeplatz, mit Café-Restaur. u. Garten an der Aare, Z. u. B. 2 1/2-3, F 1 1/4, M. 3 fr.; *Falke, mit Bierhalle u. Terrasse an der Aare, Z. 2-3, M. 3 fr.; *Kreuz, Z. 2, M. 3 fr.; *Krone, neben dem Rathhaus, Z. L. B. 2 1/2 fr.; Schweizerhof, am Bahnhof. — *Pens. Itten an der Amsoldinger Straße, recht gut, Pens. 6 1/2 fr.; Pens. Eichbühl, bei Hilterfingen, 3/4 St. s.ö. am See; u. a.

Cafés. *C. Freienhof* (s. oben); *C. du Casino*, am Wege zur Bellevue. Bier im Gartenrestaurant des *Freienhofs*, im *C. du Pont* am Wege zum Bahnhof und im *Schlüssel* beim Lauithor.

Kurgarten, täglich 3 1/2-5 und 8-10 Nm. Concert; Eintr. pro Tag 50 c., Woche 2, Monat 5 fr.

Bäder in der sehr reißenden und kalten Aare im N. der Stadt, 50 c. Warme Bäder im *Bällis-Bad*. — *Telegraphenbureau* der Post gegenüber. — Ein *Kahn* zu Fahrten auf dem See kostet, nach der Taxe, 1 Stunde 3 fr., 2 St. 5, 3 St. 7, halber Tag 8, ganzer Tag 10 fr., doch fahren die Schiffer auch billiger. — Holzschnitzwaaren bei *J. Kofler* im Garten der Bellevue. — Kunstvolle Thonwaaren bei *Schoch-Laederach* (S. 138). — Wechselstube: *A. Knechtenhofer*. — *Kath. Gottesdienst* Sonntags in der alten Kirche von Scherzligen beim Schlosse Schadau (S. 138). *Engl. Gottesdienst* im Park der Bellevue, auch *franz.-prot.* Gottesdienst.

Wagen vom und zum Bahnhof 1 fr.; Spazierfahrten die erste St. einsp. 4, zweisp. 7 fr., jede weitere Stunde 3 u. 5 fr.; nach Gunten 5 u. 8, Merligen 7 u. 12, Interlaken 14 u. 25, Wimmis 6 u. 10, Blaue See 20 u. 35, Kandersteg 20 u. 38, Weißenburg 13 u. 24, Zweisimmen 28 u. 30, Saanen 35 u. 60, Gsteig 40 u. 70, Château d'Oex 40 u. 70, Aigle 80 u. 150, Gurnigel 30 u. 50 fr.

*Thun* (562m), mit 5507 Einw., bildet in seiner reizenden Lage an der *Aare*, 1/4 St. von ihrem Ausfluß aus dem Thuner See, und in seiner reichen Umgebung eine würdige Eingangspforte zum Berner Oberland. Eigenthümlich sind in der Hauptstraße die Vorbauten im Erdgeschoß, zur Gewinnung einer Reihe von Buden- und Kellerräumen, über welche in einer Höhe von 3-4m ein mit Platten belegter Gang führt, der wieder eine Reihe von Kaufläden hat. Thun ist Mittelpunkt des Handelsverkehrs für das Oberland.

Unfern der Brücke l. führt ein bedeckter Gang von 218 Stufen (r. von der Brücke bei Pens. Baumgarten ein bequemerer Weg ohne Stufen) zu der 1738 erbauten *Pfarrkirche*. Die Aussicht vom *Kirchhof* ist sehr malerisch, auf die alterthümliche Stadt, den rasch strömenden doppelarmigen Fluß, die fruchtbare baumdurchpflanzte Ebene und auf den Niesen, neben welchem l. die Schneefelder des Doldenhorns und der Blümlisalp in ihrer ganzen Ausdehnung sich zeigen. — In der Nähe des Kirchhofs der große viereckige, von Eckthürmchen flankirte Thurm des alten *Zähringen-Kyburger Schlosses*, 1182 erb., und das 1429 innerhalb der Ringmauern angebaute *Amtsschloß* der Berner Schultheißen. Von der „Schloßpromenade" neben dem Thurm schöne Aussicht nach SW. auf die Stadt, das Aarethal und die Stockhornkette. — Von hier führt ein Weg, welcher bald in eine bedeckte Treppe übergeht, auf den Markt.

Thun ist Sitz der *eidgen. Militärschule*, zur Bildung von Offizieren und Unteroffizieren, besonders der Artillerie und des Geniecorps, und der eidgen. Munitionsfabriken. Auf der Thuner Almend finden jährlich große Uebungen statt. — Im *keramischen Museum* (Schoch-Laederach) eine reiche Auswahl von Thonarbeiten, Majoliken etc. (käuflich).

Spaziergänge. Oberhalb der Stadt am r. Aareufer durch die Anlagen der *Bellevue* zum ($^1/_4$ St.) **Jakobshübeli* (*Pavillon St-Jacques*, 640m), wo man eine ganz freie Aussicht auf den See, die Alpen, Thun und das Aarethal hat; noch 8 bez. 10 Min. höher zwei weitere Pavillons (*Obere* und *Untere Wart*), namentl. der erstere mit reizendem Blick auf Thun und das Aarethal (nicht auf den See). — Auf der Landstraße am r. Aare- u. Seeufer über die *Bächimatt*, mit hübschen Anlagen u. Aussicht auf die Alpen (Eiger, Mönch, Jungfrau, Blümlisalp, Doldenhorn etc.), zur (20 Min.) *Chartreuse* (Eigenthum der Familie v. Parpart); hier (oder näher schon 8 Min. vorher) l. ab am *Bächihölzli* vorbei zur (10 Min.) Brücke über den *Hünibach*, dann durch die malerische *Kohlerenschlucht*, durch welche der Bach zwischen gewaltigen Nagelfluhwänden in einer Reihe kleiner Fälle hinabstürzt, bis hinauf in den Grüsisbergwald (s. u.) auf die Goldiwyler Straße ($^1/_2$ St.).

1 St. n.w. von Thun an der Berner Straße liegt *Heimberg* mit bedeutender Thonwaaren-Industrie. — $^1/_2$ St. n. von Thun (Post 5mal tägl. in 20 Min., Einsp. 3 fr.) das ansehnliche Dorf *Steffisburg* (Brauerei); von hier $^1/_2$ St. bergan nach dem kl. *Schnittweyerbad* (Forellen), mit erdiger Mineralquelle. — Reizender Spaziergang auf der *Goldiwyler Straße*, die 5 Min. n. von Thun beim *Hübeli* von der Steffisburger Straße r. abzweigt (näherer Weg bei Pens. Baumgarten r. bergan; vielfach Handweiser). Der mit schönem Wald bedeckte *Grüsisberg*, an dessen Abhang die Straße sich hinanzieht, ist durch bequeme Promenadenwege zugänglich gemacht; schöne Aussichten auf Stadt, Aarethal und Stockhornkette von der *Rappen-* oder *Rabenfluh* (880m, 1 St.) und von *Brändlisberg* (731m, 20 Min. von der Rabenfluh; vom Hübeli direkt $^1/_2$ St.). — Die Straße theilt sich nach $^3/_4$ St.: l. nach ($^1/_2$ St.) *Goldiwyl* (962m; Zysset's Whs.), wohin von Thun auch ein näherer Fahrweg vor der Bächimatt l. hinan in 1 St. führt; r. nach ($^3/_4$ St.) *Heiligenschwendi* (1013m); von der **Haltenegg* (1001m), $^1/_4$ St. s., prächtiger Blick auf See und Alpen. Schöner Rückweg durch die *Kohleren* (s. oben; unweit der Straßentheilung beim Handweiser l. hinab.)

Unter den Landsitzen am See nimmt das 1850 im englisch.-goth. Stil aufgeführte vielthürmige Schloß Schadau, Herrn v. Rougemont gehörig, die erste Stelle ein, sowohl wegen seiner Lage in einem Park, auf der Ecke zwischen dem linken Ufer der Aare und dem See, als wegen des Sculpturenschmucks in Sandstein, der sich bis zu den Schornsteinen hinauf erstreckt. In den Garten Sonntags freier Zutritt. Sehenswerthe Gewächshäuser. — Weiter in den See hinaus, auf dem r. Ufer, das im franz. Renaissancestil erbaute Schloß Hünegg, mit prächtiger Aussicht von der Terrasse. Erlaubnis zur Besichtigung ertheilt der Gärtner, 5 Min. vorher an der Straße wohnend. Kein Trinkg.

Lohnende weitere Ausflüge: *Thierachern* (569m; Löwe), 1 St. w., mit schöner Aussicht; 1 St. weiter w. Bad *Blumenstein* und der *Fallbach;* von hier Fusspfad durch Wald in $1^1/_2$ St. zum *Gurnigelbad* (s. unten). *Bad Schwefelberg* ($2^1/_2$ St. w. von Blumenstein über den *Gantristpaß*) s. S. 184. *Burgistein* (820m), Dorf und Schloß mit trefflicher Aussicht, 3 St. n.w. von Thun. *Amsoldingen* (röm. Grabsteine), $1^1/_4$ St. s.w., und der alte Thurm von *Strättligen* (S. 185), $1^1/_4$ St. südl. von Thun, mit prächtiger Aussicht. Dieses Hügelgelände zwischen dem Stockenthal und Thun bietet überhaupt eine Reihe der anmuthigsten Spaziergänge und hübscher Gebirgs-Landschaften. — *Stockhorn* (von Blumenstein oder Amsoldingen in 4-$4^1/_2$ St.) s. S. 185.

**Nach dem Gurnigelbad** gelangt man von Thun zu Fuß in $3^1/_2$ St. (Führer angenehm), zu Wagen (Einsp. 25, Zweisp. 45 fr.) in 4 St. Am bequemsten ist das Bad direkt von Bern zu erreichen (28km; Post 2mal tägl. in $4^1/_2$ St., 7 fr. 15, Coupé 8 fr. 60 c.). Die Berner Poststraße führt über *Wabern* und *Kehrsatz*, weiter (l. bleibt *Belp*) an der W.-Seite des *Gürbethals*, bald mit schöner Aussicht auf die Berner Alpen, nach ($12{,}_6$km) *Toffen* und über *Kirchenthurnen* r. hinan nach dem großen Dorf (20km) *Riggisberg* (763m; Sonne), dann auf schmalem Sträßchen l. hinauf nach ($24{,}_4$km) *Rüthi* und durch den *Laaswald* zu dem auf breiter Terrasse gelegenen ***Gurnigelbad** (1153m), Luftkurort mit gipshaltiger kalter Schwefelquelle, viel besucht und trefflich eingerichtet (Besitzer *Gebr. Hauser;* 500 Betten, Z. $2^1/_2$-6, Pens. 6-8 fr., für längern Aufenthalt Vorausbestellung von Zimmern rathsam). In der Nähe ausgedehnte **Waldspaziergänge**: nach ($^1/_2$ St.) *Seftigschwand* (Whs.); an den *Laashöfen* vorbei nach dem (1 St.) *Längneibad;* nach dem (1 St.) *Obern Gurnigel* (1545m), mit prachtvoller Aussicht; nach dem ($1^1/_2$ St.) *Seelibühl* (1752m) etc. Ueber den *Gantrist* nach *Bad Weißenburg* (5-6 St.) s. S. 185 — Von *Wattenwyl*, $1^3/_4$ St. w. von Thun und 1 St. s.w. von Stat. *Uttigen* (S. 137), führt ein angenehmer nicht zu fehlender Fußweg in $2^1/_2$ St. zum Bad.

**Nach Saanen** durch das *Simmenthal* s. R. 57.

## 42. Der Niesen.

*Vergl. Karte S. 142.*

Zwei Wege führen auf den Niesen: 1. von N. von *Wimmis* Reitweg (am meisten zu empfehlen) in $4^1/_2$ St., 2. von O. vom *Heustrichbad* (S. 174) Reitweg in $4^1/_2$ St. — Der Weg von *Frutigen* auf den Niesen ist in so schlechtem Zustande (große Strecken vollständig zerstört), daß von seiner Begehung abzurathen ist. Wer Morgens hinaufgeht, wähle Wimmis zum Ausgangspunkt; Nachm. bietet der Weg vom Heustrichbad mehr Schatten.

Dampfboot von Thun bis Spiez s. S. 141; von hier über Spiezwyler nach Wimmis zu Fuß in $1^1/_4$ St., zu Wagen in 40 Min. (Post 3mal tägl., 85 c.; Einsp. 4, Zweisp. 7 fr., von Thun 8 u. 15 fr.). — Nach dem Heustrichbad und Frutigen s. R. 53.

Pferd auf den Niesen u. zurück, von Wimmis oder Heustrichbad 15 fr. (Aufbruch vor 10 Uhr Vm.; nach 10 U. 20 fr.); nach Heustrich über den Niesen (oder umgekehrt von Heustrich über den Niesen nach Wimmis) 22 bez. 28 fr. — **Führer** (unnöthig) oder Träger 10 bez. 12 fr. (für einen Sessel sind 4 Träger nöthig).

Von *Spiez* (S. 141) bis ($^1/_2$ St.) *Spiezwyler* s. S. 174. Die Straße senkt sich in einer großen Kehre (l. ab direkter Fußweg durch schönen Wald) zur *Kanderbrücke*, mit prächtigem Blick auf die Blümlisalp, und führt dann geradefort nach ($^3/_4$ St.)

**Wimmis** (634m; **Löwe*), hübsches Dorf (1242 E.) in fruchtbarster Lage am ö. Fuß der *Burgfluh* (990m), von einem jetzt zu Verwaltungs- und Schulzwecken dienenden Schloß der ehemals mächtigen Freiherrn von Weißenburg überragt. Die Kirche soll im J. 933 König Rudolph II. von Burgund gestiftet haben, indessen kommt sie urkundlich schon 533 vor.

Der Weg von **Wimmis** auf den Niesen zieht sich am s. Fuß der Burgfluh hin. Nach 35 Min. über den *Staldenbach;* 3 Min. später bei dem Gatter l.

bergan (Handweiser), im Zickzack über Matten und durch Wald, an der Sennhütte im *Bergli* (Erfr.) vorbei; bei den (2 St.) Sennhütten von *Unterstalden* (1506m) auf das r. U. des Staldenbachs und in Windungen die Rasenabhänge des Niesen hinan, an den Hütten von *Oberstalden* (1778m) vorbei. Die Aussicht öffnet sich erst, wenn über der ($1^1/_4$ St.) *Staldenegg* (1934m), dem scharfen Grat, der die *Bettfluh* (2397m, auch *Fromberghorn* genannt) mit dem Niesen verbindet, die weiten Schneefelder der Blümlisalp und des Doldenhorns aufsteigen. Von hier zum Gipfel noch 1 St.

Vom Heustrichbad (S. 174) Reitweg, zuerst hinter dem Bade in Windungen den grasbewachsenen Abhang hinan (bei Wegetheilungen stets den steileren Weg wählen) bis zu einer alten Linde ($^1/_2$ St.), dann 1 St. durch Wald, weiter über Matten an den Sennhütten der *Schlechtenwaldegg* und der *Hegern-Alp* vorbei in zahlreichen Kehren zum ($2^1/_2$-3 St.) Niesenhaus. — Dieser Weg bietet viele und rasch wechselnde Aussichtspunkte, ist aber in seinem obern Theil für Pferde nicht genügend im Stand gehalten (wenig Trinkwasser; in den zwei obern Sennhütten Milch).

Das *Bergwirthshaus der *Gebr. Wetzmüller* mit kleiner Terrasse liegt 5 Min. unter dem Gipfel: Z. L. B. 4, F. 2 fr.

Der ***Niesen** (2366m), der weithin sichtbare nördl. Vorposten einer vom Wildstrubel auslaufenden Gebirgskette, wie der Pilatus Wetterprophet (vgl. S. 92), gleicht einer sanft sich abdachenden Pyramide. Das Gestein am Fuß ist thoniger Mergelschiefer, höher Sandstein-Conglomerat. Der Gipfel bietet etwa 100 Menschen Raum. Die Aussicht auf das Hochgebirge ist weit großartiger als vom Rigi, sie kann sich der vom Faulhorn zur Seite stellen. Wie bei letzterer die Gruppe der Wetterhörner etc. in den Vordergrund tritt, so beim Niesen die breiten Schneefelder der Blümlisalp, am Ende des Kienthals.

Aussicht (vgl. das Panorama S. 142). Von den Schneegebirgen treten am meisten hervor: ö. fern der Titlis, näher die Wetterhörner und Schreckhörner, Eiger, Mönch, Jungfrau, Gletscherhorn, Ebnefluh, Mittaghorn, Großhorn, Breithorn, Tschingelhorn; im S. die Blümlisalp mit ihren drei Gipfeln (Morgenhorn, Weiße Frau u. Blümlisalphorn), das Doldenhorn, Balmhorn und Altels; w. aus zwei schwarzen Spitzen hervorschauend das Wildhorn, l. daneben Gipfel der Montblanc-Gruppe, dann als letzte Schneegruppe im W. die beiden Spitzen der Dent du Midi. Der Thuner See ist in seiner ganzen Ausdehnung zu übersehen, nebst einem Theil des Brienzer Sees. Die stark bevölkerten Thäler der Simme, des Engstligenbachs und der Kander, und das Kienthal liegen auf weiter Strecke offen. Im N. der Lauf der Aare und das ganze Berner Hügelland bis zum Jura. Günstigste Beleuchtung vor Sonnenuntergang und Vorm. bis 10 Uhr.

## 43. Von Thun nach Interlaken. Thuner See. St. Beatenberg.

*Vergl. Karte S. 142.*

Dampfboot 4-5mal täglich in $1^1/_4$ St. von Thun (*Scherzligen*, vgl. S. 137) bis *Därligen*; Stationen *Oberhofen*, *Gunten*, *Spiez*, *Merligen*, *St. Beatenberg*, *Leißigen*, die beiden letzten nicht für jede Fahrt. — Eisenbahn (*Bödelibahn*) von Därligen nach *Interlaken* im Anschluß an die Dampfboote in 10 Min. für 80 oder 40 c. (Fahrpreis 1. Kl. von Thun bis Interlaken 2 fr. 85 c.); von Interlaken nach *Bönigen* (S. 168) in 12 Min. für 80 oder 40 c. — Fahrstraße am *südl.* Ufer bis Interlaken (6 St.), für Fußgänger weniger geeignet, zum Fahren in offenem Wagen angenehm (Einsp. 16, Zweisp. 30 fr.); am *nördl.* Ufer schöne Straße ($5^1/_2$ St.), Einsp. in 3 St. 14, Zweisp. 25 fr., bis Beatenberg (Stat. der Drahtseilbahn) 8 u. 15 fr. (zwischen Merligen und Neuhaus auch für Fußgänger lohnend, s. S. 143).

Der **Thuner See** (560m) ist 18km lang und 3km breit (Seefläche 48qkm, größte Tiefe 216m). Seine Ufer sind anfangs mit freundlichen Landhäusern und Gärten umgeben, weiterhin wird das nördl. Ufer steil.

Das DAMPFBOOT fährt beim Hôtel Freienhof ab (vgl. S. 137), die *Aare* hinauf, hält bei der Bellevue, dann an der Eisenbahnstation *Scherzligen* (s. S. 137). L. zwischen Bäumen die *Chartreuse* (S. 138), r. *Schloß Schadau* (S. 138) am Ausfluß der Aare aus dem See, in welchen das Boot nun einfährt. Das Stockhorn (2193m) mit seiner kegelförmigen Spitze und die Pyramide des Niesen (2366m) erheben sich r. und l. am Eingang des Kander- und des Simmenthals. Links vom Niesen die schimmernden Schneefelder der Blümlisalp; r. von dieser im Hintergrund des Kanderthals treten nach und nach (von l. nach r.) Fründenhorn, Doldenhorn, Balmhorn, Altels und Rinderhorn hervor. Nach Interlaken hin stehen zunächst (von r. nach l.) Mittaghorn, Jungfrau, Mönch, Eiger im Vordergrund, weiterhin kommen Schreckhorn und Wetterhorn zum Vorschein.

Das Boot fährt an dem unten mit Landhäusern und Obstgärten, weiter hinauf mit Wald bedeckten NO.-Ufer entlang, bei dem freundlichen *Hilterfingen* vorbei; l. Schloß *Hünegg* (S. 138). Es hält bei **Oberhofen** (*Pens.* **Moy*, **Oberhofen*, *Restaur. Zimmermann*), mit malerischem Schloß der Gräfin Pourtalès; dann bei **Gunten** (*Weißes Kreuz*; **Pens. du Lac*, 5 fr. m. Z.; *Hirsch*; **Pens. Graber*, alle am See; **Pens. Schönberg*, höher am Abhang, 5 fr. m. Z.). In der Nähe ($^1/_2$ St. vom See) die merkwürdige Erosionsschlucht des Guntenbachs mit Wasserfällen (Brücken und Weg jetzt vielfach zerstört).

Eine Fahrstraße (Einsp. von Thun 10, Zweisp. 18 fr.) führt von Gunten in $^3/_4$ St. hinauf nach **Sigriswyl** (800m; **Pens. Bär*, einf.), angenehmer ländlicher Luftkurort in hübscher Lage. Ausflüge: auf die *Blume* (1395m), mit schöner Aussicht, über *Schwanden* in 2 St.; über *Zelg* und *Wylerallmend* auf den *Sigriswylgrat*, zur Alp ($2^1/_2$ St.) *Vorder-Bergli* (1679m) und ($^3/_4$ St. weiter) *Hinter-Bergli* (1821m); auf das **Sigriswyler Rothhorn* (2053m), 4 St. m. F.; etc. Am steilen Abhang des Sigriswylgrats gegen das *Justisthal* (s. unten) das **Schafloch* (1780m), eine großartige 206m l. Eishöhle, vom Hintern Bergli auf schmalem Pfad in $^3/_4$ St. zu erreichen (Führer, Eisaxt u. Fackeln unentbehrlich).

Nun durchschneidet das Boot den See in seiner ganzen Breite und fährt südl. nach **Spiez** (**Spiezer Hof*, Z. L. B. 3-4, M. $3^1/_2$-4 fr., mit Garten und Seebädern; **Pens. Schonegg*, $^1/_4$ St. vom See, Z. 2, F. $1^1/_4$, Pens. m. Z. 6 fr.), anmuthig gelegenes Dörfchen mit einem malerischen alten Schloß, früher Erlach'scher Besitz, jetzt Hrn. von Wilke aus Berlin gehörig, der es hergestellt und mit schönen Anlagen umgeben hat. Man sieht hier auf kurze Zeit ö. zwei schwarze Spitzen über dem südl. Ufer des Brienzer Sees: r. die schmale ist das Faulhorn, l. die breitere das Schwarzhorn.

Nach *Aeschi* s. S. 174; auf den *Niesen* s. S. 139. Post nach *Kandersteg* s. S. 174, nach *Zweisimmen* s. S. 184.

Folgt Stat. *Faulensee*; auf der Höhe (neue Straße von Spiez in 1 St.) das besuchte **Faulenseebad* (Z. L. B. 4, M. $3^1/_2$, Pens. m. B. $7^1/_2$ fr.), mit erdiger Mineralquelle, schönem Waldpark und reizender Aussicht. Am n. Ufer tritt der *Sigriswyl-Grat* mit den trotzig aufragenden *Ralligstöcken* (1662m) und dem *Sigriswyler Rothhorn* (2053m) scharf hervor; am See Schloß *Ralligen*. Das Boot hält bei **Merligen** (**Hôt.*

*Beatus* mit Garten am See, Z. u. B. 2-2½, M. 3½, Pens. 5-6 fr.; *Löwe)*, an der Mündung des *Justisthals* freundlich gelegen, dann ¼ St. ö. am Bahnhof der Bergbahn nach *St. Beatenberg* (Restaur. Beatenbucht, am See).

Nach St. Beatenberg DRAHTSEILBAHN in 16 Min. (Bergfahrt 2 fr. 50 c., Thalfahrt 1 fr., hin und zurück 3 fr., Abonnement auf 12 Fahrten 10 fr.). Die Bahn, 1889 eröffnet, 1700 m lang, führt scharf ansteigend (Durchschnitt 33⅓ %) durch Wald, Felseinschnitte und einen Tunnel; obere Endstation 3 Min. vom Kurhaus.

**St. Beatenberg.** — HÔT. U. PENS.: *Kurhaus *(Dr. Müller)*, am w. Ende des Dorfs, mit 130 Betten und 2 Dependenzen, Z. 3-5, M. 4½, A. 3, Pens. m. Z. 8-12 fr., dabei ein schattiges Wäldchen. Weiter in der Richtung von W. nach O.: *Pens. Beatrice, Pens. m. Z. im Juli-Aug. 5-7, vor- u. nachher 4½-6 fr.; P. Blümlisalp; P. Waldrand; *H.-P. Schönegg, in der Mitte des Dorfs, Pens. im Juli-Aug. 4¾-7½, vor- u. nachher 4-6½ fr.; Dorfwirthschaft Feuz; *H.-P. Victoria *(Wessinger)*; P. zur Post; *H.-P. Bellevue, mit herrlicher Aussicht, Pens. m. Z. 7½-9 fr.; jenseit des Sundgrabens *H.-P. Alpenrose, Pens. m. Z. 6-8 fr.; P. Jungfrau; *H.-P. des Alpes (1 St. vom Kurhaus), P. 5-7 fr.

Das Dorf *St. Beatenberg* (1150m), als klimat. Höhenkurort stark besucht, liegt lang hingestreckt auf beiden Seiten des auf den Thuner See sich öffnenden *Sundgrabens*. Prächtige Aussicht auf die Alpen vom Schreckhorn bis zum Niesen; in der Mitte Eiger, Mönch, Jungfrau, Blümlisalp, Wildstrubel etc.

Weit schöner noch ist die Aussicht vom ***Amnisbühel** (1336m), 25 Min. ö. vom Hôt. Alpenrost (2½-3 St. von Interlaken; oben Restaur., auch Pens.). Fußgänger von Interlaken gehen 20 Min. vor Beatenberg bei einem Handweiser von der Straße r. ab; von hier ½ St. bis zur Höhe.

Nach dem **Waldbrand**, hübscher Spaziergang vom Kurhaus (25 Min.); reizende Aussichten, zahlreiche Ruhesitze, schöner Tannenwald.

Vom Amnisbühel auf das ***Gemmenalphorn** (*Güggisgrat*, 2064m), 2½ St., F. 3 fr. (für Geübte unnöthig). Bis zum Fuß des Horns sanft ansteigend über *Waldegg, Leimern* und *Gemmen-Alp*, die letzte ½ St. zur Spitze steiler. Aussicht vorzüglich, vom Pilatus bis zur Stockhornkette und den Diablerets, zu Füßen das Justisthal (s. oben), dahinter die Aare mit Bern und der Jura. Den Thuner See sieht man nicht. — Bei der Besteigung von Beatenberg direkt (W.-Seite des Sundgrabens) ist ein Führer (4 fr.) rathsam, da der Weg bald aufhört.

Von Beatenberg auf das *Niederhorn* (1965m) und den *Burgfeldstand* (2067m), beide gleichfalls sehr lohnend (2½-3 St.). Am Wege zum letztern (1½ St.) das *Känzli*, mit reizender Aussicht.

---

Ein felsiges Vorgebirge, die *Nase*, streckt sich hier ö. in den See hinein; hoch an dem steilen Uferabhang die vielfach in den Fels gesprengte neue Straße (s. S. 143). Unten am See der Landsitz *Lerow*, dann der *Beatenbach* (S. 143); weiter das Tobel des *Sundgrabens* (s. oben) und der frühere Landeplatz *Neuhaus* (S. 143).

Am südl. Ufer folgt *Leißigen* (Steinbock), am Fuß des *Morgenberghorns* (S. 149) zwischen Obstbäumen anmuthig gelegen, dann **Därligen** *(Pens. Seiler, Schärz, Schwalbenheim)*, Endstation der *Bödelibahn* (S. 168), welche die Reisenden in 10 Min. nach Interlaken befördert. L., am Einfluß der Aare in den See, Ruine *Weißenau* (S. 146); weiter r. schöner Blick auf Mönch, Eiger und Jungfrau.

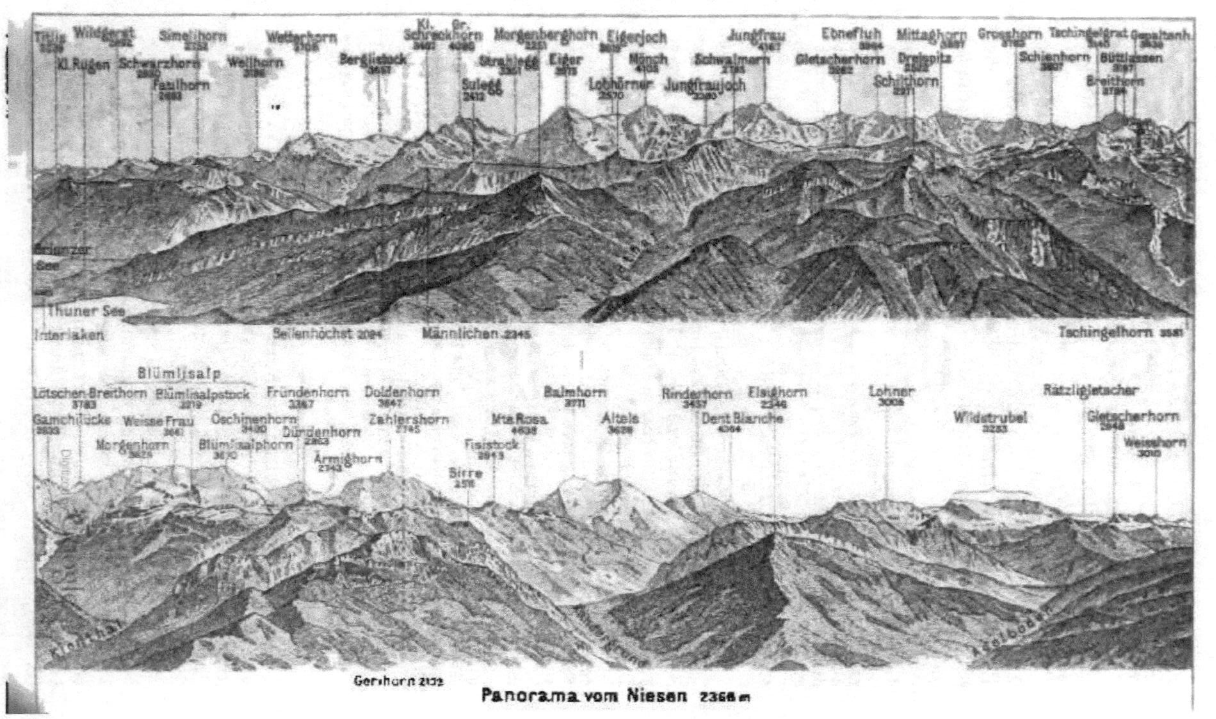


Panorama vom Niesen 2366 m

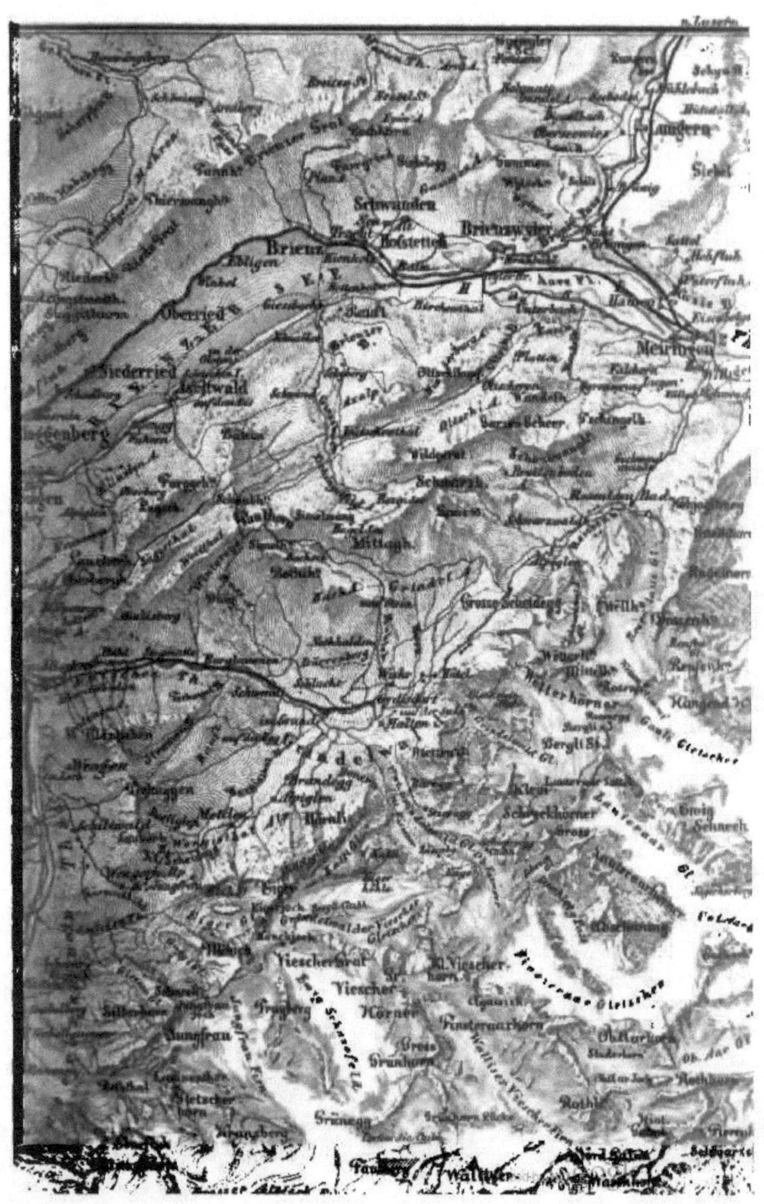

Schwanden
Hofstetten
Brienz
Brienzwyler
Oberried
Meiringen
Niederried
Iseltwald
Wildgerst
Grosse Scheidegg
Wetterhörner
Schreckhörner
Vieschergrat
Viescher
Hörner
Finsteraarhorn
Jungfrau
Grünhorn
Grünegg

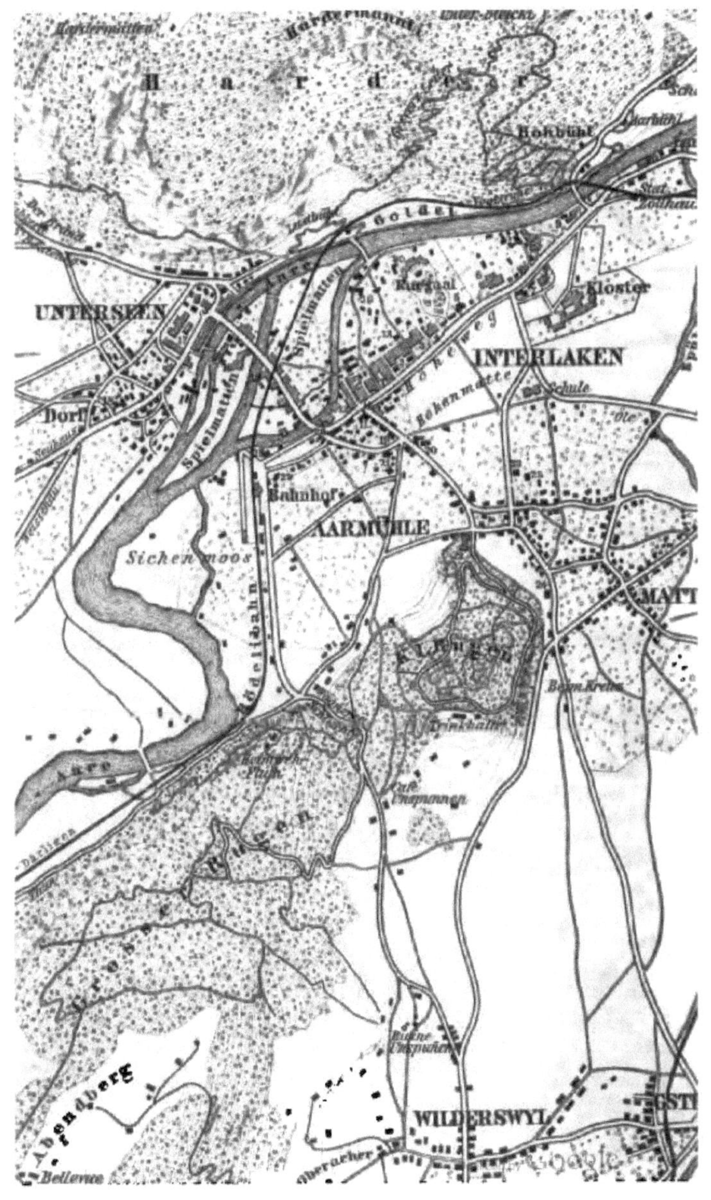

H a r d e r
Hohbühl
UNTERSEEN
INTERLAKEN
Kloster
Schule
Dorf
Spielmatten
Höheweg
Höhenmatte
Bahnhof
AARMÜHLE
Sichenmoos
Bödelibahn
Aare
Kl. Rugen
Trinkhalle
WILDERSWYL
Abendberg
Bellevue

Der Bahnhof von (4km) *Interlaken* ist beim Dorf Aarmühle, 5 Min. vom Beginn des Höhewegs.

---

Die Fahrstraße am nördl. Ufer (Wagen s. S. 140) führt von Thun über *Hilterfingen* und *Oberhofen* nach (2 St.) *Gunten* (nach *Sigriswyl* s. S. 141); dann über den *Stampbach* (hübscher Wasserfall) und an dem alten Schloß *Ralligen* vorbei nach ($^3/_4$ St.) *Merligen* (S. 141; 10km von Interlaken); $^1/_4$ St. weiter ö. der Bahnhof der Drahtseilbahn nach *St. Beatenberg* (S. 142). Die Straße umzieht ansteigend und in den Fels gesprengt (2 Tunnel) die *Nase* (S. 142) und führt an den jähen Abhängen hoch über dem See entlang über das *Kruibach-Tobel*, dann durch Wald (r. unten Schloß *Lerow*, S. 142) bis zur (40 Min.) Brücke über den *Beatenbach*.

$^1/_4$ St. oberhalb die **Beatushöhle** (687m), aus welcher der Beatenbach, im Spätsommer unansehnlich, im Frühjahr und nach Regentagen mit donnerartigem Getöse hervorbricht. Der h. Beatus, der erste Christusbote in dieser Gegend, soll sie bewohnt haben.

Nochmals durch 3 Tunnel, dann allmählich bergab, mit prächtigem Blick auf den See (r. der Eiger), über den *Sundgraben* (r. unten die Häuser von *Sundlauenen*) zum ($^1/_2$ St.) *Kübli-* oder *St. Beatusbad* (Engl. Pension) und am (r.) *Neuhaus* vorbei nach *Unterseen* und (1 St.) *Interlaken*.

## 44. Interlaken und Umgebungen.

*Vergl. auch Karte S. 156.*

**Bahnhof** der *Bödelibahn* (s. oben) am W.-Ende des Orts, der *Berner Oberlandbahn* (Lauterbrunnen, Grindelwald, S. 149) am O.-Ende, bei Stat. *Zollhaus* (S. 145), 20 Min. von ersterem. Hôtel-Omnibus u. a. Fuhrwerk stehen an beiden Bahnhöfen bereit.

**Hôtels u. Pensionen** (Omnibus 1 fr.). — Am *Höheweg* (S. 144) von W. nach O.: *H. Métropole (Pl. 1), Z. L. B. $5^1/_2$-$6^1/_2$, M. 5, Pens. von 8 fr. an; *Gr.-H. Victoria (Pl. 2), mit Aufzug, Z. L. B. von $6^1/_2$, F. $1^1/_2$, M. 5 fr. (dahinter Pens. Volz, Pl. 13, und *H.-P. Horn, Pl. 30, 2. Kl., mit Brauerei); *Jungfrau (Pl. 3), Z. L. B. von $4^1/_2$, M. $4^1/_2$-5 fr.; *Schweizerhof (Pl. 4), Z. L. B. von 4, M. 4 fr.; *Belvedere (Pl. 5), Z. L. B. von 4, M. 4 fr.; *H. des Alpes (Pl. 6), Z. L. B. $4^1/_4$, Lunch 3, M. $4^1/_2$ fr.; Hôt.-garni St. Georg, mit Rest., Z. $2^1/_2$-3 fr.; *H. Beaurivage (Pl. 9), Z. L. B. von $4^1/_2$, M. $4^1/_2$ fr.; *H. du Nord (Pl. 7), Z. L. B. $4^1/_4$, M. 4, Pens. 7-8 fr.; *H.-P. Interlaken Pl. 8), Z. L. B. $3^1/_2$-4, M. $3^1/_2$, Pens. 7-8 fr.; H. du Lac (Pl. 10), Z. L. B. 4, M. 3 fr.

W. vom Höheweg, nach dem Bahnhof hin: *H. Oberland (Pl. 12), Z. L. B. 3, M. 3, Pens. 6-7 fr.; gegenüber Rößli (Pl. 26), nicht theuer; Weißes Kreuz (Pl. 11), Z. $1^1/_2$-2 M. 3, F. $1^1/_4$ fr.; Adler (Pl. 14); *H. Berger (Pl. 28), Z. L. B. $2^1/_2$-3, M. $2^1/_2$, Pens. 5-7 fr.; *H.-P. Krebs (Pl. 27), nicht theuer; *H. de la Gare (Pl. 29), die drei letzten beim Bahnhof; Schwan, Z. 1-2 fr. — An der untern Aarebrücke: *Bellevue (Pl. 15), Z. u. B. 3, Pens. $5^1/_2$-$6^1/_2$ fr. Auf der kleinen Aare-Insel *Spielmatten:* *H. du Pont od. Alte Post (Pl. 16), Z. L. B. 4, M. $3^1/_2$, Pens. 6-8 fr., mit Garten (Bier, s. unten); *Krone. In *Unterseen:* *H. Unterseen (Pl. 17), Pens. 6 fr.; *Beau-Site bei *Ruchti* (Pl. 18), Pens. von 6 fr. an; P. Eiger, an der Straße nach Neuhaus, wird gelobt; Pens. St. Beatus (*Mrs. Simpkin*), unweit des Thuner Sees (s. oben).

S. vom Höheweg, an der Straße nach dem Kl. Rugen: *Deutscher Hof (Pl. 20), 2. Ranges, Z. L. B. $3^1/_2$-4, F. $1^1/_4$, M. $3^1/_2$, Pens. von 6 fr. an; *H. National & P. Wyder (Pl. 19), Z. L. B. $3^1/_2$, Lunch $2^1/_2$, M. $3^1/_2$, Pens. m. Z. 7-8 fr.; H.-P. Reber (Pl. 21), Pens. 6 fr.; *H.-P. Ober („Schlößli", Pl. 23), Pens. mit Z. 6-9 fr.; *P. Villa Bischoffberger; *P. Schönthal, 5 fr.

tägl. — *Hôt. Jungfraublick (Pl. 22), mit herrlicher Aussicht nach allen Seiten und schattigen Parkanlagen, am Kl. Rugen (S. 145), vornehmes Haus mit entsprechenden Preisen: Z. L. B. von 6, F. $1^1/_2$, M. 5, Omnibus $1^1/_2$, Pens. im Juli u. August 12-16, vor- u. nachher 10-12 fr. H.-P. Mattenhof, in hübscher Lage dicht beim Kleinen Rugen, Pens. m. Z. $6^1/_2$ fr.; Pens. Zwahlen, nicht theuer.

**Billiger als in Interlaken selbst sind die Wohnungen in den weiter abgelegenen Orten der Umgebung.** In *Wilderswyl* ($^1/_2$ St. s.): *H.-P. Schönbühl, in hoher luftiger Lage, Pens. m. Z. 5-6 fr.; *Bär, Pens. m. Z. $4^1/_2$-5 fr. — In *Gsteigwyler* (S. 147): Pens. Schönfels. — An der Straße nach Brienz vor dem Goldswyler Kirchhügel ($^1/_4$ St., S. 167): Pens. Felsenegg ($5^1/_2$ fr.). — In *Bönigen* (S. 168), am s. Ufer des Brienzer Sees, $^1/_2$ St. ö. von Interlaken: *Pens. Bellerive, *Pens. Bönigen, *Chalet du Lac und *H.-P. de la Gare (beim Dampfboot-Landeplatz), alle nicht theuer. — In *Beatenberg* s. S. 142.

**Restaurants**: im H. Métropole und H. Victoria. Bierrestaur. im H. Oberland (Münchner Pschorrbräu); Biergarten des H. du Pont, an der Aare, mit schöner Aussicht; Baierische Bierbrauerei mit Garten neben H. Beaurivage; Berger, Krebs, am Bahnhof. — **Conditorei**: Weber, Bahnhofstraße; Berger, am Kurgarten.

**Casino** am Höheweg mit Café, Lese-, Billard- u. Conversationssälen, Anlagen etc.; Musik täglich $7^1/_2$-$8^1/_2$ U. Vm., $3^1/_2$-5 und 8-10 U. Nm. Molkenkur 7-8 U. Vm. Eintritt 50 c., pro Tag 1 fr., Woche 2 fr. 50 c., Monat 10 fr.; bei besondern Veranlassungen (Extra-Concerte, Venetian. Nächte, Feuerwerk etc.) 1 fr. (für Abonnenten 50 c. Zuschlag). Hinter dem Casino eine Molkenanstalt.

**Apotheken**: Seewer; Pulver, Postgasse. — **Geldwechsler**: Volksbank, Ebersold, beide Bahnhofstr. — **Cigarren** u. a. bei *M. Oettinger*,

**Fuhrwerk**, Pferde, Führer s. S. 147, 149, 155 etc. Wagen vom Bahnhof nach Interlaken, Unterseen u. Matten die Person 1 fr., nach Bönigen, Gsteig, Wilderswyl und Ringgenberg 2 fr. Esel die Stunde $1^1/_2$ fr.

**Post u. Telegraph** neben dem Oberländer Hof (Pl. 12).

Die $^3/_4$ St. lange Niederung zwischen dem *Thuner* und *Brienzer See* heißt das „*Bödeli*". Ursprünglich sollen beide Seen nur ein einziges Wasserbecken gebildet haben; die Anschwemmungen der in den Brienzer See sich ergießenden *Lütschine* (S. 168) und des in den Thuner See fließenden *Lombachs* haben sie getrennt. Dieser Andrang von festem Erdreich, erst von S., aus dem Lauterbrunnen-Thal, dann von N. aus dem Habkĕrn-Thal, erklärt zugleich die Biegung, welche die *Aare* hier zu machen gezwungen wurde. Auf diesem Land „zwischen den Seen" liegt **Interlaken** (568m), aus den Ortschaften *Aarmühle*, *Matten* und *Unterseen* bestehend, die zusammen ein langgestrecktes, fast bis zum Brienzer See reichendes Ganze bilden (5385 Einw.).

Mittelpunkt des Fremdenverkehrs ist der ***Höheweg**, eine Allee schöner Nußbäume, die sich vom Dorf Aarmühle bis zur obern Aarebrücke erstreckt, mit den oben gen. großen Gasthöfen, eleganten Magazinen und Kaufläden. Vom mittlern nach Süden offenen Theil prächtige Aussicht auf das Lauterbrunnen-Thal und die Jungfrau (Abendbeleuchtung am schönsten). Auf der Nordseite (Eingang zwischen Schweizerhof und Belvedere) das *Casino* im Oberländer Stil, mit Lesezimmer, Veranda und Anlagen (Musik etc. s. oben). Weiterhin auf der Südseite liegt inmitten schöner Nußbäume das ehem. Doppel-Kloster *Interlaken*, 1130 gegründet, 1528 aufgehoben. In dem ö. Flügel des Mannsklosters ist seit 1836 ein Armen-Krankenhaus. Die übrigen Gebäude des alten Klosters mit dem

1750 dazu gebauten Schloß bilden den Amtssitz; an Stelle des Nonnenklosters die Gefängnisse. Der Chor der alten Klosterkirche ist jetzt *englische Kapelle;* in einer andern kl. Kapelle findet der franz.-reformierte und der schott. Gottesdienst statt. Das Schiff der Kirche dient dem röm.-kath. Cultus. Am ö. Ende des Höhewegs überschreitet l. die Straße nach Brienz auf schöner Brücke die Aare; gleich oberhalb die Eisenbahnbrücke und die Stat. *Zollhaus* der Bödeli- und Berner Oberland-Bahn (S. 149).

Vom westl. Ende des Höhewegs führt dem Oberländer Hof gegenüber l. ab (s.ö.) die Straße nach Matten (zum Kleinen Rugen etc.); geradeaus gelangt man in 4 Min. zum *Bahnhof* (S. 143). R. führen drei Brücken (von der mittlern hübsche Aussicht) über die Aare auf die kleine Insel *Spielmatten* und zu dem am r. Ufer gelegenen **Unterseen**, einem Städtchen mit 1995 Einw. und meist hölzernen Häusern, manche vor Alter ganz braun, einem großen viereckigen Platz und einer 1851 erbauten Kirche. Große Parqueterie-Fabrik.

Interlaken wird wegen seiner milden gleichmäßigen Temperatur namentlich als Luftkurort besucht. Die Hälfte der Pensionsgäste besteht aus Deutschen. Viele kommen wegen der Molkenkur, Andere zieht ausschließlich der ruhige Aufenthalt in der schönen Alpenlandschaft an. Insbesondere ist Interlaken ein gutes Standquartier für Solche, die mit Zeit und Geld nicht zu geizen brauchen, um Ausflüge in das Berner Oberland zu machen, nach solchen Wanderungen aber wieder einige Tage in behaglicher Ruhe zu leben.

Spaziergänge in der Nähe: Der ***Kleine Rugen**, schöner Waldpark südl. von Interlaken, an der Straße nach Wilderswyl. Der breite mit Ruhebänken versehene Hauptringweg führt beim Hôtel Jungfraublick (S. 144) geradeaus bergan, l. um den Berg herum (Wegtafeln), mäßig steigend, mit immer wechselnden Aus- und Durchblicken auf das Bödeli und das Lauterbrunnenthal, an der „Humboldtsruhe" (Aussicht auf Jungfrau und Brienzer See) vorbei zur ($^1/_2$ St.) *Trinkhalle* (Café-Restaur.), mit schöner Aussicht auf Jungfrau, Mönch und Schwalmern. [Kurz vor der Trinkhalle zweigt vom Hauptwege r. ein streckenweise steiler und nicht zu empfehlender Weg über den *Tanzboden* (ebene Waldstelle) zur (25 Min.) *Rugenhöhe* (739m) ab, Pavillon mit beschränkter Aussicht durch in den Wald gehauene Schneusen auf Jungfrau, Brienzer u. Thuner See.] Der Hauptringweg führt von der Trinkhalle l. um den Berg herum, am *Scheffel-Pavillon*, mit schönem Blick auf den Thuner See, weiter am *Kasthoferstein* (s. unten) und dem *Wasserreservoir* für die Interlakener Wasserleitung (aus dem Saxetenthal, S. 149) vorbei zum Hôtel Jungfraublick zurück. Eine Menge andrer Pfade mit versteckten Ruheplätzen und Aussichtspunkten zweigen nach allen Richtungen aus dem Hauptwege ab. Am Rugen hat zu Anf. d. Jahrh. der Oberförster Kasthofer die schweizer Baumarten zu vereinigen versucht (eine Inschrift auf einem Felsblock erinnert an ihn, s. oben). — Gleich hinter der Trinkhalle führt ein Weg vom Hauptwege l. ab (nach 1 Min

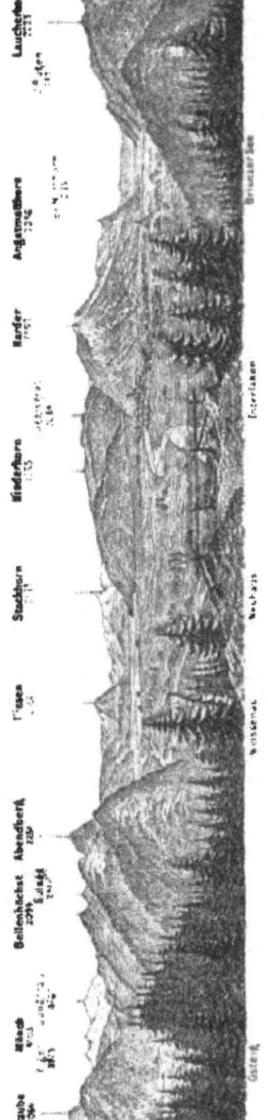

Aussicht von der Heimwehfluh.

bei der Bank r. abwärts) in die *Wagnerenschlucht* zur Heimwehfluh (s. unten); ein andrer (bei der Bank geradefort, am Waldrande entlang, stets l.) zum (10 Min.) *Café Unspunnen* (s. unten).

***Heimwehfluh** (676m). Vom Bahnhof, von Aarmühle und von Matten führen Fahrstraßen in 10 Min. zum Eingang der *Wagnĕrenschlucht*, westl. vom Kleinen Rugen. In derselben zweigt nach etwa 300 Schritten bei einem Felsblock mit Inschrift zu Ehren Bernh. Studer's († 1887) ein rasch ansteigender Pfad r. ab, der, später r. zu einem hübschen Aussichtspunkt sich wendend, in 20 Min. zur *Restauration* führt. Von der Terrasse reizende Aussicht übers Bödeli, den Thuner und Brienzer See, von dem kleinen Belvedere oberhalb auch auf Jungfrau, Mönch, Eiger (Nachmittags am schönsten). — Weg von der *Trinkhalle* s. oben.

Zur Ruine ***Unspunnen** (40 Min.), mit prächtiger Aussicht auf Lauterbrunnen - Thal, Jungfrau, Mönch, Brienzer See: entweder durch die Wagnĕrenschlucht (am Ausgang l. **Café Unspunnen*, mit reizender Aussicht) oder über den Kleinen Rugen (s. oben).

Nach der Burgruine **Weißenau** (3/4 St.), auf einer Aare-Insel bei der Mündung des Flusses in den Thuner See (S. 142), führt sowohl die alte Straße von Matten, wie die Straße von Unterseen nach Thun.

Auf den **Hohbühl** (631m, 1/4 St.), am r. Ufer der Aare, führt ein neu hergestellter, mit Handweisern versehener Weg jenseit der obern Aarebrücke gleich l. aufwärts (der untere Weg l. führt zur *Vogtsruhe* an der Aare, Ruhesitz bei hübscher Quelle), durch den Wald hinauf zu Ruhebänken und einem Pavillon mit Aussicht über das Bödeli, die Seen, das Gebirge; freier noch einige hundert Schritte höher auf dem steilen Rasenhange der *untern* und *obern Bleiki*. Von hier auf schmalem Pfad, der sog. *Greierz-Leiter*, direkt hinab zum Lustbühl (s. unt.); oder zurück zum Hohbühl, auf einem Stufenpfade zur Vogtsruhe hinab, und immer hart am r. Ufer beim Scheibenstand vorbei auf die steinbesäte *Goldei*, eine schmale Ebene zwischen Harder und Aare, unter der *Falkenfluh*, deren oberer Theil, von günstigem Punkt aus betrachtet, dem Gesicht eines alten Mannes gleicht, das *Hardermannli*. Unterhalb der Falkenfluh auf einem Felsvorsprung der Pavillon **Lustbühl**, gleichfalls mit schöner Aussicht. Von hier über die Brücke hinter dem Kursaal nach Interlaken zurück (im Ganzen 1$^{1}/_{2}$-2 St.). — Auf den **Harder**, schöner gefahrloser Weg, auch zum Reiten, 20 Min. n.w. von Unterseen vor der Abzweigung der Beatenberger Straße von der Straße nach Habkern r. ab, streckenweise steil durch Wald hinan auf die (2 St.) *Hardermatte* (1216m), mit prachtvollem Blick auf Interlaken und das Hochgebirge; weiter oberhalb des *Hardermannli* (s. oben) vorbei hinab zur *untern Bleiki* und der (1 St.) *obern Aarebrücke* am ö. Ende von Interlaken (s. oben). Vom Wege abzugehen vermeide man ohne Führer; mehrfache Unglücksfälle beweisen, daß die jähen Rasenhänge und Felsenbänder des Berges Gefahren bergen. — Vom **Thurmberg von Goldswyl** ($^{1}/_{2}$ St.), über *Felsenegg* an der Straße nach Briens (S. 167), schöner Blick auf den Brienzer See, sowie den düstern kleinen Goldswyler oder Faulensee. — Nach **Ringgenberg** an derselben Straße (1 St.), mit dem hübschen Plätzchen an der in die Burgruine hineingebauten Kirche; Aussicht auf den Brienzer See; noch schöner $^{1}/_{2}$ St. weiter von der *Schadburg* (728m), einem nie vollendeten Burgbau der alten Herren von Ringgenberg auf einem Felsvorsprung des Graggen.

Grössere Ausflüge (vgl. Karte S. 156). **Nach St. Beatenberg**, entweder mit Bahn u. Dampfboot in 40-50 Min. bis Stat. *Beatenberg* (S. 142), dann Drahtseilbahn in 12 Min.; oder auf der schönen neuen Straße am n. Ufer des Thuner See's, an der *Beatushöhle* vorbei (s. S. 143; bis Merligen 2$^{1}/_{2}$ St., Einsp. in 1$^{1}/_{4}$ St., hin u. zurück mit 2stünd. Aufenthalt 9, Zweisp. 16 fr. u. Trkg.). Die *direkte* Fahrstraße von Interlaken nach St. Beatenberg (2$^{1}/_{2}$ St.; Einsp. 13, Zweisp. 24, bis zum Kurhaus 14 u. 25 fr.) zweigt von der Straße ins Habkernthal (S. 148) nach 20 Min. l. ab über den *Lombach* und steigt in vielen Windungen im Walde hinan (Fußpfade kürzen).

Zum **Gießbach* am Brienzer See (S. 168) Dampfboot im Sommer 4mal tägl. — *Bönigen* ($^{1}/_{2}$ St.), *Gsteig* (35 Min.) mit dem hübschen Blick vom Kirchhof aus, und *Gsteigwyler* (50 Min.) mit dem *hohen Steg* über die Lütschine sind ebenfalls angenehme Spaziergänge.

Die ***Scheinige Platte** (2070m) gehört zu den ersten Aussichtspunkten des Berner Oberlandes (Reitweg, 3$^{1}/_{2}$-4 St.; Pferd 17 fr., incl. Wagen bis Gsteig 20 fr.; Knabe zum Gepäcktragen 1-2 fr.). Von Interlaken bis (35 Min.) *Gsteig* s. S. 149. Hier entweder bei der Kirche über die Brücke und gleich r. den Fahrweg bis ($^{1}/_{4}$ St.) *Gsteigwyler* (Pens. Schönfels); mitten im Dorf l. hinauf und kurz darauf wieder l., nach 12 Min. r. ab, Reitweg, stets durch Wald; oder auf näherm Fußweg zwischen Kirche und Whs. von Gsteig l. hinan, bei der Wegtheilung r. Nach 20 Min. erreicht man den Reitweg an der Stelle, wo er in den Wald tritt, und steigt in vielen Zickzackwindungen hinan zur (1$^{1}/_{2}$ St.) *Schönegg* (1448m), mit hübschem Blick auf Interlaken, den Thuner und Brienzer See, und zum (10 Min.) *Kurhaus & Pens. Breitlauenen*, in schöner Lage. Weiter stets im Zickzack zur (50 Min.) Höhe des Gebirgsgrats, den man an seinem w. Ende überschreitet (r. der „Ameisenhaufen", ein zerklüfteter Fels). Hier tritt man mit einem

10*

Schritt in eine neue Welt: das **Lauterbrunnen-Thal** thut sich auf, l. ragt die Jungfrau majestätisch in den Himmel, vor den Füßen schwindelndtiefe Schluchten, fast senkrecht bis zur Lütschine hinab eingeschnitten. Nun am s. Abhang des Grates zum (35 Min.) *Whs. Alpenrose* (2020m; Z. L. B. 4½, F. 2, M. 4 fr.). Die Platte, ein bröckliger Schieferfels, der im Glanz der Sonne weithin „scheint", ist einige hundert Schritt seitwärts vom Whs. Schönste Aussicht einige Schritte, ehe man zur Platte kommt, wo der Weg zu ihr umbiegt. Man versäume nicht, von hier aus die ¼ St. n.ö. gelegene Alp *Iselten* zu besuchen, mit 400 Kühen mit schönem Geläute und 200 Rindern.

Um die volle Rundsicht zu genießen, muß man vom Hôtel aus n.w. das senkrecht aufragende *Gummihorn* (2101m) links umgehen und die (20 Min.) ***Daube** (2064m) besteigen, von wo aus nach N. die Aussicht über die beiden Seen besonders schön ist; im S. in herrlicher Entfaltung die Berner Alpen (von l. nach r. Wellhorn, Wetterhörner, Berglistock, oberer Grindelwaldgletscher, Schreckhörner, Lauteraarhörner, unterer Grindelwaldgletscher, über den Eigergrat hervorragend das Finsteraarhorn, Fiescherhörner, Eiger, Mönch, Jungfrau, Ebne Fluh, Mittaghorn, Großhorn, Breithorn, Tschingelhorn, Tschingelgrat, Gspaltenhorn, Weiße Frau, Doldenhorn und eine zahllose Menge näherer Spitzen; tief unten im Lauterbrunnen-Thal der Staubbach). Am Spätnachmittage sieht man den Neuchâteler und Bieler See in der Sonne erglänzen; n.ö. fern der Pilatus — Von der Platte hinab über *Gündlischwand* nach Zweilütschinen (S. 149), 2½-3 St., streckenweise steil: bei dem kl. Teich unweit der Platte r. über die Matte hinab zu den (¾ St.) untern Hütten der *Iselten-Alp* (1560m; F. bis hierher rathsam, 2 fr.), weiterhin durch Wald, Weg nicht zu fehlen.

Von der Scheinigen Platte zum Faulhorn (4-4½ St.), Reitweg mit prächtigen Aussichten (Pferd 20 fr., F. 8 fr., entbehrlich), erst über die *Alp Iselten*, dann an den s. Abhängen des *Laucherhorns* (2235m) entlang zu dem (1½ St.) Grat, der das *Sägisthal* s. abschließt. Nun etwas bergab zum (¾ St.) *Sägisthal See* mit Sennhütte (1988m); man umgeht denselben an der N.- u. O.-Seite und ersteigt am kahlen Abhang des *Schwabhorns* den Grat zwischen diesem und dem *Faulhorn*; 2 St. Gipfel des letztern, 746m über dem Sägisthal-See (s. S. 163). — Von Interlaken über Scheinige Platte, Faulhorn, Große Scheidegg, Rosenlaui nach Meiringen oder Imhof in 2 Tagen Pferd 50, Führer und Träger 25 fr.

In das **Habkernthal**, zwischen *Harder* und *Beatenberg*. Fahrweg bis zum Dorf *Habkern* (1067m; Whs.), 2 St.; Einsp. hin- u. zur. 15 fr.

Von hier aus kann man drei gerühmte Hochpunkte erreichen: das **Gemmenalphorn** (2064m) über die *Brändlisegg* oder längs des *Bühlbachs* in 4 St. (besser vom Amnisbühel, S. 142); der **Hohgant** (2199m) über *Bohl* (1728m) und die *Hagletschalp*, oder über die Alp *Bösälgäu* und durch die *Karrholen* in 4 St. (s.w. vom Hohgant führt über den *Grünenberg*, 1552m, ein Paß von Habkern nach *Schangnau* im Emmenthal, 6 St.); das **Augstmatthorn** (*Suggithurm*, 2086m) über die *Bodmialp* in 3½ St.

Auf den ***Abendberg**, Reitweg (Pferd 8, Maulthier 6 fr.), in der Wagnerenschlucht (S. 146) r. bergan meist durch Wald bis zum (1½-2 St.) **Hôt. Bellevue* (1139m; Pens. 5½-7 fr.), mit prächtigem Blick in das Lauterbrunnenthal (Jungfrau, Mönch, Eiger, Schreckhorn) und auf den Brienzer See. Von der letzten Hütte oberhalb des Hôtels führt ein viel betretener Fußweg r. über Rasen in 20 Min zu einer hohen abgestorbenen Tanne, der *Siebenuhrtanne* (1257m), mit überraschendem *Blick auf den tief unten liegenden Thuner See.

Ein Fußweg führt über die verschiedenen Spitzen des Abendbergs zur (3 St.) *Rothenegg* (1900m; nächster Weg vom Hôtel aus 2 St.). Von hier setzt sich der Gebirgsgrat mit den Spitzen *Fachsegg* (1935m), *Großes Schiffli* (2035m) und *Kleines Schiffli* (2008m) bis zum *Morgenberghorn* (2251m) fort, ist jedoch vom Schiffli an nur schwindelfreien Steigern anzurathen (von Saxeten über den *Tanzbödeli-Paß* auf das Morgenberghorn s. S. 174). — Fußweg vom H. Bellevue nach Saxeten, 1 St. (hinter der zweiten Hütte auf der Matte r., den obern Weg).

In das **Saxĕtenthal** zwischen *Abendberg* und *Bellenhöchst* (2094m) Reitweg (Maulthier 7 fr.) über *Mülinen* (S. 149) bis zum ($2^1/_2$ St.) Dorf *Saxĕten* (1098m; Kreuz). $^1/_2$ St. weiter die Fälle des *Gürben-* und *Weißbachs;* schöner Thalschluß durch die *Schwalmern* (2785m).

Die **Sulegg** (2412m), mit prächtiger Aussicht, ist von Saxeten in $3^1/_2$-4 St. zu ersteigen: am (35 Min.) *Gürbenfall* hinan zur *untern Neßlern-Alp* (1465m), hier l. über den Gürbenbach und mehrere andere von der Sulegg kommende Bäche zur ($1^1/_4$ St.) *Bellenalp* (1891m); dann r. zwischen *Bellenhöchst* (2094m) und Sulegg hindurch, am ö. Abhang der letztern bis gegen die *Sulsalp* ($^3/_4$ St.) und in 1 St. zum Gipfel. Leichter ist die Besteigung von *Isenfluh* (s. unten), über *Gummenalp* und *Sulsalp* in $3^1/_2$ St. m. F. (10 fr.); auch als Abstieg zu empfehlen. — Von Saxeten über den *Tanzbödelipaß* und durch das *Suldthal* nach (6 St.) *Aeschi* s. S. 174 (lohnend, Führer entbehrlich).

Auch die nachfolgend beschriebenen Ausflüge lassen sich zum großen Theil so einrichten, daß Interlaken das Hauptquartier bleibt.

## 45. Von Interlaken nach Lauterbrunnen.

*Vergl. Karten S. 142 u. 156.*

$12_{,3}$km. EISENBAHN von *Interlaken-Zollhaus* (S. 145) nach Lauterbrunnen in 42 Min. für 3 fr. 25, 1 fr. 95 c., hin u. zurück 5 fr. 20, 3 fr. 15 c.; von Interlaken nach Lauterbrunnen und von Grindelwald nach Interlaken zurück (Rundfahrt) 7 fr. 50 oder 4 fr. 50 c.; von Interlaken nach Lauterbrunnen-Zweilütschinen-Grindelwald-Interlaken 10 oder 6 fr. — Die im J. 1890 eröffneten BERNER OBERLAND-BAHNEN von Interlaken nach Lauterbrunnen und Grindelwald sind Adhäsionsbahnen (Maximalsteigung $50^0/_{00}$) mit kurzen Zahnradstrecken (Maximalsteigung $120^0/_{00}$). Die Zahnstangenrampen liegen auf der Strecke Zweilütschinen-Lauterbrunnen am Sausbach (900m lang) und vor Lauterbrunnen (500m); auf der Strecke Zweilütschinen-Grindelwald am Stalden vor Burglauenen (1770m) und vor Grindelwald (1300m). — WAGEN von Interlaken nach Lauterbrunnen (bei schönem Wetter der Eisenbahn vorzuziehen) und zurück bei 2stünd. Aufenthalt einsp. 9, zweisp. 15 fr., Trümmelbach 12 u. 22, Stechelberg 14 u. 27 fr.

Die Bahn zweigt bei Stat. *Zollhaus* (568m; S. 145) von der Bahn nach Bönigen r. ab (Wagenwechsel) und wendet sich in großer Kurve durch obstreiches Gelände nach ($3_{,2}$km) *Wilderswyl-Gsteig* (587m); r. das Dorf *Wilderswyl* (S. 144) am Fuß des *Abendbergs* (S. 148); l. die Kirche von *Gsteig* (auf die *Scheinige Platte* s. S. 147), weiter das freundliche Dorf *Gsteigwyler* (S. 147). Das Thal verengt sich; die Bahn überschreitet die *Lütschine* und steigt allmählich an der östl. Thalwand, zum Theil durch Wald; r. im Grund die Lütschine, jenseits die Landstraße. R. steigt die *Rothenfluh* steil empor, dahinter die Sulegg (s. oben); l. im Vorblick die Hunnenfluh und der Männlichen (S. 160), daneben Mönch und Jungfrau. Dann über die von Grindelwald kommende *Schwarze Lütschine* unmittelbar vor ihrer Vereinigung mit der *Weißen Lütschine* nach ($8_{,2}$km) **Zweilütschinen** (655m; *Bär*), Knotenpunkt der Bahn nach *Grindelwald* (S. 155; Wagenwechsel für Lauterbrunnen). L. im Hintergrunde des Lütschenthals taucht das schöngeformte Wetterhorn auf.

Von Zweilütschinen lohnender Ausflug nach ($1\frac{1}{4}$ St.) **Isenfluh** (1098m; **Pens. Isenfluh*, 5 fr.), Reitweg, nach 10 Min. (Handweiser) von der Straße nach Lauterbrunnen r. ab an der w. Bergwand steil empor, von 3 U. Nm. an schattig (ein zweiter Weg führt der *Hunnenfluh*, s. oben, gegenüber am *Sausbach* hinauf, ein dritter von Lauterbrunnen gegenüber dem Hôt. Steinbock). Von Isenfluh prächtige *Aussicht auf die Jungfrau. Vollständiger wird sie auf dem Wege von Isenfluh nach Mürren ($3\frac{1}{4}$ St., F. für nicht ganz Ungeübte entbehrlich, von Zweilütschinen bis Mürren 7 fr.). Am obern Ende des Dorfs ($\frac{1}{4}$ St.) l. ab, bis zum *Sausbach* (1540m) $\frac{3}{4}$ St. Steigens, dann noch 25 Min. steil bergan zur *Flöschwaldweid* (1710m), hier l. zu den Hütten von *Alpligen* (1766m), dann bergab, stets mit schöner Aussicht auf die Jungfrau und ihre Nachbarn, über die *Pletschen-Alpen*, den *Pletschbach* und *Spißbach* überschreitend, zuletzt auf den ($1\frac{1}{4}$ St.) Lauterbrunner Weg und nach (35 Min.) *Mürren* (S. 151). — Auf die *Sulegg* (2412m), $3\frac{1}{2}$ St., s. S. 149.

Oberhalb Zweilütschinen, bei der einem riesenhaften runden Thurm ähnlichen *Hunnenfluh*, beginnt das ***Lauterbrunnen-Thal**, mit steilen 300-500m h. Kalkfelswänden, so benannt von den zahlreichen kleinen Bächen, die sich von den Felsabhängen ergießen, oder von den vielen Quellen, die im Sommer am Fuß der Felswände hervortreten. Die Bahn tritt auf das l. Ufer der Weißen Lütschine und steigt in waldigem Thal dicht neben der Landstraße, den *Sausbach* überschreitend, mittels zweier Zahnstangenrampen (s. oben) nach (12km) *Lauterbrunnen;* der Bahnhof (799m) ist beim Hôt. Steinbock; r. 3 Min. oberhalb der Bahnhof der Drahtseilbahn nach Mürren (S. 151).

**Lauterbrunnen.** — Gasth.: *H. Steinbock, Z. L. B. $3\frac{1}{2}$-4, F. $1\frac{1}{2}$, M. $3\frac{1}{2}$-4 fr.; *H. Staubbach, mit Aussicht auf den Staubbach, Z. L. B. 3-4, M. 4 fr.; *H.-P. Trümmelbach, beim Trümmelbachfall (s. unten). — Führer: *Christ.*, *Joh.*, *Ulrich* u. *Peter Lauener*, *Heinr.* u. *Fritz v. Almen*, *Fritz Graf* Vater u. Sohn, *Friedr. Fuchs*, *Ulrich Brunner*, *Fritz Schlunegger* u. a.

*Lauterbrunnen* (806m), 20 Min. langes Dorf mit zerstreuten Häusern, liegt auf beiden Seiten der Lütschine, in einem kaum $\frac{1}{4}$ St. breiten Kalkfelsenthal, dessen Sohle die Sonne im Juli nicht vor 7, im Winter nicht vor 12 Uhr bescheint. Die weiße Gebirgsmasse l. über dem vorliegenden Berge ist die Jungfrau, r. das Breithorn.

An zwanzig kleine Bäche fallen in der nächsten Umgebung von den steilen Felswänden. Der bekannteste ist der ***Staubbach**, 5 Min. südl. vom Hôt. Staubbach. Die verhältnismäßig geringe, in trocknen Sommern bis zur Enttäuschung unscheinbare Wassermasse fällt von einer 300m h. Felswand herab, deren oberer Rand über den Fuß hinausragt, sodaß der Wind das Wasser sogleich erfaßt, es zum Theil in Staub verwandelt, ehe es den Boden erreicht, und Wiesen und Bäume weit im Umkreis wie mit Thau benetzt. Im Sonnenschein (Vorm.) gleicht der Fall einem prachtvollen durchsichtigen Schleier, der von der Höhe bis zum Boden herabwallt und durch den Luftzug einen stets wechselnden Faltenwurf annimmt; auch bei Mondschein zeigt er sich in seiner vollen Schönheit. Bester Standpunkt oben auf der Matte unmittelbar vor dem Fall, l. von dem durch eine Fahne bezeichneten Ruheplatz (20 c.).

Großartiger als der Staubbach ist der ***Trümmelbachfall** (zu Fuß $1\frac{1}{4}$ St. hin u. zurück, Einsp. incl. Wartezeit 4 fr.). Man folgt dem Fahrweg nach Stechelberg (S. 154) am r. Ufer der Lütschine bis zum ($^1/_2$ St.) **H.-P. Trümmelbach*, in reizender Lage (Pens. 7 fr.); hier l. ab zum (7 Min.) Eingang der engen, durch Treppen u. Geländer zugänglich gemachten Schlucht, durch die der *Trümmelbach* (der Abfluß der Gletscher der Jungfrau, S. 157) in starkem vollem Strom in einen runden Felsenkessel hinabstürzt (Zutr. 50 c.). Bei Sonnenschein bilden sich drei Regenbogen, einer über, einer vor und einer unter dem Beschauer: ein prächtiges Bild. Seit 1890 sind auch zwei höher gelegene Punkte der großartigen Trümmelbachschlucht zugänglich gemacht (besuchenswerth).

## 46. Das obere Lauterbrunnen-Thal. Mürren. Schmadribach.

*Vergl. Karten S. 142 u. 156.*

Eisenbahn (Drahtseil- und elektrische Bahn, 1891 eröffnet) von Lauterbrunnen nach Mürren in 45 Min.; Fahrpreis 3 fr. 75 c., hin und zurück 6 fr. — Entfernungen zu Fuß: von Lauterbrunnen nach Mürren $2^1/_2$ St., Trachsellauenen 2 St., Schmadrifall hin und zurück 2 St. (Mürren-Obere Steinbergalp-Trachsellauenen $4^1/_2$ St.), Lauterbrunnen $2^1/_2$ St. — Der Ausflug von Lauterbrunnen nach **Mürren* und von da in das obere Lauterbrunnenthal (*Schmadrifall, Obere Steinbergalp*) ist nicht genug zu empfehlen (mit Benutzung der Bergbahn bis Mürren bequeme Tagestour). Die Aussichten von Mürren und von der Obern Steinbergalp gehören zu den schönsten und großartigsten der Schweiz.

Die Station der Drahtseilbahn ist 3 Min. vom Bahnhof der Berner Oberland-Bahnen (S. 150), oberhalb der Landstraße. Die Bahn steigt schnurgerade bergan (Steigung 42-60‰) über Matten und durch Wald bis zur obern Endstation auf der *Alp Grütsch* (1490m); hier Wagenwechsel für die elektrische Bahn, welche stets oben am Abhang entlang, den *Pletsch-* oder *Staubbach*, weiter den *Spißbach* und *Mürrenbach* überschreitend, nach ($4{,}_3$km) *Mürren* führt. L. entfaltet sich schon vor der Alp Grütsch eine der prachtvollsten **Aussichten auf ein großartiges Gebirgs- und Gletscher-Halbrund, auf Eiger und Mönch, die Jungfrau mit ihrem glänzenden Schneehorn und Silberhorn, die gewaltigen schroffen Felswände des Schwarzen Mönchs (des Fußes der Jungfrau), die Mauer der Ebnen Fluh mit der kegelförmigen Spitze am l. Ende und dem fleckenlosen Schneekleid, auf Mittaghorn, Großhorn, Breithorn, dem der Schmadribach entströmt, Tschingelhorn, Tschingelgrat und Gspaltenhorn. Die Aussicht ist weit großartiger, als von der Wengernalp, obwohl ein so einzig schöner Blick, wie von dieser, auf die Jungfrau fehlt.

Der Reitweg von Lauterbrunnen nach Mürren ($2^1/_2$ St.), nach Regenwetter sehr schmutzig, steigt 2 Min. vom Steinbock r. steil an und überschreitet zweimal den *Greifenbach*. Hinter der zweiten Brücke (20 Min.) durch Wald hinan, über das *Fluhbächli*, den (20 Min.) *Lauibach* (hübscher Fall) und das *Herrenbächli* zur (25 Min.) Brücke über den wasserarmen *Pletschbach* oder *Staubbach* (1230m; Erfr.). Nach 5 Min. öffnet sich in dem stark gelichteten Walde ein prächtiger Blick auf Jungfrau, Mönch und Eiger, die man nun stets im Auge behält. Weiterhin führt der Weg bei einer ($^1/_4$ St.) Säge (1500m) über drei Arme des *Spißbachs*. Nach 25 Min. ist die Höhe erreicht (*Aussicht vgl. oben); nun an der Bahn entlang auf ebenem Wege nach ($^1/_2$ St.) *Mürren*.

**Mürren** (1636m; **Gr.-H. Kurhaus Mürren*, Z. L. B. 5-6, F. $1^1/_2$, Lunch 3, M. 5, Pens. m. Z. im Juli u. Aug. 10-14, vor- und nachher 9-12 fr.; **Gr.-H. des Alpes*, ähnl. Preise; *H. Jungfrau*, Z. $2^1/_2$, Pens. 7 fr.,

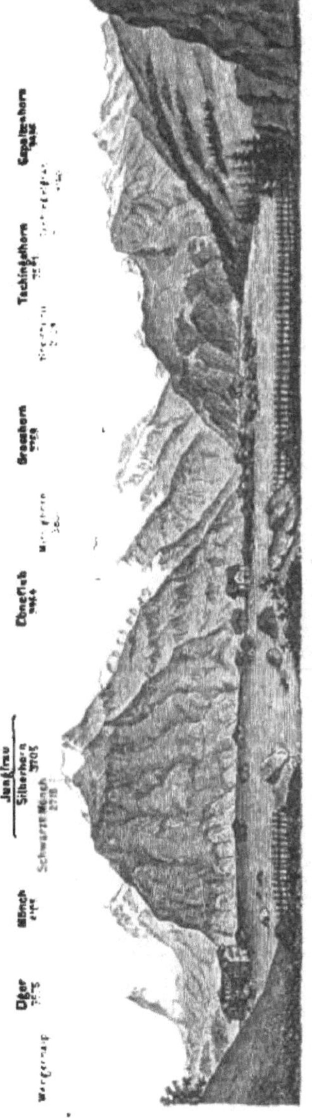

Alpenaussicht von Mürren.

wird gelobt), herrlich gelegenes Bergdorf, wird als Luftkurort viel besucht. Man sieht hier ganz l. auch noch das Wetterhorn, und ganz r. die Sefinen-Furgge (S. 154).

Noch umfassender ist die Aussicht vom *Allmendhubel* (1938m; $^3/_4$ St.), der w. das Dorf überragenden Anhöhe, und von der *obern Winteregg* (1749m, $^1/_2$ St.). Der Weg zu letzterer zweigt von dem Wege nach Lauterbrunnen hinter der Brücke über den *Egertenbach*, 10 Min. vom Hôt. Mürren, l. ab (Handweiser) und steigt durch Wald zur Alp; bester Standpunkt bei der obern Alphütte (r.); die Kuppe l. hinanzusteigen lohnt nicht.

***Schilthorn** (2971m), $3^1/_2$-4 St. (F. 8 fr.), sehr lohnend. Der Weg steigt über Matten zu den Hütten von *Allmend* (r. der Allmendhubel, s. ob.) und biegt weiter aufwärts in das einförmige *Engethal* ein, das in einer Felsmulde am Fuß des Schilthorns ausläuft (bis hierhin, $2^1/_2$ St. von Mürren, kann man reiten, Pferd 12 fr.). Nun steiler, über Schnee, Geröll u. Fels, an dem Denkmal der 1865 vom Blitz erschlagenen Mrs. Arbuthnot vorbei, auf den Grat zwischen *Kl.* und *Gr. Schilthorn* und ohne Schwierigkeit auf die abgestumpfte Spitze (1 St.). Die Jungfrau stellt sich von hier als die ihre Nachbarn weit überragende Königin der Berge am schönsten dar; zugleich umfassende Rundsicht über die ganze Kette der Berner Alpen (s.w. ganz nah die Blümlisalp) und die Nord-Schweiz (Rigi, Pilatus etc.). Panorama von Imfeld. Der Montblanc ist vom Gipfel nicht sichtbar, wohl aber von dem Grat, c. 2-300m w. und etwas unterhalb des Gipfels. — Der Rückweg durch das großartige *Sefinenthal* (S. 153), über die *Sefinenalp* und die *Teufelsbrücke* (reizender Punkt über Gimmelwald), ist $1^1/_2$ St. weiter, aber ungleich lohnender (Damen nicht anzurathen). Kürzer ist der Abstieg am *Grauen Seeli* vorbei, an den *Schiltflühen* steil hinab (Führer rathsam), später schöner Weg durch die üppigen Matten der *Schiltalp*, stets mit prächtiger Aussicht auf Jungfrau etc. Man kann auch (interessant u. lohnend, Führer rathsam) über den *Rothen Herd* und das *Telli* (Sattel zwischen Gr. Hundshorn und Wild-Andrist) zu den *Dürrenberg-Hütten* im *Kienthal* absteigen (s. S. 154, 175).

Von Mürren l. bergab; 10 Min. Brücke über den *Mürrenbach*; 25 Min. **Gimmelwald** (1386m; **H.-P. Schilthorn*, Pens. 5-6 fr.), am Rande des von den Felswänden des Büttlassen, Gspaltenhorns und Tschingelgrats umschlossenen *Sefinenthals* reizend gelegen.

**Ins Sefinenthal** lohnender Spaziergang (bis zum Gspaltengletscher u. zurück 3 St., Führer unnöthig). Von Pens. Schilthorn w. über den (5 Min.) *Schiltbach*, dann auf der l. Seite des Sefinenthals auf reizendem Wege hinan (prächtiger Rückblick auf die Jungfrau), nach 3/4 St. l. über die Brücke und durch Tannengehölz, zuletzt über Geröll in großartigem Thalkessel (zahlreiche Wasserfälle) zum (3/4 St.) *Gspaltenhorn-* oder *Kirchspaltgletscher*, am Fuß des Gspaltenhorns. Auf dem gleichen Wege zurück.

15 Min. Brücke über die *Sefinen-Lütschine*, hier 3 Min. bergan, dann abwärts; nach 10 Min. l. der schöne **Sefinenfall*. 2 Min. weiter, jenseit eines r. herabkommenden Bachs theilt sich der Weg: l. steil abwärts nach (1/4 St.) *Stechelberg* (s. unten); r. (Handweiser) nach (50 Min.) **Trachsellauenen** (1263m; *H. Schmadribach*, ordentlich, Z. u. L. 3 1/2, F. 1 1/2, Pens. 5 fr.), einer Hüttengruppe am l. Ufer der *Weißen Lütschine*. Der Weg (nicht zu fehlen, mehrfach Handweiser) führt immer auf dem l. Ufer fort, an einer alten (10 Min.) Schmelzhütte vorbei, erst r., dann l. um die vorliegende Felsmasse, den *Nadla* hinan (oben Aussicht auf den Fall); 1/2 St. Alp *Unter-Steinberg* (1365m), hier l. um die Alphütten herum, über den *Thalbach* (zwei Brücken), am r. Ufer die Matte hinan, an einem Wassersturz vorbei; dann die *Holdri* hinan, zur (1/2 St.) *Läger-Sennhütte*, im Angesicht des prachtvollen ***Schmadribach-Falls.** Weiter aufwärts pflegt ein Steg über das Gletscherwasser zu liegen, den man überschreiten muß, um dem Fall ganz nah zu kommen; viel gewonnen wird dadurch nicht, wohl aber 1 St. Zeit verloren. — Vom **Obern Steinberg** (1769m), dessen Hütten man r. hoch oben auf der Matte sieht (1 1/2 St. Steigens von Trachsellauenen, F. entbehrlich), ist die *Aussicht auf den imposanten Berg- und Gletscherkranz, der das obere Lauterbrunnenthal umgiebt (S. 151), noch weit großartiger; r. ganz nahe der Tschingelgletscher, gegenüber der Schmadrifall, den man von hier gut übersieht. Oben das kl. Gasth. *Chalet Steinberg* bei Abbühl (wird gelobt) und 20 Min. weiter neben der Steinberg-Sennhütte ein zweites kl. *Whs.* (nicht billig).

Vom Obern Steinberg sehr lohnender Spaziergang auf steinigem Wege (Knabe zum Wegweisen 1 1/2-2 fr.) am *Tschingelgletscher* entlang über die *Oberhornalp* zum (1 1/2 St.) prächtig blauen ***Oberhornsee** (2080m), in der Felsmulde zwischen Tschingel- u. Breithorngletscher höchst malerisch gelegen.

Von Mürren zum Obern Steinberg direkt (3 St., F. 7 fr.) geht man vom Wege nach Trachsellauenen bei der Wegscheidung nach Stechelberg (1 St. von Mürren, s. oben) r. ab, nach 20 Min. nochmals r.; bei dem (20 Min.) verlassenen Stollen r. im Zickzack hinan (gute Quelle); 25 Min. Viehstall, dann quer durch eine jäh zum Thalboden abstürzende Schlucht; jenseits Gatter, Beginn der obern Steinbergalp; 40 Min. *Whs.* (s. oben). Hinab über Matten, dann durch Wald (*Wilde Eck*), weiter durch eine enge Schlucht, steil u. steinig, unter zwei Holzriesen hindurch, zu den (1 St.) Sennhütten von *Unter-Steinberg* (s. oben).

Rückweg von Trachsellauenen nach Lauterbrunnen 2 St. Bei (25 Min.) *Sichellauenen* (999m) über die *Lütschine*, die hier in wildem

Fall und mit gewaltigem Getöse in ihrem felsigen Bett sich hinabwälzt; weiter auf dem dicht an der Lütschine entlang führenden, untern Weg; 15 Min. *Stechelberg* (922m; Whs. v. Allmen), in reizender Lage; nun Fahrweg, in der Thalsohle weiter; bei (1/4 St.) *Matten* l. der hübsche Fall des *Mürrenbachs*. Bei der (1/4 St.) *Dornigen Brücke* theilt sich der Weg, hier r.; 10 Min. Wasserfall des *Rosenbachs*, aus der Felswand hervorquillend, im Winter versiegend; 10 Min. **H.-P. Trümmelbach*, in schöner Lage (7 Min. r. der Trümmelbachfall, S. 150); 25 Min. *Lauterbrunnen* (S. 150).

**Pässe** (vgl. Karte S. 174). **Von Lauterbrunnen ins Kienthal über die Sefinenfurgge** (10-11 St. bis Reichenbach), nicht schwierig und im ganzen lohnend (F. 25 fr.). Von (2½ St.) *Mürren* (s. oben) s.w. hinan über Alp *Boganggen* zur (3 St.) **Sefinen-Furgge** (2616m), zwischen *Hundsfluh* (285?m) und *Büttlassen* (S. 175; der Weg über Gimmelwald und durch das Sefinenthal ist bequemer, aber 1 St. weiter). Hinab, mit schönem Blick auf Wilde Frau und Blümlisalp, an den *Dürrenberg-* (1995m) und *Steinenberg-Hütten* (1480m; Nachtlager) vorbei zu den Hütten von *Gorneren*, dann den *Bärenpfad* hinab zur (2 St.) *Alp Tschingel* (1153m) und im *Kienthal* (s. S. 175) abwärts nach (2½ St.) *Reichenbach* (S. 174). — Von der Steinenberg-Alp über die *Gamchilücke* zum *Tschingelfirn* s. S. 175.

**Von Lauterbrunnen nach Kandersteg über die Sefinenfurgge und das Hohthürli** (14 St.), langer und anstrengender Tagesmarsch, nur mit Führer (30 fr.; zur Noth kann man in den Dürrenberghütten oder der Frauenbalmhütte übernachten). Ueber die *Sefinenfurgge* ins *Kienthal* s. oben. Vor der *Steinenberg-Alp* l. hinab über den *Pochtenbach* (Ausfluß des *Gamchigletschers*, S. 175), hinan zur *Untern* und *Obern Bundalp* und über Matten, Geröll und Schnee zum (4½ St. von der Furgge) **Hohthürli-** oder **Dünden-Paß** (2707m), einer Einsattelung des *Oeschinen-Grats* zwischen *Schwarzhorn* (2788m) und *Wilder Frau* (3259m), mit prachtvoller Aussicht auf Blümlisalp, Doldenhorn etc. (l. vom Joch die *Clubhütte* an der *Frauenbalm*, S. 176). Hinab über Geröll und an den Felsbändern des *Schafbergs* (l. ganz nahe der *Blümlisalp-Gletscher*) zur *Obern Oeschinen-Alp* (1972m), dann steil auf einer Felstreppe zur *Untern Oeschinen-Alp* und um den NW.-Rand des *Oeschinen-Sees* (S. 176) herum nach (4 St.) *Kandersteg* (S. 175). — Weit großartiger und kaum viel beschwerlicher ist der *Tschingelpaß* (s. unten).

***Von Lauterbrunnen nach Kandersteg über den Tschingelpaß** (14 St., davon 6-7 über Schnee u. Eis), anstrengend, aber für leidliche Bergsteiger nicht schwierig (F. 30, Träger 25 fr.). Übernachten in *Trachsellauenen* oder am *Obern Steinberg* (S. 153). Von hier an der w. Thalwand zum (3/4 St.) *Tschingelgletscher;* über denselben und die linke Seitenmoräne mühsam zum (1/2 St.) Fuß der w. Felsen und an diesen anfangs steil empor (eine c. 4m h. fast senkrechte Stelle heißt der *Tschingeltritt*, 2272m), weiter oben (40 Min.) bequemer über Rasen (gewöhnlich erster Ruhepunkt, wundervolle Aussicht). Dann wieder über Geröll in 1/2 St. zum obern *Tschingelfirn*, einem unabsehbaren Schneefeld; man folgt 20 Min. lang der l. Seitenmoräne und betritt dann den Firn, wo das Seil angelegt wird. Nach 1¾ St. allmählichen Steigens ist der **Tschingelpaß** (2824m) erreicht, wo sich der Blick auf die Berge des Gasternthals öffnet; rückwärts höchst imposant die Jungfrau und ihre südl. Nachbarn, l. der Eiger. R. bleibt das zerklüftete *Gspaltenhorn* (S. 175) und die *Gamchilücke* (Paß nach dem Kienthal, S. 175), die mit 1 St. Mehraufwand besucht werden kann, mit überraschender Aussicht in das Kienthal, auf den Niesen und die Berner Ebene; l. vom Tschingelpaß das *Mutthorn* (3041m). Allmählich hinab über gut gangbare Firnfelder (die w. Absenkung des Gletschers, r. von den Felsmauern der Blümlisalp und des Fründenhorns, l. vom Petersgrat begrenzt, heißt *Kanderfirn*), bis man nach 1¼ St. die l. Seitenmoräne betritt. Nun über Geröll und Rasen steil hinab ins *Gasternthal* (von einem Vorsprung schöner Blick r. auf den prachtvollen Absturz des Kandergletschers), dann mühsam längere Zeit über den schmalen Rand der kolossalen alten Moräne, die r. 50-60m tief zu dem frühern Bett des Gletschers abstürzt; 1$^{1}/_{2}$ St. Brücke über die *Kander;* 6 Min. weiter die erste Hütte (Kaffee und Milch zu haben, auch Nachtlager für 2 Pers.); 15 Min. *Selden;* 2 St. *Kandersteg* (S. 175).

*Von Lauterbrunnen über den Petersgrat ins Lötschenthal (10-11 St. von Trachsellauenen bis Ried), beschwerlich aber großartig (F. 40 fr.). Von Trachsellauenen bis zum (3$^{1}/_{2}$-4 St.) obern Tschingelfirn s. oben; gleich beim Betreten desselben l. halten, zwischen *Mutthorn* und *Tschingelhorn* hindurch zum (3 St.) **Petersgrat** (3205m), einem hohen Firnrücken mit prächtiger Aussicht auf die Walliser Alpen. Steil hinab über Firn, Felshänge und Rasen entweder durchs *Aeußere Faffer-Thal* zur *Faffer-Alp* (10 Min. unterhalb der Alp Gletscherstaffel, S. 298), oder durchs *Tellithal* nach *Blatten* und (3$^{1}/_{2}$ St.) *Ried* (S. 181). — **Wetterlücke** (3159m), zwischen Tschingelhorn und Breithorn, und **Schmadrijoch** 3311m), zwischen Breithorn und Großhorn, beide schwierig (F. 45 fr.).

Von Lauterbrunnen zum Eggishorn über das **Lauinenthor** (3700m), sehr schwierige und gefährliche Tour (18 St., mit Uebernachten in der Roththalhütte, F. 100 fr.), durch das furchtbar wilde *Roththal* über den gewaltigen Felssattel, der sich von der *Jungfrau* (4167m) zum *Gletscherhorn* (3982m) hinzieht, hinab über den *Kranzberg-Firn* und *Großen Aletschgletscher* zur *Concordiahütte* u. dem *Hôt. Eggishorn* (S. 297). — **Roththalsattel** (3850m), dicht bei der Jungfrau (vgl. S. 157), gleichfalls äußerst schwierig und gefährlich (19-20 St. zum Eggishorn). — **Ebnefluhjoch** (3750m) zwischen *Ebner Fluh* und *Mittaghorn*, sehr beschwerlich, doch für geübte Gletschermänner ohne Gefahr (15-16 St., F. 80 fr.). — Der Besuch der *Roththal-Clubhütte* (2764m; 6 St. von Lauterbrunnen, über die *Stufensteinalp*) ist auch an sich lohnend (hin u. zurück für rüstige Berggänger eine starke Tagestour; F. 15 fr.)

## 47. Von Interlaken nach Grindelwald. Wengernalp.

19,3km. EISENBAHN (vgl. S. 149) in 1 St. 12 Min. für 5 fr. oder 3 fr., hin u. zurück 8 fr. oder 4 fr. 80 c. Schöner und nicht viel theurer ist die Fahrt in offnem WAGEN (s. unten). FUSSGÄNGER sollten aber unter allen Umständen bei gutem Wetter den Weg über die **Wengernalp* vorziehen (Saumweg, von Lauterbrunnen bis Grindelwald 6$^{1}/_{4}$ St.: bis zur Wengernalp 3, Kleine Scheidegg $^{3}/_{4}$, Grindelwald 2$^{1}/_{2}$ St.; in umgekehrter Richtung: Grindelwald-Scheidegg 3$^{1}/_{2}$, Wengernalp $^{1}/_{2}$, Lauterbrunnen 2 St.); er gehört zu den lohnendsten und am meisten betretenen der Schweiz (Eisenbahn wird gebaut).

WAGEN von Interlaken nach Grindelwald u. zurück in 1 Tag einsp. 13, zweisp. 25, in 2 Tagen 28 u. 45 fr.; nach Lauterbrunnen und Grindelwald über die Wengernalp, wobei die Pferde zum Reiten benutzt werden, für 1 Tag 28 oder 50, für 2 Tage 35 oder 60 fr. und 6 fr. für Wagentransport; nach Lauterbrunnen auf die Wengernalp und am gleichen Tage nach Interlaken zurück 18 u. 35, am andern Morgen zurück 25 u. 45 fr.; nach Lauterbrunnen, Mürren, Wengernalp, Grindelwald und zurück für 3 Tage 40 und 75 fr.

PFERD von Lauterbrunnen über die Wengernalp nach Grindelwald oder umgekehrt 20 fr., bis zur Wengernalp und zurück 12 fr., Kl. Scheidegg 14 fr. Aufwärts kann man sowohl von Lauterbrunnen wie von Grindelwald ganz reiten, bergab ist vorzuziehen sowohl den steinigen steilen Abhang bei Grindelwald, wie den letzten sehr steilen Stieg ins Lauterbrunnen-Thal zu Fuß zu gehen (müde Wanderer können sich von Wengen nach Lauterbrunnen im Schlitten hinabfahren lassen; 3 fr., in den Pensionen zu erfragen). — Führer (11 fr.) unnöthig. Tragsessel in Lauterbrunnen wie in Grindelwald zu haben.

a. Eisenbahnfahrt. Von Interlaken bis (8,2km) *Zweilütschinen* (655m) s. S. 149. Die Bahn nach Grindelwald zweigt von der nach Lauterbrunnen l. ab und nähert sich, an dem Dörfchen *Gündlischwand* vorbei, der *Schwarzen Lütschine*, an deren l. Ufer sie durch einen Tunnel und eine Lawinengallerie in dem schönbewaldeten, von zahlreichen Bauernhöfen belebten **Lütschenthal** aufwärts führt; am andern Ufer die Landstraße, darüber die Abhänge der Scheinigen Platte (S. 147). Jenseit der Haltstelle (12,3km) *Lütschenthal* (718m) tritt die Bahn auf das r. Ufer der Lütschine und steigt auf 1770m l. Zahnstangenrampe ($120^0/_{00}$) den *Stalden* hinan zur (14,4km) Stat. *Burglauenen* (889m); vorn erscheint das Wetterhorn und der Berglistock. Weiter durch die Thalenge der *Ortweid;* dann öffnet sich plötzlich das herrliche Grindelwaldthal: r. der gewaltige Eiger, daneben die Jungfrau mit dem Schneehorn und Silberhorn; im Mittelgrunde neben dem Mettenberg die Schreckhörner, weiter Finsteraarhorn und Gr. Fiescherhorn; l. das schöngeformte Wetterhorn. Zuletzt nochmals eine 1300m l. Zahnradstrecke hinan nach (19,3km) *Grindelwald* (S. 158); der Bahnhof (1037m) liegt am W.-Ende des Orts, 5 Min. vom Hôt. Bären.

b. Von Lauterbrunnen nach Grindelwald über die Wengernalp. Vom Bahnhof beim Hôt. Steinbock vorbei l. hinab über die *Lütschine* und geradeaus bergan, wo bald der vom Hôt. Staubbach kommende Weg einmündet; nach ³/₄ St. steilen Steigens ein Pavillon auf vorspringender Felsecke, mit prächtigem Blick in das Lauterbrunnen-Thal, daneben das kl. **H.-P. Silberhorn* bei Ulr. Linder (Z. 1-2, Pens. 4-6 fr.). 20 Min. weiter ein Handweiser, wo r. der Weg zur (¹/₄ St.) **Pens. Wengen* abgeht (Besitzer Ulr. Lauener, 5-5¹/₂ fr.); hier l. zum (8 Min.) **H.-P. Mittaghorn;* 3 Min. weiter **Pens. Alpenrose* (gleicher Besitzer; 5-6 fr.), daneben das Schulhaus. Nun durch baumreiche Matten des Dorfes **Wengen** (1319m) geradeaus hinauf in der Richtung des steil abstürzenden *Tschuggen* (S. 158); am Fuß desselben (¹/₂ St.) bei einer Cantine wendet der Weg sich r. (beim Abstieg aufpassen!) und führt an einer zweiten Cantine (berühmtes Echo) vorbei unter den Wänden des *Lauberhorns* hin, bald durch Fichtenwald (mehrfach sumpfige Stellen). Beim Austritt aus dem Walde (40 Min.) hinter dem ersten Gatter nicht auf dem breiten Wege gerade fort (nach der Mettlenalp, s. S. 157), sondern l. bergan über eine anfangs steil abfallende grüne Matte, die ***Wengernalp**, zum (³/₄ St.) **Hôt. Jungfrau* (1885m; Z. L. B. 4-5, F. 2, M. 4 fr., Telephon nach Lauterbrunnen und der Scheidegg; Holzschnitzarbeiten von A. Zurflüh). Nach W. hübsche Aussicht in das Lauterbrunnen-Thal; der Staubbach erscheint von hier wie ein Zwirnfaden, man sieht den obern Fall und die Windungen des Baches, bevor er den letzten Sturz macht (S. 150); hoch oben die großen Hotels in Mürren (S. 151).

Die ***Jungfrau** (4167m), die „seit Ewigkeit verschleierte“, erscheint hier mit ihrem (r.) *Silberhorn* (3705m) und (l.) *Schneehorn* (3415m) und ihren unermeßlichen Schneefeldern in ihrer ganzen Klarheit und Herrlichkeit. Ihre Verhältnisse sind so riesenhaft, dass alles Augenmaß täuscht und sie dem Beschauer fast auf Schußweite nahe zu sein scheint. Die höchste Spitze ist von hier, wie von Lauterbrunnen aus, nicht sichtbar, da sie etwas nach S. zurücktritt; der Fuß, soweit er hier sichtbar wird, fällt steil ab.

**Lauinen.** An dieser Stelle sieht man häufig Schneefälle, uneigentlich Lauinen genannt, am meisten etwas nach Mittag, wenn die Sonnenstrahlen auf

Meiringen
Engelhorn
Grünbergli
Ewigschneehorn
Unteraar-Gl.
Oberaar - Gl.
Wagner & Debes Leipzig

den Schnee erweichend wirken und einzelne Theile sich ablösen und im Fallen größere Massen mit sich fortreißen. Die Aufmerksamkeit wird zuerst durch ein entferntes Getöse, dem Rollen des Donners nicht unähnlich, gespannt; nach $^1/_2$ Min. sieht man in einer der Schluchten am obern Abhang des Gebirges Schneestaub gleich einem Wasserfall herabrieseln, dann verschwindet er in einer Bergspalte, um einige 100 Fuß tiefer wieder in derselben Weise zu erscheinen. Dann neues Krachen und ein neuer Schneefall, bis die von den Sonnenstrahlen abgelöste Eismasse endlich unten die Schlucht erreicht hat. Das Krachen abgerechnet, welches die auf den Hochalpen gewöhnlich herrschende tiefe Stille mahnend unterbricht, haben diese Schneefälle, im Gegensatz zu den gewaltigen *Grund-Lauinen* des Frühlings und Frühsommers, deren Schneemassen man häufig in den Thälern und Schluchten noch tief im Sommer liegen sieht, durchaus nichts Großartiges, und nicht selten fühlt der Beschauer, der von der bergeversetzenden Kraft der Lauinen gelesen, sich hier gewaltig enttäuscht, und weiß sich nicht zu erklären, daß das, was hier zur Erscheinung kommt, ein solches Getöse verursachen kann. Er möge aber bedenken, daß die fallenden Eismassen, welche nur wie rieselnder Schnee erscheinen, häufig viele hundert Centner schwer sind, und daher auch im Stande wären, Häuser und Wälder zu zertrümmern, wenn diese im Wege ständen. — Zu Anfang des Sommers sieht man solcher Schneefälle leicht 3-4 in einer Stunde. Sie finden ihr Ziel im *Trümleten-Thal*, der tiefen unbewohnten Schlucht, welche die Jungfrau von der Wengernalp trennt, und lösen sich im Sommer zum Theil in Wasser auf, welches oberhalb Lauterbrunnen sich in die Lütschine ergießt (S. 151).

Seit dem 3. Aug. 1811, wo die **Jungfrau** (4167m) zuerst (von *Rud.* und *Heinr. Meyer* aus Aarau) erstiegen wurde, hatte sich dies Ereignis bis 1856 nur 5mal wiederholt; neuerdings wird die Besteigung häufig ausgeführt (für erprobte Bergsteiger gefahrlos, aber sehr anstrengend; Führer 80, mit Abstieg zum Eggishorn 100 fr., Träger 60 bez. 80 fr.). Durch die *Berglihütte* (S. 161) ist die Besteigung von Grindelwald aus sehr erleichtert: bis zur Hütte (übernachten) $6^1/_2$-7 St., von da über *Mönchjoch* und *Jungfraufirn* zum *Roththalsattel* 4-$4^1/_2$ St., Spitze $1^1/_4$ St. Bei Besteigungen vom Eggishorn-Hôtel übernachtet man in der *Concordiahütte* (2870m), 5 St. vom Hôtel (s. S. 208); von da in 6-7 St. zur Spitze. Besteigung von Lauterbrunnen aus über den *Roththalsattel* (S. 155) schwierig und gefährlich. Im J. 1885 wurde die Jungfrau von der *Roththalhütte* (S. 155) auf neuem Wege, das Roththal r. lassend, in $7^1/_2$ St. erstiegen (anstrengend, aber für schwindelfreie Steiger ohne Gefahr; F. 70, mit Abstieg zum Eggishorn 100 fr.). — Das **Silberhorn** (3705m) wurde 1863 von *E. v. Fellenberg* und *K. Bädeker* zuerst erstiegen (von der Wengern-Scheidegg über den *Eiger*-, *Guggi*- und *Gießen-Gletscher* in $12^1/_2$ St.); anstrengend und schwierig (F. 50 fr.). Erste Besteigung über den Westgrat durch *Seymour King* 1887.

Eine großartige Ansicht der Jungfrau bietet auch die **Mettlenalp** (1700m), auf der N.-Seite des Trümleten-Thals; bei der Wegtheilung $^3/_4$ St. vor der Wengernalp (s. oben) geradeaus, in $^3/_4$ St. zur Alp, wo man den Fuß der Jungfrau vollständig überblickt. Von der Mettlenalp entweder in $^3/_4$ St. hinauf zur Wengernalp, oder um das obere Ende des Trümleten-Thals herum zur (1 St.) *Biglenalp* mit dem *Kühlauenengletscher*; von hier zur Wengernalp $^3/_4$ St.

Etwas geübtern und schwindelfreien Bergsteigern ist der Besuch der **Guggi-Clubhütte** (2430m) am n.w. Fuß des *Mönch*, zwischen *Eiger*- und *Guggi-Gletscher* sehr zu empfehlen (3-4 St. von der Wengernalp oder Kl. Scheidegg, nur m. F., 5 fr.). Der Uebergang über den zerklüfteten Eigergletscher, der seit einigen Jahren stark vorgerückt ist und an seinem Ende ein prächtiges Eisthor mit hohem Wasserfall bildet, erfordert $1^1/_2$-2 St. (von der Mitte ab Stufenhauen nöthig); dann noch $1^1/_2$ St. steilen Steigens über Fels, Geröll und kl. Schneefelder zur Clubhütte, in großartiger Umgebung (*Jungfraujoch* s. S. 161). Steiler Abstieg über die Felsbänder unterhalb des Guggigletschers zum ($1^1/_2$ St.) obern Ende der *Bandlauinenwand* und an derselben ziemlich schwierig hinab zur (1 St.) *Biglenalp* (s. oben).

Nach 35 Min. allmählichen Steigens vom Jungfrau-Hôtel erreicht man die Höhe des Passes, die **Kleine** oder **Lauterbrunnen-**

oder **Wengern-Scheidegg** (2069m; **H.-P. Bellevue*, Z. L. B. 4-5, M. 4 fr.; Holzschnitzarbeiten von Jean Zurflüh). Die Aussicht von diesem nach beiden Seiten scharf abfallenden Grat überrascht. Das Thal von Grindelwald bis zur Großen Scheidegg liegt ausgebreitet da, n. von dem Gebirgskranz begrenzt, welcher es vom Brienzer See trennt (ganz l. der stumpfe Kegel des Faulhorns mit dem Whs.). Nach S. prächtiger Blick auf Eiger, Mönch und Jungfrau mit Silberhorn und Schneehorn.

Eine höchst lohnende Rundsicht gewährt das ***Lauberhorn** (2475m), ein aus dem Kamm, der sich von der Scheidegg n. zum Männlichen hinzieht, hervorragender Kegel, von dieser in 1, von der Wengernalp in $1^1/_2$ St. (bergab 1 St.) zu erreichen; besonders denen zu empfehlen, die am Faulhorn vorüber gegangen sind. Wer von Grindelwald kommt, macht somit nur einen Umweg von $1^1/_2$ St., wenn er von der Scheidegg über das Lauberhorn zum Jungfrau-Hôtel hinabsteigt. Führer kaum nöthig. — Der dem Lauberhorn n. vorliegende **Tschuggen** (2523m) bietet eine noch umfassendere, aber weniger malerische Aussicht und ist schwerer zu besteigen ($1^1/_2$-2 St. von der Scheidegg). — Wer aber die Wanderung weiter ausdehnen will, gehe von der Kl. Scheidegg am östl. Abhang des Tschuggen entlang in $2^1/_2$-3 St. nach dem n. Gipfel des Kammes, dem ***Männlichen** (S. 160). In diesem Falle nimmt der Weg von Lauterbrunnen bis Grindelwald 9-10 St. in Anspruch. Mit Führer (6 fr., bis Grindelwald 10, von Lauterbrunnen bis Grindelwald 12 fr.) kann man auch direkt von Wengen den Männlichen besteigen (steil aber unschwierig); der Weg ist dann nicht länger als über Wengernalp nach Grindelwald. — Einen hübschen Blick auf Eiger- und Guggigletscher hat man, wenn man von der Scheidegg südl. über Weidhänge $^1/_2$ St. den *Fallbodenhubel* (2175m) hinansteigt. Zur *Guggihütte* s. S. 157.

Bergab über steinige Halden und magere Weiden, hier und da durch spärlichen Wald an den ($^1/_4$ St.) *Mettlen-Sennhütten* (1812m) vorbei zu den ($^3/_4$ St.) *Alpiglen-Sennhütten* (1611m; Hôt. des Alpes, nicht billig), auf einer Bergterrasse mit schöner Aussicht (der von hier aus gebahnte direkte Weg nach dem „Eismeer" ist interessant u. lohnend, aber nur für Geübte mit Führer, Eisaxt u. Seil). $^3/_4$ St. unterhalb Alpiglen folgt man nicht dem Saumpfad, der geradeaus in einen Hohlweg führt, sondern geht l. durch umzäunte Matten (nicht zu weit l. halten), mehrfach an Häusern vorbei, und erreicht dann in 20 Min. die Brücke über die *Lütschine;* von da bis zur Landstraße noch 20 Min. gelinden Steigens.

Angenehmer als der eben beschriebene Saumpfad von der Kl. Scheidegg nach Grindelwald ist ein auf dem l. Ufer des *Wergisthalbaches* hinführender Fußweg, der eine Reihe malerischer Blicke bietet; 1 St. lang durch Tannenwald. Führer rathsam. — Wer vom *Bahnhof Grindelwald* zur Kl. Scheidegg will, folgt erst der Straße einige Min. thalauf, dann dicht vor dem „Bären" r. bergab, zur Brücke über die Lütschine, jenseits r. bergan, nicht l.

**Grindelwald.** — GASTH.: *Bär, am w. Ende des Dorfs; *Schwarzer Adler, am ö. Ende, mit Garten; in beiden Z. L. B. 4-5, F. $1^1/_2$, M. 4-$4^1/_2$, Pens. 10 fr.; *H. Eiger, in der Mitte des Dorfs, Z. L. B. $3^1/_2$-4, F. $1^1/_2$, M. 4 fr.; *H. du Glacier, w. vor dem Dorf, Z. von $2^1/_2$, F. $1^1/_2$, M. 4, Pens. 8 fr.; H.-P. Burgener, Z. $2^1/_2$, F. $1^1/_4$, Pens. 6-7 fr.; *H.-P. Alpenruhe, Z. 2, F. $1^1/_4$, M. $2^1/_2$, Pens. 5 fr.; *Pens. Schönegg neben der Post, mit Garten, Pens. m. Z. 5 fr.; H.-P. Hänny, Z. $2^1/_2$, M. $2^1/_2$, Pens. 7 fr., mit Bier-Restaur. u. hübschem Garten. — FÜHRER: *Peter Baumann* (am Guggen), *Christ.* u. *Ulrich Almer*, *Chr. Jossi*, *Rud. Kaufmann* (Obmann), *Peter Baumann*-Tuffbach, *Peter Schlegel*, *Chr. Bohren*-Trychelegg, *Peter Kaufmann* (Grabenpeter), *Rud. Kaufmann-Bohren*, *Chr. Roth*, zwei *Hans Kaufmann*, *Hans Baumann*, *Gottl. Meier*, *Hans*

*Bernet, Ul. Rubi*, Gebr. *Jossi, Joh. Heimann* und viele andere. Tarif bei den einzelnen Touren.

*Grindelwald*, eigentl. *Gydisdorf* (1057m), großes Dorf (3087 E.) mit weit zerstreuten Häusern, ist ein vorzügliches Standquartier für Bergtouren und wird wegen seiner geschützten Lage und des gleichmäßigen Klimas auch als Luftkurort besucht.

Grindelwald verdankt seinen Ruf besonders den beiden **Gletschern**, die indeß an Großartigkeit vom Rhone- und andern Gletschern der Schweiz weit übertroffen werden. Drei riesenhafte Berge schließen die Südseite des Thals, der *Eiger* (3975m), der *Mettenberg* (3107m), der den Fuß des Schreckhorns bildet, und das *Wetterhorn* (3703m). Zwischen ihnen dringen die beiden Gletscher hervor, deren Abflüsse die *Schwarze Lütschine* bilden.

Um den ***obern Gletscher** zu besuchen (Pferd hin und zurück 8 fr.), folgt man dem Wege zur Großen Scheidegg (S. 163) bis zum ($^3/_4$ St.) *Hôtel Wetterhorn* (1232m; Z. $1^1/_2$, Pens. $4^1/_2$-5 fr.; Kanonenschuß 50 c., einer genügt!); kurz vorher ein Denkstein für den im J. 1880 mit 2 Führern im Lauteraargebiet verunglückten Dr. *Arnold Haller* aus Burgdorf. Hier r. ab über die Lütschine und die Moräne zur (10 Min.) künstlichen *Gletschergrotte* (Eintritt 50 c.; außerdem kl. Trkg.).

Wer nicht auf demselben Wege nach Grindelwald zurückkehren will, steigt (F. 6 fr., entbehrlich) ohne zur Lütschinenbrücke ganz zurückzugehen, auf einem Fußpfad über die l. Seitenmoräne zu dem von unten sichtbaren **Chalet Milchbach** (Erfr.), mit schönem Blick auf den Gletscherabsturz (auch direct von der Gletschergrotte auf kürzerem, aber etwas schwindligem Pfad zu erreichen); dann r. durch den Wald, wo sich der Pfad auf kurzer Strecke verliert, zwischen dem Mettenberg und der *Halsegg*, bald auf ordentlichem Fußwege längs der l. Seite der Lütschine über die *Sulz* gegen Grindelwald zurück ($1^1/_4$ St.). — Vom Chalet Milchbach kann man (nur mit Führer, für Neulinge nicht rathsam) auf Leitern mehrere Felswände an der NO.-Kante des Mettenbergs hinan, durch das **Milchbachloch** und einen natürlichen Tunnel (nicht immer passirbar) auf den (40 Min.) Gletscher gelangen, gegenüber dem *Schlupf*: dann entweder auf demselben Wege zurück, oder noch weiter über den Gletscher und die *Enge* an der NW.-Kante des Wetterhorns auf schwindligem Pfade zur Gr. Scheidegg oder zum Hôtel Wetterhorn zurück (im Ganzen $2^1/_2$-3 St., F. 12 fr.).

Vom ***Eisboden** („Ischboden", 1341m), den schönen baumreichen Matten 20 Min. ö. vom Hôtel Wetterhorn unmittelbar am Fuß des Wetterhorns, prächtiger Blick auf den Gletscher, Mettenberg, Schreckhörner, Eiger und das ganze Grindelwaldthal.

Zum ***untern Gletscher** (Pferd 8 fr.) führt bei der Tafel oberhalb des Hot. Eiger ein Fußweg r. hinab über die Lütschine, dann r. durch Gebüsch und über Geröll (der Weg geradeaus führt zur Bäregg, s. unten). Nach wenigen Min. theilt sich bei einer Erfrischungsbude der Weg. R. gelangt man zum untern Ende der sehenswerthen, durch den Rückgang des Gletschers aufgedeckten *Schlucht der Lütschine*, durch Holzgallerien und Treppen zugänglich gemacht ($^1/_2$ St. von Grindelwald; Eintr. 50 c.). Ueber die linke Seitenmoräne führt ein Reitweg in $^1/_2$ St. auf den obern Theil des Gletschers, wo eine künstliche *Eisgrotte* (50 c.). Von hier über den stark zerklüfteten Gletscher zur Bäregg $1^1/_4$ St., interessante Gletscherwanderung (nur für Geübtere mit Führern, Eisaxt und Seil). — Geht man bei der oben gen. Erfrischungsbude l., so gelangt man, an der r. Seitenmoräne aufsteigend, nach 15 Min. zu einer hölzernen Brücke, welche einen interessanten Tiefblick in die Schlucht gewährt (50 c.), nach weitern 10 Min. zu einer Hütte, von welcher aus eine zweite künstliche Eisgrotte besucht werden kann (50 c.). Auch kann man von hier direkt zum Bäreggwege (s. unten) aufsteigen. — Man kann von der Lütschinenschlucht am l. Ufer und über die untere Brücke nach Grindelwald zurückkehren.

Lohnend ist der Besuch des untern ***Eismeers**, des großen Firnbeckens, in welchem der Gletscher sich setzt, bevor er ins Thal abstürzt. Ein schmaler Pfad (für Ungeübte Führer nöthig, bis Bäregg 7, Zäsenberg 9 fr., Pferd bis zur Weißenfluh 1/2 St. vor Bäregg 10 fr., nicht rathsam) führt l. am Abhang hinan in 2 St. zum kl. *Whs.* auf der *Bäregg* (1649m; nicht billig), mit schönem Ueberblick des Gletschers, zu dem einige Min. weiter eine hohe steile Holztreppe hinabführt. Für den Weg zahlt man 1 fr. auch wenn man nicht zum Eismeer hinabsteigt.

Wer eine leichte Gletscherwanderung nicht fürchtet, wird sich durch den Anblick nicht für abgefunden ansehen, vielmehr in 1 St. (mit Führer) das Eismeer kreuzen, und drüben die von Matten umgebene, im Sommer von Schafhirten bewohnte Hütte am **Zäsenberg** (1852m) zu erreichen suchen. Das grüne Thal bleibt den Blicken zuletzt ganz verborgen, man ist von den großartigsten Eismassen umgeben und sieht nichts, als die gewaltigen Bergspitzen des Eiger, der Schreckhörner, Grindelwalder Fiescherhörner etc. Wer nur bis gegen die Mitte des Eismeers geht, was vollständig genügt, kann die Wanderung von Grindelwald hin und zurück bequem in 5 St. ausführen. — Die Besteigung des **Zäsenberghorns* (2313m), mit prachtvollem Blick in die imposanten Gletschermassen ringsum, erfordert vom Zäsenberg 1 1/2 St. (F. 12 fr.). — Zur *Eigerhöhle*, einer vom Zäsenberg sichtbaren geräumigen Felsgrotte, 2 St. m. F., beschwerlich. — Lohnende Rundtour (5-6 St.) von der Bäregg über *Zäsenberghorn* und *Fiescherfirn* zur *Eigerhöhle*, zurück über das *Kalli* (s. unten; F. 20 fr.).

Der ***Männlichen** (2345m), 4 St. nicht beschwerlichen Steigens (Führer unnöthig, 10, Pferd 18 fr.), jenseit der Lütschine vom Wege nach der Kleinen-Scheideck r. ab und über die Alp *Itramen* bergan, bietet eine höchst großartige Aussicht auf das Berner Oberland (Jungfrau, Mönch, Eiger) und die Alpen vom Urirothstock und Titlis bis zur Blümlisalp (Panorama von G. Studer). 20 Min. unter dem Gipfel, auf dem Sattel (2191m) zwischen Männlichen und *Tschuggen* (S. 158), das kl. **Hôtel Grindelwald-Rigi* (Z. L. B. 3 1/2-4, F. 1 1/2, M. 4 fr.). — Von der Kl. Scheidegg (S. 158) um den ö. Abhang des Tschuggen herum auf den Männlichen 2 1/2-3 St. (Führer nöthig); von Wengen (S. 156) steiler Fußpfad in 2 1/2 St.

Rüstigen Bergsteigern ist der **Mettenberg** („*Mittelberg*", 3107m) zu empfehlen 6 St. beschwerlichen Steigens (F. 30 fr.). Besonders großartig ist der Anblick des in unmittelbarster Nähe aufragenden Schreckhorns und des Finsteraarhorns und überraschend der Blick auf das Eismeer und das Grindelwalder Thal.

Besteigung der *Jungfrau* s. S. 157; *Finsteraarhorn* (von Grindelwald über das *Agassizjoch* wegen der Steinfälle gefährlich) S. 172; *Wetterhorn* S. 163. — Groß-Schreckhorn (4080m; von *Leslie Stephen* 1861 zuerst erstiegen), sehr schwierig (von der *Schwarzegg-Clubhütte* in 6-7 St., F. 80 fr.). — **Mönch** (4105m; von *Dr. Porges* aus Wien 1857 zuerst erstiegen), entweder von der *Mönchhütte* über das *Mönchjoch* (s. unten), oder von der *Guggihütte* (S. 157) über die Fels- und Firnwände der Nordseite in 8-9 St. (F. 70-80 fr.). — **Eiger** (3975m; von *Ch. Barrington* 1858 zuerst erstiegen), von Wengernalp über den *Eigergletscher* und den W.-Grat in 9-10 St. (F. 80 fr.). Alle nur für Gletschermänner ersten Ranges.

Pässe. Nach dem Grimsel-Hospiz über die ***Strahlegg** (3351m), 14 St. (2 F. à 40 fr.), beschwerlich aber großartig. Uebernachten auf der

Breithorn.
3784
Tschingelhorn
3581
Tschuggen.
Lauberhorn 2475

*Bäregg* (s. S. 160) oder besser in der *Schwarzegg-Clubhütte* (2500m) am obern Eismeer, 5 St. von Grindelwald; von hier über Eis und Fels steil hinan zur (3 St.) Paßhöhe zwischen Groß-Lauteraarhorn und Strahlegghörnern; hinab über den *Strahleggfirn*, den *Finsteraar-* und *Unteraargletscher* zum (3 St.) *Pav. Dollfus* und dem (3 St.) *Grimsel-Hospiz* (S. 171). Der Paß ist weniger beschwerlich u. lohnender von der Grimsel aus (event. mit Übernachten in Pav. Dollfus). — **Finsteraarjoch** (3360m) zwischen Finsteraarhorn und Strahlegghörnern, 15–16 St., gleichfalls sehr beschwerlich, aber mit prächtigen Blicken auf Finsteraarhorn etc. (F. 40 fr.). — **Lauteraar-Sattel** (3156m), zwischen Schreckhörnern und Berglistock, 16–17 St., anstrengend, aber für geübte Berggänger ohne außergewöhnliche Schwierigkeit (F. 50 fr.). Übernachten in der *Gleckstein-Hütte* (s. S. 163); von hier über den *Obern Grindelwald-Firn* in 5–6 St. zur Paßhöhe, mit beschränkter aber großartiger Aussicht auf Gr. Schreckhorn, Lauteraarhorn etc.; über eine Felswand steil hinab auf den *Lauteraarfirn* (großer Bergschrund), zum (3 St.) *Pavillon Dollfus* (s. S. 172). — Über das *Bergli-Joch* ins *Urbachthal* s. S. 170.

Übergänge von Grindelwald nach dem Eggishorn-Hôtel (S. 297), sämmtlich nur für erprobte Bergsteiger mit tüchtigen Führern. **Jungfraujoch** (3380m), zwischen Jungfrau und Mönch, $16^1/_2$ St. von der Wengernalp bis zum Eggishorn-Hôtel (übernachten in der *Guggihütte*, S. 157, dann über den *Guggi-Gletscher* hinan); sehr mühsam und schwierig (F. 100 fr.). — **Mönchjoch** (3630m), 15 St. von Grindelwald zum Hôtel (F. 80 fr.), bei günstigen Schneeverhältnissen mit Benutzung der *Berglihütte* (s. unten) oder in umgekehrter Richtung der *Concordiahütte* (S. 298), die verhältnismäßig leichteste und lohnendste dieser Touren. Von der Bäregg über das untere Eismeer zur jenseitigen Moräne, dann $2^1/_2$ St. am *Kalli* steil empor und über den stark zerklüfteten *Grindelwald-Fiescher Gletscher* zur (7–8 St. von Grindelwald) *Mönchhütte* am *Bergli* (2970m), mit beschränkter aber großartiger Aussicht auf Fiescherwand, Schreckhörner, Wetterhörner etc. Von der Hütte über Fels und Gletscher steil empor zum ($1^1/_2$–2 St.) *Unter-Mönchjoch* (3630m) zwischen Mönch und Fieschergrat, dann entweder r. über das *Ober-Mönchjoch* (3636m) zwischen Mönch und Trugberg auf den *Jungfraufirn* (S. 157), hinab zum *Großen Aletschgletscher* und (5–6 St.) Eggishornhôtel; oder l. über das weite *Ewig-Schneefeld* gleichfalls zum Aletschgletscher (bei der *Concordiahütte* treffen beide Wege zusammen). — **Eigerjoch** (3619m) zwischen Eiger und Mönch, 22 St. von der Wengern-Alp zum Eggishorn (übernachten in der *Guggihütte*, s. S. 157, dann über den *Eigergletscher* hinan), sehr schwierig (F. 100 fr.). — **Fiescher- oder Ochsenjoch** (c. 3600m), ö. vom *Klein-Fiescherhorn* (*Ochs*, 3905m), 22 St. von Grindelwald zum Eggishorn, sehr beschwerlich und wenig lohnend.

## 48. Das Faulhorn.

*Vergl. Karte S. 156.*

Von Grindelwald aufs Faulhorn $4^3/_4$ (bergab 3) St., vom Faulhorn auf die Große Scheidegg 3 (bergauf 4) St., von der Scheidegg nach Grindelwald 2 (bergauf 3) St. Von Interlaken aufs Faulhorn über die Scheinige Platte (S. 148) 8 St.; zur Platte 4 (bergab $2^1/_2$) St., von da zum Faulhorn 4 (bergab 3) St. Führer (10, mit Uebernachten 13 fr.) unnöthig. Sesselträger (in der Regel genügen 3) 6 fr. jeder, bleiben sie oben über Nacht 12 fr.; rathsam, sich *vorher* über den Preis zu verständigen. Pferd von Grindelwald aufs Faulhorn u. zurück 20 (mit Uebernachten 25) fr., aufs Faulhorn u. zurück über die Große Scheidegg 30 fr., über Faulhorn u. Scheidegg nach Meiringen oder Im-Hof 40 fr.; von Interlaken über die Scheinige Platte und das Faulhorn nach Grindelwald 40 fr.; von Meiringen aufs Faulhorn in 1 Tag 30 fr., Faulhorn u. Grindelwald 36 fr. — Oben einf. *Gasth. von *Fritz Bohren-Spycher* (Z. 5, L. u. B. $1^1/_2$, F. 2, M. 5 fr.).

Das ***Faulhorn** (2683m), zwischen dem Brienzer See und dem Grindelwald-Thal, besteht aus faulem Gestein, zerbröckeltem schwarzem Kalkschiefer, daher wohl der Name. Der Vorzug der Aussicht vom

Faulhorn vor derjenigen vom Rigi ist die unmittelbare Nähe der schneebedeckten Riesen des Berner Oberlandes (s. das Panorama). Nach N. liegt der Brienzer See unmittelbar zu den Füßen des Beschauers, mit den Bergrücken, welche von ihm aufsteigen, vom Augstmatthorn bis zum Rothhorn; ein Theil des Thuner Sees mit Niesen und Stockhorn ist sichtbar; n.ö. ein Stück vom Vierwaldstätter- und vom Zuger See, nebst dem Pilatus und Rigi; dann der Murtener und Neuenburger See. Dagegen fehlt der schöne Blick über das Hügelland der nördlichen Schweiz, welcher die Aussicht vom Rigi zugleich so lieblich macht.

Der Weg von Grindelwald aufs Faulhorn führt 3/4 St. lang unausgesetzt durch eingezäunte Matten und an einzelnen Häusern vorbei. Vom Bären quer über die Straße, an der Conditorei Seitz vorbei, dann um das vorliegende Haus l. herum bergan; nach 3 M. r., nicht l.; 10 Min. Kreuzweg, geradeaus; 5 Min. r., nicht l.; 2 Min. l. am Haus vorbei, dann meist in ö. Richtung. Bald tritt der Fuß- in den Reitweg; 1/2 St. Gatter, gleich darauf Wald; 10 Min. aus demselben; 1/4 St. *Hertenbühl* (1571m), große Matte mit einigen Sennhütten, mitten in derselben scharf l. bergan, an einem Hause mit Erfr. vorbei in den (10 Min.) Wald; 10 Min. nicht l., sondern r. an einem kl. Teich vorbei; 20 Min. Gabelung des Wegs für Bergabsteigende, die hier nicht r., sondern l. gehen; gleich darauf ein Gatter; 25 Min. *Waldspitz* (1890m; H.-P. Alpenrose, einf. gut), mit prächtiger Aussicht (fast der halbe Weg, die zweite Hälfte weniger steil); 20 Min. l. hübscher Wasserfall des *Mühlibachs*, den man überschreitet, gleich dabei die Sennhütten der *Bachalp* (1980m). Frisches gutes Trinkwasser quillt reichlich 20 Min. weiter unter Felsen hervor, am Wege. Dann 3/4 St. mäßigen Steigens bis zum *Bachalpsee* (2264m) in einem steinigen Kessel, l. vom *Röthihorn* (2759m) und *Simelihorn* (2752m), r. vom *Ritzengrätli* (2524m) begrenzt. Bei der Steinhütte zweigt hier für Bergabsteigende der Weg nach der Scheidegg (s. unten) l. ab. Nun im Angesicht des Faulhorns durch die Steinwüste fast 1 St. lang scharf bergan (Stangen bezeichnen den Weg); oben nochmals an einer Steinhütte vorbei; zuletzt auf der Alp eben fort bis zum Fuß des eigentlichen Faulhorns; dann 1/4 St. lang in Zickzack-Windungen zum Gipfel des Berges, einem stumpfen Kegel mit wenig Raum, an dessen Südseite, 11m unterhalb, das *Whs.* liegt.

Ein andrer Weg von Grindelwald aufs Faulhorn geht über die *Bussalp*, als Rückweg nach Grindelwald zu empfehlen (Führer nöthig). Von der „*Burg*" (2210m) vortreffliche Aussicht; auch als selbständiger Ausflug von Grindelwald (2 1/2 St.) lohnend.

Der Weg vom Faulhorn zur Scheidegg trennt sich bei der (3/4 St.) Steinhütte am *Bachalpsee* (s. oben) l. von dem Wege nach Grindelwald und zieht sich auf der steinigen Alp am Abhang des *Ritzengrätli* stets in ziemlich gleicher Höhe fort; 1/2 St. Gatter zwischen der *Bachalp* und *Widderfeld-Alp;* 5 Min. weiter nicht in dem Bett des Bachs bergab, sondern l. in gleicher Höhe weiter; 10 Min. auf einem Grat „First" mit prächtiger Aussicht; 8 Min. weiter l. halten, über den Bach; 7 Min. weiter l. bergab auf morschem, schwarzem Schieferboden; dann durch ein Gatter, Anfang der *Grindelalp*. Der Weg hört nun stellenweise auf, ist aber bald wieder zu erkennen, Richtung immer auf das Wetterhorn, doch etwas l. halten; $^1/_4$ St. über einen kleinen Bach, jetzt Weg wieder deutlich; 5 Min. Bach; 10 Min. naturwüchsige Brücke über den *Bergelbach;* 5 Min. *Obere Grindelalp* (1954m) mit Röhrenbrunnen; $^1/_4$ St. Gatter; diesseit des Zauns r. aufwärts bis zum nächsten (12 Min.) Gatter, dieses durchschreiten auf die Hügelspitze los; 8 M. Scheidegg-Whs.

Für Bergansteigende ist zu bemerken, daß man bei der Brücke über den Bergelbach sich nicht l. wendet, sondern geradeaus bleibt; ebenso weiter auf dem Rasen, wo der Pfad aufhört, nicht l., sondern parallel mit einer langen Einfriedigung, welche in einiger Entfernung l. bleibt, auf die Bergwand los, an deren Fuß man den Pfad wiederfindet.

In der Aussicht vom Faulhorn steht zwischen Finsteraarhorn und Schreckhorn, zwar nicht ohne malerische Wirkung, aber die Ansicht der Kette der Hochalpen unterbrechend und das Grindelwald-Thal mit den beiden Gletscherzungen verdeckend, die nahe Gruppe des *Simelihorns* (2752m) und Röthihorns (2759m). Das letztere, mit prächtigem ganz freiem Blick auf das Hochgebirge, ist vom Bachalpsee in $1^1/_2$ St. unschwer zu ersteigen (F. ratsam).

Einen noch großartigeren und umfassenderen Blick bietet das, nebst dem *Wildgerst* (2892m) die Aussicht vom Faulhorn östl. beschränkende Schwarzhorn (2930m); man erblickt von demselben u. a. auch die Seespiegel von Lungern, Sarnen, Alpnach und Küßnacht in einer geraden Linie hinter einander. Es ist von der Großen Scheidegg über die *Grindelalp* und den *Krinnenboden* in $3^1/_2$-4, von Rosenlaui über die obere *Breitenboden-Alp* (2000m), bis wohin Reitweg, und den kleinen *Blauen Gletscher* in 5, von *Axalp* (S. 169) in 4 St. zu besteigen (nur mit Führer, 12 fr.).

Vom Faulhorn zur Scheinigen Platte s. S. 148 (Führer angenehm, von Grindelwald 18 fr.; Pferd 35 fr.). Der Weg ($3^1/_2$ St.) ist auch ohne Führer zu finden, wenn man einige Min. vom Gipfel die Richtung sich zeigen lässt und auf der ersten Strecke den Steinhaufen folgt. Die einzige zweifelhafte Stelle ist 1 St. hinter dem *Sägisthal-See*. 10 Min. jenseit des höchsten Punktes auf dem Grat, der w. das Sägisthal abschließt (s. S. 148); man gehe hier r. in gleicher Höhe fort, nicht links nach unten.

Vom *Gießbach* zum Faulhorn, 6 St. (F. ab Grindelwald 18 fr.), s. S. 169.

## 49. Von Grindelwald nach Meiringen. Rosenlauibad. Reichenbachfälle.

*Vergl. Karte S. 156.*

$6^3/_4$ St.: von Grindelwald zur Gr. Scheidegg 3 (bergab 2), Rosenlaui $1^3/_4$ (bergauf $2^1/_2$), Meiringen 2 (bergauf 3) St. Führer (unnöthig) 12 fr. (über Faulhorn u. Scheidegg 20 fr.), Pferd 25 fr., von Meiringen bis Rosenlaui 10 fr., Scheidegg 15 fr., Grindelwald 25 fr. Man kann den ganzen Weg reiten, doch wird man beim Hinabweg nach Meiringen wegen der Reichenbachfälle ohnehin absteigen.

Der Weg steigt mäßig bergan durch schöne Matten am (1 St.) *Hôtel Wetterhorn* vorbei (zum *Obern Grindelwaldgletscher* s. S. 159). Im Vordergrund steigt die prächtige dreigipfelige Berggestalt des **Wetterhorns** (3703m) senkrecht empor.

Der w. Gipfel, das *Vordere Wetterhorn* oder die *Hasli-Jungfrau* (3703m), wurde 1844 zuerst erstiegen, ebenso der ö. (*Rosenhorn*, 3691m); das *Mittelhorn* (3708m) erst im folgenden Jahr. Die Besteigung gilt nicht für besonders schwierig, erfordert aber Ausdauer und Schwindelfreiheit (F. 60, Träger 45 fr.). Übernachten in der *Gleckstein-Klubhütte* (2345m), $4^1/_2$ St. von Grindelwald auf dem vom Wetterhorn gegen den obern Grindelwaldgletscher sich senkenden Grat; von da über den *Krinnen-Firn* und das *Sätteli* zum vordern Gipfel 5-6 St.

11, 12*

Abstieg zur *Dossenhütte* (Rosenlaui oder Innertkirchen) s. S. 165, 170 (F. ab Grindelwald 70 bez. 80 fr.). — Von der Wetterhornhütte über das *Bergli-Joch* ins *Urbachthal* s. S. 170. Vom *Berglistock* (3657m), 4½-5 St. von der Gleckstein-hütte (F. 70 fr.), prachtvoller Blick auf Schreckhörner, Wetterhörner etc.

Vier Lauinenzüge senken sich im Frühjahr vom Wetterhorn abwärts, ihr Schnee bleibt streckenweise oft den ganzen Sommer liegen. Bei der (1½ St.) *Obern Lauchbühlhütte* (1800m) wird, wie an vielen andern Stellen des Weges, wenn Fremde vorübergehen, das Alphorn, ein 2-2½m l. Rohr aus Bast oder Holz geblasen; auch kann man für 50 c. einen Böller losschießen lassen. Die Töne wiederhallen wenige Secunden später an den Felswänden des Wetterhorns und kehren deutlich zum Ohr des Hörers zurück.

Die Aussicht nach W. von dem ½ St. langen, nur wenige Schritt breiten Bergrücken, der (½ St.) **Großen** oder **Hasli-Scheidegg** (1961m), auch *Eselrücken* genannt, ist überraschend (*Whs.*, mittelmäßig, Z. L. B. 3½, M. 3½ fr.; Pferd aufs Faulhorn, 4 St., 12 fr.). Das liebliche Thal von Grindelwald, s.w. von den Weiden und Holzungen der Kleinen Scheidegg begrenzt, bildet einen malerischen Gegensatz gegen die nackten Wände des zu schwindelnder Höhe steil emporsteigenden Wetterhorns. Südwestl. vom Wetterhorn folgt der Mettenberg, der Fieschergrat, Mönch und Eiger, weiter Tschingelgrat, Gspaltenhorn und Blümlisalp. Im N. verdecken das finstere Schwarzhorn und andere Gipfel der Faulhornkette die Aussicht.

Wer von Meiringen kommt und nicht auf das Faulhorn will, sollte von der Gr. Scheidegg auf dem Faulhornwege wenigstens bis zur (½ St.) *Obern Grindelalp* (S. 163) gehen, wo sich schon eine prächtige Aussicht öffnet, besonders auf das Schreckhorn, den Grindelwald-Fiescher-Firn und Fieschergrat. Von der Grindelalp direkt (hinter dem Brunnen noch 5 Min. auf dem Faulhornwege, dann l.) hinab nach Grindelwald, nicht weiter, als von der Scheidegg dahin.

Gleich unterhalb der Scheidegg l., nicht r. Bald gelangt man in den Wald; r. die senkrecht abfallenden Felswände des *Wellhorns* (s. unten) mit dem *Schwarzwaldgletscher*. Weg abwechselnd und unterhaltend, mehrmals an Sennhütten vorbei. 1 St. *Pens. zum Schwarzwaldgletscher* bei *Ulr. Thöni* (einfach gut, Z. L. B. 2¾, F. 1½, M. 2-3 fr.), in schöner Lage; weiter abwärts über den *Gemsbach*, dann auf der (25 Min.) *Alp Breitenboden* (1417m) an den *Reichenbach*, wo der Weg sich theilt. Der Weg l., mit hübschen Blicken auf den Rosenlauigletscher, führt am l. Ufer des Reichenbachs weiter, in ½ St. zur Gschwandenmadalp (s. unten); der Weg r., 15 Min. um, überschreitet den Reichenbach, der in der Nähe des Rosenlauibads einen schönen Fall bildet, und führt am r. Ufer zum (20 Min.) **Rosenlauibad** (1330m; **Hôt. u. Pens.*, Z. L. B. 3½-4, M. 4½, Pens. m. Z. 8 fr.). Holzschnitzarbeiten von Gebr. Abplanalp.

Bevor man das Bad erreicht, führt ein Fußpfad r. zum **Rosenlauigletscher** (1533m), der zwischen dem *Wellhorn* (3196m) und dem *Engelhorn* (2783m) eingebettet liegt, wegen der krystallhellen Reinheit seines Eises und des durchscheinenden Azurs in den Spalten und Klüften berühmt. Er ist in den letzten Jahrzehnten so abgeschmolzen, daß man 1½-2 St. auf zuletzt sehr rauhem Pfade ansteigen muß, um einen Überblick zu gewinnen; doch ist der Besuch wegen der großartigen Felsen-Scenerie immerhin lohnend.

6 St. über Rosenlaui die **Dossenhütte** (c. 2700m), grossartige Partie für

geübte ausdauernde Bergsteiger (auch von Im-Hof durch das *Urbachthal* in 8 St. zu erreichen, s. S. 170), Ausgangspunkt für *Dossenhorn* (3140m, 1 St.), *Renfenhorn* (3272m, $2^1/_2$ St.), *Hangendgletscherhorn* (3294m, 4 St.), namentlich aber für das *Wetterhorn* (3708m), das von hier in 4 St. zu ersteigen ist. Abstieg zur ($3^1/_2$ St.) *Glecksteinhütte* und nach ($3^1/_2$ St.) *Grindelwald* vgl. S. 163. — Von der Dossenhütte über die *Wetterlimmi* (3182m), den *Gauli-Gletscher* u. *Gauli-Pass* (3127m) zur *Grimsel*, 10 St., anstrengend; die Besteigung des *Ewigschneehorns* damit leicht zu verbinden (S. 170, 172).

Der Weg nach Meiringen folgt nun stets dem Lauf des *Reichenbachs*. Er führt erst durch Gebüsch und erreicht dann den grünen Wiesenplan der **Gschwandenmad-Alp* (hier nicht über die erste Brücke!), von Wald eingeschlossen, Lieblingspunkt der Maler. Die kahlen Engelhörner, der prächtige Rosenlauigletscher zwischen Dossenhorn und Wellhorn und r. das schneebedeckte kegelförmige Wetterhorn bilden eine Gebirgsgruppe, die an malerischer Wirkung kaum irgendwo erreicht wird. Besonders lohnend ist dieser Theil des Weges in der Richtung von Meiringen nach Rosenlaui.

Am Ende der Gschwandenmad, 25 Min. vom Bad, überschreitet man zum letzten Mal den Reichenbach; der Weg führt am r. Ufer an einer ($^1/_4$ St.) *Säge* (kl. Whs.) vorbei und fällt dann bald steil ab; hübscher Blick in das Hasli-Thal mit den den Brünig und Susten umgebenden Bergen. Vorn am Rande des Abhangs, 1 St. vom Rosenlauibad, das kleine Whs. *zur Zwirgi* (976m). L. führt hier ein Fußpfad an eine enge, von einem Steg überspannte Schlucht, durch welche der Reichenbach über Felsen hinabstürzt (30 c.). 5 Min. weiter zweigt vom Saumpfad ein schlechter, durch hölzerne Tritte zugänglich gemachter Fußpfad l. ab zu den berühmten ***Reichenbachfällen**, erst durch Wald, dann l. über die Matte zu einer Hütte (50 c.), dem besten Standpunkt zur Beobachtung des *obersten Falls*, mit prächtigen Wasser-Raketen. Morgens scheint die Sonne in die Schlucht und bildet zahllose Regenbogen. Der weniger bedeutende *mittlere Fall (Kesselfall)* ist ebenfalls durch eine Hütte abgeschlossen (25 c.). Zum *untersten Fall* führt vom Hôtel Reichenbach ein Fußpfad in $^1/_4$ St. (Beleuchtung im Sommer jeden Abend). Am Fuß des Berges das *Hôtel Reichenbach* (s. unten); von da über die *Willigenbrücke* nach *Meiringen* $^1/_4$ St. (von Rosenlauibad 2 St.).

Rechten Genuß von den Reichenbachfällen hat man erst, wenn man die Wanderung in umgekehrter Richtung, also bergan macht (beim Hôtel Reichenbach gleich l. bergan, $^3/_4$ St. von Meiringen bis zum obersten Fall), wobei dann weiterhin, je mehr man sich Rosenlaui nähert, Wetterhorn und Wellhorn in ihrer vollen Schönheit den Hintergrund der Landschaft bilden.

Wer vom Rosenlauibad nach Im-Hof (Grimsel, Engstlenalp etc.) will, spart fast 1 St. Wegs, wenn er dem Reitweg noch 5 Min. jenseit der Stelle, wo der Fußpfad zu den Wasserfällen abzweigt, folgt, dann aber r. den Fußweg einschlägt, der unfehlbar über das in Obstbäumen versteckte Dorf (25 Min.) *Geißholz* (801m), hier den Hügel hinan über die Wiese, dann scharf den *Kirchet* (S. 169) bergab, nach (40 Min.) *Im-Hof* (S. 169) führt.

**Meiringen.** — Gasth.: *H. du Sauvage (Wildenmann), mit Garten, Z. L. B. von $4^1/_2$, M. 5 fr.; *Victoria, Meiringerhof, *H. Brünig (nicht theuer), H. de la Gare, alle nahe am Bahnhof; *Krone, Z. L. B. von 3, F. $1^1/_2$, M. $3^1/_2$ fr.; *Bär, Z. L. B. 2, F. 1, M. $2^1/_2$, Pens. 5 fr.; Adler, einf., nicht theuer; Pens. zum Stein, nicht theuer; Pens. Michel (Bierbrauerei). — Gutes Bier im *Restaur. zur Post*, m. Garten; **Bahnrest.* — *H.-P.

**Reichenbach** mit Depend. **des Alpes** jenseit der Aare am Wege nach den Reichenbachfällen und Rosenlaui, Z. L. B. $3^1/_2$ (Depend. 2), M. $3^1/_2$-4 fr.). — FÜHRER: *Melchior, Jakob, Joh.* und *Peter Anderegg, Joh.* u. *Kasp. v. Bergen, Joh.* u. *Andr. Jaun, Kaspar* u. *Melchior Blatter, Joh. Tännler, Kaspar Moor, Kaspar Maurer, Franz Glarner, Andreas Urweider, Melchior Zenger* etc.

*Meiringen* (599m), Hauptort des Haslithals mit 2853 Einw., liegt am r. Ufer der *Aare*, in einem über eine Stunde breiten Thal, von steilen bewaldeten Bergen umgeben, über die einige Schneegipfel emporragen. Drei Bäche (*Mühlebach, Alpbach* und *Dorfbach*) kommen unmittelbar hinter dem Dorf vom *Hasleberg* und bilden ansehnliche Wasserfälle (Beleuchtung im Sommer jeden Abend). Sie treten nicht selten aus und überschwemmen dann den Thalboden mit Felsstücken, Geröll und Schlamm, die sich aus dem lockern Kalkschiefer des Haslebergs loslösen. Um den Gewässern bessern Abfluß zu geben, ist die Aare unterhalb Meiringen kanalisiert und ausgemauert.

Das *Hasli-Thal* (auch *Hasli im Weisland* genannt) wird durch den *Kirchet* (S. 169) in das *untere* und *obere Hasli* getrennt. Die Bewohner des Haslithals sind fein gebaute, aber starke und gewandte Leute; ihre hübsche Tracht und reinere Mundart zeichnet sie aus. Einer Sage nach sind sie friesischer oder schwedischer Abkunft, worüber in einem zu Meiringen befindlichen Buche neuere Zeugnisse schwedischer Gelehrten niedergelegt sind.

***Aareschlucht** oder *Aarlamm* (Einsp. hin u. zurück mit 1 St. Aufenthalt 4-5 fr.). Jenseit der (10 Min.) *Willigenbrücke* (s. oben) führt ein Fahrweg von der Straße l. ab am l. Ufer der Aare in 15 Min. zur kl. Restauration am Eingang der wildromantischen, von gewaltigen Felswänden eingefaßten Schlucht, in welcher die Aare den Kirchet (S. 169) durchbricht. Früher nur bei ganz niedrigem Wasserstand mittelst eines Floßes oder Schiffchens passirbar, ist die Schlucht jetzt durch einen sichern 1m br., 1400m l. Weg, der zum Theil in den Fels gesprengt ist, meist aber aus von Eisenstäben getragenen Holzbrücken besteht, bequem zugänglich gemacht und sehr besuchenswerth (Eintr. 1 fr.; beste Zeit 9-11 U. Vm.). Nach 10 Min. l. ein hübscher Wasserfall; 5 Min. weiter führt r. bergan durch eine Seitenschlucht der Weg zum *Kirchet* auf die Straße von Meiringen nach Im-Hof (S. 169), auf der man zurückkehren kann (vom Kirchet über *Geißholz* zum **obern Reichenbachfall* $^3/_4$ St., Weg nicht zu fehlen; vgl. S. 165).

Die **Alpbachschlucht**, 20 Min. n.ö. oberhalb Meiringen, ist 1890 gleichfalls durch einen bequem ansteigenden, oben mit eisernem Geländer versehenen Fußweg zugänglich gemacht worden. In der Schlucht ein 80m h. Wasserfall zwischen gewaltigen Felswänden; am Eingang kl. Restaur. und prächtiger Blick auf die Thalsohle, Engel- u. Wetterhörner etc.

Auf dem **Hasleberg**, n. von Meiringen, liegt ($^3/_4$ St.) das **Hôt.-Pens. Alpbach* (P. m. Z. $5^1/_2$-8 fr.), mit reizender Aussicht, und $1^1/_2$ St. weiter (guter Weg über *Golderen* und *Wasserwendi*) das Dorf *Hohfluh* (1049m; Pens. bei Frau Willy, einf. gut), in schöner aussichtreicher Lage (näherer Weg von Meiringen über *Unterfluh* in $1^1/_2$ St.). Von hier auf den ***Hohenstollen** (2484m), mit prächtiger Aussicht, 4 St. m. F., über die *Balisalp* (von Meiringen direkt über die *Mägisalp* und den *Faulenberg* in 5 St.; Führer von Meiringen 12, vom Hôt. Alpbach 7 fr.). Abstieg über die *Frutt* ins *Melchthal*, s. S. 119.

*Brünigbahn* von Meiringen nach *Luzern* s. R. 35.

## 50. Von Meiringen nach Interlaken. Brienzer See.

*Vergl. Karten S. 142 u. 156.*

Von Meiringen nach *Brienz*, 13km, EISENBAHN in 25 Min. für 2 fr. 60, 1.95, 80 c. Von Brienz (Bahnhof) nach *Bönigen* DAMPFBOOT 4mal täglich in 1 St., 1. Platz 2, 2. Pl. 1 fr. (für das Gepäck ist besonders zu zahlen, 50 c. für den Koffer). Von Bönigen nach *Interlaken* EISENBAHN in 12 Min. für 80 oder 40 c. Wer in den am östl. Ende des Höhewegs gelegenen Hotels wohnt, kann an der Haltestelle *Zollhaus* aussteigen (vgl. S. 143). Durchgehende Billets in Luzern, Meiringen und auf den Dampfbooten.

Die Bahn führt am r. Ufer der kanalisierten *Aare* entlang (l. an der Bergwand einige Wasserfälle, namentlich der schöne des *Oltschibachs*) und kreuzt die Brünigstraße bei (8km) *Brienzwyler* (H. Balmhof). Weiter am Fuß des geologisch interessanten *Ballenbergs* (727m), dann r. abbiegend über *Kienholz* am *Brienzer See* entlang nach

13km **Brienz-Tracht** (*Weißes Kreuz*, mit Garten, Z. L. B. 3, F. $1^1/_2$ fr.; **Bär*, mit schattigem Platz am See, Z. L. B. $2^1/_2$, F. $1^1/_4$ fr.; *zum Schützen*, einf.), ansehnliches $^1/_2$ St. langes Dorf (2531 Einw.) in anmuthiger Lage am Fuß des *Brienzer Grats*, durch seine trefflichen Holzschnitzarbeiten bekannt, die an 600 Leute beschäftigen (Lager u. a. bei J. Flück am Fluhberg). Vom Pavillon *Fluhberg*, $^1/_4$ St. oberhalb des Weißen Kreuz, sowie von der *Kirche* hübsche Aussicht auf den See, den Gießbach, im Hintergrund das Faulhorn, l. auf den Oltschibachfall (s. oben), die Sustenhörner etc., n. auf die 350m h. Fälle des *Mühlbachs* (im Sommer häufig trocken).

Der höchste Punkt des Brienzer Grats ist das ***Brienzer Rothhorn** (2351m), berühmt wegen seiner Aussicht (5 St., Reitweg bis 1 St. unterhalb des Gipfels; Führer unnöthig, 10 fr., Pferd 16 fr.). Zahnradbahn (7800m lang, Steigung 18-25%) und neues Hôtel 10 Min. unterhalb des Gipfels im Bau (Eröffnung 1892). Der Reitweg führt am *Trachtbach* steil hinan zu den (2 St.) Hütten der *Hausstadt* (1336m), dann über die mäßig geneigte, vom *Mühlbach* durchströmte *Planalp* (1 St.), zuletzt im Zickzack die Bergwand hinan. Auf dem (2 St.) Gipfel, wo der Grenzstein von Bern, Luzern und Unterwalden, hat man die ganze Kette des Berner Oberlands vor sich, im Vordergrund den Brienzer See, r. über Interlaken hinaus ein Stückchen des Thuner Sees. Das ganze Haslithal von Meiringen bis nahe zur Grimsel, an der andern Seite der kleine Ey-See, der Sarner See, ein ansehnlicher Theil des Vierwaldstädter Sees mit dem Rigi, ein Stückchen des Zuger Sees, ein langer Streifen des Neuenburger Sees, ja selbst der Bodensee ist sichtbar. — Hinab am *Ey-See* vorbei nach *Sörenberg* im Kl. Emmenthal und (6 St.) *Schüpfheim* s. S. 12d. — Lohnend, aber mühsam auch das *Tannhorn* (2223m), der mittlere Gipfel des Brienzer Grates; F. wünschenswerth (12 fr.). Abstieg w. ins *Gr. Emmenthal*, zum *Kemmeribodenbad* (von hier bester Anstieg) und nach *Schangnau*.

Der **Brienzer See** (566m), 14km lang, 2-$2^1/_2$km breit (Seefläche $29{,}_9$qkm), beim Gießbach 150m, bei Oberried 262m tief, liegt 6m höher als der Thuner See; beide sollen einst vereinigt gewesen sein (S. 144). Seine Ufer sind von hohen waldbewachsenen Bergen und Felsen umgeben; s.ö. im Hintergrund die schneebedeckten Sustenhörner, r. die Thierberge. Das Dampfboot fährt vom Bahnhof ab, hält beim (5 Min.) Dorf Brienz und fährt dann quer über den See in 10 Min. zum *Gießbach* (s. unten). Vom Boot aus ist nur der unterste Fall in den See zu sehen, oben das Hôtel, r. vom Landeplatz die Drahtseilbahn. Weiter an dem steil abfallenden S.-Ufer entlang; im See die kleine baumbewachsene *Schneckeninsel* mit Kapellchen; weiter am Ufer das hübsch gelegene Dorf **Iseltwald** (*Pens. Seebucht* 5 Min. w., einf. gut, 4-6 fr.; Wirthsch. *zum Strand*). Am N.-Ufer die Dörfer *Oberried* und *Niederried*, am Fuß des *Augstmatthorns* (S. 148) zwischen Obstbäumen reizend gelegen. Weiterhin ragen n. von einem Vorsprung aus Gebüsch und Obstbäumen bei *Ringgenberg* (Wirthsch. z. Seeburg) die Trümmer der gleichn. alten Burg mit der Kirche, und auf einem einzelnen Hügel der alte Thurm der *Goldswyler Kirche* (S. 147) malerisch hervor. Gegenüber ergießt sich die aus dem Lauterbrunnen-

Thal kommende *Lütschine* in den See. Dieser verengt sich mehr und mehr und nimmt als *Aare* seinen Abfluß in den Thuner See. Das Dampfboot hält bei *Bönigen* (S. 144), Endstation der Bödeli-Bahn (S. 142), welche die Reisenden in 12 Min. zum Bahnhof Interlaken befördert; 3km Station *Zollhaus*, am ö. Ende des Höhewegs (S. 145; für Lauterbrunnen u. Grindelwald Wagenwechsel, s. S. 149).

Die Fahrstraße von Brienz nach Interlaken (4 St., Einsp. 8-10 fr.), am n. Ufer des Sees, führt über (1/2 St.) *Ebligen*, (3/4 St.) *Oberried*, (1 St.) *Niederried*, dann ziemlich hoch über dem See, durch Felsen, nach (3/4 St.) *Ringgenberg*, und an dem kleinen *Faulensee* (S. 147) vorbei, unter dem Hügel mit dem alten Kirchthurm hin, über *Goldswyl*, aussichtsreich, zur obern Aarebrücke (S. 145) bei (1 St.) Interlaken hinab.

## 51. Der Gießbach.

***Hôtel-Pension Gießbach** (Gebr. *Hauser*), großer Neubau mit Restaur. im Erdgeschoß und Pensionshaus (dem ältern Hôt. Gießbach), Z. L. B. von 5-6, F. 1 1/2, Lunch 3 1/2, M. 4 1/2, Pens. (bei mindestens 5täg. Aufenthalt) im Pensionshaus mit Aussicht von 8-10, ohne Aussicht 7 1/2 fr. ohne L. u. B., Musik 2 fr. wöchentlich; auch Molken und gut eingerichtete Wasserheilanstalt (im ältern Hotel) mit elektr. Bädern etc. (Arzt Dr. Wagner). *Post- u. Telegr.-Bureau*, sowie *Bahnbureau* zur Ausgabe von Personen- u. Gepäckbillets für die Brünigbahn und die Thun-Berner Bahn. — **H. Beau-Site*, 5 Min. höher, einfacher, M. 3, Z. L. B. A. u. F. 6, Pens. 6 fr. — Holzschnitzwaaren von *C. Michel* (vorm. *Kehrli*).

***Beleuchtung der Fälle** durch bengalisches Feuer, vom 1. Juni bis Ende September jeden Abend 9 1/2 U. (auch bei Regenwetter); es wird dafür von den Hôtel-Gästen 1 fr. (nur am ersten Abend), von Nichtgästen 1 1/2 fr. erhoben.

**Dampfboot** von Bönigen zum Gießbach in 50, Brienz in 60 Min. (s. S. 166). — **Drahtseilbahn** vom Landeplatz (Erfr.) zum Hôtel (710m ü. M.), Fahrzeit 6 Min., hin u. zurück 1 fr., Gepäck bis 25 kg 50 c., über 25 kg 1 fr., Handgepäck frei. Die beiden Wagen (jeder mit 46 Plätzen) hängen durch ein Drahtseil zusammen; der abwärts gehende zieht den ankommenden hinauf (als Gegengewicht wird in die Behälter des absteigenden Wagens Wasser eingelassen). Die Bahn (350m l., 1m br., Steigung 28 1/2 %) ist wie die Rigibahn mit einer Zahnstange versehen; gute Bremsvorrichtungen.

Der ***Gießbach** ist einer der anmuthigsten und besuchtesten Punkte des Berner Oberlandes. Der stets wasserreiche Bach, am N.-Abhang des Schwarzhorns (S. 163) entspringend, bildet vor seiner Mündung in den Brienzer See eine Folge von 7 Fällen, die an bewaldeter Bergwand von Fels zu Fels aus großer Höhe (der höchste 350m über dem See) herabstürzen. Guter Ueberblick von der Terrasse vor dem Hôtel. Drei Brücken führen über die Fälle; bis zur (1/4 St.) zweiten sind Wege auf beiden Seiten, von da bis zur obersten (1/2 St.) nur am r. Ufer des Bachs. Hinter dem zweiten Fall kann man auf einer hölzernen Gallerie hindurchgehen. Wer Zeit hat, möge nicht versäumen, bis zum obersten Fall hinaufzusteigen, wo der Bach aus einer engen Schlucht unter der Brücke weg in einen Felsenkessel von 60m Tiefe stürzt (guter Standpunkt auf dem Vorsprung r. von der Brücke). Von der obersten Brücke weiter bergan zu steigen lohnt nicht. — Gegen Mittag bildet die Sonne Regenbogen über den Fällen.

Vom ***Rauft** (750m), einem bewaldeten Felshügel an der n. Thalseite, 184m h. fast senkrecht über dem See, übersieht man den ganzen Brienzer See, den Einfluß der Aare und das Vorland von

Brienzwyler an; gegenüber der Brienzer Grat und das Brienzer Rothhorn (S. 167); abwärts über Interlaken hinaus noch ein Stück des Thuner Sees, an dem die Pyramide des Niesen weit hervorragt. Ein bequemer Weg führt von der Rückseite des neuen Hôtels in 20 Min., ein andrer vom alten Hôtel in 15 Min. zum Pavillon.

Hübscher Spaziergang nach dem in schönen Matten gelegenen Alpdörfchen **Enge**, $1/2$ St. bis zu dem Punkte, wo der Weg an den See tritt. Von hier weiter am *Näseli* hinab zur *Aarebrücke* und auf die Strasse von Meiringen nach ($1^1/_2$ St.) *Brienz* (S. 167). — 3 St. oberhalb des Gießbachs (Träger 5 fr.) der Luftkurort **Axalp** (1551m; einf. **Gasth.*), von wo das *Axalphorn* (2327m) in 2 St., das *Faulhorn* (s. unten) in 5 St. und das *Schwarzhorn* (2930m) in 4 St. zu besteigen sind (F. 10 fr., vgl. S. 163). 1 St. von Pens. Axalp ($2^1/_2$ St. vom Gießbach) der kl. *Hinterburg-See* (1524m), am Fuß des *Oltschikopfs* im Walde prächtig gelegen.

Vom Gießbach aufs Faulhorn (S. 161) 7 St., streckenweise wenig angenehm, besonders über die der Morgensonne ausgesetzte *Bättenalp* (F. 12 fr., für Ungeübte rathsam); s. vom Schwabhorn mündet der Pfad in den Reitweg von der Scheinigen Platte zum Faulhorn (S. 148).

Vom Gießbach nach Interlaken ($3^1/_2$ St.) bequemer schattenreicher Fußweg über die erste Fallbrücke, stets r. den Handweisern folgend bis zur ($1/2$ St.) *Hochfluh*, mit reizender Aussicht, dann lange hoch über dem See hin, zuletzt absteigend nach (1 St.) *Iseltwald*, von wo Fahrstraße über ($1/2$ St.) *Sengg* nach (1 St.) *Bönigen* und ($1/2$ St.) *Interlaken*.

## 52. Von Meiringen zum Rhonegletscher. Grimsel.

*Vergl. Karte S. 106.*

10 St.: Im-Hof $1^1/_4$, Im-Boden $1^3/_4$, Guttannen $3/4$, Handegg 2, Grimselhospiz $2^1/_2$, Paßhöhe der Grimsel 1, Rhonegletscher $3/4$ St.; vom Rhonegletscher bis Meiringen nur $8^1/_2$ St. Fahrstraße bis Guttannen (Einsp. 10, Zweisp, 18 fr.; bis Im-Hof Einsp. 4, Zweisp. 7 fr.; Post bis Im-Hof 2mal tägl. in 50 Min., 1 fr.), dann guter Saumpfad; Führer unnöthig. Pferd von Meiringen zur Handegg (und zurück in 1 Tag) 15, Grimsel 25, zum Rhonegletscher 32 fr.; vom Rhonegletscher auf die Grimsel 6, zum Hospiz 10, bis Handegg 15, Meiringen 30 fr.

*Meiringen* s. S. 165. Die Straße überschreitet auf der *Willigenbrücke* die *Aare* (l. der Weg zur *Aaareschlucht*, S. 166) und steigt den **Kirchet** (705m) hinan, einen mit erratischen Granitblöcken überschütteten waldbewachsenen Bergrücken, der hier das Thal durchschneidet und das *untere* vom *obern* **Haslithal** trennt. Auf der Höhe, beim ($1/2$ St.) *Whs. zur Lamm*, zeigt l. ein Handweiser *„zur finstern Aarschlucht"* (S. 166; für Fußgänger vorzuziehen der $1/4$ St. weitere Weg durch die Schlucht).

Die Straße senkt sich den Kirchet hinab in langen Windungen (Fußweg kürzt), durchschneidet den fruchtbaren Thalboden von *Hasli im Grund* und tritt auf das r. Ufer der Aare bei ($1^1/_4$ St. von Meiringen) **Im-Hof** (626m; **Hôt. Hof*, Z. u. L. 2-$2^1/_2$, Pens. 5-6 fr., Fuhrwerk u. Reitpferde zu haben; *Alpenhof*, Z. 2, M. 2-3 fr.; **Alpenrose* an der Brücke, nicht theuer), Hauptort der Gemeinde *Innertkirchen*, wo die Wege über den Susten (S. 123) und den Jochpaß (S. 122) l. abzweigen.

Wer von der Grimsel kommt und nach den *Reichenbachfällen* (Grindelwald) will, kann von Im-Hof über *Geißholz* direkt zum obern Reichenbachfall gelangen (vgl. S. 165; man lasse sich den Anfang des Weges zeigen).

Lohnend der Besuch des s.w. sich öffnenden **Urbachthals** (vgl. Karte S. 156.) Der Weg steigt $1/2$ St. zu der schluchtartigen Thalmündung, führt 1 St. fast eben fort, dann steil hinan zur (2 St.) Alp *Schrättern* (1505m; Unterkunft), wo

11, 12**

r. der Weg zur Dossenhütte abzweigt (s. unten), und zur (1 St.) *Mattenalp* (1860m), am Fuß des gewaltigen *Gauli-Gletschers;* noch 1 St. weiter aufwärts die *Urnenalp* (2198m; einf. Unterkunft). Von hier zur Grimsel über den *Gaulipaß* (3127m) mit Besteigung des *Ewigschneehorns* 8-9 St., anstrengend aber höchst lohnend (F. 35 fr.; s. S. 172). — Ueber das *Bergli-Joch* (3441m) nach Grindelwald, 16-17 St. von Im-Hof, sehr beschwerlich und kaum ausreichend lohnend (F. 35 fr.). Von der *Urnenalp* (übernachten) über den *Gauli-Gletscher* in 4 St. zur Paßhöhe, zwischen *Berglistock* (S. 164) und *Rosenhorn;* hinab über den *Grindelwald-Firn* zur *Glecksteinhütte* (vgl. S. 163). — Die *Dossenhütte* (S. 164) ist von der Alp *Schrättern* (s. oben) über die Alpen *Illmenstein, Enzen* und *Fläschen* in 4½-5 St. zu erreichen (F. von Meiringen oder Hof 20 fr.). Von da nach *Rosenlaui*, auf das *Wetterhorn* und nach der *Grimsel* s. S 165 (alle diese Touren nur für geübte Bergsteiger mit tüchtigen Führern, vergl. S. 166; in Innertkirchen u. a. *Joh. Tännler, Joh. Moor, Joh.* u. *Melch. Thöni*).

Die neue Straße führt eine Strecke eben fort und steigt dann allmählich auf der r. Seite des malerischen Thals, bis sie hoch über der reißenden Aare schwebt (Felssprengungen und 2 kl. Tunnel). 1¼ St. *Innere Urweid* (751m); weiter unter überhangenden Felsen und nochmals durch einen Tunnel nach (½ St.) *Im-Boden* (868m), der gleichn. Häusergruppe gegenüber, dann auf neuer Brücke über die Aare und am l. Ufer hinan nach

¾ St. **Guttannen** (1060m; *Bär*, mäßig, Z. L. B. 2¾, F. 1½ fr.), dem größten ärmlichen aber „stein“reichen Dorf im *Oberhaslithal*, in weitem Thalkessel gelegen. Auf den Wiesen sieht man allenthalben Steine aufgehäuft, von den Rüfen hierher gebracht. Um sie für den Graswuchs unschädlich zu machen, werden sie immer wieder zusammengetragen. (Über den *Furtwang-Sattel* zum *Triftgletscher* s. S. 124; Führer *Andr. Sulzer* u. a.)

Weiter auf gutem Saumweg bergan. ½ St. hinter Guttannen führt eine Brücke über die wild aufschäumende Aare (*Tschingelbrücke*, 1138m). Das Thal wird enger. Kahle schwarze Felsen steigen r. auf. Gewaltige Geröllmassen, an den weniger abschüssigen Abhängen gelagert, zeugen von Lauinen- oder Wasserkraft, einzelne Bäche stürzen von der Höhe. Rechts entsendet der *Wißbach-Gletscher* sein Wasser ins Thal. An den Berggipfeln werden hier und da kleine Schneefelder sichtbar. ½ St. Brücke über die Aare (*Schwarzbrunnenbrücke*, 1212m); 10 Min. weiter, nach dem ersten kurzen Anstieg r. ein Quell frischen Trinkwassers. Das Gefäll der Aare nimmt zu, sie wird reißender und bildet einen kleinen Fall. Ein fichtenbewachsener Felskamm schließt das Thal. Der gepflasterte Weg führt über abgerundeten Granitfels (Gletscherschliffe, s. unten) bergan.

An einer Kehre (40 Min. von der letzten Brücke, 8 Min. vor dem Whs., s. unten) führt links durch eine Hütte (Erfr.) ein kurzer Seitenweg zu einem Vorsprung mit Geländer (Zutritt 50 c.), unmittelbar vor dem ***Handegg-Fall**, von dem hoch aufsprühenden Wasserstaub der 75m tief in den Felsschlund sich stürzenden Aare benetzt. So großartig der Anblick von dieser Stelle ist, so wird er dennoch übertroffen, wenn man vom Handegg-Whs. links 5 Min. abwärt geht und nun den Wassersturz von oben betrachtet. Er ist neben dem Rheinfall und den Tosafällen (S. 304) der großartigste in den Alpen, sowohl wegen seiner Höhe, der gewaltigen Wassermasse, die sich in die tiefe dunkle Schlucht hinabstürzt, wie wegen der wilden Umgebung. Der Sturz des Wassers hat solche Kraft, daß der Strom ungetheilt bis zur Hälfte der Tiefe gelangt, und dann erst durch das Anprallen an die Felsen ein weiter Kreis hoch aufwirbelnden Wasserstaubs entsteht, in welchem die Sonne zwischen 10 und 1 Uhr Regenbogen bildet, deren Kreise auf- und absteigen. Links von der Höhe stürzt der *Aerlenbach* in denselben Schlund hinab und mischt seine silberhellen Gewässer auf halbem Weg mit den gletschergrauen der Aare. Der Zugang ist bequem und durch Geländer geschützt, sodaß man tief in den Schlund hinabsehen und die Vereinigung der Gewässer beobachten kann, am besten von dem Vorsprung jenseit der Brücke (Zutritt 50 c.). Am l. Ufer einige Min. oberhalb des Falls das *Handegg-Whs.* (1417m; Holzschnittz-Arbeiten von Jaun).

Der dunkle Fichtenwald lichtet sich mehr und mehr, auch die einzelnen Zwergtannen verschwinden bald oberhalb der Handegg. Dürftiges Gras, Legföhren und Alpenrosen bedecken den steinigen Boden. $^1/_2$ St. von der Handegg führt der Weg über abgerundete Granitplatten, die *Böse Seite* und *Helle* oder *Hehle* (schlüpfrige) *Platte*, alte Gletscherschliffe. Gegenüber bidet der *Gelmerbach* einen hübschen Fall. Er fließt aus dem links oben zwischen *Gelmerhorn* und *Schaubhorn* gelegenen *Gelmersee* (1829m; von der Handegg auf steilem Pfade in $1^1/_4$ St. zu erreichen).

Das Thal wird enger und düsterer. Die Aare, jetzt nur ein Bach, ist mehrmals überbrückt. Der Pflanzenwuchs verschwindet fast ganz. Nur zwei menschliche Wohnungen liegen zwischen Handegg und Grimsel, zwei Sennhütten im (1 St.) *Rätherichsboden* (1705m), dem letzten Thalbecken vor der Grimsel, vielleicht einem alten Seebett (Milch zu haben).

Nun steigt auf kurzer Strecke der felsige, gut unterhaltene Weg den wilden einsamen Engpaß hinan, und geht dann stets auf- und absteigend weiter. Endlich überschreitet man die Aare, wendet sich l. (in umgekehrter Richtung ist hier der l. abzweigende Weg zu vermeiden) und erreicht das (1 St.) **Grimselhospiz** (1875m; **Gasth.*, Z. u. L. $3^1/_2$, F. $1^1/_2$, M. 4 fr.), ursprünglich eine Herberge für Wanderer über die Grimsel und Eigenthum der Landschaft Oberhasli, im hohen Sommer von Reisenden oft überfüllt. Holzschnitzarbeiten von Hans Abplanalp.

Der öde Bergkessel, der *Grimselgrund*, liegt 289m unter der Paßhöhe (S. 173). Kahle Felsen bilden die Umgebung, hier und da an der Sonnenseite mit dürftigem Gras und Moos bewachsen. Jenseit des kleinen dunklen fischlosen *Grimsel-Sees* eine spärliche Weide *(Seemättli)*, die während eines oder zweier Monate die dem Hospiz gehörigen Kühe ernährt. Der zackig aufragende Berg gegen W. über der Schlucht, aus welcher die Aare kommt, ist das *Agassizhorn* (3956m), das nördl. Fußgestell des *Finsteraarhorns* (S. 172). Diese selbst ist vom Hospiz nicht sichtbar, wohl aber von dem leicht zugänglichen Felshügel c. 150 Schritte nördl.

Ausflüge vom Grimselhospiz (vgl. Karten S. 106 u. 156). ***Kleines Siedelhorn** (2768m), 3 St. (F. 6 fr.), leicht und lohnend. [Das *Große Siedelhorn* (2881m) liegt weiter s.w.; Aussicht weniger lohnend.] Der Weg zweigt bei der (1 St.) Wegscheide auf der Grimsel, wo die Wege nach dem Rhonegletscher und Obergestelen sich trennen, r. ab; er ist meist gut, nur die letzte Viertelstunde etwas mühsamer, da der Gipfel mit zertrümmerten Granitblöcken bedeckt ist. Die Aussicht ist großartig, gewaltige Bergriesen stehen ringsum: w. Schreckhorn, Finsteraarhorn und Fiescherhörner, n.ö. die hohe Kuppe des Galenstocks, von welchem der Rhonegletscher sich herabsenkt, s. die Kette des Ober-Wallis mit ihren zahlreichen Gletschern, namentlich dem Griesgletscher, s.w. fern Alphubel, Mischabel, Matterhorn, Weißhorn etc. (vgl. das Panorama von Dill). — Wer nach *Obergestelen* (S. 296) will, braucht vom Kl. Siedelhorn nicht zum Grimselpaß zurück, sondern steigt (Führer rathsam) an der SO.-Seite des Berges hinab, wo man dann bald den Reitweg erreicht; s. S. 173.

Zum Pavillon Dollfus, 3-4 St. (hin und zurück 7 St.; F. 10 fr.). Die *Aare* strömt w. vom Hospiz aus zwei gewaltigen Gletschern hervor, dem Unter- und Oberaargletscher, beide durch die *Zinkenstöcke* von einander getrennt. Der Unteraargletscher entsteht durch die Vereinigung des *Finsteraar-* und *Lauteraar-Gletschers*, die am Fuß des *Im Abschwung* (3143m) genannten Felsgrats zusammenfliessen, aber noch bis weit unterhalb durch eine gewaltige, an manchen Stellen 30m h. Mittelmoräne geschieden sind. Am Fuss des Abschwung (2490m) hatte der schweiz. Naturforscher *Hugi* im J. 1827 eine Hütte erbaut, die bereits 1840 durch das Vorrücken des Gletschers 1300m von jenem Felsvorsprung entfernt lag. Im J. 1841 ff. machten hier Agassiz aus Neuenburg, Desor, C. Vogt, Wild u. a. ihre berühmt gewordenen Beobachtungen, von welchen die Augsb. Allg. Zeitung damals berichtete, datirt aus dem „Hôtel des Neuchâtelois", einer unter einem gewaltigen, aus der Mittelmoräne vorragenden Glimmerschiefer-Block errichteten, längst verschwundenen Steinhütte. Später erbaute Hr. Dollfus-Ausset aus Mülhausen weiter abwärts an der N.-Seite des Lauteraargletschers den **Pavillon Dollfus** (2393m), jetzt als Clubhütte eingerichtet (vgl. S. 161). Besuch interessant und gefahrlos: Reitweg vom Hospiz über den geröllbedeckten *Aareboden* zum ($1^1/_4$ St.) Gletscherende (1878m), hier r. auf schmalem Pfad an der Felswand hinan, dann über die Geschiebe und Steinblöcke der Endmoräne allmählich empor. Nach c. 40 Min. betritt man den gut gangbaren Gletscher, übersteigt weiter aufwärts (unterwegs schöne Gletschertische) die Mittelmoräne und überquert den hier oft ziemlich zerklüfteten Lauteraargletscher; zuletzt an der Bergwand steil hinan zur (1 St.) Clubhütte, auf einem Felsvorsprung prächtig gelegen, mit trefflichem Ueberblick des Unteraargletschers; gegenüber Zinkenstöcke, Thierberg, Scheuchzerhorn, Escherhorn, im Hintergrund über dem Finsteraargletscher das mächtige Finsteraarhorn; r. vom Abschwung die gewaltigen Lauteraar- u. Schreckhörner. — Man kann die Wanderung über den Gletscher bis zum ($^3/_4$ St.) Fuß des Abschwung (s. oben) fortsetzen, wo man das Finsteraarhorn in seiner ganzen Größe überschaut. Ungefähr dem Pav. Dollfus gegenüber liegt in der Mittelmoräne am Lauteraargletscher ein Felsblock mit den Namen: „Stengel 1844, Otz, Ch. Martins 1845", von dem oben erwähnten „Hôt. des Neuchâtelois" herrührend, im Aug. 1884 wiederaufgefunden und damals c. 2400m von seinem ursprünglichen Standort entfernt.

Ein geübteren Bergsteigern ohne besondere Mühe zugänglicher, sehr lohnender Aussichtspunkt ist das **Ewigschneehorn** (3331m): vom Pavillon Dollfus über den Lauteraargletscher bis an den Fuß des Berges (2558m) $1^1/_2$ St., *Gauligrat* (3127m) 2 St., Gipfel $^3/_4$ St. (vgl. S. 170).

Das **Finsteraarhorn** (4275m), der höchste Gipfel der Berner Alpen, wurde zuerst 1812, dann 1829, darauf zweimal im J. 1842, neuerdings nicht selten erstiegen (F. ab Hof oder Meiringen 70, ab Grindelwald 90, ab Concordiahütte 60 fr.). Vom Grimselhospiz aus übernachtet man in der *Oberaarjochhütte* (s. unten); von da zur *Gamslücke* (c. 3400m) zwischen Rothhorn u. Finsteraarhorn, dann längs der Westflanke des letztern zum *Hugisattel* (4025m) und zum (7-9 St.) Gipfel (am meisten zu empfehlender Weg). Die Besteigung von der Oberaarhütte über die Ostwand und den SO.-Grat ist sehr schwierig (7-8 St.). Von Grindelwald aus übernachtet man in der *Schwarzegghütte* (S. 161), von da über das *Finsteraarjoch*, *Agassizjoch* (3850m) und den *Hugisattel* in 9-10 St. (wegen Steinfalls gefährlich, als Abstieg keinenfalls rathsam). Vom Eggishorn aus übernachten in der (5 St.) *Concordiahütte* (S. 298), von da über die *Grünhornlücke* (3305m), den *Walliser Fiescherfirn* und den *Hugisattel* in 8 St. Die Besteigung ist auch bei günstigen Schneeverhältnissen sehr anstrengend und schwierig und nur für durchaus erprobte Bergsteiger mit Führern ersten Ranges ausführbar.

PÄSSE. Von der Grimsel nach Fiesch oder zum Eggishorn über das Oberaarjoch, 13 St., anstrengend aber lohnend (2 F. à 40, mit Oberaarhorn 50 fr.). Ueber den *Oberaargletscher* in 6-8 St. zu der prächtig gelegenen *Clubhütte* am Oberaarjoch (3233m), s. vom *Oberaarhorn* (3643m; von Schwindelfreien in $1^1/_2$ St. zu besteigen). Hinab über den *Studerfirn*, am *Rothhorn* (3549m) vorbei (am s. Fuß das *Rothloch*, 2805m, wo bei Finsteraarhorn-Besteigungen früher übernachtet wurde); dann entweder über den zerklüfteten *Fiescher-Gletscher* schwierig und unter Umständen gefährlich hinab zur *Stockalp* (S. 297) und zum (7 St. von der Paßhöhe) *Hôtel Jungfrau-Eggishorn* (S. 297); oder besser über die *Grünhornlücke* (s. oben) zur *Concordiahütte* (S. 198), dann über den *Gr. Aletschgletscher* zum Hôt. Eggishorn. — Ueber das Oberaar-Rothjoch (3325m), s. vom Oberaarjoch, nicht besonders schwierig. — Über das Studerjoch, 14-15 St. bis Fiesch, schwierig. Über den *Unteraar-* und *Finsteraargletscher* zum Studerjoch (3428m) zwischen *Oberaarhorn* (s. oben) und *Studerhorn* (3637m); letzteres, mit prächtiger Aussicht, von der Paßhöhe in $^3/_4$ St. unschwer zu ersteigen; hinab über den *Studerfirn* und *Fiescher Gletscher* (s. oben).

Von der Grimsel nach *Grindelwald* über die *Strahlegg*, das *Finsteraar-* oder *Lauteraarjoch* s. S. 161. Von der Grimsel zur *Furka* direkt über das *Nägelisgrätli* (F. 12 fr.) s. S. 114; über die *Triftlimmi* zur *Trifthütte* s. S. 124.

Vom Hospiz steigt der Weg, zum Theil mit Steinplatten belegt und durch Stangen bezeichnet, in Windungen den **Grimsel-Paß** (2164m) hinan, welcher das Haslithal mit dem Ober-Wallis verbindet. Nach $^3/_4$ St. zweigt der Weg nach Obergestelen r. ab (s. unten). Auf der ($^1/_4$ St.) Paßhöhe *(Hauseck)*, Grenze zwischen Bern und Wallis, liegt der kleine *Todtensee.*

Im J. 1799 diente der See Oesterreichern und Franzosen als Begräbnisort. Die erstern hatten mit den Wallisern sich auf der Grimsel festgesetzt, wurden aber am 14. Aug. von den Franzosen unter Führung des Guttanner Bauern Fahner über das *Nägelisgrätli* (S. 114) umgangen und ins Wallis zurückgedrängt. Die Franzosen schenkten dem Bauer auf seinen Wunsch den Rätherichsboden (S. 171), die Berner Regierung zog aber einige Monate später das Geschenk zurück.

Wer nach dem *Wallis* hinab will und den Rhonegletscher bereits kennt, kann von der Grimsel direkt nach *Obergestelen* (S. 296) wandern. Der Weg zweigt $^1/_4$ St. vor der Paßhöhe r. ab (s. oben), steigt über steinige Hochflächen noch bis 2204m und senkt sich dann, mit prächtigen Blicken auf die Walliser Alpen und die Gotthardgruppe, anfangs auch auf den Absturz des Rhonegletschers, hinab nach (2 St.) Obergestelen (bergan $2^1/_2$-3 St., bei trübem Wetter Führer rathsam, 4 fr.). — Die Besteigung des *Kl. Siedelhorns* ist mit diesem Wege gut zu verbinden (s. S. 172).

Von der Paßhöhe führt der Weg l. an der Nordseite des Todtensees vorbei und senkt sich dann ziemlich steil an 400m tief an der **Maienwang** hinab, einem abschüssigen Bergabhang mit reicher Flora, besonders Alpenrosen, und schönen Blicken auf den Rhonegletscher und Galenstock, zum ($^3/_4$ St.) *Rhonegletscher-Hotel* (S. 295). Von hier nach *Brig* s. R. 81; über die *Furka* nach *Andermatt* s. R. 33.

## 53. Von Spiez nach Leuk über die Gemmi.

*Vergl. Karte S. 142.*

14 St. Post von Spiez nach Kandersteg (28,6km) tägl. Vm. in 5¼ St. (5 fr. 85 c., Coupé 7 fr. 75 c.); auch Omnibus tägl. Nm. in 5 St. (zurück Vm. in 4 St.). Einsp. zum Heustrichbad 5, Zweisp. 10, nach Frutigen 10 u. 18, Adelboden 18 u. 32, Blauen See 12 u. 22, Kandersteg 18 u. 32 fr., mit Benutzung der Pferde zum Reiten bis zur Gemmi 30 u. 55 fr. — Von Thun nach dem Heustrichbad Omnibus tägl. 4 U. Nm. (2½ fr.); Einsp. 10, Zweisp. 18, nach Frutigen 13 u. 24, Kandersteg 22 u. 40 fr.

Die **Gemmi** ist einer der lohnendsten und meistbegangenen Alpenpässe. Bis Kandersteg (von Spiez 30km) Fahrstraße, von da über die Gemmi bis Bad Leuk (5½ St.) guter Saumpfad (Führer entbehrlich), dann wieder Fahrstraße (bergab 2½, bergan 3½ St.) bis ins Rhonethal.

**Spiez** *(Spiezer Hof)* s. S. 141; Fuhrwerk und Postbureau am Landeplatz. Die Straße steigt zwischen Häusern und Obstbäumen und theilt sich nach 10 Min. auf der Höhe am obern Ende von Spiez: l. nach Faulensee und Interlaken (s. unten), rechts nach Wimmis und Kandersteg. Letztere Straße (nach wenigen Schritten l. ab direkter Fußweg nach Spiezwyler) führt über *Spiezmoos*, wo r. die Thuner Straße einmündet, in weitem Bogen nach (25 Min.) *Spiezwyler* (Bär) und theilt sich hier abermals: r. nach Wimmis (S. 139), l. nach Kandersteg. Weiter über den Höhenrücken zwischen Thunersee und Kanderthal (l. Sigriswyler Rothhorn u. Ralligstöcke), dann hoch auf der r. Seite des letztern; r. der Niesen, an seinem w. Fuß Wimmis, geradeaus die Schneeberge des Kienthals. Nach ¼ St. zweigt l. ab die Straße nach (3,5km) *Aeschi* (s. unten). ¾ St. (6,3km von Spiez) *Emdthal* (Whs.), gegenüber dem am l. Ufer der Kander gelegenen vielbesuchten ***Heustrich-Bad** (702m) mit alkal.-salin. Schwefelquelle (Pens. ohne Z. 3½-6 fr.). Auf den *Niesen* s S. 139; l. führt ein Fußweg nach (20 Min.) *Aeschi* (s. unten). Vor (25 Min.) **Mülinen** (690m; **Bär*, nicht theuer) über den *Suldbach*.

Weit lohnender ist der Weg von Spiez über Aeschi nach (2 St.) Mülinen. Fahrstraße in 1½ St. (Einsp. 6, Zweisp. 12 fr.), steilerer Fußpfad in 1¼ St. nach **Aeschi** (859m; **H.-P. Blümlisalp*, Pens. m. Z. 5-7 fr.; **H.-P. Niesen*), Dorf auf der Höhe zwischen dem Thuner See und dem Kanderthal, mit reizender Aussicht, als Luftkurort besucht (20 Min. n. das *Faulenseebad*, S. 141). Hinab nach Emdthal oder Mülinen ½ St. — Nach Saxeten lohnender Uebergang (7½ St.): Fahrweg von Aeschi über *Aeschi-Ried* ins *Suldthal* zur (2 St.) *untern Suldalp* (1042m), dann Saumweg am schönen *Suldbachfall* vorbei zur (1¼ St.) *Schlierenalp* (1425m); l. hinan zum (1½ St.) **Renggli-** oder **Tanzbödeli-Paß** (1880m), zwischen *Morgenberghorn* und *Schwalmern*; hinab über die *Hinter-Bergli-Alp* nach (1½ St.) *Saxeten* (S. 149). Das **Morgenberghorn** (2251m) ist vom Paß in 1½ St. zu ersteigen (für Ungeübte nicht ohne Führer; auch von Aeschi direkt über *Aeschi-Allmend*, den *Sonnenberg* und die *Hutmad-Alp* in 5 St.). Lohnender, aber auch rauher ist die **Schwalmern** (2785m); Aufstieg durchs Suldthal, Abstieg über die *Sulegg* (S. 149) nach Saxeten oder Isenfluh. — Von Aeschi nach Interlaken über *Krattigen* (Stern), *Leißigen* (Steinbock) und *Därligen* (S. 142), 3 St., reizender Weg.

Die Straße theilt sich, r. geradeaus die kürzere. Die Post fährt über (¼ St., 8,3km) **Reichenbach** (712m; *Bär*, einf. gut), an der Mündung des *Kienthals* (vorher prächtiger Blick auf die Blümlisalp).

Durch das besuchenswerthe **Kienthal** führt ein Fahrsträßchen, stets mit schönen Blicken auf Büttlassen, Gspaltenhorn und Blümlisalp, über das Dorf (1½ St.) *Kienthal* (sehr einf. Whs.) bis zur großen (1½ St.) *Tschingel-Alp*

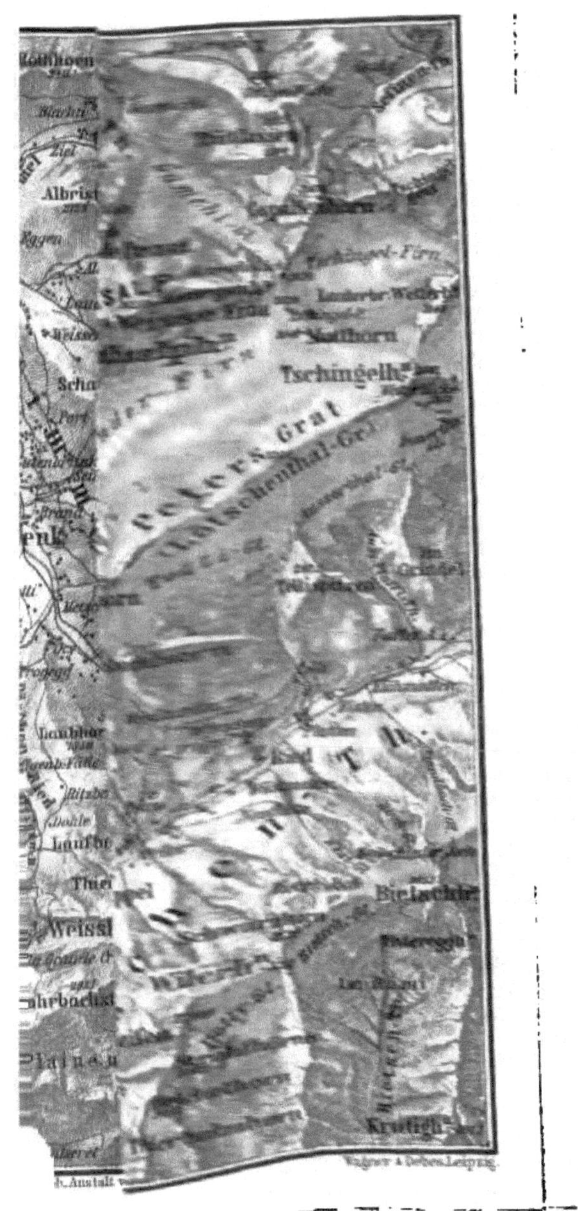
Albrist
Tschingelh.
Grat

(1153m); 10 Min. davon der *Pochlenbachfall* mit dem **Hexenkessel*, einer Art Gletschermühle in Action (sehenswerth, F. rathsam). Von hier über die *Sefinenfurgge* nach *Mürren* (8-9 St.) und über das *Hohthürli* nach *Kandersteg* s. S. 151. Ö. wird das Thal von dem zerklüfteten *Gamchigletscher*, aus dem der *Pochlenbach* abfließt, geschlossen. Sehr lohnender Übergang, aber nur für tüchtige Bergsteiger mit guten Führern, über die **Gamchilücke** (2838m), zwischen Blümlisalp u. Gspaltenhorn, auf den *Tschingelfirn* (S. 154); von da entweder über den *Petersgrat* nach Ried im Lötschenthal (S. 155), oder über den *Tschingelpaß* nach Kandersteg (S. 154), oder über den *Tschingeltritt* nach Lauterbrunnen (S. 154; Entfernungen: Tschingelalp-Steinenberg 1 St., Ende des Gamchigletschers 1½ St., Gamchilücke 2½ St., Ried 6-7, Kandersteg 6, Lauterbrunnen 4 St.). — Bergtouren aus dem Kienthal: *Schilthorn* (2871m, S. 152); Abstieg nach Mürren. — **Büttlassen** (3197m), von der *Dürrenberghütte* (2½ St. oberhalb Tschingel, s. S. 154) in 3½-4 St., mühsam (F. 25 fr.). — **Gspaltenhorn** (3436m), über den *Leitergrat* zwischen Büttlassen und Gspaltenhorn, sehr schwierig, nur für gute Kletterer (erste Besteigung durch Foster 1869); F. 70 fr. — **Wilde Frau** (3259m), von der *Frauenbalmhütte* (S. 153) über den *Blümlisalpgletscher* in 3 St., mühsam.

Die Straße überschreitet die Kander (l. prächtiger Blick in das Kienthal) und erreicht über (12,8km) *Wengi* das in fruchtbarem Thal gelegene

15,1km **Frutigen** (828m; **Bellevue*, mit hübscher Aussicht, Z. L. B. 2½, F. 1½ fr.; **Adler*; **Helvetia*), Marktflecken von 4021 E. am *Engstligenbach* (S. 180), der unterhalb in die Kander fließt. Bedeutende Zündhölzer-Fabrikation. Hübsche Aussicht besonders von der Kirche in das Kanderthal, auf Balmhorn, Altels, Doldenhorn etc., rückwärts auf die Ralligstöcke (S. 141).

Umfassender ist die Aussicht vom *Ueblenberg* (1458m), n.w. 1¼ St. oberhalb des Ortes. — *Gerihorn* (2132m), 3½-4 St. (F. entbehrlich), leicht u. lohnend. — Von Frutigen nach *Adelboden* (Post tägl. in 4 St.) s. S. 179.

Die Straße überschreitet den Engstligenbach und wendet sich r. in das Kanderthal, zwischen l. Gerihorn, r. Elsighorn; im Thalausschnitt vorn Balmhorn und Altels. Bei der (20 Min.) Ruine *Tellenburg* überschreitet sie die Kander (Fußgänger können bis fast zum Blauen See auf dem l. Ufer bleiben) und führt dann eben fort durch den freundlichen Thalboden von *Kandergrund*, zuletzt bergan nach (1 St.) *Bunderbach* (878m; Hôt. Altels), mit der Kirche und dem Pfarrhaus des Thals.

15 Min. jenseit des Hôt. Altels führt ein Weg r. in 8 Min. zu dem sehenswerthen ***Blauen See** (Besitzer Hr. Leemann-Boller), merkwürdig durch sein wunderbares Farbenspiel und seine malerische mit Tannen und Buchen bewaldete Umgebung; beste Beleuchtung Vormittags (am See **Hôt.-Pens.*, Pens. m. Z. 5½-7½ fr.). Eintritt incl. Fahrt auf dem See 80 c.

Nun weiter, vor (½ St.) *Mitthols* (962m) an der Ruine *Felsenburg* vorbei, dann stärker ansteigend in Windungen (kürzer der alte Weg) den *Bühlstutz* hinan (oben prächtiger Blick auf die Blümlisalp) zur Thalstufe von *Kandersteg* und am (1 St.) *Bühlbad* (1185m; einf. *Gasth., Pens. m. Z. 4½-5 fr.) vorbei nach (¼ St.)

28,6km **Kandersteg** (1169m). — Gasth.: *H. Victoria, Z. L. B. 3 fr., F. 1.50, M. 3.50; 25 Min. weiter in *Eggenschwand*, am oberen Ende von Kandersteg, *H. Gemmi, Z. L. B. 3-4, M. 4 fr.; *Bär, noch 6 Min. weiter, am Beginn des Anstiegs zur Gemmi, gleiche Preise (alle drei Hrn. Egger gehörig); *Bühlbad s. oben. — Führer (*Jakob Imobersteg*, Lehrer; *Johann* u. *Fritz Ogi*, *Christian Hari*, *Abr. Müller*, *Joh. Künzi*): bis Schwarenbach (F. unnöthig, 3, bergab 2 St.) 5 fr., Gemmi (Paßhöhe bergan 1, bergab ¾ St.) 7 fr., Leuker Bad (bergab 1½, bergan 2½ St.) 10 fr. — Pferd nach Schwarenbach 10, Gemmi 15 fr. (das Hinabreiten zu

Leuker Bad ist untersagt). — WAGEN (häufig billige Retourwagen zu haben) nach Frutigen einsp. 10, zweisp. 18 fr.; Spiez 18 u. 32, Thun 22 u. 40, Interlaken 25 u. 45 fr.

Ein großartiges Gebirgs-Panorama entfaltet sich hier: n.ö. das zerrissene Birrenhorn, östl. die schimmernden Schneewände der Blümlisalp oder Frau, das prächtige Doldenhorn, die kahlen Fisistöcke, s.w. zwischen Ueschinen- und Gasternthal aufstrebend das Gellihorn. An der w. Thalwand eine alte Moräne.

Ö. öffnet sich das besuchenswerthe OESCHINEN-THAL, mit dem prächtigen 20 Min. l., 10 Min. br. ***Oeschinen-See** (1592m). Der Weg ($1^1/_2$ St., F. 4 fr., unnüthig; Pferd 8 fr.) führt beim Hôtel Victoria l. ab am l. Ufer des *Oeschinenbachs* z. Th. durch Wald hinan, nach 50 Min. auf das r. Ufer, dann ziemlich steil zum See (einf. Erfr. beim Fährmann). Vom See steigen gewaltige schneebedeckte Berge auf, die *Blümlisalp*, das *Fründenhorn* und *Doldenhorn*, von deren steilen Felswänden Wasserfälle herabstürzen. Sehr lohnend eine Kahnfahrt auf dem See (bis zu der Schlucht in der SO.-Ecke und zurück 1 St.); wer diese nicht machen will, gehe l. um den See herum bis zum *Berglibach*, wo man den Gletschern gegenübersteht. Weiter zur *Oeschinen-Alp* und über den *Dündengrat* ins *Kienthal* (F. bis Reichenbach 20 fr.) s. S. 154.

Die **Blümlisalp** oder **Frau**, ein mächtiger Gebirgsstock, nach N. mit blendend weißem Firn bedeckt, nach S. in gewaltigen Felswänden zum Kandergletscher abstürzend, hat drei Hauptgipfel: w. der höchste, das *Blümlisalphorn* (3670m), in der Mitte der Firngipfel der *Weißen Frau* (3661m), ö. das *Morgenhorn* (3625m), und vier Vorgipfel: *Wilde Frau* (3259m, S. 175), *Blümlisalpstock* (3219m), *Blümlisalp-Rothhorn* (3300m) und *Oeschinenhorn* (3490m). Das Blümlisalphorn wurde zuerst 1860 von Leslie Stephen erstiegen, die Weiße Frau 1862 von A. Roth und E. v. Fellenberg, das Morgenhorn 1869 von H. Baedeker [die beiden ersteren von der *Frauenbalmhütte* am Dündenpaß, S. 154, wo übernachtet wird, über den *Blümlisalpgletscher* (c. 3180m) in 4-5 St.; beide mühsam aber höchst lohnend; F. je 50 fr.]. — **Doldenhorn** (3647m), 1862 von Roth u. Fellenberg zuerst erstiegen (von Kandersteg über Alp *Biberg* in 8 St.), schwierig (F. 40 fr.). — **Fründenhorn** (3367m), 1871 von Ober u. Corradi zuerst erstiegen (von Kandersteg über die Alp *In den Fründen* in $10^1/_2$ St.), gleichfalls schwierig (F. 40 fr.). — Interessante aber schwierige Uebergänge führen über das *Oeschinenjoch* (c. 3180m), zwischen Oeschinen- und Fründenhorn, und das *Fründenjoch* (c. 3060m), zwischen Fründen- und Doldenhorn, vom Oeschinenthal auf den Kandergletscher.

***Dündenhorn** oder *Wittwe* (2868m), von Kandersteg über die *Obere Oeschinenalp* in 6 St., unschwierige Kletterpartie für geübte Bergsteiger (F. 20 fr.); prachtvolle Aussicht auf das ganze Blümlisalpmassiv. Man kann am Grat entlang zur *Frauenbalmhütte* (s. oben) wandern, von da nach Kandersteg zurück (im Ganzen 13-14 St.).

Sehr lohnender Spaziergang ($^3/_4$-1 St. weit) in das wilde **Gasternthal** (S. 182), aus welchem die Kander in malerischen Fällen hervorbraust. Guter Fußweg zwischen den Hôtels Gemmi und Bär auf dem l. Ufer der Kander durch die *Klus* (S. 182) steil aufwärts zum obern Thalboden, in den s. die Wände des Tatlishorns und Altels senkrecht abstürzen (prächtiger Wasserfall des *Geltenbachs*). — Hübsche Ausflüge (für Ungeübte Führer rathsam) von Kandersteg ö. zur ($2^1/_2$ St.) *Fisi-Alp* (1966m), w. zur (2 St.) *Allmen-Alp* (1730m), beide mit schöner Aussicht.

Von Kandersteg über die *Bonderkrinden* nach *Adelboden* s. S. 180 (F. 10 fr.); über den *Lötschenpaß* nach *Gampel* im Wallis s. R. 55 (F. 20 fr.). — Über den ***Tschingelpaß** nach *Lauterbrunnen* s. S. 164 (12 St., F. 30 fr.; in umgekehrter Richtung mehr zu empfehlen, da im Gasternthal keine ordentliche Unterkunft zu finden und der Anstieg bis zum Paß sehr lang und ermüdend). — Über den ***Petersgrat** ins Lötschenthal (11-12 St. bis Ried, F. 40 fr.), sehr lohnend, vgl. S. 155. Auf dem Tschingelpaßwege bis zur Höhe des Kanderfirns, dann r. über Firnhänge zur Paßhöhe des *Petersgrats* (3205m), mit prächtiger Aussicht; hinab durchs *Fafler-* oder *Tellithal* nach Ried (S. 181).

Beim Gasth. zum Bären (s. S. 175) hört die Fahrstraße auf und ein trefflich gehaltener Saumweg beginnt; r. der aus dem *Oeschinen-*

*thal* kommende *Alpbach* mit kleinen Fällen. Der Weg windet sich unter dem *Gellihorn* („Mittaghorn", 2289m) an der Bergwand, welche das Thal schließt, in 35 Kehren hinan und führt dann in mäßiger Steigung hoch über dem *Gasternthal* (S. 182) durch Tannenwald in die Höhe, mit schönen Blicken auf Fisistock, Doldenhorn etc. Nach $2^1/_2$ St. liegen r. die Sennhütten der *Spitalmatte* (1902m). Ö. zwischen dem weißen *Altels* (3636m) und der schwarzen Felsspitze des *Kleinen Rinderhorns* (3007m) (daneben der Schneekegel des *Großen Rinderhorns*, 3457m) ist der *Schwarzgletscher* eingebettet, aus dem der *Schwarzbach* abfließt. Dann durch eine wilde Steinwüste, von einem Bergsturz herrührend, zum ($^1/_2$ St.) **Gasth.* an der **Schwarenbach** (2067m; Z. L. B. $3^1/_4$, F. $1^1/_2$ fr.), mit kl. See.

**Das Balmhorn** (3711m), über den *Schwarzgletscher* und *Zagengrat* in 5-6 St. zu ersteigen (mühsam, doch ohne Gefahr, F. 30 fr.), bietet eine großartige Rundsicht über die nördl. Schweiz und die ganzen Berner und Walliser Alpen. — **Altels** (3636m), weniger lohnend, doch interessant (5-6 St., F. 25 fr.); bei wenig Schnee oft langes Stufenhauen erforderlich. Schwindelfreie können das Balmhorn mit dem Altels verbinden (F. 50 fr.). — **Wildstrubel** (3251m), von der Gemmi über den *Lämmerngletscher* in 4-$4^1/_2$ St., beschwerlich (vgl. S. 183; F. 25, mit Abstieg nach der Lenk 35 fr.).

In $^1/_2$ St. erreicht man den 20 Min. langen, 3-6m tiefen **Daubensee** (2214m), vom Lämmern-Gletscher (s. unten) genährt, ohne sichtbaren Abfluss, 7 Monate gewöhnlich zugefroren. Der Weg führt sanft ansteigend am ö. Ufer hin und erreicht 10 Min. vom S.-Ende des Sees die Paßhöhe der **Gemmi** oder **Daube** (2329m; *Hôt. Wildstrubel*, Z. L. B. 4, F. 2 fr.), dicht unter dem *Daubenhorn* (2952m). Prächtige *Aussicht auf das Rhonethal und die Walliser Alpen (Panorama von Imfeld): l. die Mischabelgruppe (Balfrinhorn, Ulrichshorn, Nadelhorn, Dom, Täschhorn); weiter r. Monte Rosa, Barrhorn, Brunnegghorn, dann das gewaltige Weißhorn, Zinal-Rothhorn, Ober-Gabelhorn, die stumpfe Pyramide des Matterhorns, Pointe de Zinal, Dent Blanche, Bouquetins, Dents de Veisivi; r. vom Daubenhorn der Circus des Wildstrubel mit dem Lämmerngletscher. Unten in schwindelnder Tiefe Bad Leuk, weiter Inden (S. 179). Reiche Flora.

4 Min. unterhalb des Passes steht eine Steinhütte, am Rande eines plötzlich sich öffnenden Abgrunds. An dieser 506m h. fast senkrechten Wand haben die Kantone Bern und Wallis in den J. 1736-41 eine der merkwürdigsten Alpenstraßen erbaut, bis zum Leuker Bad 3287m lang. Die Windungen sind zweckmäßig in den Felsen eingehauen, oft einer Wendeltreppe ähnlich. Einigemal ragt die obere Windung des nie unter $1{,}5$m breiten Weges über die unmittelbar darunter befindliche hinaus; an den steilsten Stellen sind Brustwehren und Geländer angebracht. In der Schlucht fängt sich der Schall, so daß die Rede Entfernter neckisch wie hoch aus der Schlucht zu ertönen scheint. So luftig auch der Weg sich ausnimmt, so wenig wirkliche Gefahr ist vorhanden; selbst ein zum Schwindel geneigter Wanderer wird in Begleitung eines schwindelfreien den Weg bergauf (vom Bad bis zum Fuß der Gemmi 1 St., die Wand hinan $1^1/_2$ St.) ohne alle Gefahr, und selbst bergab wohl

machen können. Das Hinabreiten ist untersagt. Im J. 1861 stürzte eine Gräfin d'Herlincourt aus dem Sattel die Felswand hinab, weil sie ihr Pferd selbst lenken wollte; ein Marmorkreuz 1/4 St. unter der Paßhöhe erinnnert daran. Bei der „Blauen Fluh" sieht man gegenüber an der Felswand eine jetzt unzugängliche Leiter und andere Reste eines alten Wachthäuschens, bis zu dessen Fuß die Schlucht einst mit Schutt gefüllt war. — 1 1/2 St.

**Bad Leuk.** — Gasth.: *H. des Alpes, Z. u. B. 3 1/2, F. 1 1/2, M. 4 1/2 fr., Pens. 8-11 fr.; *Maison Blanche mit Dependance Grand Bain; *H. de France; *Union, Z. L. B. 3, M. 4 fr. (auch Restaur., Bier); *H. des Frères Brunner, M. 3 fr.; Bellevue; Wilhelm Tell, nicht theuer; Rößli, Croix Fédérale, beide einf. — Pferd bis Kandersteg 20, Schwarenbach 12, Daubensee 8 fr.; *Gepäckträger* bis Kandersteg 10, Schwarenbach 6, Höhe der Gemmi 4 fr. — Post (im H. de France) nach Station Leuk im Sommer tägl. Vorm. in 2 St. (3 fr. 95 c.); *Einspänner* für 1-2 Pers. 12, 3 Pers. 15, Zweisp. 25 fr.

*Bad Leuk* (1411m), franz. *Loèche-les-Bains*, von den Walliseern *Baden* genannt, berühmtes Bad, ist ein kleines Dorf mit meist hölzernen Häusern und 620 Einw., 887m unter der Gemmi, auf grünen Matten in einem Bergkessel gelegen, der nur gegen Süden, wo die *Dala* sich durchwindet, einen Ausgang zeigt. Im Juli und August finden sich zahlreiche Badegäste ein, meist Schweizer, Franzosen und Italiener. Der starke Damm gegen Osten dient als Schutz gegen Lauinen. Im höchsten Sommer verschwindet die Sonne schon um 5 U. Nm. Heller Mondschein wirft ein fast geisterhaftes Licht auf die gewaltige senkrechte Gemmiwand, „grawsame Felsen, die bis zum Himmel steigen und seind erschrockenlich anzusehen". *(Seb. Münster, 1550.)*

Die **Quellen**, warme Gipsthermen (27-40° R.), etwa 22 an der Zahl, entspringen in und beim Dorf; 9/10 des Wassers fließt unbenutzt in die *Dala*. Die stärkste und heißeste ist die Lorenzquelle. Das Wasser scheint indess seine Wirkung weniger seinen Bestandtheilen, als der eigenthümlichen Art seiner Anwendung zu verdanken. Die Kur dauert 25-30 Tage: am 6.-16. Tage beginnt der Ausschlag (ein über den ganzen Körper sich ausbreitendes Exanthem), vom 18.-25. Tage ab vergeht er wieder. Der Leidende beginnt mit einem 1/2stünd. Bad und steigt dann allmählich, sodaß er nach drei Wochen 5 St., 2-3 St. Vor- und 1-2 St. Nachmittags im Wasser sitzen bleibt. (Nach dem Bad muß man gewöhnlich noch 1 St. im Bett zubringen.) Um die mit einer solchen Badeart unvermeidliche Langeweile zu beseitigen, sind gemeinschaftliche Bäder eingerichtet, wobei manchem schwer werden mag, sich an den Gedanken zu gewöhnen, 5 St. mit einer Anzahl großentheils Unbekannter in einem und demselben, in dieser Zeit nicht erneuten Wasser zu verweilen. Auch Familien- und Einzelbäder sind zu haben (das Bad 2 fr.).

Die Bäder im *alten* und *neuen Badehaus* sind 1m tief und für Männer und Frauen getrennt. Zuschauer (Hut abnehmen) werden auf die Gallerie zugelassen, wo ihnen eine Sammelbüchse „pour les pauvres" präsentirt wird. Es überrascht, die Badenden, mit wollenen Mänteln und Halskragen bekleidet, in gemeinschaftlicher meist französisch geräuschvoller Unterhaltung zu sehen, auf dem Wasser kleine Tische mit Kaffeetassen, Zeitungen, Tabaksdosen, Büchern und anderm Zeitvertreib. Alle Bäder sind 5-10 U. Vm. und 2-5 U. Nm. zur Benutzung offen. Douchebäder stehen damit in Verbindung.

Ausflüge. Von der *Kurpromenade* führt ein theilweise schattiger Weg mit hübscher Aussicht bis zum Fuß einer hohen Felswand (1/2 St.) am l.

Ufer der Dala. Man steigt nun an acht aufrecht stehenden an den Felsen befestigten schlechten LEITERN (*Echelles*) empor, und gelangt von da auf bequemen Wegen in 1 St. zu dem Dorf *Albinen* (1277m), frz. *Arbignon*. Wer an Schwindel leidet, wird auf diesen Ausflug gern verzichten, indeß wird auch ein Beharrlicher mit der schönen Aussicht, die man nach Ersteigung der zweiten Leiter an dem Felsvorsprung hat, sich wohl begnügen. Das Herabsteigen ist schwieriger als das Hinaufsteigen.

Andere Ausflüge: *Fall der Dala* 1/2 St.; *Feuillerette-Alp* (1783m), mit prächtigem Blick auf Altels, Balmhorn und Gemmiwand, 3/4 St.; *Fluh-Alp* (2045m) 2 1/2 St.; *Torrent-Alp* (1934m) 1 1/2 St. Eine großartige Aussicht auf die Berner und Walliser Alpen bietet das *Torrenthorn (3003m); 4 1/2 St., Reitweg bis fast zur Spitze (Pferd 15 fr.; Führer angenehm, 10 fr.). Wer denselben Weg nicht zurückgehen will, kann (nur m. F.) über den *Majinggletscher* absteigen. Wer aus dem Rhonethal kommt und auf das Torrenthorn will, erspart eine gute Strecke Wegs, wenn er von Stadt Leuk (s. unten) geradezu nach Albinen geht, von da m. F. über *Chermignon* (1916m) auf das Torrenthorn und von diesem erst nach Bad Leuk hinab (der Abstieg über die oben genannten Leitern, den die Führer gern nehmen, ist namentlich bei nassem Wetter zu vermeiden). Auch das *Galmhorn* (2483m), bei Chermignon, wird häufig bestiegen (2 1/2 St. von Bad Leuk, über die Torrentalp). Chermignon selbst bietet für solche, die nicht höher steigen wollen, eine prächtige Aussicht über das ganze Rhonethal und die Walliser Alpen. — Übergänge ins Lötschenthal über die *Gitzifurgge* oder nach Kandersteg über den Gitzifurgge und den *Lötschenpaß*, beschwerlich; ins Lötschenthal über den *Ferdenpaß* unschwierig und lohnend, vgl. S. 181; nach Adelboden über den *Engstligengrat* (7-8 St.), lohnend (S. 181).

Die Straße überschreitet gleich unterhalb Bad Leuk die *Dala* und führt am r. Ufer abwärts nach (1 St.) **Inden** (1137m; **Restaur. des Alpes*). 1/2 St. weiter auf stattlicher Brücke (*Restaur. du Pont) wieder auf das l. Ufer, mit schönen Blicken in den Dalaschlund.

Fußgänger schneiden bedeutend ab, wenn sie beim Restaur. des Alpes zu Inden l. den alten Saumpfad einschlagen, der vor der Brücke wieder auf die Landstraße trifft, dann, 25 Min. jenseit der Brücke, hinter dem Heiligenhäuschen *St. Barbara* (914m; Handweiser) von der Straße wieder r. ab nach Leuk hinab. Bergab gebraucht man dann vom Leuker Bad bis zum Bahnhof Leuk-Susten 2-2 1/2, bergan 3-3 1/2 St. — Nach Siders direkte Fahrstraße, 1/2 St. unterhalb Inden in der Dalaschlucht von der Leuker Straße r. ab, durch mehrere Tunnel, dann an der Bergwand allmählich hinab über *Varen* und *Salgesch* (bis Siders 2 St.).

Die Straße verläßt die Dalaschlucht hoch über dem Rhonethal und führt in langen Kehren an der Bergwand hinab, mit prächtiger Aussicht thalabwärts bis gegen Martigny hin.

1 St. **Leuk**, franz. *Loèche-Ville* (753m; *Krone*, Z. 2, M. 3, F. 1 fr. 20 c.), Städtchen (1548 Einw.) mit malerischer alter Burg, auf einer Anhöhe über der Rhone, beim Beginn des Weinwachses im Rhonethal. Eine Brücke führt über die Eisenbahn und die Rhone nach (1/2 St.) Station *Leuk-Susten* (623m; *Bahnrestaur.); s. S. 288.

## 54. Das Adelboden-Thal.

*Vergl. Karte S. 174.*

Von Spiez nach *Adelboden* (31,5km) Post tägl. 7.15 Vm. (ab Frutigen 10.05) in 6 St. (5 fr. 40 c.); Einspänner 18, Zweisp. 32 fr., von Frutigen 10 u. 18 fr. — Das grüne, vom *Engstligbach* durchflossene **Adelbodenthal** ist eines der anmuthigsten Bergthäler des Oberlandes. Das obere, vom Lohner und Wildstrubel abgeschlossene Thalende ist großartig; das Dorf Adelboden selbst bietet eine Fülle kleinerer und größerer Ausflüge und wird als Sommerfrische und Luftkurort viel besucht.

*Frutigen* (828m) s. S. 175. Die neue Straße steigt allmählic' am l. Engstligufer, über mehrere Wildbäche, die r. von den bewaldeten Bergwänden herabkommen, und unter der *Linterfluh* (Felssprengungen) vorüber. Bei (2 St.) *Rinderwald* tritt sie auf kühner Brücke auf das r. Ufer; weiter am Whs. *Steg* und dem *Pochtenkessel* (2 Min. unterhalb der Straße, s. unten) vorbei bis *Hirzboden*, hier unterhalb des *Armenspitals* wieder auf das l. Ufer und hinan nach ($1^1/_2$ St., 16km von Frutigen) **Adelboden** (1356m; **H.-P. Wildstrubel*, Z. $1^1/_2$, M. 2-3, Pens. 4-7 fr.; **Adler;* **Pens. Hari*), großes Dorf mit 1579 Einw., auf sonniger Terrasse 120m über dem Engstligbach schön gelegen (Nadelholzwaldungen in der Nähe).

Ausflüge (Führer: *G. Fähndrich*, Lehrer; *Chr. Egger, Chr. Bärtschi, Joh.* u. *Sam. Pieren*). Nähere Spaziergänge: n. durch den *Außer-Schwand* nach der ($^3/_4$ St.) **Bütschegg**en (1366m), am Ausgang des Tschententhals, mit Ausblick auf das Frutigthal und die Niesenkette; umfassendere Aussicht vom *Hörnli* (1497m), $^1/_2$ St. höher am Wege nach der Tschentenalp. — **Cholerenschlucht** im Tschentengraben (1 St.), mit interessanter vom Tschentenbach ausgewaschener Felsengrotte (Eingang von unten). — ***Pochtenkessel** ($1^1/_4$ St.), tiefe Klamm des Engstligenbachs unweit des Steg-Whses. (s. oben), 2 Min. unterhalb der Straße nach Frutigen. — **Wetter- oder Schermtanne** im *Allenbachthal* (1 St.), über *Stiegelschwand*; herrlicher Blick auf Wildstrubel und Lohner. — **Bonderlenthal** und *Lohnerwasserfälle* (bis zum Fuß der Lohnerfelswände 2 St.). Liebliches Alpenthälchen; schöner Wasserfall. Etwas höher gegen *Bonder-Alp* viel Alpenrosen. — **Engstligfälle** (2 St.), mächtiger 150m h. Wasserfall in 2 Absätzen (weiter zur *Engstligalp*, s. unten, beschwerlicher Steig, F. rathsam, 6 fr.). — Kleine Bergpartieen: **Kumisbergli** und **Höchst** (1946m), $2^1/_2$ St., über die Bäuert *Boden*; schöne Alp (viel Alpenrosen), vom Höchst Aussicht über das Adelbodenthal (F. 3 fr., entbehrlich). — **Schwandfeldspitze** (2027m), w. oberhalb des Dorfs, $2^1/_2$ St. (F. 4 fr., entbehrlich); sehr lohnende Aussicht. — **Regenbolshorn** (2195m), l. vom Hahnenmoos (s. unten), 3 St. (F. 6 fr.), gleichfalls lohnend. — ***Laveigrat** (2254m), $3^1/_2$-4 St. (F. 6 fr.), über die *Alp Sillern* und den *Sillerngrat* entlang; schöne Aussicht auf die Berner Alpen, die Waadtländer und Freiburger Gebirge; zu Füßen Bad Lenk.

Größere Bergtouren: **Bonderspitz** (2548m), 4-5 St. (F. 8 fr.), und **Elsighorn** (2346m), 5 St. (F. 8 fr.), beide leicht und lohnend. Auf der *Elsigalp* ein kl. See, in dessen Nähe Arven. — ***Albrist** (2704m), 5-6 St. (F. 12 fr.), nicht schwierig; prachtvolle Aussicht auf Berner u. Walliser Alpen. Aufstieg über die hochgelegene *Furggi-Alp* (2094m); lohnender Abstieg über das *Hahnenmoos* (F. 15 fr.). — **Gsür** (2711m), über *Schwandfeld* in 5 St. (F. 12 fr.), beschwerlich; schöner Blick auf die Berner Alpen. — **Groß-Lohner** (3055m), 7-8 St. (F. 30 fr.), mühsam, nur für Geübte. Prachtvolle Aussicht. — **Wildstrubel** (ö. Gipfel oder *Großstrubel* 3253m), 8-10 St. (F. 30 fr.), über die *Engstlig-Alp* (übernachten) und die *Strubelegg* (2930m), beschwerlich, nur für Geübte; großartige Aussicht auf die ganze Walliser Kette, Lämmerngletscher, Plaine morte etc. Abstieg event. über den zerklüfteten *Lämmerngletscher* nach der *Gemmi* (S. 177; F. 40 fr.). — **Felsenhorn** (2796m), über den *Engstligengrat* (s. unten) in 7 St. (F. 15 fr.), sehr lohnend; schöne Aussicht auf die Umgebung der Gemmi, Berner u. Walliser Alpen.

Übergänge. Nach der Lenk über das **Hahnenmoos** (1954m), 4-5 St., unschwierig; F. 8, Pferd 15 fr. Der Weg hat einige sumpfige Stellen; vor der Paßhöhe eine große Sennerei. Im Hinabsteigen schöne Aussicht über das obere Simmenthal, auf Wildstrubel, Weißhorn und Räzligletscher.

Nach Kandersteg über die **Bonderkrinden** (2387m) oder den **Allmengrat** (2530m) 6 St. (F. 10 fr.), unschwierig, lohnend. Besteigung des *Bonderspitz* (s. oben) damit leicht zu verbinden. — Nach Schwarenbach über *Bonderkrinden, Ueschinenthal* und *Schwarzgrätli* (s. unten), 8-9 St. (F. 15 fr.), ziemlich mühsam. — Nach Schwarenbach-Gemmi über den **Engstligengrat**, 7-9 St., F. 15 fr., ziemlich beschwerlich, aber lohnend. Von Adelboden s. an den *Engstligfällen* (s. oben) vorbei zur (3 St.) *Engstligalp* (1938m), einem weiten Alpenkessel am Fuß des *Wildstrubel* (S. 183); dann über den (2 St.) **Engstligengrat** (2619m) an dem merkwürdigen *Tschingelochtighorn* (2740m) vorbei hinab ins *Ueschinenthäli*, mit kl. See (l. in der Tiefe das *Ueschinenthal*, S. 176). Nun entweder l. über das *Schwarzgrätli* (2896m) nach (2 St.) *Schwarenbach* (S. 177); oder über den *Ueschinenthäli-Gletscher*, an der W.-Seite des *Felsenhorns* (S. 180) wieder bergan, hinab durch die *Rothe Kumme* zum *Daubensee* und (4 St.) *Gemmipaß* (S. 177). Unterwegs reiche Alpenflora (viel Edelweiß).

## 55. Von Gampel nach Kandersteg. Lötschenpaß.

*Vergl. Karte S. 174.*

12 St., nur von rüstigen Wanderern bei gutem Wetter zu unternehmen; Führer nöthig (von Ferden oder Ried bis Kandersteg 15, von Gampel 20 fr.). Das *Lötschenthal* ist auch an sich besuchenswerth; bis Goppenstein steiler und schlechter Fahrweg, dann Saumweg bis Ried und Gletscherstaffel.

Von **Gampel** (840m; *Hôt. Lötschenthal*), 20 Min. n. von der gleichn. Station (S. 288) auf dem r. Rhone-Ufer gelegen, da wo die *Lonsa* aus dem *Lötschenthal* hervorströmt, führt der Weg, zuerst steil ansteigend, durch eine enge, den Lauinen sehr ausgesetzte Schlucht, an den Kapellen von (1 St.) *Mitthal* und ($^1/_2$ St.) *Goppenstein* (1230m) vorbei. $^1/_4$ St. hinter Goppenstein über die Lonza; das Thal öffnet sich und wird bebauter. 1 St. *Ferden* (1389m; dürft. Whs.); $^1/_4$ St. *Kippel* (1376m; Unterkunft beim Pfarrer). Dann wenig steigend über *Wiler* nach (40 Min.) **Ried** (1509m; *H. Nesthorn*, einf.), in schöner Lage am Fuß des *Bietschhorns* (3953m).

Ausflüge (Führer: *Peter Sigen, Jos. Rubi, Bened. Henzen* u. a.). **Hohgleifen** (*Adlerspitze*, 3280m), 5-6 St. m. F., nicht schwierig; prachtvolle Aussicht auf die Walliser Alpen von Tessin bis zum Montblanc, die w. Berner Alpen, Lötschen- und Rhonethal, ö. im Vordergrund das gewaltige Bietschhorn.

**Bietschhorn** (*Groß-Nesthorn*, 3953m), 9 St., F. 60 fr., sehr anstrengend und schwierig, nur für geübte schwindelfreie Bergsteiger (erste Ersteigung durch Leslie Stephen 1859). Übernachten in der *Clubhütte am Schafberg* (2573m), 3 St. von Ried.

Pässe. Über den *Petersgrat* nach *Lauterbrunnen* (11 St., F. 25 fr.), beschwerlich aber sehr lohnend, s. S. 155. — *Wetterlücke* und *Schmadrijoch*, beide schwierig, s. S. 155. — Über die *Lötschenlücke* zum *Eggishorn* s. S. 298; über den *Beichpaß* nach *Belalp* s. S. 290.

Ins Rhonethal über das **Baltschiederjoch** (c. 3400m), 9-10 St. von Ried bis Visp (F. 20 fr.), anstrengend aber lohnend. — **Bietschjoch** (3241m), 8 St. von Ried bis Raron (F. 12 fr.), gleichfalls lohnend, nicht schwierig.

Von Ried zum Leukerbad über den Ferdenpaß, 8-9 St. m. F., unschwierig und lohnend. Auf der *Kummenalp* (s. unten) vom Lötschenpasswege l. ab, im *Ferdenthal* hinan zum **Ferdenpaß** (2884m) zwischen *Majinghorn* und *Ferden-Rothhorn*; hinab über Schutthalden zur *Fluhalp* und durchs *Dalathal* nach *Bad Leuk* (S. 178). — **Gitzifurgge** (2930m), 9-10 St. bis Bad Leuk, interessant aber beschwerlich. Die Passhöhe liegt s.w. vom Lötschenpaß zwischen *Ferden-Rothhorn* und *Balmhorn*; Abstieg über den *Dala-Gletscher* zur *Fluhalp* (s. oben). — **Restipaß** (2639m), 7-8 St., gleichf. lohnend (F. 12 fr.). Von Ferden über die *Resti-Alp* (2111m; 2 Betten zum Uebernachten) zur (4 St.) Paßhöhe zwischen *Resti-Rothhorn* und Laucherspitze (s. unten); hinab über die *Bachalp* bis Leuk-Stadt in 3-4 St. Die *Laucherspitze* (2848m), mit prächtiger Aussicht auf Berner und Walliser Alpen, das Rhone- u. Lötschenthal, ist vom Paß in $^3/_4$ St. ohne Schwierigkeit zu ersteigen. — Nach Leuk-Susten über den **Faldumpaß** (2644m), zwischen Laucherspitze u. *Faldum-Rothhorn* (2839m), oder über den **Nivenpaß** (2610m), zwischen Faldum-Rothhorn und dem aussichtreichen *Niven* (2776m, vom Pass in $^1/_2$ St. zu ersteigen), beide unschwierig.

Zum Lötschenpaß gelangt man von Ried direkt w. ansteigend über *Weißenried*, *Lauchernalp* und *Sattlegi* in $3^1/_2$ St. Ein andrer

Weg steigt von Ferden (s. oben) n.w. bergan, anfangs durch schönen Lärchenwald, dann über Matten zur (2 St.) *Kummenalp* (2075m); weiter über Fels, Geröll und zuweilen über Schnee zum (2 St.) **Lötschenpaß** (2695m), w. von den steilen Abhängen des *Balmhorns* (S. 177) beherrscht, ö. vom *Schilthorn* oder *Hockenhorn* (3297m; vom Paß in $2^1/_2$ St. zu ersteigen, prachtvolle Aussicht). Die Aussicht nach Süden, s.ö. auf das Bietschhorn, s. Mischabel, Weißhorn und Monte Rosa, ist bevor man die Paßhöhe erreicht, großartiger als vom Passe selbst; n. die Felsmauern des Doldenhorns und der Blümlisalp, n.ö. der Kanderfirn, auf dessen Höhe das Mutthorn thront.

Hinab auf der r. Seite des *Lötschenberggletschers*, dann unweit des Gletscherendes hinüber auf die l. Seite und über den *Schönbühl* zur ($1^1/_4$ St.) *Gfällalp* (1840m, Milch), mit gutem Ueberblick des obern **Gasternthals**. Unten im Thal über die *Kander* nach den Hütten von ($^1/_2$ St.) *Gasterndorf* (1524m; in der ersten Hütte einf. Erfr.). Das Thal, einst weit bevölkerter als jetzt, ist, seitdem an den Abhängen rücksichtslos Holz gefällt wird, den Lauinen ausgesetzt und deshalb vom Februar bis zur Heuernte von den Bewohnern verlassen. Jenseit eines prächtigen Waldes, der seit Jahrhunderten den Lauinen des Doldenhorns Widerstand geleistet hat, in einem Chaos von Felsblöcken, liegt (1 St.) *Gasternholz* (1365m). Das Gasternthal macht eine Biegung und wird ziemlich breit und eben, s. von dem schneebedeckten *Altels* (3636m) und dem *Tatlishorn* (2505m), n. von den *Fisistöcken* (2804m) umrahmt. Ueber die steilen Felswände im S. stürzen einige Wasserfälle, namentlich der schöne des *Geltenbachs*. Am Ende des Thalbodens (1 St.) tritt der Weg in die *Klus*, eine enge $^1/_4$ St. l. Schlucht, durch welche die Kander in einer Reihe von Wasserstürzen hinabbraust. Mitten in der Schlucht auf das l. Ufer, dann hinaus auf die Gemmistraße bei ($^1/_2$ St.)

*Kandersteg* (1169m), s. S. 175.

## 56. Von Thun nach Sion über den Rawyl.

*Vergl. Karten S. 174 u. 232.*

22 St. Von Thun bis Lenk (53km) Post täglich in 8 St. für 9 fr., Coupé 11 fr. 80 c.; Einspänner 35, Zweisp. 60 fr. Von der Lenk bis Sion ($10^1/_2$ St.) Saumweg, auf der Berner Seite ganz gut, auf der Walliser schlecht (Führer rathsam, bis Sion 16 fr.; Pferd 30 fr.). Wer zwischen Gemmi und Rawyl zu wählen hat, sollte unbedingt die erstere vorziehen.

Bis *Zweisimmen* s. S. 185, 186. Die Straße nach Lenk überschreitet bei *Gwatt* die *Simme* und führt im *Ober-Simmenthal* aufwärts über *Bettelried* (r. Schloß *Blankenburg*, S. 186) nach dem schön gelegenen (1 St.) *St. Stephan* (1005m; Falke). Weiter über *Grodei* und *Matten*, an der Mündung des *Fermelthals* (S. 185), nach

$1^3/_4$ St. **Lenk** (1070m; **Hirsch*, Pens. m. Z. 5 fr.; **Krone*, Z. u. B. 2.50, F. 1.20, Pens. m. Z. 6 fr.; **Stern*, Pens. m. Z. 5 fr.; *Kreuz*), nach dem Brande von 1878 neu aufgebautes Dorf. 10 Min. s.w. (Fußweg in 7 Min.) die **Kuranstalt Lenk* (1105m; Z. L. B. $4^1/_4$, Pens. ohne Z. 6-7 fr.), besuchtes Schwefelbad mit Parkanlagen etc. Der das Thal abschließende *Wildstrubel* (3253m) mit seinen Schneefeldern und Felswänden, über welche 10-12 Bäche herabstürzen, macht einen großartigen Eindruck.

Ausflüge (Führer *Chr.* und *Joh. Jac. Jaggi*). Die *Simme* entspringt 2 St. südl. von der Lenk aus den sog. *Siebenbrunnen*. Lohnender Ausflug, 4 St. hin und her. Fahrweg über *Oberried* (l. vom Wege die *Burgfluh*, ein isolirter Nummulitfels mit Gletschermühle und Aussicht aufs Wildhorn), bis (1$^1/_4$ St.) *Stalden* (1290m) am Fuß der Simmenfälle; hart vor der Säge zwischen Erlen den im Bogen auf dem r. Ufer des Bachs ansteigenden Fußweg hinan, längs tief eingeschnittener Schluchten mit schönen Fällen und an zwei Sennhütten vorbei (Weg nicht zu fehlen), zuletzt über Weiden und über den Bach zu den Sennhütten im **Räzliberg** (1397m; kl. *Whs.* von P. Fridig, nicht theuer). Südl. sprudeln aus den fast senkrechten Felswänden die *Siebenbrunnen* (1446m) hervor (das Wasser soll früher in sieben getrennten Strahlen ausgetreten sein, die sich jetzt vereinigt haben); weiter l. an der Felswand der schon weither sichtbare *obere Simmenfall*. R. das *Gletscherhorn* (2948m) und *Laufbodenhorn* (2706m), l. das *Ammertenhorn* (2664m).

Das w. vom Räzliberg sich erhebende **Oberlaubhorn** (2008m) wird von der Lenk häufig bestiegen: über *Trogegg* in 3$^1/_2$ St. oder über *Pöschenried* und die *Ritzberg-Alp* (1740m) in 4 St. m. F.; zurück über Räzliberg, Stalden und Oberried. — ***Mülkerblatt** (1937m), mit prächtigem Blick auf Wildstrubel etc., 2$^1/_2$ St., lohnend: hinter dem Kurhaus am l. Ufer des *Krummbachs* bergan, nach 10 Min. über den Bach, dann durch Wiesen und Wald an vielen Sennhütten vorbei den *Bettelberg* hinan zum Gipfel.

Zum **Iffigensee** (2080m), 4 St., gleichfalls lohnend; beim (2$^1/_4$ St.) Whs. *Iffigen* (S. 184) r. ab zur (20 Min.) *Stieren-Iffigenalp* (1680m; Erfr.), dann streckenweise steil und steinig zum (1$^1/_4$ St.) Sattel vor dem Iffigensee und r. um denselben herum (viel Edelweiß) zur ($^1/_4$ St.) ärmlichen Sennhütte am w. Ende. — $^3/_4$ St. weiter aufwärts am Fuß des *Niesenhorns* (2777m) die einf. *Wildhorn-Clubhütte* (c. 2400m), von wo das **Wildhorn** (3264m) in 2$^1/_2$-3 St. m. F. zu ersteigen ist (F. von Lenk 25, Träger 18 fr.): an der Moräne des *Dungelgletschers* und der O.-Seite des *Kirchli* (2791m) steil und z. Th. schwierig hinan zum obern Theil des Gletschers, dann sanft ansteigend zum Gipfel, mit prächtiger Aussicht bis zum Jura, Schwarzwald, Tödi, Mte. Leone, M. Rosa, M. Blanc, M. Viso etc.; im Vordergrund die Plaine morte am Wildstrubel und die Diablerets. Abstieg ev. s. über den *Glacier du Brozet* zum (2$^1/_2$-3 St.) *Hôt. Sanetsch* auf *Zanfleuron* (S. 232).

***Rohrbachstein** (2958m), 6$^1/_2$ St. (F. 15 fr.), unschwierig. Vom (4 St.) Rawylpaß (S. 184) l. zum (1$^1/_2$ St.) Sattel zwischen Rohrbachstein und Wetzsteinhorn, dann l. zum (1 St.) Gipfel mit prachtvoller Aussicht. Versteinerungen.

**Wildstrubel** (w. Gipfel 3251m, mittl. Gipfel 3248m, ö. Gipfel oder *Großstrubel* 3253m), am leichtesten vom Rawylpaß: vom Whs. Iffigen (übernachten) zum Rawyl 2 St., l. hinan zum Firngrat zwischen Weißhorn u. Rohrbachstein 2$^1/_2$ St., über den *Glacier de la Plaine morte* und die Firnhänge des Gipfelkammes zur w. Spitze 2$^1/_2$ St., mittl. Spitze $^1/_2$ St. (von Iffigen im Ganzen 7$^1/_2$ St.), F. ab Lenk 27 fr., hinab zur Gemmi 30 fr.). — Vom Räzliberg (s. oben) steiler Steig an den *Fluhwänden* über den Siebenbrunnen hinauf zum (2 St.) *Fluhseeli* (2045m), von da über Geröllhänge, Moräne und den *Räzligletscher* zum (4 St.) w. Gipfel. — Ein dritter Weg (schwieriger) führt von der (2$^1/_2$ St.) *Ritzberg-Alp* (s. oben; Nachtlager auf Heu) steil aufwärts am *Laufbodenhorn* (2706m) vorbei über den *Thierberg* und den *Thierberggletscher*, am *Gletscherhorn* (2948m) vorbei auf den *Räzligletscher* und zur w. Spitze (8 St. von Ritzberg). Abstieg event. n.w. über den *Ammertengletscher* nach Lenk (schwierig); ö. über den zerklüfteten *Lämmerngletscher* zur (3 St.) *Gemmi* (S. 177); n.ö. über die *Strubelegg* zur *Engstligalp* und nach *Adelboden* (S. 180).

Von der Lenk nach Gsteig 7 St.: über den *Trüttlisberg* (2040m) nach (4$^1/_2$ St.) *Lauenen* (S. 232), von da über den *Krinnen* (1660m) nach (2$^1/_2$ St.) *Gsteig* (S. 232), Weg nicht überall gut (F. 12, Pferd 25 fr.), s. R. 67.

Von der Lenk nach Saanen (S. 186) 6 St.; Fusspfad über den *Reulissenberg* oder die *Zwitzer Egg* (1718m), hinab durch das *Turbachthal* (F. 8 fr.). — Nach Adelboden über das *Hahnenmoos* s. S. 180 (F. 8, Pferd 15 fr.). Ueber den *Ammertenpaß* (2448m), s.ö. vom *Ammertengrat* (2615m), 7 St. m. F., lohnend,

Der Weg zum Rawyl (anfangs Fahrweg) führt wenig steigend am Fuß der w. Bergwand entlang und tritt nach 1/2 St. am l. Ufer des *Iffigenbachs* in das freundliche *Pöschenried-Thal*. 3/4 St. Ende des Fahrwegs; 5 Min. weiter der schöne **Iffigenfall** (1366m am Fuß), hier r. bergan auf gutem Saumweg. Nach 20 Min. biegt der Weg oberhalb des Falls in ein bewaldetes Thal ein, durch das der Iffigenbach in engem Felsbett hinabstürzt; weiter durch ebnen Wiesengrund (l. die jäh abstürzenden Wände des Rawyl) zur (1/2 St.) **Iffigenalp** (1601m; einf. *Whs.*, nicht billig). Hier l. (Handweiser) durch ein Wäldchen an einer Geröllwand steil aufwärts, weiter an der Felswand entlang auf gutem Wege, nach 50 Min. über einen Bach; 10 Min. Steinhütte auf einem Vorsprung, mit Aussicht nach dem Simmenthal. Dann an der Westseite des kleinen (3/4 St.) *Rawylsees* (2360m) zu der durch ein Kreuz *(la Grande Croix)* bezeichneten Grenze von Bern und Wallis (1/4 St.), zugleich dem höchsten Punkt des **Rawyl** (2415m); dabei eine Zufluchtshütte. Die Paßhöhe ist ein ödes geröllbedecktes Plateau *(Plan des Roses)*, rings umgeben von schroffen, zum Theil schneebedeckten Bergen: w. der lange Rücken des *Mittaghorns* (2687m), s.w. das *Schneidehorn* (2938m), der Schneegipfel des *Wildhorns* (3264m; S. 183), s. das breit vorliegende *Rawylhorn* (2908m), das *Wetzsteinhorn* (2780m), ö. *Rohrbachstein* (2953m) und *Weißhorn* (3010m).

Von der Paßhöhe ab wird der Weg schlecht. Er führt an einem zweiten kleinen See vorbei und erreicht nach 3/4 St. den Rand des südl. Abhangs, wo sich eine beschränkte, aber prächtige Aussicht auf die Walliser Berge öffnet. Hinab (l. bleiben die schmutzigen Hütten von *Armillon*, 2111m) an steiler Felswand, im Thal (1/2 St.) über eine Brücke (1820m, dabei gute Quelle). Hier nicht l. thalab zu den Hütten von (1/4 St.) *Nieder-Rawyl* (*les Ravins*, 1758m), sondern auf schmalem Pfad r. etwas bergan, an der Bergwand entlang; nach 25 Min. scharf bergan, um die *Kändle* (s. unten) zu umgehen; 20 Min. auf der Höhe beim Kreuz (1929m); wieder hinab nach (1/2 St.) *Praz-Combeira* (1629m), Hüttengruppe, dann langer und ermüdender Abstieg (stets schlechter steiniger Weg, mehrfach mit erheblichen Steigungen) nach (1 1/2 St.) **Ayent** (1036m; Unterkunft und guter Wein beim Pfarrer).

Der etwa 1 St. kürzere Fußweg von Nieder-Rawyl nach Ayent führt durch die sog. „Kändle“ (spr. Chändle), franz. *Sentier du Bisse*, über den c. 1/3m br. Rand einer an der 400m h. Felswand hingeführten Wasserleitung, ist indeß nur für ganz Schwindelfreie geeignet.

Von Ayent auf etwas besserm Wege über *Grimisuat*, deutsch *Grimseln* (882m) und *Champlan* nach (2 St.) **Sion** (521m), s. S. 287.

## 57. Von Thun nach Saanen durch das Simmenthal.

55km. Von Thun bis Saanen Post 2mal täglich direkt in 8 1/2 St. (8 U. Vm. u. 12 U. Mitt.); außerdem tägl. Nm. von Thun bis Zweisimmen in 5 St. 40 Min. Fahrpreis von Thun bis Saanen 9 fr. 30, Coupé 12 fr. 05 c., Einsp. bis Weißenburg 13, Zweisp. 24 fr., bis Zweisimmen 28 u. 50, Saanen 35 u. 60, Château-d'Oex 40 u. 70, Aigle 80 u. 150 fr., Bulle 70 u. 120 fr.

Die Straße führt am Thuner See entlang bis (1 St.) *Gwatt* (Schäfle; Post), wo l. die Straße nach Spiez (S. 174) abzweigt, und führt dann langsam bergan in gerader Richtung auf den *Niesen* (S. 140) los; r. auf einem Hügel der schlanke Thurm von *Strättligen* (S. 139). L. im Grunde fließt die *Kander* durch einen 1714 vollendeten Bergdurchstich zum Thuner See; die Straße führt an ihrem l. Ufer, weiter am l. Ufer der *Simme*, die bei dem hübsch gelegenen *Reutigen* in die Kander mündet, nach ($1^1/_4$ St.) **Brodhüsi** *(*Hirsch)*, mit malerischem altem Schloß (20 Min. ö. das stattliche *Wimmis*, S. 139), und tritt durch einen Engpaß *(Porte)* zwischen *Simmenfluh* und *Burgfluh* in das **Simmenthal** (*Siebenthal* im Munde des Volks). Kornfelder, Obstbäume, wohl gepflegte Gärten, grüne Matten wechseln mit Häusern und Dörfern. — Bei ($^3/_4$ St.) **Latterbach** (703m; *Bär*) öffnet sich südl. das *Diemtigthal*.

Von Latterbach nach Matten führt ein näherer, doch wenig lohnender Weg (7 St.) durch das **Diemtigthal**. Bei Latterbach über die Simme und am r. Ufer des *Kirel* (r. oben bleibt das Dorf *Diemtigen*), später am l. Ufer über *Wampfen* nach ($2^1/_4$ St.) *Tschuepis* (1147m), wo sich das Thal in r. *Männiggrund*, l. *Schwendenthal* verzweigt. Das Schwendenthal, dem der Weg folgt, theilt sich $^3/_4$ St. weiter bei *Wartannen* (1210m) nochmals; der Pfad verläßt das Fahrsträßchen und steigt w. im *Grimbachthal* zur (2 St.) **Grimmi** (2025m), wenig begangener Bergpaß ohne besondre Aussicht; hinab durch das fruchtbare *Fermelthal* nach (2 St.) *Matten* (S. 182).

$^1/_2$ St. **Erlenbach** (707m; *Krone*, *Löwe*, beide einf. gut) zeichnet sich durch seine saubern Holzhäuser aus.

Von hier wird, aber nur von geübten Bergsteigern, in $4^1/_2$ St. das **Stockhorn** (2193m) bestiegen; besser von *Thun* über *Amsoldingen* und *Ober-Stocken* (*Bär, einf.) in $5^1/_2$ St., oder von *Blumenstein* (S. 139) über die *Wahlalp* in 4 St. Prachtvolle Flora, großartige Aussicht.) Abstieg event. über die Wahlalp zum *Weißenburgbad*, zu welchem man auf Leitern hinabgelangt.

$1^1/_2$ St. (23km) **Weißenburg** (737m; **H. Weißenbourg*, Z. u. B. $2^1/_2$ fr.), aus einigen saubern Häusern bestehend.

In einer steil ansteigenden Schlucht, die an einzelnen Stellen kaum das Sonnenlicht einläßt, liegt $^1/_2$ St. n.w. bergan (Wagen der Gebr. Hauser in 20 Min., 4 fr.!) das vielbesuchte **Weißenburg-** oder **Bunschi-Bad** (844m). Das gipshaltige Wasser (17° R., an der Quelle 22°) ist gegen Krankheiten der Athmungsorgane sehr wirksam und wird ausschließlich getrunken. Das *Neue Bad*, in geschütztem Thalkessel, besteht aus zwei großen Häusern (Lese- und Billardzimmer, Post u. Telegraph; Pens. ohne Z. 8 fr., Z. $2^1/_2$-5, M. $3^1/_2$, warmes Bad $1^1/_2$ fr.). $^1/_4$ St. weiter bergan tief in der Schlucht das *Alte Bad*, für weniger Bemittelte (Pens. m. Z. 5-7 fr.). Beide Bäder mit Umgebung ausgedehnte Nadelholz-Waldungen) sind Eigenthum der Gebr. *Hauser*.

Nach dem Gurnigelbad (6 St.) führt von Weißenburg ein lohnender Pfad durch die *Klus*, am 60m h. *Morgetenbachfall* und der *Morgetenalp* vorbei zum ($3^1/_2$ St.) *Bürglen-Sattel* (1961m), hinab (l. $^1/_2$ St. abwärts Bad *Schwefelberg*, s. unten) zum ($^3/_4$ St.) *Gantrist-Paß* (1590m) mit reizender Aussicht und über den *Obern Gurnigel* zum ($1^1/_4$ St.) *Gurnigelbad* (S. 139).

Vor (2 St.) **Boltigen** (831m; **H. Imobersteg*, *Bär*, beide nicht theuer), wohlhabendes Dorf mit stattlichen Häusern, schließen zwei Felsen die Straße fast ab, *Simmenegg* oder die *Enge* genannt. Ueber dem Ort die beiden Hörner der *Mittagfluh* (1889m); l. schauen die Schneefelder ö. vom Rawyl (S. 184) über das Gebirge. Bei *Reidenbach* (840m), $^1/_4$ St. weiter, wird in einem Seitenthal Steinkohlenbergbau betrieben, daher der Bergmann als Schild des großen Wirthshauses.

**Von Reidenbach nach Bulle**, 8 St., Fahrstraße, kurz oberhalb Reidenbach r. ab, in vielen Windungen bergan (Fußpfade kürzen) zur ($2^1/_2$ St.) Paßhöhe des *Bruchbergs* (1508m; Whs.); hinab (den schlechten Fußweg vermeiden) nach (1 St.) **Jaun**, frz. **Bellegarde** (1017m; *Hôt. de la Cascade*), freundliches Dorf mit Burgruine und 26m h. Wasserfall (zum *Schwarzseebad* Fußweg über *Neuschels* in 3 St., s. unten). [Ein Karrenweg führt s. am l. Ufer des Jaunbachs bergan nach ($1^1/_2$ St.) *Abläntschen* (1306m; Whs.), am Fuß der kahlen Felskette der *Gastlose* (1994m). Unschwierige Uebergänge von hier über den *Grubenberg* (1650m), s. von der *Dent de Ruth* (2239m), nach (3 St.) *Saanen*, und über die *Schlündi* nach ($2^1/_2$ St.) *Reichenstein* (s. unten).] — Weiter durch das alpenreiche schöne *Jaunthal (Vallée de Bellegarde)*, in welchem vorzüglicher Greyerzer Käse (s. unt.) bereitet wird, zuletzt durch den malerischen Engpaß *la Tzintre* nach ($2^1/_2$ St.) **Charmey**, deutsch *Galmis* (901m; *H. du Sapin*; **H. du Maréchal Ferrant*, Pens. m. Z. 5 fr.), reiches Dorf in reizender Umgebung, als Sommerfrische besucht. Hübsche Aussicht von der Kirche. Nun über *Crésus* und *Châtel*, an der Ruine *Montsalvens* (seltene Flora) vorbei, über den *Jaun-Bach* nach *Broc* (Pens. de la Grue); dann über die *Saane*, durch Wald nach *la Tour-de-Trême* (S. 235) und ($2^1/_2$ St.) *Bulle* (S. 234). — Von Crésus (s. oben) führt ein hübscher Weg über *Cerniat*, an dem alten Kloster *Valsainte* (1024m) vor bei über den *Col de Chésalettes* (1420m) nach dem ($3^1/_2$ St.) *Schwarzsee-Bad* (S. 199). 4 St. n.ö. vom Schwarzsee an der *Kalten Sense* das einsame, aber gut gehaltene und besuchte *Bad Schwefelberg* (1394m) mit gipshaltigen Quellen; Reitweg von hier über den *Gantristpaß* (s. oben) nach ($2^1/_2$ St.) *Bad Blumenstein* (S. 139).

Die Straße überschreitet bei (40 Min.) *Garstatt* die Simme und wendet sich dann scharf l. um eine Felsenecke, den *Laubeggstalden* (schöner Fall der Simme). Dann wieder aufs l. Ufer, an den Burgtrümmern von *Mannenberg* vorbei, nach (1 St.)

41km **Zweisimmen** (980m; **Krone*, Z. L. B. $3^3/_4$, F. $1^1/_2$, M. 3 fr.; **H. Simmenthal; Bär*), Hauptort des Thals (1910 Einw.) mit alter Kirche, in weitem Thalboden an der *Kleinen Simme*. Vom *Kirchhof* hübsche Aussicht; ebenso vom Schloß *Blankenburg*, Amtssitz und Gefängniß $^1/_2$ St. s.ö. (S. 182).

Die Straße führt nun fast 2 St. lang in sanfter Steigung bergan, bei ($1^1/_4$ St.) *Reichenstein* über den *Schlündibach* (nach *Abläntschen* s. oben). In fichtenbewachsenem Grund fließt l. die *Kleine Simme*; 5-6 Brücken führen über tief eingeschnittene Waldbachbetten. Auf der Höhe (1283m; Whs.) beginnen die *Saanen-Möser*, ein weites Alpthal, mit zahllosen Heustadeln, Sennhütten und Bauernhäusern übersät. Nach und nach öffnet sich eine prächtige Aussicht auf das überhangende *Rüblihorn* (2307m), welches hier als Wetterprophet (vgl. S. 92) gilt, den zackigen Rücken der *Gumfluh* (2459m), weiter auf die Schneefelder des *Sanetsch* (S. 232), endlich l. auf den großen *Geltengletscher* (S. 232); weiter abwärts schöner Blick in das *Turbach-*, *Lauenen-* und *Gsteigthal* (S. 232).

55km **Saanen**, franz. *Gessenay* (1031m; *Grand Logis* oder *Groß-Landhaus*, nicht billig; *Bär*, einf. gut), Hauptort des obern *Saane (Sarine)*-Thals, mit 3733 Einw., die ausschließlich Viehzucht treiben und den berühmten Greyerzer Käse *(fromage de Gruyère* und *Vacherin)* bereiten (vgl. S. 234).

Von Saanen nach *Gsteig* und über den *Col de Pillon* nach *Aigle* s. S. 232; über den *Sanetsch* nach *Sion* s. S. 232.

**Von Saanen nach Château-d'Oex** (S. 236) 11km, Post 2mal täglich in $1^1/_3$ St. über *Rougemont*, deutsch *Rothenberg* (*Pension Cottier, hübsch gelegen, billig), Grenze zwischen Bern und Waadt, zugleich Sprachscheide, und *Flendruz*.

## IV. Südwestliche Schweiz. Genfer See. Unteres Rhonethal.

## 58. Von Bern nach Neuchâtel.

66km. Eisenbahn in $1^{3}/_{4}$-$2^{3}/_{4}$ St. für 6 fr. 90, 5 fr., 3 fr. 65 c.

*Bern* s. S. 131; von Bern nach (34km) *Biel* s. S. 11. — *Münsterthalbahn* nach *Basel* s. R. 2; über *St-Imier* nach *Chauxdefonds* s. S. 192.

Die Bahn erreicht bei den schönen schattigen Alleen s.w. von Biel den 15km l., 4km br. **Bieler See** (434m), dessen Westrand sie umzieht. Die Aussicht über den See ist ganz anmuthig, gehoben an klaren Tagen durch die prächtige Kette der Berner Alpen. — Jenseit (44km) *Twann*, franz. *Douanne* (*Bär) bildet der *Twannbach* einen hübschen Fall. — 46km *Ligerz*, franz. *Gleresse*.

L. im See die mit prächtigen alten Eichen, Weinbergen und Obstbäumen bedeckte **Petersinsel** mit gut eingerichtetem *Kuretablissement*, bekannt durch Rousseau's Aufenthalt im J. 1765 (im sog. Schaffnerhaus, wo sein Zimmer gezeigt wird, gute Wirthsch.). Ruderboot von Twann oder Ligerz hin und zurück 4, von Neuveville 6 fr. (von Neuveville auch Dampfboot nach Erlach und der Petersinsel). — Seit der Tieferlegung des Sees durch Kanalisirung der untern Ziehl (s. oben) hängt die Petersinsel südl. mit der kleinern *Kaninchen-Insel* und mit dem Festlande bei Erlach (s. unten) zusammen.

49km **Neuveville**, deutsch *Neuenstadt (*Faucon; Trois Poissons)*, freundliches Städtchen (2368 Einw.), der erste Ort franz. Zunge, der letzte im Kanton Bern. Sehenswerth die archäolog. Sammlungen (Pfahlbau-Alterthümer, burgund. Waffen etc.) im *Museum* beim Bahnhof (50 c.) und bei Hrn. *Dr. Groß* (mit letzterer die Beck'sche Nephritoidensammlung vereinigt). Auf dem *Schloßberg* (534m), 20 Min. vom Bahnhof, die Trümmer einer ehem. Burg der Bischöfe von Basel (oben, sowie von der Straße unterhalb schöne Aussicht); in der Nähe ein Fall des *Beonbachs*, im Sommer häufig trocken.

N. über Neuveville steigt der ***Chasseral** oder *Gestler* (1609m) in drei Absätzen empor, an der S.-Seite mit zahlreichen Dörfern und grünen Matten bedeckt. Auf dem Gipfel, 4 St. von Neuveville, das *Chalet-Hôtel du Chasseral* mit 20 Betten (ordentlich). Die Rundsicht vom (10 Min.) Signal, großartiger als vom Weißenstein (S. 15), umfaßt die w. Schweiz, den Schwarzwald, den Jura und die Alpen. — Von Biel (S. 11) ist der Chasseral in 5-6 St. zu besteigen, von Magglingen (S. 11) in $3^{1}/_{2}$ St., von *St-Imier* (S. 192; bester Weg) in $2^{1}/_{2}$-3 St.

Neuveville s. gegenüber am See (Dampfboot s. oben) das alte Städtchen Erlach, franz. *Cerlier (Bär)*, mit Schloss, am n. Fuss des *Jolimont* (604m), der in $^{3}/_{4}$ St. leicht erstiegen werden kann; oben schöner Wald und reizende Aussicht (die „Teufelsbürde", eine Gruppe gewaltiger errat. Blöcke). — In der Nähe von Erlach am O.-Ufer des Sees, bei *Lüscherz* und weiter n. bei *Möringen*, wurden zahlreiche Ueberreste von Pfahlbauten gefunden.

Vor (53km) *Landeron* verläßt die Bahn den Bieler See, l. das Städtchen, weiter ö. der *Jolimont* (s. oben). — 55km *Cressier*, mit auf hohem Felsen gelegener Kirche. — 57km *Cornaux*. — Vor (61km) *St-Blaise*, wo die Bahn hoch am Fuß des Gebirges hinläuft, ein Tunnel; dann übersieht man den ganzen **Neuenburger See** (435m), den die Bahn hier erreicht. Der See, *Lacus Eburodunensis* der Römer, neuerdings durch Flußcorrectionen um 2m tiefer gelegt, ist 40km lang, 6-10km breit (Seefläche 230qkm) und bis 153m tief; unweit der NO.-Spitze fließt die *Thièle* oder *Zihl* aus (s. oben). Er steht an Schönheit den Seen in den eigentlichen Alpen zwar weit nach, doch bietet sein belebtes rebenbepflanztes w. Ufer, über welchem der Jura steil aufsteigt, meist einen umfassenden Blick auf die ganze Alpenkette vom Berner Oberland bis zum Montblanc.

66km **Neuchâtel.** — Bahnhof am Bergabhang oberhalb der Stadt, 20 Min. vom See. Die von der Bahnhofstraße 1 abgehenden Treppenwege kürzen nur, wenn man in den nördl. Stadttheil, z. B. direkt zum Museum will, nicht aber nach den Hôtels am See. — Dampfboot auf dem Neuenburger See s. S. 195, 199, 201.

Gasthöfe. H. de Bellevue, in freier Lage am See, Z. L. B. 4-5, F. 1½, M. 4-5, Omnibus 1 *fr.* — Gr.-H. du Lac, in der Nähe des Sees, Z. L. B. von 3½, M. 3½, Omnibus 75 c. — 2. Kl.: H. des Alpes, am Bahnhof, mittelmäßig; Faucon, Z. 2-3, M. 2½ fr.; *H. du Soleil und *H. du Commerce bei der Post; Couronne; H. du Port. — Pens. Borel (*Villa Surville*), oberhalb der Stadt gut gelegen, 4-5 fr. ohne Z.; Pens. Knöry, mit schöner Aussicht, P. m. Z. 5 fr.

Cafés. Bier in der *Tonhalle* am obern Ende der Rue du Seyon und in der *Brasserie Strauß* beim Hôt. du Lac. *Cercle du Musée* im Palais Dupeyrou (S. 190; geschlossene Gesellschaft, doch Fremden der Zutritt gestattet). Außerdem mehrere Cafés am Hafen. — *Bahnrestaur.*, M. 2 fr. 50 c.

*Neuchâtel*, deutsch *Neuenburg* (437m), die Hauptstadt des ehem. Fürstenthums Neuenburg, welches aus der oranischen Erbschaft 1707 an die Krone Preußen kam, 1815 als 21. Kanton der Eidgenossenschaft beitrat und 1857 endgültig von Preußen aufgegeben wurde, mit 16 504 Einw., liegt reizend an dem See gl. Namens (s. oben), am Fuß und Abhang des Jura. Der neuere Theil am See, an welchem ein 25 Min. langer baumbepflanzter *Quai hinführt, mit schöner Alpenaussicht vom Pilatus bis zum Montblanc, liegt auf einem Strich Landes, der zum Theil durch die Ablagerungen des vom Chasseral herabfließenden *Seyon* entstanden ist. Um Bauplätze zu gewinnen, gab man diesem 1839 oberhalb der Stadt mittels eines 160m l. Tunnels *(Tunnel de la Trouée du Seyon)* eine neue Mündung.

Das Schloß, auf der Höhe über der Stadt, der älteste 1866 restaurierte Theil noch aus der burgundischen Zeit, ist Sitz der Kantons-Behörden. Neben dem Schloß die im xii. Jahrh. erbaute *Stiftskirche (*Collégiale;* Schlüssel Rue du Château 6). Im Chor ein großartiges 1840 restauriertes goth. Denkmal mit 15 lebensgroßen Figuren, im J. 1372 von dem Grafen Ludwig von Neuenburg errichtet. Ein Denkstein erinnert an den preuß. Gouverneur General *v. Zastrow* († 1836); ein anderer, 1830 eingemauert, an den Reformator *Farel* († 1565). Auf dem Platz vor der Kirche ein *Standbild Farel's*, 1875 errichtet. Von der Terrasse an der NO.-Seite der Kirche schöne Aussicht auf den See und die Berner Alpen. Der hübsche Kreuzgang an der W.-Seite, nach einem Brande 1450 ausgebaut, wurde 1860-70 restauriert. — Ueber den alten Schloßgraben führt eine Brücke in den städtischen Park. An der Schloßstraße die alterthümliche *Tour des Grisons*, burgund. Ursprungs.

Im Gymnasium, am See, reiche naturwiss. Sammlungen, die ihr Entstehen besonders den Naturforschern Agassiz (S. 172) und Coulon verdanken; die öffentliche Bibliothek (100 000 Bde.), Alterthümer (bes. Pfahlbaufunde) u. a. (tägl. 10-12 u. 2-5 zugänglich). — In der Nähe s. ein 1855 errichtetes Bronze-Standbild des Hrn. *David de Purry* (geb. zu Neuchâtel 1709, † zu Lissabon 1786), welcher

13

der Stadt $4^1/_2$ Mill. fr. vermachte. Auf der nahen Place des Halles das *Kaufhaus* (Halles), ein malerischer Renaissancebau von 1590.

Weiter n. hinter dem *Collège municipal* am See das neue *MUSÉE DES BEAUX-ARTS, ein stattlicher Renaissancebau. Dasselbe enthält im Erdgeschoß eine interessante *Alterthümer-Sammlung;* im 1. Stock die städtische **Gemäldesammlung,* meist neuere Bilder, großentheils von eingebornen Malern (Eintr. für jede Sammlung 50 c., So. 1-4, Do. 10-12 U. frei).

Am Eingang zwei Säle mit Bildnissen preußischer Könige von Friedrich I. bis Friedrich Wilhelm IV., meist in Lebensgröße, und zahlreichen andern Erinnerungen aus preuß. Zeit (S. 189). In den folgenden Sälen hervorzuheben: *Anker*, der Sonntag-Nachmittag, *Uebertritt der Bourbaki'schen Armee 1871; *A. H. Berthoud*, die Jungfrau, Ruine Weißenau; *L. Berthoud*, Tiberübergang, die Frohnalp; *F. Berthoud*, Savoyardenknabe; *Calame*, Rosenlauigletscher, *Monte Rosa; *Coypel*, Rinaldo u. Armida; *Duntze*, Alpenansicht im Winter; *K. Girardet*, *eine Protestanten-Versammlung (Hugenotten) von kath. Truppen überrascht; Lady Elisabeth Claypole, Tochter Cromwells, wirft ihrem Vater den Tod Karl's I. vor; das alte Franziskanerkloster in Alexandria; Landschaft aus dem Val de Travers; *E. Girardet*, väterlicher Segen, das Bekenntniß; *J. Girardet*, Uebertritt der Bourbaki'schen Armee; *Gleyre*, Herkules und Omphale; *Grosclaude*, der Doge Marino Falieri; *Ders.*, „es lebe der 34er"; *Isabey*, Marine; *Jacquand*, Verhaftung J.-J. Rousseau's 1762; *Jeanmaire*, alte Tannen mit Vieh; *A. de Meuron*, Platz in Capri, der Berninapaß, Matte bei Iseltwald, Inneres der Markuskirche; *M. de Meuron*, Ansicht des alten Rom mit den Thermen des Caracalla, das neue Rom, der Walenstatter See, das Linththal bei Näfels, die große Eiche, ital. Schafheerde, Wettertannen mit Vieh; *Moritz*, Heinrich II. von Longueville im Schloß zu Colombier; *Léop. Robert*, *die Basilika S. Paolo fuori le Mura bei Rom nach dem Brande von 1823; römische Ochsen; *Fischer am adriat. Meer, der Improvisator (Bruchstück); *Robert-Fleury*, Scene aus der Bartholomäusnacht; *Ch. Tschaggeny*, Brautzug in Flandern im XVII. Jahrh.; *E. Tschaggeny*, eine Mutter mit ihrem Kind von einem Stier verfolgt; *C. Vernet*, Kosaken-Bivouak; außerdem einige Gipsabgüsse, Aquarelle, Handzeichnungen und Kupferstiche. In einem besondern Saal alle Werke von *Léopold Robert*, in verschiedener Manier kopiert von seinem Bruder Aurèle.

Neben dem Museum ein interessantes *„Sépulcre préhistorique"*, 1876 in den Pfahlbauten bei Auvernier gefunden. Weiter n. die neue *Académie*. — In der Nähe, 5 Min. vom See, das *Palais Rougemont* oder *Dupeyrou* mit hübschem Garten; im Erdgeschoß der *Cercle du Musée* (S. 189). In einem Nebengebäude an der Rückseite das *Musée Challande*, eine Sammlung ausgestopfter Thiere der Alpenwelt (Eintr. 1 fr.).

Die Sternwarte *(Observatoire)* oberhalb der Stadt wurde im Interesse der Uhren-Industrie erbaut; sie steht mit Chauxdefonds (S. 191) u. a. O. in Drahtverbindung. Daneben die *Mail*, ein mit Bäumen bepflanzter Rasenplatz mit herrlicher Aussicht auf See und Alpen.

Neuenburgs milde Stiftungen sind berühmt: das *Bürger-Spital*, von David de Purry (s. oben) gegründet, das *Pourtalès'sche Spital* beim Berner Thor, die von Hrn. v. Meuron 1844 erbaute *Irren-Anstalt Préfargier*, 1 St. n.ö. von Neuenburg bei *St.-Blaise* (S. 188; in der Nähe in *Marin* *Pens. Nusslé, nicht theuer).

Der lohnendste Aussichtspunkt in der Nähe von Neuchâtel ist der *Chaumont (1172m), der n. von der Stadt gelegene Ausläufer des Jura. Der Fahrweg (Post im Sommer 2mal tägl. in $2^1/_2$ St., abwärts 1 St., Fahrpreis 2 bezw. $1^1/_2$ fr.; Einsp. 10, Zweisp. 20 fr.) verläßt 25 Min. von Neuchâtel die Straße nach Chauxdefonds und führt in $1^1/_2$ St. zum **Hôt. de Chaumont* (1128m; 60 Z.,

Pens. m. Z. 6-9 fr.); 3 Min. unterhalb das kleinere *H. du Château* (gleicher Besitzer); unweit das Schulhaus mit Kapelle. Vom *Signal*, 15 Min. oberhalb der Gasthöfe (*Orientirungstafel des S. A. C., von Imfeld), prächtige Aussicht über den Neuenburger und Murtener See und die ganze Alpenkette vom Sentis bis zum Montblanc, die in ihrer vollen Schönheit freilich selten sichtbar ist. Abendbeleuchtung günstig. Reizende Aussicht nach W. auf das Val de Ruz und den Jura vom *Pré Louiset* ($^1/_4$ St.). — Vom Chaumont zum *Chasseral* (S. 188) 4 St., lohnender Weg stets auf dem Bergrücken fort über *la Dame* und *Chuffort* (F. rathsam). — Näher bei der Stadt hübsche Waldspaziergänge: zur *Roche de l'Ermitage*, *Pierre à Bot*, *Gorges du Seyon*, *Chanélaz* (S. 190), etc. — **Gorges de l'Areuse* s. S. 195; **Tête de Rang* s. unten. — Für Archäologen interessant die Fundstätte von *la Tène* bei Marin (s. oben), mit zahlreichen Ueberresten aus keltischer Zeit.

## 59. Von Neuchâtel nach Chaux-de-Fonds und Locle.

Eisenbahn von Neuchâtel über Chaux-de-Fonds nach Locle (38km) in $2^1/_4$ St. für 5 fr. 25, 3 fr. 80 oder 2 fr. 80 c. Die Fahrt von Neuchâtel bis Hauts-Geneveys gehört bei klarem Wetter zu den schönsten der Schweiz (*links* sitzen).

*Neuchâtel* s. S. 189. Die Bahn führt hoch am Abhang hinter der Stadt und dem Schloß hin, über den *Seyon*, dann durch einen 680m l. Tunnel; beim Austritt herrliche *Aussicht auf den See und die Alpen, welche immer schöner wird, da die Bahn fortwährend steigt (ö. die Berner Alpen, s. der Montblanc). — 5km *Corcelles* (573m); dann zwei kurze Tunnel.

11km *Chambrelien*, Kopfstation, in prächtiger Lage fast senkrecht über dem *Reuse-Thal* (S. 193; neben dem Buffet schöne Aussicht). Die Bahn wendet sich nach NO. zurück, am Fuß eines bewaldeten Höhenzuges; r. das fruchtbare vom Seyon durchflossene *Val de Ruz* mit zahlreichen Ortschaften, am Fuß des *Chaumont* (s. oben).

17km *Les Geneveys-sur-Coffrane* (875m); dann (20km) les **Hauts-Geneveys** (956m), der höchste Aussichtspunkt der Bahn. Der Montblanc tritt hier großartig hervor.

Die ***Tête de Rang** (1423m), von Hauts-Geneveys in $1^1/_4$ St. leicht zu ersteigen (10 Min hinter dem Ort das Sträßchen l.), bietet eine weite prächtige Fernsicht über den Jura w. bis zum Plateau von Langres, die Vogesen und die ganze Alpenkette vom Sentis bis zum Montblanc und den Genfer Bergen (oben *Whs.*). — Von hier auf der Höhe zum ($^1/_2$ St.) ***Col des Loges** (1286m; **Hôt. à la Vue des Alpes*), an der Straße von Neuchâtel nach Chauxdefonds; Aussicht ähnlich wie von der Tête de Rang, aber etwas beschränkter. Hinab entweder nach ($^1/_2$ St.) Hauts-Geneveys, oder nach ($1^1/_4$ St.) Chauxdefonds.

Ein 3260m l. Tunnel führt unter dem *Col des Loges* hindurch (Durchfahrt 7 Min.). Am n. Ende in felsumschlossenem Thalkessel die einsame Station (26km) *les Convers*, früher Knotenpunkt für *St-Imier* (S. 192). Folgt ein Tunnel durch den *Mont Sagne* (1388m L, 3 Min. Durchfahrt), dann noch ein kl. Tunnel vor

30km **La Chaux-de-Fonds** (992m; **Fleur de Lys*, Z. u. B. 3, F. $1^1/_4$ fr.; **Lion d'or; Balance*), ansehnliche Stadt (25 835 E.) mit stattlichen Straßen und öffentlichen Gebäuden, Mittelpunkt der Uhrenfabrikation und des Uhrenhandels. Sehenswerth die *Kirche* mit kunstreich gewölbter Decke und das *Collège* mit der städt. Gemäldesammlung (gute Bilder von schweizer Malern), Bibliothek, histor. Museum etc. Eine $21^1/_2$km lange, von den Ingenieuren W. Ritter und Hans Mathys

1886-87 erbaute **Wasserleitung* versorgt die früher wasserarme Stadt mit trefflichem Quellwasser aus dem Reuse-Thal (bei Champ du Moulin, S. 193).

Hübscher Ausflug von Chauxdefonds nach den malerischen *Côtes du Doubs. Fahrstraße am **Restaur. Bel-Air* vorbei bis zum *Restaur.-Hôtel* unweit der *Combe de la Greffière* (Tiefblick auf den Doubs), dann durch Wald allmählich hinab (Fußwege kürzen) zum *Doubs* nach ($1^3/_4$ St.) *la Maison-Monsieur*, in reizender Lage, und am Fluß entlang am **Pavillon des Sonneurs* (Restaur.) vorbei nach dem hübsch gelegenen ($^3/_4$ St.) *Biaufond*. Von hier mit Boot bis ($^1/_2$ St.) *le Refrain;* dann zu Fuss (großartig wilde Scenerie) zum malerischen ($^3/_4$ St.) *Moulin de la Mort* (Erfr.). Gegenüber die merkwürdigen *Echelles de la Mort*, die den Landleuten als Communicationsweg dienen. Der Doubs bildet hier die Grenze zwischen der Schweiz und Frankreich und ist auch weiter abwärts lohnend. Mit Boot nach (50 Min.) *Verrières du Bief d'Etoz;* unterhalb des Doubsfalls mit Boot oder zu Fuß am franz. Ufer an (r.) *la Goule* vorbei nach ($^3/_4$ St.) *Bief d'Etoz;* dann auf schweizer Ufer zur ($^3/_4$ St.) Mühle *Theusseret*, r. bergan nach *Belfond* und wieder abwärts nach (1 St.) *Goumois* (*Couronne, gute Forellen), auf beiden Ufern des Doubs höchst malerisch gelegenes Dörfchen. Eine schöne Straße führt von hier ö. in großen Windungen bergan nach (1 St.) *Saignelégier* (Cheval blanc), von wo mehrmals tägl. Post nach *Tavannes* und *Glovelier* (S. 9).

W. führt von Chauxdefonds ein hübscher Fahrweg über ($1^1/_4$ St.) *les Planchettes* (Restaur.) zum ($1^1/_2$ St.) *Saut du Doubs* (s. unten).

Von Chauxdefonds nach Biel, 45km, Eisenbahn in $1^1/_2$-2 St. für 4 fr. 75, 3.35, 2.40 c. Die Bahn führt an der Stat. (4km) *Halte du Creux* vorbei und tritt dann in das industriereiche von der *Suze* oder *Schüß* durchströmte *Val St-Imier*. 9km *Renan;* 13km *Sonvilier*, mit den malerischen Trümmern des Schlosses *Erguel* auf tannenbewachsenem Fels. — 16km St-Imier, deutsch *St. Imer* (814m; *Hôt. de la Ville; Hôt. des 13 Cantons; Couronne*), Hauptort des Thals mit 7114 E. und bedeutender Uhrenfabrikation (von hier auf die *Chasseral*, S. 186, Reitweg in $2^1/_2$-3 St.). — 18km *Villeret;* 22km *Cormoret;* 25km *Courtelary;* 28km *Cortebert;* 30km *Corgémont*. — 32km *Sonceboz* und von hier bis (45km) *Biel* s. S. 10.

Die Bahn macht eine scharfe Biegung nach SW. — 34km *Eplatures*.

38km **Le Locle** (921m; **H. des Trois-Rois; H. du Jura; H. National*), ansehnlicher Ort (11 312 Einw.), gleichfalls mit berühmter Uhren-Fabrikation (gute Chronometer u. a. bei Ulysse Nardin). Auf dem Platze vor der Uhren-Akademie die 1888 errichtete Bronzestatue *D. J. Richard's* († 1741), Begründers der Uhrenindustrie in Le Locle und La Chaux-de-Fonds. — Von der Höhe von *Sommartel* (1326m), 1 St. südl., freier Blick über einen großen Theil des Jura.

Von Locle nach Morteau (Besançon), 13km, Eisenbahn in 35 Min. Diese neu eröffnete Bahn erleichtert den Ausflug zum Saut du Doubs (s. unten); auch der Weg vom Col des Roches in das Doubsthal ist höchst interessant. — 2km *Brenets* (Hôt. Fédéral), Stat. für les Brenets (s. unten). R. der Col des Roches mit dem Tunnel (s. unten); die Bahn führt durch einen andern Tunnel, gleich darauf durch einen zweiten und senkt sich in das Thal des Doubs, mit hübschen Blicken r. — 7km *Villers-le-Lac*, franz. Städtchen von 3053 E., $1^1/_2$km s.w. vom Lac des Brenets (s. unten). Weiter durch das Doubsthal, erst am r., dann am l. Ufer, nach (13km) *Morteau*, Marktflecken von 2022 E., am l. Ufer hübsch gelegen (Zollrevision für die von Locle kommenden Züge). Von hier nach *Besançon* noch 67km.

Lac des Brenets. Saut du Doubs. Von Stat. Brenets (s. oben) geht eine c. 3km l. Straße nach les Brenets. Sie führt durch den Col des Roches, eine das Thal absperrende Felswand, mittelst eines 1799 begonnenen, 1870 nach einem Felssturz erneuten und verlängerten Tunnels und theilt sich jenseit desselben: l. nach Morteau, r. nach les Brenets. Letztere Straße führt durch eine Felsengalerie, mit hübscher Aussicht nach dem obern Doubsthal; unterhalb stürzt der *Bied* aus einem Tunnel und bildet einen Wasserfall. Nach 25 Min.

durch eine Gallerie, dann hinab nach dem (6 Min.) hübsch gelegenes stattliches Dorfe *les Brenets* (*Couronne; *Lion d'or), mit bedeutender Uhrenfabrikation und zum (5 Min.) *Pré du Lac*, Abfahrtsort der Dampfboote (regelmäßige Fahrten nur Sonnt., für größere Gesellschaften auch an Wochentagen) und Kähne, am sog. ***Lac des Brenets**, den der Doubs oberhalb des Falles bildet. Nun im Dampfboot oder Nachen (hin u. zurück 3 fr. für 3 Pers., jede Pers. mehr 1 fr.) den c. 4km l. See hinab, der sich allmählich verengt und in seiner dunkelgrünen Farbe zwischen senkrecht aufstrebenden bewaldeten Felsen eine Reihe höchst malerischer Bilder bietet, zum (35 Min. Fahrens) ***Saut du Doubs** (**Hôt. du Saut du Doubs*, mit Garten, auf Schweizer Seite; *Hôt. de la Chute*, auf franz. Seite, beide einf.). Man lasse das Boot zuerst auf Schweizer Seite anlegen, bestelle das Essen und fahre dann zur franz. Seite über, von wo man später wieder abgeholt wird. Auf letzterer gelangt man in 6 Min. zu einem Aussichtspunkt hoch gegenüber dem 25m h. stattlichen Fall des Doubs (zum Fuß des Falls von hier in 5 Min.). Von der Schweizer Seite ist vom Doubsfall fast nichts zu erblicken (Annäherung gefährlich). Eine neue Straße führt durch schöne Waldpartieen mit reizenden Blicken auf das Becken des Doubs, zurück nach (1 St.) *les Brenets* und ($1^1/_2$ St.) *Locle*.

## 60. Von Neuchâtel nach Pontarlier durch das Val de Travers.

53km. Eisenbahn in $1^3/_4$-$2^3/_4$ St., für 6 fr. 10, 4. 70, 3. 55 c. (von Pontarlier nach Paris über Dijon, Schnellzug in $10^1/_2$ St., Bern-Paris $14^1/_4$ St.). — Auch diese Jura-Bahn (vgl. S. 191) bietet eine höchst interessante und landschaftlich schöne Fahrt, namentlich zwischen Neuchâtel und Noiraigue, von Boveresse bis zum letzten Tunnel oberhalb St-Sulpice und von St-Pierre de la Cluse bis Pontarlier. Plätze *links* wählen.

*Neuchâtel* s. S. 189. — Die Bahn, bis Auvernier neben der nach Yverdon, überschreitet den *Seyon* und geht in einem kl. Tunnel unter der Strasse nach dem Val de Travers hindurch. Bei der Ausfahrt prächtige Aussicht auf See und Alpen (vgl. S. 191). Weiter hoch an rebenreichen Abhängen, dann auf hohem Viadukt über die Schlucht von *Serrières* (unten die große Chocoladenfabrik von *Suchard*); oberhalb Schlößchen *Beauregard*. — 6km **Auvernier**; l. unten das Städtchen (451m; *Hôt. du Lac*, nicht theuer).

Die Bahn biegt von der nach Yverdon (S. 195) r. ab und steigt allmählich, fortwährend mit herrlicher Aussicht auf See und Alpen. Wo sie in das enge felsige bewaldete Thal der *Reuse* oder *Areuse* einbiegt, sieht man l. tief unten den großen Viadukt der Lausanner Bahn (S. 195). Von besonders malerischer Wirkung ist der letzte Blick aus diesem romantischen Thal auf den See. Dann erreicht die Bahn, hoch an der n. Thalwand, den ersten Tunnel, fast unterhalb der Station Chambrelien (S. 191). Bei der Ausfahrt sieht man vorwärts die nächsten Tunnels, deren bis Noiraigue noch drei folgen; vor dem zweiten die Haltstelle *Champ du Moulin* (616m; Hôt. des Gorges, Forellen), in malerischer Lage (nach den *Gorges de l'Areuse* s. S. 195).

Kunstreiche Wasserleitungen versorgen von hier Neuchâtel und La Chaux-de-Fonds (S. 192) mit Trinkwasser; das Maschinenhaus (630m), $^1/_4$ St. an der Reuse l. aufwärts, ist sehenswerth. In der Nähe ein Haus (jetzt Café), in welchem laut Inschrift J.-J. Rousseau eine Zeit lang wohnte. Hinter den Turbinen führt ein neuer Fußweg am l. Reuse-Ufer in $^1/_2$ St. zu dem sehenswerthen *Saut de Brot*.

19km Stat. **Noiraigue** (719m; **Croix blanche*), dicht am Ausgang des letzten Tunnels, am n. Fuß des *Creux du Van*. Das Thal, von hier bis St-Sulpice *Val de Travers* genannt, ändert plötzlich seinen Charakter, die Reuse fließt zwischen Wiesen in der fast ebnen Thalsohle.

Von Noiraigue ersteigt man auf steilen Pfaden in 2 St. den Creux du Van (1465m); empfehlenswerther als von *Boudry* (S. 195) oder *St-Aubin* (S. 195) wegen der überraschend sich öffnenden *Aussicht, welche vom Pilatus bis zum Montblanc reicht. Der Gipfel bildet einen 160m tiefen Trichter, in der Gestalt eines Hufeisens, fast 1 St. im Umkreis, amphitheatralisch von Kalkfelsen umgeben, n.-ö. eine kleine Oeffnung; im Grunde eine treffliche Quelle (Hinabstieg in den Trichter steil und mühsam, aber ungefährlich). Wenn das Wetter sich ändert, füllt dieser kraterartige Trichter sich mit weißen Dunstwolken, die durch einander arbeiten und auf und nieder steigen, bis die ganze Höhle einem Kessel mit heissen Dämpfen gleicht, die jedoch über den Rand nicht emporsteigen. Die Erscheinung währt selten länger als eine Stunde. Ein Flintenschuß in diese Vertiefungen abgefeuert verursacht ein knatterndes Echo, dem Feuer einer Schützenlinie ähnlich. Seltene Pflanzen und Mineralien. Oben in der *Ferme Robert* einf. Erfr.

Bei (23km) *Travers* (729m; Ours) ein Tunnel, weiterhin auf der andern Thalseite Asphaltgruben (Localbahn über die im Thal gelegenen Ortschaften *Couvet*, *Môtiers* und *Fleurier* nach *Buttes* und *St-Sulpice*, s. unten). — 27km **Couvet** (737m; **Ecu de France*), hübsches Städtchen. Hier, wie in Môtiers und Fleurier, wird ein vorzüglicher Absinth bereitet.

Die Bahn steigt wieder an der nördl. Thalwand. Gegenüber liegt tief unten *Môtiers(-Travers)* (736m; Maison de Ville), wo J.-J. Rousseau, nach seiner Vertreibung aus Yverdon durch die Berner Regierung, mit Erlaubnis des damaligen preuß. Gouverneurs von Neuchâtel, Lord Keith, eine Zeit lang lebte und seine „Lettres écrites de la montagne“ schrieb.

Lohnend der Besuch der *Schlucht der Raisse (Zufluß der Reuse), mit malerischen Felspartieen und Wasserfällen. 10 Min. hinter Môtiers nicht über die Brücke, sondern r. am Bach entlang in hübscher Waldschlucht aufwärts, nach 1 St. auf neuem Fußpfade hinauf zur Höhe (35 Min.). Von hier mit guter Karte oder mit Führer auf den *Chasseron* (S. 196). — Hinter Môtiers die *Grotte de Môtiers*, eine zerklüftete Kalksteinhöhle, in einem Seitenarm $1^1/_2$ St. lang; Begehung $^1/_4$ St. weit ohne Gefahr, aber beschwerlich (zahllose Fledermäuse). Am Eingang ein Wasserfall.

30km *Boveresse*, oberhalb des gleichn. Orts. Weiter unten im Thal **Fleurier** (748m; **Poste; Couronne*) mit bedeutenden Uhren- und Absinthfabriken (von hier auf den *Chasseron* Fahrweg in $2^1/_2$ St., s. S. 196). Folgt ein langer Tunnel; bei der Ausfahrt l. unten *St-Sulpice* (779m), mit großer Portlandcement- und Holzstoff-Fabrik. Die Gegend ist, schon von Boveresse an, wieder höchst malerisch. Zwei Schlucht-Ueberbrückungen und wieder zwei Tunnel. Unten entspringt die *Reuse* als starker Bach, welcher bald viele Mühlen, Säge- und Hammerwerke treibt, angeblich der unterirdische Abfluß des $1^1/_2$ St. n. gelegenen *Lac des Taillères*. Auch die Landstraße geht in dem Engpaß *la Chaine* durch einen kleinen Tunnel.

Die Bahn erreicht ihren höchsten Punkt; weiter durch ein einförmiges grünes Thal (Torfstiche). 40km **Les Verrières Suisses** (933m; **Balance*), der letzte Schweizer Ort, bekannt durch den Uebertritt der franz. Ostarmee unter Bourbaki im Februar 1871. Vor

(42km) *les Verrières de Joux* oder *Verrières-Françaises* (919m) über die französische Grenze. Bei *St-Pierre de la Cluse* wird die Gegend wieder interessant. Der Engpaß *la Cluse*, durch welchen Bahn und Landstraße führen, ist befestigt; l. auf der Höhe das alte **Fort de Joux**, 1877 durch eine Dynamit-Explosion zerstört; r. noch viel höher auf kühnem Felsen ein neues Fort. In das Fort de Joux war 1775 Mirabeau auf Betreiben seines Vaters verwiesen; hier starb auch 1803 der auf Napoleons Befehl von Haïti weggeführte und hier gefangen gehaltene Negerchef Toussaint Louverture.

Die Bahn überschreitet den *Doubs*, den Ausfluß des $1^1/_4$ St. s.w. entfernten *Lac de St-Point*. Vor Pontarlier r. ein großes *Hospital*.

53km **Pontarlier** (870m; *Hôt. de la Poste*, Grande Rue, Z. 2 fr.; *H. de Paris; H. National; *Bahnrestaur.*, M. m. W. 3-4 fr.), kleine Stadt (8098 Einw.) am *Doubs*. Gepäckrevision. Dem Bahnhof gegenüber das *Collège* und das *Telegraphen-Bureau*.

Von Pontarlier nach *Cossonay* über *Vallorbe* s. R. 64.

## 61. Von Neuchâtel nach Lausanne.

75km. Westbahn in $2\text{-}2^1/_2$ St. für 8 fr., 5.80, 4.20 c. (bis Genf in $2^3/_4$-5 St. für 13 fr. 10, 9.40, 6.80c.). — Dampfbootfahrt auf dem *Neuenburger See* nur zwischen Neuchâtel und *Murten* (S. 201) und zwischen Neuchâtel und *Estavayer* (2mal tägl. in $1^1/_2$ St., im Anschluß an die Bahn nach Freiburg, S. 199).

*Neuchâtel* s. S. 189. Bis (6km) *Auvernier* (451m) s. S. 193. Die Lausanner Bahn trennt sich hier von der r. abzweigenden Bahn nach Pontarlier, verläßt aber ebenfalls bis jenseit Bevaix den See. Bei (8km) **Colombier** (**H. du Jardin; Cheval blanc*), mit altem Schloß, jetzt Kaserne, und schönen Alleen, wächst vorzüglicher weißer Wein ($^1/_2$ St. ö. am See die Wasserheilanstalt *Chanélaz* mit Park und reizender Aussicht, Pens. 6-8 fr.). — 10km **Boudry** (516m); das gleichnamige Städtchen (470m; *Maison de Ville*), Geburtsort Marat's, liegt unterhalb der Bahn am r. Ufer der Areuse, 20 Min. von der Station.

Sehr lohnend der Besuch der *Gorges de l'Areuse. Vom Bahnhof Boudry über die Bahn (der Viadukt bleibt l.) durch das Dörfchen *Troisrods*, vor dem letzten Hause l. zwischen zwei Mauern, in 20 Min. zum Eingang der Schlucht hinab. Ein zum Theil in den Felsen gehauener Fußweg gewährt schöne Einblicke in die höchst malerische, enge bewaldete Felsschlucht der Areuse oder Reuse, über welcher Felsen und Bäume der beiden Ufer sich mehrfach berühren. Nach 5 Min. führt ein Weg l. zum *Chalet aux Clées* (freiw. Beiträge zur Erhaltung des Wegs); nach 20 Min. r. oben die *Grotte aux Fours* mit großem Portal (leicht zugänglich), weiterhin r. oben die Bahn nach Pontarlier mit ihren Tunneln, darüber die Chaussee. In 55 Min. (1 St. 40 Min. vom Bahnhof Boudry) erreicht man *Champ du Moulin*, Haltestelle für einige Züge (S. 193). Noch bequemer ist es, wenn man mit der Bahn bis Champ du Moulin fährt und dann durch die Gorges nach Boudry hinabgeht. Auch von *Chambrelien* (S. 191) führt ein guter neuer Fußpfad nach den Gorges hinab.

Von Boudry auf den *Creux du Van* 3 St., s. S. 194.

Jenseit Boudry auf großartigem Viadukt über das tiefe Thal der *Areuse* oder *Reuse*, die l. vor *Cortaillod*, wo der beste rothe Wein des Kantons wächst, in den See mündet. — 14km *Bevaix* (478m). Die Bahn nähert sich wieder dem Seeufer, welches sie bis Yverdon nicht mehr verläßt. 18km *Gorgier-St-Aubin;* 21km *Vaumarcus*, deutsch *Vamergu*, mit wohlerhaltenem schönem Schloß. Bei (26km) **Concise** (443m; *Ecu de France*) wurden viele Überreste von Pfahlbauten gefunden. R. oben liegt *Corcelles* (468m), in dessen Nähe drei Granitblöcke, 1,5-2,3 hoch, im Dreieck aufgestellt (von der Bahn nicht sichtbar), angeblich von den Schweizern zum Gedächtnis der Schlacht bei Grandson aufgerichtet, wahrscheinlicher aber keltischen Ursprungs. — 29km *Onnens-Bonvillars.*

34km **Grandson**, deutsch *Gransee (Lion d'Or; Croix Rouge; H. de la Gare)*, malerisches Städtchen wahrscheinlich röm. Ursprungs (1708 Einw.), mit hergestelltem stattlichem Schloß des Baron de Blonay (von der Terrasse *Aussicht). Die alte *Kirche*, romanisch mit goth. Chor, einst einer Benediktiner-Abtei gehörig, hat bemerkenswerthe Säulenkapitäle.

Schloß Grandson, ursprünglich Sitz des gleichnamigen Geschlechts und angeblich um das J. 1000 erbaut, wurde 1475 von den Bernern erobert, im Febr. 1476 von Karl dem Kühnen, Herzog von Burgund, besetzt, wobei letzterer gegen den Vertrag die bernerische Besatzung theils aufknüpfen, theils ertränken ließ. Wenige Wochen später, am 3. März 1476, wurde der Herzog von den anrückenden Eidgenossen in der Nähe von Grandson überrascht und trotz seiner großen Uebermacht (angeblich 50000 Burgunder gegen 20000 Schweizer) völlig geschlagen. Unermeßliche Beute, zum Theil noch in den Zeughäusern der Schweiz aufbewahrt, fiel in die Hände der Eidgenossen.

Die Bahn umzieht das SW.-Ende des Sees und überschreitet die *Thièle* oder *Toile*, unweit ihrer Mündung in den See.

38km **Yverdon**, deutsch *Ifferten* (437m; **H. de Londres*, Z. u. B. 2 1/2, M. 3 fr.; *Paon*), das röm. *Eburodunum*, sauberes Städtchen (6330 Einw.) an der Toile, mit hübschen Promenaden. In dem alten 1135 von Herzog Konrad von Zähringen erbauten *Schloß*, einst Sitz der bekannten Erziehungsanstalt Pestalozzi's (1805-25), befinden sich jetzt die städtischen Schulen, die Bibliothek und das Museum mit keltischen, römischen und andern Alterthümern. Beim Friedhof einige Mauerreste des römischen Castrums. — 1/4 St. s.ö. die besuchten *Bains d'Yverdon*, mit Schwefelquelle und Kurhaus (Pens. m. Z. 7 fr.); halbwegs *Pens. la Prairie* und *Pens. le Bosquet*, beide mit Garten (Pens. m. Z. 5-6 fr.).

Der Chasseron (1611m), ein Berg in der Jurakette, n.w. von Yverdon, verdient der Aussicht wegen besucht zu werden. Post 2mal tägl. in 3 1/4 St. bis *Ste-Croix* (1106m; Pens. Jaques), Fabrikort am Fuß des Berges, durch seine Musikdosen bekannt, von wo der Gipfel in 1 1/2-2 St. zu erreichen ist. Abstieg event. auf gutem Fahrweg nach (1 1/2 St.) *Fleurier* (S. 194). — *Aiguille de Beaulmes* (1563m) und *Mont Suchet* (1596m) sind gleichfalls lohnend (3 1/2-4 St.; vgl. S. 202).

Von Yverdon nach *Payerne* und *Freiburg* s. S. 199.

Die Bahn verläßt den See und zieht sich in dem breiten Thal der *Toile* hin, welche durch die Vereinigung der *Orbe* (S. 202) und des *Talent* unfern der Stat. *Ependes* gebildet wird. Im W. die lange Kette des Jura: Aiguille de Beaulmes, Mont Suchet, dazwischen in der Ferne Mont d'Or, Dent de Vaulion, Mont Tendre. — 48km *Chavornay-Orbe* (1/2 St. w. das Städtchen *Orbe*, S. 202; Omnibus am Bahnhof). Weiter einförmiges Wiesenland, dann durch zwei Tunnel unter dem

*Mauremont*, unmittelbar vor (54km) *Eclépens* (S. 202). Die Bahn tritt in das waldige Thal der *Venoge*, die durch den *Canal d'Entreroches* mit der Toile in Verbindung steht, und führt an *la Sarraz* (S. 202) vorbei nach

61km *Penthalaz*-**Cossonay** (454m; *Hôtel des Grands-Moulins*, am Bahnhof); vorher r. auf bewaldetem Hügel das Städtchen Cossonay. — Nach *Vallorbe* und *Pontarlier* s. S. 202.

Weiter durch das Venoge-Thal. Jenseit (69km) *Bussigny* erscheinen s. die savoyischen Berge. — 71km *Renens* (S. 227).

75km *Lausanne* (S. 219).

## 62. Von Bern nach Lausanne *(Vevey).*

98km. Jura-Simplon-Bahn, bis Freiburg in 1-1¼ St. für 3 fr. 75, 2 fr. 70 c. oder 2 fr.; bis Chexbres in 3-3½ St. für 9 fr. 70, 7 fr. oder 5 fr. 20 c.; bis Lausanne in 3¼-4 St. für 10 fr. 95, 7. 85 oder 5 fr. 80; bis Genf in 5½-6½ St. für 17 fr. 30, 12 fr. 35, 9 fr. — Wer direkt nach Vevey will, verlässt am besten die Eisenbahn in Chexbres (vgl. S. 200). — Auf der ganzen Strecke *links* sitzen.

*Bern* s. S. 131. L. öffnet sich auf kurzer Strecke die Aussicht auf die Berner Alpen und die Gebirge des Simmen- und Saane-Thals, aus welchen die zackigen Kalkwände des Brenleire (2360m) und Foliérant (2344m) hervorragen, weiter r. der Moléson, l., vor den Berner Alpen, die Pyramide des Niesen. Der Wald verdeckt bald diese Aussicht. 5km *Bümpliz*; 10km *Thörishaus*. Die Bahn senkt sich und überschreitet die *Sense*, Grenze der Kantone Bern und Freiburg. — 14km *Flamatt*.

9km w. (Post tägl. in 1 St. über *Neuenegg*) liegt **Laupen** *(Bär)*, Städtchen mit altem Schloß, an der Vereinigung der *Sense* und *Saane (Sarine)*, berühmt durch den am 21. Juni 1339 erfochtenen Sieg der Berner unter *Rudolph von Erlach* (S. 133) über die Freiburger und den verbündeten Adel des Uechtlands, Aargaus, Savoyens und Hochburgunds. Das Gedächtnis der Schlacht wird alle fünf Jahre gefeiert. Auf dem Schlachtfeld, dem *Bramberg*, ¼ St. n. von der Straße nach Neuenegg, steht ein 1829 errichtetes Denkmal.

Die Bahn führt in einer starken Curve durch einen Tunnel und tritt in das grüne Thal des *Taferna-Bachs*. Vor (20km) *Schmitten* wieder ein Tunnel; hinter (26km) *Düdingen*, franz. *Guin*, ein 30m h. Viadukt. Nun flache Gegend, dann hinter (l.) *Ballinoyl* auf dem großartigen, ganz aus Eisen erbauten **Viaduc de Granfey*, 333m lang, 76m hoch, über das tief eingeschnittene Thal der *Saane (Sarine)*.

32km **Freiburg**, franz. *Fribourg* (640m; **Schweizerhof* [ehem. Hôt. des Charpentiers], Z. L. B. 3-4 fr.; *Faucon*, wird gelobt; *Bahnrestaur.*, auch Z.), Hauptstadt des Kantons gleichen Namens, des alten *Uechtlandes*, um 1178 von Herzog Berthold IV. von Zähringen auf einem felsigen Vorgebirge gegründet, welches die *Saane* umfließt, in ganz ähnlicher Lage wie Bern, mit 12 239 Einw. meist franz. Zunge. Freiburg ist Sprachscheide, in der untern Stadt wird noch deutsch gesprochen.

Von der Bahn sieht man wenig von der großartigen Lage der Stadt, die beiden Drahtbrücken nur einen Augenblick. Bei kurzem Aufenthalt empfiehlt sich folgender Spaziergang (1½ St.). Vom Bahnhof an der kl. prot. Kirche vorbei durch die Stadt zum Rathhaus und der Nikolauskirche, dann l. über die *große Drahtbrücke* (s. unten), die Straße r. aufwärts zur *Galternbrücke*, über

13**

diese, dann die nach der Häusergruppe *Bourguillon* führende Straße hinan, nach 6 Min. den Fußpfad r. bis auf die Straße und auf dieser r. durch ein altes Thor (*Porte de Bourguillon*) abwärts zu der malerisch gelegenen *Lorettokapelle*, mit schöner *Aussicht auf die Stadt. Vor dem Kapellchen weiter abwärts l. hübscher Blick in das Thal der Saane, die für die städtische Wasserleitung durch einen Steindamm abgesperrt ist. R. führt hier ein Stufenweg in die Unterstadt hinab; bei dem Brunnen l. an der Malteserkirche *St-Jean* vorbei über die steinerne Saane-Brücke (*Pont St-Jean*), dann entweder l. direkt zum Bahnhof zurück, oder geradeaus den Treppenweg hinan zum Rathhaus.

Die neu hergestellte *St. Nikolauskirche, im goth. Stil 1283 begonnen, im xv. Jahrh. erneut, der stattliche 86m h. Thurm 1470-92 erbaut, hat merkwürdige Reliefs am Hauptportal.

Die **Orgel*, eine der merkwürdigsten Europa's, hat 67 Register mit 7800 Pfeifen, darunter einige 10m lang. Sie ist von *Al. Mooser* († 1839) verfertigt (Büste unter der Orgel r.) und wird im Sommer tägl. 1½ und 8 U. Nm., Samst. und die Tage vor Festtagen nur 1½ U. Nm. gespielt; Eintritt 1 fr. (bei schlechtem Wetter Omnibus vom Hôt. de Fribourg zur Kirche). — Bemerkenswerth die spätgoth. geschnitzten *Chorstühle*; in der zweiten südl. Seitenkapelle ein liebliches neues Bild von *Deschwanden*, die h. Anna und h. Maria. In den drei Chorfenstern neue Glasgemälde, St. Nikolaus und andere Heilige. Eine Gedächtnistafel mit Bildnis am südl. Eingangspfeiler des Chors erinnert an den berühmten Jesuiten-Pater *Canisius* († 1597; sein Grab ist in der Michaelskirche, s. unten).

Das alte Rathhaus, in der Nähe der Nikolauskirche, steht an der Stelle des Schlosses der Zähringer; der achteckige goth. Uhrthurm ist vom J. 1511. Davor ein alter hohler *Lindenbaum*, 4,5m im Umfang, dessen Aeste von steinernen Pfeilern gestützt werden.

Die Sage berichtet, daß ein junger Freiburger, der in der Schlacht bei Murten (S. 201) mitgefochten, vom Schlachtfeld in einem Lauf bis Freiburg gerannt sei, um seinen Mitbürgern die Sieges-Nachricht zu überbringen, dass er aber vor Erschöpfung und Blutverlust bei seiner Ankunft hingesunken und nur noch das Wort „Sieg" habe rufen können. Einen Lindenzweig, den er in der Hand gehabt, habe man sogleich gepflanzt und daraus sei der jetzt vorhandene Baum gewachsen.

In der Nähe das 1860 errichtete *Standbild des Pater Grégoire Girard* († 1850), aus Bronze; am Sockel lange Inschriften.

Unweit des Murtener Thors, am Welschen Platz, das von Pater Canisius 1580 gegründete Collège St-Michel mit Kirche, früher Jesuiten-Colleg, jetzt von Weltgeistlichen geleitet; gegenüber l. das große von den Jesuiten 1827 erbaute *Pensionat*, in nüchternem Kasernenstil. — Im *Lyceum*, beim Collège, das ansehnliche Kantonal-Museum.

In 2 Sälen des Erdgeschosses das *Musée Marcello, von der Herzogin Adele Colonna, geb. d'Affry aus Freiburg († 1879), als Bildhauerin unter dem Namen *Marcello* bekannt, der Stadt hinterlassen: Büsten u. Statuen (*Pythia) von Marcello; Gemälde von derselben, von Velazquez, Regnault, Hébert, Delacroix, Fortuny, Courbet etc.; Gobelins, Möbel etc.; die *Cantons-Gemäldegalerie* alter u. neuer Bilder. Im 1. Stock (5 Säle) reiche Sammlung von Pfahlbau-Alterthümern, römischen u. schweizer Alterthümern, ethnograph. Gegenständen, Waffen u. Rüstungen, Münzen etc. Im 2. Stock (2 Säle) naturhistorische (zoologische) und physikalische Sammlungen; im 3. Stock Mineralogie u. Botanik.

Die große *Drahtbrücke (Grand Pont Suspendu) über die Saane, 1834 von dem Ingenieur Chaley erbaut, ist von Pfeiler zu Pfeiler 247m. lang, 51m hoch. Sie hängt an sechs 374m l. Drahtseilen, jedes aus

1056 Drähten bestehend, die einen einzigen Bogen bilden, weit in den Erdboden hineinreichen und dort mit 128 Ankern an Steinblöcken befestigt sind. Auf der Stadtseite gehen die Drahtseile durch die Mauern der gegenüberliegenden Häuser in letztere hinein. — Eine Strecke weiter aufwärts der PONT DE GOTTERON, eine ähnliche, 1840 erbaute Brücke über das tief eingeschnittene *Galternthal (Vallée de Gotteron)*, welches in das Saanethal mündet. Die Galternbrücke ist 227m lang und 75m hoch; die Drahtseile sind auf der r. Seite unmittelbar in dem Sandsteinfels befestigt.

Von Freiburg nach Yverdon, 51km, Eisenbahn in 2 St. für 4 fr. 5 c. oder 3 fr. Bei (6km) *Belfaux* ein kolossaler Erdwall, über der die *Sornaz* auf 135m l. Aquäduct hinweggeführt ist. Stat. *Grolley*, *Léchelles*, *Cousset*, *Corcelles*, (23km) *Payerne* (S. 200), Knotenpunkt der Broyethalbahn; weiter über die *Broye* und die *Glane*. 27km *Cugy*; 32km **Estavayer**, deutsch *Stäffis (Stadthaus; Hirsch)*, ansehnliches Städtchen mit dem malerischen Schloß *Chênaux*, am *Neuenburger See* (Dampfboot 2mal tägl. über *Cortaillod* und *Auvernier* nach *Neuchâtel*, S. 189). — 38km *Cheyres*; 42km *Yvonand* auf weit in den See reichendem Vorland an der Mündung der *Mentue*, Fundort römischer Alterthümer. — 51km *Yverdon* (S. 196).

5 St. s.ö. von Freiburg (Post im Sommer tägl. in 4 St. über *Rechthalden* und *Plaffeyen*) liegt im Sense-Thal der von hohen Bergen umgebene fischreiche **Schwarze See** (*Lac Noir*, 1056m) mit dem **Schwarzsee-Bad* (Pens. 4-6, Z. 1-3 fr.), gipshaltigen Schwefelquellen. Vom *Kaisereggschloß* (2186m), s.ö. vom See (3 St. m. F.), weite Aussicht auf Berner und Walliser Alpen. — Vom Schwarzen See über den *Col de Chésalettes* nach (3½ St.) *Charmey* s. S. 186; über den *Gantrist* nach *Thun* s. S. 186.

***Berra** (*Birrenberg*, 1724m), von Freiburg 4½-5 St., sehr lohnend. Fahrweg über *Marly*, an der *Gérine (Aergerenbach)* hübsch gelegenes Dorf, nach (2 St.) *le Mouret*, dann Reitweg über den *Käsenberg* zum (2½ St.) Gipfel, mit umfassender Rundsicht auf den Jura, den Neuchâteller, Murtener und Bieler See und die Alpen. Abstieg nach *Valsainte* (S. 186) ¾ St., zum *Schwarzen See* (S. 186) 1½ St.

Bei der Weiterfahrt stets l. Aussicht auf die Simmenthaler und Freiburger Berge, besonders den Moléson. Anfangs l. die *Glane* mit ihren senkrechten Ufern und einer schönen vierbogigen Straßenbrücke, dann einförmige Hochebene. 38km *Matran*; 41km *Rosé*; 43km *Neyruz*; 46km *Cottens*; 48km *Chénens*. Vor (53km) *Villaz St-Pierre* tritt die Bahn in das *Glane-Thal*; l. die fruchtbaren Abhänge des *Gibloux* (1203m). Bei Romont l. das Nonnenkloster *la Fille-Dieu*.

58km **Romont**, deutsch *Remund* (775m; **Cerf*; *Couronne*; **Croix Blanche*), Städtchen an der Glane (1885 E.), malerisch auf einem Bergkegel gelegen, von Mauern und alten Wachtthürmen umgeben. Das von den burgund. Königen im X. Jahrh. erbaute Schloß ist jetzt Amtssitz; die alte goth. Kirche enthält Chorstühle mit grotesken Schnitzereien. Auf der Südspitze des Hügels ein mächtiger runder Thurm, dabei Anlagen mit hübscher Aussicht.

Nach Bulle (S. 234), 19km, Zweigbahn in 40 Min.; Stationen *Vuisternens*, *Sales*, *Vaulruz* (S. 235).

63km *Siviriez*; vor (67km) *Vauderens* ein Tunnel (761m), Wasserscheide zwischen Glane und Broye. R. das *Broyethal* mit der Bahn nach Payerne und das Städtchen *Rue* (s. unten). Bei (74km) *Oron-le-Châtel* (724m) führt ein Einschnitt durch den Felsen des Schloßbergs, an dessen Südseite die Station; *Oron-la-Ville* bleibt

r. unten. Nun fast beständig bergab, über die *Mionnaz*, dann über die Broye nach (77km) Stat. *Palézieux* (s. unten) und wieder etwas ansteigend durch freundliche, zum Theil bewaldete Gegend nach (86km) Stat. *Chexbres*.

Vom ***Signal de Chexbres** (585m; **Hôt. du Signal*, mit Gartenanlagen), 10 Min. vom Bahnhof, prächtige Aussicht: in der Tiefe der größte Theil des Genfer Sees, l. unten Vevey, darüber von l. nach r. der Sattel des Col de Jaman, die zahnähnliche Dent de Jaman und der breite Rücken der Rochers de Naye, die Tour d'Aï und de Morges, weiter zurück der Grand Mœveran und die Dent de Morcles. Im Hintergrund in der Mitte der pyramidenförmige Mont Catogne, neben welchem l. die Schneepyramide des Mont Velan hervorragt; r. die Savoyer Gebirge mit der Dent d'Oche. — Wer nach Vevey will, braucht vom Signal nicht zum Bahnhof zurück, sondern kann direkt zum Dorf Chexbres hinabsteigen.

Von Chexbres nach Vevey, 7km, Post (an alle Züge anschließend) in 45 Min. (aufwärts 1½ St.). Die Straße führt durch das große Dorf (25 Min.) *Chexbres* (580m; *Lion d'or), mit altem Schloß, von wo man auch direkt in 25 Min. nach der Westbahn-Station *Rivaz-St-Saphorin* (S. 227) hinabsteigen kann, und senkt sich dann, mit herrlichen Blicken auf den See und die Savoyer Gebirge, zuletzt unerquicklich zwischen Weinbergsmauern zur Lausanne-Vevey-Straße. 1 St. *Vevey* s. S. 221; wer mit der Eisenbahn weiter will, steigt am Bahnhof aus.

Die Bahn biegt rechts um in einen 460m l. Tunnel; dann öffnet sich plötzlich die überraschendste **Aussicht über den größten Theil des Genfer Sees und die ihn umgebenden Berge, von den Pléiades und der Dent de Jaman über Vevey (dieses selbst sieht man nicht), das Rhonethal aufwärts, über die Savoyer Gebirge bis zum Jura, unten zahlreiche Dörfer zwischen Weinbergen. Nach einem Tunnel (im Hochsommer scheint die untergehende Sonne ganz hindurch) Stat. *Grandvaux (Cully)*. Am See erscheinen Lutry, Pully und Ouchy, oben r. Lausanne. Nun wieder durch einen Tunnel und über einen Viadukt nach (94km) *la Conversion (Lutry)*; dann auf neunbogigem Viadukt über die *Paudèze* (S. 227). Nochmals ein kl. Tunnel; dann vereint sich unsere Bahn mit der Linie Lausanne-Vevey.

98km *Lausanne*, s. S. 210.

## 63. Von Lausanne nach Lyss über Payerne.

101km. Eisenbahn in 4½ St.; 2. Kl. 8 fr. 10, 3. Kl. 5 fr. 90 c.

Bis (21km) *Palézieux* s. oben. Die Bahn führt durch das freundliche *Broyethal*. 24km *Palézieux-halte* (r. das Dorf Palézieux mit Schloßtrümmern); 27 km *Châtillens* (10 Min. n.ö. *Oron-la-Ville*, S. 199). — 32km *Ecublens-Rue;* r. auf der Höhe das Städtchen **Rue** (707m; *Maison de Ville; Fleur de Lis*), überragt von einem alten Schloß auf einem Felshügel. — 37km *Bressonaz*.

39km **Moudon**, deutsch *Milden* (515m; *Hôt. du Pont; Couronne; Hôt. de la Ville*), alte Stadt (2647 E.) mit den Schlössern *Carouge* und *Rochefort*, das röm. *Minodunum*, lange Zeit Hauptort der Waadt. Hübsche goth. Kirche. — Weiter zweimal über die Broye. 44km *Lucens*, deutsch *Lobsingen*, mit höchst malerischem altem Schloß; 48km *Henniez* (l. das alte Schloß *Surpierre* mit Kirche auf hohem Fels); 51km *Granges-Marnand*.

59km **Payerne**, deutsch *Peterlingen* (453m; **Ours; Croix Blanche*), das *Paterniacum* (?) der Römer, altes Städtchen mit 3673 Einw., im frühen Mittelalter häufig Residenz der burgund. Könige. Bertha, die Gemahlin König Rudolfs II., ließ hier in der Mitte des x. Jahrh. eine Kirche und Benediktiner-Abtei erbauen, erstere jetzt Kornmagazin, letztere Erziehungsanstalt. Ihre, ihres Gemahls u. ihres Sohnes Konrad Gebeine wurden 1864 unter einem Thurm der alten Kirche aufgefunden und in der Stadtkirche beigesetzt, wo auch der Sattel der Königin mit einer Oeffnung für den Spinnrocken gezeigt wird. Ihr Andenken lebt noch in der Gegend, und redet man von den verschwundenen guten Zeiten, so heißt es in der ganzen franz. Schweiz: „Ce n'est plus le temps où Berthe filait."

Von Payerne nach *Freiburg* und *Yverdon* s. S. 199.

Das Broyethal wird flach und sumpfig. 62km *Corcelles;* 65km *Dompierre;* 67km *Domdidier.*

70km **Avenches**, deutsch *Wiflisburg* (463m; **Couronne; Hôt. de Ville*), das röm. *Aventicum*, schon vor Cäsar Hauptstadt der Helvetier, jetzt ein Städtchen mit 1864 Einw. Die noch gut erkennbaren Reste des *Amphitheaters* und mancher andern Gebäude, sowie namentlich auch der Stadtmauer zeugen von der ehem. Blüthe der Stadt. Das mittelalterliche *Schloß* am Eingang der Stadt steht auf der Stelle des römischen Kapitols. NW. eine einzeln stehende korinth. Säule, 12m h., einst zu einem Tempel des Apollo gehörig, jetzt *le Cigognier* genannt, weil seit Jahrhunderten ein Storchnest darauf ist. Die in den letzten Jahrzehnten gefundenen Alterthümer (Mosaikböden, Inschriften, Säulenbruchstücke, Geräthe etc.) sind im *Museum* der archäolog. Gesellschaft „Pro Aventicum" aufgestellt (der Aufseher wohnt nahe der Kirche, kl. Trkg.); im Garten die oben erwähnten Ueberreste des röm. Amphitheaters.

Bei (73km) *Faoug*, deutsch *Pfauen* (Sonne; H.-Pens. Wicky), tritt die Bahn an den 9km l. **Murtener See** (435m), den *Lacus Aventicensis* der Römer, im Mittelalter *Uecht-See* (S. 197), vom Neuenburger See durch einen schmalen Bergrücken, den *Mont Vully* n. und *Charmontel* s., getrennt, aber mit ihm durch die *Broye* verbunden.

77km **Murten**, franz. *Morat* (464m; *Krone; Kreuz; Löwe; Pens. Kauer*, am See, nicht theuer; *Bahnrestaur.*), altes Städtchen (2360 Einw.) mit wohlerhaltenen Mauern und Thoren. Die engen Laubengassen überragt ein altes *Schloß*, welches 1476 vor der Schlacht 10 Tage lang mit 1500 Bernern unter Adrian von Bubenberg den Geschossen Karls des Kühnen Widerstand leistete. Im *Schulhause* eine Sammlung burgund. Beutestücke. Badeanstalt am See (angenehmes mildes Wasser, im Sommer zu Bädern viel benutzt), neben Pens. Kauer, am S.-Ende des Städtchens.

1/2 St. s. von Murten nahe am See erinnert eine 1822 errichtete Marmor-Spitzsäule an die Schlacht vom 22. Juni 1476. Es war der blutigste Tag in der verhängnisvollen Trilogie des Burgunder Herzogs (er verlor „vor Grandson das Gut, vor Murten den Muth, vor Nancy das Blut"). Die Burgunder büßten 15 000 Mann nebst dem ganzen Heergerät ein.

Von Murten nach Neuchâtel Dampfboot 2mal tägl. in 2 1/2 St. Das Boot fährt quer über den See nach *Motier* und *Praz* am ö. Fuß des rebenbedeckten *Mont Vully*, deutsch *Wistenlach* (659m); dann bei *Sugiez* unter eine eisernen Gitterbrücke durch in die *Broye;* im W. öffnet sich der Blick auf die Juraketle vom Weißenstein bis zum Chasseron. Bei *la Sauge* erreicht das Boot den *Neuenburger See* (S. 188), steuert zuerst s.w. nach Stat. *Oudrefin*, dann quer über den See nach *St-Blaise* und *Neuchâtel* (S. 189). — Post von Murten nach Neuchâtel über *Ins*, franz. *Anet*, 3mal tägl. in 2-$2^1/_2$ St.; nach Freiburg 2mal tägl. in $2^1/_4$ St.

Die Bahn verläßt den See bei (81km) *Galmitz*, franz. *Charmey;* l. das *Große Moos*, weite neuerdings z. Th. urbar gemachte Sumpfniederungen. — 85km *Kerzers*, franz. *Chiètres* (*Pens. Mösching, 4-$4^1/_2$ fr.); 88km *Fräschels* (frz. *Frasse*); 92km *Kallnach*.

96km **Aarberg** (451m; *Krone*), altes Städtchen (1249 E.) auf einer Insel in der *Aare*. Neben der Kirche das alte Schloß der Grafen von Aarberg, die 1351 ihr Gebiet an Bern verkauften.

Nach Bern Post täglich in 3 St. über *Frienisberg*, einst Cisterzienserkloster, jetzt Taubstummenanstalt, *Maikirch* und *Ortschwaben*.

Ueber die Aare nach (101km) *Lyß*, Station der Biel-Berner Bahn (S. 11).

## 64. Von Lausanne nach Pontarlier über Vallorbe.

72km. Eisenbahn in $2^1/_2$-3 St.; 8 fr. 20, 5 fr. 90, 4 fr. 20 c. Nächste Verbindung von Lausanne nach Paris (527km, Schnellzug in 10 St. 55 Min., für 64 fr., 47 fr. 80 c., 35 fr.).

Bis (15km) *Cossonay* s. S. 197. Die Bahn läuft eine Strecke neben der nach Yverdon und biegt bei *Villars-Lussery* l. ab, an *Eclépens* vorbei nach (24km) **la Sarraz** (502m; *Maison de Ville*), Städtchen mit altem Schloß. Weiter zwei kl. Tunnel; bei *Orny* über den *Nozon*.

29km *Arnex-Orbe* (546m); $^1/_4$ St. nördl. **Orbe** (452m; *Deux Poissons, Ecu de France)*, malerische alte Stadt (1947 Einw.) an der *Orbe*, über welche zwei Brücken führen. Im frühesten Mittelalter war Orbe Hauptstadt von Klein-Burgund; aus dieser Zeit sind noch die beiden Schloßthürme (von der Terrasse hübsche Aussicht). — Post-Omnibus nach Stat. *Chavornay* (S. 196) 7mal tägl. in $^1/_2$ St.

Die Bahn führt in großen Windungen über *Bofflens* nach (35km) *Oroy-Romainmôtier*, $^1/_2$ St. von **Romainmôtier** (700m; *Maison de Ville*), sehr alter Ort (368 E.) mit halbverfallener Kirche eines ehemal. Benediktinerklosters (753 gegründet, 1536 aufgehoben).

Von Romainmôtier nach le Pont (3 St.) Fahrstraße über ($1^1/_2$ St.) *Vaulion* (935m), von wo die *Dent de Vaulion* (S. 208) in $1^1/_2$ St. unschwer erstiegen wird; Führer rathsam, namentlich für den Abstieg nach (1 St.) *le Pont* (S. 208).

Weiter an bewaldeten Höhenzügen hin; r. das tiefe Thal der *Orbe*, hoch am l. Ufer die Dörfer *Lignerolles* (von hier auf den *Mont Suchet*, 1596m, $2^1/_2$ St., sehr lohnend) und *Ballaigues* (*H.-P. la Sassinière), letzteres als Sommerfrische besucht. Vor Vallorbe auf schöner Gitterbrücke über die Orbe.

47km **Vallorbe** (768m; **H. de Genève* am Bahnhof; *Maison de Ville, Croix Blanche*, beide nicht theuer), ansehnlicher Ort (2147 E.) am ö. Fuß des *Mont d'Or* (1463m), mit bedeutender Uhren-Industrie

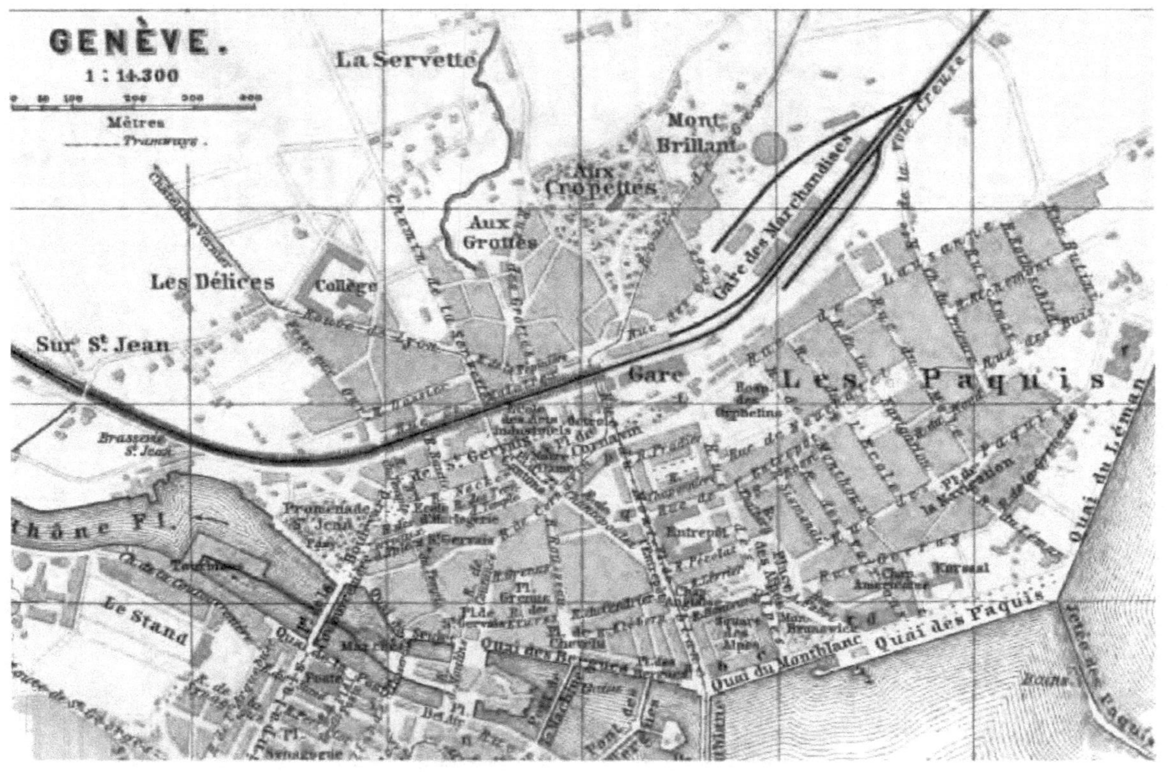
GENÈVE.
1 : 14.300
Mètres
Tramways
La Servette
Mont Brillant
Aux Cropettes
Aux Grottes
Les Délices
Collège
Sur St. Jean
Gare des Marchandises
Gare
Les Pâquis
Quai du Léman
Quai des Pâquis
Jetée des Pâquis
Quai du Montblanc
Quai des Bergues
Le Stand
Rhône Fl.
Promenade St. Jean
Kursaal
Entrepôt
Place des Alpes

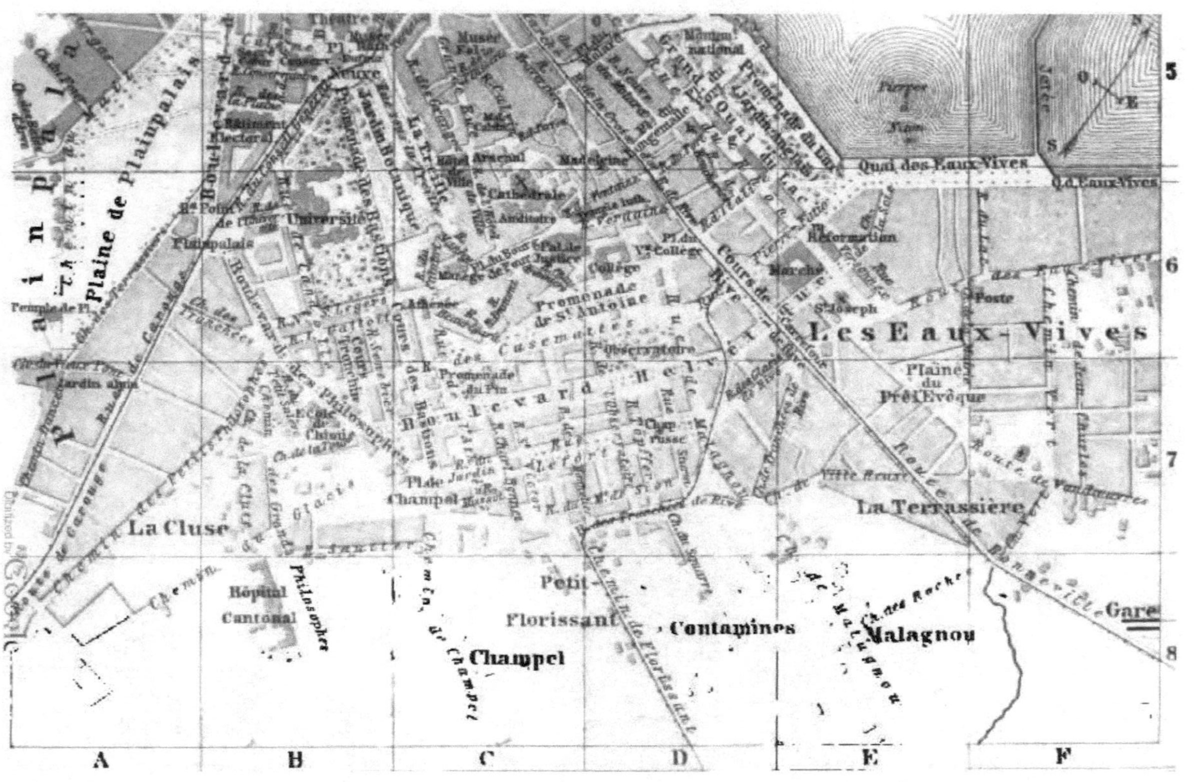
Les Eaux-Vives
Quai des Eaux-Vives
Jetée
Route de Bonneville
Gare
La Terrassière
Plaine du Pré l'Évêque
Malagnou
Contamines
Petit-Florissant
Champel
Chemin de Champel
Chemin de Florissant
Cours de Rive
Reformation
Marché
Poste
Promenade de St. Antoine
Boulevard Helvétique
Observatoire
La Treille
Jardin Botanique
Promenade des Bastions
Cours des Bastions
Université
Plainpalais
Boulevard des Philosophes
Hôpital Cantonal
Philosophes
La Cluse
Plaine de Plainpalais
Théâtre
Arsenal
Cathédrale
Madeleine
Collège
A B C D E F
5 6 7 8

und großen Eisenwerken, 1883 großentheils abgebrannt. — ½ St. s.w. die sog. *Quelle der Orbe* (783m), die als starker Bach aus dem Felsen hervorströmt.

Lac de Joux. Dent de Vaulion. Lohnender Ausflug; wer nach dem Genfer See will, geht am zweiten Tage über le Brassus und den Col de Marchairuz nach Rolle (s. unten u. S. 218). — Die Bahn von Vallorbe nach le Pont (11km, in 40 Min.) überschreitet die Orbe auf schönem Viadukt, steigt allmählich (r. die Quelle der Orbe, s. oben) zu dem 480m l. Tunnel durch den *Mont d'Orzeires* (1035m) und senkt sich am *Lac Brenet* (s. unten) entlang nach

11km **Le Pont** (*Truite*), kleines Dorf an der N.-Spitze des 2 St. l., ½ St. br. **Lac de Joux** (1009m), der durch einen Damm mit Brücke von dem kl. *Lac Brenet* getrennt ist. An der N.-Seite des letztern sind trichterförmige Öffnungen (*entonnoirs*) an den Felsen, in welche das Seewasser sich ergießt, um nach 1stünd. unterirdischem Lauf 230m tiefer als Quelle der Orbe (s. oben) wieder zu erscheinen.

Le Pont liegt am südl. Abhang der ***Dent de Vaulion** (1488m), deren w. Seite eine steile an 500m h. Felswand bildet, die ö. eine geneigte Ebene mit grünen Matten. Man erreicht den Gipfel von le Pont in 1¾ St. (hinab in 1 St.), von Vaulion (S. 202) in 1½ St.; Führer angenehm. Prächtige Aussicht auf den Lac de Joux, den Lac des Rousses, an dessen Ostseite der Noirmont, welcher sich bis zur Dôle erstreckt, s.ö. ein ansehnlicher Theil des Genfer Sees, hinter ihm die Montblanc-Kette, an welche ö. die Walliser und Berner Alpen sich reihen.

20 Min. s. von le Pont liegt am ö. Ufer des Lac de Joux *l'Abbaye* (Whs.) mit alter Kirche einer ehem. Prämonstratenser-Abtei. Von hier auf den ***Mont Tendre** (1680m) 2 St., lohnend. Am S.-Ende des Sees, 2¼ St. von le Pont (Ueberfahrt in 1½-2 St., mit 1 Ruderer 3-4 fr.), das Dorf *le Sentier*, und ¾ St. weiter aufwärts an der *Orbe* (Omnibus von le Pont 2mal tägl. in 2 St. über *le Lieu*; Einsp. 10 fr.) das Dorf *le Brassus* (1040m; H. de la Lande; H. de France), mit Hammerschmieden. Von hier über den *Col de Marchairuz* nach (5-6 St.) *Rolle* s. S. 218.

Weiter durch das hübsche waldige Thal der *Jougnenaz*. 55km *Jougne* (Lion d'Or), Sitz der franz. Douane. Folgt ein Tunnel; r. *les Hôpitaux neufs* und *les Hôpitaux vieux*. 67km *Frambourg*. Beim *Fort de Joux*, vor dem Engpaß *la Cluse* (S. 195), mündet die Bahn in die von Neuchâtel nach (72km) *Pontarlier* (S. 195).

## 65. Genf und Umgebungen.

**Ankunft.** Hauptbahnhof (*Gare de Cornavin*, Pl. D 2), für die Jura-Simplon-Bahn und die Bahn Paris-Lyon-Méditerranée, am r. Ufer, am obern Ende der Rue du Montblanc. *Omnibus* vom Bahnhof in die Stadt zu allen Hôtels (und umgekehrt) 30 c., Gepäck bis 30 kg 30 c. — Bahnhof Genf-Eaux-Vives (*Gare des Vollandes*, für Annemasse, Cluses, Annecy, Bouveret, Bellegarde) an der Route de Bonneville (Pl. F 8, Trambahn zur Place Molard und zum Hauptbahnhof). — Dampfboot-Landebrücken am südl. (l.) Ufer beim Jardin Anglais, am nördl. am Quai des Pâquis und (für die Expreßdampfer) Quai du Mont-Blanc.

**Hôtels.** Am *rechten* Ufer, mit Aussicht auf den See und die Alpen: *Gr.-H. National (Pl. F 2), am Quai du Léman, großes Haus in schöner Lage; H. des Bergues (Pl. a; D 4), Quai des Bergues; *Gr.-H. de Russie (Pl. b, D 4), Gr.-H. de la Paix (Pl. c, D 4), beide Quai du Montblanc; *H. Beau-Rivage (Pl. d; E 4), *H. d'Angleterre (Pl. e; E 4), beide Quai des Pâquis. — Am *linken* Ufer: *H. Métropole (Pl. g; D 5), am Jardin Anglais (viel Amerikaner); *H. de l'Ecu (Pl. h; C 4); beide mit Aussicht auf den See. Diese sämmtlich 1. Ranges, mit entsprechenden Preisen: Z. L. B. von 4-5, F. 1½, Lunch 4, M. 5 fr. — *H. de la Poste (Pl. i; B 4), von deutschen Geschäftsreisenden viel besucht, Z. L. B. 3½, M. m. W. 3½, Ab. m. W. 3 fr.; *H. du Lac (Pl. k; D 5), Z. L. B. 3-5, M. m. W. 4 fr.; H. de Paris (Pl. l; D 5), mit

Aussicht auf den See, Z. u. B. $2^1/_2$-3 fr.; *H. Victoria (Pl. m; E 6), Rue Pierre-Fatio; *H. du Mont-Blanc, Balance (Pl. n; C 4), Grand Aigle (Pl. o; D 5), alle drei Rue du Rhône. — Am r. Ufer: *H. Suisse (Pl. p; D 3), Z. L. B. $3^1/_2$, M. $3^1/_2$ fr.; H. de Genève (Pl. q; D 3), Z. L. B. 3, M. $3^1/_2$ fr., beide Rue du Montblanc; *H. Richemont (Pl. r; E 4), Place des Alpes, ähnliche Preise; *H. Baur & de la Gare (Pl. t; D 2), H. de la Monnaie, beim Bahnhof.

**Pensionen** (*Pensions alimentaires*), der vielen länger in Genf weilenden Fremden wegen sehr zahlreich, 120-300 fr. monatlich. Für Einzelne und Familien: Beau-Site (150-200 fr.), Rue Général-Dufour 20; Vultier (tägl. 6 fr.), Quai des Eaux-Vives 12; Fischer, Quai des Eaux-Vives 3 (tägl. 6 fr., Seebäder in der Nähe); Mmes. Livet & Grobet, Quai des Eaux-Vives 2 (für Damen, 150-170 fr.); Mme. Verdan-Courvoisier, Rue de Candolle 17; Bérard, Rue du Rhône 59; Mme. Fleischmann, Rue de la Plaine 5 (5-6 fr.); Faure-Matthey (*Maison des Trois Rois*), Place Bel-Air 2 (tägl. 5 fr., Monat 125 fr.); Mme. Chappuis, Boul. des Philosophes 15; Fromont & Jackson, Rue du Montblanc u. Rue Pradier 1; Welten, Place Töpffer 5; Frau v. Hiller, Rue Thalberg 4 (Place des Alpes); Morhardt, Boul. de Plainpalais 20; Pens. du Rhône, Boul. de Plainpalais 26; Mme. Richardet, Rue du Montblanc 8 (tägl. 6 fr. m. B.); Vve. Picard (180 fr.), Place de la Métropole 2; Mme. A. Reverchon, Place des Alpes u. Rue Lévrier 13; Durand, Chemin Dancet 3; Maret, Petit-Florissant 12; *H.-P. Beau-Séjour (Pens. 6 fr., Z. von $1^1/_2$ fr. an) und *H.-P. la Roseraie in *Champel-sur-Arve* (S. 212); *H.-P. Bellevue, Rue de Lyon 29, mit Garten, tägl. 5-7 fr. — **Villen.** In der Umgebung Genfs giebt es zahlreiche hübsche Villen und Landhäuser, die an Fremde vermiethet werden.

**Cafés** (überall auch Bier). Kiosque des Bastions an der Promenade des Bastions (S. 209), nur im Sommer, Nachm. u. Abends fast täglich Concert; Café du Nord, C. de la Couronne und C. de Genève, alle am Grand-Quai; C. du Théâtre, im Theater; C. du Musée; C. Lyrique, beim Theater; im Jardin Anglais; C. du Jardin des Alpes, Place des Alpes, etc.

**Bier** bei Scholl (*Ackermann*), Rue du Rhône 92 (Münchner Spatenbräu); E. Landolt (*zum Krokodil*), Rue du Rhône 100 und Rue du Conseil-Général; Café-Brasserie de l'Opéra, beim Theater; Brass. de Rive; Brass. de l'Espérance, Route de Carouge 42; Brass. St-Jean (schöne Aussicht); Gr. Brass. de Munich (Münchner Zacherlbräu), Boul. James-Fazy 3, gegenüber der Promenade St-Jean; Bonivard, Rue des Alpes 6; Brass. de la Place des Alpes, deutsch; Brass. Bernoise, Rue du Montblanc 11. — Genfer Bier in den großen Brauereien vor der Stadt: Treiber, Route de Chêne, angenehm, großer Saal und Terrasse mit Bäumen.

**Restaurants.** Am *linken Ufer:* Café du Nord, nicht billig; Café du Lac, Rue du Rhône 78; Villard, Rue du Rhône 51; Restaur. du Théâtre, im Theater (Table d'hôte m. W. $12^1/_4$ u. 7 U., 2 fr. 50 c.). Nach der Karte speist man in den Restaurants theurer und kärglicher, als an der Table d'hôte der Gasthöfe.

**Bäder.** Bains de la Poste, Place de la Poste, 40 Zimmer, warme, kalte, Douche-, Dampf-Bäder u. s. w.; Bains des Alpes, Rue Lévrier 5; Bains de Chantepoulet, Rue de Chantepoulet, u. a. — Seebäder: *Schwimm- u. Badeanstalt* am Quai des Eaux-Vives (l. Ufer); ebenso gegenüber am Hafendamm des r. Ufers (Pl. 10; F 4); beide 8-11 Vm. für Damen. — *Rhonebäder oberhalb des *Pont de la Machine* (Pl. D 4), gut eingerichtet, Schwimmbad 30 c., Einzelbad 60 c., mit Wäsche 80-90 c. — Arvebäder, sehr kalt (im Sommer 7-8° C.), Chemin des Bains de l'Arve 20, 15 Min. von Place-Neuve, und in Champel-sur-Arve (S. 212).

**Haupt-Briefpost** (mit *Poste restante*) und **Telegraphen-Bureau**, Place de la Poste (Pl. B 4); Neben-Bureaux: im Bahnhof, Rue du Rhône 55, beim Palais de Justice und Route de Carouge 13, alle von 7 U. Vm. bis 8 U. Nm. geöffnet.

**Pferdebahn** vom Bahnhof über den Pont du Montblanc, Place du Molard, Place Neuve, Rond Point de Plainpalais nach *Carouge* (S. 214) und vom Bahnhof über Place du Molard, Cours de Rive zur Station *Genève-Eaux-Vives* (S. 208) und nach *Chêne* und *Annemasse* (S. 252). Vom Bahnhof zur Place Molard 10 c.; Carouge-Chêne 40 c. — **Straßenbahnen** (*Chemins de fer à voie étroite*) in die Umgebungen (nach *Veyrier, St-Julien, Lancy, Laconnex, Vernier, Ferney*) s. S. 213.

**Droschken** die einfache Fahrt in der Stadt und den Vorstädten für 1-4 Pers. 1 fr. 50 c., Koffer 50 c.; die Stunde 1-4 Pers. 2 fr. 50 c., jede weitere $^1/_4$ St. 65 c. Bei Nacht (vom 1. April bis 30. Sept. 10-5, im Winter 8-8 U.) die Fahrt für 1-4 Pers. 2 fr. 25, Stunde 3 fr. 75, jede $^1/_4$ St. mehr 1 fr. Die Genfer Kutscher sind Fremden gegenüber zu Überforderungen sehr geneigt; man frage *vorher* nach dem Fahrpreise. — LOHNKUTSCHER: *Kölliker* aux Pâquis; *Regard* an der Terrassière; *Chatelet frères*, Rue des Pâquis 35; *Honegger*, Rue Thalberg 2, u. a. — Vierspännige **Breaks** nach *Ferney* u. *Coppet* Mo. Do. $1^1/_2$ Nm., nach *Mornex* Di. Fr. $1^1/_2$ Nm. vom Quai du Montblanc 5, zurück in Genf 6 Nm.; 3 fr.

**Segelboote** zu Fahrten auf dem See (die Stunde 60 c.-1 fr. 20 c., Bootsmann 1 fr. 20 c. die Stunde extra), am Jardin Anglais und am Quai du Montblanc, sowie auch längs der beiden Hafendämme (*Jetées*). Die Segelboote heißen „*Voiliers*", sind übrigens gefährlich und kippen leicht um, daher nicht ohne Schiffer zu nehmen; sicherer sind die englischen offenen „*Canots*"; die kleinen Kähnchen innerhalb des Hafens heißen „*Nacelles*". An den Pont des Bergues heranzufahren ist wegen der reißenden Strömung verboten.

**Kaufläden**, die glänzendsten am Grand-Quai, Rue du Rhône und Rue de la Corraterie auf dem l., Quai des Bergues und Rue du Montblanc auf dem r. Rhone-Ufer (So. meist geschlossen). Genf ist wegen seiner Uhren und Goldarbeiten berühmt. Die Anzahl der Uhren, welche jährlich hier verfertigt werden, beträgt über 110,000 (die offiziell controllierten Uhren sind auf dem Uhrwerk mit dem Staatsstempel versehen). Die gegenwärtig berühmtesten Firmen sind: *Vacheron & Constantin*, Rue des Moulins 1; *Golay-Leresche & fils*, Quai des Bergues 31; *Bachmann*, *Ekegrén*, *Patek & Co.*, alle am Grand-Quai; *Lecoultre*, Rue Bonivard 8; *Badollet & Co.*, bei der Post; *H. Capt*, *Rossel-Bautte*, Rue du Rhône; *Dufour & Co.*, Place du Molard 11. — Graveur, auch außerhalb Genf berühmt: *M. H. Bovy*, besonders für Medaillen, Rue Chantepoulet. — Bijouterieen u. a. bei *Kleinfeldt*, Rue du Commerce 5. — Bergschuhe u. a. bei *Müller*, Rue Croix d'or; Koffer und andere Reiseartikel bei *Isenring*, Rue du Rhône 64. — Holzschnitzwaaren bei *Mauchain*, Place du Port 1; Musikdosen bei *F. Conchon*, Place des Alpes 9 & Rue des Pâquis 2; *G. Baker-Troll & Co.*, Rue Bonivard 6.

**Deutsche Buchhandlungen.** *H. Georg*, Corraterie 10; *Burkhardt*, Molard 2; *Stapelmohr*, Corraterie 24.

**Theater** (S. 210), im Winter tägl.; Preise 2-5 fr., bei Vorausbestellung („en location") etwas theurer. — **Kursaal** am Quai des Paquis (Pl. E 3); Concert jeden Abend 8 U., 1 fr., Sperrsitz 3 fr.

**Orgel-Concert** in der Kathedrale (S. 208) im Sommer Mo. Mi. Sa. $7^1/_2$ U. Nachm.; Billets (1 fr.) beim Concierge und in den Hôtels. Im Winter Concerte im *Bâtiment Electoral* (S. 212) jeden Sonntag Nachm. Alle 14 Tage Concert im *Theater* (s. oben).

**Kunstausstellung**, permanente, der *Société des Amis des Beaux-Arts*, im Athénée (S. 209), tägl. 10-6 U., So. 11-4 U. (1 fr.). — *Exposition municipale des Beaux-Arts* jährlich im Aug. u. Sept. im Bâtiment Electoral (S. 212).

**Vorlesungen, öffentliche** (*Cours publics et gratuits*), in der Aula der Universität, im Winter tägl. Abends 8 U.

**Apotheken.** *Bader*, Corraterie 1; *Hahn*, Place Longemalle; *Belli*, Rue du Montblanc; *Brun*, Rue de Coutance 2; *Habel*, Place du Rhône; *Reber*, Boul. James Fazy; *Ackermann*, Rue des Allemands 13.

**Deutsche Aerzte.** Prof. *d'Espine*, Rue Beauregard 6; *Dr. Haltenhoff*, Corraterie 20; *Dr. Wyss* (Ohren- u. Halskrankh.), Rond-point 5.

**Wasserheilanstalt** (Arzt *Dr. Glatz*) in *Champel-sur-Arve* (S. 212; Tramway-Haltstelle *la Cluse*), vortrefflich eingerichtet; vom Aussichtsthurm (50 c.) prächtige Rundsicht.

**Gottesdienst**, *deutscher lutherischer*, Rue Bourg du Four 38 (So. 10 Vm.); *deutsch-schweizerischer* im Casino de St-Pierre (strenge Richtung) und im Auditoire (freie Richtung).

**Offizielles Verkehrsbureau** der Association des Intérêts de Genève, Quai du Mont-Blanc 5. Auskunft aller Art gratis.

*Genf* (375m), franz. *Genève*, ital. *Ginevra*, Hauptstadt des, nächst Zug, kleinsten Kantons (106 738 Seelen), die am meisten bevölkerte und reichste Stadt der Schweiz, mit über 73 000 Einw. (mit den

Vorstädten), liegt an der Südspitze des Genfer Sees, da wo die blauen Fluthen der *Rhone* ihm pfeilschnell entströmen, in welche unterhalb Genf die *Arve* (S. 213) sich ergießt. Die Rhone theilt die Stadt in zwei Theile: auf dem l. Ufer die *alte Stadt*, der Sitz der Regierung und Mittelpunkt des Lebens, auf dem r. Ufer das *Quartier St-Gervais*, früher nur Vorstadt. Beide Theile haben sich seit der Schleifung der alten Festungswerke (nach 1850) bedeutend ausgedehnt und fortwährend entstehen noch neue Straßen und ganze Straßenviertel.

**Zur Geschichte.** Genf erscheint im I. Jahrh. vor Chr. als *Genava* und Stadt der Allobroger (Caes. bell. gall. I, 6-8), deren Gebiet römische Provinz wurde. Im J. 443 wurde es Hauptstadt des Burgunderreichs, kam 533 mit diesem an die Franken, Ende des IX. Jahrh. an das neue burgundische Reich und mit diesem 1033 an das Deutsche Reich. Kaiser Konrad II. liess sich hier im J. 1034 zum König von Burgund krönen. In den langwierigen Streitigkeiten zwischen den Bischöfen von Genf, den kaiserlichen Grafen von Genf und den Grafen, später Herzogen von Savoyen um die Oberherrschaft wussten sich die Bürger mancherlei Freiheiten zu erringen. Sie schlossen 1518 mit Freiburg, 1526 mit Bern ein Bündniß. Es bildeten sich nun zwei Parteien in der Stadt, die der Eidgenossen (*Iguenos* nach der franz. Aussprache, woraus der Parteiname *Hugenotten* entstanden ist) und der Savoyer, diese *Mammeluken* genannt.

Mitten in diese Streitigkeiten trat die REFORMATION, welcher Genf entschieden sich zuwandte. Der Bischof verlegte 1535 seinen Sitz nach Gex. Im folgenden Jahre kam nach Genf der aus Paris geflohene Theologe JOHANNES CALVIN, eigentlich *Jean Caulvin* oder *Chauvin*, zu Noyon in der Picardie 1509 geboren. Er vereinigte sich mit *Farel*, dem Hauptförderer der neuen Lehre zu Genf, und erlangte bald großen Einfluß auf alle kirchlichen und Staats-Angelegenheiten, welcher nach Calvins Rückkehr aus einer 3jährigen Verbannung (1541) vorzüglich durch Einführung einer strengen Kirchenzucht sehr mächtig wurde. Calvin besass die Gabe der Rede in hohem Grade. Gegen sich selbst war er eben so streng, wie er es von andern forderte. Sein Regiment war im Geist der Zeit gewaltsam und unduldsam. *Castellio*, der die Prädestination läugnete, wurde 1540 aus Genf verbannt; *Michel Serveto*, ein span. Arzt, wegen einer Druckschrift gegen die Lehre von der Dreieinigkeit *(de Trinitatis erroribus)* aus Vienne bei Lyon geflohen und nur zufällig in Genf, wurde 1553 vom Großen Rath zum Feuertod verurtheilt und hingerichtet. Durch Gründung der Genfer Akademie (1559), die bald die Bildungsanstalt für die meisten reformierten Theologen wurde, lenkte Calvin den Sinn der Bewohner der bisherigen Handelsstadt auf die Wissenschaften. Calvin starb am 27. Mai 1564. Seine Richtung blieb in Genf maßgebend.

Die Versuche, welche zu Anfang des XVII. Jahrh. die Herzoge von Savoyen machten, Genf wieder zu unterwerfen, blieben erfolglos (vergl. S. 209). Protestantische Fürsten, durch Calvins Lehre dem kleinen Freistaat verwandt, sahen diesen als eines der Bollwerke des Protestantismus an, und sandten ansehnliche Geldbeiträge zur bessern Befestigung der Stadt (Holland, Hessen).

Das XVIII. Jahrh. war erfüllt von den oft zu blutigen Reibungen führenden Gegensätzen der minder berechtigten Volksklassen *(bourgeois, habitants* und *sujets)* gegen die alten Geschlechter *(citoyens)*, die sich allein im Besitz der Gewalt und aller einträglichen Berufszweige befanden. Die Schriften des 1712 in Genf geborenen *Jean-Jacques Rousseau* übten natürlich auch hier ihre Wirkung aus. Sein *Emile* und sein *Contrat social* wurden 1763 auf Betreiben Voltaire's und der Pariser Sorbonne, vom Genfer Magistrat durch Henkershand verbrannt, als „téméraires, scandaleux, impies et tendants à détruire la religion chrétienne et tous les gouvernements".

1798 wurde Genf Hauptstadt des franz. *Département du Léman* und trat 1814 als 22. Kanton zur Schweizer Eidgenossenschaft.

Die beiden durch die Rhone getrennten Hälften der Stadt sind durch 8 Brücken mit einander verbunden. Die oberste, der prächtige ***Pont du Montblanc** (Pl. D 4, 5), 260m lang, 16m breit, führt von der breiten vom Bahnhof kommenden *Rue du Montblanc* in gerader (s.ö.) Richtung hinüber zum *Jardin Anglais* (S. 208), mit dem sie im Sommer den Mittelpunkt des Fremdenverkehrs bildet. Zwischen dem Pont du Montblanc und dem *Pont des Bergues*, mit letzterem durch eine Brücke verbunden, liegt die **Ile de J.-J. Rousseau** (Pl. D 4), eine kleine fünfeckige mit Bäumen bepflanzte Insel (kleines Café), in deren Mitte auf einem Sockel von Granit *J.-J. Rousseau's Standbild*, sitzende Bronzefigur von Pradier (1834), sich erhebt. Bei der dritten Brücke, *Pont de la Machine* (oberhalb die Rhonebäder, S. 204), theilt sich die Rhone in zwei Arme: l. regulirter Zufluß zum Wasserwerk (S. 212), r. Regulirungs-Kanal des See-Abflusses; dazwischen eine Insel mit malerischen alten Häusern und der *Tour de l'Isle*, Ueberrest eines ehem. bischöfl. Schlosses.

In der Nähe dieser Brücken dehnen sich auf beiden Ufern die glänzenden, ladenreichen Quais aus: auf dem l. namentlich der *Grand Quai*, auf dem r. der *Quai des Bergues*. An letztern schließt sich, von der Montblanc-Brücke in n.ö. Richtung am See aufwärts, der **Quai du Montblanc** (Pl. D E 4) mit prächtiger *Aussicht auf die Montblanc-Kette, die fast in ihrer ganzen Ausdehnung sichtbar ist und namentlich bei klarer Abendbeleuchtung einen herrlichen Anblick darbietet.

Erst hier erhält man einen richtigen Begriff von den Höhenverhältnissen, der in Chamonix fast verloren geht. Auffällig ist namentlich der bedeutende Unterschied zwischen dem Montblanc (4810m) selbst und der l. folgenden Aiguille du Midi (3843m); weiter l. die Grandes Jorasses und die Dent du Géant; vor der Montblanc-Kette die Aiguilles Rouges, dann mehr im Vordergrund, einzeln pyramidenartig aus der Ebene aufsteigend, der Môle, daneben die schneebedeckte Spitze der Aiguille d'Argentière, weiter der breite Buet, endlich der lange Rücken der Voirons, die l. ebenso wie der Salève r. das Panorama schließen.

Auf der *Place des Alpes* erhebt sich das prächtige aber geschmacklose **Monument Brunswick** (Pl. E 4), von der Stadt Genf dem *Herzog Karl II. von Braunschweig* († 1873) errichtet, der sie zur Erbin seines Vermögens (c. 20 Mill. fr.) eingesetzt hatte.

Zwei kolossale Löwen aus gelbem Marmor, von *Cain*, bewachen den Aufgang zu der Plattform (70m l., 24m br., 1,35m h.), in deren Mitte das Denkmal steht. Es ist eine modificirte und um $^1/_5$ vergrößerte Nachbildung des Denkmals des Can Signorio della Scala zu Verona und besteht aus einem sechseckigen pyramidenförmigen Aufbau aus weißem u. farbigem Marmor in 3 Absätzen, nach *Franel's* Entwurf; auf der Spitze das 2,70m h. Bronze-Reiterbild des Herzogs, von *Cain* (Höhe des ganzen Denkmals vom Quai 20m). Der Mittelstock bildet eine goth. Kapelle mit dem Sarkophag; die liegende Figur des Herzogs und die 8 Seitenreliefs (Scenen aus der braunschw. Geschichte) von *Iguel*. An den Ecken unter vortretenden, von Pfeilern getragenen Baldachinen 6 Marmorstatuen berühmter Welfen (August, Otto das Kind, Karl Wilhelm Ferd., Friedrich Wilhelm, Heinrich der Löwe, Ernst der Bekenner), von *Schoenewerk*, *Thomas*, *A. Millet*, *Kißling*: weiter oben die christl. Tugenden, die 12 Apostel etc. — Die Plattform ist mit Blumenbeeten u. Wasserbecken geschmückt; r. u. l. zwei kolossale Greife, von *Cain*. Von dem thurmartigen zinnengekrönten Bau an der Rückseite guter Ueberblick des Denkmals, im Hintergrund der Montblanc.

Die Fortsetzung des Quai du Montblanc bildet der baumbepflanzte *Quai des Paquis*, an welchem l. der *Kursaal* (Pl. E 3; S. 203). Von dem mit kl. Anlagen versehenen Hafendamm *(Jetée)* gleichfalls hübsche Aussicht auf die Alpen und die Stadt. Jenseit des Hafendamms erstreckt sich der schöne *Quai du Léman* bis zu den Villen von *Sécheron*. — In der Rue du Montblanc die kleine *engl. Kirche* (Pl. D 3), 1853 im goth. Stil von Monod erbaut.

Auf dem südl. See-Ufer, wenn man von der Montblanc-Brücke kommt links, erhebt sich das 1869 enthüllte **Monument National** (Pl. D 5) zur Erinnerung an den Anschluß Genfs an die Eidgenossenschaft 1814, eine Bronzegruppe der Helvetia und Geneva von *R. Dorer*. — Weiter am See die hübschen 2ha großen Anlagen des **Jardin Anglais** *(Promenade du Lac)* mit Café-Restaur. (im Sommer Abends häufig Concert); am Eingang l. eine Barometersäule mit Limnimeter, in der Mitte eine hübsche Fontäne und die Bronzebüsten von *Al. Calame*, von Iguel, und *Fr. Diday*, von Bovy. In einem Kiosk ein **Relief des Montblanc*, aus Lindenholz, im Maßstabe von 1:617 000, 8m l., der Montblanc 79cm h., Höhenverhältnis zur Länge = 2:1, vor wie nach der Chamonix-Reise sehr sehenswerth (im Sommer von 8 Uhr an zugänglich, 50 c., So. 1-3 U. gratis). — In der Nähe ragen zwei Granitblöcke aus dem See, der größere, *Pierre à Niton*, der Sage nach ein Altar, auf welchem die Römer dem Neptun geopfert haben sollen.

N. vom Jardin Anglais erstreckt sich am See entlang der baumbepflanzte *Quai des Eaux-Vives* (nach Cologny s. S. 214). Unweit des Quais die *Salle de la Réformation* (Pl. E 6), mit großem Concertsaal, dem *Calvinium* (Erinnerungen an Calvin, ethnogr. Gegenstände etc.; 50 c.) und einem *Relief von Jerusalem* von Illès.

Verfolgt man beim Hôt. Métropole r. die Rue d'Italie und steigt dann einige Schritte bergan, so gelangt man auf die *Promenade de St-Antoine* (Pl. C D 6), eine baumbepflanzte Terrasse. R. das 1559 gegründete *Collège de St-Antoine*; l. (ö.) die *Sternwarte (Observatoire)*; etwas weiter s.ö. auf einem Hügel die *Russische Kirche* mit ihren vergoldeten Kuppeln (Inneres sehenswerth); daneben die Bronzebüste des Schriftstellers *R. Töpffer* († 1846), von Ch. Töpffer.

Von der Promenade führt s.w. die Rue des Chaudronniers auf die Place du Bourg-de-Four (Pl. C 6), an welcher r. unten das im XVIII. Jahrh. erbaute *Palais de Justice*. — Vom obern Ende des Platzes l. durch die Rue de l'Hôtel-de-Ville, dann r. zur

**Kathedrale** (*St-Pierre*; Pl. C 6), 1024 von Kaiser Konrad dem Salier im roman. Stil vollendet, im XII. u. XIII. Jahrh. umgebaut im XVIII. durch ein korinth. Säulenportal mit Giebel verunstaltet. Inneres im Uebergangsstil des XIII. Jahrh., dreischiffig mit Querschiff. Der Küster wohnt hinter der Kirche, rue Farel 8 (Eintr. So. 10-12, Wochentags 1-3 U. frei, zu andern Stunden die Pers. 20 c., Gesellschaften über 5 Pers. 1 fr.; Besteigung der Thürme für 1-5 Pers. 1 fr., jede Person mehr 20 c.).

INNERES. Holzschnitzarbeiten an den Chorstühlen aus dem XV. Jahrh.; Grabmal des 1638 bei Rheinfelden (S. 17) gebliebenen Herzogs *Heinrich von Rohan* (des Leiters der franz. Protestanten unter Ludwig XIII.), seiner Gemahlin *Margarethe von Sully* und seines Sohnes *Tancred*, der Sarkophag aus schwarzem Marmor auf zwei Löwen ruhend, mit neuem (sitzenden) *Standbild des Herzogs, von Iguel. Unter dem schwarzen Grabstein im Schiff ruht Cardinal

*Jean de Brogny* († 1426), Präsident des Concils von Konstanz. Der schwarze Denkstein im Südschiff erinnert an *Agrippa d'Aubigné* († 1630), den Vertrauten Heinrichs IV. von Frankreich; die Republik Genf ließ zum Dank für die Dienste, die er ihr geleistet, diesen Denkstein errichten. Er starb hier als Verbannter. Unter der Kanzel Calvin's ehemaliger Lehrstuhl. Angebaut die schöne, neu restaurirte **Chapelle des Macchabées* im goth. Stil (Anf. des xv. Jahrh.). — Vorzügliche *Orgel* (Concert s. S. 205).

Zurück zur Rue de l'Hôtel-de-Ville und l. zum

**Rathhaus** (*Hôtel de Ville;* Pl. C 5, 6), einem schwerfälligen Gebäude im florent. Stil, durch seinen Aufgang ohne Stufen bemerkenswerth, welcher bis in die obern Stockwerke reicht und den Rathsherren einst gestattete, gleich aus dem Sitzungszimmer zu Pferde oder in eine Sänfte zu steigen. — Gegenüber das **Zeughaus** (*Arsenal;* Pl. C 5) mit dem *Musée historique genevois*, alten Waffen, Sturmleitern von der Escalade u. a., So. u. Do. 1-4 U. geöffnet.

In der Nähe, Grand' Rue 40, ist das Geburtshaus *Jean-Jaques Rousseau's*, der als Sohn eines Uhrmachers hier am 28. Juni 1712 das Licht der Welt erblickte († 1778 zu Ermenonville bei Paris). Hinter dem Hause Rue Rousseau 27, am r. Ufer der Rhone, welches mit der Inschrift: „Ici est né Jean Jacques Rousseau le 28. Juin 1712", versehen ist, wohnte damals der Großvater. — *Calvin's Haus* ist in der Rue Calvin No. 11 (Pl. C 5).

Im **Musée Fol** (Pl. C 5), Grand' Rue 11, im Hof rechts, eine werthvolle Sammlung griech., röm. und etrusk. Alterthümer, aus neuesten römischen Ausgrabungen, sowie von Alterthümern und Curiositäten des Mittelalters und der Renaissance, von Hrn. *W. Fol* gesammelt und der Stadt geschenkt (So. Do. 1-4 U. geöffnet).

Die untere Fortsetzung der Grand' Rue, Rue de la Cité, mündet auf die Rue des Allemands, wo ein hübsches *Brunnendenkmal* (Pl. C 4) an den letzten, beinah von Erfolg gekrönten Versuch der Savoyer sich der Stadt zu bemächtigen, erinnert. Der Tag, an dem diese „Escalade" abgeschlagen wurde (früh Morgens am 12. Dec. 1602), wird noch jetzt festlich begangen.

Neben dem Rathhaus (s. oben) führt ein Säulenthor ins Freie, auf die **la Treille** genannten schattigen Spaziergänge, die eine hübsche Aussicht auf die Salèves gestatten. Unmittelbar an diese Terrasse stößt der **botan. Garten** (Pl. B C 5, 6), 1816 von dem berühmten *Aug. de Candolle* angelegt; am Gewächshause Marmorbüsten berühmter Genfer, Chabrey, Trembley, J.-J. Rousseau, Ch. Bonnet, de Saussure, Senebier; vor demselben auf einem Bronzepostament die Kolossalbüste De Candolle's. In der Nähe eine Büste des Botanikers E. Boissier († 1885). Die angrenzende **Promenade des Bastions** ist als Spaziergang sehr besucht; an derselben vor dem botan. Garten der *Kiosque des Bastions* (S. 204). In den Anlagen gegenüber ein David von *Chaponnière* und die *Pierre aux fées* oder *aux dames*, Steinblock mit vier Figuren, angeblich ein Druidenstein. Ö. das einf. Denkmal des Geologen *Gosse*.

S.ö. vom botan. Garten das **Athénée** (Pl. C 6), auf Kosten der Frau des Philhellenen Eynard im Renaissancestil erbaut und der *Société* des Amis des Beaux-Arts geschenkt. Es enthält Säle zu Vorlesungen, eine kunstgeschichtl. Bibliothek und die S. 203 gen. Kunstausstellung. In der Nähe die *Ecole de Chimie* (Pl. C 6).

Das **Universitäts-Gebäude** (Pl. B 6) an der Promenade des Bastions, 1867-71 erbaut, besteht aus drei durch Glasgallerien verbundenen Gebäuden; im mittlern die Hörsäle und Laboratorien; im ö. Flügelbau die Antiquitäten-, Münz- und Medaillen-Sammlung und die Bibliothek, im w. Flügelbau das Naturhistor. Museum. Im Vestibül die Bronzebüste des Genfer Schriftstellers Marc Monnier von Dufaux. Die Genfer Universität hat 70 Professoren und c. 500 Studenten. Der Besuch der Vorlesungen ist auch Damen gestattet.

Die **Bibliothèque publique**, prächtig eingerichtet, mit ca. 100,000 Bänden und 1600 Manuscripten, um die Mitte des XVI. Jahrh. gegründet, ist So. u. Do. 1-4 Uhr frei zugänglich. Im Saal unten r. vom Eingang („Salle Lullin") 250 alte und neue Bildnisse von Fürsten, Reformatoren, franz. und namentlich Genfer Gelehrten und Staatsmännern (u. a. Necker; Lafontaine; Descartes; Winckelmann, von *A. Kaufmann;* Saussure; Turquet de Mayerne, angeblich von *Rubens;* Ch. Bonnet, von *Juehl;* Sismondi; de Candolle, von *Hornung;* Chaponnière, desgl.; Humbert; Euler; d'Aubigné; Farel; Th. de Beza; Calvin; Diderot; Knox; Zwingli; Admiral Coligny; Rabelais etc.). Dieser Saal enthält zugleich die Manuscripten-Sammlung, namentlich reich an Autographen von Calvin, Rousseau etc. In den Schauschränken die kostbarsten Handschriften: Homilien des h. Augustinus auf Papyrus (VI. Jahrh.); Wachstafeln mit Haushaltsrechnungen Philipp des Schönen (1308), etc.; dann viele mit Miniaturen, zum Theil aus dem Schatz Karls des Kühnen, Beute von Grandson (S. 196); auf einem alten Lesepult eine franz. Bibel (1588 in Genf gedruckt) in prachtvollem rothen Maroquin-Einband mit den Wappen Frankreichs und Navarra's, vom Rath von Genf als Geschenk für Heinrich IV. bestimmt, in Folge seines Uebertritts zum Katholicismus aber zurückbehalten. Der Concierge öffnet diesen Saal gegen ein Trinkg. Nebenan gleichfalls im Erdgeschoß das *Münzcabinet.* Im Souterrain das *archäolog. Museum*, mit prähistor. und andern Alterthümern von vorwiegend lokalem Interesse (So. u. Do. 1-4 U. geöffnet). Im ersten Stock der Lesesaal, Samst. 9-4, an den übrigen Wochentagen 9-8 U. geöffnet (während der Univers.-Ferien Nachm. geschlossen). Im Hofe das *Musée épigraphique*, eine Sammlung in Genf gefundener römischer und mittelalterlicher Inschriften.

Das **Naturhistor. Museum**, nach den Angaben F.-J. Pictet's eingerichtet, enthält u. a. die berühmte Conchylien-Sammlung von B. Delessert (früher Herzog Masséna), von Lamarck beschrieben; Pictet's Sammlung von Petrefacten; H. B. de Saussure's geolog. Sammlung, die er in seinen Voyages dans les Alpes beschrieben; die Melly'sche Sammlung von ca. 35,000 Coleopteren; eine reiche Sammlung der Fauna von Genfs Umgebung; eine prachtvolle Gruppe von Rauchtopas-Krystallen vom Tiefengletscher (S. 113), Geschenk G. Revilliod's etc. An den Wochentagen außer Di. u. Sa. 1-4, Sonnt. 11-4 U. öffentlich, sonst durch den Concierge (Trink.) zugänglich.

N.w., auf der Place Neuve (Pl. B 5), das 4m h. *Reiterstandbild des Generals Dufour* († 1875), Bronze nach Lanz' Modell. — An der N.-Seite des Platzes das neue ***Theater** im Renaissancestil, mit säulen- und figurengeschmückter Façade, nach *Goss'* Plänen 1872-79 erbaut. Das Innere (1300 Plätze) ist reich dekoriert; schöner Foyer (Besichtigung an Wochentagen 1-4 Nm.).

Das ***Musée Rath**, gegenüber, ist eine von dem russ. General *Rath*, einem gebornen Genfer, angelegte, von seinen Schwestern mit dem Gebäude der Stadt geschenkte Sammlung von Gemälden, Gipsabgüssen u. dgl., die jedoch im Laufe der Zeit bedeutend vermehrt worden ist. Im Sommer Mo., Mi., Do. u. Freit. 1-4, Sonnt. 11-4 öffentlich; sonst gegen Trinkg. (Katalog 50 c.).

In der Vorhalle: in der Mitte Borghesische Vase; Büsten Molière's und Neckers von *Houdon;* Ch. Bonnet, von *Jaquet*, Sismondi, von *Pradier;* Bronzebüste des Herz. Karl II. von Braunschweig (S. 207). Bilder: 122. *Jeanneret*, Winzer; 292. *Hodler*, die Fabel vom Müller; 190. *Roll*, Cementarbeiter; 159. *Metton*, Dent d'Oche; 279. *Baud-Bovy*, Schwingfest auf der Alp; 151. *A. Lugardon*, der Eiger. L. (Salle Pradier) Modelle u. Büsten von *Pradier:* Bronzebüsten (Pradier, Humbert, Jacquet); Marmorbüsten (Bellot, Rousseau). Relief von *Chaponnière*. Bilder: 180. *Ravel*, Zeichenschule; 170. *Odier*, Karl der Kühne in der Kirche zu Nesle; 85. *Furet*, Reiher; 68. *D'Ivernois*, Schaluppe. R. (Salle Chaponnière): Hauptthür des Baptisteriums zu Florenz von Ghiberti; antiker Torso; Venus; *Imhof*, Eva; *Chaponnière*, gefangne Griechin, David; Büste von Victor v. Bonstetten.

**Gemäldegalerie.** — Im mittlern Hauptsaal: Eingangswand, *32-35. *Alex. Calame* (aus Vevey, 1810-64), die vier Jahreszeiten. Wand links: *Corot*, 47. Ville d'Avray, 48. S. Trinità dei Monti in Rom; 146. *J.-L. Lugardon*, Befreiung Bonivards; 101. *Guigon*, die Rhone bei Genf; *217. *Thuillier*, See von Annecy; 147. *J.-L. Lugardon*, Arnold von Melchthal; *Corot*, 49. der Berg Soracte, 50. Montmartre im J. 1840; *Humbert*, *116. die Furt, 117. Kühe auf der Weide; 285. *Dunant*, Vierwaldstätter See; 304. *Leopold Robert*, ital. Briganten; 46. *Corot*, die Rast; 131. *Mme Lebrun*, Frau von Staël; 311. *Veillon*, See Tiberias; 82. *Feyen-Perrin*, „Vanneuse" (mehlausschüttendes Mädchen); 107. *Hornung*, Calvin's Abschied; 80. *Favas*, General Dufour; *289. *George-Gulliard*, Walensee; 64. *Diday* (*François*, aus Genf, 1802-77), der Gießbach; 97. *Grosclaude*, der Freiwillige; *108. *Hornung*, Bartholomäusnacht; *184. *Robellaz*, Wirthshausscene; 221. *Töpffer*, Bauernmädchen; 1. *Agasse*, vor der Schmiede; *31. *Calame*, Gewitter an der Handegg; 3. *Agasse*, Pferdemarkt; *L. Robert*, 186, 187. junge Bernerinnen und Italienerinnen, 188. Sacristei von S. Giovanni im Lateran zu Rom; 150. *J.-L. Lugardon*, der letzte Tag eines Verurtheilten; *Diday*, *66. Gewitter an der Handegg, 63. Pissevache, *62. Eichen im Sturm, *65. Vierwaldstätter See, 61. Brienzer See; 286. *Dunant*, Straße in Sion; 210. *Simon*, der Wilddieb; 95. *Graf-Reinhardt*, Dom von Monreale; 309. *R. Töpffer*, Landschaft; 305. *Simon*, Hufschmied; 185. *Robellaz*, Raufbold. In der Mitte Marmorbüste des General Rath und ein Gestell mit Miniaturen.

Saal links: 183. *Rigaud*, Elisabeth Charlotte v. Orleans; 127, 128. *Largillière*, Portraits; 51. *Coypel*, Bacchus u. Venus; 172. *Oudry*, Hund u. Reiher; *Velazquez*, 239, 240. Philipp IV. von Spanien und seine Gemahlin Maria Anna von Österreich, 241. spanische Sänger; 227. *van der Helst*, männl. Bildnis; 96 *Greuze*, Kinderkopf (Studie); 310. *van Goyen*, Landschaft; 232. 233. *van Os*. Früchte u. Blumen; 191, 192. *Salv. Rosa*, Landschaften; *N. Berchem*, 18. der verlorene Sohn, 19. Abraham und Sara; 216. *Teniers*, der Raucher; 98. *Guercino*, Caritas; 308. *Teniers*, die fünf Sinne; 43. *Phil. de Champaigne*, todte Nonne. — In dem anstoßenden Kabinet Portraits, meist von *Liotard* (141, *142, 143).

Saal rechts: 1. *92. *J. Girardet*, Flucht der Vendeer nach der Schlacht von Cholet; 287. *Furet*, auf der Aeschi-Allmend; 301. *Ravel*, Gesangstunde; 300. *Pötter*, Golf von St-Raphael; *284. *Dufaux*, Marktschiff nach Vevey; *171. *Odier*, Teich in Berry; 55. *Darier*, Choristen; 21. *Berthoud*, an der Großen Scheidegg; 119. *Ihli*, Kinderbegräbnis; *6. *Anker*, Gemeindeversammlung im Kanton Bern; 94. *Giron*, Erziehung des Bacchus; 20. *Berthoud*, Sorrent; 76. 8. *Durand*, der Lehrling; 303. *Ritz*, Dorfstudien; 249. *Ziegler*, Hochzeit auf dem Schiff; 45. *Chollet*. Stillleben; 14. *Beaumont*, Opfergabe; 93. *Eug. Girardet*, Araber im Gebet; 118. *Huguenin*, Landschaft mit Vieh; *77. *Duval*, am obern Nil; 123. *Koller*, Heerde auf der Alp; 213. *Stückelberg*, schweizer Nonne; *281. *Castres*, schweizer Batterie auf dem Marsche; 126. *Lansyer*, Schloß in der Vendée; 231. *van Muyden*, Pifferari; 91. *Gaud*, der letzte Erntewagen; 238. *Vautier*, die kranke Mutter; *36. *Arthur Calame*, Vevey; 29. *Louise Breslau*, die Freundinnen; 291. *Guinand*, Rosen; 30. *Burnand*, Kühe; 23. *Bocion*, Genfer See bei St-Saphorin; 245. *Vuillermet*, Portrait; 104. *Hébert*, nach der Escalade (S. 209); 13. *Beaumont*, der Tiber; 160. *A. de Meuron*, Morgen im Hochgebirge; 298. *Monteverde*, die Belauschten; 237. *Vautier*, prozessierende Bauern; 280. *Rodmer*, Mühle bei Chancy; 198. *Sabon*, Waldlandschaft; *296. *A. Lugardon*, Wengernalp; 121. *Jeanmaire*, Waldlandschaft; 75. *Durand*, nach der Revüe; 302. *Reichlen*, schlafende alte Frau; 40. *Castres*, die Erzählung des Kriegsgefangenen (1871); 15. *Beaumont*, Gewitter; *282. *Douzon*, Winterlandschaft; 58. *Delachaux*, Es schläft schon!;

69. *D'Ivernois*, Fischerboote auf dem Meere; 39. *Castan*, Herbstlandschaft; 290. *Gos*, vor dem Sturm.

An der W.-Seite der Place Neuve das *Conservatoire de Musique*, 1858 erbaut; dahinter die hübsche röm.-kath. Kirche *du Sacré-Cœur*. S. von hier zwischen der Rue du Conseil-Général und dem Boulevard de Plainpalais das *Bâtiment Electoral* (Wahlhaus), oben Genfs Devise „post tenebras lux", mit großem, zeitweise zu Ausstellungen, Concerten etc. benutztem Saal. — Weiter n. am Boulevard de Plainpalais ein *Panorama der Belagerung von Belfort*, von Berne-Bellecour (Eintr. 1 fr.). Jenseit der Plaine de Plainpalais (Exercierplatz) an der Arve die *Kasernen* und die gut eingerichtete *Ecole de Médecine*. In der Nähe, Chemin Dancet 2 (Pl. A 7), der besuchenswerthe **Jardin alpin d'acclimatation**, mit einer reichen Sammlung europäischer und asiatischer Alpenpflanzen (verkäuflich), tägl. außer So. geöffnet (beste Zeit zum Besuch 8-10 Vm. u. 5-8 Nm.); Jahresbeitrag für Mitglieder 2 fr. Director H. Correvon. — Weiterhin l. in **Champel-sur-Arve** (20 Min. von der Place Neuve; Tramway-Haltstelle *la Cluse*) auf schöner Terrasse am r. Ufer der Arve die von Erholungsbedürftigen und Nervenleidenden viel besuchte **Wasserheilanstalt des Dr. Glatz* mit den S. 204 gen. Hotels; dabei die **Tour de Champel*, Aussichtsthurm mit schönstem Blick auf Stadt, See und Alpen (50 c.).

W. gelangt man von der Place Neuve an der *Synagoge* (Pl. B 4) vorbei auf die letzte der Genfer Brücken, den *Pont de la Coulouvrenière* (Pl. B 3, 4). Unterhalb der Brücke auf der l. Seite der Rhone die neuen städt. *Wasserwerke (Forces motrices du Rhône)*, welche mittels mächtiger, von dem angestauten Rhonewasser getriebener Turbinen die Häuser mit Wasser versorgen und für industrielle Zwecke eine Wasserkraft von 4200 Pferden liefern. Jenseits l. die *Promenade St-Jean* (Pl. B 3) mit der Bronzebüste des Genfer Staatsmanns *James Fazy* († 1878), von Rolland. Weiter r. die *Ecole d'Horlogerie* (nicht öffentl.); im 1. Stock das *Musée des Arts décoratifs* (tägl. außer Sa. 11-4, So. 9-12 U.), mit bedeutender Kupferstichsammlung und den Modellen des Monum. Brunswick (S. 207), sowie dem *Musée industriel*, das u. a. die von L. Favre bei Durchbohrung des St. Gotthard gebrauchten Maschinen enthält. Von hier an der *Ecole des Arts industriels* und der Place des XXII Cantons (s. unten) mit der altkath. Kirche *Notre-Dame* vorbei zum Bahnhof (S. 203).

25 Min. n.w. vom Bahnhof in *Varembé* (Straßenbahn Genf-Ferney von der Place des XXII Cantons in 7 Min. bis zur Haltstelle *Pregny*, dann auf der Straße r. zu Fuß in 5 Min.) das ***Musée de l'Ariana**, von dem Genfer Schriftsteller Gust. Revilliod († 1890) gegründet und der Stadt Genf vermacht, ein stattlicher, mit Büsten berühmter Künstler geschmückter Renaissancebau, mit prächtiger Aussicht auf den See und die Alpen (der Park stets zugänglich; Eintr. in das Museum So. Mi. Do. Sa. 9-5 U. frei, Di. Freit. 9-5 U. 1 fr., Kinder 50 c.).

In dem prachtvollen, von Marmorsäulen in zwei Stockwerken getragenen *VESTIBÜL in der Mitte Engelgruppe von Guglielmi; Marmorbüsten, Vasen etc. Im MITTEL-KORRIDOR werthvolle Gobelins mit der Geschichte Konstantins d. Gr. nach Rubens; Deckengemälde (4 Jahreszeiten u. a.) von Dufour. Auf der l. Seite der Halle zwei ORIENT-ZIMMER mit chin. u. japan. Porzellan, Bronzen, eingelegten Arbeiten, Elfenbeinarbeiten; europ. Faïencen. R. Seite der Halle: europ. Porzellan; etrusk. Vasen; alemann. Gräberfunde u. a. Im 1. STOCK an der Treppe chines. Boudoir; auf der Gallerie alte Möbel, Nachbildungen des Hildesheimer Silberfunds, Waffen, Glasgemälde. — GEMÄLDE-GALLERIE. 1. Zimmer: Portraits von *Guercino, Giorgione Holbein, Rigaud, Bronzino* etc.; in der Mitte antikes Venusköpfchen. — 2. Z. (Copie nach) *Qu. Metsys,* der Zehnten; *Seb. del Piombo,* Kreuztragung; *Ribera,* Joh. d. Täufer; *L. van Leyden,* Madonna; *Pyt,* Sauhatz; **Raffael,* Madonna von Vallombrosa; Madonnen von *L. Credi, A. van Dyck* etc. — 3. Z. Meist kleinere Niederländer, Blumenstücke und Stillleben; Marmorbüsten von G. Revilliod und seiner Mutter Ariana (geb. de la Rive) von Duphot. — 4. Z. Moderne Bilder. *Lugardon,* Matterhorn, Jungfrau, Schwur auf dem Rütli; Landschaften von *Diday, Calame, Duval, Veillon, Loppé;* Viehstücke von *Humbert, Agasse, Delarive;* Genrebilder von *Vautier, S. Durand, Rubio, Töpffer* u. a. — Auf der andern Seite der großen Halle: Bilder von *Horace Revilliod;* Portraits, Pastellbilder u. Handzeichnungen von ältern Genfer Malern; Kupferstiche (10000 Blätter); der schön eingerichtete Bibliotheksaal (in den Glaskasten interessante Autographen); Glassammlung, oriental. Bronzen u. Thonwaaren, Elfenbeinschnitzereien, altes Genfer Zinngeschirr; Silberkammer (Schmucksachen, Münzen, Medaillen, Ehrenpreise, Emaillen). Vom Balkon herrliche Aussicht.

**Umgebungen.** Der Besuch der reizenden, mit Gärten, Landhäusern und Villen bedeckten Umgebungen Genfs ist durch ein ausgedehntes Netz von Straßenbahnen (*Chemins de fer à voie étroite*) sehr erleichtert. Im Frühjahr 1891 waren folgende Linien eröffnet:

a. Von Genf nach Ferney (Abfahrt Place des XXII Cantons, beim Westbahnhof; Pl. C 3), 7km, 21mal tägl. in 30 Min. Die Straßenbahn führt unter dem Viadukt der Westbahn hindurch, weiter auf der Route de Gex. Haltestellen: *Voie-Creuse,* (7 Min.) *Pregny* [aussteigen zum Besuch der **Ariana* (s. oben, 5 Min.) und des (15 Min.) „***Schlosses der Baronin Adolf Rothschild** in *Pregny* (geöffnet Di. Fr. 2-5 oder 6 U. gegen Karten, die man in den Genfer Hotels gratis erhält), mit prachtvollem Park; vom Pavillon herrlicher Blick auf den Montblanc]. — Weiter über die hübschen Dörfer *Petit-Saconnex* (l.) und *Grand-Saconnex,* vor der *Tuilerie* über die franz. Grenze nach (7km) **Ferney,** jetzt offiziell *Ferney-Voltaire (Truite; Hôt. de France),* einem ansehnlichen, von Voltaire 1758 gegründeten Ort; der Bahnstation gegenüber **Voltaire's Standbild,* Bronze von E. Lambert („au Patriarche de Ferney 1694-1758-1778"), Geschenk des Künstlers (1890). Vom Bahnhof geradeaus der Straße nach, dann l. erreicht man in 10 Min. das von Voltaire erbaute *Schloß* (Mo. Mi. Fr. 12-5 U. zugänglich), mit allerlei Erinnerungen an ihn; über der ehem. Kapelle die bekannte Inschrift „Deo erexit Voltaire". Von der Gartenterrasse reizende Aussicht. — Von Ferney 3mal tägl. (7.45 Vm., 2 u. 7.30 Nm.) Omnibus in 1 St. nach *Gex* (S. 217).

b. Von Genf nach Châtelaine-Vernier, 5km, 13mal tägl. in 25 Min. (Abfahrt Place des XXII Cantons, s. oben). Die Bahn führt n.w. an dem *Collège de la Prairie* (r.) vorbei über *les Délices,* mit dem ehem. Landhaus Voltaire's, und *les Charmilles* nach dem Dörfchen *Châtelaine* mit dem „Théâtre Voltaire" (jetzt Magazin), und weiter an dem vielbesuchten *Bois des Frères* (l.) vorbei nach *Vernier,* hübsch gelegenes Dorf. Die Bahn wird über *Bourdigny* nach dem franz. Städtchen *St-Genix* weitergeführt.

c. Von Genf nach Bernex-Laconnex, bis Bernex 14mal, bis Laconnex 7mal tägl. in 50 Min. Vom Quai de la Poste (Pl. B 4) über den Boulevard de Plainpalais bis zum *Panorama* (S. 212), dann r. (Route de St-Georges) an den Abattoirs (Schlachthäusern) vorbei zur neuen *Arvebrücke (Pont de St-Georges).* Jenseits führt r. bergan der Weg zum **Bois de la Bâtie** (zu Fuß von Genf 25 Min.), einem ausgedehnten Wald- und Wiesenkomplex (mehrere Whser.) mit schönem Blick auf Genf und die Umgebung. Die blauen Gewässer der Rhône und die grauen der Arve fließen unterhalb ihrer Vereinigung noch mehrere 100m neben einander, ohne sich zu vermischen. — Die Bahn führt von der Brücke ansteigend zur Haltestelle *Rampe Quidort,* wo sich r. eine kurze Zweigbahn zum Bois de la Bâtie und dem *Cimetière St-Georges* abzweigt (Züge nur So. und Do.); weiter über *Petit Lancy* und *Onex* nach (8km) **Bernex** (mehrere *Restaur.*), größeres Dorf, von wo in $1/2$ St. das *Signal de Bernex* (505m) mit schöner Aussicht zu erreichen ist, und über *Vailly* und *Sézeneve* nach dem hübschen Dörfchen (10km) *Laconnex.* Verlängerung der Bahn über *Cartigny* und *Eau-Morte* nach der Eisenbahnstation *Chancy* (S. 246) im Werk.

d. Von Genf nach Lancy, 3km, 13mal tägl. in 20 Min. Abfahrt vom Quai de la Poste (s. oben), über den Boul. de Plainpalais und den schattigen Chemin des Terrassiers, an der Plaine de Plainpalais vorbei, beim *Temple de Plainpalais* (in der Nähe der *Jardin alpin*, S. 212 r. über den *Pont d'Arve* und durch das Quartier *Acacias* über den *Pont-Rouge* hinan nach **Lancy**, mit schönen Villen und hübscher Aussicht auf Genf und den Salève.

e. Von Genf nach St-Julien, 9km, 16mal tägl. in $^3/_4$ St. (bis Carouge in 13 Min.). Abfahrt vom Quai de la Poste (s. oben). Jenseit der Arvebrücke (s. oben) trennt sich die Bahn l. von der nach Lancy und erreicht (3km) **Carouge** (384m; *Balance; Ecu de Savoie*), Vorstadt von Genf (5703 Einw.), 1780 von Herzog Victor Amadeus III. von Savoyen gegründet, der eine Menge Genfer Arbeiter unter großen Begünstigungen hierherzog. Zwei Haltestellen: *Carouge-Grand-Bureau*, am N.-Ende, und *Carouge-Rondeau*, am S.-Ende bei der Endstation der Trambahn Carouge-Genf-Annemasse (S. 204). Auf den *Salève* s. unten. — Weiter über *le Bachet-de-Pesay*, den *Plan-les-Ouates*, mit dem Exercier- u. Schießplatz für das Genfer Militär, *Arare* und *Perly* nach (9km) **St-Julien**, franz. Städtchen (900 E.) an der *Aire*, Station der Bahn Bellegarde-Bouveret (S. 246). 20 Min. w. die malerischen Ruinen des Schlosses *Ternier*, nach dessen Eroberung durch die savoyischen Truppen im J. 1589 die Vertheidiger an den Ästen eines großen, 1873 durch Feuer zerstörten Kastanienbaums gehängt wurden. — Die *Pitons* (1374), der höhere s.w. Nachbar des Salève, sind von St-Julien über *Beaumont* in 3 St. zu ersteigen.

f. Von Genf nach Veyrier, 5,5km, 18mal tägl. in 25 Min. Abfahrt Cours de Rive (Pl. D 6). Die Bahn führt ansteigend an der Russischen Kapelle (r.) vorbei, zwischen Gärten und Landhäusern nach *Florissant*, dann hinab (r. hübscher Blick auf das Arvethal und den Salève), zwischen den Weilern *Villette* und *Sierne* über die Arve, nach **Veyrier** (**H. Beau-Séjour*), am Fuß des Salève hübsch gelegenes Dorf mit großem kathol. Mädchen-Pensionat.

Veyrier ist der beste Ausgangspunkt zum Besuch des ***Salève**, des langgezogenen Kalkfelsbergs s.ö. von Genf, in seinem nördl. Theil *Petit-Salève* (898m) genannt, an den sich der *Grand-Salève* (1304m) und weiter der *Petit* und *Grand Piton* (1374m) anschließen. Die lohnendste Aussicht bietet der Grand-Salève (oben die Auberge des Treize-Arbres); dieselbe umfaßt die ganze Montblanc-Kette, den Genfer See, Jura, die Kantone Genf und Waadt und einen Theil von Frankreich. — Von Station Veyrier folgt man der Straße l. bergab, nach 7 Min. über die Eisenbahn zum Fuß des Berges, dann den bequemen *Pas de l'Echelle* hinan (zuletzt eine in den Fels gehauene Treppe von 101 Stufen) nach ($^1/_2$ St.) **Monnetier** (712m; **H.-P. de la Reconnaissance; *H.-P. Trottet; *P. Château de Monnetier*), in dem Einschnitt zwischen Petit- und Grand Salève gelegenes Dorf (in der Nähe die *Balmes de l'Ermitage*, Grotten mit hübschem Blick auf den Genfer See). Von hier auf den *Petit-Salève* $^1/_2$ St.; auf den *Grand-Salève* bequemer Reitweg (Esel pro Stunde 1 fr.) bis zur ($1^1/_4$ St.) *Aub. des Treize-Arbres* (1171m) und zum ($^1/_4$ St.) Gipfel. — Ein anderer Weg führt von Carouge (s. oben) in 2 St. auf den Salève: von der Endstation des Tramway Handweiser l. nach ($^3/_4$ St.) *Bossey* oder nach *Crevin* (immer l. halten wenn der Fahrweg sich theilt, bis man zum Eisenbahndamm gelangt); unter demselben hindurch und weiter durch die *Grande Gorge* in $1^3/_4$ St. zum Plateau.

Die Fahrstraße von Genf nach Monnetier (Wagen bis Mornex 15-18, Monnetier 20-25 fr.; vierspännige Breaks vom Quai du Montblanc 5 nach Mornex u. zurück Mi. Freit. Nm. $1^1/_2$-6, 3 fr.; oder Eisenbahn von Genf-Eaux-Vives, S. 203, bis Mornex in 42 Min.) führt über *Chêne* und *Etrembières* nach ($2^1/_2$ St.) **Mornex** (551m; **H.-P. Bellevue*, oberhalb des Orts, mit voller Alpenaussicht; **H. Beau-Site; H. de Savoie; *Pens. Bain* im alten Schloß u. a.), reizend am südl. Abhang des Petit-Salève gelegenes Dorf, als Luftkurort besucht (auch Eisenbahn-Station, S. 253); von da auf guter Straße bergan nach ($^1/_2$ St.) Monnetier. Elektr. Bergbahn von Etrembières auf den Grand-Salève im Bau.

Am linken (östl.) Seeufer schöner Spaziergang (Straßenbahnen über *Vésenaz* nach *Douvaine* und über *Vandœuvres* nach *Jussy* im Bau) längs dem mit Platanen bepflanzten Quai des Eaux-Vives am See hinauf bis (1 St.) **Vésenaz** (Gartenwirthschaften am See, in *la Belotte*); zurück in $1^1/_4$ St. über **Cologny** (*Chalet Suisse* bei *Chapuis; Café-Restaur. des Alpes*), stets mit reizendem Blick auf den See, oder weiter östl. über *Chougny*, mit schöner Aussicht auf den Montblanc.

Die ***Voirons** (1486m), der lange Bergrücken n.ö. von Genf, werden wegen der prachtvollen Aussicht auf die ganze Kette der Savoyer Hochalpen, den Jura u. s. w. gleichfalls viel besucht. Eisenbahn (Abfahrt vom Bahnhof Genf Eaux-Vives, S. 203) über *Annemasse* (S. 252) in 50 Min. nach *Bons-St-Didier* (S. 246), von da in 3 St. zu Wagen, oder in $2^1/_2$ St. zu Fuß hinauf. Im Sommer 3mal wöchentlich (Mo. Mi. Sa.) Omnibus von Bons-St-Didier in 3 St. (4 fr., Einsp. 10 fr.). Oben am Ostabhange, 30m unterhalb des Kammes, das **Hôt. de l'Ermitage* (40 Betten, Pens. 6-8 fr.), in schönem Tannenwald (als Luftkurort zu empfehlen), und 10 Min. unterhalb das einf. *Hôt. du Chalet*. Reizende Spaziergänge führen von hier zur (10 Min.) höchsten Spitze (*le Calvaire* oder *Grand Signal*) mit Pavillon (1486m), nach dem (20 Min.) alten Kloster am n.w. Abhang (1400m), nach der *Crête d'Audoz*, einem Vorsprung $^1/_2$ St. s.w., und zum (1 St.) *Pralaire* (1412m), der südl. Spitze.

Von Genf auf die **Dôle* über den *Col de la Faucille* ($7^1/_2$ St.) s. S. 217.

## 66. Von Genf nach Martigny über Lausanne und Villeneuve. Genfer See *(nördliches Ufer).*

130km. **Westbahn.** Fahrzeit $4^3/_4$-6 St. (bis Lausanne $1^1/_2$-$2^1/_4$, bis Vevey $2^1/_4$-$3^1/_4$ St.), Fahrpreise 13 fr. 55, 9.50, 6.80 c. (bis Lausanne 6 fr. 35, 4.50, 3.20, bis Vevey 8 fr. 35, 5.90, 4.20). Auf den Strecken Genf-St-Maurice und Bouveret-Brig (R. 80) werden Retourbillets mit zweitägiger Gültigkeit ausgegeben, die auch für die Dampfboote gültig sind (ebenso umgekehrt, s. unten). Vgl. Bemerkungen auf S. 238.

**Dampfboot** am nördlichen Ufer, der Eisenbahn weit vorzuziehen, bis Morges (4 fr., 1 fr. 70 c.) in 2-$2^1/_2$ St., bis Ouchy (Lausanne, 5 fr., 2 fr.) in $2^1/_2$-3 St., bis Vevey (6 fr. 50, 2. 70 c.) in $3^1/_3$-4 St., bis Villeneuve (7 fr. 50, 3 fr.) in 4-$4^3/_4$ St., bis Bouveret (7 fr. 50, 3 fr.) in $4^3/_4$-5 St. Retourbillets, 3 Tage gültig, zum $1^1/_2$ fachen Preis (auch für die 2. Kl. der Eisenbahn gültig, falls dies bei Lösung des Billets bestimmt verlangt wird; wer 1. Kl. fahren will, löst im Zuge selbst beim Schaffner ein Supplementbillet). Stationen (überall Landebrücken): *Bellevue, Versoix, Mies, Coppet, Céligny, Nyon, Rolle, St-Prex, Morges, St-Sulpice, Ouchy* (Lausanne), *Pully, Lutry, Cully, Rivaz-St-Saphorin, Corsier* (beim Grand-Hôtel de Vevey), *Vevey (Marché), Vevey (La Tour), Clarens, Montreux-Vernex, Territet-Chillon, Villeneuve, Bouveret.* Die beiden um 9 U. und 1 U. 25 von Genf (Quai du Montblanc) abfahrenden Expreßdampfer berühren die Stationen Nyon, *Thonon, Evian*, Ouchy, Vevey, Clarens, Montreux, Territet, Villeneuve, *Bouveret.* Auch sonst mehrmals täglich Dampfboot-Verbindung zwischen dem nördl. und südl. Ufer (Nyon-Nernier, Nyon-Thonon, Evian-Ouchy). — Restauration auf den größern Dampfbooten gut (Dîner $2^1/_2$-$3^1/_2$ fr.), auf den kleinern mäßig.

Der ***Genfer See** (375m), *Lac de Genève, Lac Léman*, der *Lacus Lemanus* der Römer, ist 72km lang, zwischen Morges und Amphion über 13, zwischen der Pointe de Genthod und Bellerive nur 2,5km breit, bei Schloß Chillon 80m, bei Meillerie 285m, zwischen Ouchy und Evian (größte Tiefe) 310m, zwischen Nyon und Genf 75m tief. Die Oberfläche beträgt 577qkm (38qkm mehr als der Bodensee). Er hat die Gestalt eines Halbmondes, dessen beide Hörner sich nach Süden neigen, welche Form vom Signal de Bougy (S. 218) deutlich hervortritt. Das ö. Horn ragte einst 3 St. weiter ins Land hinein bis Bex; die Geschiebe und Ablagerungen der einströmenden Rhone haben aber den See immer weiter zurückgedrängt und setzen dort mit jedem Tag mehr Land an.

Seine Farbe ist himmelblau, während die andern Schweizer Seen blaugrün oder grün sind. Die auf dem See vorkommenden Vögel sind *Schwäne* (cycnus olor), die, 1838 in Genf eingeführt, jetzt wieder völlig verwildert sind; *Möven* (larus ridibundus), *Seeschwalben* (sterna hirundo), dann zahlreiche Arten von Zugvögeln: Enten, Taucher etc. Der See ernährt 21 Arten Fische, unter denen die Forelle, der „Ritter“, die „Féra“ (Felchen des Bodensees) und der

Barsch am meisten geschätzt werden. Die NIEDEREN THIERE, welche den See bewohnen, werden von den schweizer Naturforschern in 3 Gruppen getheilt: die *faune littorale*, die *faune pélagique*, welche an der Oberfläche des Sees lebt und hauptsächlich aus kleinen durchsichtigen Crustaceen besteht, und die *faune profonde* in der Tiefe des Sees.

Die VEGETATION der Ufer zeigt bereits halb südlichen Charakter: die süße u. die wilde Kastanie, der Wallnußbaum, die Magnolienplatane, der Trompetenbaum, die Ceder des Libanon und rankende Reben gedeihen. Der Feigenbaum bringt seine Früchte zur Reife, während der Granatbaum sie nicht zeitigt.

Eine eigenthümliche Erscheinung sind die sog. SEICHES, Schwankungen der Oberfläche des Sees, der sich periodisch in einigen Minuten um mehrere Centimeter oder Decimeter über sein gewöhnliches Niveau hebt oder unter dasselbe fällt. Es sind Ausgleichungswellen des Wassers, die bei rasch eintretenden Änderungen des atmosphärischen Drucks von einem Ufer zum andern streichen und besonders nach Stürmen auftreten. Man unterscheidet *seiches longitudinales*, die sich in der Längenaxe des Sees zwischen Villeneuve und Genf bewegen, mit einer Zeitdauer von 73 Min. für jede Oscillation, und *seiches transversales* vom schweizer zum savoyischen Ufer, welche c. 10 Min. dauern. Die höchsten Longitudinal-Wellen, am 3. Oct. 1841 in Genf beobachtet, überstiegen 1.90m an Höhe, während die Transversal-Wellen selten über 20cm steigen. Die Seiches folgen sich übrigens fast ohne Aufhören und lassen sich auch auf andern Seen beobachten (F. A. Forel). — Die STRÖMUNGEN des Sees sind gering.

Das NIVEAU des Sees steht am tiefsten zu Ende des Winters, während es im Sommer durch das Schmelzen des Schnees in den Alpen seinen höchsten Stand erreicht. Die mittlere Differenz zwischen dem niedrigsten und höchsten Stand ist 1.54m; der Abstand des höchsten bekannten Wasserstandes (1817) vom tiefsten (1830) 2.66m. — Die TEMPERATUR der Oberfläche des Sees ist im Winter 5-6° C., im Sommer steigt sie bis 23°. In der Tiefe ist sie stets niedrig (4°5 bis 5°5). Ein völliges Zufrieren des Sees wurde nie erlebt.

Die SCHIFFAHRT ist nicht stark, doch laden manche Segelbarken bis 300 Tonnen. Höchst malerisch nehmen sich die dreieckigen „lateinischen" Segel aus (in Schottland Goosewings genannt). Die Dampfboote dienen fast ausschließlich dem Personenverkehr.

Die Schönheit des Genfer Sees ist seit Jahrhunderten in allen Zungen (Matthisson, Byron, Voltaire, Rousseau, Al. Dumas u. A.) gepriesen worden; sein tiefblauer Spiegel, auf der Nordseite umrahmt von sanft ansteigenden Hügeln, an denen sich zwischen Obst- und Rebengeländen zahlreiche saubere Ortschaften aneinander reihen, während im Osten und Süden die lange Kette der Walliser und Savoyer Gebirge einen großartigen Hintergrund bildet, vereint, namentlich von höher gelegenen Punkten gesehen, Anmuth mit Erhabenheit. Der *Montblanc* ist nur auf der Westseite des Sees sichtbar, bei Genf, Nyon, hinter Rolle und besonders bei Morges (S. 218).

DAMPFBOOTFAHRT (Landebrücken beim Jardin Anglais und am Quai des Pâquis, Expreßdampfer Quai du Mont-Blanc; vgl. S. 203). Der Blick auf die schön bewachsenen, mit zahllosen Landhäusern übersäten Uferhügel ist ungemein anmuthig. L. das große Hôt. National, das Musée de l'Ariana und das prächtig gelegene Schloß Pregny (S. 213); weiter *Genthod* in hübscher Lage, einst Wohnsitz der berühmten Naturforscher Saussure, Ch. Bonnet und Pictet de la Rive; dann die Haltstelle *Bellevue*.

**Versoix** *(Lion d'Or)*, ein ansehnlicher Flecken (1379 Einw.), gehörte einst zu Frankreich. Choiseul, Ludwigs XV. Minister, gegen Genf erbittert, wollte hier ein zweites gewerbliches Genf anlegen. Die Straßen waren schon abgesteckt, die Ausführung jedoch unterblieb.

**Coppet** *(Croix Blanche; Ange; H.-P. du Lac)*. Das Schloß, jetzt der Familie d'Haussonville gehörig, bewohnte 1790-1804 der Finanzminister *Necker*, ein geborner Genfer; auch seine Tochter, die be-

Maasstab 1: 250,000

English miles

nte Frau *von Staël-Holstein* († 1817), wohnte hier einige Jahre. zeigt ihren Schreibtisch, ein Bild von ihr, von David gemalt, Necker's Büste.

Fahrstraße (Wagen am Bahnhof) über *Commugny* und *Chavannes de Bogis* (1¼ St.) Divonne (470m), mit vorzüglich eingerichteter Kaltwasseranstalt, im franz. Département Ain (Pays de Gex) unmittelbar jenseit der ze reizend gelegen (von Nyon 1¾ St., Post im Anschluß an die Schnellin 55 Min.; von Genf 4 St., zu Wagen in 1½ St., Einsp. 15-18, Zweisp. .). Von Divonne auf die *Dôle* s. unten.

*Céligny*, das Dorf landeinwärts auf der Höhe anmuthig gelegen; ter das stattliche Schloß *Crans* des Hrn. van Berchem.

**Nyon**, dtsch. *Neuß* (*Beaurivage*, mit Terrasse am See; *Ange*, s. 5-6 fr.; *H. du Lac*), mit 4225 E., die *Colonia Julia Equestris* Römer, ihr *Noviodunum*. Das alte *Schloß* mit seinen über 3m en Mauern und 5 Thürmen, im XII. Jahrh. erbaut, jetzt der t gehörig, bewohnte längere Zeit Victor von Bonstetten († 1832) Bernerischer Landvogt; seine Freunde Joh. v. Müller, Salis, Maton waren hier häufig bei ihm. Von der Terrasse, mit mehrfachen rresten aus der Römerzeit, sowie von den schönen Promenaden, he die Oberstadt umgeben, prächtige Aussicht auf den See, den und die Alpen mit dem Montblanc.

Auf die Dôle, sehr lohnender Ausflug. Eine Poststraße führt von Nyon den Jura über (1 St.) *Trélex*, (2 St.) *St-Cergues*, (2 St.) *les Rousses*, kleine Grenzfestung, nach (1 St.) *Morez*, Städtchen im franz. Département du Von Nyon bis St-Cergues zu Fuß 3 St.; besser läßt man sich bis hinter Trélex zu dem Anfang der alten Straße fahren, die, immer den aphenstangen folgend, in 1½ St. gerade hinaufführt. St-Cergues (1046m; *le la Poste*; **Hot.-Pens. Capt*; *Pens. Delaigue*; **L'Observatoire*, Hôt. u. Pens. iner Anhöhe 5 Min. von der Post, zwischen dem alten Schloß von gues und dem Noirmont, schönste Aussicht), großes Dorf am n.ö. Fuß Dôle, auf ⅔ der Berghöhe, wird im Sommer vielfach zu längerm Auft gewählt. Von hier mit Führer (5 fr., allenfalls auch zu entbehren) 1 St.) *Chalet du Vouarne* und durch die Einsattelung (*la Porte*) zwischen ne und Dôle in 1 St. auf die *Dôle (1678m), den höchsten Gipfel des izer Jura; Aussicht höchst malerisch und umfassend, großartigster Blick en Montblanc. — Von *Gingins*, ½ St. w. von Trélex, führt ein guter Weg St. bis zu den *Chalets de la Divonne* (Erfr.), ö. ½ St. unter dem Gipfel; dzer von *Divonne* (s. oben) in ½ St., oder von *Céligny* (s. oben) in 1¼ St. *la Rippe*, dann vor (¼ St.) *Vendôme* r. den breiten Waldweg, der nach c. in den Weg von Gingins mündet. — Von Genf führt für Fußgänger der emste Weg auf die Dôle über den *Col de la Faucille*, eine tiefe Einsattelung Jura n.w. von Genf (7½ St.). Fahrstraße über *Ferney* (S. 213) und (3 St.) *Gex* n; H. de la Poste, du Commerce), franz. Städtchen am Fuß des Jura, zur St.) *Fontaine Napoléon* und der (¾ St.) Paßhöhe (1328m; Whs.); auf der Be (Poststraße nach Morez, s. oben) noch 1¼ St. fort, dann hinter dem *la Vasserode* r. ab, über Rasen zum (1½ St.) Gipfel.

Von *les Rousses* (s. oben) führt n. eine Fahrstraße nach *le Brassus*, und am de Joux vorbei über *le Lieu* nach *le Pont*, angenehmer und abwechslungsier Weg (vergl. S. 209).

Weiter zwischen Bäumen das große *Schloß Prangins*, früher im tz Joseph Bonaparte's. Ein großer Theil des früher zu demen gehörenden Gutes (*la Bergerie*, auch *Chalet de Prangins* gent) war Eigenthum des Prinzen Jérôme Napoleon († 1891). Im alten Schloß selbst befindet sich jetzt eine Knaben-Erziehungstalt der evang. Brüdergemeinde (*Institution Morave*).

Auf einer Landspitze zeigt sich *Promenthoux;* am savoyischen Ufer gegenüber, 1 St. entfernt, *Yvoire* (S. 238). Die Jurahöhen treten mehr und mehr zurück. Hervorragende Berge in der Kette sind die *Dôle* (s. oben), daneben r. der *Noir-Mont* (1560m). Das Seeufer bildet vom Einfluß der *Promenthouse* bis zum Einfluss der *Aubonne*, jenseit Rolle, einen buchtartigen Halbkreis; der See erreicht auf dieser Strecke seine größte Breite (über 13km). An den ansteigenden Geländen dieser Bucht, *la Côte* genannt, wächst einer der besten weißen Schweizer Weine.

**Rolle** (**Tête Noire*, einf., mit Garten; *Couronne)*, Geburtsort des russ. Generals *de la Harpe*, des Erziehers des Kaisers Alexander I. Er war einer der eifrigsten Betreiber der Trennung der Waadt von Bern (vgl. S. 220). Seine Vaterstadt hat ihm dafür auf einer kl. Insel im See einen 13m h. *Obelisk* mit seinem Brustbild errichtet.

1 St. nördl. von Rolle, auf dem Rücken der weinreichen Hügel oberhalb des Dorfes *Bougy*, ist ein berühmter Aussichtspunkt, das ***Signal de Bougy** (887m), mit prächtigem Blick auf den See und die savoyer Gebirge, vom Montblanc überragt. Man erreicht das Signal am bequemsten von der Eisenbahn-Station *Aubonne-Allaman* (S. 227); von hier zu Fuß oder mit dem an die meisten Züge anschließenden Omnibus nach ($^3/_4$ St.) AUBONNE (**Couronne)*, malerisches sehr altes Städtchen mit vielen Gärten und schönen Promenaden, und in $^3/_4$ St. bequem hinauf. — 8km w. von Aubonne und 9km n. von Rolle liegt **Gimel** (730m; *Union*, Pens. von 5 fr.) mit schönen Waldspaziergängen, beliebte Sommerfrische der Genfer.

Eine Fahrstraße (Post bis St-Georges tägl.) führt von Rolle n.w. über *Gilly*, *Burtigny* und *Longirod* nach (3 St.) *St-Georges* (935m; Whs.) und über den ($1^1/_2$ St.) **Col de Marchairuz** (1450m; *Whs.*) nach ($1^1/_2$ St.) *le Brassus* (S. 203). Aufwärts von St-Georges zum Col herrliche abwechselnde Aussichten auf den Genfer See, das Rhonethal bis zum Fort de l'Ecluse, beim Hinabsteigen nach le Brassus auf den Lac de Joux und die Dent de Vaulion.

Das Seeufer zwischen Rolle und Lausanne ist fast flach. Auf einer Landspitze ragt das Dorf *St-Prex* in den See hinein. In einer weiten Bucht liegt **Morges**, deutsch *Morsee* (**H. du Port; H. du Mont-Blanc; Couronne)*, lebhaftes Städtchen (4088 E.) mit Hafen und altem Schloß, jetzt Zeughaus. Auf einer kl. Anhöhe n. in der Ferne das alterthümliche *Schloß Vufflens*, dessen Erbauung die Sage der Königin Bertha (S. 201) zuschreibt. Südlich leuchtet, bei günstigem Wetter, etwas r. durch einen Einschnitt der Vorberge hindurch der Montblanc in seiner ganzen Schönheit hervor und spiegelt sich bei ruhiger Luft im See.

Das Dampfboot erreicht Station *St-Sulpice*, dann **Ouchy** (375m) (*H. Beaurivage, Z. L. B. von 6-7, M. 5, Omnibus zum Lausanner Bahnhof $1^1/_2$fr., mit schönem Park, Bädern etc.; *H. d'Angleterre (früher *Ancre*), Z. L.B. $2^1/_2$-3, F. $1^1/_2$, M. 4 fr.; H. du Port, einf., alle am See; Pens. du Chalet, Avenue Reseneck; im See zwei *Badeanstalten*, eine 10 Min. w., die andere 5 Min. ö. vom Landungsplatz der Dampfboote, das Bad mit Wäsche 80 c.; Ruderboot die Stunde 60 c., mit Schiffer $1^1/_2$ fr.), früher *Rive* genannt, den Hafen von Lausanne.

Der BAHNHOF der Westbahn (S. 227) liegt in $^3/_4$ Höhe (454m) zwischen Ouchy und Lausanne. Fußgänger gebrauchen von Ouchy nach Lausanne hinauf $^1/_2$ St., abwärts 20 Min. (auf halbem Wege die engl. Kirche). Drahtseilbahn (*ficelle*) von Ouchy nach Lausanne (Bahnhof in Ouchy nahe beim Dampfbootlandeplatz; „Gare du Flon" in Lausanne unter dem Grand Pont) in 9 Min.,

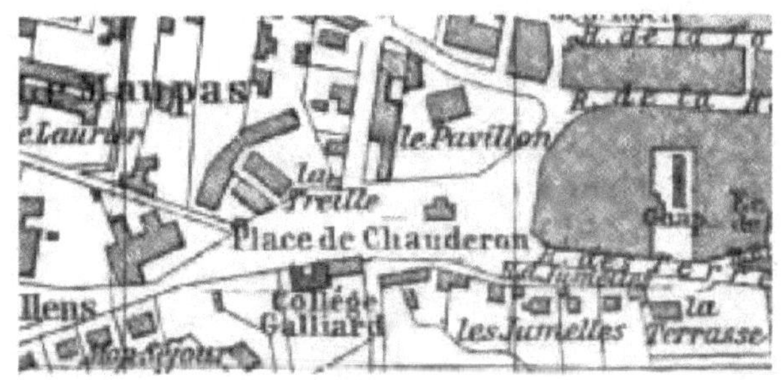
le Pavillon
la Treille
Place de Chauderon
Collége Galliard
les Jumelles
la Terrasse

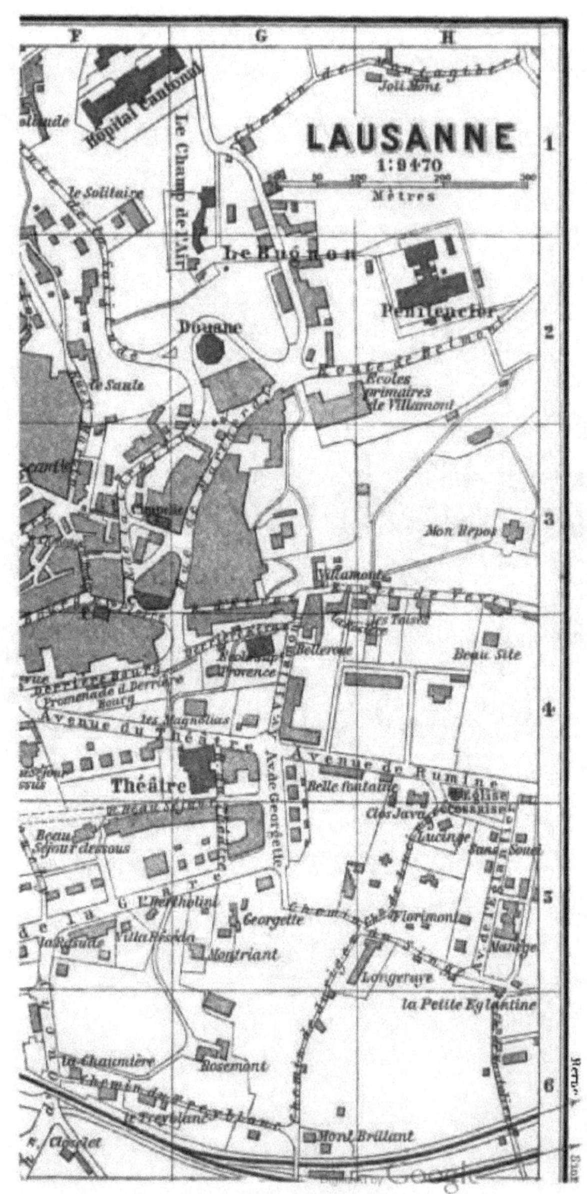
F
G
H
LAUSANNE
1:9470
Mètres
1
2
3
4
5
6
Hôpital Cantonal
Le Champ de l'Air
le Solitaire
Joli Mont
Pénitencier
Douane
Ecoles primaires de Villamont
Mon Repos
Villamont
Bellevue
Beau Site
Promenade d. Derrière Bourg
les Magnolias
Avenue du Théâtre
Avenue de Rumine
Théâtre
Av. de Georgette
Belle fontaine
Eglise Ecossaise
Clos Java
Lucinge
Sans Souci
Georgette
Florimont
Villa Réséda
Montriant
Longeraye
la Petite Eglantine
la Chaumière
Rosemont
Mont Brillant

täglich 42 Züge, Fahrpreis 1. Kl. 50 c., 2. Kl. 25 c., hin u. zurück 80 u. 40 c.; Zwischen-Stationen *Jordils* und *Ste-Luce*, beim Bahnhof der Westbahn (l. die Züge nach Lausanne, 10 c., r. nach Ouchy, 20 c.). — Gepäckträger vom oder zum Dampfboot für Reisetaschen und kleinere Gepäckstücke 10 c., Koffer 20 c., über 50 kg 30 c.

**Lausanne.** — Gasth.: *H. Gibbon (Pl. a; F 4), der Post gegenüber, Z. L. B. 4-6, F. 1½, Lunch 3½, M. 5 fr. In dem Gärtchen hinter dem Speisesaal schrieb Gibbon, der berühmte Geschichtsforscher, 1787 den letzten Theil seiner röm. Geschichte. *H. Riche-Mont (Pl. b; DE 5), mit schönem Garten, M. 4½ fr. *Faucon (Pl. c; F 3), Z. L. B. 3½-4, F. 1½, M. 4, Pens. von 6 fr.; *H. du Grand-Pont (Pl. d; E 4), an der großen Brücke, Z. L. B. 3¾, F. 1¼, M. 3½ fr.; *H.-P. Beau-Site (Pl. e; D 4), Z. L. B. von 3, M. 3, F. 1¼ fr.; *H.-P. Victoria, Avenue de Rumine; *H. du Nord (Pl. f; F 3, 4), Rue St-Pierre, Z. L. B. 3, F. 1¼, M. 3 fr.; H. Bellevue; H. des Messageries, Place St-François 4; H. de la Poste, Petit-Chêne 4. — Pensionen: Beauséjour, Mme. Ritschard (Villas Mercier No. 6), Piguet-Bauty, Campart, Chatelanat, Monnard, Pavarin, Perret, in *St. Luce* (am Westbahnhof, S. 218; tägl. 5 fr. m Z.) u. a.

Restaurants: *H. du Nord* und *H. du Grand-Pont*, s. oben; *Café du Banque; Restaur. du Théâtre* (s. unten); *Derias*, Place St-Laurent; **Bahnrestaur.*, M. 2 fr. 50 c.; *Café Vaudois*, Place Riponne 3. Gutes Bier im *Gambrinus*, Rue Haldimand bei der Place de la Riponne; *Bavaria*, Rue de Bourg.

Theater (Pl. f; Vorstellungen nur im Winter), Avenue du Théâtre, mit Café-Restaur.

Omnibus vom Bahnhof in die Stadt 1 fr., nach Ouchy, zum Dampfboot, nur auf Bestellung (Eisenbahn s. S. 218). *Fiaker* zum Bahnhof 2 fr. — Kath. Gottesdienst in der kath. Kirche, deutscher Vikar. — Deutsche Buchhandlung, Leihbibliothek, Photographieen etc., *B. Benda*, Rue Centrale 3; Pianos, Musikalien, *E. R. Spies*, Place St. François 2.

*Lausanne* (489m), das röm. *Lausonium*, mit 34 049 Einw., Hauptstadt der Waadt *(Canton de Vaud)*, längst schon Augenpunkt des Dampfbootfahrers, liegt höchst anmuthig, von seinem Münster und dem Schloß überragt, auf den in Absätzen ansteigenden Hügeln des *Mont-Jorat (Jurten)*. Das Innere der Stadt macht einen weniger günstigen Eindruck, Straßen bergauf bergab, die Häuser im ältern Stadttheil meist unansehnlich. Beide Stadttheile sind durch eine 1839-44 erbaute 180m l. Brücke über das jetzt vielfach aufgefüllte und bebaute Thal des *Flon* verbunden, *Grand Pont* oder auch *Pont Pichard* genannt, nach ihrem Erbauer. Die von ihm angelegte fast ebene, Münster und Schloß berührende Straße umzieht die Stadt und hat einen an 50 Schr. l. Tunnel, n. unterhalb des Schlosses. Die neuen Stadttheile haben eine Menge stattlicher Häuser. Lausanne besitzt treffliche Schulen und zahlreiche Erziehungsinstitute. Die seit 1806 hier bestehende Akademie wurde 1891 zur *Universität* erhoben.

Die *Kathedrale (Pl. E 2), 1235-75 erbaut und von Gregor X. in Gegenwart Rudolphs von Habsburg eingeweiht, ein Gebäude goth. Stils in schlichter und kraftvoller Strenge, wurde 1875-87 nach Plänen von *Viollet-le-Duc* († 1879) gut restauriert. Vom Markt (Place de la Palud) aus steigt man eine unansehnliche Treppe von 160 Stufen hinan, um die Terrasse zu erreichen. Der Küster *(marguillier)* wohnt l. (n.) vom Haupteingang, Rue Cité-Devant N° 5.

Das *Innere dieser evang. Kirche (107m l., 46m br.), von den Bernern zur Reformationszeit seiner Schätze beraubt, überrascht durch die edlen Verhältnisse aller einzelnen Theile. Das Gewölbe des 20m h. Schiffs ruht auf eigenthümlich abwechselnden Bündelpfeilern u. Säulen (zusammen 20). Ueber den Bogen zu beiden Seiten laufen die leichten Säulenarcaden einer Triforien-Gallerie hin, über welcher andere höhere Säulenarcaden die oberen Fenstergruppen einrahmen. Der Chor hat ein Säulenhalbrund; an den Wandarcaden des Chorumgangs erscheint noch die Form des aus der burgund.-roman. Architektur stammenden antikisirenden Pilasterkapitäls. Die schöne Fensterrose, die Portale mit ihren Bildwerken (das westl. sehr zerstört, das südl. 1884 ganz restaurirt) und die geschnitzten Chorstühle an der Südwand dürfen nicht übersehen werden. Ueber der Vierung ein schöner 1874 erb. Dachreiter (75m h.) mit zierlicher Säulengallerie. Unter den Grabmälern bemerkenswerth das goth. Denkmal *Otto's von Grandson*, der 1398 im gerichtlichen Zweikampf gegen Gerard von Estavayer fiel; die auf dem Sterbekissen abgebildeten Hände sind das Symbol des Blutbannes (die Statue hat die ihren erst durch Verstümmelung verloren); das Grabmal des Bischofs *Wilhelm von Menthonex* (†1406); das einer russ. Fürstin *Orloff* (†1782); der Herzogin *Caroline von Curland* (†1783); *Henriette Stratford-Canning* (†1818), Gattin des engl. Staatsmannes, damals Gesandten bei der Eidgenossenschaft, von Bartolini; Gräfin *Wallmoden-Gimborn* (†1783), Mutter der Freifrau vom Stein, der Gattin des berühmten preuß. Ministers. Eine Tafel in der Mauer des nördlichen Kreuzarms, neben diesen Denkmälern, trägt die Inschrift: „*A la mémoire du major Davel mort sur l'échafaud en 1723, le 24 avril, martyr des droits et de la liberté du peuple vaudois*", 1839 vom General de la Harpe (S. 218) errichtet, der mehr Glück als sein von der Berner Regierung als Rebell enthaupteter Vorgänger hatte (s. unten). — Im J. 1536 hatte in dieser Kirche eine berühmte Disputation statt, an welcher *Calvin*, *Farel* und *Viret* lebhaften Antheil nahmen, deren Folgen die Verlegung des Bischofssitzes nach Freiburg, die Trennung des Waadtlandes von der röm. Kirche und die Lösung der Savoyischen Unterthanen-Verhältnisses waren.

Die *Terrasse* (529m), der ehemalige Kirchhof, gewährt einen guten Ueberblick über die Stadt, den See und die savoyischen Alpen, ausgedehnter, wenn man den 42m h. Thurm der Kirche besteigt. Auch von der Terrasse des höher gelegenen, ehemals bischöfl. Schlosses *(Évêché)*, jetzt Bezirksgericht, schöne Aussicht. Das Gebäude ist im xiii. Jahrh. aufgeführt, später vielfach verändert. Im *Bischofssaal* schöne alte Möbel und gemalte Fenster.

Das Musée Cantonal (Pl. E 2), Mi. Sa. 10-4, So. 11-2 U. geöffnet, im Akademie-Gebäude, in der Nähe der Kathedrale, besitzt eine Sammlung naturwissenschaftl. Gegenstände, Thiere, Mineralien, die reichhaltige Sammlung von Süßwasser-Conchylien des Hrn. v. Charpentier († 1855); ferner Alterthümer aus Aventicum (S. 201) und aus Vidy, dem alten Lausanne, sowie eine reiche Sammlung keltischer Pfahlbau-Alterthümer, Münzen u. Medaillen etc. In demselben Gebäude befindet sich die *Kantonsbibliothek* (60 000 Bde.).

Im Musée Arlaud (Pl. D 3) an der *Riponne*, der Kornhalle *(Grenette)* gegenüber, eine kleine Bildergalerie (So. 11-2, Mi. Sa. 10-4 U. öffentlich, sonst 1 fr.).

Zu nennen u. a.: *Domenichino*, Josephs Traum; *Caracci*, Joseph wird in die Cisterne geworfen; unter den neueren Bildern: *Anker*, der Neugeborene; *Bocion*, Schleppdampfer; *Burnand*, Dorfbrand; *Calame*, Brienzer See; *Diday*, Rosenlaui, Reichenbachfall; *Girardet*, Rückkehr von der Alp; *Gleyre*, Hinrichtung des Majors Davel, Schlacht auf dem Genfer See, Adam und Eva, Divico's Triumph über die Römer u. a.; *Jouvenet*, Heilung des Gichtbrüchigen; *Koller*, Viehtränke; *Muyden*, Versteckspiel; *Vautier*, Sonntagmorgen; etc.

Auf dem Montbenon, einem Bergrücken unmittelbar w. von der Stadt, mit schönen Alleen und herrlicher Aussicht auf den See, erhebt sich das stattliche neue *Palais de Justice fédéral* (Kassationshof für die gesammte Schweiz), im Renaissancestil von Recordon erbaut.

W. außerhalb der Stadt (Pl. A 3) das trefflich eingerichtete BLINDEN-INSTITUT (*Asile des Aveugles*, 507m), 1843 von Hrn. Haldimand († 1862) und Frl. de Cerjat gegründet. — N.ö. auf dem *Champ de l'Air* (höchster Punkt der Stadt) das vorzüglich eingerichtete HÔPITAL CANTONAL (250 Betten), eine *Station viticole* (Weinbau) und *météorologique* und eine *Ecole d'agriculture*. — 3/4 St. n. in *Cery* an der Bahn nach Echallens (s. unten) die großartige neue IRRENANSTALT (*Asile des Aliénés*), eine der größten und besteingerichteten des Continents, mit Kapelle, Concertsaal etc.

Berühmte Aussicht vom *Signal (648m), 1/2 St. oberhalb der Stadt, von der Post bis zum Schloß 1/4 St., vom Schloß über die Tunnelbrücke, auf der Straße l. etwa 100 Schritte fort, dann r. den gepflasterten Weg hinauf bis l. eine Treppe kommt, diese hinauf, dann r. den großen Fahrweg, bis man gerade zur Rechten das Häuschen mit Triangulirungspyramide und Anlagen hat, zu welchem kürzer aber steiler als die Straße, von dieser r. ab, ein breiter Fußweg führt (Erfr. zu haben). Die Aussicht umfasst einen grossen Theil des Sees; den Montblanc sieht man nicht von hier, wohl aber von den *Grandes Roches* (598m), 1/2 St. von der Stadt, r. von der Straße nach Yverdon, wo auch sonst herrliche Aussicht auf den See. — Bester Rückweg vom Signal zur Stadt durch das waldige Thal des *Flon* im O. des Berges, zuletzt durch die Rue des Eaux zum Ausgangspunkte am n. Fuß des Schlosses zurück. Bei heissem Wetter ist dieser Weg auch zum Hinaufsteigen vorzuziehen. Droschke von der Stadt zum Signal und dann zum Bahnhof 5 fr.

Von Lausanne nach Bercher, 21km, schmalspurige Lokalbahn in 1 St. 27 Min. Bei der zweiten Stat. (3km) *Jouxtens-Cery* die große Irrenanstalt (s. oben). — 14km *Echallens*, deutsch *Tscherlitz* (629m; *Balances) ist ein wohlhabendes Landstädtchen mit 1089 Einw.; das Schloß jetzt Knabeninstitut. — Von (21km) *Bercher* soll die Bahn bis Payerne (S. 200) weitergeführt werden.

An den Bergabhängen ö. von Lausanne, *la Vaux* (deutsch *Ryfthal*) genannt, wächst unter der sorgfältigsten Pflege ein guter Wein. Bei Station *Pully* oben der Viadukt der Oron-Bahn über das Thal der *Paudèze* (S. 200), unten die Brücke der Südwest-Bahn (S. 227); oberhalb *Lutry* der Viadukt bei la Conversion (S. 200). Nach und nach breitet sich der Gebirgshalbkreis vor dem Dampfbootfahrer aus: Rochers des Verraux, Dent de Jaman, Rochers de Naye, la Tour d'Aï und de Mayen, Dent de Morcles, Dent du Midi, zwischen diesen südl. der Mont Catogne und im Hintergrund die Schneepyramide des Mont Velan. Station *Oully*, *Rivaz-St-Saphorin*.

**Vevey.** — DREI DAMPFBOOT-STATIONEN: die erste in *Corsier*, w., beim Gr.-Hôt. de Vevey; die zweite, *Vevey-Marché*, für den eigentlichen Ort; die dritte, *Vevey-la-Tour*, ö., beim Gr.-Hôt. du Lac. — BAHNHOF an der Nordseite der Stadt, auf dem l. U. der Veveyse. Für Ausflüge nach O. hin (Montreux etc.) liegt der Bahnhof von *la Tour-de-Peilz* (S. 227) günstiger.

GASTHÖFE. *Gr.-H. de Vevey, in *Corsier*, w. vor der Stadt, mit Personenaufzug, großem Park, Schwimm- u. Badeanstalt etc. (im Winter geschlossen); *H. Monnet (des Trois Couronnes); *Gr.-H. du Lac, alle drei am See, im großen Stil und vornehm, mit ziemlich gleichen Preisen: Z. L. B. von 5, M. 5 fr., Pens vom 15. Okt. bis 1. Mai. Ö. oberhalb der Stadt: *H. Mooser, s. S. 223. *H.-P. du Château, ö. von H. Monnet, mit schattigem Garten u. Aussicht auf den See (Pens. 6-12 fr.); *H.-P. d'Angleterre, Z. L. B. 4-5, M. 3 fr., am See; *H. du Pont, am Bahnhof, mit Garten; *Trois Rois, nicht weit vom Bahnhof, Z. u. B. 2 1/2, F. 1, M. m. W. 3 fr. Für einzelne Reisende H. de la Poste, Rue de la Poste; Hôt. de la Gare. — *Pensionen* s. S. 223.

CAFÉS. C. du Lac (Spatenbräu), Bellevue, am Quai; C. du Théâtre; Brasserie du Collège. — Cercle du Léman mit Lesesaal und aussichtsreichem Garten (freier Eintritt für Fremde). — Casino-Restaurant in Vevey-la-Tour. — *Delikatessen-Handlung:* Coindet, Rue des Deux-Marchés.

BADE- U. SCHWIMMANSTALT im See am ö. Ende der Stadt jenseit des Hôt. du Lac. — POST U. TELEGRAPH: Place de l'Ancien Port. — BANQUIERS: *Georg Glas*, Rue du Léman; *A. Cuénod-Churchill*, Place du Marché 21. — THEATER: Rue des Anciens-Fossés.

OMNIBUS vom Bahnhof zu den Gasthöfen 20 c., Koffer 10 c.; nach la Tour-de-Peilz 30 c., Koffer 15 c.; nach Chexbres von der Post aus 1 fr. (s. S. 198). — EINSPÄNNER die Fahrt in der Stadt 1½, Zweisp. 2 fr.; Zeitfahrten Einsp. ½ St. 1½, 1 St. 3 fr., jede ½ St. mehr 1 fr.; Zweisp. 2, 4 u. 1½ fr. Vom Bahnhof bis Montreux 7 fr.

ELEKTRISCHE TRAMBAHN vom Grand Hôtel de Vevey bis Chillon von 6½ U. Vm. ab alle 10 Min.; ganze Fahrzeit 59 Min., Fahrpreise 10-50 c. Haltestellen: *Vevey-Gare, Hôt. du Lac, Villa Thamine, Maladeyre, Clarens, Vernex, Kursaal, Territet, Chillon.*

BOOTE zu Fahrten auf dem See, stets am Quai und der Grande Place zu finden, ohne Ruderer die Stunde 1 fr., mit 1 Ruderer 2, mit 2 Ruderern 3 fr., Chillon mit 1 Rud. 6, mit 2 Rud. 10 fr.; ebensoviel nach St-Gingolph (S. 239); Meillerie (S. 239) mit 2 Rud. 12, mit 3 Rud. 15 fr.

DEUTSCHER PROTEST. GOTTESDIENST (Pastor *Heuser*) in der St. Martinskapelle, Rue du Panorama. — KATH. KIRCHE am ö. Ende der Stadt.

BUCH- U. KUNSTHANDLUNG, *Musikalien, Leihbibliothek* etc.: *B. Benda*, im Hôt. Monnet. — *Pianos* bei *Th. Ratzenberger* (auch in Montreux u. Bex).

*Vevey* (385m), deutsch *Vivis*, das *Vibiscus* der Römer, in schönster gesunder Lage, am Einfluß der mitunter ungestümen *Veveyse* in den See, ist der zweite Ort des Waadtlandes, mit 8144 Einw. Einen nicht geringen Theil seiner Berühmtheit verdankt es den Schriften J.-J. Rousseau's. Von der Landebrücke Vevey-Marché, neben dem neuen vielthürmigen *Schloß des Hrn. Couvreu* (schöner Garten mit südl. Pflanzenwuchs, Gärtner 1 fr. Trkg.), übersieht man den hauptsächlichsten Theil des Schauplatzes von Rousseau's Roman *„la nouvelle Héloïse"* (1761), der ein halbes Jahrhundert lang viele Herzen und Sinne erglühen machte: östl. La Tour de Peilz, Clarens, Montreux, Chillon; daneben Villeneuve und die Mündung der Rhone; im Hintergrund die hohen Walliser Alpen, die zackige schneebedeckte Dent du Midi, der Mont Velan, Nachbar des Großen St. Bernhard, und Mont Catogne (Pain de Sucre); am südl. See-Ufer die Steinbrüche von Meillerie, überragt von den Gipfeln der Dent d'Oche, weiter l. am Fuß des Grammont St-Gingolph (S. 239). *Quais Sina* u. *Perdonnet*, schöner vor dem Nordwind geschützter Spaziergang mit dem hübschen neuen *Kursaal*. Neues *Musée* nebst *École des Beaux-Arts*, Stiftung der Mme Jenisch. Nahe dem Bahnhof die *russische Kapelle* mit vergoldeter Kuppel; schrägüber die stattliche *Ecole des Jeunes Filles*. Am Ostende der Stadt die hübsche neue *kathol. Kirche*, goth. Stils, und die *engl. Kirche*. N. über der Stadt das *Krankenhaus*. Vevey hat bedeutende Tabakfabriken; berühmt ist auch die große Nestle'sche Kindermehl-Fabrik.

Die 1498 erb. ST. MARTINSKIRCHE mit dem Kirchhof, außerhalb der Stadt, auf einem Hügel (*„la Terrasse du Panorama"*) in Weinbergen, von alten Linden und Kastanien umgeben, mit prächtiger Aussicht (zur Orientierung ist ein steinerner *„Indicateur des Montagnes"* aufgestellt), wird nur im Sommer zum Gottesdienst benutzt.

In ihr liegen die Engländer *Ludlow* und *Broughton* begraben, die in dem Gericht gesessen hatten, welches unter Cromwell 1648 den König Karl I. von England zum Tode verurtheilte. Die Marmortafel mit lateinischer Inschrift wurde ihnen 1683 errichtet (neue Gedenktafel am Quai). Vorzügliche Orgel (während der Saison Orgelconcerte).

Der am See aus Bäumen hervorblickende Thurm, ö. von Vevey, *la Tour-de-Peilz (Turris Peliana)*, angeblich im XIII. Jahrh. von Peter von Savoyen erbaut, hieß ehedem Reichsgerichtsthurm und wurde später als Gefängnis benutzt. Im angrenzenden Schloß hat die Familie Sarasin eine Sammlung alter Waffen.

***Schloß Hauteville**, 3/4 St. n.ö. von Vevey (neue Straße oben aus der Stadt am Hôt. Mooser vorbei), vortrefflich gehaltener Park, schöne Aussicht von der Terrasse und vom Tempel. In derselben Richtung 3/4 St. höher das alterthümliche Schloß **Blonay**, seit Jahrhunderten im Besitz der Familie dieses Namens. Der Fahrweg von Hauteville nach Blonay führt durch die Dörfer *St-Légier* (s. unten) und *la Chiésaz*, an deren Häusern zahlreiche humoristische Skizzen des von hier gebürtigen Pariser Malers A. Béguin. Zurück kann man hinter der Brücke r. ab bis auf den nächsten tiefer liegenden Fahrweg und auf diesem fort nach (20 Min.) *Chailly* (S. 224) und zu der (20 Min.) Brücke von *Tavel*, unterhalb des *Château des Crêtes* (s. unten) gehen, 5 Min. vom Bahnhof Clarens. — 1 St. n.ö. von Blonay die **Pléiades** (1365m), mit berühmter Aussicht (1/4 St. unterhalb des Gipfels ein Chalet-Restaurant). Am ö. Fuß, 3/4 St. vom Gipfel, liegt das einf. kleine Schwefelbad *l'Alliaz* (1040m; Pens. 4-5 fr.).

Von Vevey nach *Freiburg* s. R. 62; über den *Jaman* nach *Château-d'Oex* S. 235. — Lohnender Ausflug nach *St-Gingolph* (Boot in 1 1/2 St.), von da zu Fuss im Morgethal aufwärts nach *Novel* und auf den *Blanchard* (S. 240). In St-Gingolph und Novel sehr einfache Whsr., Proviant daher besser von Vevey mitnehmen.

Am See breitet sich, 1 St. von Vevey, das von Rousseau so sentimental geschilderte schöne Dorf **Clarens** aus; am w. Ende ein 1/4 St. l. Quai mit Platanen-Allee. Auf einem Vorsprung w. das **Château des Crêtes* (crêtes = Hügel), früher häufig im Sommer von Gambetta bewohnt, mit hübschen Anlagen und herrlicher Aussicht von der Terrasse (Zutritt gestattet), dabei ein Kastanienwäldchen (nach Rousseau's Roman „*Bosquet de Julie*" genannt); unten am See das bunte Dubochet'sche Villendörfchen (s. unten). Hier beginnt die an schönen Spaziergängen reiche, hügelige Wiesenlandschaft, die sich über Blonay hinaus bis zum Fuß der Pléiades hinzieht. Oberhalb Clarens beim *Friedhof* prächtige Aussicht; 1/4 St. n. bei *Tavel* das alte Schloß *Châtelard*. Zwischen Clarens und *Vernex* die neue *deutsche evang. Kirche*, roman. Stils (s. unten). Am Bahnhof die stattliche *Ecole primaire*.

An dieser s.ö. Bucht des Genfer Sees befinden sich zahlreiche PENSIONEN (vgl. Einl. III). Die bekanntesten sind:

In **Vevey**: **H.-P. du Château* (s. S. 221); **P. du Panorama*, mit Garten u. Aussicht, auch einzelnen Damen zu empfehlen; *P. Maillard*; **H.-P. Mooser* (80 Z.) in Chemenin, 10 Min. oberhalb Vevey, herrliche Aussicht, 6-10 fr. In St-Légier: *P. Béguin*. — Bei Vevey, zu la Tour-de-Peilz: **P. Comte*; **P. des Alpes*.

Vor **Clarens**, zu Basset: **P. Ketterer*, in geschützter Lage (6-8 fr.). Hier beginnt der gegen die kalten Nordwinde (Bise) geschützte Theil des Sees, der sich bis Veytaux erstreckt und allein Brustleidenden für den Winter zu empfehlen ist. Die bunte Villenanlage r. vor Clarens (22 Villen), von Hrn. Dubochet aus Paris († 1877) mit einem Aufwand von 2 1/2 Mill. fr. erbaut und eingerichtet, gehört jetzt mit dem Château des Crêtes der Mad. Arnaud in Paris; die vollständig möblirten Häuser werden zum Preise von 4000-8000 fr.

jährl. vermiethet (Bedingungen beim Régisseur, Villa No. 6). In Clarens: l. *P. Beausite;* r. **P. Verte-Rive* (5–7 fr.); l. *P. Moser* (5 fr.); r. **H. Roth*, mit Garten am See. Am Bahnhof: **H.-P. des Crêtes* (5–6 fr.); **H.-P. du Châtelard* oder *Marmier* (6 fr., gute Küche). — In Chailly (480m), 20 Min. oberhalb Clarens, **P. Mury* mit hübschem Garten; in Brent (570m), $^1/_2$ St. über Chailly, *P. Dufour*, klein u. ruhig. In Charnex (576m), $^1/_2$ St. über Clarens, *P. Dufour-Cochard* (5 fr., wird gelobt). Zwischen Clarens und Vernex (alle am See): **H. Roy*, mit schönem Garten; **P. Germann; P. Clarentia; P. Richelieu* (5–8 fr.), gegenüber der engl. Kirche; **P. Lorius*, drei Häuser (6 fr. u. höher), mit schönem Garten am See, bei der deutschen evang. Kirche (s. oben; Pastor der deutschen Gemeinde, Hr. Herzog-Hofmann in Clarens). — *Erholungshaus des Frauen-Zweigvereins* (2–6 fr.).

In **Montreux-Vernex**: l. vom Landeplatz der **Schwan (Cygne)*, Z. u. B. $3^1/_2$-6, F. $1^1/_2$, M. 4, Pens. 6-8 fr.; **P. Pilivet;* r. **H.-P. Monney* ($5^1/_2$–$8^1/_2$ fr.); **H.-P. Beau-Séjour au lac* (daneben eine Bade-Anstalt mit warmen und kalten Bädern); *P. Bon-Accueil*, diese alle am See; *H.-P. Suisse* ($5^1/_2$ fr.), l. der Straße, mit Garten am See; *P. Beaulieu*. Am Bahnhof (gegenüber große *Mineralwasser-Trinkanstalt*): *H.-P. Bellevue* ($5^1/_2$–8 fr.); *H. Victoria; H. de la Gare; H. de la Poste; P. Buret*. Am Dampfbootlandeplatz: **H.-Restaur. Tonhalle*, für einzelne Herren, nicht theuer. — Die Taxe für den Kursaal, welche die Hotels in Montreux in Rechnung stellen, weise man bei Nichtbesuch desselben zurück. — Delicatessen bei *Méautis*. Bier in der *Tonhalle*, im *Café des Alpes* (beide am Dampfbootlandeplatz) und bei *Marguet; Obermeyer*, beim Kursaal. — Bazar *Wanner*, reichhaltig u. gut ausgestattet. — Fremdenbureau im Collège, Parterre r. — Deutsche Apotheke bei *Schmidt*. — Buchhandlung bei *Benda* (in Clarens bei *Meyer*); Lesecabinet bei *Benda* und *Gottsleben*.

Weiter s. am See, in Bonport, an der Straße nach Territet (r. der *Kursaal*, s. unten, Eintritt für Nicht-Abonnenten tägl. 1 fr., Abonnement für 1 Person wöchentlich 3 fr., monatlich 10, 3 Monate 20 fr.). R. *H.-Rest. du Leman;* l. **H. de Paris;* r. **P. des Palmiers;* l. **H. National*, mit Gartenterrasse hoch über dem See und neuer Dependance r. an der Straße (7–10 fr.); r. **H.-P. Beaurivage (Spickner)*, **H.-P. Breuer*, beide mit Garten am See; **H.-P. Bonport;* diese vier 10 Min. von Stat. Montreux-Vernex, 5 Min. von Stat. Territet-Glion, mit schöner Aussicht. — Im Dorf Montreux, 10 Min. vom See und Bahnhof: **P. Visinand* (die älteste in Montreux); **P. Brun-Monnet* (anc. *P. Mooser*, 5–6 fr.); *P. Biensis; P. Vautier* (7–8 fr.); alle mit schöner Aussicht.

In Territet (ö. von Stat. Territet-Glion): **Grand Hôtel des Alpes* (P. $7^1/_2$–15 fr.), großartiges Etablissement mit schönen Sälen, Kaltwasserheilanstalt und Terrassenanlage am See, mit herrlicher Aussicht; im Garten eine möblirte Villa, deren 2 Stockwerke an Familien vermiethet werden. Dem gleichen Besitzer gehörig: **H. Montfleuri*, hoch u. schön gelegen, mit Park u. Wald, Pens. 6–8 fr. — L. **H. du Lac*, nicht theuer; **H. d'Angleterre;* r. **P. Mounoud* (5–6 fr.); **P. Boand*.

In **Veytaux**: **H. Bonivard*, Z. L. B. von 3 fr. an; **H.-P. Masson* (5–7 fr.), nebenan eine Villa zum Vermiethen an Familien; *P. Villa Clos-de-Grandchamp; P. Chillon*, beim Schloß. — Zwischen Chillon und Villeneuve: **H. Byron*, großes Haus in schöner Lage (Omnibus am Bahnhof Villeneuve, S. 226), Pens. 6–9 fr.

In **Glion** (724m; Drahtseilbahn s. unten), in gesunder prächtiger Lage: **H. Righi Vaudois* (Heimberg, 8–12 fr.); **H.-P. Victoria* ($8^1/_2$–10 fr.); **H. du Midi*, **H. Glion* (6 fr.), mit Garten, *H. Bellevue* und einige andere billige Pensionshäuser, im Winter meist geschlossen.

Die meisten dieser Häuser nehmen auch Passanten zu den gewöhnlichen Hotelpreisen auf, doch pflegt es im Herbst sehr voll zu sein. Auch Privatwohnungen mit oder ohne Pension sind zahlreich vorhanden. Die Traubenkur beginnt gewöhnlich Ende September und pflegt 4 Wochen zu dauern. — *Aigle* (S. 228) und *Bex* (S. 229) sind gleichfalls als Pensionsorte besucht. Im hohen Sommer, wenn die Hitze am See und im Rhonethal zu groß wird, pflegen die Pensionen in *Château-d'Oex* (S. 236), in *Ormont-dessus* (S. 233), *Villars* (S. 228) etc. aufgesucht zu werden. Aehnliche Pensionen sind auch zu *Genf*, s. S. 204.

Gesammtname aller der theils am See, theils an oder in den Bergen gelegenen Dörfer (*Clarens, Vernex, Crin, Sâles, Bonport, Territet, Colonges, Veytaux, Chillon, Charnex, Sonzier, Glion* etc.)

ist **Montreux.** Der Kreis oder das Kirchspiel Montreux, bis an die Dent de Jaman reichend, umfaßt drei Gemeinden, *le Châtelard*, *les Planches* und *Veytaux*, durch den Bach (Baie) von Montreux und die Veraye von einander getrennt (zus. 10696 Einw.). Den Mittelpunkt am See, mit Bahnhof und Dampfbootlandeplatz, bildet die größere Häusergruppe *Montreux-Vernex;* 5 Min. vom s. Ende der *Kursaal* (Eintr. s. oben; Nachm. Concert) mit hübschen Gartenanlagen, gegenüber die neue *kath. Kirche* im roman. Stil. 8 Min. weiter aufwärts am Fuß des Gebirges das *Kirchdorf Montreux*, durch die aus der Gorge du Chaudron (s. unten) kommende *Baie de Montreux* in die Dörfer w. *Sâles*, ö. *les Planches* getheilt, die durch eine stattliche 30m h. Brücke, den **Pont de Montreux*, verbunden sind. Ö. gleich oberhalb les Planches ragt die alterthümliche, neuerdings restaurirte *Pfarrkirche* hervor; von der schattigen Terrasse vor derselben berühmte *Aussicht über den See von der Mündung der Rhone bis weit über Lausanne hinaus (Orientierungstafel).

Ausflüge von Montreux (elektrische Straßenbahn von Chillon bis Vevey, S. 222). Nach ***Glion** (724m), mit prächtigem Blick auf den Genfer See (Hôtels s. oben), Drahtseil-Zahnradbahn (Abfahrt von der Westbahn-Station Territet-Glion) in 7 Min.; tägl. 21 Züge, Fahrpreis 1 fr., hin und zurück $1^1/_2$ fr. Die Bahn, nach dem Muster der Gießbachbahn (S. 168) von Riggenbach erbaut, aber weit steiler, ist 680m lang; Steigung bis $57^0/_0$ (1 : $1^3/_4$). Oben *Buffet* mit Aussichtsterrasse; daneben der Garten des Hôtel Righi Vaudois, mit entzückendem Blick auf das obere Ende des Genfer Sees und die es umschließenden Berge, im Mittelgrunde die schneebedeckte Dent du Midi. Sehenswerth der schöne Garten der *Villa Nestle* (Eintritt gestattet). Lohnender Rückweg durch die *Gorge du Chaudron* (s. unten), 1 St. bis Dorf Montreux (man lasse sich den Anfang des Weges zeigen); oder über *Montfleuri* (S. 224). Von Glion auf den *Mont Caux* (1200m), neue Fahrstraße, $1^1/_4$ St. bequem ($^1/_4$ St. unterhalb des Gipfels Restaur., großes Hôtel im Bau); die Drahtseilbahn soll über den Mont Caux bis zum Gipfel der Rochers de Naye (s. unten) weitergeführt werden. — ***Gorge du Chaudron,** bewaldete, von der *Baie de Montreux* (s. oben) durchströmte Schlucht mit Felsgruppen und Wasserfällen; von der Brücke von Montreux (s. oben) hin und zurück 1 St., über Glion zurück 2 St. — Von Chillon über *Champ-Babau* nach (1 St.) *Veytaux* (s. oben). — ***Rochers de Naye** (2044m), 4-5 St. (zurück 3 St.). Bequemster Weg hinauf über Glion, den *Mont Caux* und *Chamosallaz* (Erfr. im untern u. obern Chalet); ein andrer Weg über den bewaldeten Kamm des *Mont Sonchaud* (Führer angenehm); ein dritter von les Avants ($3^1/_2$ St., s. unten). Vom Gipfel umfassende Aussicht auf die ganze Kette der Berner, Walliser und Savoyer Gebirge, Montblanc nur zum Theil sichtbar (gutes Panorama von Imfeld). — **Les Avants** (985m; **Hôt. des Avants*, Pens. im Sommer 6-12, im Winter 6-10 fr.), zu Wagen über *Charnex* und *Chaulin* in 1 St. 40 Min. (Omnibus vom 15. April bis 15. Oct. vom Bahnhof Montreux 9 U. Vm. in 1 St. 50 Min., zurück 4 U. Nm. in $^3/_4$ St., Fahrpreis bergan 3, abwärts 2, hin und zurück 4 fr.; Einsp. 12, Zweisp. 18 fr.), zu Fuß über *Sonzier* in $1^1/_2$ St., von Glion durch die Chaudronschlucht in 1 St. 40 Min., in reizender Lage, als Sommer- und Winteraufenthalt besucht; Ausgangspunkt für *Mont Cubli* (1075m), mit reizender Aussicht, 1 St.; *Dent de Jaman* (1879m), über den *Col de Jaman* (S. 235) in $2^1/_2$ St.; *Rochers de Naye* (s. oben), $3^1/_2$ St.; den *Col de Jaman* (Fahrstraße im Bau, s. S. 235), etc. — Ueber *Charnex* und *Chaulin* nach den *Bains de l'Alliaz* (1040m) und auf die *Pléiades* (1365m), zurück über *Blonay* (S. 223), 6 St. — Ueber Aigle nach den *Ormonts* s. R. 67. — Nach *Villars* s. S. 228. — Auf den *Grammont* s. S. 240. — *Pissevache* und *Gorges du Trient* (S. 230, 231), mit der Eisenbahn leicht in einem Tage hin und zurück.

Stat. *Territet-Chillon* (*H. des Alpes etc.; s. S. 224). — ***Schloß Chillon,** mit seinen starken Mauern und Thürmen an die Pfalz im

Rhein erinnernd, $^1/_4$ St. ö. (von der Eisenbahnstation Territet-Glion $^1/_4$ St., von Stat. Veytaux-Chillon 5 Min. entfernt), steigt auf einem Felsblock aus dem hier an 80m tiefen See auf. Ueber den 20m breiten, jetzt trockenen Graben, der es vom Ufer trennt, führt eine Brücke. Ueber der Eingangsthür (Eintr. 1 fr.) ist das Wappen der Waadt angemalt. Die Säle mit ihren alten Holzdecken, die unterird. Gewölbe mit ihren Pfeilern und Bogen und die Erinnerungen, welche sich aus der Zeit der Savoyer Herzoge an diese Mauern knüpfen, machen den Besuch interessant, besonders gegen Abend, wenn die untergehende Sonne ihre Strahlen durch die engen Schießscharten in die tiefen Gewölbehallen wirft. Morgens ist's fast immer dunkel darin. An den Pfeilern sieht man Tausende von Namen, darunter *Byron*, *Eugène Sue*, *George Sand*, *Victor Hugo* u. a.

Urkundlich steht fest, dass schon im Jahr 830 Ludwig der Fromme den Abt Wala von Corvey, der seine Söhne gegen ihn aufwiegelte, in ein Schloß einsperren ließ, in welchem man nur den Himmel, die Alpen und den Leman sehen konnte (*Pertz mon. II. p. 556*), ohne allen Zweifel Schloß Chillon. Die jetzige trotzige und malerische Gestalt erhielt Chillon, „das anschnlich Schloß und Fürstlich Hauss Zylium, ein gar wohl bewahret Hauss", wie *Merian* 1656 es nennt, im XIII. Jahrh. durch Graf Peter von Savoyen. Die starken Pfeiler in den (goth.) Gewölben zeigen den ältern roman. Baustil und gehören dem alten Schloß an. Die Grafen von Savoyen bewohnten es häufig, später diente es als Staatsgefängniß, seit 1798 auch als Zeug- und Militärstrafhaus. — Mancher Genfer mußte die freie Rede und das Streben, das savoyische Joch abzuschütteln, in diesen Mauern büßen, zuletzt *Bonivard*, der Prior zu St-Victor zu Genf, den 1530 der Herzog in den tiefsten Kerker des Schlosses werfen und mit einem Ring, der heute noch vorhanden ist, an den Pfeiler schmieden ließ. So weit seine Schritte reichten, sind, ebenfalls heute noch sichtbar, die Steinplatten abgetreten. Als 1536 Genf und die Waadt sich von Savoyen trennten, hielt Chillon am längsten, wurde aber zuletzt von den Bernern, zu Wasser von Genfer Booten unterstützt, genommen, und Bonivard mit den andern Gefangenen befreit. Bonivard starb 1570 im vierundsiebzigsten Lebensjahre zu Genf. Vgl. *Byron's Gefangenen von Chillon*, 1817 im Anker zu Ouchy (S. 218) gedichtet.

Zwischen Chillon und Villeneuve das stattliche *Hôtel Byron* (S. 224). Die 8 Min. w. von Villeneuve entfernte ummauerte 30 Schr. l., 20 Schr. br. **Ile de la Paix**, vor 100 Jahren von einer Dame angelegt und mit drei Ulmen bepflanzt, gewährt eine volle Rundsicht.

In der ö. Bucht des Sees, $^1/_2$ St. von Chillon, liegt **Villeneuve** (**Hôt. du Port*, am Landeplatz; **Hôt. de Ville*), kleine von einer Mauer umgebene Stadt, der Römer *Pennilucus* oder *Penneloci* (Eisenbahn-Station, s. unten). „Clos des Moines", guter Wein.

Fußweg über den *Col de la Tinière* (1628m) nach Montbovon (S. 235) in $4^1/_2$ St., nach Château-d'Oex (S. 236) in 6 St.

---

Eisenbahnfahrt. *Genf* s. S. 203. Die Bahn führt hoch über dem See hin, mit reizenden Blicken auf die Hügel am ö. Ufer mit ihren zahlreichen Landhäusern, darüber bei klarer Luft der Montblanc. 4km *Chambésy*; 6km *Genthod-Bellevue*; 9km *Versoix* (S. 216); 14km *Coppet* (S. 216). Bei (18km) *Céligny* wird l. die *Dôle* (S. 217) sichtbar. Hinter (23km) *Nyon* (S. 217) streift die Bahn *Prangins* mit seinem Schloß (S. 217) und entfernt sich dann vom See.

Der Landstrich zwischen der *Promenthouse*, welche die Bahn

vor (28km) *Gland* überschreitet, und der Aubonne (s. unten) heißt *la Côte*, bekannt durch den hier wachsenden Wein. 32km *Gilly-Bursinel;* 35km **Rolle** (S. 218). Die Höhe weiter l. ist der berühmte Aussichtspunkt, das *Signal de Bougy*, von Rolle oder der nächsten Station (40km) *Aubonne-Allaman* leicht zu erreichen (vgl. S. 218).

Die Bahn überschreitet die *Aubonne* und tritt wieder näher an den See. 45km *St-Prex*, der Ort r. unten auf einer in den See vortretenden Landzunge. Bei (49m) **Morges** (S. 218, Bahnhof 8 Min. vom Dampfboot-Landeplatz) zeigt sich s. bei klarer Luft der Montblanc in seiner ganzen Schönheit, verschwindet aber bald wieder. N.w. in der Ferne über dem Thal der *Morges*, welches die Bahn hier überschreitet. Schloß *Vufflens* (S. 218).

Die Bahn verläßt den See, überschreitet die *Venoge* und vereinigt sich mit der Neuchâteller Bahn (S. 197). — 57km *Renens.*

61km **Lausanne** (454m; *Bahnrestaur.*), s. S. 219.

Von Lausanne bis Villeneuve bleibt die Bahn meist am See (rechts sitzen); l. zweigt die Bahn nach Freiburg ab (S. 200). Unsre Bahn überschreitet auf großem Viadukt die *Paudèze* (l. oben der Viadukt der Freiburger Bahn, S. 200), geht durch einen kl. Tunnel und zieht sich dann an den S. 221 gen. Weingeländen *la Vaux* hin. Vor (67km) *Lutry* wieder ein kurzer Tunnel.

Von (70km) *Cully* bis (75km) *Rivaz-St-Saphorin* (S. 221) läuft die Bahn dicht am See hin, entfernt sich dann vom See und überschreitet die *Veveyse.* 80km **Vevey** (S. 221); 81km *la Tour-de-Peilz* (S. 223); 83km *Burier.* Vor (85km) *Clarens* (S. 223) ein Tunnel; bei der Ausfahrt Aussicht auf Montreux, Chillon und die schöne östl. Bucht des Sees.

86km **Montreux-Vernex** (S. 224). Die Bahn bleibt nun wieder dem See nah. — 88km *Territet-Glion* (Café-Restaur. u. kl. Bazar) gleich oberhalb der Dampfbootstation Territet-Chillon (S. 225), Abfahrtsort der Drahtseilbahn nach *Glion* (S. 225); dann (89km) *Veytaux-Chillon*, 5 Min. vom Schloß Chillon (S. 225).

91km **Villeneuve**, s. S. 226. Die Bahn geht hinter dem schmalen Ort her und tritt in das breite, auf beiden Seiten von hohen Bergketten eingeschlossene *Rhonethal.* Die Rhone mündet 5km w., bei Bouveret (S. 240), in den See, ihr grauschwarzes Wasser, welches durch seinen Schlamm und seine Geschiebe im Lauf der Jahrtausende große sumpfige Ablagerungen gebildet hat, steht im entschiedenen Gegensatz zu dem azurblauen krystallhellen Strom, der in Genf durch die Brücken schießt.

Die erste Stat. im Rhonethal ist (95km) *Roche.* Hier lebte 1758-64 Albrecht v. Haller († 1777) als Salinendirektor von Bex. Bei dem l. gelegenen *Yvorne* (Krone) stürzte 1584 in Folge eines Erdbebens ein Theil des Berges über dem Dorf zusammen. In der Schlucht wächst jetzt ein ausgezeichneter Wein („Crosex-Grillé" und „Maison blanche" oder „Clos du Rocher", beste Sorten). R. die schneebedeckte gezackte *Dent du Midi* (S. 241).

15*

101km **Aigle.** — Gasth.: *Grand-Hôtel, 1/2 St. oberhalb Aigle schön gelegen, mit Wasserheilanstalt u. großem Park, gut gehalten und zu längerm Aufenthalt zu empfehlen, Z. L. B. 31/2, M. 4, Pens. 6-10 fr. — *Pens. Beau-Site am Bahnhof; *Victoria, der Post gegenüber, mit Dépendance u. Garten, nicht theuer; H. du Midi u. H. du Nord, beide bürgerlich; *Bier* dem Bahnhof gegenüber.

*Aigle* (419m), deutsch *Aelen*, ist ein hübsch gelegenes Städtchen (3555 E.) mit großem Schloß, an der wilden *Grande-Eau* (S. 234).

1/2 St. ö. der *Plantour* (489m), ein bewaldeter Hügel mit 20m h. Thurm röm. Ursprungs, Anlagen und reizenden Aussichten. Vergl. Karte S. 232.

31/4 St. ö. oberhalb Aigle, 21/2 von Ollon (s. unten), am Bergabhang hoch über dem r. Rhoneufer liegt Villars, wo einige stark besuchte Pensionen (am bequemsten von Aigle zu erreichen, weil Ollon fast eben so weit von der Stat. Ollon-St-Triphon liegt, wie von Aigle: letzteres bietet auch weit bessere Unterkunft und Fuhrwerk: Einsp. nach Villars 15, Zweisp. 30, abwärts 25 fr. u. Tkg., Fahrzeit aufwärts 3, abwärts 11/2 St.; auch Post tägl. 31/2 U. Nm. in 41/2 St., von Villars zurück 8.20 Vm. in 2 St. 10 Min.; 3 fr. 75 c.). Von Aigle bis (3/4 St.) *Ollon* (H. de Ville, dürftig) gute, zum Theil schattige Landstraße; von Ollon nach Villars führt eine aussichtsreiche Fahrstraße in vielen Windungen hinauf. Fußgänger wählen den schattigen, aber zum Theil steilen alten Weg, gleich oberhalb Ollon von der Fahrstraße l. ab; nach 2 Min., wo der Weg sich theilt, ganz r.; 40 Min. *la Pousaz*, mitten im Dörfchen bei dem zweiten Brunnen l. bergan (nicht geradeaus). Weiter nicht zu verfehlen. 35 M. *Huemoz* (1008m), sehr anmuthig gelegen; 40 Min. *Chesières* (1210m; *H. du Chamossaire, nicht theuer) mit schönster Aussicht; 20 Min. **Villars** (1270m; **H.-P. Breuer*, Z. u. B. 2, F. 11/4, M. 31/2, A. 21/2, Pens. 7-9 fr.; einige Min. weiter **Gr. Hôt. Muveran*, viel Franzosen, Pens. 7-20 fr.; etwas höher **H.-P. Bellevue*, Deutschen zu empfehlen, Pens. 6-8 fr.). Post u. Telegr.-Bureau; Bäder (auch Soolbäder) etc. Reizende parkähnliche Umgebung mit vielen Ruhebänken an allen Aussichtspunkten u. schattigen Plätzen; milde stärkende Bergluft (kein Nord- u. Ostwind). Herrliche Aussicht auf einen Theil der Diablerets, Grand und Petit Mœveran, Dent aux Favres, Tête Noire, Dent de Morcles, die nördl. Montblanc-Gruppe mit dem Glacier de Trient, Dent du Midi, Rhonethal etc. Hauptausflug auf den ***Chamossaire** (2118m), 3 St., Führer unnöthig. Karrenweg bis zu den Hütten von *Bretaye* (1809m), 1 St. unterhalb des Gipfels. Zu diesem steigt man kurz vor Bretaye, wo man sich die Richtung zeigen lassen kann, l. hinan (Steinsignal). Höchst malerische Rundsicht, namentl. auf Ormontthal, Berner Alpen, Weisshorn, Diablerets, Grand Mœveran, Dent de Morcles, Montblanc, Dent du Midi und Rhonethal. — Von Bretaye gelangt man an den kleinen Seen *des Chalets*, *Noir* und **des Chavonnes* vorbei auf theilweise schlechten Wegen nach (2 St.) *la Forclaz* (1263m), dann über die *Grande-Eau* nach (1/2 St.) *le Sepey* (S. 233). Rückweg entweder noch am selben Tage zu Wagen nach Aigle und zu Fuß nach Villars oder am folgenden Tage über *au Pont*, *Plambuit* und *Chesières* (s. oben). — Kleinere Ausflüge von Villars: nach *les Closalets* (1/4 St.), Aussichtspunkt mit prächtigem Blick in das Rhonethal und auf den Montblanc; über *Chesières* und *les Ecovets* nach *Panex* oder *Plambuit* (2 St., Pferd 10 fr.); über Chesières auf die *Montagne de la Truche*, mit herrlicher Aussicht (11/4 St.); etc. — Von Villars über den *Col de la Croix* nach (4 St.) *Ormont-dessus* s. S. 233; Führer (6 fr.) unnöthig, man lasse sich den Anfang des Weges zeigen. — Von Villars über *Arveye* nach *Gryon* (S. 233, 237) 1 St., nach *les Plans* (S. 229) 4 St.

Ein Fahrweg (Einsp. 8, Zweisp. 15 fr.) führt von Aigle n.w. über *Yvorne* (s. oben) nach (2 St.) **Corbeyrier** (986m; *Hot.-Pens. Dubuis*, 5 fr.), in aussichtreicher geschützter Lage. Vom *Signal* (1/4 St.) Aussicht über das Rhonethal von St-Maurice bis Lausanne; umfassender noch, besonders auch auf Tour Sallières und Dent du Midi, von den *Agittes* (1523m; Reitweg, 11/2 St.). — *Tour de Mayen* (2323m), von Corbeyrier über die Alpen *Luan* und *Aï* in 31/2-4 St. m. F., lohnend; *Tour d'Aï* (2383m), 31/2 St., schwierige Kletterpartie, nur für Schwindelfreie.

Von Aigle nach den Ormonts (S. 233) sehr lohnender Ausflug (Einsp. bis Sepey 10, Ormont-dessus 15 fr. u. 1 fr. Trinkg.; Post bis Sepey tägl. in

2¼ St., bis Ormont-dessus in 5½ St.; vgl. S. 232). Lohnend auch der Fußweg von Aigle über *Leysin* (1264m) nach (3½ St.) Sepey (vgl. S. 233; namentlich als Rückweg zu empfehlen).

Zwischen Aigle und (105km) *Ollon-St-Triphon* l. der *Plantour*, ein bewaldeter Hügel mit altem Thurm (s. S. 228). Das Dorf *St-Triphon* liegt am Südabhang des Hügels 20 Min. von der Bahn, *Ollon* 20 Min. höher n.ö. (nach *Villars*, 2½ St., s. oben).

109km **Bex**. — Gasth.: *Gr.-H. des Salines, mit Sool-, Douche- u. a. Bädern und gut eingerichteter Kaltwasserheilanstalt, in schöner, gegen Nordwinde geschützter Lage, 40 Min. vom Bahnhof, für längern Aufenthalt zu empfehlen (im August fast ausschließlich von Franzosen besetzt), Z. L. B. 3½-5, M. 4-5, Pens. 6-12 fr.; dabei *H.-P. Villa des Bains; im Dorf *Union, nicht theuer, deutscher Wirth; *Gr.-H. des Bains; *H.-P. des Alpes, Pens. 4½-5 fr.; *P. du Crochet.

*Bex* (sprich *Bē*; 435m), Flecken von 4420 Einw. in reizender Lage am *Avançon*, ist reich an wohlunterhaltenen Spaziergängen und im Frühjahr, sowie im Herbst zur Traubenkur stark besucht (der Bahnhof ist ¼ St. vom Ort entfernt; Omnibus 50 c.).

Hübsche Aussicht von dem Hügel *le Montet* (692m), n. von Bex (½ St.), vom *Buet* und von der *Tour de Duin*, Burgtrümmern auf einem bewaldeten Hügel ¾ St. s.ö. — 1 St. n.ö. die ansehnlichen **Salinen** *Dévens* und *Bévieux*, wohin eine meist schattige, sanft ansteigende Straße führt. Die Besichtigung dieser Werke nimmt einen halben Tag in Anspruch (F. 5 fr.). Man fährt gewöhnlich nach Dévens, besieht die Salinen und steigt dann zu dem Stollen (*le souterrain*), in dessen Innerm der salzhaltige Thonschiefer mittelst Süßwasser ausgelaugt wird. Die 27° starke Soole wird gleich versotten. Hinter den Salinen im Walde zwei mächtige Findlingsblöcke.

O. führt von Bex eine Fahrstraße am l. Ufer des Avançon nach (1¼ St.) *Frenières* (858m; Pens. Giroud) und (¾ St.) **les Plans** (1101m; Pens.: *de l'Argentine*, M. 2½ fr.; **Bernard*, **Marletaz*, beide einf., 5-7 fr.), in der einsamen *Vallée des Plans*, Mittelpunkt lohnender Ausflüge, z. B. zum (½ St.) *Pont de Nant* (1253m; Restaur.), mit Aussicht auf die Gletscher der Dent de Morcles; *Croix de Javernaz* (2106m), 3 St. (s. unten); *Glacier de Plan-Névé*, 3 St.; *Argentine* (2433m), 4 St.; **Dent de Morcles* (2980m), mit großartiger Aussicht auf Montblanc und Walliser Alpen, über *Nant* und den *Glac. des Martinets* in 7 St. (Abstieg nach Morcles, s. unten, 3½ St.); *Tête à Pierre-Grept* (2910m), 7 St.; *Grand Mœveran* (3061m), über *Frête de Sailles* (2599m; Paß nach dem Rhonethal zwischen Gr. und Pet. Mœveran), 7 St.; nach *Anzeindaz* (S. 237) über den *Col des Essets* (2039m), 4 St., etc. Führer *Philippe Marletaz*, *Charles* und *Jules Veillon*, *Alexis Moreillon* in les Plans.

Von Bex nach *Gryon* und über den *Pas de Cheville* nach *Sion*, s. R. 69. Nach *Chesières* und *Villars* (über *Dévens* in 3 St.) s. oben.

Die Bahn überschreitet den Avançon, dann die *Rhone*, vereinigt sich mit der Bahn des l. Ufers (S. 242) und führt durch einen gekrümmten Tunnel nach

114km **St-Maurice** (420m; Gasth.: **H.-P. Grisogono*, am Bahnhof, mit der *Bahnhofs-Restauration* verbunden; *Ecu du Valais*; **H. des Alpes*, nicht theuer; *H. de la Dent du Midi*, nicht besonders), altes Städtchen (1666 Einw.) in malerischer Lage auf einem Dreieck Land zwischen Fluß und Felswand, das *Agaunum* der Römer. Seinen heutigen Namen soll es vom h. Mauritius, dem Anführer der Thebaischen Legion, haben, den die Sage hier im J. 302 mit seinen Gefährten den Märtyrertod sterben läßt (bei der Chap. de Veroilley, s. unten). Die Abtei, jetzt von Augustiner-Chorherren bewohnt, wohl das älteste Kloster diesseit der Alpen, soll Ende des IV. Jahrh. vom h. Theodor gegründ-

worden sein. Merkwürdig sind einige alte Kunstwerke, ein Gefäß von saracenischer Arbeit, ein goldner Bischofsstab, ein Kelch aus Achat, ein andrer Kelch von der Königin Bertha, ein reiches Evangelienbuch, angeblich Geschenke Karls d. Gr. (nur auf besondre Empfehlung zugänglich). An der Kirchhofsmauer und dem Thurm der uralten Klosterkirche röm. Inschriften. — W. vom Bahnhof in halber Höhe der scheinbar unzugänglichen Felswand die Einsiedelei *Notre-Dame-du-Sex* (Sax = Fels), zu welcher ein in den Fels gehauener Fußpfad führt. Weiter n. oberhalb der Tunnelmündung die *Grotte aux fées*, eine sehenswerthe Tropfsteinhöhle, an deren Ende ein See mit Wasserfall, der gegen Trkg. bengalisch beleuchtet wird (15 Min. vom Bahnhof, Karten und Führer im alten Schloß).

Bei den abwärts fahrenden Zügen ist in St-Maurice Wagenwechsel für Bouveret, von wo mit Anschluß an die Eisenbahn Dampfboote abfahren; für nicht eilige Reisende eine angenehme Abwechselung. Vgl. S. 215, 238.

Die **Bäder von Lavey** (420m), am r. Rhoneufer 1/2 St. oberhalb St-Maurice, werden viel besucht (**Hôtel*, M. 3 1/2, A. 2 3/4 fr., Omnibus 75 c.). Die 1831 entdeckte schwefel- und kochsalzhaltige Quelle (30° R.) entspringt 5 Min. vom Hôtel in einer holzgedeckten Trinkhalle. — Ö. führt 1/4 St. s. von den Bädern ein Fahrsträßchen (Einsp. 11 fr.) in vielen Windungen durch Wald ansteigend nach (2 1/2 St.) **Morcles** (1165m; *Pens. Cheseaux*), am Fuß der Dent de Morcles hübsch gelegen; w. 1/4 St. höher in *Rigi Dailly* (1265m) die empfehlenswerthe *Pens. Perrochon* (5 fr. tägl.) mit reizender Aussicht. Von Morcles auf die *Croix de Javernaz* (2106m), mit prächtiger Aussicht, über *Planhaut* in 2 3/4 St. (Abstieg event. nach les Plans, s. oben; auf die *Dent de Morcles* (2980m), 5 1/2 St., s. oben; Nachtlager auf Heu in *Haut de Morcles* (1750m), 1 1/2 St. von Morcles. Führer Ch. Guillat, Jul. Cheseaux in Morcles.

Bei der Weiterfahrt r. von der Bahn die *Chapelle de Véroilley*, mit rohen Fresken; gegenüber, am r. Ufer der Rhone, die *Bäder von Lavey* (s. oben). Die Bahn nähert sich der Rhone und umzieht die Stelle, wo im J. 1835 gewaltige Schlammströme von der Dent du Midi herab sich über das Thal ergossen und es mit Trümmern und Felsblöcken bedeckten. Die Bahn, obgleich in einem Einschnitt laufend, steigt stark bei Ueberschreitung dieser Schuttmassen.

121km *Evionnaz* steht an der Stelle der im J. 563 durch ähnliche Schlammströme zerstörten Stadt *Epaunum*. Vorwärts zeigt sich der breite schneebedeckte *Mont Velan* (S. 281). Bei dem Dörfchen *la Balmaz* biegen Bahn und Straße, dicht an der Rhone, um eine Felsenecke; r. die ***Pissevache**, der prächtige Wasserfall der *Salanfe* (S. 241), die hier von einer 70m h. Felswand ins Rhonethal stürzt (am schönsten Vormittags). Von Stat. Vernayaz bis zum Fuß des Falls 1/4 St.; an der r. Seite führt ein Pfad hinauf und hinter dem Fall hindurch, oben durch ein Holzgeländer geschützt (Zutritt 1 fr.).

124km **Vernayaz** (463m; **Gr.-Hôt. des Gorges du Trient*, 10 Min. vom Bahnhof am Eingang der Gorges schön gelegen, 1. Ranges, Z. L. B. 3-5, M. 5 fr.; im Ort **H. des Alpes*, Z. 2 fr. 50 c.; **H. de Chamonix*, am Bahnhof; *H. de la Poste;* **Bahnrestaur.*, nicht theuer), Ausgangspunkt des Chamonix-Weges über Salvan (S. 266) und des „Nouveau Chemin“ zur Tête-Noire (S. 266; F. zur Tête-Noire oder nach Châtelard 6, Chamonix 12, Cascade du Dalley 4 fr.).

Jenseit Vernayaz sieht man r. die nackten Felsmassen an der Mündung der ***Gorges du Trient**, welche fast 1/4 St. weit durch eine an den Felswänden über dem brausenden *Trient* angebrachte Holzgallerie zugänglich gemacht sind (Eintrittskarten à 1 fr. im Gr.-H. des Gorges du Trient).

Der Anblick beim Eintritt in die Schlucht ist großartig. Die gegen 130m hohen Felsen treten bei jeder Wendung so eng zusammen, daß man stets in einer neuen, mächtig überwölbten Höhle zu stehen glaubt. Wo der Steg den Trient zum zweiten Mal überschreitet, ist letzterer am tiefsten (angeblich 13m); am Ende des Holzstegs bildet er einen 10m h. Wasserfall. Die weiterhin unzugängliche Schlucht hat eine Länge von 3 St., bis gegenüber dem Hôtel der Tête-Noire (S. 265), wo man den Anfang sehen kann. — Die Zeit zwischen zwei Bahnzügen genügt, um von Vernayaz aus Pissevache und Gorges du Trient zu besichtigen.

Vor Martigny, in der Spitze des rechten Winkels, welchen das Rhonethal hier bildet, liegt auf einer Anhöhe r. von der Bahn **la Batiaz** (605m), ein 1260 erbautes, 1518 zerstörtes Schloß der Bischöfe von Sion, von der überdeckten Drance-Brücke ab in 15 Min. zu besteigen (Eintr. 30 c.). Die Aussicht umfaßt das Rhonethal bis über Sion hinaus, einen Theil der Berner Alpen, aus welchen das Sanetschhorn und ein kleines Stück der Gemmi besonders hervorragen; r. die Pierre à voir, einem Thurm ähnlich; unten Martigny und Martigny-Bourg; in dem Thaleinschnitt s.w. der Weg zum Col de Forclaz, über welchem die Aiguilles Rouges hervorblicken; n. der Einfluß der Drance und weiter des Trient in die Rhone. — Die Bahn überschreitet die *Drance* (S. 279).

130km **Martigny**. — Gasth.: *H. Clerc, Z. L. B. 4 1/2, M. 5 fr.; *H. du Montblanc, Z. L. B. 3 1/2-4 1/2, M. 4 fr.; Aigle, Z. 1 1/2-2 fr, gutes Haus 2. Kl.; H. du Gr.-St-Bernard, H.-Rest. de la Gare, beide am Bahnhof, 10 Min. vom Ort.

*Martigny-Ville* (476m), deutsch *Martinach*, Städtchen von 1552 E., das röm. *Octodurus* (ein großes röm. Gebäude wurde kürzlich ausgegraben), ist Ausgangspunkt für die Routen über den Großen St. Bernhard nach Aosta (R. 78) und über die Tête-Noire oder den Col de Balme (R. 74 und 75) nach Chamonix, sowie für das Val de Bagnes (R. 79), daher im Sommer sehr belebt. Eisenbahn nach *Brig* s. R. 80. Auf dem baumbepflanzten Marktplatz eine Bronzebüste der Freiheit von Courbet. — 20 Min. s. an der Straße zum Gr. St. Bernhard liegt *Martigny-Bourg* (Trois Couronnes, einf., guter billiger Coquempey), in dessen Nähe ein vorzüglicher Wein wächst (*Coquempey* und *Lamarque*, beide schon den Römern bekannt).

Ausflüge. 1 St. n.ö. von Martigny beim Dorfe *Branson* am r. Rhone-Ufer der Felshügel *les Follaterres*, mit berühmter Flora.

**Arpille** (2082m), 4-5 St. m. F., lohnend. Reitweg, hinter *la Batiaz* (s. oben) durch Weinberge hinan zum Dörfchen *Sommet des Vignes*, weiter an den Häusergruppen von *Ravoire* vorbei durch Wald steil aufwärts zu den Hütten von *Arpille* (1818m) und zum Gipfel, mit prächtiger Aussicht auf den Glacier du Trient, den Montblanc, die Walliser und Berner Alpen. Abwärts s. durch Wald zum (1 St.) *Col de la Forclaz* (S. 267).

Die ***Pierre à voir** (2476m), eine Kalkfelsspitze in der Gebirgskette, welche das Rhone- vom Drance-Thal scheidet, wird von Martigny, Bad Saxon (S. 287), Sembrancher (S. 279) und Chable (S. 284) bestiegen. Reitweg, 6 St.; Führer von

Martigny 8 fr., Maulthier 10 fr. Hinab kann man von dem $1/_4$ St. tiefer gelegenen *Col* entweder zu Fuß in 3 St. oder auf Schlitten gefahrlos, doch nicht sehr angenehm in 1-$1^1/_2$ St. nach Saxon gelangen. Prächtige Aussicht auf die Savoyer und Walliser Alpen (Montblanc bis Matterhorn), die Berner Alpen (Dent de Morcles bis Jungfrau), auf das Rhone-, Entremont- und Bagnes-Thal und den Giétroz-Gletscher (S. 285).

**Gorges du Durnant* (von Martigny hin u. zurück 4 St.), s. S. 279.

## 67. Von Saanen nach Aigle über den Col de Pillon.

*Vgl. auch Karte S. 286.*

11 St. Fahrstraße. Post von Saanen nach Gsteig tägl. in 1 St. 40 Min.; von Ormont-dessus bis Aigle in 3 St., bergan (Aigle-Ormont) in $4^1/_2$ St. Von Saanen nach Gsteig $2^3/_4$ St.; über den Col de Pillon bis Ormont-dessus 3 St., Sepey $2^1/_2$ St., Aigle $2^1/_2$ St. (von Aigle nach Ormont-dessus 6 kl. St.). Einsp. von Saanen nach Gsteig 8 fr., Zweisp. 15 fr., Ormont-dessus 20 u. 38, Aigle 40 u. 70 fr. u. Trkg.; von Thun s. S. 137.

*Saanen* (1031m) s. S. 186. Die Straße führt durch das breite freundliche Saanethal, dessen oberer Theil *Gsteigthal* heißt, über *Ebnit* nach ($1/_2$ St.) **Gstad** (1050m; *Bär*), an der Mündung des *Lauënenthals*.

Fahrstraße am r. Ufer des *Lauibachs*, nach 10 Min. über den l. herabkommenden *Turbach* bis ($1^1/_2$ St.) **Lauenen** (1259m; *Bär*, einf.; Führer Jakob u. Gottfr. Schwitzgabel), Hauptort des Thals in reizender Lage. 1 St. weiter aufwärts der prächtig gelegene *Lauenensee* (1379m); bester Ueberblick vom *Bühl*, an der O.-Seite: s. stürzen zu beiden Seiten des *Hahnenschrittkorns* (2836m) die dem *Gelten-* und *Dungelgletscher* entströmenden Bäche in schönen Fällen herab. — Von Lauënen über den *Trüttlisberg* nach der Lenk und über den *Krinnen* nach Gsteig s. S. 183. — Ueber den *Geltenpaß* (*Col du Brozet*, 2826m) nach *Sion*, bis *Zanfleuron* (s. unten) 8 St. m. F., schwierig. — Die *Wildhorn-Klubhütte* (S. 183) ist von Lauenen in 5 St. zu erreichen.

$2^1/_4$ St. **Gsteig**, frz. *Châtelet* (1192m; *Bär*, Pens. 5-6 fr.) in schöner Lage; s. das *Sanetschhorn* (2946m) und *Oldenhorn* (3124m).

Ueber den Sanetsch nach Sion, $8^1/_2$ St., im Ganzen lohnend (F. 13 fr., für Geübte bei gutem Wetter entbehrlich; Em. Romang u. Abr. Uelliger in Gsteig; Pferd 25 fr.). Der Weg überschreitet die Saane und steigt ziemlich steil, erst über Alpweiden, weiter in zahlreichen zum Theil in den Fels gesprengten Windungen durch den *Rothengraben* hinan. Nach $2^1/_2$ St. erreicht man den Anfang des *Kreuzbodens* (2002m), einer wilden einsamen Hochebene, und wandert auf derselben c. $3/_4$ St. fast eben fort; dann mässig bergan an einem Kreuz (*la Grande Croix*, 2221m) vorbei zur ($1/_4$ St., $3^1/_2$ St. von Gsteig) Höhe des **Sanetschpasses** (2324m); l. der *Arpelistock* (3039m), r. das *Sanetschhorn* (2946m) und der große *Zanfleuron-Gletscher*, aus dem die Saane abfließt. Hinab zur ($1/_2$ St.) Alp *Zanfleuron* (2064m; Hôt. Sanetsch, einf., nicht billig), mit schöner Aussicht auf die Walliser Alpen, von wo das *Oldenhorn* (s. unten) in 4 St., das *Wildhorn* (S. 183) in $4^1/_2$ St., das *Sanetschhorn* (*Montbrun*, 2946m) in 5 St., und der *Diablerets* (s. unten) in 6 St. zu ersteigen sind (letzterer von hier über den Zanfleuron-Gletscher nicht sehr schwierig). Prächtige Aussicht vom *Sublage* (2735m), $2^1/_2$ St. vom Hôtel. — Nun in vielen Windungen hinab zur Alp *Glary* (1500m), durch die wilde Schlucht der *Morge* über den kühnen *Pont-Neuf* (von hier Fahrweg) nach (3 St.) *Chandolin* und über *Ormona* nach ($1^1/_2$ St.) *Sion* (S. 287). Von Sion bis zur Paßhöhe 6 St., hinab nach Gsteig 3 St.

Die neue Straße wendet sich s.w. ins Thal des *Reuschbachs* und steigt allmählich durch Wald, Gebüsch und über Alpweiden, mit Aussicht auf die Felswände des *Oldenhorns* (s. unten) und der *Sex Rouge* (2977m), zum (2 St.) **Col de Pillon** (1550m), am s. Fuss der *Palette* (s. unten). Beim Hinabsteigen (l. oben die *Cascade du Dard*) öffnet sich bald ein von schönen bewaldeten Bergen umgebenes

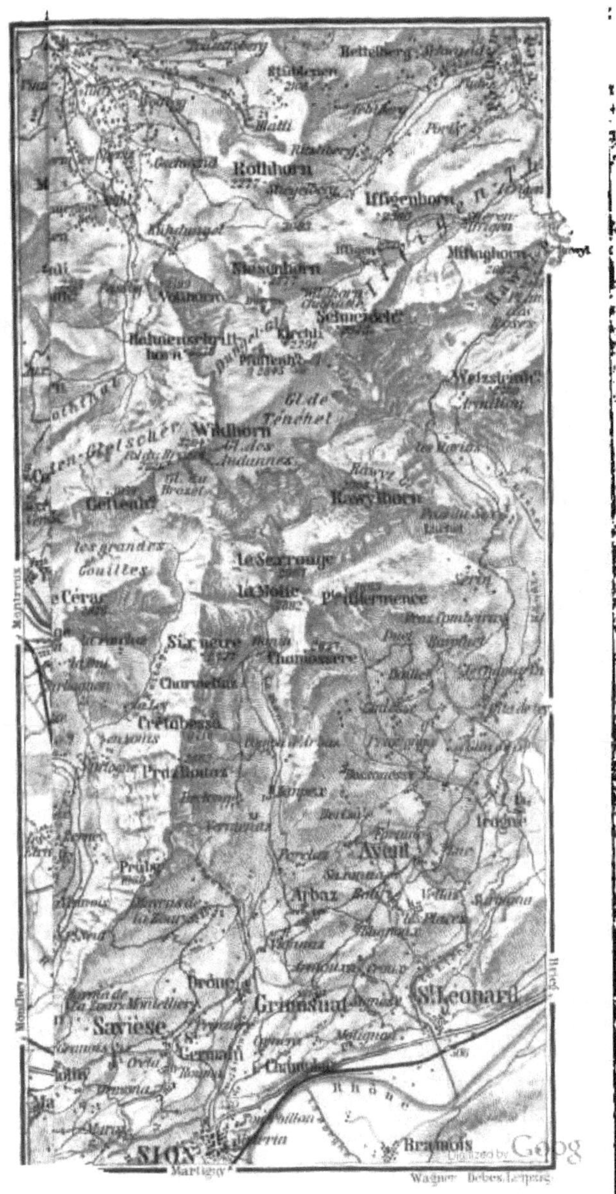
Rothhorn
Iffigenhorn
Wildhorn
Rawylhorn
Le Sexrouge
Arbaz
Ayent
Savièse
Grimisuat
St. Leonard
Rhône
Bramois
SION
Montreux
Brieg
Martigny
Wagner & Debes, Leipzig

Thal, übersät mit zahllosen Häusern und Hütten, die zusammen den Namen **Ormont-dessus** führen; l. die Felspartien des *Creux de Champ* (s. unten), des Fußes der *Diablerets*, von welchen viele Bäche herabstürzen und sich zur *Grande-Eau* vereinigen. Von der Paßhöhe gelangt man in 1 St. nach **le Plan** (1163m; **Hôt. des Diablerets*, mit Bädern, Z. L. B. $3^1/_2$, M. 4, Pens. 6-8 fr., dabei die Poststation Ormont-dessus; **H.-P. Bellevue*, nicht theuer; *P. du Moulin*, *du Chamois*) und in einer fernern $^1/_2$ St. an dem schöngelegenen **Hôt. Pillon* vorbei nach **Vers l'Eglise** (1112m; *P. Mon-Séjour*, *P. Busset*, *H. de l'Ours*, alle einf.), mit der Kirche des obern Thals.

Ausflüge vom Plan (Führer: *Mollien*, *V. Gottraut*, *Fr. Bernet*, *Fr.* u. *Moïse Pichard*). **Creux de Champ**, großartiger Felsenkessel am n. Fuß der Diablerets, in den von allen Seiten Wasserfälle hinabstürzen, $1^1/_2$ St. bis zum Fuß des größten Falls (1308m). Guter Ueberblick des Creux de Champ, Oldenhorns etc. von *la Layaz* (1623m), $1^1/_2$ St. s. von Plan. — ***Palette** (2174m), 3 St. (F. 5, Pferd 12 fr.), bis zu den ($2^1/_4$ St.) Sennhütten von *Isenaux* leicht, von da ohne Pfad etwas beschwerlich zur ($^3/_4$ St.) Spitze, mit Aussicht auf die Berner Alpen von den Diablerets bis zur Jungfrau und s.w. die Dent du Midi. Am n. Fuss der hübsche *Arnen-See*. (Die Palette ist auch vom Col de Pillon in $1^1/_2$-2 St. unschwer zu ersteigen, an dem kleinen *Rettau-See* vorbei.) — **Pointe de Meilleret** (1951m), $2^1/_2$ St. von Vers l'Eglise, gleichfalls unschwierig; Aussicht bis zum Montblanc. Führer für Geübte überall unnöthig.

**Oldenhorn** (*Becca d'Audon*, 3124m), für geübte Berggänger von Gsteig in 7, von le Plan in 8 St. (F. 15 fr.). Man übernachtet in der Sennhütte von *Pillon*; von Gsteig aus in der *obern Oldenalp* (1874m). Prachtvolle Aussicht.

**Diableret** (3246m), vom Hôt. des Diablerets in 7 St. (F. 18 fr.), schwierig. Imposante Aussicht. Unschwieriger Abstieg über den *Zanfleuron-Gletscher* zur Alp *Zanfleuron* (s. oben).

Von Ormont-dessus über den Col de la Croix nach Villars 4 St., oder Gryon, $4^1/_2$ St., lohnend, Führer 6 fr., entbehrlich (über den Col de la Croix u. Chamossaire nach Villars $6^1/_2$ St.). $^1/_2$ St. vom H. des Diablerets im Thal der Grande-Eau aufwärts, wendet sich ein Saumpfad r. (s.w.) in ein Seitenthal und steigt ziemlich steil in $1^3/_4$ St., fast beständig mit Aussicht auf die Diablerets, zum **Col de la Croix** (1734m), 5 Min. n. von dem Dörfchen *la Croix*; Aussicht beschränkt (wer den Chamossaire nicht besteigen will, sollte wenigstens vom Col de la Croix r. auf den Matten $^1/_2$ St. weiter vorgehen, wo sich eine schöne Aussicht auf den Montblanc bietet). Abwärts bleibt der Pfad am r. Ufer der *Gryonne* und theilt sich nach $1^1/_4$ St., l. hinab nach (10 Min.) *Arveye*, r. nach (20 Min.) *Villars* (S. 228). — Der Weg nach Gryon führt vor Arveye l. bergab, über den Bach, nach (40 Min.) *Gryon* (S. 237). Dieser Weg ist dem $^1/_2$ St. unterhalb der Paßhöhe über die Gryonne und auf dem l. Ufer derselben nach Gryon führenden wegen der prächtigen Aussicht auf Dent du Midi, Dent de Morcles etc. vorzuziehen.

An Ormont-dessus schließen sich unmittelbar die unter dem Gesammtnamen **Ormont-dessous** begriffenen Häuser des untern Thales an. $1^1/_2$ St. von Vers l'Eglise mündet r. die von Château-d'Oex kommende Straße (S. 237); s. erscheint die Dent du Midi. $^1/_2$ St. **le Sepey** (1129m; *Hôt. des Alpes*; *Mont d'or*, wird gelobt; *Cerf*, nicht theuer; Einsp. nach Plan 8 fr. u. 2 fr. Trkg.), Hauptort des untern Thals (die Thurmuhr wiederholt den Stundenschlag nach 1 Min. langer Zwischenpause).

Ausflüge. *Pic de Chaussy* (2377m) $4^1/_2$ St., nicht schwierig (vgl. S. 237). — Über *la Forclaz* auf den **Chamossaire* ($3^1/_2$-4 St.) und nach ($1^1/_2$ St.) *Villars* s. S. 228. — Eine Fahrstraße mit schönen Aussichten führt über *les Crêtes* nach dem auf sonniger Bergterrasse gelegenen (1 St.) **Leysin** (1264m; **Pens. du Chalet*; in der Pinien-Wirthsch. guter Yvorne). Von hier nach ($1^1/_2$ St.)

*Aigle* guter Fußweg, bei dem Brunnen hinter der Kirche l. hinab, mit prächtigen Blicken ins Rhonethal, auf die Dent du Midi, einen Theil der Montblanc-Kette und l. die Dent de Morcles, Dent Favre und den Grand Mœveran. — Von Leysin nach *Corbeyrier* (S. 228) Fußweg in $1^1/_2$ St.

Die Straße wendet sich scharf s.w. in schön bewaldetem Thal. Tief unten bildet die *Grande-Eau* manche Wasserfälle; l. der *Chamossaire* (S. 228). Vor ($2^1/_2$ St.) *Aigle* (S. 228) über die Grande-Eau.

## 68. Von Bulle nach Château-d'Oex und Aigle.

*Vergl. Karten S. 216 u. 232.*

67km. Post bis Château-d'Oex, 28km, 3mal tägl. in $3^1/_2$ St., 5 fr. 70 c.; von Château-d'Oex nach Aigle, 35km, tägl. in 6 St., 8 fr. 85 c. Zweisp. von Bulle nach Aigle in 7 St., 75-80 fr.

**Bulle**, deutsch *Boll* (760m; **H. des Alpes*, nahe am Bahnhof, Z. 2, F. 1, M. $2^1/_2$ fr.; **Union; Cheval blanc;* **H. de la Ville* oder *Poste*), gewerbfleißiges Städtchen von 2797 Einw., Hauptort der *Gruyère* und Mittelpunkt der Freiburger Alpenwirthschaft, ist Endstation der Zweigbahn Romont-Bulle (S. 199). Die Umgegend ist reich an trefflichen Weiden; die Bewohner, deren Sprache das sog. „gruérien", eine romansche Mundart ist, beschäftigen sich besonders mit Käsebereitung. Berühmt ist ihr Kuhreigen *(Rans des vaches de Gruyère)*.

$^3/_4$ St. s. (Wagen in 20 Min.) am Abhang des Moléson das gut eingerichtete Schwefelbad **Montbarry** (827m; Pens. m. Zimmer 5-6 fr.), mit reizender Aussicht (von hier auf den Moléson 3-$3^1/_2$ St.).

Von Bulle auf den Moléson 4 St. (F. 8 fr., für Geübte entbehrlich). Man folgt $^1/_4$ St. lang der Straße nach Châtel-St-Denis (s. unten) und biegt dann bei einer Säge l. ab. Der sanft ansteigende Weg führt am Bache *la Trême* aufwärts, nach 20 Min. bei einer Mühle aufs r. Ufer, in $^1/_2$ St. zu dem rothgedeckten ehem. Karthäuser-Kloster *Part-Dieu* (956m); von hier folgt man dem durch Handweiser bezeichneten Fußpfad am w. Abhang des Gebirges, der mehrere Seitenbäche der Trême überschreitet. $^1/_2$ St. Sennhütte *Gros-Chalet-Neuf;* 1 St. *Gros-Plan* (1480m), einf. Whs. auf einer großen Matte; $^3/_4$ St. Sennhütte *Bonne Fontaine* (1812m), weiter auf steilem Wege in $^1/_2$ St. zum Gipfel (unterhalb einf. Whs.).

Der ***Moléson** (2005m), der Rigi der West-Schweiz, ist ein nach allen Seiten schroff abstürzender Felsstock, umgeben von ausgedehnten Matten u. Waldungen, die sich durch ihren Reichthum an Alpenpflanzen auszeichnen. Die Aussicht erstreckt sich über den Genfer See, die Savoyer Berge, Dent d'Oche, Dent du Midi bis zu der Montblanc-Kette, von der namentl. die höchste Montblanc-Spitze, sowie die Aiguille Verte und die Aiguille d'Argentière hervortreten. L. davon und mehr im Vordergrund eröffnet die Dent de Morcles eine Reihe von Bergen, welche als Centrum die Diablerets haben und sich an die gerade vorliegenden Berge von Gruyère anschließen. Von den Walliser Alpen sieht man nur den Grand-Combin links von der Montblanc-Kette. Auch die Berner Alpen sind zum größten Theil verdeckt; ganz links der Titlis. Im W. der Jura.

Von Albeuve (s. unten) auf den Moléson ($3^1/_2$-4 St.). Fast noch im Dorf auf das l. Ufer des Baches, dann über Wiesen in eine malerische Schlucht, auf schattigem Wege am Abhang hin, bis zu einer kl. Kapelle und kurz darauf einer Sägemühle. Hier tritt man auf das r., nach $^1/_2$ St. bei einem Kohlenmeiler wieder auf das l. Ufer. 5 Min., erste Sennhütte. In n.n.ö. Richtung sieht man nun den Grat, welcher den Moléson vom kl. Moléson trennt. Der Weg bleibt noch eine Zeit lang kenntlich bis in die Nähe der obersten Sennhütte, die man l. läßt. Von da noch $1^1/_4$ St. mühsamen Kletterns ohne gebahnten Weg, doch auch ohne Möglichkeit zu irren, bis zur Höhe des Grats, wo man den Gipfel vor sich sieht, der in 10 Min. erreicht ist.

Von Bulle durch das *Jaunthal* nach *Boltigen* im Simmenthal s. S. 186 (Post im Sommer tägl. in $6^1/_4$ St.). — Von Bulle Post tägl. Nm. in $2^1/_2$ St. über

*Vuadens*, *Vaulruz* (H. de la Ville), *Semsales* nach **Châtel-St-Denis** (814m; *Hôt. de la Ville*), an der *Veveyse* hübsch gelegenes Städtchen (von hier auf den Moléson über Alp *Tremettaz* in 4 St.). Von Châtel St-Denis nach Stat. *Palézieux* (S. 200) Post 3mal täglich in 50 Min., nach *Vevey* tägl. Vm. in 1 St. 40 Min.

Die Straße von Bulle nach Château-d'Oex führt über ($^1/_4$ St.) *la Tour-de-Trême*, mit malerischem altem Thurm, nach ($^1/_2$ St.) *Epagny* (728m; Croix blanche; Einsp. nach Montbovon 7 fr.). R. auf steilem Felshügel das alte Städtchen **Gruyères**, deutsch *Greierz* (830m; **Fleur de Lys*, einf.), mit wohlerhaltenem **Schloß* aus dem IX. u. X. Jahrh., einst den mächtigen, im XIV. Jahrh. ausgestorbenen Grafen v. Greierz gehörig von Thürmen, Wällen und starken Mauern umgeben, von den jetzigen Besitzern neu ausgestattet (Fresken, alte Waffen etc.) und im Sommer bewohnt (Eintritt gegen Trinkgeld an den Hausmeister; hübsche Aussicht).

Die Straße tritt in das *Saane (Sarine)-Thal*. $^1/_2$ St. *Enney* (734m); im Hintergrund die zahnartige *Dent de Corjeon* (1969m), r. *les Vadalles* (1587m), ein Vorberg des Moléson. — $^3/_4$ St *Villard-sous-Mont*; gegenüber an der Mündung einer Schlucht das große Dorf *Grand-Villard* (Hôt.-Pens.). Weiter über *Neirivue* nach (20 Min.) **Albeuve** (758m; **Ange*, nicht theuer; auf den Moléson s. oben) und über den *Hongrinbach* (unterhalb steht noch eine ältere Brücke, malerischer Punkt) nach (1 St.) **Montbovon**, deutsch *Bubenberg* (795m; **H.-P. de Jaman*, nicht theuer, Pferde und Führer zu haben).

Von Montbovon über den Jaman nach Montreux (6, nach Vevey $7^1/_2$ St.; Führer 8 fr., unnöthig; Pferd bis zur Paßhöhe 15, bis les Avants 20, Montreux oder Vevey 25 fr.). Sehr lohnende Wanderung, doch suche man die Paßhöhe möglichst früh zu erreichen, da um die Mittagszeit die Nebel und Dünste des Sees häufig die Aussicht verschleiern.

Vom Hôt. du Jaman 30 Schr. auf der Straße geradeaus, dann r. bergan; 25 Min. bei einem Hause r. (nicht l.); 35 Min. Brücke über den *Hongrinbach* (870m); $^1/_4$ St. Kirche des weit zertreuten **Allières**; $^1/_4$ St. Whs. *zum Schwarzen Kreuz* (einige Betten). [Ein näherer Weg führt 10 Min. von *Albeuve* (s. oben) r. von der Straße nach Montbovon abzweigend über *Sciernes* in $1^3/_4$ St. nach Allières; hinter Sciernes nicht r. hinauf, sondern l. etwas abwärts]. Von hier bis zum Fuß des Passes unbedeutend bergan, dann in stärkerer Steigung stets über Matten hinan (nicht zu weit l. halten) zu den Sennhütten des *Plan de Jaman* (etwas vorher die Grenze zwischen Freiburg und Waadt) und dem ($1^1/_2$ St.) ***Col de la Dent de Jaman** (1512m). Hier öffnet sich plötzlich eine prächtige Aussicht auf die Rochers de Naye und den ganzen Gebirgsgrat, s. bis zur Tour d'Aï, n. bis zur Dent de Lys und dem Moléson; sie umfaßt das reiche Waadtland, die südl. Jurakette, die lange Reihe der Savoyischen Alpen, die ö. Ecke des Genfer Sees, die gewaltigen Gebirge, welche das Wallis schliessen, und die schneebedeckten Häupter beim Gr. St. Bernhard. — Von der **Dent de Jaman** (1879m), deutsch *Jommen*, s. $1^1/_4$ St. steilen Steigens vom Col, mit noch umfassenderer Aussicht, übersieht man den Genfer, Neuenburger und Murtener See, Pilatus und Weißenstein.

Der Weg von der Paßhöhe bis Montreux ist nicht zu verfehlen. 12 Min. von den Sennhütten theilt er sich, r. der richtige [der Weg l. führt auch nach Montreux, am ö. Abhang der Baie de Montreux, ist aber schwieriger, wenn auch etwas kürzer]; 25 Min. Brücke über den Bach von Montreux, bei der Wegtheilung links bergab auf bequemem Wege bis ($^1/_2$ St.) **les Avants** (985m; **Hôtel des Avants*, in schöner Lage, Pens. m. Z. $7^1/_2$-10 fr.). Von hier Fahrstraße am w. Thalabhang entlang, dem die Straße auch da noch folgt, wo der Abhang sich w. wendet. Bei dieser Biegung, 40 Min. von les Avants, am Anfang der Obstpflanzungen, führt l. ein schmaler gepflasterter Weg nach

(10 Min.) *Sonzier* (654m), hier wieder l. ziemlich steil hinab nach ($^1/_2$ St.) *Montreux-Vernex* (S. 224).

Folgt man bei der oben genannten Biegung der Straße r., so gelangt man bald in das reizend in Obstgärten versteckte Dorf *Charnex* (576m), von wo eine andere Fahrstraße, n. von Châtelard (S. 225), nach *Brent* und *Chailly* führt; hier l. bergab zur Landstraße, die nach *Vevey* (S. 221) führt, $1^1/_2$ St. von der Biegung an gerechnet. (Wer den Weg von Vevey aus aufwärts macht, schlägt bei den letzten Häusern von *la Tour* den ersten l. von der Landstraße abführenden Weg ein, Richtung r.; nach 12 Min. nicht l., sondern r.; 12 Min. Handweiser, der nach „Challey, Charnex, Jaman" zeigt.)

Das Saanethal wendet sich nach O., die Straße tritt in eine waldige Schlucht; l. die Saane in tief eingeschnittenem Felsenbett. $^3/_4$ St. *La Tine* (Whs.) in einer Thalweitung mit schönen Matten. $^3/_4$ St. weiter bleibt am r. Ufer das hübsch gelegene Dorf **Rossinières** (**Pens. Grand-Chalet*, 5-6 fr., viel Engländer; *Pens. Dubuis*). Bei ($^1/_2$ St.) *les Moulins*, an der Mündung der *Tourneresse*, zweigt r. ab die Straße nach Aigle (s. unten). $^1/_4$ St. weiter bei *le Pré* über die Saane nach (20 Min.)

29km **Château-d'Oex**. — Gasth.: *H. Berthod, in freier Lage, von Engländern besucht, Z. L. B. 3, M. 3 fr.; *H. de l'Ours, Z. L. B. $2^1/_2$-$3^1/_2$, F. $1^1/_4$ fr.; *Pens. Rosat, *Villa d'Oex, Bricod, de la Cheneau, du Midi, Morier-Rosat u. a., Pens. meist 5 fr. u. höher. — Gefrornes, auch einige Zimmer, bei *Turrian*, Berthod gegenüber.

*Château-d'Oex*, deutsch *Oesch* (994m), auf grünem Thalboden weit zerstreutes Dorf (2691 Einw.), wird als Sommerfrische und Luftkurort viel besucht. Von der auf einem Hügel gelegenen Kirche hübsche Umschau; ö. die zackigen Gipfel des *Rüblihorns* (2307m) und der *Gumfluh* (2459m).

Lohnend die Besteigung des ***Mont Cray** (2071m), 3 St. (Führer angenehm); umfassende Rundsicht über die Berner und Walliser Alpen bis zum Montblanc und nördl. bis zum Neuchâteller und Bieler See.

Von Château-d'Oex nach *Saanen* ($2^1/_2$ St.) s. S. 186.

Die Straße von Château-d'Oex nach Aigle (37km) zweigt bei ($^1/_2$ St.) *les Moulins* (s. oben) von der Straße nach Montbovon l. ab und steigt im Thal der *Tourneresse (Vallée de l'Etivaz)* in langen Windungen bergan (Fußgänger schlagen bei *le Pré* dicht hinter der Saane-Brücke den alten Weg ein). Die Straße führt oben am Felsen hin und gewährt malerische Blicke in das tief eingeschnittene Felsenbett des Baches. Bei ($1^1/_4$ St.) *Au-Devant* tritt sie ins Freie und man sieht sie nun r. hoch oben am Berg schon wieder, während sie noch $^3/_4$ St. im Thal bis *Etivaz* (1178m) aufwärts führt und dort erst sich wendet (Fußgänger kürzen, wenn sie noch in der Schlucht bei einer Sägemühle r. hinabsteigen, um auf ziemlich steilem und steinigen Wege auf der Höhe die Straße wieder zu gewinnen). Von Etivaz (oberhalb neues Hotel) 1 St. bis zur Paßhöhe (1392m); einige Min. weiter *la Lécherette* (1381m; Whs.), dann bergab über den *Hongrinbach*, und über einen zweiten Sattel nach (40 Min.) *les Mosses* (1446m; Hôt. des Alpes, einf.), wo sich eine herrliche Aussicht auf die Dent du Midi öffnet. Nun im Thal der *Raverette* abwärts; $^3/_4$ St. **la Comballaz** (1364m; **Couronne* bei Spickner, Pens. 9 fr.), in reizender Lage, wegen der trefflichen Quelle und der reinen Luft viel besucht (auf den

*Pic de Chaussy*, 2377m, 3 St., lohnend, s. S. 233). Weiter, stets mit prächtiger Aussicht auf den schönen Thalkessel, die Diablerets und das Oldenhorn, in vielen Windungen nach (1 St.) *le Sepey* und ($2^1/_2$ St.) *Aigle*; s. S. 233.

## 69. Von Bex nach Sion. Pas de Cheville.

*Vergl. Karte S. 232.*

12 St. Von Bex nach Gryon, $2^1/_2$ St., Fahrstraße (Hotel-Omnibus 50 c., Post in $3^1/_2$ St., 2 fr. 90 c., Einsp. 12 fr., abwärts 8 fr.), dann Saumpfad. Führer bis Aven angenehm (P. L. Amiguet, P. F. Broyon, O. F. und Henri Aulet in Gryon), im Nothfall auch in Anzeindaz noch zu finden (von Gryon nach Sion 12 fr.). Pferd 20 fr. — Der Weg über den PAS DE CHEVILLE schneidet den rechten Winkel ab, welchen das Rhonethal bei Martigny bildet. Der ganze Weg ist, besonders auf der Walliser Seite, eine fast ununterbrochene Folge wilder Felslandschaften; gegen das Ende der Wanderung umfassender Blick auf das Rhonethal. Rathsam ist, die ermüdend lange Dauer des Marsches durch Uebernachten in *Gryon* um $2^1/_2$ St. abzukürzen.

*Bex* s. S. 229. Die Straße führt n. nach *Bévieux* (S. 229), hier über den *Avançon* und in vielen Windungen bergan, an den Dörfern *le Chêne*, *Fenalet* und *aux Posses* vorbei (Fußgänger kürzen auf dem alten Wege). Schöne Aussicht auf die Dent du Midi, auf der letzten Strecke hübscher Blick r. ins Thal auf das Dorf Frenières und die kleinen Fälle des aus der Vallée des Plans kommenden Armes des Avançon (S. 229). — $2^1/_2$ St. **Gryon** (1107m; *Pens. Saussaz*, *Pens. Morel*, in beiden Pens. $4^1/_2$-5 fr.), ansehnliches Dorf in schöner Lage, zu längerm Aufenthalt zu empfehlen (nach *Villars* und über den *Col de la Croix* nach *Ormont-dessus* s. S. 233).

Bei dem (10 Min.) letzten Haus des Dorfs nicht l., sondern r. Man hat die Hörner der *Diablerets* vor sich und folgt ihrem steilen Südabhang im Thal des Avançon; r. die *Argentine* (2433 m) und der *Grand-Mœveran* (3061m). Oberhalb der (1 St.) Hütten von *Sergnement* (1294m) tritt der Weg auf das l. Ufer des Avançon und führt auf kurzer Strecke durch Fichtenwald an der steilen in der Sonne wie Silber glänzenden Kalkfelswand der Argentine hin, vor den ($^3/_4$ St.) Hütten von *Solalex* (1466m) wieder aufs r. Ufer, dann in einer großen Windung über Geröll in die Höhe. $1^1/_2$ St. Sennhütten von **Anzeindaz** (1896m; Sennhütte mit Wirthsch. u. 9 Betten, nur von Mitte Juli bis Sept. geöffnet); südl. der *Glacier de Paneyrossaz*, von der *Tête à Pierre-Grept* (2910m) auslaufend, daneben ö. die *Tête du Gros-Jean* (2612m); n. die steilen zerrissenen Kalkfelswände und Hörner der *Diablerets* (höchster Gipfel 3246m; Besteigung schwierig, nur für Schwindelfreie, 4 St. von Anzeindaz; vgl. S. 233). Nun in mäßiger Steigung zum ($^3/_4$ St.) **Pas de Cheville** (2049m); ö. erscheinen die Walliser Alpen, weit überragt vom Weißhorn. Abwärts l. um den Berg, wo eine Mauer mit Gatter die Walliser Grenze bezeichnet, dann steil über Geröll, an einem Wasserfall vorbei, zu den ($^1/_2$ St.) *Chalets de Cheville* (1740m); hier über den Bach und r. am Bergabhang weiter, zuletzt in Windungen bergab, an den Hütten von *Derborence* (1589m) vorbei zu dem in einem düstern

Kessel gelegenen ($^1/_2$ St.) *Lac de Derborence* (1432m), im J. 1749 durch einen Felssturz von den Diablerets entstanden. L. hoch oben der große *Zanfleuron-Gletscher* (S. 232).

Der Pfad umzieht den See an der Südseite. $^3/_4$ St. Brücke über die *Lizerne*, dann am l. Ufer derselben an den Sennhütten von *Besson* (1332m) vorbei, im *Val de Triqueut* hinab, an dem Bergabhang hin, der von O. steil in die enge Schlucht abfällt, in welcher tief unten die Lizerne sich durchdrängt. Der Weg, meist durch eine niedere Mauer geschützt und nirgendwo bedenklich, aber zuweilen durch Steinfälle gefährdet, zieht sich an diesem bewaldeten Abhang allmählich bergab bis zur ($1^3/_4$ St.) *Kapelle St-Bernard* (1076m), am Ende der Lizerne-Schlucht, wo sich plötzlich eine weite Aussicht auf das Rhonethal öffnet. Nun l. hinab nach (20 Min.) *Aven* (946m), in einem Walde von Obstbäumen, und weiter am Abhang über (20 Min.) *Erde* nach (25 Min.) *St-Séverin*, sauberes Dörfchen, zu *Conthey* gehörig, einem der berühmtesten Weinorte des Rhonethals, der sich bis zur ($^1/_2$ St.) Brücke über die *Morge* ausdehnt. Von hier auf der Landstraße im Rhonethal nach ($^3/_4$ St.) *Sion*, s. S. 287; angenehmer als auf der staubigen Straße geht man von St-Séverin über den aussicht- und weinreichen Hügel von *Muraz*.

Ein kürzerer Weg (Nachm. schattig) führt am r. Ufer der Lizerne, 5 Min. vor der Lizernebrücke (s. oben) r. ab (anfangs im Geröll nicht leicht zu finden) zu den (10 Min.) Sennhütten von *Mottelon*, hier r. ansteigend oberhalb der Hütten von *Servaplana* (1242m, Milch zu haben) vorbei nach den (1 St.) Hütten von *l'Airette*; weiter stets in gleicher Höhe, mit hübschen Blicken in das Rhonethal, zuletzt im Zickzack hinab nach ($1^1/_2$ St.) *Ardon*, 10 Min. von der gleichn. Station (S. 287).

## 70. Von Genf nach St-Maurice über Bouveret. Genfer See (*südliches Ufer*). Val d'Illiez.

*Vergl. Karte S. 216.*

Dampfboot am südl. Ufer des Sees bis Bouveret 4mal tägl. in $3^1/_2$-5 St. für 6 oder 3 fr. Stationen: *Cologny, La Belotte, Bellerive, Corsier, Anières, Hermance, Tougues-Douvaine, Nernier, Yvoire, Sciez, Anthy-Séchex, Thonon, Amphion, Evian, Tourronde, Meillerie, St-Gingolph, Bouveret.* Vgl. S. 215. — Eisenbahn von *Genf Eaux-Vives* über *Annemasse* nach *Bouveret* (68km) in $2^1/_2$ St. für 8 fr. 30, 6 fr. 25, 4 fr. 55 c.; s. S. 246.

*Genf* s. S. 203. Nach der Abfahrt schöner Rückblick auf die vom See aus so großartig erscheinende Stadt und ihre villenreiche Umgebung. Das Dampfboot hält bei *Cologny* (auf der Höhe das Dorf, S. 214), *la Belotte* (für *Vésenaz*, S. 214) und *Bellerive*, der Station für das etwas vom See entfernte *Collonge;* weiter bei *Corsier* und *Anières*. Das bei der nächsten Station *Hermance* (*Pens. Sinaï; *Pens. Gillet, 5 fr.; P. du Colombier) mündende Flüßchen gleichen Namens bildet die Grenze zwischen der Schweiz und Frankreich (Savoyen). Weiter *Tougues* und *Nernier;* gegenüber am n. Ufer das ansehnliche Nyon (S. 217).

Jenseit *Yvoire*, mit altem Schloß auf einem Vorgebirge gelegen, dehnt sich der See plötzlich auf das Dreifache seiner bisherigen Breite aus (zwischen Rolle und Thonon über 13km). Das n. Ufer ist nun so fern, daß man die Orte desselben nur bei klarer Luft deutlich erkennen kann. S. öffnet sich eine große Bucht, an welcher *Excenevrex* liegt. Freierer Blick auf die savoyischen Gebirge. Stationen *Sciez*, *Anthy-Séchex*.

Das Dampfboot nähert sich **Thonon** (427m; **H. de France*, beim Bahnhof; *H. de l'Europe*, an der Terrasse; *H. du Midi*), der malerisch vom See aufsteigenden alten Hauptstadt (5500 Einw.) der Provinz *Chablais*, mit stattlichen neuen Gebäuden und der weit vortretenden Terrasse in der obern Stadt, wo das 1536 von den Bernern zerstörte Schloß der savoyischen Herzoge stand (Drahtseilbahn vom Dampfbootlandeplatz).

Eisenbahn nach *Bellegarde* s. S. 246. — 1 St. s. von Thonon liegt *les Allinges*, überragt von den Trümmern eines alten Schlosses ($^1/_2$ St. vom Dorf; oben Wein zu haben; hübsche Aussicht).

Von Thonon Fahrstraße in dem anmuthigen **Dranceathal** aufwärts über *le Biot* und *St-Jean d'Aulph*, mit Klosterruine, bis zur (7 St.) Drancebrücke gegenüber von *Montriond*, jenseit deren die Straße sich theilt: r. über *les Gets* (1112m) nach ($3^1/_2$ St.) *Taninges* (S. 255); l. nach (1 St.) *Morzine* (Hôt. des Alpes); von hier über den *Col de Jouplane* oder den *Col de la Golèse* nach (4 St.) *Samoëns* s. S. 255; über den *Col de Coux* nach ($5^1/_2$ St.) *Champéry* s. S. 242.

Etwas weiter nördl. am See das alte Schloß *Ripaille*, einst Sitz des Herzogs Victor Amadeus VIII. von Savoyen († 1451). Das weit in den See sich erstreckende Vorland, welches das Dampfboot nun umfährt, ist von der hier mündenden *Drance* gebildet (nicht zu verwechseln mit der Drance im Wallis, welche bei Martigny in die Rhone mündet, s. S. 231). Ö. in der Bucht liegt das besuchte Bad *Amphion* (Gr.-Hôt. des Bains) mit Eisenquelle, von Kastanienwald umgeben.

Das Dampfboot hält bei **Evian-les-Bains** (*Gr.-H. des Bains*, oberhalb der Stadt; **Gr.-H. d'Evian* mit Garten am See, nicht billig, Z. L. B. von $4^1/_2$,M. 5 fr.; *H. de Fonbonne*, am See; *H. de France*, deutscher Wirth; *H. des Etrangers*; *H. du Nord*; Restaur. im *Casino* und *Château Gothique*, nicht billig), hübsch gelegenes Städtchen (2913 Einw.) mit weithin sichtbarem Kirchthurm. Am Abhang über der Stadt das *Badhaus* mit doppeltkohlensauren Natronquellen; von dem terrassenförmig angelegten Garten schöne Aussicht. Am Ende der Seepromenade das schön gelegene *Casino* mit Garten am See. Hübsches Theater. Die Badegesellschaft von Evian und Amphion (Omnibus 50 c.) ist fast ausschließlich französisch. — Eisenbahn nach *Bouveret* und *Bellegarde* s. S. 246.

Weiter am See, vor Stat. *Tourronde-Lugrin*, das alte Schloß *Blonay* mit Park. Gegenüber am Abhang des n. Ufers dehnt Lausanne (S. 219) sich malerisch aus; etwas weiter r. der große Paudèze-Viadukt der Freiburger Bahn (S. 200). Die Berge des südl. Ufers, an welchem das Boot ganz nahe hinfährt, werden allmählich steiler und höher. In romantischer Umgebung, dicht am See, liegt **Meillerie**, früher nur vom See aus zugänglich, bis Napoleon I. beim Bau der Simplonstraße die Felsen sprengen ließ (die Bahn führt hier durch einen Tunnel). Sehr schöne Aussicht bei *les Valettes*.

**St-Gingolph** (**H. Suisse*; *Lion d'or*), auf einem Vorgebirge, Veve-

(S. 221) gegenüber, gehört halb zu Savoyen, halb zum Kanton Wallis; die in tiefer Schlucht fließende *Morge* bildet die Grenze. Die Felshöhle *Viviers* mit ihren Quellen wird vom See aus zu Schiff besucht.

Die Schlucht der *Morge* hinauf, über den Bergkamm nach *Port Valais* (s. unten) und von dort nach Bouveret oder Vouvry, sehr lohnende Wanderung mit prächtigen Aussichten. Wer sie weiter ausdehnen will, geht am l. Ufer der Morge in $1^{1}/_{4}$ St. bis *Novel* (zwei ärmliche Whsr.), besteigt in $1^{3}/_{4}$ St. m. F. den **Blanchard** (1415m; in einer Hütte unweit des Gipfels Milch etc.) und kehrt am r. Ufer der Morge durch schöne Waldwildnis nach St-Gingolph zurück. — Von Novel auf die *Dent d'Oche* (2225m) 4-5 St. m. F., sehr lohnend; auf den *Grammont* (2178m) 4 St. m. F., s. unten. Ö. führt von Novel ein unschwieriger Saumpfad um die West- u. Südseite des Grammont herum an den kl. Seen von *Lovenex* und *Taney* vorbei in $4^{1}/_{2}$ St. nach Vouvry (s. unten).

**Bouveret** (*Tour; Restaur. Chalet de la Forêt*, mit großem Park) liegt am SO.-Ende des Genfer Sees, $^{1}/_{4}$ St. s.w. von der Mündung der *Rhone*, welche hier das Land versumpft hat und noch über $^{1}/_{2}$ St. weit im See durch ihre wilde Wellenbewegung (*la Bataglière*) erkennbar ist. — Eisenbahn nach *Annemasse-Genf* s. S. 246.

Die Eisenbahn wendet sich s.ö. in das Rhonethal, auf dem l. Ufer des Flusses. (Eisenbahn auf dem r. Ufer s. S. 227 ff.) An einem Felshügel r. liegt *Port Valais*, der *Portus Vallesiae* der Römer, einst am See, heute mehr als $^{1}/_{2}$ St. von ihm entfernt. Bei *la Porte du Sex* (393m), einem Thor zwischen Felswand und Rhone, einst befestigt und der Schlüssel des Wallis von dieser Seite, tritt der Fels so nah an den Fluß, daß kaum Raum für die Straße blieb. Eine hölzerne Brücke führt hinüber nach dem am r. Ufer gelegenen *Chessel*. R. die Dent du Midi (S. 241).

Erste Station ist das r. gelegene (6km) **Vouvry** (*Poste*), mit schöner Aussicht bei der Kirche (von Stat. Roche am r. Rhoneufer 1 St. entfernt, s. S. 227). Hier mündet der *Stockalper-Canal* in die Rhone, vor 100 Jahren von der Familie d. N. (S. 289) angelegt, aber unvollendet.

Von Vouvry auf den ***Grammont** (2178m), 5 St. (F. für Geübte entbehrlich), unschwierig und sehr lohnend. Reitweg (s. oben, Pferde in Vouvry zu haben) über *Miex* (Whs.) nach ($3^{1}/_{2}$ St.) *Taney* (einf. Unterkunft), am W.-Ende des gleichn. Sees; dann in $1^{1}/_{2}$ St. zum Gipfel, mit prachtvoller Aussicht vom Montblanc bis zum Matterhorn und der Jungfrau und über den Genfer See. Steiler Abstieg nach *Novel* (nur für Geübte m. F.) s. oben. — ***Cornettes de Bise** (2441m), von Vouvry in 6 St., gleichfalls unschwierig (F. entbehrlich). Ueber *Miex* (s. oben) hinan zum ($3^{1}/_{2}$-4 St.) *Col de Vernaz*, r. über den Kamm zur ($^{1}/_{4}$ St.) Sennhütte *la Challaz* (Heulager) und in $1^{1}/_{2}$ St. zum Gipfel, mit herrlicher Rundsicht. Abstieg (m. F.) nach *Lovenex* oder *Taney* (s. oben), oder (ohne F.) s. nach *la Chapelle*, von wo gute Straße r. abwärts nach (5 St.) *Evian*, l. bergan über *Châtel* und den *Pas de Morgin* nach ($2^{1}/_{2}$-3 St.) *Morgin* (S. 241).

R. die Orte *Vionnaz* (gegenüber Yvorne, S. 227, daneben r. die zerrissenen Diablerets und das schneebedeckte Oldenhorn) und *Muraz* am Fuß des Gebirges; weiter *Colombey*, mit Nonnenkloster und schöner Aussicht. Eine 65m l. Drahtbrücke führt über die Rhone nach Stat. Ollon-St-Triphon (s. S. 229).

16km **Monthey** (443m; **Croix d'or; Cerf*), mit altem Schloß und Glasfabrik. 20 Min. oberhalb in einem Kastanienwald eine Anzahl großer Findlingsblöcke (*blocs erratiques*), unter diesen ein gewaltiger, *la Pierre-a-dzo*, der auf einer kaum handgroßen Fläche ruht (ohne Führer nicht leicht zu finden).

---

Bei Monthey öffnet sich s.w. das 5 St. lange ***Val d'Illiez**, ausgezeichnet durch sein frisches Grün, seine wilden Landschaften und einen kräftigen Menschenschlag (Einsp. nach Troistorrents 6, Zweisp. 10, nach Champéry 10 u. 20, Morgins 12 u. 24 fr. u. Trinkg.; Postomnibus nach Champéry im Sommer tägl. in 3 1/4 St., 2 fr. 90 c.). Gleich bei Monthey steigt die schöne neue Straße auf dem l. Ufer der *Vièze* zuerst durch Weinberge, dann durch Kastanienwald fast 1 St. lang in vielen Windungen; schöner Rückblick auf das Rhonethal, Bex und Aigle, die Diablerets und den Grand Mœveran. Fußgänger lassen sich den Anfang des steinigen alten Weges zeigen, den Telegraphenstangen nach; wo dieselben 1/4 St. oberhalb Monthey l. der Strasse folgen, schlägt man letztere ein (r. bergauf geht's nach Morgin) und folgt ihr bis (1/2 St.) *Troistorrents* (763m; H.-P. Troistorrents), schön gelegenes Dorf mit gutem Brunnen neben der Kirche. Hier öffnet sich w. das Val de Morgin, in welchem 3 St. von Monthey *Bad Morgin* (1343m; *Grand Hôtel, Pens. m. Z. 6-8 fr.), Eisenquelle, mehr zum Trinken, auch als Luftkurort besucht.

Weiter wenig steigend, stets mit schöner Aussicht auf die Dent du Midi, nach (50 Min) *Val d'Illiez* (959m; Hôt.-Pens. du Repos) und (1 St.) **Champéry** (1052m; **H. de la Dent du Midi*, Z. 2, Lunch 2 1/2, M. 3 1/2, Pens. 6-8 fr.; *H. des Alpes*; **H.-P. Berra*; **Croix fédérale*, Z. 1 1/2, M. 2 fr.; *Pens. du Nord*), dem obersten Dorf des Thals, in schöner Umgebung.

Ausflüge (Führer: *Maur. Caillet*, die Brüder *Grenon*, *Ant. Clement*, *E. Joris* u. a.). Zu den **Galerieen*, 20 Min.; hinab über die Vièze, an einer Sägemühle vorbei zu der an schroffer Felswand angebrachten Passage gegenüber dem Ort, mit reizenden Blicken auf das Thal bis Troistorrents (Eintr. 50 c.). — Auf den *Roc d'Ayerne*, mit gutem Ueberblick des Thals, 1 St. (Führer unnöthig). — ***Culet** (1966m), 3 St. (F. 4 fr.), unschwierig und lohnend. Vom Wege zum Col de Coux (s. unten) bei einem (3/4 St.) *Heiligenhäuschen* r. ab, an einer großen Sennhütte l., etwas höher an einer zweiten r. vorbei bergan; bald darauf durch Tannen, dann schmaler Fußsteig zu dem Kreuz auf dem Gipfel, mit prächtiger Aussicht, namentlich auf die Dent du Midi. Allenthalben Sennhütten und Hirten, bei denen man sich nach dem Wege erkundigen kann.

***Dent du Midi** (3260m), 7-8 St. m. F. (18, mit Übernachten in Bonaveau 20, mit Abstieg nach Vernayas 24 bez. 26 fr.), beschwerlich aber lohnend. Man übernachtet in den Sennhütten von *Bonaveau* (1558m; gute Unterkunft), 1 3/4 St. von Champéry (s. unten); von hier über den *Pas d'Encel*, den *Col de Clusanfe* und *Col des Paresseux* in 5-6 St. zum Gipfel, die letzten 3 St. sehr ermüdend, doch bei festem Fuß ohne Gefahr; im Spätsommer kommt man nur wenig über Schnee, über Gletscher nirgends. Die Aussicht auf Montblanc, Walliser und Berner Alpen ist großartig, im s. Hintergrund die Alpen der Dauphiné und von Piemont; den Genfer See sieht man von Villeneuve bis Vevey. Hinab braucht man nicht nach Champéry zurück, sondern kann nach Salvan hinabsteigen (5 3/4 St.): über Schutt beschwerlich bis zu den (3 1/4 St.) magern Weiden der obern *Salanfe-Alp* (1914m, nur im August bezogen); dann längs den schönen Fällen der *Salanfe* auf steilen steinigen Pfaden nach (1 1/2 St.) *Van d'en haut* (Milch), hier über die Salanfe, auf besserm Wege an der südl. Thalwand entlang (jenseit der Bergecke des *Col de la Matze* Blick auf den Montblanc), nach (1 St.) *Salvan* (S. 266).

**Tour Sallières** (3227m), 8-9 St. (Übernachten in Bonaveau, s. unten; F. 30 fr.), shwierig und anstrengend, über den *Glacier du Mont-Ruan*; prachtvoller Blick auf den Montblanc. — Aehnliche Aussicht von den **Dents Blanches** 2774), über die Alp *Barmaz* in $7^1/_2$ St., für Geübte ohne Gefahr (F. 15 fr.).

**Pässe.** Von Champéry nach Samoëns über die Cols de Coux und de la Golèse, $6^1/_2$ St., Saumpfad, Führer (13 fr.) unnöthig. Bei dem oben gen. *Heiligenhäuschen* ($^3/_4$ St. von Champéry) stets geradeaus, an mehreren Sennhütten vorbei (schöner Rückblick auf die Dent du Midi) zum (3 St. von Champéry) **Col de Coux** (1924m; *Whs.*), von dem man nach W. das Drancethal übersieht; der Sattel l. ist der Col de la Golèse. Hinab theilweise durch Wald (man vermeide die r. nach Morzine führenden Wege, s. S. 239); beim Austritt aus dem Walde sieht man halblinks die Fortsetzung des Weges zum ($1^1/_2$ St.) **Col de la Golèse** (1671m), mit schöner Aussicht. Hinab an den Hütten von *les Chavannes* vorbei nach dem Dörfchen *les Allamans* (bleibt l.) und in das Thal des *Giffre* nach ($1^3/_4$ St.) *Samoëns* (S. 255); wer nicht zu spät ankommt, geht am besten schon vor Samoëns l. ab direkt nach ($1^1/_2$ St.) *Sixt* (S. 256).

Von Champéry nach Sixt über den Col de Sagerou, 8-9 St., beschwerlich, nur für Geübte (F. 18 fr.). Vom Hôt. de la Dent du Midi auf schmalem Fahrweg hinab (thalaufwärts) bis zu einer Brücke (20 Min.), dann 3 Min. bis dahin wo zwei Bäche sich zur *Vièze*, dem Hauptbach des Thals vereinigen; hier wieder über eine Brücke (den gleich l. abführenden Fußpfad vermeiden). Nach 10 Min. betritt man den l. abgehenden Fußweg, der 1 St. lang stark steigt; 10 Min. vom Ende des Anstiegs die *Chalets de Bonaveau* (s. oben); dann allmählich steigend an schroffen Felsen entlang in 40 Min. zum *Pas d'Encel*, wo eine kurze Kletterpartie beginnt (Vorsicht!). Nach $^1/_4$ St. zweigt l. der Weg zum Col de Clusanfe und der Dent du Midi ab (s. oben). Unser Weg steigt langsam über die Matten der *Clusanfe-Alp*, auf der l. Seite des Bachs, überschreitet denselben nach $^1/_2$ St. und steigt dann sehr steil über Felsen zum (1 St.) **Col de Sagerou** (2413m), einem nach beiden Seiten scharf abfallenden Grat zwischen r. *Dents Blanches* (s. oben), l. *Mt. Ruan* (3047m; vom Col in 3 St. zu ersteigen, lohnend). Hinab in $^3/_4$ St. zu den Hütten von *Vogealles*, $^1/_2$ St. *Chalets de Borée*, dann an einer fast senkrechten Felswand in $^1/_2$ St. ins Thal des *Giffre*, nach ($1^1/_4$ St.) *Nant Bride* und ($1^1/_4$ St.) *Sixt* (S. 256).

Von Champéry nach Vernayaz über den *Col de Clusanfe* oder *Sazanfe* 2500m), 10-11 St. m. F., beschwerlich. Jenseit des *Pas d'Encel* (s. oben) l. hinan zum Col, zwischen Dent du Midi und Tour Sallières; hinab durch das *Salanfe-Thal* (s. oben) nach *Salvan* u. *Vernayaz*. — Man kann auch von den Hütten von *Salanfe* (s. oben), 1 St. jenseit des Col Clusanfe, r. ansteigend über den *Col* oder *Chieu d'Emaney* (2427m), zwischen Tour Sallières und Luisin (S. 266) in das Thal des *Triège* nach *Emaney* und (5-6 St.) *Triquent* (S. 266), oder über den Col d'Emaney und *Col de Barberine* (2480m) in das Thal der *Eau noire*, nach *Barberine* und (7 St.) *Valorcine* (S. 265), oder endlich ö. über den *Col de Salanfe* (2223m) nach ($3^1/_2$ St.) *Evionnaz* (S. 230) gelangen.

---

Die Bahn überschreitet die aus dem Val d'Illiez strömende *Vièze* und tritt bei *Massongex* näher an die Rhone. Vor (23km) *St-Maurice* mündet l. die Bahn des r. Ufers (S. 229).

---

## V. Savoyen, Wallis und das angrenzende italienische Alpengebiet.

## 71. Von Genf über Culoz und Aix-les-Bains nach Chambéry und über Annecy zurück.

Eisenbahn bis Aix-les-Bains (89km) in $3^1/_2$ St. (11 fr. 30, 8. 05, 6. 10 c.), bis Chambéry (103km) in 4 St. (12 fr. 75, 9. 60, 7. 05 c.), bis Albertville (151km) in 7 St. (18 fr. 70, 14 fr., 10 fr. 35 c.); von Albertville nach Annecy (45km) tägl. Diligence in 4 St.; von Aix-les-Bains nach Annecy (40km) Eisenbahn in $1^1/_2$-2 St. (4 fr. 95, 3. 65, 2. 65 c.), von Annecy nach Genf (60km) in $2^1/_2$ St. (7 fr. 80, 5. 50, 4 fr.). — Näheres s. in *Bædeker, le Midi de la France*, 3e éd. 1889.

*Genf* s. S. 203. — 5km *Vernier-Meyrin;* 9km *Satigny;* l. die *Rhone.* Bei (15km) *la Plaine* über das Thal der *London.* — 20km *Chancy-Pougny;* 23km *Collonges* (339m). Die Rhone trennt die steilen Abhänge des *Mont Vuache* (1049m) von der Jurakette. R. auf einem Felsvorsprung erscheint das den Eintritt nach Frankreich beherrschende **Fort de l'Ecluse** (423m), von den Herzogen von Savoyen angelegt, von Vauban umgebaut, 1815 von den Oesterreichern zerstört, nach 1824 von den Franzosen stärker und höher wieder aufgeführt. Ein 185m l. Tunnel führt unter den Werken hindurch. Folgt der 3900m l. *Tunnel du Crédo*, dann ein großartiger, 250m l., 52m h. Viadukt über das tief eingeschnittene Thal der *Valserine.*

34km **Bellegarde** *(Buffet; Hôt. des Touristes, de la Poste);* franz. Zoll-Revision.

Oberhalb der Mündung der Valserine in die Rhone, $^1/_4$ St. vom Gasth. war früher die sog. **Perte du Rhône**, ein Felsenschlund, in welchem der Fluß bei niedrigem Wasserstande (Nov.-Febr.) auf eine Strecke von 100 Schritten früher vollständig verschwand; doch haben neuere Sprengungen das Bett der Rhone derart erweitert, daß sie jetzt auch beim niedrigsten Wasserstande überall sichtbar bleibt. Die Wasserkraft der Rhone wird von einer Gesellschaft (Compagnie Hydraulique du Rhône) zum Fabrikbetrieb verwendet; ein 750m l., größtentheils unterird. Derivationscanal ist oberhalb der „Perte" aus dem Flußbett abgeleitet, der kurz vor der Vereinigung der Valserine mit der Rhone in die erstere mündet (Eisenbahn durch das Valserinethal nach *Nantua* und *Bourg*).

Von Bellegarde nach Bouveret, 101km, Eisenbahn in $3^1/_4$ St. Stationen: *Valleiry, Viry,* (24km) *St-Julien* (Straßenbahn nach *Genf* s. S. 214), (32km) *Bossey-Veirier*, am n.w. Fuß des *Salève* (S. 214); dann über die Arve nach (39km) *Annemasse* (S. 252), Knotenpunkt der Bahn Genf-Annecy und Genf-Cluses (Chamonix, S. 252). — 45km *St-Cergues;* 53km *Bons-St-Didier* (auf die *Voirons* s. S. 215); 59km *Perrignier;* 69km *Thonon* (S. 239); 78km *Evian* (S. 239); 85km *Lugrin;* 90km *Meillerie;* 96km *St-Gingolph;* 101km *Bouveret* (S. 240).

Vier Tunnel (1025, 840, 450 u. 152m lang); dann hinter (45km) *Pyrimont* (in der Nähe Asphaltgruben) auf schönem Viadukt über die *Véseronce.* — 52km *Seyssel*, altes Städtchen an beiden Ufern der von hier ab schiffbaren Rhone, über die eine Doppelhängebrücke führt. Das Rhonethal erweitert sich; der Strom fließt in einem breiten inselreichen Bett.

67km **Culoz** (236m; *Hôt. Folliet*, am Bahnhof; **Bahnrestaur.*), am Fuß des *Colombier* (1534m), Knotenpunkt der Bahnen von Lyon und Mâcon (Paris) nach Turin. Meist Wagenwechsel und längerer Aufenthalt.

Die Mont-Cenis-Bahn überschreitet die Rhone und erreicht bei (74km) *Chindrieux* das N.-Ende des 16km l., 5km br. **Lac du Bourget** (227m); r. auf bewaldetem in den See vorspringendem Hügel das alte Schloß *Châtillon.* Weiter am felsigen Ostufer des Sees, durch vier Tunnel; hübsche Aussicht r. auf Kloster Hautecombe, Schloß Bourdeau und die Dent du Chat (s. unten).

89km **Aix-les-Bains** (spr. Äx). — Gasth.: *Grand-Hôt. d'Aix, Avenue de la Gare; *Gr.-Hôt. Bernascon & de l'Europe, H. de l'Univers, *Gr.-H. des Ambassadeurs & du Nord, *H. Venat, Rue du Casino; Gr.-H. de la Galerie, zwischen Rue du Casino und Place Centrale; Splendid-Hôt., in schöner Lage oberhalb des Jardin public, alle 1. Kl. mit entsprechenden Preisen: Z.L.B. von 5-6, F. 1½, Déj. 3, M. 5fr.; Gr.-Hôt. des Bergues, Avenue de la Gare; Gr.-H. du Globe, H. des Bains, Rue du Casino; Beausite, oberhalb des Jardin public; *Château-Durieux, Boul. des Côtes, etwas billiger; *H. Guilland & de la Poste, Place Centrale; H. Laplace, de Genève, Rue du Casino; H. de l'Etablissement thermal, bei den Bädern; H. Damesin & Continental, Rue de Chambéry; H. de la Poste, Germain, Bossut, Garin, du Parc etc. — Zahlreiche *Pensionen* und *Maisons meublées.*

Cafés-Restaurants. *Dardel*, Place Centrale; *Gr.-Café de la Gare*, etc.

Fiaker die Fahrt für 1-2 Pers. 1 fr., 3-4 Pers. 2 fr.; die Stunde einsp. 3 fr., zweisp. 4 fr. — Voitures publiques für Fahrten in die Umgegend (Marlioz, Port Puer etc.), Place Centrale.

Casinos. *Cercle*, Rue du Casino, Eintr. 3 fr.; Saison-Abonnements 40 fr., Familie von 2 Pers. 65 fr. etc. — *Villa des Fleurs*, Avenue de la Gare, ähnlicher Art.

*Aix-les-Bains* (258m), bei den Römern *Aquae Allobrogum* oder *Aquae Gratianae*, berühmter Badeort mit 5580 Einw. und jährlich über 12 000 Curgästen, in malerischer Umgebung. Das Wasser der 36° R. warmen Schwefelquellen wird getrunken und zu Bädern und Douchen gebraucht. Das große 1854 erbaute *Etablissement Thermal* ist gut eingerichtet. Vor demselben der *Bogen des Campanus*, ein im III. oder IV. Jahrh. n. Chr. in Form eines römischen Triumphbogens errichtetes Grabdenkmal des T. Pomp. Campanus und seiner Familie (in 8 Nischen die Urnen der Personen, deren Namen auf dem Denkmal zu lesen sind). In dem wohlerhaltenen *Schloß* (XIV. Jahrh.), jetzt *Hôtel de Ville* ein *Museum* von Alterthümern (besonders Pfahlbaufunde aus dem Lac du Bourget) und andern Merkwürdigkeiten (tägl. 9-12 u. 2-5 U., 50 c.). Mittelpunkte des Fremdenverkehrs sind der luxuriös ausgestattete *Cercle* (Casino) mit prächtigen Sälen und die *Villa des Fleurs* (s. oben) mit schönem Garten (häufig Concerte). — Von der Place Centrale Omnibus alle 20 Min. (hin und zurück 60 c.) nach ($1{,}_5$km) *Marlioz*, mit kalten Schwefelquellen (Inhalirsaal), Schloß und Park (Chalet-Restaurant).

Ausflüge. Hübsche schattige Spaziergänge im *Parc*, der *Promenade du Gigot* und *Avenue Marie.* — Zum **Lac du Bourget** (s. oben), auf der Route d

Lac zum (3/4 St., Omnibus 50 c.) *Port-Puer* (Dampfbootlandeplatz; Ruderboote zu haben). Am See der 5km l., schön bewaldete Hügel von *Tresserve* mit schattigen Promenaden u. hübschen Aussichten; auf der N.-Spitze die *Maison du Diable* (Villa mit Garten), an der W.-Seite am See Schloß *Bonport*.

Am NW.-Ufer des Sees am Fuß des *Mont du Chat* die malerisch gelegene Cisterzienser-Abtei ***Hautecombe** (Dampfboot mehrmals wöchentlich; Sonntags Rundfahrt um den See mit 1stünd. Aufenthalt in Hautecombe. — Boot mit 2 Rudern incl. 1 St. Aufenthalt 9 fr., jede weitere Stunde 1 1/2 fr., nach Bourdeau 5 fr.; vorherige Verständigung mit den Schiffern dringend anzurathen). Das Kloster, einst Begräbnißstätte der savoyischen Fürsten, bis die Superga bei Turin (1731) es ersetzte, wurde in der franz. Revolution zerstört, aber 1824 durch Carl Felix, König von Sardinien, glanzvoll wieder aufgebaut. Die Kirche enthält die Grabmäler Amadeus' V., VI., VII., Humbert's III., Ludwigs I., Barons von Vaud, Johanna's von Montfort, des Grafen Haymon, Erzbischofs von Canterbury, das prächtige Mausoleum Peters von Savoyen, Anna's von Zähringen u. a. Die Aussicht vom nahen Thurm *Phare de Gessens* hat Rousseau beschrieben. 1/4 St. vom Kloster ist eine intermittirende Quelle, *la Fontaine des merveilles* (vgl. S. 122). — An der Stelle der alten Römerstraße führt eine gute Landstraße über den *Mont du Chat*. Kloster und Landschaft zu genießen, nehme man ein Boot von Aix nach Haute-Combe, schicke es dann nach Schloß *Bourdeau* am südl. Ende der Straße über den Mont du Chat, und gehe, nachdem man Kloster und Quelle besichtigt, auf Seitenpfaden nach der Straße des Mont du Chat und auf derselben nach Bourdeau, von wo man nach Aix zurückfährt. — Weiter s. am Einfluß der *Leisse* in den See das Dorf **Le Bourget** (*Hôt. Ginet*) mit Schloßtrümmern und Kirche im roman.-goth. Übergangsstil (am Chor schöne Basreliefs aus dem XIII. Jahrh.). — Von hier auf die *Dent du Chat* (1400m) 3 St., guter Reitweg; prächtige Aussicht auf die Alpen mit dem Montblanc.

N. gelangt man von Aix auf der Genfer Straße nach (1/2 St.) *St-Simon*, mit Eisenquelle; 1/4 St. weiter in romant. Schlucht die *Cascades de Grésy* (s. unten; Zutr. 50 c.). — N.ö. führt von Aix eine schöne Straße über *St-Simon*, *Grésy* und durch das malerische *Défilé des Combes* zum (8km) *Moulin de Prime*, weiter über *Cusy* zur (20km von Aix) *Grotte de Bange* mit unterird. See (zu Wagen 5 1/2 St. hin u. zurück, Beleuchtung mitbringen). — Ö. über (3/4 St.) *Mouxy* zum (1 1/4 St.) *Rocher de St-Victor* mit Kapelle und von hier auf die (1 1/2 St.) *Montagne de la Cluse* mit herrlicher Aussicht. — S.ö. (20 Min.) der *Rocher du Roi*, ein schon zur Römerzeit betriebener Steinbruch, mit hübscher Aussicht.

Von Aix-les-Bains nach Annecy, 40km, Eisenbahn in 1 1/2 St. — Die Bahn führt anfangs in n. Richtung durch das Thal des *Siéroz*, der sich ein tiefes Bett gegraben hat (die *Gorges du Siéroz*, von einem kl. Dampfboot befahren). — 4km *Grésy-sur-Aix*, mit Burgtrümmern und hübschem Wasserfall (s. ob.). Kleiner Tunnel. — 12km *Albens*. R. in einem Bergeinschnitt der Semnoz und die Tournette (S. 251). — 17km *Bloye*. — Bei (21km) **Rumilly** (334m; *Hôt. de la Poste; Rest. Ducret*), Städtchen röm. Ursprungs, über den *Chéran* (lohnender Ausflug in das *Val de Fier*). — Die Bahn wendet sich ö. in das hübsche Thal des Fier. 27km *Marcellaz-Hauteville*. Weiter durch das *Défilé du Fier*, einem wilden malerischen Engpaß (12 Brücken, 2 kl. Tunnel). Gegen das Ende der Schlucht l. Schloß *Montrottier*, aus dem XIV. u. XVI. Jahrh. — 33km *Lovagny* (Restaur. am Bahnhof und am Eingang der Gorges). 10 Min. ö. die ***Gorges du Fier**, eine großartige 250m l. Klamm mit 90m h. Kalkfelswänden, durch eine Holzgallerie bequem zugänglich gemacht (Eintr. 1 fr.). — Jenseit Lovagny r. schöne Aussicht auf den Parmelan, den Semnoz und die Tournette. Folgt ein 1155m l. Tunnel, dann noch eine Brücke über den Fier. — 40km *Annecy* (S. 251).

Bei der Weiterfahrt verdeckt der bewaldete Hügel von Tresserve (s. oben) den See. — 93km *Viviers*; l. die *Dent du Nivolet* (1558m).

103 km **Chambéry** (269m; **Hôt. de France*, Quai Nezin, bei den Boulevards; *H. des Princes*, Rue de Boigne; *H. de la Poste & Métropole*, Rue d'Italie; *H. de la Paix*, dem Bahnhof gegenüber), Hauptort des Départ. Savoyen (20 916 Einw.), großstädtischen Ansehens, an der reißenden *Leisse*. An der Promenade zwischen Bahn-

hof und Stadt das mit lebensgroßen Elephanten geschmückte Brunnen-Denkmal des Generals *de Boigne* († 1830), welcher einen Theil seines in Ostindien erworbenen Vermögens von 15 Millionen fr. seiner Vaterstadt vermachte. Von dem hochgelegenen alten *Schloß* der Grafen und Herzoge von Savoyen, 1232 erbaut, neuerdings hergestellt und vergrößert (jetzt Präfektur), sind noch zwei Thürme und die Schloßkapelle, im goth. und Renaissancestil übrig. Hinter dem Schloß (man geht l. herum durch das Thor die Allee aufwärts) der *Grand Jardin*, eine öffentliche Promenade mit schöner Aussicht von der Terrasse. Das *Theater* ist im Innern reich dekoriert; in der Nähe die goth. erzbischöfl. *Kathedrale* (XII. u. XV. Jahrh.). Vor dem Palais de Justice die 1864 errichtete Bronzestatue des berühmten Rechtsgelehrten *Ant. Favre* († 1624), von Gumery. Gegenüber das neue *Museum*, mit archäolog. Sammlungen, Skulpturen, Bibliothek und Gemälde-Gallerie.

SPAZIERGÄNGE. N. über der Stadt (10 Min.) die *Rochers de Lemenc* mit Kirche, in welcher General Boigne und Mme. de Warens, die Freundin Rousseau's, begraben liegen; reizende Aussicht. — *Buisson-Rond* (20 Min.), hübscher Park; *Cascades de Jacob* (1/2 St.); Kapelle *St-Saturnin* (1 1/4 St.). — *Le Bout du Monde* (1 St.), Felsschlucht am Fuß der Dent du Nivolet, mit schönem Fall der *Doria*. — *Les Charmettes* (1/2 St.), Landhaus, das J.-J. Rousseau mit Mme. de Warens im J. 1736 bewohnte (Eintr. 50 c.). — *Challes*, mit Schwefelquelle und Badhaus (1 1/4 St., Omnibus vom Bahnhof Chambéry in 1/2 St.); das alte Schloß jetzt Hôtel-Pens. (gut aber theuer).

Lohnend und unschwierig die Besteigung der *Dent du Nivolet* (1558m), 4 1/2-5 St., ungefähr 3 St. Fahrweg, dann Reitweg bis fast zum Gipfel; prächtige Aussicht.

Weiter durch malerische Gegend, an den Ruinen *Bâtie* und *Chignin* vorbei. Der abschüssige *Mont Granier* (1938m) r. erhielt seine eigenthümliche Form im J. 1248 durch einen Bergsturz, welcher 16 Dörfer verschüttete. — 113km *Chignin-les-Marches*. — 116km *Montmélian* (281m; Bahnrestaur.), Knotenpunkt der Bahn nach *Grenoble*. Das Schloß, von dem nur wenige Mauerreste auf einem Hügel sichtbar, war lange ein Bollwerk Savoyens gegen Frankreich, bis Ludwig XIV. es 1705 zerstörte. Hübscher Blick in das Thal der *Isère*, in welchem die Bahn nun aufwärts führt. — 120km *Cruet*; 127km *St-Pierre d'Albigny*, Knotenpunkt der Mont-Cenis-Bahn (1/2 St. n. das gleichn. Städtchen); l. auf vorspringendem Fels die Trümmer des Schlosses *Miolans*, einst savoyisches Staatsgefängnis, in der franz. Revolution zerstört.

Die MONT-CENIS-BAHN verläßt hier das Thal der Isère und wendet sich r. in dem vom *Arc* durchströmten *Maurienne-Thal* aufwärts. Stat. *Chamousset*, an der Mündung des Arc in die Isère; *Aiguebelle*, *Epierre*, *la Chambre*, *St-Jean-de-Maurienne*, *St-Michel*, *la Praz*, (74km) *Modane*; dann durch den grossen *Mont-Cenis-Tunnel* unter dem *Col de Fréjus* (12,2km lang) nach Stat. *Bardonnèche* und *Turin*; s. *Baedeker's Ober-Italien*.

Die Bahn nach Albertville bleibt am r. Ufer der Isère. — 137km *Grésy-sur-Isère* (röm. Alterthümer). L. *Montailleur* mit alter Burg; gegenüber am l. Ufer der Isère *Ste-Hélène-des-Millières* mit Salzquellen. — Von (143km) *Frontenex* führt n. eine Straße über den *Col de Tamié* (908m) nach (18km) *Faverges* (s. unten).

151km **Albertville** (315m; *Hôt. Million*, am Marktplatz, Z. $3^1/_2$, M. $3^1/_2$ fr.; *Hôt. des Balances*, Grande Rue), freundliche Stadt mit 5460 Einw., die 1835 zu Ehren des sardin. Königs Karl Albert ihren jetzigen Namen erhielt, besteht aus zwei durch den *Arly* getrennten Ortschaften: am r. Ufer *l'Hôpital*, am l. das malerische alte Städtchen *Conflans*, einst befestigt und noch von grün bewachsenen Zinnenmauern umgeben.

Von Albertville nach Moûtiers-en-Tarentaise, 27km, Diligence 3mal tägl. in 3 St. (3 fr. 50 c.; Eisenbahn im Bau). Die Straße führt durch das immer enger und großartiger sich gestaltende **Isèrethal** über *Tours* und *Cevins*, am n.ö. Fuß der *Tournette* (2454m), nach (17km) *Feissons-sous-Briançon*, mit den Ruinen des Schlosses *Briançon*; weiter über (20km) *Notre-Dame-de-Briançon* und *Aigueblanche* nach (27km) **Moûtiers** (480m; *Couronne* bei *Viztoz*; *H. Berioli*), Städtchen mit 1967 E., der alte Hauptort der *Tarentaise*, Bischofssitz, nach einem im V. Jahrh. gegründeten Kloster benannt. Die Kathedrale, als Bauwerk unbedeutend, besitzt einen sehenswerthen Kirchenschatz. — Unweit s. im schönen Thal des Doron die Bäder ($^1/_4$ St.) *Salins* und ($1^1/_4$ St.) *Brides-les-Bains*. — O. führt von Moûtiers eine Poststraße (Diligence 2mal tägl.) durch das malerische Isèrethal über *Aime* und *Bellentre* nach (27km) *Bourg-St-Maurice* (S. 274).

Von Albertville nach Beaufort, 19km, Post tägl. in 3 St. (2 fr. 25 c.) durch das malerische *Doronthal*. **Beaufort** (800m; Gasth.: *Cheval Blanc*, *Montblanc*) ist ein hübsch gelegenes Städtchen, von dem Schloß *la Salle* überragt. Von hier durch das *Gitte-Thal* zum *Col du Bonhomme* und über den *Col des Fours* nach *Mottets*, 9-10 St. m. F. (16 fr.) vgl. S. 271. — Von Beaufort nach Contamines über den Col Joli, 8-9 St. m. F., im Ganzen lohnend. Fahrweg durch das *Dorine-Thal* (*Vallée de Haute-Luce*) über *Haute-Luce* bis (3 St.) *Belleville*, dann Saumweg über den **Col Joli** (1999m), s. vom *Mont Joli* (S. 270), mit Aussicht auf den Montblanc, nach (5 St.) *Contamines* (S. 270).

Von Albertville nach Chamonix, 69km, schöne neue Straße (Post tägl. in 10 St., 16 fr., 4sitziger Zweisp. 90 fr.) über *Les Fontaines d'Ugines*, wo die Straße von Annecy einmündet (s. unten) und durch das malerische *Arly-Thal* nach (3 St.) Flumet (917m; *Hôt. des Balances*), reizend gelegener Flecken an der Mündung der *Arondine* in den Arly (über den *Col des Aravis* nach *St-Jean-de-Sixt* s. S. 252). Auf einem Felsen die Ruinen des Schlosses der frühern Herren von Faucigny. (Für in umgekehrter Richtung Reisende findet in Flumet Mautbrevision statt, vgl. S. 252.) — $2^1/_2$ St. **Mégève** (1125m; *Hôt. Conseil*), auf der Wasserscheide zwischen Isère und Arve; dann hinab, bald mit prächtiger *Aussicht geradeaus auf die *Aiguille de Varens* (2488m), l. das Thal der Arve bis über Magland (S. 253) hinaus, r. die ganze Montblanc-Kette mit ihren Gletschern u. dem höchsten Gipfel des Montblanc, nach (1 St.) *Combloux*, wo die Straße sich theilt: l. nach ($1^1/_4$ St.) *Sallanches*, r. auf imposanter Brücke über die Schlucht des *Bon-Nant* nach (1 St.) *St-Gervais* (S. 254) und hinab nach ($^1/_2$ St.) *le Fayet*, an der Straße von Cluses nach (4 St.) Chamonix.

Die Straße nach Annecy (45km) führt n. am r. Ufer des *Arly* aufwärts. L. auf steilem Berg die Kirche von *Pallud*; r. strömt der *Doron* aus der *Vallée de Beaufort* hervor (s. oben). Bei (8km) *Fontaines d'Ugines* verläßt die Straße den Arly und biegt l. in das Thal der *Chaise*. R. auf der Höhe das Städtchen **Ugines** (460m; *Soleil d'or*) mit 3000 Einw. An den untern gegen S. abfallenden Bergabhängen erscheint Weinbau. Jenseit *Marlens* verläßt die Straße das Thal der Chaise und überschreitet die kaum merkliche Wasserscheide der *Eau-Morte*, deren Lauf sie folgt. $2^1/_2$ St. *Faverges* (518m; Hôt. de Genève) mit großem altem Schloß (über den *Col de Tamié* nach *Frontenex* s. oben). 2 St. weiter *le Bout du Lac* beim Dörfchen *Doussard*, am Südende des 14km l. **Lac d'Annecy**

(446m), wo man das 3mal tägl. in $1^1/_2$ St. nach Annecy fahrende Dampfboot besteigt. Anmuthige Fahrt; r. über dem See die Felszacken der *Tournette* (s. unten). Auf einer weit in den See vorspringenden Landzunge l. in schöner Lage (1 St.) *Château Duingt;* gegenüber r. *Talloires* (*H. Beausite), Geburtsort Berthollet's (s. unten), und *Menthon*, mit Schwefelquellen und altem Schloß, in welchem der h. Bernhard (S. 282) geboren wurde. L. *Sévrier*, am Fuß des langgestreckten *Semnoz* (s. unten).

45km **Annecy** (450m; *Gr.-H. Verdun*, in der Nähe des Sees, nicht billig; **Gr.-H. d'Angleterre*, *Ecu de France*, *Aigle*, Rue Royale), alterthümliche malerische Stadt (11,334 Einw.), Hauptort des Dep. *Hoch-Savoyen*, mit bedeutenden Leinenmanufakturen. Im XII. Jahrh. Hauptstadt des Herzogthums Genevois, trug es den Namen *Anneciacum novum*, zum Unterschied von *Anneciacum vetus*, in der Nähe n.ö. am Abhang eines Hügels, wo zahlreiche Reste aus röm. Zeit gefunden wurden. Das die Stadt überragende alte *Schloß* ist jetzt Kaserne. Goth. *Kathedrale* mit modernem Thurm und alter bischöfl. *Palast*. In der Kapelle des Klosters *de la Visitation* ruhen der h. Franz von Sales († 1622) und die h. Johanna von Chantal († 1641). Einen anmuthigen Spaziergang gewährt die am See entlang führende *Promenade du Pâquier*, mit hübscher Aussicht; in der Mitte die stattliche neue *Präfektur*, davor ein Standbild des Ingenieurs *Sommeiller* (1815-71), eines der Erbauer des Mont-Cenis-Tunnels. Auf der andern Seite des vom See auslaufenden Canals der *Jardin public* mit dem Bronzestandbild des berühmten Chemikers *Berthollet* († 1822, s. oben) von Marochetti; in der Nähe das *Hôtel de Ville* mit einem kl. Museum, davor ein schöner Brunnen. — Annecy mit seiner herrlichen Umgebung ist ein angenehmer und nicht theurer Ruhepunkt.

Ausflüge. Auf den ***Semnoz** (1704m), s. von Annecy, 5 St., unschwierig und lohnend. Am O.-Ufer des Sees auf der Straße nach Albertville bis (5km) *Sévrier*, dann Fahrweg r. hinan zum (3 St.) *Col de Leschaux* (923m), von wo Reitweg r. zum Gipfel (Hôt. *Crêt du Châtillon*), mit schöner Aussicht (Zahnradbahn projectirt). — Der **Parmelan** (1835m), n.ö. von Annecy, ist besonders durch seine bizarren Felsbildungen interessant. Fahrstraße über *Sur-les-Bois* und *Dingy-St-Clair* bis (15km; Wagen in $2^1/_2$ St., 15 fr.) *la Blonnière;* von hier (F. für Geübte entbehrlich) über das *Chalet Chapuis* und das *Grand-Montoir* in $2^1/_2$-3 St. zum Gipfel, mit trefflicher Rundsicht (Chalet mit Erfr.). — Auf die ***Tournette** (2357m), den schönen Berg s.ö. von Annecy, sehr lohnend, aber schwierig, nur für Geübte (F. 10 fr.). Fahrstraße bis ($3^1/_2$ St.) *Thônes* (s. unten); von da m. F. über *Belchamp* und die *Chalets du Rosairy* in 5 St. zum Gipfel, mit prachtvoller Aussicht namentlich auf den Montblanc.

Von Annecy nach *Aix-les-Bains* s. S. 248; bei der ersten Stat. *Lovagny* (Fahrzeit 11 Min.) die sehenswerthen **Gorges du Fier* (S. 248).

Von Annecy nach Chamonix Diligence tägl. in 12 St. (Dampfboot bis *Doussard*, dann zu Wagen über *Les Fontaines d'Ugines*, *Flumet*, *Megève* und *St-Gervais*, vgl. S. 250); Fahrpreis bis St-Gervais 18, bis Chamonix 21, hin u. zurück 32 fr.

Von Annecy nach Cluses über Grand-Bornand, $12^1/_2$ St., lohnend. Fahrstraße über *Veyrier* und *Alex* nach (4 St.) **Thônes** (626m; *H. Guillery*), am Einfluß des *Nom* in den Fier hübsch gelegenes Städtchen (auf die *Tournette* s. oben); weiter im Thal des erstern n.ö. über *les Villards* nach ($1^3/_4$ St.) *St-Jean-de-Sixt* (1012m; nach Sallanches s. unten). Oberhalb theilt sich die Straße: l. über *Petit-Bornand* nach ($4^1/_2$ St.) *Bonneville* (S. 258); r. über ($^1/_2$ St.) **Grand-Bornand** (931m; *H. de la Victoire*), ansehnliches Dorf an der *Borr* nach ($1^1/_2$ St.) *Venay*. Von hier Saumweg über den *Col des Annes* (1710m) nach (2 St.) *Reposoir* oder *Pralong* (Whs.), dann Fahrstraße durch das malerische *Reposoir-Thal* nach (2 St.) *Scionzier* und ($^1/_2$ St.) *Cluses* (S. 253). — Von Annecy nach Sallanches über den Col des Aravis, 15 St., lohnend. Bis ($5^3/_4$ St.) *St-Jean-de-Sixt* s. oben; von hier Fahrstraße s.ö. im Thal des Nom über *la Clusaz* bis zum ($2^1/_2$ St.) **Col des Aravis** (1498m), mit prächtigem Blick auf den Montblanc; hinab Saumweg nach ($^3/_4$ St.) *la Giettaz* (1110m; H. des Aravis), von wo wieder Fahrstraße nach (2 St.) *Flumet*, an der Straße von Ugines (S. 250) nach ($4^3/_4$ St.) *Sallanches* oder *St-Gervais*. Ein näherer Fußweg führt von *la Giettaz* über den *Col Jaillet* direkt nach (4 St.) Sallanches.

Die Bahn Annecy-Genf führt durch einen Tunnel, überschreitet den *Fier* und wendet sich n. in das Thal der *Fillière;* r. der *Parmelan* (s. oben). — 5km *Pringy-la-Caille;* 10km *St-Martin-Charvonnex;* 16km *Groisy-le-Plot*. Noch ein kl. Tunnel und ein hoher Viadukt; dann erreicht die Bahn ihren höchsten Punkt bei (23km) *Evires* (790m; Buffet). Für in umgekehrter Richtung Reisende findet hier Zollrevision statt, da der an die Schweiz angrenzende Theil des Departements Hoch-Savoyen zollfrei ist (s. unten).

Folgen zwei Tunnel (der erste 1200m lang); dann senkt sich die Bahn weit nach O. ausbiegend in das Thal der *Arve*, mit prächtigem Blick über dasselbe. — 32km *St-Laurent;* weiter über einen 48m h. Viadukt. — 38km *La Roche-sur-Foron*, Knotenpunkt der Bahn Cluses-Annemasse. Von hier nach (60km) *Genf* s. unten.

## 72. Von Genf nach Chamonix.

### a. Ueber Cluses.

90km. Eisenbahn von Genf-*Eaux-Vives* bis (46km) *Cluses* in $1^3/_4$ St. (5 fr. 70, 4.25, 3.15 c.); von da bis *Chamonix* (44km) Omnibus in $4^1/_2$ St. (8 fr.). Fahrpreis Genf-Chamonix 1. Kl. 13 fr. 80, 2. Kl. 12 fr. 35, 3. Kl. 11 fr. 15 c., hin u. zurück (8täg. Gültigkeit) 22 fr. 70, 20 fr. 55, 18 fr. 60 c.; Rundreisebillets Evian-Martigny-Chamonix-Cluses-Genf (14 Tage) 1. Kl. 38 fr., 2. Kl. 34 fr. Billets im Bahnhof Eaux-Vives und Grand Quai 28. — Die Bahnhofsuhr in Eaux-Vives (Tramway von Place Molard; Einsp. 2 fr.) geht gegen die Genfer Zeit um 26 Min. nach. In Cluses werden im Omnibus-Bureau (r. von der Station) die Billets umgetauscht, worauf man schleunigst einen Platz im Omnibus zu belegen suche (Vorderplätze die besten). Ist der Hauptwagen besetzt, so werden Beiwagen gegeben, die den Innenplätzen des ersteren vorzuziehen sind. Zweispänner (4sitziger Landauer) von Cluses nach Chamonix in 4-$4^1/_2$ St., 40 fr. u. Trkg. — Diligence von Genf (Grand-Quai 10) nach Chamonix direkt im Sommer tägl. 7 U. Vm. in 9 St. mit $^3/_4$ St. Mittagshalt in Sallanches (Bellevue), zurück in 7 St. mit 30 Min. Halt in Bonneville (Couronne); Preis 19 fr., hin u. zurück 34 fr.

*Genf* (Bahnhof *Eaux-Vives*, Pl. F 8) s. S. 203. Die Bahn führt ansteigend durch einen Tunnel, dann auf der Hochebene fort; r. der Salève, l. die Jurakette. 4km *Chêne* (422m), großes stadtähnliches Genfer Dorf. R. erscheint der Montblanc zwischen dem pyramidenförmigen Môle (S. 255) und dem Doppelgipfel der Pointe d'Andey (1879m). Dann über den *Foron* (französische Grenze) nach (8km) **Annemasse** (436m; *Bahnrestaur.; H. de la Gare, de la Paix*, am Bahnhof; *National*, im Ort), weitläufig gebautes Städtchen, Knotenpunkt der Bahn Bellegarde-Bouveret (S. 246); Kopfstation. Die Bahn durchzieht den Ort in großer Kurve, überschreitet bei *Etrembières* die *Arve* und wendet sich am Fuß des Salève l. in das Arvethal; hübsche

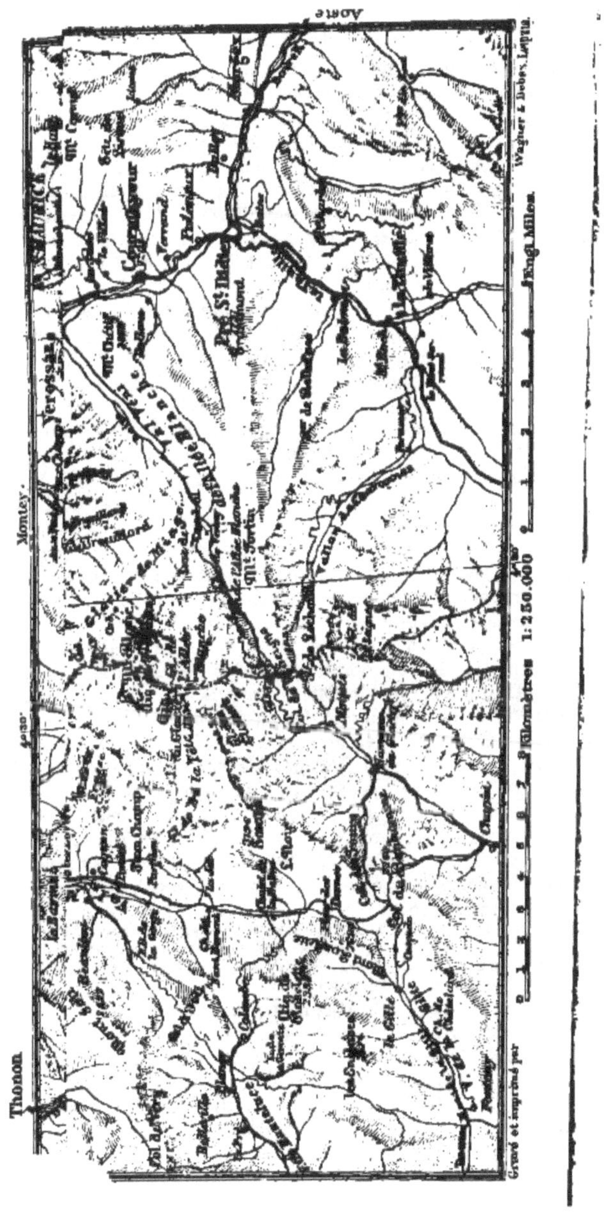

Thonon
Monthey
Aoste
Kilomètres 1:250.000
Engl. Miles
Gravé et imprimé par Wagner & Debes, Leipzig

Aussicht l., im Hintergrund die Montblanc-Kette. 11km *Monnetier-Mornex;* r. oberhalb das reizend gelegene Dorf *Mornex* (S. 214), l. die Arve in tiefer Schlucht. Die Bahn führt auf imposantem Viadukt über den *Viaison* und steigt, stets mit schönem Blick über das Arvethal, durch obstreiche Fluren und über den *Foron* (es giebt 3 Bäche dieses Namens) nach (17km) *Reignier* (H. du Montblanc). Folgt (20km) *Pers-Jussy-Chevrier*, dann (21km) **La Roche-sur-Foron** (550m; *H. de la Balance; Croix Blanche*), Knotenpunkt der Bahn nach Annecy (S. 252); l. der Ort mit Burgruine, hoch über dem Arvethal malerisch gelegen.

Die Bahn überschreitet den *Foron* und einen Seitenbach desselben, führt durch einen kurzen Tunnel (r. die Felsmauern der Pointe d'Andey, l. der Môle und weiter zurück die Voirons) und senkt sich durch waldiges Gelände ins Arvethal nach (28km) *St-Pierre-de-Rumilly.* Dann über die *Borne* und bald darauf über die Arve, an der Stadt vorbei, nach (32km) **Bonneville** (450m; *Couronne*, theuer; *Balance*), ansehnliches Städtchen (2271 Einw.), an Rebenhügeln malerisch gelegen. Ueber die Arve führt eine stattliche Brücke; am n. Ufer ein kl. Denkmal für die im Kriege 1870-71 gebliebenen Soldaten des Dep. Hoch-Savoyen; am s. Ufer eine 22m h. Denksäule mit dem Standbild des Königs Karl Felix von Sardinien. R. öffnet sich plötzlich die *Aussicht auf den Montblanc, dessen gewaltiges blendend weißes Schneegebirge am Ende des Thals ganz nahe erscheint, obschon es in der Luftlinie noch c. 50km entfernt ist (die nach und nach sichtbar werdenden Spitzen sind von r. nach l. Aiguille du Goûter, Dôme du Goûter, der Montblanc selbst, Mont Maudit, Montblanc du Tacul, Aiguille du Midi, Aiguille Verte).

Weiter in schnurgerader Richtung durch das breite, von hohen Bergen eingeschlossene Arvethal; r. die in Windungen ansteigende Straße von Bonneville nach *Brizon.* Ueber den *Giffre* nach (39km) *Marignier* (467m; Whs. am Bahnhof, Wagen zu haben), l. das Dorf, an der Straße nach (10km) *St-Jeoire* (S. 255); r. hohe Kalkberge. Weiter stets am r. Arveufer (l. auf der Höhe *Châtillon*, s. unten) nach (46km) **Cluses** (490m; *H. Revuz*), meist von Uhrmachern bewohntes Städtchen am Eingang des engern Arvethals, vorläufig Endpunkt der Chamonixbahn.

N. führt von hier eine in Windungen ansteigende Straße über *Châtillon* nach (10km) *Taninges*, an der Straße von Genf nach Samoëns (S. 255); r. eine neue in den Fels gesprengte Straße nach (3,5km) *Nancy-sur-Cluses.* — Nach *Annecy* über *Grand-Bornand* s. S. 252.

Die Straße nach Chamonix führt durch das hier zu enger Schlucht sich zusammenziehende Arvethal, am r. Ufer des Flusses. Jenseit (47km) *Balme* (495m) sieht man l. an der steilen blaugelben Kalkfelswand, 228m höher, den Eingang zur *Grotte de Balme*, einer kaum besuchenswerthen Tropfsteinhöhle (2 St. hin u. zurück; Person 3 fr.).

Vor (53km) *Magland* l. an der Straße eine Quelle, nach Saussure's Annahme der Abfluß des kleinen *Lac de Flaine* (1431m) auf der Höhe. Weiter r. die *Pointe d'Areu* (2468m) und die *Pointe Percée*

(2752m, s. unten), l. die *Aiguilles de Varens* (2488m). Schon von weitem zeigt sich die nach Regen schöne *Cascade d'Arpenas*.

Das Thal dehnt sich aus. Die Straße überschreitet die Arve und führt gerade aus durch den breiten Thalboden, anfangs durch Wald, weiter stets mit prächtigem Blick auf die Montblanc-Kette, nach

63km **Sallanches** (546m; *H. des Messageries; Bellevue; Mont-Blanc*), weitläufig gebautes Städtchen.

Die **Pointe Percée** (2752m), mit prachtvollem Blick auf den Montblanc, ist von hier über die *Chalets des Fours* in $5^1/_2$ St. zu ersteigen (für Geübte nicht schwierig). — Von Sallanches über *Flumet* nach *Albertville* s. S. 250; nach *Annecy* über den *Col des Aravis* s. S. 252.

Dann über *Domancy* nach (71km) *le Fayet* (567m; H. de la Paix, H. du Pont du Bon-Nant, H.-P. Salomon etc.), an der Brücke über den *Bon-Nant*.

10 Min. s. liegt in waldiger Schlucht des *Montjoie-Thals* **St-Gervais-les-Bains** (630m; **Kurhaus*), besuchtes Schwefelbad am *Bon-Nant* (Nant heißen in Savoyen alle Bergströme), der hinter den Badegebäuden einen Wasserfall (*Cascade de Crépin*) bildet. — Ein schattiger Fußweg führt vom Bad in 20 Min. (Fahrstraße von le Fayet in $^3/_4$ St.) nach dem herrlich gelegenen **Dorf St-Gervais** (810m; **H. du Mont-Joli*, **du Montblanc*, *de Genève*, **des Etrangers*; mehrere Pensionen), als Luftkurort besucht. $^1/_4$ St. unterhalb (vom Fußweg vom Bad St-Gervais 4 Min.) die **Cascade de Crépin*, schöner Fall des Bon-Nant. Von St-Gervais Fahrstraße über *Bionnay* nach (2 St.) *Contamines* (S. 270). Nach *Albertville* oder *Annecy* über *Mégève* und *Flumet* s. S. 250, 251. — Der *Mont-Joli* (2527m) ist von hier in 5 St. unschwer zu ersteigen; Abstieg über St-Nicolas de Véroce (im ganzen 8 St.; vgl. S. 270).

Fußgänger können in le Fayet die Diligence verlassen und über den **Col de la Forclaz** (1556m), zwischen *Tête Noire* (1768m, nicht zu verwechseln mit der Tête Noire zwischen Chamonix und Martigny, S. 265) und *Prarion* (1969m), direkt nach *le Fouilly* und *les Houches* wandern; 5-6 St., Führer (6 fr.) angenehm. 1 St. länger, aber lohnender, ist der Weg über den *Col de Voza* (S. 269).

Von le Fayet führt n. eine Straße über die Arve nach Chède und Servoz (s. unten). Die Straße nach Chamonix steigt allmählich am l. Ufer der Arve, zuletzt fast senkrecht über dem in der Tiefe schäumenden Fluß, und biegt dann durch einen Felsdurchbruch in das bewaldete Thal von (77km) *le Châtelard* (Whs.) ein; im Thalausschnitt der *Dôme du Goûter* (4331m) und die zackige *Aiguille du Midi* (3843m). Gleich hinter dem Whs. ein Tunnel; die Straße tritt auf kurzer Strecke wieder an die Arve.

L. führt hier eine Brücke über die Arve nach (10 Min.) *Servoz* (Hôt. Fruger), von wo man (1 St. hin und zurück) die ***Gorges de la Diosaz** besucht, eine großartige Klamm, durch welche die *Diosaz*, ein vom Buet kommender Bergstrom, in schönen Fällen hinabstürzt. Die Schlucht (am Eingang einf. Whs.) ist durch eine an der Felswand befestigte 1km lange Gallerie bequem zugänglich gemacht (Eintr. 1 fr.); man gehe ganz hindurch bis zur *Gorge de Soufflet*, der großartigsten Partie, mit dreifachem Wasserfall.

80km *Les Montées*, Whs. beim *Pont Pélissier* (820m), über den die Straße von Servoz in die unsere einmündet. $^1/_4$ St. weiter steigt die alte Straße r. hinan nach *le Fouilly* und *les Houches* (S. 269), während die neue Straße durch die wilde von der Arve durchströmte Schlucht führt und die Arve zweimal überschreitet (von der untern Brücke, **Pont de Marie*, schöner Blick in die Schlucht). Nach und nach treten die Gletscher hervor, anfangs bei der großartigen sonstigen Umgebung wenig geeignet, die gehegten Erwartungen zu befriedigen: zuerst der *Glacier de la Griaz*, dann der *Glacier de Taconay*, darauf der *Glacier des Bossons* (S. 261), bei dem Dorf gl. Namens, der weiter als irgend ein anderer in das Thal sich senkt und der größte zu sein scheint. Etwas oberhalb überschreitet die Straße die Arve zum letztenmal auf dem *Pont de Perralotas*, 20 Min. vor

90km *Chamonix* (S. 257).

### b. Ueber Sixt.

Von Genf nach *Sixt*, 64km, Omnibus tägl. (Abfahrt Rue de Rive 13) in 7 St. (5 fr.). Von Sixt nach *Chamonix* Saumweg (10-11 St.) über den Col d'Anterne und Col du Brévent, ermüdend, da die beiden Pässe mit dem dazwischenliegenden Ab- und Anstieg in der Regel um die Mittagszeit zurückgelegt werden müssen, aber mit prächtigen Blicken auf den Montblanc. Führer (mit Rückweg 18 fr.) bei gutem Wetter entbehrlich (Proviant mitnehmen, da unterwegs höchstens Milch zu bekommen).

Von Genf bis (7km) *Annemasse* s. S. 252. Die Straße wendet sich am n. Ende des Orts r. (ö.), läßt die Höhe von *Monthoux* r. und führt am Fuß der *Voirons* nach (13km) *la Bergue*.

Von *Lucinges*, 40 Min. n.ö., ist der **Pralaire** (1412m), die S.-Spitze der *Voirons* (vgl. S. 215), über *les Gets* in $1^1/_4$ St. zu ersteigen. Prächtige Aussicht.

15km *Bonne*, einst befestigter Marktflecken an der *Menoge*. — 18km *Pont de Fillinges* (544m; Whs.). Die Straße verläßt die Menoge (7km n. *Boëge*, von wo bequemster Weg auf die Voirons, 2 St.), wendet sich r. ansteigend in das Thal des *Foron* und erreicht die Wasserscheide (630m) zwischen Menoge und Giffre vor dem l. gelegenen (24km) *Ville-en-Sallaz*. Dann hinab zwischen der *Pointe des Brasses* (1507m) l. und dem *Môle* (1869m) r. nach

28km **St-Jeoire** (588m; *H. de la Couronne*), Marktflecken (1750 E.) mit dem Schloß *Fléchère* und einem Standbild des Ingenieurs *Sommeiller*, eines der Erbauer des Mont-Cenis-Tunnels (vgl. S. 251).

Der **Môle** (1869m), mit prächtiger Aussicht auf das Arvethal und den Montblanc, ist von St-Jeoire in $4^1/_2$ St. zu ersteigen, über das Dörfchen *Montrenaz* und die Alphütten von *Pinget, Char-d'amont* und *d'aval* und *Ecutieux*. Bis 1 St. unterhalb des Gipfels kann man reiten.

Die Straße steigt in enger Schlucht und wendet sich dann l. in das Thal des *Giffre*. 34km *Mieussy* (678m; Whser.), am w. Fuss der *Pointe de Marcelly* (2166m), die von hier in 5 St. m. F. zu besteigen ist (s. unten). Vorn erscheinen der Buet und Montblanc. Die Straße umzieht den kegelförmigen *Roc de Suets* und erreicht

42km **Taninges** (641m; *Lion d'or; Balances*), betriebsames Städtchen (2253 E.) mit ehem. Abtei (jetzt Collège), wo r. die Straße von Cluses über Châtillon einmündet (s. S. 253).

Die **Pointe de Marcelly** (2166m) ist von hier auf steilem Pfade über *les Pontets* und die Alp *Grand-Planay* in $4^1/_2$ St. zu ersteigen (s. oben). — N.ö. führt von Taninges eine Straße über *les Gets* (1172m) ins Drancethal, nach (22km) *St-Jean-d'Aulph* (S. 239).

Nun geradefort im Thal des Giffre nach

56km **Samoëns** (759m; *H. de la Poste; H. du Commerce*, bescheiden), Städtchen mit 2540 E. am Fuß des *Mont Orion* (2250m). Von der kl. Kapelle oberhalb der Kirche (10 Min. Steigens) guter Ueberblick des Thals.

Von Samoëns nach ($6^1/_2$ St.) *Champéry* in Val d'Illiez über den *Col de la Golèse* und *Col de Coux* s. S. 242. — N. führen zwei Pässe, l. der *Col de Jouplane* (1718m), r. der *Col de la Golèse* (1671m), nach (4 St.) *Morzine* (S. 239).

Jenseit Samoëns r., auf der S.-Seite des Thals, die prächtige *Cascade du Nant-d'Ant.* Die Straße wendet sich nach S. und tritt in einen Engpaß, in welchem der Giffre einen 48m h. Fall bildet. Dann erweitert sich das Thal; vorn erscheinen die Abstürze des Buet, r. die Pointe de Salles und Pointe des Places, l. die Pointe de Tenneverge (s. unten).

64km **Sixt**, oder *l'Abbaye de Sixt* (757m; *H.-P. du Fer à Cheval*, in einem ehemal. Kloster, einf., Z. u. L. 3, F. $1^1/_2$, M. 3 fr.).

Die Umgebung von Sixt ist namentlich im Frühjahr, wenn der schmelzende Schnee die Bäche füllt, außerordentlich großartig; von allen Seiten stürzen prächtige Wasserfälle herab, im obern von gewaltigen Felsmauern umschlossenen Thal, wegen seiner Form **Fer à Cheval** genannt, allein an 30, während im Hochsommer und Herbst ihre Zahl auf 5-6 zusammenschrumpft. Lohnender Ausflug durch die Trümmer eines gewaltigen Bergsturzes von 1602 zum ($2^1/_2$ St.) *Fond de la Combe*, am Thalende, mit Wasserfall.

Von Sixt über den *Col de Sagerou* (2413m) nach *Champéry* (Besteigung des *Mont Ruan*) s. S. 242. — **Pointe de Tenneverge** (2988m), von Sixt über den *Col de Tenneverge* (2479m) in 9 St., schwierig; prachtvolle Aussicht. — **Pointe Palouse** (2475m), über den *Lac de Gers* in 6 St., nicht schwierig; prächtiger Blick auf den Montblanc. Abstieg event. über das *Désert de Platé* und die *Escaliers de Platé* auf schwindligem, an die Gemmi erinnerndem Pfade nach *St-Gervais* (S. 254).

Von Sixt nach Chamonix über den Buet 12-13 St., anstrengend aber lohnend, nur mit Führer (mit Rückweg 23 fr.). Bis zu den (2 St.) *Chalets des Fonds* s. unten; von hier l. in $2^1/_2$ St. zum *Col Léchaud* oder *des Fonds* (2233m) und über Geröll und Schnee in $2^1/_2$ St. auf den ***Buet** (3109m), mit prachtvoller, umfassender Aussicht auf die Montblanc-Kette, Monte Rosa, Matterhorn, Berner Alpen (Jungfrau, Finsteraarhorn), Dent du Midi, den Jura bis zu den Alpen der Dauphiné. Hinab ziemlich beschwerlich zum (2 St.) *Chalet de la Pierre à Bérard* (1930m; Unterkunft) und durch die *Vallée de Bérard* (S. 265) nach *Argentière* und (4 St.) *Chamonix* (s. unten).

Der Saumweg zum Col d'Anterne (bis Chamonix 10-11 St., anstrengend) führt s. in der *Vallée des Fonds* aufwärts (r. am Berge ein hübscher Wasserfall) nach ($^1/_2$ St.) *Salvagny* (vorn die schöne Pointe de Salles), dann an der *Cascade du Rouget* (r.) vorbei zu den ($1^1/_2$ St.) *Chalets des Fonds* (1384m; Unterkunft), mit der Villa „Eagle's Nest" des Engländers Mr. Wills, am Fuß des *Buet* (s. oben). 5 Min. oberhalb r. hinan (l. der Weg zum Col Léchaud, s. oben), in einer großen Kehre an den *Chalets de Grasse-Chèvre* vorbei zum (2 St.) Sattel der *Bas du Col d'Anterne;* dann über die Weiden von *Anterne* (die gleichn. Chalets bleiben r. unten) am *Lac d'Anterne* vorbei zum ($1^1/_2$ St.) ***Col d'Anterne** (2264m), wo sich plötzlich ein überwältigend großartiger Blick auf den Montblanc öffnet. Hinab l. (der Weg r. führt nach Servoz, $2^1/_2$ St.), mit Aussicht auf die Aiguilles Rouges (S. 260), in das Thal der *Diosaz*, die man auf einer ($1^1/_2$ St.) Holzbrücke (1687m) überschreitet; dann wieder bergan zum (2 St.) *Col du Brévent* (2461m), abermals mit prächtigem Blick auf den Montblanc. Hinab über *Planpraz* und *les Chablettes* (S. 261) meist durch Wald nach (2 St.) *Chamonix*.

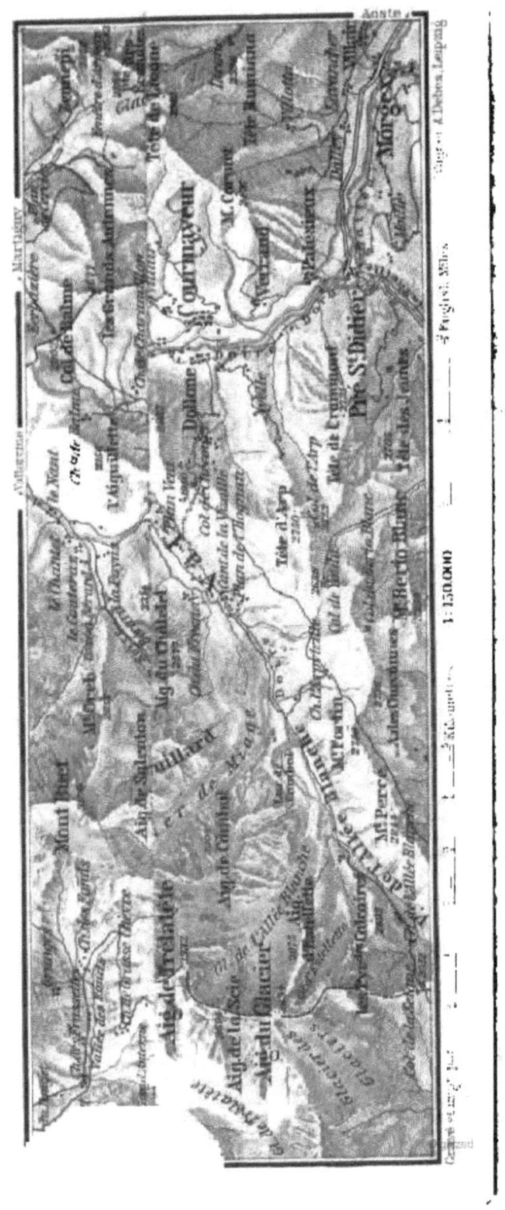
Mont Buet
Col de Balme
Courmayeur
Dolonne
Tête d'Arp
Pre St. Didier
Morgex
Aoste
Martigny
1:150.000
Wagner & Debes, Leipzig

## 73. Chamonix und Umgebungen.

**Gasthöfe.** *H. Impérial, *H. de Londres & d'Angleterre, *H. Royal & de Saussure (deutscher Wirth); in diesem Z. L. B. von 4-6 fr. an, M. 5, Fr. $1\frac{1}{2}$ fr.; *H. du Montblanc, Z. L. B. $3\frac{1}{2}$-5, M. 5 fr.; *H.-P. Couttet, Z. L. B. $3\frac{1}{2}$-4, M. 4 fr.; *H. des Alpes, deutsch, Z. L. B. 4, M. 4, Pens. m. Z. 8-9 fr.; H. de l'Union. — Einfacher: *H. Beau-Site, in freier Lage, Z. 2, M. $3\frac{1}{2}$ fr.; *H. de France, Z. von 2 fr. an, F. $1\frac{1}{4}$, Pens. 6-7 fr.; *H. Suisse; *H.-P. de la Poste, deutsche Bedienung, Z. L. B. von 2, M. 3 fr.; *H. de la Paix, nicht theuer; *Croix Blanche, Z. u. L. 2, F. $1\frac{1}{4}$, M. 3 fr.; Balances; Réunion des Amis; de la Terrasse, mit Café.

**Führer.** Für die gewöhnlichen Partieen, *Montanvert*, *Flégère*, *Brevent* und *Pierre pointue*, ist ein Führer überflüssig. Die Wege sind auf den folgenden Seiten so genau beschrieben, daß sie kaum zu verfehlen sind; auch begegnet man allenthalben sowohl Einwohnern wie Reisenden. Auch für den *Chapeau* nimmt man einen Führer nur zur Ueberschreitung des Mer de Glace (S. 255). Das „*Règlement et Tarif de la Compagnie des Guides de Chamonix*" setzt u. a. Folgendes fest: Der *Guide-chef* bestimmt die Führer und zwar der Reihe nach. Der Reisende hat nur dann das Recht eigner Wahl: 1. wenn er *Courses extraordinaires* unternehmen will; 2. wenn er wissenschaftliche Zwecke verfolgt; 3. wenn ein Führer der Sprache des Reisenden und dieser nicht der französischen mächtig ist; 4. wenn der Reisende bereits mit dem gewünschten Führer gewandert ist; 5. wenn Damen allein eine Tour machen wollen; 6. wenn der Reisende Mitglied eines Alpenclubs ist.

Die Touren werden in Courses ordinaires und Courses extraordinaires getheilt.

*Courses ordinaires:*

Zum Glacier des Bossons u. zurück . . . . . . . . . . 5 fr. —.

Montanvert u. zurück . . 6 fr. —.

Montanvert, Mer de Glace, Chapeau u. zurück . . . . . 9 fr. —.

Montanvert, Mer de Glace, Chapeau, Flégère u. zurück in *einem* Tag . . . . . . . . 12 fr. —.

Flégère u. zurück . . . . 7 fr. —.

Pierre pointue 8, mit Aiguille de la Tour oder Pierre à l'Echelle 9, mit Plan de l'Aiguille . . . . . . 10 fr. —.

Auf die Höhe des Col de Balme 8 fr., zurück über Tête Noire 9 fr., über Barberine verbunden mit den Cascades de Barberine und de Bérard in *einem* Tag 9 fr., in *zwei* Tagen . . . . . . . . 12 fr. —.

Auf den Buet u. zurück in 2 Tagen 20, hinunter nach Sixt in *einem* Tag mit Rücklohn von Sixt 28, in *zwei* Tagen 28 fr. —.

Nach Martigny über den Col de Balme od. Tête-Noire od. nach Vernayaz über Salvan 12 fr. —.

Brévent über Planpras 10, über die Flégère u. hinunter über Planpras . . . . . . . . . 12 fr. —.

Brévent über Plan Bel-Achat 10, Lac du Brévent 9, Plan Bel-Achat . . . . . . . 8 fr. —.

Jardin u. über den Chapeau zurück 14, mit Uebernachten am Montanvert . . . 16 fr. —.

Mer de Glace d'Argentière 8, bis zum Gletschercircus in einem Tage 12, in 2 Tagen . . . . . . . . . . . 18 fr. —.

Nach Sixt über den Brévent und Col d'Anterne in *einem* Tag, Rücklohn einbegriffen . . . . . . . . . . . 18 fr. —.

Nach Sixt über Servoz und Col d'Anterne . . . . . 18 fr. —.

Pavillon de Bellevue, Col de Voza oder Prarion . . . . 8 fr. —.

*Courses extraordinaires:*

Montblanc 100 fr. (bis zu den Grands Mulets u. zurück in einem Tage 20, in zwei Tagen 30, Grand Plateau 50, Dôme du Goûter 60, Corridor oder Bosses du Dromadaire) 70 fr. —.

Col de la Brenva nach Courmayeur 80; Cols de Trelatête, d'Argentière, de Pierre-Joseph, des Hirondelles 60, Cols du Géant, de Triolet, du Chardonnet . . . 50 fr. —.

Aig. Verte 100, Grandes Jorasses 80, Aig. d'Argentière u. du Chardonnet 65, Aig. du Midi 60, Aig. du Tour . . . 50 fr. —.

Gletscherwanderungen in der Montblanc-Kette oberhalb der Vegetation, der Tag 10 fr. —.

Verpflichtet zu tragen ist der Führer bei den Courses ordinaires Gepäck bis zu 12kg, bei den Courses extraordinaires bis zu 7kg. — Für schwierigere Touren zu empfehlen: *Franç.* u. *Henri Devouassoud*, *Sim. Benoit* gen. *Benoni*, *Léon* u. *Jules Simond* in Les Praz, *Franç.*, *Alfr.* u *Joseph Simond* in Lavancher, *Gasp.* u. *Joseph Simond* in Les Mossons, *Ed.* u. *Aug. Cupelin*, *Fréd.* u. *Michel Folliguet*, *Alph.*, *Michel* u. *Fréd. Payot*, *Tob. Tairraz*, *Mich. Savioz*, *Al. Tournier*, *Franç. Meugner*, *Jules Bossoney* etc.

**Pferd** oder **Maulthier** mit Ausnahme der Tour auf den Montanvert und Chapeau (9 fr.) und derjenigen auf den Montanvert zum Besuch des Jardin, und Abends zurück nach Chamonix (8 fr.), selber Preis wie für einen Führer für die Courses ordinaires. Dem Begleiter des Reitthiers ist der gleiche Tarif zu zahlen, sodaß sich die Taxe also verdoppelt.

Wer sich nur e i n e n T a g in Chamonix aufhalten will, besteigt am besten Morgens früh in $2^1/_2$ St. den *Montanvert* (s. unten), geht von dort in $1^1/_2$ St. über das *Mer de Glace* nach dem *Chapeau* (S. 259), in 1 St. hinab nach les Tines (S. 264) und in $2^1/_2$ St. auf die *Flégère* (S. 260). Früh Morgens liegt der Weg auf den Montanvert im Schatten, Nachmittags, wenigstens zum Theil, der auf die Flégère, und man kommt auf diese Weise gerade zu der Tageszeit auf der Flégère an, wo die Montblanc-Beleuchtung anfängt am günstigsten zu werden. Ein Führer ist auf dieser Wanderung nur über das Mer de Glace nöthig (am Montanvert zu finden, S. 259). Wer reitet, schickt das Maulthier vom Montanvert nach les Tines, oder auch auf den Chapeau, zum Abholen. Die Partie auf die Flégère allein erfordert mindestens 5 St., der Montanvert gleichfalls 5 St. — Wer von Osten kommt und in *Argentière* übernachtet hat, verläßt bei *Lavancher* (S. 264) die Straße und geht über den Chapeau, das Mer de Glace und den Montanvert nach Chamonix. Man kann auch von *la Joux* (S. 264), am r. Ufer der Arve, zur Flégère gehen, doch ist der Weg schlecht, zum Reiten nicht geeignet und ohne Führer nicht zu finden (Knabe zum Wegweisen 1-$1^1/_2$ fr.).

Bei bedecktem Himmel, wenn auf den Höhen keine Aussicht zu erwarten, bietet der *Glacier des Bossons* (S. 261) einen angenehmen Nachmittags-Spaziergang, hin und zurück 3 St. — *Cascade de Blaitière*, an der Bergwand ö. von Chamonix, $^1/_2$ St., nicht lohnend; Zutritt 50 c. — *Pavillon de la Pierre-Pointue* (S. 261), hin u. zurück 5-6 St.; mit Aiguille de la Tour u. Pierre à l'Echelle wird leicht ein ganzer Tag daraus. — *Jardin* (S. 260), vom Montanvert (übernachten) hin u. zurück 7-8 St. (von Chamonix hin u. zurück 11-12 St.); Führer unerläßlich. — *Brévent* (S. 261), hin und zurück 7 St., hinauf oder hinab über die Flégère 9 St.

Hinter dem Hôtel Royal, am Wege nach dem Montanvert, die sehenswerthe **Gemälde-Ausstellung** des Herrn *Loppé*, des begabten Malers der Hochalpen. Eintritt frei (kl. Trkg. an die Aufseherin).

Das ***Chamonixthal** (1050m) ist ein 5 St. langes, $^1/_4$ St. breites, von der *Arve* durchströmtes Hochthal, von NO. gegen SW. in gerader Richtung vom *Col de Balme* bis *les Houches* sich erstreckend, s.ö. von der Kette des *Montblanc* mit ihren gewaltigen Eisströmen, *Glacier du Tour, d'Argentière, des Bois (Mer de Glace), des Bossons*, n.w. von den *Aiguilles Rouges* und dem *Brévent* begrenzt, mit einer Bevölkerung von etwa 4000 Seelen.

Ein Benediktiner-Prioratsstift *(Prieuré)* machte das Thal zu Anfang des XII. Jahrh. urbar. Doch standen die Bewohner ihrer Räubereien wegen noch lange in so üblem Rufe, daß der *h. Franz von Sales*, Bischof von Genf (1602-22; s. S. 251), der diese damals wegelosen Gegenden zu Fuß besuchte, allein schon deshalb die Glorie zu verdienen schien. Bekannter wurde das Thal erst, als im J. 1743 zwei Engländer, Pococke und Windham, es nach allen Richtungen durchzogen und ihre Beobachtungen im *Mercure Suisse* veröffentlichten. Zum steigenden Besuch trugen in der Folge die Mittheilungen der Genfer Naturforscher de Saussure, de Luc, Bourrit, Pictet u. a. wesentlich bei. Seitdem ist Chamonix in gleicher Weise das Ziel der Reisenden geworden, wie das Berner Oberland. An malerischer Schönheit steht es diesem nach, an Großartigkeit der Gletscher aber kann sich mit Chamonix nur Zermatt messen.

Auf dem Platze vor dem Hôtel Royal, wo sich die Wege r. zum Montblanc, l. zum Mer de Glace scheiden, erhebt sich das zur

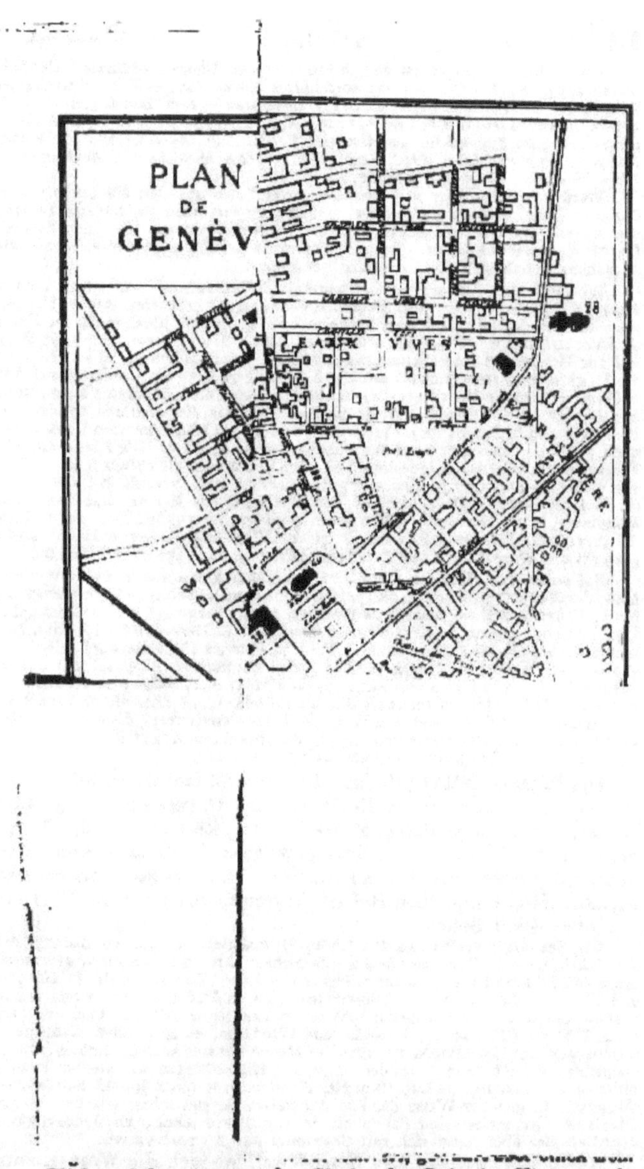


**Blick auf den Absturz des Glacier des Bois, im Hintergrund**

17*

f dem Platze vor dem Hôtel Royal, wo sich die Wege r. zum
lanc, l. zum Mer de Glace scheiden, erhebt sich das zur

Säcularfeier der ersten Montblanc-Ersteigung (S. 262) im August 1887 enthüllte ***Saussure-Denkmal**: Saussure, von Balmat geführt, Bronzegruppe nach *Salmson's* Modell auf einem Granitblock mit der Inschrift: „à H. B. de Saussure Chamonix reconnaissant". — Ein kleines Denkmal zur Erinnerung an Balmat steht auch vor der Kirche.

Der ***Montanvert** oder *Montenvers* (1921m), ein Bergvorsprung an der O.-Seite des Thals, wird ausschließlich wegen des Blicks auf das gewaltige Eismeer besucht, das die höchsten Einsattelungen der Montblanc-Kette in drei Armen (*Glacier du Géant* oder *du Tacul*, *Glacier de Leschaux*, *Glacier de Talèfre*) ausfüllt und, zu einem etwa 7km l., $^3/_4$-2km br. Eisstrom zusammengedrängt, in das Thal sich ergießt, vom Montanvert aufwärts *Mer de Glace*, abwärts *Glacier des Bois* genannt. Reitweg ($2^1/_2$ St., Führer 6 fr., unnöthig), beim Hôtel Royal l. an der kleinen engl. Kirche vorbei durch die Wiesen (an der Kirchhofsmauer l.) zu den ($^1/_4$ St.) Häusern von *les Mouilles;* hier r. hinan durch Fichtenwald, nach $^1/_4$ St. nochmals r., an den (10 Min.) *Chalets des Planards* vorbei. Nach 40 Min. am Wege eine Quelle, *le Caillet* (1487m), dabei eine Hütte mit Erfr.; 12 Min. weiter zweigt l. ab ein Reitweg nach les Bois (s. unten). Nun in 1 St. anhaltenden Steigens, stets durch Wald zum (1 St.) **Hôtel du Montanvert* (Z. L. B. 4, M. 5, Pens. 9 fr.) auf der Höhe des Bergrückens, wo man mit einem Blick das **Mer de Glace* und die Berge, die es beherrschen, vor sich hat: gerade gegenüber die mächtige *Aiguille du Dru* (3815m), dahinter l. die schneebedeckte *Aiguille Verte* (4127m), tiefer unten die niedrigere *Aig. du Bochard* (2672m), r. die *Aig. du Moine* (3418m), weiter zurück die *Grandes Jorasses* (4206m), der *Mont Mallet* (3988m) und die *Aig. du Géant* (4010m), ganz r. in unmittelbarer Nähe die *Aiguilles de Charmoz* (3442m) und *de Blaitière* (3533m).

Vom Montanvert geht man gewöhnlich über das **Mer de Glace** in $1^1/_4$-$1^1/_2$ St. nach dem schräg gegenüberliegenden Chapeau (s. unten). Der Abstieg über die l. Seitenmoräne zum Gletscher erfordert $^1/_4$ St. (unten eine Hütte, wo meist Führer zu finden; wollene Socken zum Überziehen 1 fr.). Der Übergang über den Gletscher (15-20 Min.) bietet keine Schwierigkeit (Führer für Geübte unnöthig, über den Gletscher $2^1/_2$, bis zum Chapeau 5 fr.). Auf der r. Seite über Geröll und Schutt wieder hinan zur (5 Min.) Höhe der r. Seitenmoräne, dann auf schmalem Pfad längs derselben hinab, zuletzt an steiler Felswand auf eingehauenen Stufen, dem sog. *Mauvais Pas* (zum Festhalten sind Eisenstangen angebracht; älteren oder zum Schwindel geneigten Personen abzurathen) zum (40 Min.) Chapeau. Für die Wanderung in umgekehrter Richtung sind Führer am Chapeau nicht immer zu finden, also besser mitzubringen (vom Hôt. du Mauvais-Pas in Lavancher 6 fr., s. unten).

Der ***Chapeau** (1549m; *Whs.*, nicht billig), ein Felsvorsprung an der NO.-Seite des Glacier des Bois, am Fuß der *Aiguille du Bochard*, liegt zwar viel tiefer als der Montanvert, gewährt aber einen trefflichen Blick auf den Absturz des Glacier des Bois, im Hintergrund *Mont*

17*

*Mallet* (3988m) und *Aiguille du Géant* (4010m), r. auf die *Aiguilles de Charmoz* (3442m), *de Blaitière* (3533m), *du Plan* (3673m), *du Midi* (3843m), *Bosses du Dromadaire* (4556m), *Dôme du Goûter* (4331m) und *Aig. du Goûter* (3873m), sowie über das Chamonixthal.

Vom Chapeau führt ein Reitweg über die Moräne, mit schönem Blick auf den Absturz des Glacier des Bois und die Aig. du Dru, weiter durch Fichtenwald hinab zum (40 Min.) *Hôt. du Mauvais-Pas* (S. 264) und theilt sich hier, r. nach (10 Min.) *Lavancher*, l. durch Wald nach (20 Min.) *les Tines* (S. 264). Von hier zur Flégère geht man beim Whs. à la Mer de Glace geradeaus über die Arve, dann l. durch Wiesen und Wald bis zum (20 Min.) Beginn des Zickzackwegs (s. unten). — Ein etwas näherer, aber streckenweise schlechter Weg (nicht zum Reiten) zweigt von dem Wege nach les Tines 20 Min. vom Chapeau l. ab und steigt über die Moräne (l. unten die nicht mehr besuchenswerthe *Quelle des Arveyron*) hinab nach *les Bois* und (40 Min.) *les Pras* (s. unten).

Der *Jardin (2787m; nur mit Führer, S. 254) ist ein dreieckiger Fels, mitten aus dem Eismeer des *Glacier de Talèfre* hervorragend, von allen Seiten von Moränen wie von einer Mauer umgeben. Vom Montanvert (S. 258), wo man übernachtet, r. an den Felsen *les Ponts* entlang (für nicht Schwindelfreie unangenehm), über die Moräne zum *Angle*, wo man das spaltenreiche Mer de Glace betritt, und über dasselbe in $2^1/_2$-3 St. bis zum Fuss der *Séracs de Talèfre*. Hier r., an der *Pierre à Béranger* auf der Südseite der Séracs hinan ($^3/_4$-1 St.; in halber Höhe eine Holzhütte), zuletzt in 25 Min. quer über den Talèfregletscher zum Jardin. Die Wanderung, die einen großartigen Einblick in die starre Wildniß des Montblanc-Gebirges gewährt, ist zwar ziemlich beschwerlich, bietet aber für einigermaßen Geübte keine Schwierigkeit. Auf dem Jardin entspringt eine im August von Alpenblumen umgebene Quelle.

Die ***Flégère** (1806m; 3 St., Führer 7 fr., mit Brévent 12 fr.) ist ein Bergvorsprung n. von Chamonix, dessen Rücken sich an die *Aiguille de la Floria* (2953m), eine der höchsten Spitzen der *Aiguilles Rouges* (s. unten), anlehnt. Man folgt der Straße nach Argentière bis ($^1/_2$ St.) *les Chables* (S. 264); dicht vor der Arvebrücke führt der nähere, aber stellenweise sumpfige Fußweg l. ab durch Wiesen in 12 Min. zum Fuß des Berges, wo der Anstieg beginnt. (Der einige Min. weitere Reitweg führt über die Arvebrücke, durch das Dorf *les Pras*, am letzten Hause bei einem Handweiser l. ab über die Arve, wo der oben gen. Fußpfad einmündet.) Der Weg steigt zunächst in langen Zickzackwindungen eine kahle Gras- und Geröllhalde hinan; nach 35 Min. r. in den Wald; 35 Min. *Chalet des Pras* (Erfr.); 1 St. *Croix de la Flégère* (Whs., Déjeuner $3^1/_2$, Pens. 5-6 fr.). Die *Aussicht (vgl. das Panorama) umfaßt die ganze Kette des Montblanc vom Col de Balme bis über den Glacier des Bossons hinaus; gerade gegenüber die von scharfumrissenen Aiguilles umgebene Einsenkung des *Glacier des Bois (Mer de Glace)*: l. die *Aig. du Dru* und die gewaltige schneebedeckte *Aig. Verte*, r. die *Aig. de Charmoz de Blaitière, du Plan, du Midi*. Der Montblanc ist zwar vollständig zu übersehen, tritt aber wegen der zu großen Entfernung gegen die nähern Gipfel zurück. Auch die zerrissenen Hörner der *Aiguilles Rouges* gewähren einen eigenthümlichen Anblick. Abendbeleuchtung ist die günstigste.

g du Dru
3815
u Gouter
3873
Aig du Tricot
Mt Joli
2670
Brévent
2525

Der Reitweg führt von der Flégère weiter bis zum (1 St.) *Chalet de la Floria*, von wo die **Aiguille de la Floria** (2853m), mit prächtiger Aussicht auch nach W. bis zum Genfer See, in 3 St. m. F. zu ersteigen ist. — Wer von der Flégère nach Argentière will, kann direkt nach *la Joux* absteigen (vgl. S. 264; man lasse sich den Weg beschreiben; bergab kaum zu fehlen).

Der ***Brévent** (2525m), die südwestl. Fortsetzung der *Aiguilles Rouges*, gewährt eine ähnliche, aber großartigere Aussicht, als die Flégère. Treten dort das Mer de Glace und die Aiguille Verte in den Vordergrund, so hat man hier den Montblanc selbst in seiner ganzen Pracht vor Augen. Außerdem bietet der Brévent eine volle Rundsicht: r. neben dem Buet und den Aiguilles Rouges die Berner Alpen; s.w. die Berge der Dauphiné. Der neue Reitweg ($4^1/_2$ St.; F. 10 fr., unnöthig) führt beim Hôt. Beausite r. ab an den Häusern von *la Mola* und *les Mossons* vorbei, dann durch Wald zum ($1^1/_2$ St.) *Plan Nachat* (1473m; Erfr.) mit prächtiger Aussicht; weiter in vielen Zickzackwindungen zum ($1^3/_4$ St.) *Plan Bel-Achat* (2126m; Restaur. u. Betten, theuer), auf dem Bergsattel s.w. unterhalb des Gipfels. Von hier zum Gipfel an dem dunklen kl. *Lac du Brévent* vorbei noch $1^1/_4$ St.

Man kann auch dem S. 256 gen. „Chemin Muletier de Chamonix à Sixt", am *Restaur. des Chablettes* vorbei bis (3 St.) *Planpraz* (2064m; Whs., nicht billig) folgen, dann l. steil hinan, zuletzt durch einen Felskamin (*la Cheminée*) in $1^1/_4$ St. zum Gipfel (F. 10 fr.). Die im Kamin zum Festhalten angebrachten Eisenstangen haben sich z. Th. gelockert, die Partie ist daher namentlich abwärts nur Geübten anzurathen. Wer den Brévent von der Flégère aus besuchen will, folgt der 20 Min. unterhalb der letztern r. abzweigenden „Route de Planpraz" und erreicht auf nicht zu verfehlendem Pfade am Abhang entlang bergauf bergab, mit prächtigen Blicken auf den Montblanc (halbwegs die *Chalets de Charlanoz*), in 2 St. das von der Flégère aus schon sichtbare Whs. von *Planpraz*.

Zum ***Glacier des Bossons** hübscher Spaziergang (3 St. hin und zurück, für den Uebergang über den Gletscher Führer nöthig, von Chamonix 6, vom Chalet auf der l. Seite des Gletschers aus 2 fr., wollne Socken zum Ueberziehen 1 fr.). Am l. Ufer der Arve über die Häusergruppen *le Praz-Conduit*, *les Barats* (l. den obern Weg) und *les Tsours*; hier l. am r. Ufer des Baches durch Wald hinan, zur (25 Min.) *Cascade du Dard* (Erfr.), hübscher Doppelfall. Weiter über das breite Geröllbett des *Nant des Pèlerins* (nach 5 Min. zweigt l. ab der Weg zur Pierre pointue, s. unten) und über noch zwei Bäche auf die ($^1/_2$ St.) hohe Moräne des *Glacier des Bossons*, dann über den Gletscher in c. 15 Min. zum *Pavillon Foncière* (Erfr.) auf der linksseitigen Moräne. Schöner Blick auf den gewaltigen, in jüngster Zeit wieder im Wachsen begriffenen Eisstrom, vom *Montblanc du Tacul* (4249m) überragt; l. die *Aiguille du Midi* (3843m) und *Aig. de Blaitière* (3533m). Der Besuch der in den Gletscher eingehauenen 80m l. Grotte ist lohnend (Eintr. u. Beleuchtung 1 fr.). — Zurück über *les Bossons* zum *Pont de Perralotaz* (S. 255) und auf der Poststraße am r. Arve-Ufer nach Chamonix.

Der ***Pavillon de la Pierre-Pointue** (2049m) wird gleichfalls viel besucht (Reitweg, $2^1/_2$-3 St., Führer unnöthig, 8 fr., Pferd 8 fr.). Hinter der Brücke über den *Nant des Pèlerins* ($^1/_2$ St., s. oben) zweigt der Weg l. ab und steigt im Zickzack hinan, auf der r. Seite eines wilden

Thals, durch das der *Nant Blanc* zwischen Felsblöcken hinabstürzt. 1 St. *Chalet de la Para* (1605m); weiter durch Wald und Matten zum ($1^1/_4$ St.) *Pav. de la Pierre-Pointue* (2049m; Restaur., nicht billig), am Rande des gewaltigen, in schönen Eisbrüchen abstürzenden Glacier des Bossons; gegenüber scheinbar ganz nah der Montblanc, Dôme du Goûter, Aiguille du Goûter etc.; prächtige Aussicht namentlich auch nach N. u. W.

Lohnend die Besteigung der **Aiguille de la Tour** (2332m; beim Pavillon gleich l. hinan, 1 St., Führer angenehm), mit bestem Ueberblick des Glacier des Bossons. — Zur **Pierre à l'Echelle** (2411m) gleichfalls lohnend ($1^1/_4$ St.), Führer rathsam); schmaler Fußpfad (der Weg zum Montblanc, s. unten), beim Pavillon r. um die Felsecke, dann hinan bis zu dem Punkte, wo unmittelbar am Rande des Glacier des Bossons der Pfad aufhört (Vorsicht wegen der Steinfälle!): prächtiger Blick auf die zerklüfteten Eismassen des Gletschers, im Vordergrund die *Grands-Mulets* (s. unten), die von hier in $2^1/_2$ St. zu erreichen sind (großartige Gletschertour, selbstverständlich nur mit Führer). — **Aiguille du Midi** (3843m), von Pierre pointue über die Pierre à l'Echelle und den *Col du Midi* (3600m) in c. $8^1/_2$ St., schwierig (F. 60 fr.). Großartige Aussicht. Abstieg ev. über die *Vallée Blanche* und den *Glacier du Géant* zum Montanvert. — Schöner Rückweg von Pierre pointue über den **Plan de l'Aiguille** ($1^1/_2$ St., F. rathsam): ohne gebahnten Weg über Rasenhänge und die Moräne des *Glacier des Pèlerins*, zuletzt etwas ansteigend zum *Plan de l'Aiguille* oder *la Tapiaz* (2282m), am Fuß der *Aig. du Plan* (3673m) und *Aig. du Midi* (3843m), mit herrlicher Aussicht; hinab über die *Chalets sur le Rocher* nach *Tsours* (s. oben) und (2 St.) *Chamonix*.

Der **Montblanc** (4810m), der König der europäischen Berge (Monte Rosa 4683m, Finsteraarhorn 4275m, Ortler 3905m; der höchste Gipfel der Pyrenäen, der Pic de Néthou, 3404m), seit 1860 Grenze zwischen Frankreich und Italien, größtentheils aus Alpengranit oder Protogin bestehend, wurde zuerst 1786 von dem Führer Jacques Balmat (S. 254) und dem Dr. Paccard bestiegen; 1787 folgte der berühmte Naturforscher H. B. de Saussure (S. 259), dessen Reise in Begleitung von 18 Führern für die Wissenschaft sehr ergiebig war. Jetzt trifft man im Hochsommer und bei gutem Wetter in Chamonix fast täglich Gesellschaften, die die Tour unternehmen. Die Aussicht vom Gipfel ist im gewöhnlichen Sinne nicht lohnend, bei der großen Entfernung verschwimmen die Gegenstände und selbst bei klarem Wetter sind nur die großen Gebirgszüge, die Schweizer Alpen, der Jura, die Meeres-Alpen, die Apenninen, bestimmt zu unterscheiden.

Zur Besteigung von Chamonix aus sind nach dem Reglement für eine Person 2 Führer (à 100 fr.) und 1 Träger (50 fr.) vorgeschrieben, für jeden weiteren Theilnehmer ein Führer mehr; doch genügt für geübte Bergsteiger 1 Führer und 1 Träger. Dazu kommen die Kosten für Uebernachten auf den Grands-Mulets, Proviant etc., sodaß für einen Einzelnen die Montblanc-Besteigung nicht unter 220-250 fr. zu machen ist. Am ersten Tage pflegt man über den *Pavillon de la Pierre-Pointue* (S. 261) bis zu den (7 St.) **Grands Mulets** (3050m; kl. *Whs.* mit 4 Z., Bett mit L. u. B. 12, F. 3, Lunch 4, Diner 6, Vin ordin. $4^1/_2$ fr.) zu gehen, am zweiten über das *Petit Plateau* zum (3-$3^1/_2$ St.) *Grand Plateau* (3932m), dann entweder r. (der gewöhnliche Weg) über den *Dôme du Goûter* zu den ($1^1/_2$ St.) *Bosses du Dromadaire*, wo am Rocher des Bosses die 1890 errichtete *Cabane Vallot* (c. 4400m; 9 Betten) mit Observatorium, und zum ($1^1/_2$ St.) Gipfel; oder l. über den *Corridor*, die *Mur de la Côte* und die *Petits Mulets* (4666m) zum (3-4 St.) Gipfel und zurück zu den Grands-Mulets; am dritten Tage von den Grands-Mulets wieder nach Chamonix (oder gleich am zweiten nach Chamonix zurück). Bei Besteigungen von St-Gervais (S. 254) aus, über den *Col de Voza* (S. 269), wird in der Cabane (3819m) s. unterhalb der *Aiguille du Goûter* (3843m) übernachtet (8-10 St. von Gervais); von hier über den *Dôme du Goûter* und die *Bosses* (s. oben) in 5-6 St. zum Gipfel. — Von Courmayeur (S. 272) c. 16 St.: zum *Mont Fréty* $2^1/_2$, *Col du Géant* $3^1/_2$-4 St., dann über den *Gl. du Géant* und die *Vallée Blanche* in $2^1/_2$ St. zur *Cabane du Tacul* (3564m) am s. Fuß der *Aig. du Midi* (3843m), wo übernachtet wird; von hier beschwerlich an den Eishängen des *Montblanc du Tacul* und *Mont Maudit* entlang zum *Corridor* und (7-8 St.) Gipfel. Ein anderer Weg führt vom *Combal-See* (S. 272) über den *Miage-Gletscher* zum (7-8 St.) *Rifugio Quintino Sella* (c. 3650m) am *Rocher du Mont-Blanc*, von da in 6-7 St. zur Spitze. Die Ersteigung über den *Brouillard-Gletscher* ist sehr schwierig und gefährlich. — Der **Dôme du Goûter** (4331m, s. oben) wird auch als selbständige Tour oft gemacht ($4-4^1/_2$ St. von den Grands-Mulets, gefahrlos und höchst lohnend); Führer von Chamonix 60 fr.

*Tour du Mont-Blanc* s. R. 76.

Von Chamonix nach Courmayeur über den Col du Géant, 15-16 St., anstrengend, aber für geübte Bergsteiger nicht sehr schwierig und höchst lohnend (F. 50, Träger 30 fr.). Uebernachten im *Hôt. Montanvert* (S. 259), in umgekehrter Richtung im *Pav. du Mont-Fréty* (S. 273). Der Weg führt über den obern Theil des *Mer de Glace* und den *Glacier du Tacul* oder *du Géant*, dessen zerklüftete Séracs unter Umständen auf Leitern passiert werden müssen, am r. *Montblanc du Tacul* (4249m), l. der *Aiguille* oder *Dent du Géant* (4010m; 1882 von den Gebr. Sella zuerst erstiegen) vorbei in ca. 6 St. zum **Col du Géant** (3362m), zwischen r. *Aig. de Saussure* (3526m) und l. *Aiguilles Marbrées* (3537m), mit 2 Schutzhütten und prächtiger Aussicht. Dann an den fast senkrechten Felsen der Südseite hinab zum *Pavillon du Mont-Fréty* (S. 273) und nach Courmayeur. — Andre Pässe über die Montblanc-Kette von Chamonix nach Courmayeur (alle sehr schwierig und zum Theil gefährlich, nur für Gletschermänner ersten Ranges) sind der **Col de Triolet** (3492m) und der **Col de Talèfre** (3576m), beide am obern ö. Ende des *Gl. de Talèfre*, zwischen *Aig. de Triolet* und *Aig. de Talèfre* (F. 50 fr.); der **Col de Pierre-Joseph** (3478m), s. von der *Aig. de Talèfre* (F. 60 fr.); der **Col des Hirondelles** (3479m) zwischen *Petites* und *Grandes Jorasses* (F. 60 fr.); der **Col de Miage** (3408m) r. von der *Aig. de Miage* (4008m; F. 60 fr.); 2 St. unterhalb des Col am s.w. Fuß der *Aig. Grise* eine Schutzhütte des C. A. I., 2877m). — *Col Dolent* s. S. 264; *Col de Trelatête* s. S. 270. Nach Orsières über den *Col du Chardonnet* und die *Fenêtre de Saleinaz*, oder über den *Col d'Argentière* s. S. 264; *Col du Tour* s. S. 268.

Von Chamonix nach Sixt über den *Col du Brévent* und *Col d'Anterne* s. S. 256 (in umgekehrter Richtung weit lohnender); über den *Buet* s. S. 256.

## 74. Von Chamonix nach Martigny über die Tête-Noire oder nach Vernayaz über Triquent und Salvan.

*Vergl. Karten S. 252, 256.*

Bis Châtelard $4^1/_4$ St.; von da über die Tête-Noire nach Martigny $4^1/_4$ St., über Salvan nach Vernayaz 4 St. Ueber die Tête-Noire nach Martigny bis Châtelard gute neue Straße, weiterhin streckenweise schmal und schlecht (bei nassem Wetter Fahren nicht rathsam); Omnibus von Martigny nach Chamonix u. umgekehrt über die Tête-Noire 16 fr.; Zweisp. 35-40 fr. (kein fester Tarif, man accordiere mit dem Kutscher; oft Retourwagen zu haben). Die Kutscher pflegen wohl auf der Tête-Noire mit den von der andern Seite kommenden zu tauschen; wer das nicht liebt, mache mit dem Kutscher aus, daß unterwegs kein Wagenwechsel stattfinden darf und daß man bei der Fahrt von Chamonix zum *Bahnhof* Martigny oder Vernayaz nur dann zu zahlen hat, wenn man den Zug zur Weiterfahrt erreicht. — Von Vernayaz nach Chamonix Einsp. (kleine vierrädrige Wagen) für 1 Pers. 40, 2 Pers 50, 3 Pers. 60, 4 Pers. 70 fr. (von Chamonix nach Vernayaz 65 fr., mit Wagenwechsel in Châtelard), bis Finhaut 18 fr. u. 3 fr. Trkg. Bureau in Vernayaz gegenüber dem Gr.-Hôt. des Gorges du Trient. — Führer (12 fr.) auf beiden Routen ganz unnöthig. Gepäck sendet man durch einen Kutscher (durch Vermittelung des Portiers, $1^1/_2-2$ fr.), wodurch ein Träger entbehrlich wird.

Zwei Fahrwege und ein Saumpfad verbinden das Chamonixthal mit dem Wallis. Eine gute Straße führt von Chamonix über Argentière und Valorcine bis Châtelard, wo die beiden Fahrwege sich trennen: r. über Tête-Noire, Tri nt und Col de la Forclaz nach Martigny; l. über Finhaut und Salvan nach Vernayaz. Der Saumweg zweigt bei Argentière vom Fahrwege r. ab, über Tour und den Col de Balme, und mündet diesseit des Col de la Forclaz wieder in die Tête-Noire-Straße. Die letztere wird am meisten benutzt und ist für mehrsitzige Wagen fahrbar, steht aber dem Wege über Salvan an Abwechslung und Schönheit der Ausblicke nach. Der Saumweg über den Col de Balme dagegen hat eine Aussicht auf das Chamonix-Thal und den Montblanc, welche von keiner der beiden ersten Routen erreicht wird. Wer daher von Martigny aus zum erstenmal das Chamonix Thal besucht, wähle bei günstigem Wetter den Weg über den Col de Balme (vgl. S. 267). Am großartigsten und überraschendsten ist der Blick auf den Montblanc vom Col d'Anterne (S. 256).

Die Straße führt dem Lauf der *Arve* entgegen und überschreitet sie zwischen *les Chables* (auf die Flégère s. S. 260) und (1/2 St.) *les Pras* (H.-P. du Chalet des Praz; Pens. Couttet, beide ganz gut u. nicht theuer). R. bleibt das Dorf *les Bois* und der *Glacier des Bois* (S. 260, 259). Bei (1/2 St.) *les Tines* (*A la Mer de Glace; au Touriste) zweigt r. ab ein Weg zum Chapeau (S. 260). Die Straße steigt durch einen waldigen Engpaß; 1/4 St. *Lavancher* (1173m; *H.-P. du Mauvais-Pas, 10 Min. oberhalb der Straße, Z. 2, Pens. von 5 fr.); zum Chapeau s. S. 260. 10 Min. weiter führt eine Brücke über die Arve nach *la Joux*, l. hinter einem Hügel gelegen (auf die Flégère s. S. 261); dann folgen die Häusergruppen *les Iles*, *Grasonet* und (25 Min.) *les Chosalets*, wo die Straße auf das r. Ufer der Arve tritt.

15 Min. (2 St. von Chamonix) **Argentière** (1208m; **Couronne*, Z. L. B. 4, M. 4, Pens. 6-7 fr.; *Bellevue*), größeres Dorf mit dem gewaltigen Gletscher d. N., der zwischen *Aiguille Verte* (4127m) und *Aig. du Chardonnet* (3823m) sich ins Thal senkt.

***Glacier d'Argentière.** Reitweg (F. 6, Maulthier 6 fr.) von Argentière zum (2 St.) *Pavillon de Lognan* oder *du Chardonnet* (2000m; Gasth. von Devouassoud); 1/4 St. oberhalb prächtiger Blick auf die großartigen Séracs der Gletschers (häufige Eisbrüche). Von da erreicht man in 1/2 St. (nur m. F., den man besser von Chamonix mitbringt) den obern flachen und fast spaltenlosen Theil des Gletschers (*Mer de glace d'Argentière*); von der Mitte großartige Rundsicht auf die von allen Seiten emporstarrenden Aiguilles (Aig. du Chardonnet, Aig. d'Argentière, Tour Noire, Mt. Dolent, les Courtes, les Droites, Aig. Verte). Man kann auf dem Gletscher bis zum (3 St.) *Jardin* (2684m), einer Felseninsel am Fuß der Aig. d'Argentière, vordringen (im Sommer reiche Flora). — TOUREN vom Pav. de Lognan. *Aig. du Chardonnet* (3823m), 7 St. m. F. (von Chamonix 65 fr.), und *Aig. d'Argentière* (3901m), 8 St. m. F. (65 fr.), beide schwierig. — Nach Orsières über den **Col du Chardonnet** (3346m), 11 St. m. F. (50 fr.), beschwerlich aber sehr lohnend. Ueber den Glac. d'Argentière steil hinan zum (4 1/2 St.) Col, zwischen Aig. du Chardonnet und Aig. d'Argentière, dann über den Firn des *Gl. de Saleinaz* um die *Grande Fourche* (3617m) herum zur (1 1/4 St.) **Fenêtre de Saleinaz** (3309m) und über den *Gl. de Trient* und *Gl. d'Orny* hinab zur *Cabane d'Orny* (S. 280) und nach (6 St.) *Orsières* (S. 279). — Ueber den **Col d'Argentière** (3520m), 12 St. bis Orsières, sehr schwierig (F. 60 fr.). Die Paßhöhe, mit prachtvoller Aussicht, liegt zwischen *Tour Noire* (3824m) und *Aig. Rouges* (3656m). Gefahrvoller Abstieg über den *Gl. de la Neuva* zu den Hütten von *la Folly* im *Val Ferret* (S. 273). — Nach Courmayeur über den **Col Dolent** (3645m), zwischen *Mt. Dolent* (3830m) und *Aig. de Triolet* (3879m), 14 St. m. F., gleichfalls sehr schwierig; Abstieg über den *Gl. du Pré de Bar* ins *Val Ferret* (S. 273). — Zum Montanvert über den **Col des Grands-Montets** (3240m), 8 St. m. F., schwierig. Die Paßhöhe liegt zwischen Aig. Verte und Aig. du Bochard, am obern Ende des steilen *Gl. de la Pendant*. — Vom Pavillon de Lognan zurück zu den Hütten von *Lognan* u. *Pendant* und auf den Chapeau-Weg, bis *les Tines* (s. oben) 2 1/2 St.

Jenseit Argentière steigt die neue Straße zur Tête-Noire in kühnen Serpentinen l. bergan (r. der Fahrweg nach Tour, S. 268). Hinter dem Dörfchen (25 Min.) *Trélechamp* schöner Rückblick auf den Glacier du Tour und die prächtige Aiguille Verte, von der (15 Min.) Paßhöhe (*Col des Montets*, 1445m), Wasserscheide zwischen Rhone und Arve, überblickt man zum letztenmal die Montblanc-Kette.

Die Straße wendet sich gleich unterhalb der Paßhöhe auf die w. Thalseite und führt allmählich bergab. Nach 20 Min. zeigt ein Handweiser l. zur (25 Min.) **Cascade à Bérard* oder *à Poyaz*, einem sehenswerthen Wasserfall in wilder Schlucht (mit $^1/_2$ St. Umweg zu besuchen, Zutritt frei). Durch die Schlucht *(Vallée de Bérard)* führt der Weg zum *Buet* (3109m), dessen Gipfel im Hintergrund sichtbar ist (s. S. 256). — $^1/_4$ St. Brücke über die *Eau-Noire* (kl. Restaurant; von hier zum Wasserfall 15 Min.).

Weiter in einsamem, von hohen fichtenbewachsenen Bergen umschlossenem Thal; vorn der *Beloiseau* (2624m). Nach 10 Min. erreicht man die ersten Häuser des weit zerstreuten Dorfs **Valorcine** (640 Einw.), dessen Kirche weiterhin l. oben liegen bleibt. Bei einer (20 Min.) *Cantine* letzter Rückblick auf den Gipfel des Montblanc. Das Thal wird enger, die Straße senkt sich zur Eau-Noire hinab, die sich brausend über die Felsen wälzt, und überschreitet sie. 15 Min. *Hôt. de Barberine* (geschlossen) am Einfluß der *Barberine* in die Eau-Noire; erstere bildet einen Wasserfall, $^1/_2$ St. höher einen größern. Nach 5 Min. Brücke über die Eau-Noire (1122m), Grenze zwischen Frankreich und der Schweiz; jenseits das kleine *Hôt. Suisse au Châtelard*. 6 Min. weiter bei dem 1886 abgebrannten Hôt. Royal du Châtelard theilen sich die beiden ins Rhonethal führenden Wege: r. über die Tête-Noire nach Martigny, l. über Triquent und Salvan nach Vernayaz (s. unten).

Von Le Châtelard nach Martigny, $4^1/_4$ St. Die Straße führt durch einen Felsdurchbruch und tritt nach 5 Min. auf das r. Ufer der Eau-Noire. Der früher übel berüchtigte Weg *Mapas (mauvais pas)*, welcher sonst ins Thal hinabführte, bleibt l. liegen; statt dessen ist der neue Weg, der nun über dem dunkeln tiefen Thal schwebt, durch den Felsen der **Tête-Noire** gesprengt worden (*la Roche Percée*, 40 Min.). N.w. erhebt sich der *Beloiseau* (2624m), n.ö. über dem Einschnitt des Trient-Thals die *Dent de Morcles* (S. 230) und der *Grand-Mœveran* (S. 229). 10 Min. jenseit des Tunnels, 3 St. von Argentière, das *Hôtel de la Tête-Noire* (1194m). Von dem hölzernen Belvedere 2 Min. vor dem Hôtel prächtiger Blick in das wilde Thal der Eau-Noire.

Ein Fußpfad führt vom Hôtel steil hinab zum (20 Min.) **Gouffre de la Tête-Noire**, einer sehenswerthen Klamm des *Trient* mit Wasserfällen und Naturbrücke („Pont mystérieux"). Eintrittskarten im Hôtel (m. F. 1 fr.). Der Rückweg zum Hôtel erfordert 25-30 Min. steilen Steigens. — Ein direkter Fußpfad führt von der Klamm nach Finhaut (s. unten).

Der Weg wendet sich hier r. in den stark gelichteten Tannenwald von Trient, um den Fuß der Tête-Noire herum. Tief unten hört man den *Trient* brausen, der sich etwas weiter mit der Eau-Noire vereinigt. Wo der Wald aufhört, öffnet sich das Thal, und das Dorf ($^1/_2$ St.) **Trient** (1295m; *H.-P. des Alpes; H. du Glacier* *de Trient*, mäßig) zeigt sich, nicht weit von der Einmündung des Weges über den Col de Balme (S. 267); am Thalende die *Aiguille du Tour* (3531m) mit dem prächtigen *Glacier de Trient* (S. 267).

Der Fahrweg führt von hier streckenweise steil zum (40 Min.) *Col de Trient*, bekannter unter dem Namen **Col de la Forclaz** (1523m; zwei *Whser.*, s. S. 267). Die Aussicht ist anfangs beschränkt, ½ St. abwärts aber öffnet sich ein prächtiger *Blick auf das Rhonethal bis Sion; unten am Fuß *Martigny*, das man auf dem Fahrweg (s. S. 267) in 2¼ St., auf dem steilen alten Wege in 1½ St. erreicht.

Von Le Châtelard nach Vernayaz, 4 St. Der schmale Fahrweg steigt vom Hôt. Royal (s. oben) gleich l. theilweise in Windungen 40 Min bergan; bei dem Kreuz r. in der Richtung nach Finhaut, das man sieht. Dann ziemlich in derselben Höhe weiter, stets mit Aussicht auf die Thäler der Eau-Noire und des Trient, weiter den Glacier de Trient (S. 267) und die Aiguille du Tour, nach (¾ St.) **Finhaut** oder *Fins-Hauts* (1237m; **Pens. du Bel-Oiseau*, *P.-Rest. du Montblanc*, *P. de la Croix Fédérale*, alle drei einf. gut), in reizender Lage.

Ein Fußweg führt von hier in 1 St. direkt zum Gasth. der Tête-Noire. Man lasse sich den Anfang des schmalen Steigs zeigen, der steil zu einer Holzbrücke über die Eau-Noire hinabführt; am andern Ufer r. hinan, bei einigen Häusern vorbei, wo man zur Noth einen Knaben als Wegweiser mitnehmen kann, zum Pont mystérieux und dem Hôt. de la Tête-Noire (s. oben).

Hier zunächst etwas bergan, dann eben fort, stets mit prächtiger Aussicht. Die Straße senkt sich in vielen Kehren durch Wald bergab, dann an der Bergwand entlang an dem Dörfchen *Triquent* (994m) vorbei nach den (1 St.) **Gorges du Triège* (bei der Brücke ein „Buffet"), mit den schönen, von Felsen und dunkeln Tannen eingerahmte Fällen des Triège (durch Holzstege zugänglich gemacht; Eintr. 1 fr.). Weiter erst 20 Min. allmählich bergan, dann langsam bergab zwischen merkwürdigen alten Gletscherschliffen nach (½ St.) **Salvan** (925m; **H.-P. des Gorges du Triège*, Z. L. B. 2½-3, F. 1½, M. 3, Pens. 4½-5 fr.; **Union*, nicht theuer).

Zur ***Cascade du Dalley**, einem schönen Fall der *Salanfe*, führt von Salvan ein bequemer Weg über das Dörfchen *les Granges* an dem dem Rhonethal zugekehrten Abhang des Berges in 40 Min. Guter Standpunkt dem Wasserfall gegenüber (die Salanfe bildet später bei ihrem Sturz ins Rhonethal die Pissevache, S. 230). — Schöne Aussicht auf den Montblanc, Grand Combin etc. von den *Mayens de la Creuse* (1765m), 2½ St. m. F. (hübscher Waldweg, auch zum Reiten). — **Luisin** (2786m), von Salvan über die *Alp* und den *Col* oder *Chieu d'Emaney* (2437m) in 6 St. m. F., lohnend; prachtvolle Aussicht auf Savoyer, Walliser u. Berner Alpen. Abstieg in 5 St. über *Salanfe* und *Van* (S. 241). — **Dent du Midi** (3260m), 8 St. m. F., beschwerlich aber lohnend; über *les Granges* und *Van d'en haut* zur (3 St.) *Alp Salanfe* (1895m; Nachtquartier); dann über den *Col de Clusanfe*, wo l. der Weg von Champéry (S. 241) heraufkommt, zum (5 St.) w. höchsten Gipfel.

Von Salvan führt eine bequeme Fahrstraße an der steilen Bergwand in zahllosen Windungen zwischen Kastanien- und Nußbäumen, den Bach an 50mal überschreitend, hinab nach (¾ St., aufwärts 1¼ St.) *Vernayaz* (Eisenbahnstation, s. S. 230).

Neben dem Wege über Salvan ist für Fußgänger auch der sog. „Nouveau Chemin" am r. Ufer des Trient von Vernayaz zur Tête-Noire zu empfehlen (3 St., für ungeübte F. rathsam). Gleich oberhalb der *Gorges du Trient* (S. 231) führt ein Felspfad im Zickzack hinan zu den (½ St.) Hütten von *Gueuroz* (672m;

Rest.); von hier durch Buchenwald nach ($^1/_2$ St.) *la Taillat*, von wo ein Fußweg durch die Trientschlucht nach ($^1/_4$ St.) Salvan führt; dann steil ansteigend nach dem hübsch gelegenen ($^3/_4$ St.) *la Crête* (1033m; einf. Erfr.) und wieder eben fort über *Plan à Jeur* nach (1 St.) *l'Itroz* (1183m), hoch über der Vereinigung des Trient und der Eau-Noire. Nun l. hinab in die Trientschlucht, auf einer Balkenbrücke über den Bach und wieder hinan auf die Fahrstraße, nicht weit oberhalb des ($^3/_4$ St.) *Hôtels* an der *Tête Noire* (S. 265).

## 75. Von Martigny nach Chamonix über den Col de Balme.

*Vergl. Karten S. 252, 256.*

10 St. (von Martigny bis zum Col de Balme 6, Col de Balme-Chamonix 4 St.); von Martigny bis Trient und von Tour bis Chamonix Fahrweg (Wagen s. S. 283). Auch hier ist durch nachfolgende genaue Beschreibung ein Führer (12 fr.) unnöthig. Mitnahme des Gepäcks durch einen Kutscher vermittelt der Portier des Hôtels (vgl. S. 283). Pferd oder Maulthier mit Führer 24 fr.; vom Col de Balme bis Tour ist der Weg so schlecht, daß man nicht reiten kann. Am Wege mehrfach Whser. und Hütten mit Erfr.

*Martigny* (475m) s. S. 231. Man folgt s.w. der St. Bernhardstraße (S. 279) durch das lange Dorf *Martigny-Bourg* (S. 231) zur ($^1/_2$ St.) *Drancebrücke* (500m). 4 Min. jenseit der Brücke in dem Dörfchen *la Croix* zweigt bei einem Hause mit zwei Wegtafeln der Fahrweg nach Chamonix r. ab und steigt allmählich, zuerst zwischen Reben, Obst- und Kastanienbäumen, weiter durch Matten und Wald in vielen Windungen aufwärts. Er wird vom alten direkten Weg häufig gekreuzt, hier und da fallen auch beide zusammen. 20 Min. *les Rappes*; 25 Min. *la Fontaine*; 10 Min. *Sergnieux* (860m); 15 Min. *le Fay*. Die Straße steigt hier weit nach r. ausbiegend in einer großen Kehre, die der direkt berganführende Saumweg abschneidet; beim ($^3/_4$ St.) *Chalet de Bellevue* schöner Rückblick ins Rhonethal. 20 Min. *Les Chavans* (Restaur.); von hier noch 40 Min. Steigens zum ($3^1/_2$ St. von Martigny) **Col de la Forclaz** (1523m; **Hôt. Gay-Descombes*, Z. L. B. 3, M. $2^1/_2$-3 fr.; 2 Min. weiter *Restaur. Fougère*, nicht theuer).

Vom Paß führt l. ein fast ebener, in den letzten Jahren stellenweise durch Abrutschungen beschädigter Weg zum ($1^1/_2$ St.) **Glacier de Trient** (unteres Ende 1696m), dem nördlichsten Gletscher der Montblanc-Gruppe; guter Ueberblick auf der l. Seite, c. $^1/_2$ St. bergan. Ueber den *Col des Ecandies* (2683m) nach *Champex*, $5^1/_2$-6 St. m. F., s. S. 280. — *Mont d'Arpille* (2082m), vom Col de la Forclaz $1^1/_2$ St., s. S. 231.

Beim Hinabsteigen gabelt sich ($^1/_4$ St.) der Weg; r. führt der Fahrweg nach Trient und der Tête-Noire (S. 265), l. der Saumweg zum Col de Balme. Nach 10 Min., den obersten Häusern des langen Dorfs *Trient* (S. 265) gegenüber über die Brücke (einf. Cantine), dann die Wiese l. hinan (l. der *Glacier de Trient*, s. oben), nach 20 Min. über den vom *Mont des Herbagères* herabkommenden *Nant-Noir* (von *natare*; *Nant* heißen in Savoyen alle Bergströme); etwa 200 Schritte am r. Ufer aufwärts, dann l. bergan in den durch Lauinen gelichteten *Magnin-Wald*, in welchem man steil im Zickzack 1 St. lang emporsteigt. Dann weniger beschwerlich über Matten und alpenrosenreiche Abhänge an einer ($^1/_4$ St.) Cantine vorbei zu den ($^1/_4$ St.) Hütten von *Zerbasière* (2030m) und zum ($^1/_2$ St.) ***Col de Balme** (2202m; *Hôtel Suisse*, leidlich), Grenze zwischen der Schweiz und Frankreich. Berühmte Aussicht auf die ganze Kette des Montblanc, mit den Aiguilles du Tour, d'Argentière, Verte, du Dru, de Charmoz, du Midi, dem Montblanc und Dôme du Goûter, und über das grüne Chamonixthal bis zum Col de Voza. Rechts die Aiguilles Rouges, daneben l. der Brévent, r. der schneebedeckte Buet. Rückwärts, über die Einsattelung des Col de la Forclaz hinaus, übersieht man das Wallis und die Berge, welche es vom Berner Oberland trennen.

Die Aussicht ist noch ausgedehnter von der Höhe *la Balme* (2314m), der zweiten r. vom Whs. ($^1/_4$ St. n w.), mit einem Holzkreuz, am Fuß der *Croix de Fer* (2310m) oder *Aiguille de Balme*, in welcher der vom Col de Balme sich steil erhebende Höhenzug ausläuft. Der Montblanc erscheint hier freier und großartiger, n.ö. erblickt man die ganze Kette der Berner Alpen, die wie eine gewaltige weiße Mauer mit unzähligen Zinnen erscheint, ö. zu Füßen die Schlucht der Tête-Noire, dahinter die Dent du Midi. Man kann von da gleich bergabsteigen. Die Ersteigung der Aiguille selbst ist sehr lohnend, aber nur geübten Bergsteigern anzurathen (1 St., nur mit F.). Ein Kreuz 15 Min. unterhalb des Whses. am Wege nach Martigny erinnert an einen jungen Züricher, Escher v. Berg, der gegen den Rath der Führer allein die Aiguille hinanstieg und verunglückte.

Vom Col de Balme zur Tête-Noire, $2^1/_2$ St., beschwerlich aber lohnend (bei gutem Wetter Führer für Geübte entbehrlich). Vom Col führt w., hinter der oben gen. Anhöhe mit dem Kreuz, ein schmaler aber betretener Fußpfad in 10 Min. zum Rande des Tête-Noire-Thals. Der Pfad hört hier auf; man wendet sich r. (nördl.) in eine kleine Senkung und geht ziemlich eben weiter, bis nach c. 15 Min. mehrere Steinhaufen sichtbar werden, an deren r. Seite der nun wieder erkennbare Pfad hinabführt. Die Hütten von *Catogne* (2003m) bleiben r.; der Weg überschreitet den Bach und führt an seinem r. Ufer scharf bergab auf ein tieferes Plateau des Berges; weiter in n.ö. Richtung zu den (40 Min.) Hütten von *Grangettes*. Bei der nördlichsten Hütte sieht man l. zwei durch ihre weiße Farbe auffallende Geröllsteine; man wendet sich, den Bach überschreitend, zu diesen und findet, in horizontaler Richtung n. zwischen ihnen weitergehend, den nicht mehr zu verfehlenden, aber streckenweise steilen und steinigen Weg, der an den zerstreuten Hütten von *les Jeurs* vorbei zur ($1^1/_4$ St.) *Tête-Noire* (S. 265) hinabführt. — Diese Route ist namentlich dem eiligen Reisenden anzurathen, der in einem Tage ($10^1/_2$-12 St.) von Martigny aus die Aussicht vom Col de Balme und die Schönheiten der Tête-Noire-Route kennen lernen will (in umgekehrter Richtung weniger zu empfehlen).

Vom Col de Balme nach Orsières über den **Col du Tour** (3350m), 11-12 St. m. F., beschwerlich, nur für Geübte. An den Felsen der *Grands Autannes* entlang zum *Glacier du Tour* und über denselben mühsam zur Paßhöhe, zwischen *Aig. du Tour* (3537m) und *Petite Fourche* (3531m; beide vom Paß zu ersteigen; prächtige Aussicht); hinab über den *Gl. de Trient* und *Gl. d'Orny* zur *Cabane d'Orny*, nach *Som la Proz* und *Orsières* (vgl. S. 279).

Der Weg bergab (schlecht und steil, Reiten abzurathen) führt über blumen-, namentlich alpenrosenreiche Matten. Zur Rechten hat man stets die am Col de Balme entspringende *Arve* (S. 258); man überschreitet einige kleine Bäche, kommt ($^3/_4$ St.) bei einem Steinmann, $^1/_4$ St. weiter bei einem hüttenähnlichen Steinhaufen ohne Dach vorbei und gelangt dann nach ($^1/_4$ St.) *le Tour* (1431m); l. der schöne *Glacier du Tour*. Die Schiefer-Ablagerungen der Arve werden von den Bauern sorgfältig aufgehäuft; sie überschütten im Frühling damit ihre Felder, wodurch vermöge der stärkern Einwirkung der Sonne auf die schwarzen Schieferstücke der Schnee mehrere Wochen früher schmilzt. Einsp. von Tour nach Chamonix

6, Zweisp. 9-10 fr.; wer fahren will, nehme womöglich hier schon einen Wagen. 10 Min. von Tour über die *Buisme*, den Ausfluß des Glacier du Tour, 20 Min. weiter über die Arve; 5 Min. *Argentière* (S. 264; vom Col de Balme bis Chamonix 4, bergan 5-5½ St. Gehens).

## 76. Von Chamonix nach Courmayeur über den Col du Bonhomme und Col de la Seigne.

*Vergl. Karten S. 252, 256.*

**Saumpfad.** Drei Tage: am 1. nach Contamines 5¾, oder Nant-Borant (zum Uebernachten vorzuziehen) 7¼ St.; am 2. von Nant-Borant nach Mottets über den Col des Fours 5½, über Chapiu 6½ St.; am 3. nach Courmayeur 6½ St. Ein guter Fußgänger kann von Nant-Borant in einem Tage nach Courmayeur gelangen. Wer einen Theil des Weges fahren und auf den Col de Voza verzichten will, nimmt in Chamonix einen Einspänner bis Contamines oder Notre-Dame de la Gorge und erreicht dann bequem am 1. Tage Chapiu oder Mottets, am 2. Courmayeur. Führer bei gutem Wetter für Geübte entbehrlich, für weniger Geübte namentlich über den Col des Fours rathsam: von Chamonix bis Courmayeur in 2 Tagen 20, in 3 Tagen 24 fr., außerdem für den Rückweg 16 fr.

Diese Wanderung, die **Tour du Montblanc**, wird häufig unternommen und ist als unschwierig und lohnend sehr zu empfehlen. Wer die Wanderung um den Montblanc vollständig machen will, kann über den Col Ferret oder den Gr. St. Bernhard nach Martigny zurückkehren; rüstige Wanderer gehen von Aosta weiter über Châtillon und das Matterjoch nach Zermatt. Die französischen und italien. Douaniers fragen neuerdings nach Legitimationspapieren; man versehe sich also mit einer Paßkarte.

Man folgt der Genfer Straße (S. 255) bis zum (1¼ St.) Dörfchen *la Grias*; bei einem eisernen Kreuz l. ab über den tiefeingerissenen *Nant de la Grias* nach (¼ St.) *les Houches* (Hôt. du Glacier, einf.). 2 Min. hinter der malerisch gelegenen Kirche jenseit eines Baches (Handweiser) führt l. bergan ein leidl. Fußweg, nach ½ St. r. durch die Waldschlucht (kaum zu verfehlen) zum (1½ St.) **Pavillon de Bellevue** (1812m; einf. Whs.), auf einem an den Col de Voza angrenzenden Sattel des *Mont Lachat* (2111m), mit namentlich bei Abendbeleuchtung prächtiger *Aussicht über das Chamonixthal bis gegen den Col de Balme, auf die Monblanc-Kette (der Montblanc selbst ist durch den Dôme du Goûter verdeckt) und das Arvethal abwärts.

18 Min. jenseit les Houches bei einem Kreuz führt l. ab ein anderer, anfangs bequemer, später streckenweise nasser und namentlich nach Regenwetter unangenehmer Weg in 2 St. zum **Col de Voza** (1675m), einer Einsenkung zwischen *Mt. Lachat* und *Prarion* (S. 254), 20 Min. w. vom Pavillon de Bellevue, mit gleichfalls schöner, aber beschränkterer Aussicht (Whs. geschlossen, dürftige Erfr. in der Sennhütte). Hinab entweder am r. Ufer des Bachs über *Bionnassay* nach Contamines, oder besser und näher l. am Abhang zu der unten gen. Brücke über den Bionnassaybach, wo der Weg in den vom Pav. de Bellevue einmündet, und am l. Ufer des Bachs hinab nach Champel.

Vom Pavillon de Bellevue südl. bergab über Matten (l. die *Aiguille de Bionnassay*, 4061m), unterhalb der Hütten unweit des Gletscherendes auf einer Brücke über den aus dem *Glacier de Bionnassay* ausfließenden Bach, dann auf leidl. Saumpfad am l. Ufer hinab nach (1¼ St.) *Champel*; hier bei dem Brunnen l steil bergab, mit schönem Blick über das reich bebaute und bewaldete *Montjoie-Thal*, w. begrenzt von den Abhängen des *Mont Joli* (s. unten), im Hintergrund der *Mont Roselette* (2690m), ö. über grünen Vorbergen einzelne

Schneegipfel der w. Montblanc-Kette (*Aig. du Tricot, Aig. de Trelatête* etc.). 18 Min. *la Villette;* 6 Min. weiter erreicht man die Straße von St-Gervais (S. 254) nach Contamines. Dieselbe überschreitet vor dem Weiler *Tresse* den *Miage-Bach* (r. am Abhang des Mont Joli die stattliche Kirche von *St-Nicolas de Véroce*) und führt hoch auf der r. Seite des *Bon-Nant* allmählich steigend über *Champelet* nach (1 St.)

**Les Contamines**-*sur-St-Gervais* (1197m; *Union*, Z. L. B. $3^1/_2$, F. 2 fr.; *H. du Bonhomme* bei *Gul*), großes Dorf mit stattlicher Kirche.

Der ***Mont Joli** (2527m), mit prächtiger Aussicht auf den Montblanc, ist von *St-Nicolas* (s. oben) in 3 St. unschwer zu ersteigen (F. 6 fr.); $^3/_4$ St. unterhalb des Gipfels ein Chalet mit Erfr. — Zum *Pavillon de Trelatête* (s. unten) führt von Contamines ein bequemerer Weg als von Nant-Borant (20 Min. oberhalb Contamines l. hinan). Von Contamines über den Pav. de Trelatête nach Nant-Borant 3 St., lohnend. — Von Contamines nach *Beaufort* über den *Col Joli* s. S. 250.

Hinter Contamines senkt sich der Fahrweg zum Weiler *Pontet*, fortwährend mit Aussicht über das ganze Thal bis zu den Bergspitzen des Bonhomme; dann verengt sich das Thal und man erreicht (1 St.) die Brücke zu der am l. Ufer des Bon-Nant gelegenen Wallfahrtskapelle *Notre-Dame de la Gorge*, wo der Fahrweg aufhört. Weiter auf gepflastertem Saumweg, bei der Brücke geradeaus steil bergan (nicht über die Brücke) an zahlreichen Gletscherschliffen vorbei, dann durch Wald an zwei Wasserfällen vorbei; $^1/_2$ St. Brücke über die tiefe enge Schlucht des Bon-Nant; 10 Min. die **Chalets de Nant-Borant** (1457m; **Gasth.*, Z. $2^1/_2$-3, M. $2^1/_2$ fr.). Hier l. über die Holzbrücke; dann über Matten auf meist steinigem Pfade. L. oben wird der Absturz des großen *Trelatête-Gletschers* mit dem *Col de Béranger* sichtbar; thalabwärts reicht der Blick bis zu den Aiguilles de Varens (S. 254).

Von Nant-Borant oder besser von Contamines (s. oben) nach Mottets bez. zum Col de la Seigne direct über den **Col du Mont-Tondu** oder *Col du Glacier* (2805m), 7 St., beschwerlich, doch für tüchtige Bergsteiger ohne Gefahr (F. 30 fr.) Von Nant-Borant l. hinan (hübsche Wasserfälle) zum ($1^1/_2$ St.) *Pavillon de Trelatête* (1976m; Whs., wird gelobt), mit gutem Ueberblick des *Glacier de Trelatête*, und über diesen s.ö. zum Col, l. vom *Mt. Tondu*, mit schöner Aussicht besonders von der Anhöhe l.; hinab entweder r. nach *Mottets* (S. 271); oder l. an abschüssigen Felsen und über den *Glacier des Lancettes* oder *des Glaciers* zum Col de la Seigne. — Ueber den **Col de Trelatête** (3498m) unmittelbar s. von der Aig. de Trelatête zum *Glacier de l'Allée Blanche* und *Combal-See* (S. 272), sehr schwierig (2 F. à 60 fr.).

50 Min. **Chalet à la Balme** (1715m), dürftiges *Whs.* mit einigen Betten, am obersten Ende des Montjoie-Thals. Bis hierher ist ein Führer ganz unnöthig; bei gutem Wetter kann man ihn auch weiter entbehren (vgl. S. 269).

Wer einen Führer nicht entbehren zu können glaubt, nimmt ihn besser von Contamines mit, als von Nant-Borant oder la Balme, wo man nicht sicher darauf rechnen kann einen zu treffen (von Contamines bis zum Col du Bonhomme 6-8, Col des Fours 6-8, Mottets 10-12 fr.; die höheren Preise im Fall der Führer nicht mehr am selben Tage zurückkehren kann). Nimmt man einen solchen bloß bis zum Col du Bonhomme, so bestehe man darauf, bis zum höchsten Punkt (Croix du Bonhomme, s. unten), wo der eine Weg links nach dem Col des Fours hinansteigt und der andre geradeaus nach Chapieux hinunterführt, begleitet zu werden. Maulthier von Nant-Borant bis zur Croix du Bonhomme 8 fr.

Der Weg, durch Stangen bezeichnet, steigt an Felshalden steil bergan. $^1/_2$ St. *Plan Jovet* (1962m) mit einigen Sennhütten (vorher l. ein Wasserfall; nach Mottets über den Col d'Enclaves s. unten); $^1/_2$ St. *Plan des Dames*, wo ein kegelförmiger Steinhaufen an eine im Schneesturm verunglückte Dame erinnern soll. Am Ende des Thalbodens (20 Min.) steigt der Pfad r. hinan und erreicht in 25 Min. den **Col du Bonhomme** (2341m), wo man den öden Thalkessel übersieht, in dem die *Gitte* entspringt.

Ein schlechter Pfad führt ins *Gitte-Thal* hinunter, unten am *Chalet de la Sauce* vorbei, weiter am l. Ufer der Gitte in 2 St. nach den Sennhütten von *la Gittaz*, und von dort in $3^1/_2$ St. nach *Beaufort* (S. 250); im ganzen wenig lohnend, doch bequem für Reisende die nach der Tarentaise wollen. Führer bis la Gittas rathsam.

Zwei seltsame Felsen ragen hier auf, zusammengebrochenen Burgen ähnlich, die *Rochers du Bonhomme et de la Bonnefemme*. Nun l. am Abhang hin, auf felsigem, durch Stangen bezeichnetem Wege, an einer trefflichen Quelle (guter Ruheplatz) vorbei, zuletzt bergan zur (40 Min.) **Croix du Bonhomme** (2485m), mit prächtiger Aussicht auf die Berge der Tarentaise, in der Mitte die schöne Schneepyramide des *Mont Pourri* (3788m). Hier theilt sich der Weg: geradeaus bergab gelangt man zum Theil über Geröll nach

$1^3/_4$ St. **Les Chapieux** oder *Chapiu* (1509m; *Soleil*, wird gelobt; *Hôt. des Voyageurs*), Alpendörfchen im *Val des Glaciers*, $1^3/_4$ St. unterhalb Mottets (s. unten).

Von Chapiu nach Pré-St-Didier über den *Kleinen St. Bernhard* (11 St.), bei zweifelhaftem Wetter dem Wege über den Col de la Seigne vorzuziehen, bis *Bourg-St-Maurice* (S. 274) 3 St., anfangs sehr steiniger Weg, immer besser werdend, an den Hütten von *le Crey* und *Bonneval* vorüber, stets mit schöner Aussicht auf das obere Isère-Thal (Tarentaise), endlich auf die große Straße auslaufend. Von *Bourg-St-Maurice* bis *Pré-St-Didier* s. S. 274.

L. steigt von der Croix du Bonhomme der direkte Weg nach Mottets, anfangs durch Stangen bezeichnet, über Schnee (für weniger Geübte Führer rathsam) zum (35 Min.) **Col des Fours** (2710m); von der durch eine Steinpyramide bezeichneten Anhöhe r. vom Col (*Pointe des Fours*, 20 Min.) prächtige Aussicht. Steil hinab über Schiefergeröll, später über Matten; $1^1/_4$ St. die ersten Sennhütten (2004m); 20 Min. weiter die Hütten von *les Glaciers*, wo r. der Weg von Chapiu heraufkommt (s. oben). Hier l. hinab zu der Brücke (1781m), über den Bach und am l. Ufer hinan nach den zwei Häusern von (20 Min.) **Mottets** (1898m; *Whs.* bei *Vve. Fort*, theuer; Maulthier bis zum Col de la Seigne 6 fr.), am obern Ende des *Val des Glaciers*; n. die *Aiguille du Glacier* (3817m) mit dem großen *Glacier des Glaciers*.

Über den *Col du Mt. Tondu* nach *Contamines* s. S. 270. — Außer dem Col des Fours führt vom *Plan Jovet* (s. oben) an dem gleichnam. kl. See vorbei der *Col d'Enclaves* (2686m) zwischen Mt. Tondu und Tête d'Enclaves nach Mottets (4 St. von Nant-Borant; kürzer aber beschwerlich).

Von hier führt der theilweise gut angelegte Saumpfad in vielen Windungen zum ($1^3/_4$ St.) ***Col de la Seigne** (2512m). Auf der Paßhöhe, wo ein Kreuz die Grenze zwischen Frankreich und Italien bezeichnet, öffnet sich eine höchst großartige *Aussicht über die **Allée Blanche**, ein mehrere Stunden langes Hochthal, in das die Südseite der Montblanc-Kette in ungeheurer Steilheit abstürzt.

Unmittelbar l. vom Paß die *Aig. du Glacier* (3817m) und *Aig. de Trelatête* (3920m), dann der imposante Schneedom des *Montblanc*, getragen von den mächtigen Felsbauten des *Rocher du Montblanc*, daneben der *Mont Maudit;* weiter, l. von der *Aig. d'Estelette*, die kühn aufragende *Aig. Blanche de Péteret* (4113m; 1885 von H. Seymour King zuerst erstiegen). Mehr r. im Hintergrunde die Berge des Gr. St. Bernard, der *Mt. Velan* und *Grand Combin;* in der Tiefe der Combalsee. Der Rückblick auf die Berge der Tarentaise ist gleichfalls hübsch, tritt aber vor dem großartigen Blick gegen O. vollständig zurück.

Von der Paßhöhe abwärts (l. halten) über Schnee und Geröll, dann über Matten zu den (1/2 St.) obern *Chalets de l'Allée Blanche* (2205m, nur einige Wochen im Hochsommer bezogen) und den (25 Min.) untern Hütten (2175m), am Ende einer längern flachen Strecke. Hier r. um den Hügel herum über den Bach und hinab, mit prächtigem Blick auf den großartigen *Glacier de l'Allée Blanche*, von der *Aig. de Trelatête* überragt, zu einer zweiten ebenen Thalstufe, an deren Ende (3/4 St.) der grüne **Combal-See** (1940m), n. begrenzt von der kolossalen Moräne des *Glacier de Miage*. Am untern Ende des Sees (10 Min.) bei der Schleuse tritt der Weg auf das l. Ufer der aus ihm abfließenden *Doire* und senkt sich dann an der Moräne entlang durch eine wilde trümmererfüllte Thalenge (der Miage-Gletscher ist vom Wege nicht sichtbar). Nach 40 Min. wieder auf das r. Ufer; das Thal (von hier ab *Val di Veni* genannt) öffnet sich und man erreicht (5 Min.) die *Cantine de la Visaille* (1653m), mit großartiger Aussicht namentlich auf die Jorasses und die Dent du Géant.

Weiter durch Wiesen und Wald, am (3/4 St.) *Chalet de Pertud* (am l. Ufer) vorbei; l. der schöne *Glacier de la Brenva*, der früher die ganze Thalbreite ausfüllte, seit einigen Jahrzehnten aber sehr stark zurückgegangen ist. 20 Min. *Chalet de Notre-Dame de Guérison;* etwas unterhalb beim Austritt aus dem durch Lauinen zerstörten Walde überblickt man den Brenva-Gletscher bis weit hinauf; l. die Aig. de Péteret und die Schneekuppe des Montblanc, r. der Pavillon auf dem Mont Fréty (s. unten) und die zahnartige *Dent du Géant*. 5 Min. weiter bei der Kapelle *Notre-Dame de Guérison* oder *de Berrier* (1436m) biegt der Weg um eine Felsecke (l. unten an der Mündung des Ferretthals das Dorf *Entrèves*, s. S. 273) und senkt sich hinab zur Doire, die sich hier mit der Doire du Val Ferret vereinigt und nun *Dora Baltea* heißt. Gegenüber dem kl. Schwefelbad (1/2 St.) *la Saxe* überschreitet man sie und gelangt nach 1/4 St. zum *Hôtel du Montblanc*, in weiteren 10 Min. nach

**Courmayeur**. — GASTH.: *H. Royal, *Angelo, in beiden Z. L. B. 5-6, F. 1 1/2, Lunch 3 1/2, M. 5 fr.; *Union; *H. du Montblanc, nördl. 10 Min. vor dem Ort, Z. u. B. 2 1/2, M. m. W. 4 fr. — *Café du Montblanc*, Bier. — Diligence nach Aosta s. S. 273; Einspänner 15, Zweisp. 25 fr., Retourwagen billiger. — In Courmayeur besteht eine „Compagnie des Guides", mit ähnlichen Preisen wie in Chamonix (S. 257); *Emile* und *Joseph Rey, H. Séraphin, Laurent* und *Julien Proment, G. Petigax, J.-M. Lanier, J. Gadin, Al. Berthod, J.-M. Bron, Pantaléon* u. *Alexis Puchoz, L. Mochet* etc. empfehlenswerth.

*Courmayeur* (1224m), ansehnliches Dorf (1201 Einw.) in herrlicher Lage am obern Ende des Aosta-Thals, wird als Sommeraufenthalt und wegen seiner Mineralquellen von Italienern viel besucht. Obschon es höher liegt als Chamonix, ist das Klima milder, die Vegetation ungleich reicher. Die höchste Spitze des Montblanc ist in Courmayeur durch den *Mont Chétif* (2342m) verdeckt, aber 10 Min. s. vom Dorf auf der Straße nach Pré-St-Didier sichtbar.

Von dem gegenüber von Courmayeur am Fuß des Mont Chetif gelegenen Dörfchen *Dollone* öffnet sich ein prächtiger Blick auf die in enormer Steilheit abstürzenden *Jorasses* mit ihrem Gletscher; hübscher Spaziergang über die *Dorabrücke* (10 Min.) durch das Dorf, am n. Ende auf schattigem Pfad hinab zur Dora und am l. Ufer zurück ($1/_2$ St.). — Ein Saumweg (F. unnöthig) führt von Dollone w. zum (2 St.) *Col de Chécouri* (1960m), s.w. vom Mt. Chetif (s. ob.), mit herrlicher Aussicht auf den Montblanc (zurück durch die Allée Blanche, s. oben).

Der ***Mont de la Saxe** (2358m), $2^1/_2$-3 St. (F. 6 fr., entbehrlich) gewährt eine Vollsicht auf die gletscherreiche Ostseite des Montblanc vom Col de la Seigne bis zum Col Ferret, den Col du Géant und die Jorasses in unmittelbarster Nähe. Bequemer Saumweg von Courmayeur über *la Saxe* (s. oben) und *Villair* zu den (2 St.) *Chalets du Pré* (1972m) und zum (1 St.) Gipfel. Den Abstieg kann man über die *Chalets du Leuchi* (1951m) in das Val Ferret nehmen.

Der **Crammont* (2737m), mit großartigster Aussicht auf den Montblanc, wird besser von Pré-St-Didier aus erstiegen (s. S. 274).

Nach Chamonix über den Col du Géant (vgl. S. 263) 14-15 St., F. 50, Träger 30 fr. (2 Führer oder 1 Führer und 1 Träger nöthig). Lohnender Ausflug (Reitweg, 3 St.) zum **Pavillon du Mont-Fréty** (2173m), mit Restaur. (Betten) u. prächtiger Aussicht; von hier zum *Col du Géant* (3362m; 2 Schutzhütten), mit überaus großartiger Aussicht, $3^1/_2$ St. steilen Steigens (Führer bis zum Pavillon, entbehrlich, 6 fr., bis zum Col u. zurück 12, in 2 Tagen 15 fr.). — Besteigung des *Montblanc* (16 St. von Courmayeur) s. S. 262.

Von Courmayeur nach Martigny über den Col Ferret (14 St.), Reitweg (über den Col bis zu den Chalets de Ferret F. rathsam, 15 fr.). Der Weg bleibt von *la Saxe* (s. oben) am l. Ufer der *Doire* bis zu den ($1^1/_4$ St.) Hütten von *Pompaillère* (das Dorf Entrèves bleibt l.) und tritt hier auf das r. Ufer der *Doire du Val Ferret*, bei den (1 St.) Hütten von *Praz Sec* (1627m) wieder auf das l. (der Pfad auf dem r. Ufer verliert sich nach einiger Zeit zwischen den gewaltigen Steinblöcken einer Moräne). Weiter in dem engen steil ansteigenden **Val Ferret**, an den ärmlichen Hütten von *la Vachey* (1641m), *Férraché* (1767m), *Gruetta* (1763m) und *Sagivan* (1843m) vorbei (l. der *Glacier de Triolet* und hoch oben auf den Felsen des *Mont Rouge* die *Cabane de Triolet* des C. A. I.), bis zu den letzten Sennhütten von ($2^1/_2$ St.) *Pré de Bar* (2060m; Erfr.), am Fuß des gleichn. Gletschers, der sich vom *Mt. Grapillon* od. *Mt. Dolent* (3830 m) herabsenkt (*Col Dolent* s. S. 264). Von hier steigt der Saumweg r. in vielen Windungen zum ($1^1/_2$ St.) **Col Ferret** oder *Col de la Peulaz* (2536m), Grenze von Italien und der Schweiz, mit prächtiger Aussicht auf das Val Ferret und die Südseite der Montblanc-Gruppe mit ihren gewaltigen Eisströmen (Glacier de Triolet etc.), auf die Jorasses, die Aig. du Géant und über die Allée Blanche bis zum Col de la Seigne. [Ein andrer Uebergang, weiter n. dicht am Fuß der Felswände des Mt. Dolent, *Pas de Grapillon* oder *Petit Ferret* (2492m), ist zwar kürzer, aber mühsamer und ohne alle Aussicht, daher zu vermeiden.] Hinab zu den (1 St.) *Chalets de la Peulaz* (2085m); unterhalb über die *Drance* auf den ($1/_2$ St.) Col de Fenêtre-Weg (von hier zum St. Bernhard-Hospiz 4-$4^1/_2$ St., vgl. S. 283) und l. abwärts zu den ($1/_2$ St.) *Chalets de Ferret* (1696m; Cantine mit einigen Betten, sauber u. nicht theuer). Nun auf gutem nicht zu verfehlendem Wege durch das nördl. (schweizer) *Val Ferret* oder *Ferrex* über ($1/_2$ St.) *la Folly* (l. oben der *Glacier de la Neuva*, S. 264), ($1/_2$ St.) *la Seiloz* (kl. Whs.), ($1^1/_4$ St.) *Praz de Fort* (von hier Fahrweg), *Ville d'Issert* und *Som la Proz* nach ($1^1/_4$ St.) *Orsières* (S. 279).

## 77. Von Courmayeur nach Aosta und Ivrea.

101km. Von Courmayeur nach *Aosta* (34km) Omnibus im Sommer 3mal tägl. in 4 (Aosta-Courmayeur 5) St. für 6 fr.; Abfahrt (1890) von Courmayeur 6 Vm., 1 u. 5 Nm., von Aosta 6 u. 11 Vm., $3^1/_2$ Nm.; Einsp. 18, Zweisp. 30 fr. Von Aosta nach *Ivrea* (67km) Eisenbahn in $2^1/_2$ St. (7 fr. 60, 5 fr. 30, 3 fr. 45 c.). Höchst lohnende Fahrt; großartiger Bahnbau, prächtige Landschaften

*Courmayeur* s. S. 272. Die Straße nach Aosta (34km, zu Fuß 7 St., nicht lohnend) senkt sich in Windungen hinab zur Dora und führt am l. Ufer derselben durch eine waldige Schlucht (für Fußgänger vorzuziehen der aussichtreiche alte Weg, der l. auf der Höhe bleibt und erst unterhalb Pré-St-Didier in die Straße mündet). 50 Min. *Palesieux;* hier auf das r. Ufer nach ($^1/_4$ St.) **Pré-St-Didier** (1000m; **H. de l'Univers*, nicht theuer; *Restaur. de Londres*), malerisch gelegenes Dörfchen mit besuchtem Mineralbad, wo sich r. die Straße zum *Kleinen St. Bernhard* abzweigt (s. unten). Bei den warmen Quellen 5 Min. abwärts bricht sich der Bach durch senkrechte Felsen seinen Weg nach dem Dora-Thal.

Ausflüge (Führer *G. Vercellin*, *G.* u. *F. Brunod*, *Sim.* u. *Ferd. Berthod*, *Jos. Barmaz*, *Victor Belfrond*). Sehr lohnend die Besteigung des ***Mont Crammont** (2737m), $3^1/_2$ St. von Pré-St-Didier. Man folgt der Kleinen St. Bernhardstraße (Richtweg in 20 Min.) bis zum ersten Tunnel, hier r. hinan zum ($^1/_2$ St.) Dörfchen *Chanton* (1820m) und zum ($2^1/_2$ St.) Gipfel, mit großartiger Aussicht auf den Montblanc und die Grajischen Alpen (5 Min. unterhalb der *Pavillon Saussure*, Schutzhütte des ital. Alpenclubs). Ein andrer Weg (Reitweg) zweigt bei *Elevaz*, 1 St. von Pré-St-Didier, von der Bernhardstraße r. ab und vereinigt sich vor dem letzten Anstieg mit dem erstgenannten. Führer für Geübte entbehrlich.

Über den Kleinen St. Bernhard nach Bourg-St-Maurice 8 St., von manchen dem Wege über den Col de la Seigne vorgezogen (vgl. S. 271). Die schöne neue Straße zieht sich in vielen Windungen (Fußsteig kürzt) im Thal der *Thuile* bergan, über *La Balme* nach (2 St.) *La Thuile* (1441m; zwei einf. Whser.), mit Aussicht auf den großen Gletscher des *Rutor* (3486m), der von hier bestiegen werden kann (2 St. s. die prachtvollen **Rutorfälle*); weiter über ($1^1/_4$ St.) *Pont Serrand* (1651m), an der (1 St.) *Cantine des Eaux-Rousses* (2055m) vorbei, zum ($^3/_4$ St.) **Col du Petit-St-Bernard** (2188m); an der Südseite, $^1/_4$ St. jenseit des Passes, ist die Grenze zwischen Italien und Frankreich und ein **Hospiz* (2153m) mit guter Unterkunft. [Sehr lohnend von hier die Besteigung des *Mt. Valaisan* (2882m), $3^1/_2$ St. s.ö., des *Mt. Belvedère* (2642m), $1^1/_2$ St. ö., und der *Lancebranlette* (2928m), 3 St. w., alle mit treffl. Aussicht auf den Montblanc.] Allmählich hinab, stets mit schöner Aussicht auf das Isèrethal (*Tarentaise*) und die Savoyer Berge, über *St-Germain* und *Séez* nach (3 St.) **Bourg-St-Maurice** (815m; *H. des Voyageurs* bei *Mayet*, mangelhaft), Städtchen an der *Isère*, von wo 2mal tägl. Diligence in $4^1/_2$ St. nach (26km) *Moûtiers-en-Tarentaise* (S. 250).

Von Bourg-St-Maurice nach *Chapieux* s. S. 270. — Ö. führt von Bourg-St-Maurice ein großentheils fahrbarer Weg durch das wilde obere Isèrethal über *Ste-Foy*, am w. Fuß der *Ormelune* (3283m), und *la Thuille* (r. der schöne *Mont Pourri*, 3788m) nach ($6^1/_2$ St.) **Tignes** (1659m; *H. du Club Alpin*, *des Touristes*, beide einf.), am Zusammenfluß der Isère und *Sassière*, die einen schönen Fall bildet. Ausflüge von hier (*Aig. de la Grande-Sassière* etc.), s. *Bædeker*, *Midi de la France*. Ueber den *Col de Rhêmes* ins *Val de Rhêmes* und den *Col de la Galise* nach *Ceresole* s. *Bædeker's Oberitalien*.

Unterhalb Pré-St-Didier tritt die Straße wieder auf das l. Ufer der Dora (prächtiger Rückblick auf den Montblanc, der nun bis Avise stets sichtbar bleibt), führt längere Zeit hoch an der Bergwand entlang und senkt sich dann zwischen Rebenfeldern in ein weites, reich bebautes Thal; südl. erscheint die schöne Pyramide der *Grivola* (3969m). $^3/_4$ St. **Morgex** (920m; *Angelo*); l. am Berge die Ruine *Châtelar* (1171m), weiter *La Salle* mit Burgtrümmern. Am r. Ufer die schöne *Cascade de Derby* in mehreren Absätzen. Das Thal verengt sich; die Straße tritt auf dem ($1^1/_2$ St.) *Pont d'Equilive* (784m) auf das r. Ufer und führt durch einen wilden Engpaß (*Pierre taillée*) nach *Ruinaz* (787m; Croix, dürftig); gegenüber liegt *Avise* mit

Burgtrümmern und alter Kirche. Der Montblanc verschwindet nun; die Straße führt nochmals durch eine Felsschlucht (vorn erscheint die Pyramide des Mont Emilius) und überschreitet bei dem schön gelegenen, aber schmutzigen Dorf (3/4 St.) **Liverogne** (729m; *H. du Col du Mont*, einf.) das tiefe Felsbett der *Dora di Valgrisanche*. Hier die ersten Kastanienbäume. Rückwärts die Schneefelder des *Rutor* (S. 274); l. hoch oben auf steiler Felswand die Kirche von *St-Nicolas* (1196m). Hinter (1/4 St.) *Arvier* scharf bergab und über die *Savaranche* (r. auf der Höhe Schloß und Kirche von *Introd*) nach (50 Min.) **Villeneuve** (700m; *Cervo*, sehr einf.), schön gelegenes Dorf, überragt von der Ruine *Argent* auf hohem Fels.

Nun am l. Ufer der Dora an einem massiven alten Thurm vorbei etwas bergan; herrlicher Rückblick auf den dreigipfeligen Rutor, die Grivola etc. Gegenüber von *St-Pierre* (661m), mit Kirche und altem Schloß auf einem Felshügel, mündet südl. das *Val de Cogne;* am r. Ufer *Aymavilles*, mit Eisenhütten und vierthürmigem Schloß des Grafen Castiglione. Die Straße führt an dem stattlichen Schloß *Sarre* (657m) vorbei; weiter in breitem schattenlosem Thal nach (2 St.)

**Aosta.** — Gasth.: *Hôt. Royal Victoria, am Bahnhof, Z. L. B. 4 fr. 75 c.; H. du Montblanc, am W.-Ende der Stadt, Z. L. B. 3-3 1/2, F. 1 1/2, M. 5 fr.; *Albergo Lanier, am Hauptplatz im Hot. de Ville, nicht theuer; Corona, gegenüber; **Caffè Nazionale*, im Hôtel de Ville; Bier bei *Zimmermann* unweit des Hôt. de Ville; *Bahnrestaur.*, nicht besonders. — Einsp. nach St-Rémy 15, Zweisp. 25, Courmayeur 18 u. 30 fr.; Omnibus nach Courmayeur s. S. 273 (im Bureau des Omnibus am Markt auch gute Z., mit L. u. B. 3 fr.); nach St-Rémy s. S. 279.

*Aosta* (583m), deutsch *Osten*, die *Augusta Praetoria Salassorum* der Römer, jetzt Hauptort (7760 Einw.) der italien. Provinz gleichen Namens, liegt am Einfluß des *Buthier* in die *Doire (Dora Baltea)*.

Die vorhandenen Alterthümer beweisen die Wichtigkeit Aosta's zur Römerzeit: die *Stadtmauer* mit festen Thürmen, ein Rechteck von 724×572m bildend, ist in ihrem ganzen Umfang erhalten, im SW. auch die Plattenverkleidung mit Gesims. Vom Markt aus sieht man über den Häusern die Mauern des alten *Theaters* und die Arcaden des *Amphitheaters*.

Die Hauptstraße führt nach O. durch die antike *Porta Praetoria in 5 Min. nach dem stattlichen *Triumphbogen des Augustus, mit 10 korinth. Halbsäulen, dann jenseit des Buthier, welcher sein Bett gewechselt hat, zu dem schönen römischen *Brückenbogen*, der jetzt zur Hälfte in der Erde steckt.

In der Vorstadt liegt die Kirche St. Ours: im Chor der Grabstein des Bischofs Gallus († 546) und schöngeschnitztes Stuhlwerk des xv. Jahrh.; die alte Krypta ruht auf römischen Säulen. Im Kreuzgang des Klosters frühroman. Säulen (xii. Jahrh.) mit interessanten Kapitälen. Neben der Kirche ein *Thurm* des xii. Jahrh. aus römischen Quadern, gegenüber zwei antike Säulenstümpfe vor einer Kapelle. — An demselben Platze das *Priorat von St. Ours*, ein malerischer Bau des xv. Jahrh. mit Terracotta-Ornamenten und achteckigem Thurm, im Innern gute Holzschnitzereien und Fresken.

Die Kathedrale verdankt ihre jetzige Gestalt dem XIV. Jahrh.: über dem Portal ein buntbemaltes Thonrelief, im Chor zwei Mosaiken des X. Jahrh. und Stuhlwerk der Frührenaissance. Im Domschatz zwei Reliquienkasten des XIII. und XV. Jahrh., ein Cameo mit einer römischen Kaiserin in Fassung des XIII. Jahrh., Diptychon des Consuls Probus (406) mit Kaiser Honorius.

Am Südthor der Thurm *Bramafam* (XII. Jahrh.), in welchem ein Graf von Challant seine Frau dem Hungertode überliefert haben soll, und an der Westmauer die durch Xavier le Maistre's Erzählung bekannte *Tour du Lépreux*, in der ein Aussätziger Namens Guasco († 1803) und seine Schwester Angelica († 1791) litten.

Zwischen Stadt und Bahnhof ein treffliches *Bronzestandbild Viktor Emanuels II.* im Jagdanzug nach Tortone's Modell, auf hohem Felssockel: „au roi chasseur 1886“. — In der Stadt viele Cretins.

Ausflüge. ***Becca di Nona** (3142m), 6-7 St. m. F. (12 fr.), sehr lohnend. Proviant mitnehmen; leidl. Nachtquartier in der Alp Comboè (s. unten). Reitweg, anfangs staubig, über die Dora ziemlich steil hinan nach dem Dorf *Charvensod* (746m; Grégoire u. Grat. Jos. Comé, Führer), weiter viel durch Wald an der Einsiedelei *St-Grat* (1773m) vorbei zum *Col de Plan Fenêtre* (2225m; s. 20 Min. höher das *Signal Sismonda*, 2347m, mit Schutzhütte und treffl. Aussicht auf den Rutor und die Penninischen Alpen) und der ($4^1/_2$ St.) Alp *Comboè* (2121m; Unterkunft), in einer Thalmulde am w. Fuß der Becca. Von hier auf gutem Zickzackwege in $2^1/_2$ St. zur Spitze (wenige Schritte unterhalb die *Capanna Budden* des C. A. I.). Die großartige *Rundsicht (Panorama von Carrel) umfaßt die ganze Kette des Montblanc und Monte Rosa und die nahen Grajischen Alpen. — Den Abstieg von der Becca kann man auch, Comboè l. lassend, durch das Thal des *Comboè* direkt nehmen; unterhalb der Einsenkung von Comboè ein hübscher Wasserfall, an dessen Fuß man den Bach überschreitet und sich dann l. nach *Charvensod* hinabwendet.

**Mont Emilius** (3559m), von Comboè in $4^1/_2$ St., anstrengend, nur für Geübte m. F. (30 fr.). Man folgt dem Wege zum Col d'Arbole (Uebergang nach Cogne) bis zu den (1 St.) *Chalets d'Arbole* und wendet sich dann l. an dem kl. Gletschersee vorbei; Aussicht noch umfassender als von der Becca di Nona.

***Mont Fallère** (3062m), von Aosta n.w. über *Ville-sur-Sarre* auf neuem Reitweg in 7 St. (F. 10 fr., unnöthig), höchst lohnend; prachtvolle Aussicht über die ganzen Penninischen u. Grajischen Alpen. Auf dem Kamme $^1/_4$ St. unterhalb des Gipfels die *Capanna Regina Margherita* des C. A. I.

Von Aosta nach Zermatt führt ein lohnender, aber anstrengender Weg (2 Tage) durch das *Val Pellina* und über den **Col de Valpelline** (3562m): bis zu den Hütten von *Pra-Rayé* (S. 304) 9 St., von da über den *Glacier de Za-de-Zan* schwierig zur Paßhöhe s. von der *Tête-Blanche* (3750m) und über den *Stock-* und *Zmutt-Gletscher* nach (10-12 St.) *Zermatt* (S. 313). — Von *Bionaz* (S. 304), 3 St. oberhalb Valpelline und 5 St. von Aosta, ist der **Mt. Luseney** (3506m) mit großartiger Aussicht in 7 St. zu ersteigen (schwierig, nur für Geübte). — Von Oyace (S. 304) oder Bionaz nach dem *Val St-Barthélemy* (s. unten) über den *Col de Vessona* (c. 2700m), unschwierig und lohnend; von Bionaz über den *Colle Montagnaja* (2852m), gleichf. unschwierig; von Pra-Rayé über den *Col Livournea* (2851m), anstrengend.

Von Aosta nach *Evolena* über den *Col de Collon* s. S. 304; ins *Val de Bagnes* über den *Col de Fenêtre* s. S. 286; nach *Martigny* über den *Gr. St. Bernhard* s. R. 78.

Von Aosta nach *Cogne (Grajische Alpen)* s. *Bædeker's Oberitalien.*

Die Eisenbahn überschreitet den *Buthier* und die *Bagnère* und nähert sich dem inselreichen Bett der Dora; prächtiger Rückblick auf das von großartigen Bergen umgebene Thal von Aosta: s. Becca di Nona und Mt. Emilius, n. Grand Combin und Mt. Velan, w. der Rutor (s. S. 274). L. auf der Höhe Schloß *Quart* (758m), dann

(8km) Stat. *Quart-Villefranche* (535m). Ueber die Dora nach (11km) *St-Marcel*, am Eingang des gleichn. Thals, darüber am Abhang die vielbesuchte Wallfahrtskirche von *Plou;* gleich darauf wieder aufs l. Ufer der Dora. Vor (13km) *Nus* (535m), mit Burgruine, mündet n. das *Val St-Barthélemy* mit mehreren Uebergängen nach dem Valpellina (s. oben). Dann wieder zweimal über die Dora; r. das malerische Schloß *Fénis*, oberhalb der Mündung des *Clavalité-Thals*, aus dem die Schneepyramide der *Tersiva* (3513m) hervorblickt. Die Bahn überschreitet am l. Dora-Ufer den großen Schuttkegel von *Diemoz* (98m l. Viadukt) und führt durch einen Tunnel nach (20km) *Chambave* (495m), mit berühmtem Weinbau; hier nochmals schöner Rückblick thalaufwärts bis zum Rutor.

Das Thal verengt sich; die Bahn führt zwischen Fluß und Fels entlang, durch 2 Tunnel und einen mächtigen Geröllleinschnitt, dann über die vom Matterhorn kommende *Matmoire* oder *Marmore* nach (25km) **Châtillon** (551m; *H. de Londres*, Z. L. B. 3 fr., wird geklagt; *H. de l'Ange*), Bezirkshauptort (2992 Einw.) mit stattlichem Schloß der alten Grafen von Challant, 20 Min. oberhalb der Station (452m) an der Mündung des *Valtournanche* prächtig gelegen. Ueber die tiefe bewaldete, mit Häusern malerisch überbaute Schlucht der Matmoire führt mitten im Ort eine großartige einbogige Brücke. — Nach *Valtournanche* und über das *Matterjoch* nach *Zermatt* s. S. 327.

Weiter am l. Dora-Ufer (r. auf steiler Höhe das alte Challant'sche Schloß *Ussel*), durch 2 kurze Tunnel nach (27km) **St-Vincent** (432m), l. 20 Min. oberhalb der Bahn der gleichn. Ort (575m; **Lion d'or; Corona*), mit Mineralquelle (Badhaus), am Fuß des *Mt. Zerbion* (2721m). Die Bahn tritt nun in den malerischen ***Engpaß von Montjovet**, die großartigste Partie der ganzen Linie: eine Reihe von Tunneln, dazwischen mächtige Stütz- und Schutzmauern, folgen sich in enger Felsschlucht; tief unten die Dora in brausenden Fällen. Am Ausgang des Engpasses l. hoch oben die ansehnlichen Trümmer des Schlosses *Montjovet* oder *St-Germain*. Die Bahn überschreitet die Dora auf großem Viadukt, führt nochmals durch einen Tunnel und erreicht (32km) Stat. *Montjovet*. Das Thal erweitert sich; ausgedehnte Rebenfelder, r. mächtige Felswände, weiterhin am Abhang das Dorf *Champ de Praz*, an der Mündung des *Val Chalame*, dessen Bach das Dorathal weithin mit Geröll überschüttet hat. Ueber die Dora und den *Evançon* nach

38km **Verrès** (390m); l. 1/4 St. von der Bahn der Ort *(Italia; Ecu de France)*, mit 1100 Einw. und altem Schloß *(Rocca)* der ehem. Grafen von Challant, auf einem Felshügel an der Mündung des *Val Challant* (S. 327) malerisch gelegen. Gegenüber am r. Dora-Ufer *Issogne*, gleichfalls mit besuchenswerthem altem Challant'schen Schloß; n.ö. zwischen Challant- und Gressoney-Thal die Felspyramide der *Becca di Viou* (3032m).

Folgt (41km) *Arnaz*, mit Burgruinen. Die Bahn durchschneidet ein großes Schuttvorland und tritt bei *Campagnola* auf das r. Ufer der Dora. 45km *Hône-Bard*, in prächtiger Lage; r. öffnet sich das *Val Champorcher* oder *Camporciero* mit schönen Felsgipfeln; n.w. im Hintergrunde des Dorathals der *Mt. Luseney* (S. 276). ***Fort Bard** (391m), auf steilem Felshügel am l. Dora-Ufer, 1052 von Herzog Amadeus von Savoyen nach langer Belagerung erobert, im Mai 1800, vor der Schlacht von Marengo, von 400 Österreichern gegen die französ. Armee 8 Tage lang tapfer vertheidigt, nach 1815 wieder aufgebaut, ist zugleich Sprachgrenze; unterhalb wird nur italienisch gesprochen.

Die Bahn überschreitet die Dora und führt in einem 600m l. Tunnel unter der Festung hindurch. Weiter in engem Felsenthal nach (48km) *Donnas* (325m; Rosa), in hübscher Lage; dann in breitem, von prächtigen Bergen umgebenem Thal über den wilden *Lysbach* nach (50km) **Pont-St-Martin**; l. 20 Min. von der Bahn das Dorf (337m; **Rosa Rossa*, *Cavallo Bianco*) mit Burgruine, Hammerwerken und alter Römerbrücke über den Lysbach, an der Mündung des tiefeingeschnittenen *Lys*- oder *Gressoney-Thals* (S. 326) sehr malerisch gelegen.

Weiter zweimal über die Dora, die hier eine große Insel umfließt; l. am Abhang in Wein- und Obstgärten das Dorf *Carema*. Am r. Dora-Ufer (53km) *Quincinetto*, am Fuß des *Becco delle Steje* (2800m); am l. Ufer Ruine *Cesnola*. — 56km *Tavagnasco*, r. das Dorf, gegenüber am Fuß der *Colma di Monbaron* (2370m) das größere *Settimo Vittone*. Malerisches reich bebautes Thal: unten terrassenförmige Weinberge, weiter oben Nuß- und Kastanienwälder, darüber nackte Felsgipfel. Ueber die Dora bei *Montestrutto*, an (l.) *Terassa* und *S. Germano* mit Burgruine vorbei, nach (60km) **Borgofranco** (282m), mit arsenhaltigen Quellen 25 Min. von der Bahn.

Das Thal erweitert sich, die Berge treten zurück. 63km *Montalto-Dora*, mit imposantem zinnengekröntem Schloß (Ruine, aber wohlerhalten) auf einem Felshügel; dann in einem 1109m l. Tunnel unter dem Stadthügel von Ivrea hindurch, über die Dora nach (67km) **Ivrea** (234m; *Scudo di Francia; Universo; Corona d'Italia* u. a.), malerisch am l. Ufer der Dora gelegene Stadt (10 413 Einw.) mit altem Schloß, runden Zinnenthürmen u. vielen Kirchen; s. *Badeker's Oberitalien*.

## 78. Von Martigny nach Aosta über den Großen St. Bernhard.

17 St.: von Martigny bis zum Hospiz 11 St., von da nach Aosta 6 St (zurück von Aosta bis zum Hospiz 8, vom Hospiz nach Martigny 9 St.); bis zur Cantine de Proz (S. 281) Fahrstraße, von da bis St-Rémy (4 St.) Saumweg (Straße wird gebaut), dann wieder Straße bis Aosta. Führer ganz unnöthig. Bis Orsières steigt die Straße unbedeutend, man macht daher den langen Wandertag zu einem angenehmen, wenn man bis Orsières oder Bourg-St-Pierre fährt. Post von Martigny-Bahnhof bis Orsières (21km) tägl. in $3^3/_4$ (zurück am Nm. in $2^1/_4$) St. für 3 fr. 25 c. Einsp. bis Orsières 15, Zweisp. 20, Bourg-St-Pierre 25 u. 40, Cantine de Proz 30 u. 45 fr.; werden die Pferde von der Cantine bis zum Hospiz zum Reiten benutzt, Einsp. für 1-2 Pers. 40, 3 Pers. 50, Zweisp. für 4 Pers. 60 fr. In der Cantine sind in der Regel Bergwägli und Reitthiere zu haben (Maulthier bis zum Hospiz 5 fr., von Liddes 8 fr. u. Trkg.; von Bourg-

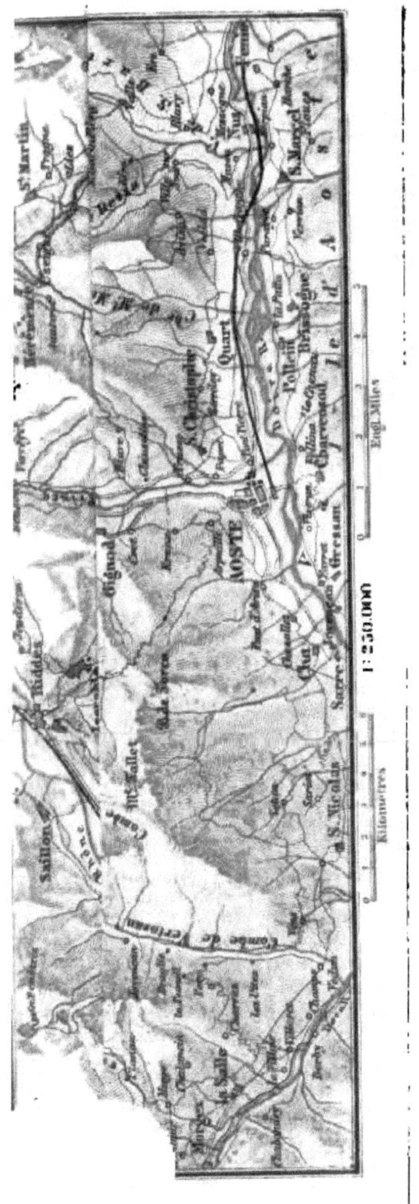

Saillon
Riddes
Gignod
AOSTE
Quart
Pollein
Brissogne
Charvensod
S. Marcel
Sarre
Gressan
1:250.000
Kilometres
Engl. Miles

St-Pierre nach St-Rémy 15 fr.). Einsp. von St-Rémy nach Aosta 1 Pers. 10, 2 Pers. 12, 3 Pers. 15 fr. (von Aosta nach St-Rémy 1-2 Pers. 15 fr.). Von Aosta nach St-Rémy Omnibus tägl. in 4 St. für 6 fr. (zurück in 3 St.).

Der **Große St. Bernhard** gilt zwar für weniger lohnend als die meisten andern großen Alpenpässe, doch bietet er immerhin eine Anzahl schöner Landschaftsbilder und wird als kurzer und leichter Uebergang aus dem untern Rhonethal nach Italien (Aosta, Courmayeur) häufig gewählt. Auch der Aufenthalt im Hospiz ist interessant; wer nur bis dorthin geht (Besteigung der Chenaletta nicht zu versäumen), kann über den Col de Fenêtre (S. 288) und durch das Ferret-Thal (S. 273) zurückkehren.

Von *Martigny* (S. 231) über *Martigny-Bourg* bis zur ($^1/_2$ St.) *Drancebrücke* s. S. 267. 4 Min. jenseit der Brücke bei einem Hause des Dörfchens *la Croix* (509m) theilt sich die Straße (r. nach Chamonix, S. 267). Die St. Bernhard-Straße führt durch ein enges Thal, tief unten die Drance, über *le Brocard* und *le Borgeau* nach (1 St.) *les Valettes* (Restaur. des Gorges du Durnant).

***Gorges du Durnant** (von Martigny 4 St. hin u. zurück, Einsp. 7, Zweisp. 10 fr.). Von les Valettes führt ein Fahrweg r. in 20 Min. zum Eingang der Schlucht, durch welche der *Durnant* in einer Reihenfolge von 14 Fällen zwischen senkrechten Felswänden hinabstürzt, durch einen bequemen 800m langen hölzernen Treppenweg zugänglich gemacht. Eintr. 1 fr.; am Eingang Hôtel-Restaur. Am obern Ende der Schlucht führt der Pfad hinaus auf den Weg nach *Champex* (s. unten). — Hübsche Aussicht von der Höhe von *Lombard* (880m), am Eingang der Gorges l. $^1/_2$ St. durch Wald bergan. Oben gelangt man auf den Weg nach Champex (s. unten).

Oberhalb ($^1/_4$ St.) *Bovernier* (621m) tritt die Straße auf das r. Ufer der Drance, die hier durch eine enge waldige Schlucht strömt. Mächtige Blöcke hemmen ihren Lauf, besonders bei der ($^1/_2$ St.) *Galerie de la Monnaie*, einem 64m langen Tunnel mit einer Seitenöffnung in der Mitte. Ein gewaltiger Felssturz fand hier 1818 statt, veranlaßt durch einen See-Durchbruch im *Val de Bagnes* (S. 289). Bei ($^1/_2$ St.) **Sembrancher** (720m; *Whs.*) vereinigt sich die *Drance d'Entremont*, vom St. Bernhard kommend, mit der *Drance de Bagnes* (S. 284). Auf einem Hügel die Trümmer eines Schlosses; r. der steil abfallende *Catogne* (2579m).

Von Martigny nach Sembrancher über den **Mont Chemin** 4 St., lohnend, namentlich in umgekehrter Richtung für solche, die vom St. Bernhard kommen (prächtige Blicke auf das Rhonethal). Von Martigny-Bourg l. durch Wald hinan über *Chemin d'en bas* nach *Chemin* (1154m), dann r. an Eisengruben vorbei nach *Vence* (1128m) und in Windungen hinab nach Sembrancher.

Von Sembrancher nach Saxon (S. 287) über den *Pas du Lens* (1660m), 5 St., Reitweg. — Die *Pierre à voir* (2476m) ist auch von hier in 5-6 St. zu ersteigen (F. 7 fr.); vgl. S. 231.

Die Straße wendet sich s. in das *Entremont-Thal*, überschreitet zweimal die Drance und führt am l. Ufer über *la Donay* nach

$1^1/_2$ St. **Orsières** (882m; *H. des Alpes*), an der Mündung des *Ferret-Thals* (S. 273, 283), mit bemerkenswerthem sehr altem Thurm.

Für Fußgänger lohnend und nicht viel weiter als die Fahrstraße ist der Saumweg durch **Val Champex** ($5^1/_2$ St. von Martigny bis Orsières). Fahrstraße bis ($1^1/_2$ St.) *les Valettes* (s. oben); hier r. hinan (man kann auch durch die Schlucht des Durnant gehen, s. oben), in allmählicher Steigung durch Wald u. Matten über *Lombard* (s. oben), *Creilet* und *les Grangettes* nach ($2^1/_2$ St.) **Champex** (1370m; *H.-P. du Lac* bei *Mme. Gros; P. Crettet, P. Bicely*, alle einf. u. billig), neuerdings als Sommerfrische besucht. Von hier durch Wald über die Paßhöhe (1494m) zum ($^1/_2$ St.) kl. *Lac de Champex* (1465m; Restaur.)

dann l. über *Biollay* nach (1 St.) *Orsières*. In umgekehrter Richtung ist dieser Weg wegen des steilen Anstiegs von Orsières zum Col weniger zu empfehlen. — Von Champex erreicht man durch die einförmige *Vallée d'Arpette* in 3½ St. den **Col des Ecandies** (*Fenêtre d'Arpette*, 2683m), mit prachtvollem Ueberblick des imposanten *Glacier de Trient* (S. 267): eins der großartigsten Gletscherbilder der Schweiz. Abstieg event. auf der r. Seite des Gletschers zum (3 St.) *Col de la Forclaz* (S. 267).

Von Orsières nach *Courmayeur* über den *Col Ferret* s. S. 273. — Pässe nach *Chamonix* (*Col du Tour*, *du Chardonnet*, *d'Argentière* etc.) s. S. 268, 264. Die **Cabane d'Orny** (2692m) ist von Orsières in 6 St. m. F. zu erreichen. Höchst lohnender Ausflug von hier über den *Glacier d'Orny* auf das Firnplateau des *Trient-Gletschers* und zur (3 St.) *Fenêtre de Saleinaz* (3309m), mit prächtiger Aussicht (weiter zum *Col du Chardonnet* und nach *Lognan* s. S. 264). Ueber den *Col du Tour* zum *Col de Balme* s. S. 268. — *Henri Copt*, *Fr. Biselx* u. a., Führer.

Von Orsières auf den ***Mont Brûlé** (2575m), 4½ St. m. F. (6 fr.), leicht und sehr lohnend; prächtige Aussicht auf die ganzen Berner und Walliser Alpen, den Genfer See mit dem Jura im Hintergrunde; ganz nahe die Dent du Midi, die Kette von Orny u. Trient, der Grand Combin etc. Auch von Liddes (4 St.) und Chable (S. 288; 5 St.) ist die Besteigung auszuführen. — Nach Chable über den *Col de Sexblanc* (7 St., lohnend) s. S. 284.

Die Straße überschreitet die in ihrem tiefen Bett selten sichtbare Drance und steigt in einer großen Kehre (der alte Saumweg kürzt). Sobald sie in den obern Thalboden einbiegt, öffnet sich ein prächtiger Blick auf den *Mont Velan* (s. unten), der mit seinen Gletschern und Schneefeldern den ganzen Hintergrund ausfüllt. Die Abhänge des weit geöffneten Thals sind mit Wiesen und Fruchtfeldern bedeckt. Zwischen *Fontaine-dessous* (1158m) und *Rive-haute* (1222m) nochmals eine große Kehre, die der Fußgänger abschneidet; weiter an der Kapelle *St-Laurent* vorbei nach

1¾ St. **Liddes** (1338m; **Union*; *Angleterre*; Maulthier zum Hospiz 8 fr. u. Trkg.), größeres Dorf; l. der schöngeformte *Merignier* (3092m) und die *Maisons-Blanches* (3699m). Oberhalb Liddes die Kapelle *St-Etienne*; die Straße überschreitet bei *Allèves* den gleichn., aus dem *Glacier de Boveyre* abfließenden Bach, läßt l. die Kapelle *Notre-Dame-de-Lorette* und erreicht

1¼ St. **Bourg-St-Pierre** oder *St-Pierre-Mont-Joux* (1633m; *Au Déjeuner de Napoléon*, ganz gut), ansehnliches Dorf an der Mündung des *Valsorey*, mit alter Kirche (XI. Jahrh.; neben dem Thurm auf der Mauer ein röm. Meilenstein). An der S.-Seite des Ortes Reste alter Befestigungen mit einem antiken Thor. Auf einem Hügel l. von der Straße, auf welchem vormals das Schloß *Quart* stand, der vom Jardin alpin in Genf 1889 gegründete *Jardin botanique valaisan „Linnaea“*, mit schöner Aussicht (Eintr. 50 c.; Schlüssel im Déjeuner de Napoléon; Aufseher der Führer Jules Balley).

Ausflüge (*Daniel*, *Emanuel* und *Jules Balley*, *Michel Genoud*, gute Führer). Auf die *Tête de Bois*, 2½ St., lohnend (Führer 6 fr., auch Maulthiere); schöner Blick auf Montblanc- u. Combin-Gruppe und hinab in das Val d'Entremont.

Durch das besuchenswerthe **Valsorey** führt ein guter Weg am r. Ufer des *Valsoreybachs* zum schönen Fall desselben und zu den (2½ St.) *Chalets d'Amont* (2192m), in großartiger Umgebung. Den Hintergrund bildet der *Glacier du Valsorey* mit den ihm zuströmenden Gletschern (l.) *du Sonadon*, vom Grand-Combin ausgehend, und (r.) *du Tseudet*. Schöne Ansicht des blendendweißen Mont Velan und der gezackten Felsmauer der *Luisettes*. — In den Sennhütten Nachtquartier für diejenigen, welche über den *Col des*

*Maisons-Blanches* (3426m) oder über den *Col du Sonadon* (3489m) ins Val de Bagnes (S. 285) oder über den *Col du Valsorey* oder *des Chamois* (3113m) ins Val Ollomont (S. 286) wollen. — Der **Grand Combin** (4317m) ist von den Chalets d'Amont über den *Col des Maisons-Blanches* oder besser über den *Glacier du Sonadon* in 8-9 St. zu ersteigen (großartig, aber schwierig, nur für ganz geübte Steiger; F. 40 fr.). Die Besteigung ist leichter von der *Cab. de Panossière* (S. 284).

Jenseit Bourg-St-Pierre überschreitet man die tiefe Schlucht des *Valsoreybachs*, der oberhalb der Brücke einen Wasserfall bildet. Der Weg war früher so steil und schlecht, daß gerade hier Bonaparte vom 15. bis 21. Mai 1800 bei seinem denkwürdigen Zuge mit 30000 Mann über die Alpen die größten Schwierigkeiten zu überwinden hatte. Die neue in den Felsen gehauene Straße vermeidet die steilen Stellen des alten Weges. Sie führt durch den Wald von St-Pierre und das *Défilé de Charreire*. Gegend schön, die Drance bildet mehrfach Wasserfälle. Der Fahrweg endet bei der ($1^1/_4$ St.) **Cantine de Proz** (1802m), einsames *Whs.* am Anfang des *Plan de Proz*, der obersten grünen Thalstufe; ö. die Schneekuppe des *Mt. Velan* mit dem *Glacier de Proz*, von welchem große Moränen niedergehen.

***Mont Velan** (3765m), 6-7 St. m. F. (25 fr.), schwierig, nur für Geübte. Ausgangsstation entweder die Cantine de Proz (von hier über den *Glacier de Proz* in 6 St., streckenweise sehr steil); oder (etwas weiter, aber weniger beschwerlich) die *Chalets du Valsorey* (s. oben). Oberhalb der Chalets d'Amont durch einen Kamin auf die östl. Moräne des *Gl. du Valsorey*; über den Gletscher zu der östl. Felswand des *Mt. de la Gouille* und hinan (interessante Kletterpartie) zum obern, großartigsten Theil des Gletschers, über denselben und nochmals durch einen Kamin und über Felsblöcke zum (6-7 St.) Gipfel mit überaus prächtiger Aussicht, n. bis zum Genfer See, im S. das Aostathal, in nächster Nähe w. Mont Blanc, n.ö. Grand-Combin, weiter Matterhorn, Mte. Rosa etc.

Der **Saumweg** steigt über die geröllbedeckten Matten des Plan de Proz zur (20 (Min.) *Cantine d'en haut* und wendet sich dann r. in eine Felsenenge, den *Pas de Marengo*. $1^1/_4$ St. *Hospitalet* (2100m), zwei Steinhütten mit Viehställen und Sennerei in einer Thalweitung r. jenseit des Wassers. 20 Min. weiter tritt der stets gut gehaltene Weg auf dem *Pont Nudrit* (2190m) auf das l. Ufer der Drance, hier nur ein unansehnlicher Bach, kreuzt sie nochmals auf dem (15 Min.) *Pont Tronchet* (2273m) und steigt durch die rauhe kahle *Grande Combe* zum ($^1/_2$ St.) Kloster, auf der Paßhöhe.

Das **Hospice St-Bernard** (2472m) besteht aus zwei größern Gebäuden, das eine mit der Kirche, den Wohnungen der Chorherren und einer großen Anzahl von Zimmern zur Aufnahme von Reisenden, das kleinere *(Hôtel St-Louis)*, Zufluchtsort im Fall einer Feuersbrunst, für ärmere Reisende und als Vorrathshaus. Eine Glocke in der Vorhalle ruft einen der Chorherren, der den ankommenden Fremdling willkommen heißt, ihm ein Zimmer anweist und den Mahlzeiten (gemeinsame Tafel Mittags 12 und Abends 6 oder 7 Uhr) beiwohnt. Obdach und Bewirthung (Freitag und Samstag nur Fastenspeise) sind zwar frei, ein wohlhabender Reisender wird aber mindestens den Betrag in den Armenstock (tronçon des aumônes, an der l. Wand der Kirche fast in der Mitte) legen, den er im Wirthshaus hätte zahlen müssen.

Der h. Bernhard von Menthon (S. 251) gründete im J. 962 das Kloster. Seinen Bewohnern, 10 bis 15 Augustiner-Chorherren mit 7 Knechten (*maroniers*), liegt die Verpflichtung ob, Reisende unentgeltlich aufzunehmen und zu verpflegen und während der Schneezeit, die hier fast neun Monate dauert, auf den Wegen nach Hülfsbedürftigen umher zu spähen. Es werden zu diesem Zweck sehr große kurzhaarige Hunde von feinstem Geruch gehalten, welche die Knechte auf ihren Spähwegen begleiten (die Hundezüchterei im Kloster sehenswerth). — Das Kloster auf dem Gr. St. Bernhard ist Mutterhaus für die aus etwa 40 Gliedern bestehende Congregation. Einige der Chorherren besorgen das Hospiz auf dem Simplon (S. 291), andere sind in der Seelsorge beschäftigt. Kranke und Greise haben zu Martigny ein Asyl. Es ist neben der IV. Cantoniera S. Maria am Stilfserjoch (S. 406) die höchste menschliche Winterwohnung in den Alpen. *Humboldt* sagt im Kosmos, daß die mittlere Jahres-Temperatur des St. Bernhard-Klosters (45 Gr. nördl. Breite) von —0,79° Reaum. (nämlich im Winter —7,6°, im Frühling —3,1°, im Sommer +7,2°, im Herbst 0,1°), sich in der Ebene erst bei einer Breite von 75 Gr. (Süd-Cap von Spitzbergen) wiederfinden würde.

Während der ital. Feldzüge 1798, 1799, 1800, überschritten mehrere 100000 Soldaten, theils Franzosen, theils Oesterreicher, diesen Gebirgspaß. Bonapartes Uebergang ist S. 281 schon erwähnt. Als geschichtliche Thatsache steht fest, daß 100 J. v. Chr. schon die Römer den Paß benutzten. Seit Gründung der *Augusta Praetoria Salassorum* (des heut. Aosta, 26 v. Chr.) wurde er immer häufiger gebraucht. Kriegszüge der Longobarden überschritten den Paß 547, ein Heer Karls d. Gr. unter seinem Oheim Bernhard 773, eine Abtheilung des Heeres Friedr. Barbarossa's unter Berthold von Zähringen 1166 u. a.

Das Kloster war im Mittelalter sehr reich, seine menschenfreundliche Bestimmung verschaffte ihm mancherlei Spenden und Stiftungen und mächtige Gönner und Schützer, besonders unter den Deutschen Kaisern. Im Lauf der Jahre ist indeß von dem Reichthum viel geschwunden, die 30-40 000 fr. Unterhaltungskosten werden nur zum Theil aus eigenen Mitteln des Klosters, zum Theil durch milde Gaben, welche in der Schweiz jährlich gesammelt werden, sehr wenig durch Geschenke von Reisenden, beschafft. Jährlich finden 16-20 000 Reisende hier Herberge, von welchen kaum 2000 etwas bezahlen und zwar im Durchschnitt nur die Hälfte einer mäßigen Wirthshaustaxe. Die Verwaltungskosten steigen aber. Die Lebensmittel müssen meist von Aosta hierher geschafft werden. Die Zuführung des Brennholzes aus dem 4 St. entfernten Ferret-Thal (s. unten) beschäftigt von Juli bis September tägl. an 20 Pferde.

Das jetzige stattliche Gebäude ist Mitte des XVI. Jahrh., die Kirche um 1680 erbaut. Im Speisesaal Kupferstiche und Zeichnungen, welche dankbare Reisende verehrten. In der Bibliothek im obern Stock eine Sammlung von Alterthümern aus der Umgegend, Statuetten, Bruchstücke eherner Votivtafeln, dem Jupiter Poeninus meist für glückliche Rettung aus Gefahren geopfert, Münzen und Naturalien. Die Fremdenbücher enthalten manche bekannte Namen. In einer Kapelle l. vom Eingang in die Kirche das Denkmal des Generals Desaix (1800 bei Marengo gefallen), Relief von Moitte.

Wenige Schritte vom Hospiz steht ein drittes niedriges Gebäude, die *Morgue*, zur Aufbewahrung der Leichen der Verunglückten bestimmt. Der kleine See w. vom Kloster ist auch im Sommer Morgens nicht selten mit einer leichten Eisrinde bedeckt. R. am Bergabhang ein botan. Garten mit Alpenpflanzen. — Nach O. erblickt man vom Hospiz den schneebedeckten *Mont Velan* (S. 281), daneben l. den *Combin de Corbassière* (3722m).

Sehr lohnend die Besteigung der **Chenaletta** (2889m), n. vom Hospiz ($1^1/_2$ St., m. F., streckenweise steil), der **Pointe des Lacerandes** (*Pic de Dronaz*, 2949m), weiter n.w. ($2^1/_2$-3 St. m. F., beschwerlich), und des **Mont Mort** (2866m), $1^1/_2$ St. s.ö.; alle drei mit prächtiger Aussicht auf den Montblanc, die Grajischen Alpen, den Monte Rosa und im N. die Berner Alpen.

Vom Hospiz über den Col de Fenêtre nach Martigny (9 St.), lohnender Rückweg für solche, die von Martigny aus nur das Hospiz besuchen wollen (für Ungeübte Führer nöthig). Saumweg, vom Wege zur Vacherie (s. unten) nach 20 Min. r. ab ziemlich scharf hinan zum (1 St.) **Col de Fenêtre** (2699m), mit schöner Aussicht; hinab (r. halten) über Geröll und zuweilen über Schnee an den drei kl. *Lacs de Fenêtre* vorbei zu den Hütten von ($1^1/_4$ St.) *Plan la Chaud* (2056m) und (1 St.) *Ferret* (1696m), vor welchen der Weg vom Col Ferret (S. 273) einmündet. — Nach Courmayeur führt vom Hospiz der nächste Weg (9-10 St.) über den *Col de Fenêtre* und *Col Ferret*. Um zum Col Ferret zu gelangen, braucht man vom Col de Fenêtre nicht bis Ferret hinabzugehen, sondern steigt (Führer rathsam) vor Plan la Chaud l. über Rasenhänge steil abwärts bis zu einer Brücke über die Drance, bleibt eine Zeit lang an deren l. Ufer und steigt dann am r. Ufer des vom Col Ferret kommenden Bachs bergan, bis man (nach ca. 50 Min.) eine Stelle findet, wo man ihn überschreiten kann. Dann noch $^1/_2$ St. steilen Steigens bis auf den Col Ferret-Weg (S. 273; 5 St. vom Hospiz bis zum Col).

An der NW.-Seite des Sees bei einem kleinen Bach bezeichnen liegende Wappensteine die ital. Grenze. In der Nähe auf dem *Plan de Jupiter* stand einst ein Tempel des *Jupiter optimus maximus Poeninus* (s. oben), daher die Namen *Mons Jovis* der Römer, *Monte Jove* der Italiener, *Mont Joux* der Anwohner, und die Benennung *Penninische* Alpen. Der Weg biegt um eine Felsecke (vorher beim Kreuz l. kürzerer Fußweg, der bei der Cantine in den Saumweg mündet) und senkt sich in weitem Bogen zur *Vacherie*, einem grünen Weideplatz, auf welchem das Vieh des Hospizes grast, mit einigen Sennhütten und der *Cantine*, dem Wegewärterhaus (2217m); w. der kegelförmige *Pain de Sucre* (2901m). Weiter im Zickzack auf der l. Thalseite, dann, stets auf gutem Wege, an der ö. Bergwand allmählich hinab nach (1 St.) **St-Rémy** (1632m; einf. *Whs.*), wo die Fahrstraße wieder beginnt. Im ersten Hause r. ist die ital. Mauth. Wagen s. S. 279; Maulthier mit Begleiter zum Hospiz $4^1/_2$ fr.

Von St-Rémy nach Courmayeur über den **Col de la Séréna** (2310m), 9-10 St., beschwerlich und im Ganzen wenig lohnend (vorzuziehen der Weg vom Hospiz über den Col de Fenêtre und Col Ferret, s. oben).

Unterhalb St-Rémy mündet r. das tiefeingeschnittene *Val des Bosses* in das St. Bernhardsthal. Fleißiger Anbau beider Thalseiten beginnt bei ($^3/_4$ St.) *St-Oyen* (1377m) und wird bei (30 Min.) **Etroubles** (1280m; *Aub. Nationale*) reicher. Die Straße überschreitet hier den *Buthier* und führt an der r. Thalseite hin, bald hoch über dem Fluß; gegenüber am Abhang die Kirche von *Allein*. 40 Min. *Echevenoz* (1235m), kl. Dörfchen; $^1/_2$ St. weiter das einzelne Haus *la Cluse* (1202m). Bei (20 Min.) *Condemine* öffnet sich der Blick in das langgestreckte *Val Pellina*, im Hintergrund der schneebedeckte *Mont Collon;* im N. erscheint die runde Kuppe des *Mont Velan* und die imposante Pyramide des *Grand Combin*. Die Straße senkt sich in großen Windungen nach ($^1/_2$ St.) **Gignod** (994m), mit viereckigem Thurm aus dem XIV. Jahrh., in höchst malerischer Lage gegenüber der Mündung des *Valpellina* (S. 276); unten der weiße Kirchthurm von *Roisan* und weiter aufwärts das Dorf *Valpelline* (S. 286).

Die Natur nimmt nun einen vollständig südlichen Charakter an: Nuß- und Kastanienbäume, Maisfelder und Reben erscheinen. Die Straße, stets hoch auf der r. Thalseite, senkt sich allmählich; vom wird die schöne Pyramide der *Grivola* kurze Zeit sichtbar, l. der stumpfe Kegel des *Mt. Mary* (2814m). Jenseit (3/4 St.) **Signayes**, wo Rebenfelder beginnen, erscheint r. der dreigipfelige *Rutor*, vorn *Becca di Nona* und *Mont Emilius*, l. die südl. Vorberge des Mte. Rosa.

1/2 St. **Aosta** s. S. 275.

## 79. Von Martigny nach Aosta über den Col de Fenêtre. Val de Bagnes.

*Vergl. Karte S. 278.*

Von Martigny bis Mauvoisin 8 1/4 St. (Sembrancher 2 3/4, Chable 1 1/2, Champsec 1, Lourtier 1/2, Mauvoisin 2 1/2 St.). Bis Lourtier Fahrstraße (Post von Martigny nach Chable tägl. in 3 1/3 St.; Einsp. bis Lourtier 18 fr.), dann Saumpfad. Wer über den Col de Fenêtre nach Aosta will (F. 18 fr.), übernachtet in Mauvoisin oder in Chermontane, 2 3/4 St. weiter aufwärts. Von Chermontane zur Paßhöhe 1 1/2, Valpellina 4, Aosta 3 St. — *Séraphin* und *Justin Bessard*, *Maur.-Ant. Troillet*, *François Besse* u. a. in Chable, Führer.

Bis (2 3/4 St.) *Sembrancher* s. S. 279. Die Straße zweigt im Dorf von der St. Bernhardstraße l. ab, überschreitet die *Drance* und führt am r. Ufer der *Drance de Bagnes* nach (1 1/2 St.) **Chable** (836m; **H. du Giétroz*, nicht theuer), Hauptort des *Val de Bagnes*, in malerischer Lage; im Hintergrund s.ö. die schneebedeckte *Ruinette* (3879m), l. *Mont Pleureur* (3706m) und der *Glacier de Giétroz*.

Die *Pierre à voir* (2470m) ist auch von hier in 5 St. zu ersteigen (F. 6 fr., vgl. S. 281). — *Mont Brûlé* (2575m), über *Zeppelet* u. *Mille* in 5 St., s. S. 280. — Nach *Orsières* oder *Liddes* (S. 280) über den **Col de Sexblanc** (c. 2250m), 7 St., unschwierig u. lohnend (F. angenehm); von der Paßhöhe schöner Blick auf den Montblanc. — Über den *Col des Etablons* nach *Riddes* s. S. 287.

Weiter am l. Drance-Ufer (am r. bleibt *Montagnier*) über *Versegère* nach (1 St.) *Champsec* (910m); hier über die Drance nach (1/2 St.) *Lourtier* (bescheidenes Whs.), wo die Fahrstraße vorläufig aufhört und der Saumweg beginnt. Zwischen Lourtier u. Mauvoisin bildet die Drance mehrfach ansehnliche Fälle; bei (3/4 St.) *Granges Neuves* erhält sie einen bedeutenden Zufluß aus dem *Glacier de Corbassière*. 20 Min. **Fionney** (1497m; *Hôt.-Pens. Besse*; *H.-P. Carron*).

**Cabane de Panossière** (2713m), sehr lohnender Ausflug, von Fionney über die Alp *Corbassière* in 4 1/2 St. m. F., von **Mauvoisin** über den *Col de Plangolin* oder *des Otanes* (2850m) in 3 1/2-4 St. Die Clubhütte, am Rande des gewaltigen *Corbassière-Gletschers* schön gelegen, ist Ausgangspunkt für *Combin de Corbassière* (3722m), *Tournelon blanc* (3712m), den *Col des Maisons-Blanches* (S. 285) etc. Der **Grand Combin** (4317m) ist am besten von hier zu ersteigen (7-8 St., nur für geübte schwindelfreie Bergsteiger); vgl. S. 281, 285.

Pässe. Ein beschwerlicher Übergang führt von Fionney östl. über die Alp *le Crêt* (2308m) zum **Col du Crêt** (3148m) südl. vom *Parrain* (3262m), mit prächtiger Aussicht; hinab über den *Glacier des Ecoulaies* zur (6-7 St.) Alp *la Barma* im *Val des Dix* (1 St. unterhalb *Liappey*, S. 303). Ein ähnlicher Paß ist der **Col de Sevreu** (3201m), zwischen *Parrain* und *Rosablanche*; hinan über Alp *Sevreu* und den kl. gleichn. Gletscher zum (4 1/2 St.) Col, mit treffl. Aussicht; hinab nach (2 St.) *la Barma* (Führer über Col du Crêt oder de Sevreu und Col de la Meina nach Evolena 18 fr.). — Zwei andere Übergänge (beide beschwerlich, nur für Geübte) führen n.ö. über den **Col de Cleuson** (2916m), w. von der *Rosablanche* (3348m; vom Paß in 1 1/4 St. leicht zu ersteigen, treffl. Aussicht), und über den **Col de Louvie** (2900m), s.ö. vom *Mont Fort* (3330m) auf den Gletscher des *Grand Désert*; hinab zur (8-9 St.) *Alp Cleuson* (2126m) im *Val de Nendaz* und auf gutem Saumweg nach (3 St.) *Nendaz* (1018m) und (2 1/2 St.) *Sion* (S. 287). Man kann auch vom Col de Cleuson das Grand Désert in n.ö. Richtung überqueren und über den *Col de Prazfleuri* (2971m) ins Val des Dix absteigen.

Oberhalb Fionney wird das Thal enger und wilder; der Saumweg bleibt stets auf dem r. Ufer der Drance und führt über *Bonatchesse* zur (1½ St.) Brücke von **Mauvoisin** (1698m), die 30m über der Drance den Fluß überspannt, in wilder Umgebung; am andern Ufer 20 Min. höher das *Hôt. du Giétroz* (1824m; 24 Betten).

20 Min. s. vom Gasth. auf der r. Thalseite die *Cascade du Giétroz*, der Abfluß des großen jetzt stark zurückgegangenen Glacier de Giétroz. Guter Ueberblick des Gletschers von der *Pierre à Vire* (2385m), hinter dem Gasth. bei der Kapelle vorbei 1¼ St. bergan. — Im Winter 1817/18 bildete sich oberhalb Mauvoisin durch herabgestürzte Eis- und Schneemassen ein über 2km langer, 60m tiefer See, der nach vergeblichen Ableitungsversuchen am 16. Juni 1818 durchbrach und im ganzen Bagnesthal bis nach Sembrancher und Martigny hinaus entsetzliche Verheerungen anrichtete. Im J. 1595 hatte ein ähnliches Ereigniß statt, wie in *Seb. Münster's Cosmographei* (Basel 1598) zu lesen ist.

Der Pfad führt wieder zur Drance hinab (l. die *Casc. du Giétroz*, s. oben) und durchschneidet das eben erwähnte ehem. Seebett; weiter durch die Schlucht von *Torrembey* an den Sennhütten von (1½ St.) *Petite Chermontane* (1917m; hier über eine etwas versteckte Brücke auf das l. Ufer) und *Vingt-huit* vorbei. Bei den Hütten von (½ St.) *Boussine* (2002m) öffnet sich der Blick auf die Gletscher; ö. ist der stark zurückgegangene *Glacier de Breney* hoch oben sichtbar. Am r. Ufer bleiben die Hütten von *Lancey* (2047m). Der Pfad überschreitet die Moränen und das flache untere Ende des *Glacier du Mont Durand* und erreicht (¾ St.) die Alp **Grande Chermontane** (2230m), in großartiger Lage am Fuß des mächtigen *Glacier d'Otemma* (Erfr. u. Heulager, wenn die Alp befahren ist, in der Regel von Mitte Juli bis Mitte August). Gegenüber auf der r. Thalseite (1 St. oberhalb Chermontane, 4 St. von Mauvoisin) die neue *Cabane de Chanrion* (2640m; gut eingerichtet), auf der gleichn. Alp schön gelegen. Den Hintergrund des Thals umgeben von W. nach O. *Tour de Boussine* (3837m), *Grand Combin* (4317m), *Mont Avril* (3348m), *Mont Gelé* (3517m), *Tourme de Bouque* (3344m) und *Pointe d'Otemma* (3348m).

Bergtouren. ***Mont Avril** (3348m), von Chermontane über den Col de Fenêtre unschwierig in 3 St. (F. 10 fr.), s. unten. — **Tour de Boussine** (3837m), von Chermontane über den *Gl. du Mont-Durand* in 7-8 St. (F. 25 fr.), nicht leicht. — **Grand Combin** (4317m), von Chermontane über den *Col du Sonadon* (s. unten) in 10-12 St., schwierig (F. 40 fr.). Vgl. S. 281, 284. — **Mont Blanc de Seilon** (3871m), von Mauvoisin über den *Glacier de Giétroz* in 10 St. (F. 30 fr.); besser von *Chanrion* über den *Glacier de Breney* (6-7 St.). Aussicht äußerst großartig. — **Mont Pleureur** (3706m), von Mauvoisin über *Alp Giétroz* in 8 St. (F. 15 fr.), nicht sehr schwierig. — *Pointe d'Otemma* (3348m), von Chanrion in 3 St. (F. 12 fr.); **Pigno d'Arolla* (3801m), von Chanrion in 5-6 St. (F. 20 fr., nicht schwierig); *Tournelon blanc* (3712m; von Mauvoisin 8 St., 15 fr.); *la Luette* (3544m; von Mauvoisin 7-8 St., 15 fr.); *Serpentine* (3691m; von Chanrion 5-6 St., 20 fr.) und *Ruinette* (3879m; von Chanrion 7 St., 30 fr.) können gleichfalls erstiegen werden (Taxen ab Mauvoisin; Führer nur in Martigny u. Chable zu finden).

Pässe. Über den **Col du Sonadon** (3489m) nach Bourg-St-Pierre, schwieriger Gletscherpaß (11-12 St., F. 30 fr.); von Chermontane w. über den *Glacier du Mont-Durand* zur Paßhöhe, s. vom Grand Combin, hinab über den *Glacier du Sonadon* in das *Valsorey* und nach *Bourg-St-Pierre* (S. 280). — Über den **Col des Maisons-Blanches** (3426m), 12-13 St. von Mauvoisin bis Bourg-St-Pierre, großartig aber schwierig (übernachten in der *Cabane de Panossière*, S. 284; F. 25 fr.). — S. führt außer dem Col de Fenêtre (s. unten) der **Col de Crête-Sèche**

(2897m) über das untere Ende des *Glacier d'Otemma* und den *Glacier de Crête-Sèche* in das Valpellina (S. 304; 8 St. von Chanrion bis Valpelline, F. 18 fr.). — Ins Val d'Hérémence über den **Col de Seilon** (3250m), $5^3/_4$ St. von Mauvoisins bis Liappey, $6^1/_4$ St. bis Arolla, über den *Glacier de Giétroz* und den spaltenreichen *Gl. de Durand* oder *Seilon* (besser von Chanrion über den *Glacier de Lyrerose* und *Col du Mont-Rouge*, vgl. S. 305). Über den **Col de Breney** (3650m), 7-8 St. von Chanrion bis zur Alp Seilon, schwierig (vom Col ist der **Pigno d'Arolla* (3801m), mit prachtvoller Aussicht, in $^1/_2$ St. zu ersteigen; vgl. S. 304). Vom Gl. Durand oder Seilon kann man auch ö. über den *Col de Riedmatten* oder den *Pas de Chèvres* nach *Arolla* gelangen; s. S. 304. — Über den **Col de Vasevay** (3263m), 6-7 St. von Mauvoisin nach Liappey, nicht besonders schwierig, lohnend. — Nach Arolla (Evolena) über den *Glacier d'Otemma* und *Col de Chermontane* (10 St. von Chanrion) s. S. 305; *Col de l'Evêque* (13 St.) s. S. 305. Vom oberen Otemma Gletscher über den *Col d'Otemma* (c. 3360m) oder den *Col de la Reuse d'Arolla* oder *Col d'Oren* (3242m) nach Valpellina, schwierig (8-9 St. von Chanrion bis Pra-Rayé; F. 20 fr.).

Von Chermontane steigt der Pfad erst über Matten, dann über Geröll und Moränenschutt längs des *Glacier de Fenêtre* zum ($1^1/_2$ St.) **Col de Fenêtre** (2786m) zwischen l. *Mont Gelé* (3517m), r. *Mont Avril* (3341m; in $1^1/_2$-2 St. leicht zu ersteigen, *Aussicht). Vom Col schöner Blick in das *Val d'Ollomont* und auf die Grajischen Alpen. Hinab Saumpfad an den Hütten von *Balme* und *Vaux* vorbei nach (3 St.) *Ollomont* (1337m; kl. Whs.) und ($^3/_4$ St.) *Valpelline* (954m; zwei kl. Whser.). Von hier Fahrstraße nach

3 St. *Aosta*, s. S. 275.

## 80. Von Martigny nach Novara (oder zum Lago Maggiore) über den Simplon.

*Vergl. Karten S. 278, 232, 290 u. 302.*

233km. Bis Brig, 77km, Eisenbahn in $2^1/_2$-3 St. für 9 fr. 50, 6. 30, 4. 75 c. (von Lausanne bis Brig in 5-6 St. für 16 fr. 70, 11. 30, 8. 35 c.; von Genf bis Brig in $8^1/_2$ St. für 23 fr. 08, 15. 80, 11. 65 c.). — Post von Brig nach Domodossola, 66km, 2mal tägl. in $8^3/_4$ St. für 16 fr. 05, Coupé 19 fr. 30 c. Eisenbahn von Domodossola über Gravellona und Orta nach Novara, 90km, in $3^1/_2$ St. für 10 fr. 20, 7.15, 4.60 c. Von *Gravellona* (32km, 1 St. 18 Min. Fahrens von Domodossola) Postomnibus 4mal tägl. nach Pallanza (10km in 55-60 Min., Fahrpreis 1 fr., Coupé oder Banquette 1 fr. 50 c.), 2mal tägl. nach Baveno (6km in 40 Min., 80 u. 1 fr. 20 c.) und Stresa (12km in 1 St., 1 fr. 20 u. 1 fr. 80 c.). — Eilwagen-Plätze s. Einl. IX; die Post fährt vom Postbureau beim Bahnhof ab und hält dann in der Stadt. Mit der Post über den Simplon zu schickendes Gepäck muß am Abend vorher aufgegeben werden, wenn es am folgenden Morgen befördert werden soll. Weiter als Iselle (S. 293) kann man es nicht vorausschicken, wenn man nicht den Schlüssel zur Mauthdurchsuchung beifügen will. — Wagen von Brig bis Domodossola einsp. 45 fr., zweisp. 90 fr. (in den Gasthöfen in Brig).

**Martigny** (476m) s. S. 231. (Von *Genf* oder *Lausanne* nach Martigny s. R. 66 und 70.)

Das Rhonethal von Martigny bis Brig bietet dem Fußgänger wenig. Die meist 1 St. breite Thalsohle, früher großentheils mit Geröll bedeckt, welches die *Rhone*, von den deutschen Wallisern auch *Rhodan* oder *Rotten* (S. 296) genannt, und ihre Seitenbäche bei jedem Hochwasser hinabtrugen, zeigt seit den umfangreichen Stromcorrectionen der Neuzeit vielfach Spuren von Anbau: junge Weinberge, Wiesen, Frucht- und Kartoffelfelder. Zu beiden Seiten erheben sich mächtige Gebirgsketten, deren Fuß namentlich am r. (n.) Ufer bis über Siders hinaus mit Reben bepflanzt ist. Aus den südl. Seitenthälern blicken hier und da Schneegipfel hervor. — Eine kleine Art *Mücken* mit

Engstligen

warzen florartigen Flügeln wird in den sumpfigen Gegenden des untern onethals sehr lästig, namentlich Abends; daher frühzeitig die Fenster des lafzimmers schließen.

Bei Martigny bildet das Rhonethal einen rechten Winkel, vgl. 231. Die Bahn führt in schnurgerader Richtung, unfern des l. oneufers, zu den jodhaltigen (8km) **Bädern von Saxon** (478m; r.-*H. des Bains*). Das Dorf, von Burgtrümmern überragt, liegt lerisch in einer Schlucht am Fuß der Pierre à voir, 20 Min. oberb der Bahn; das Etablissement des Bains 5 Min. r. vom Bahnhof.

Von Saxon auf die *Pierre à voir* (2476m), 5-6 St., Reitweg (F. 6, Pferd F. 12 fr.), s. S. 231. — Nach Chable im Val de Bagnes (S. 284) von r (oder von Riddes, s. unten) über den *Col des Etablons* (2173m), Saumpfad hrer unnöthig) in 7 St.; oben schöne Aussicht. — Nach Sembrancher r den *Pas du Lens* s. S. 279.

Am r. Rhoneufer auf einem Hügel *Saillon* mit Burgruine. Jenseit 3km) *Riddes* über die Rhone, bei (18km) *Ardon* (Hôt. du Pont) er die *Liserne* (S. 238). Ardon, *Vétroz* und *Conthey* (S. 238), rühmte Weinorte, liegen l. am Fuß des Gebirges. Die Bahn erschreitet die *Morge*.

25km **Sion**, deutsch *Sitten* (521m; **H. de la Poste*, Z. L. B. 3½, 3½ fr., Omnibus 50 c.; **H. du Midi*, nicht theuer), mit 5513 Einw. der *Sionne*, welche mitten durch die Stadt in einem gemauerten mit lken überdeckten Bett (*Rue du Grand-Pont*, die Hauptstraße) ßt, der Römer *Sedunum*, Hauptort des Kantons Wallis (*Valais*), r 1810-15 dem franz. Kaiserreich als *Département du Simplon* verleibt war. Von fern stellt sich die Stadt mit ihren auf zwei rgkegeln gelegenen Schlössern stattlich dar. Der nördliche trägt Trümmer des 1294 erbauten, 1788 durch Feuersbrunst zerrten Schlosses *Tourbillon* (655m), in 20 Min. zu besteigen, neben n Rathhaus l. bergan (Rue du Château); oben weite Aussicht, wärts bis gegen Martigny, aufwärts bis Leuk. Auf dem niedrigern gel r., auf den Trümmern eines röm. Castells, das alte Schloß *leria* (621m), von Thürmen und andern Gebäuden umgeben, u. a. r Kirche *Notre-Dame de Valère* (IX.-XIII. Jahrh.) mit merkwürdigen ulenkapitälen, Bildern, trefflich geschnitzten Chorstühlen etc. In n frühern Kalendsaale das neu begründete kantonale *Alterthumsuseum*. — Das dritte Schloß, *Majoria*, dicht an der Stadt vor urbillon, brannte gleichfalls 1788 mit einem Theil der Stadt nieder d ist jetzt zum Theil Kaserne.

Die Stadt selbst hat außer ihrer goth. *Kathedrale* (Ende des XV., hurm aus dem IX. Jahrh.) und der zierlichen *St. Theodulskirche* wenig merkenswerthes. In dem ehem. Hause des Landeshauptmanns *Georg persaxo* in der Gundisgasse ein schöner Saal mit kunstvoll geschnitzter naissancedecke von 1505 (Besichtigung gestattet).

Von Sion über den *Rawyl* nach *Thun* s. R. 56; über den *Pas de Cheville* ch *Bex* s. R. 69; über den *Sanetsch* nach *Gsteig* s. S. 232 (das *Hôt. du Sanetsch* f *Zanfleuron* ist von Sion in 5 St. zu erreichen). — Nach den *Mayens de Sion*, *elena* etc. s. S. 302. 20 Min. von *Bramois* (S. 302, 1 St. ö. von Sion) in der n Borgneschlucht die von Wallfahrern viel besuchte, in die Felswand hauene Einsiedelei *Longeborgne*.

Oberhalb Sion mündet die aus dem *Val d'Hérens* (S. 302) kommende *Borgne* in die Rhone; r. sind die *Dents de Veisivi* (S. 304) kurze Zeit sichtbar. Vor (31km) *St-Léonard* über die vom Rawyl (S. 184) kommende *Rière*. — 34km *Granges;* 10 Min. s. am l. Ufer der Rhone das Dorf, mit Kirche und Burgruine auf einem Hügel.

41km **Siders**, franz. *Sierre* (538m; **Post*, Z. L. B. 3 fr., F. 1.20, M. 3 fr.; **Bellevue*, mit Garten, Z. u. L. 2, F. 1, M. 4, Pens. 6 fr.), mit 1342 Einw., auf einem Hügel malerisch gelegen, mit üppigem Pflanzenwuchs und manchen alterthümlichen, jetzt meist im Verfall begriffenen Häusern. Nach der Rhone zu der *Schinderthurm* (Ruine der Burg *Alt-Siders*), mit hübscher Aussicht in das Einfischthal mit dem Rothhorn, und $^1/_4$ St. s. auf einem Felshügel über der Rhone (623m), die ehem. Karthause *Gerunden* (frz. *la Géronde*), jetzt Pachtgut, mit zwei kl. Seen (Badeanstalt). — In der Umgegend wächst ein guter Wein.

Von *Siders* ins *Val d'Anniviers* nach *St-Luc (Bella Tola)* und *Zinal*, Übergänge von dort ins *Turtmannthal* und *Val d'Hérens* s. R. 83. — Lohnend die Besteigung des **Mont Bonvin** (3000m), über *Miège* und die Alpen *Praberon* und *Colombire* in 7-8 St. Prachtvolles Panorama der Walliser Alpen; n. der Glacier de la Plaine morte und der Wildstrubel (S. 183).

Hinter Siders ein kurzer Tunnel, dann ein tiefer Einschnitt. 44km *Salgesch*, frz. *Salquenen*, weinberühmtes Dorf. Die Bahn führt am Bergabhang entlang, mehrfach in den Fels gesprengt (kurzer Tunnel), und nähert sich der Rhone, deren Thal hier weithin mit Geröll bedeckt ist. Gegenüber öffnet sich der *Illgraben* (s. unten). Über die *Dala* (tiefer Felsschlund), dann nochmals durch einen Tunnel, unter der Leuker Straße hindurch und über die Rhone nach

49km Stat. **Leuk-Susten**, franz. *Loëche-Souste* (623m; **Bahnrestaur.*; **H. de la Souste*, Z. L. B. $2^1/_2$-$3^1/_2$, M. 3-4 fr.). Gegenüber am Abhang das stattliche *Leuk* (S. 179) mit seinem Schloß und seinen Thürmen; l. auf einem Vorsprung die Kirche von *Varen*.

Nach dem *Leuker Bad* (zu Fuß 3 St.) s. S. 178; Einsp. 13 (hin u. zurück 18), Zweisp. 25 fr.

Die Landstraße von Siders nach Station Leuk durchschneidet den *Pfyner Wald*, eine 3km l., 1 km br. Kette abgerundeter, 30-70m hoher, mit Kiefern bewachsener Schutthügel. An der Ostseite liegt *Pfyn* (565m), franz. *Finge (ad fines)*, die Sprachscheide; von hier an trifft man bis zur Rhonequelle nur ganz deutsche Orte. Vor Stat. Leuk führt die Straße über den 5m tiefen Kanal, der das Wasser und den Schlamm aus dem ***Ill- oder Höllengraben** in die Rhone führt, einem gewaltigen halbrunden Felsentrichter, dessen unheimlich öde gelbe Wände von der Bahn aus sichtbar sind (s. oben). Bei starkem Regen stürzt das Wasser von den nackten steilen Wänden in dieses Tobel und reißt Geröll und Fels, die unten sich angesammelt hatten, mit sich fort der Rhone zu.

Weiter am l. Rhoneufer durch Wiesenland (r. das Schloß des Baron Verra), dann auf einem Steindamm an dem hier canalisierten Fluß entlang. Über den *Turtmannbach* nach (54km) **Turtmann**, franz. *Tourtemagne* (636m); 10 Min. r. das Dorf (*Post* oder *Löwe; Sonne*), an der Mündung des *Turtmannthals* (S. 311). Der Turtmannbach bildet 8 Min. von der Post einen schönen 26m h. Wasserfall.

57km *Gampel;* am r. Ufer 20 Min. entfernt das gleichn. Dorf mit verlassenen Schmelzöfen, an der engen Mündung des *Lötschenthals*

(S. 181), aus dem der hohe Firnrücken des *Petersgrats* hervorblickt. Bei *Niedergesteln* unbedeutende Trümmer der *Gestelnburg*. — 62km **Raron**, franz. *Rarogne;* gegenüber am r. Ufer an der Mündung des *Bietschthals* das Dorf, mit alter Kirche auf einem Felshügel. Am l. Ufer, r. von der Bahn, blickt oberhalb des Dörfchens *Turtig* von der bewaldeten Felswand das helle Wallfahrtskirchlein *Wandfluh*, an das die Stationen sich hinanschlängeln.

Die Bahn verläßt die Rhone und überschreitet die reißende weißgraue *Visp*, die das Rhonethal weithin mit Geröll überschüttet hat.

68km **Visp** oder **Vispach** (657m; **Post*, *Sonne*, im Ort, Z. L. B. 3, F. 1½, M. 4 fr.; *H. des Alpes*, am Bahnhof, Z. 2½, M. 3½ fr.; *Bahnrestaur.*, auch Z.), malerisch gelegener Ort (838 E.) an der Mündung des *Vispthals*, mit alten Herrenhäusern und stattlichen Kirchen. Der prachtvolle im Hintergrund des Vispthals sichtbare Schneeberg ist das *Balfrinhorn* (3802m), das erste Horn des *Saasgrats*, der das Saas- vom Nicolai-Thal scheidet. — Eisenbahn nach *Zermatt* s. S. 311.

Die Bahn tritt wieder an die Rhone und führt auf einem Steindamm am l. Ufer entlang; Acker- und Wiesenland, hier und da Geröllfelder, besonders an der Mündung des aus dem *Nanzer Thal* kommenden *Gamsen;* das r. Ufer steil abfallend und bewaldet. R. bleibt der Wallfahrtsort *Glis* mit großer Kirche, am Fuß des *Glishorns* (2528m); ö. die schöne Pyramide des *Bortelhorns* (3195m). — Über das eingedämmte Bett der *Saltine* nach

77km **Brig**, franz. *Brigue* (680m; **H. des Couronnes & Poste*, Z. L. B. 3½-4, M. 4½ fr.; **H. d'Angleterre*, Z. L. B. 2½, Lunch 3, M. 4 fr.; **H.-P. Suisse*, nicht theuer; **Bahnrestaur.*, auch Z.), ansehnliches Städtchen (1172 E.) mit stattlichen Häusern, Endpunkt der Rhonethalbahn. Einen Besuch verdient der vielthürmige *Stockalper-Palast*, mit sehenswerthem innerm Hof, großem Rittersaal etc. Gute Aussicht von der Terrasse vor dem frühern Jesuitenkloster; der stattliche Schneeberg im SO. ist das Wasenhorn, n. Sparrhorn, Belalp, Eggishorn.

Nach Belalp sehr lohnender Ausflug (Reitweg, 4½-5 St.; Träger 5, Pferd 15 fr.). Von Brig über die Rhonebrücke nach (20 Min.) *Naters* (S. 289), dann l. bergan auf schlechtem steinigem Wege (neuer Reitweg wird gebaut), streckenweise steil und fast ganz schattenlos, über *Geimen* (1048m) zum (2 St.) Dorf *Platten* (1320m; einf. *Whs.); weiter durch Wald, über die *Rischenen-* und *Eggen-Alp* in 2½ St. zu dem lange vorher sichtbaren ***Hôtel Belalp** (2137m; Z. L. B. 4, F. 1½, Pens. m. Z. 9-11 fr.), auf *Lüsgen-Alp* am Fuss des Sparrhorns hoch über dem Gr. Aletschgletscher gelegen, mit prächtiger Aussicht auf die Walliser Alpen. 5 Min. oberhalb die kl. *Villa Lüsgen* des Prof. Tyndall.

Ausflüge vom Hôt. Belalp. Hübscher Spaziergang am Dorf *Belalp* (2017m) vorbei am Bergabhang entlang zum (1½-2 St.) Dorf *Nessel* (2035m), hoch über dem Rhonethal gelegen, mit herrlicher Aussicht (Milch etc. zu haben). — ***Ober-Aletsch-Gletscher**, sehr lohnend. Saumpfad vom Hôtel bis zur (¾ St.) w. Seitenmoräne (2379m); über dieselbe und eine zweite Moräne auf den fast spaltenlosen Gletscher, mit zahlreichen Eistischen, Gletschermühlen etc., bis zur (1¼ St.) *Schutzhütte* auf der O.-Seite (2607m) am Fuß der Fußhörner (S. 298). Man kann auf dem gut gangbaren Gletscher r. über den *Ober-Aletschfirn* bis zum Fuß des *Gr. Aletschhorns* (S. 298), oder l. über den *Beichfirn* gegen die Schneehänge des *Beichgrats* (s. unten) vordringen (hin u. zurück je nach Ausdehnung der Wanderung 8-10 St., Führer, 5 fr., u. Proviant mitnehmen).

*Sparrhorn (*Belalphorn*, 3026m), $2^1/_2$-3 St., meist Reitweg; Führer 4 fr., für Geübte unnöthig. Prächtige Aussicht, nach N. der vom Eggishorn (S. 298) nachstehend, nach S. sie übertreffend (Panorama im Hôtel). Ueber dem Ober-Aletschgletscher tritt im N. l. von den Fußhörnern besonders das Große Aletschhorn hervor, daneben Sattelhorn, Ebnefluh, Distelhorn, Breithorn, Tschingelhörner, l. neben dem Hohstock das Nesthorn. Gerade gegen S. die breite Masse des Monte Leone, weiter r. Fletschhorn, Monte Rosa, Mischabel, Matterhorn, Weisshorn, Brunnegghorn, Dent Blanche und Grand Combin; l. vom Monte Leone Bortelhorn, Hüllehorn, Helsenhorn, Punta d'Arbola, Güschihorn, Ofenhorn, die Gipfel der Gotthardgruppe und zuletzt die Walliser Fiescherhörner.

Von Belalp zum *Eggishorn-Hôtel* ($5^1/_2$ St.) s. S. 298; Führer 8 fr.; nöthig ist ein solcher nur zum Ueberschreiten des Gr. Aletschgletschers (3 fr.).

Von Belalp nach Ried über den Beichpaß, 9-10 St., beschwerlich aber höchst lohnend (F. 20 fr.). Ueber den *Ober-Aletsch-Gletscher* und *Beichfirn* zum **Beichpaß** (3136m) zwischen *Schienhorn* und *Lötschenthaler Breithorn* (s. unten); steil hinab über den *Distelgletscher* zur schönen Alp *Gletscherstaffel* und nach *Ried* (S. 181). Das *Breithorn* (3783m), mit prächtiger Aussicht, ist vom Beichpaß in 3 St. unschwer zu ersteigen. Noch großartiger ist die Rundsicht vom **Nesthorn* (3820m), von Belalp über den Ober-Aletsch-Gletscher in 7-8 St. (anstrengend, nur für Geübte; F. 40 fr.). — *Schienhorn* (3807m), vom Beichpaß in $4^1/_2$ St., sehr schwierig. — *Gr. Aletschhorn* s. S. 298.

*Ober-Wallis* und die Uebergänge über *Grimsel*, *Furka* und *Gries* s. R. 81, 52, 33, 82.

Die Simplon-Straße, die erste große Alpenstraße, nach der Brennerstraße überhaupt der erste fahrbare Alpenübergang, auf Befehl Napoleon's I. 1800-1806 erbaut, verläßt zu Brig das Rhonethal; von Brig bis Domodossola 66km, welche der Eilwagen in $9^1/_2$ St. ($5^1/_2$ bis Simpeln, wo $^1/_2$ St. Aufenthalt, $3^1/_2$ bis Domodossola) zurücklegt, auf dem Rückweg (Fahrtdauer 10 St.) von Domodossola bis Simpeln $5^1/_2$, von da bis Brig 4 St.

Entfernungen zu Fuß: von Brig bis Berisal auf der Poststrasse $3^1/_4$ St., auf abkürzendem Fußwege $2^1/_2$ St.; Berisal-Hospiz $2^1/_2$ St., Hospiz-Simpeln $1^3/_4$ St., Simpeln-Gsteig 35 Min. (Fußweg 20 Min.), Gsteig-Gondo $1^1/_4$ St., Gondo-Iselle $^3/_4$ St., Iselle-Domo $3^1/_4$ St. In umgekehrter Richtung: Domo-Iselle 4 St., Iselle-Gondo 1 St., Gondo-Gsteig $1^3/_4$ St., Gsteig-Simpeln (Fußsteig) $^3/_4$ St., Simpeln-Hospiz $2^1/_4$ St., Hospiz-Berisal $2^1/_4$ St., Berisal-Brig $2^1/_2$ St. (kürzerer Fußweg $1^3/_4$ St.). — Die Simplonstraße wird auch im Winter fahrbar erhalten. An Großartigkeit des Baues steht sie der Splügenstraße nach, an landschaftlichen Schönheiten übertrifft sie dieselbe weit.

Die Steigung beginnt beim Posthause zu Brig (708m; ein nach 100 Schritten, jenseit der Brücke, r. abzweigender Fußweg, der noch einmal die Straße überschreitet und vor dem zweiten Schutzhaus wieder in dieselbe mündet, kürzt bedeutend; auch sonst mehrfach abkürzende Wege). Nach 10 Min. mündet r. die alte Straße von *Glis* (S. 289) mit der hohen *Napoleon-Brücke* (757m) über die Saltine; gegenüber das *Glishorn* (2528m). Lange Windungen führen durch grüne Matten ö. gegen das *Klenenhorn* (2695m) hin; schöner Rückblick auf das Rhonethal, am r. Rhoneufer hoch oben das Hôtel Belalp, vom Sparrhorn überragt, l. das Nesthorn, r. weiter aufwärts der Kegel des Eggishorns; nach S. erblickt man hoch oben den Kaltwassergletscher, an dem die Straße vor der Paßhöhe vorbeiführt, mit dem Schönhorn. Hinter dem Weiler *Schlucht* beim (1 St.) *ersten Schutzhaus* (977m) wendet die Straße sich zurück und steigt in vielen

Aletschhorn
Ried
Betten
Mörel
Termen
Naters
Mund
BRIEG
Glis
VISP
Stalden
Visperterminen
Torbel

Windungen an der bewaldeten Bergwand hinan, stets mit prächtigen Blicken ins Rhonethal und auf die Berge des Aletschgebiets, bis sie hinter der *Bleiche-Kapelle* (1253m) sich wieder der tiefen *Saltine-Schlucht* nähert. Beim (1 St.) *zweiten* oder *Schallberg-Schutzhaus* (1320m; Whs.) vereinigen sich tief im Grund zwei zu beiden Seiten des *Staldhorns* herabkommende Bäche mit der Saltine, deren Thal (*Ganterthal)* sich hier nach O. wendet; schöner Blick in die malerisch gruppirten Thäler, auf Wasenhorn, Furggenbaumhorn, Bortelhorn etc. Nun ziemlich eben bis zur (3/4 St.) *Ganterbrücke* (1407m), die im Winter dem Lauinenfall sehr ausgesetzt ist, und in einer großen Kehre hinan (ein l. ansteigender Fußweg kürzt) nach (20 Min.)

14km **Berisal** (1526m), dem *dritten Schutzhaus* (**H. de la Poste*, in schöner Lage, Z. L. B. 3 1/2, F. 1 1/2, Pens. 7-8 fr.).

Ausflüge. *Wasenhorn* (*Punta Terrarossa*, 3255m), 5-6 St. m. F. (8 fr.), unschwierig und lohnend. — *Bettlihorn* (2962m), 4 1/2 St. m. F., gleichfalls unschwierig (vgl. S. 298; Abstieg event. ins *Binnenthal*). — *Bortelhorn* (*Punta del Rebbio*, 3195m), über die *Bortelalp* in 5 St. m. F. (10 fr.), mühsam.

Von Berisal nach Iselle über Veglia, 8-9 St. m. F., anstrengend aber lohnend. Entweder über die *Bortelalp* und den Gletscher an der NO.-Seite des *Furggenbaumhorns* (*Punta d'Aurona*, 2991m) zur **Forca del Rebbio** (2756m), hinab über Fels- und Geröllhänge zur Alp *Veglia* (S. 299); oder von Berisal über die *Laub-Alp* (1910m) und den **Furggenbaumpaß** (*Forca d'Aurona*, 2682m) zwischen Furggenbaumhorn und Wasenhorn ebendahin. Von Veglia nach *Trasquera* und *Iselle* s. S. 299, 293. — Von Alp Veglia über den *Passo Valtendra* (2437m) und den *Passo Buscagna* nach *Ai Ponti* im Deverothal (S. 299), 6-7 St. m. F., unschwierig und lohnend. — Von Veglia über die *Bocchetta d'Aurona* (2820m) und den *Kaltwassergletscher* zum Simplon, 6-7 St. m. F., nur für Geübte.

1/4 St. Brücke über den *Fronbach* (1591m); 20 Min. Brücke über den *Durstbach* (1672m). 1/4 St. *Viertes Schutzhaus* (1751m); r. erblickt man die Paßhöhe, darüber das Rauthorn mit dem Rautgletscher und das schöngeformte Fletschhorn mit dem Roßbodengletscher; prächtiger Rückblick auf Aletschhorn, Schienhorn etc. 25 Min. *Schallbett-Galerie* oder *Kapfloch*, 30m lang in den Felsen gesprengt; 1/4 St. *Fünftes* oder *Schallbett-Schutzhaus* (1934m). Die Strecke von hier bis zur Paßhöhe ist die gefährlichste zur Zeit der Lauinen und der Stürme. 1/4 St. *Wasser-Galerie* (1969m), über welche der aus dem *Kaltwassergletscher* abfließende Bach in die Tiefe stürzt und einen Wasserfall bildet. Es folgen zwei weitere Galerien, dann (25 Min.) das *sechste Schutzhaus* (1993m) mit prächtiger (der letzten) Aussicht auf die Berner Alpen, tief unten im Rhonethal Brig.

Nach 5 Min. ist die Paßhöhe des **Simplon** (2009m) erreicht. 1/4 St. jenseit derselben (11km von Berisal) das **Hospiz** (2001m; Unterkunft, vgl. S. 281), am Fuß des *Schönhorns* (3202m), großes Gebäude mit hoher Freitreppe, von Napoleon I. zur Aufnahme von Reisenden unter denselben Bedingungen gegründet, welche bei dem Hospiz auf dem Gr. St. Bernhard in Anwendung kommen. Es blieb jedoch aus Mangel an Hülfsmitteln unvollendet, bis 1825 das St. Bernhards-Hospiz die Gebäude als Eigenthum erwarb (s. S. 282).

Ausflüge. *Schönhorn* (3202m), 3 1/2 St. m. F., mühsam aber lohnend. — **Monte Leone** (3554m), über den *Kaltwassergletscher* in 6 St., schwierig, nur

19*

für geübte Bergsteiger mit tüchtigem Führer (12 fr.; leichter von *Gondo* über *Alpien*, s. S. 293). — Vom Hospis nach *Stalden* über den *Bistenenpaß* (F. 12 fr., auch für Maulthiere gangbar) s. S. 312; nach *Saas* über den *Sirvolten-* und *Simelipaß* s. unten.

Ein weites offenes Thal, von schneebedeckten Bergen umgeben, bildet den höchsten Theil des Simplon-Passes. Nur die Alpenrose gedeiht hier noch üppig. 20 Min. das *alte Hospis* (1737m), ein hohes viereckiges Gebäude mit Thurm r. unterhalb der Straße, jetzt von Hirten bewohnt. $^3/_4$ St. *Siebentes Schutzhaus* am *Engeloch*. 5 Min. Brücke über den *Krummbach*. $^1/_2$ St. *Am Senk*, Brücke (1480m), r. der *Roßboden-Gletscher* mit kolossaler Moräne (s. unten). — 10 Min.

33,4km **Simpeln**, franz. *Simplon*, ital. *Sempione* (1480m; *Post*, Z. L. B. $3^1/_2$, M. $3^1/_2$ fr.; *H. Fletschhorn*, am untern Ende des Orts, ordentlich, Z. L. B. $2^1/_2$, M. 4 fr.), in grünen Matten gelegenes Dorf, am n.ö. Fuß des *Fletschhorns* (s. unten).

Von Simplon nach Saas führen mehrere Übergänge, der lohnendste über das *Roßbodenjoch (10-11 St., schwierig, nur für Geübte; F. 20 fr., *Jos. Dorsas* in Simpeln). Auf der l. Seite des stark zurückgegangenen *Roßbodengletschers* steil hinan über Moräne und Fels, dann über den obern Theil des Gletschers und an steilen brüchigen Felsen empor zur Paßhöhe (c. 3350m) n. vom Roßbodenhorn, mit prächtiger Aussicht; hinab über den *Mattwald-Gletscher* zur *Hofers-Alpe* (s. unten) und nach *Saas im Grund* (S. 323). — Gleichfalls großartig, aber noch schwieriger und nicht gefahrlos ist das Laquinjoch (3509m), zwischen Laquinhorn und Weißmies (10-11 St., F. 30 fr.).

Über den Sirvolten- und Simelipaß (oder das Gamser Joch), 10-11 St., im ganzen lohnend (F. 20 fr.). Beim 7ten Schutzhaus am Engeloch (s. oben) l. hinab über den Krummbach zur *Niederalp* und auf schmalem Pfad bergan gegen den von unten sichtbaren Wasserfall; auf der l. Seite desselben durch ein Couloir steil empor, oben weniger steil (der *Sirvolten-See* bleibt l.) zum (4 St.) **Sirvolten-Paß** (c. 2800m), nördl. vom *Sirvoltenhorn* (2824m); Aussicht beschränkt. Hinab über Fels u. Geröll (scharf l. halten) ins oberste *Nanzer Thal*, in das der *Gamser Gletscher* sich hinabsenkt; über denselben in s.w. Richtung allmählich hinan gegen einen ö. vom Mattwaldhorn sich herabziehenden Felsgrat, an dessen Fuß der Weg sich theilt: r. zum **Simeli-Paß** (c. 3060m), l. zum Gamser Joch (2-$2^1/_2$ St. vom Sirvoltenpaß). Von beiden Pässen, zwischen denen der Felskegel des *Magenhorns* (3149m), prächtige *Aussicht auf die majestätische Mischabelgruppe, unmittelbar l. das Fletschhorn mit dem Mattwaldgletscher, östl. Monte Leone, Gotthardgruppe, nördl. die Berner Alpen von der Furka bis zu den Diablerets. Noch umfassender ist die Rundsicht vom *Mattwaldhorn* (3270m), vom Simelipaß in 1 St. unschwer zu ersteigen. Hinab vom Gamser Joch beschwerlich über die Moräne des *Mattwaldgletschers*, den Thalboden nach l. umgehend, zum *Sattel* (2615m) östl. vom *Rothhorn* (2783m) und zur *Hofers-Alpe* (2212m), dann auf besserm Wege über *Bodmen* nach ($3^1/_2$ St.) *Saas* (S. 323). Der Abstieg über *Alp Sevenen* nach *Balen* (S. 324) ist weit länger und nicht anzurathen.

**Fletschhorn** (*Roßbodenhorn*, 3917m), von Simpeln 9-10 St. (F. 25 fr.), anstrengend, aber für geübte Steiger ohne Gefahr. Übernachten in der *Hohsaashütte* (c. 2440m), 3 St. von Simpeln oberhalb des Laquinthals (s. unten); von da über den SO.-Grat in 6-7 St. zum Gipfel.

Fußgänger können einen nähern aber schlechten Weg einschlagen, der sie bei der Algaby-Gallerie wieder auf die Landstraße bringt. 5 Min. Brücke über den *Löwenbach*. Die Straße wendet sich in großer Kehre in das *Laquinthal* und überschreitet bei der Häusergruppe ($^1/_2$ St.) *Gsteig* oder *Algäby* (1232m; einf. Whs.) den Krummbach, in den gleich unterhalb der Laquinbach mündet. Der Fluß heißt von hier ab *Diveria*. Beim Ausgang aus der (5 Min.) *Gallerie von Algaby* beginnt die ***Schlucht von Gondo**, eine der wildesten und großartigsten in den Alpen, die mit jedem Schritt enger und tiefer wird, bis ihre glatten steilen Glimmerschiefer-Wände an einigen Stellen die Straße förmlich überhangen, welche zwischen diesen thurmhohen senkrechten Felsen und der rauschenden Diveria eingezwängt ist. Jenseit des zerfallenen (20 Min.) *achten Schutzhauses* führt eine (10 Min.) Brücke, *il Ponte alto* (1142m), über die Diveria, ebenso beim (12 Min.) *neunten Schutzhaus* (1071m). Eine gewaltige Felsmasse legt sich hier in den Weg und scheint jedes weitere Vordringen unmöglich zu machen. Sie mußte vermittelst eines 223m l. Tunnels, der ***Galleria von Gondo**, durchbrochen werden, „Aere Italo 1805 Nap. Imp.", wie am Felsen zu lesen ist.

Unmittelbar am Ausgang stürzt der *Alpienbach (Fressinone)* von einer ansehnlichen Höhe über Felsen herab. Eine schlanke Brücke führt über diesen Wasserfall. An beiden Seiten steigen die Felswände zu schwindelnder Höhe (an 650m) steil empor; die schwarze Oeffnung der Galerie bildet einen eigenthümlichen Gegensatz gegen die weißen Schaumwellen und Wolken des herabstürzenden Baches, mit dem schönen *Bodmer-Gletscher* im Hintergrunde der Schlucht ein prächtiges Bild. Dem Wasserfall gegenüber sind noch Spuren der alten Straße zu erkennen. Auch weiter folgen noch einige kleine Wasserfälle. — 35 Min. **Gondo** (859m), deutsch *Gunz* oder *Ruden*, das letzte schweizer Dorf (schweiz. Mauth), aus einer Gruppe schlechter Häuser bestehend, die sich um einen hohen viereckigen Thurm lagern, welchen die Briger Familie Stockalper als Schutzort für Reisende erbauen ließ, lange vor dem Bau der neuen Straße, jetzt zugleich Whs., doch wenig einladend (5 Stockwerke hoch, der Thurm 7). Wenige Schritte weiter eine zweite freundlichere Osteria.

S. mündet hier das enge *Zwischbergen-Thal (Val Varia)*, durch das ein nicht schwieriger Uebergang über den **Zwischbergen-Paß** (3272m), zwischen *Weißmies* (S. 323) und *Portjengrat* (*Pizzo d'Andolla*, 3660m), in 12 St. nach Saas im Grund (S. 328) führt (F. 20 fr.). — Die Besteigung des **Monte Leone** (3554m) ist von Gondo über *Alpien* weniger beschwerlich als vom Simplon-Hospiz (s. S. 291). Übernachten in den obersten Hütten der *Fraxinado-Alp*, 4 St. von Gondo; von da über den *Alpien-Gletscher* in 4-5 St. zum Gipfel (F. 12 fr.).

Eine Spitzsäule von Granit, l. an der Straße, 10 Min. von Gondo, bezeichnet die Grenze von Italien (797m). — 5 Min. *S. Marco*, das erste ital. Dorf, wo aber freilich die „Goldorangen" noch nicht wachsen. Das Thal heißt von hier ab *Val di Vedro*. Weiter ein neuer Straßentunnel. — $^1/_2$ St.

48 km **Iselle** (657m; *Post*, wird gelobt, Z. L. B. $3^1/_2$, F. $1^1/_2$ fr.); italien. Zollrevision. Unterhalb (25 Min.) *Trasquera*, das l. oben bleibt, macht die Straße einen weiten Bogen nach l. und überschreitet die hier mündende *Cairasca* (über *Alp Veglia* ins Rhonethal s. S. 291 u. 299). Bei (20 Min.) *Varzo* (568m), großes Dorf l. oberhalb der Straße, beginnt üppiger südl. Pflanzenwuchs: Kastanien-, Feigen- und Maulbeerbäume, Mais- und Rebenfelder. Weiter durch eine einsame malerische Schlucht; 1 St. *Galleria von Crevŏla* (392m); $^3/_4$ St. weiter das Dorf **Crevola** (337m; **Osteria della Stella*, an der Brücke), wo man zum letztenmal

auf einer stattlichen 30m h. Brücke die Diveria überschreitet, vor ihrer Vereinigung mit der *Tosa*, welche aus dem l. sich öffnenden *Val Antigorio* hervorströmt (S. 302). Von hier an heißt das Thal *Valle d'Ossola*, deutsch *Eschenthal*. Der Blick auf dieses weite, reiche, aber häufig durch Ueberschwemmungen verheerte Thal ist für den von Norden kommenden Wanderer höchst überraschend; die Gegend nimmt einen entschieden italienischen Charakter an. — $^3/_4$ St.

66,4km **Domodossola** (277m; *H. Ville & Poste*, Z. L. B. $3^1/_2$-$4^1/_2$, M. 4-5 fr.; *H. d'Espagne*; *Alb. Nazionale; Pesce*, einf.), an der *Tosa*, die hier schiffbar wird, kleine Stadt (3300 Einw.) in anmuthiger Umgebung. Vom **Calvarienberg*, $^1/_2$ St. südl., prächtige Aussicht.

Nach *Locarno* durch das *Vigezzo-Thal* s. S. 421; Post nach *S. Maria Maggiore* (17km) tägl. 5 U. Vm. für 3 fr. — W. mündet die Valle di Bognanco mit Sauerbrunnen und mehreren Pässen nach dem *Zwischbergen-* und *Antrona-Thal* (s. unten).

Die Eisenbahn führt schnurgerade am Fuß der w. Bergwände durch das breite Val d'Ossola. Bei (7km) *Villadossola* mündet r. das *Antrona-Thal*.

Über den Antrona-Paß nach Saas 12-13 St., Führer unnöthig. Fahrweg erst am l., dann am r. Ufer der *Ovesca* über *Viganella* und *Schieranco* nach ($2^1/_2$ St.) *Antronapiana* (902m; Unterkunft beim Sindaco); weiter an dem reizenden kl. *Antrona-See* (1083m) vorbei, 1632 durch einen Bergsturz vom *Pizzo Pozzolo* (2548m) entstanden, im Thal des *Troncone* hinan zur ($3^1/_2$ St.) Alp *Cingino* (2031m) und hoch über dem kl. *Lago Cingino* (2192m) an den Abhängen des *Pizzo Cingino* (3223m) zum ($2^1/_2$ St.) Saas- oder Antrona-Paß (2841m) zwischen l. *Jazzihorn* (*Pizzo Cingino*, 3223m), r. *Latelhorn* (*Punta di Saas*, 3194m; vom Paß in $1^1/_2$ St. leicht zu ersteigen, S. 323). Hinab auf der r. Seite des *Furgg-Gletschers* ins *Furggthal*, nach *Almagell* und (4 St.) *Saas* (S. 323). — Aus dem Antrona-Thal nach Mattmark direkt führt der ziemlich beschwerliche Antigine- oder Ofenthal-Paß (2835m); beim Anstieg zur Alp *Cingino* (s. oben) l. weiter zur Alp *Lombraoro* und über die Alp *Laugera di Sopra* steil hinan zur Paßhöhe zwischen *Pizzo Cingino* (s. oben) und *Pizzo d'Antigine* (3190m; vom Paß in $1^1/_4$ St. zu ersteigen; lohnend); hinab durch das wilde *Ofenthal* zur (8-9 St. von Antronapiana) *Mattmark-Alp* (S. 322).

Bei (9km) *Pallanzeno* (228m) tritt die Bahn auf kurzer Strecke dicht an die Tosa und führt dann über einen weiten offenen Wiesenplan. Bei (11km) *Piedimulera* (243m; *Corona) öffnet sich r. das *Val d'Anzasca* (nach *Macugnaga* s. S. 320). Ueber die *Anza* nach (14km) *Rumianca*, dann auf 900m l. Brücke über die Tosa nach (15km) **Vogogna** (226m; **Corona*), an steilen Felsen malerisch gelegen, mit Schloßtrümmern. — 18km *Premosello*. Hinter (22km) *Cuzzago* auf 470m l. Eisenbrücke wieder auf das r. Ufer der Tosa. Bei (26km) **Ornavasso** (*Italia; Croce bianca*) l. am Berge Marmorbrüche. Bei

32km **Gravellona-Toce** (*Bahnrestaur.*, gutes Bier; Whser. schlecht, Übernachten nicht rathsam), mit großen Baumwollspinnereien, ergießt sich die *Strona* in die Tosa. L. zweigen hier die Straßen nach *Pallanza* und *Stresa* ab.

Die Straße nach Stresa (12km; Omnibus s. S. 286, 428) führt an großen Granitbrüchen vorbei, in welchen schöne Feldspathkrystalle zu finden sind, und tritt bei ($^3/_4$ St.) *Feriolo* an den *Lago Maggiore* (R. 110); in der Ferne Pallanza und Isola Madre (S. 427), weiter zurück der schöngeformte *Sasso di Ferro*. — 8km *Baveno* (S. 426); weiter stets dicht am Ufer entlang angesichts der *Borromeischen Inseln* nach (12km) *Stresa* (S. 427).

Die Straße nach Pallanza (10km; Omnibus s. S. 286, 426) überschreitet die Tosa auf fünfbogiger Brücke und führt am Fuß des *Montorfano*, mit großen Granitbrüchen, unweit des kleinen *Lago di Mergozzo* vorbei nach *Fondo Toce*, an der Mündung der Tosa in den *Lago Maggiore* (S. 426). Südl. in der Ferne die *Borromeischen Inseln* (S. 426), r. der *Motterone* mit dem Hôtel (S. 429). Dann am See entlang (l. oben *Cavandone* mit Wallfahrtskirche) über *Suna* (S. 426) nach (10km) *Pallanza* (S. 426).

Die Bahn nach Orta-Novara führt in s. Richtung durch das fruchtbare Thal der Strona, überschreitet sie hinter (35km) *Crusinallo*, gleich darauf den *Nigulia-Canal* (Abfluß des Orta-Sees) und erreicht bei der schön gelegenen Station (38km) *Omëgna* den Orta-See (S. 430). Weiter hoch über dem See, stets mit reizenden Blicken auf denselben, nach (44km) *Pettenasco;* dann über den *Pescone* und den großartigen *Sassina-Viadukt* zur (47km) Station **Orta-Miasino,** 20 Min. ö. oberhalb *Orta* (S. 430).

Bei der Weiterfahrt ist der Blick auf den See besonders schön; in der Mitte die Insel *S. Giulio* (S. 430), am w. Ufer auf steilem Fels die Kirche der *Madonna del Sasso* (S. 430). 49km *Corconio.* Die Bahn führt durch einen Einschnitt an der W.-Seite des *Castello di Buccione* (S. 430) und verläßt den Orta-See. 52km *Bolzano;* 54km *Gozzano*, ansehnlicher Ort (Zweigbahn nach *Alzo*, S. 430). Weiter durch das fruchtbare *Agogna-Thal.* 60km *Borgomanero* (Alb. al Ramo Secco), 12km s.w. von Arona (S. 428); 66km *Cressa-Fontaneto;* 69km *Suno;* 75km *Momo;* 82km *Caltignaga;* 87km *Vignale;* 90km *Novara.* Von hier nach *Mailand* (S. 443) Eisenbahn in $1^1/_4$ St., nach *Laveno* (S. 425) in $1^1/_2$ St. Vgl. *Baedeker's Ober-Italien.*

## 81. Vom Rhonegletscher nach Brig. Eggishorn.

*Vergl. Karten S. 106, 290.*

50km. Post (von Ulrichen ab der Fußwanderung vorzuziehen) 2mal tägl. (1890 7 U. 30 Vm. u. 2 U. 10 Nm.) in $4^3/_4$ St., 10 fr. 80, Coupé 13 fr. 30 (bis Fiesch in $2^3/_4$ St., 7 fr. 5, Coupé 8 fr. 60 c.). In umgekehrter Richtung, von Brig zum Rhonegletscher gebraucht die Post $7^1/_4$ St. — Einsp. vom Rhonegletscher bis Fiesch 20, Zweisp. 30 fr., bis Brig 30 u. 50 fr.; von Brig nach Fiesch 12 u. 25, Ulrichen 20 u. 40, Rhonegletscher 30 u. 60, Andermatt 60 u. 100, Flüelen 90 u. 150 fr. (in Fiesch und Münster häufig billigere Retourwagen aus Hospenthal und Andermatt zu haben).

Vom Rhonegletscher über die *Furka* nach *Andermatt* s. R. 33; über die *Grimsel* ins *Haslithal* und nach *Meiringen* s. R. 52.

Der ***Rhone-Gletscher**, zwischen den *Gerstenhörnern* (3185m) und *Gelmerhörnern* (3200m) w. und dem *Galenstock* (3597m), *Rhonestock* (3603m) und *Dammastock* (3633m) ö. eingebettet, zieht sich gleichsam in Terrassen c. 10km weit hinan, einem gewaltigen, zu Eis gewordenen Wasserfall nicht unähnlich. Am Fuß *„im Gletsch“* (1761m) das *Hôtel du Glacier du Rhône* (Z. L. B. $4^1/_2$, M. 5, A. $3^1/_2$ fr.). — 25 Min. vom Hôtel eine künstliche *Gletschergrotte* (Eintr. 50 c., Besuch wegen der prachtvollen blauen Farbe des Eises lohnend).

Aus dem seit einigen Jahrzehnten stark zurückgegangenen Rhone-Gletscher (die Fortbewegung des Gletschers wird durch verschiedenfarbige Steinreihen markiert, der Thalboden ist jetzt ganz vom Eise entblößt) strömt ein starker Bach hervor, die **Rhone**, der *Rhodănus* der Alten, den sie „aus den Pforten der ewigen Nacht am Fuß der Sonnensäule" hervortreten lassen. Die Thalbewohner nennen aber drei theilweise warme Quellen, die gleich hinter dem Gasthaus entspringen, den *Rotten* oder *Rhodan*, und bezeichnen diese als Ursprung der Rhone.

Einige Minuten vom Hôtel führt die Straße über die junge Rhone, die brausend tief unten zwischen Felsen hinabstürzt, und senkt sich dann in großen Windungen nach (1¼ St.) **Oberwald** (1370m; *H. Furca*, sehr einf.), wo sie die Thalsohle des *Ober-Wallis* erreicht, ein weites, durch saubere Dörfer und Häusergruppen belebtes Alpenthal, von der selten sichtbaren Rhone durchströmt, zu beiden Seiten von einförmigen Bergketten begrenzt. Vor sich hat man stets die majestätische Pyramide des Weißhorns, hinter sich den Galenstock. Das Thal hat drei Stufen, diese oberste, die zweite kurz jenseit Fiesch beginnend, die dritte bei der Grängenbrücke. Die Bewohner sind Katholiken deutscher Zunge, die französische Sprache beginnt erst oberhalb Sion (S. 287).

Durch das ö. mündende tief eingeschnittene wilde **Gerenthal** führt ein mühsamer Uebergang über den *Kühbodengletscher* und den *Gerenpaß* (2750m) s. vom *Kühbodenhorn* (3073m) zur *Alpe nuova* und nach *All' Acqua* im Val Bedretto, s. unten (8 St., F. 18 fr.). — Der **Pizzo Rotondo** (3197m), höchster Gipfel der Gotthardgruppe (S. 110), ist vom *Kühboden* (oberstes Ende des Gerenthals, 2108m) über den *Gerengletscher* in 5 St. zu ersteigen (schwierig, nur für ganz tüchtige Bergsteiger mit guten Führern).

Zu (¾ St.) **Obergestelen** (1369m) mündet r. der direkte Weg von der Grimsel (S. 173). Folgt (35 Min.) **Ulrichen** oder *Urlichen* (1349m; *H. zum Griesgletscher*, einf. gut), an der Mündung des *Eginen-Thals* (über den *Griespaß* zu den Tosafällen s. S. 300).

Von Ulrichen nach Airolo über den Nufenen-Paß (8½ St.), schlechter wenig lohnender Saumpfad, nur mit Führer (12, Pferd 25 fr.). Anfang des Wegs s. S. 300. Bei (2¼ St.) *Altstaffel* (S. 300) wendet der Pfad sich l. und führt im Zickzack ansteigend über den (1¼ St.) **Nufenen-Paß** (*Passo di Novena*, 2440m), zwischen l. *Pizzo Gallina* (3067m), r. *Nufenenstock* (2865m), ins **Val Bedretto.** Gleich n. vom Paß entspringt der *Tessin* (*Ticino*), dem der Pfad auf dem r., dann von *Alp Cruina* ab auf dem l. Ufer folgt, zum (1¾ St.) **Hospiz all' Acqua** (1605m; einf. *Whs.*). (Über den *S. Giacomo-Paß* zu den *Tosa-Fällen* s. S. 301). Das Val Bedretto ist wegen seiner Höhe öde und unfruchtbar. Der Winter dauert fast 8 Monate, selbst im hohen Sommer friert es wohl Morgens und Abends. Die Bergabhänge sind mit Wald bekleidet und von kahlen Bergzacken überragt. Zahlreiche Lauinen stürzen im Winter und Frühling von den Bergen, deren Betten der Weg mehrfach überschreitet. 1 St. *Bedretto* (1405m; einf. Whs.), kleines Dorf, im J. 1863 durch eine Lauine zum Theil zerstört, wobei 28 Personen umkamen, die auf dem Kirchhof von (20 Min.) *Villa* (Whs. sehr dürftig) ein gemeinsames Grab gefunden haben (über den *Cavanna-Paß* nach *Realp* s. S. 113). Vor (20 Min.) *Ossasco* (1331m; Alb. delle Alpi, Bauern-Whs. mit hohen Preisen) tritt der Weg auf das r. Ufer des Tessin. Jenseit (25 Min.) *Fontana* r. die malerische Schlucht des *Val Bavina* mit Wasserfällen; dann (1 St.) *Airolo* (S. 103).

Weiter *Geschenen* (1356m) und (¾ St.)

16km **Münster** (1390m; *Goldenes Kreuz;* Einspänner nach Brig 18 fr. u. Trkg.). Schöne Aussicht an der hochgelegenen Kapelle.

***Löffelhorn** (3098m), 4½ St. m. F. (6 fr.), anstrengend, zuletzt über Schnee und Granitblöcke; Aussicht ähnlich der vom Eggishorn (s. unten), im Vordergrund hier das Finsteraarhorn. — ***Blindenhorn** (3382m), 6-7 St. m. F. (12 fr.),

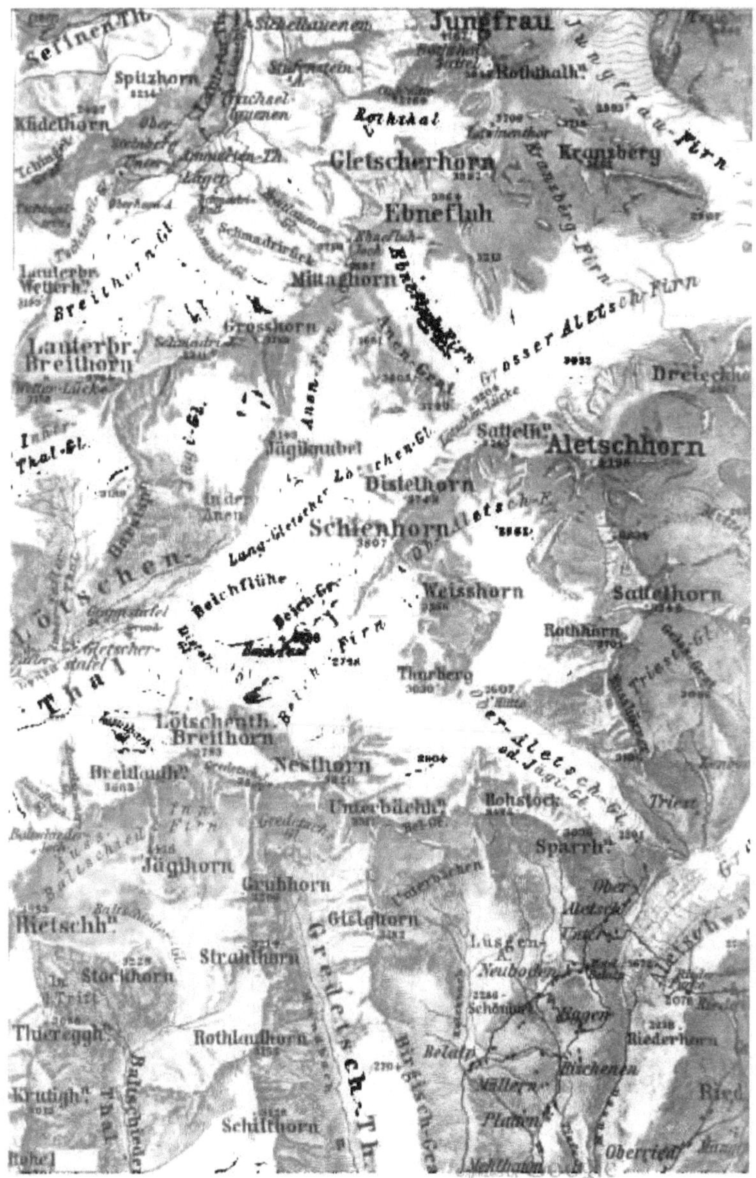
Jungfrau
Spitzhorn
Gletscherhorn
Kranzberg
Ebnefluh
Mittaghorn
Grosshorn
Lauterbr. Breithorn
Grosser Aletsch Firn
Aletschhorn
Distelhorn
Schienhorn
Weisshorn
Sattelhorn
Rothhorn
Thurberg
Lötschen Thal
Lötschenth. Breithorn
Nesthorn
Rohstock
Jägihorn
Grubhorn
Strahlhorn
Stockhorn
Rothlauihorn
Schilthorn
Riederhorn
Ried

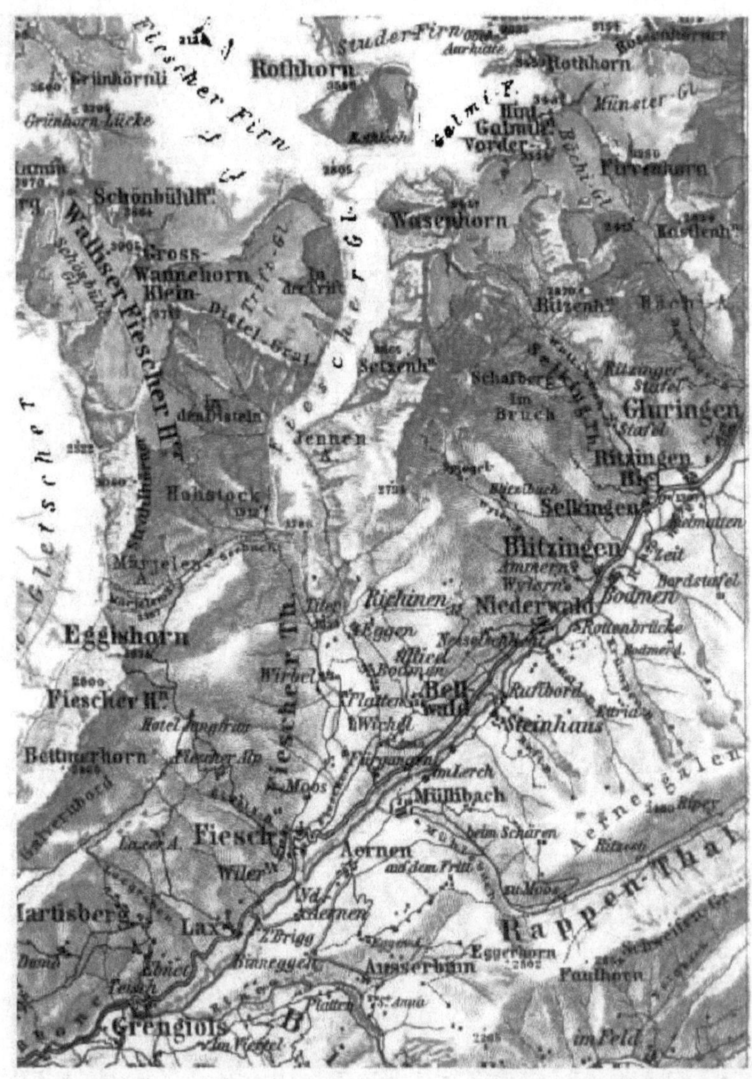

Rothhorn
Grünhörnli
Grünhorn-Lücke
Fiescher Firn
Studer Firn
Rothhorn
Münster-Gl.
Vorder-
Schönbühlh.
Walliser Fiescher H.
Gross-
Wannehorn
Klein-
Distel-Grat
Wasenhorn
Kastlenh.
Setzenh.
Schafberg
Im Bruch
Gluringen
Ritzingen
Jennen
Selkingen
Blitzingen
Märjelen
Niederwald
Bodmen
Rottenbrücke
Eggishorn
Fiescher H.
Bell-wald
Steinhaus
Hotel Jungfrau
Bettmerhorn
Fiescher Th.
Mühlibach
Fiesch
Aernen
Wiler
Rappen-Thal
Lax
Ausserbinn
Eggerhorn
Grengiols

sehr lohnend. Von *Reckingen* (s. unten) durch das *Blindenthal* auf gutem Wege bis zum Ende des *Blindengletschers*, dann l. am *Hohstellibach* hinan über den *Sulzgletscher* zum Firnsattel (3000m) zwischen Merzenbachschien und Blindenhorn und r. steil zur Spitze, mit großartiger Rundsicht.

Die folgenden Orte: *Reckingen*, mit der stattlichsten Kirche des Thals, an der Mündung des *Blindenthals* (s. oben), *Gluringen*, *Ritzingen*, *Biel*, *Selkingen* und *Blitzingen*, sind nur durch ihre Gemarkungen von einander getrennt. Zu ($1^3/_4$ St.) **Niederwald** (1254m; *Zum guten Freund*) quillt an der Straße unter einer Bedachung vortreffliches Trinkwasser. Die Rhone bricht, von Niederwald ab, zu einer tieferen Thalstufe durch; die Straße bleibt stets auf dem r. Ufer, zuletzt hoch über dem Fluß.

31km **Fiesch** (1071m; **H. du Glacier & Poste*, Z. L. B. 3, M. 4, Pens. 6 fr.; **H. des Alpes*, etwas weiter abwärts in freier Lage, Z. L. B. $2^3/_4$, M. $3^1/_2$, Pens. 5 fr.), hübsch gelegenes Dorf an der Mündung des ungestümen *Fieschbachs* in die Rhone.

Ausflüge. Lohnend der Besuch des durch prächtige Eisbildungen und schöne Färbung ausgezeichneten **Fiescher Gletschers**; steiler aber sicherer Weg bis zur ($2^1/_2$ St.) *Stockalp* (1912m), wo man den Gletscher ohne Gefahr betreten kann (F. 3 fr.). Von der Stockalp zur *Märjelenalp* (2364m) $1^1/_4$ St.; von da am *Märjelensee* vorbei über den *Thälligrat* (s. unten) zum *Eggishorn-Hôtel* $1^1/_2$ St.

Auf das Eggishorn, Hauptausflug des Obern Wallis (guter Reitweg, 3 St. bis zum Hôt. Jungfrau; Führer unnöthig, Träger 5, Pferd 10 fr.). Der Weg führt unterhalb des Hôt. des Alpes r. bergan, in ziemlich starker, stetiger Steigung, meist durch Wald, an einer ($1^1/_2$ St.) Pinten-Wirthschaft vorbei (l. etwas abseits vom Wege einige Erdpyramiden) zur (40 Min.) *Fiescher Alp* (1891m); dann über Matten (der direkte Weg den Telegraphenstangen nach ist $^1/_4$ St. kürzer, aber steil und wenig angenehm) zum (50 Min.) **Hôt.-Pens. Jungfrau* bei Cathrein (2193m; Z. u. B. 3, Lunch $2^1/_2$-3, M. 4-5, Pens. 7-9 fr.), zu längerm Aufenthalt geeignet (im Hochsommer meist überfüllt, rechtzeitiges Vorausbestellen von Z. rathsam). — Vom Hôtel auf das Eggishorn (2 St., Führer unnöthig, 4 fr., Pferd 7 fr.) Reitweg, im Zickzack bergan, dann r., nach $^3/_4$ St. l. ab (der gute Weg r. führt in 1 St. auf den *Thälligrat* über dem Märjelensee und weiter zur *Märjelenalp*, s. oben). Nach $^3/_4$ St. hört der Reitweg auf und ein schmaler aber gut unterhaltener Fußweg führt, zuletzt über Felsstufen, zum ($^1/_2$ St.) Gipfel des ***Eggishorns** (2934m; spr. „Eggischhorn"), der höchsten Spitze des Gebirgsgrats, der den Großen Aletschgletscher vom Rhonethal scheidet, mit prächtiger Rundsicht über die Berner und Walliser Alpen (vergl. das nebenstehende Panorama von *Imfeld*). Unmittelbar zu den Füßen des Beschauers der tiefgrüne *Märjelensee* (2367m), in welchem oft Eisblöcke schwimmen; dann die gewaltige, 6 St. lange Eisfläche des Großen Aletschgletschers, des größten in den Alpen; l. der Mittel-Aletschgletscher, r. der Fieschergletscher. Aus dem Kranz zahlloser Berge treten besonders hervor: r. Galenstock, Oberaarhorn, Finsteraarhorn, Groß-Wannehorn, geradeaus Eiger, Mönch und Jungfrau, l. Dreieckhorn, Gr. Aletschhorn, Sattelhorn, Nesthorn, s. Weißhorn, Matterhorn, Mischabelhörner

Monte Rosa, Fletschhörner, Weißmies, Mte. Leone, Bortelhorn, Helsenhorn etc. Man übersieht einen großen Theil der Simplonstraße und weit hinein in das Nicolai-Thal (S. 312).

Vom **Eggishorn-Hotel** (Führer zu haben) auf die *Jungfrau* s. S. 157; *Finsteraarhorn* S. 172. Interessante Gletscherwanderung bis zur (5 St., F. 10-12 fr.) *Concordiahütte* (2870m) und weiter bis zum (3 St.; 2 F. à 20 fr.) *Jungfraujoch* (S. 161), mit prächtiger Aussicht. — Das **Große Aletschhorn** (4198m), der zweithöchste Gipfel der Berner Alpen, ist sowohl von der Concordiahütte (in 7 St.) wie von Belalp (S. 289) zu ersteigen (F. 40 fr.; schwierig, doch für erprobte Berggänger ohne Gefahr). Schutzhütte (2607m) am l. Rande des Ober-Aletschgletschers, am Fuß der Fußhörner, 2 St. von Belalp (S. 289); von hier zum Gipfel 8 St. Höchst großartige Aussicht.

Vom **Eggishorn-Hotel** nach *Grindelwald* über das *Mönchjoch* (15 St.) s. S. 161. — Vom **Eggishorn-H.** zum *Grimselhospiz* über *Oberaarjoch* oder *Studerjoch* (14 St.) s. S. 173. Von der Concordiahütte zum Grimselhospiz über *Grünhornlücke* (S. 173), *Gemslücke* (S. 172) und *Oberaarjoch* (S. 173) 11-12 St., großartige Gletschertour, für Geübte mit guten Führern nicht schwierig. — Von *Lauterbrunnen* zum Eggishorn-H. über *Lauinenthor*, *Roththalsattel*, *Ebnefluhjoch* s. S. 155.

**Vom Eggishorn-Hot. nach Ried über die Lötschenlücke**, 13-14 St., großartige Gletscherwanderung (F. 30 fr.). Über den *Großen Aletsch-Gletscher* und *Gr. Aletschfirn* zur **Lötschenlücke** (3204m), einer Einsattelung des *Anengrats* n. vom *Sattelhorn* (3745m); hinab über den stark zerklüfteten *Lötschen-Gletscher* ins Lötschenthal zur Alp *Gletscherstaffel* und nach *Ried* (S. 181).

**Vom Eggishorn-Hot. nach Riederalp und Belalp**, $5^1/_2$ St., [illegible] lohnende Wanderung. Reitweg vom Hôtel Jungfrau an der kl. englischen [illegible] vorbei in ziemlich gleicher Höhe fort, hoch über dem Rhonethal, über [illegible] *Bettmeralp*, mit dem fischreichen kl. *Bettmersee* (1991m), und die *Goppis*[illegible] auf die ($2^1/_2$ St.) **Riederalp** (1925m), wegen ihrer schönen, zugleich sehr [illegible] Lage zu längerm Aufenthalt geeignet (**H.-P. Riederalp* bei *Cathrein*, Z. u. L. $3^1/_2$, M. 5, Pens. 8 fr.). Hier r. hinan zur (25 Min.) *Rieder Furka* (2[illegible]m; *Pens. Rieder Furka, Depend. von H. Riederalp), von wo das *Riederhorn* (2238m), mit [illegible] lohnender Aussicht, in $^1/_2$ St. zu ersteigen ist. Hinab, mit prächtigen Blicken auf den gegenüber zwischen Sparrhorn und Fußhörnern sich herabsenkenden Ober-Aletsch- oder Jägigletscher, vom Schienhorn überragt, zum ($^3/_4$ St.) *Großen Aletschgletscher* (1672m) und über denselben in $^1/_2$ St., an dieser Stelle gefahrlos, aber nur mit Führer (vom Eggishorn bis Belalp 8 fr., Pferd 20 fr., auf dem Gletscher kann man nicht reiten) nach *Aletschbord*, dann an den Hütten von *Unter-Aletsch* vorbei steil bergan zum ($1^1/_4$ St.) *Hôt. Belalp* (S. 289). — **Von der Riederalp nach Mörel** ($2-2^1/_2$ St., F. 5 fr., unnöthig), Reitweg, erst durch Matten, dann durch Wald weit nach r. ausbiegend (man vermeide die l. hinabführenden steilen Fußwege) und wieder durch Matten, stets mit prächtigen Blicken auf das Rhonethal, die Simplongruppe etc., nach *Ried* (1185m), schön gelegenes Dorf, dann auf schlechtem gepflastertem Wege nach *Mörel* (s. unten; von Mörel zur Riederalp $3-3^1/_2$ St.); Weg Nachm. schattig; Träger 5, Pferd 10 fr.).

**Von Fiesch über den Albrun-Paß nach Baceno oder zum Tosafall** (12-13 St., von Imfeld ab Führer rathsam, bis Baceno 13 fr.). Guter Reitweg über *Aernen* und die *Binnegg* (1353m), mit schöner Aussicht auf Binnenthal und Wallis, nach ($1^3/_4$ St.) *Außerbinn* und ($1^1/_2$ St.) *Schmidhäusern* oder *Binn* (1438m; *Hôt. Ofenhorn, in schöner aussichtreicher Lage), mit sehenswerther Kirche, in dem für Mineralogen interessanten **Binnen-Thal** (Führer Jos. Welschen u. J. J. Gorsat in Binn, Ad. u. Elias Walpen in Imfeld). Von hier auf das **Betlihorn* (2962m), 5 St. m. F. (8 fr.), unschwierig und sehr lohnend (vgl. S. 291). — **Mittaghorn* oder *Rappenhorn* (3144m), über *Feldbach* und das *Hölzlihorn* (2983m) in $5^1/_2$ St. m. F., gleichfalls unschwierig; prachtvolle Aussicht (Rhonegletscher, Finsteraarhorn etc.). — *Ofenhorn* (*Punta d'Arbola*, 3237m), über den Albrunpaß in 6 St. (F. 10 fr.), das letzte Drittel nicht leicht. Geübte Bergsteiger können (nur mit kundigem Führer und Seil) ö. über den *Hohsandgletscher*, oder am *Obersee* vorbei und über den *Nüfelgiu-Paß* zum *Tosafall*

enstock
3597
Furka Pass
2436
Mutthorn
3103
Tödi
3623
Leckihl
3053

absteigen (s. unten). — Weiter am l. Ufer der *Binna* über *Gießen* nach ($^3/_4$ St.) *Imfeld* (1568m), wo der Weg (von hier ab nicht besonders, Führer rathsam) auf das r. Ufer tritt. $^1/_4$ St. Tannenwald, weiter an mehreren Bauernhöfen u. Hütten vorbei zu den letzten Hütten *auf dem Platt* (2110m), 2 St. von Imfeld; dabei eine Stahlquelle. Nun r. steil aufwärts zum (1 St.) **Albrun-Paß** (*Bocchetta d'Arbola*, 2411m), zwischen l. *Ofenhorn* (s. oben), r. *Albrunhorn* (2880m). Hinab zur (1 St.) Alp *Pianboglio*, am (1 St.) *See von Codelago* (1846m) vorbei durch das *Devero-Thal* über *Crampiolo* nach (1 St.) *Ai Ponti* (1640m; dürft. Whs.) und ($2^1/_2$ St.) *Baceno* (S. 302). Von Ai Ponti über den *Buscagna-* und *Vallendra-Paß* zur Alp *Veglia* s. S. 291. — Wer zum Tosafall will, wendet sich vom Albrunpaß l. zur Alp *Forno Inferiore;* von hier auf schlechtem Wege über die *Scatta Minojo* (2597m), mit hübschem Rückblick auf das Devero-Thal und den See von Codelago, zum *Lebendun-See* (*Lago Vannino*, 2153m); dann wieder bergan über den *Nüfelgiu-Paß* (2567m) und durch das *Nüfelgiu-Thal*, bei einer einsamen Hütte r. um den Bergabhang herum nach *Auf der Fruth* (S. 300; 9-10 St. von Binn).

Von Fiesch nach Baceno über den Geißpfad-Paß, 11-12 St. (F. ab Imfeld 12 fr.), lohnend. Bei (4 St.) *Imfeld* (s. oben) vom Albrun-Wege r. ab zur *Messern-Alp* (1882m) und am *Geißpfadsee* (2430m) vorbei zum (4 St.) **Geißpfadpaß** (*Passo della Rossa*, 2550m); hinab, anfangs steil, zur *Alp di Valdeserta* und am *Codelago-See* vorbei nach *Ai Ponti* (s. oben).

Von Fiesch nach Baceno über den Kriegalp-Paß, 13-14 St. (F. von Binn 12 fr.), mühsam und wenig lohnend. Von Binn s. durch das *Längthal* bis (1 St.) *Heiligkreuz* (1482m), dann l. durch das *Kriegalp-Thal* in $3^1/_2$ St. zum **Kriegalppaß** (*Passo Cornera*, 2567m), zwischen l. *Güschihorn* (*Pizzo Cornera*, 3025m), r. *Helsenhorn* (3274m; Besteigung von hier schwierig, s. unten). Hinab ins *Buscagna-Thal* zur gleichn. Alp und über die *Devero-Alp* nach (2 St.) *Ai Ponti* (s. oben).

Von Fiesch nach Iselle über den Ritter-Paß, 14-15 St. (F. von Binn 12 fr.), beschwerlich, aber höchst lohnend. Von Binn (s. oben) s. durch das *Längthal* zum (5 St.) **Ritterpaß** (*Passo Boccareccio*, 2762m) zwischen r. *Hüllshorn* (*Punta Mottiscia*, 3156m) und l. *Helsenhorn* (3274m; vom Paß ohne Schwierigkeit in $1^1/_2$ St. m. F. zu ersteigen, prächtige Rundsicht); hinab zur ($2^1/_2$ St.) herrlich gelegenen *Alp Veglia* (1753m; Alb. del Monte Leone, einf.) im *Val Cairasca* und über *Trasquera* nach (3 St.) *Iselle* (S. 293).

Die Straße führt durch das fruchtbare Thal (gegenüber auf der Höhe *Aernen*, s. oben) nach ($^1/_2$ St.) **Lax** (1048m; *Kreuz*) mit neuer Kirche (von hier zum Eggishorn-Hôtel 4 St., s. oben). Dann senkt sie sich in vielen Windungen, stets mit prächtiger Aussicht (im Hintergrund das Weißhorn), und überschreitet auf der Brücke von *Grengiols* (886m; Pintenwirthsch.) die tief unten strömende Rhone (ein guter Weg führt von hier über *Grengiols* in 5 St. nach *Binn*, s. oben). Weiter in engem Felsenthal, auf der *Kästenbaumbrücke* (814m) wieder auf das r. Ufer, nach (2 St.) **Mörel** (780m; *H. Eggishorn*, Z. u. F. $2^1/_2$ fr.; **H. des Alpes*, nicht theuer). — Auf die **Riederalp* s. oben.

Das Thal erweitert sich etwas, die Straße zieht sich am Fluß hin, der sich wild über Schieferfelsen wälzt. Die ($^1/_2$ St.) *Hohfluhkirche* liegt sehr malerisch an einer schroffen Felswand, welche der Straße zwischen Kirche und Fels kaum Raum läßt (unterhalb auf der *Matt* ein Whs.). Weiter über die *Massa*, den Abfluß des Großen Aletschgletschers, nach (1 St.) **Naters** (682m), ansehnliches Dorf zwischen Obstbäumen, von den Trümmern der Burgen *Weingarten* und *Supersax* überragt; dann über die Rhone nach (20 Min.)

50km *Brig*, s. S. 289.

## 82. Von Ulrichen nach Domodossola.

**Griespaß. Tosafall. Formazza-Thal.**

*Vergl. Karte S. 290.*

$15^1/_2$ St. (zwei Tage, am Tosafall übernachten). Von Ulrichen bis zu den Tosafällen ($6^1/_2$ St.) Saumpfad, Führer bis über den Gletscher (6 fr.) angenehm (bis Frutwald 12 fr., Träger 10, Pferd 20 fr.). Unterwegs bis zum Tosafall nichts zu bekommen, daher Proviant mitnehmen. Vom Tosafall bis Foppiano durch das Formazzathal schlechter Saumweg; von da bis Domodossola Fahrstraße; Post von Crodo nach Domodossola tägl.; Einsp. von Foppiano nach Domo 20, von Premia 15 fr. (nicht immer zu haben). Ein Träger vom Tosafall bis Foppiano kostet 6-8 fr.; es empfiehlt sich daher vom Tosafall ein Pferd mitzunehmen, das in Foppiano an einen dort stehenden, dem Wirth des Tosahôtels gehörigen Wagen gespannt wird (Preis vom Tosafall bis Domodossola 30 fr.). Die Post von Domodossola nach Brig fährt Morgens früh ab, daher falls man zum Simplon will, Abends dort einzutreffen rathsam.

Bei *Ulrichen* (S. 296) führt eine Brücke über die *Rhone* nach (10 Min.) *Zum Loch* (1359m), einigen verlassenen Hütten an der Mündung des **Eginen-Thals**. Der Weg überschreitet oberhalb eines hübschen Wasserfalls den *Eginenbach* und führt durch Lärchenwald, weiter durch einen offenen, mit Geröll und Felstrümmern überschütteten Thalboden zur ($1^1/_4$ St.) Alp *Hohsand* (1762m). Hier steiler eine Thalstufe hinan durch Gebüsch von Erlen u. Alpenrosen, l. der Bach in einer Reihe von Fällen, vorn der *Nufenenstock* (2861m). Nach $^1/_2$ St. Brücke über den Bach (*Ladtsteg*, 1930m), jenseits die schmutzigen Sennhütten *Im Ladt;* r. oben der *Griesgletscher* (s. unt.). Der Weg führt quer durch den obersten Thalboden und steigt dann zur letzten Sennhütte (20 Min.) *Altstaffel* (2007m), wo l. der Weg zum Nufenen-Paß (S. 296) abzweigt. Von hier erreicht man in $1^1/_4$ St. steilen Steigens den flachen *Gries-Gletscher* („das Gries"), den man in 20 Min. in s.w. Richtung überschreitet (der kl. Gletschersee bleibt l., ein zweiter noch kleinerer r.). Der **Griespaß** (2446m), 4 St. von Ulrichen, Grenze zwischen der Schweiz und Italien, ist von kahlen Bergen umgeben; bei hellem Wetter schöne Aussicht auf die Berner Alpen. (N.ö. führt von hier ein wenig betretener Pfad durch das *Val Corno* nach *All' Acqua* im Val Bedretto, S. 296.)

Das Hinabsteigen auf der Südseite des Passes ist, wie gewöhnlich in den Alpen, steiler, als an der Nordseite, zuerst l. auf schmalem Pfad am Abhang hin. Der *Griesbach*, welcher hier entspringt, vereinigt sich bei Kehrbächi (s. unten) mit der aus dem Val Toggia kommenden *Tosa (Toce)*. Der obere Theil des Formazza-Thals läßt deutlich vier Thalstufen erkennen, auf jeder einige Sommerdörfer: *Bettelmatt* (2104m) auf der obersten (nur zwei meist verlassene Sennhütten), *Morast* (*Morasco*, 1780m) auf der zweiten (der Abhang zwischen Bettelmatt und Morast heißt *Wallisbächlen*), *Kehrbächi* (*Riale*, 1720m) und *Auf der Fruth (Sopra la Frua)* auf der dritten, mit einer kl. Kapelle und dem einf. ***Hôt. de la Cascade** (1675m, Z. L. B. 3 fr.). Das letztere ($2^1/_2$ St. vom Griespaß) steht am Rande des vierten steilen Abhangs, von welchem die Tosa 143m hoch und 26m breit, nach unten zu sich erweiternd, über eine schräge Felswand in 3 Absätzen hinabstürzt. Der ****Tosafall**, ital. *Cascata della Frua*, ist namentlich bei hohem Wasser einer der schönsten in den Alpen (man gehe auf dem Saumweg links $1/4$ St. hinab, wo von einem Steinblock guter Ueberblick; schöner noch jenseit der Brücke). Unmittelbar oberhalb des Falls führt eine Brücke über die Tosa.

Der **Mte. Basōdine** (3275m), mit prachtvoller Aussicht, ist von hier für Geübte ohne besondere Schwierigkeit in 4-5 St. zu ersteigen; Führer der Wirth Ant. Zertanna (Abstieg event. ins Val Bavona, S. 422).

Vom Tosafall nach dem Val Bedretto und Airōlo 8 St. (Führer angenehm, in umgekehrter Richtung von All' Acquà aus unentbehrlich). Saumweg, bei der Kapelle (s. oben) vom Wege nach dem Griespaß r. ab, nach 20 Min. über den vom Basodino kommenden Bach; hier r. hinan an der Mauer entlang (Kehrbächi bleibt l. unten) und im Zickzack ziemlich steil zum ($3/4$ St.) obern Thalboden des einsamen *Val Toggia;* $1/2$ St. Brücke, 20 Min. Sennhütten *im Moos* (r. die *Bocchetta di Val Maggia*, s. unten). Der forellenreiche kleine *Fisch-See* bleibt r.; $1/2$ St. weiter bei der *Alp Königin* tritt der Weg wieder auf das l. Ufer des Bachs; man lässt im obersten Thalboden noch einen zweiten kleinen See l. und erreicht ($1/2$ St.) den **S. Giacōmo-Paß** (2318m), Grenze zwischen Italien und der Schweiz (Kanton Tessin). Unterhalb der Paßhöhe an der N.-Seite (20 Min.) liegt die Kapelle *S. Giacomo* (2246m), wo sich am 25. Juli die Bewohner der umliegenden Thäler zum Gottesdienst versammeln. Beim Hinabsteigen schöner Blick auf die südl. Gotthardberge, Kühbodenhorn, Pizzo Rotondo, Pesciora, Lucendro etc., kurze Zeit auch auf Finsteraarhorn und Fiescherhörner. Der Weg führt (anfangs nicht zu weit r. halten) an Sennhütten vorbei, weiter durch Gebüsch von Alpenrosen und durch Lärchenwald, unten im Thal über zwei Bäche, zuletzt über den Tessin zum ($1\frac{1}{2}$ St.) *Hospiz all' Acquà*. Von hier nach *Airolo* s. S. 296.

Vom Tosafall nach Bignasco, 9 St. m. F., lohnend. Beim *Fischsee* (s. oben) vom Wege zum Giacōmo-Paß r. ab über Geröll u. Fels zur **Bocchetta di Val Maggia** (2824m) zwischen r. *Kastelhorn*, l. *Marchhorn;* hinab durch *Val Fiorina* (r. der firnbedeckte *Basodine*, s. oben) zur *Alp Robiei* und durch das malerische *Val Bavona* nach *Bignasco* (S. 421).

Unterhalb des Tosafalls beginnt das *Pommat-* oder **Formazza-Thal** mit den Dörfern ($1/2$ St.) *Fruthwald* (*Canza*, 1450m), (10 Min.) *Gurf* (*Grovella*, 1364m), (15 Min.) *Zum Steg* (*al Ponte*, 1280m), wo das Rathhaus und Archiv der Thalschaft (guter Wein bei Schmid, auch einige Betten), (15 Min.) *Pommat* (*S. Michele*, 1257m), (20 Min.) **Andermatten** (*Alla Chiēsa*, 1234m), mit der Thalkirche. Unterhalb ($1/4$ St.) *Staffelwald*, ital. *Fracchie*, tritt der Weg in einen großartigen ***Engpaß**, in welchem er die Tosa zweimal überschreitet. $3/4$ St. *Unterwald*, ital. *Foppiano* (940m; neues Gasth.), wo die neue Straße beginnt (Wagen s. S. 300, nicht immer zu haben), ist das letzte Dorf, wo noch deutsch gesprochen wird, weiter unten aber nur italienisch, wie denn auch die meisten Orte des Thals zugleich deutsche und ital. Namen haben.

Aus dem Pommat über den *Albrun-Paß* nach *Fiesch* im Wallis s. S. 299. — In das Val Maggia führt ein beschwerlicher und hierfür nicht ausreichend lohnender Weg (von Andermatten bis Cevio 8 St., nur mit Führer) bei *Staffelwald* 3 St. steil bergan über die *Staffelalp* bis zur **Criner Furca** (2416m), mit schöner Aussicht, hinab nach ($1\frac{1}{2}$ St.) *Bosco* und ($3\frac{1}{2}$ St.) *Cevio* (S. 421).

Die Straße bleibt am r. Ufer der Tosa; 20 Min. *Rivasco* (850m, Whs.); 20 Min. *Passo* (802m). Das Thal der Tosa heißt von hier an **Val Antigorio**, eines der schönsten südl. Alpenthäler, reich an Wasserfällen. Die Glimmerschiefer-Felsen zwischen ($1/2$ St.) *S. Rocco* (*Whs., guter Asti) und ($1\frac{1}{4}$ St.) *Premia* (799m; Agnello) enthalten

Granaten. $^1/_2$ St. weiter abwärts bei **Baceno** (685m; **Alb. Devero*, nicht theuer; *Agnello*, wird gelobt), an der Mündung des *Devero-Thals*, überspannt eine kühne Brücke die tiefe Klamm des *Devero* (nach *Fiesch* über den *Albrun*- oder den *Kriegalp-Paß* s. S. 299). W. der *Mte. Cistella* (2881m). Zu (1 St.) *Crodo* (503m; Whs.) ist das italien. Zollamt. 20 Min. unterhalb ein einf. Bad. Weiter über *Rencio* und das herrlich gelegene *Oira* („il Giardino dell' Ossola" genannt") nach (2 St.) *Crevola* an der Simplon-Straße (S. 293).

1 St. *Domodossola*, s. S. 294.

## 83. Die südl. Wallis-Thäler zwischen Sion u. Turtmann

### (Val d'Hérens, Val d'Anniviers und Turtmann-Thal).

*Vergl. Karten S. 278, 286, 302 u. 312.*

Der rüstige Fußwanderer, welcher vom Genfer See kommend nach Zermatt (S. 313) will, kann, mit Vermeidung des Rhonethals, in 4-5 Tagen auf sehr lohnenden Wegen nach Zermatt gelangen. Am 1. Tage mit der Eisenbahn nach Sion, zu Fuß oder besser Wagen (s. unten) durch das Val d'Hérens nach (6 St.) Evolena. — 2. Tag über den Col de Torrent nach (8-9 St.) St-Luc im Val d'Anniviers. — 3. Tag auf die Bella Tola und über den Pas du Boeuf oder den Meidenpaß nach ($8^1/_2$ St.) Gruben im Turtmann-Thal. — 4. Tag über den Augstbordpaß nach (7, mit Schwarzhorn $8^1/_2$ St.) St. Niklaus im Vispthal und mit Eisenbahn nach Zermatt.

**a. Von Sion durch das Val d'Hérens nach Evolena und über den Col de Torrent ins Val d'Anniviers.**

Bis Evolena (25km) Post mit 2-3 Plätzen tägl. 6 U. Vm. in $5^3/_4$ St., für 6 fr. 40 c. (dazu offene einspänn. Beiwagen); zurück Nm. 1 U. 20 Min. in $3^1/_3$ St.). Einspänner von Sion nach Evolena 20 fr. (Hôtelwagen aus Evolena meist am Bahnhof). — Von Evolena über den Col de Torrent nach Vissoye Saumweg in 9 St. (Führer unnöthig, 12 fr.). — Pferd von Sion bis Vissoye 24, St-Luc 26 fr.

*Sion* s. S. 287. Die Straße führt von der Rhonebrücke (491m) geradeaus in 10 Min. zum Fuß des Gebirges und beginnt dann in großen Windungen zu steigen (der alte Saumweg kürzt bedeutend); l. unten im Rhonethal das ansehnliche *Bramois* oder *Brämis* und am Ausgang der vom Rawyl kommenden Schluchten *St-Léonard* (S. 288). Vor dem alten Friedhofskirchlein von ($1^1/_2$ St.) **Vex** (957m; einf. *Whs.*) öffnet sich die Aussicht auf den Hintergrund des Thals, zuerst auf die Dents de Veisivi und den Pic d'Arzinol, weiter nach und nach auf den großen Ferpècle-Gletscher, von der runden Kuppe der Tête Blanche überragt, daneben l. Dent Blanche und Dent d'Hérens. Bis Vex Mais- und Weinbau, Kastanien- und Nußbäume.

Saumweg von Vex r. bergan über *Presse* und *les Agettes* nach den (1 St.) **Mayens de Sion** („Mayenberg", 1301m; **Pens. des Mayens*, 6 fr. m. Z.), Sommerwohnungen der Sionesen in schöner gesunder Lage, mit prächtiger Aussicht auf die ganze Kette der Berner Alpen (von hier nach Hérémence $^3/_4$ St.).

Die Straße führt auf der Westseite des Thals stets in gleicher Höhe fort; tief unten die *Borgne*. 1 St. weiter aufwärts theilt sich das Thal in w. *Val d'Hérémence* (s. unten), ö. das eigentliche **Val d'Hérens** *(Eringer Thal)*. Die Straße läßt das große Dorf *Hérémence* r. oben und überschreitet bei *Sauterot* (934m) die aus dem Val d'Hérémence kommende *Dixenze*, indem sie mittels zweier Tunnel die Reste der

Endmoräne dieses Thals durchschneidet. Von dieser sind besonders bei dem zweiten Tunnel, wo der Weg wieder in das Val d'Hérens einbiegt, eine Anzahl **Erdpyramiden* übrig, von denen einzelne nach Art der Gletschertische mit einem Steinblock bedeckt sind.

**Val d'Hérémence** (im obersten Theil *Vallée des Dix* genannt). Karrenweg von Vex (s. oben) nach (1 St.) *Hérémence* (1236m; Unterkunft beim Pfarrer); dann Saumweg über die Weiler *Ayer*, *Prolin*, *Cerise* und *Mars* zu den (3 St.) *Mayens de Praslong* (1608m), am w. Fuß des *Pic d'Arzinol* (s. unten; über den *Meina-Paß* nach Evolena 4 St.). Weiter bleibt l. die Alp *Méribé*; der Weg steigt durch eine Thalenge zur obersten Thalstufe von *la Barma* mit der gleichn. Alp (2467m), die r. bleibt (über den *Col du Crêt* nach *Fionney* s. S. 285) und erreicht an den Hütten von *Lautaret* vorbei die (3 St.) Alp *Seilon* (2272m); gegenüber auf dem l. Ufer der Dixenze die Alp *Liappey* (2326m; gute Unterkunft). Von hier über den *Col de Riedmatten* oder den *Pas de Chèvres* nach *Arolla* (Evolena) s. S. 304; über die *Cols de Vasevay*, *de Seilon*, *du Mont-Rouge* und *de Breney* ins *Val de Bagnes* s. S. 286. Der **Pigno d'Arolla* (3801m) ist am besten von hier über den *Glacier de Durand* und den *Col de Breney* zu ersteigen (vgl. S. 304).

3/4 St. *Eusęigne* (970m; in der Postablage guter Wein), zwischen Nußbäumen hübsch gelegen (gegenüber am r. Ufer hoch oben die Kirche von *St-Martin*). 3/4 St. weiter jenseit des Dörfchens *La Luette* (1020m) auf kühner Brücke über die Borgne (oberhalb bei den *Chalets de Praz-Jean* die alte Brücke des Saumpfades) und auf dem r. Ufer allmählich bergan, unterhalb der kl. Kapelle *la Garde* vorbei, nach (2 St.)

**Evolena** (1378m; **Hôt. de la Dent Blanche* bei Spahr, Z. L. B. 3 1/2, F. 1 1/2, Lunch 3, M. 4, Pens. 8 fr.; neues *Hôtel* im Bau), Hauptort des Thals, in breitem grünem Thalboden schön gelegen, zu beiden Seiten fichtenbewachsene Felswände, die ö. im *Sasseneire*, w. im *Mont de l'Etoile* und *Pic d'Arzinol* gipfeln; thalaufwärts im Mittelgrund die zackigen *Dents de Veisivi*, l. hoch oben die Schneefelder des *Ferpècle-Gletschers* und die gewaltige *Dent Blanche*.

Ausflüge (Führer *Jean* u. *Pierre Maitre*, *Pierre* u. *Jean Beytrison*, *M. Métrailler*, *M. Pralong*, *M. Chevrier*, *M. Vuigner*, *M. Gaspoz*, *Ant. Bovier*). *Arolla* und **Ferpècle* s. unten. — Auf der ö. Thalseite: *Villa*, *la Sage*, *Forclaz* (S. 305), alle mit schöner Aussicht (3/4-1 1/4 St.). — **Sasseneire* (3259m), 5 St. (F. 6 fr.), s. S. 306; von der mehr südl. gelegenen *Couronne de Bréonna* (3164m) ähnliche Aussicht (F. 7 fr.). — *Becs de Bosson* (3160m), 6 St. (F. 7 fr.), s. S. 306.

W. Thalseite: *Alpe de Niva* (2019m), 2 St.; prächtiger Blick auf Ferpècle und Arolla. — ***Pic d'Arzinol** (3001m), über den *Col de la Meina* (bis wohin Reitweg) in 4 1/2 St. m. F. (6 fr.), unschwierig und höchst lohnend. Unterhalb Evolena über die Borgne und l. (der Weg r. führt nach *Lanna*, 1/2 St.) durch Wald bergan (l. etwas vom Wege die „Glacière naturelle", eine Felsspalte, in der den ganzen Sommer ausdauerndes Eis) bis zur (1 1/2 St.) Brücke über den aus dem Vouassongletscher abfließenden *Merdesson*; jenseits über Alpweiden zum (2 St.) *Col de la Meina* oder *Col de Meribé* (2706m; über denselben ins *Val d'Hérémence*, bis *Praslong* in 5 St. von Evolena, s. oben) und r. über die Felsblöcke des Grats in 1 St. zum Gipfel, mit wundervoller Aussicht namentlich nach S. auf den Mont Blanc, Aiguille Verte, Grand Combin, Mt. Velan, Matterhorn, Weißhorn, im N. die Berner Alpen. Abstieg 2 1/2 St. — *Mont de l'Etoile* (3372m), über die Alpen *Niva* und *Creta* in 6 St., nur für Geübte (F. 6 fr.), lohnend; ebenso *Pointe de Vouasson* (3496m), 6-7 St. (F. 10 fr.); Abstieg event. über den *Glacier des Aiguilles-Rouges* zur Alp *Lucel* (s. unten) und nach Arolla.

Das Val d'Hérens verzweigt sich 1 St. südl. von Evolena bei **Haudères** (1447m) in westl. *Val* oder *Combe d'Arolla*, östl. den vom *Ferpècle-Gletscher* geschlossenen Arm, welcher den Namen des Hauptthals behält.

a. ***Combe d'Arolla** (Reitweg, $3^1/_2$ St. von Evolena; Saumthier 8, hin und zurück 10 fr.). Bei Haudères über den Ferpèclebach und r. über die Borgne nach *Pralovin;* dann an der westl. Thalseite hinan, mit hübschen Blicken in die wilde Schlucht, zuletzt durch Wald zur (1 St.) *Chapelle St-Barthélemy* (1817m), neben einem mächtigen Felsblock. Von hier wenig steigend an den Hütten von *Gouille*, *Satarma* (10 Min. weiter den obern Pfad r., nicht den Weg am Fluß entlang), *Pras mousse* und *la Montas* vorbei zu den ($1^1/_2$ St.) **Mayens d'Arolla** (1962m; *H. du Mont-Collon*, Pens. 7-8 fr.), von Arven (Arolla) umgeben, in herrlicher Lage angesichts der imposanten Pyramide des *Mt. Collon* (3644m), um dessen Fuß l. der *Glacier de Vuibes*, r. der *Glacier d'Arolla* sich winden, die ihre Eismassen vereinigen; r. die Felsmassen der *Serra de Vuibes* (3084m) und der schneebedeckte *Pigno d'Arolla* (3801m); dicht beim Gasth. die große alte Moräne des *Glacier de Zigiorenove*.

Ausflüge und Bergtouren (Führer s. oben; in Arolla *Jos. Quinodoz*). Zum **Blauen See von Lucel** hübscher Spaziergang ($1^1/_2$ St., von Evolena 3 St., Führer unnöthig). Bei *Satarma*, 50 Min. von Arolla, l. (n.w.) steil hinan zu den Hütten von *Lucel* (2079m); gleich dahinter der durchsichtig hellblaue kleine See, in den aus der Felswand ein Bach stürzt. Prächtiger Blick auf den Mont Collon; w. die starre Mauer der *Aiguilles Rouges* und l. die aus dem Glacier des Ignes abfließende *Cascade des Ignes*.

**Mont Collon** (3644m), von der W.-Seite (Col de Chermontane) her, nur für geübte schwindelfreie Kletterer (F. 50 fr.; ebenso der südl. den Collon noch überragende **Evêque** (3738m; F. 50 fr.). — ***Pigno d'Arolla** (3801m), über den *Glacier de Pièce* in 6-7 St., nicht schwierig und höchst lohnend (F. 25 fr.). Vgl. S. 285, 303. — Von den **Dents de Veisivi** ist die *Petite Dent* (3189m) über Alp *Zarmine* unschwer zu ersteigen (F. 15 fr.). Schwieriger ist die *Grande Dent* (3425m; F. 20 fr.). Zwischen Petite und Grande Dent führt der nicht leichte *Col de Zarmine* (3062m) von Arolla nach Ferpècle. — **Aiguille de la Za** (3673m), F. 30 fr., **Dent Perroc** (3655m), F. 35 fr., und **Dent des Bouquetins** (3848m), F. 40 fr., schwierige Kletterpartieen.

Pässe. Nach Valpellina über den Col de Collon, 7-8 St. von Arolla bis Pra-Rayé, nicht schwierig und sehr lohnend (2 F. à 30 fr.). Ueber den *Arolla-Gletscher* dicht am ö. Fuß der fast senkrecht aufsteigenden, echoreichen Felswände des Mont Collon zur Firnmulde von *Za-de-Zan* und zum (4 St.) **Col de Collon** (3130m) s.ö. vom Evêque (s. oben), mit beschränkter aber großartiger Aussicht. Hinab über den *Glacier de Collon* und durch die tief eingeschnittene *Combe d'Oren* nach (3 St.) *Pra-Rayé* (2061m), wo leidl. Unterkunft in den Sennhütten, die aber im Hochsommer häufig leerstehen; von da Saumweg nach (3 St.) *Bionaz* (1600m) und über (1 St.) *Oyace* (1367m) nach ($2^1/_2$ St.) *Valpelline* (S. 286). Pässe aus dem Val Pellina nach dem *Val St-Barthélemy* s. S. 276. Macht man den Weg in umgekehrter Richtung so nehme man Proviant von Aosta mit; kundige Führer sind dort kaum zu finden, doch fehlt es in Bionaz nicht an Bauern, die den Paß mehrfach überschritten haben und als Wegweiser dienen können (Bapt. Baraillon zu empfehlen). Von Pra-Rayé zum Col $3^1/_2$-4, hinab nach Arolla $2^1/_2$-3 St. — **Col de Za-de-Zan.** Man kann auch von der Firnmulde von *Za-de-Zan* (s. oben) l. steil zum *Col de Za-de-Zan* (c. 3300m), n.ö. vom *Mont Brûlé* (3621m) emporsteigen; steil u. schwierig hinab zum *Glacier de Za-de-Zan* (S. 276) und nach *Pra-Rayé*.

In das Val d'Hérémence führen von Arolla zwei Pässe dicht neben einander, n. der **Col de Riedmatten** (2916m), 4 St. bis Liappey, s. der etwas schwierigere **Pas de Chèvres** (2851m), $4^1/_2$ St. bis Seilon. Beim Abstieg vom letzteren ($3^1/_4$ St. von Arolla) passirt man eine steile Felswand und überschreitet den zerklüfteten *Glacier de Durand* oder *Seilon* (zahlreiche verborgene Spalten, Vorsicht!) zu den Hütten von *Seilon*, gegenüber der Alp *Liappey* (S. 303). [Der

Riedmattenweg (s. oben) berührt den Gletscher nicht, sondern führt an den Fels- u. Rasenhängen auf der r. Seite hinab.] Hinab durch das *Val des Dix* nach ($4^1/_2$ St.) *Hérémence* s. S. 303. — Man kann auch vom Durand- oder Seilon-Gletscher (s. oben) zum ($4^1/_2$-5 St. von Arolla) *Col de Seilon* (3250m, S. 286), dann entweder über den *Glacier de Giétroz* nach ($2^1/_2$ St.) *Mauvoisin* (S. 285), oder l. zum *Col du Mont-Rouge* (3341m) und über den *Glacier de Lyrerose* nach ($3^1/_2$ St.) *Chermontane* (S. 285) gelangen (F. 25 fr.).

Ins Val de Bagnes über den Col de Chermontane, 11 St., lange und ermüdende Gletschertour (F. 25 fr.). Über die Moräne und das untere Ende des *Glacier de Zigiorenove* und den *Glacier de Pièce* oder *Torgnon* zum Firnsattel (3120m) w. von der *Serra de Vuibez*, dann über den *Glacier de Vuibez* zum **Col de Chermontane** (3084m), zwischen *Petit Mont Collon* (3545m) und *Pigno d'Arolla* (s. oben), mit herrlicher Aussicht auf Mt. Collon, die Dents mit der Aig. de la Za, Dent Blanche und im N. die Berner Alpen. Hinab über das endlose Schneefeld des *Glacier d'Otemma* nach *Chanrion* und *Chermontane* (S. 285). — Noch länger, aber weit lohnender ist der **Col de l'Evêque** (13 St. bis Chermontane, F. 30 fr.). Auf dem *Glacier d'Arolla* bis zum *Col de Collon* s. oben; hier r. hinan zum *Col de l'Evêque* (3500m) s.w. vom *Evêque* (S. 304), dann über den Firnrücken zwischen l. *la Sengla* (3702m) und r. *Petit Mt. Collon* (3545m) auf den *Glacier d'Otemma* und wie oben nach Chermontane.

Nach Zermatt über den Col de Bertol, 11-12 St., beschwerlich aber lohnend (F. 30 fr.). Über den *Arolla-Gletscher* zum *Plan de Bertol;* hier l. hinan über Felshänge und den steilen *Glacier de Bertol* zum **Col de Bertol** (c. 3300m) zwischen Punkt 3507 u. 3396 der *Dents de Bertol.* Dann über die weiten Firnfelder des *Glacier du Mont-Miné* und *Gl. de Ferpècle* an der *Tête Blanche* vorbei (Besteigung mit $1^1/_4$ St. Mehraufwand leicht auszuführen, s. unten) zum *Col d'Hérens* und der Clubhütte am *Stockje* (s. unten); von hier nach *Zermatt* s. S. 316. — Über den Col du Mont-Brulé und Col de Valpelline, 12-13 St., gleichfalls lohnend (F. 30 fr.). Auf dem Collon-Wege bis zur Mulde von *Za-de-Zan* (s. S. 304); hier l. steil hinan zum **Col du Mont-Brulé** (3330m) und über den zerklüfteten obern *Za-de-Zan-Gletscher* (*Dents* und *Col des Bouquetins*, S. 306, bleiben l.) mühsam zum **Col de Valpelline** (3562m), s. von der *Tête Blanche* (3750m; Besteigung vom Col in $^3/_4$ St., prächtige Aussicht, s. S. 306). Dann über den *Stockgletscher* zum *Stockje* (S. 306).

b. ***Ferpècle** (Reitweg, $2^1/_2$ St. von Evolena bis zum Hôtel; Saumthier 8, hin u. zurück 10 fr.). In (1 St.) Haudères beim dritten Hause vor der Brücke (s. S 304) l. ab, anfangs mäßig steigend, dann steiler über einen Felsvorsprung an vier, gleich darauf an sechs Hütten vorbei; hinter dem nächsten Felsrücken l. hinan nach ($^3/_4$ St.) *Sepey* (1700m), wo l. der Weg von Evolena über *la Sage* und *Forclaz* (s. S. 303) einmündet ($^1/_4$ St. weiter, aber lohnender). Die Aussicht auf den großartigen Thalschluß (Glacier de Ferpècle und Dent Blanche) öffnet sich; besonders schöner Blick bei der zweitnächsten Hüttengruppe *Prasfleuri.* Weiter durch Wald zu den ($^3/_4$ St.) Hütten von *Salay* oder *Ferpècle* (1801m; *Hôt. du Col d'Hérens, einf., Z. L. B. $2^1/_2$-3, F. $1^1/_2$, Lunch $2^1/_2$, M. 3 fr.), in schöner Lage angesichts des *Glacier de Mont-Miné* und *Glacier de Ferpècle.*

Gleich oberhalb des Hôtels führt ein schmaler Fußpfad l. hinan, am Abhang entlang durch Lärchenwald, weiter über Geröll und Matten zur ($1^1/_2$ St.) ***Alp Bricolla** (2426m, nicht zu versäumen!), mit prächtigster Aussicht: gerade zu Füßen der gewaltige Ferpècle-Gletscher, überragt von der firnbedeckten Wandfluh und l. von der mächtigen Dent Blanche und dem Grand Cornier. Rechts, durch den Mont Miné vom Ferpècle-Gl. getrennt, der Glacier du Mont-Miné mit den Dents de Bertol, Aig. de la Za und Dents de Veisivi. In den Hütten ist Milch zu haben.

Bergtouren. **Dent Blanche** (4364m), sehr schwierig (13-14 St. von Ferpècle, F. 70 fr.); wird meist vom Stockje aus gemacht (s. S. 318). — **Grand Cornier**

(1969m), von Ferpècle über den *Col de la Pointe de Bricolla* (s. unten) in 7–8 St., mühsam doch ohne Gefahr (F. 30 fr.).

Pässe. Nach Zinal über den Col du Grand-Cornier, vom Hôtel Ferpècle 10-11 St., nicht sehr schwierig (F. 30 fr.). Von (1½ St.) Bricolla (s. oben) ö. zum *Glacier de la Dent Blanche* und über denselben steil zum (3½ St.) **Col du Grand-Cornier** oder **de la Dent Blanche** (3544m), zwischen Dent Blanche und Grand Cornier; dann r. am Grat hinab über Firnhänge am *Roc Noir* vorbei zur (2½ St.) *Mountet-Clubhütte* (S. 308) und über den *Durand (Zinal)-Gletscher* nach (3 St.) *Zinal* (S. 308). — Über den Col de la Pointe de Bricolla, 10 St. bis Zinal (F. 35 fr.), ziemlich mühsam. Von Bricolla (s. oben) n.ö. über den *Glacier de Bricolla* und über steile z. Th. vereiste Felsen zum (3½ St.) **Col de la Pointe de Bricolla** (c. 3100m), unmittelbar ö. von der *Pointe de Bricolla* (s. unten), mit prächtiger Aussicht; dann über den *Glac. de Moiry*, den *Col* und die *Alpe de l'Allée* nach (5 St.) *Zinal*. Die Besteigung der *Pointe de Bricolla* (3663m), des *Bouquetin* (3484m) und des *Pigno de l'Allée* (3404m) lassen sich mit diesem Uebergange leicht verbinden. — Über den *Col de Couronne (Col du Zaté* oder *Col de Brèonna)* und *Col de l'Allée* s. S. 309.

Nach Zermatt über den Col d'Hérens, 11 St., anstrengend (F. 30 fr.). Von Bricolla (s.o.) in ¾ St. zum *Ferpècle-Gletscher* und über diesen, nur anfangs steil, zum (3 St.) Col d'Hérens (3480m), zwischen *Wandfluh* und *Tête Blanche* (3750m; letztere in ¾ St. vom Paß zu ersteigen, unschwierig und höchst lohnend; man kann den Abstieg s. zum *Col de Valpelline* nehmen und erreicht dann mit 1¼-1½ St. Umweg den Zermatter Weg wieder am Stockje; vgl. S. 305). Im O. tritt das Matterhorn überwältigend hervor. Vom Paß an Felsen steil hinab auf den *Stockgletscher* und über diesen (Vorsicht wegen der Spalten) zur (1 St.) *Clubhütte* (2759m) am *Stockje*, einer Felseninsel am obern Ende des *Zmutt-Gletschers* zwischen l. *Stock-*, r. *Tiefenmatten-Gletscher*. Dann über den letztern, an den Felsen des Stockje entlang, auf den geröllbedeckten Zmutt-Gletscher, von dem der Wanderer bei der *Staffel-Alp* (S. 316) gern wieder (von der Paßhöhe in 4 St.) festen Grund betritt. Von hier nach Zermatt 1½ St.

Nach Pra Rayé über den Col des Bouquetins, 10-11 St., gleichfalls anstrengend (F. 30 fr.). Entweder auf dem Col d'Hérens-Wege (s. oben) oder an der linksseitigen Moräne am *Mont Miné* hinan zum obern Ferpècle-Gletscher und r. zum **Col des Bouquetins** (3418m) ö. von den *Dents des Bouquetins* (3848m); hinab über den *Gl. de Za-de-Zan* nach *Pra-Rayé* (S. 304).

Von Evolena nach Vissoye über den Col de Torrent, 8-9 St., Saumweg (Führer angenehm, 12 fr., Pferd 24 fr.). Halbwegs zwischen Evolena und Haudères bei einem hohen Holzkreuz l. hinan nach *la Sage* und *Villa* (ein näherer Fußweg nach Villa führt 20 Min. s. von Evolena l. ab durch eine steil ansteigende Schlucht); weiter in langen Zickzackwindungen über die Matten der *Alp Cotter*, zuletzt über Schiefergeröll zum (4 St.) ***Col de Torrent** (2924m), s. vom *Sasseneire* (s. unten), mit prächtigem Blick in das Val d'Hérens und auf den Bergkranz, der sein oberes Ende umschließt (von r. nach l. Pointe de Vouasson, Aiguilles Rouges, Mt. Pleureur, Mont Blanc de Seilon, Serpentine, Pigno d'Arolla, Petites und Grandes Dents, Dents de Bertol, Mont Miné, Tête Blanche etc.).

***Sasseneire** (3259m), vom Col in 1 St. m. F., wegen der steilen Geröllhänge etwas mühsam. Vom Gipfel prächtiger Blick auf die Berner Alpen; durch das gewaltige Thor des Pas de Cheville sieht man den Jura als blauen Streifen; gegen S. ähnliche, aber umfassendere Aussicht wie vom Col de Torrent, namentlich auf die von diesem nicht sichtbare Dent Blanche.

N. vom Sasseneire führt ein gleichfalls lohnender Saumpfad über den Pas de Lona (2750m) in das Val d'Anniviers, von den Chalets de Praz-Jean bis Gremenz 8 St. (F. 12 fr.). Von der Paßhöhe sind die *Becs de Bosson* (3160m) mit wundervoller Aussicht in 2 St. zu ersteigen.

Hinab in großen Windungen an der Nordseite des kl. *Lac de*

*Zozanne* (2704m) vorbei, mit schönem Blick auf die hohe Bergkette zwischen Einfisch- und Zermattthal (Obergabelhorn, Trifthorn, Rothhorn, Weißhorn, Brunnegghorn, Diablons) zur *Alp Torrent* (2420m) und der ($1^1/_2$ St.) *Alp Zatelet-Pras* (2159m) in dem von der *Navigenze* durchströmten *Val de Moiry* oder *Torrent*, dem w. Arm des Einfischthals. Schöner Thalschluß durch den großen *Glacier de Moiry*, umragt von r. Couronne de Bréonna, Za de l'Ano, Pointe de Bricolla, Grand Cornier, Dent Blanche, l. Bouquetin, Pigne de l'Allée und dem schwarzen Schieferkegel der Garde de Bordon.

Nach Zinal (S. 308) kann man von hier, an der ö. Thalwand wieder ansteigend, in $3^1/_2$ St. über den **Col de Sorebois** (2734m) gelangen; von der **Corne de Sorebois* (2807m), n. 20 Min. über der Paßhöhe, prächtige Aussicht auf Weißhorn, Rothhorn, Gabelhorn, Grand Cornier, Dent Blanche etc. Hinab entweder auf dem bequemern weitern Wege, oder (mit Führer) direkt durch Wald nach *Zinal*. — Nach Zinal über den *Col de l'Allée* und nach Evolena über den *Col de Couronne* oder den *Col de Bréonna* s. S. 309.

Von der Alp eine Strecke eben fort durch ein einförmiges Wiesenthal, dann durch eine Felsenge hinab nach ($1^1/_2$ St.) *Grimence* oder *Gremenz* (1529m), großes Dorf; im Vorblick St-Luc und die Bella Tola. Von hier über *St-Jean* zur (1 St.) Brücke über die *Navigenze* (1188m) und nach ($^1/_4$ St.) *Vissoye* (S. 308).

**b. Von Siders durch das Val d'Anniviers nach Zinal.**

**Bis Vissoye ($4^1/_2$ St.) Fahrweg; Pferd 10, Einsp. 12 fr.**

*Siders* s. S. 288. Fahrstraße ö. bis zur (25 Min.) *Rhonebrücke* (541m); 10 Min. jenseits biegt der Fahrweg zum Val d'Anniviers r. ab und steigt durch Gehölz steil bergan; r. unten bleibt *Chippis*, an der Mündung der *Navigenze* in die Rhone (s. unten). Nach 1 St. Steigens biegt der Weg in das **Val d'Anniviers** (deutsch *Einfisch-* oder *Eivischthal*) ein (930m); r. die tiefe unzugängliche Schlucht der Navigenze. Hinter ($^1/_2$ St.) *Niouc* überschreitet die Straße, durch Gallerien geschützt, eine wilde l. herabkommende Seitenschlucht, gleich darauf vor dem Weiler *Barmes* eine zweite.

Fußgänger gehen kürzer von Siders direkt nach Niouc: vom Bahnhof r., durch den Eisenbahndamm, über eine kl. Anhöhe hinunter zur neuen Rhonebrücke nach (20 Min.) *Chippis*; hinter dem ersten Hause l. ab über die *Navigenze*, dann die Kirche l. lassend auf dem kleinen Fußpfad immer der Telegraphenleitung nach und die Fahrstraße häufig kreuzend, später auf derselben nach ($1^1/_4$ St.) *Niouc*.

Ein hinter der ersten Felsschlucht (s. oben) l. abgehender Fußweg führt von Niouc in 3 St. über *Sussillon* (1386m) nach dem hochgelegenen Dorf *Chandolin* (1936m), von wo man auf bequemem Weg, durch Nadelwälder, mit herrlichen Blicken in das Einfisch- und Rhonethal und auf die Berner Alpen, in $1^1/_4$ St. nach St-Luc hinabsteigt. — Das Illhorn (2724m), mit schöner Aussicht in den Illgraben (S. 288), das Rhonethal und auf die Berner und Walliser Alpen, ist von Chandolin in $2^1/_2$ St. unschwer zu ersteigen.

Nach S. entfaltet sich nach und nach die *Aussicht auf die das Thal einschließenden Schneeberge: Rothhorn, Trifthorn, Besso, Dent Blanche etc. Nach $1^1/_4$ St. bleibt r. unterhalb des Weges das hübsch gelegene Dorf *Fang* (wer nach St-Luc will, muß $^1/_4$ St. vorher bei dem Wagenschuppen des Wirths in St-Luc den schmaleren Saumpfad l. nehmen und erreicht allmählich ansteigend St-Luc in $1^1/_2$ St.;

20*

s. S. 309). Der Fahrweg bleibt im Thal und führt noch an mehreren kleinen Schluchten vorbei; gegenüber am Abhang *Painsec*. 1 St. **Vissoye** (1220m; **H.-P. d'Anniviers*, Z. u. B. $2^1/_2$, M. 3, Pens. 5-6 fr.), Hauptort des Thals mit stattlicher Kirche, auf einer Anhöhe am r. Ufer der Navigenze.

St-Luc (1 St. steilen Steigens von Vissoye), Bella Tola ($4^1/_2$ St.) etc. s. S. 309.

5 Min. hinter Vissoye nicht links, sondern der Sägemühle zu. 35 Min. *Mission*, gegenüber der Mündung des *Val de Moiry* (s. oben); dann (20 Min.) *Ayer* (1456m) mit verlassenen Nickelerzgruben (nach St-Luc s. S. 309). Nun etwas bergan, über einen Wildbach, weiter an einem Steintrümmerfeld vorbei, Überresten eines Bergsturzes; 30 Min. über die Navigenze, auf dem l. Ufer an einer Kapelle vorüber, nach 30 Min. über die zweite Brücke wieder auf das r. Ufer; 40 Min. **Zinal** (1678m; **H.-P. Durand* bei Wwe. Epiney, Z. u. L. $2^1/_2$, F. $1^1/_2$, M. 4, Pens. 5-6 fr.). Das Thal endet mit dem *Glacier Durand* oder *Zinal*, 1 St. s. von Zinal.

Ausflüge (Führer *Elie Peter*, Lehrer *Joachim*). Von der ***Alpe de l'Allée** (2188m), w. über dem schuttbedeckten untern Ende des Gletschers (2 St. von Zinal), hat man einen prächtigen Blick auf den Hintergrund des Thals, auf die ganze Kette von der Dent Blanche bis zum Weißhorn und auf die beiden Gletscher Durand und Moming, getrennt durch die zierliche zweizackige Pyramide des *Lo Besso* (3675m). Weg ohne Führer leicht zu finden: über die Brücke $^1/_4$ St. vom Whs. auf das l. Ufer, weiter über Matten; $^1/_2$ St. Steintrümmer, wo ein mäßiges Steigen beginnt; 20 Min. r. kleiner Wasserfall; 3 Min. steinerne Hütte auf dem ersten Bergabsatz. Von hier ziemlich steil auf stets 1m breitem Wege zur Alp hinauf; $^3/_4$ St. links, nicht rechts; 10 Min. Sennhütte. Rückweg bequem in $1^1/_2$ St.

Noch schöner ist die Aussicht von der ö. gegenüberliegenden ***Alpe d'Arpitetta** (2261m), besonders auf das Weißhorn, den Moming-Gletscher und das Rothhorn. Großartiger und abgerundeter ist der Blick vom ***Roc de la Vache** (2587m), von der Alp n. in 1 St., oder auch von Zinal direkt über *Alp Tracuit* in $2^1/_2$ St. zu ersteigen (F. 5 fr.). — Mit Führer lassen sich, indem man die Endmoräne des Durand-Gletschers überschreitet, beide Aussichtspunkte in einem Gang besuchen. Rüstige Wanderer können auf dem Durand-Gletscher bis zur **Constantia-Clubhütte** oder *Cabane de Mountet* (2894m; *Whs.*, wird gelobt) am s. Fuß des Besso vordringen (4 St. von Zinal, F. 6 fr.), mit schönstem Ueberblick des imposanten, von Rothhorn, Trifthorn, Gabelhorn, Dent Blanche, Grand Cornier und Bouquetin umschlossenen Gletschercircus. Von dem der Clubhütte gegenüber aus dem Eis aufragenden ***Roc noir** (3128m) ist die Rundsicht noch vollständiger (von der Clubhütte 1 St., Führer von Zinal 8 fr.).

Bergtouren. ***Corne de Sorebois** (2807m), 3 St. m. F. (5 fr.), unschwierig und lohnend, s. S. 307. Weit großartiger noch ist die Aussicht auf das Hochgebirge von der **Garde de Bordon** (3316m), für Geübte vom Col de Sorebois s. über den Grat $2^1/_2$ St. (F. 8 fr.; von Zinal direkt sehr steil). — **Pointe d'Arpitetta** (3140m), von Alp Arpitetta 3-4 St., mühsam und nicht sehr lohnend. — **Lo Besso** (3675m), von der Mountethütte 3-4 St. (F. 20 fr.), ziemlich steil und mühsam, nur für Geübte; höchst großartige Rundsicht. — **Pigne de l'Allée** (3404m), von der Alp de l'Allée 3-4 St. (F. 15 fr.), nicht besonders schwierig. — **Bouquetin** (3484m), von Zinal über den *Col de l'Allée* und den *Gl. de Moiry* in 6-7 St. (20 fr.), und ***Diablons** (3612m), über die Alp *Tracuit* in 6 St. (12 fr.), beide beschwerlich. — **Grand Cornier** (3969m), am besten vom Firnplateau unterhalb des *Col du Grand Cornier* (S. 306; F. 30 fr.); der letzte Anstieg schwierig. — **Zinal-Rothhorn** oder *Moming* (4223m), von der Mountethütte 6-7 St. (80 fr.); schwierige und gefährliche Kletterpartie. — **Ober-Gabelhorn** (4073m), gleichfalls schwierig (70 fr.). Vgl. auch S. 318.

Pässe. Nach Evolena über den *Col de Sorebois* und *Col de Torrent* s. S. 306, 307; *Col du Grand Cornier (de la Dent Blanche)* und *Col de la Pointe de Bricolla* s. S. 306; *Pas de Lona* s. S. 306. — Über den Col de l'Allée und Col de Couronne 10-11 St. (F. 15 fr.), beschwerlich, nur für tüchtige Berggänger. Von der Alp de l'Allée über Rasen und Fels steil zum **Col de l'Allée** (3195m); hinab auf den *Moiry-Gletscher* und über denselben zum **Col de Couronne** (3016m) zwischen *Couronne de Bréonna* und *Za de l'Ano;* dann steil hinab nach *Ferpècle* (S. 305). Statt über den Col de Couronne kann man auch über den *Col de Bréonna* (2918m), n. zwischen Couronne de Bréonna und *Serra Neire*, oder über den *Col du Zaté* (2875m) zwischen Serra Neire und *Pointe de Zaté* gehen (beide beschwerlich).

Nach Gruben im Turtmannthal über den *Pas de la Forcletta* oder den *Col de Tracuit (des Diablons)* s. S. 310.

Nach Zermatt über das Triftjoch, 11-12 St., anstrengend und schwierig, nur für geübte schwindelfreie Steiger (F. 35 fr.). Von der (4½ St.) *Constantiahütte* (s. oben) östl. über den *Durand-Gletscher* zum (1¾ St.) Fuß der jähen Felswände des *Trifthorns* (3737m), an welchen man, anfangs mittels eines dort befestigten Seils und einer Leiter, weiter über schmale Felsbänder und durch senkrechte Couloirs emporklettert. Vom (1¼ St.) **Triftjoch** (3540m), zwischen Trifthorn und *Ober-Gabelhorn* (4073m), großartiger Blick besonders auf Monte Rosa und Mischabel. Hinab über den *Triftgletscher* und dessen gewaltige Moräne nach (4 St.) *Zermatt* (S. 313).

Nach Zermatt über den Col Durand, 13-14 St. (F. 35 fr.). Von der Constantiahütte in südl. Richtung am *Roc Noir* (s. oben) vorbei anfangs wenig steigend, dann steiler (in manchen Jahren schwierig) zum (4 St.) **Col Durand** (3474m) zwischen *Mt. Durand* (*Arbenhorn*, 3744m) und *Pointe de Zinal* (3806m), mit prächtigem Blick auf das gerade gegenüber aufragende Matterhorn. Hinab kann man nicht direkt über den *Hohwäng-Gletscher* nach dem *Zmuttgletscher* gelangen, da der untere Theil des ersteren zu sehr zerklüftet ist, sondern muß l. an den Felsen des *Ebihorns* hinabsteigen und erreicht dann in 3½-4 St. von der Paßhöhe *Zmutt* (S. 316) und 1 St. weiter *Zermatt* (S. 313).

Nach Zermatt über den **Momingpaß** (3793m), zwischen Rothhorn und Schallihorn (14 St., F. 50 fr.), und nach Randa über das **Schallijoch** (3751m), zwischen Schallihorn und Weißhorn (14 St., 50 fr.), beide schwierig und durch Eisbrüche gefährlich.

Wer von Zinal direkt nach St-Luc (3¼ St.) will, geht bis (1½ St.) *Ayer* (S. 308) auf dem oben beschriebenen Wege zurück, dann aber r. aufwärts und stets in gleicher Höhe am Abhang entlang durch Feld und Wald (um Umwege zu vermeiden, ist ein Führer angenehm, 5 fr.; sonst frage man in Ayer). Weiter (5-6 St. m. F.), aber lohnender ist der Weg über den Weidenkegel des *Tounot* (3040m) mit ähnlicher Aussicht wie von der Bella Tola, dann beim abgebrannten *Hôt. Weißhorn* vorbei hinab nach St-Luc.

**c. St-Luc, Bella Tola; über den Pas du Bœuf oder den Meidenpaß ins Turtmannthal und über den Augstbordpaß in das Vispthal.**

Von Siders nach Vissoye zu Wagen (4½ St.); hinauf nach St-Luc 1 St. (von Siders direkt nach St-Luc 5 St., Pferd 10 fr.; vgl. S. 307). Die Post übernimmt Packete (Reisetaschen etc.) bis 5kg Gewicht. Von St-Luc auf die Bella Tola 3½ St. und von da über den Pas du Bœuf in 4½ oder den Meidenpaß in 3½-4 St. nach Gruben (F. 10, Pferd 18 fr.). Von Gruben über den Augstbordpaß nach St. Niklaus 7 (mit Schwarzhorn 8½) St.; F. 12, Pferd 30 fr.

**St-Luc** (1675m; **H.-P. Bella-Tola*, w. vom Dorf, mit Dependance im Dorf, Z. u. L. 2-3, Lunch 3, M. 4 fr.) liegt an einem baumlosen stark geneigten Abhang zwischen Wiesen und Äckern. Prächtige Aussicht auf das tief eingeschnittene Einfischthal und die Schneeberge des Thalendes (Schallhorn, Lo Besso, Ober-Gabelhorn, Mont Durand, Matterhorn, Pointe de Zinal).

Von St-Luc wird die ***Bella Tola** (2975m) häufig bestiegen (Reitweg, 3½ St., Führer rathsam, 6 fr., Pferd 8 fr.), die NW.-Spitze einer in mehreren Gipfeln aufragenden Berggruppe, die in weitem nach N. geöffneten Halbkreis einen kraterförmigen Kessel umschließt, in welchen der *Bella Tola-Gletscher* eingebettet ist. Man folgt vom Hôtel dem Wege zur Kirche, gleich hinter derselben l., nach 1 Min. nochmals l., nach 40 Min. l., 4 Min. weiter r., nach 10 Min. im Zickzack bergan, durch Wald und über zwei Bäche bis zu einem (40 Min.) weißen Häuschen (Chalet Blanc); hier l. über eine alte Moräne, nach 5 Min. r. auf die Mitte der Bella Tola los in $1^1/_4$ St. zum Fuß des Berges; dann noch 1 St. auf gutem Wege im Zickzack ziemlich steil bergan. Auf dem Kamm (kurz vorher eine offne Schutzhütte) hat man zu seinen Füßen den *Bella-Tola-Gletscher* (s. oben). Der zu besteigende NW.-Gipfel (l.) ist durch eine Blechfahne bezeichnet; doch führt auch auf den SO.-Gipfel (3090m) ein Weg. Die Aussicht umfaßt die ganze Berner und Walliser Alpenkette; n. gerade gegenüber die Dala-Schlucht bis zur Gemmi. Besonders großartig ist die Südpartie vom Monte Leone bis zum Montblanc.

Von der Bella Tola steigt man, um ins Turtmann-Thal zu gelangen, wieder südl. hinab, dann l. aufwärts zum (1 St.) **Pas du Bœuf** (2790m). Beim Hinabsteigen ins *Borterthal* (links halten) hat man in manchen Jahren ein Schneefeld zu passieren. Bei den Sennhütten von ($1^1/_2$ St.) *Pletschen* theilt sich der Weg: l. nach ($2^1/_2$ St.) *Turtmann* (S. 289), r. nach (2 St.) *Gruben* (s. unten).

Der direkte Weg von St-Luc nach Gruben (5 St.) führt über den **Meidenpaß** (2790m). Führer kaum nöthig: nach 50 Min. über den von der Bella Tola kommenden Bach, dann geradeaus (nach 6 Min. zweigt ein Weg zur Bella Tola l. ab) zur (1 St.) Alp *Tounot* (bis hierhin Reitweg) und über Matten, zuletzt zwischen Felstrümmern zur ($1^1/_2$ St.) Paßhöhe n. vom *Tounot* (3024m), mit lohnender Aussicht auf Weißhorn, Brunnegghorn, Barrhörner und die Kette zwischen Turtmann- und Nicolaithal. Hinab an kleinen Seen vorbei (r. das *Meidenhorn*, 2980m) zur *obern* und *untern Meidenalp* (2320m), mit schönem Blick auf den großen Turtmanngletscher; dann im Zickzack durch Lärchen- und Arvenwald nach dem Alpdörfchen (2 St.) **Gruben** oder *Meiden* (1847m; **Hôt. Schwarzhorn*, einf.), im *Turtmannthal*.

Das Turtmann-Thal endet südl. mit dem prächtigen zwischen *Diablons* (3598m), *Weißhorn* (4512m), *Brunnegghorn* (3846m) u. *Barrhorn* (3633m) herabsteigenden TURTMANN-GLETSCHER; am Fuß ($1^1/_2$ St. von Gruben) die Hütten *Senntum (im Zeaten)*. Ueber den Turtmanngletscher führt ein schwieriger, aber lohnender Uebergang über den **Col des Diablons** oder *de Tracuit* (3252m) zwischen Diablons und Weißhorn nach Zinal (9-10 St. von Gruben, F. 16 fr.).

Von Gruben nach Zinal über den **Pas de la Forcletta**, 8 St. (F. 12 fr.), nicht schwierig und im Ganzen lohnend. $^1/_2$ St. oberhalb Gruben bei der *untern Blummattalp* r. ab, durch Wald hinan zur (1 St.) *obern Blummatt* (2340m), mit schönem Blick auf den Turtmann-Gletscher, das Weißhorn etc.; weiter an den Sennhütten im *Kaltberg* vorbei durch ein wüstes Thal zum ($2^1/_2$ St.) **Pas de la Forcletta** (2990m), zwischen r. *Roc de Budri* und l. *Crête d'Omberenza*, mit schöner Aussicht auf Walliser u. Berner Alpen. Hinab zu den Sennhütten von *Remoinse* (2591m) und über Matten, zuletzt durch Wald entweder r. nach (3 St.) *Ayer* oder l. nach (4 St.) *Zinal* (S. 306).

Von Gruben nach Turtmann $3^1/_2$ St., Saumweg am r. Ufer des Turtmannbachs über *Staffel* und *Niggelingen* bis zum ($1^1/_2$ St.) *Vollensteg;* hier [illegible] das l. Ufer, weiter durch den *Taub-* oder *Dubenwald*, in dessen Mitte eine [illegible]e mit vielen Votivtafeln behangene Kapelle. Bei ($1^1/_2$ St.) *Tummenen*

(975m) wieder aufs r. Ufer (über die zweite Brücke!), dann steil hinab (l. in tiefer Klamm der Bach) nach ($^1/_2$ St.) *Turtmann* (S. 289).

Von Gruben nach dem Vispthal führt ein Reitweg (7 St., mit Schwarzhorn $8^1/_2$ St.; Führer angenehm, 12 bez. 15 fr.) an der ö.Thalwand steil ansteigend über die *Gruben-Alp* zum (3 St.) **Augstbordpaß** (2900m), zwischen s. *Steinthalhorn* (3139m) und n. *Schwarzhorn* (3207m), mit schönem Blick auf Fletschhorn, Simplongruppe, Mischabel etc.

Das *Schwarzhorn (3207m) ist von der Paßhöhe in $^3/_4$-1 St. leicht zu ersteigen. Die prächtige Aussicht übertrifft die von der Bella Tola: im N. die Berner Alpen vom Doldenhorn bis Finsteraarhorn, ö. Gotthardgruppe, Tessiner Alpen, Mte. Leone, Fletschhorn, Weißmies, die prachtvolle Mischabelgruppe, s. Monte Rosa, Lyskamm, Brunnegghorn, Weißhorn, Dent Blanche, Diablons etc.

Hinab über Geröll (Weg zum Reiten nicht zu empfehlen) ins *Augstbordthal* und entweder r., das Steinthalhorn umgehend, nach dem Dorf *Jungen* (bei der Kirche herrliche Aussicht über das Vispthal, l. Gassenriedgletscher, Dom, Grabenhorn, r. Brunnegghorn und Weißhorn, in der Mitte Breithorn u. Zwillinge), dann in vielen Zickzackwindungen hinab nach (3 St.) *St. Niklaus;* oder l. nach *Emd* und ($3^1/_2$ St.) *Stalden* (s. unten).

Von Gruben nach St. Niklaus führt weiter südl. noch der **Jungpaß** (c. 3000m), im ganzen gleichfalls lohnend (6 St., F. 15 fr.). — **Barrpaß** (3597m), **Brunneggjoch** (3383m) und **Biesjoch** (3549m), schwierige Gletscherpässe, nur für erfahrene Bergsteiger mit tüchtigen Führern (40 fr.).

*St. Niklaus* und von da nach *Zermatt* s. S. 312.

## 84. Von Visp nach Zermatt.

*Vergl. Karten S. 290, 302 u. 312.*

$35_{,3}$km. Eisenbahn in 2 St. 40 Min. (2. Kl. 16 fr., 3. Kl. 10 fr.). — Die im Juni 1891 eröffnete Bahn von Visp nach Zermatt, von Nov. 1888 ab unter Leitung des Oberingenieurs der Jura-Simplonbahn Herrn M. J. Meyer erbaut, ist eine Adhäsions- und Zahnradbahn mit Lokomotiven nach Abt's System; Maximalsteigung der Adhäsionsstrecken 45mm pro Meter, der Zahnradstrecken 125mm pro Meter.

Entfernungen zu Fuß: von Visp bis Zermatt 9 St. (Stalden $1^3/_4$, St. Niklaus $2^1/_2$, Randa $2^1/_4$, Täsch 55 Min., Zermatt $1^1/_2$); Saumweg bis St. Niklaus, von da ab Fahrweg. — Der Weg von Visp bis Zermatt ist auch für Fußgänger lohnend; schöne Felspartieen und Wasserfälle machen ihn wechselreich. Gleich beim Eintritt ins Vispthal erhebt sich der prächtige *Balfrin* (3802m); jenseit Stalden erscheint das gewaltige *Weißhorn* (4512m) und das *Brunnegghorn* (3849m); kurz vor St. Niklaus erblickt man zum erstenmal das *Breithorn* (4171m) und das nashornförmige *Kleine Matterhorn* (3886m); von St. Niklaus an ist das Breithorn in seiner ganzen Pracht den größten Theil des Weges sichtbar. Kurz vor Zermatt kommt endlich das *Große Matterhorn* (4482m) zum Vorschein. Außerdem sieht man zu beiden Seiten viele Bergzacken, die mit den von ihnen sich herabsenkenden Gletschern über den Thalwänden hervorblicken.

*Visp* (657m) s. S. 289. Die Bahn wendet sich in großer Kurve nach S. der grauweißen raschen *Visp* zu und steigt langsam am r. Ufer des Flusses, dessen geröllreiches Bett die ganze Breite des Thals ausfüllt. Sie führt unter der *Neubrücke* hindurch, auf der der Saumweg zum l. Ufer hinübergeht, überschreitet dann selbst die Visp auf 35m l. Eisenbrücke und steigt mittels einer 964m langen Zahnradrampe (120-125mm) zur ($7_{,3}$km) Station **Stalden** (802m), 2 Min unterhalb des gleichn. Dorfs (834m; *H. Stalden*, Z. L. B. 3 fr.; Restaur. beim Bäcker), zwischen Reben-, Nuß- u. Obstbäumen am Abhang eines Bergvorsprung gelegen, an dessen Fuß die *Saaser* (S. 324) und die *Gorner Visp* sich vereinigen. Das Thal gabelt sich; der mächtige Gebirgsstock des *Saasgrats*, der n.ö. Ausläufer des Monte Rosa-Stocks, trennt das Nicolai- vom Saasthal. Bis 1 St. oberhalb Stalden trifft man im Nicolaithal noch Weinbau.

Von Stalden nach ($4^1/_2$ St.) **Saas-Fee* und über den *Moro-Paß* nach (9 St.) *Macugnaga* s. R. 85.

Zum Simplon-Hospiz über den Bistenenpaß, 11 St., lohnend (Führer 15 fr., *Joh. Furrer* in Stalden und *J. Dorsas* in Simpeln zu empfehlen; Pferd 30 fr.). Von Stalden über *Staldenried* und *Gspon* (1898m) zu dem Joch (c. 2200m) nördl. vom *Ochsenhorn* (2910m) (auch von Visp über *Visperterminen* in 4 St. zu erreichen); hinab zu den Hütten von *Bististaffel* (1880m) im obersten *Nanzer Thal* und wieder ansteigend über den *Bistenenpaß* (c. 2400m) zum Simplon-Hospiz (S. 291).

Gleich hinter Stalden folgt wieder eine 954m lange Zahnradstrecke; die Bahn steigt durch einen Felseinschnitt und einen Tunnel bis zur Höhe von 900m und führt dann längere Zeit in ziemlich gleicher Höhe fort, hoch auf der l. Seite des tief eingeschnittenen Vispthals. Drei kurze Tunnels; dann auf großartigem Viadukt (54m weit, 50m hoch) über den r. herabkommenden *Mühlebach* und nochmals durch 2 Tunnels und über 2 Viadukte durch die Schlucht der *Faulkinn* zur (11km) Haltstelle *Kalpetran*, wo die Thalsohle wieder erreicht wird. R. oben das Kirchlein von *Emd* mit einigen Häusern, auf einer so abschüssigen Matte, daß im Thal die Rede geht, selbst die Hühner von Emd müßten mit Eisen beschlagen werden, um sich auf der Matte halten zu können. Die Bahn führt noch eine Strecke eben fort, tritt dann auf das r. Ufer und steigt auf 2320m langer Zahnradrampe durch die Schluchten von *Kipfen* und *Seeli* dicht an der brausenden Visp, die hier in einer Reihe von Wasserfällen zwischen mächtigen Gneisblöcken hinabstürzt. Zuletzt wieder auf das l. Ufer nach

16km **St. Niklaus** (1130m; *Gr.-H. St. Nicolas*, Z. L. B. $3^1/_2$, F. $1^1/_2$, Lunch $3^1/_2$, M. 5 fr.; *H.-P. Lochmatter*, wird gelobt, Z. 2, A. 3 fr.), Hauptort (806 E.) des Thals. — Über den *Augstbordpaß* nach *Gruben* s. S. 311.

Weiter am l. Ufer, nach einer kurzen Zahnradstrecke über den *Blattbach*, der r. vom Brunnegghorn herabkommt, dann auf schräger Eisenbrücke aufs r. Ufer der Visp (r. ein hoher Wasserfall in verschiedenen Absätzen) zur ($21{,}_7$km) Haltstelle *Herbrigen* (1257m). Bei den Hütten von *Breitenmatt* beginnt wieder eine 1681m lange Steilrampe. Am Bergabhang l. ist hoch oben der *Festigletscher* sichtbar, vom *Dom* (S. 317) ausgehend; r. das *Weißhorn* (4512m) mit dem *Biesgletscher;* südl. das *Kleine Matterhorn* und das prächtige *Breithorn.* Von (26km) **Randa** (1409m; **Hôt. Weißhorn*) bis ($29{,}_5$km) **Täsch** (1456m) führt die Bahn mit der Fahrstraße durch die Trümmer eines gewaltigen Bergsturzes, der ein ganzes Dorf begraben haben soll; weiter auf massivem Damm am r. Ufer der Visp. W. öffnet sich das *Schallithal* mit dem *Hohlichtgletscher*, vom *Rothhorn* über-

Hinter-Allalin
Schwarzberg-Gletscher
Monte Moro
Macugnaga
V. Anzasca
Pizzo Bianco
La Piana
La Scarpia
Corno di Faller
Moudhorn

ragt; ö. das *Täschthal* (S. 324). Bei den Hütten von *Zermettje* überschreitet die Bahn zum letztenmal die Visp und steigt auf 890m l. Rampe am *Bühl* hinan, hoch über der in enger Felsschlucht schäumenden Visp; weiter in engem Thal, das für Bahn und Straße kaum Raum läßt. Sobald dasselbe sich öffnet, tritt plötzlich r. das kolossale *Matterhorn* hervor; im Mittelgrund der *Gornergletscher*, oben die weiten Schneefelder des *Obern Theodulgletschers*, l. das *Kleine Matterhorn* und das *Breithorn*. Nochmals durch einen kurzen Tunnel nach (35,5km) *Zermatt*.

**Zermatt.** — Gasthöfe. *H. du Mont-Cervin, *H. Zermatt, *H. du Mont-Rose, alle drei Hrn. *Seiler* gehörig, Z. u. B. 3½-5, F. 1½, Lunch 3, M. 5 fr., Pension von 8 fr. ab. — 2. Kl.: *Bellevue, vor dem Dorf, Pens. 7-10 fr.; Post, Z. L. B. 3, F. 1½, Lunch 3, M. 4 fr. — *H.-P. Riffelalp (Besitzer *Seiler*), 2 St. oberhalb Zermatt am Wege zum Riffelberg, I. Ranges, vortrefflich gehalten (viel Engländer), Z. L. B. 5, M. 5, Pens. 12 fr. — *H.-P. Riffel oder Riffelhaus (Pächter *Seiler*) auf dem Riffelberg, 3 St. von Zermatt, Z. L. B. 4½, Lunch 3½, M. 5 fr. — *Schwarzsee-Hotel (Pächter *Seiler*), 2½ St. von Zermatt (S. 315), Z. L. B. 3½, Lunch 3, M. 4, Pens. 8 fr. Hr. Seiler giebt seinen Gästen Bons für Lunch etc., die sie auf Riffelalp, Riffelhaus u. Schwarzsee benutzen können. Ohne telegr. Zimmerbestellung und Zusage ist in der hohen Saison auf Unterkunft in Zermatt nicht sicher zu rechnen. — *Bayr. Bierhalle* (Augsburger Bier) beim Hôt. du Mt. Cervin.

Führer zahlreich, darunter einzelne ersten Ranges (*Alexander Burgener*, *Weißhorn-Biner*, *Jos.*, *Raphael*, *Joh.* (2), *Jos. Maria* u. *Peter Anton Biner*, *Peter Knubel*, *Fridolin* u. *Alois Kronig*, Gebr. *Gentinetta*, *Alois Pollinger*, *Joh.*, *Jos. Maria*, *Clemens* u. *Franz Perren*, *Jos. Moser*, *Jos.* u. *Ambros. Imboden* u. a.); man erkundige sich bei Hrn. Seiler. Der Tarif ist nachstehend bei den einzelnen Touren angegeben. Beim Engagieren eines Führers treffe man im voraus ein bestimmtes Uebereinkommen wegen des zu tragenden Gepäcks. — **Pferd** zur Riffelalp 8, Riffel 10, Gornergrat 12, Schwarzsee 10, bis zum obern Theodulgletscher 15 fr. Im Riffelhaus sind Pferde nach dem Gorner Grat selten zu haben.

Getrocknete Pflanzen der Umgebung (sehr reich an Alpenpflanzen) bei *Biner*, auch Insekten u. Mineralien. — *Exposition Loppé* (S. 258) im chem. Hôtel des Alpes, oberhalb der Kirche.

*Zermatt* (1620m), Dorf mit 525 Einw., von den Piemontesen *Praborgne* genannt, liegt in einem grünen, von fichtenbewachsenen Bergen umgebenen Thal, in das s. die Schneefelder des *Theodulgletschers* hineinschauen, l. vom *Breithorn*, r. von der gewaltigen Felspyramide des *Matterhorns* überragt.

Zermatt bietet neben Chamonix und Grindelwald die großartigsten Bilder der Gletscherwelt. Es steht zwar an wechselnder Mannigfaltigkeit der Thäler und Seen dem Berner Oberland nach, mit dem es auch an Schönheit und Adel der Bergformen nicht wetteifern kann. Vom Standpunkt landschaftlicher Schönheit mag darum verschieden geurtheilt werden. Nicht zu bestreiten aber ist, daß man auf keinem andern leicht zugänglichen Punkte sich in solcher Weise mitten in das Herz der Hochgebirgswelt versetzt sieht, und daß die Rundsicht des Gorner Grats ein fast unerreichtes Bild überwältigender Großartigkeit bietet. — Ein treffliches **Relief der Umgebung von Zermatt* vom Weißhorn bis Macugnaga, von *Imfeld*, ist im Zermatter Hof ausgestellt (Eintritt frei).

Auf dem *Kirchhof* (hinter der Kirche) die Grabsteine des Deutsch-Russen *v. Grote* (S. 322) und der Engländer *Ch. Hudson* und *R. Hadow* (1865 am Matterhorn verunglückt), *W. K. Wilson* (1865 am Riffelhorn verunglückt), *H. Chester* (1869 am Lyskamm verunglückt) und r. von der Kirche der des Führers *M. Cros* (S. 318). Auch neben der *engl. Kirche* beim Hôtel du Mont-Cervin sind mehrere Grabsteine Verunglückter.

Ausflüge von Zermatt. Zur ***Gornerklamm** (*Gorges du Gorner*), 1½ St. hin und zurück. Auf dem Matterjochwege (S. 315) zur

(20 Min.) untern Brücke über den Zmuttbach, jenseit l. zum (10 Min.) Eingang der malerischen, durch Brücken und Stege zugänglich gemachten Schlucht, durch welche die Mattervisp brausend hinabstürzt (Eintr. 1 fr.). Vom obern Ende der Klamm führt ein Weg l. hinaus, am r. Ufer der Visp unter der *Schwegmatt* her zum Riffelweg, auf dem man nach ($^3/_4$ St.) Zermatt zurückkehrt.

***Riffelberg** und ****Gornergrat**, Hauptausflug von Zermatt und keinenfalls zu versäumen (bequeme Tagespartie). Der Weg (bis zum Riffelhaus $2^1/_2$-3 St., bergab $1^1/_2$-2 St.), Reitweg, ohne Führer gut zu finden, führt vom Hôt. Monte-Rosa geradeaus (die Kirche bleibt l.); 8 Min. Brücke über die *Visp*, am r. Ufer über Matten bergan; 8 Min. Kirche von *Winkelmatten* (1676m), hier r.; 2 Min. Brücke über den l. herabstürzenden *Findelenbach* (S. 316), hier r., und r. die Matte durchschreiten, dann steiler bergan zwischen (8 Min.) vier Hütten hindurch; weiter durch Lärchen- und Arvenwald l. am *Fällistuts* hinan; 35 Min. Hütte oberhalb der *Schwegmatt* (s. oben), wo man das untere Ende des Gornergletschers, den Ausfluß des Furggbachs aus dem Furgg-Gletscher sowie r. im Zmuttthal den Hohsandgletscher sieht; 25 Min. ($1^1/_2$ St. von Zermatt) Sennhütten auf der *Augstkummen-Matt* (2140m). Der alte Weg zum Riffel steigt hier geradeaus steil bergan, während der neue bequemere Weg l. ausbiegend durch Arvenwald zum (15 Min.) ***Hôt. Riffelalp** (2227m) emporführt, mit prachtvollem Blick auf das kolossale Matterhorn, in das Zmuttthal mit der Dent Blanche, auf Obergabelhorn, Trifthorn, Rothhorn, Weißhorn etc. (dabei eine engl. und eine kath. Kapelle). Oberhalb treffen beide Wege wieder zusammen; nach 12 Min. am Fuß des eigentlichen *Riffelbergs* über den Bach, dann in bequemen Windungen hinan zum ($^3/_4$ St.) **Riffelhaus** (2569m; **Gasth.*, s. S. 313), mit prächtiger Aussicht auf Breithorn, Matterhorn etc. (vom *Gugel*, 2707m, der Anhöhen n.ö., auch auf Findelen- und Adlergletscher und Adlerpaß).

Der ****Gornergrat** (3136m ü. M., 1516m über Zermatt), ein auf der Hochfläche des Riffelbergs aufragender Felskamm, $1^1/_2$ St. vom Riffelhaus, ist das eigentliche Ziel der Wanderung (Reitweg, Führer unnöthig; oben kl. Hütte mit Erfr.). Es entfaltet sich hier eine der großartigsten Rundsichten (vgl. das Panorama), man ist von Schneebergen und Gletschern ganz umgeben. Monte Rosa und Matterhorn senden so gewaltige Ausläufer nach Norden, daß die Berge zwischen den Zwillingsthälern von Zermatt und Saas, die *Mischabelhörner* (*Täschhorn* 4498m, *Dom* 4554m), sowie die ihnen w. gegenüber emporragenden zwischen Zermatt- und Einfischthal (*Ober-Gabelhorn* 4073m, *Rothhorn* 4223m, *Weißhorn* 4512m) mit jenen Riesen der Centralkette wetteifern. Die Aussicht auf den *Monte Rosa* selbst ist von der ital. Seite imposanter; von seinen Spitzen sind nur zwei sichtbar, unter ihnen jedoch die höchste. Der bedeutendste Gegenstand der ganzen Aussicht, überhaupt der Löwe für Zermatt, ist das *Matterhorn* (S. 318). — Um den Riffelberg windet sich der gewaltige **Gornergletscher*, aus welchem 1 St. oberhalb Zermatt die *Visp (Mattervisp)* hervorströmt.

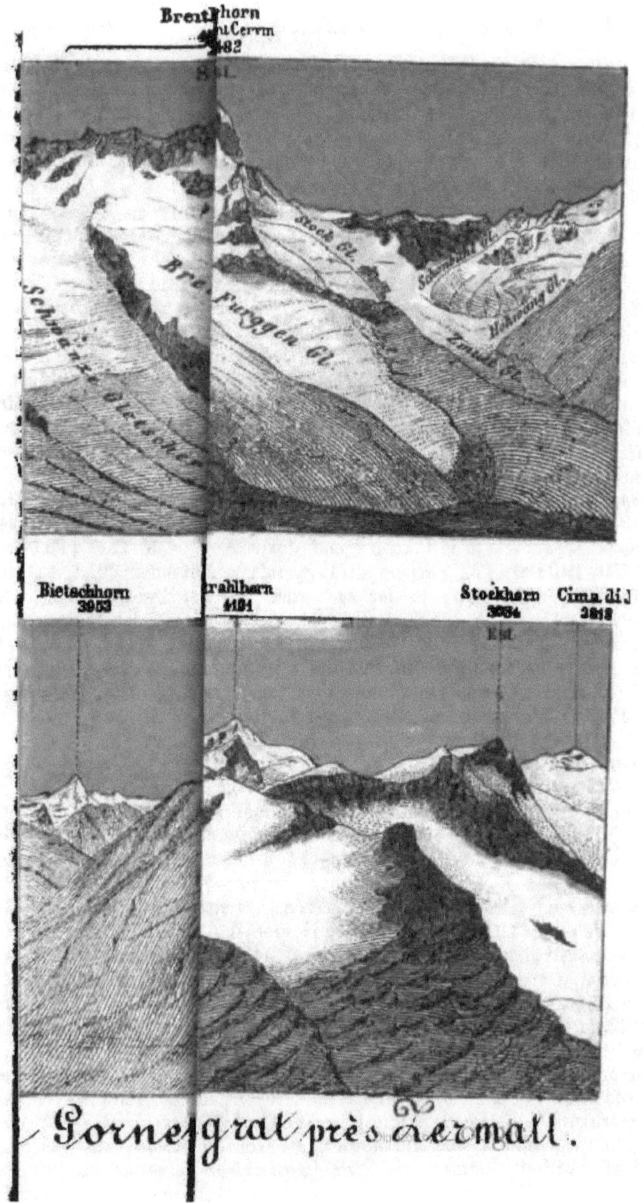
Breithorn
Stock Gl.
Schönbühl Gl.
Furggen Gl.
Hohwang Gl.
Zmutt Gl.
Schwarze Gletscher
Bietschhorn
3953
Stockhorn
Cima di J
Gornergrat près Zermatt.

Schöner noch ist die Aussicht vom **Hohthälligrat* (3289m), der ö. Fortsetzung des Gorner Grats (für leidlich Schwindelfreie in $^3/_4$ St. zu erreichen, Führer angenehm); man überblickt von hier gleichzeitig den Findelen-Gletscher.

Von der Riffelalp (s. oben) führt noch ein andrer Weg zum Riffelhaus, $^1/_2$ St. weiter, aber interessanter, weil man dem Gornergletscher an verschiedenen Stellen ganz nahe tritt. Derselbe zweigt beim Hôt. Riffelalp (s. oben) vom Reitweg r. ab und umzieht den steinigen murmelthierreichen Abhang (*Riffelbord*), anfangs in der Richtung des Matterhorns, dann auf das prachtvolle blendendweiße Breithorn los, neben welchem weiterhin die Zwillinge, ö. Castor (4230m), w. Pollux (4094m), erscheinen. Nach $^1/_2$ St. geht ein Pfad r. ab zum *untern Gorner-* oder *Bodengletscher*, den man an dieser Stelle unterhalb des Gletscherabsturzes mit Führer ohne Schwierigkeit überschreiten kann. Wer zum Riffelhaus will, bleibt oben am Abhang auf dem l. ansteigenden Pfade; nach 12 Min. l.; 20 Min. *Gagenhaupt* (2589m), ein gewaltiger Felsblock w. vom *Riffelhorn* (s. unten); von hier zum Riffelhaus n. in 20 Min. — Eine lohnende Ausdehnung dieser Wanderung ist folgende. Vom Gagenhaupt ö. auf das Joch los, hart an der Nordseite des Riffelhorns vorbei; 30 Min. ein kleines Schneewasser. In dem Bergeinschnitt ragt der Monte Rosa hervor; gerade auf diesen los, dann an dem kleinen *Riffelhorn-See* vorbei, auf ein vorspringendes Felsriff ($^1/_4$ St.), der **Rothe Kummen** genannt, bevor das Gasthaus gebaut war, das gewöhnliche Ziel der Riffel-Wanderer, an der Ostseite des **Riffelhorns** (2931m), unmittelbar neben demselben. Dieser wunderliche schwarzbraune Felszahn, etwa 200m höher als der Rothe Kummen, gehört zu den Eigenthümlichkeiten der Landschaft (Besteigung s. unten). Das Riffelhaus ist n.w. $^1/_2$ St. von hier entfernt, man sieht es, sobald man auf den Rand der vorliegenden Bergterrasse gelangt. Der Felsgrat ö. neben dem Rothen Kummen ist der *Gorner Grat* (s. oben), dessen Besteigung von hier 1 St. erfordert.

Zum ***Schwarzsee-Hôtel** (2589m), $2^1/_2$-3 St. von Zermatt, sehr zu empfehlen (F. 6 fr., unnöthig, Pferd 10 fr.). Der Weg (bis Hermättje zugleich Weg zum Matterjoch, s. unten) führt am l. Ufer der Visp aufwärts, überschreitet den *Zmuttbach* (prächtiger Blick in das schön bewaldete *Zmuttthal*, im Hintergrunde das Matterhorn) und steigt zu dem Dörfchen ($^3/_4$ St.) *Zum See* (c. 1800m). Nun r. ins Zmuttthal einbiegend, dann vom Wege zur Staffelalp l. ab, auf gutem Reitweg durch Arvenwald hinan. Sobald man aus dem Walde heraustritt ($^1/_2$ St.; in den Hütten von *Hermättje* Erfr.), öffnet sich ein prachtvoller Blick auf den großartigen Absturz des Gornergletschers (S. 314), das Breithorn und die Zwillinge. Nun r. (l. der Weg zum Matterjoch, s. unten) in Windungen über Matten hinan, stets mit herrlichem Blick auf Gornergletscher, Breithorn, Lyskamm, später auf Monte Rosa, zum ($1^1/_2$ St.) **Schwarzsee-Hôtel* (S. 313), auf freier Bergkuppe oberhalb des Furgg-Gletschers gelegen, mit prachtvoller, der vom Gorner Grat wenig nachstehender Rundsicht (w. 5 Min. tiefer der kl. *Schwarzsee*, 2556m). Großartiger noch ist die Aussicht vom ***Hörnli** (2893m), vom Gasth. 1 St. (für Ungeübte Führer angenehm, 2-3 fr.); überwältigend namentlich der Blick auf das ganz nahe Matterhorn.

Vom Hörnli zur untern *Matterhornhütte* (3275m) $1^1/_2$ St. m. F., für Geübte hochinteressant (vgl. S. 318). — Bequemer Rückweg vom Schwarzsee nach Zermatt über die *Staffelalp* (s. unten); weit lohnender (nur für etwas Geübtere) über den geröllbedeckten *Furgg-Gletscher* und den zerklüfteten *Gorner Gletscher* zum (4 St.) *Riffelhaus* (F. incl. Hörnli 10 fr.).

Zum Matterjoch, 5-$5^1/_2$ St. (F. 10 fr.), meist mit dem Uebergange nach *Valtournanche* (S. 318, 328) oder der Besteigung des *Breithorns* (S. 316) verbunden. Bis zu den Hütten von ($1^1/_4$ St.) *Hermättje*

(c. 2000m) s. oben (Weg zum Schwarzsee). Der Weg zum Matterjoch überschreitet den *Furggbach*, der oberhalb einen prächtigen Fall bildet, und steigt in vielen Windungen (bei trocknem Wetter sehr staubig) an geröllbedeckten Abhängen hinan; r. der schmutzige Furgg-Gletscher, über ihm das Matterhorn, welches man nun in wechselnden Umrissen stets vor sich hat. Nach 2 St. Steigens ist man an der Moräne des *Obern Theodulgletschers* (c. 2700m) angelangt, wo der Reitweg aufhört. Man betritt nun entweder den Gletscher (ziemlich viel Spalten, die indeß bei einiger Vorsicht gar keine Gefahr bieten; Seil nöthig) und steigt über denselben in $1^3/_4$-2 St. zum Matterjoch empor; oder man folgt besser dem Pfade l. noch weiter über Felstrümmer und Geröll zur ($^3/_4$ St.) *Untern Theodulhütte* (c. 3000m; Whs., wird gelobt, Bett 5 fr.), auf den *Leichenbrettern*, den Felsen zwischen dem *Obern* und *Untern Theodulgletscher* schön gelegen; von hier über den Obern Theodulgletscher zum ($1^1/_4$ St.) **Matterjoch** oder *Theodulpaß* (3322m), südl. vom *Theodulhorn* (3472m), Grenze der Schweiz und Italiens (*Whs.* mit 14 Betten; „Vin brulé", d. h. Glühwein, 3 fr.); Aussicht beschränkt. — Von hier nach *Breuil* oder *Fiery* s. S. 328, 327; auf das **Breithorn* s. unten.

**Staffelalp**, von Zermatt $3^1/_2$ St. hin u. zurück (F. 5 fr., unnöthig). Reitweg, oberhalb ($^3/_4$ St.) *Zum See* vom Matterjochwege (S. 319) r. ab, auf der r. Seite des tiefen *Zmutt-Thals*, stets durch schönen Arven- und Lärchenwald, zur ($1^1/_4$ St.) *Staffelalp* (2146m), mit prächtigem Blick auf das ungeheure Matterhorn mit dem Matterhorngletscher, die Geröllwüste des Zmuttgletschers mit dem Stockje, Stockgletscher und Tête Blanche, r. Hohwänggletscher, rückwärts Rimpfischhorn, Strahlhorn und Stockhorn. Näherer Rückweg (steiniger Pfad) über das Dörfchen *Zmutt* (1940m), auf der l. Seite der Zmuttbachs, den man vorher auf kühner Brücke überschreitet. — Von der Staffelalp erreicht man über den schuttbedeckten *Zmuttgletscher* in $2^1/_2$ St. (F. 15 fr.) die *Clubhütte* (2750m) am *Stockje* (S. 306), Nachtstation für die Pässe nach Evolena etc. (auf die **Tête Blanche* s. S. 306; F. von Zermatt 25 fr.).

Zum **Findelengletscher** (3 St., F. 6 fr., unnöthig). Man folgt dem Wege zum Riffel bis zur ($^1/_4$ St.) Kirche von *Winkelmatten* (S. 314); hier l. weiter, am r. Ufer des *Findelenbachs*, über *Findelen* (2075m) und die ($1^1/_2$ St.) *Eggenalp* (2189m), hinter der sich der Weg gabelt; beide Wege aber führen am *Stelli-See* (2542m) vorbei zur ($1^1/_4$ St.) *Fluh-Alp* (2612m; kl. Whs.), von wo guter Überblick des Gletschers. — Auch von *Pens. Riffelalp* führt ein lohnender Weg, meist durch Wald, nach (40 Min.) *Findelen*. Unweit des Gletscherendes an der linksseitigen Moräne ($^3/_4$ St.) von Riffelalp) der kleine *Grünsee* (2310m; kl. Whs.). — Über Findelen zum *Untern* und *Obern Rothhorn* s. S. 317.

BERGTOUREN von Zermatt bez. dem Riffelhaus (die Führerpreise verstehen sich ab Zermatt). — ***Breithorn** (4171m), von Zermatt $7^1/_2$-8 St. (F. 25, mit Uebernachten 30 fr.), nicht schwierig und sehr lohnend. Von Zermatt auf dem Matterjochwege bis zur ($3^1/_2$ St.) *Untern Theodulhütte* s. S. 316; hier (oder auch im Whs. auf dem Matterjoch) übernachten. Von der untern Hütte durch das Firnbecken des *Obern Theodulgletschers* allmählich hinan (das Matterjoch bleibt r.), dann l. steil ansteigend um den Felshöcker des *Kleinen Matterhorns* (3886m) herum zum Breithornplateau und über den SW.-Grat zuletzt ziemlich steil (Stufenhauen zuweilen nöthig) zum ($4$-$4^1/_2$ St.) Gipfel. Großartige Aussicht: gerade im W. das kolossale Matterhorn, l. davon Montblanc, r. Dent Blanche, Grand Cornier, Gabelhorn, Trifthorn, Rothhorn, Schallihorn, Weißhorn, n. Berner Alpen, Balfrin, Nadelgrat, Mischabel (Dom, Täschhorn), Alphubel, Allalinhorn, Rimpfischhorn, Strahlhorn, ö. Monte Rosa, Lyskamm, Zwillinge, s. die Grajischen Alpen mit Gran Paradiso und Grivola. Abstieg zum Matterjoch $1^1/_2$-2 St.

***Cima di Jazzi** (3818m), gleichfalls unschwierig (vom Riffelhaus 5-5½ St.; F. 15 fr.). Vom Riffelhaus folgt man bis zum (½ St.) *Rothen Boden* (2781m) dem Wege nach dem Gorner Grat, dann r. an dessen etwas abschüssiger Wand, aber ganz gefahrlos, entlang, bis zum (1¼ St.) *Gornergletscher*, den man an der *„Gadmen"* (2627m) genannten Stelle betritt. Von hier sanft ansteigend zum (1 St.) *Stockknubel* (3044m), Ruhepunkt am felsigen Fuß des *Stockhorns* (3534m), und zur (2¼ St.) Spitze, mit prachtvoller, aber nach der ital. Seite häufig umwölkter Aussicht. Man hüte sich zu nahe der östl. (Macugnaga) Seite zu treten, da der Schnee überhängt, man also Gefahr läuft, durchzubrechen und in den 1000m tiefen Abgrund zu stürzen. Wer sich nicht zu müde fühlt, versäume nicht bis zum *Neuen Weißthor* (S. 319) vorzugehen; der Blick in die Tiefe auf Macugnaga ist großartig. Zurück zum Riffel 3-4 St. — Von dem Hinabwege nach Zermatt über den *Findelen-Gletscher* ist schon der ausgedehnten Moräne wegen abzurathen (vgl. S. 322).

**Riffelhorn** (2931m), mit schönem Blick über das ganze Vispthal, vom Riffelhaus 1¼ St. (für Geübtere; F. u. Seil nöthig, vom Riffelhaus 6 fr.).

***Mettelhorn** (3410m), von Zermatt 5 St. (F. 10 fr.), sehr lohnend; grossartige Rundsicht (Matterhorn, Rothhorn, Gabelhorn, Weißhorn und Mischabel). Reitweg bis 1½ St. unterhalb des Gipfels, dann unschwer über Geröll und Schnee.

**Unter-Gabelhorn** (3398m), von Zermatt 5-6 St. (F. 20 fr.), nur für Geübte. Im *Triftthal* bis zur (2 St.) *Trifthütte* (Whs., wird gelobt); von hier in 3 St. über Rasen und Geröll, dann ein steiles, meist mit hartem Schnee gefülltes Couloir hinan (Stufenhauen nöthig), zuletzt Felskletterei. Prächtige Aussicht auf das ganz nahe Matterhorn, Dent Blanche, Ober-Gabelhorn, Rothhorn, Weißhorn etc., in der Ferne Montblanc. — Die Trifthütte ist auch Ausgangspunkt für Ober-Gabelhorn, Zinal-Rothhorn, Trifthorn, Triftjoch etc. (vgl. S. 318). ***Wellenkuppe** (3665m), von der Trifthütte in 4-5 St., lohnende Klettertour, auch für weniger Geübte mit guten Führern (40 fr.) unbedenklich.

**Ober-Rothhorn** (3418m), von Zermatt 5 St. (F. 10 fr.), unschwierig u. lohnend; über *Findelen* (S. 316), den *Rothen Boden* und das *Furggje* ö. vom *Unter-Rothhorn* (3106m; gleichfalls unschwierig). — **Strahlhorn** (4191m), vom Riffelhaus über *Findelen*- u. *Adlergletscher* in 8 St. (F. 30 fr.), nicht sehr schwierig. — **Rimpfischhorn** (4203m), über den *Langenfluh-Gletscher* in 8-9 St. (F. 35 fr.), schwierig. Bester Ausgangspunkt für diese drei Touren, sowie für Adlerpaß etc. ist das kl. Whs. im Findelenthal (s. oben), 3 St. von Zermatt.

**Dom** (4554m), von Randa (S. 312) in 10-11 St., sehr anstrengend, aber für geübte Bergsteiger ohne außergewöhnliche Schwierigkeit (F. 60 fr.). Von Randa in 4 St. zur neuen *Clubhütte*, dann über den *Festigletscher* und den diesen vom *Hohberggletscher* trennenden Grat, zuletzt lange über steilen Firn, in 6-7 St. zum Gipfel. Aussicht eine der großartigsten in den Alpen.

**Lyskamm** (4538m), vom Riffelhaus über das *Lysjoch* (s. S. 318) in 9-10 St. (F. 80 fr.), schwierig und wegen überhängender Schneewächten am Gipfelgrat gefährlich (von der Sellahütte an der S.-Seite gefahrlos, s. S. 326).

***Monte Rosa**, *höchste Dufour-Spitze* (4638m), vom Riffelhaus 8-9 (hin u. zurück 14) St.; Führer 50 fr. (zwei erforderlich), Träger 35 fr. (Erste Besteigung 1855 durch die Engländer Smyth mit Joh. zum Taugwald.) Die Tour bietet für geübte Bergsteiger keine Gefahr oder außergewöhnliche Schwierigkeit, ist aber sehr anstrengend und erfordert vom Sattel ab vollständige Schwindelfreiheit. Der Weg führt unter dem Gornergrat hinab zur Felsecke *Gadmen* (s. oben), über den Gornergletscher und den *Monte Rosa-Gletscher*, dann an Felsen hinan auf das (3 St.) *Untere Plattje* (2990m) und über steile Schneefelder bis (1 St.) *Auf'm Felsen* (*Oberes Plattje*, 3344m). Wieder über Schnee, streckenweise sehr steil, in 3 starken St. auf den *Sattel* (4354m), wo sich der Blick auf die südl. Monte Rosa-Gipfel öffnet; von hier (schwierigste Strecke) über jähe Firnschneiden, zuletzt über senkrecht geschichtete Felsplatten in 1-3 St. (je nach den Schneeverhältnissen) zum Gipfel, mit prachtvoller höchst großartiger **Aussicht (Panorama von Imfeld). Neuerdings wird die Dufourspitze auch vom *Grenzgletscher* über den SW.-Grat erstiegen (nur für schwindelfreie Kletterer, F. 60 fr.). — Zum Monte Rosa-Stock gehören außer der Dufour-Spitze noch *Nordend* (4612m), *Zumsteinspitze* (4573m), *Signalkuppe* (*Punta Gnifetti*, 4559m), *Parrotspitze* (4463m), *Ludwigshöhe* (4344m), *Balmenhorn* (4321m), *Schwarzhorn* (4295m) und *Vincentpyramide* (4215m).

**Matterhorn**, franz. *Mont-Cervin* (4482m). Das Matterhorn wurde am 14. Juli 1865 zuerst erstiegen von den Engländern *Rev. Hudson*, *Lord Francis Douglas*, *Hadow* und *Whymper* mit den Führern *Michel Croz* und zwei *Taugwaldern*. Beim Hinabsteigen glitt Hadow unweit der Spitze aus und riß Hudson, Douglas und Croz mit sich in den 1500m tiefen Abgrund nach dem Matterhorn-Gletscher. Whymper und die Taugwalder wurden durch Reißen des Seils gerettet. — Drei Tage darauf, am 17. Juli, wurde die Besteigung von vier Führern von *Breuil* (S. 328) aus mit günstigerm Erfolg nochmals ausgeführt; 1867 wurde sie dann 2mal und seitdem häufig sowohl von Zermatt wie von Breuil aus wiederholt; an den schwierigsten Stellen wurden Sprengungen vorgenommen und Drahtseile angebracht. Die Besteigung gilt nicht für außergewöhnlich schwierig oder gefährlich, ist aber unter allen Umständen nur durchaus geübten, schwindelfreien Bergsteigern mit Führern ersten Ranges anzurathen. Sie erfordert vom Schwarzsee-Hôtel, wo man in der Regel übernachtet, incl. der nöthigen Ruhepausen 9-10 St.: bis zur untern Hütte am Anfang des Nordostgrates (3275m) $2^1/_2$ St., von da bis zur unbrauchbaren alten Hütte (3743m) 3 St., über die *Schulter* zur Spitze 2 St. (die Rasten nicht mitgerechnet). Zwei Führer à 100 fr. (mit Abstieg nach Breuil 150 fr.) sind nothwendig; Träger 70, bis zur obern Hütte 15 fr. — Die Besteigung von *Breuil* (S. 328) aus ist schwieriger: über den *Col du Lion* (3575m) in c. 8 St. zur *Capanna Corona* an der *Grande Tour* (3890m), von da über den *Mauvais Pas*, den *Col Tyndall*, die *Cravate* mit der alten verfallenen ital. Schutzhütte (4114m) und den *Pic Tyndall* in 6-7 St. zum Gipfel.

Sehr schwierig (nur von Bergsteigern ersten Ranges mit vorzüglichen Führern zu unternehmen) sind: **Ober-Gabelhorn** (4073m); 8-9 St., F. 70 fr.; von der *Trifthütte* (S. 317) an der Ostseite direkt hinan (fester guter Fels), zuletzt über den schmalen Firnkamm in der „Gabel" (bei günstigen Schneeverhältnissen gefahrlos). Abstieg nach Zinal schwierig (vgl S. 308). — **Zinal-Rothhorn** (*Moming*, 4223m); 8-9 St., F. 80 fr. (Besteigung von Zinal s. S. 308). — **Weißhorn** (4512m), von Randa über die *Schalliberg-Alp* in 4 St. zur *Weißhorn-Hütte* auf *Hohlicht* (2859m), wo man übernachtet; von da über den Ostgrat in 7-8 St. (F. 80 fr.). — **Dent Blanche** (4364m), von der *Stockjehütte* (S. 306) über den *Wandfluhgrat* in 10-12 St. (F. 80 fr.; vgl. S. 305). — **Dent d'Hérens** (*Mont Tabor*, 4175m), vom Stockje über den *Tiefenmatten-Gletscher* in 7-8 St. (F. 80 fr.).

Pässe. — Nach Breuil im Val Tournanche über das **Matterjoch** (3322m), nicht schwierig (9-10 St., F. 20 fr.), s. S. 316 u. 327. Man kann auch vom Riffelalphotel oder dem Riffelhaus (S. 314) über den *Gornergletscher* zum Matterjoch gelangen, oder auch (bequemster Weg) vom Schwarzsee-Hotel (S 315) über den *Furggletscher* und *obern Theodulgletscher*. Pferd von Zermatt bis zu den *Leichenbrettern* am obern Theodulgletscher 10 fr. Abstieg vom Matterjoch über *Cimes Blanches* nach *Fiery* (F. 25 fr.) s. S. 327. — Nach Breuil über das **Furgg-Joch** (c. 3410m), ö. vom Matterhorn, kürzer aber mühsamer als Matterjoch (am besten vom Schwarzsee-Hôtel, S. 315; F. 25 fr.); über den **Col de Tournanche** (3468m), w. vom Matterhorn, schwierig (F. 40 fr.).

Nach Fiéry über das **Schwarzthor** (3741m), vom Riffel 10-11 St. (F. 40 fr.), schwierig. Über den *Gorner-* und den zerklüfteten *Schwärzegletscher* zur Paßhöhe zwischen Breithorn und Pollux; hinab über den *Verra-* und *Klein-Verra-Gletscher* ins Val d'Ayas. Über den **Verra- oder Zwillingspaß** (3861m) zwischen Castor und Pollux, gleichfalls schwierig (F. 40 fr.).

Nach Gressoney über das Lysjoch, vom Riffel 12-14 St., schwierig (F. 45 fr.). Auf dem Monte-Rosa-Wege zum *Plattje* (s. oben), dann auf der r. Seite des zerklüfteten *Grenzgletschers* an den Hängen der *Dufourspitze* entlang (Vorsicht wegen drohender Eislawinen) zu dem von den Spitzen des Monte Rosa in majestätischem Halbkreis umgebenen obern Firnbecken des Gletschers und zum (6-7 St.) **Lysjoch** (4279m), zwischen *Lyskamm* (4538m) und *Ludwigshöhe* (4344m), mit wundervoller *Aussicht nach S. auf die piemontesische Ebene bis zu den Apenninen und Meeralpen. Hinab (l. die *Vincentpyramide*, 4215m, von hier in 1 St. zu ersteigen) über den *Lysgletscher* zur ($1^1/_2$ St.) *Capanna Gnifetti* des C. A. I. (3640m, s S. 326), dann entweder l. über den *Garstelet-* u. *Indren-Gletscher* zum ($1^1/_2$ St.) *Col delle Pisse* (S. 326); oder r. über den *Garstelet-Gletscher* zur ($1^1/_2$-2 St.) *Capanna Linty* (3369m), dann ins Lysthal zur *Lavet-Alp* (Unterkunft) und nach ($3^1/_2$ St.) *Gressoney-la-Trinité* (S. 325). — Vom Riffel nach Gressoney über das **Felikjoch** (4068m) ö. vom Castor (12 St. bis Gressoney-la-Trinité; F. 40 fr.), schwierig und wegen stets drohender Gletscherstürze gefährlich (an der S.-Seite 2 St. unterhalb des Passes die *Quintino Sella-* oder *Lyskamm-Hütte* des C. A. I., s. S. 326).

Nach Alagna im Val Sesia über das **Sesiajoch** (4400m), zwischen Signalkuppe und Parrotspitze, und den *Vigne-Gletscher*, sehr schwierig und gefährlich (F. 60 fr.); über das **Piodejoch** (*Ippolita-Paß*, 4324m), zwischen Parrotspitze und Ludwigshöhe, gleichfalls gefährlich (nur in umgekehrter Richtung, von der Alp *Bors*, S. 325, über den *Piode-Gletscher* möglich).

Nach Macugnaga über das **Neue Weißthor** (3661m), 9-10 St. (F. 35 fr.), bis zur Paßhöhe (5 St. mit Cima di Jazzi) die schönste gefahrloseste Gletscherwanderung, gleicher Weg wie auf die Cima di Jazzi (s. S. 317), deren Gipfel vom Trennungspunkt der Wege aus in $1/2$ St. erreicht wird. Von der Paßhöhe zuerst noch aufwärts über schroffe Felsen, dann hinunter in den Abgrund, an senkrechten Felsen entlang und über abschüssige Schneefelder. Nach $1^1/_2$-2 St. ist diese schwierige Partie vorüber und in weitern 2 St. ist Macugnaga erreicht. Vgl. S. 321. — Das **Alte Weißthor** (3576m) zwischen Cima di Jazzi und *Fillarkuppe* (3679m), einer der schwierigsten Pässe in den Alpen, ist neuerdings gleichfalls von Touristen (Schlagintweit, Tyndall, Tuckett etc.) überschritten worden. Mehrere Uebergangspunkte: n. dicht an der Cima di Jazzi der *Jazzipaß;* weiter s. am Weißgrat der *Jazzikopf* und die neben ihm hinabführenden Couloirs; endlich das eigentliche (?) *alte Weißthor* unmittelbar n. von der Fillarkuppe. Zwischen Fillarkuppe und *Jägerhorn* der *Fillarpaß* (c. 3600m) und zwischen Jägerhorn und *Nordend* das *Jägerjoch* (c. 3900m). Abstiege zum *Jazzi (Castelfranco)-Gletscher* in allen Fällen sehr steil und durch Steinfälle gefährlich (F. 40 fr.). — Nach Saas über das *Schwarzberg-Weißthor* s. S. 322.

Nach Zinal über das *Triftjoch* (3540m), schwierig (Führer 35 fr.), s. S. 309; über den *Col Durand* (3474m) weniger schwierig, aber etwas länger (F. 35 fr.), s. S. 309; *Momingpaß* (3793m) und *Schallijoch* (3751m), beide sehr schwierig (F. 50 fr.), s. S. 309. — Nach Evolena über den *Col d'Hérens* (3480m), von hier nicht so ermüdend, wie von Evolena (F. 30 fr.), s. S. 306; nach Arolla über den *Col de Bertol* (c. 3300m), mühsam (F. 30 fr.), s. S. 305; über den *Col de Valpelline* und *Col du Mont-Brulé* (F. 30 fr.), s. S. 305. — Nach Chermontane über den *Col de Valpelline, Col du Mont-Brulé, Col de l'Evêque* und *Col de Chermontane*, lange Tagestour ('High-Level Route'; F. 60 fr.) s. S. 305; nach Valpellina über den *Col de Valpelline* (3562m), beschwerlich (F. 35 fr.), s. S. 276, 309. Alle diese Pässe sind sehr erleichtert durch die Clubhütte am *Stockje* (S. 306), wo man meist übernachtet. — Ins Saasthal führen sechs Gletscherpässe: *Schwarzberg-Weißthor* (3512m; F. 30 fr.), *Adlerpaß* (3798m; F. 30 fr.), *Allalinpaß* (3570m; 30 fr.), *Feepaß* (3812m; 30 fr.), *Alphubeljoch* (3802m; 35 fr.) und *Mischabeljoch* (3856m; 35 fr.); vgl. S. 322-324 (die letzten vier durch das neue Whs. auf der *Täsch-Alp* erleichtert).

## 85. Von Piedimulera nach Macugnaga und über den Moro-Paß nach Saas und Visp.

*Vergl. Karten S. 302, 312 u. 290.*

Von Piedimulera bis Macugnaga $6^1/_4$ St. (bis Pontegrande 2, Vanzone $^3/_4$, Ceppomorelli 1, Prequartero $^1/_3$, Pestarena $1^1/_4$, Borca $^1/_2$, Macugnaga $^1/_2$ St.). Zurück 5 St. (bis Vanzone $3^1/_2$, Piedimulera $1^1/_2$ St.). Bis Ceppomorelli Fahrstraße. Von Macugnaga bis zum Moro-Paß 4, Saas $4^1/_2$, Visp $4^1/_2$ St. (bergan: von Visp bis Stalden $1^3/_4$ St., Balen $2^3/_4$, Saas 1, Almagell 50 Min., Im Lerch $1^1/_2$, Mattmark 1, Distelalp $^1/_4$, Moro-Paß 2, Macugnaga 3). Ein Führer ist nur zur Ueberschreitung des Passes nöthig (von Macugnaga bis zur Mattmarkalp 12, bis zum Thälliboden 8 fr.). In umgekehrter Richtung ist es rathsam, von Saas einen Führer mitzunehmen, da in Mattmark nicht auf einen solchen zu rechnen ist (von Saas-Fee nach Macugnaga mit Uebernachten in Mattmark 15 fr.). Pferd von Visp bis Saas 20, von Saas nach Mattmark 10 fr. Einspänner von Piedimulera bis Ceppomorelli 10-12 fr.

Der **Moropaß**, vor Vollendung der Simplonstraße der gewöhnliche Uebergang aus dem Wallis nach Italien, ist jetzt nur noch für Fußgänger geeignet. Der große Reiz dieser Wanderung besteht in der unmittelbaren Nähe des Monte Rosa, besonders bei Macugnaga; die Aussichten stehen den großartigsten des Oberlandes und des Chamonix würdig zur Seite. — Dem von N. kommenden Wanderer ist das Mattmark-Whs. als Nachtquartier zu empfehlen, da er von hier den Moropaß erreichen kann, bevor die aus den Thälern aufsteigenden Nebel die Aussicht verdecken, was gegen Mittag häufig der Fall ist.

*Piedimulera* (243m) s. S. 294. Der Fahrweg im ***Val d'Anzasca** steigt; er führt durch zwei Tunnel, hoch über der Anza an fruchtbaren Geländen hin, unter Obstbäumen und Weinreben, mit stets wechselnden schönen Aussichten. 1/2 St. *Gossi di Sotto* (390m), zu dem r. oben gelegenen *Cimamulera* gehörig. Vor dem ansehnlichen Dorf (1/2 St.) *Castiglione d'Ossola* (514m) öffnet sich zuerst der Blick auf die majestätische Monte Rosa-Gruppe, die aber bald wieder verschwindet. Die Straße führt eben fort und senkt sich dann zur Anza, an deren l. Ufer sie bleibt. Bei (1/2 St.) *Calasca* r. der hübsche *Antrogna-Fall*. Vor (1/2 St.) **Pontegrande** (524m; *H. du Pont Grand*, ordentlich), wo der Monte Rosa wieder erscheint, bildet r. der aus dem *Val Bianca* ausströmende Bach einen Wasserfall. Gegenüber auf der Höhe, am r. Ufer der Anza, liegt *Bannio* (669m; Osteria del Pino, sehr einf.); von hier über den *Col di Baranca* nach *Fobello* und den *Col d'Egua* nach *Carcoforo* s. S. 432.

Die Straße steigt über *S. Carlo* (577m), mit ansehnlicher Kirche und Goldbergwerken einer engl. Gesellschaft, nach (3/4 St.) **Vanzone** (677m; *Alb. dei Cacciatori del Monte Rosa*, einf.; *Ristor. delle Alpi*), Hauptort (470 Einw.) des Thals; bei der Mariensäule (1/4 St.) prachtvoller Blick auf den Monte Rosa. Der Fahrweg endet bei (1 St.) **Ceppomorelli** (753m; **Hôt. des Alpes*, Z. u. B. 2, F. 1-1 1/2 fr.; *Mondo d'Oro*); von hier ab Saumweg (Maulthier bis Macugnaga 10 fr.). Bei (20 Min.) *Prequartero* zweigt r. der Weg über den *Mondelli-Paß* (2958m) ins Saasthal (S. 322) ab, dem Moro-Paß nachstehend, weil er der Aussicht auf den Monte Rosa entbehrt. Hinter (20 Min.) *Campioli* über die Anza, ziemlich steil die vorliegende Höhe hinan zum (1/2 St.) Dörfchen *Morghen* (kl. Whs.) und wieder zum l. Ufer hinab; vor Pestarena bei der Wegtheilung r.

1/2 St. **Pestarëna** (1154m; *Alb. delle Alpi*, wird gelobt; *Alb. dei Minieri*, bescheiden), mit Goldbergwerken. Vor (25 Min.) *Borca* (1202m; Fiaschetteria Toscana), dem ersten Dorf deutscher Zunge, kommt l. aus dem *Val Quarazza* (S. 324) ein schöner Wasserfall; dann entfaltet sich die erste fast vollständige Ansicht des Monte Rosa.

Die Gemeinde, welche den Namen **Macugnaga** führt, besteht aus sechs Ortschaften: *Borca*, *in der Stapf (Staffa)*, *zum Strich (Pratti)*, *auf der Rive (Rippa)*, *das Dorf (la Villa)*, *Zertannen (Peccetto)*. Staffa ist von Borca 1/2 St. entfernt; die andern liegen nur einige Minuten von einander. Im *Strich*, der Häusergruppe, welche gewöhnlich *Macugnaga* (1327m) genannt wird: **Hôt. Monte Rosa* bei Lochmatter's Erben, Z. u. B. 3, F. 1 1/2, M. 5 fr.; **Hôt. Monte Moro* bei Oberto, ähnliche Preise; *Osteria del Belvedere*, einf., beim Postbureau. Das Dorf liegt in einem lieblichen Wiesengrund, umschlossen von einem majestätischen Halbkreis schneebedeckter Gipfel: l. die vier Spitzen des **Monte Rosa**, *Signalkuppe (Punta Gnifetti*, 4559m), *Zumsteinspitze*

(4573m), *Dufour- (Höchste) Spitze* (4638m) und *Nordend* (4612m); weiter *Jägerhorn* (3972m), *Fillarkuppe* (3608m), *Alt-Weißthor* (3576m), *Cima di Jazzi* (3818m), *Neu-Weißthor* (3661m), *Roffelhörner* (3564m), *Rothhorn* (3237m) und *Faderhorn* (3215m). Sehenswerth die alte 300jährige Kirche des zum größten Theil verschütteten „Dorfs", 10 Min. vom Hôt. Lochmatter, mit alter Gemeindelinde; auf dem Kirchhof u. a. die Gräber der 1881 mit Damiano Marinelli an der Dufourspitze verunglückten Führer *Imseng* und *Pedransini*.

Ausflüge (Führer *Alois* u. *Kaspar Burgener*, *Clemens Imseng*, *Aless. Corsi*, *Peter* u. *Matth. Zurbriggen*, *Luigi del Ponte* u. a.). Vom ***Belvedere** (1932m), w. oberhalb Macugnaga, überschaut man mit einem Blick den imposanten Halbkreis von der Thalsohle bis zu den höchsten Gipfeln, die Gemeinde Macugnaga mit ihren Wiesen und Feldern, auf der r. Seite Lärchenwälder und über ihnen grüne Alpen. 2 St.; auch ohne Führer allenfalls zu finden. Von den Gasthäusern an der alten Kirche von Macugnaga (s. oben) vorbei auf die von hier aus sichtbare Kirche des letzten Weilers *Zertannen* oder *Peccetto* los, hier Handweiser: r. zum Weißthor, l. zum Belvedere; nach c. 1/4 St. über die Anza, r. durch Steingeröll, nach 10 Min. über eine zweite Brücke, dann durch Buschwald und Wiesen auf gebahntem Wege auf den mit Wald bewachsenen Hügel zu, der sich zwischen die beiden Zungen des *Macugnaga-Gletschers* schiebt (die letzten 3/4 St. ziemlich steil). — Ueber den Macugnaga-Gletscher zur Petriolo-Alp, lohnend (hin u. zurück 6 St., F. 6 fr.). 1/4 St. oberhalb Zertannen r. hinan (Weg zum Belvedere bleibt l.) über die Alp *Roffelstafel* (1917m), wo r. der Weg zum Neuen Weißthor hinansteigt, zur *Jazzi-Alp;* dann an der *Alp Fillar* vorbei (r. oben der *Castelfranco-Gletscher*, über den der Weg zum *Alten Weißthor* führt) auf den *Macugnaga-Gletscher* und über denselben (prächtiger Rundblick) zur (3 St.) *Petriolo-Alp* (2052m, Milch zu haben); zurück entweder über die hochgelegene *Crosa-Alp*, oder den kürzern Weg über den Gletscher, dessen südl. Arm den Namen *Petriolo-Gletscher* führt, am *Belvedere* (s. oben) vorbei.

**Pizzo Bianco** (3216m), 5-6 St. (F. 10 fr.), beschwerlich, doch ohne Gefahr, zuletzt 1 St. über steile Schneefelder; prächtige Aussicht.

**Monte Rosa**, *höchste Dufourspitze* (4638m), von Macugnaga sehr schwierig und gefährlich (erste Ersteigung 1872). Man übernachtet in der *Capanna Marinelli* des C.A.I. (3100m) am *Jägerrücken*, 7 St. von Macugnaga; von da c. 9 St. zur Dufourspitze (S. 317).

Pässe. Nach Zermatt über das Neue Weißthor (3661m), 10-12 St. bis zum Riffelhaus (F. 35, Träger 25 fr.), großartige Tour, für geübte Bergsteiger ohne Gefahr, aber wegen des steilen Anstiegs von dieser Seite viel ermüdender und 1 St. länger als von Zermatt (vgl. S. 319). — Altes Weißthor (3576m), sehr schwierig (F. 40 fr.), aber besser von hier als von Zermatt zu unternehmen, s. S. 319.

Von Macugnaga nach *Alagna* über den *Col del Turlo* oder den *Col delle Loccie* s. S. 325; nach *Carcoforo* über den *Passo della Moriana* oder den *Col della Bottiglia* s. S. 432; nach *Rima* über den *Col del Piccolo Altare* s. S. 432.

Der Weg zum Moro-Paß führt in der Thalsohle zu der alten Kirche des „Dorfs" (s. oben), dann r. ansteigend durch Lärchenwald und über Matten zwischen Steintrümmern, an der Alp *Galkerne* (2101m; Milch) vorbei, zuletzt über Felsen und ein Schneefeld. Vom (4 St.) ***Moro-Paß** (2862m), zwischen l. *Monte Moro* (3206m), r. *St. Joderhorn* (3040m), prächtige Aussicht s.w. auf die großartige Monte Rosa-Gruppe, l. davon Punta delle Loccie, Pizzo Bianco und Fallerhorn, r. Fillarkuppe, Alt-Weißthor und Cima di Jazzi; n. ins Saasthal und auf die Mischabel, im Hintergrund das Bietschhorn.

Umfassendere Rundsicht, namentlich auch nach O., vom **St. Joderhorn** (3040m), von der Paßhöhe ö. in 3/4 St. ohne Schwierigkeit zu ersteigen.

Hinab an dem kleinen *Thälliboden-Gletscher* entlang über stufenartig gelegte Felsblöcke, Ueberbleibsel des alten Saumwegs, zum ($^3/_4$ St.) ***Thällibod*en** (2496m), kleine Moosebene am Fuß des Gletschers (r. kommt hier der Weg vom ***Mondelli-Paß*** herab, S. 320); nach NW. öffnet sich der Blick auf die Mischabel (Dom, Täschhorn), näher Allalinhorn, Innerer Thurm und Strahlhorn. Dann über den ***Thällibach*** (l. oben der ***Seewinengletscher***) zu den ($^3/_4$ St.) Hütten der ***Distelalp*** (2170m) und dem ($^1/_2$ St.) ***Hôtel Mattmark*** (2123m; einf., Z. u. B. $3^1/_2$, M. 4 fr.) auf der **Mattmarkalp**, 10 Min. vom obern Ende des weißgrünen kleinen ***Mattmarksees***, der an den Combal-See in der Allée Blanche (S. 272) erinnert. Quer durch seine Mitte drängte sich bis zum J. 1818 der ***Schwarzberggletscher***, der seitdem sich zurückgezogen hat und nur hoch oben noch sichtbar ist; als Spuren seiner ehemaligen Größe hat er Moränenberge und einen gewaltigen Serpentinblock, den ***Blauen Stein***, zurückgelassen.

Von **Mattmark** nach *Antrona* (und Domodossola) über den *Antigine-* oder *Ofenthal-Paß* (F. 15 fr.) s. S. 294. — Das **Stellihorn** (3445m), von **Mattmark** durch das *Ofenthal* in $4^1/_2$ St. zu ersteigen (nicht schwierig, F. 10 fr.), bietet eine großartige Aussicht über die ganzen Ostalpen.

Von **Mattmark** nach **Zermatt** führen drei Gletscherpässe, alle nur für geübte Bergsteiger mit guten Führern:

Das **Schwarzberg-Weißthor** (3512m), 10 St., F. 30 fr. Der Weg führt an der l. Seite des *Schwarzberggletschers* hinan über Fels und Moräne, dann über den zerklüfteten Gletscher zur (4-5 St.) Paßhöhe, s. vom *Strahlhorn* (das von Zermatt nach **Macugnaga** führende *Neue Weißthor* liegt weiter südl. neben der Cima di Jazzi; vgl. S. 319). Von hier zum *Riffel* s. S. 317.

Der **Adlerpaß** (3798m), 11-12 St., F. 30 fr. Vom Whs. über den Thällibach zu den Hütten der *Mattmark-Alp* und unterhalb des *Schwarzberggletschers* (s. oben) an den *Schwarzenberg-Hütten* (2377m) vorbei steil bergan. Nach 2 St. betritt man in der Höhe von 2872m den *Allalingletscher* und steigt am ö. Rande desselben zum ($^1/_2$ St.) *Aeußern Thurm* (3032m) und ($^3/_4$ St.) *Innern Thurm* (3316m); dann w. bis zur Mitte des Gletschers, wo der Weg sich theilt. R. hinüber in der Richtung des *Allalinhorns* (4034m) gelangt man zum *Allalinpaß* (s. unten); geradeaus, zuletzt steil hinan, zum (2-3 St.) *Adlerpaß*, zwischen l. *Strahlhorn* (4191m, vom Paß in $1^1/_2$ St. zu ersteigen), r. *Rimpfischhorn* (4203m). Der Blick auf Monte Rosa u. Matterhorn ist überraschend, die Aussicht nach N. und NW. durch das Rimpfischhorn verdeckt. Hinab über den *Adlergletscher* (bei ungünstigen Schneeverhältnissen schwierig) bis an den Fuß der *Rimpfischwänge*, dann an diesen entlang über Fels und Moräne, zuletzt über den *Findelen-Gletscher* zur ($2^1/_2$ St.) *Fluh-Alp*, $2^1/_2$ St. von Zermatt (S. 316). — In einer Spalte des Findelen-Gletschers verunglückte 1859 ein Hr. *v. Grote* aus Rußland (s. S. 313).

Der **Allalin-** oder **Täsch-Paß** (3570m; 10-12 St., F. 30 fr.) ist wegen der vielen Spalten am oberen Ende des Allalingletschers nicht jedes Jahr passierbar. Vom Innern Thurm (s. oben) zur Paßhöhe 2 St.; hinab über den *Mellichen-Gletscher* und an der n. Wand der diesen und den *Wandgletscher* trennenden Fluh ins *Mellichen-Thal*. Von hier nach Zermatt s. S. 324.

Unterhalb des Mattmarksees, aus dem die ***Saaser Visp*** abfließt, senkt sich der prächtige ***Allalingletscher*** ins Thal. Die Moräne enthält Blöcke von smaragdithaltigem Gabbro, wie sie über einen großen Theil der westl. Schweiz verbreitet sind, aber bis jetzt nur am Saasgrat anstehend gefunden wurden, so daß aus ihnen eine vor Zeiten stattgehabte Ausdehnung der hiesigen Gletscher bis zum Jura gefolgert wird.

Der Weg führt vom Nordende des Sees über Moränenschutt bergab, an der Kapelle *im Lerch* (1944m) vorbei auf die geröllbedeckte ***Eienalp***, wo man rückwärts den Allalingletscher nochmals in seiner ganzen

Wildheit erblickt, und nach ($1^1/_2$ St.) *Zermeiggern* (1716m), schon in wohlthuendem Wiesengrün gelegen, an der Mündung des *Furggbachs* in die Visp. L. hoch oben die glänzenden Schneefelder des *Allalinhorns* (s. unten). Bei der Kirche von ($^1/_4$ St.) *Almagell* (1679m), wo r. der Weg vom *Antrona-Paß* herabkommt (S. 294), führt l. ab über die Visp ein direkter Weg nach ($^3/_4$ St.) *Fee* (s. unten). R. bildet der *Almagell-Bach* einen prächtigen Wasserfall.

1 St. **Saas im Grund** (1562m; **H. Monte Moro* bei *D. Imboden*, Z. L. B. 3, M. 4, Pens. 6 fr.), Hauptort des Thals.

Ein Reitweg führt von *Saas* w. über die Visp durch Wald ansteigend an der Kapelle *St. Joseph* vorbei nach dem in schönen Wiesen reizend gelegenen Dorf ($^3/_4$ St.) **Fee** (1798m; **H.-P. du Dôme* u. **Gr.-H. Bellevue*, Z. u. B. 4, Lunch 3, M. 5, Pens. von 7 fr. an, beide der Familie Stampfer gehörig u. für längern Aufenthalt zu empfehlen), mit herrlichem Blick auf den prachtvollen *Fee-Gletscher*, welchen *Mittaghorn*, *Egginerhorn*, *Allalinhorn*, *Alphubel*, *Täschhorn*, *Dom*, *Süd-Lenzspitze*, *Ulrichshorn* in weitem Halbkreis umragen; östl. das *Weißmies* mit dem *Triftgrat*, das *Laquinhorn* und *Fletschhorn*. Zwischen den beiden Armen des Feegletschers liegt die *Gletscheralp* (2136m), früher ganz vom Eise eingeschlossen; sehr lohnender Ausflug von Fee, bis zur Alp, mit kl. Restaur., 1 St., *Lange Fluh* (2849m; 2 St., s. unten). — Ein direkter Weg führt von Fee nach Almagell (s. oben), sodaß sich bei der Wanderung von Visp nach Mattmark und umgekehrt der Abstecher ohne großen Zeitverlust ausführen läßt.

Ausflüge (Führer in Saas und Fee: *Theodor*, *Adolph* u. *Joh. Peter Andenmatten*, *Clem. Zurbriggen*, *Alois* u. *Abraham Imseng*, *Ambr.* u. *Alfons Supersaxo*, *J. M. Blumenthal*). Hübsche Spaziergänge auf den Bergwiesen und im Walde bei Fee, sowie in die wildromantische Schlucht der *Feekinn*. *Gletscheralp* und *Lange Fluh* s. oben. *Plattje* (2578m), 2 St., über *Gaden-Alp*, und *Mellig* (2686m), 2 St., über *Hannig-Alp*, beide unschwierig und lohnend (F. 5 fr., unnöthig). — Von der **Triftalp** (2077m), $1^1/_2$ St. oberhalb Saas an der östl. Thalwand, treffl. Ueberblick des Saasgrats vom Mte. Moro bis zum Balfrin. — **Mittaghorn** (3148m), von Fee in 4 St. (F. 10 fr.), und **Egginerhorn** (3377m), 5 St. (F. 20 fr.), beide nicht schwierig und sehr lohnend. — **Allalinhorn** (4034m), von Fee in 8-9 St. (F. 25 fr.), anstrengend, nur für Geübte; oberhalb der (3 St.) *Langen Fluh* vom Alphubeljochwege l. ab zum (4-5 St.) *Feepaß* (3812m) und l. zur ($^3/_4$ St.) Spitze, mit wundervoller Aussicht. — **Alphubel** (4207m; F. über *Alphubeljoch* 35 fr., über *Mischabeljoch* 40 fr.); **Nadelhorn** (*Westlenzspitze*, 4334m; F. 40 fr.) und **Südlenzspitze** (4300m; F. über das *Lenzjoch* 80 fr., über *Eggfluh* 100 fr.), alle drei schwierig. *Täschhorn* (4408m) und *Dom* (4554m) sind von hier durch Steinfälle gefährlich und nicht anzurathen. — **Ulrichshorn** (3929m), vom *Riedpaß* (s. unten) in 1 St. (von Fee in 7-8 St.; F. 30 fr.), und **Balfrinhorn** (3802m), von Saas über den *Bidergletscher* und *Balenfirn* in 6-7 St., oder vom *Riedpaß* in $^3/_4$ St. (F. 30 fr.), beide nicht sehr schwierig. — **Stellihorn** (3445m), 7 St. (über Mattmark, F. 20 fr.), s. S. 322. — **Sonnighorn** oder **Pizzo Bottarello** (3492m), über die *Furggalp* in 7 St. (F. 25 fr.), ziemlich mühsam; prachtvolle Aussicht. — **Latelhorn** (3208m), $5^1/_2$-6 St. (F. 10 fr.), unschwierig u. lohnend; Reitweg durchs *Furggthal* bis zum (4 St.) *Antrona-Paß* (S. 294), dann l. in $1^1/_2$ St. zum Gipfel, mit weiter Aussicht. — **Weißmies** (4031m), über das *Triftgrätli* und den *Triftgletscher* in 8 St. (F. 40 fr.), anstrengend, doch ohne Gefahr; Aussicht äußerst großartig. Besser geht man über die *Almageller Alp* (2187m; reinliche Hütten, übernachten) zum *Zwischbergenpaß* (S. 293) und über den Südgrat hinauf; Abstieg dann über den Triftgletscher.

Von Saas nach Zermatt über *Weißthor*, *Adler-* u. *Allalinpaß* s. S. 322.

Das ***Alphubeljoch** (3802m), 12 St. bis Zermatt (F. 35 fr.), ist zwar weiter als diese Pässe, aber minder schwierig und viel lohnender. Von Fee zur (1 St.) *Gletscheralp* (2135m) und steil hinan zur (1 St.) *Langen Fluh*, einem Felsgrat, der quer überklettert wird. Nach 1 St. betritt man in der Höhe von c. 2800m den *Fee-Gletscher*, der einige Zeit ziemlich stark ansteigt; die sehr großen Spalten machen viele Umwege nöthig. Weiter in allmählicher Steigung über Firnfelder zur (3 St.) Paßhöhe s.ö. vom *Alphubel* (4207m), mit prächtiger *Aussicht auf Matterhorn, Weißhorn etc. Hinab über den *Wandgletscher*, dann über Fels, Moränengeröll und Rasen ins *Mellichenthal* zur *Obern* und (3 St.) *Untern Täschalp* (2117m; kl. Whs., wird gelobt). Von hier führt l. um den Bergabhang herum ein abkürzender aber wenig angenehmer Waldweg in 1½ St. nach Zermatt; besser geht man hinunter nach (½ St.) *Täsch* (S. 312) und (1½ St.) *Zermatt*. — Aehnlich, aber etwas mühsamer ist der **Feepaß** (3812m), w. vom *Allalinhorn* (S. 323; 12 St. von Saas bis Zermatt, F. 30 fr.).

Von Saas nach Zermatt über das **Mischabeljoch** (3856m), zwischen Alphubel und Täschhorn (13 St., F. 35 fr.), anstrengend, aber für Geübte nicht sehr schwierig. — **Domjoch** (4286m), zwischen Täschhorn u. Dom (14 St., F. 50 fr.), und **Nadeljoch** (4167m), zwischen Dom und Süd-Lenzspitze (16 St., F. 40 fr.), beide sehr schwierig und durch Steinfälle gefährlich. — **Lenzjoch** (c. 4000m), zwischen Südlenzspitze und Nadelhorn, schwierig aber großartig.

Von Saas nach St. Niklaus über den **Riedpaß** (3673m) 11-12 St., schwierig (F. 30 fr.). Von Fee über Alp *Hannig* (2153m), den steilen *Hochbalen-Gletscher* und die Felswände des *Gemshorns* zur (6-7 St.) Paßhöhe, zwischen r. *Balfrinhorn* (3802m), l. *Ulrichshorn* (3929m; beide vom Paß zu ersteigen, s. oben). Hinab über den *Gassenried-Gletscher* zur *Schalpetalp* und über *Höllenen* nach *St. Niklaus* (S. 312). — Ein ähnlicher Uebergang ist das **Windjoch** (c. 3500 m), zwischen Ulrichshorn u. Nadelhorn.

Von Saas zum Simplon über *Laquinjoch*, *Roßbodenjoch*, *Simelipaß* oder *Gamser-* u. *Sirvoltenjoch* s. S. 288; nach Gondo über den *Zwischbergen-Paß* s. S. 288; nach Domodossola über den *Antrona-Paß* s. S. 294.

Unterhalb Saas ist ein Engpaß mit zerrissenen Felsmassen, in welchem die Kapelle *St. Anton* (1559m). Vor dem Dorf (¾ St.) *Balen* (1532m), in fruchtbarer Thalsohle am Fuß des *Balfrinhorns* (3802m), tritt der Weg auf das l. Ufer der Visp, nach 20 Min. wieder auf das r. Weiter an dem schönen Sturz des aus dem *Balenfirn* abfließenden *Schweibachs* vorbei, auf der (½ St.) *Bodenbrücke* zurück zum l. Ufer. Der ganze Weg durch das tiefe enge Thal ist eine Reihenfolge wilder Felspartieen mit schäumenden Wasserfällen. 10 Min. *Hutegg* (Gasth., guter Wein); 20 Min. Dorf *Zenschmiden* (1151m). Vor Stalden ergießt sich die Saaser Visp in die von Zermatt kommende *Gorner Visp*, die man auf der 50m h. *Kinnbrücke* überschreitet; r. oben das Kirchlein von *Staldenried*.

1 St. **Stalden** und von hier nach *Visp* s. S. 311. Wer von Stalden nach Saas geht, beachte, daß jenseit der Kinnbrücke hinter den beiden Sennhütten der links abführende Weg der richtige ist.

## 86. Von Macugnaga nach Zermatt um den Monte Rosa.

Vier Tage: am 1. über den *Turlo-Paß* nach *Alagna*; 2. über den *Col d'Olen* nach *Gressoney-la-Trinité*; 3. über die *Bettaforca* nach *Fiery* und den *Col des Cimes Blanches* aufs *Matterjoch*; 4. aufs *Breithorn* und hinab nach *Zermatt* (oder am 1. Tage nach *Riva*; 2. über den *Col di Valdobbia* nach *Gressoney-St-Jean*; 3. über das *Pinterjoch* nach *Fiery*; 4. über das *Matterjoch* nach *Zermatt*). Führer tägl. 8-10 fr. — Weniger rüstige Wanderer können von *Pontegrande* (S. 320) auf bequemen Wegen (z. Th. Fahrweg) über den *Col di Baranca* nach *Fobello* und *Varallo* und von dort durch das *Sesia-Thal* in 2-3 Tagen nach Alagna gelangen (vgl. S. 432). Der Col di Valdobbia, die Bettaforca und der Col des Cimes Blanches (nach Val Tournanche) sind auch für Maulthiere gangbar.

Von Macugnaga nach Alagna über den Turlo-Paß, 8-9 St., mühsam und im Ganzen wenig lohnend (F. 14 fr.). ¼ St. unterhalb Macugnaga vom Wege nach Borca (S. 320) r. ab über die *Ansa* zum Weiler *Isella* und einen bewaldeten Hügel hinan zu den (20 Min.) Hütten von *Spissa* am Eingang des *Val Quarazza*; hier r.

über den geröllbedeckten Thalboden (einförmiges bewaldetes Thal, l. und r. einige Wasserfälle) erst eben, dann einen Felsriegel hinan, nach 1 St. aufs r. Ufer des Bachs zur (1/2 St.) obersten Alp *la Piana* (1609m); gegenüber ein prächtiger Wasserfall *(la Pissa)*. Nun steiler aufwärts, in großem Bogen den wüsten obersten Thalboden umgehend, nach 3/4 St. an einer zerstörten Hütte (2000m) vorbei; weiter ohne Pfad an jähen Grashängen hinan, zuletzt über Felsen und Schnee zum (2 St.) **Turlo-Paß** (2736m), einem scharfen Felsrücken mit Kreuz, zwischen r. *Fallerhorn* (3130m), l. *Piglimohorn* (2896m); Aussicht beschränkt. Steil hinab über ein Schneefeld und magere geröllbedeckte Weiden, mit schönem Blick auf den Sesia-Gletscher, Signalkuppe und Parrotspitze, an den kl. *Turlo-Seen* und der *Alp Faller* (1237m) vorbei zur *Alp Iazza* und ins *Sesia-Thal* (bis zur Sesia-Brücke 2 1/2-3 St.). Dann am r. Ufer auf gutem Wege an dem verlassenen Goldbergwerk *S. Maria Maddalena* vorbei nach (3/4 St.) **Alagna**, deutsch *Lanjen* (1191m; **H. Monte Rosa*, nicht theuer, im Sommer viel Italiener; *H. Weißhorn* bei *Mortella*, wird gelobt), ansehnliches Dorf in schöner Lage.

Von Macugnaga nach Alagna über den **Colle delle Loccie** (3353m) 14-15 St., schwierige Gletschertour, nur für erprobte Bergsteiger mit tüchtigen Führern (40 fr.). Ueber die *Petriolo-Alp* (S. 321) und den zerklüfteten *Loccie-Gletscher* sehr mühsam und nicht gefahrlos in 8-10 St. zur Paßhöhe zwischen *Punta delle Loccie* (3541m) und *Cima della Pissa* (3498m); hinab über den *Vigne-Gletscher* zur *Vigne-* und *Pile-Alp* (s. unten).

Ausflüge (Führer *G. Barone*, *G.* u. *P. Guglielmina*, *C. Martinale* u. a.). Im Sesiathal aufwärts zur (2 St.) ***Pile-Alp** (1436m), mit prächtigem Blick auf die s.ö. Gipfel des Mte. Rosa; weiter zur (3/4 St.) *Alp Bors* und (1/2 St.) *Alp Decco* (über den *Col delle Pisse* nach Gressoney s. unten). — **Corno Bianco** (3320m), mit prächtiger Aussicht auf Monte Rosa und Grajische Alpen, von Alagna oder Gressoney in 5-6 St. (F. 12 fr.), mühsam. — Östl. führen von Alagna zwei Pässe, der *Colle Moud* (2323m) nördl., und (vorzuziehen) die *Bocchetta Moanda* (2419m) südlich vom *Tagliaferro* (2964m) nach (7-8 St.) *Rimasco* (S. 431). — *Lysjoch*, *Sesiajoch* und *Piodejoch* nach Zermatt s. S. 318, 319. — Von Alagna nach *Mollia* und *Varallo* s. S. 432.

Von Alagna nach Gressoney-la-Trinité über den Col d'Olen, 6 1/2-7 St., unschwierig und lohnend, Führer (14 fr.) unnöthig. Der Saumweg (man lasse sich den Anfang zeigen) steigt w. durch Wiesen und Wald, mehrfach an Häusergruppen vorbei, zur (2 St.) *Alp Seon* oder *Laglietto;* hier über den Bach und über Matten, zuletzt über Geröll zum (2 1/2 St.) **Colle d'Olen** (2871m; **Guglielmina's Whs.*, nicht theuer), mit schöner Aussicht nach NW. Der ***Gemsstein** (*Corno del Camoscio*, 3026m), mit prächtigem Blick auf den Monte Rosa, Montblanc, Grand-Combin, die Grajischen Alpen etc. ist vom Paß n. in 25 Min. unschwer zu ersteigen. — Hinab auf gutem Wege über Geröll und Matten zur *Gabiet-Alp* mit kl. See und ins *Gressoney-* oder *Lys-Thal*, nach (2 St.) *Orsia* (1750m) und (20 Min.) **Gressoney-la-Trinité**, deutsch *Oberteil* (1637m; **H.-P. Thedy*, Z. 2, M. m. W. 4 1/2, Pens. m. Z. u. W. 7 1/2 fr.). Ein Karrenweg führt von hier durch das schöne Thal über *Castell*, *Perletoa* und *Chemonal* nach (1 1/4 St.) **Gressoney-St-Jean** (1385m; **H. Delapierre*, Z. u. B. 2 1/2, Pens. m. Z. u. W. 8 1/2 fr., aufmerksame Wirthin; **H. du Mont-Rose*), Hauptort des Lysthals, in reizender Lage (Bevölkerung des obersten Thals deutsch).

**Von Alagna nach Gressoney** über den **Colle delle Pisse** (3201m), 9-10 St. m. F., ziemlich mühsam. Von Alagna über die *Stoffel-Alp* und die *Bocchetta delle Pisse* (2401m) um die N.-Seite des Corno del Camoscio (s. oben) herum ins *Bors-Thal* (r. der *Bors-Gletscher* mit schönem Wasserfall) und zur (5-6 St.) Paßhöhe, mit der verfallenen *Vincenzhütte* (von hier zum Col d'Olen 1 St.; zur Gnifettihütte über den *Indren-* u. *Garsteleit-Gletscher* 2 St., s. S. 318). Hinab auf gutem Wege durchs *Mos-Thal* zur *Gabiet-Alp* (s. oben) und nach (3½ St.) *Gressoney-la-Trinité*.

Weniger beschwerlich ist der Übergang von *Riva Valdobbia* (¾ St. südl. von Alagna, s. S. 432) über den **Col di Valdobbia** (2479m) nach Gressoney-St-Jean (7 St.; F. 14 fr.). Fahrweg im *Val Vogna* bis (½ St.) *Ca' di Janzo* (1400m; *Alb. & Pens. Alpina), dann Saumweg über (1 St.) *Peccia* (1531m) in scharfer Steigung zum (2 St.) *Ospizio Sottile* auf der Paßhöhe. Die Aussicht ist nicht bedeutend, sehr schön aber der Anblick des stillen Gressoney-Thals mit seinen grünen Wiesen, Häusergruppen u. Wasserfällen. Steil hinab über Schnee und Geröll, zuletzt durch Tannenwald nach (1½ St.) *Gressoney-St-Jean.*

Ausflüge von Gressoney (Führer *Alexander Wolf*). Schöner Spaziergang von Trinité thalaufwärts über *Orsia* und *Dejola* zur (1¾ St.) Alp **Cortlis** (2007m), am Fuß des *Lysgletschers* (S. 318) prächtig gelegen. — Für Bergtouren dienen 3 Clubhütten des ital. Alpenclubs: die **Lintyhütte** (3369m; sehr klein, 4 Schlafstellen), 3½ St. von Cortlis, zur Besteigung des *Hohen Lichts* (3546m) in 1 St., der *Vincentpyramide* (4215m) in 4 St. — Die **Gnifettihütte** (3647m), an der W.-Seite des *Garsteleit-Gletschers*, 5 St. von Cortlis und 3 St. vom Col d'Olen, für die *Vincentpyramide* in 2 St., *Parrotspitze* (4463m) in 3 St. (F. 30 fr.), *Signalkuppe* (*Punta Gnifetti*, 4559m) in 4½ St. (F. 35 fr.) und *Zumsteinspitze* (4573m) in 4½ St. (F. 35 fr.; die beiden letzteren lassen sich auch zu einer Tour vereinigen). Die *Dufourspitze* (4638m) wurde zuerst im J. 1886 von G. Rey aus Turin von dieser Seite erstiegen. — Die **Quintino Sella-** oder **Lyskammhütte** (3830m), auf den Felsen an der W.-Seite des *Felikgletschers*, 2 St. unterhalb des Felikjochs (S. 318) u. 6 St. von La Trinité, für die Besteigung des *Lyskamms* (4538) in 4-6 St. (F. 50 fr.) und des *Castor* (4230m) in 3½ St. (F. 30 fr.); Abstieg von letzterm event. zum *Mutterjoch* (S. 316) und nach *Breuil* (F. 40 fr.) oder *Zermatt* (F. 50 fr.).

Von Gressoney nach *Zermatt* über *Lysjoch, Felikjoch, Zwillingspaß, Schwarzthor* s. S. 322 (F. je 50 fr.).

Ein Saumweg führt von Gressoney-St-Jean durch das prächtige *Lysthal* über *Gaby* nach (3 St.) *Issime* (*Alb. Chouquer), von wo neue Straße über *Fontainemore* und *Lillianes* nach (3 St.) *Pont-St-Martin* (S. 278). — W. kann man von St-Jean über den *Colle Ransola* (2171m) auf gutem Saumpfad in 4 St. nach *Brusson* im *Challant-Thal* (S. 327) und von dort über den *Col de Joux* (1907m) in 4 St. nach *St-Vincent* und *Châtillon* (S. 277) gelangen; beim Abstieg prächtiger Blick ins Aostathal. Sehr lohnend die Besteigung des *Mt. Taille* (2516m), vom Ransolapaß s. in 1 St., und weiter s. der *Punta Frudiera* (3076m), mit prachtvoller Aussicht (von Gressoney St-Jean in 6-7 St., F. 12 fr.).

**Von Gressoney-la-Trinité nach Fiery über die Bettaforca**, 5 St. m. F., unschwierig und lohnend. Bei (20 Min.) *Orsia* (S. 325) l. ab zur (5 Min.) Brücke über den *Lysbach;* jenseits steil aufwärts an den Häusern von *Betta* vorbei zur (1 St.) Kapelle *St. Anna* (2170m), mit schönem Blick auf Lyskamm und Monte Rosa. Weiter durch ein einförmiges Hochthal (r. bleiben) an der Alp *Sitten* vorbei zum (1¾ St.) **Colle di Bettaforca** (2676m), wo über dem Ayas-Thal die Kette der Grajischen Alpen auftaucht; r. der Grand-Combin. Hinab (r. halten) zum (1 St.) Weiler *Résy* (2066m; einf. Whs.), dann r. an der Bergwand steil abwärts über den *Verra-Bach* nach dem auf einer Bergterrasse gelegenen (½ St.) **Fiery** oder *Fière* (1878m; *H. des Cimes Blanches*), mit hübschem Blick in das bewaldete *Val d'Ayas;* 20 Min. unterhalb das Dorf *S. Giacomo* (1676m).

Weiter, aber interessanter ist der **Bettliner Paß** (*Passo Bettolina*, 2896m), 6¼ St. von Trinité bis Fiery. Von (1¾ St.) *Cortlis* l. hinan über *Alp Bettolina* zur (2½ St.) Paßhöhe, mit prächtiger Aussicht auf den Mte. Rosa; hinab um die W.-Seite des *Mte. Bettolina* (2997m) herum auf den Bettaforca-Weg und nach (2 St.) *Fiery* (s. oben).

Von Gressoney-St-Jean nach Fiery über das **Pinterjoch** (2780m), 6 St., leicht und lohnend. Vom Joch, mit weiter Aussicht, ist das n. sich erhebende **Grauhaupt* (*Testa Grigia*, 3315m) in 2 St. zu ersteigen (nicht schwierig, F. von Gressoney 12 fr.); höchst großartige Aussicht.

Ein Karrenweg führt durch das malerische, vom *Evançon* durchströmte **Val d'Ayas** (in seinem untern Theil **Val Challant** genannt) über *Champlon* nach (3 St.) *Brusson* (1332m; Lion d'or) und (3 St.) *Verrès* (S. 277).

Von Fiery nach Breuil oder zum Matterjoch über den Col des Cimes Blanches. Nach Breuil (5 St., F. rathsam) schlechter Saumweg, anfangs durch Wald steil aufwärts, dann an der *Alp Aventina* vorbei über magere Weiden durch ein weites ödes Hochthal (r. oben der *Aventina-Gletscher*) zur (2 St.) letzten Alp *Varda* (2330m). Nun steiler aufwärts, nach 1/2 St. auf Steinplatten über einen r. herabkommenden Bach, 1/2 St. weiter über den aus dem Grand Lac abfließenden *Cortos* (r. ab führt hier der Weg zum Matterjoch, s. unten), dann durch eine wüste Felswildniß r. an den kleinen *Lacs de Vent* vorbei zum (1/2 St.) **Col des Cimes Blanches** (2980m), mit schöner Aussicht auf Matterhorn und Dent d'Hérens, n.ö. von der *Gran Semetta* (3167m; vom Paß unschwer in 3/4 St. zu ersteigen, prächtige Aussicht). Hinab über ein Schneefeld, Geröll und Matten, an den kl. *Lacs de la Barmas* vorbei zu den Hütten von *Goillet* und *Barmas*, dann l. nach (1 1/2 St.) *Breuil* (S. 328). — Wer nach Valtournanche will, wendet sich 10 Min. oberhalb der Brücke über den Cortoz (s. oben) vom Wege nach Breuil l. ab zur (12 Min.) Paßhöhe (2896m) s. von der Gran Semetta (s. oben; noch weiter s. ein dritter Uebergang, 2834m); hinab, mit schöner Aussicht nach W., zu der herrlich gelegenen Alp *Cleva Grossa* (2241m), dann l. nach (2 St.) *Valtournanche* (S. 328).

Wer zum Matterjoch und nach Zermatt will, braucht nicht nach Breuil zu gehen, sondern steigt (nur mit kundigem Führer) am r. Ufer des *Cortoz* (s. oben) r. hinan über Felshänge und Geröllhalden an dem kl. *Grand Lac* (2784m) vorbei zum (3/4 St.) s. Rande des *Valtournanche-Gletschers* oder *Plan Tendre* (3086m); dann über den Gletscher (Vorsicht wegen der Spalten, Seil), erst lange Zeit eben, zuletzt einen steilen Firnhang hinan zum (1 1/2-2 St.) *Matterjoch* (3322m); s. S. 316, 328.

## 87. Von Châtillon nach Valtournanche und über das Matterjoch nach Zermatt.

*Vgl. Karte S. 312.*

Fahrstraße bis (3 1/4 St.) *Ussin* (Einspänner von Châtillon in 2 1/2 St., 12-15, Zweisp. 22 fr.); von Ussin bis Breuil 3 1/2-4 St., Matterjoch 3-3 1/2 St., Zermatt 3 St. Führer von Châtillon bis Zermatt 25 fr., von Valtournanche 20, mit Breithorn 40 fr.; Maulthier mit Begleiter von Châtillon bis Valtournanche 15 fr. — Sehr lohnende Wanderung, die auch von Damen häufig unternommen wird; schönster Rückweg nach der Schweiz für solche, die die Tour du Montblanc (R. 76) gemacht haben.

*Châtillon* (551m) s. S. 277. Die Straße führt am r. Ufer der tief eingeschnittenen *Matmoire* aufwärts zwischen prächtigen Nuß- und

Kastanienbäumen; r. oben am Berge sind mehrfach Reste römischer Wasserleitungen sichtbar. $^{1}/_{2}$ St. *Champlong;* $^{1}/_{2}$ St. weiter auf das l. Ufer. Bei dem Weiler ($^{3}/_{4}$ St.) *Grands-Moulins* (1000m; Cantine du Mt-Cervin), wo die Straße auf das r. Ufer zurücktritt, erscheint im Thalausschnitt plötzlich das imposante **Matterhorn*. R. am Abhang die Kirche von *Antey-St-André;* links Reste einer Wasserleitung aus dem XII. Jahrh. Bei (35 Min.) *Fiernaz* (Cantine de la Rose) die letzten Nußbäume. R. hoch oben das Dörfchen *Chamois* (1815m), wo noch Hafer gedeiht. Die Fahrstraße endet bei (1 St.) *Ussin* (1259m). Weiter am l. Ufer (l. die hübsche *Cascade du Moulin*), dann in schärferer Steigung bergan nach (1 St.) **Valtournanche** (1524m; **H. du Mont-Rose*, einf.), Dorf von 1286 Einw., mit der Kirche des obern Thals (neben der Kirchenthür Gedenktafel für den um die Alpenkunde verdienten Canonikus Carrel, † 1870). Ö. der schöngeformte *Mt. Roisetta* (3321m).

Von hier zum *Col des Cimes Blanches* s. S. 327; *Col de Cournère* s. oben. Führer (s. unten): *Louis Carrel*, *Pierre Maquignaz*, *Louis Hérin*, *Jean-Bapt. Bic*, *Sal. Meynetie*, *Jos. Barmasse*, *C.* und *Max. Gorret*, *C. Pession* etc. — **Grand Tournalin** (3379m), über *Chenail* in 5 St. m. F. (12 fr.), für Geübte unschwierig. Auf dem Gipfel die *Capanna Carrel* des C. A. I. Prächtige Aussicht.

Der Saumweg tritt bei dem Weiler *Crépin* auf das l. Ufer der Matmoire, nach $^{3}/_{4}$ St. wieder auf das r. Ufer. Bei der zweiten Brücke (1742m) ein schöner Wasserfall in wilder Felsschlucht (**Gouffre des Busserailles* oder *Grotte du Géant*, 1742m), zu dem eine Holzgalerie führt (Eintr. 1 fr.). Nun steiler bergan durch ein wildromantisches Thal zu den ($^{3}/_{4}$ St.) *Chalets d'Aouil;* dann durch ein offenes Wiesenthal, von gewaltigen Bergen umgeben (l. Jumeaux du Vallon, Dent d'Hérens, Tête du Lion, Matterhorn, r. Cimes Blanches) zu den ($^{1}/_{2}$ St.) Alphütten von **Breuil** oder *Breil*. 10 Min. oberhalb auf dem Hügel von *Jomein* liegt das *Hôt. du Mont-Cervin* (2097m; Z. L. B. $3^{1}/_{2}$-4, M. 4 fr.), in großartiger Umgebung.

Von Breuil auf das *Matterhorn* s. S. 318; über den *Col des Cimes Blanches* nach *Fiery* und weiter nach *Macugnaga* s. R. 86. — Führer sind in Breuil nicht immer zu finden, wohl aber in Valtournanche (s. oben; für von Süden Kommende zu beachten).

Nach Pra-Rayé über den Col de Valcournère, 8 St. m. F. (10 fr.), beschwerlich aber lohnend. $^{3}/_{4}$ St. unterhalb Breuil über die Matmoire und r. hinan zum (2 St.) *Col de Dza* (2442m), mit prächtigem Blick auf das Matterhorn; etwas bergab, dann wieder bergan über Rasen, Fels und Schnee um die S.-Seite des Château des Dames (s. unten) herum und an kl. Seen vorbei zum (3 St.) **Col de Valcournère** (3147m), s. von der *Pointe de Fontanella* (3386m), mit schöner Aussicht auf Mt. Velan, Grand Combin etc. [Von Valtournanche Saumweg bis zu den Hütten von *Cignana*, dann steiler u. beschwerlicher Anstieg zum ($4^{1}/_{2}$-5 St.) Paß.] Hinab durch *Val Cournère* nach (2 St.) *Pra-Rayé* im Valpellina (S. 304). — **Château des Dames** (3488m), von der Paßhöhe $2^{1}/_{2}$ St., nicht sehr schwierig (F. 15-18 fr.).

Der Weg zum Matterjoch (bis zum Gletscher auch zum Reiten) führt über Rasen und Geröll am *Chalet des Cors* vorbei bis (2 St.) *le Fornet*, spärlichen Resten ehem. Befestigungen am Ende des *Valtournanche-Gletschers*, wo das Seil angelegt wird; dann über den gut gangbaren Gletscher in 1-$1^{1}/_{4}$ St. zum **Matterjoch** (3322m; *Whs.*). Von hier auf das **Breithorn* s. S. 316; nach *Zermatt* S. 316.

---

## VI. Südöstliche Schweiz. Graubünden.

## 88. Von Rorschach nach Chur.

*Vgl. Karten S. 26, 50, 336.*

92km. VEREINIGTE SCHWEIZERBAHNEN. Fahrzeit $3^{1}/_{4}$-4 St., Fahrpreise 9 fr. 75, 6. 85, 4. 90 c. Vergl. Einleit. X, insbesondere auch über Rundreise-Billets. Rorschach hat zwei Bahnhöfe; der Hauptbahnhof (*Restauration) ist in der Stadt am Hafen, ein zweiter 10 Min. ö. von der Stadt (hier findet zuweilen Wagenwechsel statt, daher aufpassen). Der Frühzug schließt in Rorschach an das erste Dampfboot von Friedrichshafen und von Lindau, in Chur an den Eilwagen über den Splügen und den Bernardino an.

*Rorschach* s. S. 48. Die Bahn bleibt auf kurzer Strecke am See. 5km *Staad* (Anker; gute Schwimm- u. Badeanstalt), malerischer Ort mit großen Brüchen von weißem Sandstein; r. am Abhang die Schlösser unten *Wartegg* (S. 51), oben *Wartensee* (S. 51), dann das Schlößchen *Greifenstein*. Auf der Höhe wird *Heiden* (S. 51) kurze Zeit sichtbar; weiter, an dem in das Rheinthal vorspringenden weinreichen *Buchberg*, Schloß *Weinburg*, der reizende Landsitz des Fürsten von Hohenzollern (S. 49). Die Bahn durchschneidet das theilweise sehr fruchtbare Vorland, welches der *Rhein* durch seine Ablagerungen im Lauf der Jahrtausende gebildet hat. Der Fluß, nur für kleine Flöße schiffbar, wechselt stets sein Bett; er soll in Zukunft vermittelst eines Durchstichs bei *Fussach* in den Bodensee münden. — 10km **Rheinegg** (403m; **Post; Rößle; Hecht*), Städtchen an Rebenhügeln.

Omnibus von allen Zügen in 12 Min. nach (2km) **Thal** (423m; *Ochs*), gewerbreicher Ort (3319 Einw.) in hübscher Lage am Fuß des *Buchbergs* (zum *Steinernen Tisch* 25 Min., s. S. 49). — Post von Rheinegg über *Wolfhalden* nach *Heiden* 2mal tägl. in 1 St. 40 Min., s. S. 51; nach *Walzenhausen* 2mal tägl. in 1 St. 5 Min., s. S. 49.

Bei (14km) **St. Margrethen** (406m; *Linde*, *Ochs*, *Sonne*) zweigt l. ab die Bahn nach Bregenz (S. 412); eine Holzbrücke führt über den Rhein, der hier die Grenze zwischen der Schweiz und dem österr. Vorarlberg bildet. — Nach der *Meldegg* (1 St.) s. S. 49.

Das **Rheinthal**, ehemals *Ober-Rheingau* genannt und bis 1798 durch Landvögte regiert, wie Tessin und Thurgau, bietet eine Reihe malerischer großartiger Landschaften. Die Rheinniederung ist steinig und bei Hochwasser Ueberschwemmungen ausgesetzt. Die Bahn führt an dem reben- und obstreichen Berggelände fort, von *Heldsberg* bis *Monstein* zwischen Fluß und Felswand hin. Stat. *Au* (Schiff, guter Wein), *Heerbrugg*, *Rebstein*. L. die schneebedeckte Scesaplana, weiterhin die Drei Schwestern; r. der Hohe Kasten mit dem Whs. (S. 54).

26km **Altstätten** (470m; **Drei Könige*, nicht theuer; *Freihof; Landhaus; Löwe*), alterthümliche Stadt mit 8416 Einw. Durch eine Schlucht r. neben dem Fähnern ist der Sentis sichtbar.

Von hier führen Straßen w. über die *Landmark* (996m; Whs.) nach (3 St.) *Trogen* (S. 52) und über den *Stoß* (955m) nach (3 St.) *Gais* (S. 53), und ein lohnender Fußweg über die *St. Antoni-Kapelle* nach (3 St.) *Heiden* (S. 51).

31km *Oberriet* (Sonne). Am ö. Abhang des vortretenden waldigen Felshügels r. die Trümmer des viereckigen Burgthurms von *Blatten*. Der Engpaß, durch welchen an der Westseite des Hügels die Landstraße führt, heißt der *Hirschensprung*.

36km *Rüti* (Gasth. zum Bahnhof). — 43km *Salets-Sennwald* (Restaur. nahe beim Bahnhof); l. die *Drei Schwestern* (2097m).

Auf den *Hohen Kasten* (1798m), $4^1/_2$ St. (F. entbehrlich), s. S. 54. — Nach dem Weißbad (6 St.) hübsche Wanderung über *Sax* und die *Saxer Lucke* (1655m), am *Fählen-* und *Sämbtis-See* vorbei (vergl. S. 55).

46km *Haag-Gams* (*Kreuz), Kreuzungspunkt der Straße aus dem Toggenburg nach Feldkirch (S. 57). Über (50km) **Buchs** (*Bahnrestaur.; *Rhaetia, zum Arlberg*, beide am Bahnhof) das wohlerhaltene Schloß *Werdenberg*, einst Sitz der Grafen dieses Namens.

Eisenbahn nach *Feldkirch* (in Buchs Zollrevision für die Reisenden nach und aus Österreich) s. S. 410. — Gegenüber am r. Ufer des Rheins liegt auf einer Anhöhe *Vaduz* (466m; *Linde; Engel; Löwe) mit dem weißen Schloß *Liechtenstein* auf hohem Fels, Hauptort des Fürstenthums Liechtenstein, am Fuß der *Drei Schwestern* (s. oben).

Jenseit des großen Dorfs (55km) **Sevelen** (**Traube*) r. oben Ruine *Wartau* (666m). Am r. Ufer des Rheins unweit *Balzers* auf einem Hügel die Ruine *Guttenberg*, am Anfang zur St. Luziensteig (s. unten). Jenseit (62km) *Trübbach* (483m) treten die Felsmassen des *Schollbergs* so nahe an den Fluß, daß Straße und Bahn durch Sprengungen hergestellt werden mußten (unmittelbar an der Straße ein großer Marmorbruch, aus dem die schönen schwarzen Säulen der Kirche zu Sargans stammen).

**Alvier** (2363m), von Buchs, Sevelen oder Trübbach in 5-$5^1/_2$ St., sehr lohnend, s. S. 44 (von Trübbach über *Atzmoos* und *Malans*, an der Ruine *Wartau* vorbei, nach *Oberschan* $^3/_4$ St., *Alvier* $4^1/_2$ St., zurück 3 St.). — **Gonzen** (1833m), von Trübbach $4^1/_2$ St. m. F., gleichfalls unschwierig u. lohnend.

67km **Sargans** (485m; **H. Thoma*, am Bahnhof), Knotenpunkt für Weesen (Glarus) und Zürich (S. 45); bei einzelnen Zügen Wagenwechsel. Die Landschaft wird immer großartiger und malerischer: n.w. die zackige Kette der *Curfirsten* (S. 43), ö. der *St. Luzien-* oder *Fläscherberg* (1138m, s. unten) und die graue Pyramide des *Falknis*. R. bei *Vilters* der nach Regen ansehnliche *untere Surfall*.

72km **Ragaz** s. S. 333; r. Ruine *Freudenberg* (S. 334), l. oben *Pens. Wartenstein* (S. 335). Dann unterhalb des Einflusses der *Tamina* auf einer 153m l. Holz-Gitterbrücke über den Rhein.

74km **Maienfeld** (526m; **H.-P. Vilan*, am Bahnhof; *Hirsch; zum Falknis*), altes wohlhabendes Städtchen mit 1227 Einw. Den alten Thurm erbaute angeblich im IV. Jahrh. der röm. Kaiser Constantius (oben hübsche Aussicht). Das einst Toggenburg'sche Schloß war bis 1795 Sitz der bündnerischen Landvögte. — R. am Berge Ruine und Pension *Wartenstein* und Abtei *Pfäfers* (S. 335).

Die **St. Luziensteig** (692m), ein befestigter Engpaß zwischen *Fläscherberg* (1138m) und *Falknis* (s. unten), durch welchen die Straße nach Vaduz und Feldkirch führt, ist von Maienfeld in $^3/_4$ St. zu erreichen (Whs., guter Wein) und wird von Ragaz aus viel besucht. Vom (niedergelegten) obersten Blockhaus auf dem Fläscherberg (1072m), w. $^3/_4$ St. über der Festung, sowie auf dem Rückwege prächtige Aussicht. — ***Falknis** (2566m), von der Luziensteig durch das *Glecktobel* und über die *Sarina-* oder *Fläscheralp* in 6 St. m. F., beschwerlich aber lohnend (besser von Maienfeld auf dem vom Führer Fortunat Enderlin angelegten und unterhaltenen Wege über *Jenins*, die *Vordere* u. *Sarina-Alp* und durchs *Fläscherthal*).

An den rebenreichen Bergabhängen l. am Fuß des *Augstenbergs*

(2378m) die Orte *Jenins* (darüber die Ruinen *Wyneck* und *Aspermont*) und *Malans* (S. 340). Die Bahn überschreitet die *Landquart* unweit ihrer Mündung in den Rhein. 79km Stat. **Landquart** (527m; *Bahnrestaur.*; *H. Landquart*, am Bahnhof; *Davoserhof*, 2 Min. vom Bahnhof, nicht theuer), an der Straße ins *Prätigau*, Knotenpunkt der Bahn nach *Davos* (S. 340). W. im Hintergrund die kahlen *Grauen Hörner* (S. 336).

Der burgenreiche Landstrich zwischen Maienfeld und Chur („die Herrschaft"), dessen Mittelpunkt der alte Marktflecken (84km) **Zizers** (565m; *Krone*) bildet, zeichnet sich durch seine Fruchtbarkeit aus, hat aber oft auch von Überschwemmungen wilder Bergwasser zu leiden. L. am Fuß des Gebirges *Molinära*, Landsitz des Bischofs von Chur, und das Dorf *Trimmis*; r. die kahlen Gipfel des *Calanda* (2808m), unten an den bewaldeten Abhängen die Ruinen *Liechtenstein*, *Krottenstein*, *Haldenstein*, oben ein alter verfallener Thurm, unten, im Ort, ein erhaltenes Schloß mit Ringmauern.

92km *Chur*, s. S. 337.

## 89. Ragaz und Pfäfers.

*Vergl. Plan u. Karte S. 336.*

**Gasthöfe** (meist nur während der Badesaison geöffnet; Rosengarten, Krone u. Lattmann auch im Winter). *Quellenhof (Pl. a), Z. L. B. von 6-8, F. 1½, Lunch 4, M. 5 fr., Pens. m. Z. 12-18 fr.); *Hof Ragaz (Pl. b), Z. L. B. 5, F. 1½, M. 5, A. 3½, Pens. 8-13 fr.; *H. Tamina (Pl. c), Z. L. B. 3½-4, M. 4, Pens. mit Z. 7-10 fr.; *Schweizerhof (Pl. d), Z. 2½-3½, M. 3½-5 fr.; *H.-P. Lattmann (Pl. i), Pens. 7 fr., gute Küche; *Krone (Pl. e), Z. L. B. 3, F. 1, M. 3 fr.; Villa Louisa; *H.-P. Fröhlich (Pl. h.); *Freieck (Pl. g); *H.-P. Scholl (Pl. f), Z. 2½-4, Pens. 6 fr., Münchner Spatenbräu; *H. National (Pl. l); *Post, nicht theuer; Bär (Pl. k); Ochse, Löwe, einfach. Am Bahnhof: Rosengarten, Z. u. B. 2½, F. 1.20, M. 3, Pens. 6-7 fr. — *Pens. Villa Flora, mit gr. Garten, am Wege zum Freudenberg; *Pens. Home Villa; *Pens. Wartenstein (S. 335).

**Cafés u. Restaurants.** Restauration im Kursaal (s. unten); Café Rheinvilla, Bahnhofstr.; Nussbaum, Churer Str.; Felsenkeller, 5 Min. vom Ort, am Wege zum Freudenberg (S. 334); Buel, unweit der Ruine Freudenberg, mit hübscher Aussicht; Gartenwirthsch. (Bier) im Löwen und Kreuz.

**Post** (Pl. 6) unweit des Dorfbads. — **Telegraph** (Pl. 7) der Krone gegenüber.

**Omnibus** vom Bahnhof ins Dorf Ragaz 75 c., Koffer 25 c., zur Restaur. Wartenstein 1½ (zurück 1) fr. — **Einspänner** von Ragaz nach Bad Pfäfers und zurück mit 2stünd. Aufenthalt für 1-2 Pers. 7 fr., 3-4 Pers. 10 fr. und Trinkgeld; nach Wartenstein 6 u. 10, Dorf Pfäfers 8 u. 14, Vättis 18 u. 25, Maienfeld 6 u. 10, Luziensteig 10 u. 15 fr.

**Bäder** (s. S. 334). *Mühlbad* (Pl. 4), *Neubad* (Pl. 2) u. *Helenenbad* (Pl. 3) beim Kurhaus, *Dorfbad* (Pl. 5) mit Trinkhalle in der Eisenbahnstraße zwischen Schweizerhof und Taminahôtel. Im Neubad ein geräumiges Schwimmbassin (20-23°), Bad Vm. 2 fr., Nm. 1 fr. (Damen 9½-11½ U. Vorm. u. 4-6 U. Nm.), Kachelbäder (zusammen 81 gut eingerichtete Badecabinette) 2 fr., Neubad 2 fr. 50 c. Billete links neben Hof-Ragaz.

**Kur- u. Musiktaxe** für jede Person im Juni und Sept. 2 fr., im Juli und August 3 fr. per Woche.

*Ragaz* (519m), berühmter Kurort mit 1932 Einw., in schöner Lage an der wilden *Tamina*, die unterhalb in den Rhein sich ergießt, gehört zu den besuchtesten Punkten der Schweiz (einschließlich der Durchreisenden jährlich über 50,000 Fremde). Der Ort, dessen Aufblühen von dem 1838-40 ausgeführten Bau der Straße nach Pfäfers (s. unten) und der Legung der 4km langen Röhrenleitung von der Pfäferser Quelle zum Hof Ragaz herdatirt, hat durch die zahlreichen Neubauten der letzten Jahrzehnte ein modernes städtisches Aussehen gewonnen.

Mittelpunkt des Badelebens sind die großen Kur-Etablissements *Quellenhof* und *Hof Ragaz* (ehem. Statthalterei des Klosters Pfäfers). Im *Kurgarten* hinter dem Quellenhof Morgens, Mittags und Abends Musik; von der offenen Säulenhalle an der Ostseite hübsche Aussicht über das Rheinthal. Auf der SW.-Seite die neuen *Bade-Gebäude* (S. 333) mit Trinkhalle, im Mittelraum ein Springbrunnen; dahinter Parkanlagen mit Molkenkur-Anstalt etc.

Auf dem *Kirchhof*, an der ö. Mauer, das 6m hohe Denkmal des 1854 hier verstorbenen Philosophen *Schelling*, von Ziebland in München entworfen, mit Büste. Folgt man vom Kirchhof der Straße nach Sargans bis zu den (20 Min.) letzten Häusern, so erreicht man beim Handweiser links durch Weinberge ansteigend, in 10 Min. die Ruine *Freudenberg* (584m) mit schöner Aussicht über das Rheinthal; zurück auf dem Fahrweg am Berge entlang zwischen Häusern und Gärten (unterwegs der S. 333 gen. Felsenkeller).

**Bad Pfäfers** oder *Pfävers* (680m) ist einer der merkwürdigsten Punkte der Schweiz. Ein schmaler, sanft ansteigender guter Fahrweg führt von Ragaz in 50 Min. zum Pfäferser Bad, zwischen dunkeln steil aufsteigenden 150-250m hohen Kalkfelswänden hin, welche der Straße und der ungestümen *Tamina*, einem starken, über und durch Felsblöcke stürzenden Gletscherwasser, kaum Raum lassen. Vor der (1/2 St.) *Restaur. Schwattenfall* führt ein Fußsteig l. über die Tamina nach *Valurrank* und (1/2 St.) *Wartenstein* (S. 335), 10 Min. weiter, kurz bevor die Straße durch ein kl. Felsenthor führt, ein zweiter (schattig, aussichtsreich, aber etwas steil) zum (3/4 St.) Dorf Pfäfers (beide Wege bei nassem Wetter wenig angenehm).

Die Badgebäude sind 1704 aufgeführt, zwischen steilen 200m h. Felswänden eingeklemmt, sodaß im höchsten Sommer die Sonne nur von 10 bis 4 Uhr scheint, klosterartig, Einrichtungen einfach, aber gut; Z., L. u. B. 2-3, F. 1 1/4 fr.; Bäder sehr angenehm (1 fr.), in geräumigen mit weißen Kacheln ausgelegten Bassins mit beständigem Zu- und Abfluß des Wassers ($29{,}2^\circ$ R. warm, in Ragaz $28^\circ$). Die Badebevölkerung besteht theils aus weniger wohlhabenden Leuten, theils aus Kranken, welche die Heilquelle hier echter zu haben glauben.

Die sehr mächtigen krystallhellen 30-31° warmen Quellen mit äußerst unbedeutenden Theilen von kohlensaurem Kalk, Chlornatrium und Magnesia, geruch- und geschmacklos, in ihrer Zusammensetzung denen von Gastein und Wildbad ähnlich, entspringen 6 Min. vom Badhaus, in der düstern 8-14m breiten **FELSENSCHLUCHT, welche die *Tamina* brausend durchströmt. Zum Besuch der Schlucht und der Quellen löst man im Hauptcorridor des Badhauses eine

Karte (1 fr.; Schirm und Regenmantel rathsam). Der 1859 neu angelegte, durchweg auf Felsen oder Mauerwerk ruhende breite mit Dielen belegte und mit einem Geländer versehene Weg, 660 Schr. l., 9-14m über dem tobenden Bach, ist vollkommen bequem. Auf demselben gelangt man zwischen den gewaltigen, 60-80m h. Felswänden am r. Ufer der Tamina zu dem 30m l. Stollen der NEUEN QUELLE (l. neben dem alten) mit der Überschrift „*2. October 1860*". Vor Eintritt in denselben die Überkleider ablegen. Neben den Gorges du Trient (S. 231), deren Granit- und Anthracit-Fels jedoch abgerundetere Formen aufweist als der Nummulitenkalk von Pfäfers, wird in den Alpen kaum wieder eine Schlucht in dieser Großartigkeit zugänglich gefunden. — Man kann die Partie vom Bahnhof Ragaz hin und zurück bequem in 3 St. zu Fuß machen, zu Wagen (7 fr., s. oben) in 2 St.

Der Fußpfad vom Bad nach Dorf Pfäfers (1¼ St.) führt am l. Ufer der Tamina vom Bad in Windungen bergan. Nach 15 Min. bei einem Handweiser, der r. nach Valens (s. unten; 10 Min. vom Bad die „Calandaschau"), l. „nach Pfäfers über die Naturbrücke" zeigt, den Fußweg l. hinab und auf einer (5 Min.) natürlichen Brücke (dem sog. *Beschluss*, 70m h. senkrecht über den Mineralquellen) über die Taminaschlucht. Dann am r. U. auf einem Treppenweg, ziemlich steil und bei nassem Wetter besonders abwärts unangenehm, bis zu einer (20 Min.) Wiese; beim Handweiser entweder hinauf bis zu der (10 Min.) Wirthsch. an der Fahrstraße, welche r. nach Vättis (s. unten), l. nach Dorf Pfäfers führt; oder besser den Fußweg l., durch Wiesen und Wald allmählich bergan, auf die (¼ St.) Straße, 25 Min. vor dem Dorf Pfäfers.

Nach dem südl. von Ragaz auf der Höhe gelegenen **Dorf Pfäfers** (822m; *Adler; Löwe*) führt eine schatten- und aussichtsreiche Fahrstraße in 50 Min. (Fußpfade kürzen); an derselben (40 Min.) die **Pension Wartenstein* (751m; Restaur., Pens. 6-7 fr.; Omnibus vom Bahnhof aufwärts 1 fr. 50 c., abwärts 1 fr., größeres Gepäck extra), mit herrlicher Aussicht auf das Rheinthal, n.w. bis zu den Curfirsten (S. 43); unterhalb s. die Ruine *Wartenstein* und die *Kapelle St. Georg* (748m). Die einst reiche und mächtige Benediktiner-Abtei Pfäfers wurde 1838 aufgehoben und zu einer Irrenanstalt *(St. Pirminsberg)* eingerichtet. Vom *Tabor* (843m), einem Felskopf 15 Min. n. vom Kloster, gleichfalls schöne Aussicht.

AUSFLÜGE von Ragaz (Führer: *Fäh* u. *Hofstetter* in Ragaz, *Joh. Rupp* in Valens, *Wilh.* u. *Dav. Kohler, J. A. Sprecher* in Vättis). Ruine *Freudenberg* s. oben; dahinter an der Sarganser Straße *Restaur. Büel*, mit hübscher Aussicht. — **Guschenkopf** (751m), der bewaldete Felskopf unmittelbar westl. von Ragaz, r. vom Eingang zur Tamina schlucht. Neu angelegte Promenadenwege führen sowohl an der Südseite, am *Büd* (Kapelle) vorbei, wie an der Westseite (vor dem Felsenkeller vom Wege nach Freudenberg l. ab) in 40 Min. zum Gipfel (803m), mit schönem Blick auf Ragaz, das Rheinthal, die Appenzeller und Prätigauer Gebirge, die Grauen Hörner und den Calanda. — Zur Pens. *Wartenstein* (40 Min.) s. oben. — Nach *Maienfeld* (Fahrweg über die neue Rheinbrücke ½ St.), s. S. 332; *St. Luziensteig* (direkter Fußweg über die Eisenbahnbrücke in 1 St., Fahrweg über Maienfeld 1½ St., Einsp. 14, Zweisp. 20 fr.) s. S. 332. — Ins *Prätigau (Seewis, Valzeina* etc.) s. S. 340. — *Chur, Via Mala* etc. s. S. 337, 362.

***Pizalun** (1482m), 3 St., sehr lohnend (für Ungeübte Führer rathsam, von St. Margarethen mitnehmen). Von (1 St.) Dorf Pfäfers durch Wald bis zur Wiesenfläche des Dörfchens *St. Margretenberg* (1262m) 1 St., Ende des Dorfs ½ St., dann l. hinan, zuletzt auf Felsstufen in ½ St. zum steil abfallenden Gipfel, mit herrlicher Aussicht.

Nach **Valens** (915m; *zum Frohsinn*), vom Bad Pfäfers $^{1}/_{2}$ St. (bei dem oben gen. Handweiser r.); beim Austritt aus dem Walde die *Calandaschau*, Aussichtspunkt mit überraschendem Blick in das Taminathal, im Hintergrunde l. Calanda, r. Monte Luna und Graue Hörner. Ein Fußpfad führt unterhalb der Kirche über das tiefe *Mühletobel* nach dem in sonnigen Matten gelegenen ($^{1}/_{2}$ St.) *Vasön* (928m) und auf die ($^{1}/_{4}$ St.) Straße nach Vättis (s. unten). — Von Valens auf den **Vasanenkopf** (2034m), $3^{1}/_{2}$ St. m. F., unschwierig und lohnend. Über Matten in 3 St. zur *Lass-Alp* (1872m), dann r. zum ($^{1}/_{2}$ St.) Gipfel, mit weiter Aussicht (umfassender noch vom *Schlößlikopf*, 2224m, $^{3}/_{4}$ St. weiter). Reiche Flora. — ***Monteluna** (2425m), von Valens über Vasön und Alp *Vindels* (1650m) in 4 St., gleichfalls unschwierig und lohnend. — **Graue Hörner** (höchste Spitze *Pizol*, 2849m), von Valens in $5^{1}/_{2}$-6 St., für geübte Bergsteiger ohne Schwierigkeit, aber mühsam; interessante und großartige Tour.

Von Ragaz nach Reichenau über den Kunkelspaß 7-8 St., sehr lohnend; bis Vättis Fahrstraße (Post von Ragaz tägl. in $2^{1}/_{2}$ St., 2 fr. 65 c.; Zweisp. in $2^{1}/_{4}$ St., hin und zurück 25 fr.), von da ab Saumweg. Die Straße führt von Dorf Pfäfers an der Seite des tief eingeschnittenen Taminathals entlang, in das sich hier und da r. malerische Blicke öffnen. Nach $^{1}/_{2}$ St. führt r. ab der oben gen. Treppenweg zum Beschluß und Bad Pfäfers; an der Straße die Häuser von *Ragol* (gegenüber *Valens*, s. oben) und *Vadura* (gegenüber *Vasön* am Fuß des *Monteluna*, s. oben); l. stets die steilen Abstürze des langgestreckten *Calanda*. Das Thal erweitert sich vor ($3^{1}/_{2}$ St.) **Vättis** (951m; Gasth.: *Tamina*, einf., nicht theuer; *zur Lerche*), einsames Dorf an der Mündung des *Kalfeuser Thals* (S. 45), aus dem die Tamina hervorströmt (über *St. Martin* zur *Sardona-Alp* 4 St., s. S. 45). Die Straße endet hier; der Saumweg (bis zur Paßhöhe zur Noth fahrbar) verläßt die Tamina und führt im Thal des *Görbs-Baches*, den man dreimal überschreitet, aufwärts, meist am östl. Abhang hin. Die Sennhütten des obern Thals bilden zusammen die Gemarkung *Kunkels*. Wenn man die Höhe des (2 St.) **Kunkels- oder Foppa-Passes** (1351m) erreicht hat, nicht geradeaus, sondern die Brunnenanlage r. liegen lassen, in den Engpaß *la Foppa* (etwa 5 Min. r. vom Wege herrliche Aussicht auf das Rheinthal), dann auf steilem Pfade meist über Geröll hinab nach *Tamins* (S. 350) und ($1^{1}/_{2}$ St.) *Reichenau* (S. 349).

---

# GRAUBÜNDEN.

Das Land, welches den **Kanton Graubünden** bildet, war zu Anfang unserer Zeitrechnung von den Rhätiern bewohnt, welche im J. 15 nach Chr. von den Römern unterworfen wurden. Nach dem Untergang des römischen Reichs kam Rhätien zuerst an die Ostgothen, dann an die Franken. Im Mittelalter war das Land Sitz eines zahlreichen Adels, der Bischöfe von Chur, der Aebte von Disentis und Pfäfers, der Grafen von Werdenberg, Montfort, Mätsch, der Freiherrn von Vats, Rhäzüns, Belmont, Aspermont u. a., deren Burgen in Trümmern noch von den Hügeln in die Thäler hinabblicken. Gegen die harten Bedrückungen, die sie gegen das Volk übten, trat dasselbe zu verschiedenen Zeiten und an verschiedenen Orten zusammen und errichtete Bündnisse, 1396 den *Bund des Gotteshauses*, an dessen Spitze die Kirche zu Chur stand, 1424 den *Obern* oder *Grauen Bund* (S. 353), 1428-36 den *Bund der Zehn Gerichte (Lia da Ca (casa) Dè, Lia Grischa, Lia dellas desch dretturas)*. Aus diesen einzelnen Verbindungen erwuchsen 1471 die *drei ewigen Bünde in Hohenrätien*. Im J. 1512 eroberten die Bündner das Veltlin, das sie bis 1797 durch Landvögte regierten. Die Reformation fand bei der überwiegenden Hälfte der Bevölkerung bereits 1521 Eingang, eine starke Minderheit blieb aber dem katholischen Glauben treu. Die Zwistigkeiten der Parteien zogen im 30jähr. Kriege österreichisch-spanische und französ. Heere ins Land, doch gelang es der rücksichtslosen Energie des *Georg Jenatsch*, dem Lande seine Unabhängigkeit wieder zu erringen. Mit der Schweiz stand Graubünden seit dem XV. Jahrh. in Freundschaft und zum Theil in Bündnis, gehört ihr aber erst seit 1803 als 18. Kanton an.

Graubünden bestand bis 1848 aus 26 kleinen, fast ganz unabhängigen Republiken, *Hochgerichte* genannt, die aber durch die neue Bundesverfassung ihre

# RAGAZ

N
S
Kirchhof
Evang. Kirche
Markt
Kursaal
Freudenberg
Park
Kapelle

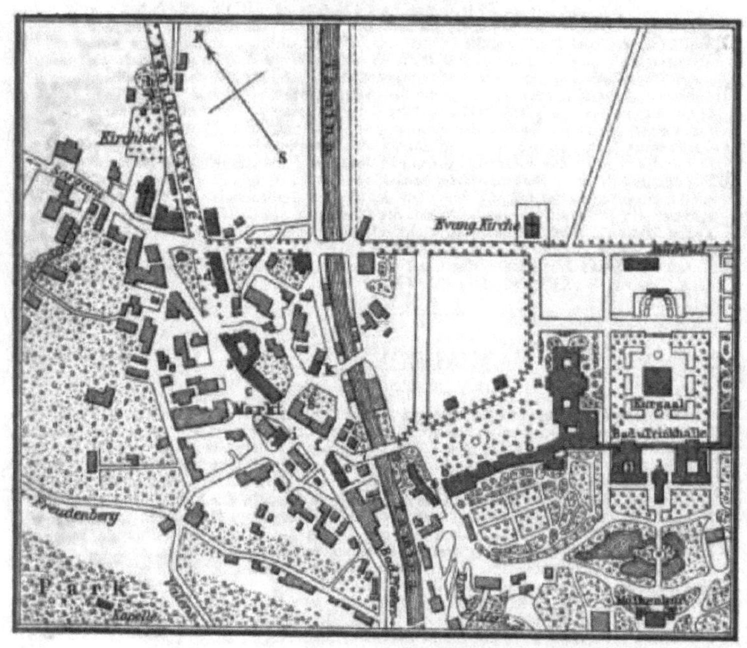

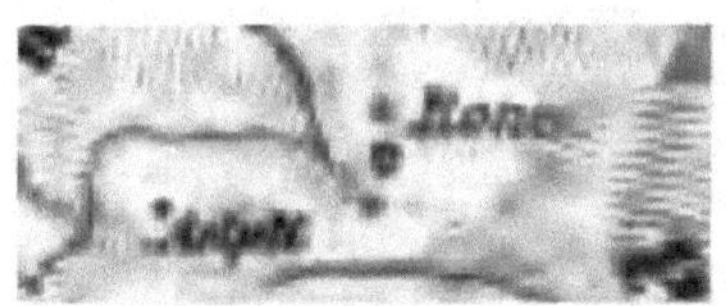

Bürs
K L O S T
Lorüns
Bartholomäberg
Tschagguns
Schruns
Silbertal
Drei Thürme
Gargellen
Gaschurn
Gweilkopf
Calanda
Saas
Serneus
Klosters
Platten

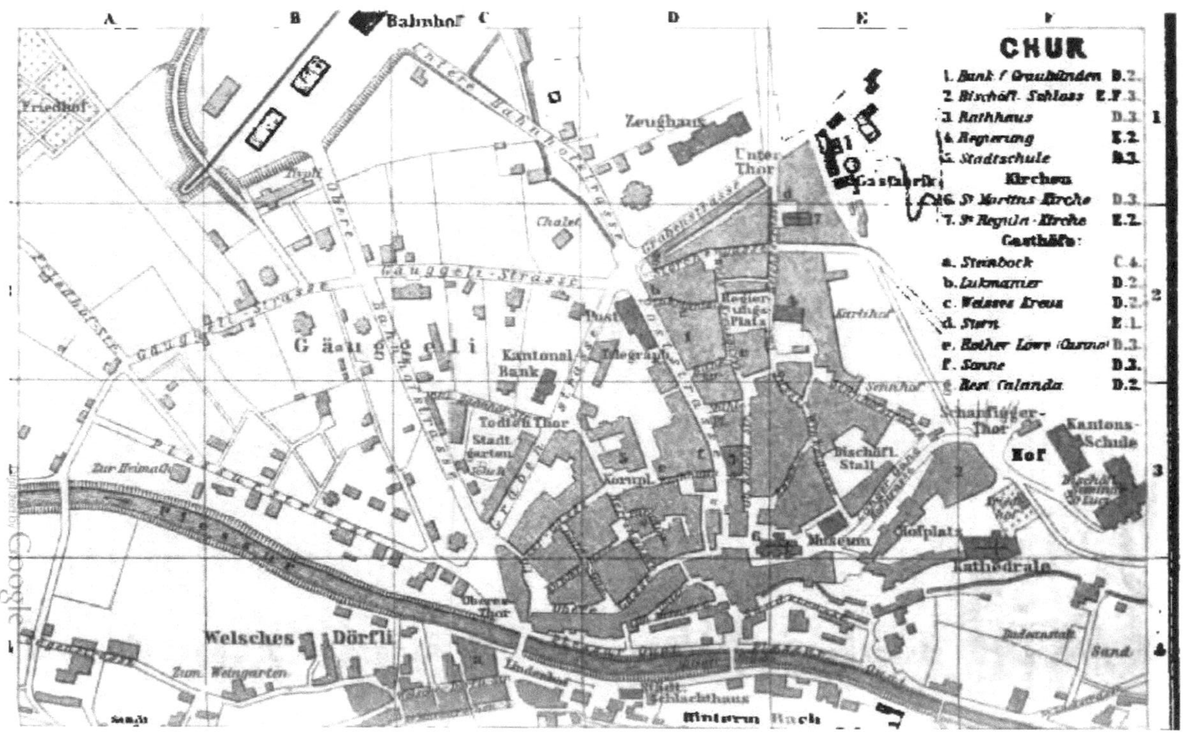
CHUR
1. Bank f. Graubünden D.2.
2. Bischöfl. Schloss E.F.3.
3. Rathhaus D.3.
4. Regierung E.2.
5. Stadtschule E.2.
Kirchen
6. St. Martins Kirche D.3.
7. St. Regula-Kirche E.2.
Gasthöfe:
a. Steinbock C.4.
b. Lukmanier D.2.
c. Weisses Kreuz D.2.
d. Stern E.1.
f. Sonne D.2.
g. Rest. Calanda D.2.
Bahnhof
Friedhof
Zeughaus
Unter Thor
Chalet
Kantonal Bank
Telegraph
Post
Todten Thor
Obere Thor
Welsches Dörfli
Zum Weingarten
Zur Heimath
Lindenhof
Schlachthaus
Hinterm Bach
Schanfigger-Thor
Kantons-Schule
Hof
Bischöfl. Stall
Museum
Hofplatz
Kathedrale
Sand
Karlshof

Unabhängigkeit eingebüßt haben. Es ist nicht allein der größte Kanton (7184qkm, über 1/6 der ganzen Schweiz, 96 291 Bewohner), sondern bietet auch eine unendliche Verschiedenheit in Oertlichkeiten, Klima, Produkten, Sprachen, Volksthümlichkeiten und polit. Gestaltungen dar. Denn das Land besteht aus einem vielverzweigten Netz von Alpenstöcken, welches in etwa 150 Thäler zerklüftet ist und sich mit seinen höchsten Gipfeln in die Region des ewigen Schnees erhebt, welches die schroffsten Gegensätze aufzuweisen hat: fruchtbare Landschaften, von steilen abgerissenen Felswänden umgeben, wilde Einöden mit langem Winter einerseits, Kastanienwälder unter mildem italien. Himmel andrerseits.

Ebensolche Mannigfaltigkeit zeigt sich bei dem Volk in Abstammung, Sprache, Religion und Sitten, sodaß dieser Kanton ein Spiegelbild des eidgen. Bundeskörpers genannt werden kann. Die Bevölkerung zählt 52 842 Reformierte, 43 320 Katholiken, 37 708 roman., 44 271 german., 13 957 italien. Stammes. Die roman. Sprache ist ganz eigenthümlich. Es lassen sich wenigstens zwei bestimmte Mundarten nachweisen, die ladinische im Engadin, Albula- und Münsterthal, und die romansche oder churwelsche im Bündner Oberland, Oberhalbstein, Schams u. s. w. Als Sprachproben mögen einige Grabschriften zu Pontresina dienen: *„Quia reposan nos chers genitors"* (Hier ruhen unsere lieben Eltern). *„Naschieu ils 26 Avuost 1831, mort ils 10 Schner 1850"* (Er wurde geboren 26. Aug. 1831, starb 10. Jan. 1850). *„Alla memoria da nossa virtuosa ed ameda mamma N. N., morta a Zürich ils 15 Avuost 1871 nell' etad d'ans 63 et seguond sia giavüsch sepulida quia il di 19 seguaind inua gia reposaiva sia bun bap N. N."* (Dem Andenken unserer tugendhaften und geliebten Mutter N. N., gest. zu Zürich 15. Aug. 1871 im Alter von 63 Jahren und entsprechend ihrem Wunsche am 19. hier begraben, wo schon ruhte ihr guter Vater N. N.) — In den Familien wird fast nur romansch („romonsch") gesprochen. Doch gewinnt das Deutsche Raum; in den Schulen namentlich wird besonders deutsch unterrichtet, die jungen Leute sprechen fast alle deutsch, und zwar verständlicher als die deutschen Schweizer. Zur Zeit der Hohenstaufen war ganz Bünden noch romanisch. In Chur, Disentis etc. erscheinen einige kleine romansche Blätter. — Italienisch wird in den Thälern südlich der Alpen gesprochen, im Puschlav, Bergell, Misox und Calanca.

---

## 91. Chur, franz. *Coire*, ital. *Coira*, roman. *Cuera*.

**Gasthöfe.** *Steinbock (Pl. a; C 4), vor der Stadt an der Churwaldner Straße, Z. L. B. 5-7, F. $1^1/_2$, M. 4-$4^1/_2$, Pens. von 8 fr. ab; *H. Lukmanier (Pl. b; D 2), 3 Min. vom Bahnhof, gegenüber der Post, Z. L. B. von 4, M. 4 fr., Omnibus 75 c. — 2. Kl.: *Weißes Kreuz (Pl. c; D 2), Z. $2^1/_2$, F. 1 fr. 20 c.; *Stern (Pl. d; E 1), Z. u. B. $2^1/_2$-3, F. $1^1/_4$, M. m. W. 3 fr.; *Rother Löwe (Pl. e; D 3), Z. $1^1/_2$-2, F. 1 fr.; Sonne, Drei Könige, nicht theuer. — *Pension Rhätia.*

**Cafés und Restaurationen.** Calanda (Pl. g; D 2), beim Hôt. Lukmanier; Gartenwirthsch. Chalet, gegenüber; Rhätia; *Bahnrestaur. — *Bier:* gutes Münchner im Casino, beim Rothen Löwen; Löwenhof, unweit des Marktes; Vazeroler Halle u. a.

**Wein.** *Veltliner* (roth, vgl. S. 400) ist das allgemeine Getränk in Graubünden und nicht theuer. *Kompleter*, dem Würzburger Leistenwein ähnlich, der im Rheinthal, bei Malans (S. 340) wächst, sehr gut, aber auch theuer. Der sogen. *„Landwein"* im Gegensatz zum Veltliner, das einheimische Product, darunter als beste Sorte der *Herrschäftler* (Malanser, Jeninser und Maienfelder), ist gleichfalls ein guter Rothwein, gleicher Preis wie Veltliner. Guter billiger Wein im Hofkeller im bischöflichen Hof links (auch Z.); auch in der Restauration zu den Rebleuten an der Martinskirche und in der Wirthschaft zum süßen Winkel.

**Cigarren** bei *L. Hitz*, Poststr. — **Bade- u. Schwimmanstalt** von *Willy* am l. Ufer der Plessur (Pl. E 4; 50 c.). — **Fuhrwerk** u. a. bei *B. Enderlin.*

*Chur* (590m), die Hauptstadt des Kantons Graubünden, die *Curia Raetorum* der spätern Römer, Bischofssitz seit dem IV. Jahrh., an der *Plessur* 1/2 St. von ihrer Vereinigung mit dem Rhein malerisch gelegen, hat 9381 Einw., $^2/_3$ Protestanten, in der untern Stadt, und $^1/_3$ Katholiken, welche meist innerhalb des mit Ringmauern umgebenen, ö. die Stadt überragenden *bischöfl. Hofes* (Pl. E F 3) wohnen. Dieser Hof ist der merkwürdigste Punkt Churs. Hier erhebt sich die bischöfl. Hauptkirche, der ***St. Lucius-Dom** (Pl. F 3), dessen ältester Theil aus dem VIII. Jahrh. herrührt (Karten für den Kirchenschatz im Pfarrhof, 1 fr., Sonn- u. Festtags 3-7, sonst $8^1/_2$-2 u. 3-7 U.).

An dem sehr alten Portal des Vorhofs die Säulen auf Löwen ruhend, oben ebenfalls ein Löwe, an den Säulen Apostel. Portal des Doms romanisch, mit fast frei hervortretenden schlanken Säulen und sehr schlanken Kapitälen.

INNERES interessant durch die Reihenfolge der verschiedenen Stilarten. Drei Schiffe, die Seitenschiffe etwa von halber Höhe des Mittelschiffs. Die durch Halbsäulen verstärkten Pfeiler des letztern haben eine Basis, welche stets mit den im XII. Jahrh. üblichen Eckblättern mit Thierköpfen verziert sind, und sehr eigenthümliche korinthisirende Kapitäle. Die Wölbung ist schon durch Spitzbogen bewirkt. — SÜDSCHIFF: *Sarkophag des Bischofs *Ortlieb von Brandis* († 1491). Altarblatt, Madonna von *Stumm*, einem Schüler von Rubens. Grabstein des Grafen *Joh. Ant. von Buol-Schauenstein* († 1797), gegenüber sein Sohn *Carl Rudolph* († 1833). — SÜDL. KREUZSCHIFF: 1. Altar, oben Herodias von *Cranach*, in der Mitte Madonna, *Rubens' Schule*, Seitenbilder von *Holbein d. Ä.* und seiner Schule. Reliquienkasten aus dem XII. Jahrh. 2. Altar: Altarstein in schöner Ornamentik. Reliquienschrein in Form einer goth. Kirche, in den Bogen Christus und die Apostel. Altarblatt Kreuzigung u. Heilige, Deutsche Schule d. XV. Jahrh. — CHOR: *Hochaltar reiches vergoldetes Holzschnitzwerk, 1491 von *Jac. Ruß* verfertigt, mit Gemälden aus *Wohlgemuth's* Schule. Chorstühle und *Sacramentshäuschen vom J. 1484 (letzteres angeblich von Adam Krafft?). — KRYPTA, niedriges ganz flaches Gewölbe aus dem V. Jahrhundert. — NÖRDLICHES SCHIFF. 1. Altar: St. Aloysius von *A. Kauffmann*. Mittlerer Altar: *Kreuztragung von *Dürer*. In der Sacristei die reiche *SCHATZKAMMER: Reliquiarien, Crucifixe, Leuchter, Meßgewänder etc.; Reliquienkasten in getriebenem Kupfer (VIII. Jahrh.); gestickte Stoffe aus saracen. Zeit; Bruchstücke von Seidenstoff aus der Zeit Justinians; Christus u. Petrus auf dem Meere, Miniaturbild auf Lasurstein von *C. Dolci*. In den Glasschränken Urkunden Kaiser Karl des Großen, Ludwig des Frommen, Kaiser Lothars etc.

Neben dem Dom das alterthümliche **bischöfl. Schloß** (Pl. 2; E F 3). Die *Kapelle*, eines der frühesten christlichen Bauwerke, liegt innerhalb der Mauern des nördl. mit dem Schloß in Verbindung stehenden alten Römerthurms *Marsoel*. Dieser und ein zweiter Römerthurm *Spinoel* (in demselben der S. 337 gen. Hofkeller, vom Saal schöne Aussicht) bilden die n. Ecken des Hofs. Ein alter n.w. Thurm mit anstossender Mauer scheint ebenfalls römisch. Die Namen („Mars in oculis" und „Spina in oculis") deuten auf die Unterjochung der Rhätier, die nur durch Drohungen der Römer im Zaum zu halten waren.

Auf dem Platz vor dem Dom der hübsche 1860 errichtete goth. *Hofbrunnen*, mit Heiligenfiguren. Hinter dem Dom das *St. Lucienstift*, jetzt Priesterseminar, und die parität. *Kantonsschule* (Pl. F 3).

In der Stadt selbst ist wenig Sehenswerthes, die protest. *Hauptkirche St. Martin* (Pl. 6; D 3), das *Regierungsgebäude* (Pl. 4; E 2), das von dem Capuziner-Pater Theodosius († 1865) gegründete *Hospital* (Pl. A 4) etc.

Gegenüber der Martinskirche, l. am Aufgang nach dem Domhof, das *Rhätische Museum* (Pl. E 3; Eintr. 1 fr., Sonnt. 10-12 U. frei): Alterthümer, alte Wandgemälde aus dem bischöfl. Schloß (Todtentanz nach Holbein), die Kantons-Bibliothek, Naturalien u. a. — In drei

Fenstern des *Rathhaussaales* (Pl. 3; D 3) Glasmalereien aus dem Anf. des XVI. Jahrh. — Auf dem alten Friedhof, jetzt *Stadtgarten* (Pl. C 3), an der Grabenstr. gegenüber der Kantonalbank, viele wohlerhaltene Grabsteine aus dem XVII. Jahrh. und ein Denkmal des Dichters *Gaudenz von Salis-Seewis* († 1834, S. 344), von Kayser in Zürich.

Ausflüge. Schöne Aussicht auf Stadt u. Rheinthal vom *Rosenhügel*, mit hübschen Anlagen, 10 Min. von der Plessurbrücke an der Julierstraße; ebenso von den neuen Haldenanlagen am *Mittenberg*, oberhalb der *Schanfiggstraße* (S. 347). An der zweiten nördl. Kehre dieser Straße geradeaus zeigen 3 Wegweiser (der zweite Weg der bequemste, stets durch Wald) auf den (2 St.) **Mittenberg** (1106m), mit ausgedehnter Fernsicht über das Rheinthal bis Ilanz. Aehnliche, aber ziemlich verwachsene Aussicht von der *St. Luciuskapelle*, mitten im Walde unter einem überhängenden Felsen gelegen ($^3/_4$ St. von Chur; nach $^1/_2$ St. von der Schanfiggstraße l. ab, steil bergan). — 20 Min. n.ö. von der Stadt (sonniger Weg durch Weinberge) das **Lürlebad** (3 Whsr., das beste bei Voneschen).

Am *Pizokel*, dem bewaldeten Berge südl. von Chur, an dessen Ostseite die Straße nach Churwalden (S. 372) hinansteigt, führt ein angenehmer Waldweg zur ($1^1/_2$ St.) **Schönegg** (von der ersten Straßenkehre am Rosenhügel westl. eben weiter bis zum Handweiser „nach Schönegg"; im Mai und Juni Wirthsch.) mit Aussicht über das ganze Vorderrheinthal. Ein anderer schöner Weg führt $^3/_4$ St. von Chur (Handw.) von der Straße r. rückwärts ab zum ($^3/_4$ St.) **Känzli** (c. 1200m), gleichfalls mit reizender Aussicht; von hier über die *Maiensässe* auf die (2 St.) **Spontiskôpfe** (1839m), Ausläufer des s.w. von Chur parallel mit dem Domleschg gegen den Schyn verlaufenden Bergrückens, mit Uebersicht des Schanfigg-Thales bis Peist und des Vorder-Rheinthals. — ***Stätzerhorn** (2576m), höchster Punkt dieses Gebirgszugs, weiter südl., s. S. 372.

**Bad Passugg**, Eisen- u. Natron-Säuerlinge, im wilden Thal der *Rabiosa* (S. 372): Promenadenweg vom *Todtengut* auf dem *Sand* in $1^1/_4$ St.; oder auf der Churwaldner Straße bis zum Ende der 4. großen Kehre, dann l. ab zur (1 St.) einf. Kuranstalt *Mühlerain* und durch die Rabiosaschlucht nach (20 Min.) *Bad Passugg* (829m; Kurhaus, einf.); 5 Min. oberhalb neues *Hôtel*. Von da nach ($1^3/_4$ St.) Churwalden Fußweg: vom Whs. steil in die Höhe, zuerst auf einer Treppe, bei der Wegtheilung r., stets der Rabiosa entgegen, zuletzt hinüber und l. nach Churwalden (S. 372).

**Calanda** (2808m), von *Haldenstein* (S. 333), 5km n. von Chur, in 6 St. m. F. (*Joh. Peter Lütscher*, Lehrer *G. Batänjer*, *Andr. Gyger* in Haldenstein), beschwerlich; neue Clubhütte des S.A.C. 1890 eröffnet. Prächtige, sehr instruktive Aussicht. Ueberraschender aber mühsamer von *Vättis* (S. 336) in 7-8 St. — Sehr lohnende Tour von $2^1/_2$-3 Tagen: Nachmittags über **Malix** nach Parpan 3 St.; am andern Morgen in 3 St. aufs Stätzerhorn (S. 372); hinab nach Lenz, Alvaschein, Schynstraße, Via **Mala**, und zurück bis Reichenau; von da Nachmittags mit Post zurück nach Chur.

Von Chur ins *Schanfiggthal* und nach *Arosa* s. S. 347.

## 91. Von Landquart durch das Prätigau nach Davos und über den Flüela-Paß nach Schuls.

*Vergl. Karten S. 336, 344 u. 390.*

Von Landquart bis *Davos* (50km) Eisenbahn in $3^1/_2$-4 St. für 15 fr., 10 fr., 4 fr. (bis *Klosters* in 2-$2^1/_2$ St. für 9 fr. 90, 6 fr. 60, 2 fr. 65 c.); von Davosplatz nach *Schuls* (51km) Post im Sommer 3mal tägl. in 7-8 St. (12 fr. 85, Coupé 15 fr. 45 c.); Einspänner von Davos nach Schuls-Tarasp 32, Zweisp. 60 fr. Nächster Weg aus dem Rheinthal (Rorschach-Chur) nach dem Unter-Engadin. — Die Bahn (schmalspurige Adhäsionsbahn) wurde von Landquart bis Klosters im Sept. 1889, von Klosters bis Davos im Juli 1890 eröffnet; Weiterführung von Davos durch das *Sertigthal* (8100m langer Tunnel) oder das *Dischmathal* (6590m l. Tunnel) ins Engadin projektiert (von Davos bis Samaden 46km).

Das **Prätigau** (Wiesengau, roman. *Val Partens*) ist ein meist enges, fruchtbares, besonders obstreiches Thal, am Eingang und auch an einzelnen Stellen weiter oben von dem Geröll der Landquart überschüttet, im Hintergrund und an den Seiten einige Schneeberge. Es hat wegen der vielen zerstreuten Wohnungen Aehnlichkeit mit dem Appenzeller Land, ist aber milder und fruchtbarer; Alpweiden vortrefflich, Viehzucht berühmt. Bevölkerung, etwa 10 000 Protestanten, deutsch, Ortsnamen, wie auch im nahen Tirol, fast alle romanisch, indem hier wie dort diese Sprache einst geredet wurde. Im N. trennt die Kette des *Rhätikon*, in der *Scesaplana* gipfelnd, das Prätigau vom Montafon (S. 411).

*Landquart* (527m) s. S. 333. Die Bahn überschreitet die *Landquart* und wendet sich in großem Bogen nach O., an den Resten einer alten Rohan'schen Schanze vorbei nach (2km) *Malans* (568m; Krone, Kreuz), 10 Min. n. der Bahn reizend gelegen, mit dem Schloß *Bodmer*, einst Wohnsitz des Dichters Gaudenz v. Salis-Seewis († 1834). Hier wächst der S. 337 gen. Kompleter Wein. Dann nähert sie sich der Landquart. Den Eingang ins *Prätigau* bildet die **Klus**, eine enge 1/4 St. lange Felsschlucht, in der Fluß, Bahn und Straße kaum Raum haben. Von dem Schlosse *Fragstein*, welches sie einst beherrschte, sind nur wenige an die scharf vortretende Felswand angeklebte Trümmer noch vorhanden. Die Franzosen konnten sich 1799 dieses von den Bündnern gut vertheidigten Engpasses nur durch Umgehung bemächtigen. In demselben die zweite Station: 5km *Felsenbach-Valzeina* (571m).

Ein steiler Fahrweg führt am l. Ufer der Landquart bergan zum (1 1/2 St.) **Kurhaus Valzeina** (1119m; Z. von 2 fr. an, Pens. 4-5 fr.), in dem freundlichen *Valzeinathal* hübsch gelegen. Von hier auf den *Valzeinerspitz* oder das *Haupt* (1401m), 3/4 St., leicht und lohnend; auf den *Cyprianspitz* (1778m), über *Hinter-Valzeina* in 2 1/2 St., gleichf. lohnend. Ueber den *Sturnaboden* (1373m) und durch das *Schlundtobel* nach *Zizers* (S. 333), Saumweg, 2 1/2 St.

Jenseit der Klus öffnet sich das Thal. Es folgen nun sogleich in geringer Entfernung von einander: *Pardisla*, mit der Station *Seewis* (6,7 km, s. unten); *Schmitten* mit der Ruine *Solävers;* 8km **Grüsch** (644m; **Krone; Rosengarten*), am *Taschinesbach*. In der ganzen Breite des Thals große 1847 und 1848 ausgeführte Dammbauten, durch welche man die von der Landquart verwüstete Thalsohle der Kultur zurückzugewinnen sucht.

Von Stat. Seewis (s. oben) führt eine Fahrstraße in 1 St. zu dem l. am Bergabhang in üppigen Matten reizend gelegenen (3,5km) **Seewis** (932m), viel besucht als Luftkurort (**Hôt.-Pens. Curhaus*, Pens. m. Z. 6-7 fr., Hôtelwagen tägl. 2-3 Nm. am Bahnhof Landquart; **Hôt.-Pens. Scesaplana* und *Pens. Walser*, am O.-Ende des Orts, der Wirth A. Walser bergkundig und gefällig). Auf dem Kirchhof ist der Dichter Gaudenz von Salis-Seewis († 1834) begraben. Hübsche Spaziergänge nach dem *Tanzboden* oberhalb des Schulhauses und weiter nach der *Ahorngruppe* und dem *Markusplatze* (1/4 St.); nach *Marnein* (1116m; 3/4 St.); nach dem Maiensäß *Matan* (1305m; 1 St.); nach *Fadera* (1060m; 1 St.; Gasth.-Pens.) und dem *Mannas* (1162m; 1 St.). — Bergtouren (Führer *Joh.* u. *Martin Sprecher*): **Vilan** oder *Ochsenberg* (2380m), 4 St. (F. 5 fr.); prächtige Aussicht. — **Scesaplana** (2969m), 6-7 St. (F. 14 fr.), von Seewis über *Alp Palus* zur (4 1/2 St.) *Schamella-Clubhütte* (c. 2350m; Sommer-Wirthsch.), dann noch 2 St. steilen Steigens auf markirtem Wege zum Gipfel (vgl. S. 411). — Über das **Cavelljoch** (*Lünereck*, 2238m) zum *Lüner See* 6 St. (F. 8 fr.), ziemlich beschwerlich (vgl. S. 411).

11km **Schiers** (660m; **Post, Stern, Löwe*), hübsches Dorf l. von der Bahn. Auf dem Kirchhof kämpften am 24. April 1622 die Einwohner, besonders die Weiber, die seitdem hier das Recht haben, zuerst zur Communion zu gehen, erfolgreich gegen die Österreicher.

Über das *Schweizerthor* (2151m) oder das *Drusenthor* (2350m) nach (8-9 St.) *Schruns* s. S. 411 (beide beschwerlich und wenig benutzt). — Auf das **Kreuz** (2200m), über *Fajauna* und den *Stelserberg* in 4 St., lohnend.

Die Bahn tritt auf das l. Ufer; sie führt am Wasser hin durch das sich verengende Thal nach (15km) *Furna* (Wirthsch. Sommerfeld) und über den *Farnezabach* nach (17km) **Jenaz** (733m; **Sonne, Krone*), großes Dorf r. von der Bahn; weiter nach (18km) **Fideris** (746m; **Niggli*, am Bahnhof, einf.).

Ein Fahrweg führt hier r. bergan zu dem freundlich in Matten gelegenen (25 Min.) Dorf *Fideris* (903m; Gasth., dem Besitzer des Bads gehörig, und mehrere andere Pensionshäuser), wo Erzh. Johann dem Appellationsrath Schneider, dem Hofer Vorarlbergs, ein Denkmal errichtet hat. $^1/_4$ St. s. vom Dorf (schmaler Fahrweg, nur für ganz leichtes Fuhrwerk) das hübsch gelegene **Hot. Aquasana* (1016m; Z. u. B. 2-$3^1/_2$, Pens. o. Z. $4^1/_2$ fr.); $^1/_4$ St. weiter in einer Thalschlucht **Bad Fideris** (1091m), ein starker Natron-Säuerling, gegen Brustleiden wirksam, St. Moriz ähnlich, aber milder, von Schweizern viel besucht (Z. 2-$3^1/_2$, Pens. 5-6 fr.).

Weiter hart an der Landquart durch eine prächtige Wald- und Felsenschlucht. L. hoch oben das Dörfchen *Puts* mit den Trümmern der Zwingburg *Castels*, 1622 von den Bündnern zerstört. R. von der Höhe schaut aus Fichten die Ruine *Strahlegg* herab. Dann aufs r. Ufer der Landquart nach *Dalvazza*, nur einige Häuser, zu der höher am Berge gelegenen Gemeinde *Luzein* gehörig, und über den *Schanielenbach* nach ($21_{,5}$ km) **Küblis** (820m; **Krone; Steinbock*), freundliches Pfarrdorf 10 Min. ö. vom Bahnhof.

Ins Montafon über das *St. Antönierjoch* (2392m), 8 St. bis Gallenkirch, unschwierig und lohnend. Vom (3 St.) Dorf *St. Antönien* (1420m; *Lötscher) ist die *Sulzfluh* (2824m), mit prächtiger Aussicht, in 4 St. m. F. zu ersteigen (beschwerlich, kürzer von Partnun-Staffel, s. unten; Abstieg nach Schruns, vgl. S. 411). — Nach *Schruns* über den *Partnun-* oder *Grubenpaß* (2235m), 7-8 St., oder den *Plasseggenpaß* (2345m), 8 St., beide nicht schwierig. Auf *Partnun-Staffel*, $1^1/_2$ St. oberhalb St. Antönien, das schön gelegene *Hôt.-Pens. Sulzfluh* (1772m; einf., Pens. m. Z. 5 fr.).

Nach Langwies über *Conters* und den *Durannapaß*, 5 St., s. S. 347.

Die Bahn beginnt zu steigen (r. oben *Conters*, S. 347); sie führt an der nördl. Bergwand weiter, schöne Aussicht gewährend und mehrere Tobel mit Wasserfällen überschreitend, durch einen kurzen Tunnel nach (24km) *Saas* (994m; Post) und hoch über der Landquart nach (27km) *Serneus-Mezzaselva* (1036m; *H. Mezzaselva am Bahnhof, nicht theuer).

Eine Fahrstraße führt r. hinab über die Landquart nach dem ansehnlichen Dorf *Serneus* (20 Min.); l. thalaufwärts das hart am l. Ufer der Landquart gelegene (20 Min.) **Bad Serneus** (983m; **Kurhaus*, nicht theuer), mit Schwefelquelle, von Schweizern viel besucht. Der Weg von hier nach (1 St.) *Klosters* überschreitet 20 Min. vom Bad die beiden Arme der Landquart; weiter stets r. über schöne Matten am Wasser hin bergan.

Weiter stets bergan hoch über der Landquart und über den *Schlappinbach* nach ($30_{,6}$km) *Klosters-Dörfli* (1125m; *Kurhaus Klosters-Dörfli; Pens. Schweizerhaus); oberhalb hübscher Rückblick auf das Prätigau; ö. schließt der schön gewölbte *Silvretta-Gletscher* das Thal; r. das *Roggenhorn* (2897m) und der *Gatschieferspitz* (2673m).

33km **Klosters**, in breitem, auf allen Seiten von hohen Bergen eingeschlossenem Thal zwischen Wiesen und Wäldern schön gelegen und als Sommerfrische viel besucht, zerfällt in drei Gruppen: *Klosters-Dörfli* (s. oben), 20 Min. weiter *Platz* (1209m) mit der Kirche, und daran sich anschließend *Bei der Brücke* (1191m) mit dem Bahnhof (Restaur.). In Platz und Brücke die Gasthäuser: am Bahnhof

**H.-P. Brosi*, Z. u. B. 3, M. 3, A. 2, F. 1¼, Pens. 7 fr.; **H.-P. Vereina*; jenseit der Brücke **H.-P. Silvretta* (Kuranstalt *Mattli*), Z. 3-4, F. 1, M. 3, A. 2, Pens. mit Z. 8-9 fr.; **Pens. Florin*. — 5 Min. von der Brücke im *Rütiwalde* Promenaden mit zahlreichen Bänken.

Ausflüge (Führer *C. C. Hew*, *Chr.* und *W. Jann*, *L. Guler*). Hübsche nähere Spaziergänge nach *Aeje* (½ St.), *Monbiel* (1 St.), zur *Marienhöhe* (½ St.), zum *Schwarzsee* (1¼ St.), zur *obern Rüti* (1½ St.) etc. — Zur **Silvretta-Clubhütte** (5 St., F. 7 fr.) s. unten. Von der Hütte zum Absturz des *Silvretta-Gletschers* 1½ St. hin u. zurück (bis auf die Gletscherhöhe 3 St.). — **Gotschna** (2267m), am Schwarzsee (s. unten) vorbei über die Matten von *Parsenn* in 3½ St. m. F.; **Casardhorn** (2611m), über *Novai* (s. unten) in 5 St. (F. 7 fr.); **Aelpeltispitz** (2690m), durchs *Schlapinthal* in 5 St. (F. 7 fr.), alle drei unschwierig u. lohnend. **Casanna** (2561m), 3½-4 St. (F. 7 fr.), die letzte Strecke nur für Schwindelfreie. **Pischahorn** (2982m), durchs *Mönchalpthal* in 6 St. (F. 7 fr.), nicht schwierig. Beschwerlicher sind **Ungeheuerhorn** (3000m), von der Vereinahütte (s. unten) durch das Süserthal in 5 St. (20 fr.), und **Plattenhörner** (höchste Spitze 3227m), von Vereina in 6 St. (22 fr.). — **Silvrettahorn** (3248m), von der Silvrettahütte (s. unten) in 4 St. (F. von der Hütte ab 10 fr.) und ***Großer Piz Buin** (3327m), von der Hütte in 6 St. (F. 20 fr.), beide für geübte Bergsteiger ohne Gefahr. Schwieriger sind *Klein-Buin* (3264), *Verstanklahorn* (3302m), *Seehörner* (*Groß-Lüsner* 3108m, *Groß-Seehorn* 3124m) und *Mädrishorn* (2848m).

Pässe. Von Klosters nach Süs über den Vereinapaß (9-10 St., F. 12 fr.), ziemlich mühsam. Am r. Ufer der Landquart, die 1½ St. oberhalb Klosters durch die Vereinigung des *Sardasca-* und *Vereinabachs* gebildet wird, führt ein Fahrsträßchen über *Monbiel* zur (1½ St.) *Alp Novai* (1368m), am l. Ufer der Sardasca. Von hier Saumweg r. ab, im *Vereina-Thal* steil hinan, an der *Stutzalp* (1877m) vorbei zur (1½ St.) *Vereina-Klubhütte* (1950m), an der Mündung des *Vernela-Thals* (s. unten); ¼ St. weiter die Alp *Fremdvereina* (1962m), wo das Thal sich in r. *Jörithal*, l. *Süser Thal* scheidet. In letzterm hinan zur (2½ St.) Paßhöhe von *Val Torta* (**Vereinapaß**, 2659m) und l. von dem unten sichtbaren *Hörnli* über den Schnee weiter, dann auf beschwerlichem Pfade steil hinab durch *Val Sagliains* nach (3 St.) *Süs* (S. 392). — Ein zweiter Übergang führt am obern Ende des Süser Thals r. zum **Fleßpaß** (2479m) und durch *Val Fleß* hinab ins *Susasca-Thal* auf die Flüela-Straße (S. 343) 1 St. oberhalb Süs; ein dritter (der schönste von allen) durch das *Jörithal* (s. oben) mit den 7 *Jöriseen* und dem ansehnlichen vom *Weißhorn* (3088m) überragten *Jörigletscher*, über den **Jörifleßpaß** (2567m) gleichfalls ins Fleßthal und zur Flüelastraße.

Nach Lavin über den Vernela-Paß (10-11 St., F. 12 fr.), beschwerlich, nur für Geübte. Von der Vereinahütte (s. oben) durch das *Vernela-Thal* an der Felshöhle *Baretta balma* vorbei allmählich hinan, zuletzt über den *Pillergletscher* mühsam zum (6-7 St.) **Vernela-Paß** (*Laviner Joch* oder *Fuorcla Zadrell*, 2783m). Steil hinab ins *Val Lavinuos* zur *Alp Marangun* und unter den Abstürzen des *Piz Linard* hin über *Alp da mezz* und *Alp da doura* nach *Lavin* (S. 392).

Nach Guarda über den Silvretta-Paß (10-11 St., F. 16 fr.), anstrengend, aber für Geübte ohne besondre Schwierigkeit. Fahrstraße über *Novai* (s. oben; kürzerer Fußweg am r. Ufer der Sardasca über *Pardenn* und *Garfiun*) im *Sardasca-Thal* zur (3 St.) Alp *Sardasca* (1635m); dann Fussweg zu der verwahrlosten (2 St.) *Silvretta-Klubhütte* (c. 2280m) am *Medje-Kopf* (2506m) unweit des zerklüfteten *Silvretta-Gletschers*. Von hier über den Gletscher zum (3 St.) **Silvretta-Paß** (3026m) w. vom *Signalhorn* (3207m); dann um den *Klein-Buin* (3264m) herum über den steilen Gletscher *Plan Rai* beschwerlich hinab ins *Val Tuoi* nach (3 St.) *Guarda* (S. 393). — Von der Silvrettahütte nach Guarda über das *Verstanklathor* oder den *Tiatschapaß* (*Fuorcla del Confin*), 7 St., sehr beschwerlich, nur für erfahrene Bergsteiger (F. 15 fr.).

Ins Montafon über das *Schlapinerjoch* (8 St. bis Gallenkirch) s. S. 411. — Über den *Klosterpaß* (2800m) zum *Madlenerhaus* und nach (11-12 St.) *Patenen* (S. 411), anstrengend aber interessant (nur m. F.).

Klosters ist Kopfstation. Die Bahn überschreitet die Landquart, steigt in w. Richtung durch den *Rütiwald*, mit hübschen Aussichten r., bis zum *Droßtobel* und wendet sich dann mittels eines 400m l. Kehrtunnels zurück. Weiter in s.ö. Richtung stets in starker Steigung die waldbedeckte *Klostersche Stütz* hinan, mehrfach mit prächtigen Blicken l. auf die Silvrettagruppe, zur (41km) Stat. *Laret* (1445m) und am kl. *Schwarzsee* (1507m) vorbei (l. das Dorf *Unter-Laret*) über den *Stützbach* zur ($43,_5$km) Stat. *Wolfgang* (1633m; *H. Davos-Kulm, Pens. m. Z. 5 fr.), auf der Paßhöhe. Bergab durch Wald, dann an der O.-Seite des 20 Min. langen fischreichen *Davoser Sees* (1562m) und der Mündung des *Flüelathals* (s. unten) vorbei nach (47km) *Davos-Dörfli* (S. 344) und am r. Ufer des aus dem Davoser See abfließenden *Landwassers* nach (50km) **Davos-Platz** (S. 344).

Die Flüelastraße überschreitet beim Bahnhof Davos-Dörfli das *Landwasser* (r. das *Dischma-Thal* mit dem schönen *Piz Vadret*, 3221m) und steigt langsam in dem einsamen *Flüelathal* auf der r. Seite des Flüelabachs, anfangs durch Wald. $1^1/_4$ St. *Whs. Alpenrose* (1830m); $^1/_2$ St. weiter *Whs. Tschuggen* (1941m). Auf dem ($1^1/_2$ St.) **Flüela-Passe** (2388m; **Hospiz Flüela*, Z. 2, M. 4 fr.) führt die Straße zwischen zwei Seen hin, der erste r. (*Schottensee*) mit weißgrünem Gletscher-, der andere l. (*Schwarzsee*) mit klarem Quellwasser. N. erhebt sich das *Weißhorn* (3088m), s. das *Schwarzhorn* (3150m)

***Schwarzhorn** (3150m), 3-$3^1/_2$ St. m. F. (8 fr.), nicht schwierig und höchst lohnend. Auf der Straße östl. 20 Min. abwärts, dann auf gutem Fußpfad r. im *Radünthal* hinan über Geröll- und Rasenhänge zum ($1^1/_2$ St.) Gletscher; über diesen zum (20 Min.) Fuß des Kegels (2880m) und über den s. Grat steil empor zur ($^3/_4$ St.) Spitze. Großartige Rundsicht; namentlich hervorragend (von S. nach W.): Piz Vadret, weiter zurück Bernina, P. Dosdè etc.; P. Kesch, P. d'Aela, Tinzenhorn, P. Michel (weiter zurück Walliser und Berner Alpen), Lenzerhorn, Tödi Glärnisch, Sentis, Scesaplana, im Vordergrund Silvretta, die Oetzthaler Ferner P. Lischanna, Pisoc, Ortler; dann die Thäler Fluela, Dischma, Davos, Unter-Engadin mit Ardez und Schloß Tarasp.

Dem Fußwanderer bietet der Flüelapaß durch seine reiche Flora interessante Unterhaltung. Die Masse von Alpenrosen, die namentlich die südl. Abhänge zur Blüthezeit mit ihrem leuchtenden Roth bedekt, gewährt einen herrlichen Anblick. Die schöne Primula villosa und farinosa, die Alpen-Anemonen, Empetrum nigrum und die zierliche Saxifraga Seguieri und androsacea (letztere in der Nähe des Hospizes) sind hier vielfach zu finden.

Die Straße senkt sich in trümmerreichem Hochthal und tritt bei ($^3/_4$ St.) *Chant Sura*, wo ein Wegerhaus (2035m), auf das l. Ufer des *Susascabachs*. R. öffnet sich das öde *Val Grialetsch*, im Hintergrund der zerrissene *Piz Vadret* (3221m) mit dem grossen *Grialetsch-Gletscher*. L. stürzt aus dem *Val Fleß* (S. 342) ein Wildbach, den die Straße überschreitet; rückwärts das Schwarzhorn. Weiter abwärts tritt die Straße auf die r. Thalseite und führt durch eine Gallerie; dann zeigt sich unten Süs mit der Burgruine auf lärchenbewachsenem Hügel, darüber der dreigipfelige *Piz Mezdi* (S. 393). In Windungen (Fußgänger kürzen auf dem alten Wege l. bergab) nach (2 St.)

71km *Süs* (S. 392); von hier nach (92km) *Schuls* s. R. 103.

## 92. Von Davos über Lenz nach Chur
### (Landwasser-Route).

5Fkm. Post tägl. in 7½-8½ (von Chur nach Davos-Platz 8-10) St. für 14 fr. 65 (Coupé 17 fr. 60 c.). Zweisp. Extrapost von Chur nach Davos-Platz 93 fr. 80 c., durch den Schynpaß 118 fr. Zweisp. von Chur nach Wiesen incl. Trinkg. 77, nach Davos 110 fr. — Die **Landwasserstraße*, 1870-73 erbaut, ist an Großartigkeit und Kühnheit des Baus der Schynstraße und Via Mala an die Seite zu stellen, übertrifft aber beide durch reichere Mannigfaltigkeit der Landschaft.

Die Landschaft **Davos** (roman. *Tavau*) ist ein 3 St. langes, ¼ St. br. Alpenhochthal mit 1800 Einw., haus- und stadelbedeckte Matten, etwas Getreidebau, von Waldbergen eingeschlossen, vom Landwasser durchflossen. Um die fünf Kirchen des Thals haben sich Häuser gruppirt: *Dörfli*, *am Platz* (auch *St. Johann am Platz* genannt), *Frauenkirch*, *Glaris* und, in einem Seitenthal, *Monstein*. Die Landschaft bildete eines der bis 1848 ganz souveränen 26 Hochgerichte des Kantons Graubünden (vgl. S. 336); die Bewohner, Protestanten, hießen von Alters her „freie deutsche Walser Leute" und kamen der Sage nach im XIII. Jahrh. aus dem Wallis nach Davos, durch einen Frhrn. von Vatz, denen damals das ganze Land unterthan war.

Eisenbahn von *Landquart* nach *Davos* s. R. 91.

**Davos-Dörfli** (1574m; *Gr.-Hot. Seehof*, in geschützter Lage, Pens. m. Z. 6-7 fr.; **Hôt. Flüela & Post*, Z. u. B. 2½, F. 1, M. 3 fr.; *Pens. Gredig*, *Bellevue*, *Paul*, *Villa Vecchia*, *Sonneck* etc.), in hübscher Lage am Fuß des *Schiahorns* (2713m); gegenüber s.ö. am obern Ende des Dischma-Thals der Scaletta-Gletscher mit dem Piz Vadret (s. unten), l. das Schwarzhorn (S. 343).

Ausflüge. Zum (¼ St.) *Davoser See* (S. 343). — *Weißfluh* (2836m), über *Meierhof* in 4½ St. m. F., lohnend (Abstieg event. nach *Langwies*, S. 347). — *Pischahorn* (2982m), über *Tschuggen* in 5½ St. (F. 10 fr.), nicht schwierig, s. S. 342.

2,7km **Davos-Platz.** — Gasth.: *Kuranstalt Holsboer (*Kurhaus Davos* und mehrere Villen); *H.-P. d'Angleterre; *H.-P. Buol; *Gr.-H. Belvedere, mit großer Terrasse (Solarium), 5-10 fr. m. Z.; *H. Victoria (englisch); H.-P. Garré (holländ.); *H. Strela; *Schweizerhof; *Post, nicht theuer; H. Rhätia, Z. u. L. 3, F. 1¼, Pens. 6½-10 fr.; H. Berg; *Davoserhof, zunächst dem Bahnhof; Rathhaus, nicht theuer; H.-P. Windsor; P. Gelria; P. Eisenlohr; P. Villa Germania; Villa Battwa, P. Kilpi; Gasth. Tobelmühle. Wohnungen im *Centralhof*, *Schlößli*, *Villa Letta*, Haus *Ardüser*, *Villa Frei*, *Villa Dönier* etc. Pens. u. Z. für Kranke auch im *Diakonissenhaus*. — *Café* mit vielen Zeitungen im *Kurhaus Holsboer*. *Café-Rest. Franziskaner*; *Restaur. Alpina*. Wein in der *Veltlinerhalle*. — *Kurtaxe* 1½ fr. pr. Woche. — Erziehungsinstitut *Fridericianum (Dr. Perthes)* für brustkranke Schüler. Schulsanatorium für Mädchen bei *Frl. Dickes*.

Wagen: Einsp. nach Davos-Dörfli 3, Zweisp. 5½; nach Tschuggen 8 u. 15, Flüela-Hospiz 12 u. 22, Spinabad u. Glaris 6 u. 12, Schmelzboden Hoffnungsau 10 u. 18, Wiesen 15 u. 28, Tiefenkasten 25 u. 45, Thusis 35 u. 65, Tarasp 32 u. 60, Samaden 45 u. 80, Pontresina 50 u. 90 fr. — Omnibus zwischen Davos-Platz und Davos-Dörfli alle ½ St., 30 c., hin und zurück 50 c.

*Davos-Platz* oder *St. Johann am Platz* (1559m), Hauptort der Landschaft und des alten Zehngericht-Bundes (4781 E.), mit manchen hübschen Häusern, auf grüner Matte zerstreut, gegen Nord- u. Ostwinde durch hohe Berge geschützt, wird von Brustkranken als Winter- und Sommeraufenthalt viel besucht. In dem Saale des stattlichen Rathhauses (unten *Wirthschaft) allerlei alte Waffen, interessante Glasmalereien und sonstige Merkwürdigkeiten. Im *Kurgarten* (beim Etabl. Holsboer) Mitt. u. Abends Musik (Eintritt nur gegen Eintrittskarten gestattet, Jahres-Abonnement 25 fr.).

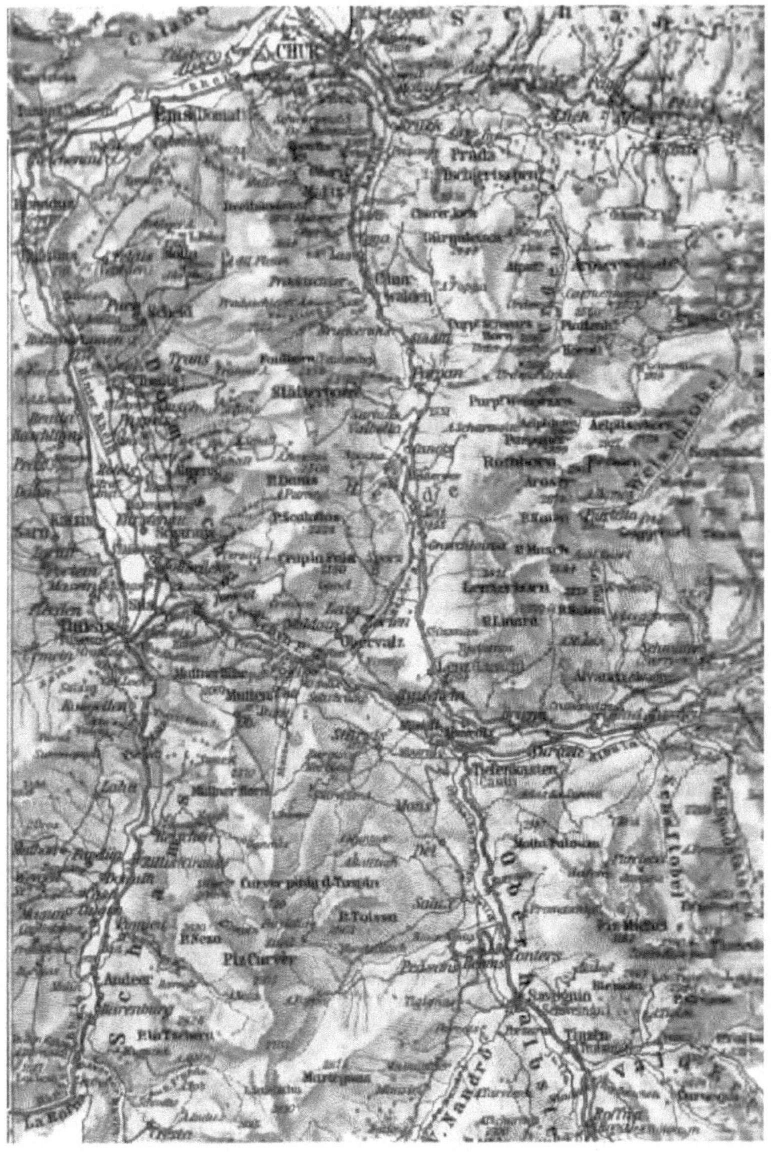
CHUR
Ems
Domat
Prada
Churwalden
Parpan
Rothhorn
Arosa
Lenzerhorn
Thusis
Tiefenkastel
Savognin
Curver pintg d. Taspin
P. Toissa
Piz Curver
Andeer
Tinzen

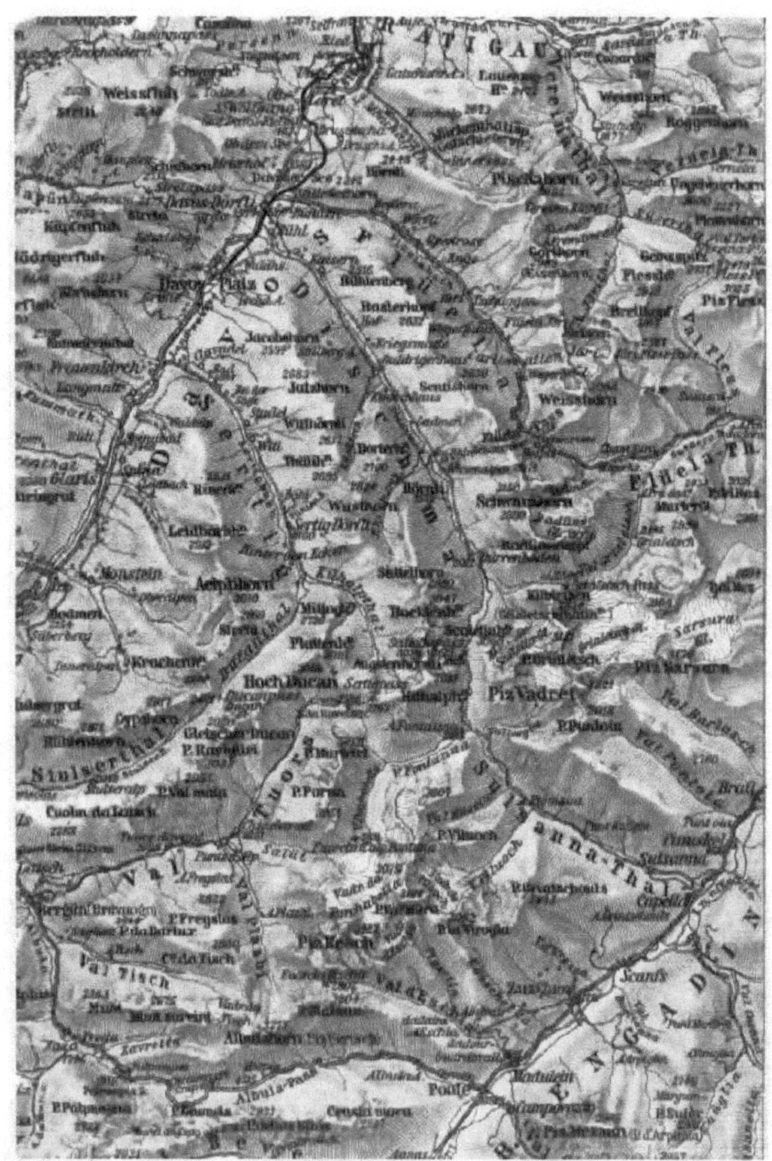
ATIGAU
Weissfluh
Davos Platz
Jacobshorn
Monstein
Hoch Ducan
Piz Vadret
Stulserthal
Val Tisch
Piz Kesch
Albula-Pass
Ponte
E N G A D I N
Sertig Dörfli
Leidbachhorn

Spaziergänge: Zum *Stein*, Sommerwirthsch. oberhalb Hôtel Buol, mit schöner Aussicht, 20 Min. — Zum *Waldhaus* (Hôt.-Pens.), am Eingang des Dischmathals, 20 Min. — Nach *Davos-Dörfli* und zum *Davoser See* (s. oben), 1 St. — Zum *Gemsjäger*, 1/2 St., und zu den Wasserfällen im *Alberti-Tobel*, 1/2 St. — Auf den *Schatzberg* (1876m; Wirthsch.), 1 St.; *Strela-Alp* (1980m), $1^1/_4$ St., *Grüne* und *Ischa-Alp*, je 1 St. — Nach *Frauenkirch*, 3/4 St.; Bad *Clavadel*, 1 St., etc.

Bergtouren (Führer *A. Mettier*, *L. Ardüser*, *A. Corai* u. a.). **Schiahorn* (2713m), auf neu angelegtem Wege in 4 St. (F. 7 fr.), unschwierig, lohnend. — *Alteingrat* (2380m), über *Glaris* in $4^1/_2$ St., nicht schwierig (F. 8 fr.; auch von Wiesen über die *Alvascheiner Alp* leicht zu ersteigen). — **Schwarzhorn* (3150m), vom Flüelapaß in 3 St. (F. 10 fr.), s. S. 343. — *Piz Vadret* (3221m), über den Scalettapass in 6 St. (F. 20 fr.), lohnende Gletschertour für Geübtere. — *Hoch-Ducan* (3066m), von *Sertig-Dörfli* in 6 St. (F. 20 fr.), sehr mühsam und schwierig.

Von Davos nach Scanfs über den Scalettapaß, $8^1/_2$ St., lohnend (nächster Weg von Davos nach dem Ober-Engadin; Führer rathsam). Von Davos-Dörfli einige 100 Schritt auf der Landstraße nach Davos-Platz, dann l. in das *Dischma-Thal*, $2^3/_4$ St. zum Whs. im *Dürrboden* (2011m), mit schönem Blick auf den *Scaletta-Gletscher*; l. das *Schwarzhorn* (3150m), das von hier in 4 St. bestiegen wird (leichter und kürzer vom *Flüela-Paß*, S. 343). Vom Dürrenboden auf steinigen Wege steil hinan zum (2 St.) **Scalettapaß** (2619m) zwischen *Kühalphorn* (3081m) und *Scalettahorn* (3068m), wo eine zerfallene Hütte; wenig Aussicht. Hinab oft sehr steil, aber abwechselnd durch Wasserfälle und Blicke in vergletscherte Seitenthäler zur *Alp Fontauna* (2198m) und durch das *Sulsanna-Thal* nach ($2^1/_2$ St.) *Sulsanna* (Whs. sehr einf.) und (1/2 St.) *Capella*, wo man das Innthal erreicht, 1/2 St. von *Scanfs* (S. 391).

Nach Bergün über den Sertigpaß, 8 St., lohnend (Fahrweg bis Sertig-Dörfli, dann Saumpfad, Führer angenehm). 20 Min. s. von Davos-Platz von der Straße nach Frauenkirch l. ab über das Landwasser in das hübsche waldreiche *Sertigthal*, an dem (40 Min.) kl. Schwefelbad *Clavadel* (1664m; Pens. $4^1/_2$ fr.) und vielen zerstreuten Höfen vorbei nach ($1^1/_2$ St.) *Sertig-Dörfli* (1860m; *Gadmer, einf.), mit der Kirche des Thals. Oberhalb Dörfli „hinter den Ecken" theilt sich das Thal in r. *Ducanthal*, durch das ein beschwerlicher Pfad über den *Ducanpaß* (2671m) nach Filisur führt, und l. *Kühalpthal*, in welchem unser Pfad nun steiler hinansteigt zum ($2^1/_2$ St.) **Sertigpaß** (2762m) zwischen *Kühalphorn* (3081m) und *Hoch-Ducan* (3066m); schöner Blick s. auf den *Porchabella-Gletscher* und *Piz Kesch* (3417m). Hinab r. an den *Ravtisch-Seen* (2586m) vorbei durch *Val Tuors* zu den Sennhütten von *Chiaclavuot* (1861m) und nach (3 St.) *Bergün* (S. 371); oder vom Joch l. durch *Val Sertig* zur (1 St.) Alp *Fontauna* (s. oben) und durch das *Sulsanna-Thal* nach (4 St.) *Scanfs* (S. 391).

Von Davos nach *Chur* über den *Strelapaß* (*Schanfigg*, *Arosa*) s. S. 349; nach *Arosa* über die *Meyenfelder Furka* s. S. 348.

Unterhalb Davos mehrere Rüfen mit breiten Geröllmassen. Die Straße führt auf der r. Seite des mit Häusern und Heustadeln übersäten Thals (vorn das zahnartige *Tinzenhorn*, S. 370) nach (3/4 St.) *Frauenkirch* (*Post, Z. $1^1/_2$-3, Pens. m. Z. 5-7 fr.) mit malerisch gelegenem alten Kirchlein (an der Bergseite Lauinen-Schutzmauer). L. mündet das *Sertigthal* mit dem Bade *Clavadel* (s. oben). Das Thal verengt sich; die Straße tritt auf das l. Ufer des Landwassers vor (1/2 St.) *Spinabad* (1468m), einf. Schwefelbad (gut u. billig), inmitten von Tannen hübsch gelegen. 1/4 St. *Glaris* (Post), auf den Matten des r. Ufers zerstreut. Weiter stets am l. Ufer des Landwassers durch das hübsche bewaldete Thal (vorn erscheint der *Piz Michēl*, S. 370) zum (3/4 St.) *Schmelzboden Hoffnungsau* (1330m; Whs.), einem seit 1847 stillstehenden Hüttenwerk; r. die *Züge*, jähe fichtenbewachsene Geröllwände.

Unterhalb des Schmelzbodens verengt sich das Thal zu wilder Schlucht. Die neue „Zügenstraße" bleibt noch 1/4 St. am l. Ufer, führt durch einen Tunnel und ein Lauinen-Schutzgewölbe und tritt dann auf das r. Ufer, wo sie bald zu steigen beginnt; drei Tunnel und eine Schutzgallerie folgen rasch hinter einander. Vom **Bärentritt* (1268m), einem ummauerten Vorsprung, 78m über dem Landwasser, prächtiger Blick in das großartig wilde Thal, r. in senkrechter Tiefe der 32m hohe *Sägentobelfall*. Weiter über das *Sägentobel* und *Brückentobel* in langen Windungen hinauf nach (1 St.)

$20{,}_3$km **Wiesen**, rom. *Tein* (1439m; **H.-P. Bellevue & Palmy*, Pens. 6-8 fr.), an der südl. Abdachung des *Rothhornstocks* hoch über dem Landwasser gelegen, in sonniger, gegen Nord- u. Nordostwinde geschützter Lage, als Luftkurort besucht. Südl. jenseit der tiefen Landwasserschlucht hoch oben in grünen Matten *Jenisberg*, am Abhang des *Stulsergrats* (2680m); weiter zurück das mächtige *Tinzenhorn* (3179m) und der *Piz Michēl* (3163m).

Spaziergänge. Ueber *Süßwinkel* nach dem obern *Brückentobel* und dem *Mühlentobel* mit hübschen Wasserfällen (15 Min.). — Nach dem *Tiefentobel* (s. unten), 20 Min.; von der Straße prächtiger Blick auf Tinzenhorn, Piz Michēl und Piz d'Aela; weiter nach (40 Min.) *Schmitten*. Jenseit des Tiefentobels hinab nach (15 Min.) *Bodmen* (1269m), mit verfallnen Häusern; dann auf schönem Waldweg in die Landwasserschlucht zur *Theerhütte* und auf den *Leidboden* (20 Min.); über die Landwasserbrücke (Vorsicht!) und entweder über eine zweite, gleichfalls in schlechtem Zustand befindliche Brücke weiter aufwärts nach (3/4 St.) Wiesen zurück; oder von der ersten Brücke zunächst l. aufwärts bis hinter ein Stadel und verfallene Ställe, wo der Pfad steil aufsteigt, sich nach r. wendet und oberhalb des frühern, an einer Stelle abgerutschten Weges, weiterhin durch prächtigen Lärchenwald mit schönen Waldwiesen nach (1 St.) *Filisur* führt (s. S. 371). — Zur (1/2 St.) **Jenisberger Brücke* (1189m), 83m über dem Landwasser (30m höher als die mittlere Viamala-Brücke). Vor der Brücke einige Schritte l. schöne Ansicht des *Känzeli-Wasserfalls*. Von der Brücke steil hinauf nach (1 1/4 St.) *Jenisberg* (1520m); von da auf stellenweise sehr rauhem Wege hoch über der Zügenstraße mit hübschen Blicken ins Davoser Thal, zum (1 1/4 St.) Schmelzboden *Hoffnungsau* (s. oben). — Zum (3/4 St.) **Bärentritt* und auf der romant. *Zügenstraße* zum Schmelzboden *Hoffnungsau* und nach *Davos* (s. oben). — Von der *Wiesener Alp* (1924m; guter Waldweg, 1 1/2 St.) schöne Aussicht; umfassender vom **Sandhubel* (2768m), von der Alp in 2 1/2 St. unschwer zu ersteigen (auch zu Pferd; vgl. S. 348).

Die Straße überschreitet 20 Min. hinter Wiesen das jäh abstürzende *Tiefentobel* (oberhalb große Lauinen-Verbauung); gleich darauf ein Tunnel. Die Kirche von (40 Min.) **Schmitten**, rom. *Farrēra* (1304m; *Adler; Kreuz; Krone*), auf grünem Hügel, tritt schon von weitem hervor. Unten im Thal vereinigt sich hier das Landwasser mit der *Albula*.

Fußgänger, die nach Filisur (S. 371) wollen, können einen Fussweg benutzen, der unweit der Kirche l. in einer großen Kehre hinabführt, weiter unten den Schmitterbach überschreitet und vor der (1/2 St.) Brücke über das Landwasser zwischen Bad Alvaneu und Filisur in die Albulastraße mündet. — Von Wiesen über den *Leidboden* nach Filisur (1 1/2 St. m. F.), s. oben.

Über das *Schmittertobel* nach (1/2 St.) Dorf *Alvaneu*, rom. *Alvagne* (1185m); s.ö. öffnet sich eine hübsche Aussicht in das durch den *Stulsergrat* (2680m) vom Landwasserthal getrennte Bergüner Thal, im Hintergrund das *Albulahorn* (*Piz Uertsch*, 3273m). Die Straße bleibt noch kurze Zeit auf der Höhe und senkt sich dann in einer weiten Kehre in das große *Orapanaira-Tobel*, wo sie sich theilt. Die Straße nach Tiefenkasten (auch von der Albula-Post befahren, S. 370) führt hinab ins Albulathal, nach *Surava* (Bad Alvaneu bleibt l., s. S. 370) und ($3^1/_2$ St. von Wiesen) *Tiefenkasten* (S. 373). — Die Poststraße nach Chur führt oben am Berge entlang weiter, auf gedeckter Holzbrücke unter den malerischen, heute noch mehrere Stockwerk hohen Trümmern des im Schwabenkrieg (1499) zerstörten, auf einem schwer zugänglichen Felsvorsprung liegenden Schlosses *Belfort* (1152m) hin, nach (1 St.) *Briens* (1133m) und (40 Min.)

35km **Lens** (S. 373); von hier über *Churwalden* nach (58km) *Chur* s. R. 100.

## 93. Von Chur nach Davos durch das Schanfiggthal. Arosa.

*Vgl. Karte S. 344.*

Von Chur nach Arosa (32km) Post tägl. in $5^3/_4$ St. (zurück in 4 St.); Einspänner 30, Zweisp. 50 fr. Von Langwies nach *Davos* über den *Strelapaß* Saumweg in $4^1/_2$ St. (Pferd oder Führer 10 fr.).

*Chur* (590m) s. S. 337. Die neue Schanfiggstraße steigt in großen Serpentinen am Abhang des *Mittenbergs* (S. 339), mit schönen Blicken auf die Stadt und das Rheinthal, und biegt dann unterhalb des l. oben gelegenen *Maladers* (1013m), das erst später sichtbar wird, beim (1 St.) Whs. zur schönen Aussicht in das malerische, wald- und mattenreiche **Schanfiggthal** ein; tief unten in waldiger Schlucht die *Plessur*, auf die von beiden Seiten zahlreiche Seitentobel münden; r. Bad Passugg, oben an der Churwaldner Straße Malix (S. 372). Bei der Brücke über das tief eingerissene *Calfreiser Tobel* ein Wasserfall; dann durch ein Felsenthor unterhalb (1 St.) *Calfreisen* (1248m), mit der Ruine *Bernegg* l. oberhalb der Straße, vorbei und über das *Castieler Tobel* nochmals durch ein Felsenthor nach (20 Min.) **Castiel** (1207m; *Hemmi*, guter Wein), einem reizend gelegenen Dorf mit natronhaltiger Eisenquelle. Weiter an der Berghalde entlang in vielen Windungen stets in ziemlich gleicher Höhe fort, über das *Glasaurer Tobel* und *Großtobel* nach ($1^1/_4$ St.) **St. Peter** (1258m; *Löwe; Pens. Badrutt*, 4 fr.) und über *Peist* (1336m; Whs.), das *Peister Tobel*, *Frauen-* und *Gründjetobel* nach ($1^1/_4$ St.)

22km **Langwies** (1377m; **H.-P. Strela* bei Frau *Maitli*, Z. 2, F. 1, Pens. $4^1/_2$-6 fr.; *Bär*), Hauptort des Schanfigg, in einer Thalweitung am Fuß des *Strelapasses* geschützt gelegen. S. öffnet sich das *Arosa-Thal* (s. unten).

Nach Küblis über den Durannapaß, 5 St., leicht u. lohnend. Fahrweg bis ($1^1/_2$ St.) *Fondei* oder *Straßberg* (1913m), dann Saumweg zur (1 St.) sumpfigen Paßhöhe (2124m), zwischen r. *Weißfluh* (s. unten), l. *Kistenstein* (2480m), mit Aussicht auf Rhätikon etc.; hinab über die *Fideriser Alpen* nach (2 St.) *Conters* (1138m) und auf Fahrweg nach ($1/_2$ St.) *Küblis* (S. 341). — Die **Weißfluh** (2836m) ist von Langwies über *Fondei* oder über *Sapün* und die *Haupter Alp* am Strelapaß in $3^1/_2$ St. zu ersteigen (unschwierig u. lohnend; Abstieg event. nach Davos, vgl. S. 344).

---

Nach **Arosa**, einem neuerdings viel besuchten klimatischen Sommer- und Winterkurort, führt von Langwies eine neue Straße

(Post tägl., s. S. 347) in $2^1/_4$ St. Die Straße senkt sich ö. zu dem vom Strelapaß kommenden *Sapüner Bach*, überschreitet ihn und steigt am l. Ufer durch Wald hinan, an der ($^1/_2$ St.) Schlucht des *Bühlerbachs* mit Wasserfällen vorbei. Dann allmählich hinab zur Brücke über die *Plessur* und wieder hinan nach der ($^1/_2$ St.) *Rüti* (zwei Restaur.). 20 Min. weiter theilt sich die Straße: die neue Straße steigt r. bergan in großen Kehren und zieht sich dann in der Höhe fort am *Obersee* (s. unten) vorbei zum (1 St.) *Hôt. Rothhorn* (s. unten), während die alte Straße (für Fußgänger vorzuziehen) durch schönen Wald allmählich berganführt. Auf letzterer erreicht man in 50 Min. die **Pens. Seehof* (1720m; tägl. 4-$4^1/_2$ fr.), in der *Seegrube*, dem untern Theil von Arosa, am kl. *Untersee* schön gelegen. Um den z. Th. bewaldeten Thalkessel herum liegen die andern Hotels von Unter-Arosa: r., 5 Min. oberhalb des Seehofs, **Pens. Rothhorn* (4-5 fr.; Post u. Telegraph), **H.-P. Victoria* und **H.-P. Hof Arosa* ($4^1/_2$-$5^1/_2$ fr.); l. etwas unterhalb Hof Arosa die **Pens. Waldhaus* ($4^1/_2$-$5^1/_2$ fr.), noch weiter im Walde das im Bau begriffene große Hotel einer belgischen Gesellschaft. $^1/_4$ St. oberhalb des H. Rothhorn in *Ober-Arosa* (1892m), schon über der Waldzone, *H. Bellevue*, **Pens. Brunold*, **Kurhaus Arosa* ($6^1/_2$-8 fr.) und auf der Höhe über Bellevue das **Sanatorium Berghilf*, in sonniger Lage (auch für Winterkuren). Die Gasthäuser sind im Sommer zuweilen überfüllt; für längeren Aufenthalt Vorausbestellung rathsam.

Ausflüge (Führer *Joh.* und *Lucius Brüsch*). Von der Seegrube am *Obersee* (1740m) vorbei (auf dem Unter- u. Obersee Kähne zu Seefahrten) nach dem ($^1/_2$ St.) Dörfchen *Maran* (1840m; einf. Whs.) und auf die (1 St.) *Churer Alp* (s. unten). Vom Seehof in das *Welschtobel*, mit schönem Wasserfall (1 St.). — Vom Kurhaus auf den ($^1/_2$ St.) *Tschuggen* (2051m), leicht. Vom Kurhaus zum (1 St.) blauen *Schwellisee* (1919m) und ($^3/_4$ St.) *Aelplisee* (2150m) am Fuß des *Rothhorns* (s. unten). — **Aroser Weißhorn** (2655m), vom Kurhaus in $2^1/_2$ St. m. F. (5 fr.), leicht u. lohnend. — ***Aroser Rothhorn** (2984m), mit prächtiger Aussicht, am besten durch das *Welschtobel* in $4^1/_2$ St. m. F. (15 fr.); Abstieg am Aelpeli- u. Schwellisee vorbei in $2^1/_2$ St. — **Thiejerfluh** (2785m), über die Meyenfelder **Furka** (s. unten) in 4 St. (F. 12 fr.), für Geübte nicht schwierig; lohnend. — **Sandhubel** (2768m), durch das Welschtobel in $4^1/_2$ St., gleichfalls unschwierig (F. 12, mit Abstieg nach Wiesen 15 fr.; vgl. S. 346).

Pässe. Nach Davos über die **Meyenfelder Furka** (2445m) zwischen *Furkahorn* (2728m) und *Amselfluh* (2785m), 5 St. bis *Frauenkirch* (S. 345; F. bis Frauenkirch 10, Davos 15 fr.). — Nach Chur über die *Churer Alpen*, sehr lohnender Weg (6 St., F. entbehrlich), mit herrlichen Aussichten über *Maran*, *Tschiertschen* (1351m; Whs.), *Prada* und *Passugg* (S. 339); beschwerlicher über den **Carmennapaß** (2377m) zwischen Weißhorn u. **Plattenhorn**, steil hinab ins *Urdenthal* und nach Tschiertschen (F. bis Chur 15 fr.). — Nach Parpan $4^1/_2$-5 St. m. F. (10 fr.), lohnend: am *Hörnli* (2497m) s. vorbei zum *Urder Augstberg* (2250m) mit kl. See und über das **Urden-Fürkli** (2600m), zwischen *Parpaner Weißhorn* und *Parpaner Schwarzhorn* nach *Parpan* (S. 372). — Nach Alvaneu, durch das *Welschtobel* und über die **Furcletta** (2577m) ö. vom *Piz Naira* (2872m), hinab über *Alp dil Guert* und die *Alvaneuer Maiensäße*, 5-6 St. m. F. (15 fr., nur bis zur Furcletta 10 fr.), mühsam aber lohnend.

---

Von Langwies nach Davos, $3^1/_2$-4 St. Der Saumweg über den Strelapaß (F. unnöthig, Straße projektiert) führt am r. Ufer des *Sapüner Bachs* durch Wald bergan, nach 10 Min. über den *Fondeier Bach*,

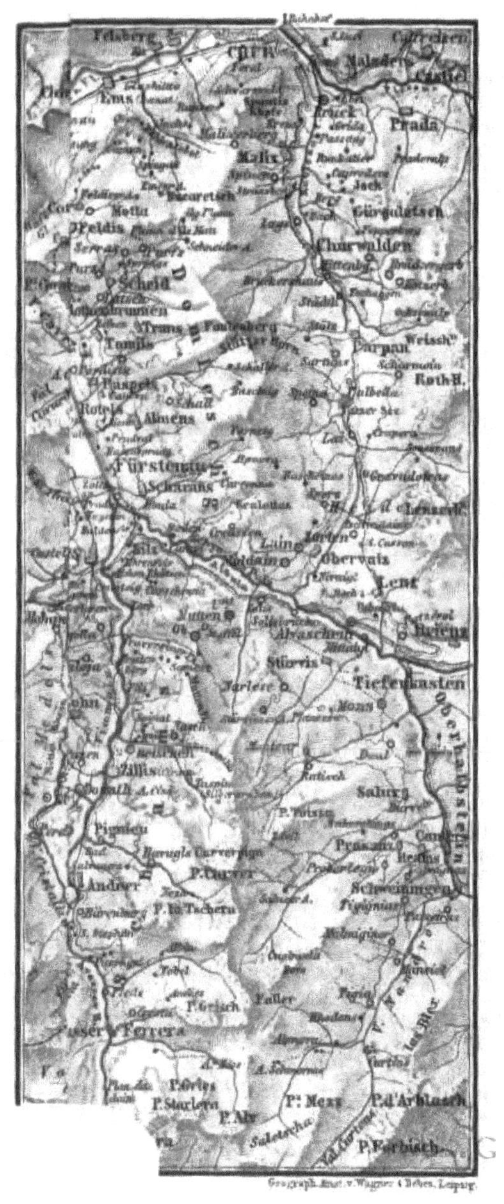
Chur
Ems
Malix
Churwalden
Prada
Jack
Gürgaletsch
Scheid
Trans
Tomils
Parpan
Roth H.
Rotels
Almens
Fürstenau
Scharans
Sils
Lain
Obervaz
Lenz
Brienz
Alvaschein
Stürvis
Tiefenkasten
Mons
Zillis
Salux
Pignieu
Prasanz
Andeer
Schweiningen
P. Curver
P. Grisch
Ferrera
P. Starlera
P. Alv
P: Mezz
P. d'Arblatsch
P. Forbisch
Geograph. Anst. v. Wagner & Debes, Leipzig.

20 Min. weiter über den Sapüner Bach, dann steiler bergan, streckenweise hoch an der Felswand (neue Weganlage). Sie tritt dann wieder auf das r. Ufer des Bachs und führt über Matten an den Hüttengruppen *Dörfli*, *Schmitten* und *Küpfen* (alle zur Dorfschaft *Sapün* gehörig) vorbei durch ein baumloses Hochthal, zuletzt steil im Zickzack hinan zum ($2^1/_2$-3 St. von Langwies) **Strelapaß** (2377m), zwischen r. *Strela* (2636m), l. *Schiahorn* (2713m; vom Paß in 1 St. leicht zu ersteigen, s. S. 345), mit prächtiger Aussicht. Hinab zur ($^3/_4$ St.) *Schatzalp*, dann entweder r. nach ($^3/_4$ St.) *Davos-Platz* (S. 344), oder l. nach (1 St.) *Davos-Dörfli* (S. 344).

Der Strelapaß ist auch wegen seiner reichen Flora bemerkenswerth. Das hübsche Trifolium alpinum, Achillea atrata, Gentiana verna, der schöne Alpenaster und viele wohlriechende Orchideen, so die nach Vanille duftende Nigritella angustifolia (Bränderli, Männertreu) wachsen in Menge bis oberhalb Davos.

## 94. Von Chur nach Göschenen. Oberalp.

*Vergl. auch Karte S. 100.*

101km. Post 2mal tägl. in $14^1/_2$ St. (24 fr. 15, Coupé 28 fr. 20 c.), einmal über Flims, einmal über Bonaduz (S. 349), mit Uebernachten in Disentis. — Zweisp. Extrapost von Chur bis Andermatt 157 fr., dreisp. 215 fr., bis Göschenen 165 fr. 40 u. 227 fr. — Einspänner von Chur nach Reichenau 6 fr.; Zweisp. bis Reichenau 12, Flims 30, Ilanz 45, Disentis 80, Andermatt 135, Göschenen 145 fr.; von Göschenen nach Disentis 70, Chur 150 fr.; von Andermatt nach Disentis 50-60, Chur oder Thusis 130-185, St. Moritz oder Samaden 270 fr.; Trinkg. 10% des Tarifs.

*Chur* (590m) s. S. 337. Die Straße führt jenseit der Plessurbrücke r. ab, an der *Hosangschen Stiftung* (landw. Erziehungsanstalt) vorbei. Jenseit des Rheins, am Fuß des *Calanda* (S. 339), das Dorf *Felsberg*, von gleichem Schicksal wie Goldau (S. 98) bedroht. Ein Theil der Felswand ist im J. 1850 hinabgestürzt. 6km **Ems**, roman. *Domat* (573m), großes Dorf mit den spärlichen Trümmern der Burg *Oberems*. Die runden Erdhügel hier und bei Reichenau sind wahrscheinlich Reste einer alten Moräne. Vor Reichenau auf neuer Eisenbrücke über den Rhein.

$10_{,4}$km **Reichenau** (590m; **Adler*), Häusergruppe an der Vereinigung des *Vorder-* und *Hinter-Rheins*, die am besten von einem Pavillon im *v. Planta*'schen Garten neben dem Adler zu beobachten ist. Der wasserreiche Vorder (Oberländer)-Rhein wird von dem vom Bernhardin kommenden dunkeln wildfluthenden Hinterrhein scharf zurückgedrängt. Im W. ragt das schneebedeckte *Brigelser Horn* (S. 353) über die Oberländer Gebirge hervor. Der schöne Garten ist Fremden geöffnet (während des Posthalts Zeit zur Besichtigung); an der Gärtnerwohnung der Spruch: „Diess myn Huss, und myn Vaterland, B'halt's o Gott! in dyner trüven Hand“.

Das *Schloß*, dem Eingang des Gartens gegenüber, von den Bischöfen von Chur erbaut, ist jetzt Eigenthum des Hrn. Dr. A. v. Planta. 1793 fand hier Louis Philipp von Orleans, der spätere König der Franzosen, eine Zuflucht unter dem Namen Chabot; ein Zimmer mit Erinnerungen an ihn wird im alten Zustand erhalten (Trkg. 1 fr.)

Von Reichenau nach *Thusis* (*Via Mala*) und über den *Splügen* nach *Colico* s. S. 360; über den *Bernhardin* nach *Bellinzona* s. S. 367. — *Schynstraße* von *Thusis* nach *Tiefenkasten* s. S. 361; *Kunkelspaß* nach *Ragaz* s. S. 338.

*Neue Straße von Reichenau nach Ilanz (22km; Post tägl., s. oben). Bis (2km) *Bonaduz* s. S. 360; hier von der Splügenstraße r. ab, $^1/_2$ St. eben fort, dann durch Wald hinan, weiter ($^1/_4$ St.) hoch über dem malerischen Vorderrheinthal, mit prächtigen Ausblicken; kühner Straßenbau, mehrfach Felssprengungen. Nach 10 Min. wendet sich die Straße scharf l. in das schöne Thal der *Rabiusa* (s. unten) und führt in Windungen und durch einen Tunnel hinab zu der (20 Min.) gedeckten Brücke (729m) über das *Versamer Tobel*, 60m über dem Bach. Dann wieder aufwärts durch prächtigen Nadelwald in vielen Windungen (Fußpfade kürzen) nach dem idyllisch gelegenen ($^3/_4$ St.) *Versam* (909m; Joos, einf.), mit reizender Aussicht. Die Straße führt $^1/_2$ St. auf der Höhe hin und senkt sich dann in das Vorderrheinthal; prächtige Aussicht, am l. Ufer hoch oben Laax (S. 350), im Vorblick das Brigelser Horn. 20 Min. *Carrera;* weiter über ein wildes Tobel, durch einen Felstunnel nach (20 Min.) *Valendas* (823m; Krone, einf.) und, stets bergab, nach (50 Min.) *Kästris* (728m); dann über das breite steinige Bett des *Glenner* nach ($^1/_2$ St.) *Ilanz* (S. 351).

Durch das von der *Rabiusa* durchströmte **Safier Thal** führt von Versam südl. eine Fahrstraße nach ($4^1/_2$ St.) *Safien-Platz* (1297m; Whs.); l. der schöne Fall des *Carnusabachs.* Von hier Saumweg über die große *Alp Camana* nach *Thalkirch* (1660m) und dem ($2^1/_2$ St.) *Gurtnätscherhof* (1801m) am obersten Thalende, mit prachtvollem Wasserfall; dann steiler Anstieg zur (2 St.) Paßhöhe des *Safier-* oder *Löchlibergs* (2490m), hinab über die *Stutzalp* nach ($1^1/_2$ St.) *Splügen* (S. 365). — Oestl. führt von Safien-Platz der unschwierige *Glaspaß* (1846m; kl. Whs., billig) über den *Heinzenberg* durch die Dörfer *Tschappina* und *Urmein* nach (5 St.) *Thusis* (S. 360).

Die Straße am linken Ufer steigt von Reichenau n. nach ($^1/_4$ St.) **Tamins**, rom. *Tumein* (684m; *Post*). Trefflicher Blick, besonders von dem Kirchhügel, über das ortreiche *Domleschg* (S. 360), mit dem *Piz Curvēr* (2975m) im Hintergrund, w. das *Vorder-Rheinthal* mit dem *Unterhorn* (2798m) und *Piz Riein* (2752m). Der hinter Tamins r. herabkommende *Lavoi-Bach* bildet nach Regen einen schönen Fall. Vor ($^3/_4$ St.) **Trins** (860m; *Post*) l. die Trümmer der Burg *Hohentrins*. 10 Min. weiter bei *Digg* wendet die Straße sich durch einen Bergeinschnitt (*Porclas*) in scharfem Winkel nach N. und umzieht in weitem Bogen am Fuß des *Flimser Steins* (s. unten) den *Seeboden*, einen fast kreisfömigen, von bewaldeten Höhen umschlossenen Thalkessel. Bei dem malerisch gelegenen ($^1/_2$ St.) *Mulins* (829m; Whs.) r. einige Wasserfälle; weiter l. in Fichten der kleine *Cresta-See.*

21,5km **Flims**, rom. *Flem* (1102m; **H.-P. Bellevue* am obern Ende, gutes Bier; *Acola's Gasth.*, wird gelobt), altes Städtchen mit mehreren Herrenhäusern der Familie Capaul, später im Salis'schen Besitz.

Ausflüge (Führer *Rich.* u. *Conr. Joos, Pankraz Koch*). Hübscher Spaziergang zum *Flembachfall* u. der *Runcabrücke* (20 Min.). — **Flimserstein** (*Crap da Flem*, 2696m), 5 St., unschwierig u. lohnend (Führer 6 fr., entbehrlich). Der Weg führt allmählich steigend über *Fidaz*, weiter durch Wald um die SO.-Ecke des Berges herum bis zu den Matten von ($1^3/_4$ St.) *Bargis;* hier nicht über den Bach, sondern l. hinan (stets breiter guter Weg) auf das hügelige Plateau zur (1 St.) *Alp Sura* (2102m; Milch u. Brot); von einem Felsblock $^1/_4$ s. guter Ueberblick der Bündner Gebirge und des Tödi. Von hier erreicht man in 2 St. bequemen Steigens den Grat und den höchsten Gipfel, mit prächtiger Aussicht, namentlich nach N. auf Ringelspitz und Piz Dolf. Man kann den Abstieg w. gegen Segnes nehmen und über Alp *Cassons* und *Foppa* nach Flims zurückkehren. — **Vorab** (3025m), $6^1/_2$-7 St., gleichfalls unschwierig und sehr lohnend (vgl. S. 66; F. 20 fr.). Von Flims bis zum Rande des stark zurückgegangenen *Bündnerbergfirns* $4^1/_2$ St., dann über den gut gangbaren Gletscher in 2 St. zu der aus Schieferbrocken bestehenden Spitze. Prachtvolle Aussicht, namentlich auf die nahe Tödigruppe; von der n. Spitze (20 Min.), *Elmer Vorab* (3021m), auch auf das Sernfthal und die Berner Alpen. — *Ringelspitz* (3251m), 8 St. (F. 40 fr.), schwierig, nur für Geübte.

Über den *Segnes-Paß* nach *Elm* s. S. 66 (8 St., F. 20 fr.); das *Martinsloch* (S. 66) ist auch von Flims in 4-5 St. zu erreichen (F. 18 fr.). Der Besuch des Segnes-Gletschers (*Segnes sura*) ist kaum lohnend (F. 10 fr.).

Durch das Thal des *Flembachs* biegt die Straße zu den (20 Min.) **Waldhäusern** (1050m) hinüber (**H.-P. Segnes*, Z. $2^1/_2$, F. 1.20, Pens. 8-9 fr.); 10 Min. weiter auf der Höhe (1102m) in schöner Lage die große **Kuranstalt Waldhaus-Flims*, einige Min. r. von der Straße, mit 5 Dependenzen, 1. Ranges, Z. L. B. von 5, Pens. ohne Z. $6^1/_2$ fr.), angenehmer Sommeraufenthalt (prächtige Waldspaziergänge, schöner Fichten- und Buchenwald). 20 Min. s. in fichtenbewachsenem Kessel der grüne *Flimser* oder *Cauma-See* (1000m), ohne sichtbaren Zu- und Abfluß, mit klarem milden Wasser (Badhaus mit Schwimmanstalt, Bad 50 c.); ein hübsch angelegter Weg führt hinab.

Weiter durch anmuthige, von bewaldeten Höhen umkränzte Wiesenthäler, vor ($^3/_4$ St.) *Laax* (1023m; *Seehof, dicht beim Laaxer See mit Badeanstalt, Pens. m. Z. 7-8 fr.) an dem tief eingerissenen *Laaxer Tobel* (l.) vorbei (r. bergan führt hier ein Fahrweg in $^1/_2$ St. nach dem hochgelegenen Dorf *Fellers*, rom. *Fallēra*, 1218m, mit prächtiger *Aussicht). Dann senkt sich die Straße an der Bergwand hinab ins Rheinthal (l. unten *Sagēns*, aus zwei Dörfern bestehend) nach *Schleuis*, rom. *Schluein* (764m) mit dem einst der Familie De Mont gehörigen Schloß *Löwenberg*, jetzt kath. Waisenhaus; gegenüber das große Dorf *Kästris* (S. 350), im Vorblick über Ilanz der Piz Mundaun.

33km **Ilānz**, rom. *Glion* (718m; **H. Oberalp*, Z. L. B. von $2^1/_2$, F. $1^1/_2$ fr.; *H. Rhätia*, nicht theuer, am r. Ufer bei der Brücke; *H. Lukmanier*, am l. Ufer, M. $3^1/_2$ fr.; *H. zum Grauen Bund*, neu; *Krone*, einf.; Einsp. nach Disentis 20 fr. u. Trkg.), die schon im VIII. Jahrh. urkundlich erwähnte „erste Stadt am Rhein", zu beiden Seiten desselben, der obere ältere Theil auf dem r. Ufer mit engen Straßen und vielen alterthümlichen mit Wappenschildern gezierten Gebäuden, Hauptort des früheren Grauen Bundes (S. 336), mit 802 Einw. deutscher und roman. Zunge, welche letztere von hier an im Rheinthal aufwärts die allein herrschende ist. Die Lage von Ilanz ist prächtig, Aussichten das Rheinthal auf und ab, und südl. das breit auseinander gelegte Lugnetz-Thal hinauf.

Schöner noch ist die Umsicht von der alten Kirche *St. Martin* (783m), $^1/_4$ St. südl. auf der linken Thalwand des Lugnetz-Thals, oder von dort $^1/_2$ St. höher bei der Kapelle des sauberen Dorfes *Luvis* (1000m). Eine wahrhaft prächtige Aussicht auf das Bündner Oberland und besonders auf die nördl. gerade gegenüber liegende Tödikette, sowie das Rheinthal abwärts bis Zizers bietet der ***Piz Mundaun** (2065m), auch *Piz Grond* genannt. Er erhebt sich unmittelbar s.w. von Ilanz in waldigen Gehängen, über welchen weit ausgedehnte Alpentriften bis gegen den Gipfel ansteigen. Der Weg (4 St., Führer 5 fr., nicht unbedingt nöthig) führt über Luvis (s. oben), dann noch eine Strecke am s.ö. Waldrande hinauf und schräg l. über eine flache Mulde und auf Alpentriften nach dem weithin sichtbaren (3 St.) *Whs.* (geschlossen und im Verfall); von da in gleicher Richtung durch einen Einschnitt des Berges am Ansatz der Hauptkuppe auf den Kamm und w. zum (1 St.) Gipfel. Die alterthümliche Kapelle *S. Carlo* bleibt l. Wer ins Lugnetzthal will, kann direkt nach *Villa* (s. unten; von hier zum Gipfel 2 St., kürzester und bester Anstieg, F. 8 fr.) oder über *Morissen* (1347m; beim Pfarrer guter Wein) nach (2 St.) *Cumbels* (s. u.) hinabgelangen. — Will man nach Disentis, so braucht man nicht nach Ilanz zurück, sondern geht den schönen Weg durch die deutsche Landschaft *Obersaxen* mit dem Hauptort *Meierhof*, von wo man Truns (s. unten) in 3 St. erreicht (Führer rathsam). Wer von Truns kommt, geht 1 St. unterhalb an der Telegraphenstange 222 von der Straße r. ab auf gutem Fussweg hinauf erst durch Wald, weiter mit prächtiger Aussicht auf das Rheinthal, an Ruine *Axenstein* vorbei. Nach 2 St. hinter der Kapelle *St. Valentin* bei dem Crucifix vor dem großen Tobel nicht r. hinauf, sondern l. in das Tobel hinein; $^1/_2$ St. *Meierhof* (1302m; *Casanova, einf.); weiter über sonnige Matten zum ($2^1/_2$ St.) *Piz Mundaun.*

Das 6 St. lange vom *Glenner* durchströmte, roman.-kath. **Lugnetz-Thal** ist eines der schönsten Graubündens. Fahrstraße bis Vals-Platz (22km; Post von Ilanz tägl. in 4 St. 20 Min., 3 fr. 30 c.) am l. Ufer des Glenner an der Ruine *Kastelberg* vorbei durch das (1 St.) *Frauenthor*, rom. *Porclas* (1017m), früher Thalsperre; gegenüber am r. Ufer hoch über dem *Rieiner Tobel* das Dorf *Riein*, weiter *Pitasch* und *Duvin*. Hinter der ($^1/_4$ St.) Kapelle *St. Moritz* (1068m) theilt sich die Straße; r. bergan geht es nach Villa und Vrin (s. unten), l. bergab zum Dorf *Peiden* und ($^1/_2$ St.) dem am r. Ufer des Glenner an der Mündung des gemsenreichen *Duviner Tobels* einsam gelegenen *Peidner Bad* (820m), mit 3 Stahlsäuerlingen. $^1/_2$ St. **Furth** (908m; *Whs.* bei *Ant. Schmid*, leidl.; *Piz Mundaun*) am Zusammenfluß des *Vriner* und *Valser Rheins*, die durch den Gebirgsstock des *Piz Aul* (3124m) geschieden werden; gegenüber das malerisch gelegene *Oberkastels* (988m). Von hier durch das wilde *Valser* oder *St. Peterthal* über *St. Martin*, *Lunschania* und *Campo* nach ($2^1/_2$ St.) **Vals-Platz** oder *St. Peter* (1248m; **Pens. Albin*, *Hôt. Piz Aul*, beide einf.), von wo durch das s.ö. sich abzweigende *Peiler Thal* ein viel begangener Saumpfad über die *Vallatsch-Alp* (1883m; bis hierher von Vals-Platz einen Knaben als Wegweiser mitnehmen) und den *Valser-Berg* (2507m) in 5 St. nach Nufenen oder Hinterrhein führt (s. S. 368). Sehr lohnend von Vals-Platz die Besteigung des *Weißensteinhorns* (*Piz Tomül*, 2949m), mit prachtvoller Rundsicht (4 St., F. 7 fr.), und des *Bärenhorns* (2932m), 4 St. m. F.; Abstieg event. ins Safier-Thal (s. S. 350). *Piz Aul* (3124m), schwierig (besser von Vrin, s. unten). Nach Vrin über die *Fuorcla da Patnaul* (2777m), s. zwischen Piz Aul und Faltschonhorn, oder über die *Sattellalücke* (2768m), zwischen Piz Aul und Piz Seranastga, beide beschwerlich (6-7 St. m. F.).

Der s.w. ansteigende, vom Valser Rhein durchströmte Thalzweig (*Val Zervreila*) theilt sich bei dem Weiler **Zervreila** (1780m; sehr einf. *Whs.*), $3^1/_4$ St. oberhalb St. Peter, nochmals in s. *Kanal-*, s.w. *Lentathal*. Ein beschwerlicher Uebergang (nur mit Führer) führt durch das erstere über den *Kanalgletscher* und den *Zapportgrat* (2839m), hinab durch die *Plattenschlucht* ins *Zapportthal* und nach (9 St.) *Hinterrhein* (S. 367). — Im Lentathal (großartig und sehr besuchenswerth) liegt 1 St. oberhalb Zervreila die *Lampertsch-* oder *Sorreda-Alp* (2006m; dürftige Unterkunft, Heulager). Von hier über den *Vernok-* oder *Vanescha-Paß* (2787m) nach *Vrin* (s. u.) 6-7 St., oder über den *Sorreda-* oder *Scaradra-Paß* (2770m) nach *Olivone* (S. 359) 8 St., beide beschwerlich; über die *Lentalücke* (2954m) nach *Hinterrhein* (S. 367), 9-10 St., schwierig, nur für geübte Bergsteiger mit tüchtigen Führern.

Folgt man bei der Kapelle St. Moritz (s. oben) der r. ansteigenden Straße, so gelangt man über *Cumbels*, *Villa* (1244m; Post, einf.), *Vigens* und *Lumbrein* nach (4 St.) **Vrin** (1454m; *Post*, einf. gut; *Casanova*, dürftig), Hauptort des *Vrin-* oder *obern Lugnetzthals* (von Ilanz nach Vrin, 22km, Post tägl. in 4 St. 10 Min.). Von hier auf den *Piz Regina* (2528m), über *Surrhin* in 4 St. (Führer rathsam), unschwierig und lohnend. *Piz Cavel* (2944m), über die *Ramosa-Alp* und die *Fuorcla de Ramosa* (2650m) in $5^1/_2$-6 St., gleichf. unschwierig. Abstieg event. n. zum *Caveljoch* (S. 354). *Piz Aul* (3124m), mit prächtiger Aussicht, 6-7 St. (über Alp *Seranastga*), schwierig, nur für geübte Bergsteiger. *Piz Terri* (3047m), von der *Vanescha-Alp*, $1^3/_4$ St. von Vrin, über Alp *Blengias* und den *Güda-Gletscher* in 5 St., gleichfalls schwierig. Über den *Vaneschapaß* nach *Zervreila* s. oben; *Caveljoch* nach *Somvix* s. S. 354. — Weiter mit Führer (bis Olivone 18 fr.) an der Mündung des *Vaneschathals* vorbei über *St. Giusepp*, *Pusatsch* und *Alp*

*Diesrut* zum (3 St.) **Paß Diesrut** (2424m), s. vom *Piz Tgietschen* (2858m). Hinab zur *Camona-Alp* (2235m), am obersten Ende des *Somvixer Thals* (S. 354) und mäßig steigend (r. *Piz Vial*, 3166m, und *Piz Gaglianera*, 3122m, l. *Piz Coroi*, 2782m) zur (1½ St.) Höhe des **Greina-Passes** (*Passo crap*, 2360m). Nun scharf bergab durch das wilde *Camadra-* oder oberste *Blenio-Thal* (w. *Piz Medel*, 3208m) über *Daigra*, *Cozzera* und *Ghirone* nach (3½ St.) *Olivone* (S. 359). Man kann auch halbwegs zwischen Camona-Alp und Greinapaß l. über den niedrigen *Monterascio-Paß* (2280m) zur *Alp Monterascio* und durch das malerische *Val Luzzone* über *Lorciolo* und *Cavallo* nach *Davresco* und *Olivone* gelangen (kürzer als Greina).

Neue Straße von Ilanz über *Versam* nach *Bonaduz* und *Reichenau* s. S. 350. — Von Ilanz nach *Elm* über den *Panixer Paß* oder die *Segnes Furka* s. S. 66; nach *Linththal* über den *Kistenpaß* s. S. 61.

Die Straße führt weiter auf der N.-Seite des engen Rheinthals, hier *Pardella* genannt, hinter (20 Min.) *Schnaus* über den *Sether Bach*, dann hinter (½ St.) *Ruis* über den *Panixer Bach*. R. auf einem Felsvorsprung in malerischer Lage die Trümmer der Raubburg *Jörgenberg* (945m).

20 Min. oberhalb der Brücke von Ruis führt r. eine aussichtreiche Straße (Post von Ilanz tägl. in 2 St. 20 M.) über das große Dorf *Waltensburg* (1010m) nach dem in sonnigen Matten gelegenen (1½ St.) **Brigels** (1289m; **H.-P. Capaul*: *H. Kistenpaß*, wird gelobt.) Oberhalb zieht sich das *Val Frisal* mit gleichn. Gletscher zum *Bifertenstock* (3426m) hinan (letzterer, sowie *Piz Frisal*, 3295m, und *Brigelser Horn*, 3250m, können aus Val Frisal erstiegen werden; alle schwierig, s. unten).

Weiter ziemlich einförmig (r. oben das *Brigelser Horn*, 3250m), vor (1½ St.) **Tavanasa** (799m; **Kreuz*) auf das r. Ufer, bei (1 St. 5 Min.) *Rinkenberg*, rom. *Zignau*, wieder auf das l. Oben an der n. Thalwand *Brigels* (s. oben), weiter *Dardin* und *Schlans*. Vor Rinkenberg überblickt man l. die Geröllmassen, mit denen der aus dem *Zavragia-Tobel* kommende *Zignauer Bach* das Thal überschüttet hat. Bei der Brücke prächtige Aussicht: überall an den reich bewachsenen Bergabhängen erblickt man Dörfer, Kapellen und Burgruinen.

Dicht vor (½ St.) Truns steht r. an der Straße die *St. Anna-Kapelle*, auf der Stelle, wo im März 1424 der *Obere* oder *Graue Bund* gestiftet wurde. Alle 10 Jahre, zuletzt 1778, wurde der Bund feierlich erneuert. Zum Gedächtnis wurde die Kapelle errichtet, mit einer von vier Säulen getragenen offenen Vorhalle, an der Wölbung latein. Bibelstellen, und alten 1836 erneuten Bildern und Reimen.

51km **Truns** (860m; **Krone*; **Zum Tödi*). In dem Saal der ehemal. Statthalterei des Klosters Disentis, an der Wand die Wappen der Gemeinden des Grauen Bundes und aller Landrichter seit 1424.

Das nördl. steil ansteigende **Val Puntaiglas** wird von dem grossen *Puntaiglasgletscher* geschlossen. Von der Alp *Puntaiglas* (c. 1540m), 2 St. von Truns, lohnender Blick auf Brigelser Hörner, P. Mut, P. Ner etc. Die südl. Gipfel der Tödigruppe, *Piz Urlaun* (3371m), *Bündner Tödi* (3125m), *Brigelser Horn* (*Kavestrau grond*, 3250m; sehr schwierig) sind von hier zu ersteigen. Ueber die *Gliemspforte* zum *Tödi-Rusein* s. S. 61.

Hinter (35 Min.) *Rabiüs* (955m) erscheint l. im Hintergrunde des Somvixer Thals der prächtige *Piz Gaglianera* (3122m) mit seinem Gletscher. ½ St. **Somvix** (1054m; *Post*), ein rechter *summus vicus*, stattlich auf der Anhöhe gelegen und weithin sichtbar.

Lohnend der Besuch des südl. mündenden **Somvixer Thals.** Über die Rheinbrücke nach (¼ St.) *Surrhein* (892m) und auf gutem Saumweg an der l.

Thalseite hinan durch Wald und Matten über *Val* (1212m) nach dem (1 1/2 St.) einf. *Sumvitser* oder *Teniger Bad* (1273m; gute Unterkunft), unmittelbar an schönem Walde gelegen. Weiter mit hübschem Blick auf die Gletscher des *Piz Vial* (3166m), über Alp *Valtenigia*, an der Mündung des *Lavazthals* vorbei zum (1 1/2 St.) felsumschlossenen Thalende, wo l. der *Greinabach* einen schönen Fall bildet. Der Pfad steigt an der Ostseite des Thals steil hinan zur Felsenge *la Fronscha* und theilt sich weiter aufwärts, l. zum *Pass Diesrut* (S. 353), r. nach *la Greina* (S. 353). — Pässe: Vom Teniger Bad (s. oben) über das Gävaljoch (2536m) nach *Vals* (S. 352), 7 St., unschwierig. Vom Joch kann man in 1 1/2 St. den *Piz Cavel* (2944m) ersteigen; lohnend. — Über das Valgronda-Joch (2780m) nach *Tavanasa* oder *Maierhof* 7-8 St., Führer nöthig. — Über das Lavazjoch nach Curaglia 7-8 St. m. F., lohnend. Vom Teniger Bad (s. oben) an der l. Thalseite durch Wald und Alpenrosengebüsch aufwärts zur *Alp Rentiert*, wo bei dem Steinmann (2024m) prachtvoller *Blick auf die Tödigruppe. Von hier entweder r. über die *Fuorcla da Stavelatsch* (2553m) oder l. um die östl. Abhänge des *Piz Rentiert* herum (bei der Hütte von *Rentiert dadens* sich r. oben halten) ins *Val Lavaz* zur (2 St.) *Stavelatsch-Hütte* (2325m); gegenüber die beiden vom *Piz Vial* und *P. Gaglianera* (3122m) kommenden Gletscher und der *Lavazgletscher*. Nun mäßig steigend zum (3/4 St.) **Lavazjoch** (2509m); von dem Kamme nördl. vom Joch (2687m) prächtiger Blick auf den ganz nahen Medelser Gletscher und nach W. auf die Berner Alpen, Dammastock etc. Steil hinab über Grashalden zur *Alp Sura* (1969m) und durch *Val Plattas* nach (2 St.) *Curaglia* (S. 357).

Interessant sind von hier bis Disentis die Straßenaufmauerungen an den Felsen und die (3/4 St.) gedeckte Holzbrücke über das tiefe *Ruseiner Tobel* (unterhalb zeigt ein Handweiser r. den Weg zum Sandalppaß, s. unten); 1/4 St. weiter die steinerne *Stalusa-Brücke*, oberhalb ein kl. Wasserfall. Vor (25 Min.) Disentis l. an der Stelle des 1830 abgebrannten Schlosses *Castelberg* das Kurhaus *Disentiser Hof.*

63km **Disentis** (1150m) (*Desertinum, Disiert*, Einöde), roman. *Mustèr* (**Disentiser Hof*, mit schöner Aussicht, Z. L. B. 4-6, M. 4 1/2, A. 2 1/2, Pens. m. Z. 9 fr., auch Molken und eisenhaltige Mineralquelle, für längern Aufenthalt zu empfehlen; **Hôt. zur Krone;* gegenüber **Hôtel zur Post*, Pens. 6 fr.), Marktflecken (1329 E.) mit Benediktiner-Abtei, vor Lauinen durch einen Wald geschützt. Von hier drang das Christenthum bald nach Gründung der Abtei im VII. Jahrh. in die Thäler Graubündens. Reiche Schenkungen flossen später derselben zu, die Aebte gehörten zu den mächtigsten Dynasten Rhätiens. Das 160 Schritt lange Abteigebäude, auf einer Anhöhe gelegen, ist jetzt Realschule. Ansehnliche Kirche (1712). Prof. *Placidus Condrau* giebt hier die 'Gasetta Romonscha' heraus.

Bei Disentis vereinigen sich der *Medelser-* oder *Mittel-Rhein* (S. 356) und der *Vorder-Rhein*. Treffliche Aussicht, namentlich Abends, auf den Medelser Gletscher und weit hinab bis gegen Chur bei der Kapelle von *Acletta* (1291m), an der Mündung des Aclettathals, 1/2 St. w. von Disentis, r. von der Straße nach Sedrun.

Ausflüge (Führer: Lehrer *J. Petschen*, Jäger *J. M. Schmoler*, *P. Tenner*, *Jos. Huonder*). Prächtiger Spaziergang auf der **Lukmanierstraße* bis (1 1/2 St.) *Curaglia*, s. S. 357. Ferner über die Kapelle *S. Gada*, mit alten Wandmalereien, nach (1 St.) *Mompè-Medel* am r. Rheinufer, mit schöner Aussicht; nach *Crest Muntatsch* (1/2 St.), Alp *Lumpegnia* (1 1/2 St.) etc.

Die stattliche Pyramide des ***Piz Muraun** (2899m) s.ö. von Disentis, in 5 1/2 St., am besten von *Curaglia* (S. 357) in 4 St. zu ersteigen (F. 8 fr.), gewährt eine sehr lohnende Aussicht vom Monte Rosa bis zum Ortler, namentlich auf die nahe Tödigruppe, großartiger als vom Piz Mundaun (S. 351). — *Piz Pazzola*

s. unten; *Piz Medel* u. *Piz Cristallina* s. S. 358. — *Crap Alv* (2982m) und *Piz Ault* (3033m), durch Val Acletta in 5 St., gleichfalls lohnend und unschwierig.

Von Disentis über den *Lukmanier* nach *Olivone* s. S. 357; durch *Val Piora* nach *Airolo* S. 108. — Ueber den Sandalp-Paß nach Stachelberg, 11-12 St. m. F. (26 fr.), beschwerlich: durch *Val Russein* (s. oben) zum **Sandalp-Paß** (*Sandgrat*, 2780m), zwischen *Kl. Tödi* oder *Crap Glarun* (3074m) ö. und *Catscharauls* (3062m) w.; hinab über den *Sand-Firn* zur *Obern Sandalp* und nach *Linththal* (s. S. 61). — Über *Porta da Spescha* auf den *Tödi*, hinab nach Linththal (18-19 St., nur für durchaus erprobte Berggänger mit tüchtigen Führern), s. S. 61.

Von Disentis über den Brunnipaß (2736m) ins *Maderanerthal* (bis zum Hôtel Alpenclub 8-9 St., F. 20 fr.) s. S. 112.

Die Straße nach Andermatt (zu Fuß 7 St.), etwas tiefer als der alte Weg angelegt, führt durch das grasreiche *Tavetscher Hochthal* aufwärts und läßt die Ortschaften *Acletta*, *Segnas* und *Mompè-Tavĕtsch* (1397m), aus einigen Häusern mit einem Kirchlein bestehend, rechts liegen. Auf der Anhöhe, wo die Straße in einen kleinen Wald tritt, schöner Blick auf die Landschaft Disentis, überraschend für den von Andermatt Kommenden. Von hier wird das Thal enger, die Straße geht abwechselnd durch Wald und Wiese mit hübscher Aussicht auf den jungen Rhein und die Wald- und Wiesenmosaik der Tiefe und jenseitigen Berge, sowie auf die schneegefurchten Häupter der Hochgebirge, denen man entgegenschreitet.

72km **Sedrūn** (1398m; **Krone* bei *Lucas Cavĕgn*), in der Gegend selbst *Tavĕtsch*, selten *Sadrūn* genannt, Hauptort des Val Tavetsch. In der Kirche ein alter Holzschnitzaltar.

Sehr lohnend ist die Besteigung des s. zwischen *Val Medel* (S. 356) und *Val Gierm* sich erhebenden ***Piz Pazzola** (2582m); 4 St., Führer unnöthig. Ueber den Rhein nach *Surrhein* und die Schlucht des *Val Nalps* (s. unten) überschreitend nach dem (1/2 St.) Alpdörfchen *Cavorgia* (1349m); dann über den *Giermbach* r. hinan, durch Matten und Wald zur (1 1/2 St.) *Pazzola-Alp* (1874m), mit schöner Aussicht, und unschwierig zum (2 St.) Gipfel, mit prächtigem Blick namentlich auf den Tödi und die Medelser Gebirge.

In dem einsamen, von hohen Bergen und Gletschern umschlossenen **Val Nalps** liegt 3 St. von Sedrun die *Alp Nalps* (1826m) und noch 2 St. weiter aufwärts die *Uffernhütte* (2301m), Ausgangspunkt für *Piz del Laiblau* (2963m), *Piz Rondadura* (3019m; vgl. S. 358), *Piz Blas* (3023m), *Piz Uffern* (3017m), *Piz Gii* (2970m), *Piz Serengia* (2988m) etc. (jeder in c. 3 St. zu ersteigen). Ein nicht schwieriger Übergang (Abstieg steil) führt von hier s. über den *Nalps-Paß* (2754m) ins *Val Cadlimo* und zum *Uomo-Paß* (S. 103); ein andrer (beschwerlich) ö. über den *Rondadura-Paß* (2714m) zum Hospiz *S. Maria* (S. 358); ein dritter über das Joch (2808m) zwischen *P. Furcla* und *P. Paradis* ins *Val Cornera* (s. S. 356).

Von Sedrun nach Amsteg über den **Kreuzlipaß** (2350m), 8 St., ziemlich beschwerlich (F. 15 fr.). Der Weg führt durch das felsige öde *Strimthal* steil aufwärts; die Jochhöhe ist am obern Ende desselben l., gegen W. am s. Fuß des *Weitenalpstocks* (S. 111). Führer nur so weit nöthig, bis jenseit des Passes der *Etzlibach* zu Gesicht kommt, welcher w. vom *Spillauisee* herabstürzt. Über den Bach zur obersten Alp *Culma* (1880m) und durch das *Etzlithal* an den Hütten der *Hintern* und *Vordern Etzlialp* vorbei hinab nach *Bristen* (S. 111) und *Amsteg* (vgl. S. 112). — Der *Oberalpstock* (*Piz Tgietschen*, 3330m) ist auch von Sedrun zu ersteigen (6 St., F. 15 fr.); vgl. S. 112.

Von Sedrun führt die Straße durch *Camischolas*, *Zarcuns* und (1/2 St.) **Ruèras** oder *S. Giacŏmo* (1401m), überschreitet den aus dem *Val Milar* hervorströmenden Bach, bald darauf, unweit der Häusergruppe *Dieni*, das aus dem *Val Giuf* (beides kleine nördl. Seitenthäler) kommende Bergwasser. Links, auf einem Felsen über der Schlucht

23*

in welcher der junge Rhein braust, steht ein Stück des alten Thurms („Castell“) *Pultmenga*, Ueberrest des Stammsitzes der Pontaninger oder Pultinger.

Der Fußgängern der bessern Aussicht wegen zu empfehlende sog. Sommerweg (beim Handweiser „Paß Tiarms“ r. ab) übersteigt den vom *Crispalt* (3080m) auslaufenden Rücken, oberhalb des links unten liegenden Sommerdörfchens *Crispausa*, und führt bei den Alphütten *Miles* u. *Scharinas* vorbei, über Matten, welche für die fettesten im Tavetsch gelten. Der Weg geht hier am Rande des Abhangs hin, mit schöner Aussicht auf das Rheinthal, wendet sich dann r. in das öde *Val Terms* oder *Tiarms*, überschreitet den *Gämmerrhein* (rom. *Vala*) bei der Alp *Culm de Val* (1957m) und steigt hinan zum **Paß da Tiarms** (2154m), zwischen r. *Piz Tiarms* oder *Bergli-Stock* (2915m) und l. *Calmot* (2316m), mit schöner Aussicht über das ganze Vorder-Rheinthal bis zu den Gebirgen von Vorarlberg und dem Rätikon. Hinab zum *Oberalpsee* (S. 357), l. halten, um die Sumpfwiese zu vermeiden, von Sedrun bis zum See, wo beide Wege zusammentreffen, $2^1/_2$ St.

Die neue Straße folgt der Richtung des alten „Winterwegs“ am l. Ufer des Vorder-Rheins, an der *St. Brida-Kapelle* vorbei, unterhalb des oben gen. Dörfchens *Crispausa* hin, über *Selva* (1538m) und (78km) **Tschamüt** oder *Chiamüt* (1640m; *Zur Rheinquelle* bei *Caveng*, bescheiden aber gut, Mineralien), ärmliche Dörfer, aus einigen Blockhäusern mit einer Kapelle bestehend; vorn der *Six-Madun* oder *Badus*, hinter dessen zweiter Terrasse der Toma-See liegt (s. unten). Tschamut ist wahrscheinlich das höchste Dorf in Europa, wo noch Roggen wächst. Die Straße überschreitet (10 Min.) den *Gämmerrhein* bei dessen Mündung in den Vorder-Rhein, und biegt gegenüber der (20 Min.) Alp *Miles* rechts (n.w.) in das *Val Surpalix* ein, zwischen l. *Piz Nurschallas* und r. *Calmot*. L. kommt der *Vorderrhein (Aua da Toma* oder *Darvun)* in einer Reihe von Fällen von der Bergwand herab.

**Quelle des Vorder-Rheins.** Der Vorder-Rhein entspringt aus dem **Toma-See** (2344m), am n.ö. Abhang des *Six-Madün* oder *Badüs* (s. unten). Der Weg zu demselben (Führer rathsam) führt $^1/_2$ St. oberhalb Tschamut (s. oben) von der Straße links ab, bei der *Alp Miles* über den aus dem Val Surpalix fließenden Bach hinauf zur ($^1/_2$ St.) *Alp Tgietlems*. Oberhalb derselben folgt man nicht l. dem betretenen Alpwege über den Bach, sondern steigt r. am l. Ufer des vom P. Nurschallas kommenden Bachs *Fil Toma* über Alpweiden gerade in die Höhe, wendet sich nach c. 1 St. links und gelangt so auf den Felsriegel, hinter welchem der c. 250m lange und halb so breite, auf der S.- und SW.-Seite von steilen Felsen und Schutthalden, auf der N.- und NW.-Seite von Alpengelände umgebene, grüne, sehr tiefe, fischlose See liegt ($2^1/_2$ St. von Tschamut). Unmittelbar vom See aus ist der **Badus** (2931m; vgl. S. 108) nicht zu ersteigen, weil sich hier die Felsen senkrecht erheben, doch gelangt man in etwa 2 St. anstrengend, doch für Geübtere ohne Schwierigkeit hinauf, wenn man sie nach N. umgeht (F. 10 fr.).

Leichter ist die Besteigung des n. vom Badus auslaufenden **Piz Nurschallas** (2744m), vom Oberalp-Paß in 2, von Tschamut in $3^1/_2$ St. (Führer unnöthig). Man folgt anfangs dem Wege zum Toma-See, biegt aber, wo dieser sich l. wendet, r. ab und steigt über Alpweiden ziemlich steil hinan, zuletzt über den breiten S.-Grat zur Kuppe, mit prächtiger Aussicht auf Reuß- und Vorderrheinthal und die sie umgebenden Gebirgszüge. Abstieg zum Oberalppaß ($1^1/_4$ St.) bequem.

S. von Tschamut zieht sich das **Val Cornera**, an seinem Ausgang unwegsame Schlucht, zum Tessiner Grenzkamm hinan. W. zweigt aus demselben $1^1/_2$ St. von Tschamut *Val Maigels* ab. Beschwerliche Übergänge führen aus Val Cornera über den *Passo Vecchio* (2715m) nach *Val Cadlimo* und *Piora* (S. 103); aus Val Maigels s. über den *Passo Bornengo* (2636m) ins *Val Canaria* und nach *Airolo* (S. 103), w. über den *Maigels-Paß* (2420m) und über den *Lohlen-Paß* (2388m) ins *Unteralpthal* und nach *Andermatt* (S. 108).

Die Straße zieht sich nun in dem einsamen Val Surpalix $1^1/_2$ St. lang in neun Kehren hinan (Fußwege kürzen bedeutend; bei der ersten Kehre l. hinauf, halbrechts halten, bis zum Paß $^3/_4$ St.), mit hübschen Blicken auf Crispalt und Berglistock, rückwärts auf Piz Cavradi, Piz dell' Uffern und Piz Ravetsch. Der (84km) **Oberalp-Paß** (2046m), $4^1/_4$ St. von Disentis, bildet die Grenze zwischen Graubünden und Uri (die Post gebraucht von Tschamut hierher 70, hinab 40 Min., nach Andermatt hinab 1 St. 10 Min., hinauf 2 St.). Auf der Paßhöhe große Torfstechereien.

Weiter um das ö. Ende des $1,_5$km langen dunkeln forellenreichen *Oberalpsees* (2028m) herum (r. kommt der Weg vom Paß da Tiarms herab, s. oben) und an dessen n. Ufer entlang zum ($^1/_2$ St.) kl. *Whs.* am w. Ende (mäßig), dann noch längere Zeit fast eben fort über die *Oberalp* (1964m). Nach 40 Min. öffnet sich die Aussicht über das Ursernthal, w. bis zur Furka (S. 114). Der alte hier l. hinabführende Weg nach ($^1/_2$ St.) Andermatt ist steil und steinig, bietet auch weniger Aussicht als die neue Straße, die noch kurze Zeit r. auf der Höhe bleibt und sich dann in neun großen Windungen nach Andermatt senkt ($^3/_4$ St.; bergan braucht man von Andermatt bis zur Oberalp $1^1/_4$ St., von da zum See 1 St.).

95km *Andermatt* (1444m) und von da nach

101km *Göschenen* s. S. 108, 107.

## 95. Von Disentis nach Biasca. Lukmanier.

*Vergl. Karten S. 348, 100 u. 364.*

61 km. POST im Sommer täglich in $8^1/_4$ St. (von Biasca nach Disentis in 10 St.) für 13 fr. 10, Coupé 16 fr. 20 c. Zweisp. von Chur bis Olivone 140 fr., bis Biasca 180 fr.

Der **Lukmánier** (1917m) ist der zweitniedrigste (Maloja 1817m) unter den Alpen-Übergängen aus der Schweiz nach Italien. Die neue Straße ist in ihrem untern Theil bis Curaglia der Via Mala und der Schynstraße zur Seite zu stellen, weiterhin aber in landschaftlicher Hinsicht nicht hervorragend. Gasthäuser noch bescheiden.

*Disentis* (1150m) s. S. 354. Die Straße überschreitet auf stattlicher Brücke (1063m) den *Vorderrhein* gleich oberhalb der Einmündung des *Medelser* oder *Mittelrheins* und tritt in die wilde Schlucht, durch welche dieser aus dem **Medelser Thal** hervorbricht. Bis Curaglia folgen sich 11 Tunnels; die meist in den Fels gesprengte Straße erschließt eine Reihe prächtiger Blicke in die Tiefe. Am Ausgang der Schlucht ($1^1/_4$ St.) tritt sie auf das r. Ufer des Rheins und steigt in großen Kehren (Fußpfad kürzt) nach (20 Min.)

5km **Curaglia** (1332m; *H. Lukmanier* oder *Post*), Kirchdorf an der Mündung des *Val Piattas*, das sich in s.ö. Richtung zum *Medelser Gletscher* hinanzieht (über das *Lavazjoch* nach *Somvix* s. S. 354). Südl. im Hintergrund des Val Medel wird der *Piz Cristallina* (3129m) mit seinem Gletscher sichtbar. — **Piz Muraun* (4 St., sehr lohnend) s. S. 354.

Weiter auf der r. Seite des freundlichen Val Medel nach (7km)

**Platta** (1380m; *Post*), weit zerstreutes Dorf, und an einem hübschen Wasserfall des Rheins (r. von der Straße) vorbei über die Weiler *Pardi*, *Fuorns* und *Acla* (herrlicher Rheinfall *Fumatsch*) nach (11,5km) *Perdatsch* (1550m), Hüttengruppe an der Mündung des *Val Cristallina*.

Das wilde **Val Cristallina** ist wegen seiner Wasserfälle, besonders im *Höllenschlund (Val Uffiern)* besuchenswerth; der fette Käse, welcher hier bereitet wird, ist berühmt. Aus demselben führen zwei nicht schwierige Pässe, der *Passo Cristallina* (2404m), am *Redig-* oder *Retico-See* (2378) vorbei, und der *Pass d'Uffiern* (2660m), zwischen *Cima Camadra* und *Cima Garina*, ins Blegnothal nach *Olivone* (s. unten). — **Piz Cristallina** (3129m) ist von Perdatsch über den *Col Cristallina* (nicht mit Passo Cristallina zu verwechseln) in 4½ St. ohne Schwierigkeit zu ersteigen (kundiger Führer nöthig); prächtiger Blick auf die Medelser und Rheinwaldgruppe. Schwieriger ist *Piz dell' Uffiern* (3158m, 5½ St.). — **Piz Medel** (3203m) wird am besten von der N.-Seite, aus dem *Val Plattas* erstiegen; übernachten auf *Alp Sura* (1989m), 2 St. von Curaglia; von da über den steilen zerklüfteten *Plattas-Gletscher* schwierig zur Felsinsel *Rifugi de Camotsch* (2827m) und über den *Medel-Gletscher* zum (4 St.) Gipfel, mit großartiger Aussicht. Abstieg event. über den *Camadra-Gletscher* zum *Uffiernpaß* (s. oben) oder ins *Val Camadra* nach *Ghirone* (S. 359).

Oberhalb Perdatsch bricht der Rhein zwischen Felsen zu einer tiefern Thalstufe durch. Die Straße steigt in einer großen Kehre nach *St. Gion* (1615m), Hüttengruppe und Hospiz; weiter in allmählicher Steigung durch ein wildes einsames Hochthal voller Felstrümmer, mit spärlichen Matten, Weiden- und Alpenrosengebüsch. Am l. Ufer bleibt das Hospiz *St. Gall* (1681m); dann tritt die Straße bei der Alp *Scheggia* auf das l. Ufer und erreicht (2 St.) das Hospiz 19km **Sta Maria** (1842m; *Whs.*). Der urkundliche Name „*Sancta Maria in loco magno*" soll dem Paß den Namen gegeben haben.

Ö. das hohe umgletscherte Bergmassiv des **Scopi** oder *Skupil* (3200m), in 3½-4 St. vom Hospiz zu besteigen, beschwerlich (durchweg abschüssige Schieferhalden), doch keineswegs gefährlich; ausgedehnte Fernsicht. Abstieg event. ö. ins *Val di Campo* zur (3 St.) Alp *Boarina* (1871m) und über *Campo* (von hier ab Fahrweg) nach (3 St.) *Olivone* (S. 359). — Weniger mühsam ist **Piz Rondadura** (3019m), w. 3½ St. von S. Maria; Aussicht gleichfalls sehr lohnend.

Von S. Maria zum *Hôtel Piora* (3 St., Träger 10, Pferd 25 fr.) und nach *Airolo* s. S. 104; über den *Rondadura-Paß* ins *Val Nalps* s. S. 355.

Die Straße überschreitet zum letztenmal den Mittelrhein, der in dem r. sich öffnenden *Val Cadlimo* aus kleinen Seen entspringt, und steigt allmählich zur (½ St.) Paßhöhe des **Lukmanier** (1917m); l. die schwarze Schieferkrone des *Scopi*, r. *Piz dell' Uomo*, *P. Blas*, *P. dell' Uffiern*, *P. Rondadura*. Hinab mehrfach über Lauinenbetten und Rüfen, die von den kahlen gelben Wänden des *P. Corvo* l. sich losgelöst haben und nach Regenwetter nicht selten die Straße gefährden, zum (40 Min.) ehem. Hospiz *Casaccia* (1822m) in hübscher Lage. Ö. erscheint das kolossale *Rheinwaldhorn* (S. 368).

Ein wenig begangner Pfad führt von hier über den *Predelp-Paß* (2454m) nach (5 St.) *Faido* (S. 104); ein andrer über den *Passo Columbe* (2375m) zwischen *Scai* und *P. Columbe* zum (3½ St.) *Hôtel Piora* (S. 103).

Die Straße führt eine Strecke eben fort bis zum (½ St.) *Whs. Lukmanier* am Anfang des *Piano di Segno* (1650m) und zieht sich dann hoch über dem *Brenno* an der steil abfallenden Nordseite des *Val S. Maria* entlang, streckenweise in die senkrechte Felswand gezwängt; unten die Weiden von *Campra* mit mehreren Hüttengruppen. Weiter in großem Bogen nach r. ausbiegend hinab zum ($1^1/_2$ St.) Hospiz *Camperio* (1228m); hier über den Brenno, dann an der bewaldeten südl. Bergwand entlang, bald mit schönen Blicken ins **Blenio-Thal**; tief unten zwischen Nußbäumen die Dörfer *Somascona*, *Scona* und das ansehnliche Olivone, von dem kegelförmigen *Sosto* (2221m) überragt. Zuletzt in einer großen Kehre (Fußweg kürzt) hinab nach (1 St.)

38km **Olivone**, rom. *Luorscha*, lokal *Rivöi* (892m; **H. Olivone*, nicht theuer), dem höchsten Ort des *Blenio-* oder *Pollenser-Thals*, in malerischer Lage; ö. die schroff aufragenden Vorberge des Rheinwaldgebirges. — Über *Ghirone* nach *Vrin* s. S. 353 (Führer sind in Olivone nicht zu finden).

Eine steinerne Brücke führt über den *Brenno*, an dessen l. Ufer die Poststraße abwärts führt. $^3/_4$ St. *Aquila;* $^1/_4$ St. *Dangio* (806m), an der Mündung des *Val Soja* reizend gelegen. Reben und Maulbeerbäume beginnen, die Bergabhänge sind bis hoch hinauf mit Nuß- und Kastanienwäldern bedeckt. Folgt (10 Min.) *Torre*, ($^1/_2$ St.) *Lottigna* (gegenüber oberhalb *Prugiasco* das Kirchlein *S. Carlo*, mit kunstgeschichtlich interessanten Fresken); dann (20 Min.) **Acquarossa** (530m; *Albergo delle Terme*), mit arsenhaltiger Eisenquelle, am Fuß des pyramidenförmigen *Simano* (2583m; Besteigung in 6 St. m. F., unschwierig u. lohnend; prächtige Aussicht, reiche Flora).

Das Thal verengt sich. 25 Min. *Dongio*, langes Dorf (im Whs. Wagen zu haben); 20 Min. *Motto* (441m), wo der Weg sich theilt. Die Strasse l. (am l. Ufer des Brenno) führt über *Malvaglia;* vorzuziehen (kürzer u. Nachm. schattiger) die Straße r. über *Ludiano* und (40 Min.) *Semione* (402m), mit der Ruine des Schlosses *Serravalle*. Bei der Brücke unterhalb des durch das Hochwasser von 1868 zerstörten Dorfs ($^3/_4$ St.) *Loderio* (364m) treffen beide Straßen wieder zusammen. Das untere Bleniothal ist einförmig, die breite Thalsohle mit Geröll bedeckt, zu beiden Seiten mehrfach große Rüfen. — Die Straße steigt über einen Schutthügel und senkt sich nach (25 Min.)

61km **Biasca** (S. 105), wo das Blenio-Thal in die Riviera (Tessinthal) mündet. 1km südl. vom Dorf die Station der *Gotthardbahn* (Postbureau im Bahnhof).

## 96. Von Chur nach Splügen. Via Mala.

*Vgl. Karte S. 364.*

52km. Post 2mal tägl. nach Splügen in 7 St. 10 Min. (12 fr., Coupé 14 fr. 80 c.); nach Chiavenna in 18 St. (21 fr. 95, Coupé 26 fr. 80 c.). Anschluß an den Frühzug von St. Gallen und Rorschach, s. S. 331. Von Splügen gehen Reisende über den Bernardino mit einem andern Wagen ebenfalls gleich weiter (S. 367). Wer rechten Genuß von der Reise haben will, sorge für einen Platz, der freie Aussicht gestattet, oder fahre nur bis Thusis und gehe von hier bis Andeer oder bis Splügen zu Fuß. — Zweisp. Extrapost von Chur bis Splügen 77 fr. 90 c., bis Chiavenna 130 fr. 40, Dreisp. 181 fr. — Einspänner von Chur nach Thusis 15 fr., Zweisp. 30 fr.; Zweisp. nach Splügen 65, Dreisp. 100 fr.; nach Chiavenna 135 u. 185 fr. (10% Trkg.).

Von Chur bis (10km) **Reichenau** (590m; **Adler*), wo die Straße durch das *Vorder-Rheinthal* nach *Disentis* und *Andermatt* (R. 94) r. abzweigt, s. S. 349. Eine neue eiserne Brücke führt oberhalb Reichenau über den *Vorder-Rhein*, unmittelbar vor seiner Vereinigung mit dem *Hinter-Rhein*. In der Nähe ein großes Sägewerk, dabei mehrere Marmorsägen und Polierwerkstätten.

Das obstreiche Thal, **Domleschg**, roman. *Domliaschga* oder *Tomiliasca* (die Westseite *Heinzenberg*, roman. *Montagna*) genannt, durch welches die Strasse bis Thusis auf dem l. Ufer des Hinter-Rheins führt, ist $2^1/_2$ St. lang und fast 1 St. breit. Der Fluss ist durch großartige, meist kantonale Bauten in sein normales Bett eingeengt; die früher durch das häufige Austreten desselben ganz versandete Ebene begrünt sich wieder. Die beiden Bergabhänge sind ausgezeichnet durch ihre Fruchtbarkeit und merkwürdig wegen der zahlreichen Burgen, meist in Trümmern, welche am r. Ufer fast von jedem Hügel und Felsvorsprung in das Thal hinabschauen.

Die Straße steigt bald eine Strecke. 20 Min. **Bonaduz** (654m; *Post* bei *Camenisch; Simones;* **Degiacomi*, weiter aufwärts); l. am Rhein die *St. Georgskapelle* mit alten Fresken (neue Straße nach *Ilanz* s. S. 350). $^1/_4$ St. **Rhäzüns** (648m), Dorf mit stattlichem, der Familie Vieli gehörendem Schloß, der Sage nach von dem Etrusker **Rhätus** (S. 362) erbaut, auf einem vom Rhein umspülten Felsen. Schöner Blick auf die Gebirge im s. Hintergrunde des Thals (s. unten), rückwärts der Calanda.

Am rechten Ufer die Trümmer der Burg *Nieder-Juvalta;* weiter das Bad *Rothenbrunnen*, schwache Eisenquelle, besonders für Kinder empfohlen (Brücke über den Rhein); darüber die Trümmer von *Ober-Juvalta*, dann die Schlösser *Ortenstein* (neuerdings ausgebaut, in malerischer Lage) und *Paspels*, beide Eigenthum der Familie v. Juvalta. Weiter die Trümmer der Kirche *St. Lorenz*, und die Schlösser *Canova*, *Rietberg*, *Fürstenau*, *Baldenstein* (an der Albula) und *Ehrenfels*, letzteres unterhalb *Hohen-Rhätien* (S. 362).

Am linken Ufer ($1^1/_2$ St.) *Realta* (627m; Gasth. zur Rheincorrection), mit der Ruine *Nieder-Realta* (von der Straße nicht sichtbar); 25 Min. weiter l. an der Straße die große *Straf- u. Irrenanstalt* Bündens. Hinter (20 Min.) **Katzis** (666m; *Kreuz*) r. ein Nonnenkloster mit Erziehungsanstalt, l. unweit des Rheins das uralte Kirchlein *St. Martin*. Schönes Landschaftsbild: südl. das schneebedeckte Haupt des *Piz Curvèr* (2975), weiter l. der Schynpaß mit dem majestätischen *Piz Michēl* (3163m) im Hintergrund; n. der *Ringelspitz* (3249m) und das *Trinserhorn* (3028m). $^1/_4$ St. östl. mündet die *Albula* in den Rhein; jenseits in reizender Lage das ansehnliche *Scharans*. Vor ($^3/_4$ St.) Thusis am Abhang, bei dem freundl. Dörfchen *Masein*, Schloß *Nieder-Tagstein* mit Gartenanlagen, Hrn. Dr. jur. Golther aus Ravensburg gehörend.

26km **Thusis**. — Gasth.: *H.-P. Viamala, am Eingang der Via Mala, mit Garten, Z. L. B. 4-$5^1/_2$, F. $1^1/_2$, M. 4-5, Pens. m. Z. 8-10, im Frühjahr u. Herbst 7-8 fr.; *Post u. Kurhaus, mit Bädern, Z. L. B. 3 fr. 30, M. $3^1/_2$, F. $1^1/_4$ fr.; *Rhätia, Z. u. L. 3, F. $1^1/_4$, M. 3, Pens. m. Z. $7^1/_2$ fr.; *Weißes Kreuz, nicht theuer; *Gemsli, einf. — Bier und hübsche Aussicht im *Felsenkeller* auf dem *Rosenbühel*, r. am Eingang der Via Mala. — *Einspänner* bis zur dritten Brücke der Via Mala und zurück für 2 Pers. 6, 3 Pers. 8, Zweisp. 12 fr.; bis Andeer 11 fr. 50, 14 fr. u. 22 fr. 50; Splügen 22 fr. 50 u. 39 fr.; Schyn (Solisbrücke) 7, 9 u. 14 fr.; Tiefenkasten 13 fr. 50, 16.50 u. 24.50; Reichenau 11, 14 u. 22 fr.; Chur 17 u. 33 fr. Trinkgeld überall einbegriffen.

*Thusis* (746m), rom. *Tuseun*, am Fuß des Heinzenbergs schön gelegen, nach dem Brand von 1845 hübsch und regelmäßig wieder aufgebaut (1098 Einw.), ist als Standquartier zu Ausflügen, wie auch zu längerm Aufenthalt sehr zu empfehlen.

SPAZIERGÄNGE U. AUSFLÜGE. Zum (5 Min.) *Rosenbühel* (s. oben); *Belvedere* ($1/_4$ St.); in den Wald *Boval* ($1/_4$ St.); ins *Nollathal* (20 Min. bis zum ersten Wehr); zum (1 St.) *Crapteig*, r. oberhalb der Via Mala; nach ($3/_4$ St.) *Hohen-Rhätien* (s. unten; von den beiden letzten Punkten herrliche Aussicht). Durch den *Schloßwald* auf den *Taubenstein* und nach (40 Min.) Schloß *Tagstein* (s. oben). Ueber ($3/_4$ St.) *Rongellen* zum ($1^1/_2$ St.) Maiensäß *Acla sut* (1249m), hoch über der zweiten Brücke der Via Mala. — *Präser Höhe* (2123m) auf dem Heinzenberg, über *Masein*, *Portein* u. *Sarn* (1178m; Whs.) in $4^1/_2$ St., leicht und lohnend. — *Stätzerhorn* (2576m), 5-6 St., von dieser Seite mühsam (vgl. S. 372).

Von Thusis nach Tiefenkasten ($3^1/_4$ St.) führt auf der Südseite der Albula die 1868–69 gebaute ***Schyn-Straße** (Julier-Post 1mal täglich in 2 St., vgl. S. 372; Einsp. bis zur Solisbrücke u. zurück 6 fr. u. 1 fr. Trkg.). Sie bildet das Mittelglied im großen graubündner Straßennetz und bietet in ihrer ersten Hälfte eine Reihe großartiger Landschaftsbilder, die düstere Erhabenheit der Via Mala zwar nicht erreichend, aber reicher und wechselnder. Gleich oberhalb Thusis überschreitet sie den Nolla und den Rhein am Fusse von Hohenrhätien. Vor ($1/_4$ St.) **Sils** (696m; **Post*) r. Ruine *Ehrenfels*, später l. Schlößchen *Baldenstein*; nun aufwärts nach *Campi* (770m; *Campo bello*, Ruine des Stammschlosses der Familie Campell; Ulrich Campell, ein rhätischer Reformator und Geschichtschreiber), l. an der Albulaschlucht schön gelegen, und ($3/_4$ St.) Hof. *Rumplanas*; hübscher Blick auf das Kirchlein von Solis, das man vor Augen behält. Dann durch die alte Waldung *Versasca*. An einem Tobel erblickt man r. oben eine Brücke der alten Muttner Straße; an der Schynstraße l. das Whs. Freihof. Es beginnt der „*Paß Mal*", der gemauerte Gallerieen und bedeutende Felssprengungen und Tunnel erforderlich machte. $1/_2$ St. Whs. zum Paß Mal (einf.). 5 Min. weiter beim Maiensäß *Calabrien* führt r. ein Fahrsträßchen in 2 St. hinauf nach *Unter-Mutten* (1473m; einf. *Whs., im Sommer geschlossen, da dann die ganze Bevölkerung von Unter-Mutten nach Ober-Mutten auswandert). Von hier erreicht man in $1^1/_4$ St. *Ober-Mutten* (1874m; Whs. bei Hosang) und in weitern $1^1/_2$ St. erst auf gebahntem Wege, dann über Rasenhänge den Gipfel des *Muttnerhorns* (2460m) mit prächtiger Aussicht. Abstieg von Ober-Mutten nach Zillis ($2^1/_2$ St.) oder Thusis interessant aber nicht unbeschwerlich.

Von der Brücke über das *Muttner Tobel* schöner Blick in die Schlucht. 25 Min. Hof *Unter-Solis* mit jodhaltiger Quelle (l. hoch oben Dorf *Obervatz*, S. 373). Bei dem letzten Tunnel schöner Blick rückwärts auf den Heinzenberg, vorwärts auf Alvaschein und die Spitzen der Albulagruppe. Dann über die **Solisbrücke*, die in kühnem Bogen die tiefe Klamm 77m über der schäumenden Albula überspannt, und mittelst einer Kehre (Fußpfad, gleich jenseit der Brücke r. ab, kürzt) nach Dorf (40 Min.) **Alvaschein** (*Whs.* von *Augustin*). Gegenüber, unterhalb des hoch oben gelegenen *Stürvis*, ein Wasserfall. Weiter rechts unten die Kirche *Müstail*, die älteste des Albulathals, einst Begräbnißplatz. Bei *Unter-Müstail* tritt ein alkalischer Säuerling zu Tage. Vor ($1/_2$ St.) *Tiefenkasten* mündet die Schynstraße in die Julierstraße (S. 378).

Gleich oberhalb Thusis wälzt der durch seine Verheerungen berüchtigte *Nolla* seine schwärzlichen Fluthen in den Rhein.

Auf dem Heinzenberge (S. 360), oberhalb des Dorfes *Tschappina* (S. 350), liegt der **Lüscher See** (1950m), ohne sichtbaren Ausfluß. Das Wasser sinkt in den Boden ein, löst den lockern Schieferschutt auf und verwandelt ihn in eine breiige Masse. Auf dieser und den stark südöstl. geneigten Schichten schlüpft die Bodendecke langsam abwärts, und alljährlich gehen große Stücke davon in den Nolla. Tschappina selbst steht theilweise auf beweglichem Boden, Häuser und Ställe werden verschoben. — Ueber Tschappina und den *Glas-Paß* ins *Safier-Thal* (4 St. bis Platz) s. S. 350.

Der Blick von der Nollabrücke ist höchst merkwürdig. Im

Hintergrund des Nolla-Thals thürmt sich der kahle *Piz Beverin* (S. 363). Das Rheinthal scheint von hohen Bergen abgeschlossen. Den Eingang der Schlucht, aus welcher der Rhein hervorströmt, bewachen am r. Ufer, 246m über dem Fluß, die Trümmer der Burg *Hohen-Rhätien* oder *Hoch-Realta* (*Hoch-Ryalt*, 950m), der ältesten aller schweizer Burgen, von dem fabelhaften Rhätus, Führer der vor den Galliern flüchtigen Etrusker, der Sage nach 164 J. nach der Gründung Roms. 589 v. Chr. erbaut. Von Thusis und von Sils (S. 361) führen bequeme Wege in $^3/_4$ St. hinauf. Auf der Südseite des Gipfels (schöne Aussicht über das ganze Domleschg) die Trümmer der Burg, auf der Nordseite die verfallene *St. Johanniskirche*, die früheste und lange Zeit einzige christl. Kirche des Thals, welches erst spät dem Christenthum sich zuwandte.

Vom J. 1470 bis 1822 führte der Weg am Nolla aufwärts durch Wald und erreichte oberhalb *Rongellen* (s. unten) die Schlucht. Damals war der Schluchtweg durch das „*Verlorne Loch*", die berühmte ***Via Mala**, vier Fuß breit und durchgängig am l. Ufer. Im J. 1822 wurde die neue Straße angelegt und der Schluchtweg ansehnlich erweitert. Beim Eintritt überrascht der schnelle Wechsel des heitern Sonnenscheins mit kühlem Schatten. Die Kalkfelsen steigen zu beiden Seiten an 500m fast senkrecht empor. Eine Strecke vom Eingang, beim *Känzeli*, schöner Rückblick auf Hohen-Rhätien, Thusis und den Heinzenberg; etwas weiter, $^1/_2$ St. von Thusis, ein durch die vortretende Felswand gesprengter 50m langer Tunnel (818m). Eigenthümlich schön ist vor dem Tunnel der *Rückblick aus der engen dunklen Schlucht auf den einsamen Thurm von Hohen-Rhätien und hinaus auf die sonnigen Berggehänge des Heinzenbergs. Da, wo hinter dem Tunnel die Schutzmauer aufhört und das Holzgeländer wieder beginnt, blickt man tief hinab in das Flußgebrause.

Bei der ($^1/_4$ St.) Postablage des Dörfchens *Rongellen* (Gasth. zur Post; Pens. Via Mala) öffnet sich die Schlucht zu einem kleinen Thalkessel. Bald aber treten die Felswände wieder näher zusammen. Dreimal überschreitet in kurzen Zwischenräumen die Straße den Fluß: $^1/_4$ St. (von der Postablage) *erste Brücke*, 1738 erbaut (oberhalb ein Pavillon mit Erfr.); 5 Min. *ZWEITE BRÜCKE (867m), 1739 erbaut, wo die Landschaft am großartigsten erscheint; 88m tiefer windet der Rhein sich durch einen so engen Felsspalt, daß die Wände oben sich fast berühren (im Aug. 1834 und Sept. 1868 stieg das Wasser bis wenige Fuß unter dem Brückenbogen). Bei der 1834 erbauten (25 Min.) *dritten Brücke* (885m) endet die Via Mala.

Die Straße tritt nun in das **Schamser Thal**, dessen grüne Matten und saubere Wohnungen dem Auge nach den dunkeln Schlünden der Via Mala wohlthun; im Hintergrund südl. der spitze *Hirli* (2857m). 34km (2 St. von Thusis) **Zillis**, roman. *Ciraun* (933m; *Zur alten Post*, nicht theuer), mit der ältesten Kirche des Thals (Schiff und Thurm romanisch; merkwürdige Deckengemälde aus dem XII. Jahrh.).

BERGTOUREN. ***Piz Beverin** (3000m), 6-7 St. m. F. (7 fr., Pferd bis zur Obristalp 12 fr.), anstrengend aber höchst lohnend: Reitweg über *Donath* und *Mathon* zur ($3^1/_2$-4 St.) *Alp Obrist* (2186m), von da zu Fuß in $2^1/_2$ St. zum Gipfel, mit herrlicher Aussicht. Auch von Thusis direkt über *Glas* oder über *Saissa* u. *Vioms* in 7-8 St. zu ersteigen (F. 10 fr.). — **Piz Curvèr** (2975m), von Zillis oder Pignieu in 6 St. (F. 6 fr.), gleichfalls lohnend, aber nur für Geübte (kundiger Führer nöthig). Abstieg event. zur Kapelle *Ziteil* und nach *Schweiningen* (S. 374).

Auf der Höhe r., am l. Ufer des Rheins, oberhalb des vom Piz Beverin überragten Dorfes *Donath*, die Trümmer der Burg *Fardün* oder *la Turr* (1164m), deren Vogt um die Mitte des XV. Jahrh., wie 150 Jahre früher Geßler im Lande Uri, erste Veranlassung zur Befreiung des Thals von seinen Zwingherren geworden sein soll. Er trat in die Hütte eines Bauern, den er haßte, und spuckte in den heißen Brei, der zum Mittagessen aufgetragen war. Schnell ergriff ihn der Bauer, Johann Caldar, an der Gurgel, beugte seinen Kopf in den heißen Topf mit den Worten: „Malgia sez il pult cha ti has condüt“ (Friß selbst den Brei, den du dir gewürzt hast), und erwürgte ihn.

Neben dem durch Hochwasser und Feuer zerstörten *Pignieuer Bad*, dessen alkalisch-eisenhaltige Quelle nach Andeer geleitet ist und dort zu Bädern benutzt wird, führt eine Brücke über den vom Piz Curvèr (s. oben) kommenden *Pignieuer Bach*, welche als die letzte bei dem Straßenbau durch die Via Mala vollendete an der ö. Brückenmauer an der Südseite die Inschrift trägt: „Jam via patet hostibus et amicis. Cavete, Rhaetii simplicitas morum et unio servabunt avitam libertatem.“ L. das Dorf *Pignieu*, gegenüber am l. Rheinufer *Clugin* und der viereckige Thurm der Burgruine *Cagliatscha*. — $^3/_4$ St.

38km **Andeer** (979m; **Krone* oder *H.-P. Fravi*, mit Bädern, Z. u. L. $2^1/_2$, F. $1^1/_4$ fr.), Hauptort des Thals (581 Einw.). Von der hochgelegenen Kirche (1673 erb.) hübsche Aussicht.

BERGTOUREN. **Piz Vizan** (2472m), über Alp *Burgias* in $4^1/_2$ St. m. F.; prächtige Aussicht. — **Piz la Tschera** (2626m), über Alp *Albin* in 5 St., gleichfalls lohnend. — *Piz Beverin* und *Piz Curvèr* s. oben.

Von Andeer nach Stalla (11 St., Führer unnöthig), lohnende Wanderung. $^3/_4$ St. oberhalb Andeer von der Splügenstraße l. ab in das wilde ***Ferrera-Thal**, erst auf der l., dann auf der r. Seite des *Averser Rheins*, der mehrere schöne Wasserfälle bildet; l. *Piz Grisch* (3048m), r. das *Surettahorn* (3025m). Der Weg führt an (40 Min.) einer verlassenen Silberschmelze vorbei nach ($^1/_2$ St.) *Ausser-Ferrera* (1321m), in einer kleinen Thalweitung (über den *Fianellpaß* nach *Schweiningen* s. S. 374); weiter stets am r. Ufer nach ($1^1/_2$ St.) *Inner-Ferrera* oder *Canicül* (1480m; einf. Whs.), an der Mündung des *Val d'Emet* (s. unten). Hier hinab über den Rhein, am l. Ufer wieder steil bergan (20 Min); dann oben am Abhang hin durch Wald, nach 25 Min. um eine Felsecke (Rückblick auf Surettahorn etc.) und wieder hinab zum l. Ufer des Rheins, mit dem sich hier in wilder Schlucht die l. aus dem *Val Starlera*, r. aus der *Valle di Lei* hervorstürzenden Bergwasser vereinigen. Der schmale Pfad überschreitet (25 Min.) das letztere (bei der Brücke der Grenzstein des Königreichs Italien, dem die Valle di Lei gehört), um sofort wieder steil hinan zu steigen, dann gleich wieder hinab, vor (1 St.) *Campsut* (1676m) auf das r. Ufer des Rheins, hinter ($^1/_4$ St.) *Crot* (beides ärmliche Dörfchen) wieder auf das l. Jenseit der Brücke (r. Blick in das *Madriser Thal*, in dessen Hintergrund *Piz Gallegione* und *Cima di Lago*) l. steiler Anstieg über Matten, oben durch schönen Arvenwald; dann hinab und über die zweite Brücke hinauf nach (1 St.) *Cresta* (1949m;

Gasth. & P. Forcellina bei Heinz, wird gelobt; auch Unterkunft beim Pfarrer), Kirchdorf des von hier ab breiteren, mit schönen Matten bedeckten **Averser Thals**, das zu den höchsten bewohnten Thälern der Alpen zählt, in freundlicher sonniger Lage (n. der *Weißberg*, 3044m).

Nun wenig steigend an dem stattlichen *Podestatshaus* (2042m), an der Mündung des von schönen Gletschern umschlossenen *Val Bregalga* vorbei nach ($1^1/_2$ St.) *Juf* (2133m); hier l. über Matten hinan, zuletzt durch ein wüstes trümmerreiches Hochthal zur ($1^1/_2$ St.) Paßhöhe des **Stallerbergs** (2584m) mit prächtigem Blick auf die Berge des Julier etc. Hinab auf nicht zu verfehlendem Pfade (l. halten) nach (2 St.) *Stalla* (S. 374). — Von Juf durch *Val Faller* nach *Mühlen* s. S. 374.

S.ö. führt von Juf ein Weg über die **Forcellina** (2673m) direkt auf den *Septimer* (S. 374; Führer rathsam, von Cresta 8-10 fr.): von Juf zur Passhöhe, mit beschränkter Aussicht, 2 St., Septimer 1 St. [Man kann vom Septimer wieder ansteigend über die *Fuorcla di Lunghino* (2635m) direct zum Maloja gelangen; s. S. 378. — Vom Forcellina-Paß erreicht man in $1^1/_2$ St. m. F. einen im Averser Thal gleichfalls *Forcellina* gen. Gipfel (3023m) mit trefflicher Aussicht, von wo man s. in das *Val Turba* absteigen kann; man erreicht dann den Septimer-Weg 20 Min. unterhalb der Paßhöhe an der zweiten Brücke über den Septimerbach (S. 374).] — Von Cresta durch *Bregalga* und über den **Passo della Duana** (2706m) nach *Soglio* im Bergell (S. 403) 7-8 St. m. F., nicht schwierig, lohnend. Von der Paßhöhe, zwischen *Pizzo Marcio* (2908m) und *Pizzo della Duana* (S. 401), sowie beim Abstieg schöner Blick auf die Bergeller Berge, namentlich in das Val Bondasca mit dem schaufelförmigen Piz Badile.

Von Canicül nach Pianasso an der Splügenstraße ($4^1/_2$ St. m. F.) geht der Weg im *Val d'Emet* gleich steil durch Wald an der r. Thalwand hinauf zur ($1^1/_4$ St.) *Alp Emet* (1888m), wo man schon den Steinmann auf der Paßhöhe sieht, zu dem man aber noch über 1 St. auf dem weichen und ungleichen Boden der Alp zu steigen hat. Rückwärts der Piz Beverin und weiterhin der Calanda, auf dem **Passo di Madesimo** (2280m), Grenze zwischen der Schweiz und Italien, gegenüber w. das Tambohorn (3276m), s.ö. Cima di Lago (3015m) und Piz Gallegione (3135m). Hinab an der Nordseite des kl. *Lago d'Emet* vorbei, am l. Ufer des *Madesimo* abwärts, zuletzt über Matten zu den Hütten von *Teccbio* und nach ($1^1/_2$ St.) *Madesimo* (S. 366), von wo Fahrstraße nach ($^1/_2$ St.) *Pianasso* (S. 366) an der Splügenstraße.

Die Splügen-Straße steigt in Windungen, an den spärlichen Trümmern der *Bärenburg* vorbei, und tritt in die waldige ***Rofna-Schlucht,** zur Seite der Rhein in mannigfachen Wasserstürzen. Unfern des Eingangs (40 Min. von Andeer) führt eine Brücke (** Whs. von A. Melchior*) über den *Averser Rhein*, der hier aus dem *Ferrera-Thal* hervorstürzt und etwas thalauf einen schönen Wasserfall bildet (nach dem *Averser Thal* und *Stalla* s. oben).

Gegen das Ende der Schlucht ($^3/_4$ St.) bleibt r. eine alte Brücke über den Rhein. Das Thal wird breiter; die Straße führt ($^1/_4$ St.) über ein wildes Bergwasser, den Ausfluß des l. sich öffnenden *Suretta-Thals;* bald darauf neben der Straße Ruinen der *Sufner Schmelze*, r. der *Kalkberg*. 10 Min. weiter ein 10 Schr. langes Felsenthor (*Sassa plana*, 1340m); $^1/_4$ St. Brücke für das am l. Ufer des Rheins bleibende Dorf *Sufers* (1424m). Die Straße tritt in eine waldige Schlucht (Gasth. z. Hinterrhein, hübsch gelegen) und überschreitet (25 Min.) den in tiefer Klamm schäumenden Rhein auf kühner Brücke (1440m); dann noch ein kurzer Anstieg und es entfaltet sich die offene Alpenlandschaft des *Rheinwaldthals (Val Rhein)*: r. der kahle *Kalkberg* (2975m), geradeaus das *Einshorn* (2941m), l. von Splügen neben dem *Guggernüll* (2887m) das *Tambohorn* (3276m). — 20 Min.

Olivone
Aquila
Dangio
Torre
Ponte Valentino
Castro
Leontica
Ludiano
Semione
Malvaglia
Rossa
Iragna
Osogna
Lodrino
Cresciano
Moleno
Claro
Preonzo
Gnosca
Landarenca
Arvigo
Buseno
S. Domenica
Cauco

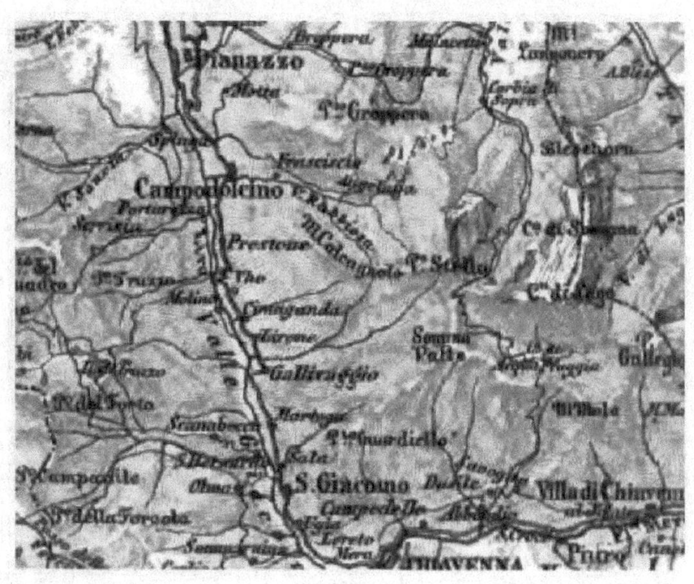
Pianazzo
Campodolcino
Prestone
Cimaganda
Gallivaggio
S. Giacomo

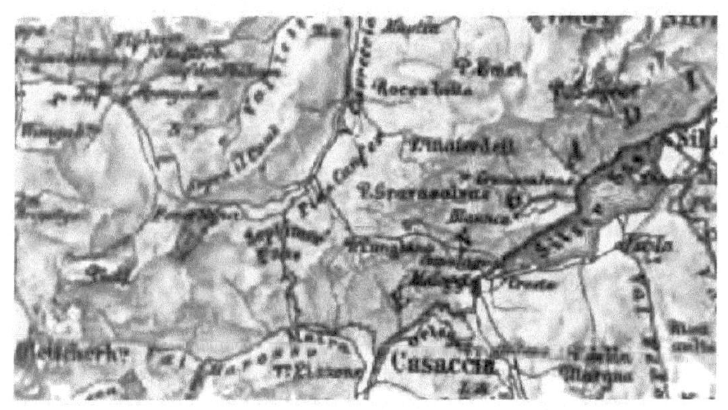
Rocca bella
Casaccia

52km **Splügen**, roman. *Spluga* (1450m; **Hôt. Bodenhaus* [Post], Z. L. B. 4½, M. 4½, Pens. 7-8 fr.; **Hôt. Splügen*, Z. 2 fr.), Hauptort (424 Einw.) des Rheinwaldthals, besonders lebhaft durch den Verkehr über den Splügen und Bernhardin. Hübscher Spaziergang an der Kirche vorbei zur Burgruine an der alten Straße mit Blick thalabwärts und auf das Tambohorn.

AUSFLÜGE (Führer *Peter Schwarz, Joh. Sprecher*). **Guggernüll** (2887m), 4½ St. m. F. (6 fr.), über die *Tambo-Alp*, und **Einshorn** (2941m), von Nufenen in 4-5 St. (F. 8 fr.), beide nicht schwierig, lohnend. — **Piz Tambo** (*Tambohorn* oder *Schneehorn*, 3276m), vom Splügenpaß in 4 St. (F. 14 fr.), mühsam, doch für Geübte ohne Gefahr. Umfassendste Aussicht, n. bis Schwaben, s. bis Mailand, von wo der Berg sichtbar ist.

Ausflug zur *Quelle des Hinterrheins* s. S. 367. — Ueber den *Löchliberg* ins *Safier-Thal* s. S. 350.

## 97. Von Splügen zum Comer See.

67km. POST 2mal tägl. in 5 St. bis Chiavenna (10 fr., Coupé 12 fr.); von Chiavenna bis Colico (27km) EISENBAHN in 1 St. für 3 fr. 10, 2 fr. 15, 1 fr. 40 c. (Anschluß an die Dampfboote nach Como).

Bei dem Dorf *Splügen* (s. oben) gabelt sich die Straße. Die Bernardino-Straße (S. 367) führt geradeaus, während die in den J. 1819-21 von der österreich. Regierung erbaute SPLÜGENSTRASSE l. auf eiserner Brücke den Rhein überschreitet und in Windungen ansteigt (Fußpfade kürzen); weiter aufwärts ein 85m l. Tunnel; rückwärts über Splügen der kahle *Kalkberg* (s. oben). Nun in einem öden Thal zweimal über den *Häusernbach*, dann in unzähligen Windungen an der w. Thalwand aufwärts, an dem einsamen Berghaus (2035m) vorbei durch eine lange gemauerte Gallerie zur Höhe des schon den Römern bekannten (2½ St.) **Splügen-Passes** (*Colmo dell' Orso*, 2117m), Grenze zwischen der Schweiz und Italien, zwischen r. *Tambohorn* (3276m, s. oben), l. *Surettahorn* (3025m).

Von der Paßhöhe erreicht man bei der *ersten Cantonièra* vorbei in 15 Min. (vom Dorf Splügen 12km, zu Fuß in 3 St.) die **Dogana** (1904m), das ital. Grenz-Zollamt, Häusergruppe mit sehr einf. Whs., am obern Ende eines öden, von hohen Bergen umgebenen Thalkessels. Nicht selten reicht der Schnee im Winter bis zu den Fenstern des ersten Stocks. Während der Schneestürme wird in den vier obersten Cantonieren geläutet, um Wanderern den rechten Weg anzuzeigen. Bei der dritten Cantoniera Handweiser l. nach (1 St.) Madesimo (s. unten).

Der alte Saumpfad führte bei der zweiten hölzernen Brücke r. ab durch die Schlucht *Cardinell* geradezu nach Isòla, eine durch Lauinen sehr gefährdete Stelle, wo u. a. die Franzosen bei ihrem Übergange unter Macdonald im Dec. 1800 große Verluste erlitten; ganze Colonnen wurden in den Abgrund gerissen. Die neue Straße senkt sich ganz allmählich in unzähligen Windungen an der ö. Bergwand, an verschiedenen Stellen gegen Lauinen durch Gallerien geschützt (die erste 227m, die zweite 208m, die dritte 500m lang), von festem Mauerwerk mit überhangenden Dächern, um den Schnee abgleiten zu lassen, durch Pfeiler gestützt, mit Öffnungen an den Seiten.

Wenn man die zweite Gallerie verläßt, öffnet sich eine schöne Aussicht auf die alte, 1834 durch Hochwasser zerstörte Straße und auf das Dorf *Isola*. Am Ausgang der dritten Gallerie reiche Quelle. Die neue Straße vermeidet die gefährliche *Liro-Schlucht* zwischen Isola und Campo Dolcino. Unmittelbar hinter *Pianazzo* (Whs., nicht billig), vor der Einfahrt in einen kl. Tunnel, stürzt der wasserreiche *Madesimo* von einem Felsvorsprung an 200m tief in das Thal hinab. Gute Aussicht auf diesen prächtigen *Wasserfall von einem kleinen Ausbau an der Straße (der Conducteur läßt zur Besichtigung halten).

Eine Fahrstraße (Zweisp. von Splügen bis u. zurück 40 fr. u. 4 fr. Trkg.) führt von Pianazzo nach ($^1/_2$ St.) **Madesimo** (1500m), hübsch gelegenes Dörfchen mit Eisenquelle und Kaltwasserheilanstalt (*Kurhaus*, Pens. m. Z. $8^1/_2$ fr.), als Luftkurort zu empfehlen. — Über den *Passo di Madesimo* nach *Canicül* s. S. 364.

Es folgt der kühnste Theil der Straße, mit vielen Tunneln und senkrecht über einander stehenden Terrassen. An einer Kehre Inschrift zu Ehren Kaiser Ferdinands I., unter dem die neue Straße 1834 erbaut ward, gleich darauf schöner Blick von unten auf den Fall des Madesimo.

27km **Campodolcino** (1083m; *Croce d'oro; Posta* bei *G. Rizzi*, mittelmäßig) besteht aus vier Häusergruppen; in der zweiten die Kirche und der Campo Santo (Friedhof). Etwas weiter eine lateinische Inschrift im Fels zu Ehren des Kaisers Franz, der diese Straße von „Clavenna ad Rhenum" erbauen ließ.

Das *Liro-Thal (Valle S. Giacomo)* ist mit Felstrümmern übersäet, meist weißer spröder Gneiß, der an der Luft sich röthlich färbt. Theilweise wird der wilde Charakter des Thales durch die breiten dunkeln Blätter der Kastanienbäume verdeckt, welche tiefer unten nun hervortreten; der schlanke weiße Thurm der Kirche von *Gallivaggio* ragt freundlich aus ihnen hervor. Bei *S. Giacomo* ganze Kastanienwälder, die sich an den steilen Bergabhängen hoch hinaufziehen. Dann beginnen die ausgedehnten Weingelände von Chiavenna, die ganze Pracht südl. Pflanzenwuchses entfaltet sich.

40km **Chiavenna**. — Gasth.: *Hôt. Conradi, mitten in der Stadt, mit Billetausgabe und Gepäckexpedition für die Eisenbahn, Z. L. B. $3^1/_2$-5, F. $1^1/_4$, Lunch $2^1/_2$, M. 4-$4^1/_2$ fr.; *Albergo Specola, am Bahnhof, Z. L. B. $2^1/_2$, F. 1 fr.; Albergo Crimea, an der Promenade.

Der Bahnhof (*Café-Restaur.*, Gabelfr. $2^1/_2$ fr., auch Bier) liegt unterhalb vor der Stadt. Es werden direkte Billets nach den Dampfbootstationen des Comer Sees ausgegeben, mit Coupon für die Omnibusverbindung zwischen Bahnhof und See in Colico.

*Chiavenna* (317m), deutsch *Cläven* oder *Clefen*, die röm. *Clavenna*, ist eine alte Stadt (4086 E.) in reizender Lage an der *Mera*, an der Mündung des Bergeller Thals (S. 404). Dem Hôt. Conradi gegenüber die ansehnlichen Trümmer eines unvollendet gebliebenen Schlosses des letzten bündnerischen Vogtes v. Salis. Hübsche Aussicht vom Schloßgarten („*il Paradiso*"; Eintr. 50 c.). *S. Lorenzo*, die Hauptkirche, hat einen schlanken Glockenthurm, der einzeln aus dem mit Arkaden umgebenen ehem. Kirchhof aufsteigt. In der achteckigen Taufkapelle ein sehr alter Taufstein mit Reliefs.

Die EISENBAHN NACH COLICO (Fahrpr. s. S. 365) führt bald nach der Abfahrt durch drei Tunnel. Schöner Rückblick auf Chiavenna. Üppiges Rebengelände. Die Niederungen sind den Verheerungen des Liro und der Mera ausgesetzt. Hohe Berge schließen das Thal *(Piano di Chiavenna)* auf beiden Seiten ein. Am r. Ufer der Mera bleibt *Gordona*, an der Mündung des *Val della Forcola* (S. 369); weiter ein schöner Fall der aus der Schlucht des *Val Bodengo* herausstürzenden *Boggia*. 10km *Samólaco* (am r. Ufer der Mera das große Dorf d. N., an der Mündung des *Val Mengasia*). Vor (14km) *Novate* tritt die Bahn an den *Lago di Mezzola*, ursprünglich die n. Bucht des Comer Sees, allmählich von den Ablagerungen der *Adda* so eingedämmt, daß nur ein schmaler Kanal, jetzt wieder schiffbar gemacht, ihn noch mit diesem verbindet. Im S. erscheint der pyramidenförmige Mte. Legnone (S. 435). Die Bahn durchschneidet das Schuttvorland des l. aus dem *Val Codera* kommenden Bergstroms und führt über *Campo* und *Verzeia* am ö. Seeufer entlang auf gemauerten Dämmen und durch einige Tunnel, dann jenseit (20km) *Dubino* über die *Adda*. L. mündet die Veltliner Bahn (S. 402); r. auf einem Hügel die Ruinen der 1603 von den Spaniern erbauten, 1796 von den Franzosen zerstörten Festung *Fuentes*, einst Schlüssel des Veltlin.

27km **Colico** (220m) s. S. 435. Der Bahnhof, an dessen Ausgang ein Beamter den Omnibuscoupon vom Billet abtrennt, ist 7-8 Min. vom Dampfbootlandeplatz entfernt. Man hat vollauf Zeit den Weg zu Fuß zurückzulegen.

## 98. Von Splügen nach Bellinzona. Bernardino.

*Vergl. Karte S. 364.*

73km. POST tägl. (zwischen S. Bernardino und Bellinzona 2mal tägl.) in $8^1/_4$ St. (umgekehrt 11 St.) für 15 fr. 25 c., Coupé 18 fr. 95 c. Zweisp. EXTRAPOST von Chur bis Bellinzona Zweisp. 171 fr. 20, Dreispänner 240 fr. 50 c., von Splügen bis Bellinzona zweisp. 95 fr. 80 c. ZWEISPÄNNER von Chur bis Bellinzona 180 fr., von Splügen bis Bellinzona 115 fr. u. 10% Trkg.

*Splügen* (1450m) s. S. 365. Die Straße führt durch das obere *Rheinwaldthal* unterhalb (25 Min.) *Medels* (1533m) vorbei ($^1/_4$ St. weiter am l. Rheinufer die jetzt zum Theil mit Geröll bedeckte Matte *Ebi*, wo früher alle zwei Jahre am ersten Mai-Sonntag Landsgemeinde war) nach (50 Min.) *Nufenen* (1568m), an der Mündung des *Areue-Thals*, in dessen Hintergrund der *Curciusa-Gletscher* sichtbar ist. L. der mächtige Felsklotz des *Guggernüll* (S. 365), der das *Tambohorn* (S. 365) verdeckt, weiter das *Einshorn* (2941m). Vor ($^3/_4$ St.)

10km **Hinterrhein** (1624m; *Post* bei *Lorez*, sehr einf.), dem letzten Dorf des Rheinwaldthals, entfaltet sich die Aussicht auf den Bergkranz des Rheinwald-Gebirges, Marscholhorn, Rheinquellhorn, Rheinwaldhorn, Hochberghorn, Kirchalphorn.

**Quelle des Hinter-Rheins** (von Hinterrhein bis zur Zapporthütte $2^1/_4$ St., von da bis zur Clubhütte $^3/_4$ St. schlechten Wegs). Die Wanderung (Führer rathsam, 6 fr., *G. Trepp*, *Joh. Lorez* u. a.) wird manchem nicht ausreichend lohnend erscheinen. Der Weg, welchen der Fluß und Bergstürze mit jedem Jahr verschlechtern, führt jenseit der Rheinbrücke (s. unten) von der Bernardino-Straße r. ab durch den anfangs flachen Thalboden. Nach $1/_2$ St. verengt sich das Thal; der Pfad verliert sich in wüsten Geröllmassen, mit denen die Wände der r. Thalseite ganz bedeckt sind, während auf der steil abstürzenden Nordseite magere Weiden noch eine Strecke weiter hinaufreichen. Der in wilden Sprüngen hinabeilende junge Rhein ist mehrfach von Lauinenschnee bedeckt, der hier das ganze Jahr hindurch liegen bleibt. Ueber eine dieser Schneebrücken geht man auf das l. Ufer; weiter auf schmalem, im Sommer von den Hirten im Stand gehaltenen Pfade zur ($1^3/_4$ St.) *Zapporthütte* (1966m), im Juli und August von Bergamasker Hirten bewohnt, die auf der sonnigen *Zapportalp* ihre Schafe weiden. Der Weg von hier zur Clubhütte ($^3/_4$ St.) führt an der *Hölle* vorbei, einer wilden Felsmasse am r. Ufer, an deren Fuß der Rhein einen kleinen steilen Fall macht; weiter auf demselben Ufer das *Paradies*, eine magere mit Felstrümmern überschüttete Alpweide. Die *Zapport-Clubhütte* (2320m), mit Raum für 10-12 Pers., ist im Sommer gleichfalls von Hirten bewohnt. Das enge Thal wird geschlossen durch den **Rheinwald-Gletscher**, dessen unterer Theil *Paradies-Gletscher* heisst; aus einer Öffnung desselben (2216m) in Form eines Kuhmauls gleich unterhalb der Clubhütte quillt der Hinter-Rhein. Dieser stärkste Strahl (*Sprung* oder *Ursprung*) wird sofort durch die Gewässer aus vielen Spalten des Gletschers vermehrt. Von der Clubhütte kann man den Rheinwald-Gletscher besteigen, um von da die gewaltigen Bergmassen des *Adula-* oder *Rheinwald-Gebirges* in ihrer ganzen Größe zu überschauen: *Zapporthorn* (3149m), *Rheinquellhorn* (3200m), *Vogelberg* (3220m), *Rheinwaldhorn*, *Güferhorn* (3398m) u. a. Das **Rheinwaldhorn** (*Piz Valrhein*, *Adulahorn*, 3398m) ist von der Clubhütte in 4 St. zu ersteigen (beschwerlich, aber mit tüchtigem Führer ohne Gefahr). Leichter sind *Vogelberg* und *Rheinquellhorn*, $3^1/_2$-4 St. von der Clubhütte. *Zapporthorn*, vom Bernardinopaß (s. unt.) in 4 St., schwierig.

Von Hinterrhein über den *Valser Berg* nach dem Lugnetzthal und Ilanz s. S. 352; über den *Zapportgrat* oder die *Lenta-Lücke* nach Zervreila s. S. 352. Beschwerliche Übergänge (*Vogeljoch* 2938m, *Passo del Cadabbi* 2950m, *Zapportpaß* 3090m) führen vom Rheinwald- und Zapport-Gletscher s. nach *Malvaglia* (S. 359).

Die Bernardino-Straße führt 10 Min. von Hinterrhein über die erste Brücke (1616m), welche den Rhein in drei Bogen überwölbt, dann in 16 Windungen an der steilen buschbewachsenen Bergwand hinan (Fußpfad, bei der zweiten Kehre r. ab, kürzt bedeutend). Hübscher Rückblick auf das Rheinthal und die dasselbe n. begrenzenden Berge, Kirchalphorn, Lorenzhorn, Schwarzhorn, Hochberghorn. Vor der (50 Min.) Brücke über den *Masek-Bach* (1873m) l. die einsame *Dürrenbühlhütte;* weiter durch ein wüstes Hochthal an der (l.) *Thäli-Alp* vorbei zum (1 St.) **S. Bernardino-Paß** (2063m; dürftiges *Whs.*), am n. Ende des kleinen *Lago Moësola*, aus dem drei Felsen hervorragen. Der Pass war schon den Römern bekannt und hieß bis Anf. des xv. Jahrh. *Vogelberg* (s. oben). Als damals der h. Bernhardin von Siena hier predigte, wurde am südl. Abhang eine Kapelle erbaut, woher der Name. L. der *Pizzo Uccello* (2716m) und das *Mittaghorn* (2609m), r. das *Marscholhorn* (*P. Moësola*, 2902m). Prächtige Aussicht bei einem großen weißen Steinblock, vom Whs. n.w. $^3/_4$ St. bergan (Führer unnöthig).

Die Straße senkt sich in vielen Windungen auf der l. Seite der aus dem See ausfließenden *Moësa*, an einer Cantoniera vorbei; w. das *Zapporthorn* (3149m) mit dem *Stabbio-Grat* (2742m), von dem der *Muccia-Gletscher* sich herabsenkt; ö. *P. Lumbreda* (2977m), *P. Mutun* (2853m), *P. Curciusa* (2872m). Weiter auf stattlicher Brücke über die Moësa und in einer letzten großen Kehre nach ($1^1/_2$ St.)

27km **S. Bernardino** (1626m; **Hôt. Brocco*, **Hôt. Ravizza*, in beiden Pens. ohne Z. mit W. 7½-9½fr.; *Alb. Menghetti*), dem höchsten Dorf des *Misoxer Thals (Val Mesocco* oder *Mesolcina)*, mit einem Sauerbrunnen, der im Sommer viel Kurgäste anzieht. Das Thal bildet in Sprache, Kultur und Klima den entschiedensten Gegensatz zum Rheinwaldthal. Alles ist hier italienisch, die Bewohner nur Katholiken, nachdem Cardinal Borromeo (S. 428) die Anfänge reformatorischer Bestrebungen mit Erfolg unterdrückt hat. — Über den *Passetti-Paß* ins *Val Calanca* s. unten.

N. über dem Bernardinopaß der scharfe Zahn des *P. Uccello* (s. oben). Die Straße steigt etwas und senkt sich dann in zahllosen Kehren (Fußpfade kürzen); r. in der Schlucht ein schöner Fall der Moësa, der aber nur dann gut zu sehen ist, wenn man von S. Bernardino bis S. Giacomo dem Fußweg zuerst am l., dann am r. Ufer der Moësa folgt. Bei (1½ St.) *S. Giacomo* (1146m; Alb. Toscano) tritt die Straße auf das r. Ufer der Moësa (von der Brücke hübsche Aussicht); dann scharf hinab (l. unten *Cebbia*) nach

41km **Mesocco** oder *Cremeo* (777m; *Posta* bei *Provini*, wird gelobt; *Hôt. Toscani*, unsauber); 10 Min. unterhalb auf einem Felshügel l. von der Straße die großartigen viergethürmten Trümmer des 1526 von den Bündnern zerstörten Schlosses *Misox (Mesocco)*. Nuß- und Kastanienbäume, Reben- und Maisfelder verkünden bald den italien. Himmel. Von den Bergen fließen vielfach kleine Bäche herab; zwischen Mesocco und Lostallo sind acht zum Theil nicht unbedeutende Wasserfälle. Hinter (½ St.) **Soazza** (630m) erreicht die Straße die untere Thalsohle. Bei der zweiten Brücke unterhalb Soazza bildet der *Buffalorabach* r. einen schönen Fall. 55 Min. *Cabbiolo* (450m); 20 Min. *Lostallo* (476m; Post); hier größere Weingärten und die ersten Feigenbäume. — 1½ St.

57km **Cama** (384m), mit Capuzinerkloster.

Von Cama nach Chiavenna (14-15 St.) führt ein beschwerlicher aber interessanter Pfad durch das steil ansteigende *Val Cama* mit kl. See (1237m) zur (5½ St.) **Bocchetta di Val Cama** (2097m), hinab durch *Val Bodengo* nach (3½ St.) *Bodengo* (einf. Whs.) und durch die Schlucht der *Boggia* auf steilem Treppenwege nach *Gordona* und (5 St.) *Chiavenna* (F. nur von Cama bis zur Paßhöhe nöthig, 5 fr.). — Nicht viel bequemer und weniger lohnend ist der Weg von Soazza (s. oben) über den **Passo della Forcola** (2217m) und durch das gleichn. Thal nach Chiavenna (12-13 St. m. F.).

¼ St. *Leggia* (343m); 25 Min. **Grono** (305m; **Hôt. Calancasca*) mit dem festen Thurm *Florentina*, dabei eine Kapelle mit alten Wandgemälden, stattlicher Ort an der Mündung des *Val Calanca*.

Durch das malerische **Val Calanca** führt eine Fahrstraße erst auf dem l., dann auf dem r. Ufer der *Calancasca* über *Molina*, *Arvigo*, *S. Domenica*, *Augio* bis (4 St.) *Rossa* (1088m; Whs.), Hauptort des Thals. (Von hier westl. beschwerlicher Uebergang über den *Giumella-Paß*, 2120m, nach *Malvaglia* im Blenio-Thal, S. 359.) Nun Saumweg; 1 St. *Valbella* (1335m), das oberste Dörfchen des Thals, von wo ö. ein unschwieriger Übergang über den *Passo di Trescolmine* (2153m) nach (5 St.) *Mesocco* führt; 1 St. Alp *Alogna* (1431m); von hier ö. über den *Passo di Passetti* (2075m) nach *S. Bernardino* (s. oben) 4-5 St., Führer rathsam. Am obersten Thalende, vom Val Calanca aber schwer zugänglich, der großartige Gebirgskessel der *Stabbio-Alpen* (2008m), von S. Bernardino über den *Passo Tre Uomini* (2653m) in 4-5 St. zu erreichen.

62km **Roveredo** (297m; **Angelo; Croce*), Hauptort (1065 E.) des untern Misoxerthals, mit dem in Trümmern liegenden Schloß der einst mächtigen Familie Trivulzio.

*S. Vittore* (269m) letztes Bündnerisches, *Lumino* erstes Tessiner Dorf. Vor der Moësa-Brücke vereinigt sich die Bernardino- mit der St. Gotthardstraße; r. Stat. *Castione* der Gotthardbahn (S. 105). Unterhalb des Einflusses der Moësa in den *Tessin (Ticino)* liegt *Arbēdo* (248m), ein Ort trüben Andenkens in der Schweizergeschichte. Am 30. Juni 1422 fielen hier 2000 Schweizer von dem 3000 Mann starken Heer derselben im Kampf gegen 24,000 Mailänder. Sie liegen unter einigen noch sichtbaren Erdhügeln bei der St. Paulskirche begraben, *Chiesa rossa* von ihrer rothen Farbe genannt.

73km *Bellinzona* s. S. 105.

## 99. Von Chur ins Engadin über den Albula-Paß.

*Vergl. Karte S. 344.*

Post im Sommer tägl.: über Churwalden-Lenz nach Samaden, 72km (bis Bergün, wo Mittagshalt, in 7 St.; von da bis Ponte in 4 St.) in $12^1/_2$ St. für 18 fr. 25, Coupé 21 fr. 90 c.; von Samaden nach Bad St. Moriz, 8km, unmittelbar anschließend in 1 St. 10 M.; von Samaden nach Pontresina, 5,4km. in 55 Min. — Zweisp. Extrapost von Chur bis Samaden 108 fr. 80 c., durch den Schynpaß und Albula 124 fr. 20 c.; nach Bad St. Moriz oder Pontresina 117 fr. 20 oder 132 fr. 80 c. — Zweispänner von Chur nach Bergün 70, über den Albula nach Samaden 100, Pontresina oder St. Moriz 110, Tarasp 170 fr. (über Schyn und Albula 80, 110, 120 u. 180 fr.) und 10% Trinkgeld an den Kutscher (bis Samaden $1^1/_2$-2 Tage). — Sehr lohnende Tour, schöne Gebirgslandschaften. Der Paßübergang selbst ist ein ödes Stein- und Felsenmeer.

Von Chur entweder über *Churwalden* in $3^1/_4$ St. nach *Lenz*, oder über *Thusis* und *Schyn* in $5^1/_4$ St. nach *Tiefenkasten*, s. R. 100.

Bei Lenz, bez. Tiefenkasten zweigt die Albulastraße von der Julierstraße l. ab und führt über (26km) *Brienz* (s. S. 347; näherer Fußweg beim letzten Hause von Brienz r. ab, nach 5 Min. l., 5 Min. nochmals l., über *Surava* nach Bad Alvaneu), weiter unterhalb der Ruine *Belfort* vorbei und im *Crapanaira-Tobel* in großen Windungen hinab ins *Albulathal* nach

32km **Bad Alvaneu** (950m), wo sich die von Lenz und von Tiefenkasten kommenden Straßen vereinigen. Die kalte gipshaltige Schwefelquelle wird gegen rheumatische Leiden, Magen- u. Darm-Catarrhe etc. gebraucht (**Gasth.*, Z. L. B. $2^1/_2$-5, M. $3^1/_2$, Pens. m. Z. $6^1/_2$-11 fr.; Einsp. nach Bergün 9, Wiesen 8, Tiefenkasten $4^1/_2$ fr.). Gegenüber am l. Ufer der Albula ein Wasserfall in schöner Umrahmung.

Der ***Piz Michèl** (3163m) kann von geübten Berggängern ohne besondere Schwierigkeit erstiegen werden (von Bad Alvaneu durch das *Schaftobel* in 6-7 St., nur mit Führer); höchst großartige Aussicht. — 4 St. oberhalb Bad Alvaneu oder Filisur (3 St. von Bergün, s. unten) im *Val Spadlatscha* die *Aela-Clubhütte* (2201m), von wo das **Tinzenhorn** (3179m) in 4 St., und **Piz d'Aela** (3340m) in $4^1/_2$-5 St. zu ersteigen sind (letzterer schwierig, beide nur für schwindelfreie Kletterer). Schwieriger Abstieg vom Tinzenhorn an der steilen Westseite zum *Tinzenthorpaß* (S. 374) und über *Alp Tigiel* nach *Tinzen* (S. 374).

Die Straße überschreitet 20 Min. oberhalb das *Landwasser*, das hier in die Albula fließt, und wendet sich r. ansteigend nach (20 Min.) **Filisur** (1040m; **Hôt. Schönthal*; *Weißes Kreuz*, einf.), stattliches Dorf in freundlicher Lage, überragt von den spärlichen Trümmern der Burg *Greifenstein* (1215m). Dann hinab zur *Albula* und am r. Ufer in dicht bewaldetem Thal allmählich bergan. R. (am l. Ufer) bleibt (3/4 St.) *Ballalüna* (1102m), ehem. Eisenschmelze, jetzt Säge (einf. Whs.). Die Straße steigt in einer Kehre, die man auf dem alten Wege längs der Telegraphen-Leitung abschneiden kann, und tritt in den (1/2 St.) ***Bergüner Stein** (*Il Crap*, 1304m), eine tiefe Schlucht mit senkrechten Felswänden, durch die zuerst im J. 1696 ein 800 Schritt l., ursprünglich 1 1/2 bis 1 3/4m br. Fahrweg gesprengt worden ist, zum Theil durch Seitenmauern geschützt. Am Ausgang der Schlucht, in welcher der tief unten brausende Bach nur an einer Stelle sichtbar ist, erscheint r. oben das *Tinzenhorn* und *Piz d'Aela* (s. oben). Dann öffnet sich der grüne Thalkessel von (1/2 St.).

43km **Bergün**, rom. *Bravuogn* (1388m; **Hôt. Piz Aela* oder *Post*, M. 3 fr.; *Kreuz* bei *Cloetta*, ordentlich; *Sonne*), ansehnliches Dorf (435 E.) mit neu entdeckter Heilquelle (kl. Badhaus), alter roman. Kirche und stattlichem Gefängnisthurm.

Ausflüge (Führer *P. Mettier*, *Alb. Rauch*). N.ö. über Bergün das Dorf **Latsch** (1590m), am Abhang des *Latscher Kulms* (*Cuolm da Latsch*, 2290m; Besteigung lohnend, 2 St.). — Über den *Sertigpaß* nach *Davos* s. S. 345. — Über **Fuorcla Pischa** (2802m) nach *Madulein* 9-10 St. m. F. (durch *Val Tuors* und *Val Plazbi*), beschwerlich. Von der Paßhöhe, zwischen Piz Kesch und Piz Blaisun, ist **Piz Kesch** (3422m) in 2 St. zu ersteigen (besser von der Alp *Chiaclavuot*, S. 345, über den *Porchabella-Gletscher* in 5 St.; vgl. auch S. 391). — *Piz d'Aela* und *Tinzenhorn* s. oben (die *Aelahütte* ist von Bergün über *Alp Uglix* in 3 St. zu erreichen). Über den **Aela-Paß** (2922m) zwischen Piz d'Aela und Piz Val-Lung ins *Val d'Err* und nach *Tinzen* (S. 374), über *Naz* (s. unten) in 5 St. m. F., unschwierig, lohnend.

Die Straße steigt allmählich in herrlich bewaldetem Thal an (l.) der Mündung des *Val Tisch* vorbei; die Albula bildet eine Reihe kleiner Fälle, einen größern oberhalb des Alpdörfchens (1 1/4 St.) *Naz* (1745 m). An den kühn geformten Bergzacken r. (*Piz d'Aela, P. Val-Lung, P. Salteras*) werden hier und da kleine Schneefelder sichtbar. Weiter in großen Windungen (kürzerer Fußpfad von Naz den Telegraphenstangen nach) bergan an den Hütten von *Preda* und *Palpuogna* vorbei (r. unterhalb der Straße der hellgrüne kleine *Palpuogna-See*, 1918m) zum (1 St.) *Gasth. Weißenstein* (2030m), roman. *Crap alv*. Die Straße (Fußweg l. kürzt bedeutend) umzieht in großem Bogen am Fuß der fast senkrechten zwei Felszähne *Giumels* (2785m) einen sumpfigen Thalkessel, aus dem die Albula entspringt, und steigt durch das wüste, mit Geröll und Felstrümmern überschüttete *Teufelsthal* zum (1 St.) **Albula-Paß** (2315m; einf. **Hospiz*). Zu beiden Seiten erheben sich die Spitzen des Albulastocks, die r., *Crasta mora* (2937m), aus Granit, l., *Piz Uertsch* (*Albulahorn*, 3273m), aus Jurakalk bestehend.

Der Albulapaß ist auch durch seine reiche Flora bemerkenswerth. Die schöne Primula integrifolia und viscosa entfalten kurz nach der Schneeschmelze

24*

zuerst ihre niedlichen Blüthen. Prächtige Orchideen, tief dunkelblaue Gentianen, seltene Steinbrecharten, die herrliche Anemone narcissiflora, sowie die durch ihre schönen blauen bez. weißen Blüthen ausgezeichneten Viola calcarata und Dryas octopetala sind hier zu finden.

Die Straße führt eine Strecke eben fort durch ein wüstes Hochthal (vorn die stattliche Pyramide des Piz Mezaun, daneben r. im Hintergrunde des Val Chamuera P. Lavirum und P. Cotschen, noch weiter r. P. Muraigl und Languard) und senkt sich dann an mehreren Sennhütten vorbei (der alte Saumpfad erst am r., später am l. Ufer des Bachs kürzt bedeutend), zuletzt in sieben großen Kehren mit schönen Blicken auf Piz Quatervals und Piz del Diavel, später auf Ponte und Camogasc, l. am Berge Madulein und Guardaval, durch Lärchenwald hinab nach ($2^1/_2$ St., Saumpfad $1^1/_2$ St.)

66km *Ponte* (1691m). Von hier nach *Samaden* s. S. 391; nach *Schuls* und *Nauders* s. R. 103.

## 100. Von Chur über den Julier ins Engadin.

*Vergl. Karten S. 344, 364, 384.*

Post nach Samaden im Sommer 1mal täglich über Churwalden in $13^1/_4$ St. für 20 fr. 75, Coupé 24 fr. 90 c.; 1mal täglich in $14^1/_4$ St. durch den Schynpass für 22 fr. 75, Coupé 27 fr. 50 c. — Zweisp. Extrapost von Chur nach Bad St. Moritz 120 fr. 10 c., nach Samaden 126 fr. 10 c. (über Schyn und Julier 133 fr. 80 c. bez. 139 fr. 30 c.). — Zweispänner von Chur nach St. Moriz über den Julier 100, nach Pontresina oder Samaden 110 fr. (über Schyn und Julier 110 u. 120 fr.) und 10% Trinkg.

*Chur* (590m) s. S. 337. Die Straße führt beim Hôt. Steinbock über die *Plessur* und steigt in Windungen bergan (mehrfach kürzere Fußwege), mit schönen Blicken auf Stadt, Rheinthal und Calanda. Ö. öffnet sich das *Schanfigg* (S. 347), in welchem tief eingeschnitten die Plessur fließt. $^1/_2$ St. von Chur zeigt ein Handweiser l. nach *Bad Passugg* (S. 339), $^1/_4$ St. weiter ein andrer r. zum *Känzli* (S. 339). Die Straße steigt dem Lauf der *Rabiosa* entgegen, die tief im Grund der Plessur zufließt, an *Malix* (1158m) mit Gesundbrunnen, weiter an Ruine *Straßberg* vorbei, nach

10km **Churwalden** (1240m; **H. Brügger zur Krone;* **H. Gengel*, Z. u. B. $2^1/_2$ fr.; **H.-P. Mettier & Schweizerhaus*, *P. Hemmi*, **Rothhorn*, *Kreuz* u. a.), malerisch in engem Thal gelegen, als Luft- und Molkenkurort besucht, mit alter Kirche und dem ehem. Kloster *Aschera*.

Weiter in stärkerer Steigung (Fußweg, anfangs durch Wald, auf dem l. Ufer des Baches, erst dicht vor Parpan über denselben) nach

13km **Parpan** (1511m; **H. & Kurhaus zur Post*, Z. L. B. $3^1/_2$ fr.; **H. Stätzerhorn*, Pens. m. Z. 6-8 fr.), sauberes Alpendörfchen in freier Lage. Im Buol'schen Stammhaus, Ende des XVI. Jahrh. erbaut (jetzt Hrn. Major Weber gehörig), alterthümliche Zimmereinrichtungen, Familienbildnisse etc.

Hübscher Spaziergang zum ($1^3/_4$ St.) Churer Joch (2038m) am Fuß des *Gürgaletsch*, mit Aussicht auf Chur, das Rheinthal bis zum Sentis, das Schanfigg etc.

Ein vielbesuchter Aussichtspunkt ist das *Stätzerhorn (*Piz Raschil*, 2576m), der höchste Punkt des Gebirgszuges, der das Churwaldner Thal vom Domleschg (S. 360) trennt. Von Parpan führt der neue vom S. A. C. angelegte

Reitweg (Führer unnöthig, doch beachte man, daß hinter dem Dörfchen *Sartuns* der richtige Weg nicht r. ab, sondern geradeaus bergan führt) bequem in 3 St. zur Spitze (Whs. geschlossen und halb verfallen). Großartige Rundsicht in das Schanfigger, Churwaldner, Oberhälbsteiner, Schamser, Domleschg- und Vorderrheinthal bis Ilānz, und über die ganze Rätikon-Kette, Calanda, Tödi, St. Gotthard, Piz Beverin, Rheinwaldgletscher, Tambohorn, Bernina, Albula etc. (Panorama von *A. Heim*). Am Abhang des Berges schöne Alpen und reiche Flora. Der Weg auf der Domleschger Seite abwärts ins Rheinthal (und nach Thusis) ist länger und zuletzt etwas ermüdend, aber nicht zu verfehlen (über die Alpen *Raschil* und *Schall* hinab nach den Maiensässen von *Almens*, dann l. über *Scharans* nach Thusis, 4 St.). Geübte Bergsteiger können auch über *Obervatz* nach der *Solisbrücke* (S. 361) hinabgelangen.

Von Parpan nach *Arosa* ($4^1/_2$ St.) s. S. 348.

Bald ist die Paßhöhe (1551m) erreicht, mit schöner Aussicht auf die Berge des Oberhälbsteins, r. die Gebirge über dem Schynpass, l. der schöne Felsstock des *Lenzerhorns* (2911m), daneben der *Piz Michēl* (3163m); rückwärts der *Calanda* (S. 339). Hinab über *Valbella* und *Canols*, an einigen kleinen und dem waldumkränzten größern *Heidersee* (1483m) vorbei (auf einer Insel in demselben ein **Chalet-Restaurant*, auch Pens., 4-5 fr.), über die bewaldete, in winterlichen Schneestürmen gefürchtete *Lenzer Heide*, roman. *Planeira*, nach *Lai* und zum ($17_{,6}$km) **Kurhaus Lenzer Heide* (1456m; Pens. m. Z. 5-6 fr.).

Wer zur *Schynstraße* will, folgt bei *Lai* (1km n. vom Kurhaus) dem r. abzweigenden Fahrweg über den *Heidbach* nach (50 Min.) *Obervatz* (1224m; vorher l. halten, um die nach dem höher gelegenen *Lain* führenden Wege zu vermeiden); dann über *Zorten* und *Nivaigl* steil hinab zur (40 Min.) *Solisbrücke* (S. 361).

$22_{,6}$km **Lenz**, rom. *Lansch* (1294m; *Krone* oder *Post*), vor Anlage der Splügenstraße ein wichtiger strategischer Punkt. Im J. 1635 hatte hier Rohan, 1799 Lecourbe gegen die Oesterreicher sich aufgestellt (*Albulastraße* nach *Bad Alvaneu* und *Bergün* s. R. 99).

Unsere Straße senkt sich nun 1 St. lang in zahlreichen Windungen bis zur Albula, stets mit schönster Aussicht hinüber in das Oberhälbstein und w. über den Schynpaß hinweg auf den Heinzenberg, im Vordergrund auf einem Vorsprung das Dorf Alvaschein und jenseit des Schynpasses Stürvis (S. 361), tief unten Tiefenkasten. Bei dem Hof *Vazerols*, r. unterhalb der Straße, wurde im J. 1471 die ewige Vereinigung der drei Bünde beschworen (vergl. S. 336; einf. Denkmal). Fußgänger können einige Windungen der Straße abschneiden. Vor

$28_{,3}$km **Tiefenkasten**, eigentl. *Tiefencastel*, rom. *Casti* (850m; **H. Julier*, Z. L. B. 4, F. $1^1/_2$ fr.; **H. Albula*, Z. L. B. 3, F. $1^1/_4$, M. 3 fr.; *Kreuz*), über die *Albula*. Der im Mai 1890 fast ganz abgebrannte Ort liegt malerisch in dem tiefen Thal, die Kirche (888m) auf einem Hügel oberhalb der Einmündung der *Julia* in die Albula. — Poststraße über *Surava* nach *Bad Alvaneu* s. S. 346; **Schynstraße* nach Thusis s. S. 361.

Nun wieder scharf bergan, dann an einer schroffen Kalkfelswand, dem *Stein*, hin (Felsgalerie u. Tunnel). Tief unten fließt die *Julia* oder der *Oberhälbsteiner Rhein* (*Rhein* heißt romanisch ein fließendes Wasser). Nach $1^1/_2$ St. öffnet sich die bevölkerte an 2 St. lange Thalstufe des ***Oberhalbstein*** (rom. ***Sur Seissa***); an der Straße die Dörfer ***Burvagn***, $^1/_2$ St. ***Conters*** (Post), $^1/_4$ St. **Savognino**, deutsch *Schweiningen* (1213m; **H. Piz Michel*; **H. Rhätia*). An den Abhängen der w. Thalwand ebenfalls mehrere Dörfer, *Salux*, *Präsans*, *Reams* mit stattlicher Burg, jetzt Gefängnis, u. a.

Ausflüge. **Piz Curvèr** (2975m), von Savognin über *Ziteil* in 5 St. m. F., nicht schwierig und sehr lohnend, s. S. 363 (Abstieg event. nach Zillis oder Andeer). — Von Savognin nach Außer-Ferrera über den Fianellpaß, $5^1/_2$ St., unschwierig und lohnend. Fahrsträßchen durch das freundliche *Val Nandrò* zur (2 St.) *Alp Curtins* (1950m), hier r. hinan zur (1 St.) *Alp Schmorras* (2268m) und zum (1 St.) **Fianell-** oder **Schmorraspaß** (2545m), gegenüber dem *Piz Grisch* (*P. Fianell*, 3048m); hinab über *Alp Moos* und *Sutt Foina* nach ($1^1/_2$ St.) *Außer-Ferrera* (S. 363).

$^1/_2$ St. **Tinzen**, rom. *Tinizung* (1240m; *H. Tinzenhorn*), an der Mündung des *Val d'Err* hübsch gelegen.

Von Tinzen nach *Bergün* über den *Aelapaß*, 4 St., s. S. 371. N. führt ein mühsamer Uebergang (5 St. m. F.) über den **Tinzentherpaß** (2580m), zwischen Tinzenhorn und Piz Michèl, nach *Bad Alvaneu* (S. 370). — **Piz Michel** (3163m), 6 St. m. F., von hier schwieriger als von Alvaneu (S. 370). — Nach Samaden über das **Errjoch** (3075m), 9 St. m. F., mühsam aber lohnend. Durch das malerische *Val d'Err* und über den *Errgletscher* zur Jochhöhe, ö. vom *Piz d'Err* (s. unten); hinab durch *Val Bever* (S. 382).

Oberhalb Tinzen bildet die Julia prächtige kleine Wasserfälle. Die Straße führt abwechselnd durch merkwürdige ausgeschwemmte Rundthäler und schöne Felsschluchten. $^1/_2$ St. *Roffna* (1458m; Löwe, einf.), dann (1 St.)

46,4km **Mühlen**, rom. *Molins* (1461m; **Löwe*, Z. L. B. $2^1/_2$, M. m. W. 4 fr.), prächtig gelegenes Dorf, Mittagshalt des Eilwagens.

Durch das hier mündende **Val da Faller**, das sich $^3/_4$ St. aufwärts in *Val Gronda* und *Val Bercla* theilt, führen selten gemachte Uebergänge (m. F.) über das *Val-Gronda-Joch* (2802m) ö. vom *Weißberg* nach (6 St.) *Cresta* (S. 363), und über das *Fallerjoch* (c. 2770m) an den *Flühseen* vorbei nach ($5^1/_2$ St.) *Juf* im Averser Thal (S. 364). — Sehr lohnend die Besteigung des **Piz Platta** (3386m), durch *Val Faller* und *Val Bercla* in $5^1/_2$ St. m. F.; prächtige Rundsicht. — *Piz d'Err* (3395m), *P. d'Arblatsch* (3204m) und *P. Forbisch* (3258m) können von geübten Berggängern gleichfalls erstiegen werden (F. im Löwen).

Die Strecke von hier bis Stalla, mit großartigen Felslandschaften, zur Seite stets die rasche Julia, ist für Fußgänger sehr lohnend. Schöner Punkt bei der Brücke vor ($^1/_4$ St.) *Sur*. Auf einem schön bewaldeten Hügel, mitten im Thal, ragt der viereckige Wachtthurm der Burg *Splüdatsch* auf (1603m; jenseit Sur führt ein Fußweg hin; hübsche Umschau). Nach 20 Min. zeigen sich r. in mittlerer Höhe die Trümmer des in eine Felsenhöhlung und auf schroffem Vorsprung gebauten Schlosses *Marmorera*. — $^3/_4$ St. *Marmels* (*Marmorera*, 1634m), an der Mündung des *Val Natons*; weiter *Stalvedro* (1718m) und (1 St.)

54,6km **Stalla** oder *Bivio* (1776m; **Post*, bei *Lans*), das röm. *Bivium*, wo die Wege über den Julier und den Septimer sich scheiden.

Der Saumpfad über den Septimer (bis Casaccia 4 St., Führer bei hellem Wetter unnöthig), eine der ältesten Alpenstraßen, von römischen und deutschen Kaisern mit ihren Heeren überschritten, wird neuerdings von Touristen wieder viel besucht. Er geht oberhalb Stalla von der Straße r. ab, im *Val Cavreccia* hinan, bei den Hütten von (1 St.) *Cadval* über den Bach und durch eine Thalenge, weiter über die zum Theil sumpfigen Wiesen des *Pian Canfèr* zur (1 St.) Höhe des **Septimer** (*Passo di Sett*, 2311m), mit zerfallenem Hospiz (über die *Forcellina* nach

*Juf* und über *Lunghino* zum *Maloja* s. S. 364). Von der Anhöhe l. (durch zwei Steine bezeichnet) prächtige Aussicht auf die Berge des Maloja, Piz della Margna, Monte dell' Oro etc. Hinab auf schlechtem, gepflastertem Wege, dreimal über den *Septimerbach (Acqua di Settimo)*, ins Thal der *Mera* und auf dem l. Ufer derselben, die letzte Strecke sehr steil und steinig, nach (2 St.) *Casaccia* (S. 402).

Von Stalla nach Andeer über den *Stallerberg*, durch das *Averser-* und *Ferrera-Thal* s. S. 364. — Nach Sils über die **Fuorcla di Gravasalvas** (2684m), $5^1/_2$ St. m. F., lohnend: vor der Julierhöhe r. hinan am kl. *See von Gravasalvas* vorbei zur Paßhöhe w. vom *Piz Lagrev*, mit schönem Blick auf Bernina etc.; steil hinab zum *Silser See* (S. 378).

In zahlreichen Kehren steigt die 1827 vollendete Straße den steinigen Abhang des **Julier** *(Giulio)* hinan. Zu Fuß erreicht man die Paßhöhe in $1^3/_4$ St.; Wagen gebrauchen hinauf 2 St., bergab kaum 1 St. Von Nov. bis Mitte Mai pflegt der Uebergang nur auf Schlitten stattzufinden, obgleich der Julier von allen Pässen gleicher Höhe am frühesten schneefrei und keinen Lauinen ausgesetzt ist. Kurz vor der Höhe einige Häuser (2244m; einf. Whs., gutes Bier). Auf der ($62{,}_3$km) Paßhöhe (2287m) zwei runde $1{,}_5$m h. Säulen von dichtem Glimmerschiefer, ohne Inschrift, Meilensteine, zu Augustus' Zeiten gesetzt, der von Clavenna (S. 366) eine Heerstraße über den Maloja und Julier nach der Curia Raetorum (Chur) anlegte. In der Umgebung fand man mehrfach römische Münzen. Unfern der Säulen r. gerade im Sattel des Passes ein kleiner See, der trotz seiner hohen Lage noch Forellen enthält.

Im Sommer sieht man häufig Heerden BERGAMASKER SCHAFE, wie auf allen Bergen der südl. Bündner Alpen, so auch an den Abhängen und Höhen des Julier, mit ihren Hirten *(Pastori)*, aus dem Seriana- und Brembana-Thal, und aus Tessin, einem rauhen kurz angebundenen Menschenschlag, aber redlich und zuverlässig, abenteuerliche Gestalten mit langem schwarzen, an der Seite in langen Locken herabfallenden Haar, mit einem braunen oder weißwollenen Decken-Ueberwurf und braunem spitzen Calabreserhut bekleidet. Ein Gemeng von Maismehl und Wasser (Polenta) und etwas Käse ist ihre einzige Nahrung. Sie kommen im Juni mit ihren Heerden an, die nach den weiten Märschen ein dürftiges mageres Ansehen haben. Ende August kehren sie mit ihren großen saubern zierlichen langohrigen, alsdann wohlgenährten Thieren heim und verkaufen die lange grobe Wolle an die großen Fabriken zu Bergamo. Man rechnet an 40 000 Schafe, die auf diese Weise gesömmert werden; für jedes Schaf wird 1 fr. Weidegeld bezahlt.

Am ö. Abhange des Julier, 20 Min. unter der Höhe, die kleine *Julier-Alp*, mit zwei Sennhütten. L. die Abstürze des *Piz Julier* und *Piz d'Albana*, r. des *Piz Pulaschin*. Im Hinabsteigen entfaltet sich bald eine prächtige Aussicht auf die Schneeberge des Bernina (S. 387), im Vordergrund Piz Surlej und Munt Arlas, r. überragt von Piz Tschierva, Morteratsch und Bernina, dann Piz Corvatsch und ganz r. Piz della Margna; mehr und mehr tritt auch der Thalboden des Ober-Engadin mit seinen grünen Seen hervor. Von der Paßhöhe bis Silvaplana $1^1/_4$ St. (zu Wagen in $^3/_4$ St., bergan 2 St.).

$70{,}_6$km *Silvaplana* (1816m) und von hier nach

83km *Samaden* (1728m) s. S. 380 ff.

---

# ENGADIN.

Das *Engadin (rom. *Engiadina*) ist ein von SW. nach NO. streichendes, 21 St. langes Hochthal, vom *Inn* durchströmt und auf beiden Seiten von mächtigen, zum Theil schnee- und gletscherbedeckten Bergketten eingeschlossen. Das *Ober-Engadin*, vom Maloja bis Samaden, mit einer Reihe hübscher Seen und dem Seitenthal von Pontresina, ist der schönste Theil des Thals, doch bietet auch das *Unter-Engadin* (R. 103) viel Anziehendes. Im ganzen ist die Landschaft mehr großartig ernst als freundlich. Die überaus kräftige, anregende Luft macht das Ober-Engadin zu einem unübertroffenen Höhenkurort. Die Wärme steigt im Sommer auf 15-20° R. im Schatten, im Winter sinkt das Thermometer bis — 25° R. Der Engadiner pflegt mit einiger Uebertreibung von seinem Klima zu sagen: „neun Monate Winter und drei Monate kalt". Starke Temperaturwechsel, selbst Reif und Schnee sind noch im August nicht selten. Für mehrwöchentlichen Aufenthalt ist daher, namentlich für Damen, die Mitnahme eines Wintermantels durchaus nicht überflüssig.

Die Thalsohle des Ober-Engadin erscheint beim ersten Anblick wie eine große, fast ganz von Bäumen entblößte Wiese. Abgesehen von einigen Blumengärtchen und sehr vereinzeltem höchst kümmerlichem Anbau von Kartoffeln und Getreide (Hafer und in günstigen Sommern etwas Roggen) giebt es keine Bodencultur. Die Viehtriften und Matten sind sehr ergiebig, sie werden aber von den Engadinern selten selbst bewirthschaftet, vielmehr jene meist an Bergamaskische Schäfer verpachtet (vgl. S. 375), das Heumachen in den Matten wird von italienischen Arbeitern besorgt.

Die tieferen Berggehänge des Ober-Egadin sind fast ausschließlich mit Lärchen- und Arvenwald bewachsen. Die *Arve* oder *Zirbelkiefer (Pinus cembra)* kommt in dem übrigen Alpengebiet selten, sonst nur in den Pyrenäen, den Karpathen und in Sibirien vor. Das leichte weiße, an der Luft bald röthlich werdende, fast unverwesliche Holz dieser „Ceder der Alpen", von feiner Textur und balsamischem Wohlgeruch, ist sehr geschätzt und wird vielfach zu Täfel- und Tischlerwerk verwendet. Die in den Zapfen befindlichen (30-40 Stück) Zirbelnüsse haben einen angenehmen, dem der Pinienäpfel-Kerne ähnlichen Geschmack. — An den höhern Bergabhängen bis zur Grenze der Schneeregion wird der fehlende Baumwuchs durch eine reiche Flora schöner *Alpenpflanzen* ersetzt. Auch der Laie wird beim ersten Anblick einer blühenden Alpenwiese in diesen Hochalpen überrascht und entzückt sein. Die tiefen Farbentöne und der Duft der einzelnen Pflanzen bilden einen starken Kontrast gegen die Flora des Tieflandes.

Die Engadiner gehören mit geringen Ausnahmen dem reformirten Glaubensbekenntniß an. Sie sind nüchtern, betriebsam, sparsam. Ihre romanische Muttersprache giebt ihnen den Schlüssel zu allen roman. Sprachen. Das Deutsche lernen sie vom 10. Lebensjahre an in der Schule. In jungen Jahren wandern sie vielfach aus, um als Zuckerbäcker, Kaffeewirthe, Liqueur- und Chocoladen-Fabrikanten, auch in höheren Geschäften im Ausland ihr Glück zu suchen. Man findet sie in ganz Europa. Im Alter kehren die meisten, nachdem sie ihr Geschäft jüngeren Landsleuten übertragen haben, wohlhabend in die Heimath zurück. Ihnen gehören die saubern, im Innern behaglich eingerichteten weißen Häuser, mit den (der Kälte wegen) kleinen, schießschartenartigen Fenstern. Unter den Patriziern des Ober-Engadin begegnet man bekannten Namen süßesten Angedenkens, in Sils den Josty und Giovanoli, in Silvaplana den Stebely, im Bergell den Spargnapani und Pomatti u. s. w.

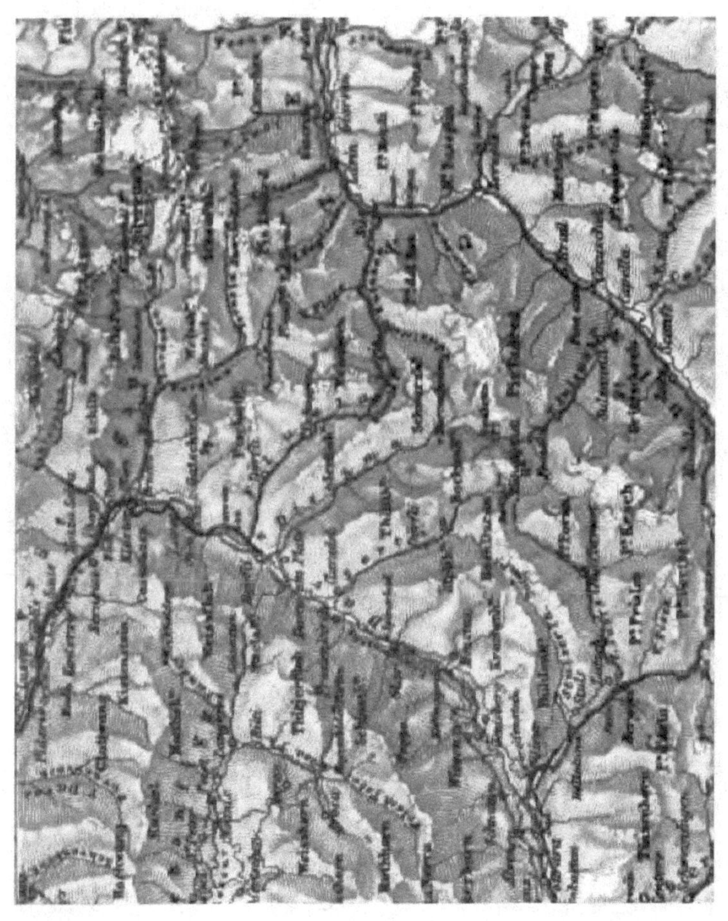

## 101. Das Ober-Engadin vom Maloja bis Samaden.

*Vgl. Karte S. 384.*

24,4km. Post 2mal tägl., vgl. S. 402; Omnibus von Maloja nach Sils Mo., Mi., Fr. 6 U. Nm. in 1 St.; nach St. Moritz tägl. 6 1/2 Vm. u. 5 1/2 Nm. in 1 1/2 St. (3 fr., hin u. zur. 5 fr.). — Im Sommer ist das Ober-Engadin stets überfüllt, daher Zimmer rechtzeitig vorauszubestellen. Größeres Gepäck besorgt das Speditionsgeschäft von *Bavier, Kieni & Co.* in Chur und Silvaplana (Gasth. z. Sonne).

Das *Engadin* beginnt an der Paßhöhe des **Maloja** oder *Maloggia* (1817m), welche nach W. steil zum *Bergell* abfällt (nach Chiavenna s. S. 402). Südl. vor der Paßhöhe liegt das **Hôt. Maloja-Kulm* (Z. 2 fr.); gegenüber ein vorspringender Fels mit schöner Aussicht ins Bergell. 5 Min. östl. vom Paß das **Hôt. Osteria vecchia* im Schweizerstil (Z. 2 fr.). L. auf der Höhe thront weithin sichtbar das unvollendete *Schloß des Grafen Renesse* (1868m), welches der es umgebenden aussichtreichen Promenaden wegen einen Besuch verdient (besonders schön der „Chemin des Artistes“, vom Kursaal hin u. zurück 1 1/2 St.). Weiter l. einige Privatvillen im Schweizerstil, dann das **Hôt. Longhin* (Pens. m. Z. 6 fr.). R. von der Straße am obern Ende des Silser Sees das großartige **Hôtel Kursaal-Maloja* (Z. L. B. 5 1/2-8, Musik 50 c., Lunch 4, M. 5, Pens. 10-15 fr.), eine Gründung des Grafen Renesse, jetzt im Besitz einer belgischen Gesellschaft, mit schöner Aussicht und höchstem Comfort, vom 1. Juni bis Ende September geöffnet.

W. etwas unterhalb der Paßhöhe geht ein Fußweg, 10 Min. weiter ein Fahrweg (aber schlecht und zum Fahren nicht anzurathen) von der Maloja-Straße l. ab, bei den untersten Häusern des Dörfchens *Ordeno* über die *Orlegna* (*Orlegna-Fall* s. unten) und am l. Ufer durch Wiesen und Wald in 50 Min. zu dem einsamen tiefgrünen, von hohen Bergen umgebenen ***Cavloccio-See** (1908m); südl. der schöngeformte *Monte del Forno* (3214m), l. davon der Schneesattel des Muretto-Passes (s. unten). Der Fahrweg endet bei der großen Sennerei an der Südseite des Sees, wo jedoch im Hochsommer nichts zu haben, da das Vieh dann hoch auf der Alp ist. Die Wanderung von hier zum Fornogletscher und zurück nimmt c. 2 St. in Anspruch (s. unten). — Jenseit der Orlegna-Brücke (s. oben) führt ein Pfad (Handweiser) l. zum (40 Min.) kl. *Lago di Bitabergo* (1862m) und weiter zur (3/4 St.) **Motta Salecina** (2150m) am Fuß des *Pizzo Salecino*, mit schönem Blick auf Bergell und Ober-Engadin.

Zum **Orlegna-Fall** folgt man den Kehren der Maloja-Straße von der Paßhöhe 20 Min. abwärts bis zum Handweiser; hier l. ab zu einem (2 Min.) Felsplateau über dem Hauptsturz.

Ö. hübscher Spaziergang am S.-Ufer des Sees, vom Wege nach Isola (Handweiser „Pian Cunchetta“) r. ab nach (40 Min.) *Aira della Palza* (2026m) und weiter nach (20 Min.) *l'Ala* (2161m) mit schöner Aussicht.

Zum *Forno-Gletscher* gleichfalls lohnend (Führer rathsam, Jac. Uffer. Agost. Clolina). Auf dem Muretto-Wege (s. unten) bis zur (1 1/2 St.) Alp *Piancanino* (1987m), hier r. 3/4 St. Steigens über Rasen und Moräne zum ***Forno-Gletscher** und über denselben bis zur (1 1/4 St.) neuen *Clubhütte* des S. A. C. (c. 2500m), auf einem Felsvorsprung am W.-Rande des Gletschers, gegenüber dem Mte. del Forno. Prachtvoller Gletscher-Circus, umgeben von Piz Bacone, Cima di Cantone, Cima di Castello, Pizzo Torrone, Mte. Sissone, Cima di Rosso, Monte del Forno. — *Piz della Margna* (3156m; 1 1/2-2 St.), *Piz Bacone* (3243m; 2 1/2-3 St.), *Cima di Castello* (3402m; 3 1/2 St.), *Pizzo Torrone* (3300m; 3-3 1/2 St.), *Mte. Sissone* (3363m; 3-3 1/2 St.), *Cima di Rosso* (3367m; 3 St.) sind von hier zu ersteigen (alle nur für Geübte mit tüchtigen Führern). — Über den *Forno-Paß* (c. 3200m) zwischen *Pizzo Torrone orientale* (3301m) und *Mte. Sissone* (3362m) ins *Val di Mello* und nach den *Bagni del Masino* (11 St. vom Maloja), nur für erprobte Berggänger mit tüchtigen Führern, s. S. 401.

**Piz Lunghino** (2780m), 3 St. m. F., unschwierig und lohnend: beim Hôt. Longhin l. Reitweg über Weidhänge an vielen kleinen und einem großen Fall des Inn vorbei bis zum (2 St.) blauen *Longhin-See* (2480m), aus dem der Inn abfließt; von da Fußweg über Felsen und Geröll zur Spitze. Prächtige Rundsicht. W. gelangt man vom See über die *Fuorcla di Lunghino* (2636m) zum ($1^1/_2$ St.) *Septimer* (s. S. 364, 374).

**Vom Maloja über den Muretto-Paß nach Chiesa im *Val Malenco*,** 7 St. m. F., unschwierig (neuer Saumweg) und lohnend. Am r. Ufer der Orlegna zu den ($1^1/_2$ St.) Sennhütten von *Piancamino*, die r. bleiben (s. oben); dann steiler Anstieg über Geröll an dem kl. *Muretto-Gletscher* entlang zum ($1^1/_2$ St.) **Muretto-Paß** (2557m) zwischen *Mte. del Forno* (3214m) und *Mte. Muretto* (3107m), mit schönem Blick auf den prächtigen *Monte della Disgrazia* (3673m). Hinab über wenig Schnee, weiter über Geröll- und Grashalden auf der l. Seite des ungestümen *Malero*, stets mit treffl. Blicken auf Disgrazia, Mte. Sissone, Cima di Rosso etc., zur Alp *Chiareggio* (1668m; Unterkunft) und an zahlreichen Schiefergruben vorbei nach (4 St.) *Chiesa* im *Val Malenco* (S. 401).

**Vom Maloja nach Promontogno über den Casnile- und Cacciabella-Paß,** 14 St. m. F., höchst lohnende Tour durch die prächtige Bergeller Gebirgswelt (anstrengend, aber für Geübte ohne besondere Schwierigkeit; übernachten event. in der Forno-Clubhütte). Bis zur ($3^1/_2$ St.) *Forno-Clubhütte* (c. 2500m) s. oben; hier r. hinan zum ($1^1/_2$ St.) **Passo di Casnile** (2970m), mit herrlicher Aussicht; hinab über Schnee, durch ein Kamin und über Felsboden zum untern Ende des *Cantone-Gletschers* und über zwei Moränen auf den ($1^1/_2$ St.) *Albigna-Gletscher* (c. 2200m; durch das Albignathal nach Vicosoprano s. S. 402). Nun über die Geröllhalde *Cacciabella* („schöne Jagd"; Gemsenrevier) zum (2 St.) **Passo di Cacciabella** (2878m), gleichfalls mit prächtiger Aussicht; hinab zur (2 St.) *Alp di Sciora* (2068m), in großartiger Lage, und durch das wilde *Bondascathal* (s. S. 403) zum ($2^1/_2$-3 St.) *Hôt. Bregaglia* (S. 403). — Wenn man die Tour von Promontogno aus macht (14-15 St. bis Maloja), so empfiehlt es sich in der *Alp Sciora* (4 St.), oder falls diese leersteht, der *Alp Naravedro* (3 St. von Promontogno) zu übernachten. Vgl. S. 403.

Die Landstraße überschreitet beim Kursaal den jungen *Inn*, hier *Ova d'Oen* genannt, der in kleinen Fällen von dem w. aufsteigenden *Piz Lunghino* (s. oben) herabstürzt, und tritt bei den Hütten von *Capolago* an den 7km l. blaugrünen **Silser See**, rom. *Lej da Segl* (1796m; 73m tief), an dessen nordwestl. Ufer sie entlang führt. Fußgänger folgen besser dem Promenadenweg vom Kursaal am südöstl. Ufer hin über das Dörfchen *Isola*, das auf grünem Vorland an der Mündung des *Fedozbachs* liegt (bis Sils-Maria $1^1/_4$ St., Weg z. Th. nicht besonders). Von der Straße aus gesehen erscheint über Isola der schöne Piz Corvatsch (S. 389), weiterhin, jenseit des Felsvorsprungs *Crap da Chüern*, der den See in zwei Becken scheidet, am obern Ende des Val Fedoz der zerklüftete *Fedozgletscher* zwischen r. P. della Margna, l. Piz Led (3090m). Im See die bewaldete Halbinsel Chastè (s. unten). An der O.-Spitze des Sees liegt ($1^1/_2$ St.)

$7{,}_1$km **Sils** (1797m), rom. *Segl*. Der Ort besteht aus zwei getrennten Häusergruppen: unmittelbar r. an der Straße, n. überragt von der steilen Höhe des *Piz Lagrev* (3170m), *Sils-Baseglia*, mit der Postablage; 10 Min. südl. *Sils-Maria*, in anmuthiger Lage zwischen lärchenbedeckten niedrigen Höhen, durch welche der *Fexbach* sich Bahn bricht. Zwischen den beiden Sils springt weithin in den See die Halbinsel *Chastè* vor, mit aussichtsreichen Promenaden und Schloßgemäuer. Sils-Maria eignet sich, seiner nahen anmuthigen Waldpromenaden wegen, zu längerem Aufenthalt, besonders für

Familien. Gasthäuser: **Alpenrose* (bei *Barblan*, Z. L. B. $3^1/_2$, M. 4, A. 3, Pens. mit Z. 11 fr.); *Edelweiß*, gleiche Preise.

OMNIBUS von Sils-Maria nach St. Moriz tägl. 7 U. Vm., zurück $10^1/_2$ Vm. (Di. Do. Sa. So. auch 2 U. Nm., zur. $5^1/_2$ U. Nm.) in 1 St.; zum Maloja-Hôtel Mo. Mi. Fr. 2 U. Nm., zurück 6 Nm. in 1 St.; Preis für jede Fahrt 1 fr. 50, hin u. zurück 2 fr. 50 c. — EINSP. von Sils nach St. Moriz 10, Pontresina 15 fr.

Spaziergänge, alle durch Wegweiser bezeichnet. Unmittelbar östl. vom H. Alpenrose die kleine Anhöhe *Muot Maria;* westl. hinter dem Hôtel die lärchenbedeckte Höhe, über welche der bei der Brücke über den Fexbach beginnende schmale Fahrweg nach dem Fexthal führt (s. unten), mit drei schönen Aussichtspunkten: *Larethöhe* (15 Min., nach Silvaplana zu), *Bellavista* (20 Min., nach Maloja zu) und eine Bank an dem ob. gen. Fahrweg (20 Min., Blick auf einen Wasserfall des Fexbachs und über bewaldete Vorhöhen hinweg auf die schnee- und eisbedeckten Berge im Hintergrund des Fexthals). — Lohnend ist die in $1^1/_4$ St. vom Hôt. Edelweiß auf bequemem Wege auszuführende Besteigung des *Muot Marmorè* (c. 2200m), der kuppenförmigen Vorhöhe der zackigen Furtschellas (2841m und 2933m), an welche ö. der Corvatsch sich anschließt. — Östl. vom H. Edelweiß führen ebenfalls Promenadenwege an dem waldbedeckten Abhang hin bis zu einer Sägemühle und weiter nach Surlej ($1^1/_4$ St.). — Sehr schön ist endlich auch die Aussicht von einem Vorsprung am Abhang des Piz Lagrev, *Plas* genannt (1902m), wohin schräg gegenüber der Innbrücke bei Sils-Baseglia ein Fußweg in 20 Min. bergan führt, morgens nach Maloja, Abends beste Beleuchtung des Fexthals und des Corvatsch.

Der Besuch des ***Fexthals** *(Val Fex, Schafthal)* erfordert von Sils-Maria hin u. zurück 4-5 St. Der schmale Fahrweg steigt am l. Ufer des Fexbachs bergan, während am r. Ufer ein näherer Fußpfad in der Schlucht aufwärts führt. Jenseit der ob. gen. Aussichtsbank senkt sich der Fahrweg nach dem Gehöft *Vaüglia*, steigt dann, die Häuser von *Platta* l. lassend, bis zu dem Kirchlein von *Crasta* (1948m; 50 Min. von Sils; kurz vorher mündet l. der erwähnte Fußpfad, der auch für den Rückweg zu empfehlen ist). 8 Min. weiter ist l. eine **Aussichtsbank*, die bei schöner Abendbeleuchtung vielleicht den besten Blick auf den Bergcircus im Hintergrund des Thals darbietet. Eilige mögen hier ruhig umkehren. Der Fahrweg überschreitet den Bach und erreicht in $^1/_4$ St. die *Restaur. zur Edelweißhalde*, kurz vor den Häusern von *Curtins* (1976m); 6 Min. weiter, jenseit der letztern, die *Restaur. Philipp*. Nach 10 Min. an einem zerstörten Hause vorbei, dann nach 7 Min. über den Fexbach und in 20 Min., zum Theil auf etwas sumpfigem Pfad zur Höhe des *Muot Selvas*, eines alten Moränenhügels, der sich quer vor das Thal schiebt. Von der Südseite desselben guter Überblick des schönen *Fexgletschers*, überragt vom Chapütschin, Piz Tremoggia, dem Chapütsch, Piz Fora, Piz Güz, Piz Led. Unten strömt aus breitem Geröllbett der Fexbach hervor. Rückwärts über dem grünen Fex-Thal die zackige Kette des Piz Lagrev und Piz Pulaschin.

Von dem Kirchlein von Crasta führt ein Pfad (F. unnöthig) r. bergan zu einer Alpe, dann l. durch Lärchenwald zur ($1^1/_2$ St.) *Muot Ota* (2458m), mit Aussicht auf Fex- und Fedozgletscher. Noch schöner wird die Aussicht höher hinauf auf dem Wege zum *Plaun grand* (2500m). — In das *Fedosthal* führt ein Weg, welcher c. 100 Schr. südl. von Vaüglia vom Fexthalfahrweg s.ö. bergan steigt: bis zur Fedoz-Sennhütte $^3/_4$ St.

BERGTOUREN (*Chr. Klucker, J. Eggenberger*, Führer). *Piz Led* (3090m; 4 St.), *Piz della Margna* (3156m; $4^1/_2$-5 St.), *Chapütschin* (3393m; $4^1/_2$-5 St.) und *Piz Tremoggia* (3452m; 5-6 St.) sind von Sils für Geübte ohne Schwierigkeit zu ersteigen. Schwieriger sind *Piz Glüschaint* (3598m; $5^1/_2$-6 St.), *Piz Fora* (3370m; 6-7 St.) und *Piz Corvatsch* (5 St.; von hier mühsamer als von Pontresina, s. S. 389).

Von Sils nach Pontresina über die *Fuorcla Fex-Roseg*, die *Fuorcla Chapütschin* oder die *Fuorcla Glüschaint* s. S. 389. — Nach Malenco über den *Fexgletscher* und den **Tremoggia-Paß** (3021m), zwischen dem Chapütsch und Piz Tremoggia, oder die **Fuorcla da Fex-Scerscen** (3120m) zwischen P. Tremoggia und Glüschaint, beide nur für Geübte (9-10 St. m. F.); hinab über den *Scerscen-Gletscher* ins *Val Entova* und nach *Chiesa* (S. 401).

Von Sils-Baseglia führt die Straße (Nachm. schattig) am Fuß des *Piz Pulaschin* (3017m) hin, am l. Ufer des canalisirten Inn, dann an dem 3km langen *Silvaplaner See* (1794m; 77m tief) entlang in 1 St. nach Silvaplana. Fußgänger können am nördl. Ausgang von Sils-Maria dem Fußweg quer über die Wiesen folgen, dann an dem lärchenbewaldeten Bergabhang hin, über mehrere Bäche, zuletzt an dem schönen *Wasserfall* des Surlejer Bachs vorbei nach ($1^1/_4$ St.) Surlej (s. unten) und von da über Crestalta nach St. Moriz weiter wandern.

11,8 km **Silvaplana**, rom. *Silvaplauna* (1816m; **H.-P. zum Wilden Mann & Post*, Z. L. B. von $2^1/_2$, M. $3^1/_2$, A. $2^1/_2$, Pens. m. Z., L. u. B. 7-9 fr.; **H. Corvatsch*, westl. vor dem Ort, mit freier Aussicht, Pens. von 7 fr. ab; *Sonne*, einf. gut), an der Mündung der Julier-Straße (R. 100), sehr anmuthig auf einer grünen Matte gelegen, auf dem durch die Ablagerungen des Julierbachs gebildeten Vorland, welches den Silvaplaner vom Campfèrer See scheidet. Gegenüber, auf der Ostseite des Thals, das 1834 durch einen Wildbach zerstörte Dörfchen *Surlej* („überm See"), mit eisenhaltiger Gipsquelle.

Nach Pontresina über die Fuorcla Surlej 7-8 St., sehr lohnend (Weg verbessert, F. für Geübte entbehrlich, 10, Pferd 20 fr.). Jenseit der Kirche von Surlej (s. oben) nicht l. (nach Crestalta, s. unt.), sondern geradeaus, bald r. über den Bach und hinauf in den Wald; 1 St. *Alp Surlej* (2096m), dann in s. Richtung über die Matte auf den Piz Corvatsch los. Weiter aufwärts oberhalb einer zweiten Alphütte wendet der Weg sich l. und erreicht in der Nähe des *Corvatsch-Gletschers* die ($2^1/_2$ St.) **Fuorcla Surlej** (2756m), zwischen r. *Piz Corvatsch* (S. 389, von der Paßhöhe in $2^1/_2$ St. zu ersteigen) und l. *Mt. Arlas* (3129m). Bald öffnet sich die Aussicht auf den prächtigen *Roseg-Gletscher* (S. 388). Hinab über Geröll und Rasen zur ($1^1/_2$ St.) Alp *Surovel* (2283m; Milch) und dem ($^1/_2$ St.) *Whs.* im Rosegthal, $1^3/_4$ St. von *Pontresina* (S. 384).

**Piz Julier** (3385m), von Silvaplana in 5 St. (F. 20 fr.), anstrengend. Interessanter Abstieg (nur für schwindelfreie Kletterer) s.ö. über die *Julierscharte* (zwischen P. Julier und P. d'Albana) ins Val Suvretta (bis St. Moriz 4 St.). — Leichter, aber weniger lohnend ist *Piz Polaschin* (3017m; $3^1/_2$ St. m. F.).

Der Silvaplaner See steht durch einen 13m br. Kanal mit dem kleinern, durch eine vorspringende Landzunge in zwei Hälften geschiedenen *See von Campfèr* in Verbindung, an dessen Westseite die Straße hinführt. Gegenüber (25 Min. von Silvaplana) der bewaldete Hügel *Crestalta* (1905m), mit mäßigem Café-Restaur., aber reizender Aussicht auf die Seen und Berge des Oberengadin (Fußweg nach Bad St. Moriz $^3/_4$ St.). Unterhalb des Campferer Sees führt der Inn den Namen *Sela* bis zum St. Morizer See.

14 km **Campfèr**, rom. *Chamfèr* (1829m; **H. Julierhof;* **H. d'Angleterre; Pens. Casin*). Die Straße theilt sich: der südl. Straßenarm, dem im Sommer die Post folgt, überschreitet den Inn und führt über *Bad St. Moriz* (Posthaltstelle) nach (1 St.) Dorf *St. Moriz*, während der 10 Min. kürzere nördl. Straßenarm stets hoch am l. Ufer des Inn bleibt und, unterhalb der untern Alpina (S. 381) vorbei, direkt nach Dorf St. Moriz führt.

16,4 km **Bad St. Moriz**. — Gasth.: *Kurhaus (Gr.-Hôt. des Bains), mit Raum für mehr als 250 Gäste; Pens. ohne Z. und Wein 8 fr. tägl.; Zimmer für 1-2 Pers. meist 10 fr. tägl., einzelne billiger. Das Kurhaus hat für Badegäste unbedingt den Vortheil, daß man bei schlechtem Wetter trocknen Fußes zu den Bädern und zur Quelle gelangen kann. *H. Victoria, dem Kurhaus gegenüber, Z. L. B. von 6¾, F. 2 fr. Einige Schritte weiter, am l. Ufer des Inn: *H. du Lac, großes Haus ersten Ranges, Z. L. B. von 8-10 fr., Pens. ohne Z. 9 fr.; daneben *Hof St. Moriz; *Engadiner Hof. Noch mehr nach dem Dorf zu: Hôt. & Café Central (gutes Münchner Bier vom Faß); H. Bellevue mit Dépendance *Villa Monplaisir*, Z. L. B. 10-11 fr. — Pensionen: in der Nähe des Kurhauses *Villa Beausite*, *Villa Pidermann-Brugger*; beim Hôt. Central: *Edelweiß*, *Flütsch*, *zur Heimat*. — Kurmusik mehrmals täglich.

Bäder (Holzwannen) in dem langgestreckten Seitenflügel des Kurhauses: von 7-10 U. 2 fr., 10-1 U. 2½ fr., 2-6 U. 1½ fr. Karten im Postbureau des Kurhauses zu lösen. — Ärzte: *Dr. Biermann*, *Dr. Brügger*, *Dr. Christeller*, *Dr. Veraguth*. — Wagen. Einsp. nach Dorf St. Moriz oder nach Campfer 2-3 fr., nach Pontresina 8½-10½ fr., vgl. unten.

Deutscher evang. Gottesdienst in der franz.-reform. Kirche, So. 9 Vm.

*Bad St. Moriz* (1769m) verdankt seine Bedeutung als internationaler Kurort ersten Ranges, außer der kräftigen Engadiner Luft, der am Fuss des Piz Rosatsch entspringenden Sauerquelle, welche schon 1539 von Paracelsus als die stärkste Europas bezeichnet wurde und an Kohlensäuregehalt und alkalischen Salzen Schwalbach und Pyrmont übertrifft. Das Wasser wird zum Baden und zum Trinken benutzt. Die Kurzeit dauert in dieser hohen Lage nur von Mitte Juni bis Mitte September (warme Kleidung unerläßlich, vgl. S. 376).

Vor dem Kurhaus Anlagen, an welche sich eine breite, z. Th. von Buden mit glänzenden Kaufläden eingefaßte Straße anschließt, die beim Hôt. Victoria und der *Post* vorüber nach dem See und dem Dorf führt. Am See das *Casino St. Moriz*, mit Concert-, Lese- und Conversations-Sälen, Café-Restaur. etc. (mehrmals wöchentl. große Concerte, Eintr. 1 fr. pro Tag, im Abonnement billiger). R., am andern Ufer des Inn, die neue *kath. Kirche*; l., am Wege nach dem Dorf, die *englische Kirche*. Neues Stahlbad (Act.-Ges.) im Bau.

Hinter dem südöstl. Seitenflügel des Kurhauses ziehen sich Promenadenwege an der goth. *franz.-reform. Kirche* vorüber, den mit Nadelholz bewachsenen *Quellenhügel* hinan (20 Min.) und weiter zum *Johannisberg* (¾ St.). Von hier geht der Reitweg weiter zur *Fuorcla Surlej* (S. 380), sodaß man jetzt zu Pferde von St. Moriz zum *Roseg-Restaur.* gelangen kann (vgl. S. 386). — Andre Spaziergänge: am Südufer des *St. Morizer Sees* (s. unten) oder über den Bergrücken am Fuß des Rosatsch zur (½ St.) *Meierei* (*Acla d'im Lej*; Restaur., Nachm. sehr besucht), am Wege nach Pontresina. — Nach der *untern Alpina* (Rest., theuer), 35 Min.: 5 Min. s.w. vom Kurhaus gleich jenseit der obern Innbrücke r. bergan; 20 Min. höher die *Ober-Alpina*. — Zur „Waldpromenade“, die sich oberhalb des nördl. Straßenarms zwischen der Alpina und dem Dorf St. Moriz am Abhang hinzieht, zeigt ein Wegweiser n. oberhalb des Kurhauses. — Zur *Crestalta* (S. 380), ¾ St.: hübscher Waldweg s.w. vom Kurhaus am r. Ufer des Inn.

18,8 km **Dorf St. Moriz.** — Gasth.: *H.-P. Engadiner-Kulm bei *Badrutt*, ein ausgedehnter Gebäudecomplex am obern Ende des Dorfs, mit schöner Aussicht und allem Comfort, im Winter Centralheizung, gut geführt, aber nicht billig, viel Engl. u Amerik., Pens. im Winter 9½, im Sommer 10½ fr., Z. im Winter 1-7, im Sommer 3-10 fr. Der Wirth besitzt u. a. eine alte ital. Copie nach Raffael's Sixtinischer Madonna, die er Wochentags 2-4 Uhr zeigt. — Am untern Eingang des Dorfs, vom Bad her: *H. Belvedere, Pens. m. B. 8 fr.

Z. von $2^1/_2$ fr. an. Im Dorf: H.-P. Caspar Badrutt, H. Steffani, H.-P. Suisse, H.-P. Veraguth (Bier vom Faß), H.-P. National, H.-P. Helvetia (mit Rest. u. Conditorei, Bier vom Faß), H.-P. Wettstein, Zur Post; H. Petersburg, etwas unterhalb des Kulm, mit Aussicht; H.-P. Beaurivage, in freier Lage über dem See. — Pensionen, vom untern Eingang beginnend: *Rhätia*, *Villa Berry*, *Joos*, *Flugi*, *Schmidt*, *Gartmann*, *Helvetia*, *Hartmann*, *Villa zum Grünen Berg*, *Pidermann*, *Villa Languard*, neben dem Eng. Kulm, *Tognoni-Badrutt*, in freier Lage über dem See. Jenseit des Dorfs, an der Straße nach Samaden: *Zum Bären*.

Wagen: zum Kurhaus Einsp. für 1-2 Pers. 2, für 3-4 Pers. 3 fr., Zweisp. 4 fr., 5 fr.; nach *Campfèr* Einsp. 5-6 fr., Zweisp. 10-12 fr.; nach *Samaden* Vorm. Einsp. 5-6, Zweisp. 8-10 fr., Nachm. Einsp. 6-8, Zweisp. 12-15 fr.; nach *Pontresina* Einsp. 8-10, Zweisp. 15-18 fr.; *Bernina-Whs.* Einsp. 14-16 fr., Zweisp. 25-28 fr.; nach *Poschiavo* 40 fr., Zweisp. 70-80 fr.; nach *Chiavenna* 45 fr., Zweisp. 70-90 fr.; nach *Chur* Einsp. 60-70 fr., Zweisp. 120-130 fr. Trinkgeld $^1/_2$ Tag Einsp. 1, Zweisp. 2 fr.; kürzere Touren, die im Laufe des Vorm. begonnen werden, 2 fr. mehr. — Omnibus nach Sils Maria tägl. $10^1/_2$ Vm., Di. Do. Sa. So. auch 2 U. Nm. in 1 St.; zum Maloja tägl. 10 u. 2 U. in $1^1/_2$ St. (3 fr., hin u. zur. 5 fr.). Omnibus für Badegäste Vorm. zwischen Dorf und Bad.

Führer-Tarif s. die einzelnen Touren. Gute Führer u. a. *Wieland Wieland*, *H. Andreossi*, *Alex.* und *Abr. Wieland*, *Ed. Büsin*. — Das Betreten der Wiesen vor der Heuernte ist bei Strafe verboten.

Deutscher evang. Gottesdienst So. 10-11 Uhr.

*St. Moriz* (1856m; 39m höher als Maloja), rom. *San Murezzan*, das höchste Dorf im Engadin (822 E.), liegt auf einer Bergterrasse nördl. c. 90m über dem forellenreichen *St. Morizer See*, mit schönem Blick auf das Gebirge vom Piz Languard bis westl. zum Piz Julier. Die überwiegende Mehrzahl der Gäste sind Engländer und Amerikaner, außerdem viele Italiener. Auch im Winter finden sich hier einige hunderte Gäste ein, die mit Eislauf und Schlittenfahrten fröhlichen Sport treiben.

Spaziergänge. Am westl. Ausgang des Dorfs zeigt r. ein Wegweiser die „Waldpromenade“, auf der man in 25 Min. zur *Alpina* (s. oben) gelangt. — Nach der *Meierei* (*Acla d'im Lej*, s. oben) führen vom Dorf St. Moriz zwei Wege: ein Fußweg hart am See (auf demselben fährt seit 1890 ein kl. Naphtadampfer), und ein aussichtsreicher, auch fahrbarer Weg in halber Höhe des Hügels (25 Min.) am n. Seeufer und über den Inn, der 100 Schritt unterhalb der Brücke einen sehenswerthen *Wasserfall* bildet (am r. Ufer *Rest. & Pens. Waldhaus*). Vom Waldhaus sehr hübscher Fußweg durch die *Charnadüra* (die Innschlucht zwischen St. Moriz und Celerina) nach ($^1/_2$ St.) *Celerina*; am Ende der Innschlucht neuer Fußweg r. ab nach Pontresina. *Piz Rosatsch* (2995m) und *Piz Surlej* (3187m) können von der Meierei über die *Statzer Alp* erstiegen werden (beide ziemlich mühsam, vgl. S. 389).

Von Dorf St. Moriz über ($^3/_4$ St.) *Alp Laret* (2101m), bis wohin guter Fußpfad, auf den ($^3/_4$ St.) **Saß da Muottas* (2367m), mit schöner Aussicht auf Bernina und Innthal; hinab durch *Val Saluver* nach ($^3/_4$ St.) Celerina.

Zur *Alp Giop* (2185m), 1 St.; von hier in $2^1/_2$-3 St. (Fußweg, aber Führer rathsam, 7 fr.) auf den *Piz Nair (3060m), mit prachtvoller Aussicht; Abstieg event. ins *Val Suvretta* (s. unten).

Nach Samaden durch Val Suvretta, 7 St. (Führer unnöthig), lohnend besonders für Botaniker. Vom Bad St. Moriz über die *Unter-Alpina* (s. oben), vom Dorf über die *Alp Giop*, weiter an der *Alp Suvretta* vorbei stets bergan zum kl. *Suvretta-See* (2610m) und zur (3 St.) Paßhöhe (2618m), welche das südliche *Val Suvretta da St. Moriz* von dem nördlichen *Val Suvretta da Samaden* scheidet. In letzterm abwärts zur (1 St.) *Alp Suvretta-Samaden* (2144m), wo das Suvrettathal in das *Val Bever* mündet, und zur ($1^1/_4$ St.) *Alp Prasüratsch* (1800m), wo ein Fahrsträßchen beginnt. Mit hierherbestelltem Einspänner (15 fr.) über *Bevers* (S. 391) und *Samaden* in 2 St. nach St. Moriz zurück.

Der *Ausflug auf der Bernina-Straße bis zum *Hospiz* (S. 398), mit dem Besuch des *Morteratsch-Gletschers* (S. 386) oder der Alp *Grüm* (S. 398) nimmt zu

Wagen 10 St. in Anspruch (S. 384). Omnibus nach Pontresina und zum Morteratsch-Gletscher tägl. Nachm.

Kürzer als der Fahrweg über Celerina ist der Fußweg nach Pontresina (1 St.): von der oben gen. *Meierei* am *Statzer See* vorbei; am N.-Ende des letzteren, wo der Weg geradeaus nach Celerina führt, r., nach einigen Schritten Fußpfad l. durch den Wald um den Fuß des *Rosatsch* herum; 5 Min. unterhalb Pontresina beim Hôtel Roseg über den Berninabach (oder r. über den Rosegbach und Punt Ota; vgl. S. 385).

Die Straße steigt noch eine Strecke und senkt sich dann in einer großen Windung, welche Fußgänger auf dem nicht mehr befahrenen alten Fahrweg abschneiden können, durch Lärchenwald (beim Austritt treffliche Aussicht auf das von hier bis Zernez fast geradlinig sich erstreckende Innthal, welches durch den *Munt Baselgia*, an dessen Fuße Zernez liegt, abgeschlossen erscheint) nach **Cresta**, rom. *Crasta* (1734m; *Pens. Misani*, mit Café) und über den *Schlatteinbach* nach

22km **Celerina**, rom. *Schlarigna* (1724m; **H.-P. Murail*, Pens. von 8 fr. an). Hier theilt sich die Straße: r., über den Inn und an der halbverfallenen Friedhofskirche *St. Gian* vorbei, dann jenseit des *Bernina*- oder *Flazbaches* mit der Samaden-Pontresiner Straße vereint in 1 St. nach *Pontresina*: s. S. 384; — l. nach Samaden.

Fußweg von Celerina nach der Meierei durch *Charnadüra* s. oben: vor der Innbrücke r. ab, über eine Wiese am Inn entlang, dann über eine Brücke aufs r. Ufer und mäßig ansteigend durch Wald.

24,4km **Samaden.** — Gasth.: *H. Bernina bei *Fanconi*, Z. L. B. von $5^1/_2$, F. $1^1/_2$, Lunch $3^1/_2$, M. 5 fr.; *Engadiner Hof, Z. u. B. von 3, F. 1, M. $3^1/_2$, A. $2^1/_2$ fr., beide am untern Ende des Orts; H.-P. des Alpes; Zum Innthal; *Krone bei *Gensler*, für Einzelne. — Einsp. nach Pontresina 4, Morteratsch-Gletscher 8, Berninapeß (hin u. zurück) 15, St. Moriz 4, Bad 5, Silvaplana 6, Sils-Maria 8, Maloja 10 fr. — Omnibus tägl. vom Hôtel Bernina nach St. Moriz und zum Morteratschgletscher.

*Samaden* (1728m), rom. *Samödun*, auf der W.-Seite des $^1/_2$ St. br. Innthals gelegen, ist der Hauptort des Ober-Engadin, mit 842 Einw., stattlichen Häusern und neuer engl. Kirche. Das ansehnlichste Haus gehört der Familie *v. Planta*, deren Geschichte mit der Geschichte des Landes seit fast einem Jahrtausend eng verwachsen ist. Der Boden der alten Begräbnißkirche *St. Peter* (1797m), 20 Min. n.w. oberhalb des Orts, ist mit Leichensteinen der alten Adelsgeschlechter Planta, Salis, Juvalta u. a. bedeckt.

Spaziergänge. N. an der engl. Kirche vorbei zum ($^1/_4$ St.) *Muntarütsch*, einem lärchenbewachsenen Hügel mit schöner Aussicht auf die Berninagruppe; von da r. auf angenehmem Waldweg zur ($^1/_2$ St.) Säge *Resgia* im Beverser Thal. W. in 20 Min. auf den Hügel *Saluaplanas*, oberhalb der Kirche St. Peter (s. oben), und zur (1 St.) *Alpetta*, mit prächtiger Aussicht. S. nach ($^1/_2$ St.) *Christolais*, Waldhügel zwischen Samaden und Celerina.

***Muottas Muraigl** (2520m), $2^1/_2$ St., steil und theilweise schattenlos, aber sehr lohnend (Saumthier 10 fr.). Bei der Innbrücke von der Straße nach Pontresina l. ab am Inn abwärts, nach 25 Min. r. im *Val Champagna* hinan und auf neuem Wege steil aufwärts zum (2 St.) Gipfel, mit prächtigem Blick auf die Berninagruppe (besonders schön das Rosegthal mit Piz Morteratsch, P. Bernina etc.), das grüne Ober-Engadin sammt den Seen von Ponte bis zum Maloja und die Berge auf der N.-Seite des Innthals vom Piz Lunghin bis zum Piz Kesch. — Von der Muottas Muraigl nach *Pontresina* ($1^1/_2$ St.) s. S. 387; auf den *Schafberg* ($1^1/_2$ St.) s. S. 387.

W. über Samaden erhebt sich der wunderbar zerklüftete Kalkfels *Piz Padella* und dahinter ein Felsengrat mit drei Spitzen (*trais fluors*, „drei Blumen",

2957m), die den Piz Padella mit dem mächtigen aus Granit bestehenden *Piz Ot („Hohes Horn", 3249m) verbinden. Dieser, in steiler Pyramidenform emporsteigend, früher nur geübten Bergsteigern zugänglich, ist von Samaden in 4-4$^{1}/_{2}$ St. ohne Gefahr zu erreichen, seit auch auf der letzten Strecke ($^{3}/_{4}$ St.) ein im Zickzack bergan führender und an bedenklichen Stellen mit Eisenstäben zum Festhalten versehener Weg angelegt ist (F. 8 fr.). Reitweg bis zur (2$^{1}/_{2}$ St.) „kalten Quelle" (*Fontauna fraida*, 2694m), wo der direkte Weg von St. Moriz-Celerina durch *Val Saluver* und über die *Fuorcla da Trais Fluors* einmündet. Die großartige Rundsicht vom Gipfel steht der vom Piz Languard (S. 388) wenig nach. — Auf den **Piz Padella** (2860m) führt von Samaden ein bequemer Reitweg in 3 St.; er zweigt vom Piz Ot-Wege da ab, wo das Thälchen hinter der Padella beginnt. *Aussicht namentlich auf das Innthal von Silvaplana bis Zernez; reiche Flora.

Von Samaden nach Pontresina (5,4km). Die Straße (Poststraße über den Bernina, R. 104) überschreitet alsbald den *Inn*, durchschneidet die Thalsohle, nimmt da, wo sie den *Flasbach* erreicht, die von Celerina kommende Straße auf (S. 383) und überschreitet den l. herabkommenden *Muraiglbach*. Vor (1$^{1}/_{4}$ St.) Pontresina öffnet sich r. der Blick auf den prächtigen *Roseg-Gletscher*; im Hintergrund *Piz Morteratsch, Piz Tschierva, la Sella* und *Piz Glüschaint*.

## 102. Pontresina und Umgebungen.

*Vergl. auch Karte S. 376.*

**Gasthöfe** (Mitte Juli bis Mitte August häufig ganz besetzt; ohne Vorausbestellung Unterkunft nicht sicher). In *Unter-Pontresina:* *H. Roseg, am n. Ende, viel Engländer, Z. L. B. von 4$^{1}/_{2}$, F. 1$^{1}/_{2}$, Lunch 3$^{1}/_{2}$, D. 5, Pens. ohne Z. u. L. 8 fr.; *H. Enderlin (*Gredig-Enderlin*), Z. L. B. 4-6, Lunch 3, D. 5, Pens von 11 fr.; *Weißes Kreuz (*L. Enderlin sen.*), von Deutschen viel besucht, Z. u. B. 3-3$^{1}/_{2}$, F. 1. 20, M. 3, A. 2$^{1}/_{2}$, Pens. m. Z. v. 8$^{1}/_{2}$-9$^{1}/_{2}$ fr.; *Kronenhof u. Bellavista bei *L. Gredig*, viel Engländer, Z. L. B. 4$^{1}/_{2}$, M. 4$^{1}/_{2}$, Lunch 3 fr.; *H. Saratz, Z. u. B. von 4$^{1}/_{2}$-5, Pens. ohne Z. 9 fr.; *H.-P. Pontresina, bei *Stoppani*, Z. L. B. von 4, F. 1$^{1}/_{2}$, Lunch 2, D. 4, Pens. mit Z. von 10$^{1}/_{2}$ fr.; *H. Languard, Z L. B. von 4, Lunch 3, D. 5, Pens. m. Z. 12-15 fr. — In Ober-Pontresina: Steinbock, Z. L B. von 3$^{1}/_{2}$, M. 4, A. 3, Pens. ohne Z. 6$^{1}/_{2}$ fr. — *Privatwohnungen* in *Villa Jenny*, bei *Walther, Caviezel* u. a.

**Bairisch Bier** vom Faß in den Cafés-Restaur. der Hôt. *Pontresina, Enderlin*, und *Krone; Zur Bierhalle*, oberhalb des H Languard, auch Z., Pens. 6 fr. — *Café Casino; Café „à ma Campagne"*, oberhalb des H. Pontresina, mit hübscher Aussicht; *Café Sanssouci* (s. unten).

**Führer:** *Hans Graß* und dessen Neffe *Hans* (de Christian) *Graß, J. Groß, Bened. Cadonau, L. Caflisch, Herm. Freimann, Christian Mittner, Paul Müller, Andr. Rauch, M. Schocher, Chr. Schnitzler* etc. Die Preise sind bei den betreffenden Touren angegeben. — **Photographieen** etc. bei *A. Flury;* Alpenpflanzen (s. unten) bei *M. Caviezel*, in Ober-Pontresina.

**Wagen** (hin u. zurück incl. 1 St. Wartezeit; für jede weitere Stunde Einsp. 1, Zweisp. 2 fr.). Einsp. (1-2 Pers.) nach Samaden (u. Celerina) 5, Zweisp. (4 Pers.) 10 fr.; St. Moriz Einsp. 7, Zweisp. 14; Bad St. Moriz 8 u. 15, Silvaplana 10 u. 20, Sils-Maria 14 u. 27, Maloja 17 u. 32, Chiavenna 40 u. 70 fr.; Rosegletscher (nur Einsp.) 9, Morteratsch 5 u. 10, Bernina-Hospiz 13 u. 25, Poschiavo und Le Prese 35 u. 70, Tirano 50 u. 90, Bormio 80 u. 120 fr.; Ponte 8 u. 15, Zuz 10 u. 20, Zernez 20 u 40, Süs 25 u. 50, Schuls 40 u. 70, Tiefenkasten 45 u. 80, Thusis 65 u. 110, Chur über Albula oder Julier und Churwalden 70 u. 120, über Thusis 75 u. 130; Davos über Flüela 60 u. 110; Nauders 60 u. 105; Rundtour Bernina-Stelvio-Schuls-Oberengadin 170 u. 300; desgl. Flüela-Davos-Albula-Oberengadin 90 u. 170 fr. Trinkg. für Einsp. $^{1}/_{2}$ Tag 50 c., Tag 1 fr.; bei mehrtägigen Touren 10% der Taxe, für jeden Rasttag pro Pferd 10 fr. — Empfehlenswerthe **Wagenpartieen:** *Berninahospiz* (zu Fuß zum Sassal Masone oder der Alp Grüm), s. S. 398. — *Morteratschgletscher* (Bernina-

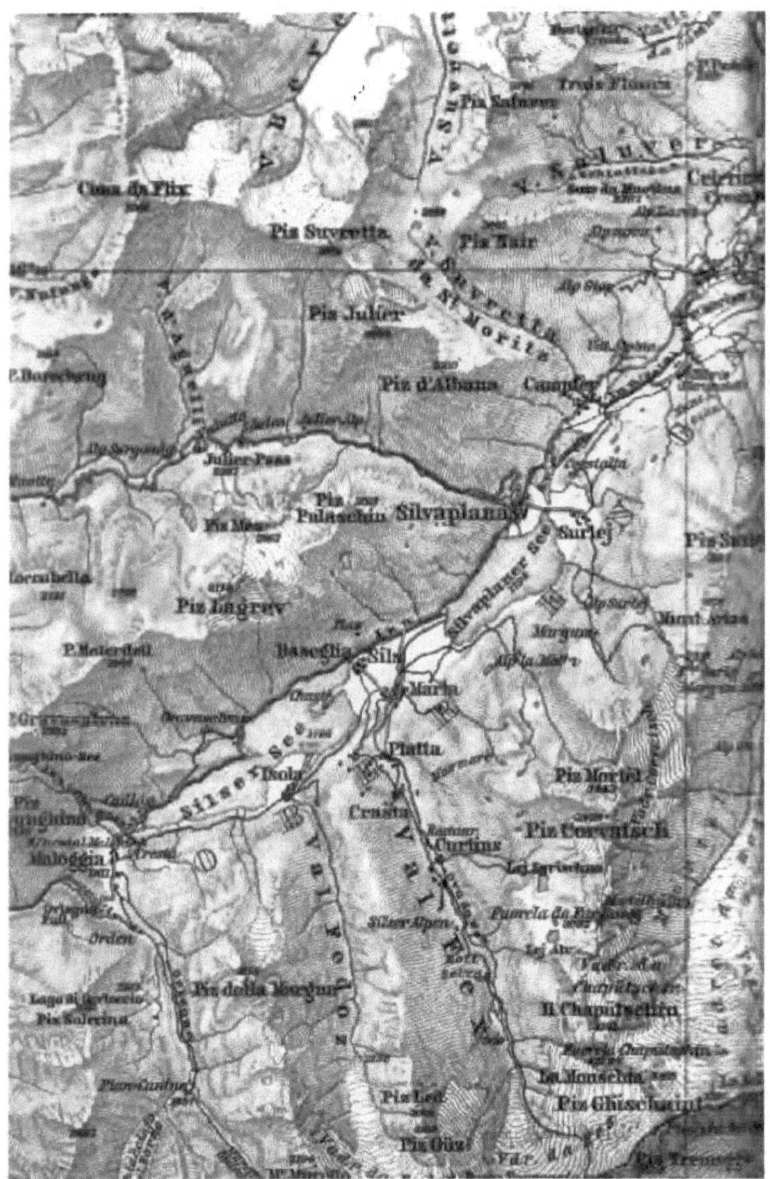

Trais Fluors
V. Saluver
Cima da Flix
Piz Suvretta
Piz Nair
V. Suvretta da St. Moritz
Piz Julier
Piz d'Albana
Campfer
Julier-Pass
Silvaplana
Surlej
Silvaplaner See
Piz Lagrev
P. Materdell
Baseglia
Sils
Maria
Platta
Silser See
Isola
Crasta
Curtins
Piz Mortel
Piz Corvatsch
Maloggia
Orden
Silser Alpen
Val Fedoz
Val Fex
Piz della Margna
Il Chapütschin
Piz Led
Piz Güz
Piz Glüschaint

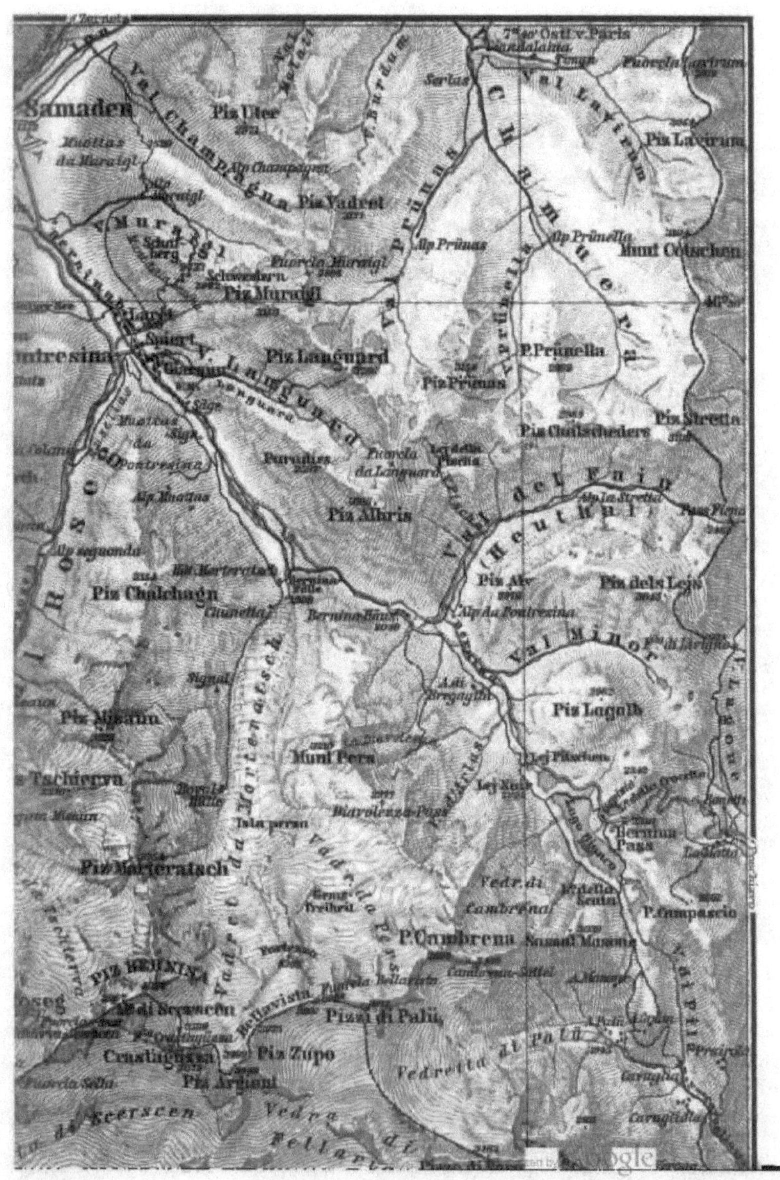
Samaden
Piz Uter
Val Champagna
Alp Champagna
Piz Vadret
Piz Muraigl
Fuorcla Muraigl
Schafberg
Schwesdern
Piz Languard
V. Languard
Piz Prünas
Val Prünas
Alp Prünas
P. Prünella
Alp Prünella
Munt Cotschen
Piz Lavirum
Val Lavirum
Fuorcla Lavirum
Chamuera
Serlas
Piz Stretta
Piz Chüatschaders
Val del Fain
Heuthal
Paradies
Fuorcla da Languard
Piz Albris
Piz Alv
Piz dels Lejs
Alp da Pontresina
Val Minor
Piz Lagalb
Muottas da Pontresina
Alp Muottas
Alp seguonda
Piz Chalchagn
Chünetta
Bernina Haus
Signal
Piz Misaun
Munt Pers
Diavolezza-Pass
Lej Nair
Bernina Pass
Lago Bianco
Vedr. di Cambrena
P. Campascio
P. Cambrena
Isla persa
Vadret da Morteratsch
Vadret da Pers
Piz Morteratsch
Piz Tschierva
PIZ BERNINA
Bellavista
Pizzi di Palü
Vedretta di Palü
Piz Zupo
Crastagüzza
Piz Argient
Vedretta di Scerscen
Vedra di Fellaria

fälle) s. S. 386. Beide Partieen lassen sich zu einer Tagestour vereinigen (vgl. S. 383). — *Roseggletscher* (Alp Ota), s. S. 386. — *Sils* (Mt. Marmorè), s. S. 379. — *Maloja* (Cavloccio-See), s. S. 377. Auch die beiden letzten Partien lassen sich zu einer Tagestour verbinden. — **Omnibus** von Samaden über Pontresina zum Morteratschgletscher tägl. (vgl. S. 383).

**Post & Telegraph** unterhalb des Hôt. Pontresina.

*Pontresina* (1803m) ist ein ansehnlicher Ort von 500 Einw., dessen Häuser sich über 1km l. am r. Ufer des *Bernina*- oder *Flazbaches* zu beiden Seiten der Berninastraße hinziehen. *Unter-Pontresina*, rom. *Laret*, mit der großen Kirche, und *Ober-Pontresina*, rom. *Spiert*, sind 5 Min. von einander entfernt; zwischen beiden die Häusergruppe *Bellavita* mit der engl. Kirche. Oberhalb Spiert die Häuser von *Giarsun* und *Carlihof* mit dem hochgelegenen alten Kirchlein *St. Maria* (dabei der kleine ummauerte Friedhof) und der Thurmruine *Spaniola*. Ueberraschend in solcher Höhe ist der Blumenflor in den kleinen Gärten, den freilich gar leicht eine kalte Nacht gänzlich knickt. — Pontresina erhält seine touristische Bedeutung durch die Nähe der *Berninakette*, welche das Ober-Engadin und Bergell vom Veltlin trennt und an Großartigkeit der Monterosagruppe wenig nachsteht. Der Besuch dieses mit weiten Firnfeldern und Gletschern (roman. *Vadret*, ital. *Vedretta*) bedeckten Hochgebirges ist seit einigen Jahrzehnten ein ganz außerordentlicher. Die Hälfte der Fremden sind jetzt Deutsche, während früher das englische Element überwog. Der Piz Bernina (S. 389) ist übrigens von Pontresina ebensowenig zu sehen wie die anderen bedeutenderen Gipfel der Gruppe.

Pontresina mit seinen Umgebungen zeichnet sich durch seine reiche alpine Flora besonders aus und wird daher vielfach von Botanikern und Freunden von Alpenpflanzen als Standquartier erwählt. Schon in unmittelbarer Nähe des Orts wächst die durch ihre großen schönen Blumen sich auszeichnende Gentiana acaulis in großer Menge. Die reizende Linnaea borealis findet man dicht neben der Schluchtpromenade im Walde. Im Rosegthal wächst das hübsche Epilobium Fleischeri; am Flazbach verschiedene Steinbrech-Arten, unmittelbar am Morteratschgletscher die zierliche Saxifraga Aizoon und stellaris und viele andere Seltenheiten. Auch am Schafberg (S. 387) finden sich zahlreiche prächtige Alpenpflanzen, z. B. Ranunculus glacialis, Paradisia Liliastrum, der Alpenaster und das tief dunkelblaue Alpen-Vergißmeinnicht.

Ausflüge. ***Schluchtpromenade.** Beim Hôtel Saratz r. abwärts, auf dem *Punt Ota* über den hier in enger Felsschlucht fließenden *Berninabach*, dann l. durch Wald am Rande der Schlucht entlang, in die man an zwei Stellen hinabsteigen kann (der obere Abstieg bequemer), zum (1/4 St.) hübsch gelegenen *Café Sanssouci*, wohin auch ein zweiter Weg weiter oben hin führt. Von hier entweder l. hinab zur Brücke über den Flazbach und wieder hinan zum Hôtel Steinbock, oder r. durch Wald bis zur (1/4 St.) Sägebrücke gegenüber dem Languardfall (S. 397) und auf der Chaussee zurück.

**Tais- und Rusellas-Promenade.** Etwas vor dem Café Sanssouci führt die *Tais-Promenade* r. ab bis zu einer (1/4 St.) Bank im Rosegthal mit schönem Blick auf den Roseggletscher; von da die *Rusellas-Promenade* weiter aufwärts im Rosegthal, dann entweder gleich oberhalb der (3/4 St.) *Acla Colani* über den Rosegbach auf den Fahrweg zum Roseg-Gletscher (s. unten), oder noch 25 Min. weiter bis zur zweiten Brücke. — **Muottas da Pontresina** (2243m), 1 1/2 St., vom Punt Ota geradeaus die Tais-Promenade kreuzend, immer im Walde bis zum Signal. Aussicht weniger schön als vom Schafberg. — Zur Meierei beim

St. Moritzer See (S. 381), über den Steg beim Hôtel Roseg, oben geradeaus (1 St.). Der Weg oben r. führt nach Celerina, der Weg l. zum Rosegthal und Punt Ota (s. oben).

***Morteratsch-Gletscher** *(Vadret da Morteratsch)*, 1½ St. südl. von Pontresina (Führer unnöthig; Einsp. 5-6 fr.). Fußgänger gehen am besten durch die Schluchtpromenade (oder über die Sägebrücke beim Languardfall), dann stets am l. Ufer auf schattigem Waldwege bis zur Restauration. Der Fahrweg führt erst ½ St. jenseit der Säge von der Berninastraße r. ab, 20 Min. weiter über den *Berninabach*, der ober- und unterhalb hübsche Fälle bildet; gleich darauf über den *Morteratschbach* zum (5 Min.) *Restaurant-Pens. Morteratsch* (1908m; Pens. m. Z. 7½ fr.), 10 Min. von dem schuttbedeckten Gletscherende gelegen (Blick auf Piz Palü, Bellavista, Crastagüzza u. Piz Bernina). Im Gletscher eine künstliche Grotte (50 c.); von da auf den Gletscher in 10 Min. (Führer rathsam). R. (auf der l. Seite des Gletschers) führt vom Whs. bei einem rothweißen Kreuz ein Fußweg anfangs durch Wald, an einer Hütte vorbei r. hinan zur (25 Min.) *Chünetta*, Aussichtspunkt mit vollem Ueberblick des Gletschers und seiner großartigen Umrahmung (vom Munt Pers nach r.: Piz Cambrena, Palü, Bellavista, Zupo, Crastagüzza, Bernina, Roseg, Morteratsch, Boval, Tschierva).

Ein abgeschlosseneres Bild gewährt die 1½ St. weiter aufwärts (2 St. vom Whs.) an der W.-Seite des Gletschers gelegene **Bovalhütte** (2459m). Ein Fußpfad (Führer angenehm) führt 5 Min. unterhalb der Chünetta thaleinwärts am Abhang entlang, zuletzt durch den gangbar gemachten *Kamin* hinauf zu der vom S. A. C. unterhaltenen Hütte, Ausgangspunkt für Piz Bernina, Morteratsch, Palü etc. (S. 399). Wer nicht in solcher Absicht hierherkommt, sollte wenigstens (nur mit Führer) die Gletscherwanderung bis zum Absturz des *Persgletschers* machen (3½ St. hin u. zurück; vgl. S. 388).

***Roseg-Gletscher**, 2½ St., bis zum Hôtel (2 St.) Fahrweg (Einsp. für 1-2 Pers. 9 fr.). Auf dem *Punt Ota* (s. oben) über den Berninabach, r., 5 Min. weiter über den *Rosegbach* und am l. Ufer desselben zwischen *Piz Chalchagn* l. und *Piz Rosatsch* r. thalauf. Nach ½ St. bleibt l. unten ein Haus (*Acla Colani*, 1845m) und ein Steg über den Rosegbach (s. S. 385); 25 Min. weiter bei *Alp prima* tritt der Weg auf das r. Ufer; bald darauf r. eine gute Quelle. Nach 35 Min. jenseit des bewaldeten *Muot da Oresta* wieder auf das l. Ufer, zum (5 Min.) kl. *Restaur. du Glacier* (2000m; nicht billig), 40 Min. vom Ende des stark zurückgegangenen *Roseg-Gletschers*. Derselbe besteht aus zwei großen Eisströmen (w. *Vadret da Roseg*, ö. *Vadret da Tschierva*), die unten zusammenfließen; in der Mitte die grüne, von Schafen beweidete Felseninsel *Aguagliouls* (nördl. Ausläufer des Piz Roseg, s. unten). Guter Ueberblick von der **Alp Ota* (2251m), vom Whs. 20 Min. eben fort, dann bei einem vortretenden Felsen r. hinan zu den (½ St.) zwei Hütten der Alp, die man r. läßt; 40 Min. weiter am Mortèlwege (s. unt.) bester Standpunkt, prächtiger Blick über das imposante Gebirgsrund: von l. nach r. P. Chalchagn, Tschierva, Morteratsch, Bernina, Scerscen, Roseg, Sella, Glüschaint, Mongia und Chapütschin; zwischen Morteratsch und Bernina die Fuorcla prievlusa, zwischen Scerscen und Roseg die Porta Roseg, zwischen Roseg und Sella der Sellapaß.

Um den Gletscher selbst zu betreten ist ein Führer nöthig (im Rest. du Glacier zu finden): Fußpfad auf der r. Seite des Rosegbachs über *Alp Misaum* bis zum (1 St.) *Margum Misaum* (2255m), dann über den Gletscher auf den Felshügel **Aguagliouls** (vordere Spitze 2676m) $1^1/_2$ St. Der Rundblick von hier ist noch vollständiger und großartiger als von Alp Ota.

Einen trefflichen Ueberblick hat man auch von der Alp **Surovèl** (2263m), $^3/_4$ St. oberhalb des Restaur. du Glacier am Wege zur *Fuorcla Surlej* (S. 379; Milch zu haben). — Ein lohnender Fußpfad mit prächtigen Aussichten führt von Alp Ota am Abhang entlang zur (1 St.) **Mortèl-Clubhütte** (2390m), in herrlicher Lage, Ausgangspunkt für Piz Roseg, Sellapaß etc. Von der Clubhütte über den Roseggletscher auf den Felsen *Aguagliouls* $1^1/_4$ St., zum Rest. du Glacier zurück 2 St., lohnende Rundtour (nur mit Führer, 10 fr.).

Bergtouren. Lohnendster näherer Ausflug auf den ***Schafberg** (*Munt della bescha*, 2733m; Reitweg, $2^1/_2$ St., Führer unnöthig). Man kann sowohl vom Hôt. Roseg ausgehen, bei dem hübschen neuen Schweizerhäuschen des Hrn. Nitzschner vorüber, wie auch unmittelbar bei der großen Kirche von Unter-Pontresina dem l. ansteigenden Wege folgen. Auf der (20 Min.) Höhe von *Crast'ota* vereinigen sich beide Wege. Durch Wald bergan bis zu einem (50 Min.) *Chalet-Restaur.* (2230m; Erfr. nicht theuer) mit prächtiger Aussicht: gerade zu Füßen Pontresina und das herrliche firnumkränzte Rosegthal zwischen r. P. Rosatsch und l. P. Chalchagn, im Hintergrund die schimmernden Schneehäupter der Sella, des P. Glüschaint, der Monica oder Mongia und des Chapütschin; neben Piz Chalchagn r. P. Tschierva, l. Bellavista, Piz Palü, Cambrena, Munt Pers, Sassal Masone, weiter das Languard-Thal mit dem Paradies u. Piz Albris; r. unten am Fuß des Rosatsch der dunkle kleine Statzer und der blaue St. Morizer See, darüber die Bergkette an der Nordseite des Inn, P. Lunghino, Lagrev, Pulaschin, Albana, Julier, Nair, Ot, bis zu der zackigen Crasta Mora vor dem Albula-Paß. — Der Saumpfad führt weiter in $1^1/_4$ St. zur Sattelhöhe zwischen den *Sours* (s. unten) und dem Gipfel des *Schafbergs* (2733m), den man l. in 10 Min. erreicht. Oben eine Hütte mit Erfr. und umfassender *Ueberblick der Berninagruppe (außer den ob. gen. Gipfeln noch, von der Bellavista beginnend, Piz Zupò, Argient, Crastagüzza, P. Bernina, P. Bianco, Mte. di Scerscen, P. Morteratsch, Roseg, Corvatsch, Surlej), r. vom Albula P. Uertsch, P. Kesch, das Innthal aufwärts bis zum Maloja (Campferer und Silser See); unmittelbar ö. *las Sours* („Schwestern"; w. Spitze 2982m, vom Schafberg auf neuem Wege in $^3/_4$ St. zu ersteigen; prächtiger Blick auf die Berninagruppe und den Ortler). — Zur Rückkehr nach Pontresina wähle man den Fußweg, der sich vom Gipfel des Schafbergs im Zickzack nördl. in das öde *Muraiglthal* senkt, mit Aussicht auf den *P. Vadret* (3171m); $^1/_2$ St. Brücke über den Muraiglbach, dann auf dem r. Ufer des letztern bei den Muraigl-Sennhütten vorüber, nach 40 Min. auf guter Brücke wieder auf das l. Ufer und durch schönen Wald um den nördl. Abhang des Schafbergs herum in $^1/_2$ St. nach Pontresina, wo man bei dem Hôt. Roseg herauskommt.

Die ***Muottas Muraigl** (2520m) wird auch von Pontresina häufig bestiegen (2 St., leicht u. sehr lohnend; F. unnöthig, Pferd m. Trkg. 10 fr.); vgl. S. 383. Auf dem eben beschriebenen Wege, den unweit des Schweizerhäuschens oberhalb des H. Roseg ein Wegweiser anzeigt, durch Wald in $1^1/_4$ St., zuletzt über die Brücke zur *untern Muraigl-Alp* (2200m). Hier theilt sich der Weg: der kürz[e] aber schlechtere führt l. sehr steil zur ($^1/_2$ St.) *obern Alp* (2436m); der bess[ere] Weg geht geradeaus weiter, wendet sich erst weiter oben bei einer verfallen[en] Hütte l. und erreicht in $^3/_4$ St. die obere Alp. Der richtige Aussichtspu[nkt] ist bei einem Steinmann 10 Min. weiter, wo der Weg von Samaden her[auf] kommt (S. 388). — Von der Muottas zurück ins Muraiglthal und auf d[en] *Schafberg* $1^1/_2$ St., über den Schafberg nach Pontresina 3 St.; s. oben.

***Piz Languard** (3266m), eine der von Pontresina am häufig[sten] unternommenen Touren, anstrengend, aber bei schönem Wetter höc[hst] lohnend (4 St., Weg nicht zu verfehlen; Führer für Ungeübte [u.] bei viel Schnee 3 Pers. 8 fr., jede Pers. mehr 2 fr.; Pferd bis [z.] Fuß des Kegels incl. Trkg. 10 fr.). Früh ist die Aussicht am bes[ten], auch bleibt man dann bis zum Fuß des Kegels im Schatten. Unter-Pontresina zeigt unterhalb des Hôt. Languard l. ein Wegwe[iser] den Weg nach dem Languard; von Ober-Pontresina folgt man l. d[em] Hauptwege, an dem Friedhofskirchlein vorbei. Im Zickzack die H[alde] hinan zur (1 St.) *Alp Languard* (2400m; Erfr., nicht theuer). Von [hier] durch das öde Languard-Thal zum ($1^1/_4$ St.) Fuß des Languard-K[egels] (2771m), wo der Reitweg aufhört; dann auf steilem Zickzackweg [z.] ($1^1/_2$ St.) Gipfel, mit eiserner Fahnenstange und trigonometr. Si[gnal] (Erfr., Wein, Kaffee etc. zu haben). Die Rundsicht (vgl. das Pan[o]rama) erstreckt sich s.w. bis zum Monte Rosa, s.ö. bis zum Adamell[o], n.w. bis zum Tödi, n.ö. bis zur Zugspitze. Außer St. Moriz mit de[m] grünen See, Cresta und Campfèr sieht man keine bewohnte Stelle.

Geübte Bergsteiger können den Rückweg über den *Languard-Gletscher*, [a]m dem kleinen, zuweilen im Hochsommer noch zugefrornen *Pischa-See* (2780[m]) vorbei in das *Val del Fain* (S. 397) nach den ($2^1/_2$ St.) Bernina-Häusern nehm[en] (nur mit Führer, bis Pontresina 11 fr.). Den aus dem See kommenden Wasserf[all] muss man mehrere 100 Schritt l. lassen, da alle andern Abstiege sehr steil u[nd] schwierig sind. — Von der Languard-Alp auf den **Paun da Zücher** (Zuckerhut[)] $2^1/_2$ St. (F. 15 fr.), und den **Piz Albris** (3166m), 3 St. (F. 20 fr.), beide mühsa[m].

***Diavolezza-Tour**, eine der am wenigsten anstrengenden Gletsche[r]wanderungen, sehr empfehlenswerth: 9-10 St., von denen 3 zu Wag[en] bez. Pferd zu machen sind; die ersten 2 Stunden bis zu den *Bernina-häusern* (S. 397) fährt man gewöhnlich (Einsp. 6 fr.). Den Führ[er] (12 fr. für 4 Pers., jede weitere Pers. 2 fr.) muß man, auch wen[n] man hier übernachtet, jedenfalls mitbringen. Von den Bernina-häusern (2049m) Fußweg (1 St. weit auch zum Reiten) über Rase[n] und Geröllhänge zum ($1^1/_2$ St.) malerischen kleinen *Diavolezza-S[ee]* (2579m), dann über Geröll und ein Schneefeld zum ($1^1/_2$ St.) *Diavo-lezza-Pass* (2977m), s.ö. vom *Munt Pers* („der verlorne Berg“, 3210m), wo sich plötzlich ein prachtvoller **Blick auf die nahe Berninagrup[pe] öffnet: von l. nach r. Piz Cambrena, Palü, Bellavista, Crastagüzza, Be[r]nina, Morteratsch und Tschierva; unten der Pers- und Morteratsch Gletscher. Steil hinab über Geröll zur Moräne des *Pers-Gletsche[rs]* und über diesen zur (1 St.) Felseninsel *Isla Persa;* weiter über de[n] Pers-Gletscher, zuletzt über die Mittelmoräne auf den *Morteratsch-gletscher* und diesen hinab zum ($2^1/_2$ St.) *Rest. Morteratsch* (S. 386).

**Piz Rosatsch** (2995m; 4-5 St., F. 10 fr.) und **Piz Chalchagn** (3154m; 5-6 St., F. 15 fr.), beide ohne hervorragende Aussicht. — ***Piz Surlej** (3187m), m[it] prächtiger Aussicht, am besten von der Meierei am St. Morizer See (S. 381) übe[r]

P. d'Acla
10220
P. Muraïg
9713'
Lenzerhorn
8951'
Ringelspitz
9730'
Graukhörner
8766'
P. Uertsch
10076'
Churfirsten
7428
Crasta mora
9042'
Sentis
7709'
Val di Sceca
P di Tro
9382
P. Lagalp
P Alv
Lago bianco
Lago nero
Bernina Pass
Val da Fain
La Rocha
guard.

die *Statzer Alp* in 5-6 St. (F. 10 fr.), oder auch von *Silvaplana* in 4-4½ St. — ***Piz Corvatsch** (3458m; 5½-6 St., F. 14 fr., zurück über Silvaplana 16, über Sils 25 fr.), ziemlich anstrengend. Vom (1¾ St.) *Roseg-Whs.* (S. 386; übernachten) zur (¾ St.) Alp *Surovel* und auf dem Surlej-Wege bis zur (½ St.) obern Hütte (*Margun sura*, 2440m); dann l. auf eine s.w. sichtbare Schneekuppe zu, über Rasen und Geröllhänge hinan. Nach 1 St. betritt man den *Corvatsch*- oder *Alp-Ota-Gletscher* (Vorsicht wegen der Spalten) und erreicht in 2 weitern St. den Gipfel, der mit Felsblöcken bedeckt und gewöhnlich schneefrei ist. Die Führer pflegen auf dem *Piz Mortèl* (3442m) Halt zu machen; doch gehe man (in ¼ St.) zum eigentlichen Gipfel hinüber, wo namentlich der Blick nach SW. weit malerischer ist. Der große Reiz der Aussicht besteht in dem doppelten Blick nach O. und SO. auf die großartige Bernina-Gruppe, nach W. in das grüne Engadin mit seinen Seen und Ortschaften. Fernsicht ebenso umfassend wie vom Piz Languard (s.w. bis zum Mte. Viso); die einzelnen Gebirgsgruppen sondern sich wegen der größern Höhe des Standpunkts deutlicher von einander ab. — Abstieg über *Fuorcla Surlej* nach *Silvaplana* s. S. 380. Der Abstieg an der W.-Seite über *Marmorè* nach (3 St.) *Sils* (S. 379) ist steil und mühsam (nur für Geübte).

***Piz Morteratsch** (3754m), 4 St. von der Bovalhütte (S. 386; F. 30 fr.), für nicht zum Schwindel Geneigte die leichteste der eigentlichen Hochtouren (bei wenig Schnee schwierig). — **Chapütschin** (3393m), 8-9 St., von der Mortèlhütte 4 St. (F. 25, mit Abstieg nach Fex 30 fr.). — **Piz Tschierva** (3570m), vom Roseg-Whs. 5-6 St. (F. 20 fr.), anstrengend aber interessant. — **La Sella** (3587m), 8-9 St., von der Mortèlhütte 4 St. (F. 30 fr.), und **Piz Glüschaint** (3598m), gleiche Zeit u. Führerlohn, beide für Geübte nicht schwierig. — ***Piz Palü** (3912m), durch die Schönheit seiner Form und die Reinheit seines Firns auffallend, von den Berninahäusern in 7-8 St., von Boval in 7, von der Capanna Marinelli (S. 390) in 5 St., anstrengend, doch mit tüchtigen Führern gefahrlos (F. 50, für alle drei Spitzen 60 fr.). Von der ersten (östl.) Spitze (3889m) führt ein schmaler nach S. senkrecht abstürzender Grat (nur für Schwindelfreie) zur doppelzackigen zweiten (3912m) und zur dritten Spitze (3825m). Feste Berggänger können über den *Bellavista-Sattel* und die *Festung* auf den *Morteratschgletscher* absteigen (bis zum Rest. Morteratsch 5-6 St., F. 60 fr.). — ***Piz Zupò** (das „Verborgne Horn", 3999m), von der Bovalhütte in 6-7 St., von der Capanna Marinelli über den *Crastagüzza-Sattel* in 4-5 St., mühsam (F. 50 fr.); höchst großartige Rundsicht. — **Crast'agüzza** (3872m), ein zwischen P. Bernina und Zupò aus dem Gletscher fast senkrecht aufragender Kamm, von Boval 14 St. (F. 80 fr.), schwierig aber hochinteressant (1865 von Wellenmann u. Specht zuerst erstiegen).

Die Besteigung des ***Piz Bernina** (4052m), der höchsten Spitze der ganzen Gruppe (1850 vom Forstinspector Coaz in Chur zuerst erstiegen), erfordert von der Bovalhütte (S. 386) 9-10 St. (schwierig und nur geübten schwindelfreien Bergsteigern anzurathen; F. 60-70 fr.). Man geht je nach dem Schneestand entweder direkt durch den mittlern Eisfall des Morteratschgletschers (das sog. *Labyrinth*), dann r. über Fels und Gletscher empor, oder über die sog. *Festung* (*Fortezza*) zur Firnmulde zwischen P. Bernina und Crastagüzza und von SO. her zum Grat und Gipfel. Etwas leichter ist die Besteigung von der S.-Seite her (von der *Capanna Marinelli*, s. unten, über den *Crastagüzza-Sattel* in 6-7 St.). Schwieriger ist der Anstieg vom *Tschierva-Gletscher* über den Westhang, und der Anstieg von N. über die *Fuorcla prievlusa*, den *Pizzo Bianco* (3998m) und die *Berninascharte* (von Dr. Güßfeldt 1878 zuerst gemacht). — Noch schwieriger sind **Piz Roseg** (3943m; 9-10 St. von der Mortèlhütte; F. 80 fr.), 1865 zuerst erstiegen, und der von Dr. Güßfeldt 1877 zuerst erstiegene **Monte di Scerscen** (3967m; F. 150 fr.). Zwischen Mte. di Scerscen und Piz Roseg die schwierige, von Dr. Güßfeldt 1872 zuerst überschrittene **Porta Roseg** (*Fuorcla Tschierva-Scerscen* oder *Güßfeldtsattel*; 3527m).

Pässe. Von Pontresina nach Sils führen verschiedene Uebergänge, der leichteste, aber immerhin ziemlich beschwerliche (9 St., F. 20 fr.) über die **Fuorcla da Fex-Roseg** (3082m). Von der *Mortèlhütte* (S. 387, 4½ St. von Pontresina) w. über Geröll und Schnee zur (2 St.) Paßhöhe, mit prächtiger Aussicht; steil und mühsam hinab zum forellenreichen *Lej Sgrischus* und entweder ins *Fexthal* nach *Curtins* (S. 379), oder r. über *Marmorè* nach (2½ St.) *Sils-Maria* (S. 378). — Von Pontresina nach Sils über die **Fuorcla Chapütschin** (3228m), zwischen Chapütschin und Mongia, oder über die **Fuorcla Glüschaint** (c. 3350m), zwischen Mongia und Piz Glüschaint, beide schwierig, nur für Geübte (F. 35 fr.).

Ins Val Malenco über den Sella-Paß, beschwerlich, aber grossartig (von der Mortèlhütte bis Fellaria 8-9, bis Chiesa 12-13 St.; F. bis Poschiavo oder Chiesa, oder über den Cambrena- oder Bellavistasattel zurück nach Pontresina 50 fr.). Von der Mortèlhütte (S. 387) am P. Aguagliouls vorbei über den *Roseg*- und den spaltenreichen *Sellagletscher* zum (3-$3^1/_2$ St.) **Sella-Paß** (*Fuorcla Sella*, 3304m), s.w. von dem in mächtigen Fels- und Eiswänden abstürzenden *Piz Roseg* (3943m). Hinab über den *Scerscen-Gletscher*, mit prachtvollen Blicken auf die Südseite des Berninastocks, Mte. di Scerscen, Piz Bernina, Crastagüzza, Zupò, r. Mte. Nero und Disgrazia, und über einen vom Piz Zupò auslaufenden Schneesattel (höher l. auf den Felsen die *Capanna Marinelli*, s. unten) auf den Firn des *Fellaria-Gletschers;* dann auf der r. Seite des Gletscherabsturzes über Felsen und Geröll hinab zu den (4-5 St. vom Sellapaß) *Fellariahütten* im *Val Campo Moro* (2236m; dürftig und nur im Hochsommer bezogen). Von hier thalabwärts durch *Val Lanterna* nach *Lanzada* und (4 St.) *Chiesa* im *Val Malenco* (S. 401). — Wer nicht nach Chiesa, sondern nach Pontresina zurück will (Rundtour um den Piz Bernina), braucht nicht zu den Fellariahütten hinabzugehen. Auf dem Scerscengletscher sich l. oben haltend und wieder ansteigend, erreicht man vom Sellapaß in $1^1/_2$-2 St. die *Capanna* (Clubhütte) *Marinelli* des C.A.I., auf den vom Piz Zupò auslaufenden Felsen (c. 3000m) zwischen Scerscen- und Fellariagletscher 3 St. oberhalb der Fellariahütten gelegen, Ausgangspunkt für Piz Bernina, Palü etc. (s. oben). Von hier direkt zurück nach Pontresina über die **Fuorcla Bellavista** (3684m), zwischen Bellavista und Piz Palü, hinab über die *Fortezza* (s. oben) und den *Morteratschgletscher*, 9-10 St., beschwerlich (F. 50 fr.). Zum Berninahospiz über den Cambrena-Paß, 8-9 St., anstrengend aber lohnend (F. 50 fr.). Vom Fellariagletscher über den Firnsattel s. vom Piz Palü hinüber auf den *Palü-Gletscher*, dann l. an den Wänden des P. Palü und *Piz Cambrena* (3607m) entlang zum **Cambrena-Paß** (3429m), zwischen P. Cambrena und *P. Carale;* hinab über den *Cambrena-Gletscher* zum Lago Nero (S. 396) und dem Berninahospiz. Im Ansteigen entrollt sich allmählich die Aussicht vom Mte. della Disgrazia bis zu den Oetzthaler Fernern. Leichter ist der Paß in umgekehrter Richtung, mit Uebernachten in den Berninahäusern oder dem Hospiz; auch passirt man dann die Stelle, wo Eisbrüche stattfinden können, schon früh Morgens. — Man kann auch (für Geübte nicht schwierig) von dem Firnsattel s. vom Piz Palü (s. oben) direkt über den *Palü-Gletscher* absteigen, die Firnbrüche l. umgehend, zuletzt über Rasen und Fels am *Sassal Masone* vorbei zum *Berninahospiz* (von der Capanna Marinelli 7-8, von der Mortèlhütte 12-13 St.; F. 50 fr.).

Nach Poschiavo führt von Fellaria ö. der **Passo Revano** oder Confinale (2620m) durch das *Val Orse* in $3^1/_2$ St.; weiter südl. der **Canciano-Paß** (2550m) gleichfalls in $3^1/_2$ St. Zu letzterm geht man von den Fellaria-Hütten erst eine Strecke thalab über alte Moränen des Fellaria-Gletschers; dann l. im *Val Poschiavina* bergan zur ($1^1/_2$ St.) Passhöhe, mit schönem Blick auf den Fellaria- und Verona-Gletscher, den Piz Zupò und Piz Roseg; unmittelbar s. der *Canciano-Gletscher*. Hinab über *Alp d'Ür* (1935m) und *Val di Gole* nach (2 St.) *Poschiavo* (S. 399).

Von Pontresina nach Malenco über die Fuorcla Chapütschin und die Fuorcla Fex-Scerscen, 12-13 St. von der Mortèlhütte (F. 50 fr.), beschwerlich, nur für Geübte. Ueber die *Fuorcla Chapütschin* oder die *Fuorcla Glüschaint* auf den *Fexgletscher* (schwieriger Abstieg) s. oben; statt r. ins Fexthal, wendet man sich l. zu dem Schneesattel der *Fuorcla Fex-Scerscen*, dann über den *Scerscen-Gletscher* ins *Val Malenco* (vgl. S. 401).

## 103. Von Samaden nach Nauders. Unter-Engadin.

80km. Post von Samaden nach Schuls 2mal täglich in $5^1/_2$ St. für 13 fr. 60 c., Coupé 16 fr. 35 c.; von Schuls nach Nauders 2mal tägl. in $3^1/_2$ St. für 6 fr. 50, Coupé 7 fr. 80 c. (Postanschluß nach *Landeck*, S. 409). Die Straße bietet zwar nicht selten hübsche Blicke, doch ist die Gegend vom freien Sitz auf dem Wagen hinreichend zu übersehen, zur Fußwanderung daher keine Veranlassung. — Einspänner von Tarasp nach Samaden 36, nach Pontresina 40 fr.; zweisp. Extrapost von Samaden bis Schuls 66 fr. 80 c.

Unterhalb Samaden (1728m) großartige Rundsicht; das $^3/_4$ St.

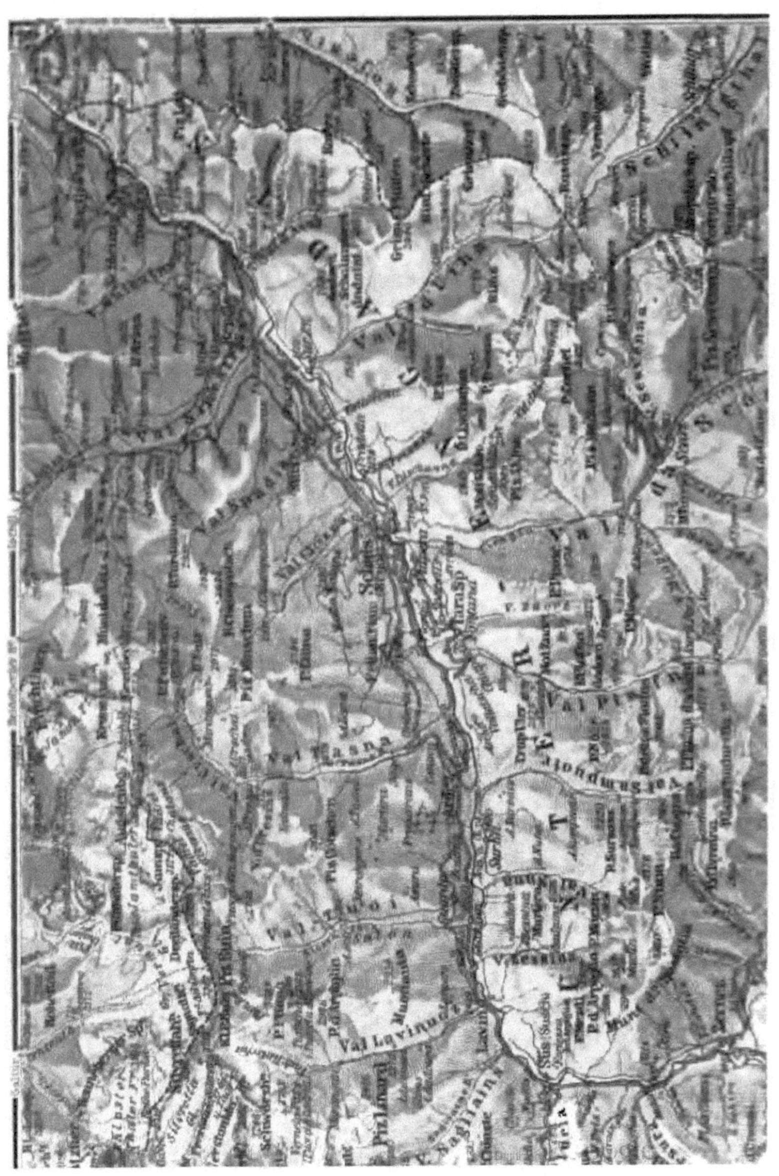

breite Thal ist von allen Seiten durch mächtige Gebirge mit vielen Schneefeldern eingeschlossen. $^1/_2$ St. **Bevers** (1710m; Wirthsch. Schmid), stattliches Dorf am Fuß der gezackten *Crasta mora* (S. 371). Hr. *Krättli*, ein guter Botaniker, verkauft getrocknete Pflanzen. Von hier durch *Val Bever* und *Val Suvretta* nach *St. Moriz* s. S. 382.

Die Straße führt an dem ($^1/_4$ St.) *Whs. Agnas (in der Au)* vorbei, dann an dem canalisirten Inn entlang nach (40 Min.) **Ponte** (1691m; **Albula* bei *Gartmann*, Z. L. B. 2-2$^1/_2$, F. 1 fr.; **Krone*, jenseit der Brücke), an der *Albulastraße* (R. 99). Gegenüber am r. Ufer liegt *Campovasto* oder *Camogasc*, am Ausgang des engen *Val Chamuera*. Um den Besitz der Innbrücke kämpften am 9. März 1799 Österreicher und Franzosen 6 St. lang auf 2m h. gefrorenem Schnee.

***Munt Müsella** (2631m), 2$^1/_2$ St.; nicht schwierig (Führer angenehm); sehr lohnende Aussicht. — **Piz Uertsch** (*Albulahorn*, 3273m), für Schwindelfreie vom *Albulapass* (S. 370) in 3 St. m. F. (35 fr.), mühsam aber lohnend. — ***Piz Kesch** (3422m), von Madulein durch *Val d'Eschia* in 6 St. (F. 40 fr.!), für Schwindelfreie nicht schwierig; prachtvolle Rundsicht. Vgl. S. 371.

Von Ponte nach Livigno (6 St.) Saumpfad, Führer angenehm. Im *Val Chamuera* bis zu den (1$^1/_2$ St.) Hütten von *Serlas* (2022m), an der Abzweigung des *Val Lavirum;* durch letzteres steil hinan zur (2$^1/_2$ St.) **Fuorcla Lavirum** (*Passo dell' Everone*, 2819m) zwischen r. *Piz Lavirum* (*P. dell' Everone*, 3054m; vom Pass in $^3/_4$ St. zu ersteigen, prächtiger Blick auf den Ortler) und l. *Punta Casanella* (2931m). Hinab steil ins *Val Federia*; nach 1 St. mündet l. der vom Casana-Paß (s. unten) herabkommende Weg; 1 St. **Livigno** (1810m; *Hôt. & Pens. Alpina*, einf., wird gelobt), am *Spöl* schön gelegen. Von hier nach *Bormio* s. S. 405.

Die Straße bleibt auf dem l. Ufer des Inn. $^1/_4$ St. **Madulein** (1681m); l. auf steilem Fels (1790m) die Trümmer der Burg *Guardaval* (in $^1/_4$ St. zu ersteigen; oben kl. Restaur., *Aussicht), 1251 von Bischof Volkard als „Thalwache" erbaut. — $^1/_2$ St. weiter

10km **Zuz**, rom. *Zuoz* (1748m; **H. Concordia*, Z. 3$^1/_2$, Pens. m. Z. 7$^1/_2$-9$^1/_2$ fr.; *Schweizerbund*, *Weißes Kreuz*, einf.; Familienpension **Poult*, 5$^1/_2$ fr.), Flecken von 429 Einw., mit altem Thurm („Tuor"), als Sommerfrische und Luftkurort besucht (Kurarzt Dr. Perregaux).

Vom ***Piz Griatschouls** (2973m), 4 St., nicht beschwerlich, weite Aussicht. Hinab durch das *Sulsanna-Thal* nach *Capella* (s. unten). — **Piz Mezaun** oder *Mezzem* (2965m), 5 St. m. F., nicht schwierig; Aussicht sehr lohnend.

Bei (20 Min.) **Scanfs** (1650m; *Scaletta; Stern*) führt eine stattliche Brücke über den Inn.

R. mündet das **Casana-Thal**, durch das ein Saumpfad über den *Casana-Paß* (2692m) in 7 St. nach *Livigno* führt. Die Passhöhe, mit prächt. Aussicht, liegt zwischen *Punta Casana* (3006m) und *Punta Casanella* (2931m), beide ohne Schwierigkeit zu ersteigen (ersterer besser von N. aus *Val Trupchum*).

Die Straße bleibt auf dem l. Ufer (r. *Piz d'Esen*, 3130m) und überschreitet unterhalb ($^1/_2$ St.) *Capella* (einzelnes Haus mit Kirchenruine) den *Sulsanna-Bach* (durch das *Sulsanna-Thal* über den *Scaletta-* oder den *Sertig-Paß* nach *Davos* s. S. 345). Weiter durch eine enge tannenbewachsene Schlucht, tief unten der Inn. Unterhalb *Cinuskel* (1616m), vor *Brail* (Kreuz), scheidet eine Brücke *(Punt ota)* über den aus dem *Val Puntota* in den Inn fließenden Bach das Ober- vom Unter-Engadin. Am Ende der Schlucht hübscher Blick auf den Inn und die zierliche Holzbrücke (1518m), auf welcher nun die Straße wieder auf das r. Ufer hinübergeht; im Thalausschnitt *Munt Baselgia* und *Piz Nuna* (s. unten). Vor (2½ St.) *Zernez* öffnet sich ein weiter grüner Thalkessel, zum Theil mit Getreide bebaut, in welchem der Ort mit dem schlanken Kirchthurm sich ausbreitet; n. erscheint das schneedurchfurchte Dach des *Piz Linard* (S. 393).

27km **Zernez** (1497m; **Bär*, Z. L. B. 4 fr.), am Einfluß des dunkeln *Spöl* in den Inn, nach dem Brande von 1872 fast ganz neu erbaut (570 Einw.), mit hübscher 1623 erb. Kirche.

**Munt Baseglia** (2980m; 4 St., F. 5 fr.), **Piz d'Arpiglia** (3031m; 5 St., F. 6 fr.) und **Piz Nuna** (3128m; 6 St., F. 8 fr.) sind von Zernez zu besteigen (alle drei ziemlich beschwerlich). — **Piz Sursura** (3176m), durch *Val Sursura* und über den gleichn. Gletscher in 6-7 St. (12 fr.), mühsam.

Von Zernez nach Münster Fahrstraße, auch für Fußgänger lohnend (39km, Post tägl. in 6 St.). Am r. Ufer des *Spöl* durch die wilde Schlucht *la Serra* im Wald allmählich ansteigend über mehrere Tobel und Seitenthäler (*Val da Barcli, Val Laschadura*) und über das waldbedeckte Plateau *Champ Sech* zur (2 St.) Brücke über die *Ova d'Spin* (1828m). Jenseits führt der alte Saumweg (guten Fußgängern zu empfehlen) geradeaus bergan über den Rücken von *Champ Löng* und durch *Val Fiur* zum Ofen-Whs., während die neue Straße weit nach r. ausbiegend den Waldhügel *Crastatscha* umzieht (in einem Wegmacherhaus einf. Erfr.). 1 St. Brücke über die *Ova del Fuorn* (1710m), in wilder Waldschlucht (r. führt von hier ein Saumpfad durch das wilde *Spölthal* in 3½ St. nach *Livigno*, S. 391); dann am l. Ufer der Ova del Fuorn, zuletzt wieder aufs r., zum (½ St.) **Whs.* am **Ofenberg** (*il Fuorn*, 1804m). Weiter an der Mündung des *Val del Botsch*, durch das ein nicht schwieriger Übergang über die *Furcletta* (2678m) und durch *Val Plafna* in 6 St. nach *Tarasp* führt, am *Val da Stavelchod* und *Val Nüglia* vorbei über die sumpfige Alp *Buffalora* zum (2 St.) **Ofen-Paß** (*Sü Som*, 2155m), mit schönem Blick auf den Ortler (über den *Buffalorapaß* ins *Fraelthal* und nach *Bormio* s. S. 405). Hinab (Fußsteige kürzen) durch Arvenwald nach (1 St.) *Cierfs* (1664m; *Alpenrose), in dem vom *Rambach* durchströmten **Münsterthal**, rom. *Val Mustair*; dann über (½ St.) *Fuldera* (l. oben in sonniger Lage *Lü*, S. 396) und (40 Min.) *Valcava* nach (½ St.) *St. Maria* (1388m; Weißes Kreuz; Piz Umbrail). Von hier nach *Münster* und (3½ St.) *Mals* s. S. 408; über das *Wormser Joch* nach *Bormio* s. S. 406; durch das *Scarlthal* nach *Schuls* s. S. 396.

Von Zernez nach Livigno über den **Passo del Diavel** (2815m) 9-10 St., mühsam und selten gemacht (F. 20 fr.). Durch das unwegsame *Val Cluozza* und das wilde *Val del Diavel* beschwerlich zur vergletscherten Passhöhe, w. vom *Piz dell' Acqua* (3127m); hinab durch *Valle del Cantone* nach *Livigno* (S. 391).

Von Zernez nach Bormio über *Buffalora* s. S. 405. Ein näherer Weg (9½-10 St. bis Bormio, F. nöthig) führt jenseit der Brücke über den *Fuornbach* (s. oben) von der Straße ins Münsterthal r. ab, über Alp *la Schera* u. *S. Giacomo di Fraele* nach den *Scale di Fraele* und Bormio (S. 405).

Unterhalb Zernez tritt die Straße wieder auf das l. Ufer des Inn (rückwärts *Piz Quatervals*, 3157m) und führt, stets am Fluß hin, durch eine fichtenbewachsene enge Felsschlucht, die sich erst gegen

33km **Süs** (1429m), rom. *Susch*, öffnet (**H. Rhätia* oder *Post*, Z. 2 fr.; *Schweizerhof, H. Flüela*, einf.; Bierbrauerei an der Innbrücke). Den ö. aus dem Thal aufsteigenden Hügel krönen die Trümmer einer alten Burg (*Fortezza*), angeblich röm. Ursprungs; r. *Piz d'Arpiglia* und *Piz Mezdi* (*Flüela-Straße* nach Davos s. S. 343; *Vereina-Paß* nach Klosters s. S. 342). Dann über den *Sagliainsbach* nach (40 Min.)

36km **Lavin** (1439m; **Piz Linard*, Z. L. B. 2½ fr.; *Steinbock; Weißes Kreuz*), an der Mündung des *Val Lavinuoz*. S.w. der große *Sursura-Gletscher* (s. oben).

Ausflüge (Führer *Jos. Wieser* u. a.). *Sass auta* (2 St.) und *Murtèra* (3 St.), beide unschwierig u. lohnend. — Durch *Val Lavinuoz* zum *Tiatscha-Gletscher*,

3 St., gleichfalls lohnend. — **Piz Mezdi** (2924m), durch *Val Zeznina* in 5 St. (F. 10 fr.), die letzte Strecke ziemlich steil; prächtige Aussicht über Engadin, Silvretta etc. Das Val Zeznina endet 4 St. von Lavin in dem Gebirgskessel *Macun* (2635m) mit kl. Gletschern und 6 kl. Seen, umgeben von Piz d'Arpiglia, Munt della Baseglia und Piz Macun. — ***Piz Linard** (3416m), höchster Gipfel der Silvretta-Gruppe, 6-8 St. (F. 20 fr.), anstrengend, nur rüstigen geübten Steigern anzurathen. Reitweg bis zur (3 St.) *Alp Glims*, wo eine dürftige Schutzhütte; von da zum Gipfel 3-4 St., die letzten $1^1/_2$ St. steil und mühsam. Oben ein unvergleichliches Panorama. — Von Lavin über den *Vernelapaß* oder das *Versiontklather* nach Klosters s. S. 342.

Das r. Ufer des Inn fällt meist steil ab und nur wenige Ortschaften sind hier angebaut, dagegen liegen am l. Ufer auf den sonnigen breiten Bergrücken die alten angeblichen Etrusker(?)städte *Lavin*, *Guarda*, *Ardez*, von verfallenen Thürmen und Burgen überragt, zum Theil höchst malerisch. Aus zahlreichen Seitenthälern brechen die Bergwasser hervor, den Inn zu verstärken, der tief unten sich sein enges Bett gegraben hat. Die Straße führt hinter Lavin durch ein Felsenthor; weiter vor ($^3/_4$ St.) *Giarsun* über die Mündung des *Val Tuoi*.

L. führt ein Fahrweg hinauf nach ($^1/_2$ St.) **Guarda** (1650m; **Sonne*, guter Wein; *Osteria Silvretta*, bescheiden), schöngelegener alter Flecken, wohin man von Lavin angenehmer auf dem alten mäßig ansteigenden Wege in 1 St. gelangt. Lohnend von hier die Besteigung des *Piz Cotschen* (3029m; 4 St., F. 10 fr.) und des **Piz Buin* (3312m), mit höchst großartiger Aussicht (6 St., F. 25 fr.). — Ueber den *Silvretta-Paß* nach *Klosters* s. S. 342; über den *Vermunt-Paß* ins *Montafon* s. S. 411. — Von Guarda auf dem alten Wege über *Boschia* hinab nach Ardez 1 St. Fußgänger nach Schuls bleiben besser auf dem alten Wege über Fettan ($^1/_4$ St. jenseit Boschia nicht r. bergab, sondern l. in der Höhe fort), der bei der Häuserruine *Canova* in das *Val Tasna* einbiegt und bald darauf in die neue Straße von Ardez mündet (von Guarda bis Fettan $2^1/_2$ St.).

Die Straße führt hoch über dem Inn an einer Geröllwand hin und tritt in schönen Lärchenwald; weiter durch Wiesen und Felder nach

44 km **Ardez**, deutsch *Steinsberg* (1471m; *Post*, wird gelobt), malerisch gelegener Ort (628 E.), überragt von den Trümmern des Schlosses *Steinsberg* mit wohlerhaltenem Thurm.

Eine schöne aussichtreiche Straße (Post tägl. Nm. in 1 St.) führt von Ardez, das *Val Tasna* überschreitend (bei der Brücke sehr malerische Aussicht), durch die sonnigen Matten der nördl. Thalseite nach dem reizend gelegenen ($1^1/_2$ St.) **Fettan** (1647m; *H. Victoria* bei *Denoth*, einf.), nach dem Brande von 1885 zum großen Theil neu aufgebaut (15 Min. vor Fettan Fußweg r. zum *Paradies*, einer Matte mit prächtiger Aussicht; von da nach Fettan direkter Fußweg in 10 Min.). — *Muotta Naluns* und *Piz Clüna* s. S. 395. — Von Fettan nach Schuls Fahrstraße in 1 St. (Omnibus vom Hôt. Victoria nach Tarasp zum Kurgebrauch 2mal tägl.). Nach Tarasp direkter Fußpfad, nach der letzten großen Kehre hinter dem Tobel von der Straße r. ab.

Das wilde, wald- und weidenreiche **Val Tasna** steigt zwischen *Piz Cotschen* (3029m) l. und *P. Minschun* (3071m) r. 3 St. hinan und theilt sich weiter oben in l. *Val d'Urezzas*, r. *Val Urschai*. Aus letzterm führt n.w. ein beschwerlicher Uebergang über den vergletscherten *Futschöl-Paß* (2767m), mit prächtigen Blicken auf das gewaltige *Fluchthorn* (3389m), in das tirol. *Jamthal*, zur *Jamthalhütte* des D. u. Oe. A.-V. und nach (8-9 St.) *Galtür* im *Paznaun* (S. 411).

Hinter Ardez wieder wüste Schutthalden; die Straße ist mehrfach durch den Fels gebrochen. Sobald sie vorn die Ecke erreicht, zeigt sich höchst malerisch Schloß Tarasp; r. die ganze Bergkette am s. Ufer des Inn, Piz Plafna, Piz Pisóc, Lischanna, Ayúz. Dann biegt die Straße in großem Bogen in das tiefeingeschnittene *Val Tasna* ein und überschreitet den Tasnabach. Weiter stets hoch über der tiefen

25, 26**

waldigen Innschlucht; r. hübscher Blick in das düstere tannenbewachsene *Val Plafna*, im Hintergrund Piz Plafna dadaint (3174m; im Vordergrund auf der Höhe des r. Innufers Schloß Tarasp. Die Straße senkt sich allmählich hinab zum Inn, führt hinter dem *Kurhaus Tarasp* (Posthaltestelle) vorbei und steigt wieder nach

54km **Schuls**. — Gasth.: in Ober-Schuls *H. Belvedere, mit Dependenz *Alt-Belvedere* und schönem Garten in Unterschuls, Pens. mit Z. 8-13 fr.; *H. Post, Z. L. B. 4, M. 4, A. $2^1/_2$ fr.; *H.-P. Schuls; *H. Könz *zum Piz Chiampatsch*, Z. 2, M. 2. 80, A. 2. 20, F. 1, Pens. 5 fr.; Krone, einf.; in Unter-Schuls Helvetia, nicht theuer. — Die Schulser Gastwirthe befördern die Badegäste unentgeltlich nach Tarasp.

*Schuls* (1210m), rom. *Scuol*, Hauptort des Unter-Engadin in malerischer Lage (gegenüber die prächtige Bergkette vom Piz Lat bis Piz Plafna), besteht aus zwei Ortschaften, *Ober-* und *Unter-Schuls* (zus. 940 E.), zwischen welchen die Poststraße in der Mitte hindurchführt; an derselben die *Badehalle Schuls* (Stahl- u. Süßwasserbäder). In der Nähe von Schuls entspringen mehrere Stahlquellen, namentlich die *Wyquelle* mit interessantem Hügel von Eisensinter, 10 Min. n. vom Hôtel Könz, und die kohlensäurereiche *Sotsaß-Quelle*, ö. von Schuls, am Wege nach Sent (s. unten). Unbedeutende Mofetten 20 Min. w. vom Hôtel Könz, r. vom alten Wege nach Fettan.

20 Min. w. von Schuls liegt auf einer Ausweitung des l. Ufers am Inn das durch seine Mineralquellen bekannte **Bad Tarasp** (1185m; **Kurhaus*, Z. L. B. von 5, F. $1^1/_2$, M. 5, Ab. $2^1/_2$, Pens. ohne Z. $7^1/_2$ fr.; Kurtaxe 14, für nicht im Kurhaus Wohnende 17 fr.). Vorzüglichste Trinkquellen sind die *Lucius-* und *Emerita-Quelle*, beides kochsalzhaltige Natronwasser; die Bäder im Kurhaus werden mit Stahlwasser (von der Carolaquelle) gespeist. Post und Telegraph im Hause; Badeärzte Dr. Killias, Dr. Pernisch. Eine gedeckte Holzbrücke führt vom Kurhaus zu den Quellen am r. Ufer des Inn (*Trinkhalle* und kl. Bazar). Bequeme Fahrstraße von hier im Zickzack ansteigend zu dem oberhalb in sonnigen Matten hübsch gelegenen Luftkurort ($^1/_4$ St.) **Vulpära** (1275m), wo gleichfalls viele Kurgäste wohnen (**Pens. Bellevue*, mit Dependenz, Pens. m. Z. 9 fr.; **Tell & Alpenrose*, $7^1/_2$-$8^1/_2$ fr.; **Conradin*, $7^1/_2$ fr.; * *Waldhaus* bei *Pinösch*, mit Dependenzen, 8-10 fr.). Der direkte Fußweg nach Tarasp-Vulpera führt am w. Ende von Schuls von der Straße l. ab, oberhalb der Einmündung der *Clemgia* über den Inn und theilt sich dann: r. am Inn entlang über die Kurpromenade nach ($^1/_2$ St.) Tarasp, l. durch Wald hinan nach ($^1/_2$ St.) Vulpera.

**Ausflüge.** — Die Umgebung von Vulpera und Tarasp ist durch ihre reiche Flora besonders ausgezeichnet. Ganz in der Nähe von Vulpera wachsen schon die schönsten Orchideen, so der prächtige Frauenschuh (Cypripedium calceolus), Cortusa Matthioli, sowie verschiedene Thalictrum-, Saxifraga- und Lilien-Arten. Am Schwarzsee (s. unten) findet man die reizende Gentiana utriculosa und Linnaea borealis nebst der kleinen Primula farinosa, deren Blätter wie mit Mehl bestäubt erscheinen. Auf dem Kreuzberg bei Florins (s. unten) wächst das schöne Sempervivum arachnoideum, das zur Blüthezeit das ganze Plateau mit rothen Sternen übersät. Oberhalb des Kreuzbergs kommt auch die sehr seltene und schöne Nigritella suaveolens vor, einer der interessantesten Pflanzenbastarde. Bei Schuls sind einzelne Felspartieen mit der rothblühenden Saponaria ocymoides ganz überzogen. An der Muotta Naluns (s. unten) kommt die wohlriechende Nigritella angustifolia (im Engadin „Männertreu") in großer Menge vor, zwischen den Legföhren unterhalb derselben der seltene orangenrothe Senecio abrotanifolius. Eine Wanderung durch das wildromantische Scarlthal (s. unten) liefert große Ausbeute. An den Ufern der Clemgia wächst die durch verschiedenfarbig gezeichnete Blumenblätter bemerkenswerthe Linaria alpina und das schöne Epilobium Fleischeri, mehrere Steinbrecharten neben der Androsace villosa und Chamæjasme. Endlich findet sich im Seesvennathal die seltene Gentiana nivalis, sowie Edelweiß in Menge.

Das stattliche **Schloß Tarasp** (1497m), s.w. von Vulpera, jetzt halb verfallen, war bis 1806 Sitz der österr. Vögte. Eine gute Straße führt um den n. Fuß des Schloßbergs herum über das kleine *Florins* (Restaur.) nach dem Weiler (1 St.) *Fontana* (1401m; Erfr. in dem jetzt von Ordensschwestern bewohnten Hôt. Tarasp; *Wirthsch. mit Balkon hinter dem Kloster, am s.w. Fuß des Schlosses, mit Capuzinerkloster u. kl. See. Sehr lohnender Spaziergang von hier zur ($1^1/_2$ St.) **Alp Laisch* (1828m) am Eingang des malerischen *Val Plafna* (wenn die Alp bezogen, Milch zu haben). — Vom **Kreuzberg* schönste Aussicht, namentlich bei Abendbeleuchtung (von Fontana am Schloß Tarasp vorbei über *Sparsels* $^1/_4$ St., von Vulpera direkt 1 St.). — Hübscher Ausflug von Vulpera zum (35 Min.) Hof *Avrona* (1451m; Erfr.), über der tiefen Clemgia-Schlucht am Fuß des Pisoc einsam gelegen, und zu dem kleinen dunkelgrünen *Schwarzen See*, noch 20 Min. höher, von wo schöner Blick auf den Piz Linard.

Fahrstraße von Schuls nach ($1^1/_2$ St.) *Fettan* s. S. 393 (Fußweg an der Wyquelle vorbei, weiter oben am Waldrande hin in $1^1/_4$ St.). — $^3/_4$ St. n.ö. von Schuls (Post im Sommer 2mal tägl., 1 fr.) liegt am Bergabhang das ansehnliche **Sent** (1433m; *H. Rhätia*), mit stattlichen Häusern (1005 E.); auf einem Felskopf vor dem Dorf r. die malerischen Trümmer der roman. St. Peterskirche, mit schöner Aussicht. Fahrstraße hinab nach ($^1/_2$ St.) *Crusch* (S. 396), gegenüber der Mündung des *Val d'Uina*. — Ins **Val d'Uina** lohnender Ausflug: hübscher Fußweg am r. Innufer über *Pradella* bis ($1^1/_2$ St.) *Sur En* (1112m; Bären-Whs., mit Schild von Paul Meyerheim), am Thalende gegenüber von Crusch (s. unten; bis hierhin auch zu Wagen). Dann auf leidlichem Wege durch das malerische reich bewaldete Thal an hübschen Wasserfällen und einer wilden Felsschlucht vorbei nach den Hütten von ($1^1/_2$ St.) *Außer-Uina* (1515m) und (1 St.) *Inner-Uina*. Lohnender Uebergang von hier über ($1^1/_2$ St.) *Sursaß* (2357m) und durch das *Schlinigthal* nach (3 St.) *Mals* (S. 408).

Bergtouren (Führer *Joh. Rauch*, *Jak. Bischoff*, *Jak.* u. *Ed. Truog*, *Jak. Widal*). N. oberhalb Schuls die Rasenkuppe der **Muotta Naluns** (2143m), von Schuls in 3 St., von Fettan in $1^1/_2$ St. bequem zu ersteigen (F. 6-8 fr., entbehrlich). Aussicht nicht sehr umfassend; besser vom ***Piz Glüna** (2788m), von der Muotta Naluns in 2 St., von Fettan über Alp *Laret* in $3^1/_2$-4 St., unschwierig; F. 10 fr.). — Umfassender ist die Rundsicht vom **Piz Champatsch** (2923m), 4-5 St. von Schuls (F. 12 fr.) über *Alp Champatsch*, dann r. um den Gipfel herum und auf der Ostseite hinan (der direkte Anstieg von S. über steiles Geröll ist beschwerlich).

***Piz Lischanna** (3103m), wohl die lohnendste der von Schuls auszuführenden Bergtouren (5-6 St., F. 15 fr.). Von der Straße ins Scarlthal (s. unten) bei der zweiten Kehre l. ab auf steilem Waldwege nach *St. Jon*, mit Hausruinen; hier l. um den Fuss des *Piz St. Jon* herum, durch Matten u. Wald im *Val Lischanna* hinan, zur (3 St.) *Schafalp* (c. 2000m, keine Unterkunft). Weiter in langen Zickzacklinien an einer ausgedehnten Geröllwand aufwärts (r. oben der *Lischanna-Gletscher*) und, zum Theil an steilen Felswänden hin, ohne besondere Schwierigkeit zum (3 St.) Gipfel, auf dem eine eiserne Fahne. Wundervolle Aussicht: unmittelbar im Vordergrund die kahlen zerrissenen Spitzen des Piz St. Jon, Ayuz, Pisoc, tief unten das grüne Engadin von Lavin bis Martinsbruck; dann s. Ortler, Veltliner Alpen, Bernina; w. in weiter Ferne Berner Alpen, Tödi, näher Piz Linard, Piz Buin, n. Augstenberg, Fluchthorn, fern Wettersteingebirge mit der Zugspitze, ö. Oetzthaler Ferner mit Wildspitze und Weisskugel, weiter zurück die seltsamen Formen der Dolomiten. — Geübte Berggänger können (nur mit Führer) über den *Lischanna-Gletscher* ins *Val Seesvenna* und nach *Scarl* absteigen (im ganzen von Schuls 13 St.; F. 25-30 fr.).

*_Piz Pisoc_ (3178m; 7 St., F. 25 fr.), _Piz Plafna dadaint_ (3174m; 8 St., 30 fr.) und _Piz Sesvenna_ (3221m; 8 St., mit Uebernachten in Scarl; F. 25 fr.), alle nur erprobten Berggängern anzurathen. Weniger schwierig sind _Piz St. Jon_ (3042m; 8 St., 15 fr.), _Piz Cotschen_ (S. 393), _Piz Minschun_ (3071m; von Fettan 5 St., 10 fr.) und _Piz Foras_ (3094m; 7 St., 15 fr.).

**Von Schuls nach St. Maria im Münsterthal** durch das **Scarlthal** 8 St., lohnend, Führer (25 fr.) unnöthig. Fahrweg von der Innbrücke s. geradeaus hinan, bald durch Lärchenwald ansteigend, bis auf das Plateau, auf dem weiter l. St. Jon (s. oben) liegt. Gegenüber hoch auf der l. Seite der von der wilden _Clemgia_ durchströmten tiefen Schlucht der Hof _Avrona_ (s. oben). Der Weg, streckenweise schlecht, senkt sich allmählich, stets durch Wald, hinab in das von den gewaltigen zerrissenen Wänden des _Piz Pisoc_ r. und _Piz St. Jon_ und _Madlain_ l. umschlossene Thal; mehrfach über die Clemgia, die nach Unwetter oft große Verheerungen anrichtet. Nach 2 St. mündet r. das einsame _Val Mingèr_, im Hintergrund _Piz Foras_ (s. oben), l. _Val del Poch_. Weiter an verfallenen Schmelzwerken vorbei nach (1 St.) **Scarl** (1813m; _Adler_, nicht billig; _Edelweiß_), kl. Dörfchen an der Mündung des _Val Sesvenna_, aus welchem _Piz Cornet_ (3033m), _P. Cristannes_ (3120m) und _P. Sesvenna_ (s. oben) bestiegen werden können. 1/2 St. oberhalb Scarl zweigt l. ein Saumpfad ab, der über den _Cruschettapaß_ (_Scarljöchl_, 2316m) und durch das hübsche _Val Avigna_ in 3 St. nach _Taufers_ (S. 408) führt. Der Fahrweg hört hier auf; der Saumpfad tritt auf die l. Seite des nun breiteren Thals (prachtvolle Arven) und führt an den Sennhütten _Astras dadora_ (äußern) und _dadaint_ (innern) vorbei (l. halten) zwischen r. _P. d'Astras_ (2983m), l. _P. Murtèra_ (2998m) zur (2 St.) Paßhöhe **Costainas** (2251m), mit lohnender Aussicht. Hinab zu der großen Sennerei _Champatsch_ (2144m), der Gemeinde Valcava gehörig; dann um eine Felsenecke (_la Duressa_) und durch Wald (den r. steil nach Cierfs hinabführenden Weg vermeiden) auf gutem Pfade nach _Lü_ (1918m), Dörfchen in sonniger geschützter Lage, von wo Fahrsträßchen über _Lüsai_, den _Rambach_ überschreitend, nach _Furom_, einem einzelnen Hause an der Straße halbwegs zwischen _Fuldera_ und _Valcava_. Von hier nach _St. Maria_ (2 St. von Costainas) s. S. 392.

Unterhalb Schuls am r. Innufer der Weiler _Pradella_. Die Straße bleibt am l. Ufer; l. auf der Höhe das schön gelegene _Sent_ (s. oben). 1 1/4 St. _Crusch_ (Kreuz); gegenüber _Sur En_, an der Mündung des _Val d'Uina_ (S. 395). Vor (3/4 St.) **Remüs**, rom. _Ramuosch_ (1226m), das mit den Trümmern der Burg _Tschanuff_ l. oben liegen bleibt, über das _Wraunka-Tobel_, die tiefe Schlucht des _Val Sinestra_.

**Piz Arina** (2881m), von Remüs 4 St. m. F., ziemlich mühsam aber höchst lohnend. — Durch das _Val Sinestra_, mit arsenhaltigen Eisensäuerlingen, führt ein unschwieriger und lohnender Uebergang über den **Fimberpaß** (2650m) nach _Ischgl_ im Paznaun (8 1/2 St.; F. 20 fr.). Saumweg am l. Ufer des _Sinestrabachs_ über _Manas_, an der (l.) Mündung des _Val Laver_ und dem Hof _Suort_ vorbei zu den Hütten von (2 St.) _Griosch_ (1813m), am Fuß der mächtigen _Stammerspitze_ (3256m; höchste Spitze 1884 von Prof. Schulz aus Leipzig zuerst erstiegen). R. mündet _Val Tiatscha_, im Hintergrund der _Muttler_ (3299m). Dann durch _Val Chöglias_ zur gleichn. Alp und l. zur (2 1/2 St.) Paßhöhe, mit prächtigem Blick auf das Fluchthorn; hinab durchs _Fimberthal_ nach (4 St.) Ischgl.

Das Thal verengt sich; l. Ruine _Serviesel_. In dem r. sich öffnenden engen _Val d'Assa_ (am Eingang schöner Wasserfall) ist 2 St. aufwärts eine periodische Quelle, die _Fontana Chistaina_, die nur alle 3 St. fließt; dabei eine sehenswerthe Tropfsteinhöhle. Bald öffnet sich ein schöner Blick auf das hochgelegene _Schleins_, darüber l. der _Muttler_ und die zackige _Stammerspitze_ (s. oben); r. _Piz Lat_ (2801m).

1 1/2 St. _Strada_. Bei (1/2 St.) **Martinsbruck** (1019m; *_Hôt. Denoth_) wird die Landschaft großartig. Brücke über den Inn, Grenze zwischen der Schweiz und Tirol (österr. Mauth). Links Trümmer eines zweiten

Schlosses *Serviezel.* (Lohnender Fußweg von hier am l. Ufer des Inn über den *Novellerhof* in $1^1/_2$ St. nach *Alt-Finstermünz*, S. 407, und weiter nach *Pfunds;* F. für Ungeübte rathsam.) Die neue Straße nach Nauders steigt auf der tiroler Seite in langen Serpentinen einen bewaldeten Bergrücken hinan, der das Thal des Inn von dem des *Stillen Bachs* scheidet (vorzuziehen die alte Straße, neben dem Zollhaus r. hinan an den kleinen Häusern vorbei). Von der Höhe der Straße herrlicher Rückblick auf das Engadin (gegenüber nördl. *Piz Mondin*, 3163m); dann wenig hinab nach ($1^1/_4$ St. auf der alten, 2 St. auf der neuen Straße)

80km *Nauders* (1362m); s. S. 409.

## 104. Von Samaden über den Bernina nach Tirano und durchs Veltlin nach Colico.

*Vgl. Karten S. 384 u. 376.*

123km. Post von Samaden bis Poschiavo (38km) im Sommer 2mal tägl. in $5^1/_2$ St. (9 fr. 80, Coupé 11 fr. 80 c.), von da bis Tirano (28km) in $1^3/_4$ St. (3 fr. 20, Coupé 4 fr. 15 c.), von Tirano bis Sondrio (26km) in $2^3/_4$ St. Von Sondrio nach Colico (41km) Eisenbahn in 1 St. 35 Min. (4 fr. 65, 3. 25, 2. 10 c.). Zweisp. Extrapost von Samaden nach Poschiavo 60 fr.; Einsp. von Pontresina nach Poschiavo 35, Zweisp. 70, nach Tirano 50 u. 90 fr.; von Poschiavo nach Tirano Einsp. 12, Zweisp. 22, Sondrio 30 u. 45, Bormio-Bad 40 u. 65, Pontresina 30 u. 50, St. Moritz 40 u. 60 fr.

Der **Bernina-Paß** ist der wichtigste und einzig fahrbare der wenigen Pässe, welche über die Bernina-Kette führen, die Hauptverbindung des Engadin mit dem Veltlin, in guten Weinjahren durch Fuhrwerk sehr belebt; auch im Winter täglich von 60-70 Pferden befahren. — Durch die neue Bahn Sondrio-Colico ist die Fahrt durch das Veltlin wesentlich erleichtert und als bequeme Verbindung vom Engadin nach den oberital. Seen zu empfehlen (aber nicht dem Bergell vorzuziehen, s. S. 402).

Von *Samaden* nach (5,4km) **Pontresina** s. S. 384. 10 Min. von den letzten Häusern von Ober-Pontresina bei einer *Säge* l. der schöne *Languardfall;* $^1/_2$ St. weiter zweigt r. ab der Fahrweg zum *Morteratsch-Gletscher* (S. 386). Die Straße beginnt zu steigen; r. öffnet sich eine prachtvolle *Aussicht auf den zwischen Piz Chalchagn und Munt Pers eingebetteten Morteratsch-Gletscher mit seiner gewaltigen Moräne, überragt von dem blendend weißen Piz Palü, Bellavista, Crast'agüzza, dem Piz Bernina, Morteratsch und Tschierva (bei einer Pferdetränke an einer Straßenwindung Fußweg zu den Berninafällen und dem Morteratschgletscher). In 2 St. von Pontresina erreicht man die einsamen *Bernina-Häuser* (2049m; *Whs.), am Eingang des *Val del Fain.*

Das 2 St. lange **Val del Fain**, deutsch *Heuthal*, ist besonders wegen seines Reichthums an seltenen und schönen Alpenpflanzen besuchenswerth. Man findet hier die hübsche Pulsatilla vernalis, die wohlriechende Daphne striata, prächtige Orchideen, Gentianen und Primeln, die als Insektenfänger bekannte Pinguicula alpina und an den Abhängen des Piz Alv auch das hochgeschätzte Edelweiß (Leontopodium alpinum). Die Mochusgarbe (Achillea moschata), hier wie an der Berninastraße häufig, in Graubünden Iva genannt, wird zur Bereitung des bekannten Iva-Likörs benutzt. — Ein Saumpfad (1 St. weit für Bergwagen fahrbar, Führer unnöthig) führt durch das Val del Fain über die Alp *la Stretta* zum **Passo Fieno** (2482m) zwischen *Piz Stretta* (3106m) und *P. dels Lejs* (3045m), dann steiler und steiniger Fußweg ins *Spöl-Thal* nach (6 St.) *Livigno* (S. 391). — Ueber *la Pischa* zum *Piz Languard* s. S. 388.

$^{1}/_{4}$ St. hinter den Bernina-Häusern zweigt r. ab der alte Saumpfad, der auf der l. Seite des Berninabachs über *Alp Bregaglia* zur Paßhöhe führt. Die Straße überschreitet den Bach und steigt langsam an der östl. Thalseite, an der Mündung des *Val Minor* vorbei (l. *Piz Alv* und *Piz Lagalb*, r. die geröllbedeckten Abhänge der *Diavolezza*, S. 388). Der Baumwuchs hört auf, der Weg führt an drei Seen hin, den beiden kleinen, *Lago Minore*, rom. *Lej Pitschen*, und *Lago Nero*, rom. *Lej Nair*, und dem $^{3}/_{4}$ St. l. grünlichweißen *Lago Bianco*, rom. *Lej Alv* (2230m). Der schmale Damm zwischen denselben bildet die Wasserscheide: der Lago Nero entsendet seinen Abfluß in den Inn, der Lago Bianco in die Adda. R. der *Cambrena-Gletscher*, überragt vom *Piz Cambrena* (3607m) und *Piz Carale* (3429m), weiter l. *Sassal Masone* (3039m); vorn *Piz Campascio* (s. unten), l. von ihm der kegelförmige *Pizzo di Teo*, r. *Pizzo di Sena*.

Die Straße wendet sich beim Lago Nero links, überschreitet in scharfer Biegung einen vom Piz Lagalb herabstürzenden Bach und erreicht $1^{1}/_{2}$ St. von den Bernina-Häusern das

20,1km **Berninahospiz** (2309m; *Gasth.*, Z. $2-2^{1}/_{2}$, Lunch $2^{1}/_{2}$, M. $4-4^{1}/_{2}$ fr.), in schöner Lage oberhalb des Lago Bianco, gegenüber dem Cambrenagletscher. Hinter dem Hospiz der kl. *Lago della Crocetta*. Von dem kl. Pavillon vor dem Hause schöne Aussicht.

Ausflüge (Führer u. Pferde im Hospiz). **Piz Campascio** (2601m), der schöne nach O. senkrecht abfallende Kegel südl. vom Hospiz, ist in $1^{1}/_{2}$ St. auf gutem Pfad zu ersteigen (F. 4 fr.); höchst lohnende Aussicht. — **Piz Lagalb** (2962m), nördl. (s. oben), wird gleichfalls der Aussicht wegen erstiegen (2 St., F. 4 fr.).

Sehr zu empfehlen ist der Besuch der Alp Grüm oder des Sassal Masone, $1^{1}/_{4}-1^{1}/_{2}$ St., hin u. zurück 3-4 St. (F. 4 fr., unnöthig; Esel oder Maulthier 7 fr.; Tragsessel mit 2 Trägern 25 fr.!). Einige Schritte südl. vom Hospiz zweigt r. von der Straße ein Reitweg ab, der weiterhin am ö. Ufer des Lago Bianco hinführt. Nach 25 Min. über den südl. Abfluß des Sees und am r. Thalabhang weiter, am kl. *Lago della Scala* entlang. Nach 15 Min. zeigt r. ein Handweiser bergan zum Sassal Masone (s. unten). Wir bleiben auf dem Wege geradeaus (bei der Wegtheilung l., in gleicher Höhe weiter) und erreichen nach einer weitern $^{1}/_{2}$ St. die *Alp Grüm (2189m; *Restaur.*), wo plötzlich der prachtvolle **Palü-Gletscher*, nur durch ein schmales Thal getrennt, in seiner ganzen Ausdehnung nahe tritt, und ein herrlicher Blick in das tief unten liegende Thal von Poschiavo mit dem gleichn. See und den Orten le Prese, Prada und S. Antonio sich öffnet; fern im SO. Adamello und Presanella. — Die *Sassal Masone-Alp (2377m), zwei runde Steinhütten am Fuß des *Sassal Masone* (3039m), von dem oben erwähnten Handweiser auf gutem Pfad in $^{1}/_{2}$ St. zu erreichen, bietet gleichfalls eine prächtige Aussicht auf den hier noch nähern Palügletscher, den Pizzo di Verona, Piz Palü, ins Puschlav und auf die Berge des Val Viola. In den Hütten Erfr. (guter Wein).

Von der Alp Grüm nach Poschiavo ($2^{3}/_{4}$ St.) geht es zunächst r. steil bergab, dann auf einem nur für Hirtenfuhrwerk fahrbaren steinigen Saumpfad weiter. $^{1}/_{2}$ St. *Alp la Dotta*; $^{1}/_{4}$ St. *Cavaglia* (1701m), Alpdörfchen in einer Thalweitung. $^{1}/_{4}$ St. weiter über den aus dem Palügletscher abfließenden *Cavagliasco*, in wilder Felsenge, dann r. am Bergabhang hin auf holperigem, höchst unangenehmen Steinweg (mehrfach trockenes Gießbachbett), zuletzt steil bergab nach ($1^{3}/_{4}$ St.) *Poschiavo* (S. 399). Die Aussicht ins Thal und auf die gegenüberliegenden Höhen, an deren Abhang die Berninastraße hinführt (s. unten), ist fortwährend schön, Wer von Poschiavo zur Alp Grüm will (nur bei trocknem Wetter anzurathen). erkundige sich genau nach dem Anfang des Weges (ein Junge aus dem Hôtel geht für einige Soldi mit).

Über den *Cambrena-Paß* ins *Val Malenco*, beschwerlich aber sehr lohnend, s. S. 390.

6 Min. östl. vom Hospiz ist die Paßhöhe des **Bernina-Passes** (2330m). Jenseits führt die Straße durch zwei Galerien und senkt sich dann in Windungen, die der Fußgänger vielfach abschneiden kann, 1 St. lang scharf bergab an *la Motta* (1984m) vorbei nach

26,4km **La Rösa** (1878m; einf. *Whs.*, Z. L. B. 2 1/2, F. 1 fr. 20 c.).

Durch das bei la Motta n. sich öffnende *Val Lagone*, in welchem grosse Gipslager mit Alabaster, führt ein Fahrsträßchen über die **Forcola di Livigno** (2328m) nach (6 St.) *Livigno* (S. 391).

Über den Val Viola-Paß nach Bormio, 10 St., lohnend, bei hellem Wetter Führer entbehrlich (von Pontresina bis Bormio 45 fr.). Saumweg, bei *Sfazzu* (s. unten) von der Berninastraße l. ab, im *Val di Campo* hinan über die Hütten von *Salba*, *la Tonta* und *Plan Sena* (1897m) bis (2 St.) *Longacqua*, der obersten Sennhütte (ital. „Malga"). N. das *Val Mera* mit dem schönen *Corno di Campo* (3302m), durch das ein beschwerlicher Uebergang über den *Colle di Campo* (2675m) nach Livigno führt. Von hier durch das *Val Viola Poschiavina* bis zum (1 1/2 St.) **Val Viola-Paß** (2460m) ist der Weg streckenweise undeutlich (für weniger Geübte Wegweiser angenehm; vor der Paßhöhe l. halten) anfangs durch Arvenwald, indem r. mehrere prächtig blaue kleine Seen; schöner Rückblick auf die Berninagruppe, s. die Abstürze der *Cima Saoseo*. Jenseit der Paßhöhe senkt sich der nun nicht mehr zu verfehlende Pfad allmählich und erreicht nach 3/4 St. die erste Sennhütte im *Val Viola Bormina* an dem kleinen *Val Viola-See* (2281m). Weiter hoch an der Nordseite des Val Viola an einzelnen Alphütten vorbei, mit prächtigen Blicken r. in das *Val di Dosdè*, mit dem *Pizzo di Dosdè* (3280m) und der *Cima Lago Spalmo* (3299m); dann durch Wald steil hinab zum (1 1/2 St.) *Ponte Minestra* (1970m; unterhalb ein Wasserfall) und dem (1/2 St.) Weiler *Campo*. Von hier führt der Weg durch Matten und Wald, an einzelnen Häusern und Heuställen vorbei nach dem Kirchdorf (1 St.) *S. Carlo* (1580m); r. die *Cima di Piazzi* (3439m) mit dem gleichnam. Gletscher und der *Corno di S. Colombano* (3022m). Hinab ins *Val di Dentro* nach *Semogo* (über *Foscagno* nach *Livigno* s. S. 405) und über *Isolaccia* (bei der Brücke eine Osterie) und *Pedenosso* nach (2 1/4 St.) *Premadio*; dann über die *Adda*, r. nach (1/2 St.) *Bormio*, l. zum (1/4 St.) *Neuen Bad* (S. 405).

Bald öffnet sich nun, wo die Straße auf die ö. Bergwand übergeht, ein kurzer Blick über den obern Theil des *Puschlav*, des vom *Poschiavino* durchströmten engen Thales, bis hinab nach Poschiavo. Die Straße überschreitet unterhalb (1/2 St.) *Sfazzu* (s. oben), wohin von der Rösa auch ein direkter, aber schlechter und steiniger Fußweg führt, den aus dem *Val di Campo* kommenden Bach und führt an (r.) *Pisciadello* (1497m) vorbei, unterhalb dessen ein zweiter Weg ins Val Viola l. abzweigt, an der ö. Thalseite in weitem Bogen hinab. Sie erreicht die Thalsohle bei (1 1/2 St.) *S. Carlo* (1095m), 25 Min. vor Poschiavo, wo sie durch einen Thorweg führt. R. oben am Berge zeigt sich der Gletscher, der vom *Pizzo di Verona* (3462m) herabsteigt.

38km **Poschiāvo**, dtsch. *Puschlāv* (1020m; **Hôt. Albricci* am Hauptplatz, Z. L. B. 3 1/2 fr.; *Kreuz;* gutes Bier in der Bierhalle), ein stadtähnliches Dorf mit 2953 Einw. und manchen hübschen Häusern. Mechanische Werkstätte, viel Handel, Sprache italienisch. Die kathol. Kirche ist von 1494, der Thurm viel älter; im Innern gute alte Holzschnitzereien.

***Sassalbo** (2858m), 5-6 St. m. F., beschwerlich aber höchst lohnend. Von Poschiavo ö. hinan zur (3 St.) *Alp Sassiglione* (1924m; übernachten) und über die *Forcola di Sassiglione* (2539m) von S. her zum (2 1/2 St.) Gipfel, mit grossartiger Rundsicht über Bernina, Ortler, Adamello. — Ins *Val Malenco* über den *Canciano-* oder den *Confinale-Paß* s. S. 390.

Von Poschiavo nach Le Prese (5km) Omnibus tägl. 6 u. 10 U.

Vm. und 2 u. $6^1/_2$ U. Nm. in $^1/_2$ St. (1 fr.; Einsp. 4, Zweisp. 7 fr.). Die Straße überschreitet den Poschiavino und folgt dem ebenen hübschen Thal über *S. Antonio.*

43km **Le Prese** (962m), Schwefelbad mit stattlichem **Kurhaus* (Z. L. B. $5^1/_2$, M. $4^1/_2$, Pens. m. Z. 9-12 fr.), am NW.-Ende des forellenreichen *Lago di Poschiavo*, als angenehmer Aufenthalt zu empfehlen (außer dem Badhaus noch ein ordentl. *Whs.*). Das alkalische Schwefelwasser (7° C.) entspringt 100 Schritt vom Kurhaus; die Bäder werden durch Dampf erwärmt (Bad 2 fr.).

Die Straße führt am W.-Ufer des Sees entlang, an alten 1814 zerstörten Befestigungen vorbei. Am S.-Ende (40 Min.) das Dörflein *Meschino*, mit prachtvollem Blick auf den See und die Schneeberge im Hintergrunde. Dann entschieden bergab in einem Felsenthal, welches der Straße und dem Poschiavino kaum Raum läßt. Die Wasserstürze des Flusses begleiten den Wanderer bis Madonna di Tirano.

49km **Brusio**, deutsch *Brüs* (755m; dürftige Osteria *zur Post*), $^1/_2$ St. vom See, der letzte größere schweizer Ort (1160 E., $^1/_3$ Prot.), mit einer kathol. und einer prot. Kirche, letztere Anf. des XVII. Jahrh. erbaut.

Durch Nuß- und Kastanienpflanzungen weiter, immer bergab (r. der hübsche *Sajentofall*) nach *Campascio* und

52 km **Campocologno** (562m; *Albergo Bezia* bei Zanolari in der Nähe der Post, Z. L. B. 3, F. 1, M. 3, Pens. 5 fr.), wo Weinbau beginnt. Das ital. Grenzzollamt ist bei der ehemaligen Veste *Piatta mala.*

54km **Madonna di Tirano** (458m; **Alb. S. Michele*, Z. 3, F. 1 fr.), kleiner Ort mit großer im XVI. Jahrh. erb. Wallfahrtskirche. Die Straße erreicht hier das bis 1797 zu Graubünden gehörige *Veltlin* (ital. *Valtellina*), das breite Thal der *Adda*, dessen Sohle der Fluß bei hohem Wasser durch sein Geröll oft dauernd beschädigt, an dessen obst- und rebenreichen Bergabhängen der würzige Veltliner Wein wächst (S. 337). Sie vereinigt sich hier mit der vom Stilfser Joch kommenden Straße (s. unten). An letzterer, $^1/_4$ St. ö. von Madonna, liegt jenseit der Adda

56km **Tirano** (450m; **Italia*, wo das Postbureau, Z. L. B. 3, M. 4 fr.; *Posta* oder *Angelo; H. Stelvio*, an der untern Brücke), Städtchen (6000 E.) mit alten Palästen der Visconti, Pallavicini, Salis. Ö. im Hintergrund der *Monte Mortirolo.*

Die Straße nach Sondrio führt nach Madonna di Tirano zurück und überschreitet den *Poschiavino*. Bei *Tresenda* (377m), 10km unterhalb Madonna, führt eine Brücke über die Adda zu der an der südl. Bergwand in langen Windungen aufsteigenden Straße über den *Passo d'Aprica* (1234m) nach *Edölo* und *Brescia* (vgl. *Baedeker's Tirol* bez. *Ober-Italien*; Fußgänger zum Apricapaß gehen näher $^1/_2$ St. von Madonna l. ab über das Dörfchen *Staziona*). Oben auf dem Bergsattel r. der alte Wachtthurm von *Teglio*, nach dem das Thal *(Val Teglino)* den Namen hat.

27km **Sondrio** (348m; **Post*, Z. L. B. $4^1/_2$, M. 4 fr.; *Maddalena;* Restaur. *Marino* auf Piazza Vittorio Eman., auch Z., wird gelobt), Hauptort des Veltlin (6900 E.), mit bedeutendem, aber neuerdings durch die Verwüstungen der Phylloxera sehr zurückgegangenen Weinbau (Sassella, Grumello, Inferno, Montagna), am *Malero*, einem wilden Bergwasser, welches dem Ort mehrfach gefährlich geworden ist. Feste Bauten aus Felsblöcken haben ihm ein breites tiefes Bett gegeben. Das lange ehem. Frauenkloster vor dem Ort ist jetzt Privatbesitz, das ehem. Schloß der Vögte dient als Caserne.

Der ***Corno Stella** (2642m), mit prächtiger Aussicht, ist von Sondrio durch das *Val del Livrio* in 7-8 St. zu ersteigen (unschwierig u. höchst lohnend).

N. öffnet sich das besuchenswerthe ***Val Malenco**. Schöne neue Straße am r. Ufer des Malero über *Torre* nach ($3^1/_4$ St.) *Chiesa* (1006m; *Hôt. Olivo), Hauptort des Thals in prächtiger Lage (Enr., Mich. u. Silvio Schenatti, G. Olivo, Führer). In der Nähe sehenswerthe Asbest-Gruben. Von hier über den *Muretto-Paß* zum *Maloja* (8 St.) s. S. 378; über den *Tremoggia-* oder den *Scerscen-Paß* nach *Sils* (9-10 St.) s. S. 379; über den *Sella-Paß*, den *Bellavista-Sattel* oder den *Cambrena-Paß* nach *Pontresina* (16-17 St.) s. S 390; über den *Canciano-* oder *Confinale-Paß* nach *Poschiavo* (8-9 St.) s. S. 390. Die *Fellariahütten* (S. 390) sind von Chiesa durch *Val Lanterna* in $4^1/_2$ St. zu erreichen (Führer rathsam, da ein Weg nicht vorhanden; von Fellaria zur *Capanna Marinelli* 3 St.). Hübsche Spaziergänge in der Nähe: zum *Palü-See* (1926m) in herrlicher Lage; über *Lanzada* zum Wasserfall im Hintergrund des *Val Lanterna;* zu den *Pirlo-Seen* (2100m) etc. — **Monte della Disgrazia** (3673m), von Chiesa in 14 St., schwierig. Uebernachten in der *Capanna della Disgrazia* des C. A. I. auf dem *Cornarossa-Paß* (2800m), zwischen Val Malenco und Val di Sasso Bissolo, 7 St. von Chiesa; von hier in 7 St. zum Gipfel, mit kl. Unterkunftshütte und höchst großartiger Aussicht. Kürzer ist der Anstieg aus dem *Val Masino* (s. unten): von *Cataeggio* ($1^1/_2$ St. von den Bagni del Masino) durch *Val di Sasso Bissolo* über die Alp *Preda Rossa* zur ($4^1/_2$ St.) *Capanna Cecilia* des C. A I. (2524m), von da in 5 St. zum Gipfel (F. 30 fr.). Abstieg durch das *Val di Mello* zu den Bagni c. 7 St., beschwerlich.

Der Bahnhof liegt 10 Min. s. von der Stadt (Omnibus 50 c.). Nach der Abfahrt kurzer Blick in das *Val Malenco* (s. oben), dann über den *Malero*. R. auf einem Felsvorsprung die Kirche von *Sassella*, auf Gallerieen erbaut. 6km *Castione* (r. am Bergabhang das Dorf); 11km *S. Pietro-Berbenno;* 18km *Ardenno-Masino*, an der Mündung des *Val Masino*.

**Val Masino.** Ein Fahrweg (Wagen des Kurhauses am Bahnhof, Person 7 fr., zurück 5 fr.) führt über *Masino*, *Pioda* und *Cataeggio*, an der Mündung des *Val di Sasso Bissolo* (s. oben), nach ($2^1/_2$ St.) *S. Martino* (1135m), wo das Thal sich theilt: r. *Valle di Mello* (über den *Passo di Zocca* oder den *Forno-Paß* ins Bergell s. S. 402, 377), l. *Valle dei Bagni*. In letzterm liegen $^1/_2$ St. aufwärts die besuchten **Bagni del Masino** mit gut eingerichtetem **Kurhaus* (1168m). Das Thal (von hier ab *Val Porcellizza* genannt) wendet sich nach N.; im Hintergrund die schroff aufragende *Badile*-Gruppe. Besteigung des ö. Gipfels (*P. Cengalo*, 3371m), anstrengend, aber für Geübte mit tüchtigen Führern gefahrlos (von den Bagni zur *Capanna Badile* des C. A. I. 4 St., Gipfel 3 St.); der mittlere Gipfel (*P. Badile* 3308m) sehr schwierig (F. 25 fr.). Leichter und gleichfalls sehr lohnend sind *P. Porcellizzo* (3076m; über die Baita di Porcellizzo in $5^1/_2$ St.); *Mte. Spluga* (2845m; über *Alp* und *Bocchetta di Merdarola* in 7 St.); *Cavalcorto* (2765m; über *Alp Scione* in 4 St.), etc. — *Monte della Disgrazia* s. oben. — Ueber den *Bondo-Paß* ins *Bondascathal* (schwierig, nur für Geübte) s. S. 403. — Führer *Ant. Baroni*, *Giul.* u. *Giov. Fiorelli*, *Fed. Cotta* in S. Martino.

Die Bahn überschreitet die Adda, deren rechtes Ufer hier steil abfällt (hoch oben die Landstraße); r. im Val Masino der *Mte. della Disgrazia* (s. oben). 23km *Talamona;* 26km **Morbegno** (260m), durch seine Seidenzucht bekannt, an der Mündung des *Val del Bitto*, durch das ein Saumweg über den *Passo di S. Marco* (1828m) nach *Piazza S. Martino* im *Val Brembana* und *Bergamo* führt. — 29km *Cosio-*

*Traona.* Jenseit (34km) *Delebio*, an der vom Mte. Legnone kommenden *Lesina* (S. 435), vereinigt sich die Bahn mit der von Chiavenna nach Colico (S. 367); r. auf einem Felshügel die Ruine *Fuentes.*

41km *Colico* s. S. 435.

## 105. Vom Maloja nach Chiavenna. Bergell.

*Vergl. Karte S. 364.*

31,6km. Post von Samaden über den Maloja nach Chiavenna (56,5km) 2mal tägl. in 6¾ St. (von St. Moriz in 5½ St., Silvaplana 5, Maloja-Kursaal 4 St.); Fahrpreis 18 fr. 65, Coupé oder Banquette 16 fr. 40 c. Einspänner von St. Moriz 45, Zweisp. 75-90 fr. Zweisp. Extrapost von Samaden 69 fr. 20 c. — Eisenbahn von Chiavenna nach Colico s. S. 365.

Der **Maloja** (1817m; S. 377) ist der niedrigste Alpenpaß und besonders merkwürdig durch den sanften Anstieg auf der Engadiner Seite und den raschen Abfall nach dem Bergell zu. Nirgends ist der Übergang von der dürftigen Vegetation der Hochalpen zu der Üppigkeit Italiens so unvermittelt wie hier. Die 1835-39 erbaute Straße senkt sich in 12 Kehren, die der Fußgänger abschneiden kann, den c. 250m hohen Absturz hinab (bei der sechsten Kehre führt ein Fußpfad l. zum *Orlegna-Fall*, S. 377). Gleich unterhalb der Paßhöhe erscheinen die Nadelhölzer, vorwiegend Fichten, in größerer Pracht und Fülle. Dann am r. Ufer der *Orlegna* an den (r.) Trümmern der Kirche *S. Gaudenzio* vorüber (rückwärts letzter Blick auf das Renesse'sche Schloß auf dem Maloja) nach

4,8km **Casaccia**, rom. *Casätsch* (1460m; **Hôt.-Pens. Stampa*), dem höchsten Dorf im *Bergell*, an der Mündung des Saumpfads über den *Septimer* (S. 375), überragt von der Ruine *Turratsch.*

Das von der *Mera* oder *Maira* durchflossene ***Bergeller Thal**, ital. *Val Bregaglia*, ist in seinem oberen Theil schweizerisch. Die Bewohner sprechen italienisch, sind aber z. Th. rein reformirt. Die Straße führt in s. Richtung durch den offenen Thalboden und überschreitet ¼ St. unterhalb Casaccia die Orlegna vor ihrer Mündung in die Maira. 10 Min. *Lobbia* (1439m), kl. Dörfchen. An den Bergen schöne Wasserfälle, namentlich l. die *Cascata dell' Albigna* (s. unten). Grossartige Berglandschaft. Dann in Windungen, welche Fußgänger, den Telegraphenstangen nach, auf dem alten, z. Th. noch mit antikrömischem Pflaster versehenen Wege abschneiden können, hinab nach *Asarina* (1351m); weiter an der Mündung des Albignathals, wo die *Grotta di Albigna*, ein Felsenkeller für Bier, vorbei nach

12,3km **Vicosoprano**, rom. *Vespran* (1071m; *Pens.-Rest. Prevosti, Café-Rest. Giac. Maurizio*), Hauptort des Bergell mit 339 Einw. und stattlicher Kirche, am Einfluss der *Albigna* in die Maira gelegen. Merkwürdige Formation der Gebirgsgräte.

Lohnend der Besuch des **Albigna-Thals**, ¼ St. oberhalb Vicosoprano von der Straße r. ab, durch Wald hinan zur (3 St.) *Cascata dell' Albigna*, dem schönen Fall der Albigna in wilder Felsschlucht, nahe beim Ende des ansehnlichen *Albigna-Gletschers;* dabei eine im Sommer zeitweise von Hirten bewohnte Hütte (2084m). Von hier über den *Cacciabella-Paß* nach *Bondo* und über den *Casnile-Paß* zum *Maloja* s. S. 378. — Über den *Albigna-Gletscher* führt s. ein beschwerlicher Übergang über die *Forcella di S. Martino* (*Passo di Zocca,*

2743m) zwischen *Cima di Castello* (3402m; vom Paß in 2 St., nicht schwierig) und *Mte. di Zocca* (3168m) ins *Val di Mello* und nach *S. Martino* (S. 401).

**Pizzo della Duana** (3133m), 6-7 St. m. F., für Geübte nicht sehr schwierig. Von Vicosoprano n. über *Alp Zocchetta* und *Pianlò* zum kl. *Lago di Val Campo*, dann von der O.-Seite über den Grat zur Spitze. Abstieg event. über Alp *Pianaccio* nach *Soglio*. — Führer u. a. Förster *Giov. Stampa* in Stampa.

Es folgen *Borgonuovo* (*Bornöv*, 1049m) und **Stampa** (1018m; **Piz Duan*, nicht theuer). R. auf dem Hügel liegt malerisch *Coltura*, mit modernem rothem Schloßbau des Baron Castelmur, und die weiße Kirche *S. Pietro*. Vorwärts wird der Thurm von Castelmur und die Kirche von Promontogno sichtbar. Nußbäume und Kastanien treten auf. In die volle Pracht der italienischen Südalpenvegetation gelangt man aber erst jenseit des Felsenthors *la Porta*, welches wie der Platifer im Livinenthal (S. 104) die Grenze der beiden Kulturstufen bezeichnet. Unmittelbar jenseit der Porta erreicht die Straße

18km **Promontogno** (819m), in malerischer Lage, überragt von den Trümmern des Schlosses *Castelmur* (923m) und der stattlichen Kirche N. Donna. Starke Mauern senken sich vom Schloß ins Thal hinab. — Unterhalb des Orts in freier Lage l. das **Hôt. Bregaglia* (Z. L. B. 4-5, M. $4^1/_2$, Lunch $3^1/_2$, Pens. 9 fr.). Dahinter, an der Mündung des *Bondascathals*, in welches sich ein schöner Blick öffnet, das große Dorf *Bondo*, mit einem Salis'schen Schloß. Bondo sieht drei Monate im Jahr die Sonne nicht. Neben den Kastanienbäumen blühen hier Alpenrosen.

Lohnend ist der Ausflug (Führer angenehm, *Andrea Picenoni* in Bondo) ins **Val Bondasca**, über die Alpen *Lombardoi*, *Laretto* und *Naravedro* zur (4 St.) obersten *Alp di Sciora* (2068m), in großartiger Umgebung: ö. Piz Cacciabella (2970m), Pizzi di Sciora, s. Bondascagletscher und die kühn aufragende Badile-Gruppe (S. 401). — Über den stark zerklüfteten *Bondasca-Gletscher* führt ein bedenklicher Übergang (*Forcella di Bondo*, 3110m) ins *Val Porcellizza* und nach den (10 St. von Bondo) *Bagni del Masino* (S. 401). — Über den *Cacciabella-Pass* zum *Albigna-Gletscher* und den *Casnile-Paß* zum *Maloja* (15 St. von Promontogno) s. S. 378.

Die Straße überschreitet die Mera, welche hier die ungestüme Bondasca aufnimmt, und führt an den Häusern von *Spino* (802m) vorüber. R. geht ein Fahrweg ab nach Soglio (s. unten). Maulbeerbäume (Seidenzucht), Feigenbäume, Reben in üppigster Fülle.

$21_{,6}$km **Castasegna** (682m; **Gebr. Schumacher*, *Alb. Svizzero*), eng gebautes, aber freundliches Dorf, schweizerischer Grenzort.

Lohnender Spaziergang durch prächtigen Kastanienwald, an dem Wasserfall der *Acqua di Stoll* vorbei, nach (1 St.) **Soglio**, deutsch *Sils* (1088m; **Hôt.-Pens. Giovanoli*, im Salis'schen Hause). In dem zum Hôtel gehörigen Garten steht merkwürdiger Weise die Arve (S. 376), der Hochalpenbaum, neben der Kastanie. Prächtiger Blick auf den Bondasca-Gletscher. Hinab auf neuer Fahrstraße nach Spino (s. unten; Wagen bis Vicosoprano 10 fr.). — Über den *Duana-Paß* ins Averser Thal s. S. 364. — ***Piz Gallegione** (3135m), 5 St. m. F., sehr lohnend. Von Soglio in $3^1/_2$ St. zum Sattel (*Forcella*, 2720m) zwischen Gallegione und *Cima di Cavio*; dann l. über Geröll zum ($1^1/_2$ St.) Gipfel, mit prachtvoller Aussicht.

Gleich unterhalb Castasegna, jenseit des von r. kommenden *Lovere-Baches*, ist die italienische Dogana.

24km **Villa**, zum Unterschied von gleichnamigen Orten *Villa di Chiavenna* genannt, großes Dorf in prächtiger Lage, mit hochgelegener Wallfahrtskirche. 25 Min. weiter das Dorf *S. Croce*.

Vor S. Croce l., am jenseitigen Ufer der Mera, stand einst die reiche Stadt Plurs, ital. *Piuro*, welche mit 2430 Bewohnern am 4. Sept. 1618 durch einen gewaltigen Bergsturz vom *Monte Conto* begraben wurde. Die jetzt mit einem Wald von Kastanien überdeckten Erdmassen haben eine Stärke von 2km. 1861 wurde eine Glocke gefunden. — Bei *Cortinaccio*, $^{1}/_{4}$ St. von der Straße und $1^{1}/_{2}$ St. von Chiavenna, die *Villa Roncaiia*, ein altes Herrenhaus mit prachtvoll getäfeltem Saal.

Bei *S. Abbondio* r. der hübsche Wasserfall der *Acqua Fraggia*, zweiarmig, in zwei Absätzen. Dann durch *Campedello* und die Vorstadt von Chiavenna *Borgo Nuovo Piuro*, deren Name an den verschütteten Ort Plurs erinnert, mit einer Loreto-Kirche, nach

$31{,}_{6}$km *Chiavenna*, s. S. 366. Der Bahnhof liegt vor dem entgegengesetzten Ausgang der Stadt.

## 106. Von Tirano nach Nauders über das Stilfser Joch.

*Vergl. Karte S. 390.*

127km. Messagerie von Tirano nach Bormio täglich in 6 St. (9 fr. 20 c.). Post von Bormio-Bad nach Eyrs über den Stelvio (52km) im Sommer (Mitte Juni bis Oct.) tägl. in $10^{1}/_{2}$ St. (Vorderplatz (7 fl. 35 kr., auch offene Wagen); Abfahrt von Bormio-Bad $6^{1}/_{2}$ U. früh, in S. Maria $10^{1}/_{2}$, Franzenshöhe 1, Trafoi 3, Prad 4.20, Eyrs 5.20. Von Eyrs über Nauders (in 5 St.) nach Landeck (S. 409) Eilwagen tägl. in $10^{1}/_{2}$ St. (7 fl. 14 kr.). — Zweisp. Extrapost von Tirano nach Bormio-Bad 50 fr. In Poschiavo (S. 399) findet man häufig zu Postpreisen Retourwagen nach Tirano und Bormio. Einsp. von Pontresina nach Bormio 80, Zweisp. 120 fr., mit Uebernachten in Le Prese (Fahrzeit bis Le Prese $5^{3}/_{4}$ St., von Le Prese bis Bormio 8 St.). Zweisp. Extrapost von Bormio-Bad bis Trafoi in $6^{1}/_{2}$ St., 60 fr.

Die Straße über das *Stilfser Joch *(Giogo di Stelvio)*, von der österreich. Regierung 1820-25 erbaut, ist die höchste fahrbare in Europa und wird bei klarem Wetter stets die Bewunderung des Reisenden erwecken und die höchste Befriedigung gewähren. Die Landschaft wechselt von den in südlicher Vegetation prangenden Ufern des Comer Sees und den rebenreichen Gehängen des Veltlin bis zu den gewaltigen Gletschern und Schneefeldern des Ortler. Die Straße über das Joch selbst ist auf der Nordseite mehr durch die großartige Natur, auf der Südseite durch den merkwürdigen Straßenbau ausgezeichnet.

Entfernungen zu Fuß: von Bormio-Bad nach S. Maria $4^{1}/_{2}$-5, Stilfser Joch 1, Franzenshöhe $1^{1}/_{2}$, Trafoi $1^{1}/_{2}$, Prad 2 St. (von der Cant. S. Maria über das Wormser Joch nach St. Maria im Münsterthal 3, Münster $^{3}/_{4}$, Taufers $^{3}/_{4}$, Mals $1^{1}/_{2}$ St.).

Die Straße steigt bei *Tirano* (S. 400) die Rebenhügel hinan bis zur Thalstufe von *Sernio* (635m). Nördl. der steile *Mte. Masuccio* (2816m), bekannt durch den Bergsturz von 1807, dessen Felsmassen das enge Bett der *Adda* sperrten und das bevölkerte fruchtbare Thal bis *Tovo* in einen See verwandelten. Bei (2 St.) *Mazzo* tritt die Straße auf das r. Ufer der Adda und überschreitet jenseit des ansehnlichen *Grosotto* (Leone d'oro) den aus dem *Val Grosina* kommenden *Roasco;* l. die wohlerhaltenen Trümmer der stattlichen Festung *Venosta*. Jenseit *Grosio* zum zweitenmal über die Adda.

19km **Bolladore** (860m; **Posta* oder *Angelo; Hôt. des Alpes*). Am n. Bergabhang die saubere Kirche von *Sondalo*. Das Thal wird enger, der südl. Pflanzenwuchs schwindet, in der Tiefe rauscht das graue Gletscherwasser der Adda. $^{1}/_{2}$ St. *Mondadizza;* $^{1}/_{2}$ St. weiter bei *Le Prese* wieder aufs r. Ufer der Adda. Ein $1^{1}/_{4}$ St. langer Engpaß *(la Serra di Morignone)* trennt das Veltlin vom Wormser Gebiet;

am Eingang r. die Trümmer eines Thalschlusses. An dem *Ponte del Diavolo* fand am 26. Juni 1859 zwischen Oesterreichern und Garibaldinern ein heftiges Gefecht statt. Am Ausgang die Häusergruppe *Morignone* in einem grünen Thalboden *(Valle di Sotto)*, hoch oben auf dem Berg die Kirche; dann eine zweite Gruppe *(S. Antonio)* mit einigen Ziegeldächern und Ziegelei.

Hinter (1¼ St.) *Ceppina* öffnet sich der weite grüne Thalboden *(Piano)* von Bormio, von hohen Bergen umgeben, die bis hoch hinauf mit Fichten bewachsen, oben theilweise mit Schnee bedeckt sind. Die Straße durchschneidet schnurgerade den Thalboden, überschreitet bei *S. Lucia* den *Frodolfo*, der unterhalb der Brücke mit der Adda zusammenfließt, und wendet sich n.ö. nach (1¼ St.)

41km **Bormio**, deutsch *Worms* (1225m; **Posta* oder *Leone d'oro;* **Alb. della Torre*, Piazza Cavour), am Eingang des *Val Furva* gelegen, alterthümlicher Ort mit vielen verfallenen Thürmen.

3 St. ö. liegt im *Val Furva* am *Frodolfobach* **S. Caterina** (1736m), besuchtes Bad (starker Säuerling); Einsp. vom Neuen Bad hin u. zurück 12 fr. u. mehr; Post 2mal tägl. in 1½ St. Das herrlich gelegene Bad (**Badhôtel; Pts Tresero*, wird gelobt) ist ein gutes Standquartier für Ausflüge im südl. Ortlergebiet; Mitte Sept. wird es geschlossen. — Von S. Caterina auf den **Monte Confinale* (3370m), 5 St. m. F., unschwierig und höchst lohnend; vorzüglicher Ueberblick der Ortlerkette, w. Bernina, s.w. Disgrazia, s. Adamello.

V o n B o r m i o n a c h L i v i g n o, 7 St., Saumpfad, Führer unnöthig (lohnender in umgekehrter Richtung). Bei *Premadio* über die Adda und im Val di Dentro nach (1½ St.) *Isolaccia* (S. 399); r. am Bergabhang das Dörfchen *Pedenosso*, darüber im Sattel des *Monte delle Scale* zwei Thürme, die einst diesen Paß *(Scale di Fraele*, 1942m) vertheidigten. [Durch denselben nach *S. Giacomo di Fraele* (1947m) und über den *Val Mora-Paß* und *Giufplan* (2354m) zur *Buffalora-Alp* am *Ofen-Paß* (S. 392), 12 St. bis *Zernez*, Führer rathsam, 20 fr.] Hinter Isolaccia steigt der Weg auf dem l. Ufer des Bachs; ½ St. *Semogo* (1424m; Martinelli's Whs., theuer), gegenüber oben an der Mündung des *Val Viola* die Kirche von *S. Carlo* (über den Val Viola-Paß nach dem Bernina s. S. 399); 2½ St. Höhe des **Foscagno-Passes** (2308m), mit zwei kleinen grünen Seen, schöner Rückblick auf Val Viola u. die südl. Ortlerberge; hinab nach (1 St.) *Trepalle* (2088m) und w. über den Bergrücken nach (1½ St.) *Livigno* (S. 391). Von hier nach der Berninastraße über den Fienopaß oder die Forcola s. S. 397 u. 399, nach Ponte über den Lavirum-Paß s. S. 391, nach Scanfs über den Casana-Paß s. S. 391, nach Ofen durch das Spölthal s. S. 392.

Bei Bormio beginnen die Windungen der Stelviostraße (die Post geht vom Neuen Bad ab, 35 Min. von Bormio; auf Bestellung hat man Morgens Fahrgelegenheit von der Stadt dorthin).

44km **Bagni di Bormio.** Das **Neue Bad* (*Bagni nuovi*, 1335m), auf einer Terrasse mit schönem Blick über den Thalboden von Bormio und das Gebirgsrund, hat im Juli und August viel Kurgäste (für Durchreisende Z. L. B. 3½-4, F. 1½, M. 4, A. 3 fr.); Mitte October wird es geschlossen. Es erhält sein Wasser (27-31° R.) in Röhren von den Quellen, die ¼ St. höher entspringen, bei dem links an der Straße an dem Felsrand wie angeklebt erscheinenden *Alten Bad* (s. unten), zu dem außer der Fahrstraße ein näherer Fußweg führt.

Die Stelviostraße steigt vom Neuen Bad in einer großen Kehre mit prächtigen Rückblicken über den Thalboden von Bormio bis Ceppina, s.w. *Corno di S. Colombano* (3022m), *Cima di Piazzi* (3439m) und *Cima Redasco* (3139m), s.ö. *Mte. Valaccetta* (3147m) und die Eispyramide des *Piz Tresero* (3602m) am obern Ende des *Val Furva*, w. in das *Val Viola* (S. 399). Vor dem Alten Bad über eine eiserne Brücke (r. am Felsen eine lange Inschrift zur Erinnerung an den Straßenbau), unmittelbar darauf durch einen kurzen Tunnel *(Galleria dei Bagni)*. Beim Austritt aus demselben liegt l. gleich unterhalb der Straße das *Alte Bad (Bagni vecchi*, 1450m); ein Fahrweg führt hinab. Jenseit der tiefen Addaschlucht die schroffen Abhänge des *Monte delle Scale* (S. 405).

Weiter stürzt l. aus dem wilden *Val Fraele* die *Adda* (zuweilen, aber unrichtig, wird ein starker Bach, der unterhalb der Mündung des Fraelthals aus einer Felswand hervorströmt, als Addaquelle bezeichnet). Eine Reihe von Schutz-Galerieen gegen Schnee- und Wasserfälle, theils gemauert, theils von Holz, theils in den Fels gesprengt, führen nun die Straße aufwärts durch die Enge, das *Wormser Loch (il Diroccamento)* genannt, an der *Ia Cantoniera di Piatta Martina* (1702m), Schutzhaus zur Aufnahme von Reisenden, und der *IIa Cantoniera al piede di Spondalonga* (1980m) vorbei, letztere 1859 von den Garibaldinern zerstört. Auf der W.-Seite des Thales der steil abfallende *Mte. Braulio* (2980m). Die Straße überschreitet auf dem *Ponte alto* den *Vitelli-Bach* und steigt nun rascher in zahllosen Kehren, die der Fußgänger mehrfach abschneiden kann. L. in der Schlucht die über Felsterrassen abstürzenden *Fälle des *Braulio*.

Folgt das *Casino dei rotteri di Spondalunga* (2290m), Straßen-Arbeiter-Haus; dann die *IIIa Cantoniera al Piano del Braulio* (2400m; leidl. Whs.) mit Kapelle.

54km **S. Maria**, die *IVa Cantoniera* (2485m; *Whs.* von C. Gobbi) zugleich italien. Mauthamt, in ödem Hochthal.

Ein Saumpfad, früher die einzige Verbindung zwischen dem Vintschgau und Veltlin (Etsch- und Adda-Thal), führt bei der Cantoniera S. Maria l. von der Stelvio-Straße ab, über das **Wormser Joch** (*Giogo di S. Maria*, 2512m), bergab in $2^1/_2$-3 St. (bergan $3^1/_2$ St.) durch das *Muranza-Thal* nach dem schweiz. Dorf *St. Maria* im Münsterthal (S. 408), und weiter über *Taufers* in 3 St. nach *Mals* (S. 408) im Etschthal.

Sehr zu empfehlen ist die Besteigung des ***Piz Umbrail** (3032m), der ö. höchsten Spitze einer in schroffen Zacken aufragenden Bergkette, die das Brauliothal n. begrenzt. Bei der Dogana (hinauf $1^3/_4$, hinab 1 St.; Führer 5-6 fr., für weniger Geübte angenehm) r. ab, den rasenbewachsenen Hügel hinan, weiter oben im Zickzack über Geröll und Fels zur Spitze, mit prachtvoller Aussicht namentlich auf die ganz nahe Ortlergruppe (gutes Panorama von Faller). — Wer von Bormio kommt, besteigt den Umbrail von der dritten Cantoniera (s. oben); 15 Min. oberhalb derselben bei einem Pfahl von der Straße l. ab den Hügel hinan bis zu einem kl. See (1 St.), dann über Felsen hinan (1 St.); Abstieg zur 4. Cantoniera.

Die Straße gewährt auf kurzer Strecke l. Aussichten in das Münsterthal; r. in unmittelbarer Nähe die schimmernden Eismassen des *Eben-Gletschers*. Ganz schneefrei ist die Straße hier nur im Hochsommer warmer Jahre, im Juni liegt oft noch 2m tief Schnee zu beiden Seiten.

Auf dem ($^3/_4$ St.) **Stilfser Joch** *(Giogo di Stelvio, Ferdinandshöhe)* steht ein Arbeiterhaus; r. am Fels bezeichnet eine Säule die ital.-

österr. Grenze und Paßhöhe (2760m, auf der Säule falsch 2814m); 10 Min. n. ist die Grenze der Schweiz (Kanton Graubünden).

Ein Fußpfad führt neben dem Arbeiterhaus l. in 10 Min. auf die **Dreisprachenspitze* (2843m), eine Felskuppe mit trefflicher Aussicht, namentlich auf den Ortler, dessen Schneedom unmittelbar gegenüber aufragt. Der kahle rothe *Monte Pressura* (*Röthelspitze*, 3030m) verhindert n. den Blick in das Münsterthal.

In langen Kehren (bis Trafoi 33), früher durch hölzerne Gallerien geschützt, die zerfallen und jetzt entfernt sind, senkt sich die Straße an an der Talkschieferwand abwärts; r. oben die *Geisterspitze* (3476m) und *Tuckettspitze* (3458m). Schönste Aussichten von der Straße, daher abkürzende Fußwege vermeiden.

65km **Franzenshöhe** (2188m; *Gasth.*, Z. 70 kr.), ehem. Posthaus. Südl. senkt der gewaltige *Madatsch-Gletscher* seine Eismassen tief in den Grund. Schönster Punkt am (1 St.) * *Weißen Knott*, einem Vorsprung mit Marmorobelisk zur Erinnerung an den ersten Ortlerersteiger Joseph Pichler (P'sseyrer Josele) 1804 ($1^1/_4$ St. Steigens von Trafoi): vorn der schwarze Madatschspitz, r. der Madatschferner, l. der Trafoier Ferner, darüber Pleißhorn und Ortler; tief unten in grünen Fichten das einsame Kirchlein der hl. drei Brunnen (s. unten). Im n. Hintergrund die breite Schnee-Pyramide der Weißkugel, der zweithöchsten Spitze der Ötzthaler Alpen. Tief unten das Dörfchen

73km **Trafoi** (1541m; **Post; Zur schönen Aussicht*), in prächtiger Lage (Einsp. nach *Prad* $3^1/_2$ fl.). Österreichische Mauth.

Lohnender Spaziergang ($^3/_4$ St.) zu den ***Heil. drei Brunnen** (1598m), die tief im Thal am Fuß des Ortler entspringen, ohne Führer, guter Fußweg 3 Min. oberhalb der Post von der Straße l. ab, stets in gleicher Höhe über Wiesen und durch Wald, zuletzt Moräne. Am Ende des Thals stehen unter einer Bedachung drei Bildsäulen, Christus, Maria und Johannes, aus deren Brust das sehr kalte „heilige Wasser" sich ergießt. Nebenan eine Kapelle und ein Haus, in welchem zur Zeit der Wallfahrten gewirthet wird. Gegenüber fast senkrecht der gewaltige Madatsch, aus dessen schwarzer Kalkfelswand zwei Bäche in Fällen herabstürzen; l. oben die Eismassen des Trafoier und Untern Ortlerferners, von der Trafoier Eiswand überragt; das Ganze in seiner Abgeschiedenheit ein eigenthümlich ergreifendes Bild.

Die Besteigung des **Ortler** (3902m) ist durch die *Payerhütte* (s. unten) von Trafoi aus wesentlich erleichtert, da sich die Tour (300m mehr zu steigen als von Sulden) nun bequem auf 2 Tage vertheilen läßt (im ganzen 8-9 St., Führer 10 fl., *Joh. Matzagg* u. *M. Thöni* empfehlenswerth). Vgl. *Baedeker's Südbaiern, Tirol* etc.

Die Straße folgt nun dem ungestümen *Trafoi-Bach* und überschreitet ihn viermal kurz nach einander. 1 St. *Gomagoi*, deutsch *Beidewasser* (1273m; *Reinstadler's Whs.), mit kleinem Fort.

R. öffnet sich das 3 St. lange, vielbesuchte ***Suldenthal**. Ein Saumpfad (Fahrweg im Bau) führt erst am l., dann am r. Ufer des reißenden *Suldenbachs* nach ($2^1/_4$ St.) *St. Gertrud* oder *Sulden* (1845m; *Hôtel Eller; *zum Ortler bei Angerer), Pfarrort des Thals, in herrlicher Lage. Die Aussicht auf die Ortlerkette, hier noch beschränkt, entfaltet sich in vollster Pracht $^1/_2$ St. weiter aufwärts bei den *Gampenhöfen*. Der gewaltige *Sulden-Ferner* schließt das Thal. -- Die Besteigung des ***Ortler** (3902m), des höchsten Gipfels der Ostalpen, wird von Sulden häufig ausgeführt, ist aber anstrengend und schwierig und nur geübten Bergsteigern anzurathen (Führer 10 fl., *Joh.* u. *Alois Pinggera*, *Peter Dangl* u. a.): zur *Payerhütte* am *Tabarettakamm* (3020m; Sommer-Whs.), wo übernachtet wird, $3^1/_2$-4 St.; von da zur Spitze meist über Firnfelder 3-4 St. Großartige Fernsicht. Näheres s. in *Baedeker's Südbaiern, Tirol* etc.

In dem engen Thal haben Straße und Fluß kaum Raum. Der

letztere bildet an manchen Stellen hübsche Fälle. Am Berge l. das Dorf *Stilfs*, ital. *Stelvio*, von welchem die Straße den Namen hat. Vor Prad tritt die Straße in das weite Etschthal.

85km **Prad** oder *Brad* (896m; **Neue Post; Alte Post*), am Fuß der Stilfser Straße, welche nun die breite Thalsohle der *Etsch* durchschneidet und über Sumpf und Fluß auf einer langen Brücke, der Grenze zwischen dem Ober- und Unter-Vintschgau, (40 Min.) *Spondinig* (889m; Hirsch) erreicht, 1/2 St. w. von *Eyrs*, an der Poststraße von Meran nach Landeck.

Fußgänger können den schattenlosen ermüdenden Weg durch das Etschthal von Prad über Spondinig nach Mals vermeiden, wenn sie am r. Ufer der Etsch, gleich am Gebirge hin von Prad l. über *Agums*, Dörfchen mit Burgruine, und *Lichtenberg* (Whs.), in einem Wald von Obstbäumen reizend gelegen, überragt von den Trümmern der erst Anfang d. Jahrh. zerstörten gleichn. Burg (s. unten), nach *Glurns* (894m; *Sonne), befestigtes Städtchen mit alter Kirche, und (2 1/2 St.) Mals (s. unten) wandern.

Nach dem Münsterthal führt von Glurns w. eine neue Fahrstraße am r. Ufer des *Rambachs*, nach 1 St. auf das l. Ufer (der Weg am r. Ufer über *Riffair* nicht zu empfehlen). 2 St. *Taufers* (1232m; *Post), hochgelegenes Dorf mit drei Kirchen, überragt von den Ruinen dreier Burgen (über *la Cruschetta* nach *Scarl* s. S. 396). 10 Min. jenseit Taufers ist die schweizer Grenze; 10 Min. weiter **Münster**, rom. *Mustair* (1248m; **H.-P. Münsterhof; Piz Ciavalatsch; Hirsch*), erstes Bündner Dorf mit ansehnlicher Benedictiner-Abteikirche. Hinab über den Rambach, l. ein hübscher Wasserfall (*Aua da Pisch*) in waldiger Schlucht, und über *Sielva* in unbedeutender Steigung nach (3/4 St.) *St. Maria* (1388m; Piz Umbrail; Weißes Kreuz), großes Dorf an der Mündung des *Muranza-Thals*. Von hier über das Wormser Joch nach Bormio s. S. 406; über den Ofen-Paß nach Zernez s. S. 392; durch Val da Scarl nach Schuls s. S. 396.

Die Straße nach Nauders führt am Fuß der n. Gebirge von der Etsch entfernt, durch den obern *Vintsch*- oder *Vinstgau*, so benannt nach den früheren Bewohnern, den Venosten. L., jenseit der Etsch die stattliche Ruine *Lichtenberg*; r. an der Straße, vor *Schluderns*, die dem Grafen Trapp gehörige *Churburg*. L. liegt *Glurns* (s. oben), in dessen Nähe der *Rambach* in die Etsch mündet; an der Straße *Tartsch*. Vor (2 1/4 St.) Mals der uralte Thurm der *Frölichsburg*.

99km **Mals** (1045m; *Post* oder *Adler; Bär; Hirsch*), Marktflecken röm. Ursprungs. In der Pfarrkirche ein gutes Bild von Knoller, ein sterbender Joseph. Jenseit der Etsch am Gebirge l. die vielfenstrige Benedictiner-Abtei *Marienberg*. Weiter l. *Burgeis*, Dorf mit rothem Kirchthurm und dem Schloß *Fürstenburg*, jetzt von armen Familien bewohnt. Der einförmige Thalboden heißt die *Malser Heide*. Die Straße steigt und erreicht das östl. Ufer des fischreichen *Heider-Sees*. Zwischen demselben und dem *Mitter-See* liegt

111km **St. Valentin** *auf der Heide* (1432m; **Post*), früher Hospiz. Prächtiger *Rückblick auf die Schnee- und Eisfelder der Ortlerkette, welche den ganzen Hintergrund schließen, besonders großartig und überraschend, wenn man in umgekehrter Richtung, von Norden her, kommt. Die Straße führt am ö. Ufer des Mitter-Sees vorbei nach (1 1/4 St.) *Graun*, an der Mündung des *Langtauferer Thals*; l. der grüne *Reschen-See*, aus dem die *Etsch* ausfließt. Bald jenseit des am Nordende des Sees gelegenen Dorfes (3/4 St.) *Reschen* (1490m;

Stern) erreicht die Straße den Sattel der **Reschen-Scheideck** (1494m), Wasserscheide zwischen dem Schwarzen und Adriatischen Meer; dann senkt sie sich allmählich, dem Lauf des *Stillen Bachs* folgend, nach

127 km **Nauders** (1362m; **Post; Löwe; Mondschein*); in dem alten Schloß *Naudersberg* das Bezirksgericht.

Von Nauders in das *Unter-Engadin* (Post nach *Schuls* tägl.) s. R. 103.

## 107. Von Nauders nach Bregenz über den Arlberg.

*Vergl. Karten S. 336, 50.*

166km. Post von Nauders nach Landeck, 43km, tägl. in $5^1/_4$ St. (auch Stellwagen). Eisenbahn von Landeck nach Bregenz, 123km, in $4^1/_4$-6 St. für 5 fl., 3 fl. 30, 2. 55 kr. (Express 6 fl. 35 u. 5 fl.).

Die Straße durch den *Finstermünz-Paß* bleibt hoch oben am Gebirge des r. Ufers, zum Theil in die senkrechten Schiefer-Felswände gesprengt (3 Tunnel, 2 Lauinen-Schutzgallerien). Am Eingang des Passes unbedeutende Befestigungen, weiter ein hübscher Wasserfall. Der Glanzpunkt der Straße ist zu **Hoch-Finstermünz** (1106m), einigen Häusern (dabei ein **Gasth.*). Tief unten am Inn die alte *Finstermünz* (977m) mit ihrem Thurm, prächtiger Blick auf diese, auf den engen Schlund, durch den der Inn aus dem Engadin hervorströmt, im Hintergrund die Engadiner Berge.

Die Straße senkt sich am r. Ufer allmählich abwärts und überschreitet auf einer zierlichen Brücke den Inn, $^1/_2$ St. vor

13km **Pfunds** (970m), aus zwei Dörfern bestehend, am l. Ufer an der Poststraße *Stuben* (Traube; Post), am r. Ufer *Pfunds* (Whs.). S.w. ragt der *Piz Mondin* (3162m) hervor, der nördl. Engadinkette angehörig; s.ö. der *Glockthurm* (3356m) und andere Spitzen der Ötzthaler Ferner. Eine schöne Brücke führt vor ($1^1/_2$ St.) *Tösens* wieder auf das r. Ufer des Inn. — $1^1/_2$ St.

28km **Ried** (869m; *Post; Maaß*), stattliches Dorf mit dem Schloß *Siegmundsried.* $^3/_4$ St. *Prutz* (Rose), wo die Straße wieder auf das l. Ufer tritt, liegt am Eingang des *Kaunserthals*, in welchem der besuchte Wallfahrtsort *Kaltenbrunn.* Über Prutz l. auf steiler Felswand die Trümmer des Schlosses *Laudegg*, in der Nähe oben Dorf *Ladis* (1184m), 1 St. von Prutz, Schwefelbad; $^1/_2$ St. höher *Obladis* (1382m), gut eingerichtetes Bad mit berühmtem Sauerbrunnen, in schöner Lage, zu Wagen nicht zugänglich.

Die nächste Brücke, welche die Straße auf das r. Ufer des Flusses führt, ist die (1 St.) *Pontlatzer Brücke*, 2 St. vor Landeck, bekannt durch die Vernichtung der in Tirol eingedrungenen Bayern durch den Tiroler Landsturm 1703 und 1809.

R. *Flies* und Schloß *Bideneck;* l. jenseit des Inn ein Wasserfall des *Urgbachs*, darüber hoch oben das Dorf *Hochgallmig.* Der Inn dringt durch eine enge Schlucht und bildet mehrere Stromschnellen.

43km **Landeck** (813m; *Post; Goldner Adler; Schwarzer Adler*) auf beiden Seiten des Inn, ansehnlicher Ort, von der alten *Feste Landeck*, jetzt von armen Leuten bewohnt, überragt. Der *Bahnhof* liegt 20 Min. ö. vom Ort (*Bahnrestaur., auch Z., 1 fl. 20 kr.).

Die im J. 1884 eröffnete ***Arlbergbahn** überschreitet den Inn auf 157m langer Brücke (hübscher Blick l. auf das malerische Landeck, r. die gewaltige *Parseierspitze*, 3038m) und steigt auf der r. Seite des tief eingeschnittenen *Sannathals* bis (49km) *Pians* (911m); tief unten auf dem l. Ufer der Sanna das schön gelegene Dorf d. N. (Alte u. Neue Post), höher am Abhang *Grins*. Weiter über mehrere Viadukte, dann angesichts des verfallenen Schlosses *Wiesberg* auf kühner, 255m langer, 86m h. Brücke über die aus dem *Paznaunthal* hervorströmende *Trisanna*, welche mit der *Rosanna* vereint die Sanna bildet; gleich darauf durch einen 202m l. Tunnel.

54km *Strengen* (1028m), am n. Fuß der *Pesiner Spitze* (2546m). W. der *Riffler* (3130m) mit steil abstürzendem Gletscher. Weiter stets am r. Ufer der Rosanna nach (58km) **Flirsch** (1123m; **Post*), am Fuß des *Eisenkopfs* (2820m) hübsch gelegen. 1/2 St. w. bei dem Dorfe *Schnann* die *Schnanner Klamm*, ein enger, vom Schnannerbach durchflossener Felsspalt (Besuch kaum lohnend).

Das Thal öffnet sich; die Steigung wird geringer. Die Bahn führt dreimal über die Rosanna bis (64km) *Pettneu*, dann noch zweimal bis (70km) **St. Anton** (1303m; **Post* bei *Schuler; Adler*), dem obersten Dorf des Rosanna- oder *Stanzer Thals*, am ö. Fuß des *Arlbergs*.

Unmittelbar hinter St. Anton tritt die Bahn in den großen ***Arlberg-Tunnel**, 10 240m lang (St. Gotthard-Tunnel 14 912m), steigt mit 2‰ bis fast zur Mitte (1310m ü. M., 487m unter dem Arlbergpaß) und senkt sich dann mit 15‰ in das vom *Alfenzbach* durchflossene *Klosterthal* nach (81km) *Langen* (1217m; Bahnrestaur.), am r. Ufer der Alfenz. Weiter hoch an der Nordseite des Thals in starker Senkung, über eine Reihe von Viadukten nach (87km) *Danöfen* und

92km **Dalaas** (932m); l. tief unten im Thal das Dorf (839m; Post), in reizender Lage. Folgt wieder eine Reihe von Viadukten und Tunneln. — 96km *Hintergasse* (825m). — Bei (100km) *Bratz* (705m; *Löwe) ist die Bahn in der Thalsohle angelangt. Dann im breiten *Illthal* nach

107km **Bludenz** (581m; **Bludenzer Hof*, *Scesaplana*, *Arlberger Hof* am Bahnhof; in der Stadt **Post*, **Kreuz*, *Krone*), in hübscher Lage; s. die malerische Schlucht des *Brandner Thals* mit der Eisspitze der Scesaplana im Hintergrund.

Zum Lünersee und auf die Scesaplana sehr lohnender Ausflug (bis zum See, 6-6 1/2 St., auch für Damen bequem). Hinab über die Ill nach *Bürs* und durch das reizende *Brandner Thal* hinan nach (3 St.) *Brand* (1024m; *Beck; *Kegele). Von hier am r. Ufer des *Alvierbachs* über Alp *Lagant*, weiter im Zickzack über Grashänge, Geröll und Fels (r. die Abstürze des *Seekopfs* mit gewaltigen Geröllhalden, l. an der Felswand ein hübscher Wasserfall des aus dem Lünersee abfließenden Bachs) in 3-3 1/2 St. zum Felssattel an der NW.-Seite des schönen tiefgrünen **Lünersees** (1924m), des größten Sees der rhät. Alpen, 1 1/2 St. im Umfang. Am W.-Ufer die *Douglaßhütte* (Sommer-Whs.).

Die Besteigung der ***Scesaplana** (2967m), des höchsten Gipfels der Rhätikon-Kette, ist etwas mühsam, doch ganz gefahrlos (4 St.; F. von Bludenz 9 1/2, von Brand 7 fl.). Von der Douglaßhütte erst kurze Zeit am See entlang, dann r. hinan, über Grashalden, Geröll und wüste mit Felstrümmern bedeckte Karrenfelder (*Todte Alp*); zuletzt durch eine steile Runse auf den Grat und ohne alle

Schwierigkeit zur Spitze. Die großartige Aussicht umfaßt n. ganz Schwaben bis Ulm, n.ö. Vorarlberger, Algäuer, ö. Oetzthaler, Stubaier, Zillerthaler Alpen, s. und w. die Schweizer Alpen vom Bernina bis zu den Berner Alpen, das Rheinthal, Appenzeller Land und den Bodensee. — Abstieg zur *Schamella-Clubhütte* und über Alp *Palus* nach (4 St.) *Seewis* im Prätigau s. S. 340. — Nach Schruns (s. unten) führt von der Douglaßhütte ein lohnender Weg (7 St.) an dem großartigen **Schweizerthor* (Paß nach dem Prätigau, S. 340) vorbei zum *Oefen-Paß*, hinab zur schön gelegenen *Sporer Alp* und durch das *Gauerthal* (s. unten; Führer für Geübte entbehrlich).

S.ö. von Bludenz öffnet sich das **Montafon** (vgl. Karte S. 336), ein schönes von der Ill durchströmtes sehr bevölkertes Thal, südl. durch die *Rhätikon-Kette* vom Prätigau getrennt. Fahrweg (Stellwagen bis Schruns mehrmals täglich für 80 kr.) über *St. Peter* nach ($1^1/_2$ St.) *St. Anton*, auf einem Schuttkegel am Fuß des *Schwarzhorns* gelegenes Dörfchen; weiter am r. Ufer der Ill nach ($1^1/_4$ St.) **Schruns** (686m; **Löwe; *Taube*), Hauptort des Thals (1710 Einw.) in reizender Lage am Fuß des aussichtreichen *Bartholomäbergs* (1487m). Gegenüber am l. Ufer der Ill *Tschaguns*, an der Mündung des *Gauerthals*, durch das ein Pfad über das *Drusenthor* (2350m) zwischen *Drusenfluh* (2829m) und *Sulzfluh* (2820m) nach (8 St.) *Schiers* (S. 340) im Prätigau führt (nach dem *Lüner See* s. oben). Ueber den *Partnun-* oder *Gruben-Paß* oder über den *Plasseggen-Paß* nach (7-8 St.) *Küblis* s. S. 341. — Von der **Sulzfluh* (2824m) prächtige Aussicht, der von der Scesaplana kaum nachstehend (7 St., F. 9 fl.): bis zur *Tilisunahütte* (Whs.) $4^1/_2$ St., Gipfel $2^1/_2$ St. (vgl. S. 341).

Oberhalb Schruns treten die Berge näher zusammen. Bei (2 St.) *Gallenkirch* (883m; Whs.) öffnet sich südl. das *Gargellen-Thal* mit dem schön gelegenen Dorf ($2^1/_2$ St.) *Gargellen* (1574m; Whs.); wenig beschwerliche Übergänge führen aus demselben w. über das *St. Antönier-Joch* (2336m) nach (8 St.) *Küblis*, ö. über das *Schlapiner Joch* (2164m) nach (8 St.) *Klosters* im Prätigau (s. S. 342). Weiter über *Gurtepohl* nach (2 St.) *Gaschurn* (*Rößl), hübsch gelegenes Dorf an der Mündung des *Gannerathals*, und (1 St.) *Patenen* (1047m; Sonne bei Pfefferkorn), dem letzten Dorf des Montafon (Übergänge ins *Paznaun* s. *Baedeker's Südbaiern*).

Ein beschwerlicher, aber lohnender Übergang führt von Patenen über den Vermuntpaß nach Guarda im Unter-Engadin (10 St., nur mit Führer). Von Patenen r. im *Groß-Vermuntthal* an dem großartigen *Stüber-* oder *Höllenfall* vorbei zum ($3^1/_2$ St.) *Madlenerhaus* (1904m; Wirthsch.) auf der Alp *Groß-Vermunt*, an der Westseite der *Bieler Höhe*. Von hier südl. hinan bis zum Ursprung der Ill (2176m) am Fuß des großen *Vermuntgletschers* und über die Moräne und den Gletscher mühsam zum **Vermuntpaß** (2798m) zwischen ö. *Dreiländerspitze* (3199m) und w. *Piz Buin* (3312m), dem höchsten Gipfel Vorarlbergs (Besteigung für geübte Bergsteiger nicht schwierig, vom Madlenerhaus in 6 St.). Steil hinab ins *Val Tuoi* nach Guarda (S. 393).

Hinter (113km) *Straßenhaus* über die *Ill*, vor (118km) *Nenzing* über den *Mangbach*, der l. aus dem *Gamperton-Thal* kommt. 125km *Fraslanz*, an der Mündung des *Saminathals*. Das Illthal, unterhalb Bludenz *Wallgau* genannt, verengt sich; bei Feldkirch durchbricht die Ill die vorliegenden Kalkfelsmassen (*obere* und *untere Illklamm*), bevor sie in das weite Rheinthal sich ergießt. Die Bahn überschreitet die Ill, tritt in die obere Klamm und führt durch einen kurzen Tunnel.

129km **Feldkirch** (455m; **Englischer Hof*, nicht billig; **Bär; *Löwe; Schäfle*, wird gelobt; Bier im *Rößl*), sauberes Städtchen (3600 E.), von Bergen eng eingeschlossen, eine natürliche Festung, einst der Schlüssel Tirols. Über der Stadt die Trümmer der *Schattenburg*. Die *Pfarrkirche*, 1487 erbaut, hat eine Kreuzabnahme von Holbein (?), die *Capuzinerkirche* eine ebenfalls gute Kreuzabnahme. Große von Jesuiten geleitete Erziehungsanstalt (*Stella matutina*). Beim Gymnasium hübsche alpine Gartenanlagen.

Lohnende Aussicht über das ganze Rheinthal vom Falknis bis zum Bodensee und über die Illschlucht vom ***Margarethenkapf** (557m), einem Hügel 20 Min. w. am l. Ufer der Ill mit schönen Parkanlagen und Villa des Hrn. v. Tschavoll (Eintrittskarten in den Gasthöfen, auch Visitenkarte genügt).

Von Feldkirch nach Buchs, 18,5 km, Eisenbahn in 3/4 St. Die Bahn umzieht in großer Kurve den *Ardetzenberg* (s. unten), überschreitet bei *Nofels* die Ill und führt dann durch die breite Rheinniederung über Stat. *Nendeln* und *Schaan* (3/4 St. s. *Vadus*, S. 332), vor *Buchs* (S. 332) über den Rhein.

Weiter an der Ostseite des wald- und rebenbedeckten *Ardetzenbergs*. 134km *Rankweil*, Marktflecken mit malerisch gelegener Kirche an der Mündung des *Laternser Thals*. Aus der angeschwemmten Rheinebene tauchen hin und wieder waldbewachsene Felseninseln auf, so namentlich l. der *Kummenberg* (663m, von Götzis in 1/2 St. zu ersteigen, mit schöner Rundsicht). Bei (142km) *Götzis*, mit neuer roman. Kirche, die Trümmer zweier Montfort'scher Burgen.

147km **Hohenems** (429m; **Post*; *Krone*), Marktflecken am Fuß schroffer Felswände mit zwei Burgen, *Neu-* und *Alt-Ems*. Im Ort das halbverfallene Schloß der einst mächtigen Grafen von Hohenems.

Vor (154km) **Dornbirn** (432m; **Hôt. Weiß*, am Bahnhof; **Hirsch*; **Dornbirner Hof*; **Mohr*), größter, fast 1 St. langer Marktflecken Vorarlbergs (9000 Einw.), über die *Dornbirner Ach*. Den s.w. Hintergrund bilden die Appenzeller Berge, der Kamor und Hohe Kasten, der schneebedeckte Sentis, die vielgezackten Curfirsten. — 158km *Schwarzach*; 162km *Lautrach* (l. Verbindungsbahn nach *St. Margrethen*, S. 331); dann über die *Bregenzer Ach* nach

166km **Bregenz**. — Gasth.: *Österr. Hof, am Hafen; Hôt. Europa, *Hôt. Montfort, beide am Bahnhof; *Weißes Kreuz, *Schweizerhof, Römerstr.; Krone; Löwe, bescheiden. — Wein bei *F. Kiaz*, am Wege zum Gebhardsberg; *Forster'sche Brauerei* u. *Hirsch* ebenda, Bier.

*Bregenz* (394m), das *Brigantium* der Römer, Hauptort des Vorarlbergs (7000 Einw.), liegt reizend am ö. Ende des *Bodensees*. Die *Alt-* oder *Oberstadt*, ein unregelmäßiges Viereck auf einer Anhöhe, ist das *röm. Castrum*, früher mit zwei Thoren, das südliche jetzt abgebrochen. Vom *Hafendamm* bester Überblick über Stadt und Gegend.

Vom ***Gebhardsberg** (593m), 1/2 St. Steigens von Bregenz (zweite Hälfte angenehm im Wald), mit den Trümmern der alten Burg *Hohenbregenz*, Wallfahrtskirche und Whs., schöne Aussicht auf den Bodensee bis Konstanz, das Thal der Bregenzer Ach und des Rheins, die Appenzeller und Glarner Alpen, Vordergrund steil abfallendes Fichtengebirge, sehr malerisch.

Weit ausgedehnter ist die Aussicht vom ***Pfänder** (1056m), ö. von Bregenz. Der nächste Weg (guter Fußpfad, 1 1/2 St.) führt bei der alten Kaserne am n. Ende von Bregenz r. hinan, mehrfach durch Wald, nach 50 Min. bei einem Whs. („Halbstation Pfänder“) vorbei, zuletzt in der Richtung der Telegraphenstangen zum großen **Hôt.-P. Pfänder*, 5 Min. unterhalb des Gipfels (Pens. 3 1/2 fl.). — Die etwas weitere Fahrstraße (2-2 1/2 St.) führt durch die Oberstadt zum „Berg Isel“ (Schießstand), weiter meist durch Wald zum Dörfchen *Fluh* (Krone) und zum Hôt. Pfänder.

Eisenbahn nach (10km) *Lindau* (S. 49) über *Lochau* in 22 Min. für 60, 42, 30 kr. Dampfschifffahrt auf dem *Bodensee* s. S. 26.

---

## VII. Die Oberitalienischen Seen.



---

### 108. Von Bellinzona nach Lugano und Como *(Mailand)*.

*Vergl. Karte S. 434.*

Eisenbahn (vgl. S. 97) von Bellinzona nach *Lugano*, 30km, in 50-68 Min. für 4 fr. 70, 3 fr. 30, 2 fr. 35 c.; von Lugano nach *Como*, 31km, in 2 St. für 3 fr. 20, 2 fr. 25, 1 fr. 60 c.; von Lugano nach *Mailand*, 78km, in 3-3¾ St. für 8 fr. 55, 6 fr. 5, 4 fr. 30 c.

*Bellinzona* (237m) s. S. 105. Ein 285m l. Tunnel führt die Bahn unter dem *Castello di Svitto* (S. 106) hindurch. Bei (4km) *Giubiasco* (233m) zweigt r. ab die Bahn zum *Lago Maggiore* (S. 422).

Die Bahn nach Lugano nähert sich, weit nach l. ausbiegend, bei *Camorino* dem Fuß des Gebirges und beginnt zwischen Nuß- und Kastanienbäumen am *Monte Cenere* hinanzusteigen. R. unten bleibt

*S. Antonio*, weiter *Cadenazzo* (S. 420). Zwei Tunnel (*Precassino-Tunnel* 396m, *Meggiagra-Tunnel* 101m lang); je höher die Bahn steigt, desto freier wird der Blick auf das Tessinthal, den Einfluß des Tessin in den **Langensee**, auf Locarno und die Berge des Val **Maggia**. Die noch 115m höhere Paßhöhe des **Monte Cenere** ist mittels eines 1673m l. Tunnels (438m ü. M., bei der Durchfahrt die Fenster schließen) durchbohrt, an dessen s. Ausgang, im einsamen Hochthal des *Leguana-Bachs*,

14km *Rivera-Bironico* (475m). Weiter am Leguanabach, der sich bald mit dem vom *Mte. Camoghè* (S. 417) kommenden *Vedeggio* vereinigt; der Fluß heißt nun *Agno*. Folgt der kurze *Molineero-Tunnel*, dann (24km) Stat. **Taverne** (337m; *Gasth.*). Die Bahn verläßt bei *Lamone* (315m) das Agnothal, steigt an *Cadempino* und *Vesia* vorbei zu dem 924m l. *Massagno-Tunnel* (346m ü. M.) und mündet in großer Kurve in den Bahnhof von

30km **Lugano**. — Der Bahnhof (338m; Pl. C 2; Restaur., gut) liegt hoch über der Stadt, mit prächtiger Aussicht über diese und den See. — Ausser den Fahr- und Fußwegen verbindet eine Drahtseilbahn (*Funicolare*, Pl. C 2, 3) den Bahnhof mit der Stadt, beim Austritt aus dem Bahnhof l.: 20, 10 c., hinauf 30, 20 c. — Die Dampfboote haben drei Landestellen: *Lugano-Città*, an Piazza Bandoria; *Lugano-Parco*, beim Hôt. du Parc, und *Lugano-Paradiso*, für Paradiso und den Mte. Salvatore.

Gasthöfe (Omnibus der größern an Bahnhof und Dampfboot-Landestellen). *Am See:* *H. du Parc (Pl. a: B C 4), in einem ehem. Kloster am Südende der Stadt, mit Garten (3mal täglich Musik) und den Dependenzen *Belvedere*, *Villa Ceresio* und *Villa Beauséjour* (Pl. b: B 4; letztere, mit schönem Garten, im Winter allein geöffnet), verschieden beurtheilt, Z. L. B. 5-6, F. 1½, Lunch 3, M. 5, Omnibus 1½, Pens. m. Z. 9-11 fr.; *Hôt. Splendide (Pl. c: B 5), 5 Min. weiter an der Straße nach Paradiso (s. unten), Z. L. B. 5½, M. 5, Pens. ohne Z. 5 fr.; *H.-P. Lugano (Pl. e: C 3) mit Gärtchen; Hôt.-Rest. Americana (Pl. f: D 3), Piazza Bandoria, Pens. 6 fr. — *In der Stadt:* *Hôt. National (Villa Enderlin; Pl. h, D 1), mit Garten und Aussicht, Pens. von 8 fr. an; Schweizerhof (Pl. g: D 3), unweit Piazza Bandoria, Z. B. 2½, F. 1¼, Lunch 2, M. 3½ fr.; Pens. Zweifel, nicht theuer; Pens. Borella, Molino Nuova, Pens. m. W. 4½ fr. — In der Nähe des Bahnhofs: südl. *H.-P. Beau-Regard (Pl. i; B 3), Z. L. B. 3½, M. 3½, F. 1¼ fr.; *Hôt. St. Gotthard (Pl. k: C 3); nördl. H. Washington (Pl. d: C 1), in hoher freier Lage. Etwas unterhalb des Bahnhofs: *H.-P. Erica (Pl. l: C 2); Pens. Bon Air (Pl. o: C 2); *Pens. Induni, nicht theuer. — In *Paradiso*, 10 Min. s. am Fuß des Mte. Salvatore (S. 415): *H.-P. Reichmann (Pl. n: B 6), P. m. Z. 7-9 fr.; mit Garten am See; *H.-P. Bellevue (Pl. A 6), P. m. Z. 6-8 fr. — In *Cassarate*, 20 Min. ö. von Lugano, in geschützter, nach S. gerichteter Lage: *Pens. Villa Castagnola (Pl. G 3; Bes. Frau *Schnyder*), mit hübschem Garten (6-8 fr.); Pens. Villa du Midi (Pl. G 5), 6 Min. weiter (4½-5 fr.); Pens. Villa Moritz.

Restaur., außer den gen. Gasthöfen: *Trattoria Biaggi* (auch Z. u. Pens.), westl. von Piazza della Riforma, am Wege zur Drahtseilbahn, italienisch gut. — Bier in der *Actienbrauerei Basel*, in der NO.-Ecke der Piazza Bandoria; *Walter*, *Straub*, beide am Quai, beim Hôt. Lugano. — **Café Jacchini*, *Centrale*, beide Piazza della Riforma; Conditorei *Meister* (Wiener Bäckerei).

Seebäder am Wege nach Paradiso (Bad mit Wäsche 60 c.). Warme Bäder bei *Anastasi* am Quai beim Hôt. du Parc.

Deutsche Ärzte: *Dr. Cornils*, *Dr. Zbinden*; deutsch sprechende Aerzte: *Dr. Buzzi*, *Dr. Reali*, *Dr. Vassalli*. — Zahnarzt, amerik.: *O. Drossel*, Via Massagno 8.

Deutsche Buchhandlung: *Dalp* (*C. Schmid*), Piazza Bandoria.

Post und Telegraph (Pl. D 3), Via Canova.

Wagen von der Gotthardbahnstation in die Stadt u. umgekehrt, einsp. für 1 Pers. 50 c., 2 Pers. 1 fr., 3 Pers. 1.50, zweisp. für 1-2 Pers. 2, 3-5 Pers. 3 fr.; von der Station nach Paradiso gleiche Taxe; aus der Stadt nach Cassarate ebenso; nach Castagnola 1.50, 1.50, 2.50, 3 u. 4 fr., hin und zurück 2.25, 2.25,

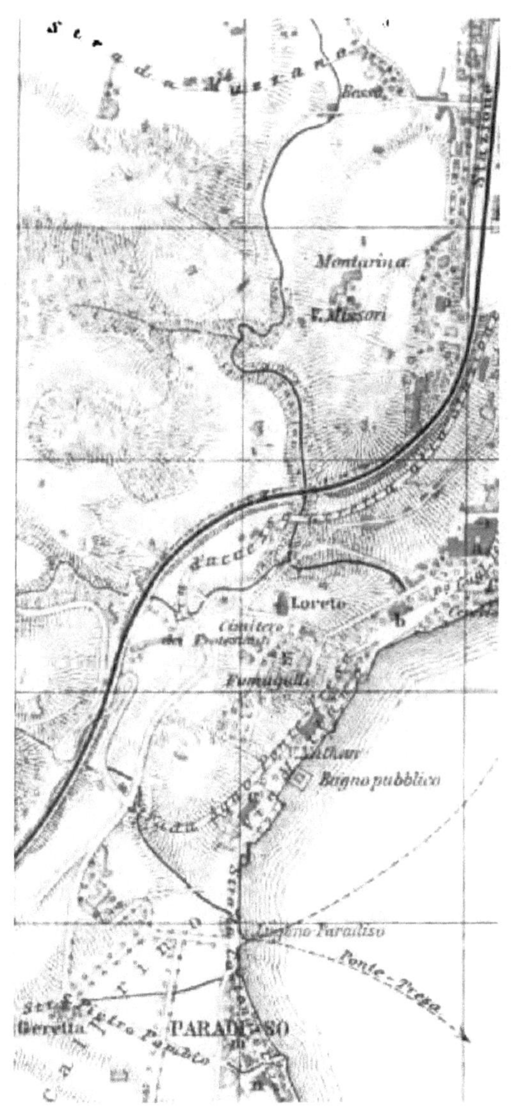

Montarina
Loreto
Fumagalli
Bagno pubblico
Ponte-Tresa
Geretta
PARADISO

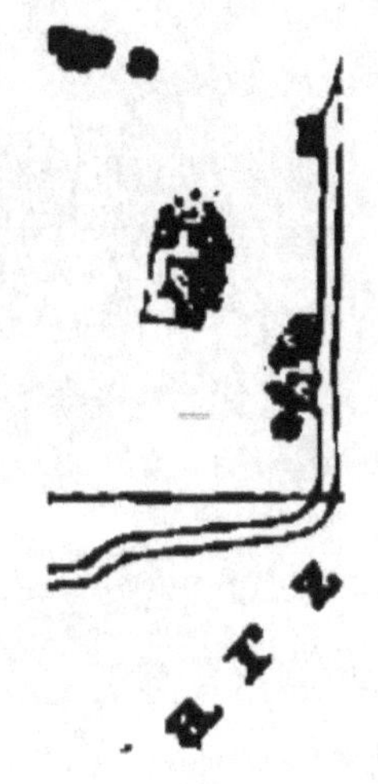

3.75, 4.50 u. 6 fr.; nach Paradiso-Funicolare 80 c., 1 fr., 1.50, 2 u. 3 fr.; Lugano-Luino Einsp. 10, Zweisp. 20 fr.; Capolago 6 u. 10, Varese 15 u. 30 fr. u. 10% Trkg.

Ruderboote mit 1 Ruderer 2 fr., 2 Rud. 3 fr. die erste Stunde, jede weitere Stunde 1 Ruderer 1½, 2 Rud. 2 fr.

Deutscher prost. Gottesdienst So. 9 Vm. in der Kapelle des Hôtel du Parc.

*Lugano* (275m), deutsch *Lauis*, die bedeutendste Stadt des Kantons *Tessin* mit c. 8000 Einw., reizend am See gleichen Namens gelegen, in ganz südl. Klima, eignet sich vortrefflich zu längerm Aufenthalt. Seine Umgebungen glänzen in der vollen Pracht ital. Gebirgslandschaften, zahlreiche Dörfer, Villen und Landhäuser blicken an den Ufern und nahen Hügeln aus Rebengeländen und Gärten hervor, gehoben durch das dunkle Grün der Kastanienwälder und Nußbäume. Unmittelbar im S. ragt der schöne, bis zum Gipfel bewaldete *Monte S. Salvatore* auf. Im O. fällt der Blick auf den *Monte Caprino*, am jenseitigen Ufer des Sees, und l. auf den *Monte Brè;* l. von diesem der schöne *Monte Boglia.* Nördl. öffnet sich das breite Thal des *Cassarate* mit einem Gebirgskranz im Hintergrund, aus welchem der Doppelhöcker des *Monte Camoghè* aufragt.

Am See entlang erstreckt sich ein breiter baumbepflanzter Quai, Abends als Promenade belebt. Das stattliche Gebäude gegenüber der Landestelle der Dampfboote ist das *Stadthaus* (*Palazzo Civico;* Pl. d, C 3), mit schönem Säulenhof. Ö. davon der große mit Anlagen geschmückte Hafenplatz, *Piazza Bandória.* Dahinter die *Piazza della Riforma.* — Am Südende des Quais ein Brunnenstandbild Tells, von Vinc. Vela. — Die Kirche *S. Maria degli Angioli* (neben dem Hôtel du Parc) hat auf der Lettnerwand eines der größten und schönsten Freskogemälde von *Luini*, die Passionsgeschichte, mit zahlreichen Figuren; an der Kirchenwand l. in 3 Abtheilungen das h. Abendmahl; in der 1. Kap. r. eine hübsche Madonna, beides Tafelgemälde von *Luini.*

Auch das Innere der Stadt zeigt ganz italienischen Charakter: Bogengänge im Erdgeschoß der Häuser, offene Werkstätten und Läden, granitne Fahrgeleise in den Straßen. — Auf der Höhe unterhalb des Bahnhofs die Hauptkirche, *S. Lorenzo* (Pl. C 2), wahrscheinlich von *Rodari* Ende des xv. Jahrh. erbaut, mit Marmor-Façade. — Von der Terrasse vor dem Bahnhof weite *Aussicht.

Spaziergänge. Im Süden an den Hôtels du Parc und Splendide vorbei auf der Landstraße durch die Vorstadt *Paradiso* (Pl. A B 6), am Fuß des Mte. Salvatore hin bis zum Vorgebirge *S. Martino* (½ St.), mit schöner Aussicht. — Im Westen auf der südl. von Villa Beauséjour abzweigenden Straße nach Ponte Tresa (Pl. A B 4, 5), deren Kehren Fußgänger abschneiden können, bis zur Höhe (30-40 Min.), wo das gute *Restaurant du Jardin* von Luganern viel besucht wird (S. 432); das Dorf *Sorengo* liegt auf einem Hügel r., bei der Kirche schöne Aussicht, w. der See von Muzzano. Dem Restaur. du Jardin gegenüber führt l. ein Fahrweg in ½ St. über *Gentilino* nach der weit sichtbaren Kirche von *S. Abbondio;* auf dem nahen Friedhofe Grabdenkmäler von Vela. — Im Osten von

27*

Piazza Castello (Pl. D 3), wo r. No. 227 der Eingang zu dem schattigen Park der *Villa Ciani*, jetzt *Gabrini* (Pl. D E 3; darin eine trauernde Frau, „la Desolazione“, in Marmor von Vinc. Vela; dem Gärtner 1 fr.), auf der Via al Campo Marzio, welche nach 6 Min. auf eiserner Brücke das Flüßchen *Cassarate* überschreitet, nach *Cassarate* (Pl. G 3; 1/4 St.) und auf der sonnigen Straße am Fuß des Mte. Brè hin in 20 Min. nach *Castagnola*, mit schönem Blick auf den Mte. Salvatore; weiter am See entlang bis (1-1 1/4 St.) *Gandria* (S. 433). — Bei längerm Aufenthalt mögen noch einzelne der Villen bei Lugano besucht werden, die meist nach Anfrage durch den Gärtner gezeigt werden: im N., auf der Höhe, die Villen *Maraini* (Pl. C 1) und *Luvini* (Pl. D 1); bei *Canobbio* (389m), 1 St. n. von Lugano (vgl. Pl. E 1) auf einem Hügel am Cassarate-Thal die *Villa Trevano*, mit großem Park, u. s. w. — Vgl. die Karte S. 434.

Am lohnendsten ist der Ausflug auf den **Monte S. Salvatore**, Drahtseilbahn von *Paradiso* in 1/2 St., hin u. zurück 4 fr. Der Bahnhof (380m; Restaur.) liegt 5 Min. von der Dampfbootstation *Lugano-Paradiso* (Dampfboot von Lugano-Città in 10 Min.), 1/4 St. vom Hôt. du Parc (einsp. Wagen für 1 Pers. 80, 2 P. 1 fr., 3 P. 1 fr. 50 c., zweisp. für 1-2 Pers. 2, 3-5 P. 3 fr.). Die Bahn, von den Hrn. Bucher & Durrer in Kägiswyl erbaut, ist 1645m lang und hat eine mittlere Steigung von 38% (Maximum am obern Ende 60%). Die beiden Waggons, je 32 Pers. haltend, werden durch ein 30mm dickes Drahtseil hinaufgezogen; in der Mitte zwischen den 1m von einander entfernten Schienen läuft außerdem eine doppelte Zahnstange (System Abt). — Die Bahn führt mit einer Anfangs-Steigung von 17% über die Gotthardbahn hinweg, mit reizenden Blicken auf Lugano und den See, zum Dörfchen *Pazzallo* und über einen von Eisensäulen getragenen Viadukt (108m l., 38% Steigung) zur Mittelstation *Pazzallo* (489m), mit dem Maschinenhaus für den elektr. Motor und die Dampfmaschine. Wagenwechsel. Weiter in immer stärkerer Steigung (zuletzt 60%) über festen Granitfels zur Endstation (885m; 2 Restaurants), dann zu Fuß in 5 Min. zum Gipfel (Vetta) des ***Monte S. Salvatore** (909m). Oben eine Wallfahrtskapelle und prächtige Aussicht über den Luganer See, die Gebirge und ihre belaubten Abhänge, namentlich die villenreichen über Lugano; ö. über Porlezza der Monte Legnone (S. 435), n. über Lugano die Doppelkuppe des Monte Camoghè (s. S. 417), l. daneben in weiter Ferne das Rheinwald-Gebirge; w. die Kette des Monte-Rosa und andere Spitzen der Walliser Alpen (Panorama von Imfeld; Morgenbeleuchtung günstig). — Auf dem Salvatore wächst der schöne wohlriechende Kellerhals (Daphne Cneorum), sowie die hübsche um Weihnachten blühende „Weihnachtsrose“ Helleborus niger (beide zur Anpflanzung in Gärten geeignet).

Die Besteigung des **Monte Brè**, im O. von Lugano, erfordert hinauf 2 1/2-3, hinab 1 3/4 St. (Führer unnöthig, Maulthier 10 fr.): von Piazza Castello bis zu der eisernen Brücke über den *Cassarate* (7 Min.), s. oben; jenseit der Brücke l., nach c. 150 Schritten r. und auf dem mehrfach gewundenen Fahrweg zwischen niedern Mauern bis zu einer großen Mühle, *Molinazzo* (Pl. G 2), wo Maulthiere zu haben sind. Auf demselben Wege weiter an (20 Min.) *Viganello* vorüber; unterhalb der Vorhöhe, welche die Kirche von *Pazzalino* trägt, r. nach (1/2 St.) *Bonago*, und, in gleicher Weise z. Th. zwischen Mauern unter Kastanien, Feigen, Reben bergansteigend, nach (3/4 St.) *Desago*, dem höchsten von Lugano sichtbaren Dorf oben am Abhang des Berges, das man auch von *Castagnola* (s. oben) über *Ruvigliano* in 3/4-1 St. erreichen kann. Oberhalb theilt sich der Weg; beide Arme führen um den Berg herum in einer guten 1/2 St. nach dem an dessen Rückseite gelegenen Dorf (2 St.) *Brè* (780m; Restaur. u. Pens. Forni). Bei der Kirche von Brè steigt man w. auf schmalem Waldpfade in 1/2 St. vollends den Berg hinauf. Auch dieser Pfad theilt sich (beide Wege lohnend): r. kommt man über den höchsten Rücken des ***Monte Brè** (930m) hinweg, l. zunächst auf den Bergvorsprung nach Lugano zu, und dann ebenfalls auf den Gipfel, von der Rückseite her. Die Aussicht über die verschiedenen Arme des Luganer Sees, namentlich gegen Porlezza hin, und auf die umliegenden Gebirge ist ausgezeichnet. Lugano selbst sieht man nicht vom Gipfel, sondern vom Vorsprung aus. — An den Abhängen des Mte. Brè und Mte. Boglia (s. unten) wachsen zahlreiche schöne Pflanzen, so das hübsche Epilobium Dodonaei nebst der kleinen reizenden Selaginella helvetica, Aspidium lobatum in prachtvoller Form (mit überwinternden Wedeln), sowie in Menge die bereits genannte Weihnachtsrose Helleborus niger.

Viel besucht werden, besonders Sonn- und Feiertags Nachm., die „Cantine" gen. Felsenkeller am **Monte Caprino**, Lugano östl. gegenüber, wo guter Asti, meist eiskalt, geschenkt wird. Auch eine Bierbrauerei. Abends sind die Cantinen geschlossen. Ruderboot (S. 415) hin und zurück nebst Aufenthalt in c. $2^1/_2$ St.; Sonn- u. Feiertags auch Dampfboot.

Nach S. Bernardo und Bigorio (bis Stat. Taverne $3^1/_2$-4 St.). Auf Feldwegen längs des fruchtbaren Hügelgeländes n. von Lugano über *Massagno*, *Savosa*, *Porza*, *Comano* zur ($1^1/_2$ St.) Kirche von **S. Bernardo** (704m), auf einem Felsplateau mit malerischer Aussicht (am s.ö. Fuß das Dorf *Canobbio* und Schloß *Trevano*, S. 416); von hier anfangs ohne Weg über den Bergrücken n. nach *Sala* und zum ($1^1/_4$ St.) Kloster **Bigorio** (719m; Erfr.), in reizender Lage (in der Kirche eine Madonna von Guercino od. Perin del Vaga?); von hier zum Gipfel des *Mte. Bigorio* (1102m) durch Kastanienwald und über Weiden in $1^1/_4$ St., sehr lohnend. Vom Kloster zurück über (20 Min.) *Ponte Capriasca* (435m; in der Kirche alte *Copie des h. Abendmahls von Lionardo da Vinci, beste Beleuchtung 11-1 Vm.) nach der Eisenbahnstation *Taverne* (25 Min.; s. S. 414).

**Monte Boglia** (1512m; hinauf 4-$4^1/_2$ St., Führer angenehm): entweder über *Soragno* und *Alp Bolla*, oder über *Brè* (s. oben; steil). Die Aussicht steht der vom Mte. Generoso wenig nach. Hinab an der O.-Seite durch *Val Soldo* nach *Castello* und der Dampfbootstation *S. Mamette* (S. 433) oder *Oria* (S. 433).

**Monte Camoghè** (2226m, mit großartigem Alpenpanorama vom Mte. Rosa bis zum Ortler): zu Wagen in $2^1/_2$ St. über *Canobbio* (S. 416) und *Tesserete*, dann r. im *Val Colla* aufwärts bis (4 St.) *Scareglia* oder *Unter-Colla* (977m; *Ost. Garzirola); weiter zu Fuß m. F. über *Colla* und die *Alp Pietrarossa*, den *Monte Garzirola* (s. unten) r. lassend, zur (3 St.) *Alp Sertena* (1806m) und zum ($1^1/_2$ St.) Gipfel. — Abstieg event. n. über die Alpen *Rivolte* und *Leveno* ins *Val Morobbia*, nach *Giubiasco* und (5 St.) *Bellinzona* (S. 105; Bellinzona-Camoghè 7-8 St.). — *Monte Garzirola* (2116m), von Colla in 3 St., gleichf. lohnend. — Aus dem Val Colla über den Paß von *S. Lucio* (1817m) nach Porlezza, oder über die *Cima dell' Arabione* (1807m), mit schöner Aussicht, ins *Val Soldo* (S. 433), oder auch in das letztere an den merkwürdigen Dolomitzacken der *Denti di Vecchia* vorbei, lohnende Rückwege für Fußgänger.

**Monte Tamaro** (1961m), von *Taverne* (S. 414) oder *Bironico* (S. 414) in 4 St. m. F., unschwierig; prächtiger Blick namentlich auf den Langensee.

**Val Magliasina**, schöne Spazierfahrt über *Agno* (S. 432), *Vernate* und *Cademario* nach (3 St.) *Breno* (642m; Ost. Ferrajo); zurück über *Novaggio* (Whs.) und *Magliaso* (S. 432). Für Fußgänger lohnende Wanderung von Breno über den *Monte Lema* (1619m), mit prächtiger Aussicht, nach (5-6 St.) *Luino* (S. 424); oder auch über *S. Bernardo* (s. oben) zurück nach Lugano.

Rundfahrt um den Monte S. Salvatore (zu Wagen in $2^1/_2$ St., Einsp. 7, Zweisp. 14 fr.). Fahrstraße über ($^1/_2$ St.) *Pambio*, wo ein Denkmal des Hauptm. Carloni von Vinc. Vela, durch das hübsche *Scairolo-Thal* nach (1 St.) *Figino*, wo die Straße an den w. Seearm tritt. Weiter stets am See entlang um den *Monte Arbostora* (S. 433) herum nach ($^3/_4$ St.) *Morcote* und (1 St.) *Melide* (s. unten); von hier bis *Lugano* $1^1/_2$ St.

Von Lugano nach Capolago (**Generoso-Bahn*) Dampfboot 4mal tägl. in $^3/_4$ St.; Stationen *Lugano-Città*, *Parco* u. *Paradiso*, *Campione*, *Bissone*, *Melide*, *Maroggia*, *Melano*, *Capolago* (Ristor. Svizzero, am Landeplatz). Vgl. S. 418.

Ausflug nach der *Grotte von Osteno* s. S. 433.

---

Die Eisenbahn nach Chiasso und Como (Mailand) überschreitet jenseit Lugano auf 40m hohem Viadukt das *Tassino-Thal* (l. schöner Blick auf Lugano), umzieht den Fuß des Monte Salvatore und durchbohrt dessen n.ö. Vorsprung mittels des 758m

l. *Paradiso-Tunnels.* Dann am See entlang, mit Aussicht l. auf die bewaldeten Abhänge des östl. Ufers und die Dörfer an letzterem, nach (37km) *Melide* (276m; Alb. de Micheli, von Lugano viel besucht, guter Wein). Ein 816m langer Steindamm mit Bogenöffnungen an beiden Enden, auf welchem Eisenbahn und Landstraße neben einander herlaufen, verbindet hier die beiden Seeufer. Hübscher Blick nach beiden Seiten. Am östl. Ufer liegt *Bissone* (keine Haltestelle). Zwei Tunnel. — 40km *Maroggia* (Alb. Elvezia), am westl. Fuss des Mte. Generoso; r. stets Blick auf den See. — 44km *Capolago* (Bahnrestaur.) am obern Ende des s.ö. Seearms, Station für die Generosobahn (Dampfboot von Lugano s. S. 417).

---

Der ***Monte Generoso** (1695m) bietet durch seine isolirte Lage gegenüber der Hauptkette der Schweizer Alpen und seine bedeutende Erhebung über die oberital. Seen und die lombardische Ebene wohl die großartigste Aussicht auf der Südseite der Alpen und wird mit Recht dem Rigi zur Seite gestellt. Die 1890 eröffnete Zahnradbahn von Capolago auf den Generoso, nach Abt's System erbaut (Zahnstange mit von beiden Seiten eingreifenden Zahnrädern), ist 9km lang und hat eine Maximalsteigung von 22% (Rigibahn 25%). Täglich 4 Züge mit je 60 Plätzen im Anschluß an die Dampfboote (S. 421) und Eisenbahnzüge; Fahrzeit bis zum Gipfel (Vetta) 1¼ St., bis Bellavista (Hôt. Generoso) 56 Min.; Fahrpreise bis Bellavista 5 fr. 85, Vetta 7 fr. 50 c., Vetta-Capolago 5 fr.; Retourbillet zum Gipfel 10 fr. — Die Züge fahren von der Dampfbootstation Capolago (S. 417) ab und halten nach 2 Min. an der Gotthardbahnstation, wo die Zahnstange beginnt. Die Bahn überschreitet die Straße und die Gotthardbahn und zieht sich mit 20%, später 22% Steigung am Abhang des Generoso hinan, stets mit freiem Ausblick r. auf das fruchtbare, von waldigen Höhen umsäumte Laveggiothal, das Städtchen Mendrisio und rückwärts den Luganer See mit dem am W.-Ufer gelegenen S. Vitale bis nördl. zum Mte. Salvatore. Dann an steilen Felswänden entlang und durch einen 143m l. gekrümmten Tunnel (unmittelbar vor demselben wird der Gipfel des Monte Rosa sichtbar) zur (3km) Stat. **S. Nicolao** (708m; *Restaur.*), in dem schön bewaldeten *Val Cereda*. Weiter in einer großen Kurve und durch einen 50m l. Tunnel in das *Val della Giassa*, dann hoch an der Bergwand entlang, mit schöner Aussicht auf das lombardische Hügelland bis Mailand und Varese und in die bewaldeten Thäler des Generoso (r. der Mte. Bisbino mit Wallfahrtskirche) zur (6km) Stat. **Bellavista** (1222m; *Restaur.*). Ein Promenadenweg führt von hier am aussichtreichen Bergrande (Ruhebänke) entlang zur (5 Min.) **Bellavista*, einem umgitterten Bergvorsprung gerade über Capolago, mit besonders Morgens prächtigem Blick auf den Luganer See und die ihn umgebenden Höhen, umsäumt von den Schneebergen vom Gr. Paradiso bis zum St. Gotthard. — 10 Min. ö. von der Stat. (Hoteldiener am Bahnhof) das ***Hôt. du Generoso** (1209m; Bes. *Dr. Pasta;* Z. L. B.

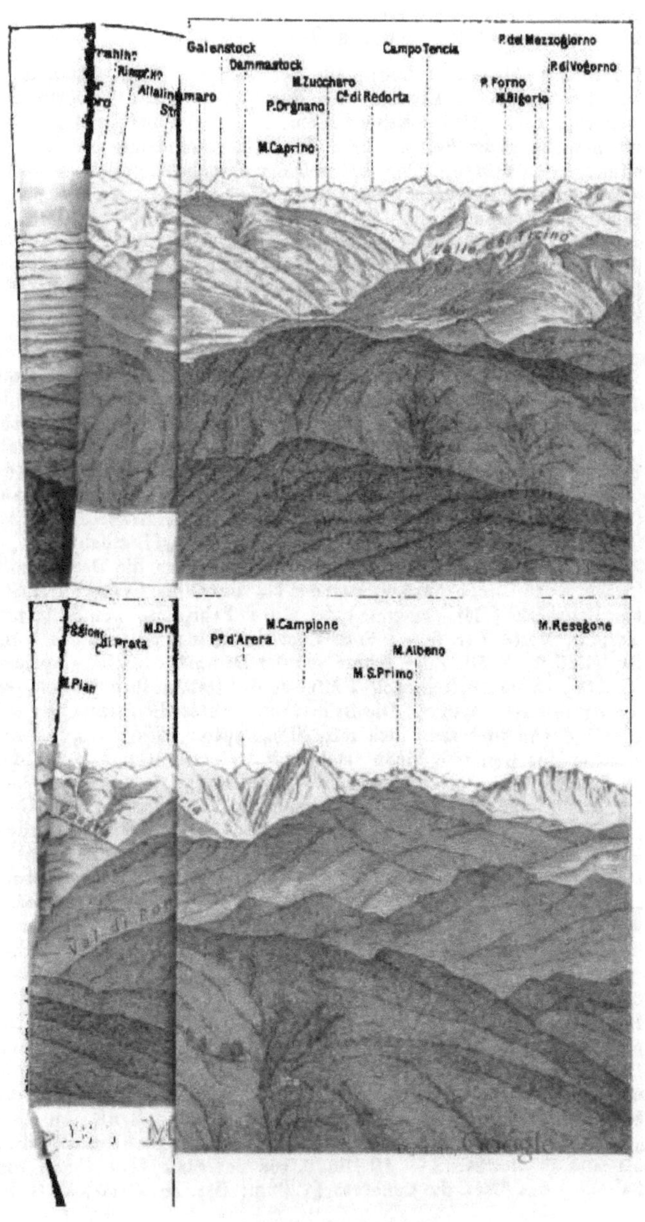
Galenstock
Dammastock
M.Zucchero
P.Orgnano
Cᵃ di Redorta
Campo Tencia
P.del Mezzogiorno
P.di Vogorno
P.Forno
M.Bigorio
M.Caprino
Valle del Ticino
M.Campione
Pº d'Arera
M.Albeno
M.S.Primo
M.Resegone
di Prata

4-5, F. 1 1/2, Lunch 3 1/2, Din. 4 1/2, Pens. 12 fr.), auf einer Bergterrasse gelegen, mit Aussicht nach der lombardischen Ebene (von hier zum Gipfel Reitweg in 1 1/4 St.). — Von Stat. Bellavista steigt die Bahn wieder durch einen 84m l. Tunnel und führt dann dicht am kahlen Bergkamm entlang, mehrfach mit schönen Blicken l. über denselben hin auf Lugano und den Luganer See, r. unten die Dörfer Muggio und Cabbio, nochmals durch 2 kurze Tunnel zur (9km) Stat. *Vetta* (1633m), mit großem Speisesaal und Aussichtsterrassen. Nebenan das alte kl. Whs. Ein neuer großer Gasthof wird gebaut. — Von der Station in 10 Min. auf neuem, durch Geländer geschützten Fußweg zum Gipfel des ***Monte Generoso** (1695m). Die ebenso großartige wie malerische Aussicht (vgl. das Panorama) umfaßt die Seen von Lugano, Como, Varese und den Lago Maggiore, die ganze Alpenkette vom Mte. Viso bis zum Pizzo dei Tre Signori, im S. die lombardische Ebene mit den Städten Mailand, Lodi, Crema, Cremona und die Apenninen. — Von Stat. Vetta zu Fuß hinab zum Hôt. Generoso oder Stat. Bellavista 3/4 St.

Der Monte Generoso zeichnet sich durch seine reiche Flora ganz besonders aus. Auf kleinem Raum vereinigt findet man hier Pflanzen der Bergregion mit denen der subalpinen und alpinen Zone in schönen Formen und seltenen Arten. Herrliche Lilien-Arten wechseln mit seltenen Orchideen, eine Fülle der schönsten Steinbrech (Saxifraga)-Arten finden sich neben der hübschen Anemone narcissiflora und Primula auricula. Auch niedliche Sedum-Arten und schöne Farne (darunter das seltene Aspidium aculeatum), sowie viele andere seltene Pflanzen kann man ohne viel Mühe hier sammeln.

Der Monte Generoso kann auch von *Maroggia* (S. 418) über *Rovio* (H.-P. Mte. Generoso, 4 1/2-6 fr. m. Z.) und von *Balerna* über *Muggio* in 4-4 1/2 St. erstiegen werden (Fahrweg bis Rovio und Muggio; weiter aufwärts wird der Anstieg sehr beschwerlich). Von *Lanzo d'Intelvi* (Reitweg, 5 1/2 St.) s. S. 434 (als Rückweg zu empfehlen, bis Osteno 6 St.).

---

48km **Mendrisio** (363m; **Hôt. Mendrisio*, mit Garten, Z. L. B. 3 1/2, M. 4 1/2 fr.; *Alb. dell' Angelo*, ital. gut, Z. B. 2 1/2 fr.), Städtchen von 2872 Einw., 10 Min. vom Bahnhof, Ausgangspunkt des Reitwegs auf den Mte. Generoso (bis zum Hot. Generoso 3 St., Maulthier 6 fr.). — Auf der Wasserscheide zwischen Laveggio und *Breggia* der kurze *Coldrerio-Tunnel*. — 53km *Balerna*.

56km **Chiasso** (233m; **Bahnrestaur.*; **Alb. S. Michele*, nahe am Bahnhof), der letzte schweizer Ort (Zollrevision und meist längerer Aufenthalt). — Die Bahn führt in einem 2900m l. Tunnel unter dem *Monte Olimpino* hindurch; l. öffnet sich der Blick auf den Comer See. Dann an (l.) der Vorstadt *Borgo Vico* vorbei nach

61km *Como* (S. 440); von hier nach (108km) *Mailand* s. R. 114.

## 109. Von Bellinzona nach Locarno. Val Maggia.

Bis Locarno, 22km, Eisenbahn in 45 Min. für 2 fr. 30, 1.60, 1.15 c. — Das 10 St. l. Val Maggia, deutsch *Mainthal*, ausgezeichnet durch schroffe Felspartien in Verbindung mit reicher südl. Vegetation, schmucke Dörfer und prächtige Wasserfälle; verdient einen Besuch, namentlich im Frühjahr oder Herbst. Gutes Standquartier für längern Aufenthalt ist *Bignasco* (Post von Locarno bis Bignasco 2mal tägl. in 3 1/2 St., Coupé 4 fr. 60 c., von Bignasco bis Fusio im Sommer tägl. in 3 St.); Einsp. von Locarno nach Bignasco 18, Zweisp. 30 fr.; von Bignasco nach Locarno 16 u. 25, nach Fusio u. zurück 18 u. 35 fr.

Bis (9km) *Cadenazzo* s. S. 414. Die Bahn nach Locarno zweigt r. ab und überschreitet unterhalb (r.) *Cugnasco* den *Tessin.* — 16km *Gordola*, mit ergiebigem Weinbau, an der Mündung des *Val Verzasca.*

**Val Verzasca.** Eine Fahrstraße (Post von Locarno bis Sonogno tägl. in $4^1/_2$ St.) führt durch das tiefeingeschnittene malerische, von der prächtig grünen *Verzasca* in zahllosen Fällen durchströmte Thal an (r.) *Vogorno* und (l.) *Corippo* vorbei nach (3 St.) *Lavertezzo* (Whs.) und ($1^1/_2$ St.) **Brione** (761m; *Whs.*), Hauptort des Thals, an der Mündung des *Val d'Osola*, durch das ein im Ganzen wenig lohnender Uebergang (Führer nöthig) über die *Forcarella Cocco* (2137m) in das *Val Cocco* und nach (8 St.) *Bignasco* (S. 421) führt. Im n. ansteigenden Hauptthal führt die Straße weiter über *Gerra* und *Frasco* nach ($1^3/_4$ St.) **Sonogno** (909m; *Whs.*), dem letzten Dorf, wo das Thal sich abermals verzweigt. Von hier w. über den *Passo di Redorta* (2176m) zwischen Corona di Redorta und Mte. Zucchero ins *Val Porlusio* und nach *Prato* (S. 422), 8 St. m. F., lohnend. N. führt ein gleichfalls lohnender Weg über *Cabione* und *Alp Bedeglia* zum *Passo di Laghetto* (2109m) w. von der Cima Bianca; hinab zur *Alp del Lago* (1843m) mit kl. See (Laghetto) und durch *Val Chironico* nach (8 St.) *Giornico* (S. 105). — Fußgänger, die von Brione nach Locarno zurück wollen, überschreiten $^3/_4$ St. s. von Lavertezzo die Verzasca und steigen am r. Ufer über *Corippo* nach ($1^1/_4$ St.) *Mergoscia*, dann oberhalb einer tiefen Schlucht am Abhang entlang nach *Contra* und auf aussichtreicher Fahrstraße nach ($1^1/_2$ St.) *Locarno.*

Die Bahn überschreitet die ungestüme *Verzasca* und führt am *Lago Maggiore* entlang nach

22km **Locarno.** — Gasth.: *Grand Hôtel Locarno, mit Garten und Aussicht auf den See, Z. L. B. 5-6, Lunch 3, M. 5 fr.; *H.-P. Reber mit Garten am See, deutsch, Pens. m. Z. 6-7 fr.; *Corona, am See, Z. L. B. 2-3, F. $1^1/_4$ fr.; *H. Suisse, am großen Platz, nicht theuer, Wirth spricht deutsch; P. Villa Righetti, am Wege zur Madonna; Alb. S. Gottardo; möblierte Zimmer bei *Gius. Borghetti.* — *Bahnrestaur.*

*Locarno* (208m), deutsch *Lugyarus*, ansehnlicher Ort an der Mündung der *Maggia*, mit 3353 kath. Einw., seit 1513 zur Schweiz gehörig, ist seiner Umgebung und Bevölkerung nach ganz italienisch. Im XIV. Jahrh. soll es an 5000 Einw. gehabt haben. Im J. 1553 wurde durch den Beschluß eines schweiz. Schiedsgerichts eine Anzahl der gewerbfleißigsten Bürger der Stadt vertrieben, die sich weigerten zum kath. Glauben zurückzukehren, darunter angesehene Geschlechter, die *Orelli*, *Muralto* u. a., die in Zürich gastliche Aufnahme fanden und dort die heute noch blühenden Seidenwebereien errichteten. Schöne Aussicht von der **Madonna del Sasso* (356m), Wallfahrtskirche mit Stationenkapellen auf einem vorspringenden bewaldeten Felsen über der Stadt ($^1/_2$ St., steiler gepflasterter Weg); in der Kirche eine *Grablegung von Ciseri. Noch malerischer ist die Aussicht vom *Monte della Trinità*, 10 Min. weiter aufwärts (in der Kapelle die Auferstehung Christi, Marmorgruppe von Rossi).

Der *Markt* zu Locarno, alle 14 Tage Donnerstag, von nah und fern sehr besucht, giebt Gelegenheit, die mannigfaltigsten bunten Trachten der Landleute aus dem Kanton Tessin wie aus den angrenzenden italien. Bezirken zu beobachten. Volksfest am 8. Sept., dem Tage Mariä Geburt. — Dampfbootfahrt auf dem *Lago Maggiore* s. R. 110.

Hübsche Spaziergänge w. über *Solduno* zum (1 St.) *Ponte Brolla* (s. unten); s.w. über die stattliche Maggiabrücke nach (40 Min.) *Losone* mit kühlen Weinkellern (Wein gut und billig), oder nach (50 Min.) *Ascona* (S. 428) und weiter am Lago Maggiore entlang nach *Ronco* und (2 St.) *Brissago* (S. 428); ö. nach ($^1/_2$ St.)

*Minusio* und in die (15 Min.) wilde *Navegna-Schlucht* mit Eisensäuerling; n. nach den Bergdörfern *Orsolina* und *Brione* (je 1 St.), mit reizender Aussicht; nach (2 St.) *Mergoscia* im *Verzasca-Thal* (S. 420); u. s. w. — 2 St. oberhalb Locarno in freier Lage die *Pens. Alpenheim* (Besitzer L. Borghetti), als Luft- u. Milchkurort zu empfehlen.

Von Locarno nach Domodossola führt ein landschaftlich schöner, aber streckenweise schlechter und beschwerlicher Weg durch das **Val Centovalli** und **Val di Vigezzo** in 11 St. Fahrstraße über *Losone* bis (1½ St.) *Intragna* (396m; Whs.), am Zusammenfluß der *Melezza* und des *Onsernone* malerisch gelegen; dann schlechter Fußweg am l. Ufer der Melezza über (2½ St.) *Borgnone* (706m; Whs.) nach (¼ St.) *Camedo*, dem letzten schweizer Dorf, und über die ital. Grenze nach dem Wallfahrtsort (1½ St.) *Rè* (Whs.). Von hier wieder Fahrstraße, über (1 St.) *Malesco* (Leon d'oro), wo l. die neue Straße aus dem Val Cannobbina einmündet (s. S. 424), nach *S. Maria Maggiore* (827m; *Croce di Malta), dem Hauptort des Val Vigezzo, und nach (3½ St.) *Domodossola* (S. 294).

**Val Onsernone.** Fahrstraße (Post von Locarno bis Comologno und Vergeletto tägl. in 3½ St.) über den *Ponte Brolla* (s. unten) nach (½ St.) *Cavigliano*, wo l. ein Fahrweg nach *Intragna* abzweigt (s. oben); dann n.w. durch das malerische *Val Onsernone* in vielen Windungen ansteigend nach *Loco* (Whs.) und (2½ St.) *Russo* (804m; leidl. Whs.), wo das Thal sich theilt. Die Straße biegt in den w. Thalarm ein bis zu dem malerischen *Ponte Oscuro*, wo das Sträßchen nach Vergeletto r. abzweigt, wendet sich dann zurück und steigt im s. Thalarm über *Crosa* nach (1½ St.) *Comologno* (1068; kein ordentl. Whs.). ¼ St. weiter in *Spruga* hört die Straße auf; nun Saumweg über die ital. Grenze nach den (¾ St.) einf. *Bagni di Craveggia*, mit Schwefelquelle (1883 abgebrannt). Ein lohnender Uebergang (F. bis zur Paßhöhe rathsam) führt von hier über die *Bocchetta di S. Antonio* nach (5 St.) *S. Maria Maggiore* (s. oben). — Im n. Thalarm erreicht man von Russo in 1¼ St. *Vergeletto* (911m; *Ost. Domenigone); von hier nach Cimalmotto (s. unten) über den *Passo di Porcareccio*, oder nach Cevio über den *Lago di Alzasca*, lohnend (Führer nöthig).

**Val Maggia.** Die Straße führt am l. Ufer der wasserfallreichen *Maggia* an dem malerischen (1 St.) *Ponte Brolla* (250m) vorbei (ins Val Onsernone s. oben), über *Avegno*, wo das schneebedeckte Haupt des Basodino kurze Zeit sichtbar wird, nach (1¾ St.) *Maggia* (347m), größeres Dorf; r. die schöne *Cascata della Pozzaccia.* Weiter über *Coglio*, *Giumaglio*, *Someo* (Ost. al Ponte; Restaur. del Soladino), mit stattlichen Häusern, und *Riveo* (l. der prächtige 100m h. **Soladino-Fall*) nach *Visletto*, am Fuß gewaltiger Felswände, dann über die Maggia nach (2½ St.) **Cevio** (421m; *Restaur. del Basodino*, auch einige Z.; *Restaur. della Posta*), Hauptort des Thals (514 E.) mit schönen Baumgruppen und interessanter Kirche, an der Mündung des *Val Rovana.*

Das steil ansteigende **Val Rovana** theilt sich bei (1½ St.) *Collognasca* (805m) in l. *Val di Campo*, r. *Val di Bosco*. Im ersteren liegt 1½ St. aufwärts *Campo* (1350m; Whs.) und (½ St.) *Cimalmotto* (Whs.), mit sehenswerthen Fresken in der Vorhalle der Kirche. Von hier über den *Porcareccio-Paß* nach *Vergeletto* s. oben; über den *Passo di Bosa* (2257m) und durch *Val Isorno* nach (6 St.) *Crevola* (S. 293), unschwierig; über den *Passo di Craverola* (*Scatta del Forno*, 2527m) nach *Premia*, oder über den *Passo della Scatta* (2568m) und den *Passo di Comella* nach *Crodo* im *Val Antigorio* (S. 301), beide gleichfalls unschwierig, aber nur mit Führer. — Im *Val di Bosco* gelangt man von Collognasca in 2 St. nach *Bosco* (1503m; Whs.), auch *Cris* oder *Gurin*, dem einzigen deutschen Dorf im Canton Tessin; von hier über die *Criner Furka* ins *Val Formazza* s. S. 301.

½ St. (29km von Locarno) **Bignasco** (434m; **Hôt. du Glacier*, Z. L. B. 2½-3, M. 3½, Pens. o. Z. 5 fr.), an der Mündung des *Val Bavona* reizend gelegen und zu längerm Aufenthalt zu empfehlen. 10 Min. s.ö. der schöne *Wasserfall von Bignasco* („*Piccolo Niagara*").

Hübscher Ausflug (unterhalb des Hôtels über die Maggia, dann l. hinan) zur (¾ St.) *Madonna di Monte* (719m) mit schöner Aussicht; von der Kapelle weiter

27**

thaleinwärts, an Alphütten vorbei, über den Bach bergan zur (20 Min.) Alp *Incino*, dann hinab an einem schönen Wasserfall (*Bagni di Nerone*) vorbei nach (40 Min.) Bignasco. — Ferner auf der Straße nach Fusio (Handweiser) zum ($1/_4$ St.) *Pontalotto*, zurück am l. Ufer der Maggia; nach *Brontallo* und (1 St.) *Menzonio* (725m) mit hübscher Aussicht; nach *Cevio* und zur (1 St.) *Cascata di Soladino* (S. 421); nach (3 St.) *S. Carlo*, ($3^1/_2$ St.) *Fusio* etc. (s. unten).

**Durch Val Bavona nach dem Tosafall** (10 St.) **oder nach Airolo** (11 St.). Durch das malerische, bei Bignasco n.w. sich öffnende ***Val Bavona** führt ein guter Weg zwischen prächtigen Kastanien- u. Nußbäumen über *Cavergno*, *Fontana*, *Foroglio*, mit schönem Wasserfall, *Fontanella* und *Sonlerto* nach (3 St.) *S. Carlo* (960m; *Alb. Basodino, einf.), von wo der *Mte. Basodino* (3276m) in 5-6 St. m. F. (G. Padovani) zu ersteigen ist (mühsam, aber ohne Gefahr; Abstieg zum Tosafall $3^1/_4$ St., s. S. 301). Von S. Carlo m. F. über *Campo* steil hinan zur ($2^1/_2$ St.) *Alp Robiei* (1879m; einf. Unterkunft) und w. durch *Val Fiorina* zur (3 $3^1/_2$ St.) *Bocchetta di Valmaggia* (2654m), hinab nach ($2^1/_2$ St.) *Auf der Frut* (S. 300). — Wer nach Airolo will, bleibt vor der nach Robiei führenden Brücke am l. Ufer des Bachs und steigt (Führer nöthig) über *Alp Lielpe* und *Pioda* am kl. *Lago Sciundrau* (2353m) vorbei zur (5 St.) *Cristallina-Furca* (2583m), w. vom *Piz Cristallina* (2910m); hinab über ein kl. Schneefeld ins *Val Torta* und durch *Val Cristallina* nach *Ossasco* (S. 296) und (3 St.) *Airolo* (S. 103).

Im Val Maggia, das von hier ab *Val Broglio* heisst, führt die Straße weiter über *Broglio* nach ($1^3/_4$ St.) **Prato** (750m; einf. *Whs.*), an der Mündung des ö. zum *Campo Tencia* hinanziehenden *Val Prato* (über den *Redorta-Paß* ins *Val Versasca* s. S. 420).

**Campo Tencia** (3066m), von Prato 8-9 St. m. F., anstrengend. Durch Val Prato in 5 St. zu den obersten Hütten der *Corte di Campo Tencia* (2210m) und von der O.-Seite her über den Kamm des *Croslina-Gletschers* zum (3-4 St.) Gipfel, mit prächtiger Rundsicht. Geübte Bergsteiger können über den Gletscher ö. zur *Alp Croslina* und über *Dalpe* nach *Faido* (S. 104) hinabgelangen.

Bei ($1/_2$ St.) *Peccia* (849m; einf. Whs.) mündet l. das *Val Peccia*; im Hintergrund der *Poncione di Braga* (2867m). Das oberste Val Maggia heißt *Val Lavizzara*, nach dem hier häufig vorkommenden Lavez- oder Topfstein. Die Straße steigt in vielen Windungen (Fußsteig kürzt) zur flachen obern Thalstufe, überschreitet ($1^1/_4$ St.) die Maggia in wilder Felsschlucht und führt an (r.) *Mogno* vorbei nochmals in Windungen hinan (r. kürzerer Fußweg) nach (40 Min.) **Fusio** (1281m; **Hôt. Dazio*, bei der Brücke), dem letzten Dorf des Val Maggia, in höchst malerischer Lage.

Hübscher Spaziergang (schöner Waldweg) zum ($1/_2$ St.) Alpdörfchen *Sambucco* (1368m), mit prächtigem Wasserfall. — Unschwierige Uebergänge führen von Fusio (m. F.) n. über *Sambucco*, *Corte* u. den **Sassello-Paß** (2346m) nach ($5^1/_2$ St.) *Airolo* (S. 103); w. über den **Passo di Naret** (2443m), am gleichn. kl. See vorbei, nach (7 St.) *Ossasco* im *Val Bedretto* (S. 296); n.ö. (lohnend) über *Colla* und *Alp Pianascio* zum ($2^1/_2$-3 St.) **Campolungo-Paß** (2324m) mit schöner Aussicht; hinab entweder r. über *Alp Cadonighino* und *Dalpe* (s. oben) nach (3 St.) *Faido* (S. 104), oder l. am kl. *Lago Tremorgio* (1828m) vorbei zur (2 St.) Station *Rodi-Fiesso* (S. 104).

## 110. Der Lago Maggiore.

**Eisenbahn von Bellinzona über Luino nach Novara**, 108km, in 4-5 St. für 12 fr., 8 fr. 45, 6 fr. (bis Luino in $1^1/_4$-$1^1/_2$ St., 4 fr. 50, 2 fr. 30, 2 fr. 10c.; von da bis Novara in $2^3/_4$-$3^1/_2$ St.). — Stationen: 4km *Giubiasco*, 9km *Cadenazzo*, 17km *Magadino*, 20km *S. Nazzaro*, 23km *Ranzo-Gera*, 27km *Pino*, erste italienische Station, 34km *Maccagno*; — 40km *Luino*, Sitz der schweizerischen und italienischen Zollbehörden; 47km *Porto-Valtravaglia*, 55km *Laveno*, 59km

thaleinwärts, an Alphütten vorbei, über den Bach bergan zur (20 Min.) Alp Inci…
dann hinab an einem schönen Wasserfall …

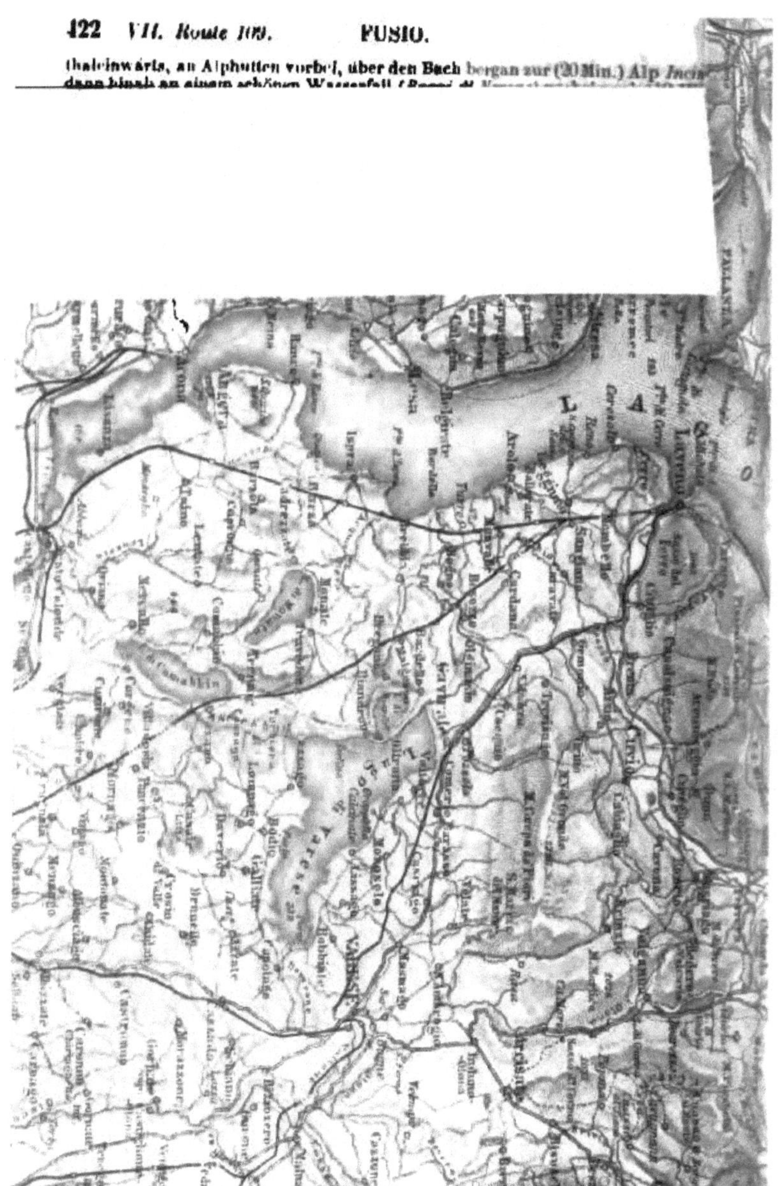

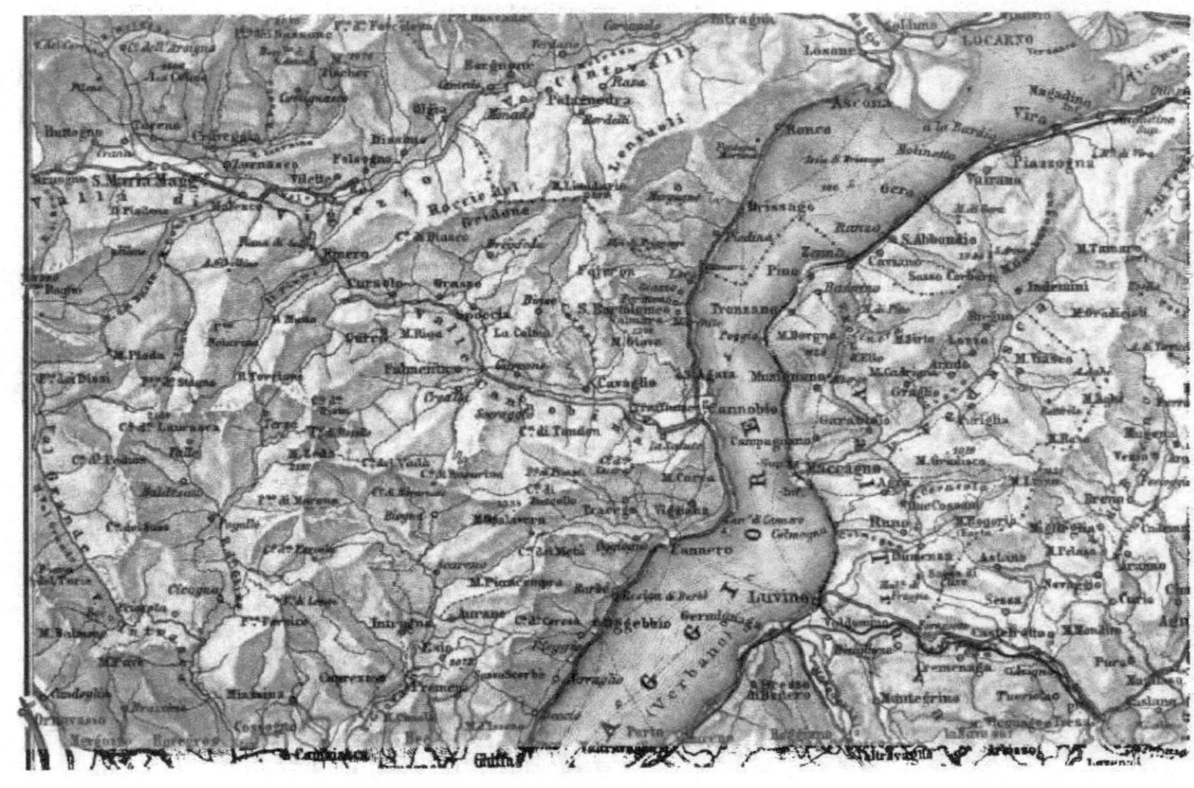
LOCARNO
Magadino
Vira
Ascona
Ronco
Brissago
Piazzogna
S. Abbondio
Tronzano
Pino
Cannobio
Cavaglio
Maccagno
Luvino
Cannero
Oggebbio
Intragna
(Verbano)
Palagnedra
Rasa
Gridone
S. Bartolomeo
La Colma
Falmenta
Gurrò
Premeno
Montegrino

*Leggiuno-Monvalle*, 65km *Ispra*, 70km *Taino-Angera*, 76km *Sesto-Calende* (vgl. *Bædeker's Ober-Italien*). Diese Stationen sind in der nachfolgenden Beschreibung des Sees mit E. bezeichnet. — Von Bellinzona nach Locarno s. S. 419.

**Dampfboote** (z. Th. Salonboote, Restaurant an Bord) im Sommer tägl. 2mal von Locarno nach Laveno, 7-8mal tägl. von Laveno nach Intra, Pallanza, den Borrom. Inseln, Stresa und Arona. Fahrzeit von Locarno bis Arona $5^1/_2$ St., von Luino bis Isola Bella $2^3/_4$ (von Laveno $1^1/_4$) St., von Isola Bella bis Arona $1^1/_4$ St.; Fahrpreise zwischen Locarno und Arona 5 fr. 85 oder 3 fr. 20 c., zwischen Luino und Isola Bella 2 fr. 15 oder 1 fr. 30 c., zwischen Isola Bella und Arona 1 fr. 70 oder 1 fr., *An- und Abfahrt inbegriffen*. Die planmäßigen Fahrzeiten werden bisweilen auffallend schlecht eingehalten. — Stationen (nur die mit *liegender Schrift* gedruckten Stat. werden bei allen Fahrten berührt): *Locarno*, Magadino, Ascona (Kahnstation), Gera, *Brissago*, *Cannobbio*, Maccagno, *Luino*, Cannero, Oggebbio, Ghiffa (Kahnst.), Portovaltravaglia, *Intra*, *Laveno*, *Pallanza*, Suna (Kahnstat.), Feriolo (Kahnstat.), *Baveno*, Isola Superiore, *Isola Bella*, *Stresa*, *Belgirate*, *Lesa*, *Meina*, Angera, *Arona*.

**Ruderboote** (*barca*): für 2stünd. Fahrzeit für jeden Ruderer $2^1/_2$ fr., 1 bis 3 Pers. 2 Ruderer, 4 bis 6 Pers. 3, über 6 Pers. 4 Ruderer; doch geschieht's auch billiger. Jedenfalls unterhandle man vor dem Besteigen des Bootes selbst mit dem Schiffer. Ein kleines Trinkgeld über den bedungenen Preis ist üblich (vergl. S. 427). Die billigste Gelegenheit zum Besuch von Isola Bella ist das Dampfschiff.

Der ***Lago Maggiore** (197m ü. M., größte Tiefe 854m), *Langen-See*, der *Lacus Verbanus* der Römer, ist ca. 60km lang und im Durchschnitt 3-5km breit (Seefläche 210 qkm). Der n. Theil auf einer Strecke von 3 St., auch wohl *Locarner See* genannt, gehört zur Schweiz (Kanton Tessin), das w. Ufer von dem Flüßchen *Valmara* und das ö. von der *Dirinella* an zu Italien. Seine bedeutendsten Zuflüsse erhält er n. durch den *Tessin (Ticino)* und die *Maggia*, w. durch die *Tosa* (S. 426). Der südliche Abfluß behält den Namen *Ticino*. Die Ufer des n. Seearms sind von hohen, meist waldbedeckten Bergen eingeschlossen, das w. Ufer bietet die anziehendsten Landschaften, das ö. flacht sich gegen das untere Ende hin in die lombardische Ebene ab. Das Wasser erscheint im nördl. Arm grün, im südl. tiefblau.

Das Dampfboot berührt die (nachfolgend durch fette Schrift hervorgehobenen) Stationen nicht bei allen Fahrten (vgl. oben).

*Locarno* s. S. 420. Gegenüber in der NO.-Ecke des Sees, am Einfluß des Tessin, liegt **Magadino** (E.; *Hôt. Bellevue*, am See), aus einer oberen und einer unteren Ortschaft bestehend.

Südl. von Locarno öffnet sich das dorfreiche *Val Maggia* (S. 421); die Maggia hat bei ihrer Mündung in den See ein großes Delta gebildet. Weiterhin ist das w. Ufer bis hoch hinauf mit Landhäusern, Dörfern und Kirchthürmen übersät. Unmittelbar am See hin führt die Straße von Locarno nach Intra. In der Ecke **Ascona** mit Burgruine und hübschen Villen, dann *Ronco* höher am Abhang. Weiter im See zwei kleine Inseln, *Isole di Brissago*. Am ö. Ufer **Gera** (E.). Am w. Ufer **Brissāgo** (*Hôt. Suisse*), ein reizender Punkt mit schmucken Häusern und Villen in üppigen Gärten; bei der Kirche eine Gruppe schöner alter Cypressen. Die Abhänge hinter dem Ort schmücken Reben, Feigen-, Oliven- und Granatbäume, selbst die Myrthe blüht im Freien. — Brissago ist der letzte schweizerische Ort. Die italienische Zollrevision findet an Bord des Schiffes statt.

Gegenüber von Brissago liegt am ö. Ufer das italienische *Pino* (E.).

*S. Agăta* und **Cannobbio** (**H. Cannobbio*, am See, Z. $2^1/_2$-3, Pens. 6 fr.; *Alb. delle Alpi*, nicht theuer; **Pens. Villa Badia*, $^1/_2$ St. s. 80m über dem See, angenehmer ruhiger Aufenthalt, schweizer Wirth, Pens. 6-7 fr.) gehören bereits zu Italien, letzteres einer der ältesten und ansehnlichsten Orte am See (2600 E.), auf einem Vorland an der Mündung des *Val Cannobbina* gelegen, von bewaldeten Bergen eingeschlossen. In der Kirche *della Pietà*, deren Kuppel dem Bramante zugeschrieben wird, eine Kreuztragung von Gaud. Ferrari.

Hübscher Spaziergang (auch Omnibus) in dem prächtigen Val Cannobbina aufwärts zur ($^1/_2$ St.) Wasserheilanstalt *La Salute* und weiter bis zum (20 Min.) *Orrido*, einer wilden Felspartie, wo eine Brücke und im Frühjahr ein Wasserfall (am besten vom Boot aus zu sehen, 1 fr.). — Eine schöne neue Straße führt durch das malerische Val Cannobbina, den Fluß vielfach überschreitend und die Dörfer *Spoccia* (unterhalb an der Straße *Osteria Americana*), *Orasso*, *Cursolo* und *Gurro* r. und l. oben lassend, über einen niedrigen Bergsattel nach *Finero* (Whs.) und *Malesco* im *Val Vigezzo* ($6^1/_2$ St. bis *S. Maria Maggiore*, S. 421; Einsp. von Cannobbio in 5 St., 15 fr., Zweisp. 30 fr.).

Das Boot wendet sich jetzt dem ö. Ufer zu, zuerst nach **Maccagno** (E.; *Alb. della Torre*), mit malerisch gelegener Kirche und altem Thurm, von wo man in 2 St. nach dem hochgelegenen *Lago d'Eglio* gelangt (900m; *Gasth., schöne Aussicht). — Weiter am See die Viadukte und Tunnel der Gotthardbahn, dann *Caneda* in waldiger Schlucht und

**Luino** (E.). — Der DAMPFBOOT-LANDEPLATZ befindet sich bei der Wartehalle (M. m. W. $4^1/_2$ fr.) der *Dampftrambahn nach Ponte Tresa* (Lugano, S. 432). L. von diesem und der Garibaldistatue vorüber, dann der neuen breiten „Via Principe di Napoli" folgend gelangt man in 10 Min. zum Bahnhof der Linie Bellinzona-Genua: STAZIONE INTERNAZIONALE, mit ital. und schweiz. Zollabfertigung und gutem Restaurant (Déj. 3 fr.); Omnibus vom Dampfboot-Landeplatz 40 c., kl. Gepäck 25 c., größeres Gepäck 50 c.

GASTH.: Gr.-Hôt. du Simplon (Bes. *Piccardi*), mit Garten, südl. vor dem Ort, am See; Hôt. de la Poste, Z. L. B. 5 fr.; Vittoria, gelobt, beide unweit des Dampfbootlandeplatzes. — Beim internationalen Bahnhof: Terminus-Hôtel, im Besitz des Bahnhofswirthes, gelobt; Milano, Déj. 2, M. 3 fr.; Ancora u. s. w.

*Luino* oder *Luvino*, gewerbreiches Städtchen von 2800 Einw., unweit nördl. der Mündung der *Tresa* am Fuß und Abhang des Berges gelegen, eignet sich namentlich wegen seiner guten Verbindungen zu längerem Aufenthalt. Das *Standbild Garibaldi's* beim Dampfbootlandeplatz erinnert an den vergeblichen Versuch des tapferen Freischaarenführers, nach dem Abschluß des Waffenstillstandes zwischen Piemont und Oesterreich hier allein noch Widerstand zu leisten, 15. Aug. 1848. Die *Hauptkirche* enthält Fresken des hier gebornen Malers Bernardino Luini (c. 1470-c. 1530). — 10 Min. südl., an der Mündung der *Margorabbia*, liegt *Germignaga* mit großen Seidenspinnereien (filande) und Seidenzwirnereien (filatoje) des Züricher Hauses E. Stehli-Hirt.

Nahe am w. Ufer auf Felsklippen zwei wunderliche, halb erhaltene feste Schlösser, die *Castelli di Cannero*, jetzt Eigenthum des Grafen Borromeo, im XV. Jahrh. Raubburg der fünf Brüder Mazzarda, die von hier aus alle Orte am See überfielen. — **Cannĕro** *(Tre Re)* liegt reizend in Wein- u. Obstgeländen. Es folgen die kleinen Ortschaften **Oggebbio**,

**Ghiffa** *(Hôt. Ghiffa)*, am westl. Ufer, und **Porto-Valtravaglia** (E.; *Ost. Antica*), am östl. Ufer; hinter letzterm in bewaldeter Bucht *Caldè* mit dem alten Thurm *Castello di Caldè* auf vorspringendem Hügel. Zwischen Ghiffa und Laveno werden w. die Monte Rosa- und Simplongruppe sichtbar. Dann das größere

**Laveno** (E.; **Posta; Moro*), sehr hübsch in einer Bucht gelegen, an der Mündung des *Boesio*, ehemals ein von den Österreichern stark befestigter Kriegshafen. Prächtiger Blick auf den See und das Hochgebirge von dem halb zerstörten Fort auf dem Vorgebirge 1/2 St. s.w. — *Gotthardbahn* s. S. 422.

Der grüne **Sasso del Ferro** (1062m) hinter Laveno, die schönste Berggestalt am ganzen See, in 2 1/2-3 St. zu ersteigen, gewährt eine prachtvolle Aussicht über den See, die Ebene bis Mailand, sowie auf die gewaltigen Schneehäupter der Monte Rosa-Kette; die fünfzackige Krone des Monte Rosa selbst tritt schon bei Laveno hinter den Bergen des jenseitigen Ufers hervor. — Interessanter Ausflug von Laveno s. zum (1 1/4 St.) Kloster *S. Caterina del Sasso*, am Bergabhang hoch über den See gelegen, merkwürdig durch einen im vorigen Jahrh. auf das Gewölbe der Kirche gefallenen und darin stecken gebliebenen Felsen.

Eisenbahn von Laveno über *Varese* nach *Como* s. S. 442. — Von Laveno nach den Borromeischen Inseln und Pallanza (S. 426) Barke mit 3 Ruderern 10-12 fr.; Fahrzeit bis Isola Bella 1 1/2 St., von da nach Isola Madre 20 Min., Pallanza 20 Min.

Von Laveno nach Mailand, 73km, Eisenbahn in 2 1/2 St. (8 fr. 30, 5.80, 4.20 c.). — 4km *Sangiano*. Die Bahn zweigt von der Bahn nach Sesto l. ab (r. bleibt Monvalle, s. S. 423) und führt durch einen Tunnel. 8km *Besozzo;* 16km *Ternate-Varano*, an dem lieblichen *Lago di Comabbio*. Folgt ein langer Tunnel; 22km *Crugnola-Cimbro;* 27km *Besnate*. — 32km *Gallarate* und von dort nach (73km) *Mailand* s. S. 428.

Nähert das Boot sich Intra, so treten in dem Thaleinschnitt, der sich hier w. öffnet, die nördl. Nachbarn des Monte Rosa hervor, zuerst Strahlhorn, dann Mischabel und Simplongruppe. Sie verschwinden, wenn das Boot die Landzunge zwischen Intra und Pallanza umfährt, werden aber sogleich wieder bis Isola Bella sichtbar. L. die stumpfe Pyramide des Mte. Motterone mit dem Hôtel und die weißen Steinbrüche bei Baveno.

**Intra** (**H. de la Ville & Poste*, *Vitello & Leon d'Oro* vereinigt, Z. u. B. 2 1/2-3 1/2, F. 1 1/4 fr.; *H. Intra, Agnello)*, ansehnliche Stadt (5700 E.) mit vielen Fabriken, meist von Schweizern gegründet. Sie liegt auf angeschwemmtem Boden zwischen den Mündungen zweier Bergwässer, des *S. Giovanni* und des *S. Bernardino* (s. unten). Am Quai ein Marmorstandbild des Capitäns Simonetta. — 10 Min. n. am See die **Villa Fransosini* mit herrlichem Garten (prachtvolle Camellien u. Magnolien) und 1/4 St. weiter die **Villa Ada* des Hrn. Ceriani, gleichfalls mit wundervollem Pflanzenwuchs (zahlreiche Palmen, mächtige Eukalypten etc.); 1/2 St. s. am Vorgebirge Castagnola (s. unten) die *Villa S. Remigio*, mit schöner Aussicht vom Balkon (Zutritt gestattet).

Hübscher Spaziergang von Intra n. auf neuer Fahrstraße, deren Windungen man auf schattigen Fußwegen mehrfach kürzen kann, über *Arizzano* nach (1 1/4 St.) **Bee** (580m; **Albergo Bee*), mit schöner Aussicht auf den See, und weiter nach (1 St.) **Premeno** (792m; **H.-P. Premeno*, in schöner Lage); 10 Min. oberhalb der *Tornico*, ein zu Ehren Garibaldis angelegter Platz mit guter Quelle; von hier in 1/4 St. zur *Bellavista*, mit herrlicher Aussicht auf die Alpen, den Lago Maggiore und w. in das schöne reich bebaute Val Intragna mit zahlreichen Ortschaften.

S. von Intra springt die in üppiger Vegetation prangende *Punta della Castagnola* weit in den See vor; auf derselben ($\frac{1}{2}$ St. von Intra, 10 Min. von Pallanza) das *Gr.-Hôt. Eden* (s. unten). Die kleine *Isola S. Giovanni*, vor Pallanza, mit Kapelle, Haus und Gärten, gehört schon zu den Borromeischen Inseln.

**Pallanza.** — Gasth.: *Gr.-Hôt. Eden, früher *Garoni*, deutsche Bedienung, mit weiter Aussicht, Z. L. B. $3\frac{1}{2}$-7, F. $1\frac{1}{2}$, Lunch 3, M. 5, Pens. 7-12, Omn. 1 fr.; *Gr.-H. Pallanza (Bes. *Seyschab*), nebst mehreren Dependenzen und der *Villa Montebello*, in schöner Lage, von Pensionsgästen mehr gelobt als von Durchreisenden, Z. L. $2\frac{1}{2}$-12 fr., F. $1\frac{1}{2}$, Lunch 3, M. 5, warmes Bad $2\frac{1}{2}$, Seebad (ungenügend) $1\frac{1}{2}$ fr., Pens. m. Z. im Sommer $7\frac{1}{2}$-$12\frac{1}{2}$, im Winter 7-$10\frac{1}{2}$ fr. — *Posta, Z. L. B. 3, F. $1\frac{1}{4}$, M. 4, Pens. 5-8 fr.; Hôt. Milan, Z. 2, M. m. W. $3\frac{1}{2}$ fr., beide am See; Italia; S. Gottardo; *Pens. Villa Maggiore, Z. 2, M. 3, Pens. 5-6 fr.

Barken: nach Isola Madre u. zurück mit 1 Ruderer $2\frac{1}{2}$ fr., mit 2 Ruderern $4\frac{1}{2}$ fr., nach Isola Bella u. zurück $3\frac{1}{2}$ oder 6 fr., nach beiden Inseln u. zurück 4 od. 7 fr., nach Stresa u. zurück $3\frac{1}{2}$ od. 6 fr., nach Laveno u. zurück $3\frac{1}{2}$ od. 7 fr. u. s. w. Man lasse sich die Taxe vor Besteigen des Bootes zeigen. Die Hôtels haben eigene Barken zu ähnlichen Preisen.

Postomnibus nach Gravellona 4mal tägl., s. S. 286; außerdem fährt ein besonderer Omnibus des Hôt. Pallanza ($1\frac{1}{2}$ fr.).

*Pallanza*, gewerbreicher Ort mit 3200 Einw., liegt in reizender villenreicher Umgebung nördl. gegenüber den Borromeischen Inseln. mit schöner Aussicht auf diese, den See und nördl. bis zu den Alpen. Hübsche Promenadenanlagen am See. Sehenswerth die Gärten der Handelsgärtner *Rovelli*, *Cerutti* u. a.

Schöner Spaziergang durch die nach der *Madonna di Campagna* führende schattige Kastanienallee, bei der Kirche r. um den *Monte Rosso* (693m) herum über den ($\frac{1}{2}$ St.) *S. Bernardino* und auf der Straße oder auf angenehmem Fußpfad am l. Ufer aufwärts über ($\frac{3}{4}$ St.) *Unchio* (vorher l. die malerische Brücke von *Santino*) und (40 Min.) *Cossogno* (am Markt Whs., guter Wein) bis zur ($\frac{1}{4}$ St.) alten Römerbrücke vor *Rovegro*; zurück über *Santino*, *Bieno*, *Cavandone* und *Suna* nach (2 St.) Pallanza.

Der See bildet hier eine weite Bucht gegen W., in welche sich die reißende *Tosa (Toce)* ergießt. Am n.ö. Ufer liegt **Suna** (**Pens. Camenisch*; *Alb. Pesce*); am s.w. Ufer **Feriōlo**. — Weiter

**Bavēno.** — Gasth.: *Gr.-Hôt. Bellevue, Z. L. B. 5-7, M. 5 fr., mit schönem Garten am See; *Gr.-Hôt. Baveno, unterhalb der Villa Clara; *Beaurivage, mit Garten; *Hôt.-Pens. Suisse, auch Bier, Z. von $1\frac{1}{2}$ fr. an, F. 1, Déj. 2, M. 3, Pens. von 5 fr. an. — Postomnibus nach *Gravellona* 2mal tägl., s. S. 286.

Ruderboot nach den Borromeischen Inseln, ähnliche Preise wie von Stresa (S. 428). Halbwegs zwischen Baveno und Stresa ist eine Ueberfahrtstelle nach Isola Bella (1-2 fr. für die kaum 10 Min. dauernde Fahrt).

*Baveno* (2000 Einw.), mit großen Granitbrüchen, welche das Material für Säulen im Mailänder Dom, in S. Paolo fuori in Rom u. a. geliefert haben, wird vielfach zu längerem Aufenthalt gewählt. Sehenswerth die schloßartige **Villa Clara* des Engländers Henfrey, der dieselbe 7. Oct. - 3. Nov. 1887 dem kranken deutschen Kronprinzen zur Verfügung stellte (Besuch des schönen Gartens und der Kirche gegen Abgabe der Visitenkarte gestattet).

Den Hauptreiz in dieser westl. Bucht des Sees gewähren die ***Borromeischen Inseln**, deren Umgebung an Großartigkeit mit dem Comer See wetteifert, an Lieblichkeit ihn vielleicht übertrifft. Das Dampfboot hält (nur bei einzelnen Fahrten) an der westlichsten, *Isola Superiore* oder *dei Pescatori*, dann (bei allen Fahrten) an *Isola Bella*, der südlichsten. Letztere ist mit *Isola Madre* Eigenthum der Familie Borromeo und von 9 Uhr Vorm. an zugänglich, bei Anwesenheit der Besitzer nicht nach 6 Uhr Abends. — Nördl. die S. 426 bereits genannte *Isola S. Giovanni*.

***Isola Bella** ist die berühmteste der vier Inseln. Graf *Vitaliano Borromeo* († 1690) baute auf ihr ein Schloß und ließ den Glimmerschieferfels durch Aufschütten fruchtbarer Erde in reiche Gärten verwandeln, die, in 10 Terrassen 32m hoch über dem See aufsteigend, die volle Pracht der südl. Pflanzenwelt entfalten: Limonen, Orangen, Kirschlorbeer, Magnolien, Cedern, Korkeichen, Kampferbäume, Eukalypten, prächtige Camellien, Oleander u. s. w.; in den Anlagen zerstreut Muschelgrotten, Laubengänge, Statuen etc. Die Aussicht auf die in südlicher Üppigkeit prangenden, mit zahllosen weißen Häusern belebten Ufer, den weiten tiefblauen See, den schönen Kranz von Bergen, die Vereinigung von Schneegipfeln und sanft gewellten Uferhügeln ist wohl geeignet, den aus dem Norden kommenden Wanderer wunderbar anzuregen. Das *Schloß*, viel zu groß für die kleine Insel, enthält eine umfangreiche aber wenig werthvolle Gemäldegalerie; der nördl. Flügel ist unvollendet geblieben. Von eigenthümlicher Wirkung ist der Blick durch die Bogen der langen Grottengänge unter dem Schloß auf See und Gegend. Ein Bedienter führt im Schloß umher (50 c., Gesellschaft 1 fr.), der gut unterrichtete Gärtner in den Gärten gegen gleiches Trinkgeld (Montags ist der Eintritt nicht gestattet). Neben dem Schloß das **H. du Dauphin* oder *Delfino* (Z. L. B. 3, F. 1$^1/_4$, M. 4, Pens. 7 fr.); *Ristor. del Vapore*, leidlich. Ein Boot von Isola Bella nach Isola Madre und zurück pflegt mit 2 Ruderern 3 fr. zu kosten.

***Isola Madre** ist auf der Südseite der Isola Bella ähnlich, 7 Terrassen mit Limonen- und Orangen-Spalieren, auf der obersten, mit prachtvollem Ausblick, ein unbewohnter Palazzo. Auf der Nordseite reizende Anlagen im engl. Geschmack mit wundervollem Pflanzenwuchs (Gärtner 1 fr.). — **Isola dei Pescatori** oder **Superiore** *(Osteria Verbano)* verdient wegen ihrer malerischen Ansichten gleichfalls einen Besuch. Die Insel ist ganz von einem Fischerdörfchen eingenommen; nur ein kleiner Platz zum Trocknen der Netze, eine kleine Allee und der Kirchhof sind frei geblieben.

Südl. gegenüber von Isola Bella am w. Ufer liegt

**Stresa.** — Gasth.: *H. des Iles Borromées (Gebr. *Omarini*), 10 Min. vom Landeplatz, großes Haus mit schönem Garten, Z. L. B. von 4 fr., F. 1$^1/_2$, M. 5 fr., Pens. ohne Z. 7 fr. 50 c., z. Th. deutsche Bedienung, zu längerm Aufenthalt zu empfehlen. — H. Milan, mit Gärtchen am See, nahe beim Landeplatz, deutsche Kellner, Z. L. B. 4-5$^1/_2$, M. 5, Pens. ohne Z. 6-7 fr.; Alb. Reale Bolongaro, am See; Italia & Pens. Suisse, Z. L. B. von 2$^1/_2$, Pens. von 6 fr. an; Alb. S. Gottardo, Z. von 1$^1/_2$, Pens. 5-6 fr., alle ital., aber ganz gut. — Boot *(barca)* mit einem Ruderer 2 fr. die erste Stunde, jede folgende (auch nur begonnene) halbe Stunde 50 c. Vgl. auch S. 423. — Postomnibus nach Gravellona 2mal tägl., s. S. 286.

Das stattliche ehem. *Rosminianer-Kloster* (267m) s. über dem Ort ist jetzt Vorschule des Gymnasiums in Domodossola. In der Kirche das Grabmal Ant. Rosmini's († 1855), mit trefflicher Statue, von Vela. Auf dem *Kirchhof* schöne Cypressen. Unter den Villen in der Umgebung sind zu nennen die *Villa der Herzogin von Genua*, neben der Kirche, *Villa Landriani*, *Lomellini*, *Amalia*, *Baisini*, *Imperatori* etc. 1/4 St. s. über dem See in herrlicher Lage die *Villa Pallavicino* und 5 Min. weiter die *Villa Vignolo*, mit schönen Gärten (Zutritt gestattet). — Besteigung des *Monte Motterone* s. S. 429.

Bei der Weiterfahrt wird der schwierige Bau der Landstraße, die vielfach auf gemauerten Dämmen ruht, besonders anschaulich. Die Ufer flachen sich allmählich ab, w. tritt der Monte Rosa hervor. — Am W.-Ufer folgt **Belgirate** (*Gr.-H. & P. Belgirate)*, mit 700 E., umgeben von den Villen *Fontana*, *Principessa Matilda* u. s. w. — Dann **Lesa** und **Meina** *(Alb. Zanetta)*, am östl. Ufer **Angera** (E.), mit stattlichem Schloß des Grafen Borromeo.

**Arona.** — *Alb. Reale d'Italia & Posta, *Alb. S. Gottardo, nicht theuer, beide am Dampfboot-Landeplatz; Ancora, hinter S. Gottardo. — *Café della Stazione; Café* neben Alb. Reale; *Café du Lac* neben dem Hafen. Gutes Münchner Bier gegenüber dem Bahnhof.

*Arona* (225m), alte Stadt mit 3700 Einw., liegt am W.-Ufer des Sees, etwa 5km von seinem Südende, am Bergabhang hinan sich ausdehnend. In *S. Maria*, der Hauptkirche, ist r. neben dem Hauptaltar in der gräfl. Borromeo'schen Kapelle ein gutes Altarblatt, die h. Familie, von *Gaudenzio Vinci* (oder Gaudenzio Ferrari?), 1511.

Auf einer die ganze Gegend beherrschenden Anhöhe 1/2 St. n. ragt, meilenweit sichtbar, auf einem 13m h. Sockel das 21m h. *Standbild S. Carlo's* hervor, welches im J. 1697 dem 1538 hier gebornen Grafen *Carlo Borromeo* († 1584), dem berühmten, 1610 heilig gesprochenen Cardinal-Erzbischof von Mailand, errichtet wurde.

Kopf, Hände und Füße der Figur sind aus Erzguß, das Gewand aus geschlagenem Kupfer. Ungeachtet der riesigen Verhältnisse macht die Bildsäule, bis auf die zu großen Ohren, auch künstlerisch einen guten Eindruck. Die einzelnen Theile sind durch eiserne Stangen an einem im Innern aufgemauerten Pfeiler befestigt. Eine eiserne Treppe führt zum Eingang in das Innere der Statue (50 c.), in der man hinaufsteigen kann (unbequem). Der Kopf hat für drei Menschen Raum.

In der angrenzenden *Kirche* werden einige Reliquien des h. Karl Borromäus aufbewahrt. Das lange Gebäude ist *Priester-Seminar*.

Von Arona nach Mailand, 67km, Eisenbahn in 2 1/4-2 1/2 St. für 6 fr. 80, 4 fr. 55, 2 fr. 65 c. Die Bahn umzieht das s. Ende des Sees und führt über den *Tessin* nach *Sesto-Calende* (S. 423); weiter, anfangs mit herrlichem Blick auf den Monte Rosa, über *Vergiate* u. *Somma* nach (27km) **Gallarate**, wo die von Varese (S. 442) und Laveno (S. 425) kommenden Bahnen münden, bedeutender Ort (5200 Einw.) am s.ö. Fuß der Hügelkette, am Anfang der großen fruchtbaren lombard. Ebene, die mit Mais, Reis und zahllosen Maulbeerbäumen bepflanzt ist, zwischen welchen sich Weinreben hinranken. Stat. *Busto-Arsizio*, *Legnano*, *Parabiago*, *Rhò*, *Musocco*. — 67km *Mailand* s. S. 443.

## 111. Von Stresa nach Orta und Varallo.

*Vergl. Karte S. 422.*

1½ Tage: am 1. von *Stresa* über den Motterone nach *Orta* 7-8 St.; am 2. von Orta nach *Varallo* 4½ St. Von Varallo können rüstige Wanderer über einen der S. 432 genannten Pässe ins *Val Anzasca*, oder durch das Sesia-Thal (Fahrweg) nach *Alagna* gelangen und dort die in R. 86 beschriebene Wanderung antreten. — ZWEISP. WAGEN von Stresa über Gravellona nach Orta mit Aufenthalt 30 fr.

Ein langer Gebirgsrücken, der *Mte. Margozzolo* oder *Mergozzolo*, trennt den Lago Maggiore vom Ortasee. Über ihn führt ein lohnender Weg in 5-6 St. von Stresa nach Orta: Fahrweg bis (2 St.) *Gignese* (707m; Albergo Alpino, mit schöner Aussicht, von hier zum Motterone 2 St.); weiter mit Führer (2-3 fr.) in 2 St. nach *Coiro*, dann auf leicht zu findendem Wege in ¾ St. hinab nach *Armeno* (s. unten). — Weiter n. erhebt sich der Bergrücken zu einem hohen Rasengipfel, dem ***Monte Motterone** oder *Mottarone* (1491m); Besteigung unschwierig und höchst lohnend (von Stresa oder Baveno 3½-4 St.; F. unnöthig, 3 fr., Esel mit Treiber 5 fr.). Der Weg von Baveno steigt über *Romanico*, *Loita*, *Campino* meist durch Wald nach *Someraro*, wo er mit dem Wege von Stresa zusammentrifft. Letzterer führt Isola Bella gegenüber jenseit der Brücke über das breite Bett des *Roddo* von der Straße l. ab, durch Wald hinan zu den Dörfern (¾ St.) *Someraro* (457m) und (25 Min.) *Levo* (584m; *H. Levo, Pens. 6-7 fr.); ½ St. weiter tritt er aus dem Walde und steigt über Matten an den *Alpe Giardino* vorbei bis zu dem (1 St.) thurmlosen Kirchlein *S. Eurosia* (1093m), wo er sich r. wendet; 20 Min. *Alpe del Mottarone* (Milch zu haben), 30 Min. **Albergo Mottarone* (Gebr. Guglielmina, 1426m), 10 Min. unterhalb des Gipfels (Z. L. B. 3, F. 1½, M. 3¾, Pens. m. W. 9 fr.).

Die **AUSSICHT vom Gipfel, dem Rigi Oberitaliens (Panorama von Bossoli, im Hôtel vorhanden), umfaßt die Alpenkette vom Col di Tenda und Monte Viso bis ö. zum Ortler und Adamello. Vor allem tritt im W. die prächtige Monte Rosa-Gruppe hervor; r. davon Cima di Jazzi, Strahlhorn, Rimpfischhorn, Allalinhorn, Alphubel, Mischabel (Täschhorn, Dom, Nadelhorn), Pizzo Bottarello, Portjengrat, Bietschhorn, Mte. Leone, Jungfrau, Helsenhorn, Fiescherhörner, weiter, ö. von der Pyramide des Monte Zeda, das Rheinwaldgebirge, Bernina, Disgrazia, Mte. Legnone, Mte. Generoso, Mte. Grigna. Unter sieben Seen, der Lago d'Orta, Lago di Mergozzo, Lago Maggiore, Lago di Biandronno, Lago di Varese, Lago di Monate, Lago di Comabbio, weiter r. die weite lombard. und piemont. Ebene, Mailand mit seinem hohen Dom im Mittelpunkt. Tessin und Sesia ziehen sich wie silberne Bänder durch den dunkeln Grund, vermöge einer optischen Täuschung scheinen sie auf einer Hochebene zu fließen. Der Berg selbst besteht aus kahlen Gipfeln, nur mit Weide bedeckt, hier und da eine Sennhütte, von hohen Bäumen beschattet.

An der W.-Seite führt ein streckenweise steiler Weg (Führer rathsam) direkt hinab nach (2 St.) *Omegna* (Alb. Manin, gelobt), am N.-Ende des Orta-Sees (Eisenbahnstation, s. S. 295). Wer nach Orta will, gelangt an der S.-Seite des Gipfels auf einem breiten, nicht zu verfehlenden Saumweg in 2½ St. über *Cheggino* (647m) nach *Armeno* (523m; Alb. dell' Unione) und zur Landstraße. Auf letzterer weiter; nach 12 Min. Wegtheilung: l. nach *Miasino* (s. S. 295), r. abwärts über *Carcegna*, die Bahn nach Gravellona kreuzend (der Bahnhof Orta-Miasino bleibt l.), nach (1¼ St.)

**Orta** (290m; **H. Belvedere* auf dem Sacro Monte, s. unten, Z. u. B. 3, M. 4 fr.; *Alb. Orta* am See, wird gelobt; *Hôt. S. Giulio* bei *Ronchetti*, am Markt, Z. u. B. 4, F. $1^1/_2$, M. $4^1/_2$ fr.; *Leon d'oro*, am See, einf.; Bier im *Café d'Orta*, am Markt), kleiner Ort mit engen Straßen und einer Villa des Marchese Natta, malerisch am Fuß des *Sacro Monte* (s. unten) auf einer in den lieblichen ***Orta-See** hineinragenden Halbinsel gelegen. In der Mitte des 12km l., 2km br. Sees, nach seinem (zweifelhaften) antiken Namen jetzt *Lago Cusio* genannt, die kleine *Isola S. Giulio* (Barke hin u. zurück $1^1/_2$ fr.), mit Priesterseminar und sehr alter Kirche, angeblich vom h. Julius, der im J. 379 zur Bekehrung der Heiden aus Griechenland hierher kam, gegründet, später mehrmals erneuert; sie besitzt außer einigen guten Reliefs, einer schönen Kanzel roman. Stils, einige alte Fresken, in der Sacristei eine Madonna von Gaudenzio Ferrari. Von den Gärten reizende Aussicht.

Über Orta steigt der ***Sacro Monte** oder das *Santuario* (401m) auf, in $^1/_4$ St. zu besteigen (Aufgang vom Hauptplatz, von der Bahnhofstr. an der W.-Seite des Orts oder durch den Garten der Villa Natta; hier Trinkg. für das Aufschließen der obern Thür), ein schön belaubter Berg, parkartig angelegt, mit 20 großen verschlossenen Kapellen, zu Ehren des h. Franz von Assisi im XVI. Jahrh. aufgeführt, in jeder eine Begebenheit aus dem Leben des Heiligen in lebensgroßen figurenreichen Darstellungen aus gebranntem Thon (Terracotta), bunt angemalt, Hintergrund al fresco, das Ganze lebendig aufgefaßt und von eigenthümlicher Wirkung, wenn auch ohne besondern Kunstwerth. Die besten Gruppen sind in der 13., 16. und 20. Kapelle, in letzterer die Canonisation des Heiligen mit dem ganzen Cardinalscollegium. Man kann sich von einem der „Custodi del Monte" die Kapellen aufschließen lassen (50 c.-1 fr.), sieht aber alles zur Genüge durch die in den Thüren angebrachten Oeffnungen. Mannigfache Aussichtspunkte gewähren die reizvollsten Blicke auf den See; auf dem Gipfel ein Campanile mit treffl. Rundsicht (w. schaut das Schneehaupt des Monte Rosa über die vorliegenden Berge hervor). Oben am W.-Rande das **Hôtel Belvedere* und ein kl. *Café-Restaur.*

Hübsche Ausflüge von Orta w. zur (1 St.) *Madonna della Bocciola* (477m), oben am Berge über dem Bahnhof gelegen, mit schöner Aussicht; s. zur ($1^1/_4$ St.) *Torre di Buccione* (458m), einem alten von Kaiser Friedrich Barbarossa herstammenden Wartthurm am S.-Ende des Sees (Barke bis Buccione $1^1/_2$ fr.), gleichf. mit prächtiger Aussicht. Ueber *Pella* (Ueberfahrt in 20 Min., s. unten) nach ($^1/_2$ St.) *Alzo*, mit großen Granitbrüchen (Eisenbahn nach Gozzano, s. S. 295), und zur (1 St.) *Madonna del Sasso* (638m), der hübschen Kirche des Dörfchens *Boletto*, auf hoher Felswand, mit schöner Aussicht über den ganzen See. — Träger von Orta auf den Motterone (5 St.) 6 fr., Esel 10 fr.; über den Motterone nach Baveno oder Stresa 10 u. 15 fr.

Eisenbahn von Orta nach *Novara* und *Domodossola* s. S. 295.

Von Orta über die Colma nach Varallo: $4^1/_2$ St. (F. 5 fr., unnöthig; Esel 6, bis zur Colma 3 fr.). Am W.-Ufer des Sees, Orta gegenüber, blickt aus Reben, Kastanien- und Nußbäumen das Dörfchen **Pella** (*Pesce d'Oro*, einf.) mit seinen weißen Häusern hervor (Überfahrt von Orta 1 fr.). Der Weg zur Colma führt durch das Dorf, am obern Ende bei der Papierfabrik r. über den *Pellino*, dann steil bergan; nach 12 Min. Wegtheilung hier l., auf gutem Wege eben fort, an einer (20 Min.) Mühle vorbei; oberhalb über einen r. herabkommenden Bach, dann auf gepflastertem Wege steil hinan nach dem Dorf (40 Min.) *Arola* (615m), mit herrlichem Blick gegen den Orta-See. 5 Min. oberhalb des Dorfs l., etwas bergab, dann $^1/_2$ St. lang eben fort, die Pellino Schlucht umgehend (kleiner Wasserfall), zuletzt durch Wald bergan über morsche Granitfelsen zum ($^3/_4$ St.) bewaldeten Sattel der **Colma** (942m); von der Anhöhe l. prächtige Aussicht auf den Monte Rosa, die Seen von Orta und Varese und die lombardische Ebene. Beim Hinabsteigen (r. halten) überblickt man bald das fruchtbare *Sesia-Thal* mit seinen zahlreichen Dörfern. Der Pfad führt durch Nuß- und Kastanienwälder nach ($^3/_4$ St.) *Civiasco* (716m; mehrere Cantinen); von hier schöne neue Straße (der alte Weg gleich l. hinab kürzt), anfangs mit prächtigem Blick auf den Mte. Rosa, nach ($^3/_4$ St.)

**Varallo** (451m; **Croce bianca* gute Küche; **Italia*, Z. u. B. $3^1/_2$, M. 4 fr.; *Posta; Parigi; Falcone nero*), Hauptort (3200 Einw.) des Thals der *Sesia*, in großartiger Umgebung an der Mündung des *Mastallone*. Eine steinerne Brücke führt über diesen, eine Kettenbrücke unterhalb des Bahnhofs über die Sesia. Auf der Piazza Vitt. Emanuele am Eingang der Stadt vom Bahnhof her ein Standbild Victor Emanuels II. In der Collegiatkirche auf dem Hochaltar eine Vermählung der h. Katharina von dem in dem nahen Valduggia gebornen *Gaudenzio Ferrari* (1484-1549). Fresken desselben Meisters in S. Maria delle Grazie (im Chor), S. Maria di Loreto und S. Marco, die letztern aus früherer Zeit; sein *Marmorstandbild, von della Vedova, am Aufgang zum Sacro Monte.

Der **Sacro Monte** (*Santuario di Varallo*, 608m), als Wallfahrtsort und Sehenswürdigkeit viel besucht, erhebt sich unmittelbar bei der Stadt. Man steigt c. 20 Min. den gepflasterten, von herrlichen Bäumen beschatteten Weg hinan. Reichlich entschädigt für den kurzen Anstieg der prachtvolle Blick auf die waldigen über einander aufgebauten Bergkuppen, die ein großartiges Bild gewähren. An und auf dem Gipfel außer der Kirche, eine große Anzahl von Kapellen oder Oratorien mit Darstellungen aus der heil. Geschichte in lebensgroßen Figuren aus gebranntem Thon, bekleidet und angemalt, und in Gruppen zusammengestellt, vom (1. Kap.) Sündenfall bis zur (46. Kap.) Grablegung der Jungfrau Maria. Diese „*Nuova Gerusalemme nel Sacro Monte di Varallo*" verdankt ihren Ursprung dem sel. Bernardino Caloto, einem Mailänder Edelmann, der 1486 von Papst Innocenz VIII. die Erlaubnis dazu erhielt. Der Wallfahrtsort kam aber erst nach dem wiederholten Besuch des Cardinals Borromeo (S. 428) 1578 und 1584 in Aufnahme. Aus dieser Zeit sind auch fast alle Kapellen. Jetzt ist der Berg städtisches Eigenthum (oben *Café-Restaur.*).

Varallo ist ein vortreffliches Hauptquartier zu Ausflügen in die leicht zugänglichen und großartig schönen Thäler der Umgebung.

Von Varallo über Fobello nach Pontegrande (**Macugnaga**) 9 St., unschwierig (Führer kaum nöthig). Fahrstraße durch das schöne **Val Mastallone*, in welchem 1 St. aufwärts der malerische *Ponte della Gula*, bis (17km) **Fobello** (880m; **Posta; Alb. del Club Alpino*, ganz gut); dann guter Saumweg über *Boco, Piana, S. Maria* und *Giavino* zum (3 St.) **Col di Baranca** (1820m) mit Kapelle u. Sennhütten; steil hinab, mit prächtigem Blick ins Anzascathal, durch *Vall' Olocchia* nach *Bannio* und (3 St.) *Pontegrande* (S. 320).

Von Varallo durch das Val Sesia nach Alagna ($8^1/_2$ St.), Omnibus tägl. 1 U. Nm. in 5 St. Die Straße führt am l. Ufer der Sesia durch das reich bebaute Thal über *Valmaggia* und *Vocca* nach (2 St.) *Balmuccia* (579m), an der Mündung der *Sermenza* in die Sesia.

[Durch das malerische **Val Sermenza** (*Valle Piccola*) führt ein Fahrweg von Balmuccia über ($^1/_2$ St.) *Boccioleto* (667m; *Pens.-Rest. de la Fenice) nach ($^1/_2$ St.) *Fervento* (Rest. Valle Sermenza), dann Saumweg nach (1 St.) *Rimasco* (906m; 2 Whser., das obere besser), wo das Thal sich theilt: r. (ö., *Val d'Egua*) nach (2 St.) *Carcoforo* (1304m; Alb. del Monte Moro, einf.), l. (*Val Piccola*) nach

(2 St.) *Rima* (1417m; *Albergo Tagliaferro). Von Carcoforo nach Ponte-Grande über den **Col d'Egua** (2153m) und *Col di Baranca* (s. oben) 6-7 St. m. F., lohnend; nach Pestarena über den **Passo della Moriana** (c. 2500m), 6 St. m. F., beschwerlich, nach Macugnaga über den **Col della Bottiglia** (2872m), 7 St. m. F., gleichf. beschwerlich (hinab durch *Val Quarazza*, S. 325). — Von Rima (s. oben) nach Macugnaga über den **Col del Piccolo Altare** (2630m) 6-7 St., anstrengend und wenig lohnend; nach Alagna über den *Colle Moud* oder die *Bocchetta Moanda* s. S. 325.)

Die Straße bleibt stets am l. Ufer der Sesia, über *Scopa* (Alb. Topini), *Scopello* (Alb. Deblasi, Valsesia) *Pila*, *Piode* und *Campertogno* bis (4 St.) **Mollia** (880m; **Alb. Valsesiano*); weiter in dem sich verengenden Thal nach dem herrlich gelegenen ($1^3/_4$ St.) *Riva* (1112m; *Hôt. delle Alpi), mit reich dekorierter Kirche, wo n. einige Spitzen des Monte Rosa sichtbar werden, und ($^3/_4$ St.) *Alagna* (S. 325).

Von Varallo nach Novara, 55km, Eisenbahn in 2 St. 8 Min. (6 fr. 25, 4.40, 2.80 c.) durch das fruchtbare *Sesiathal*. Stationen: *Roccapietra*, *Quarona*, *Isolella Vanzone*, (18km) *Borgosesia*, größerer Ort an der hier seeähnlich breiten Sesia (Omnibus tägl. 10 Uhr 30 Vm. in $2^1/_2$ St. über *Valduggia* nach Gozzano, S. 295); weiter auf langem Viadukt über die *Strona* nach *Grignasco*, *Prato Sesia* und (26km) **Romagnano** *(Posta)*, gewerbreicher Ort in fruchtbarster Umgebung (Mais- und Rebenfelder). Die Berge treten nun ganz zurück; Stat. *Ghemme*, *Sizzano*, *Fara*, *Briona*, *S. Bernardino*, *Bivio Vignale* (Knotenpunkt der Bahn nach Orta, S. 295), dann über die *Agogna* nach *Novara* (s. S. 295 u. *Baedeker's Oberitalien*).

## 112. Von Luino am Lago Maggiore nach Menaggio am Comer See. Luganer See.

*Vergl. Karten S. 422 u. 434.*

Eisenbahn (Dampftrambahn) von Luino bis *Ponte Tresa* in 1 St. (2 fr. 65, 1 fr. 45 c.); Dampfboot von Ponte Tresa in $1^3/_4$ St. nach *Lugano*, in $2^3/_4$ St. nach *Porlezza* (4 fr. 50, 2 fr. 70 c.); Eisenbahn von Porlezza nach *Menaggio* in 1 St. (2 fr. 65, 1 fr. 45 c.). Durchgehende Billets Luino-Menaggio 9 fr. 80, 5 fr. 60 c.; Retourbillets 20%, Sonntags- und Rundreisebillets 30% billiger (Billets auf allen Schiffen der drei Seen zu haben). — Schweizerische Zollrevision auf den Damfbooten des Luganer Sees, italienische in Porlezza, bez. in Ponte Tresa.

*Luino* s. S. 424; die Station der Trambahn ist in der Nähe des Dampfbootlandeplatzes. Die Bahn kreuzt die Gotthardbahn (S. 422; r. deren Bahnhof) und tritt bei der Haltstelle *Creva*, mit bedeutenden Fabriken, an die *Tresa*, den Ausfluß des Luganer Sees, der bei *Germignaga* (S. 424) in den Lago Maggiore fällt. Weiter in vielen Windungen an dem schroff abfallenden r. Ufer der Tresa; dann auf 18m langer Eisenbrücke über dieselbe (243m; der Fluß bildet von hier an Grenze zwischen der Schweiz und Italien) und durch zwei Tunnel zur Haltstelle *Cremenaga* (254m). Nun stets am l. Ufer der Tresa zur Station **Ponte Tresa**, auf italien. Gebiet, dem am r. Ufer der Tresa gelegenen schweizer Dorf d. N. gegenüber, an einer rings von Bergen eingeschlossenen Bucht des *Luganer Sees*.

Die Straße von Ponte Tresa nach Lugano (10km, auch für Fußgänger lohnend) führt über die *Vallesina* nach ($^1/_2$ St.) *Magliaso*, dann streckenweise am See entlang (r. der Mte. S. Salvatore) nach ($^1/_2$ St.) **Agno** (295m); hier über den Fluß gl. Namens (S. 414), dann in mäßiger Steigung an dem kleinen *See von Muzzano* vorbei zum Restaur. du Jardin in *Sorengo* (S. 415) und hinab nach (1 St.) *Lugano* (S. 414).

Dampfbootfahrt. Das Boot fährt durch die Enge *(Stretto)* von *Lavena* (l. der schroff abstürzende *Mte. Caslano*, 521m) und tritt in den w. Arm des **Luganer Sees** (271m), ital. *Lago Ceresio*, mit einförmig bewaldeten Uferhöhen. Bald öffnet sich ein schöner Blick nach N. auf den See von *Agno* (s. oben), im Hintergrund hohe Berge (Mte. Tamaro, Mte. Bigorio etc.). Das Boot wendet sich nach S.; l. bleibt *Figino* (in der Ferne die Kuppe des Mte. S. Salvatore mit der Kapelle, S. 416), r. *Brusimpiano*. Weiter zur Linken stets die bewaldeten Abhänge des *Mte. Arbostora* (838m), dessen Fuß die S. 417 gen. Straße umzieht. In einer Bucht des südl. Ufers liegt **Porto** oder *Porto-Ceresio* (Post 2mal tägl. in $1^1/_4$ St. nach *Varese*, S. 442).

Das Boot wendet sich n. nach **Morcôte**, ansehnliches Dorf mit malerischer Kirche, an der S.-Ecke des Mte. Arbostora schön gelegen. Weiter am W.-Ufer entlang; r. bleibt *Brusin-Arsizio*, dann erscheint der langgestreckte zackige Kamm des *Mte. Generoso* (S. 418). Das Boot berührt *Melide* am w., *Bissone* am ö. Ufer und fährt mit niedergelegtem Schornstein durch den Seedamm (malerischer Blick durch den Brückenbogen). Stat. *Campione* (ö. Ufer); in der Kirche Madonna dell' Annunciata sehenswerthe alte Fresken. L. der *Monte S. Salvatore* (S. 416), am Fuß das Vorgebirge *S. Martino* (S. 415), r. der *Monte Caprino* (S. 417).

**Lugano** s. S. 414 (der Bahnhof der Gotthardbahn liegt hoch über der Stadt, 20 Min. vom Dampfbootlandeplatz).

Die folgende Strecke von Lugano bis S. Mamette ist die schönste des Sees. Bei Lugano sind seine Ufer lieblich und mit Landhäusern und Dörfern geschmückt, mit Reben, Feigen-, Oliven- u. Nußbäumen bepflanzt. Am nördl. Ufer am Fuß des *Monte Brè* (S. 416) *Castagnola*, in malerischer Lage; dann **Gandria**, wohl der schönste Punkt am See: Gärten auf hochgewölbten Arkaden, Rebenterrassen, und das als Pyramide aufsteigende Dorf. Weiter nimmt der See einen einsameren wilderen Charakter an. Folgen die Orte (l.) *Bellarma*, Grenzort, **Oria** mit der *Villa Bianci*, *Albogasio*, **S. Mamette** *(Stella d'Italia)*, an der Mündung des *Val Soldo* höchst malerisch gelegen, darüber hoch oben *Castello* (S. 417). Das südl. Ufer ist bewaldet und fällt schroff in den See ab. L. weiter *Loggio*, *Cresogno* und *Cima*, gegenüber r. Stat. **Osteno** *(H. du Bateau; Rest. della Grotta)*, wegen seiner Grotte von Lugano aus häufig besucht (Retourbillet 1. Kl. 2 fr. 35, Eintrittsbillet zur Grotte, auf dem Dampfschiff zu haben, 75 c.).

Die ***Grotte** (*Orrido* oder *Pescara*, „Fischerschlucht") **von Osteno** ist 7 Min. vom Landeplatz entfernt; der Weg führt durch das Dorf hindurch, außerhalb des Thors unmittelbar vor der steinernen Brücke r. abwärts, auf einem Steg über den Bach. An einer Felsecke (Restaur.) öffnet sich die Schlucht, von einem kleinen Wasserfall benetzt. Der Fährmann wartet hier; man steigt in das kleine Boot und fährt ein; den Boden der Grotte bedeckt der Bach. Nun öffnet sich ein schmaler vom Wasser tief eingerissener Schlund, so schmal, daß das Boot anstößt; es windet sich um die Felsen herum, oben in steiler Höhe schaut blauer Himmel oder grünes Gebüsch hernieder. Ein Wasserfall schließt die Schlucht auch am andern Ende ab. — Um die Zeit bis zur Rückkunft des Dampfboots auszufüllen, besuche man allenfalls noch die **Tuffsteinhöhlen von Rescia**. Mit Ruderboot (2 Ruderer hin u. zurück 2 fr. 50 c.) um die Landzunge ö. von Osteno herum in 15 Min. nach dem Dörfchen *Rescia* und auf schmalem Pfad 5 Min. hinan (Fackeln 50 c.). Es sind zwei kleine kuppelförmig gewölbte, mit Sinter und Stalaktiten bekleidete und durch einen niedern Gang verbundene Grotten; aus der zweiten erblickt man einen hübschen Wasserfall in einer Schlucht. In der Nähe Tuffsteinbrüche mit schönen Versteinerungen.

SW. führt von Osteno eine Fahrstraße nach (2 St.) **Lanzo d'Intelvi** (950m; *Caffè centrale*, nicht theuer, Déj. 2 fr.); 25 Min. oberhalb, hoch über dem Luganer See, das **Hôt. Belvedere* (Pens. 8-10 fr.), mit schöner Aussicht auf den Luganer See und die Alpen mit dem Monte Rosa, für längern Aufenthalt zu empfehlen (wer zum Hôt. Belvedere will, folgt c. 15 Min. vor Lanzo dem Fußweg r., der bald in die Fahrstraße zum Hôt. einmündet). Lanzo ist auch von *Maroggia* (S. 418) zu Fuß oder zu Wagen in 3 St., und von *Argegno* am Comer See in 4½ St. zu erreichen (s. S. 439). In der Nähe (20 Min.) die Mineralwasser-Heilanstalt *Paradiso*. Reitweg auf den *Mte. Generoso* (S. 418), 5½ St.

Das n. Ufer fällt zuletzt in steilen Felswänden in den See ab. In der n. Spitze der Bucht liegt **Porlezza** (*Alb. del Lago*, mittelmäßig), Hafenort, wo die italien. Mauth. Barke nach Lugano nach dem Tarif 12 fr., doch fahren die Schiffer für 10 fr. gern.

Von Porlezza nach Menaggio. Die Station der Trambahn nach Menaggio (vgl. S. 429) ist unmittelbar beim Dampfboot-Landeplatz. Die Bahn führt durch das breite Thal des *Cuccione*, über *Tavordo*, *S. Pietro* und *Piano*, an dem kl. *Lago del Piano;* dann in stärkerer Steigung (41‰) über *Grona & Bene* zur Station *Grandola* (384m), ihrem höchsten Punkt, 186m über dem Comer See. Hinab hoch auf der r. Seite des *Sanagra-Thales*, in zahlreichen Kurven, vielfach in den Fels gesprengt oder durch hohe Stützmauern gehalten. Jenseit eines 100m l. Tunnels wendet sich die Bahn in großem Bogen nach S. und es öffnet sich ein herrlicher Blick auf den *Comer See* mit seinen in üppiger Fruchtbarkeit prangenden, mit Städten, Dörfern und Villen übersäten und von hohen Bergen umschlossenen Ufern; r. die schöne Halbinsel von Bellagio und der See von Lecco. Nachdem die Bahn die südl. Richtung c. 1km lang beibehalten hat, wendet sie sich, stets in scharfer Senkung (5‰) in spitzem Winkel zurück und erreicht die Endstation *Menaggio*, dicht beim Hot. Menaggio und dem Dampfbootlandeplatz (der Ort Menaggio hat eine eigene Landestelle, s. S. 436).

## 112. Der Comer See.

**Dampfboot** (z. Th. schöne Salonboote, mit tarifiertem Restaurant): 3mal tägl. von Colico in 3½-5 St. nach Como (von Bellagio nach Como 5mal; Torriggia-Como 8mal tägl.); 3mal tägl. von Colico in 3¾-4½ St. nach Lecco; 3mal tägl. von Como in 3½ St. nach Lecco. Stationen (nicht alle auf allen Fahrten berührt): *Colico* (Landebrücke), *Domaso*, *Gravedona* (L.), *Dongo* (L.), *Musso*, *Cremia*, *Dervio*, *Rezzonico*, *Acquaseria*, *Bellano* (L.), *Gittana & Regoledo*, *Varenna* (L.), *Menaggio-Brücke* (L.), *Menaggio-Bahnhof* (L.), *Bellagio* (L.), *Cadenabbia* (L.), *S. Giovanni & Tremezzo* (L.), *Azzano*, *Lenno*, *Lezzeno & Campo*, *Sala*, *Argegno* (L.), *Nesso*, *Torriggia*, *Pognana*, *Palanzo*, *Carate* (L.), *Urio*, *Torno*, *Moltrasio* (L.), *Blevio*, *Cernobbio* (L.), *Como*. An- u. Abfahrt frei (am Billet ein Coupon, den der Barkenführer erhält). Wenn man an den Zwischenstationen das Dampfboot besteigt, muß man sich am Landeplatze Controlmarken geben lassen, da sonst das Fahrgeld vom Abfahrtsort (Colico oder Como) begehrt wird. — Die planmäßigen Fahrzeiten werden nicht immer eingehalten.

**Ruderboote** (*barche*). Erste Stunde 1 fr. 50, jede folgende Stunde 1 fr. für jeden Ruderer. Von Bellagio nach Cadenabbia, oder umgekehrt, und zurück jeder Ruderer 2 fr. 50 c.; Bellagio-Tremezzo, Bellagio-Menaggio, oder Bellagio-Varenna gleichfalls 2 fr. 50; Bellagio, Villa Melzi, Villa Carlotta u. zurück jeder Ruderer 3 fr. Ein Ruderer genügt, falls man nicht besondere Eile hat;

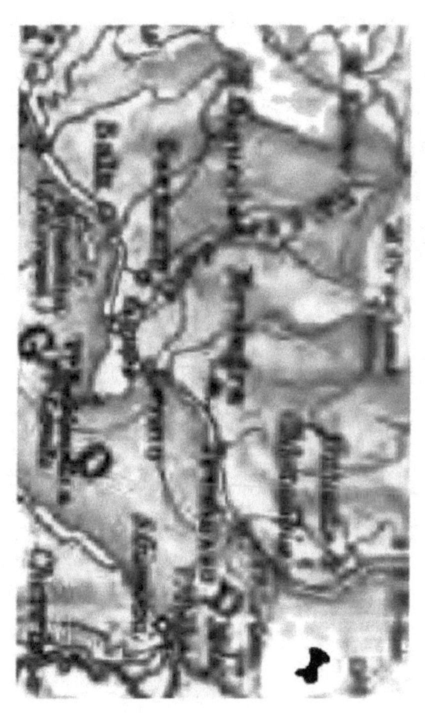

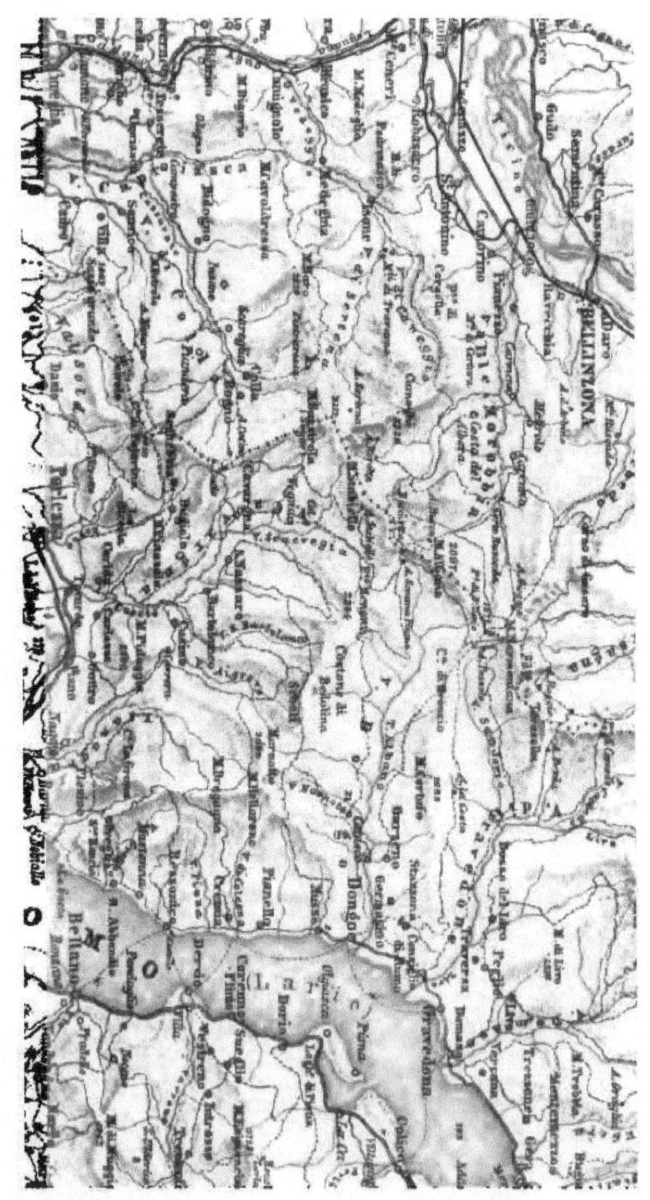
BELLINZONA
Gravedona
Dongo
Bellano
Porlezza

einen etwa sich andrängenden zweiten weist man mit „basta uno" zurück. Ist der Fremdenandrang schwach, so kann man auch billiger fahren. Wer sich vorher sicherstellen will, merke sich folgende Redensarten: *Quanto volete per una corsa d'un ora (di due ore)? Siamo due (tre, quattro) persone. E troppo, vi darò un franco (due franchi* u. s. w.) und verdeutlicht das Gebot durch Fingerzeichen. Bei der Bezahlung ist ein Trinkgeld *(buonamano)* von $^1/_2$ fr., oder nach längerer Fahrt von 1 fr. üblich.

Der ***Comer See** (213m ü. M.), ital. *Lago di Como* oder *il Lario*, der *Lacus Larius* der Römer, schon von Virgil (Georg. II. 159) gepriesen, wird von vielen für den schönsten der oberitalienischen Seen gehalten. Er hat von seinem N.-Ende bis Como eine Länge von 48km und ist in der Mitte, zwischen Menaggio und Varenna, fast 4km breit (Seefläche 154qkm); größte Tiefe 588m. Bei Bellagio (S. 437) theilt sich der See in zwei Arme: westl. den *See von Como*, der keinen Abfluß hat, östl. den *See von Lecco*, dem die *Adda* entströmt.

Die Ufer des Sees sind mit zahlreichen Ortschaften, prächtigen Gärten und Villen der Mailänder Aristokratie und mit Weinbergen bedeckt; darüber hin ziehen sich grüne Kastanien- und Wallnußwälder, im lebhaftesten Gegensatze mit dem matten Graugrün der Oliven. Die Berge erheben sich bis zu 2200m. An den Abhängen hat das südliche Klima eine der herrlichsten Vegetationen hervorgebracht. Die vielen verschiedenfarbigen und schön duftenden Oleander bieten zur Blüthezeit einen außerordentlich schönen Anblick. Der Lorbeer kommt hier verwildert vor. Schöne Saxifraga-Arten und seltene Orchideen, hübsche Sedum-Arten und herrliche Farne, so der sehr seltene Ceterach Maranthae und das sog. „Frauenhaar" Adianthum Capillus veneris finden sich in Menge. — Die See-Anwohner sind betriebsame Leute; Seidenzucht und Seidenweberei bilden einen wichtigen Erwerbszweig. — Der See ist reich an FISCHEN, er hat Forellen bis zu 10 kg., „Agoni" klein aber schmackhaft.

## Comer See.

### Östliches Ufer.

**Colico** *(Isola Bella; Angelo; Hôt. Risi; Ristor. della Posta*, am See), am n. Ende des Sees, s. S. 367.

*Olgiasca*, *Dorio* und *Corenno*, malerisch gelegen, mit alten Burgtrümmern.

*Dervio*, an der Mündung des *Varrone*, am Fuß des *Monte Legnone* und seines Vorgipfels, des *Monte Legnoncino* (1731m).

Der **Monte Legnone** (2610m), höchster Gipfel der Lombardei, kann von hier in 7 St. m. F. bestiegen werden (mühsam aber lohnend). Abends von Dervio nach (2 St.) *Sueglio*, am Abhang des Legnoncino, wo gute Unterkunft u. Führer; von hier über *Introzzo* u. *Aveno* zur (3 St.) *Clubhütte* bei der *Porta dei Merli* (2150m) und zum (1 St.) Gipfel, mit prächtiger Aussicht. Bequemer ist die Besteigung von *Delebio*, an der N.-Seite (S. 402): Saumweg durch *Val della Lesina* bis zur (4 St.) *Alp Cappello*, dann über die *Bocchetta di Legnone* in 3 St. zum Gipfel.

### Westliches Ufer.

*Domaso*, in schöner Lage, mit stattlichen Landhäusern *(Villa Venini* und *Miani)*.

**Gravedona** *(Alb. Gravedona; Alb. del Lauro)*, mit 1600 Einw., malerisch am Eingang einer weit landeinwärts angebauten Schlucht gelegen. Am obern Ende der stattl. vierthürmige *Palazzo del Pero*, vom Cardinal Tolomeo Gallio erbaut. Neben der alten Kirche *S. Vincenzo* das *Baptisterium S. Maria del Tiglio* aus dem XII. Jahrh., mit zwei christl. Inschriften aus dem V. Jahrh. — Durch das w. mündende *Val di Gravedona* führt ein Saumpfad über den *Passo di S. Jorio* (deutsch *Jöribergpaß*, 1956m) nach (9 St.) Bellinzona.

28*

### Östliches Ufer.

**Bellano** *(Roma, Bellano)*, mit 3000 E. u. bedeutenden Fabriken, an der Mündung des industriereichen *Val Sassina*, durch das ein Saumweg nach *Taceno* führt (von da Fahrweg über *Introbbio* nach Lecco). Die vom *Monte Grigna* (s. unten) kommende *Pioverna* bildet kurz vor ihrem Einfluß in den See einen 60m h. Wasserfall (*Orrido di Bellano;* 50 c.). Am Landeplatz ein Denkmal des 1790 hier gebornen Dichters *Tom. Grossi* († 1853), von Tandardini.

*Gittana*, Landeplatz für die 160m über dem See schön gelegene Wasserheilanstalt *Regoledo* (Drahtseilbahn vom Landeplatz bis zum Hotel).

**Varenna** *(*Hôt. Royal Marcioni)*, auf in den See vorspringender Landzunge reizend gelegen, mit herrlichen Gärten (Isimbardi, Lelia, Venini), an der Mündung des *Val d'Esino* (s. unten); hoch oben bei dem Dörfchen *Vezio* die Burgruine *Torre di Vezio*, mit prächtiger Aussicht ($^1/_2$ St.). Gleich nördl. am See 5 großartige bei Erbauung der Stelvio-Straße in den Felsen gesprengte Galerieen. Der in der Umgegend gebrochene Marmor wird meist im Ort verarbeitet.

15 Min. s. von Varenna stürzt sich aus einer Höhe von 300m in mehreren Fällen der *Fiume Latte* („Milchbach“, seiner Farbe halber) herab, zwischen März und Mai großartig, im Sommer trocken.

Lohnend die Besteigung des ***Monte Grigna** (2410m). Von Varenna am r. Ufer des *Esino* auf Maulthierwegen über *Perledo* nach ($2^1/_2$ St.) *Esino* (*Alb. Monte Godeno, nicht theuer), hübsch gelegenes Dörfchen; von hier (Führer angenehm, bis zur Clubhütte 4 fr., Moncodine 7, Grigna 9 fr.) zur *Alp Cainallo* $1^1/_2$ St., *Alp Prada* $1^1/_2$ St., *Clubhütte* des C. A. I.

### Westliches Ufer.

**Dongo** *(Alb. Dongo)*, ansehnlicher Ort in geschützter Lage an der Mündung des gleichn. Thals.

Ueber *Musso* auf steil abfallendem Felsen die Ruinen dreier Schlösser, *Rocca di Musso*, 1525-31 Sitz des Condottiere Giov. Giac. de' Medici, des „Castellans von Musso“, der von hier aus den ganzen See beherrschte.

*Pianello* und *Cremia* mit hübscher Kirche S. Michele (Altarblatt *h. Michael von Paolo Veronese).

*Rezzonico* mit *Villa Litta;* auf dem Schloßhügel eine neu hergestellte Burg aus dem XIII. Jahrh. Dann *S. Abbondio.* Ueber die wilde gelbbraune Felswand, den *Sasso Rancio* (Orangefels), führt ein gefährlicher Fußpfad; 1799 gingen die Russen unter Bellegarde hinüber, verloren jedoch dabei viel Leute.

**Menaggio** (*Gr.-H. Victoria, großes Haus in schöner Lage, Z. L. B. $4^1/_2$ fr.; *H. Menaggio, am Bahnhof, ital.; beide mit Garten am See; *Corona, nicht theuer), mit zwei Landestellen, die erste für den eigentlichen Ort beim Gr.-Hot. Victoria, die zweite für die Bahn nach *Porlezza* (S. 434) beim Hôt. Menaggio. Etwas südl. vom Ort, unmittelbar am See, die schloßähnliche *Villa Olivetta* des Hrn. H. Mylius. $^1/_2$ St. n., neben der Kirche von *Loveno* (*Whs.), **Villa Vigoni**, früher *Mylius*, mit pracht-

### Östliches Ufer.

(*Capanna di Moncodine*, 1876m) 1/2 St., Gipfel 2 St.; der letzte Anstieg ziemlich mühsam. Prachtvolle Aussicht über die ganze Alpenkette vom Mte. Viso bis zum Ortler (die Monte Rosa-Gruppe besonders schön); im S. die lombard. Ebene bis zu den fernen Apenninen. Steiler Abstieg w. zur Clubhütte *Capanna di Releccio* (1780m) im *Val Neria* und nach *Mandello*, oder ö. nach *Pasturo* im *Val Sassina* (S. 436). — Der benachbarte, wenig niedrigere *Moncodine* erfordert 1 St. weniger Zeit und bietet fast die gleiche Aussicht.

### Westliches Ufer.

voller Aussicht auf Bellagio, Menaggio und über die drei Arme des Sees. In einem Gartenhäuschen zwei ausgezeichnete Reliefs von *Thorwaldsen* und eine Marmorgruppe von *Argenti*. In der Nähe *Villa Massimo d'Azeglio*, mit Gemälden des frühern Besitzers († 1866) und *Villa Garoviglio*.

Hier, bei der *Punta di Bellagio*, theilt sich der See in zwei Arme den *See von Como* s.w. und den *See von Lecco* (S. 440) s.ö.

## See von Como.

**Bellagio**. — Gasth.: *Gr.-H. Bellagio (von Deutschen bevorzugt), *Grande Bretagne (viel Engländer), beides großartige Actienhôtels ersten Ranges in schöner Lage am See, Z. L. B. 6, M. 5 fr., letzteres mit der Dependens H.-P. Villa Serbelloni, in dem unten gen. prächtigen Park auf der Höhe, Z. weniger comfortabel (Pens. 12-14 fr.). — *Genazzini (Bes. *Gandola*), ebenfalls in schöner Lage am See, Z. L. B. von 4 fr. an, F. 1 1/2, Lunch 2, M. 4 1/2 fr., Pens. von 8 fr. an. — Einfacher: *H. de Florence, Z. L. B. 3, Pens. mit Z. 7 1/2 fr.; Pens. Suisse u. Alb. del Vapore, am See. — Grazer Bier im *Café des Etrangers*, an der Landebrücke; Münchner Löwenbräu im *Restaur. des H. de Florence*. — *Ruderboote* s. S. 434.

*Bellagio* (216m), mit 3200 E., am w. Fuß des Vorgebirges, welches die beiden See-Arme trennt, ist vielleicht der reizendste Punkt an allen oberitalien. Seen. In der Kirche *S. Giovanni* ein Altarblatt von Gaud. Ferrari. — 10 Min. s. ***Villa Melzi**, der Herzogin v. Melzi gehörig, mit reichen Kunstschätzen und herrlichem Garten, Do. u. Sa. zugänglich (Eintr. 1 fr.).

Ueber Bellagio, auf der Höhe ***Villa Serbelloni** (jetzt *Hôt. & Pension*; Eintr. für Nichtgäste 1 fr.; Aufg. bei Genazzini, 25 Min. bis

**Cadenabbia** (*Bellevue, neben Villa Carlotta, mit schattigen Anlagen am See; *Belle-Ile; *Britannia, Pens. von 7 fr. an; H.-P. Cadenabbia, 7-8 fr.; *Café Lavezari*), halbwegs zwischen Como und Colico. In der Nähe s.w. liegt in einem vom See aufsteigenden Garten die berühmte ***Villa Carlotta**, früher *Sommariva*, nach den Grafen dieses Namens, deren Eigenthum sie war. 1843 ging sie in den Besitz der Prinzessin Albrecht von Preußen über, nach deren Tochter *Charlotte* († 1855) sie umgenannt wurde. Jetziger Eigenthümer ist der Herzog von Sachsen-Meiningen. Man schellt links am Eingang zum Garten und steigt dann die große Freitreppe hinan (geöffnet 8-5 U.; Trkg. dem Hausmeister u. Gärtner je 50 c. à Pers.).

Inneres. Der Marmorsaal enthält am Fries berühmte *Reliefs von *Thorwaldsen*, den Alexanderzug darstellend (vom Grafen Sommariva einst mit 500,000 Zwanzigern = 285,720 Mk. bezahlt); dann einige Sculpturen, *Amor u. Psyche, Magdalena, Palamedes, Venus, alle von *Canova*; Paris von *Fontana*; Mars und Venus von *Acquisti*, Amor Tauben tränkend, von *Bienaimé*, u. a. Im Billardzimmer Gipsabgüsse, sowie am Kamin ein

**Östliches Ufer.**

ganz oben). Der Park erstreckt sich bis auf die Spitze des bewaldeten Vorgebirges und gewährt reizende Durchblicke auf Varenna, Villa Balbianello, Carlotta etc.

*Villa Belmonte* (Eintr. 50 c.) bietet gleichfalls schöne Aussicht; Besitzer ein Engländer.

20 Min. südl. vom untern Eingang der Villa Serbelloni, am Friedhof vorüber, findet man, l. an der Straße ins Vall'Assina (S. 441) ein blaues Gitterthor, den Eingang zur **Villa Giulia**, dem Grafen Blome in Wien gehörig, durch eine wahrhaft großartige Teppichgärtnerei ausgezeichnet (zugänglich an Sonn- und Festtagen; Trinkg. $^1/_2$-1 fr.).

Nach **Civenna* (S. 441) sehr lohnender Ausflug (Einsp. 8 fr., hin u. zurück 3 St.); der Besuch der *Villa Giulia* damit bequem zu verbinden. — *Monte S. Primo* ($4^1/_2$ St.) s. S. 438, 441.

*Villa Poldi*, jetzt *Trivulzio*, mit Mausoleum des letzten Gonzaga, runder roman. Thurm; gute Aussicht.

*S. Giovanni* mit *Villa Trotti*.

*Villa Besana*.

Bei *Lezzeno* ist eine der tiefsten Stellen des Sees.

**Westliches Ufer.**

kleiner Marmorfries, Bacchuszug, angeblich eine Jugendarbeit von *Thorwaldsen*. Im Gartensaal einige Gemälde aus dem ersten Viertel dieses Jahrhunderts, Romeo und Julie von *Hayez*, Atala von *Lordon* etc. und ein Marmorrelief, Napoleon als Consul, von *Lazzarini*.

Im *Garten, der sich südlich bis Tremezzo, nördl. bis Hôtel Bellevue erstreckt, die reichste Pracht der Vegetation. Vor der Südseite der Villa eine Magnolie, deren Stamm mehr als $^1/_2$m im Durchmesser hat. Im südl. Theil des Gartens aus tiefem Schatten ein überraschender Durchblick nach Bellagio. Am Ende der Umfassungsmauer die Grabkapelle der Familie Sommariva, mit vielen Marmorbildwerken.

Ueber dem Orte steigt ein Fels auf, *il Sasso S. Martino*, auf halber Höhe ($1^1/_2$ St. Steigens, schlechter Weg) ein Kirchlein, *Madonna di S. Martino*, mit prächtiger Aussicht.

Von dem höher westl. gelegenen **Monte Crocione** oder **Galbiga** (1707m), 6-7 St. m. F. (5 fr.; ermüdend, wegen der Hitze um 2 Uhr früh aufbrechen) überraschender Blick auf die Monte-Rosa-Kette, die Berner Alpen und den Montblanc, zu den Füßen die Seen.

**Tremezzo** (**Alb. Bazzoni*) bildet mit Cadenabbia gleichsam einen Ort, zwischen beiden die Villa Carlotta. Diese Gegend, die *Tremezzina*, heißt nicht mit Unrecht der Garten der Lombardei.

Lohnender Ausflug (3-4 St. hin u. zurück) über *Lenno* (Ristor. Brentani) nach **S. Maria del Soccorso**, Calvarienberg mit prächtiger Aussicht (beim Küster Erfr.); zurück über *Mezzegra*.

Auf der Spitze der weit in den See hineinragenden Halbinsel *Lavedo* glänzt *Villa Arcomati*, früher *Balbianello*, mit Säulengang. In der Bucht *Azzano* und *Lenno*. Südl. des Vorgebirges *Campo*, in reizender Lage, weiter *Sala*; zwischen beiden die einst befestigte Insel *Comacina*, mit dem Kirchlein *S. Giovanni*. Dann *Colonno*.

Östliches Ufer.

*Nesso*, an der Mündung des zum *Piano del Tivano* (1159m) hinanziehenden *Val di Nesso*, mit einem hohen, im Sommer aber oft verschwindenden Wasserfall in enger Schlucht.

**Monte S. Primo** (1693m), über *Zelbio* auf steilem Wege in 4 St., lohnend; Abstieg nach Bellagio (S. 438) oder Canzo (S. 441).

Weiter *Careno* und *Quarsano;* dann *Pognana* und *Riva di Palanzo.*

*Villa Pliniana*, in der Bucht von *Molina*, am Eingang einer engen Schlucht, erbaut 1570 von dem GrafenAnguissola, jetzt Eigenthum der Marchesa Trotti. Die Villa führt ihren Namen wegen einer Quelle in der Nähe, die täglich wie Ebbe und Fluth ihren Stand verändert, und deren bereits beide Plinius gedenken. Die bez. Stellen sind als Wandinschrift im Hof zu lesen.

S. von **Torno** *(Bella Venezia)* an beiden Ufern eine Menge Villen (Straße von hier nach Como s. S. 441).

*Villa Taverna*, früher *Tanzi*, mit herrlichen Gärten; *V. Ferranti*, früher *Pasta*, einst Eigenthum der berühmten Sängerin († 1865); *V. Taglioni*, einst der bekannten Tänzerin gehörig.

**Blevio**, mit zahlreichen Villen *(Mylius, Ricordi);* dann jenseit der *Punta di Geno*, mit den Villen *Ratazzi*, *Cornaggia* etc.,

Westliches Ufer.

**Argegno** *(Alb. & Ristor. Telo; Alb. Barchetta)*, an der Mündung des fruchtbaren *Val Intelvi* (Fahrweg über *Castiglione* in $4^1/_2$ St. nach *Lanzo*, S. 434).

*Brienno*, umgeben von zahlreichen Lorbeerbäumen.

**Torriggia** *(Ristor. Casarico);* auf dem Vorsprung *Villa Elisa.* S. am See eine 20m h. *Pyramide*, Inschrift „*Joseph Frank*", welche dieser Professor zu Pavia († 1851) sich selbst errichten ließ.

*Germanello* und *Laglio* mit den Villen *Antongina* und *Colobiano* (prächtige Gärten).

*Carate* (Alb. Lario), dann *Urio* mit zahlreichen Villen.

*Moltrasio* (Alb. Caramazza), in prächtiger Lage, mit dem kasernenähnlichen *Pal. Passalacqua* über terrassenförmigen Gärten, dann *Villa Cavallini.*

*Villa Volpi*, früher *Pizzo*, auf weit in den See springendem Vorland. Hoch oben die Kirche von *Rovenna.*

**Cernobbio** (**Gr.-Hôt. Villa d'Este & Reine d'Angleterre*, mit schönem Park, Pens. 9-10 fr.; *Alb. del Centro*, ital. gut; *H. Reine Olga*, nicht billig; *Alb. Cernobbio*), ansehnliches Dorf mit den Villen *Belinzaghi*, *Baroggi* etc. Trambahn nach Como.

Der **Monte Bisbino** (1337 m), mit Wallfahrtskirche und herrlicher Aussicht, ist von Cernobbio oder Brienno (s. oben) in 3 St. leicht zu ersteigen.

Weiter *Villa Cima* mit schönem Park, *Villa Gonzales*, dann unterhalb der Mündung der *Breggia Villa Tavernola.*

**Villa dell' Olmo*, früher *Raimondi*, die größte am See, jetzt

| Östliches Ufer. | Westliches Ufer. |
|---|---|
| *Borgo S. Agostino*, die n.ö. Vorstadt von Como. | Eigenthum des Herzogs Visconti-Modrone, mit prächtigen Sälen und herrlichem Park, gehört zu *Borgo Vico*, der n.w. Vorstadt von Como. *Como* s. unten; Omnibus zum Bahnhof 30 c. |

## See von Lecco.

Der s.ö. Arm des Comer Sees, 20km lang, ist weniger lieblich als der s.w., bietet aber eine großartigere Gebirgsscenerie. An seinem östl. Ufer führt eine 1832 erbaute Poststraße (Eisenbahn in Bau) durch Tunnel und über gemauerte Dämme hin, die Fortsetzung der Stelviostraße (S. 402). Der Lecco-See wird zweimal täglich in der Richtung von (Como-) Bellagio nach Lecco, dreimal in der Richtung von Colico nach Lecco und umgekehrt befahren (vgl. S. 434).

Das Schiff fährt um die *Punta di Bellagio* (S. 437); hoch oben der Park der Villa Serbelloni, weiterhin Villa Giulia. L. *Lierna*, am Fuß der schroffen *Cima Pelaggia*, mit schönem Rückblick nach N.; r. *Limonta*, *Vassena*, *Onno*, gegenüber die Felsmassen des *Mte. Grigna* (S. 436). L. *Tonzanico* und *Mandello* (Corona), am Fuß des *Mte. Campione*, dann *Abbadia* auf weit in den See springendem Vorland an der Mündung des *Val Gerona*. Am w. Ufer am Fuß der *Corni di Canzo* (1375m) eine Reihe Cementöfen mit grossen Brennholzlagern. Gegenüber von Lecco (r.) *Parè*, durch das Vorgebirge *S. Dionigio* von *Malgrate* getrennt. Letzteres liegt am Eingang des *Val Madrera*, durch welches die Straße über Erba nach Como führt (S. 441). Der See verengt sich hier zur *Adda*, welche aus ihm ausströmt. Eine zehnbogige steinerne Brücke, *il Ponte Grande*, 1335 erbaut, führt über den Fluß.

**Lecco** (*Due Torri*, wird gelobt; *Croce di Malta*, *Italia*, *Corona*, alle ital. Art), ansehnliche Stadt (8000 E.) in schöner Lage am Fuß des *Monte Resegone*, mit Seiden-, Baumwollen- und Eisenfabriken. Auf der Piazza ein Standbild Garibaldi's, von Confalonieri (1884). Lohnende Spaziergänge auf die Anhöhe von *S. Gerolamo* und zur (2 St.) Wallfahrtskirche auf dem *Monte Baro* (960m) mit herrlicher Aussicht über die Brianza.

Nicht weit unterhalb Lecco erweitert sich die Adda wieder zum *See von Gariate* und etwas weiter zum kleinen *Lago di Olginate*. Von *Trezzo* führt ein schiffbarer Kanal nach Mailand. — Von Lecco nach Mailand, 51km, Eisenbahn über *Monza* in $1^3/_4$-2 St.; nach *Bergamo*, 33km, in $1^1/_4$ St.; s. *Bædeker*'s *Ober-Italien*.

---

**Como.** — Gasth. (alle am Hafenplatz): H. Volta, Z. L. B. 5, F. $1^1/_2$, M. 5 fr., mit Café-Restaurant; Italia, H.-P. Suisse; Alb. del Cappello, neben Volta, gute ital. Küche. — *Trattoria Frasconi*, gutes Speisehaus, am Ende der senkrecht auf den Hafen führenden Straße in einspringender Ecke des Hafenplatzes. — *Bäder* im See beim *Giardino pubblico*, außerhalb des Hafendamms links. — *Bahnhof* der Gotthardbahn (Mailand-Lugano) r. vom Dampfboot-Landeplatz, über die Piazza an den Hôtels vorbei; für Varese-Laveno 3-4 Min. l. vom Landeplatz. — Deutsche Buchhandlung (Photographieen etc.): *Meyer & Zeller*, im H. Volta.

*Como* (215m), Hauptstadt einer Provinz, mit 25 600 Einw. und großen Seidenfabriken, Geburtsort des jüngern Plinius und des Physikers Volta (sein *Standbild* von P. Marchesi westl. in der Nähe des Hafens), liegt am SW.-Ende des Comer Sees, amphitheatralisch von Bergen umgeben. Der **Dom*, 1396 im lombard.-goth. Stil begonnen, seit 1486 von Tommaso und Jacopo Rodari im Renaissancestil umgebaut, ganz aus Marmor, gehört zu den besten in Nord-Italien. Am Portal neue schöne Glasbilder; im Innern treffliche Gemälde von G. Ferrari und B. Luini. — Neben dem Dom das *Rathhaus (Municipio)*, 1215 vollendet, in eigenthümlicher Verbindung verschiedenfarbiger Bausteine. Beachtenswerth auch die *Porta del Torre*, massiger Bau mit fünf Wölbungen über einander. — Auf der Piazza Vittoria ein **Standbild Garibaldi's*, Bronze nach Vela's Modell. — Außerhalb der Stadt an der Promenade die mit Marmor und Gold reich geschmückte Kirche *del Crocefisso* (XVII. Jahrh.); 1/4 St. weiter am Abhang die schöne *Basilica S. Abbondio*, aus dem VIII. u. XI. Jahrh.

Ausflüge. Am östl. Seeufer führt eine schöne neue Straße hoch am Abhang entlang, mit reizenden stets wechselnden Aussichten auf den See, bis (1 1/2 St.) *Torno* (S. 439). — N.ö. von Como liegt hoch oben das Dorf *Brunate* (733m), Heimath der wandernden Barometerhändler, mit herrlicher Aussicht nach W. bis zum Monte Rosa; ein Zickzackweg (auch fahrbar) führt n. von der Vorstadt Borgo S. Agostino in 1 1/2 St. hinauf.

Von Como nach Bellagio zu Land über Erba (9 1/2 St., Einspänner in 5-6 St., 25 fr. u. 3 fr. Trkg.), Fahrweg, auch für Fußgänger sehr lohnend, als Rückweg namentlich demjenigen zu empfehlen, der im Hinweg bei der Fahrt über den Comer See nicht ausgestiegen ist. Man verläßt Como auf der Straße nach Lecco durch die Porta Milanese. Die Straße steigt allmählich östl. die Hügel hinan. Die Aussicht auf den Comer See ist durch den schön bewaldeten *Monte S. Maurizio* verdeckt; südl. übersieht man die Gegend gegen Mailand, s.ö. die Brianza, einen hügeligen, sehr fruchtbaren, 4 St. l., 2 St. br. Strich Landes zwischen dem Lambro und der Adda, n.ö bis Lecco reichend, Lieblings-Aufenthalt der Mailänder, welche hier zahlreiche Villen haben. In der Kirche des n. von der Straße gelegenen Dorfs *Camnago* ist das Grab Volta's (s. oben). Weiterhin s. von der Straße der spitzige Rücken von *Montorfano* bei einem kleinen See. Vor *Cassano* ein merkwürdiger schiefer Glockenthurm. Jenseit *Alberio* öffnet sich die Aussicht auf die Thalebene von Erba *(Pian d'Erba)* und die *Seen von Alserio*, *Pusiano* und *Annone*, ö. überragt von den *Corni di Canzo* (1375m) und dem zackigen *Resegone di Lecco* (1878m).

Bei (3 1/2 St.) **Erba** (310m; *Whs.*), Städtchen in fruchtbarster Lage, verschiedene Villen, besonders an der NW.-Seite die *Villa Amalia* mit prächtiger Aussicht über die Brianza. Bei *Incino*, mit hohem lombard. Glockenthurm, 1/4 St. s.ö. von Erba, stand das *Liciniforum* der Römer, welches Plinius mit Bergamo und Como erwähnt. — Von Erba nach *Mailand*, Eisenbahn über *S. Pietro* (s. unten) in 1 1/2 St.

Die Straße führt jenseit Erba über den *Lambro*, der hier canalisiert und in den nahe s.ö. liegenden *Lago di Pusiano* geleitet ist. Gleich darauf führt der Weg nach Bellagio von der Straße nach Lecco l. ab, nördl. über *Longone*, am westl. Ufer des schmalen *Lago del Segrino* vorbei, nach (2 St.) Canzo (*Croce di Malta*), mit dem 25 Min. weiter liegenden *Asso* fast zu einem Ort verbunden (zusammen 3200 Einw.). Gleich am Eingang von Asso eine große Seidenspinnerei *(Casa Versa)*.

Der Weg bleibt lange Zeit allmählich steigend in dem hübschen Thal des *Lambro*, Vall' Assina, zu beiden Seiten belaubte Bergabhänge. Er berührt kleine Ortschaften: (3/4 St.) *Lasnigo*, (3/4 St.) *Barni* und *Magreglio*, wo stärkeres Steigen beginnt; auf der Höhe, bei der (25 Min.) *Kapelle* erste Aussicht auf beide Arme des Comer Sees.

Schönster *Überblick über den ganzen östl. Arm bis weit über Lecco hinaus, hinter der ersten Kirche von (25 Min.) Civenna, mit dem zierlichen Thurm. Man bleibt nun $^3/_4$ St. lang auf dem schattigen Bergrücken, der bei Bellagio spitz in den See ausläuft, und hat von der Kapelle an fortwährend die schönsten Aussichten auf den westl. Arm des See's (See von Como), die Tremezzina mit der Villa Carlotta und Cadenabbia (S. 437), auf den östl. Arm (See von Lecco) und über einen großen Theil der auf Mauerwerk und Dämmen ruhenden Straße des östl. Ufers (vgl. S. 440), endlich über den ganzen See von der Spitze von Bellagio bis hinauf nach Domaso (S. 435), und auf das Vorgebirge, tief unten der Park der Villa Serbelloni (S. 437), wie ein Maulwurfshügel über dem See aufragend.

Die Straße senkt sich in vielen Windungen fast 1 St. lang, an der *Villa Giulia* (S. 438) und dem Kirchhof von Bellagio vorbei. Von Civenna bis zu den Gasthöfen zu *Bellagio* am See (S. 437) 2 St. Gehens.

Ein lohnender, aber etwas beschwerlicher Umweg (viel Steingeröll) ist die Besteigung des **Monte S. Primo** (1686m), von Canzo mit Führer in 4-5 St., hinab nach Nesso ($2^1/_2$ St.) oder Bellagio (3 St.). Prächtige Aussicht (vgl. S. 439).

Von Como über Varese nach Laveno, 52km, Eisenbahn in $2^1/_4$ St. Der Bahnhof ist 3-4 Min. l. vom Hafen (s. S. 440). 3km *Camerlata*, Knotenpunkt der Mailänder Bahn (s. unten). Hier r. ab; fruchtbare Gegend, zahlreiche Villen. 5km *Grandate*; 8km *Civello*; 10km *Lurate Caccivio*; 12km *Olgiate*, höchster Punkt der Bahn, 240m über dem Comer See. — 17km *Solbiate*; 23km *Malnate*, Knotenpunkt der Bahn Varese-Mailand; dann über die *Olona* nach (29km) **Varese** (382m; *Gr.-Hôt. Varese*, Z. L. B. $5^1/_2$, M. 5 fr.; *Europa*; *Angelo* u. a.), blühender Ort (mit den Vorstädten 13502 E.) mit vielen Villen, unweit des See's gl. N. reizend gelegen. Herrliche Aussicht von der Wallfahrtskirche *Madonna del Monte* (880m), $2^1/_2$ St. n.ö. Nach Mailand Eisenbahn in 2 St.; vgl. *Baedeker's Oberitalien*. — Weiter über *Casbeno*, *Barasso*, *Gavirate*, *Cocquio*, *Gemonio*, *Cittiglio* durch das vom *Boesio* durchflossene *Val Cuvio* am s. Fuß des *Sasso del Ferro* (S. 425) nach (23km) *Laveno* (S. 425).

## 114. Von Como nach Mailand.

47km. Eisenbahn über *Monza* (vgl. S. 411) in $1^1/_4$-$1^3/_4$ St., Fahrpr. 5 fr. 50, 3 fr. 85, 2 fr. 75 c. Außer der Bahn über Monza führt eine Bahnlinie über *Cammago* und *S. Pietro* (43km, in $1^1/_2$ St.), und der Tramway über *Lomazzo*, *Saronno*, *Bollate*, *Novate* und *Bovisa* (40km, in 2-$2^1/_2$ St.) von Como nach Mailand (Bahnhof des letztern unweit des Dampfbootlandeplatzes). — *Omnibus* vom Bahnhof in Como zum Hafen (und umgekehrt) 30 c., im Preise der direkten Billets für die Dampfschiffe einbegriffen.

*Como* s. S. 440. — Vor (5km) *Albate-Camerlata* auf einem Bergkegel der hohe alte Thurm des *Castello Baradello*, einst von Friedrich Barbarossa zeitweise bewohnt. — 9km *Cucciago*; 12km *Cantù-Asnago*; 15km *Carimate*; 19km *Camnago*. Das Hügelland l. und r. ist die reiche *Brianza* (S. 441), im Hintergrund der lange zackige Bergrücken des *Monte Resegone* (s. S. 441). — 25km *Seregno*; 28km *Desio*. Mehrere Tunnels.

34km **Monza** (*Alb. del Castello*, beim Bahnhof; *Falcone*), alte Stadt mit 15500 E. Der im J. 595 von der Königin Theodolinde gegründete *Dom* (jetziger Bau aus dem XIV. Jahrh.) enthält die lombardische *eiserne Krone* (nebst der reichen Schatzkammer für 5 fr. zu sehen). Der *Broletto* (Rathhaus), aus dem XIII. Jahrh., soll ein Theil des Palastes Kaiser Friedrichs I. sein. Der kgl. *Sommerpalast* bei Monza hat einen großen schönen Park. — Eisenbahn nach *Lecco* s. S. 440.

40km *Sesto S. Giovanni*.

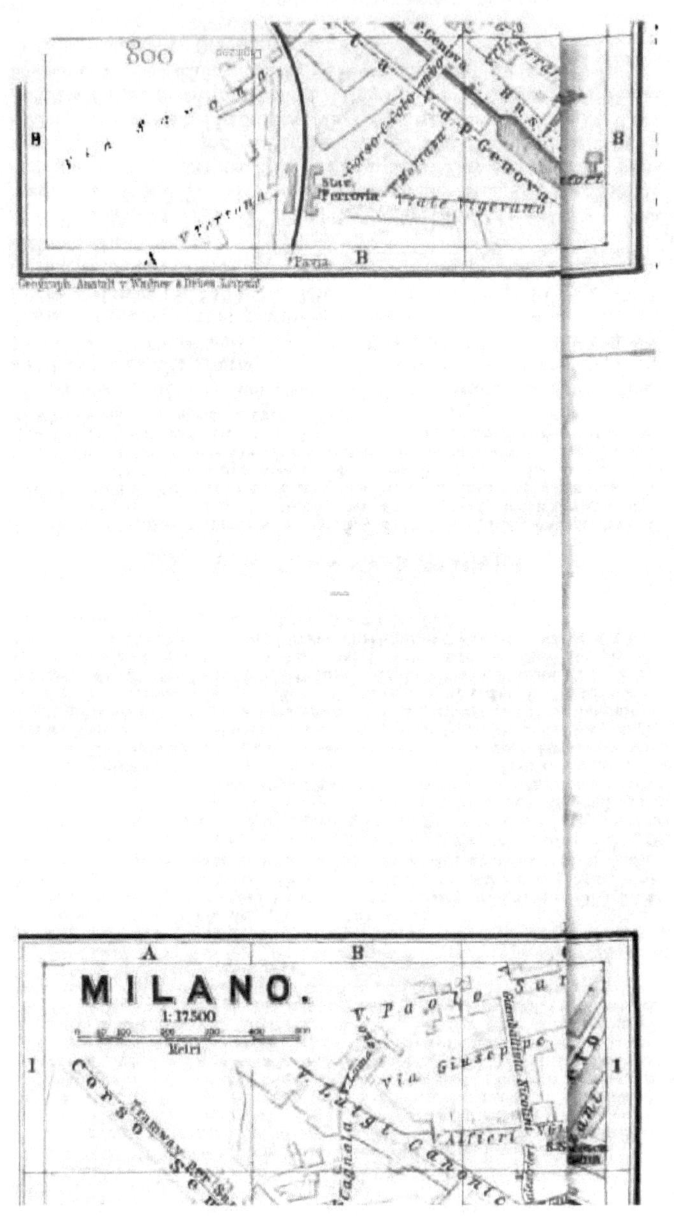
Via Savona
V. Tortona
Staz.
Ferrovia
Viale Vigevano
Corso Colombo
V. Foppa
d. P. Genova
Pavia
Geograph. Anstalt v. Wagner & Debes, Leipzig.
MILANO.
1:17500
Metri
V. Paolo Sarpi
Via Giuseppe
Giambattista Nicolini
Alfieri
Corso Sempione
Tramway per Saronno
V. Luigi Canonica
Cagnola

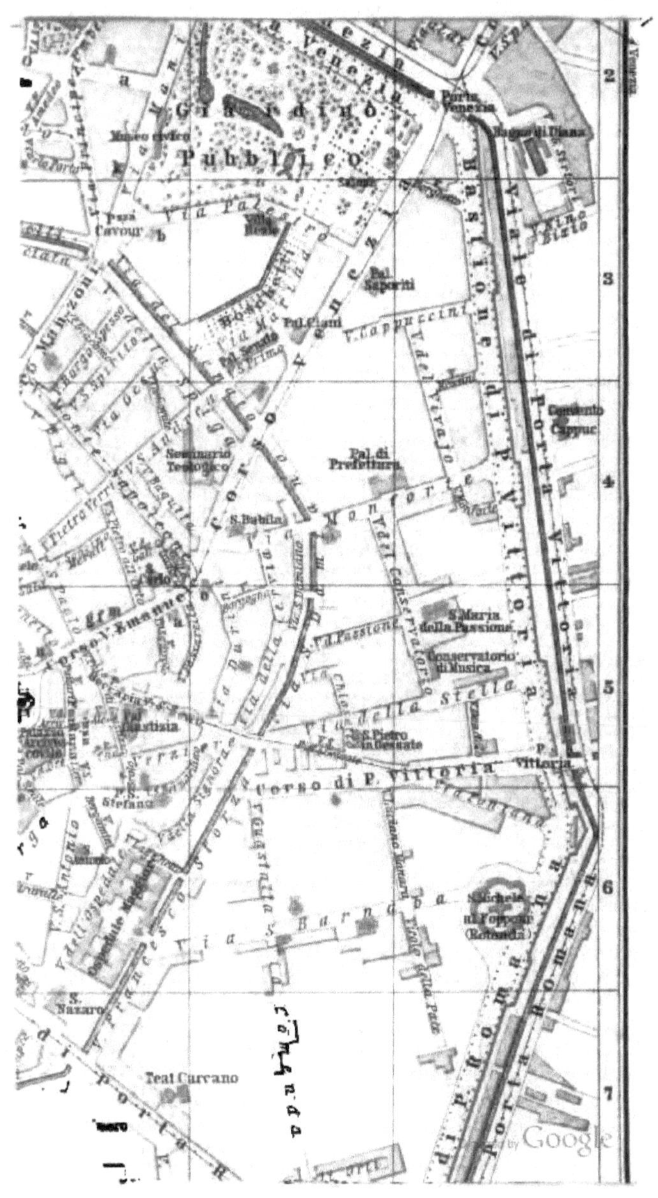
Giardino
Pubblico
Museo civico
Porta Venezia
Bagni di Diana
Pza Cavour
Villa Reale
Pal. Saporiti
Pal. Ciani
Pal. Serbelloni
Convento Cappuc.
Seminario Teologico
Pal. di Prefettura
S. Babila
Corso V. Emanuele
S. Maria della Passione
Conservatorio di Musica
Pal. Giustizia
S. Pietro in Gessate
Corso di P. Vittoria
P. Vittoria
Viale di Porta Vittoria
Bastione di P. Vittoria
S. Stefano
Ospedale Maggiore
S. Michele ai Foppone (Rotonda)
Via S. Barnaba
S. Nazaro
Teat. Carcano
Bastione di P. Romana
Viale di Porta Romana
2
3
4
5
6
7

47km **Mailand.** — Der BAHNHOF (Pl. F G 1; Restaurant), ein prächtiges Gebäude, ist mit Fresken und Sculpturen reich geschmückt. Droschke vom Bahnhof in die Stadt $1^1/_4$ fr. (auch bei Nacht), jedes Gepäckstück 25 c. Omnibus der Hôtels 1-$1^1/_2$ fr.; Tramway vom Bahnhof nach der Stadt 10 c.; Gepäckträger bis 50kg 50 c.

**Gasthöfe.** *H. de la Ville (Pl. a; F 5), Corso Vittorio Emanuele; *H. Cavour (Pl. b; F 3), Piazza Cavour; *Gr. Hôt. Milan (Pl. c; F 3, 4), Via Al. Manzoni 29, deutsche Bedienung, Z. L. B. von $4^1/_2$ fr. an; *H. Continental (Pl. e; E 4), Via Al. Manzoni; diese alle ersten Ranges mit ziemlich gleichen Preisen: Z. L. B. von 5 fr. an, M. 5, F. $1^1/_2$, Omnibus $1^1/_2$ fr. — Etwas weniger anspruchsvoll: *Grande Bretagne & Reichmann (Pl. d; D E 6), Via Torino 45; *H. Métropole (deutsche Bedienung), am Domplatz; *Rebecchino (Pl. p; E 5), Via S. Margherita; *Europa (Pl. f; F 5), Corso Vitt. Emanuele 9; *H. Manin (Pl. k; E 2), Via Manin, bei den Giardini pubblici; *Roma (Pl. g; F 5), Corso Vitt. Emanuele 7; *Pozzo (Pl. l; F 6), Via Torino, M. $4^1/_2$ fr.; *Francia (Pl. m; F 5), Corso Vitt. Em. 19; Biscione & Bellevue, Piazza Fontana, beim Domplatz, Z. L. B. 3, M. m. W. 4 fr.; *Central St-Marc (Pl. h; E 6), Via del Pesce; *Bella Venezia (Pl. i; E F 5), Piazza S. Fedele; Ancôra (Pl. n; F 5), Via Agnello; *Lion & Trois Suisses (Pl. o; G 4, 5), Corso Vitt. Em.; H.-P. Suisse, Via Visconti, von Geschäftsreisenden besucht, etc.

**Restaurants** (*Trattorie*). **Biffi*, *Gnocchi*, s. unten; *Cova*, mit Garten, Via S. Giuseppe; **Rebecchino* (s. oben), Via S. Margherita; *Guffanti*, Via S. Giuseppe; *Isola Botta*, vor der Stadt, beim Triumphbogen (S. 445), Sonntags sehr besucht.

**Cafés.** **Biffi*, *Gnocchi*, beide in der Galleria Vittorio Emanuele (S. 444); *Cova* (s. oben); **Antille*, Via Aless. Manzoni; *Martini*, Piazza della Scala; *delle Colonne*, Corso Venezia 1; mehrere Cafés in den *Giardini pubblici* (S. 446). „*Caffè nero*" schwarzer Kaffee, „*Caffè latte*" mit Milch. In den Cafés gewöhnlich auch gutes Bier (*birra*) in Gläsern (tazza 30 c.). Außerdem in der *Birreria Nazionale*, dem Dom gegenüber; *Birreria Svizzera*, neben dem Hôt. Métropole; **Trenk*, Galleria de' Cristoforis.

**Bäder.** *Bagno di Diana* (Pl. H 2), vor Porta Venezia; *Bagno Nazionale* (Pl. D 8), vor Porta Ticinese; *Bagno dell' Annunziata*, Via Annunziata 11; etc.

**Fiaker** (*Broughams*, spr. Brum): jede einfache Fahrt Tags oder Nachts 1 fr. (vom Bahnhof in die Stadt $1^1/_4$ fr.); Zeitfahrten: $^1/_2$ Stunde 1 fr., 1 Stunde 1 fr. 50 c. Jedes größere Gepäckstück 25 c.

**Trambahnen** vom Domplatz nach den meisten Thoren und dem Cimitero, Abfahrt alle 5 Min., 10 c. — **Dampftrambahn** nach *Monza* (s. oben) in 1 St. (60-80 c.); ferner nach *Saronno-Como* (S. 440), *Giussano*, *Vaprio* etc.

**Briefpost** (Pl. E 6) Via Rastrelli 20, in der Nähe des Doms, hinter Palazzo Reale, von 8 Uhr früh bis 9 Uhr Abends geöffnet. — **Telegraphen-Bureau** (Pl. E 5) Piazza dei Mercanti 19, an der NW.-Seite des Domplatzes.

**Theater.** *Teatro della Scala* (Pl. E 4), nächst S. Carlo in Neapel das größte in Italien, Vorstellungen nur während des Carnevals; *Manzoni* (Pl. E 5), Piazza della Scala, Lustspiel; *Teatro dal Verme* (Pl. D 4), Oper und Ballet; *Teatro Filodrammatico* (Pl. E 4), Opern, u. a.

**Mailand** (119m)†, ital. *Milano*, das röm. *Mediolanum*, nach der gründlichen Zerstörung durch Kaiser Friedrich I. Barbarossa im J. 1162 neu aufgebaut, Hauptstadt der Lombardei, eine der reichsten Fabrikstädte (besonders Seidenwaaren) Italiens, hat einen Umfang von ca. 11km und ohne Besatzung 315 000, mit den Vorstädten 373 000 Einw.

Den Mittelpunkt des Mailänder Glanzes und Lebens bildet der *DOMPLATZ (Pl. E F 5), in letzter Zeit bedeutend erweitert und nach Plänen *Mengoni's* von großartigen Palästen umgeben, Centrum für Omnibus und Pferdebahnen.

Der ****Dom** (Pl. E F 5), „*Mariae Nascenti*" geweiht, eine der größten Kirchen Europa's (Flächen-Inhalt 8406□m, im Innern 145,5m lang,

† Eine ausführliche Beschreibung s. in *Baedeker's Ober-Italien.*

57m breit), ganz aus weißem Marmor, äußerlich mit 98 goth. Säulenthürmchen und 2000 Marmor-Bildsäulen geziert, wurde 1386 durch den prachtliebenden Giangaleazzo Visconti im goth. Stil begonnen, von Napoleon I. vollendet.

Das fünfschiffige **INNERE, von 52 Pfeilern getragen, ist durch das Helldunkel der Räume und die Pracht der gemalten Fenster von bedeutender Wirkung. Im s. Kreuzschiff das **Monument des Giacomo* u. *Gabriele de' Medici*, von Leoni, von Papst Pius IV. seinen Brüdern 1564 errichtet. Beim nahen Chorumgang eine anatomisch merkwürdige Statue des geschundenen h. Bartholomäus von Marcus a Grate. Schöne *Glasgemälde* (350 versch. Darstellungen) im Chor. Im nördl. Kreuzschiff, vor dem Altar ein kostbarer *Bronzeleuchter* von 1562. In den Kapellen des nördl. Schiffs einige bessere Bilder und das hölzerne *Crucifix*, welches der h. Carl Borromæus bei seinen Bittgängen während der Pest trug. Dann ein *Denkmal* mit der h. Jungfrau in Relief (von Marchesi) und den beiden Johannes (von Monti). Als *Taufbecken* dient der alte Porphyrsarg des h. Dionysius. Die unterirdische *Cappella S. Carlo Borromeo* enthält das Grab des Heiligen (im Sommer Morg. 5-10, im Winter 7-10 offen, sonst gegen 1 fr.).

*Dach und Thurm (108m) (zugänglich von 6 U. Morg. bis 6 U. Ab.; Aufgang in der Ecke des r. Kreuzschiffs, Karte 25 c., bis aufs Dach 157 Stufen) erlauben die genauere Betrachtung des Aeußeren des Doms und gewähren eine herrliche Aussicht auf die Alpen und Apenninen (Panorama von Bossoli bei Pirola, Piazza della Scala No. 6; 1 fr.).

Die ***Galleria Vittorio Emanuele** (Pl. E 5), eine großartige Glaspassage, 1865-67 von *Gius. Mengoni* erbaut, 195m lang, 14,5m br., 26m hoch, die Glaskuppel im Centrum 50m h., verbindet den Domplatz mit der Scala. Dieselbe enthält eine Reihe glänzender Läden und ist mit 24 Statuen berühmter Italiener geschmückt.

Auf der *Piazza della Scala* (Pl. E 4) das 1872 errichtete STANDBILD LIONARDO DA VINCI'S († 1519), von *Magni*, am Sockel Lionardo's Schüler Cesare da Sesto, Marco da Oggionno, Salaino und Boltraffio.

Von den 80 übrigen Kirchen Mailands sind bemerkenswerth: ***S. Ambrogio** (Pl. C 6), roman. Stils, vom h. Ambrosius im IV. Jahrh. gegründet, das gegenwärtige Gebäude aus dem XII.; alte Grabmäler; Ecce Homo von *Luini*. — ***S. Maria delle Grazie** (Pl. B 5), aus dem XV. Jahrh., dem *Bramante* zugeschrieben, mit Bildern von *Ferrari*, *Caravaggio*, *Luini* etc. Im Refectorium des Klosters das **Abendmahl von *Lionardo da Vinci*, in Oel auf die Wand gemalt, daher sehr verdorben (tägl. 9-4, So. 12-3 U.; 1 fr., So. u. Do. frei). — **S. Maria presso S. Celso** (Pl. E 8), von *Bramante*, mit guten Bildern. — **S. Maurizio** (Pl. C 5), mit schönen Fresken von *Luini*. — ***S. Lorenzo** (Pl. D 7), aus röm. Thermen umgebaut, mit isolirtem *Porticus von 16 korinth. Säulen (im Corso di Porta Ticinese). — **S. Carlo Borromeo** (Pl. F 4), 1847 vollendet, 48m h. Rotunde, mit zwei Marmorgruppen von *Marchesi*.

Die ***Brera** (Pl. E 3; offen tägl. 9-4, So. 10-2 U., an Festtagen geschlossen), als *Palazzo delle Scienze ed Arti* bezeichnet, ehem. Jesuiten-Collegium, enthält die 1170 gestiftete *öffentliche Bibliothek* (300 000 Bände, 1000 Handschriften), eine *Münzsammlung* (50 000 Stück), die *Sternwarte*, *Abgüsse von Antiken*, ein *Archäolog. Museum* und die **Gemäldesammlung (Pinacoteca)*. Im Hof Marmorstandbilder.

GEMÄLDE-GALLERIE. Vorzimmer I. u. II.: Fresken von *Luini*, *Ferrari*,

*Bramantino* und *Marco da Oggionno*, besonders *Luini* Engel (14, 28, 45, 49, 54, 68), genreartige Darstellungen (2, 11, 13), aus dem Leben Mariä (5, 19, 42, 43, 51, 63, 69, 73); *47. Madonna mit h. Antonius und h. Barbara; 25. *Gaud. Ferrari*, Anbetung der Könige. — Oelbilder. I. Zimmer: 87. *Bernardino de' Conti*, Madonna; 106. *And. Solario*, desgl. — II. Z.: 159. *Gentile da Fabriano*, Maria in der Glorie; 167. *Bartol. Montagna*, Madonna; 164. *Gentile Bellini*, Predigt des h. Marcus; 193. *Crivelli*, Madonna. — III. Z.: 206. *Moretto*, Madonna mit h. Hieronymus, Antonius u. Franciscus; 209. *Bonifacio*, Findung Mosis; *Paolo Veronese*, 219. St. Gregor u. Hieronymus, 220. Anbetung der Könige, 221. St. Ambrosius u. Augustinus, 227. St. Antonius Abbas, Cornelius u. Cyprianus. — IV. Z.: 248. *Tizian*, h. Hieronymus. — V. Z.: 261. *Giov. Bellini*, Madonna; *264. *Andrea Mantegna*, grosses Altarwerk; 265. *Bern. Luini*, Madonna; **267. *Lionardo da Vinci*, Studie zum Christuskopf im h. Abendmahl; **270. *Raffaels* berühmte Vermählung der h. Jungfrau („lo sposalizio"), 1504 für die Kirche S. Francesco in Città di Castello gemalt; 272. *Giotto*, Madonna; 273. *Mantegna*, Pietà. — VI. Z.: 283. *Crivelli*, Madonna m. Heil.; *Giov. Bellini*, *284. Pietà. *297. Madonna; *300. *Cima da Conegliano*, die heil. Petrus, Paulus u. Johannes der Täufer. — VII. Z.: 253, 254, 255. *Lor. Lotto*, Porträts. — VIII. Z.: 328. *Lor. Costa*, Anbetung der Könige; 331. *Guercino*, Verstoßung der Hagar; 333. *Dossi*, St. Sebastian; 334. *Fr. Francia*, Verkündigung. — IX. Z.: Niederländer. — X. Z.: 390. *Velasquez* (?), todter Mönch; 442. *A. v. Dyck*, Madonna mit dem Kind und h. Antonius von Padua; *446. *Van Dyck*, Frauenbild; *447. *Rubens*, h. Abendmahl; **449. *Rembrandt*, Frauenbild. — XI. Z.: 456. *Domenichino*, Madonna mit HH. — Links weiter eine Reihe von Sälen mit modernen Bildern, Entwürfen der Akademiker, Gypsabgüssen etc. — Im Erdgeschoß das **Museo archeologico** (tägl. 12-3, 50 c., So. 2-4 U. frei), eine Sammlung von antiken, mittelalterlichen u. Renaissance-Sculpturen und alten Fresken, meist in Mailand gefunden (hervorzuheben die Sculpturen von *Agostino Busti*, gen. *il Bambaja*).

Die berühmte ***Biblioteca Ambrosiana** (Pl. DE 5), außer Mi. u. So. 10-3 U. geöffnet (Trinkg. 1 fr.), die Gemälde Mittw. 10-12½ Uhr frei, 1609 von dem Card. Fed. Borromeo begründet, enthält 160,000 Bände und 8000 Handschriften. Unter den Bildern namentlich hervorzuheben **Raffael's* Carton zu dessen Schule von Athen.

Das ***Museo Poldi-Pezzoli**, Via Morone 10 (Pl. F 4), enthält eine treffliche Sammlung von Waffen, Gemälden, Marmor-, Bronze- und Terracotta-Sculpturen, Schmucksachen, Möbeln, Gobelins u. s. w., in den vom Stifter, dem Cavaliere Poldi-Pezzoli († 1879), bewohnten Räumen wie zu dessen Lebzeiten aufgestellt. Geöffnet tägl. 10-4, an Festtagen 12-3 U.; Eintritt 1 fr.; Katalog 1 fr.

Das ***Ospedale Maggiore** (Pl. F 6), ein gewaltiger und zugleich sehr schöner Backsteinbau, von *Ant. Filarete* aus Florenz 1457 begonnen, ist eines der umfangreichsten Krankenhäuser, mit 9 inneren Höfen. Die äußere Bekleidung mit Terracotta findet sich an vielen mailänder Gebäuden wieder, doch hat die Façade mit ihrer reichen und edlen Fensterbildung wohl kaum ihres Gleichen.

Das **Castell** (Pl. D 3, 4), einst Sitz der Visconti und Sforza, an dem großen *Exercierplatz (Piazza d'Armi)*, ist jetzt Caserne; dahinter liegt r. die von Napoleon I. gegründete *Arena* (50 c. Trinkg.), mit 30 000 Plätzen.

Dem Castell gegenüber, an der NW.-Seite der Piazza d'Armi, der ***Arco del Sempione** oder *Arco della Pace* (Pl. B 2), ein Triumphbogen von Marmor, von Napoleon als Schluß der Simplonstraße 1804 gegründet, 1838 vollendet (107 Stufen führen hinauf).

Die **Giardini Pubblici** (Pl. FG 2, 3), zwischen Porta Venezia und Nuova, sind der Hauptspaziergang der Mailänder; im ältern Theil der sog. *Salone* mit dem städtischen *Museo artistico* (tägl. 1-4 U., 1 fr., So. 20 c.). An der W.-Seite das *Museo Civico* mit naturhist. Sammlungen (Di., Mi., Sa. 11-3 U., 50 c., Do. frei). Vor dem w. Eingang zu den Gärten auf Piazza Cavour das **Bronzestandbild Cavour's* von Tabacchi (1865).

Der neue ***Friedhof** *(Cimitero)* vor Porta Tenaglia (Pl. CD 1), 20ha groß, mit einer großen Zahl von prächtigen Denkmälern (darunter viele mit den Marmorstatuen der trauernden Ueberlebenden) und einem „Tempio di Cremazione" zur Feuerbestattung, ist besuchenswerth; schöne Alpenaussicht.

# REGISTER.

29*

Druck von G. D. Baedeker in Essen.

Google

Zeitfracht Medien GmbH
Ferdinand-Jühlke-Straße 7
99095 Erfurt, Deutschland
produktsicherheit@kolibri360.de